TÉCNICAS DOS DESPACHOS E DECISÕES JUDICIAIS

RITOS PROCESSUAIS

RESENHA DE DESPACHOS JUDICIAIS E DECISÕES NO
**JUÍZO CÍVEL
JUÍZO CRIMINAL
JUÍZO DA INFÂNCIA E JUVENTUDE
JUIZADO ESPECIAL CÍVEL E CRIMINAL**

DOUTRINA – PRÁTICA – JURISPRUDÊNCIA
RITOS PROCESSUAIS

3ª EDIÇÃO REVISTA, ATUALIZADA E AMPLIADA

DE ACORDO COM O NOVO CÓDIGO CIVIL

VALDECI MENDES DE OLIVEIRA

Juiz de Direito, Mestre e Professor Universitário
com Pós-Graduação em Direito Civil, Direito Processual Civil e Direito Empresarial

TÉCNICAS DOS DESPACHOS E DECISÕES JUDICIAIS

RITOS PROCESSUAIS

RESENHA DE DESPACHOS JUDICIAIS E DECISÕES NO
JUÍZO CÍVEL
JUÍZO CRIMINAL
JUÍZO DA INFÂNCIA E JUVENTUDE
JUIZADO ESPECIAL CÍVEL E CRIMINAL

DOUTRINA – PRÁTICA – JURISPRUDÊNCIA
RITOS PROCESSUAIS

3ª EDIÇÃO REVISTA, ATUALIZADA E AMPLIADA

DE ACORDO COM O NOVO CÓDIGO CIVIL

EDIPRO

TÉCNICAS DOS DESPACHOS E DECISÕES JUDICIAIS
Ritos Processuais

RESENHA DE DESPACHOS JUDICIAIS E DECISÕES NO JUÍZO CÍVEL, JUÍZO CRIMINAL, JUÍZO DA INFÂNCIA E DA JUVENTUDE E JUIZADO ESPECIAL CÍVEL E CRIMINAL

Valdeci Mendes de Oliveira

3ª EDIÇÃO REVISTA, ATUALIZADA E AMPLIADA 2004
De acordo com o novo Código Civil

Supervisão Editorial: *Jair Lot Vieira*
Editor: *Alexandre Rudyard Benevides*
Capa: *Equipe Edipro*
Revisão: *Ricardo Virando*
Digitação: *Disquete fornecido pelo Autor*
Digitação Complementar: *Richard Rett*

Nº de Catálogo: 1220

Dados Internacionais de Catalogação na Publicação (CIP)
(Câmara Brasileira do Livro, SP, Brasil)

OLIVEIRA, Valdeci Mendes de
　　Técnicas dos despachos e decisões judiciais : ritos processuais/ Valdeci Mendes de Oliveira. -- Bauru, SP: EDIPRO, 3ª ed. rev., atual. e ampl. (de acordo com o novo Código Civil), 2004.

　　Bibliografia.
　　ISBN 85-7283-456-7

　　1. Julgamentos – Brasil I. Título.

97.3745	CDU-347.951(81)

Índices para catálogo sistemático:
　1. Brasil: Decisões judiciais : Direito processual 347.951(81)
　2. Brasil: Despachos judiciais : Direito processual 347.951(81)

EDIPRO – Edições Profissionais Ltda.
Rua Conde de São Joaquim, 332 – Liberdade
CEP 01320-010 – São Paulo – SP – Brasil
Fone (11) 3107-4788 – Fax (11) 3107-0061
e-mail: *edipro@uol.com.br*

*Aos meus irmãos
Valmir, Valdir, Valcir, Valdirene
e ao meu cunhado Carlos Eduardo (Dodô)*

SUMÁRIO

APRESENTAÇÃO 33

Título I
DESPACHOS JUDICIAIS E DECISÕES NO JUÍZO CÍVEL 35
GENERALIDADES SOBRE AS ESPÉCIES PROCESSUAIS E PROCEDIMENTAIS 35
Capítulo I – PROCESSO DE CONHECIMENTO 37
A) RITO ORDINÁRIO – PROCESSO DE CONHECIMENTO – INSTRUMENTO DA AÇÃO DE CONHECIMENTO QUE PODE SER AÇÃO DECLARATÓRIA, CONDENATÓRIA E CONSTITUTIVA 37
  1. Citação – Despacho inicial 37
    1.1. Tutela antecipada – Observação 38
      1.1.1. Tutela antecipada – Modelo de despacho concessivo 41
    1.2. Denunciação da lide – Prazo em dobro para contestar e recorrer – Nota jurisprudencial 42
    1.3. Pedido de depósito em consignação incidentalmente formulado em ação revisional de contrato – Possibilidade 42
    1.4. Contestação – Citação – Prazo para contestar – Comparecimento espontâneo 42
    1.5. Revelia – Citação recebida por funcionário da ré – Nulidade inexistente 42
    1.6. Indeferimento de tutela antecipada em "ação ordinária" para assegurar a um só sócio majoritário a assinatura de cheques da sociedade 43
    1.7. Deferimento de medida liminar em ação cautelar para afastamento de sócios acusados de gerência irregular 44

1.8. Citação ao réu impossibilitado de recebê-la – Hipótese de réu demente ou impossibilitado de receber citação (CPC, art. 218) . 45
2. Contestação – Réplica do autor – Despacho após a juntada da contestação nos autos 46
   2.1. Observação 46
   2.2. Reconvenção ajuizada no prazo da contestação – Despacho inicial 46
   2.3. Ação declaratória incidental ajuizada no prazo da contestação . 47
      2.3.1. Generalidades 47
      2.3.2. Declaratória incidental – Despacho inicial de citação 49
      2.3.3. Declaratória incidental em execução – Indeferimento da inicial 50
   2.4. Exceção declinatória de foro – Argüição de incompetência relativa – Despacho inicial 51
      2.4.1. Notas jurisprudenciais sobre competência 51
   2.5. Impugnação ao valor da causa ajuizada no prazo da contestação – Despacho inicial 52
      2.5.1. Exemplo de decisão nos autos de impugnação ao valor da causa 53
3. Especificação de provas – Despacho opcional 54
4. Conciliação – Audiência preliminar de conciliação (CPC, art. 331) .. 54
5. Saneador – Despacho saneador com deferimento de provas a serem produzidas (em audiência) 55
   5.1. Preliminares – Matérias rejeitadas – Exemplos de decisões rejeitando matérias preliminares 56
      5.1.1. Mandato – Ausência do reconhecimento de firma – Inexistência de irregularidade 56
      5.1.2. Mandato – Fotocópia – Admissibilidade – Jurisprudência 56
      5.1.3. Ação de rescisão de contrato – Argumento de carência de ação afastado 57
      5.1.4. Cessionário de imóvel hipotecado e financiado – Morte do cedente – Quitação do financiamento pelo "Seguro" – Benefício ao cessionário – Ação adjudicatória possível 57
      5.1.5. Alimentos – Reconhecimento de paternidade incidental – Desnecessidade de nova ação investigatória – Averbação da paternidade determinada dentro da ação de alimentos .. 59
      5.1.6. Nota jurisprudencial sobre prescrição civil e o tempo do nascimento da exceção 61
   5.2. Outras hipóteses jurisprudenciais 62

6. Falsidade documental – Incidente – Despacho inicial 66
   6.1. Observação sobre o recurso cabível da decisão proferida no incidente de falsidade 67
7. Perito – Despacho de nomeação 67
   7.1. Nota sobre o parecer do assistente técnico e o tempo de apresentação do laudo 68
8. Acordo-decisão homologando acordo das partes (Transação) 69
   8.1. Acordo extrajudicial – Sentença de homologação de acordo extrajudicial e de questão não posta em juízo 69
   8.2. Acordo – Transação – Extinção pelo mérito – Jurisprudência 70
   8.3. Acordo – Advogado – Inexigibilidade para homologação judicial 71
   8.4. Acordo – Renúncia do direito – Sentença de mérito já proferida – Inadmissibilidade 71
9. Extinção do processo pelo cumprimento do julgado 72
   9.1. Desistência da ação – Decisão homologando a desistência da ação 72
10. Recurso – Apelação – Recebimento com efeito devolutivo e suspensivo 72
    10.1. Recurso – Apelação – Recebimento só no efeito devolutivo – Hipótese de autorização de execução provisória 73

B) DA FASE DE LIQUIDAÇÃO DE SENTENÇA NO PROCESSO DE CONHECIMENTO – HIPÓTESE DE MEROS CÁLCULOS ARITMÉTICOS E DE LIQUIDAÇÃO POR ARBITRAMENTO E POR ARTIGOS 74
1. Hipótese de meros cálculos – Despacho inicial 74
   1.1. Jurisprudência sobre a liquidação por cálculos aritméticos 74
   1.2. Liquidação por cálculos – Decisão de rejeição de impugnação feita pelo devedor sobre os cálculos apresentados pelo credor (impugnação genérica do cálculo não admitida) 76
2. Liquidação por arbitramento – Despacho inicial 76
3. Liquidação por artigos – Despacho inicial 77
4. Modelo de sentença em ação de liquidação – Hipótese de prévia condenação criminal do réu por crime contra a honra – Fixação e liquidação do valor dos danos morais para futura execução 78

C) RITO SUMÁRIO – DO PROCESSO DE CONHECIMENTO DE RITO SUMÁRIO (CPC, ART. 275) 81
1. Despacho inicial no rito sumário 81
   1.1. Rito sumário – Procedimento após a primeira audiência de conciliação sem obtenção do acordo ou transação – Hipótese de contestação e necessidade de produção de provas 82
   1.2. Nota sobre os conciliadores 82

D) SENTENÇAS COGNITIVAS SOBRE AÇÃO ANULATÓRIA DE CONTRATO (VÍCIOS DO NEGÓCIO JURÍDICO), REVISÃO DE CONTRATO, INCLUSIVE CONTRATO BANCÁRIO, INDENIZATÓRIA POR DESCUMPRIMENTO CONTRATUAL (QUESTÃO SOBRE DOCUMENTOS DE EXPORTAÇÃO), OBRIGAÇÃO DE FAZER ATERROS (PRESTAÇÃO INCOMPREENSÍVEL E DESPROPORCIONAL) E OBRIGAÇÃO DE NÃO FAZER. MODELOS DE SENTENÇAS 83

1. Sentença cognitiva anulando contrato imobiliário por erro, lesão e prestação incompreensível – Análise dos vícios do negócio jurídico ... 83

2. Sentença cognitiva sobre contrato contendo obrigação de fazer "aterros", com cláusula e condição (prestação) incompreensível e desproporcional – Improcedência da ação de obrigação de fazer e de dar (cominatória) 89

3. Sentença cognitiva versando sobre revisão de contrato bancário e aplicação do Código de Proteção e Defesa do Consumidor – Princípios da revisão contratual por onerosidade excessiva e desproporcionalidade da prestação – Inversão do ônus da prova – Momento – Hipótese em que o Banco não exibe a cópia do contrato ou das propostas e extratos – Nulidade e modificação de cláusulas abusivas – Extinção da dívida bancária – Procedência da ação 94

4. Sentença cognitiva versando sobre revisão de contrato bancário com cláusulas abusivas referentes aos reajustes ou indexação das prestações contratuais com base em moeda estrangeira (dólar americano) – Desequilíbrio, onerosidade e desproporcionalidade da prestação contratual – Procedência da ação – Aplicação do Código de Defesa do Consumidor 99

5. Sentença cognitiva referente à indenização por descumprimento contratual. Exportação – Carta de Crédito – Hipótese de negligência e omissão do Banco na conferência e exame da documentação de exportação de produtos alimentícios, propiciando o cancelamento da Carta de Crédito emitida por ordem da empresa-importadora-adquirente – Hipótese de prestação de serviço deficiente – Ação proposta pela empresa-exportadora-vendedora porque não conseguiu receber o valor da carta de crédito nem recuperar os produtos já embarcados para os Estados Unidos – Ação parcialmente procedente em atenção ao princípio da proporcionalidade entre o grau de culpa e o dano 106

6. Sentença cognitiva de improcedência de ação revisional de contrato bancário 110

7. Sentença cognitiva (cominatória) relativa à obrigação de não fazer – Hipótese de condenação do requerido a abster-se de fabricar produtos iguais (imitados) de outro fabricante – Tutela inibitória-coativa e preventiva 112

SUMÁRIO

Capítulo II – DOS PROCESSOS COM RITOS ESPECIAIS – LEGISLAÇÃO SEPARADA DO CPC – LEIS ESPECIAIS 115

1. Ação civil pública (Lei nº 7.347, de 24.7.1985) 115
   1.1. Generalidades 115
   1.2. Despacho inicial em ação civil pública com deferimento de medida liminar 117
   1.3. Ação civil pública – Jurisprudência sobre a espécie 118
   1.4. Sentença em ação civil pública por improbidade administrativa – Modelo versando sobre cargos cumulativos por vice-prefeito – Questões sobre a legitimidade do Ministério Público e a Lei de Improbidade Administrativa – Competência do Juiz de 1º grau em ação civil contra Prefeito e Vice-Prefeito 126
2. Alienação fiduciária – Ação de busca e apreensão 132
   2.1. Despacho inicial em ação de busca e apreensão 133
   2.2. Alienação fiduciária em garantia – Sentença em ação de busca e apreensão – Hipótese de réu revel 134
   2.3. Alienação fiduciária em garantia – Jurisprudência sobre a espécie ... 135
3. Ação de alimentos 136
   3.1. Alimentos – Execução e revisão – Despacho inicial e opcional . 136
      3.1.1. Nota sobre os conciliadores 136
   3.2. Alimentos e revisão – Segundo despacho, caso infrutífera a conciliação na ação de alimentos e de revisão, não se aplicando à execução cujo despacho obedece ao disposto no art. 733 do CPC 137
   3.3. Alimentos – Exoneração – Sentença de extinção – Ação de exoneração de pensão alimentícia – Maioridade do filho atingida – Independe de ação a exoneração da pensão pela maioridade do filho credor 138
   3.4. Ação de alimentos e a investigação de paternidade 139
4. Desapropriação 139
   4.1. Despacho inicial na ação de desapropriação 139
   4.2. Sentença em ação de desapropriação 141
5. Despejo – Ação de despejo por falta de pagamento 145
   5.1. Despacho inicial na ação de despejo por falta de pagamento ... 145
   5.2. Despejo – Medida liminar – Hipótese de concessão da medida (Lei nº 8.245, de 1991, art. 59) 145
   5.3. Despejo – Medida liminar – Indeferimento da medida 146
   5.4. Despejo – Sentença em ação de despejo por falta de pagamento de alugueres – Réu revel 147
   5.5. Despejo – Jurisprudência 148

6. Falência 150
   6.1. Despacho inicial na ação de falência por falta de pagamento (art. 1º do Decreto-Lei nº 7.661, de 21.6.1945) 150
   6.2. Falência – Extinção do processo em virtude da inércia do autor (paralisação do feito há mais de 30 dias) 150
   6.3. Primeira hipótese de encerramento da falência: arrematação, liquidação e relatório final 150
   6.4. Segunda hipótese de encerramento da falência: não há síndico nem credores habilitados 151
   6.5. Terceira hipótese de encerramento da falência: por falta de bens para arrecadar 152
   6.6. Quarta hipótese de encerramento de falência: inexistência de bens a arrecadar, inexistência de credores habilitados, inexistência de síndico 153
   6.7. Hipótese de habilitação tempestiva de crédito – Primeira habilitação – Despacho inicial na primeira habilitação 154
   6.8. Despacho inicial nas demais habilitações tempestivas 154
   6.9. Despacho mandando certificar o decurso do prazo para habilitações e outras providências 155
   6.10. Despacho em habilitação retardatária 155
   6.11. Despacho declarando habilitado o crédito quirografário 155
   6.12. Despacho declarando habilitado um crédito preferencial (trabalhista) 156
   6.13. Decisão declarando habilitados os créditos tempestivos 156
   6.14. Despacho inicial em pedido de restituição 156
   6.15. Sentença decretando a falência 157
   6.16. Concordata preventiva – Despacho inicial 161
   6.17. Concordata preventiva – Despacho deferindo o processamento ... 164
   6.18. Concordata preventiva – Despacho fixando o roteiro da concordata após a recusa do 1º Comissário nomeado pelo Juiz 166
7. Mandado de segurança 167
   7.1. Mandado de segurança – Despacho inicial – Deferimento da medida liminar 167
   7.2. Mandado de segurança – Indeferimento da medida liminar 168
   7.3. Mandado de segurança – Jurisprudência sobre a espécie 169
8. Popular – Ação popular 172
   8.1. Despacho inicial na ação popular com deferimento da medida liminar 172
9. Separação judicial litigiosa 174

9.1. Despacho inicial em ação de separação litigiosa 174
9.2. Separação judicial – Jurisprudência sobre a espécie 174
9.3. Separação de corpos consensual para aguardar os dois anos de matrimônio para os cônjuges pleitearem a separação definitiva – Cautelar – Incomunicabilidade dos aqüestos 177
9.4. Separação – Conversão consensual em divórcio – Sentença 178
9.5. Separação – Conversão litigiosa em divórcio – Réu revel – Sentença 179

Capítulo III – PROCESSO DE EXECUÇÃO 183

GENERALIDADES – ESPÉCIES DE EXECUÇÃO 183

A) AÇÃO DE EXECUÇÃO POR QUANTIA CERTA CONTRA DEVEDOR SOLVENTE 183
1. Citação e penhora – Despacho inicial 183
2. Penhora – Nomeação pelo devedor – Recusa do credor 185
3. Penhora – Despacho para penhora de bens dos sócios de empresa comercial 185
4. Penhora sobre dinheiro da empresa ou sobre o faturamento mensal 186
5. Impenhorabilidade de bem de família – Bens móveis 187
    5.1. Jurisprudência sobre a impenhorabilidade de certos bens 188
6. Impenhorabilidade da pequena propriedade rural – Decisão 188
    6.1. Acórdão na íntegra que manteve decisão proferida nos termos do item 6 retro 191
7. Fraude à execução – Reconhecimento nos próprios autos da execução 192
8. Avaliação – Despacho nomeando perito avaliador na execução 193
9. Arrematação – Despacho 193
10. Carta de arrematação – Despacho ordenando a expedição de carta de arrematação 195
11. Adjudicação – Despacho de deferimento 195

B) AÇÃO DE EXECUÇÃO PARA ENTREGA DE COISA CERTA 197
1. Citação – Despacho inicial 197

C) EXECUÇÃO PARA ENTREGA DE COISA INCERTA 198
1. Citação – Despacho inicial 198
2. Despacho convertendo execução para a entrega de coisa incerta em execução por quantia certa 199
3. Jurisprudência sobre execução de dar coisa incerta 201

D) AÇÃO DE EXECUÇÃO DE OBRIGAÇÃO DE FAZER, INCLUSIVE A AÇÃO EXIGITÓRIA DE DECLARAÇÃO DE VONTADE (ADJUDICATÓRIA) 201
1. Despacho inicial 201
   1.1. Execução de obrigação de fazer – Hipótese de promessa de construção de prédio residencial simples 203
2. Ação exigitória de declaração de vontade ou adjudicatória – Sentença 203

E) AÇÃO DE EXECUÇÃO DE OBRIGAÇÃO DE NÃO FAZER 206
1. Despacho inicial 206
2. Observação sobre a execução de dar, fazer e não fazer no Juizado Especial Cível (Lei nº 9.099/1995) 207

F) AÇÃO DE EXECUÇÃO DE PRESTAÇÃO ALIMENTÍCIA COM PEDIDO DE PRISÃO DO DEVEDOR (CPC, ART. 733) 207
1. Despacho inicial 207

G) AÇÃO DE EXECUÇÃO CONTRA A FAZENDA PÚBLICA (CPC, ART. 730) 208
1. Despacho inicial 208

H) AÇÃO DE EXECUÇÃO FISCAL (LEI Nº 6.830/1980) 209
1. Despacho inicial – Roteiro 209
2. Suspensão da execução fiscal por não ter sido encontrado o devedor ou bens para serem penhorados – Despacho 210
3. Nota jurisprudencial sobre a execução fiscal 210

I) EXECUÇÃO PROVISÓRIA (CPC, ARTS. 587 e 588) 211
1. Despacho inicial 211
2. Execução Provisória – Multa fixada em decisão antecipatória de tutela – Cobrança – Exceção de Pré-Executividade do Devedor – Rejeição – Hipótese de existência de título executivo judicial (CPC, arts. 273, § 3º, 287, 461, 461-A e 588, com redação dada pela Lei nº 10.444/2002) – Decisão de 1º Grau 212

J) EXECUÇÃO POR QUANTIA CERTA CONTRA DEVEDOR INSOLVENTE 214
1. Despacho inicial de citação na execução coletiva 214

L) EMBARGOS À EXECUÇÃO OU EMBARGOS DO DEVEDOR – EMBARGOS À ARREMATAÇÃO OU À ADJUDICAÇÃO 215
1. Embargos na execução por quantia certa contra devedor solvente .. 215
   1.1. Despacho inicial de recebimento de embargos do devedor 215
   1.2. Embargos de co-executado que não sofreu a constrição de seus bens – Admissibilidade 215

1.3. Embargos do devedor – Decisão rejeitando liminarmente os embargos do devedor ajuizados fora do prazo legal 216

1.4. Embargos à arrematação ou embargos à adjudicação (CPC, art. 746) – Despacho inicial 217

1.5. Embargos à arrematação – Sentença – O credor pode lançar na 2ª praça ou leilão, e se o preço atingiu 70% da avaliação, não há preço vil – O credor pode arrematar por preço inferior ao da avaliação na 2ª praça – Improcedência dos embargos 218

1.6. Embargos de Retenção por Benfeitorias – Despacho inicial 220

1.7. Jurisprudência sobre matérias versadas nos embargos à execução 221

2. Jurisprudência sobre a definitividade da execução de título judicial na pendência de recurso de apelação ajuizado contra a sentença que julgou improcedente os embargos do devedor 230

Capítulo IV – PROCESSO CAUTELAR 237

Nota e observação sobre o Processo Cautelar 237

1. Ação cautelar inominada 238

   1.1. Julgados sobre caução – Faculdade do juiz 238

2. Arresto – Despacho inicial 239

3. Seqüestro – Despacho inicial 240

4. Caução – Despacho inicial 241

   4.1. Caução legal – Hipótese 241

5. Busca e apreensão – Despacho inicial 242

6. Ação de exibição de documentos – Despacho inicial 243

   6.1. Exibição de documentos – Jurisprudência 243

   6.2. Sentença na ação cautelar de exibição – Conseqüências da procedência – Uma espécie 244

7. Produção antecipada de provas (vistoria *ad perpetuam rei memoriam*) – Despacho inicial 246

8. Alimentos provisionais – Despacho inicial 247

9. Arrolamento de bens – Despacho inicial 248

10. Justificação – Despacho inicial 249

11. Protestos, notificações e interpelações – Despacho inicial 249

    11.1. Protesto contra alienação de bens – (CPC, art. 870, parágrafo único) 250

12. Homologação do penhor legal – Despacho inicial 251

13. Da posse em nome do nascituro – Despacho inicial 252

14. Do atentado – Despacho inicial 253

    14.1. Atentado – Hipótese de paralisação de obras em área de terras a ser loteada – Medida liminar deferida 253

15. Sentença cautelar de extinção do processo no caso de não propositura da ação principal 256
16. Jurisprudência sobre ações cautelares em geral 256
   16.1. Cumulatividade de medidas cautelares num único processo cautelar – Possibilidade 256

Capítulo V – DOS PROCEDIMENTOS ESPECIAIS DE JURISDIÇÃO CONTENCIOSA 259

1. Ação de consignação em pagamento 259
   1.1. Despacho inicial na ação consignatória de dinheiro 259
   1.2. Ação consignatória de coisa certa – Despacho inicial 260
   1.3. Ação consignatória de coisa incerta, e com escolha deferida ao credor (CPC, art. 894) 260
2. Depósito – Ação de depósito 261
   2.1. Despacho inicial 261
   2.2. Depósito – Jurisprudência 262
3. Ação de anulação e substituição de títulos ao portador – Despacho inicial 262
4. Ação de prestação de contas 262
   4.1. Citação – Despacho inicial 262
   4.2. Observação sobre a ação de prestação de contas 264
   4.3. Prestação de contas – Sentença – Réu revel 264
   4.4. Prestação de Contas – Sentença dando a 1ª fase da ação por superada, e com a 2ª fase encerrada desde logo – Hipótese de aprovação das contas, sem saldo a fixar para qualquer das partes 266
   4.5. Prestação de Contas – Sentença – Hipótese determinando ao Banco a prestação de contas por vender um bem do cliente e não explicar o quanto amortizou ou liquidou – Rejeição da tese da defesa 268
   4.6. Prestação de contas – Jurisprudência sobre a espécie 270
5. Das ações possessórias (reintegração de posse, manutenção de posse e interdito proibitório) 272
   5.1. Reintegração de posse 272
      5.1.1. Deferimento de medida liminar de reintegração – Despacho inicial 272
      5.1.2. Reintegração de posse – Hipótese de designação de audiência para justificação prévia antes do deferimento da medida liminar 273
      5.1.3. Reintegração de Posse – Hipótese em que não se encontrou o bem móvel com o réu – Pedido de conversão em execução de dar – Despacho de Indeferimento 273

5.2. Manutenção de posse 274
    5.2.1. Deferimento de medida liminar de manutenção – Despacho inicial 274
    5.2.2. Manutenção de posse – Hipótese de audiência preliminar de justificação de posse 275
5.3. Interdito proibitório – Despacho inicial 275
5.4. Sentença possessória – Rescisão de contrato 276
    5.4.1. Sentença possessória – Terreno invadido – Hipótese de vizinho que construiu no terreno errado e adquiriu a propriedade do terreno de outrem, mas ficou obrigado a indenizar – Procedência parcial da ação possessória do dono do terreno invadido 287
    5.4.2. Imissão na posse – Ação atipicamente possessória – Sentença – Cessionário – Contrato de compromisso de venda e compra não registrado – Possibilidade e legitimidade do cessionário – Citação com hora certa – Contestação serôdia – Acórdão ratificando a sentença 291
        5.4.2.1. Acórdão mantendo a decisão de imissão na posse transcrita no item anterior 293
5.5. Notas sobre ações possessórias 295
    5.5.1. Nota sobre a posse justa e injusta 295
    5.5.2. Nota sobre a interpretação do art. 505 do Código Civil de 1916, cujo texto foi parcialmente repetido no art. 1.210, § 2º, do Código Civil de 2002 – Natureza jurídica da posse (Direito Real) – Efeitos – Interditos possessórios 296
    5.5.3. Nota sobre a interpretação do art. 521 do Código Civil de 1916, cuja regra não foi repetida expressamente pelo Código Civil de 2002, no capítulo da "perda da posse" (arts. 1.223 e 1.224) – Possibilidade, todavia, de aplicação interpretativa e integrativa no novo sistema jurídico .. 299
5.6. Jurisprudência sobre ações possessórias 299
6. Ação de nunciação de obra nova 302
    6.1. Despacho inicial 302
7. Usucapião – Ação de usucapião extraordinário 303
    7.1. Despacho inicial 303
    7.2. Sentença em ação de usucapião extraordinário 303
    7.3. Jurisprudência sobre usucapião 306
8. Divisão e demarcação de terras 307
    8.1. Divisão – Despacho inicial 307
    8.2. Divisão – Indeferimento da inicial por pretender o autor a divisão parcial, e não total – Fundamentos jurídicos da divisão 308
    8.3. Demarcação – Despacho inicial 310

9. Inventário e arrolamento sumário 311
   9.1. Arrolamento sumário – Despacho inicial 313
   9.2. Arrolamento – Sentença homologatória de partilha no arrolamento sumário 314
   9.3. Inventário – Despacho inicial 315
   9.4. Habilitação de crédito – Sentença de não habilitação de credora e remessa das partes às vias ordinárias, com reserva de bens no inventário 317
   9.5. Jurisprudência sobre inventário e partilha de bens 319
   9.6. Notas sobre inventário e partilha de bens 328
       9.6.1. Nota sobre alvará para a alienação de bens do espólio ... 328
       9.6.2. Nota sobre a renúncia de herança e a dispensa do consentimento do cônjuge renunciante 329
10. Embargos de terceiro 330
    10.1. Despacho inicial em embargos de terceiro, com deferimento de medida liminar 330
    10.2. Embargos de terceiro – Indeferimento de medida liminar 330
    10.3. Embargos de terceiro – Caução – Hipótese do embargante que não pode prestar caução e pede que a própria coisa a lhe ser restituída seja tomada como garantia – Admissibilidade 331
    10.4. Jurisprudência sobre embargos de terceiro 331
11. Habilitação – Ação de habilitação incidental – Substituição da parte falecida pelos seus sucessores 334
    11.1. Despacho inicial 334
    11.2. Habilitação do adquirente e do cessionário 335
    11.3. Habilitação – Decisão especial em habilitação (concubina) 336
12. Restauração de autos 336
    12.1. Despacho inicial 336
13. Venda com reserva de domínio 337
    13.1. Despacho inicial 337
    13.2. Jurisprudência sobre a ação referente à venda com reserva de domínio 338
14. Ação de instituição de arbitragem ou ação exigitória de compromisso arbitral (Lei nº 9.307, de 23.9.1996) 338
    14.1. Despacho inicial 338
    14.2. Jurisprudência sobre a instituição de arbitragem 339
15. Ação monitória 340
    15.1. Despacho inicial 340
    15.2. Monitória – Despacho convertendo o mandado inicial da monitória em mandado executivo – Despacho de conversão 340
    15.3. Jurisprudência sobre ação monitória 341

Capítulo VI – DOS PROCEDIMENTOS ESPECIAIS DE JURISDIÇÃO VOLUNTÁRIA ... 343

NOTA SOBRE AS ESPÉCIES PROCEDIMENTAIS ... 343

1. ALVARÁS – VÁRIAS HIPÓTESES DE PEDIDOS ... 343
   1.1. Alvará – Despacho inicial ... 343
   1.2. Alvará para levantamento de dinheiro – Despacho de deferimento quando há herdeiros menores ... 344
   1.3. Alvará – Despacho de deferimento quando existem somente herdeiros maiores, mas o pedido inicial vem sem a concordância de todos – Hipóteses de saques de resíduos de benefícios previdenciários do INSS, de valor inferior a 10 salários mínimos ... 344
2. ALIENAÇÕES JUDICIAIS ... 345
   2.1. Despacho inicial em pedido de alienação judicial de bens ... 345
   2.2. Jurisprudência sobre a venda judicial de coisa comum indivisível .. 345
   2.3. Modelo de sentença em ação de alienação de bens comuns ... 346
3. EMANCIPAÇÃO DE ÓRFÃO ... 348
   3.1. Despacho inicial ... 348
   3.2. Emancipação de órfão – Sentença ... 348
4. PEDIDO DE SUB-ROGAÇÃO DE VÍNCULO ... 350
   4.1. Despacho inicial ... 350
   4.2. Jurisprudência sobre sub-rogação de vínculo ... 350
5. SEPARAÇÃO CONSENSUAL ... 350
   5.1. Despacho inicial ... 350
   5.2. Sentença homologatória da separação consensual ... 351
   5.3. Separação consensual – Jurisprudência sobre a espécie ... 351
6. TESTAMENTOS E CODICILOS ... 352
   6.1. Testamento público – Ação de apresentação, registro e cumprimento de testamento público ... 352
      6.1.1. Despacho inicial ... 352
      6.1.2. Testamento público – Sentença de cumprimento ... 353
      6.1.3. Testamento público – Despacho nomeando testamenteiro dativo, quando o testador não tiver feito a nomeação de particular ... 355
   6.2. Testamento particular – Ação de confirmação, publicação, registro e cumprimento de testamento particular ... 356
      6.2.1. Nota preliminar ... 356
      6.2.2. Testamento particular – Despacho inicial ... 356
   6.3. Testamento cerrado – Ação de apresentação, abertura, registro e cumprimento de testamento cerrado – Procedimento ... 358

6.4. Testamentos militar, marítimo-aeronáutico, nuncupativo e do codicilo – Procedimento	358
6.5. Testamentos – Jurisprudência sobre a espécie	359
7. RETIFICAÇÕES NO REGISTRO CIVIL	360
7.1. Retificação de erro no registro civil – Despacho inicial	360
7.2. Retificação – Sentença no pedido de retificação de erro no registro civil	360
7.2.1. Retificação no Registro Civil – Modificação do sexo e do prenome – Transexual – Possibilidade	361
7.3. Retificação – Jurisprudência sobre retificação no registro civil	364
8. RETIFICAÇÃO NO REGISTRO DE IMÓVEIS	365
8.1. Despacho inicial	365
8.2. Sentença deferindo a retificação no registro de imóveis – Anotações sobre as espécies de retificações	366
9. AÇÃO DE SUPRIMENTO DE IDADE	369
9.1. Despacho inicial	369
9.2. Sentença de suprimento de idade	370
10. AÇÃO DE SUPRIMENTO DE CONSENTIMENTO	371
10.1. Despacho inicial	371
10.2. Suprimento de consentimento – Jurisprudência sobre a espécie .	372
11. HERANÇA JACENTE – DESPACHO EM PEDIDO DE "HERANÇA JACENTE" (QUE JAZ OU ESPERA POR HERDEIROS) – HÁ CERTEZA DE MORTE DO TITULAR DOS BENS	373
11.1. Despacho inicial	373
11.2. Jurisprudência sobre herança jacente	374
12. DA ARRECADAÇÃO DOS BENS DO AUSENTE (CPC, ARTS. 1.159 E SEGS.)	375
12.1. Despacho inicial	375
12.2. Jurisprudência sobre a arrecadação dos bens do ausente	377
13. INTERDIÇÃO	378
13.1. Despacho inicial em ação de interdição ou curatela	378
13.2. Sentença no processo de interdição	379
13.3. Jurisprudência sobre interdição	381
14. DIVISÃO PELO PROCEDIMENTO DE JURISDIÇÃO VOLUNTÁRIA, MESMO COM CONDÔMINO INCAPAZ	383
14.1. Noções preliminares	383
14.2. Despacho inicial na divisão pelo procedimento de jurisdição voluntária	385

Título II
DESPACHOS JUDICIAIS E DECISÕES NO JUÍZO CRIMINAL . 387
GENERALIDADES 387
Capítulo I – PROCESSO COMUM OU ORDINÁRIO 389

A) DO PROCESSO PENAL COMUM OU ORDINÁRIO (CÓDIGO DE PROCESSO PENAL, ARTS. 394 A 405 E 498 A 502), QUE SE APLICA PARA APURAÇÃO E JULGAMENTO DOS CRIMES PUNIDOS COM RECLUSÃO 389

1. Inquérito policial – Arquivamento – Despacho de arquivamento de inquérito 389

   1.1. Inquérito policial – Remessa ao procurador-geral de justiça por não acolhimento do pedido de arquivamento formulado pelo promotor de justiça – Despacho conforme art. 28 do Código de Processo Penal 390

   1.2. Inquérito policial – Hipótese de réu preso e concessão de liberdade provisória sem fiança 390

   1.3. Inquérito policial – Interceptação de comunicações telefônicas (Lei nº 9.296, de 24.7.1996) – Despacho de concessão 392

   1.4. Inquérito policial – Busca domiciliar – Despacho de autorização 393

   1.5. Inquérito policial – Pedido de restituição de coisas apreendidas 394

2. Denúncia – Despacho inicial de recebimento da denúncia 395

   2.1. Prisão preventiva – Representação para decretação – Despacho de deferimento 396

   2.2. Prisão preventiva – Representação para decretação – Hipótese de indeferimento – Despacho 397

   2.3. Prisão temporária – Hipótese – Despacho de decretação 399

3. Denúncia – Hipótese de suspensão do processo – despacho de suspensão do processo, conforme art. 89 da Lei nº 9.099/1995 – (Lei do Juizado Especial Criminal) 400

4. Revelia – Suspensão do processo – Despacho de suspensão do processo de réu revel citado por edital e suspensão da prescrição (CPP, art. 366, com redação dada pela Lei nº 9.271/1996) 401

   4.1. Nota Jurisprudencial sobre a Suspensão do Processo 402

5. Audiência de instrução – Despacho de designação – Inquirição de testemunhas – Revelia – Decretação ao réu citado pessoalmente e por mandado – Cartas precatórias e prazos para cumprimento 403

6. Instrução encerrada – Despacho após a inquirição de todas as testemunhas (Rito ordinário) 404

7. Outras testemunhas – Despacho para ouvir outras testemunhas não arroladas pelas partes, ou aquelas indicadas na fase prevista no art. 499 do CPP 404

8. Testemunha – Substituição – Despacho deferindo a substituição de testemunha não encontrada (CPP, arts. 397 e 405) 405

9. Incidente de insanidade mental – Despacho e portaria determinando a instauração de incidente de insanidade mental 405

   9.1. Despacho inicial 405

   9.2. Portaria instaurando o incidente de insanidade mental do acusado 406

   9.3. Dependência toxicológica – Portaria instaurando o incidente de exame médico para verificação de dependência toxicológica (Lei nº 6.368/1976, arts. 11, 19, 22, § 5º, 23, § 1º, e 29) 407

      9.3.1. Jurisprudência sobre a Dependência Toxicológica 409

10. Sentença absolutória por falta de provas – Exemplo 410

11. Execução penal – Despacho parcelando pagamento de pena de multa 411

12. Execução penal – Extinção da punibilidade – Despacho de extinção da punibilidade pelo cumprimento da pena 412

   12.1. Extinção da punibilidade por morte do agente – Despacho 412

   12.2. Extinção da punibilidade pela prescrição – Despacho 413

      12.2.1. Jurisprudência sobre Prescrição 413

13. Execução – *Sursis* – Despacho tornando sem efeito o *sursis* 414

   13.1. Restauração ou restabelecimento do *sursis* – Despacho de concessão 415

14. Execução – *Sursis* – Despacho alterando as condições impostas no *sursis* 416

15. Execução – Prestação de serviço à comunidade – Despacho estabelecendo condições 416

16. Execução – Progressão de regime de cumprimento da pena – Despacho 418

17. Execução – Autorização de saída temporária – Visita à família – Despacho de concessão 419

18. Execução – Remição da pena em virtude de trabalho prestado – Despacho 420

B) PROCESSO DA COMPETÊNCIA DO JÚRI 421

1. Júri – Despacho inicial – Recebimento da denúncia 421

2. Júri – Audiência de instrução – Designação – Testemunhas 421

3. Júri – Encerramento da instrução – Despacho após a inquirição de todas as testemunhas arroladas 421

4. Sentença de Pronúncia – Exemplo da parte "dispositiva" de uma sentença de pronúncia 422

   4.1. Julgado sobre "qualificadora" do crime sujeito a julgamento pelo Tribunal do Júri 422

SUMÁRIO

4.2. Jurisprudência sobre "concurso de pessoas" em crime de homicídio 423

5. Júri – Hipótese de réu inimputável e laudo médico já feito na fase policial – Denúncia recebida e prosseguimento do feito até sentença – Despacho inicial 423

    5.1. Sentença de pronúncia – Réu inimputável – Aplicação de medida de segurança 424

    5.2. Acórdão na íntegra que manteve uma decisão proferida nos termos do item 5.1. retro 428

    5.3. Júri – Pronúncia – Desclassificação de homicídio tentado para a tentativa de estupro 430

    5.4. Acórdão na íntegra que manteve uma decisão proferida nos termos do item 5.3. retro (Desclassificação) 435

6. Júri – Libelo acusatório – Despacho após o trânsito em julgado da sentença de pronúncia 436

7. Júri – Libelo – Contrariedade da defesa – Despacho após o oferecimento do libelo acusatório 437

    7.1. Contrariedade ao libelo – Apresentação da peça de contrariedade e do rol de testemunhas, pelo defensor, fora do prazo legal – Decisão de indeferimento 437

8. Júri – Designação de data para a sessão de julgamento – Despacho após o oferecimento, pelo defensor, da peça de contrariedade ao libelo 439

9. Júri – Quesitos – Exemplos – Comentários 439

    9.1. Quesitos sobre homicídio doloso 439

    9.2. Quesitos sobre tentativa de homicídio 442

    9.3. Quesitos sobre o estado de necessidade – (Excludente de antijuridicidade) 445

    9.4. Quesitos sobre as excludentes do "estrito cumprimento de dever legal e exercício regular de direito" 446

    9.5. Quesitos sobre coação irresistível e obediência hierárquica 446

    9.6. Aborto – Quesitos 447

        9.6.1. Quesitos sobre o aborto provocado pela gestante ou com seu consentimento – Hipótese prevista no art. 124 do Código Penal (auto-aborto e/ou aborto consentido) 447

        9.6.2. Aborto provocado por terceiro, sem consentimento da gestante (Código Penal, art. 125) 449

        9.6.3. Aborto provocado por terceiro, com consentimento da gestante (Código Penal, art. 126) 450

    9.7. Infanticídio – Quesitos 451

10. Jurisprudência e Enunciados sobre o Júri 451

10.1. Conclusões tiradas do 1º Encontro de Juízes do Júri de São Paulo 451

Capítulo II – DO PROCESSO PENAL SUMÁRIO – CPP, ARTS. 538 A 540 APLICADO PARA APURAÇÃO E JULGAMENTO DOS CRIMES PUNIDOS COM DETENÇÃO, OS CRIMES CULPOSOS E AS CONTRAVENÇÕES 453

1. Observação 453
2. Despacho inicial de recebimento de denúncia 453
3. Audiência de instrução, debates e julgamento no processo de rito sumário – Despacho 453

Capítulo III – DOS PROCESSOS CRIMINAIS ESPECIAIS 455

A) PROCESSO ESPECIAL PARA APURAÇÃO E JULGAMENTO DE CRIMES FALIMENTARES (CPP, ARTS. 503 A 512) 455

1. Nota importante 455
2. Crimes falimentares – Denúncia – Despacho inicial de recebimento ... 455

B) DO PROCESSO CRIMINAL PARA APURAÇÃO E JULGAMENTO DOS CRIMES DE RESPONSABILIDADE DOS FUNCIONÁRIOS PÚBLICOS (ARTS. 513 A 518) 456

1. Nota Importante 456
2. Processo judicial contra funcionário público – Despacho inicial que antecede o recebimento da denúncia 456
3. Funcionário público – Denúncia – Recebimento 457

C) PROCESSO ESPECIAL PARA APURAÇÃO E JULGAMENTO DOS CRIMES DE CALÚNIA, DIFAMAÇÃO E INJÚRIA (ARTS. 519 A 523) ... 458

1. Despacho inicial antes de receber a queixa-crime – Audiência de conciliação – Procedimento posterior 458
2. Calúnia, difamação e injúria – Hipótese de pedido judicial de explicações sobre ofensas contra a honra (CP, art. 144) – Despacho inicial . 459

D) PROCESSO ESPECIAL POR CRIME CONTRA A PROPRIEDADE IMATERIAL (CPP, ARTS. 524 A 530) 459

1. Nota importante 459
2. Despacho inicial no pedido prévio de busca e apreensão para apuração de crime contra a propriedade imaterial 460
3. Crime contra a propriedade imaterial – Recebimento da denúncia ou queixa 461

E) O PROCESSO ESPECIAL DE RESTAURAÇÃO DE AUTOS EXTRAVIADOS OU DESTRUÍDOS (CPP, ARTS. 541 A 548) 461

1. Restauração de autos – Despacho inicial 461

Capítulo IV – HIPÓTESES PROCEDIMENTAIS PECULIARES ... 463

1. Aborto – Autorização para aborto – Despacho inicial ... 463
2. Cremação de cadáver (hipótese de morte violenta) – Despacho ... 465
3. Eleitoral – Crimes eleitorais – Procedimento ... 467
   3.1. Despacho inicial de recebimento da denúncia ... 467
4. Habeas corpus ... 467
   4.1. Despacho inicial em habeas corpus ... 468
   4.2. Habeas corpus – Jurisprudência ... 469
5. Crime de imprensa – Direito de resposta – Pedido judicial para resposta – Lei nº 5.250/1967 – Despacho ... 470
   5.1. Crime de imprensa (Lei nº 5.250/1967) – Crime de calúnia, difamação e injúria pela imprensa – Queixa-crime ou denúncia – Procedimento especial – Despacho inicial de citação do réu ... 470
6. Reabilitação criminal – Sentença de deferimento ... 472
   6.1. Reabilitação criminal – Jurisprudência sobre a espécie ... 474
7. Tóxicos – Crimes – Leis nº 6.368, 21.10.1976 e nº 10.409, de 11.1.2002 – Procedimentos ... 475
   7.1. Despacho Inicial determinando a citação do acusado para responder por escrito à acusação, e intimando-o para o interrogatório judicial, tanto nos crimes apenados com detenção como com reclusão ... 475
   7.2. Despacho de recebimento da denúncia por crime previsto na Lei Antitóxico ... 476
   7.3. Observação sobre os prazos procedimentais da Lei Antitóxicos (Lei 10.409/2002) ... 477
8. Internação de pessoas portadoras de transtornos mentais (Lei nº 10.216, de 6 de abril de 2001) ... 478
   8.1. Despacho inicial determinando a internação involuntária e/ou compulsória de pessoa portadora de transtorno mental ... 478

Título III
DESPACHOS JUDICIAIS E DECISÕES NO JUÍZO DA INFÂNCIA E JUVENTUDE ... 481

Generalidades ... 481

Capítulo I – DA JURISDIÇÃO CRIMINAL ... 483

1. Criminal – Representação do Ministério Público – Despacho inicial de recebimento de representação – Citação do adolescente infrator e procedimento posterior ... 483

2. Criminal – Remissão para o adolescente infrator – Despacho de concessão 484
3. Criminal – Medidas sócio-educativas – Despacho alterando medida sócio-educativa anteriormente aplicada 484
4. Criminal – Internação ou custódia cautelar de adolescente infrator 485
5. Criminal – Prescrição – Decisão rejeitando arguição de prescrição das medidas sócio-educativas 486
   5.1. Nota jurisprudencial sobre prescrição 487
6. Criminal – Recurso – Despacho de recebimento 487
7. Nota sobre o processo administrativo para punição escolar (suspensão de aluno) 489
8. Criminal – Jurisprudência perante o E.C.A. 489

Capítulo II – DA JURISDIÇÃO CÍVEL... 491
1. Generalidades 491
2. Cível – Guarda – Despacho inicial deferindo a guarda provisória e em caráter liminar – Citação dos requeridos 491
   2.1. Cível – Guarda – Sentença em pedido de guarda 492
      2.1.1. Cível – Guarda – Outro modelo de sentença 494
      2.1.2. Cível – Guarda – 3ª espécie de modelo de sentença 495
   2.2. Nota jurisprudencial cível 496
3. Hipótese de indeferimento de petição inicial de ação de guarda compartilhada proposta por avós e a mãe biológica do infante 497
4. Segunda hipótese de indeferimento de petição inicial de ação de guarda compartilhada-conjunta, proposta por ex-companheiro da mãe biológica do menor, que já se encontra casado com outra mulher, estando a referida genitora também em união estável com outro homem – Inadmissibilidade da guarda compartilhada de menor entre duas pessoas de tetos e famílias diferentes, que não são cônjuges nem conviventes 500
5. Cível – Adoção – Despacho inicial em pedido de adoção 503
   5.1. Cível – Adoção – Sentença de adoção 503
   5.2. Cível – Adoção unilateral – Hipótese prevista no art. 41, § 1º, do ECA – Despacho inicial na adoção unilateral 505
   5.3. Adoção Unilateral – Sentença 506
   5.4. Notas e jurisprudências sobre adoção 507
6. Cível – Destituição ou suspensão do pátrio poder ou poder familiar – Despacho em pedido de destituição ou suspensão do pátrio poder 508
   6.1. Jurisprudência 508
7. Cível – Tutela – Despacho inicial 508
   7.1. Tutela civil de órfão – Sentença 509
   7.2. Tutela – Jurisprudência 510

8. Autorização para criança ou adolescente viajar (arts. 83 a 85 da Lei nº 8.069, de 13.7.1990) 511
   8.1. Notas preliminares 511
   8.2. Despacho inicial em pedido de autorização de viagem 511
   8.3. Despacho concessivo da autorização de viagem 512
   8.4. Hipótese de indeferimento de autorização de viagem de criança para o exterior – Sentença e acórdão 513
      8.4.1. Sentença de indeferimento 513
      8.4.2. Acórdão do Tribunal mantendo a sentença de indeferimento de viagem de criança ao Exterior 514
9. Alvarás para bailes, brincadeiras dançantes, festas de peão, certames de beleza, jogos em fliperama, quermesses, parques de diversões, etc. . 516
   9.1. Alvará para bailes ou brincadeiras dançantes noturnas em clubes com atividades permanentes (tênis clube, grêmios, etc.) 516
   9.2. Alvará para festa do peão 517
      9.2.1. Nota jurisprudencial sobre a feira agropecuária e a "festa do peão" – Hipótese de responsabilidade civil 518
   9.3. Alvará para certame de beleza (concurso de miss, garota do ano, etc.) 518
   9.4. Alvará para os bailes carnavalescos e matinês 519
   9.5. Alvará para jogos em "vídeo-games" e fliperamas 520
   9.6. Alvará para "festa junina" e para "quermesse" (a decisão é igual para as duas hipóteses) 522
   9.7. Alvará para parque de diversões 523

Capítulo III – PROCEDIMENTO PARA APURAÇÃO DE INFRAÇÕES ADMINISTRATIVAS ÀS NORMAS DE PROTEÇÃO À CRIANÇA E AO ADOLESCENTE – (LEI Nº 8.069/1990, ARTS. 194 A 197 E 245 A 258) ... 525
1. Nota preliminar 525
2. Despacho inicial em procedimento para apuração de infração administrativa ao Estatuto da Criança e do Adolescente 525

Título IV
DESPACHOS JUDICIAIS E DECISÕES NO JUIZADO ESPECIAL CÍVEL 527
1. Generalidades 527
2. Primeiro despacho judicial possível numa ação proposta perante o Juizado Especial Cível, excluída a de execução 528
   2.1. Nota preliminar 528
   2.2. Despacho inicial 528

3. Segundo despacho judicial em ação proposta perante o Juizado Especial – Hipótese de homologação de acordo 529
4. Terceiro despacho judicial possível em ação proposta perante Juizado Especial Cível – As partes fazem opção pelo juízo arbitral 530
5. Quarto despacho judicial possível em ação proposta perante o Juizado Especial Cível – Hipótese de designação de audiência de instrução 530
   5.1. Observação sobre a prova técnica ou pericial 531
6. Quinto despacho judicial possível em ação proposta perante o Juizado Especial Cível – Hipóteses de extinção do processo (art. 51 da Lei nº 9.099/1995) 531
7. Sentença condenatória no Juizado Especial Cível – Exemplo – Hipótese de réu revel 532
8. Execução no Juizado Especial Cível 533
   8.1. Execução por quantia certa contra devedor solvente – Despacho inicial 533
      8.1.1. Adjudicação imediata dos bens penhorados em virtude da ausência do devedor na audiência de conciliação e ausência de embargos (Lei nº 9.099/1995, art. 53, §§ 1º e 3º) 534
   8.2. Decisão declaratória de extinção da execução por não ter sido encontrado o devedor, ou por inexistirem bens penhoráveis 535
   8.3. Ação de execução para entrega de coisa certa 535
      8.3.1. Citação do devedor – Despacho inicial 535
   8.4. Ação de execução para entrega de coisa incerta 537
      8.4.1. Citação do devedor – Despacho inicial 537
   8.5. Ação de execução de obrigação de fazer 538
      8.5.1. Despacho inicial 538
   8.6. Ação de execução de obrigação de não fazer 540
      8.6.1. Despacho inicial 540
9. Jurisprudência sobre o Juizado Especial Cível 541
10. Enunciados Cíveis aprovados e ratificados no XIV Encontro Nacional de Coordenadores de Juizados Especiais Cíveis e Criminais do Brasil ... 544
    10.1. Enunciados relativos à Medida Provisória nº 2152-2/2001 549

Título V
DESPACHOS JUDICIAIS E DECISÕES NO JUIZADO ESPECIAL CRIMINAL 551
1. Generalidades 551
2. Despachos Judiciais no Juizado Especial Criminal 556
   2.1. Primeiro despacho possível – Vista ao Ministério Público 556

2.2. Segundo despacho possível em processos do Juizado Especial Criminal – Designação de audiência para conciliação e alternativas legais para o infrator 556
2.3. Terceiro despacho possível em processos do Juizado Especial Criminal – Extinção da punibilidade pelo pagamento da multa 557
2.4. Quarto despacho possível em Processos do Juizado Especial Criminal – Disposições para cumprimento da pena restritiva de direitos 558
3. Termos de Audiências no Juizado Especial Criminal 560
   3.1. Termo de Audiência de Conciliação Criminal – Hipótese de renúncia da vítima à representação 560
   3.2. Termo de Audiência de Conciliação Criminal – Hipótese de composição civil dos danos 561
   3.3. Termo de Audiência de Conciliação Criminal – Hipótese de representação da vítima e impossibilidade de composição civil dos danos ou aplicação imediata de pena não privativa de liberdade – Remessa do feito ao juízo comum por impossibilidade de oferecimento da denúncia oral 562
   3.4. Termo de Audiência de Conciliação Criminal – Hipótese de aplicação de pena de multa 563
   3.5. Termo de Audiência de Conciliação Criminal – Hipótese de arquivamento do procedimento 564
   3.6. Termo de Audiência de Conciliação Criminal – Hipótese de aplicação de pena restritiva de direitos 565
4. Jurisprudência sobre o Juizado Especial Criminal 566
5. Enunciados Criminais aprovados e ratificados no XIV Encontro Nacional de Coordenadores de Juizados Especiais Cíveis e Criminais do Brasil 576

Título VI
SÚMULAS DO SUPERIOR TRIBUNAL DE JUSTIÇA – Classificadas segundo o interesse que despertam nas diversas disciplinas do Direito (de 1988 a janeiro de 2004) 581
   I – Direito Constitucional 581
   II – Direito Administrativo 588
   III – Direito Tributário 591
   IV – Direito Penal 595
   V – Direito Processual Penal 597
   VI – Direito Civil 601
   VII – Direito Processual Civil 607
   VIII – Direito Comercial 617
   IX – Direito Previdenciário e Acidentário 621

Título VII
APÊNDICE – LEGISLAÇÃO – Atualizada até 31.1.2004 625

LEI Nº 9.099, DE 26 DE SETEMBRO DE 1995 – Dispõe sobre os Juizados Especiais Cíveis e Criminais e dá outras providências 625
   Capítulo I – Disposições Gerais (arts. 1º e 2º) 625
   Capítulo II – Dos Juizados Especiais Cíveis (arts. 3º a 59) 625
      Seção I – Da Competência (arts. 3º e 4º) 625
      Seção II – Do Juiz, dos Conciliadores e dos Juízes Leigos (arts. 5º a 7º) 626
      Seção III – Das Partes (arts. 8º a 11) 626
      Seção IV – Dos Atos Processuais (arts. 12 e 13) 627
      Seção V – Do Pedido (arts. 14 a 17) 627
      Seção VI – Das Citações e Intimações (arts. 18 e 19) 628
      Seção VII – Da Revelia (art. 20) 628
      Seção VIII – Da Conciliação e do Juízo Arbitral (arts. 21 a 26) 628
      Seção IX – Da Instrução e Julgamento (arts. 27 a 29) 629
      Seção X – Da Resposta do Réu (arts. 30 e 31) 629
      Seção XI – Das Provas (arts. 32 a 37) 629
      Seção XII – Da Sentença (arts. 38 a 47) 630
      Seção XIII – Dos Embargos de Declaração (arts. 48 a 50) 630
      Seção XIV – Da Extinção do Processo sem Julgamento do Mérito (art. 51) . 631
      Seção XV – Da Execução (arts. 52 e 53) 631
      Seção XVI – Das Despesas (arts. 54 e 55) 632
      Seção XVII – Disposições Finais (arts. 56 a 59) 632
   Capítulo III – Dos Juizados Especiais Criminais (arts. 60 a 92) 633
      Disposições Gerais (arts. 60 a 62) 633
      Seção I – Da Competência e dos Atos Processuais (arts. 63 a 68) 633
      Seção II – Da Fase Preliminar (arts. 69 a 76) 634
      Seção III – Do Procedimento Sumariíssimo (arts. 77 a 83) 635
      Seção IV – Da Execução (arts. 84 a 86) 636
      Seção V – Das Despesas Processuais (art. 87) 636
      Seção VI – Disposições Finais (arts. 88 a 92) 637
   Capítulo IV – Disposições Finais Comuns (arts. 93 a 97) 637

LEI Nº 10.259, DE 12 DE JULHO DE 2001 – Dispõe sobre a instituição dos Juizados Especiais Cíveis e Criminais no âmbito da Justiça Federal 638

LEI Nº 8.069, DE 13 DE JULHO DE 1990 – Dispõe sobre o Estatuto da Criança e do Adolescente e dá outras providências 642
   LIVRO I - PARTE GERAL (arts. 1º a 85). 642
   TÍTULO I - DAS DISPOSIÇÕES PRELIMINARES (arts. 1º a 6º) 642
   TÍTULO II - DOS DIREITOS FUNDAMENTAIS (arts. 7º a 69) 642
      Capítulo I - Do Direito à Vida e à Saúde (arts. 7º a 14) 642

SUMÁRIO

Capítulo II - Do Direito à Liberdade, ao Respeito e à Dignidade (arts. 15 a 18) ... 643
Capítulo III - Do Direito à Convivência Familiar e Comunitária (arts. 19 a 52) ... 644
    Seção I - Disposições gerais (arts. 19 a 24) ... 644
    Seção II - Da família natural (arts. 25 a 27) ... 644
    Seção III - Da família substituta (arts. 28 a 52) ... 645
        Subseção I - Disposições Gerais (arts. 28 a 32) ... 645
        Subseção II - Da Guarda (arts. 33 a 35) ... 645
        Subseção III - Da Tutela (arts. 36 a 38) ... 646
        Subseção IV - Da Adoção (arts. 39 a 52) ... 646
Capítulo IV - Do Direito à Educação, à Cultura, ao Esporte e ao Lazer (arts. 53 a 59) ... 648
Capítulo V - Do Direito à Profissionalização e à Proteção no Trabalho (arts. 60 a 69) ... 649

TÍTULO III - DA PREVENÇÃO (arts. 70 a 85) ... 650
    Capítulo I - Disposições Gerais (arts. 70 a 73) ... 650
    Capítulo II - Da Prevenção Especial (arts. 74 a 85) ... 650
        Seção I - Da Informação, Cultura, Lazer, Esportes, Diversões e Espetáculos (arts. 74 a 80) ... 650
        Seção II - Dos Produtos e Serviços (arts. 81 e 82) ... 651
        Seção III - Da Autorização para Viajar (arts. 83 a 85) ... 651

LIVRO II - PARTE ESPECIAL (arts. 86 a 258) ... 652
TÍTULO I - DA POLÍTICA DE ATENDIMENTO (arts. 86 a 97) ... 652
    Capítulo I - Disposições Gerais (arts. 86 a 89) ... 652
    Capítulo II - Das Entidades de Atendimento (arts. 90 a 97) ... 652
        Seção I - Disposições Gerais (arts. 90 a 94) ... 652
        Seção II - Da Fiscalização das Entidades (arts. 95 a 97) ... 654
TÍTULO II - DAS MEDIDAS DE PROTEÇÃO (arts. 98 a 102) ... 655
    Capítulo I - Disposições Gerais (art. 98) ... 655
    Capítulo II - Das Medidas Específicas de Proteção (arts. 99 a 102) ... 655
TÍTULO III - DA PRÁTICA DE ATO INFRACIONAL (arts. 103 a 128) ... 656
    Capítulo I - Disposições Gerais (arts. 103 a 105) ... 656
    Capítulo II - Dos Direitos Individuais (arts. 106 a 109) ... 656
    Capítulo III - Das Garantias Processuais (arts. 110 e 111) ... 656
    Capítulo IV - Das Medidas Sócio-Educativas (arts. 112 a 125) ... 657
        Seção I - Disposições Gerais (arts. 112 a 114) ... 657
        Seção II - Da Advertência (art. 115) ... 657
        Seção III - Da Obrigação de Reparar o Dano (art. 116) ... 657
        Seção IV - Da Prestação de Serviços à Comunidade (art. 117) ... 658
        Seção V - Da Liberdade Assistida (arts. 118 e 119) ... 658
        Seção VI - Do Regime de Semiliberdade (art. 120) ... 658
        Seção VII - Da Internação (arts. 121 a 125) ... 658
    Capítulo V - Da remissão (arts. 126 a 128) ... 660

TÍTULO IV - DAS MEDIDAS PERTINENTES AOS PAIS OU RESPONSÁVEL (arts. 129 e 130) 660
TÍTULO V - DO CONSELHO TUTELAR (arts. 131 a 140) 660
    Capítulo I - Disposições Gerais (arts. 131 a 135) 660
    Capítulo II - Das Atribuições do Conselho (arts. 136 e 137) 661
    Capítulo III - Da Competência (art. 138) 662
    Capítulo IV - Da Escolha dos Conselheiros (art. 139) 662
    Capítulo V - Dos Impedimentos (art. 140) 662
TÍTULO VI - DO ACESSO À JUSTIÇA (arts. 141 a 224) 662
    Capítulo I - Disposições Gerais (arts. 141 a 144) 662
    Capítulo II - Da Justiça da Infância e da Juventude (arts. 145 a 151) 663
        Seção I - Disposições Gerais (art. 145) 663
        Seção II - Do Juiz (arts. 146 a 149) 663
        Seção III - Dos Serviços Auxiliares (arts. 150 e 151) 664
    Capítulo III - Dos Procedimentos (arts. 152 a 197) 665
        Seção I - Disposições Gerais (arts. 152 a 154) 665
        Seção II - Da Perda e da Suspensão do Pátrio Poder (arts. 155 a 163) .. 665
        Seção III - Da Destituição da Tutela (art. 164) 666
        Seção IV - Da Colocação em Família Substituta (arts. 165 a 170) 666
        Seção V - Da Apuração de Ato Infracional Atribuído a Adolescente (arts. 171 a 190) 667
        Seção VI - Da Apuração de Irregularidade em Entidade de Atendimento (arts. 191 a 193) 669
        Seção VII - Da Apuração de Infração Administrativa às Normas de Proteção à Criança e ao Adolescente (arts. 194 a 197) 670
    Capítulo IV - Dos Recursos (arts. 198 e 199) 671
    Capítulo V - Do Ministério Público (arts. 200 a 205) 671
    Capítulo VI - Do Advogado (arts. 206 e 207) 673
    Capítulo VII - Da Proteção Judicial dos Interesses Individuais, Difusos e Coletivos (arts. 208 a 224) 673
TÍTULO VII - DOS CRIMES E DAS INFRAÇÕES ADMINISTRATIVAS (arts. 225 a 258) 675
    Capítulo I - Dos Crimes (arts. 225 a 244-A) 675
        Seção I - Disposições Gerais (arts. 225 a 227) 675
        Seção II - Dos Crimes em Espécie (arts. 228 a 244-A) 675
    Capítulo II - Das Infrações Administrativas (arts. 245 a 258) 678
DISPOSIÇÕES FINAIS E TRANSITÓRIAS (arts. 259 a 267) 679
LEI Nº 9.455, DE 7 DE ABRIL DE 1997 – *Define os crimes de tortura e dá outras providências* 681

OBRAS CONSULTADAS 683

APRESENTAÇÃO

Sobre o presente trabalho, eminentemente prático, nenhum propósito de revelar novidades ou ministrar ensinamentos.

Na verdade, a avalanche de processos judiciais que invade o Poder Judiciário e a diversidade das lides, máxime para os magistrados atuantes – como eu em 1996 em Garça-SP – nas chamadas Varas Cumulativas, pode conduzir o Juiz a abrir seis ou mais Códigos e Leis Especiais em menos de quinze minutos para imprimir a marcha normal de um processo judicial. Do despacho judicial num processo criminal de estupro, homicídio ou calúnia, passa-se logo para um despacho ou decisão de questão incidental num processo de execução fiscal.

Do executivo fiscal, passa-se para um processo de separação litigiosa, alimentos ou, quiçá, um simples pedido de Alvará para disciplinar a freqüência de adolescentes em bailes noturnos. A pesquisa jurídica ou exame dos Códigos é inevitável em muitos casos. Hodiernamente, alguns Juízes no Estado de São Paulo, à míngua de Assessores ou Oficiais de Gabinete, têm ao seu lado os Estagiários ou Acadêmicos de Direito autorizados pelo Tribunal de Justiça, nos termos do Provimento nº 502, de 27.1.1994, editado com fulcro no art. 24, § 4º, inciso I, da Constituição Estadual, além de se servirem de dedicados Escrivães-Diretores, normalmente bacharéis em Direito, compreendendo-se que essas figuras servidoras podem auxiliar o julgador – como os enfermeiros auxiliam os médicos – pelo menos na datilografia ou digitação de alguns despachos judiciais ou decisões de marcha ou de padrões semelhantes, sempre sob a ordem, presença, supervisão e responsabilidade indeclinável do Juiz de Direito.

Já fui servidor de cartório judicial e extrajudicial, e sei o que representa um bom cartório com pessoal qualificado e prestativo. Pensando em como poderia aliviar a sobrecarga ou minimizar o esforço de pesquisas ou consultas aos diversos Códigos de procedimentos processuais, sem nunca dis-

pensá-los por completo, foi que resolvi estabelecer uma seleção de despachos judiciais e algumas decisões ocorrentes no dia de trabalho, acompanhadas de interpretação jurisprudencial e orientação doutrinária. E não tive o propósito, é obvio, de esgotar as espécies. Insisto, destaquei o elementar dos despachos judiciais e algumas decisões, impregnando muitas delas de soluções eminentemente pessoais, sem positivar a obrigatoriedade de observância ou delegar funções.

As soluções contidas nos despachos judiciais e nas decisões são sempre de responsabilidade pessoal e integral do magistrado.

O AUTOR

TÍTULO I
DESPACHOS JUDICIAIS E DECISÕES NO JUÍZO CÍVEL

GENERALIDADES SOBRE AS ESPÉCIES PROCESSUAIS E PROCEDIMENTAIS

No art. 270 do Código de Processo Civil, o legislador pátrio expressamente mencionou as espécies de processos e procedimentos judiciais que disciplinava. São eles:

A) Processo de Conhecimento ou Cognição (rito comum e o sumário), que é o instrumento de realização da ação declaratória, condenatória e constitutiva;

B) Processo de Execução;

C) Processo Cautelar;

D) Procedimentos Especiais, que subdividem-se em:

1) Procedimentos Especiais de Jurisdição Contenciosa, que servem a 20 (vinte) espécies de ações judiciais, a saber: *a)* ação de consignação em pagamento; *b)* ação de depósito; *c)* ação de anulação e substituição de títulos ao portador; *d)* ação de prestação de contas; *e)* ação de reintegração de posse; *f)* ação de manutenção de posse; *g)* ação de interdito proibitório; *h)* ação de nunciação de obra nova; *i)* ação de usucapião; *j)* ação de divisão de terras; *l)* ação de demarcação de terras particulares; *m)* ação de inventário; *n)* ação de arrolamento; *o)* ação de embargos de terceiro; *p)* ação de habilitação; *q)* ação de restauração de autos; *r)* ação concernente às vendas a crédito com reserva de domínio; *s)* ação de instituição de arbitragem ou ação exigitória de compromisso arbitral (Lei nº 9.307/1996); e *t)* ação monitória. *Obs.*: A rigor, a ação exigitória de compromisso arbitral foi aqui inserida em substituição ao antigo pleito concernente ao Juízo Arbitral e Homologação do Laudo, cujos arts. 1.072 a 1.102 do CPC, foram revogados pela Lei nº 9.307/1996.

2) Procedimentos Especiais de Jurisdição Voluntária, que servem: *a)* aos pedidos de Alvarás em geral; *b)* aos pedidos de alienações judiciais de coisa comum indivisível; *c)* aos pedidos de separação consensual; *d)* aos pedidos de abertura, registro e cumprimento de testamentos; *e)* a herança jacente; *f)* à arrecadação dos bens dos ausentes; *g)* à curatela dos interditos e à tutela (ação de interdição, e pedido de nomeação de tutor); *h)* à organização e fiscalização das fundações; *i)* à especialização de hipoteca legal; *j)* ao pedido de emancipação; *l)* ao pedido de sub-rogação; *m)* ao pedido de alienação, arrendamento ou oneração de bens dotais, de menores, de órfãos e interditos; *n)* ao pedido de alienação de quinhão em coisa comum; *o)* ao pedido de extinção de usufruto e de fideicomisso; *p)* pedido de suprimento de idade; *q)* pedido de suprimento de consentimento; r) pedidos de retificações no registro civil e imobiliário, etc.

E) Procedimentos Peculiares previstos em leis especiais:

Efetivamente, existem ainda alguns ritos peculiares estabelecidos em leis especiais, como, por exemplo, o procedimento especial da busca e apreensão de coisa vinculada aos contratos de alienação fiduciária, o rito específico da ação de alimentos, da separação judicial, da ação civil pública, da ação popular, do mandado de segurança, da desapropriação, do despejo referente aos prédios urbanos e comerciais, etc.

Destarte, com essas sucintas e superficiais considerações sobre as espécies processuais e procedimentais, vejamos um rol de despachos nos diversos tipos de processos cíveis judiciais, inclusive nos processos disciplinados na legislação separada do Código de Processo Civil (Capítulo II). O presente Título foi dividido assim: No Capítulo I fixei alguns despachos possíveis no processo de conhecimento, que é o instrumento de veiculação da ação declaratória, condenatória e constitutiva. Nesse processo de cognição há o rito ordinário e sumário. No Capítulo II relacionei alguns despachos nos processos disciplinados em leis especiais. No Capítulo III selecionei alguns despachos nos processos de execução. No Capítulo IV escrevi alguns despachos no Processo Cautelar e, finalmente, no Capítulo V, os despachos nos Procedimentos Especiais. Algumas decisões concisas e de mérito também foram escritas, seguidas de interpretação jurisprudencial.

Capítulo I
Processo de Conhecimento

A) RITO ORDINÁRIO – PROCESSO DE CONHECIMENTO – INSTRUMENTO DA AÇÃO DE CONHECIMENTO QUE PODE SER AÇÃO DECLARATÓRIA, CONDENATÓRIA E CONSTITUTIVA

1. CITAÇÃO – DESPACHO INICIAL

Processo Cível nº

Vistos, etc.

1. Cite-se o requerido para, querendo, contestar a ação no prazo de 15 (quinze) dias, ciente que, não contestada a ação, se presumirão aceitos como verdadeiros os fatos articulados pelo autor (CPC, arts. 285 e 297).

2. Não se tratando de "ação de estado" ou de execução, nem de réu incapaz ou que seja pessoa de direito público, a citação poderá ser feita pelo Correio para qualquer comarca do País (CPC, art. 222). Far-se-á a citação por meio de oficial de justiça quando o autor assim o requerer (CPC, art. 222, f), ou quando frustrada a citação pelo Correio (CPC, art. 224).

3. Se tiver que ser feita a citação por edital, observar-se-á o seguinte, com a determinação do "cite-se": a) expeça-se edital com prazo de 30 (trinta) dias, correndo o prazo da data da primeira publicação; b) afixe-se cópia do edital na sede do Juízo; c) publique-se o edital no prazo máximo de 15 (quinze) dias, uma vez no órgão oficial e pelo menos duas vezes em jornal local, onde houver; d) a publicação será feita apenas no órgão oficial quando a parte for beneficiária da Assistência Judiciária (CPC, art. 232, § 2º).

4. Ao réu preso, ou citado por edital ou com hora certa, será nomeado Curador Especial (CPC, art. 9º, II).

Intime-se.

Local e data

(a) Juiz de Direito

1.1. TUTELA ANTECIPADA – OBSERVAÇÃO

Se for pedida a antecipação da tutela jurisdicional, parcial ou totalmente, com base em prova inequívoca do direito, tudo nos termos do art. 273 do Código de Processo Civil, deve-se acrescentar no despacho anterior, o item 5, com os termos com os quais se defere ou indefere o pedido de antecipação da tutela, lembrando-se que, se se tratar de ação que tenha por objeto o cumprimento de obrigação de fazer ou não fazer, poderá ser desde logo fixada a multa diária enquanto perdurar o inadimplemento, tudo consoante dispõe o art. 461, e §§, do Código de Processo Civil.

Com a Lei nº 10.444, de 7 de maio de 2002, que fixou o princípio da fungibilidade entre os provimentos judiciais de urgência, ou seja, fungibilidade entre as medidas cautelares e as medidas antecipatórias de tutela, de tal modo que, o Juiz pode conceder tanto uma medida cautelar como uma medida antecipatória de tutela no bojo da própria ação principal (CPC, art. 273, § 7º), não há mais motivos para se ajuizar duas ações judiciais – cautelar e principal – em determinados casos, como por exemplo, uma ação cautelar de separação de corpos e depois a ação principal de separação litigiosa, ou uma medida cautelar de sustação de protesto e depois uma ação principal declaratória de nulidade ou anulabilidade de título, ou uma ação cautelar de seqüestro de bens e depois a ação principal de rescisão de contrato, etc. Nesses casos, exemplificativamente, pode-se desde logo ajuizar a ação principal de separação litigiosa e pedir a antecipação parcial dos efeitos da tutela no sentido de se conceder desde logo a separação provisória de corpos, como pode-se ajuizar a ação principal declaratória de invalidade de título e pedir na própria peça exordial a antecipação parcial dos efeitos da tutela jurisdicional consistente na sustação do protesto do referido título a invalidar, como ainda se pode propor desde logo uma ação de rescisão do contrato e pedir na petição inicial antecipadamente o seqüestro do bem objeto do contrato a ser desfeito. Aliás, pode-se pedir na ação principal cumulativamente uma providência de natureza antecipatória da tutela e outra de natureza cautelar. Nada impede a cumulatividade de provimentos de emergência e urgência. O Egrégio Primeiro Tribunal de Alçada Civil do Estado de São Paulo, em acórdão que teve como relator o eminente Juiz Cunha Garcia, deixou assentado que: "Com efeito. Concede-se a tutela antecipada para a realização do depósito judicial das prestações vencidas e vincendas, a fim de obstar o ingresso da execução extrajudicial com base no Decreto nº 70/1966, diante da verossimilhança trazida pela Súmula 39 deste Tribunal, bem como concede-se, com natureza cautelar, a antecipação de tutela, a fim de que o Banco recorrido se abstenha de incluir o nome do ora requerente no SERASA até decisão final da lide declaratória em evidência nesse recurso" (1º TACIVIL-SP-, 5ª Câmara, A.I. nº 908.317-0-SP-, Rel. Juiz Cunha Garcia, julgado em 16.2.2000, v.u., in *Boletim da AASP* nº 2273, de 22 a 28.7.2002, página 2318).

Observe-se, finalmente, que pela mesma Lei nº 10.444, de 7 de maio de 2002, foram alterados os arts. 273 e 287 do CPC e acrescentado o **art. 461-A** para o fim de se admitir liminarmente a fixação de multa por dia de atraso também na hipótese de obrigação de entrega de coisa (obrigação de dar coisa certa ou incerta), inclusive em sede de tutela antecipada, cabendo a execução provisória com caução (CPC, art. 273, § 3º c/c os arts.461-A, § 3º e 588, inciso II).

Aliás, a referida Lei nº 10.444/2002 alterou os arts. 621, 624, 627, § 1º e 644 do CPC, para somente admitir a ação de execução de obrigação de dar, fazer e não fazer *constante de título executivo extrajudicial*, porque na hipótese de obrigação de dar, fazer e não fazer *constante de título executivo judicial – sentença* – existe a técnica direta de solução judicial constante dos arts. 461 e 461-A do CPC. Exemplificativamente, tratando-se de entrega de coisa, não cumprida a obrigação no prazo estabelecido pelo Juiz na sentença, expedir-se-á diretamente em favor do credor o mandado de busca e apreensão ou de imissão na posse, conforme se tratar de coisa móvel ou imóvel. Se se tratar de hipótese de cumprimento de obrigação de não fazer, o Juiz pode na sentença desde logo determinar o desfazimento de obras ou impedir atividade nociva (CPC, art. 461, § 5º, c/c o art. 644). Destarte, somente se ajuíza a ação de execução quando a obrigação descumprida de dar, fazer ou não fazer, constar de título executivo extrajudicial, porque na hipótese de título executivo judicial (sentença) observar-se-á o disposto nos arts. 461 e 461-A, c/c o art. 644, todos do CPC.

A propósito, voltando aos provimentos de urgência, cabe a tutela antecipada até mesmo nas ações declaratórias.

Confira-se:

"**1.** TUTELA ANTECIPADA – Restabelecimento de pensão previdenciária – Requisitos – Prova – Concessão – Declaratória negativa de convivência marital – Alimentos e direitos previdenciários – Resposta e reconvenção – *Tutela antecipada para restabelecer pensão previdenciária deferida* – Agravo – Decisão confirmada – Restando demonstrados os requisitos para a concessão da tutela antecipada, pela prova inequívoca de convivência das partes há mais de 20 (vinte) anos e em razão do dano irreparável pela suspensão da pensão, feita pelo prestador, antes do ajuizamento da ação declaratória, confirma-se a decisão que deferiu aquela medida." (Ac. un. da 6ª CC do TJPR, Ag. nº 46.683-5, Rel. Des. Accácio Cambi, j. em 22.5.1996, *DJPR* 17.6.1996, pág. 111, in Repertório IOB de Jurisprudência nº 15/1996, 1ª quinz/ago/1996, indicativo 3/12255).

"**2.** TUTELA ANTECIPADA – Requisitos – Ajuizamento de declaratória cumulada com pedido de indenização – Autorização por devedora (professora aposentada) de empréstimo bancário, do débito das prestações na sua conta corrente – Bloqueio de salários pelo Banco – Inadmissibilidade – Ilegalidade e abusividade das cláusulas que permitem ao credor lançar mão dos salários do devedor para quitação de empréstimo bancário – Arts. 7º, X, da Constituição Federal e art. 51, § 1º, III, do Código de Defesa do Consumidor – Natureza alimentar do salário não elidida por ter sido depositado em conta – Antecipação deferida – Recurso improvido – *Antecipação de Tutela*. Deferimento. Proibição de bloqueio dos salários da agravante em sua conta corrente. Natureza alimentar desses pagamentos, que são impenhoráveis. Salário que, a partir do momento em que é creditado na conta corrente, não passa a integrar o saldo. Verba sobre a qual nenhum ônus pode incidir. Vedação de compensação do salário da agravada com o débito relativo à prestação do contrato de empréstimo em que figurou como devedora solidária. Art. 7º, inciso X, da Constituição Federal, que assegura a "proteção do salário na forma da lei, constituindo crime sua retenção dolosa". Ilegalidade das cláusulas contratuais que permitem ao agravante lançar mão dos salários da agravada para a quitação das parcelas decorrentes do contrato de empréstimo. Cláusulas abusivas, sendo nulas de pleno direito, uma vez que colocam o consumidor em desvantagem exagerada. Art. 51, § 1º, inciso III, do CDC. Precedentes dos Egrégios Tribunais de Alçada do Rio Grande do Sul e do Paraná. Agravo desprovido." (1º TACIVIL-SP, 4ª Câmara, A.I. nº 877.111-3-Ribeirão Preto, Rel. Juiz José Marcos Marrone, julgado em 20.10.1999, v.u., in LEXTAC 180/1993).

"**3. TUTELA ANTECIPADA** – AÇÃO REVISIONAL DE FINANCIAMENTO IMOBILIÁRIO. Medida visando permitir aos demandantes o depósito das importâncias consideradas por eles como corretas, de conformidade com a planilha que exibiram, bem como impedir que seja promovida a execução extrajudicial prevista no Decreto-Lei nº 70/1966 e o registro de seus nomes perante os mecanismos de proteção ao crédito – Alegação de incorreções no reajuste das prestações e saldo devedor, notadamente tendo em vista a utilização da TR e cobrança de juros ilegais – Requisitos do art. 273 do CPC configurados – Antecipação de tutela que deve ser concedida – Recurso do réu improvido." (Agr. de Instr. nº 1.179.557-4 – Marília-SP, 5ª Câmara do 1º TACIVIL –SP – j. em 14.5.2003, Rel. Juiz Thiago de Siqueira).

"**4. TUTELA ANTECIPADA** – Art. 273, do CPC – Indisponibilidade de bem imóvel – Finalidade de garantir futura execução – Caráter cautelar – Inabilidade de cumulação no mesmo processo. Sob o rótulo de tutela antecipada objetivaram os agravados, na verdade, uma tutela cautelar, para assegurar uma futura execução. Todavia, enquanto o pedido de antecipação de tutela pode ser formulado na própria petição inicial da ação principal, a medida cautelar deve ser pleiteada em ação separada, sendo vedada a cumulação dos pedidos principal e cautelar num único processo." (Agr. de Instr. nº 144.050.4/3-Marília-SP – 9ª Câmara de Direito Privado do E. Tribunal de Justiça do Estado de São Paulo – j. em 28.3.2000, Rel. Desembargador Ruiter Oliva).

Observação: A tese do v. acórdão acima citado ficou superada com a Lei nº 10.444, de 7 de maio de 2002, que alterou o art. 273 do Código de Processo Civil e acrescentou o § 7º com o seguinte teor, estabelecendo o princípio da fungibilidade entre as tutelas de urgência, ou seja, entre as medidas cautelares e as medidas antecipatórias de tutela:

"§ 7º: Se o autor, a título de antecipação de tutela, requerer providência de natureza cautelar, poderá o Juiz, quando presentes os respectivos pressupostos, deferir a medida cautelar em caráter incidental do processo ajuizado."

Nota: Lembre-se que, pela mesma Lei nº 10.444, de 7 de maio de 2002, o § 3º do art. 273 do CPC, ficou assim redigido, inclusive com possibilidade de se exigir caução na hipótese de execução provisória da medida antecipatória: "A efetivação da tutela antecipada observará, no que couber e conforme sua natureza, as normas previstas nos arts. 588, 461, §§ 4º e 5º, e 461-A".

Por outro lado, a Lei nº 10.358, de 27 de dezembro de 2001, alterou o art. 14 do CPC para determinar o seguinte, inclusive sob pena de multa prevista no parágrafo único: *"Art. 14: São deveres das partes e de todos aqueles que de qualquer forma participam do processo: V – cumprir com exatidão os provimentos mandamentais e não criar embaraços à efetivação de provimentos judiciais, de natureza antecipatória ou final."*

"5. SENTENÇA – ERRO Material – Possibilidade de correção de ofício. Sentença que extingue a execução sem julgamento de mérito, dada a ausência de citação dos executados, os quais já haviam oferecido embargos. Evidente erro material que permite correção *ex officio*. Decisão mantida. Agravo de Instrumento não provido." (1º TACIVIL-SP- 2ª Câmara, Agr. de Instr. nº 992.678-1-SP – Rel. Juiz Amado de Faria, julgado em 14.3.2001, v.u, in Boletim da AASP nº 2249, de 4 a 10.2.2002).

1.1.1. Tutela Antecipada – Modelo de Despacho Concessivo

Processo Cível nº

Vistos, etc.

1. Trata-se de ação "X" proposta por "A" contra "B", tendo sido formulado pedido de tutela de urgência nos termos da lei processual.

2. Considerando os argumentos e os documentos apresentados pela parte interessada, notadamente os de fls. (...) dos autos, verifico que, inicialmente estão presentes os requisitos legais para a concessão de uma medida liminar no início da lide (verossimilhança e relevância das alegações iniciais, plausibilidade do direito, perigo da demora até a decisão final e a utilidade e reversibilidade do provimento judicial solicitado), razão pela qual DEFIRO a tutela de urgência no seguinte sentido:

a) Determino que o requerido entregue a coisa reclamada na petição inicial (ou então que faça tal obra ou serviço, ou que se abstenha de praticar tal ato), no prazo de 15 dias a contar da intimação, sob pena de multa de R$ 1.000,00 por dia de atraso no cumprimento da obrigação;

b) Determino que expeça-se ofício para o SPC e SERASA para impedir ou sustar informações negativas sobre a parte requerente relativamente ao presente caso e/ou negócio jurídico em litígio, sob pena de multa diária de R$ 1.000,00.

c) Ou então: Determino que se expeça mandado de busca e apreensão da coisa ou objeto reclamado na petição inicial, ficando autorizado o reforço policial, se necessário. Deverá os agentes públicos agirem com circunspeção. A parte requerente fica nomeada depositária fiel da coisa litigiosa.

d) Determino que se intime a parte requerente para o encargo de depositária fiel do bem até o final da ação, sob as penas da lei.

3. Para o deferimento da providência de urgência considerei os elementos fáticos e documentais trazidos pela parte interessada e a matéria relevante e/ou incontroversa. Ver também os documentos de fls. (...) dos autos. Fundamentos: CPC, arts. 273, inclusive § 7º, 461, 461-A, 798 e 799.

4. Cite-se a parte requerida para, querendo, contestar a ação no prazo de 15 dias, ciente que, não contestada a ação, se presumirão aceitos como verdadeiros os fatos articulados pelo autor (CPC, arts. 285 e 297).

5. Se for o caso, tome-se por termo a caução, em 48 horas, sob pena de revogação da medida liminar.

do CPC.

6. Defiro os benefícios da assistência judiciária gratuita.
7. Autorizo diligências conforme art. 172 e parágrafos,

8. Intime-se. Oficie-se. Cumpra-se.
Local e Data.
(a) Juiz de Direito

1.2. DENUNCIAÇÃO DA LIDE – PRAZO EM DOBRO PARA CONTESTAR E RECORRER – NOTA JURISPRUDENCIAL

O Superior Tribunal de Justiça já decidiu que:

"DENUNCIAÇÃO DA LIDE – Prazo em dobro. Aplica-se a regra do art. 191 do CPC quando litisdenunciado e litisdenunciante têm procuradores distintos. Precedentes do STJ. Recurso conhecido e provido." (STJ, 4ª T., REsp. nº 68.420-SP, Rel. Min. Ruy Rosado de Aguiar, j. em 3.10.1995, v.u., *in Boletim da AASP* nº 1987, de 22 a 28.1.1997, pág. 25-j).

1.3. PEDIDO DE DEPÓSITO EM CONSIGNAÇÃO INCIDENTALMENTE FORMULADO EM AÇÃO REVISIONAL DE CONTRATO – POSSIBILIDADE

O Tribunal de Justiça de Santa Catarina já decidiu que:

"No âmbito do art. 292 do CPC, possível é formular pedido de depósito em consignação incidentalmente em ação revisional de cláusula contratual de contratos bancários. A solução daquele, por ser acessória, seguirá a sorte da ação principal." (TJ-SC – 1ª Câmara Cível, Agr. de Instr. nº 97.000501-6-Videira-SC, Rel. Des. Carlos Prudêncio, j. em 15.9.1998, v.u., *in Boletim da AASP* nº 2.124, de 13 a 19.9.1999, pág. 227-e).

1.4. CONTESTAÇÃO – CITAÇÃO – PRAZO PARA CONTESTAR – COMPARECIMENTO ESPONTÂNEO

O Superior Tribunal de Justiça já decidiu que:

"CONTESTAÇÃO – Citação – Comparecimento Espontâneo do réu – *Dies a quo* da contestação. Suprida a citação pelo comparecimento espontâneo do réu, o prazo para contestar começa a partir daí, e não desde quando o advogado peticiona apenas informando o endereço do réu para citação. Recurso conhecido e provido." (STJ, 4ª T., REsp. nº 165.571-SP, Rel. Ministro Cesar Asfor Rocha, j. em 18.6.1998, v.u., *in Boletim da AASP* nº 2.114, de 5 a 11.7.1999, pág. 1041-j).

1.5. REVELIA – CITAÇÃO RECEBIDA POR FUNCIONÁRIO DA RÉ – NULIDADE INEXISTENTE

O Egrégio 1º Tribunal de Alçada Civil do Estado de São Paulo já decidiu que:

"REVELIA – Citação – Pretensão ao reconhecimento da nulidade da sentença, por não ter a citação recaído sobre representante da empresa-ré. Desacolhimento. Quem incumbe funcionário de receber correspondência não pode, depois, alegar invalidade do ato. Pretensão ao reconhecimento de infração ao art.

277 do CPC. Inexistência de ilegalidade. Decisão mantida. Recurso não provido". (1º TACIVIL -SP, 9ª Câmara de Férias de Julho/1997, Ap. nº 728.179-2-SP, Rel. Juiz José Luiz Gavião de Almeida, j. em 10.7.1997, v.u., in Boletim da AASP nº 2.115, de 12 a 18.7.1999, pág. 214-e).

1.6. INDEFERIMENTO DE TUTELA ANTECIPADA EM "AÇÃO ORDINÁRIA" PARA ASSEGURAR A UM SÓ SÓCIO MAJORITÁRIO A ASSINATURA DE CHEQUES DA SOCIEDADE

Processo Cível nº

Vistos, etc.

1. Trata-se de ação "ordinária" com pedido de tutela antecipada visando atribuir-se a um só sócio majoritário a assinatura de cheques da sociedade, já que os sócios minoritários estão criando obstáculos para uma boa administração do empreendimento.

2. Indefiro o pedido de tutela antecipada, tal como formulado pela parte requerente. Não há nos autos comprovação de que o sócio majoritário "X" designou Assembléia e convocou os sócios minoritários para a solução de qualquer impasse sobre pagamentos ou administração da sociedade, tendo então havido recusa dos sócios minoritários a comparecerem na Assembléia ou assinarem cheques necessários aos negócios da sociedade.

3. Por outro lado, não é possível uma medida liminar genérica atribuindo a um só sócio, o direito de gerir sozinho a sociedade, ou ainda, sozinho assinar cheques. O Juiz não pode, unilateralmente, e sem ouvir a parte contrária, revogar a cláusula 9ª do Estatuto Social que exige a assinatura de pelo menos dois sócios para a administração e assinaturas de cheques da sociedade.

4. Nem é possível, no caso vertente, em razão das peculiaridades que norteiam as relações entre as partes, a alternativa inicial de se deferir parcialmente a medida liminar para impor aos dois sócios minoritários, ora requeridos, após a intimação judicial, a obrigação de todas as terças e quintas-feiras comparecerem na Sociedade "Y", ora autora, no período das 9 h 00 às 12 h 00, para assinarem os cheques legítimos e necessários da sociedade, tudo sob pena de responderem por multa de R$ 10.000,00 (dez mil reais) por cada cheque legítimo que tenha a respectiva assinatura negada ou recusada pelos referidos sócios minoritários, isso sem prejuízo de serem considerados válidos os cheques então necessários e assinados somente pelo sócio majoritário nos dias e horários acima apontados.

5. No caso de que se cuida, a solução mais consentânea seria o ajuizamento de ação de dissolução parcial da sociedade com pedido de tutela antecipada de afastamento dos sócios minoritários e autorização para o sócio majoritário assinar sozinho os cheques legítimos da sociedade, depositando-se desde logo os haveres ou parte ideal pertencente aos sócios minoritários (CC, arts. 49 e 1.030, e *RTJ* 118/400). Um laudo prévio assinado por técnicos escolhidos pela própria autora deveria acompanhar a petição inicial e comprovar o quanto vale os 13% pertencentes aos dois sócios minoritários, e a própria autora com a petição inicial deveria trazer o depósito das partes cabentes aos referidos

sócios minoritários, tudo para fins de concessão da tutela antecipada. Nesse caso, o Juízo estaria garantido como que por uma caução. E, os sócios minoritários já teriam suas partes depositadas ou garantidas nos autos.

Depois, tenha-se assentado que: "Pretensão Indenizatória – Acionistas minoritários que atribuem irregularidades a administradores de sociedade anônima. Decreto de extinção do processo. Detendo a maioria acionária 95% do capital acionário, acionistas minoritários têm legitimidade extraordinária *ad causam* para ajuizar ação independentemente de deliberação assemblear, mormente quando a solicitação para convocação de assembléia sequer foi considerada, pena de configurar-se abuso de direito. Recurso provido." (TJ-SP – 10ª Câmara de Direito Privado, Ac. nº 233.731-4/5-00-Campinas-SP – Rel. Des. Ruy Camilo, julgado em 4.2.2003, v.u., *in Boletim da AASP* nº 2338, de 27.10 a 2.11.2003, pág. 2.835).

6. Por ora, citem-se os requeridos para contestarem a ação em 15 dias, sob pena de revelia.

7. Intimem-se.

Local e data.

(a) Juiz de Direito

1.7. Deferimento de medida liminar em ação cautelar para afastamento de sócios acusados de gerência irregular

Processo Cível nº

Vistos, etc.

1. Trata-se de ação cautelar inominada com pedido de medida liminar ajuizada pela empresa "X" e os dois sócios "A" e "B", contra os outros sócios "M" e "R", todos qualificados nos autos.

2. Diante dos relevantes argumentos e dos documentos apresentados pela parte interessada, notadamente os documentos de fls. (...), verifico inicialmente que existem vários débitos da empresa gerida ou administrada pelos requeridos. Os documentos e os argumentos articulados na petição inicial, demonstram indícios de má gestão ou administração.

3. Anote-se que, para efeitos da desconsideração da personalidade jurídica da empresa (CC, art. 50), entre os Enunciados aprovados em Jornada de Direito Civil promovida pelo Centro de Estudos Judiciários do Conselho da Justiça Federal no período de 11 a 13 de setembro de 2002, sob a coordenação científica do ministro Ruy Rosado, do Superior Tribunal de Justiça, publicados na *Revista da Escola Paulista da Magistratura*, ano 4, nº 1, janeiro/junho de 2003, pág. 178, registrou-se o enunciado de nº 07 com o seguinte teor:

Enunciado nº 07 do Conselho da Justiça Federal em Jornada de Direito Civil: "Art. 50. Só se aplica a desconsideração da personalidade jurídica quando houver a prática de ato irregular, e limitadamente, aos administradores ou sócios que nela hajam incorrido". (*Revista da Escola Paulista da Magistratura*, ano 4, nº 1, janeiro/junho de 2003, pág. 178).

4. Destarte, nos termos dos *arts. 49 e 1.030 do Código Civil de 2002*, combinados com os arts. 273, 461 e 798 do Código de Processo Civil e *RTJ* 118/400, DEFIRO a medida liminar no sentido de determinar o afastamento dos requeridos da gerência e administração da empresa "X", ficando nomeado administrador provisório o Sr. "V.F.", com honorários provisórios mensais de 07 (sete) salários mínimos.

5. Devem os requeridos, sob pena de multa diária de R$ 10.000,00 (dez mil reais), franquear todos os documentos e papéis necessários ao desenvolvimento da atividade empresarial e à administração do empreendimento.

6. Aguarde-se o ajuizamento da ação principal de exclusão de sócios (sic - fls. 04 da petição inicial).

7. Citem-se os requeridos para, querendo, contestar a ação nos termos dos arts. 802 e 803 do Código de Processo Civil. Prazo para contestação: 5 (cinco) dias.

8. Intimem-se.

Local e Data.

(a) Juiz de Direito

1.8. CITAÇÃO AO RÉU IMPOSSIBILITADO DE RECEBÊ-LA – HIPÓTESE DE RÉU DEMENTE OU IMPOSSIBILITADO DE RECEBER CITAÇÃO (CPC, ART. 218)

Processo Cível nº

Vistos, etc.

1. Prescreve o art. 218 do Código de Processo Civil, que não se fará a citação, quando se verificar que o réu é demente ou está impossibilitado de recebê-la.

2. Neste caso, o Oficial de Justiça passará certidão, descrevendo minuciosamente a ocorrência (art. 218, § 1º). Na hipótese vertente, o oficial fez a descrição nas fls.

3. Assim sendo, nomeio perito-médico o Dr. (...), independentemente de compromisso (CPC, art. 422), a fim de examinar o citando e verificar ou não a incapacidade civil deste, ainda que transitória. O laudo deverá ser apresentado no prazo de 5 (cinco) dias (CPC, art. 218, § 1º).

4. Reconhecida a impossibilidade do réu para receber a citação, será feita a nomeação de um Curador (cônjuge, ascendente, descendente, ou outro parente), bem entendido que a nomeação é restrita à causa. Assinado o termo de Curatela, a citação deveria ser feita na pessoa do Curador, a quem incumbirá a defesa do réu (CPC, art. 218, § 3º). Aplica-se, ainda, o art. 919 do CPC.

5. Cumpra-se. Intime-se.

Local e data

(a) Juiz de Direito

2. CONTESTAÇÃO – RÉPLICA DO AUTOR – DESPACHO APÓS A JUNTADA DA CONTESTAÇÃO NOS AUTOS

Processo Cível nº

Vistos, etc.

1. Sobre a contestação e documentos exibidos pelo requerido, para a réplica determino que manifeste o autor no prazo de 10 (dez) dias (Ver CPC, arts. 325, 326, 327, 372, 390 e 398).

2. Intime-se.

Local e data

(a) Juiz de Direito

2.1. Observação

Em qualquer fase do processo, sempre que qualquer das partes juntar um documento, sobre este deverá a outra parte fazer manifestação. O despacho seria: *"Vistos, etc. Sobre o documento juntado, diga a parte contrária. Prazo: 5 dias (ou 10, ou 15 dias)"*.

2.2. Reconvenção ajuizada no prazo da contestação – Despacho inicial

Processo Cível nº

Vistos, etc.

1. Cuida-se de reconvenção proposta pelo réu-reconvinte (...), contra o autor-reconvindo (...).

2. Reconvenção é ação, isto é, uma ação do réu contra o autor no mesmo processo em que aquele é demandado. Portanto, junte-se a petição da ação reconvencional nos autos do processo já em tramitação, e anote-se no Cartório do Distribuidor (CPC, art. 253, parágrafo único).

3. Pela Súmula nº 258 do STF, tem-se que: "É admissível reconvenção em ação declaratória".

4. Anotada a reconvenção no Cartório do Distribuidor, cite-se o autor-reconvindo, na pessoa do seu procurador constituído nos autos, para contestá-la no prazo de 15 (quinze) dias, tudo consoante prescreve o art. 316 do CPC.

5. A desistência da ação ou a existência de qualquer causa que a extinga, não impede o prosseguimento da reconvenção (CPC, art. 317). Julgar-se-ão na mesma sentença a ação e a reconvenção (CPC, art. 319).

6. Intimem-se. Cumpra-se.

Local e data

(a) Juiz de Direito

2.3. AÇÃO DECLARATÓRIA INCIDENTAL AJUIZADA NO PRAZO DA CONTESTAÇÃO

2.3.1. Generalidades

A ação declaratória incidental é cabível em qualquer procedimento que possa, a partir da resposta do réu, seguir o rito ordinário. Portanto, é incabível no processo de rito sumário (CPC, art. 280, I, com redação dada pela Lei nº 9.245/1995), no processo de execução e no processo cautelar (Humberto Theodoro Júnior, *Curso de Direito Processual Civil*, Forense, RJ, 18ª ed., 1996, vol. I, pág. 401). Também é inadequada a declaratória incidental nas ações possessórias, dada a natureza dúplice destas, com pedido reconvencional que é implícito (CPC, art. 922, e *RJTJESP* 32/128). No Direito pátrio, o legislador se referiu à ação declaratória incidental nos arts. 5º, 34, 109, 325 e 470, do Código de Processo Civil. Destarte, sempre que no curso de uma demanda surgirem para exame do Juiz alguns "pontos" tidos como "preliminares ou prejudiciais" à questão principal, poderá qualquer das partes, autor, réu ou qualquer dos litisconsortes ativos ou passivos, requerer a ação declaratória incidental para obter uma decisão sobre as aludidas "prejudiciais" e com os efeitos de coisa julgada, conforme dispõe o art. 470 do CPC. A matéria prejudicial há de se revelar num antecedente lógico da decisão a ser proferida na ação principal. Assim, como o art. 469 do CPC é incisivo no esclarecimento de que, *não fazem coisa julgada:* a) *os motivos, ainda que importantes para determinar o alcance da parte dispositiva da sentença;* b) *a verdade dos fatos, estabelecida como fundamento da sentença;* e c) *a apreciação da questão prejudicial, decidida incidentemente no processo,* torna-se evidente que, se as partes, por economia processual, quiserem a atribuição *de força de coisa julgada* à questão prejudicial, isso para evitar futura discussão e provas numa outra demanda posterior (CPC, art. 470), poderão expressamente requerer a ação declaratória incidental. Esta ação não suspende o processo principal, não obstante a regra do art. 265, IV, *c,* do CPC, que se refere à hipótese de suspensão no caso de uma prejudicial externa, levantada em outro processo (Maximilianus Cláudio A. Füher, *Resumo de Processo Civil*, Revista dos Tribunais, 4ª ed., 1990, pág. 54, com respaldo em José Frederico Marques, *Manual de Direito Processual Civil,* vol. III, pág. 95, e Ada Pellegrini Grinover, *Direito Processual Civil*, pág. 64).

A finalidade da ação declaratória incidente é exatamente dirigida à economia processual e à atribuição de força de coisa julgada na decisão que resolver sobre questão prejudicial (CPC, art. 470). Se as partes não fizerem pedido da declaratória incidente, o juiz conhecerá – não propriamente decidirá – das questões prejudiciais, e isso apenas *incidenter tantum,* isto é, incidentalmente, não proferindo sobre elas "decisão" em sentido técnico. Portanto, esse conhecimento *incidenter tantum* não tem eficácia de coisa julgada (CPC, art. 469, III). Sintetizando, a declaratória incidental evita novos litígios sobre a matéria prejudicial, porque, se for requerida, a decisão judicial proferida na ação incidente tem autoridade de coisa julgada, não se cuidando de mera atividade de conhecimento *incidenter tantum* (CPC, art. 470).

Dos termos dos arts. 5º, 325 e 470, do CPC, a iniciativa ou legitimação para a ação declaratória incidental é do autor ou réu, estendendo-se aos litisconsortes ativos ou passivos, aos oponentes e opostos, mas não aos "assistentes" (Celso Agrícola Barbi, *Ação Declaratória Principal e Incidente*, Forense, RJ, 4ª ed., 1977, págs. 207/208).

O objeto da declaração incidente há de ser uma relação jurídica sobre a qual pese uma controvérsia. Toda vez que a matéria prejudicial comportar discussão numa ação declaratória autônoma, caberá ação declaratória incidente. Exemplificando: se o herdeiro cobra um crédito recebido de herança, o réu pode se defender alegando pagamento ou prescrição, mas se a defesa se referir à negativa da qualidade de herdeiro do autor (O Autor é ou não herdeiro?), surge uma questão prejudicial, que pode ser objeto de *um conhecimento* incidenter tantum *pelo juiz, ou então objeto de uma decisão numa ação declaratória incidental expressamente requerida.* Também, se "A" ajuizou uma ação de cobrança de juros, ou de alugueres, contra "B", pode este se defender alegando que nada deve, mas se a defesa se referir à própria inexistência de um contrato de mútuo ou locação, temos na hipótese uma matéria prejudicial ou preliminar que requer exame e solução em primeiro lugar. Neste caso, somente após o conhecimento *incidenter tantum*, ou então, após autêntica decisão sobre a existência dos aludidos contratos é que será procedente a ação de cobrança de juros ou alugueres. Se for requerida a declaração incidente, temos uma *ação, causa, demanda, que só é instaurada mediante pedido expresso. Mas, essa nova ação incidente não dá lugar a uma nova "autuação", ou novos "autos". É, como a reconvenção, uma simples cumulação sucessiva de pedidos conexos, dentro do mesmo processo inicialmente instaurado* (Humberto Theodoro Júnior, *ob. cit.*, pág. 401). E mais "Com a propositura da declaratória incidente, afigura-se-nos ocorrer uma *cumulação sucessiva de pedidos,* porquanto primeiro deverá ser decidido o daquela, depois o pedido principal" (Moacyr Amaral Santos, *Comentários ao CPC*, Forense, RJ, 3ª ed., 1982, vol. IV, pág. 450).

Indaga-se: Qual o momento para *requerer* a ação declaratória incidental? Para o autor, em princípio, a resposta está no art. 325 do Código de Processo Civil, que dispõe: "Contestando o réu o direito que constitui fundamento do pedido, o autor poderá requerer, *no prazo de 10 (dez) dias,* que sobre ele o juiz profira sentença incidente, se da declaração da existência ou da inexistência do direito depender, no todo ou em parte, o julgamento da lide (art. 5º)". Portanto, o prazo de 10 (dez) dias para o autor requerer a declaratória incidental começa a correr a partir do momento em que tem conhecimento da contestação. O Juiz deve, destarte, mandar intimar o autor para manifestar sobre a contestação, e a partir da intimação corre-se o prazo para o ajuizamento da declaratória incidente. Penso, nada obsta seja feito desde logo, pelo autor, o pedido eventual e sucessivo de declaração incidental já na petição inicial, para a hipótese de o réu contestar a ação nos termos do art. 325 do CPC. Observe: Cuidamos da hipótese do prazo para *requerer – e não para responder – a ação declaratória incidental.* Porque, para contestar a ação declaratória incidente, tem-se entendido que "é de 15 (quinze) dias o prazo para a resposta à ação declaratória incidental" (*RT* 482/271).

Já para o réu, quanto ao prazo para a *propositura* da declaratória incidental, o Código de Processo Civil não fez qualquer previsão, donde a conclusão de que o réu deve propor a declaração incidente no prazo da contestação. É essa a lição de Celso Agrícola Barbi: "Como o Código não contém disposição especial, fixando o momento, ou prazo, em que o réu pode requerer a declaração incidente, é de se concluir que ele só a poderá fazer na contestação. Nesta peça, além de impugnar o direito que constitui fundamento do pedido, e que é questão prejudicial a este, deverá ele requerer também a declaração de que trata o art. 5º" (*ob. cit.*, pág. 213). O réu pode requerer a declaração incidente *no bojo da própria contestação,* ou em petição separada, como uma *reconvenção.* Aliás, a declaratória para o réu pode normalmente ser manejada através de reconvenção (Humberto Theodoro Júnior, *ob. cit.,* pág. 401). Anota Celso Agrícola Barbi, em seus *Comentários ao CPC,* Forense, 3ª ed., 1983, vol. I, pág. 102, que: "O Simpósio de Processo Civil realizado na Universidade Federal do Paraná, em Curitiba, em outubro de 1975, aprovou, por maioria de votos, a seguinte proposição: "O réu poderá requerer a declaratória incidente até o exaurimento das providências preliminares".

O procedimento da ação declaratória incidente deve ser o *ordinário* (CPC, art. 325). É uma ação, mas não corre em autos separados. A declaratória tem curso nos próprios autos da ação principal. E a instrução probatória e o julgamento da ação declaratória devem ser simultâneos ao da causa principal (Celso Agrícola Barbi, *ob. cit.* págs. 214 e 217). A sentença incidente deve estar embutida na sentença da demanda principal. Cabe igualmente condenação aos honorários advocatícios e despesas, uma vez na declaração incidente e outra na demanda principal (*idem,* pág. 220). Por fim, ensina Humberto Theodoro Júnior que: "Quando o pedido é do réu, a tramitação é a da reconvenção. Quando do autor, deverá ensejar ao réu oportunidade de respondê-lo no prazo legal de resposta, ou seja, 15 (quinze) dias (art. 321). Quando o réu for revel, necessária é a renovação da citação pessoal (art. 321). Mas se estiver representado nos autos, bastará a intimação do advogado, como se dá no procedimento reconvencional" (*ob. cit.,* pág. 401).

É controvertida a idéia da possibilidade de declaratória incidental no processo de execução, isso porque constitui pressuposto fundamental da defesa do devedor na execução, que se faz por via de embargos, a segurança do Juízo pela penhora de bens. Com efeito, tem-se entendido que: "Na execução não cabe declaratória incidental, porque o executado impugna o pedido do exeqüente por via de embargos, o que torna desnecessária e inadequada a declaratória incidental" (*RT* 640/120, *JTA* 109/199). E, ainda "Nos Embargos à Execução não são admitidos o chamamento ao processo, a denunciação da lide e a declaratória incidental" (*RT* 634/101, 636/116). E mais: "Não cabe declaratória incidental em processo de execução de sentença" (*RJTJESP* 31/173). Finalmente, *"A execução não embargada não dá ensejo à declaração incidente"* (STJ, 4ª T., REsp nº 11.528-SP, Rel. Min. Sálvio de Figueiredo, j. em 12.11.1991, v.u., *DJU* 9.12.1991, pág. 18.040, 1ª col., ementa). Todavia, já se decidiu que: "É cabível a declaratória incidental proposta pelo devedor em processo de execução por título extrajudicial" (STJ, 3ª T., REsp nº 11.171-SP, Rel. Min. Waldemar Zveiter, j. em 12.8.1991, v.u., *DJU* 25.11.1991, pág. 17.072, 2ª col., ementa) (*apud Código de Processo Civil e Legislação Processual em Vigor,* de Theotonio Negrão, Saraiva, 26ª ed., págs. 292/294).

2.3.2. Declaratória incidental – Despacho inicial de citação

Processo Cível nº

Vistos, etc.

1. No caso vertente, cuida-se de declaratória incidente requerida pelo réu no prazo da contestação. Pouco importa seja o requerimento feito no bojo da própria contestação ou em petição separada. Cite-se o autor para contestá-la no prazo de 15 (quinze) dias, sob pena de revelia. "É de quinze dias o prazo para resposta à ação declaratória incidental" (*RT* 482/271).

2. Intime-se.

Local e data

(a) Juiz de Direito

2.3.3. Declaratória incidental em execução – Indeferimento da inicial

Processo Cível nº

Vistos, etc.

1. INDEFIRO liminarmente a petição inicial da Ação Declaratória Incidental, e o faço por impossibilidade jurídica do pedido da autora.

2. Com efeito, o marido da requerente assinou acordo nos autos da Ação de Despejo nº 1.307/1994, comprometendo-se a quitar os débitos locatícios como fiador do locatário. Confira-se a petição de acordo homologado judicialmente nas fls. 60 do referido processo. Agora, ao ser citada para a execução nos autos da Ação de Despejo, tudo conforme se vê de fls., a requerente, ao invés de ajuizar Embargos do Devedor, apresentou sem respaldo legal a Ação Declaratória Incidental. Não há fundamento jurídico para acolher a pretensão declaratória na hipótese vertente (execução de sentença). Aliás, a requerente foi citada para os termos da Execução em 29.8.1996, e o mandado de citação foi juntado na mesma data (fls.). Ora, a Ação Declaratória Incidental, quando cabível, deve ser requerida pelo réu no prazo que tem para a defesa, ou no prazo da contestação. No caso vertente, a Ação Declaratória Incidental foi protocolada em 26.9.1996, muito fora do prazo de 15 dias previstos para eventual defesa no processo de rito ordinário, ou muito fora dos 10 dias para eventuais Embargos do Devedor. O consagrado Celso Agrícola Barbi, anota que: "Como o Código não contém disposição especial, fixando o momento, ou prazo, em que o réu pode requerer a Declaração Incidente, é de se concluir que ele só o poderá fazer na contestação" (*Ação Declaratória Principal e Incidente*, Forense, pág. 213). Por fim, registre-se:

3. Tem-se entendido que: "Na execução não cabe declaratória incidental, porque o executado impugna o pedido do exeqüente por via de embargos, o que torna desnecessária e inadequada a declaratória incidental" (*RT* 640/120, *JTA* 109/199). E, ainda "Nos Embargos à Execução não são admitidos o chamamento ao processo, a denunciação da lide e a declaratória incidental" (*RT* 634/101, 636/116). E mais: "Não cabe declaratória incidental em processo de execução de sentença" (*RJTJESP* 31/173). Finalmente, "*A execução não embargada não dá ensejo à declaração incidente*" (STJ, 4ª T., REsp nº 11.528-SP, Rel. Min. Sálvio de Figueiredo, j. em 12.11.1991, v.u., *DJU* 9.12.1991, pág. 18.040, 1ª col., ementa) (*apud* Theotonio Negrão, *CPC e Legislação Processual em Vigor*, Saraiva, 26ª ed., págs. 293/294).

4. Destarte, quer por impossibilidade jurídica do pedido, quer porque veio fora do prazo legal a Ação Declaratória Incidental, quer porque a referida Ação não é uma medida substitutiva dos Embargos do Devedor na Ação de Execução, INDEFIRO liminarmente a petição inicial da Ação Declaratória Incidental intentada por "A".

5. P.R.I.

Local e data

(a) Juiz de Direito

2.4. EXCEÇÃO DECLINATÓRIA DE FORO — ARGÜIÇÃO DE INCOMPETÊNCIA RELATIVA — DESPACHO INICIAL

Processo Cível nº

Vistos, etc.

1. Trata-se de exceção de incompetência de foro. O excipiente é (...), e o excepto (...).

2. Recebo a exceção e determino a Autuação em Apenso. Declaro suspenso o processo principal (CPC, arts. 306 e 265, III), valendo a suspensão até o julgamento da exceção em 1º grau de jurisdição (*RT* 511/190, 522/129, 572/49).

3. Intime-se o excepto para responder à exceção, no prazo de 10 (dez) dias (CPC, art. 308). Se houver necessidade, será designada audiência de instrução (CPC, art. 309).

4. Cumpra-se.

Local e data

(a) Juiz de Direito

2.4.1. Notas jurisprudenciais sobre competência

"CONTRATO DE ADESÃO — Cláusula de eleição de foro — *Inadmissibilidade, caso crie prejuízo ao autor.* É ineficaz a cláusula de eleição de foro em contrato de adesão, caso crie obstáculo à parte autora para a propositura da ação." (TJ-BA, Cons. Juizado de Defesa do Consumidor, Rec. nº 466/94-BA, Rel. Des. Moacyr Pitta Lima, v.u., *in Boletim AASP* nº 1986, de 15 a 21.1.1997, pág. 5-e).

"UNIÃO ESTÁVEL — Competência — Julgamento afeto à Vara de Família — Inteligência da Lei nº 9.278/1996. Preceitua o novo diploma legal, Lei nº 9.278/1996, que toda a matéria relativa à união estável é de competência do Juízo da Vara de Família, assegurado o segredo de justiça, pois é reconhecida como entidade familiar." (TJSP, Câm. Esp., C. Comp. nº 31.817-0/0-SP, Rel. Des. Lair Loureiro, j. em 4.7.1996, v.u., *in Boletim AASP* nº 1986, de 15 a 21.1.1997, pág. 6-e).

"COMPETÊNCIA – Indenização – Delito – De acordo com o art. 100, parágrafo único, do CPC, o autor pode optar pelo foro de seu domicílio para ajuizar a ação de reparação de dano sofrido em razão de delito, tanto de natureza civil, quanto penal, pois o referido dispositivo refere-se aos delitos de modo geral. Precedentes citados: CC 2.129-MG, *DJ* 14.9.1992; CC 17.886-RJ, *DJ* 6.10.2003, *RSTJ* 66/471 e REsp nº 14.731-RJ, *DJ* 4.5.2003." (REsp nº 523.464-MG, Rel. Min. Antonio de Pádua Ribeiro, j. em 21.10.2003).

"COMPETÊNCIA – A competência para julgar mandado de segurança define-se pela categoria da autoridade coatora e pela sua sede funcional." (*RSTJ* 85/141), *in* Agr. Instr. nº 321.331-5/0-00-Marília-SP, TJ-SP, Rel. Des. Paulo Travain, que fez constar do acórdão o seguinte:

"A agravante é uma autarquia estadual, pessoa jurídica de direito público interno, cuja sede se localiza na Capital do Estado. Veja-se que a impetração é dirigida contra a pessoa do Sr. Diretor Geral da referida Autarquia (ARTESP), indicando o endereço da autoridade como sendo na Avenida do Estado, na cidade de São Paulo. Por isso, procede a alegação da agravante quando sustenta que o foro competente para apreciar o presente mandado de segurança é o da comarca da Capital, através de uma das Varas da Fazenda Pública (CPC, art. 100, IV, "a"), e não o Juízo da comarca de Marília. Realmente, "A competência para julgar mandado de segurança define-se pela categoria da autoridade coatora e pela sua sede funcional" (*RSTJ* 85/141). Prossegue: "Assim, irrelevante, para fixação de competência, a matéria a ser discutida em mandado de segurança, posto que é em razão da autoridade da qual emanou o ato, dito lesivo, que se determina qual o juízo a que deve ser submetida a causa" (STJ, CC 6.388-SP-, Rel. Min. Felix fischer, *DJU* de 30.06.1997, p. 30.855). "O Juízo competente para processar e julgar mandado de segurança é o da sede da autoridade coatora" (*RTFR*, 132/259). Portanto, os autos devem ser remetidos para uma das Varas da Fazenda Pública."

2.5. Impugnação ao valor da causa ajuizada no prazo da contestação – Despacho inicial

Processo Cível nº

Vistos, etc.

    1. Trata-se de impugnação ao valor da causa ajuizada pelo requerido no prazo da contestação.

    2. Nos termos do art. 261 do Código de Processo Civil, a impugnação deve ser Autuada em Apenso, sem suspensão do processo principal.

    3. Assim, determino: *a)* Autue-se em Apenso a petição de impugnação ao valor da causa; *b)* Intime-se o Autor para, no prazo de 5 (cinco) dias, manifestar sobre a impugnação (CPC, art. 261, *caput*).

4. Após manifestação do Autor, se necessário, será requisitado o auxílio de perito para determinação do valor da causa (CPC, art. 261, *caput*). Caso contrário, será proferida desde logo a decisão.

5. Tenha-se presente que: "O juiz pode, por convicção pessoal, independentemente da audiência de peritos, fixar o valor dado à causa e impugnado pelo réu" (STF, *RF* 257/193 e *RTFR* 124/9, apud Theotonio Negrão, em *Código de Processo Civil e Legislação Processual em Vigor*, Saraiva, 26ª ed., pág. 238).

6. Intimem-se.

Local e data

(a) Juiz de Direito

2.5.1. Exemplo de decisão nos autos de impugnação ao valor da causa

Processo Cível nº   (Apenso)

Vistos, etc.

1. "A", qualificado nas fls. 2, nos autos da ação de indenização proposta por "B", objetivando este a condenação do "valor atualizado do seguro obrigatório", ajuizou impugnação ao valor da causa, aduzindo que o valor correto seria R$ 502,79, e não como constou aleatoriamente da petição inicial, ou seja, o valor injustificado de R$ 6.000,00.

2. O autor da ação apresentou resposta à impugnação do valor causa, e salientou que o valor de R$ 6.000,00 atribuído à causa estava correto, pois representava o valor normal de R$ 5.081,79, mais os acréscimos legais.

3. É O SUCINTO RELATÓRIO. DECIDO.

O Autor do pleito indenizatório, "B", ao ajuizar a petição inicial, não formulou pedido certo ou determinado, antes preferiu o pedido genérico, assim: "citar os requeridos (...) *para, ao final, CONDENAR OS REQUERIDOS A PAGAR INDENIZAÇÃO NO VALOR ATUALIZADO DO SEGURO OBRIGATÓRIO, condenando-os, ainda, nas custas processuais e honorários advocatícios de 20%* (...) *(sic, fls.4 do pedido inicial)*. Como se vê, o autor não mencionou o valor exato do que pretendia. Anota Moacyr Amaral Santos que: "Admite-se o pedido genérico, segundo os termos do art. 286, II, do CPC, quando se sabe *o an debeatur* (o que é devido), *mas não o quantum debeatur* (o quanto é devido)" (apud Theotonio Negrão, in *Código de Processo Civil e Legislação Processual em Vigor*, Saraiva, 26ª ed., pág. 271). É a hipótese dos autos. O autor pediu a condenação da ré no pagamento de indenização em dinheiro, portanto, sabe o que é devido, mas não a quantidade. Assim, trata-se de pedido inicialmente de valor inestimável, ficando para a fase de execução a apuração correta do *quantum*. Como a sentença de fls., em caso semelhante, fixou o valor do seguro obrigatório em R$ 5.081,79, por ora, aceito esse valor, sem prejuízo de alteração para menos, ou para mais, na fase de execução. Depois, tenha-se presente que: "O juiz pode, por convicção pessoal, independentemente da audiência de peritos, fixar o valor dado à causa e impugnado pelo réu" (STF, *RF* 257/193 e *RTFR* 124/9, *apud* Theotonio Negrão, em *ob. cit.*, pág. 238).

4. DISPOSITIVO.

Ante o exposto, com base nos fundamentos acima mencionados, fixo o valor da causa em R$ 5.081,79, sem prejuízo de alteração para menos, ou para mais, na fase de execução, tendo em vista que o autor formulou pedido genérico.

P.R.I.C.

Local e data

(a) Juiz de Direito

3. ESPECIFICAÇÃO DE PROVAS – DESPACHO OPCIONAL

Despacho opcional de especificação de provas a serem produzidas em audiência, isso após a réplica do autor sobre a contestação. Esse despacho pode ou não existir.

Processo Cível nº

Vistos, etc.

1. Sem prejuízo de eventual julgamento antecipado da lide, especifiquem as partes as provas que pretendem produzir, justificando-as. Prazo: 10 (dez) dias.

2. Intime-se.

Local e data

(a) Juiz de Direito

4. CONCILIAÇÃO – AUDIÊNCIA PRELIMINAR DE CONCILIAÇÃO (CPC, ART. 331)

Despacho que se exara após a especificação de provas, ou antes, se não for caso de julgamento antecipado da lide. Esse despacho também pode ou não existir no processo.

Processo Cível nº

Vistos, etc.

1. Nos termos do art. 331 do Código de Processo Civil (ver também art. 125, inciso IV, e art. 58 da Lei nº 9.099/1995), designo audiência de conciliação para o dia (...) de (...) de (...).

2. Intimem-se as partes para comparecimento pessoal, bem como os procuradores habilitados a transigir. Obtida a conciliação, será reduzida a termo e homologada nos termos dos arts. 269, III, e 584, III, do CPC.

Caso contrário, resolvidas questões processuais, e, se necessário, será designada audiência de instrução.

3. Tenha-se assentado que, dos despachos de mero expediente não cabe recurso (CPC, art. 504), notadamente do que apenas designa audiência preliminar de conciliação, pois apenas se verifica uma ordem de andamento do processo, sem nada decidir. Confira-se:

"RECURSO – Agravo de Instrumento – Decisão que designou audiência de conciliação – Despacho de mero expediente – Irrecorribilidade – art. 504 do Código de Processo Civil – Não conhecimento." (1º TACIVIL-SP – 4ª Câmara, A.I. nº 1.172.650-2-Marília, j. em 4.6.2003, Rel. Juiz J.B. Franco de Godoi).

E mais:

"AGRAVO – Designação de audiência – Despacho de mero expediente – Inteligência dos arts. 504 e 522 do Código de Processo Civil – Inadmissibilidade. É irrecorrível o despacho que designa audiência conciliatória, posto que desprovido de qualquer conteúdo decisório, mas meramente ordinatório da marcha processual." (TAMG – A.I. nº 350.007-0 – 3ª Câmara Cível, Rel. Juiz Edilson Fernandes, julgado em 10.10.2001, *in* A.I. nº 1.172.650-2-Marília, Rel. Juiz J.B. Franco de Godoi).

4. Intimem-se.

Local e data

(a) Juiz de Direito

5. SANEADOR – DESPACHO SANEADOR COM DEFERIMENTO DE PROVAS SEREM PRODUZIDAS (EM AUDIÊNCIA)

Processo Cível nº

Vistos, etc.

1. Não foram argüidas matérias preliminares (ou, Rejeito as matérias preliminares). Processo em ordem. Não há nulidades a declarar nem irregularidades para sanar.

2. Declaro saneado o processo. Defiro a produção das provas requeridas, inclusive a reprodução fonográfica. Tem-se entendido que: "Prova – Reprodução fonográfica – Admissibilidade – Inteligência dos arts. 332 e 383 do CPC. A reprodução fonográfica, na forma do art. 383 do CPC, é admitida como meio de prova. Na espécie, não restou impugnada a autenticidade e, em se tratando de mera reprodução de conversação entre duas pessoas, sem qualquer induzimento, que independe do prévio conhecimento do outro interlocutor, não restou quebrada a privacidade, cabendo ao juiz, quando da sentença, dar o devido valor probante a tal prova" (TACiv-RS, 2ª CC, A.I. nº 195.143.466-RS, j. em 23.11.1995, v.u., *in Boletim AASP* nº 1971, de 2 a 8.10.1996, pág. 79-e).

3. Designo audiência de Conciliação, Instrução e Julgamento para o dia (...) de (...) de (...). Intimem-se pessoalmente as partes para comparecimento e depoimentos na audiência. Notifiquem-se as testemunhas arroladas em tempo hábil (CPC, art. 407).

4. Se houver carta precatória a ser expedida, o prazo de cumprimento é de 60 (sessenta) dias, providenciando a parte interessada as quantias para as despesas necessárias, bem como o cumprimento, sob pena de se declarar encerrada a instrução (*RTJ* 112/1.187). A carta precatória requerida após o despacho saneador não suspende o processo (CPC, art. 338). Somente a que foi pedida antes do despacho saneador é que suspende o feito (art. 338).

5. Dê-se ciência aos nobres patronos judiciais, inclusive ao Ministério Público, se for o caso. Oportunamente deliberarei sobre a produção de outras provas. *(Obs: se for o caso de deferir a prova pericial desde logo, ver despacho de nomeação de peritos no item 7).*

6. Intime-se.

Local e data

(a) Juiz de Direito

5.1. Preliminares – Matérias rejeitadas – Exemplos de decisões rejeitando matérias preliminares

5.1.1. Mandato – Ausência do reconhecimento de firma – Inexistência de irregularidade

Processo nº

Vistos, etc.

1. Rejeito a matéria preliminar sobre a questão da ausência do reconhecimento de firma no mandato. Com efeito, tem decidido a jurisprudência que: "Mandato – Procuração para o foro em geral – *Ad judicia* – Desnecessidade do reconhecimento da firma dos mandantes – Art. 38 do CPC, com redação dada pela Lei Federal nº 8.952/1994 – Supressão da exigência – Recurso provido" (A.I. nº275.604-1, SP, 6ª Câmara de Direito Privado, Rel. Des. Octavio Helene, j. em 20.12.1995, v.u.).

2. Intime-se.

5.1.2. Mandato – Fotocópia – Admissibilidade – Jurisprudência

1. Rejeito a matéria preliminar sobre a irregularidade de representação. Tem-se entendido nos Pretórios que: "Admissível a utilização de cópia xerox do instrumento de procuração, pois, nos precisos termos do art. 365 do CPC, tal documento não pode ser tido como imprestável" (*RT* 691/133). Neste sentido, acrescentando que a xerox deve ser autenticada, ver acórdão em *RT* 681/140, e *JTALex* 137/387 (*apud* Theotonio Negrão, *CPC e Legislação Processual em Vigor*, Saraiva, 26ª ed., pág. 106).

2. Intime-se.

5.1.3. Ação de rescisão de contrato – Argumento de carência de ação afastado

Observação: A decisão abaixo transcrita foi lavrada sob a égide do Código Civil de 1916, e os artigos nela mencionados correspondem agora aos arts. 475, 288 e 294 do Código Civil de 2002.

Processo Cível nº

Vistos, etc.

1. Rejeito as matérias preliminares argüidas na contestação. O autor pede a rescisão de um contrato bilateral e oneroso, o que é permitido (CC, art. 1.092, parágrafo único).

2. Por outro lado, a cessão verbal entre as próprias partes é válida (CC, arts. 1.067 e 1.078). Verifica-se que o cheque, documento de fls., foi emitido ou subscrito pelo requerido, o que constitui indício de prova escrita sobre a cessão do imóvel. Assim, o que pretende o autor é a resolução do contrato, com retorno das partes ao estado anterior, tudo por inadimplemento contratual (falta de pagamento da prestação prometida pelo requerido). O pedido é juridicamente possível, as partes são legítimas e há interesse de agir. Não há como acolher o pedido de carência da ação e o de ilegitimidade de parte.

3. Declaro saneado o processo. Irregularidades ou nulidades não há para se declarar. Designo audiência de instrução, debates e julgamento para o dia (...) de (...) de (...). Intimem-se as partes para depoimentos pessoais. Notifiquem-se as testemunhas arroladas em tempo hábil (CPC, art. 407). Dê-se ciência aos defensores.

4. Local e data

(a) Juiz de Direito

5.1.4. Cessionário de imóvel hipotecado e financiado – Morte do cedente – Quitação do financiamento pelo "Seguro" – Benefício ao cessionário – Ação adjudicatória possível

Observação: A decisão abaixo transcrita foi lavrada sob a égide do Código Civil de 1916, e os artigos nela mencionados correspondem agora aos arts. 286 a 304, 346, inciso II, 785 e 2.013 do Código Civil de 2002.

Processo Cível nº

Vistos, etc.

1. Rejeito a matéria preliminar de carência da ação.

2. Com efeito, "A", e sua mulher "B", qualificados nos autos, ajuizaram ação de adjudicação compulsória contra o Espólio de "C", representado pela viúva "D". Alegam os requerentes que adquiriram um prédio residencial do requerido, com 50,00 m² de área construída, situado na cidade de (...), na Rua das Acácias, nº 20, e o respectivo lote de terreno urbano sob nº 9, da quadra "E", matriculado no Cartório de Registro de Imóveis sob nº (...). O imóvel foi havido pelos alienantes-cedentes por força de contrato de financiamento e ônus hipotecário em favor da Caixa Econômica Federal. Sucede que, embora tenham os requerentes feito a aquisição do imóvel onerado, não transferiram o financiamento nem a hipoteca, continuando a pagar as prestações no nome do alienante. Com a morte deste, e por força de contrato de seguro que possibilitou a quitação do financiamento, o Banco liberou o referido imóvel, razão pela qual pretendem os requerentes a adjudicação livre do bem.

3. Conquanto digna de nota a preocupação e os argumentos da parte contrária, no caso vertente o pleito nada traz de estranho ou ilícito. O pedido é juridicamente possível e há interesse processual para a demanda, bastando que se ordene a citação também dos herdeiros do alienante.

4. Malgrado rotulado de "compra e venda", na verdade, o contrato de fls. dos autos, é de uma cessão de direitos contratuais, isto é, os alienantes transferiram um contrato não acabado, e ainda em execução. Tenha-se presente que as regras jurídicas da cessão de crédito aplicam-se à cessão de outros direitos, *v.g.*, cessão de contratos. Inteligência do art. 1.078 do Código Civil. Entre as partes – cedente e cessionário – a lei não exige forma especial para a cessão. O contrato é consensual e não solene. E nada há de estranho ou ilegal na aquisição de imóvel hipotecado, pelo contrário, *o adquirente de imóvel hipotecado, por lei, pagando a dívida, sub-roga-se automaticamente nos direitos creditórios contra o devedor. Inteligência do art. 985, II, do Código Civil. O cessionário, por outro lado, tem legitimidade para requerer a adjudicação compulsória de imóvel, mesmo não loteado (Decreto-Lei nº 58/1937, art. 22), bem como para promover o processo de execução judicial (CPC, art. 567, II) e para requerer o inventário ou partilha de bens (CC, art. 1.772,§ 1º, c/c o art. 988, V, CPC).* E, ainda, como anotei no meu trabalho Direito das Obrigações Aplicado – Obrigações e Responsabilidade Civil, Edipro, 1996, pág. 242, *o cessionário e adquirente de imóvel hipotecado é mesmo "terceiro interessado", nos termos do art. 930 do Código Civil, e o* "Superior Tribunal de Justiça ratificou o entendimento de que o adquirente de imóvel hipotecado realmente é pessoa interessada para fins de quitação do débito, podendo ajuizar ação consignatória". Confira-se: *"Civil – Mútuo hipotecário – Pagamento por terceiro. Aquele que adquire o imóvel hipotecado é interessado, para os efeitos do art. 930, caput, do Código Civil, no pagamento das prestações de resgate do mútuo, porque a respectiva falta implica a execução do gravame. Ao credor é defeso recusar o recebimento, porque o pagamento não tem o efeito de integrar o comprador do imóvel na relação de financiamento, estando livre para executar antecipadamente o saldo devedor, se a alienação do imóvel dado em garantia caracterizar infração de cláusula contratual"* (in Boletim AASP nº 1831, pág.25-j).

5. Ora, no caso vertente, o próprio Banco financiador emitiu a quitação da dívida conforme documento de fls. dos autos, sem ressalvar eventual infração contratual. E se a quitação do financiamento decorreu de indenização securitária, também nada existe de estranho ou ilícito. *O direito à indenização securitária pode ser transmitido a terceiro como acessório da propriedade, ou de direito real sobre a coisa segura. Opera-se essa transmissão de pleno direito quanto à coisa hipotecada, ou penhorada. Inteligência do art. 1.463*

do Código Civil. Por fim, na cessão do seguro, é possível que o interesse contra o risco ainda continue a ser do transmitente, não obstante já não tenha este direito sobre a coisa segura. Palavras de Clóvis Bevilácqua: "Por um lado, é possível que o interesse contra o risco ainda continue a ser do alienante, apesar de já não ter direito sobre a coisa segura" (*Código Civil dos Estados Unidos do Brasil Comentado,* ed. histórica, Rio, RJ, 1977, pág. 590).

6. No caso de que se cuida, pelo documento de fls. dos autos, a própria entidade financiadora da anterior aquisição do imóvel pelo *ora cedente-alienante,* não se opôs à cessão de direito então levada a efeito posteriormente para os requerentes, tanto que o Banco expediu quitação ampla, autorizando a extinção da hipoteca. O Banco já não tem qualquer interesse na lide. Se foi ou não desejo das partes, figurantes na cessão, resguardar que, em tema de seguro da coisa alienada, o interesse contra o risco continuasse a ser do alienante, apesar de já não ter direito sobre a coisa segura, isso configura o mérito na demanda, cujo processo deve prosseguir com amplo contraditório.

7. Os autores devem emendar a petição inicial, incluindo os herdeiros do falecido no pólo passivo da ação. Prazo: 20 (vinte) dias. Após, citem-se a viúva e os herdeiros indicados para que, querendo, contestem a ação no prazo de 15 (quinze) dias. Ciência ao Ministério Público. Intimem-se. Enfatizo que, o órgão financiador do imóvel cedido certamente já recebeu o que lhe era devido, pois, do contrário, não emitiria a quitação ampla (fls.). Portanto, nenhum interesse tem na lide.

8. Local e data

(a) Juiz de Direito

5.1.5. Alimentos – Reconhecimento de paternidade incidental – Desnecessidade de nova ação investigatória – Averbação da paternidade determinada dentro da ação de alimentos

Processo Cível nº

Vistos, etc.

1. "A", então menor impúbere, em 1985, ajuizou ação de alimentos contra "B", e logrou a vitória em 1ª e 2ª Instâncias. No bojo da condenação à prestação alimentícia, ficou reconhecida a paternidade. O autor, vitorioso no pleito de pensão alimentícia, agora arremata, só podia ser filho do requerido. Então, quase 10 (dez) anos depois do v. acórdão confirmatório da sentença (fls.), quer o referido autor a averbação no registro civil do nome de seu pai, ora requerido.

2. A pretensão é caracteristicamente admissível e possível. Nada de estranho, ou de necessidade de outra demanda investigatória.

3. Em primeiro lugar, grave erro pensar que a sentença na ação de alimentos não faz coisa julgada. Criticando o art. 15 da Lei nº 5.478/1968, diz Arnaldo Marmitt, com remissão a vários autores consagrados: "Na verdade, a sentença prolatada em ação alimentícia forma coisa julgada material, no concernente ao mérito da causa. Reconhecidos a obrigação alimentar e o *estado familiar dos litigantes,* transita ela em julgado, fazendo com que a questão não possa mais ser reexaminada. O reconhecimento do dever de alimentar condiz com o mérito da causa, e *ipso facto,* se torna imutável, formando coisa julgada material. O que não opera coisa julgada, que é alterável a qualquer tempo, em face da mudança da situação das partes, é o *quantum* da pensão. É isso que o legislador parece ter pretendido dizer" (*Pensão Alimentícia,* Aide, 1993, págs. 140/141).

4. Em segundo lugar, pouco importa seja o requerido casado com outra mulher, pois a CF/1988, no art. 227, § 6º, nivelou os filhos havidos fora do casamento: "Qualquer filho havido fora do casamento pode obter seu reconhecimento de filiação e de alimentos, sem privilegiação nos mecanismos que levam a essa prestação jurisdicional" (*ob. cit.,* pág. 61).

5. Em terceiro lugar, a Lei nº 6.515/1977 – Lei do Divórcio – no art. 51, alterou a Lei nº 883/1949, acrescentando o parágrafo único ao art. 4º desta última, assim: "Dissolvida a sociedade conjugal do que foi condenado a prestar alimentos, *quem os obteve não precisa propor ação de investigação para ser reconhecido...*" Agora, com a Constituição Federal de 1988, nem precisa o pressuposto da dissolução do tálamo...

6. Em quarto lugar, a Lei nº 6.015/1973, Lei dos Registros Públicos, no art. 29, § 1º, letras *b* e *d,* expressamente autorizou a averbação de sentenças que declararem a filiação legítima, ou de meros atos judiciais ou extrajudiciais de reconhecimento de filhos ilegítimos. É inescondível que o reconhecimento de filho, mesmo em caráter incidental numa ação de alimentos, configura um "ato judicial de reconhecimento", passível de averbação, conforme o art. 29, § 1º, letras *b* e *d,* da Lei nº 6.015/1973. Trata-se de regra especial, *sui generis,* e de direito de família.

7. Em quinto lugar, o Tribunal já foi claro: "Reconhecimento de paternidade – Pedido incidental em ação de alimentos – Condição de casado do réu – Admissibilidade. Inadmitida a discriminação da filiação, inexiste óbice ao reconhecimento quanto ao pai casado. CF/1988, art. 227, § 6º (Averbação determinada) (TJSP, 1ª C., Ap. nº 121.431-SP, Rel. Des. Renan Lotufo, j. em 20.3.1990, v.u., in Boletim *AASP* nº 1662, de 31.10 a 6.11.1990, pág. 257).

8. Em sexto lugar, decididamente faz coisa julgada a resolução de questão prejudicial, quando a parte o requerer (CPC, art. 470, e Lei nº 8.560/1992). Ora, a petição inicial de fls., no item 3, foi clara: "Pelo exposto, quer o Autor propor a presente ação de investigação de paternidade como base para pedido de alimentos, cumulando através desta e desde já o pedido de alimentos..." (*sic*). Decidiu-se, pois, forçosamente, no pedido principal de alimentos, uma questão prejudicial de paternidade, com requerimento expresso do autor.

9. Em sétimo lugar, a Lei nº 8.560/1992, no art. 8º, realmente autorizou a retificação de registros civis anteriores, inclusive para fins de averbação inerente a reconhecimento incidental da paternidade, em qualquer procedimento. Pelo menos, nenhuma matéria ficou excluída no aludido dispositivo legal.

10. Em suma, no caso vertente, a paternidade foi reconhecida judicial e incidentalmente (julgados de fls). É só averbar o "ato judicial" de reconhecimento, conforme o art. 29, § 1º, letras *b* e *d*, da Lei nº 6.015/1973. É o que determino. Expeça-se mandado, requisitando-se cópia da certidão com o nome do pai do autor no registro civil. Após, arquive-se. A questão de majoração ou redução de pensão alimentícia pode ser decidida em outro pleito.

Intimem-se.

Local e data

(a) Juiz de Direito

5.1.6. Nota jurisprudencial sobre prescrição civil e o tempo do nascimento da exceção

Observação: Os julgados mencionados, na maioria, foram lavrados sob a égide do Código Civil de 1916. No tocante à prescrição e decadência, o Código Civil de 2002 reduziu vários prazos prescricionais (arts. 189 a 211).

5.1.6.1. "PRESCRIÇÃO – Prazo vintenário – Nascimento da exceção de prescrição com o surgimento da ação originária do seu direito – Injuridicidade da fluência do tempo contra quem não poderia intentar a ação, mas sim por quem poderia fazê-lo – Procedimento criminal na Justiça Militar – Confissão do réu e publicação pela imprensa do resultado do julgamento – Validade como termo inicial do prazo prescricional. Apelação improvida." (TJSP, 10ª Câm. de Direito Privado, Ap. Cív. nº 262.582-1/0-SP; Rel. Des. Roberto Stucchi, j. em 23.10.1995, v.u., acórdão na íntegra, in Boletim AASP nº 1985, de 8 a 14.1.1997, pág. 9-j).

A hipótese julgada versava sobre ação indenizatória por danos morais e estéticos sofridos pelo autor quando da explosão de uma bomba lançada no Consulado Americano, *em 19.3.1968*. O autor alegou que somente em *março de 1992*, através de uma reportagem, tomou conhecimento da identidade do réu como responsável pelo evento danoso. Todavia, a exceção de prescrição da ação foi acolhida em 1ª e 2ª Instâncias, porque havia procedimento criminal instaurado contra o réu e em *1971* foi publicado o julgamento, tendo os jornais noticiado o evento. Esclareceu o v. acórdão acima citado:

"No dizer de Carpenter *(Da Prescrição*, pág. 315) 'O nascimento da ação marca o início do prazo da prescrição'. Logo, não seria jurídico ver fluir o tempo contra quem não podia propor a ação, ou seja, aquele despido do *ius persequendi in iudicio*. A gênese da ação é a estaca inicial da fluência do prazo e na lei está seu amparo (CC, art. 75). Não estará equivocado dizer que a inatividade, a falta de exercício, começa no dia em que nasceu a pretensão, complementando-se ainda com Pontes de Miranda (*ob. cit.*, § 699): "A pretensão nasce quando já se pode exigir de alguém ato ou omissão; a ação, quando já pode ser intentada, ou já se podem praticar os atos necessários à sua intentação (propositura)". No caso dos autos, não houve *propositura*. Tinham os autores, todavia, *proponibilidade* (grifos nossos). O autor não ajuizou a ação dentro do prazo de 20 (vinte) anos, embora tivesse meios de identificar o responsável do evento danoso, inclusive pelo noticiário da imprensa e pelo procedimento criminal existente."

5.1.6.2. "PRESCRIÇÃO – Indenização – Defeitos na construção – Lapso temporal vintenário para propor ação de ressarcimento. O prazo de 5 anos, de que trata o art. 1.245 do Código Civil, relativo à responsabilidade do construtor, é de garantia pela solidez e segurança da obra executada, e não de prescrição ou decadência. O proprietário que contratou a construção tem o prazo de 20 anos para propor ação de ressarcimento, que é lapso de tempo prescricional." (STJ, 3ª T., Resp nº 73.022-SP, rel. Min. Waldemar Zveiter, j. em 14.5.1996, v.u., in Boletim AASP nº 1.998, de 9 a 15.4.1997, pág. 30-e).

5.1.6.3. "PRESCRIÇÃO – Venda de ascendente para descendente. A alienação de bem de ascendente para descendente, sem o consentimento dos demais, através de interposta pessoa, prescreve em 4 (quatro) anos a contar da abertura da sucessão do vendedor. Art. 178, § 1º, V, b, do CC. Recurso conhecido e provido" (STJ, 4ª T., Resp nº 86.489-ES, rel. Min. Ruy Rosado de Aguiar, j. em 14.6.1996, v.u., in Boletim AASP nº 2.001, de 5 a 11.5.1997, págs. 35 e 36-e).

5.2. OUTRAS HIPÓTESES JURISPRUDENCIAIS

5.2.1. "EXCLUSÃO DE LITISCONSORTE DO PROCESSO – Natureza jurídico-processual de decisão interlocutória – Recurso cabível – Agravo – A decisão que exclui litisconsorte do processo é interlocutória (CPC, art. 162, § 2º), porquando o processo prossegue com relação aos demais co-autores, desafiando o recurso de agravo. Precedentes iterativos jurisprudenciais (CPC, art. 46, parágrafo único).". (TRF-3ª Região, 1ª T., Agr. de Instr. nº 97.03.023735-5-São Paulo-SP, Rel. Juiz Sinval Antunes, j. em 18.11.1997, v.u., in Boletim da AASP nº 2110, de 7 a 13.6.1999, pág. 206-e).

5.2.2. "DESCONSIDERAÇÃO DA PERSONALIDADE JURÍDICA – Declaração incidental – Possibilidade. O Egrégio Tribunal de Justiça do Estado de São Paulo já decidiu que: 1. Falência – Desconsideração da Personalidade Jurídica – Acolhimento do pedido feito pelo síndico e determinação de arrecadação dos bens imóveis objeto de dação em pagamento e posterior hipoteca em garantia de dívidas da falida. Confusão patrimonial entre a sociedade controlada e seu controlador. Possibilidade de se desconsiderar a personalidade jurídica na medida em que o patrimônio da falida acabou por confundir-se com o da sociedade que se constituiu, cujo capital foi formado por bens pertencentes à primeira empresa, hipotecados a uma terceira, esta administrada por pessoa ligada ao controlador da devedora. 2. Falência – Desconsideração da personalidade jurídica – Declaração incidental – Possibilidade – Desnecessidade de prévia decisão judicial em processo de conhecimento. Hipótese de ineficácia relativa, e não de invalidação dos negócios jurídicos, que permite a arrecadação dos bens como se ainda pertencessem à falida. O ajuizamento da ação revocatória, previsto na lei falimentar, não é exigência absoluta nos casos de ineficácia relativa dos atos praticados pelo devedor. Entendimento doutrinário e jurisprudencial. Liminar cassada. Recurso improvido." (TJ-SP, 7ª Câmara de Direito Privado, A.I. nº 155.854-4/8-SP, Rel. Des. Salles de Toledo, j. em 29.11.2000, v.u., in Boletim da AASP nº 2197, de 5 a 11 de fevereiro de 2001, pág. 1707-j).

5.2.3. "DESPESAS DE CONDOMÍNIO – Execução – Agravo Regimental – Recurso Especial não admitido – Despesas de Condomínio – Execução – 1. Constituindo as atas de assembléias e as convenções condominiais títulos executivos extrajudiciais, cabível é a via executiva e não o ajuizamento de ação monitória. 2. Agravo Regimental improvido." (STJ, 3ª T., AgRg no A.I. nº 216.816-DF – Rel. Ministro Carlos Alberto Menezes Direito, j. em 20.4.1999, v.u, in *Boletim da AASP* nº 2237, de 12 a 18.11.2001, pág. 2.025).

O v. acórdão do STJ frisou que não havia contrariedade aos arts. 585, inciso IV, 275, inciso II, letra "b", e 1.102a a 1.102c do CPC. As atas das assembléias do condomínio que instituiram os valores cobrados, constituem títulos executivos extrajudiciais (CPC, art. 585, IV), donde ser incabível a ação monitória ou a conversão para a ação de rito sumário. Foram mencionados outros julgados no mesmo sentido da pertinência da ação de execução. Confira-se:

"PROCESSUAL CIVIL – Taxas condominiais – Título Executivo. Em tese, as taxas condominiais, desde que havendo orçamento e aprovação desse orçamento em convenção, podem ser cobradas pela via executiva. Recurso conhecido e parcialmente provido." (REsp nº 33.062/RJ, 4ª T, Rel. Ministro Cesar Asfor Rocha, *DJ* de 27.4.1998)."

"PROCESSUAL CIVIL – Recurso Especial – Condomínio – Despesas. Cobrança – Via executiva. 1. O procedimento sumário – Art. 275, inciso II, do CPC, não se aplica a cobrança de despesas condominiais, cujos valores tenham sido estabelecidos e aprovados em convenção, pois, nesta hipótese, o caso é de ação de execução, *ex vi*, do art. 585, IV do CPC e art. 12, § 2º, da Lei nº 4.591/1964. II. Recurso Especial não conhecido." (REsp nº 43.318-MG – 3ª T., Rel. Ministro Cláudio Santos, *DJ* de 26.2.1996, in *Boletim da AASP* nº 2237, de 12 a 18.1.2001, pág. 2.025).

5.2.4. "SENTENÇA – Erro material – Possibilidade de correção de ofício. Sentença que extingue a execução sem julgamento de mérito, dada a ausência de citação dos executados, os quais já haviam oferecido embargos. Evidente erro material que permite correção "ex offício". Decisão mantida. Agravo de Instrumento não provido." (1º TACIVIL -SP – 2ª Câmara, A.I. nº 992.678-1-SP – Rel. Juiz Amado de Faria, j. em 14.3.2001, v.u, in *Boletim da AASP* nº 2249, de 4 a 10.2.2002).

5.2.5. "RESCISÓRIA – Anulatória – Divórcio – Anulatória – Fundamento – Falta de citação pessoal, decorrente de dolo do autor – Adequação da via eleita – Afastamento da extinção do processo, sob o entendimento de ser cabível a ação rescisória – Recurso provido – A rigor, não é cabível a rescisória, mas a ação declaratória de nulidade, no caso de falta ou nulidade da citação." (Ap.Cível nº 39.324-4-SP, TJ-SP, 4ª Câmara de Direito Privado, Rel. Des. Olavo Silveira, j. em 26.6.1997, in *JTJ* 198/54, art. 485, III, do CPC, e *RSTJ* 08/231).

5.2.6. "SIGILO MÉDICO NÃO É ABSOLUTO – Parecer do insigne Juiz Rogério Marrone de Castro Sampaio, MM. Juiz Auxiliar da Corregedoria, publicado no *DOE -SP* de 3.5.2002, pág. 3, sobre o sigilo médico. Ficou registrado que:

"Respeitada orientação diversa, não parece assistir razão à postulante. É bem verdade que o sigilo profissional é dever legal imposto aos médicos, inclusive, com previsão no Código de Ética Médica, admitindo-se a revelação de fato de que tenha conhecimento em razão da profissão se houver justa causa, dever legal ou autorização do paciente, conforme se infere do disposto no art. 102 da Resolução nº 1.246/1988 do Conselho Federal de Medicina. Visa-se, com tal restrição, a proteção da dignidade da pessoa do paciente. Não se desconhece, também, o fato de que a proteção à dignidade da pessoa do paciente emerge de preceito constitucional contido no art. 5º, inciso X, da Constituição Federal de 1988 que, dentre as garantias individuais, insere o da intimidade e da vida privada dos cidadãos. No entanto, não se pode perder de vista que o nosso ordenamento jurídico não é constituído de valores absolutos. A relatividade das garantias sempre encontra limites quando confrontadas com interesses maiores, de natureza transindividual. Enfocando com precisão o tema, esclarece o constitucionalista Alexandre de Moraes que "os direitos e garantias fundamentais consagrados pela Constituição Federal, portanto, não são ilimitados, uma vez que encontram seus limites nos demais direitos igualmente consagrados pela Carta Magna (Princípio da relatividade ou conveniência das liberdades públicas". Conclui o ilustre jurista que "quando houver conflito entre dois ou mais direitos ou garantias individuais, o intérprete deve utilizar-se do princípio da concordância prática ou da harmonização de forma a coordenar e combinar os bens jurídicos em conflito, evitando o sacrifício total de uns em relação aos outros, realizando uma redução proporcional do âmbito de alcance de cada qual (contradição dos princípios), sempre em busca do verdadeiro significado da norma e da harmonia do texto constitucional com sua finalidade precípua." (*Direito Constituição*, 9ª ed., 2001, Atlas, pág. 59)... Ora, no caso em testilha, o sigilo profissional do médico, garantidor da intimidade do paciente, sucumbe ao interesse, evidentemente maior, do Estado em obter os elementos de convicção necessários à demonstração da existência de falta disciplinar ou mesmo de justificativa razoável para afastá-la, o que viria, no caso, de encontro aos interesses do próprio processado paciente. Em suma, a obtenção de informações a respeito da situação clínica de determinados pacientes, se fruto de requisição feita pelo Juiz Corregedor Permanente em processo administrativo disciplinar, é, por óbvio, indispensável ao exercício do Poder Hierárquico Disciplinar. E, sendo assim, a medida inclui-se dentre as exceções que, previstas no próprio Código de Ética Médica, possibilita a atenuação do dever de sigilo profissional". (*DOE-SP* de 3.5.2002, Caderno I, vol. 72, nº 82).

5.2.7. "CONDOMÍNIO NÃO PODE ADQUIRIR, EMBORA POSSAM OS CONDÔMINOS CONSTITUÍREM UMA ASSOCIAÇÃO QUE, DOTADA DE PERSONALIDADE JURÍDICA, PODERÁ TER BENS EM SEU NOME. Confira-se: Ementa: "Registro de Imóveis – Carta de Adjudicação – Princípios da Especialidade subjetiva e disponibilidade – Imóvel de propriedade do casal – Necessidade de averbação do nome do cônjuge e do regime de bens – Aquisição por condomínio – Inadmissibilidade – Não ocorrência da hipótese contemplada no art. 63, § 3º, da Lei nº 4.591/1964 – Dúvida procedente." (Apelação Cível nº 101.422-0/2-São Paulo, Acórdão de 29.5.2003, do Conselho Superior da Magistratura, Relator o Des. Luiz Tâmbara). *Constou do v. acórdão:* "Este Conselho tem entendido que o Condomínio, por não ser dotado de personalidade jurídica, não pode adquirir imóvel, salvo na hipótese do art. 63, § 3º, da Lei nº 4.591/1964. Nesse sentido os julgados das Apelações nºs 975-0, 5.035-0,

15.106-0, 17.878-0, 30.786-0/0, 32.737-0/2 e 79.110-0/5. As disposições legais do art. 63 da Lei nº 4.591/1964 aplicam-se às construções de edificações em condomínio. O legislador procurou criar mecanismos para que os condomínios em construção possam arrematar as unidades em débito, propiciando aos condôminos a possibilidade de continuação da obra e o levantamento de recursos financeiros com a venda dessa unidade adquirida. Este Conselho Superior da Magistratura, em caso análogo, nos autos da Ap. Cível nº 32.737-0/2, Rel. Des. Márcio Bonilha, assim decidiu: "Não há acenar, também, com a hipótese prevista no art. 63, § 3º, da Lei nº 4.591/1964, que, em caráter exceptivo, permite ao condomínio especial adjudicar bens de condômino inadimplente em hasta pública, nos casos de incorporação por construção a preço de custo, ou por administração. Como já decidido em inúmeras oportunidades, o preceito acima citado é de caráter excepcional e merece interpretação restritiva, não podendo ser estendido a hipóteses diversas por analogia (Caio Mario da Silva Pereira, *Condomínio e Incorporações*, Forense, 10ª ed., 1996, pág. 342; João Batista Lopes, *Condomínio*, 4ª ed., Revista dos Tribunais, pág. 157; José Carlos Barbosa Moreira, *Temas de Direito Processual*, Saraiva, 2ª ed., pág. 182). Na Apelação Cível nº 79.110-0/5, já se decidiu que:

"A capacidade processual do condomínio e o simples fato de possuir CGC/MF, não lhe proporcionam poderes de aquisição imobiliária. Essa capacidade visa as relações e atribuições administrativas condominiais, faltando-lhe para possuir personalidade jurídica o *affectio societatis*, segundo leciona Pontes de Miranda. (*Tratado de Direito Privado*, Revista dos Tribunais, Tomo 12, pág. 1.311). Não se confunde capacidade postulatória em Juízo com capacidade aquisitória especial do condomínio. A primeira é resultante do art. 12, inciso IX, do Código de Processo Civil, e a segunda dos casos de incorporações por construção a preço de custo". O condomínio apelante não pode adquirir direito real e não há impedimento para que seus condôminos, se desejarem, constituam uma associação que, revestida de personalidade jurídica, poderá em seu nome possuir propriedades imobiliárias". (TJ-SP – Acórdão na Ap. nº 101.422-0/2-SP – 29.5.2003, Rel. Des. Luiz Tâmbara).

5.2.8. "EMBARGOS DECLARATÓRIOS – O Juiz não está obrigado a responder todas as alegações das partes, quando já tenha encontrado motivo suficiente para fundar a decisão, nem se obriga a ater-se aos fundamentos indicados por elas e tampouco a responder um a um todos os seus argumentos." (*RJTJESP* 115 /207).

5.2.9. "SENTENÇA – Erro material – Possibilidade de correção de ofício. Sentença que extingue a execução sem julgamento de mérito, dada a ausência de citação dos executados, os quais já haviam oferecido embargos. Evidente erro material que permite correção *ex officio*. Decisão mantida. Agravo de Instrumento não provido." (1º TACIVIL-SP – 2ª Câmara, A.I. nº 992.678-1-SP – Rel. Juiz Amado de Faria, julgado em 14.3.2001, v.u, in Boletim da AASP nº 2249, de 4 a 10.2.2002).

5.2.10. "REVISIONAL DE CONTRATO – Interesse processual – Ação de Revisão de Contrato Bancário e medida cautelar incidente (contrato de cartão de crédito) – Autor que firmou termos de confissão de dívida, ratificando o valor do saldo devedor que pretende discutir – Ausência da condição da ação – Obediência aos termos do art. 158 do Código de Processo Civil, segundo o qual "os atos das partes, consistentes em declarações unilaterais ou bilaterais de vontade, produzem imediatamente a constituição, a modificação ou a extinção de direitos processuais" – Apelação desprovida." (1º TACIVIL-SP – 2ª Câmara, Apelação nº 1.139.764-7-Marília, Rel. Juiz José Reynaldo, j. em 13.8.2003).

6. FALSIDADE DOCUMENTAL – INCIDENTE – DESPACHO INICIAL

Incidente de falsidade documental. Despacho sobre a espécie (CPC, art. 390)

Processo Cível nº

Vistos, etc.

1. Trata-se de incidente processual alusivo à argüição de falsidade documental, que pode ser instaurado em qualquer tempo e grau de jurisdição, incumbindo à parte contra quem foi produzido o documento suscitar a referida falsidade na contestação ou no prazo de 10 (dez) dias, contados da intimação da juntada aos autos (CPC, art. 390). Antes de encerrada a instrução, será a falsidade argüida por petição (CPC, art. 391). Se argüida depois de encerrada a instrução, o incidente correrá em Apenso (CPC, art. 393). *Suscitado o incidente de falsidade, o processo principal ficará suspenso (CPC, art. 394).*

2. Pois bem. Requerido o incidente, deve a parte que produziu o documento ser intimada para responder no prazo de 10 (dez) dias, e depois, deve ser ordenado o exame pericial. Todavia, não se procederá ao exame pericial se a parte que produziu o documento concordar em retirá-lo e *a parte contrária não se opuser ao desentranhamento* (CPC, art. 392, parágrafo único).

3. Assim, para não comprometer o bom andamento do processo, e até evitar tumulto processual, determino:

a) Autue-se a petição do incidente de falsidade em Apenso (ou então: Seja extraída cópia da contestação e documentos, e Autue-se em Apenso);

b) Suspendo o curso do processo principal (CPC, art. 394);

c) Intime-se a parte que produziu o documento objeto da argüição de falsidade, para responder no prazo de 10 (dez) dias, ciente que, se concordar em retirar o documento e a parte contrária não se opuser ao desentranhamento, não se procederá ao exame pericial (CPC, art. 392, parágrafo único). Caso contrário, juntada a resposta nos autos, seria determinado o aludido exame pericial, com nomeação de perito e oferecimento de oportunidade para a indicação de Assistentes Técnicos e formulação de quesitos, no prazo de 5 dias. No final, seria prolatada sentença, como determina o art. 395 do CPC.

4. Intimem-se.

Local e data

(a) Juiz de Direito

6.1. OBSERVAÇÃO SOBRE O RECURSO CABÍVEL DA DECISÃO PROFERIDA NO INCIDENTE DE FALSIDADE

Sobre a decisão proferida no incidente de falsidade documental, o recurso cabível pode ser a Apelação ou o Agravo, conforme a referida decisão tenha sido proferida em autos apartados ou no bojo do processo principal. Confira-se a jurisprudência:

"INCIDENTE DE FALSIDADE – Ementa – Processual Civil – Recurso adequado – Preparo – Comprovação. Da sentença terminativa de ação de incidente de falsidade, proferida em processo que teve curso apartado da ação principal, cabe apelação. Se o preparo foi efetuado dentro do decêndio estipulado pelo art. 519 do CPC (na revogada redação da Lei nº 5.295/1973), e se parte comprovou-o espontaneamente, mesmo fora desse prazo, mas antes de o Juiz examinar o seu cumprimento, como na hipótese, não se pode ter o recurso por deserto. Recurso conhecido e provido" (*RSTJ* 93/307-308).

Constou do v. acórdão, relatado pelo Min. Cesar Asfor Rocha:

"É que a hipótese cuida iniludivelmente de sentença terminativa de ação de incidente de falsidade, proferida em processo que teve curso apartado da ação principal. Assim, mais afeiçoado estou à solução encontrada pela E. 3ª T., desta Corte, no REsp nº 30.321-0-RS, de que for relator o eminente Ministro Cláudio Santos conforme dá conta a seguinte ementa: "Processual Civil. Incidente de falsidade – Arts. 162 e 395 do CPC – Recurso cabível – O Incidente de Falsidade Documental tem a mesma natureza da Ação Declaratória Incidental, e, de seu julgamento, salvo circunstâncias especiais, cabe apelação." (*DJ* 27.6.1994).

Tivesse o incidente sido processado nos autos principais, não tenho dúvida que inquestionável estaria a decisão objurgada como, aliás, já decidiu esta E. 4ª T., sob a condução do eminente Ministro Sálvio de Figueiredo Teixeira, no REsp nº 10.318-0/PR, assim sumariado:

"PROCESSO CIVIL – Incidente de falsidade de documento – CPC, art. 395 – Recurso próprio. Divergência no tema – Hermenêutica – Recurso desprovido. Afeiçoa-se melhor à sistemática do Código e da lei exegese compatível com os fins instrumentais do processo, evitando inclusive a litigância de má-fé, o entendimento que prestigia o cabimento do agravo quando a decisão se limita a julgar o incidente de falsidade *processado nos autos principais sem adentrar no mérito da causa.*" (*DJ* 4.5.1992, in *RSTJ* 93/309-310).

7. PERITO – DESPACHO DE NOMEAÇÃO

Despacho nomeando perito em qualquer tipo de ação judicial, ou em qualquer processo cível.

Processo Cível nº

Vistos, etc.

1. No caso vertente a prova pericial é necessária (CPC, art. 420).

2. Nomeio Perito do Juízo, independentemente de termo de compromisso, o Sr. (...) (CPC, art. 422).

> 3. O laudo deverá ser apresentado dentro do prazo de 90 (noventa) dias, podendo o Perito iniciar os trabalhos em (...) de (...) de (...), se outra data não reputar mais conveniente.
>
> 4. Faculto às partes, dentro do prazo de 05 (cinco) dias, a indicação de Assistentes Técnicos e a apresentação de quesitos. Os Assistentes Técnicos são de confiança das partes, não sujeitos a impedimentos ou suspeições (CPC, art. 422). Os assistentes técnicos oferecerão seus pareceres no prazo comum de 10 (dez) dias, após intimadas as partes da apresentação do laudo (CPC, art. 433, parágrafo único, com redação dada pela Lei nº 10.358, de 27.12.2001).
>
> 5. Fixo os honorários provisórios do Perito Judicial em 5 (cinco) salários mínimos, cuja importância deverá ser depositada pelo autor (ou pelo réu) no prazo de 5 (cinco) dias. Oportunamente deliberarei sobre a audiência de instrução e julgamento.
>
> 6. Intime-se.
>
> *(a) Juiz de Direito*

7.1. NOTA SOBRE O PARECER DO ASSISTENTE TÉCNICO E O TEMPO DE APRESENTAÇÃO DO LAUDO

A Lei nº 10.358 de 27 de dezembro de 2001, alterou o art. 433, parágrafo único do CPC, para determinar que os assistentes técnicos deveriam apresentar os laudos no prazo comum de 10 dias, após intimadas as partes da apresentação do laudo. Antes, tinha entendimento de que o prazo para o assistente técnico juntar o seu parecer nos autos, *independentemente de intimação,* era de 10 (dez) dias após a apresentação do laudo do perito judicial, *desde que já esteja designada e conhecida a data da audiência de instrução e julgamento* (CPC, art. 433, parágrafo único). Se não há audiência de instrução aprazada, recomenda-se seja o assistente intimado para apresentar o seu laudo, ou poderá ser este juntado até 10 (dez) dias antes da audiência que vier a ser designada. De forma semelhante decidiu a 3ª Câmara de Direito Privado do TJSP, por votação unânime, no julgamento do Ag. Inst. nº 16.952-4/0-SP, sendo relator o Desembargador Flávio Pinheiro, com participação dos Desembargadores Alfredo Migliore, Toledo Cesar e Mattos Faria (*in* jornal *A Tribuna do Direito,* nov/1996, pág. 8). Salientou o Desembargador Relator que: "a obrigatoriedade do perito de entregar o laudo em cartório está *condicionada à designação de instrução e julgamento,* ex vi do disposto no art. 433 do CPC...". "Não tendo o magistrado fixado prazo para o perito entregar o laudo, a apresentação do trabalho poderá ocorrer a qualquer momento e, se designada audiência de instrução e julgamento, pelo menos até 20 (vinte) dias antes dela....". A concessão de prazo decorre da necessidade de se permitir aos interessados o estudo do laudo e das críticas dos assistentes. Por outro lado, "se no processo ainda *não foi designada audiência de instrução e julgamento, como ocorre na espécie, poderá o assistente entregar seu parecer até dez (10) dias antes da data designada"* Se *o juiz ainda não designou audiência de instrução e julgamento, sequer houve início do prazo para o assistente entregar sua* crítica" (...) "Dessa forma, não havia razão para o desentranhamento do parecer do assistente técnico, tal como o fez o magistrado pela decisão agravada. Ademais, a juntada do parecer do assistente da parte em nada prejudicaria o processo e somente poderia complementar a prova para a melhor composição da lide que, no caso, substancialmente, repousa em dados técnicos".

8. ACORDO-DECISÃO HOMOLOGANDO ACORDO DAS PARTES (TRANSAÇÃO)

Processo Cível nº

Vistos, etc.

1. Nos termos do art. 269, inciso III, e para fins do art. 584, inciso III, ambos do Código de Processo Civil, HOMOLOGO para todos os fins de direito o acordo das partes constante de fls. dos autos. Julgo extinto o presente processo. Acertadas as custas, arquive-se.

2. Caso não cumprida a transação, seguir-se-á com o respectivo pedido de execução do acordo conforme a espécie (execução de dar, fazer ou não fazer). A execução pode ocorrer por ação autônoma e separada, ou nos presentes autos. Observar-se-ão, todavia, os arts. 461 e 461-A do CPC.

3. Tem-se entendido que: "As sentenças meramente homologatórias não precisam ser fundamentadas" (*RT* 616/57), inclusive as homologatórias de transação (*RT* 621/182) (*apud* Theotonio Negrão, *CPC e Legislação Processual em Vigor*, Saraiva, 26ª ed., 1995, pág. 342).

4. P.R.I.

Local e data

(a) Juiz de Direito

8.1. Acordo Extrajudicial – Sentença de homologação de acordo extrajudicial e de questão não posta em juízo

**PODER JUDICIÁRIO
ESTADO DE SÃO PAULO**

Processo Cível nº

SENTENÇA

Vistos, etc.

1. Trata-se de pedido de homologação de acordo inerente a rescisão de contrato de arrendamento, formulado por "A" e "B". O primeiro, na qualidade de arrendante, e o segundo na qualidade de arrendatário, firmaram um acordo de rescisão do contrato de arrendamento existente entre eles, tudo conforme se vê de fls. 7/9 dos autos. Pedem, agora, em Juízo, a homologação do referido acordo.

2. O digno Promotor de Justiça manifestou no sentido de que não há interesse público a exigir a participação dele no processo (ou Manifestou favoravelmente ao pedido dos interessados).

3. ESSE, O RELATÓRIO. DECIDO.

3.1. O pedido formulado não configura um litígio, inexistindo partes litigantes. Trata-se, a rigor, de um procedimento especial de jurisdição voluntária, no qual não se vislumbra a existência de "partes", mas sim, de "interessados". No caso, o Ministério Público deve manifestar nos autos (CPC, art. 1.105). Na hipótese vertente, o Ministério Público foi citado e intimado, e absteve-se de manifestar sobre o pedido (fls. 11v.). Considerando os termos do art. 1.109 do Código de Processo Civil, a manifestação de fls. 11v. não impede o prosseguimento do processo.

3.2. O art. 584, inciso III, do CPC, prescreve que constitui título executivo judicial a sentença homologatória de transação, ainda que esta não verse questão posta em Juízo. Assim, podem os "interessados" pedir a homologação de acordo firmado sobre uma determinada questão, ainda que esta não seja objeto de litígio. O que aspiram é um título com eficácia executiva. O pedido das partes deve ser veiculado pelo procedimento de jurisdição voluntária. É o que ocorre no caso vertente, tendo as partes firmado um acordo por escrito conforme consta de fls. Não existe coisa julgada material em procedimento de jurisdição voluntária (CPC, art. 1.111). Apenas coisa julgada formal.

4. DISPOSITIVO.

Ante o exposto, para fins do art. 584, III, do CPC, e atendendo-se ao disposto nos arts. 1.103 e seguintes, do mesmo diploma legal, HOMOLOGO O ACORDO DAS PARTES INTERESSADAS "A" e "B", constante de fls., e mencionado nas fls. 2/3. Com o trânsito em julgado, expeça-se certidão para a parte interessada.

Publique-se. Registre-se. Intime-se. Comunique-se.

Local e data

(a) Dr. Valdeci Mendes de Oliveira – Juiz de Direito

Observação: A Lei nº 10.358, de 27 de dezembro de 2001, adequando-se à redação do art. 584, inciso III, manteve o entendimento anterior de que seria possível a homologação de transação mesmo de questão não posta em Juízo. Eis a dicção do art. 584, inciso III, com redação dada pela referida Lei nº 10.358/2001: *"III – a sentença homologatória de conciliação ou de transação, ainda que verse matéria não posta em Juízo."*

8.2. Acordo – Transação – Extinção pelo mérito – Jurisprudência

"TRANSAÇÃO – Execução – Homologada transação, com a extinção do processo com julgamento do mérito, na forma do art. 269, inciso III, do CPC, tem-se outro título, não sendo dado prosseguir, no caso de inadimplemento posterior, na execução de título originário, como se de suspensão de execução se tratasse. Recurso Especial conhecido e provido." (STJ, 3ª T., REsp. nº 146532-PR, Rel. Min. Costa Leite, j. em 20.10.1998, v.u., in Boletim da AASP nº 2150, de 13 a 19.3.2000, pág. 267-e).

8.3. ACORDO – ADVOGADO – INEXIGIBILIDADE PARA HOMOLOGAÇÃO JUDICIAL

"TRANSAÇÃO – Exigência de Advogado para possibilitar a homologação em Juízo – Direitos disponíveis – Inadmissibilidade – A transação, **mesmo judicial**, entre partes maiores e capazes, sobre direitos meramente creditícios, dispensa a intervenção de advogado. Recurso provido." (2º TACiv-SP, A.I. nº 557.580, da 10ª Câmara, Rel. o Juiz Soares Levada, j. em 4.11.1998, in Boletim da AASP nº 2108, de 24 a 30.5.1999, pág. 7, Ementário nº 5/1999).

"TRANSAÇÃO – Pretensão a anulação, porque o advogado não teria se apresentado com instrumento de mandato, na audiência. Desnecessidade, no caso – Parte que poderá se valer da ação anulatória (querendo, CPC, art. 486) – Recurso improvido." (Apelação Cível nº 138.559-4/7-Marília, TJ-SP, Rel. Des. José Geraldo de Jacobina Rabello). Constou do v. acórdão o seguinte:

"No caso, não havia necessidade de o advogado dativo dado ao réu apresentar instrumento de mandato. Não havia sequer necessidade de o réu, maior e capaz, se fazer acompanhado de advogado para celebrar o acordo, que foi homologado, para os fins de direito, em Juízo. Vale dizer, a tentativa de conciliação **deve se dar diretamente com a parte**, cabendo a esta consultar o mandatário, em querendo, ou desconsiderar a consulta, em não se mostrando presente, ou não concordando com a opinião contrária desse. Como escreveu Moacyr Amaral Santos, "conciliação, no sistema processual brasileiro, é uma atividade do Juiz e das partes, disciplinada pela Lei (arts. 447-449), na qual aquele funciona como mediador, e é, também o resultado dessa atividade, consistente na composição da lide por acordo das partes." (cf. *Comentários ao Código de Processo Civil*, vol. IV, Forense, 1ª ed., pág. 402).

8.4. ACORDO – RENÚNCIA DO DIREITO – SENTENÇA DE MÉRITO JÁ PROFERIDA – INADMISSIBILIDADE

O Egrégio Tribunal de Justiça do Estado de São Paulo já decidiu que:

"AÇÃO – Renúncia do direito disponível deduzido em Juízo – Pretensão objetivando a desistência do pedido e extinção do processo com exame de mérito – Inviabilidade decorrente do encerramento do ofício jurisdicional do Juízo monocrático (sentença já proferida) – Observância ao princípio da inalterabilidade da sentença pelo mesmo julgador que a proferiu, excepcionada pelos incisos I e II do art. 463 da lei adjetiva civil – "Tais exceções, todavia, não admitem que o Juízo monocrático altere a conclusão do seu raciocínio expresso no dispositivo do "decisum", ato judicial proferido em conformidade com o libelo, razão pela qual lhe é vedado modificar a sentença definitiva de mérito já publicada, o que infirma a pretensão do agravante, ao lograr a desistência do seu pedido e extinção do processo com julgamento do mérito" – Recurso desprovido." (TJ-SP, Agr. de Instr. nº 184.203-4/5-Marília-SP, Rel. Des. Júlio Vidal, voto nº 3.393, ano 2001).

9. EXTINÇÃO DO PROCESSO PELO CUMPRIMENTO DO JULGADO

Decisão declarando extinto o processo pelo cumprimento do julgado ou pagamento do débito.

Processo Cível nº

Vistos, etc.

1. Considerando que o requerido (réu) satisfez a obrigação, e não houve oposição do credor (fls.), por sentença declaro extinto o processo, nos termos do art. 794, inciso I, do Código de Processo Civil.

2. P.R.I.C.

Local e data

(a) Juiz de Direito

9.1. DESISTÊNCIA DA AÇÃO – DECISÃO HOMOLOGANDO A DESISTÊNCIA DA AÇÃO

Processo Cível nº

Vistos, etc.

1. Cuida-se de pedido de desistência da ação (Se tiver havido citação do réu, é necessária concordância deste com a desistência, tudo nos termos do art. 267, § 4º, do CPC). A desistência da ação não importa renúncia ao direito e não impede o ajuizamento de nova ação (*RT* 490/59).

2. Nos termos dos arts. 158, parágrafo único, e 267, inciso VIII, do Código de Processo Civil, homologo a desistência da ação e declaro extinto o processo sem julgamento de mérito.

3. Satisfeitas as custas processuais, arquive-se. Autorizo a devolução de documentos mediante recibo nos autos, ficando cópias.

4. P. R. I. C.

Local e data

(a) Juiz de Direito

10. RECURSO – APELAÇÃO – RECEBIMENTO COM EFEITO DEVOLUTIVO E SUSPENSIVO

Processo Cível nº

Vistos, etc.

1. Não se cuidando de recurso de apelação contra sentença: *a)* que homologou a divisão ou demarcação; *b)* que estabeleceu condenação à prestação de alimentos; *c)* que julgou a liquidação de sentença; *d)* que decidiu processo cautelar; *e)* que rejeitou liminarmente embargos à execução ou julgou-os improcedentes (CPC, art. 520, I a V); *f)* que julgou procedente o pedido de instituição de arbitragem (item acrescentado pela Lei nº 9.307, de 23.9.1996); e *g)* que confirmou a antecipação dos efeitos da tutela (item acrescentado pela Lei nº 10.352, de 26.12.2001), tudo conforme art. 520, incisos I a VII, do CPC, RECEBO a aludida apelação nos seus efeitos devolutivo e suspensivo (CPC, art. 520).

    2. Intime-se o apelado para responder o recurso no prazo de 15 (quinze) dias (CPC, art. 508).

    3. Intimem-se.

    Local e data

    (a) Juiz de Direito

10.1. Recurso – Apelação – Recebimento só no efeito devolutivo – Hipótese de autorização de execução provisória

Processo Cível nº

    Vistos, etc.

    1. Cuida-se de Recurso de Apelação interposto contra sentença que se enquadra nas hipóteses previstas no art. 520 do CPC.

    2. Recebo a Apelação só no efeito devolutivo. Intime-se o Apelado para responder em 15 (quinze) dias (CPC, art. 508).

    3. Se o Apelado pedir, autorizo-o a promover a execução provisória, extraindo-se a respectiva carta de sentença, conforme os arts. 521, última parte, e 589, ambos do CPC. Se preferir, a execução poderá ocorrer nos autos suplementares (art. 159, §§ 1º e 2º, e art. 589 do CPC). Observar-se-á na execução provisória o disposto no art. 588 do referido CPC, com redação dada pela Lei nº 10.444, de 7 de maio de 2002. Excepcionalmente, poderá ser autorizada a alienação de bens ou o levantamento de depósito em dinheiro desde que o credor ou exequente preste caução idônea nos próprios autos da execução, tomando-se por termo e registrando-a quando se tratar de garantia real (CPC, art. 588, inciso II). A caução poderá ser dispensada nos casos de crédito de natureza alimentar, até o limite de 60 (sessenta) vezes o salário mínimo, e quando o exequente se encontrar em estado de necessidade (CPC, art. 588, § 2º). Em qualquer hipótese, correrá por conta e responsabilidade do exeqüente a execução provisória, que se obriga desde logo, se a sentença for reformada, a reparar todos os prejuízos que o executado vier a sofrer (CPC, art. 588, inciso I). Os prejuízos serão liquidados no mesmo processo. O título do edital de alienação de bens será: "Edital de Praça ou Leilão para Alienação de Bens, com pendência de Recurso em 2ª Instância, e caução oferecida pelo exeqüente.".

    4. Intimem-se.

    5. Cumpra-se.

    Local e data

    (a) Juiz de Direito

B) DA FASE DE LIQUIDAÇÃO DE SENTENÇA NO PROCESSO DE CONHECIMENTO – HIPÓTESE DE MEROS CÁLCULOS ARITMÉTICOS, DE LIQUIDAÇÃO POR ARBITRAMENTO E POR ARTIGOS

1. HIPÓTESE DE MEROS CÁLCULOS – DESPACHO INICIAL

Processo Cível nº

Vistos, etc.

1. O processo está na fase de liquidação e esta depende apenas de cálculos aritméticos.

2. Nos termos dos arts. 604 e 614, inciso II, do Código de Processo Civil, é incumbência do credor instruir o pedido de execução com o demonstrativo do débito atualizado. Assim, atendendo às particularidades do caso, determino que o credor, no prazo de 20 (vinte) dias, apresente a memória discriminada e atualizada do débito, tudo nos termos dos referidos arts. 604 e 614, II, do CPC, para acompanhar o mandado citatório.

3. Igualmente, sob pena de aceitação do cálculo do credor, poderá o devedor, em 20 (vinte) dias, apresentar o cálculo da dívida que entende correto e devido, depositando-se de imediato o valor apurado, tudo conforme os arts. 605 e 570 do CPC.

4. Se nenhuma das partes apresentar os cálculos nos prazos assinalados, e preclusa a oportunidade, por faculdade do Juízo, prevalecerá o cálculo do Contador Judicial. Anote-se que, se a elaboração da memória do cálculo depender de dados existentes em poder do devedor ou de terceiro, e intimados para apresentá-los no prazo máximo de 30 dias, não o fizerem, reputar-se-ão corretos os cálculos apresentados pelo credor e a resistência do terceiro será considerada desobediência (CPC, art. 604, § 1º, com redação dada pela Lei nº 10.444/2002).

5. Intimem-se.

Local e data

(a) Juiz de Direito

1.1. JURISPRUDÊNCIA SOBRE A LIQUIDAÇÃO POR CÁLCULOS ARITMÉTICOS

A propósito da liquidação por cálculo do contador, a jurisprudência tem proclamado que:

1.1.1. "LIQUIDAÇÃO DE SENTENÇA – Interpretação do art. 604 do CPC, com a redação dada pela Lei nº 8.898/1994. Inexistência de processo preparatório de execução, com debate acerca do cálculo aritmético. O Credor deve ingressar com a ação de execução independentemente, sem ofensa ao princípio do contraditório. Recurso improvido." (2º TACiv-SP, 9ª C., Ag. Inst. nº 433.530-

00/5-SP, Rel. Juiz Eros Piceli, j. em 9.8.1996, v.u., *in Boletim AASP* nº 1953, de 29.5 a 4.6.1996, pág. 174-j).

Destacou o v. acórdão: "Não existe, no novo sistema, a liquidação de sentença por cálculo do contador. Determina a lei que, quando o valor da condenação depender apenas de cálculo aritmético, o credor deverá ingressar com a ação de execução, instruindo o pedido com a discriminação do débito. Quer dizer que não existe mais discussão em torno da conta. Com o trânsito em julgado da sentença, que dependa de mero cálculo aritmético para individuar a condenação, a execução é imediata. Não é outra a interpretação a ser feita da nova redação dada ao art. 604, sem que se fale em ofensa ao princípio do contraditório, garantido através da possibilidade de Embargos do Devedor. Na verdade, eliminou-se a fase intermediária da liquidação pelo contador, entendida como processo preparatório da ação de execução. Assim colocada a interpretação da norma legal, tem-se que, oferecido o cálculo pelo contador em juízo, ficou aceito como a discriminação do débito, apta a habilitar o credor perante o Juízo falimentar, *independentemente de qualquer debate* prévio a ser feito no processo original. Qualquer discussão somente poderá ser realizada no juízo da falência, até mesmo em relação ao *excesso de execução*. Adotados, ainda, os fundamentos da Dra. Promotora de Justiça de fls., nega-se provimento ao recurso. Eros Piceli – Relator" (*idem, ibidem*).

1.1.2. "LIQUIDAÇÃO – Art. 604 do CPC – Art. 100, da Constituição Federal – Art. 730 do CPC e art. 128 da Lei nº 8.213/1991 (INSS). Com a nova redação dada ao art. 604 do CPC, pela Lei nº 8.898/1994, ficou *abolida a liquidação de sentença por cálculo do contador. Extinta a liquidação de sentença por cálculo, a execução é procedida desde logo, instruída com o demonstrativo do débito decorrente da condenação, na hipótese em que comporte mero cálculo aritmético, ou seja, em que não necessite liquidação por artigos ou arbitramento.* Não há cerceamento de defesa, estando esta, agora, concentrada nos embargos à execução. Em se tratando de dívida de natureza alimentar, a execução será processada na forma do art. 604 do CPC, citando-se a Autarquia para opor Embargos, na forma do art. 730, do mesmo Código, qualquer que seja o valor do débito exeqüendo e, após sentença proferida nos Autos dos Embargos, o pagamento será requisitado, por *precatório*, ou *simplesmente efetivado*, na forma do art. 128 da Lei nº 8.213/1991, caso o valor devido esteja dentro dos limites ali previstos. Inteligência do disposto nos arts. 100 da CF, 604 e 730 do CPC, e 128 da Lei nº 8.213/1991. Tratando-se de benefício previdenciário, são aplicáveis as disposições da Lei nº 8.213/1991. Agravo parcialmente provido." (TRF, 3ª R., 2ª T., Ag. Inst. nº 95.03.030078-9-SP, Rel. Juíza Marisa Santos, j. em 12.3.1996, v.u., *DJU*, Seção II, 24.4.1996, pág. 26.391, ementa, *in Boletim AASP* nº 1953, de 29.5 a 4.6.1996, pág. 43-e).

1.1.3. "ALIMENTOS – Fixação – Liquidação de sentença – Cálculo – Art. 604 do CPC – Afastamento – Autor, ademais, beneficiário da Justiça Gratuita – Remessa dos autos ao contador judicial – Recurso provido. Sendo necessária a liquidação da sentença que fixa alimentos, a execução se dará por regras próprias, inconfundíveis com as da execução comum." (TJSP, 6ª CDPriv., Ag. Instr. nº 279.852-1-SP, Rel. Des. Reis Kuntz, j. em 15.2.1996, v.u., ementa, *in Boletim AASP* nº 1969, de 18 a 24.9.1996, pág. 74-e).

1.1.4. "AÇÃO ACIDENTÁRIA EM FASE DE LIQUIDAÇÃO – Beneficiário de Justiça Gratuita – (cálculos do contador judicial) – Remessa dos autos ao contador para elaboração da memória (CPC, art. 604) – (Admissibilidade). Os critérios aplicáveis para a memória em acidente do trabalho não se caracterizam como simples cálculo aritmético. Recurso provido" (2º TACiv-SP, 12ª C., Ag. Inst. nº 466.350/4- Franca-SP, Rel. Juiz Luiz Fernando Gama Pellegrini, j. em 10.10.1996, m.v., in Boletim AASP nº 1979, de 27.11 a 3.12.1996, pág. 381-j).

1.2. LIQUIDAÇÃO POR CÁLCULOS – DECISÃO DE REJEIÇÃO DE IMPUGNAÇÃO FEITA PELO DEVEDOR SOBRE OS CÁLCULOS APRESENTADOS PELO CREDOR (IMPUGNAÇÃO GENÉRICA DO CÁLCULO NÃO ADMITIDA)

Processo Cível nº

Vistos, etc.

1. O devedor, em execução, apresentou impugnação genérica aos cálculos exibidos pelo Credor.

2. Rejeito a impugnação. Primeiro, se o devedor quisesse, poderia ele mesmo fazer os cálculos que entendesse corretos e devidos, e depositar de imediato o valor apurado, tudo conforme lhe facultam os arts. 605 e 570 do Código de Processo Civil. Segundo, vale aqui o mesmo preceito e parâmetro estatuído para a hipótese de impugnação ao valor da dívida em ação de consignação em pagamento, ou seja, só é admissível a alegação de erro ou discordância da conta ou cálculo se o réu indicar precisamente o montante que entende devido. Interpretação extensiva do art. 896, parágrafo único, do CPC.

3. Como dito em jurisprudência,

"É defeso ao devedor impugnar genericamente o débito; cumpre-lhe, especificamente, alegar as razões que levam a elidir a presunção de liquidez e certeza da dívida." (TRF, 3ª R., 2ª T., Ap. Cív. nº 91.03.02158-0-SP, Relª Juíza Marisa Santos, j. em 12.3.1996, v.u., DJU, Seção II, 24.4.1996, pág. 26.383, in Boletim AASP nº 1953, de 29.5 a 4.6.1996, pág. 42-e).

4. Rejeito, pois, a impugnação.

P.R.I.

Local e data

(a) Juiz de Direito

2. LIQUIDAÇÃO POR ARBITRAMENTO – DESPACHO INICIAL

Processo Cível nº

Vistos, etc.

1. Cite-se o réu para o processo preparatório de liquidação por arbitramento (ou por artigos), bem como da Carta de Sentença (CPC, art. 603). A citação do réu, na liquidação por arbitramento ou por artigos, far-se-á na pessoa do advogado dele, constituído nos autos (CPC, art. 603, parágrafo único). Expeça-se carta citatória, com A.R., e, se frustrada a diligência, expeça-se mandado citatório.

2. No caso em particular, a liquidação deve ser feita por arbitramento, conforme dispõe o v. Acórdão de fls., *"cabendo às partes oferecer subsídios para apuração de tais valores e os que foram já recebidos"* (sic, fls., última linha do Acórdão).

3. Realmente, na hipótese vertente, o art. 22 da Lei nº 8.906/1994 (EOAB), assegura a fixação dos honorários advocatícios por arbitramento. No caso, o próprio autor pediu a nomeação de perito, nos termos do art. 607 do CPC. *Pela natureza da lide e pelo que constou do Acórdão, as próprias partes devem oferecer subsídios para o perito.*

4. Assim sendo, determino que em 30 (trinta) dias o autor aponte justificadamente os valores que entende devidos e os que já recebeu. Igualmente, em 30 (trinta) dias, deve o réu apontar justificadamente os valores que entende devidos ao Autor. As partes devem oferecer os subsídios.

5. Nos termos do art. 607 do CPC, nomeio perito o Dr. (...), advogado militante na comarca de (...), independentemente de termo de compromisso (CPC, art. 422). Fixo o prazo de 90 (noventa) dias para a entrega do laudo, após esgotado o prazo de 30 (trinta) dias mencionado no item 4 acima.

6. No mesmo prazo estabelecido no item 4 acima (30 dias), poderão as partes apresentar quesitos para serem respondidos pelo perito.

7. Com a apresentação do laudo, as partes terão o prazo de 10 (dez) dias para manifestarem sobre o referido trabalho pericial (CPC, art. 607, parágrafo único).

8. Honorários provisórios do perito: 4 (quatro) salários mínimos, devendo o réu depositar esse valor em 10 (dez) dias.

9. Com o laudo nos autos e manifestações das partes a respeito dele, deliberarei sobre a necessidade de audiência de instrução e julgamento, tudo conforme autoriza o art. 607, parágrafo único, do CPC.

10. Encerrada ou julgada a liquidação, far-se-á a citação para a execução correspondente (CPC, art. 611). Cumpra-se. Intimem-se.

Local e data

(a) Juiz de Direito

3. LIQUIDAÇÃO POR ARTIGOS – DESPACHO INICIAL

Despacho inicial (Pode ser procedimento ordinário ou sumário – CPC, art. 609)

Processo Cível nº

Vistos, etc.

1. Trata-se de liquidação por artigos. É imprescindível a citação, nos termos dos arts. 603, parágrafo único, 608 e 609, todos do Código de Processo Civil.

2. Cite-se o réu para, querendo, contestar o pedido em 15 (quinze) dias, podendo a citação ser feita na pessoa do advogado do réu constituído nos autos.

3. Se for o caso, será determinada perícia, pois 'nada impede que na liquidação por artigos seja feita perícia, 'da qual o arbitramento é uma das modalidades'" (STJ, 4ª T., REsp nº 3.003-MA, Rel. Min. Athos Carneiro, j. em 6.8.1991).

4. Julgada a liquidação, far-se-á a citação para a execução correspondente (CPC, art. 611).

Intimem-se.

Local e data

(a) Juiz de Direito

4. MODELO DE SENTENÇA EM AÇÃO DE LIQUIDAÇÃO. HIPÓTESE DE PRÉVIA CONDENAÇÃO CRIMINAL DO RÉU POR CRIME CONTRA A HONRA. FIXAÇÃO E LIQUIDAÇÃO DO VALOR DOS DANOS MORAIS PARA FUTURA EXECUÇÃO

PODER JUDICIÁRIO
COMARCA DE MARÍLIA-SP
4ª VARA CÍVEL E DA INFÂNCIA E JUVENTUDE

Processo Cível nº 000001/2003. (número fictício)

SENTENÇA

Vistos, etc.

Síntese sentencial: *1. Ação de Liquidação prévia por arbitramento para futura ação de execução civil. 2. Hipótese de sentença criminal condenatória contra o requerido, por crime de injúria. 3. Pretensão do ofendido ou vítima ao arbitramento da indenização por dano moral. 4. Hipótese em que não mais se discute os fatos delituosos ou criminais em virtude da coisa julgada (CC de 2002, art. 935). 5. A responsabilidade civil é independente da criminal. 6. O valor da indenização por dano moral não pode ser tabelado porque a moral não é produto econômico de tabela ou tarifa comercial. Mas, o valor da indenização não pode ser excessivo, nem simbólico, estando o Juiz vinculado apenas ao critério da equitatividade, ou da indenização equitativa. Inteligência dos arts. 944 e 953, parágrafo único, do Código Civil de 2002. 7. Indenização fixada em 100 (cem) salários mínimos.*

1. "**X**", qualificado nas fls. 02 dos autos, ajuizou ação liquidatória por arbitramento contra "**Y**", objetivando a fixação do valor da indenização por danos morais em 360 salários mínimos, já que o requerido foi condenado criminalmente por infringir o art. 140, *caput*, do Código Penal, e a respectiva decisão condenatória já transitou em julgado sem mencionar o valor indenizatório. Por outras palavras, o requerido foi condenado na esfera penal por cometer o crime de injúria contra o autor da ação indenizatória, e este pretende agora o arbitramento da indenização na esfera cível, invocando-se o art. 1.547, parágrafo único, do Código Civil de 1916 *[art. 953 no CC 2002]* combinado com os arts. 63 do CPP e 91, inciso I, do Código Penal, e ainda, os arts. 603 e 611 do Código Processo Civil.

  2. Devidamente citado, o requerido "Y" apresentou lúcida e fundamentada contestação nas fls. 55 *usque* 75 dos autos, ponderando que não teve a intenção de injuriar o autor e que os fatos que deram origem à ação penal surgiram em momento de cólera durante uma discussão de um contrato civil, o que afastaria o dolo específico do crime de injúria. No mais, não havia qualquer razão jurídica para a fixação de indenização em valor excessivo, reclamando a hipótese dos autos um arbitramento mais moderado e prudente.

  3. A relação jurídica processual se desenvolveu regularmente e foi garantido o contraditório peculiar. Após escorreita citação do requerido, houve contestação e a subsequente réplica do autor nas fls. 100/107, tendo havido também a especificação de provas a serem produzidas pelas partes litigantes. Na audiência de conciliação, não foi possível a auto-composição do litígio (fls. 140). Nulidades ou irregularidades processuais não foram apontadas pelos litigantes. Processo em ordem.

  4. ESSE, O SUCINTO RELATÓRIO. DECIDO.

  4.1. Constitui ponto incontroverso nos autos, que o requerido "Y" foi condenado penalmente por decisão transitada em julgado pelo crime de injúria praticado contra o autor "X". (Ver documentos de fls. 09/013, 17/21, 25/28, acórdão de fls. 33/38 e 81). Por outras palavras, por ofender a honra e a dignidade do autor "X", o requerido "Y" foi condenado na esfera penal e a decisão já transitou em julgado, o que significa dizer que não mais cabe qualquer discussão acerca dos fatos injuriosos ou delituosos, até porque, o Juízo Cível não modifica nem revoga a decisão criminal. A propósito, "a responsabilidade civil é independente da criminal, não se podendo questionar mais sobre a existência do fato, ou sobre quem seja o seu autor, quando estas questões se acharem decididas no juízo criminal" (CC de 2002, art. 935). Assim sendo, tem-se que, no caso vertente, os fatos ensejadores do pedido indenizatório são notórios e incontroversos (CPC, art. 334, incisos I, II e III), não havendo necessidade de mais dilação probatória ou perícia (CPC, art. 330, inciso I). Pela natureza das questões suscitadas pelas partes litigantes e pela natureza dos argumentos desenvolvidos na petição inicial e na contestação, a audiência de instrução e debates é prescindível. Pois bem.

  4.2. Um dos efeitos principais da sentença penal condenatória "é tornar certa a obrigação de indenizar o dano causado pelo crime" (CP, art. 91, inciso I), bem entendido que, "transitada em julgado a sentença condenatória, poderão promover-lhe a execução, no juízo cível, para o efeito de reparação do dano, o ofendido, seu representante legal ou seus herdeiros (CPP, art. 63). Aliás, pelo **art. 584, inciso II,** do Código de Processo Civil, "a sentença penal condenatória transitada em julgado é título executivo judicial", dependente, todavia, de **prévia liquidação** conforme arts. 603 e 611 do mesmo diploma processual, isso se não houver valor fixado na sentença. No caso dos autos, a sentença penal de fls.13/19, mantida pelo venerando acórdão de fls. 33/38, não trouxe em seu bojo o valor da indenização civil, razão pela qual é imperiosa a fixação do referido valor por arbitramento exatamente nos termos do arts. 603 e 611 do CPC. No caso dos autos, a pretensão do autor é "liquidar", ou apurar o valor da indenização para o ajuizamento da ação de execução, e a petição inicial está correta com observância do que vai abaixo decidido.

4.3. Nem a Constituição Federal de 1988 (art. 5º, incisos V e X), nem o Código Civil de 1916 (art. 159), nem o Código Civil de 2002 (arts. 186, 944 e 953, parágrafo único), estabeleceram parâmetros ou cálculos exatos e inflexíveis de fixação ou arbitramento de indenização por dano moral, como é a hipótese dos autos. O dano moral não é tarifado ou tabelado simplesmente porque a moral, não sendo produto de mercado econômico, não pode obedecer a essa ou aquela tarifa ou tabela inflexível. Cada fato ou cada episódio da vida moral merece uma resposta jurídica adequada e prudencial. Por outras palavras, a indenização por dano moral deve ser resultado de uma estimação prudencial, como acertadamente dispõe o art. 953, parágrafo único, do Código Civil de 2002. Confira-se: "A indenização por injúria, difamação ou calúnia consistirá na reparação do dano que delas resulte ao ofendido. Parágrafo único. Se o ofendido não puder provar prejuízo material, caberá ao Juiz fixar, equitativamente, o valor da indenização, na conformidade das circunstâncias do caso". O dispositivo alterado e correspondente do Código Civil de 1916, era o art. 1.547, mencionado na petição inicial. Agora, com o art. 953 do Código de Civil de 2002, o Juiz não mais observa como parâmetro rígido para a indenização o valor da multa no grau máximo da pena criminal, devendo arbitrar a indenização civil de forma equitativa. E, se é verdade que a indenização se mede pela extensão do dano (CC, art. 944), verdade também é que, havendo excessiva desproporção, o juiz poderá reduzir equitativamente a indenização (art. 944, parágrafo único). Os tipos legais, portanto, são abertos, isto é, flexíveis para se amoldar a cada caso concreto. O próprio Código Civil de 2002 é uma Lei com cláusulas ou tipos abertos. Assim sendo, afastando-se dos critérios mencionados na petição inicial, até por força da Constituição Federal, o modelo que se deve seguir doravante é o da estimação prudencial e o da indenização equitativa. No caso vertente, analisados e reexaminados os fatos que deram origem ao processo criminal e civil, as circunstâncias, as condições pessoais e econômicas das partes, a melhor solução é a fixação da indenização na base de 100 salários mínimos, como analogicamente estabeleceu o Código Brasileiro de Telecomunicações (Lei nº 4.117/1962, arts. 81 a 84). O arbitramento civil não deve ser excessivo, nem meramente simbólico, e sim uma resposta razoável. Em suma, o requerido, por ofender a dignidade e o decoro do autor e vítima de injúria, inclusive como respeitado profissional, deve pagar indenização de 100 salários mínimos, ficando rejeitado tudo o mais contido na petição inicial e na contestação.

5. A CONCLUSÃO.

Ante o exposto, JULGO PROCEDENTE a ação de liquidação intentada por "X" contra "Y" e consequentemente arbitro a indenização por danos morais em valor correspondente a 100 (cem) salários mínimos, considerando-se o valor do salário mínimo na data do efetivo pagamento, razão pela qual não há juros nem correção monetária. Não há indenização por danos materiais. O requerido também pagará as custas processuais e honorários advocatícios de 15% do valor atualizado da indenização. Atraso decorrente da invencível sobrecarga de trabalho inclusive na Vara cumulativa da Infância e Juventude com a Corregedoria da FEBEM em Marília, além dos trabalhos prestados no Juizado Especial Cível e no Anexo Fiscal. Publique-se. Registre. Intime-se. Comunique-se. Marília, data.

Dr. Valdeci Mendes de Oliveira
Juiz de Direito da 4ª Vara Cível e da Infância e Juventude.

C) RITO SUMÁRIO – DO PROCESSO DE CONHECIMENTO DE RITO SUMÁRIO (CPC, ART. 275)

1. DESPACHO INICIAL NO RITO SUMÁRIO

Processo nº

Vistos, etc.

1. Designo audiência de Conciliação para o dia(...) de (...) de (...), às (...) horas. O conciliador nomeado pelo Juízo poderá auxiliar nos trabalhos iniciais (CPC, art. 277, § 1º, com redação da Lei nº 9.245, de 26.12.1995).

2. Cite-se e Intime-se o requerido com antecedência mínima de 10 (dez) dias, para comparecer à audiência com vistas à conciliação e/ou, querendo, apresentar resposta escrita ou oral, acompanhada de documentos e rol de testemunhas, com pedido de perícia, se for o caso (CPC, art. 278).

3. Se a parte requerida for a Fazenda Pública, o prazo é contado em dobro (CPC, art. 277, *caput*).

4. Fica o requerido advertido que, deixando de comparecer injustificadamente à audiência aprazada, reputar-se-ão verdadeiros os fatos articulados na inicial (CPC, art. 277, § 2º, c/c o art. 319). Não obtida a conciliação, e inocorrendo as hipóteses dos arts. 329 e 330, I e II, do CPC, será designada audiência de Instrução, Debates e Julgamento (CPC, art. 278, § 2º).

5. "Não cabem no procedimento sumário a ação declaratória incidental e a intervenção de terceiros, salvo a assistência, o recurso de terceiro prejudicado e a intervenção fundada em contrato de seguro" (CPC, art. 280, com a redação dada pela Lei nº 10.444, de 7 de maio de 2002). Outrossim, não há necessidade de reconvenção no procedimento sumário, e quando for o caso, poderá o réu formular pedido em seu favor na própria contestação (art. 278, § 1º, e art. 2º da Lei nº 9.245/1995). A impugnação ao valor da causa será decidida na audiência (CPC, art. 277, § 4º). As testemunhas a serem ouvidas serão aquelas indicadas na petição e na contestação (CPC, arts. 276 e 278).

6. *Observação:* Ante a complexidade da demanda ou exigência de prova técnica, poderá ocorrer a conversão do procedimento sumário em ordinário (CPC, art. 277, §§ 4º e 5º). Anoto que, com a Lei nº 10.444, de 7 de maio de 2002, observar-se-á o rito sumário nas causas cujo valor não exceda a 60 (sessenta) vezes o valor do salário mínimo.

Local e data

(a) Juiz de Direito

1.1. Rito sumário – Procedimento após a primeira audiência de conciliação sem obtenção do acordo ou transação – Hipótese de contestação e necessidade de produção de provas

Nota: Em linhas gerais, não haverá prejuízo, mormente se a causa for complexa e exigir prova pericial, podem ser seguidos os modelos dos despachos selecionados para o processo de rito ordinário. Após a solução das matérias preliminares, não sendo caso de extinção do processo, designa-se audiência de instrução e/ou nomeia-se perito, conforme a hipótese.

1.2. Nota sobre os conciliadores

O Egrégio Tribunal de Justiça do Estado de São Paulo, fez publicar no Diário *Oficial do Estado de São Paulo* do dia 11 de abril de 2003, na Seção II da Corregedoria Geral de Justiça, o Comunicado nº CG- 502 / 2003, sobre conciliadores, dispondo o seguinte: "O Desembargador Luiz Tâmbara, Corregedor Geral da Justiça, comunica os Meritíssimos Juízes do Estado que, em sessão realizada no dia 3 do corrente (abril/2003), o Egrégio Conselho Superior da Magistratura aprovou **a atuação de Conciliadores nas audiências a que aludem os arts. 331 e 277,** *caput,* **do Código de Processo Civil e naquelas designadas em ações de alimentos.** Comunica, outrossim, que os Magistrados interessados em recrutar Conciliadores deverão fazê-lo pela forma hoje estabelecida no âmbito dos Juizados Especiais Cíveis (arts. 10 e 11 da Lei Complementar Estadual nº 851/1998), e que em nenhuma hipótese poderão realizar-se audiências sem que o Juiz de Direito esteja presente no Fórum, supervisionando a atividade dos bacharéis ou acadêmicos, pronto para assumir a presidência dos trabalhos caso não obtido o acordo" (Comunicado CG- 502/2003).

Anote-se que, o Provimento nº 806/2003, do Conselho Superior da Magistratura do Tribunal de Justiça do Estado de São Paulo, publicado no *DOE* de 5.8.2003, consolidou as normas relativas aos Juizados Informais de Conciliação, Juizados Especiais Cíveis e Criminais e Juizados Criminais com ofício específico no Estado de São Paulo, e disciplinou também a nomeação dos conciliadores que prestarão serviços a título honorário, sem qualquer vínculo com o Estado, valendo o efetivo exercício das funções como título em concurso de ingresso na Magistratura, Ministério Público, Procuradoria Geral do Estado e funcionalismo público em geral (Lei Estadual nº 5.143, de 28.5.1986, art. 7º). Os conciliadores serão nomeados por Portaria do Juiz Corregedor, isso depois de publicado edital de escolha e nomeação com prazo de 10 (dez) dias para eventuais impugnações, verificando-se também os antecedentes do candidato. O conciliador prestará compromisso em livro próprio e assinará sempre o livro de presença nos dias que comparecer à sessão de conciliação, tendo direito à certidão de efetivo exercício de conciliador, com menção à data de seu início, periodicidade e término (Seção III, itens 3 a 7, do Provimento nº 806/03-TJ-SP).

D) **SENTENÇAS COGNITIVAS SOBRE AÇÃO ANULATÓRIA DE CONTRATO (VÍCIOS DO NEGÓCIO JURÍDICO), REVISÃO DE CONTRATO, INCLUSIVE CONTRATO BANCÁRIO, INDENIZATÓRIA POR DESCUMPRIMENTO CONTRATUAL (QUESTÃO SOBRE DOCUMENTOS DE EXPORTAÇÃO), OBRIGAÇÃO DE FAZER ATERROS (PRESTAÇÃO INCOMPREENSÍVEL E DESPROPORCIONAL) E OBRIGAÇÃO DE NÃO FAZER. MODELOS DE SENTENÇAS**

1. **SENTENÇA COGNITIVA ANULANDO CONTRATO IMOBILIÁRIO POR ERRO, LESÃO E PRESTAÇÃO INCOMPREENSÍVEL. ANÁLISE DOS VÍCIOS DO NEGÓCIO JURÍDICO**

PODER JUDICIÁRIO
COMARCA DE MARÍLIA-SP
4ª VARA CÍVEL E DA INFÂNCIA E JUVENTUDE

Processos Cíveis nºs 1.000/02 e 999/02

SENTENÇA

Vistos, etc.

Síntese sentencial: 1. Ação anulatória de contrato particular de compromisso de venda e compra, mais uma ação de despejo por falta de pagamento, ambas propostas pela alienante de um imóvel urbano contra o adquirente. 2. Hipótese de negócio jurídico condicional, com pagamento do preço ajustado com parte em dinheiro e outra parte com promessa de aquisição e financiamento de outro imóvel para a alienante, sem menção de valores e condições razoáveis. 3. Hipótese de cláusula contratual ambígua, incompreensível e contraditória, máxime quando estipulada contra uma mulher divorciada e com sintomas de sofrimentos psicológicos. 4. Caso também de desequilíbrio entre os quinhões contratuais, com manifesto prejuízo para a alienante, caracterizando o defeito negocial da lesão. 5. Caso em que, melhor cientificada e menos perturbada, a alienante não realizaria o negócio jurídico condicional. 6. Existência, pois, de causas concorrentes de anulabilidade ou invalidade do negócio jurídico: erro substancial, condição ou cláusula incompreensível ou contraditória, e lesão. 7. Procedência da ação anulatória, com retorno das partes ao estado anterior. 8. O que foi pago pelo adquirente à alienante, serviu como taxa de ocupação pelo período de posse do imóvel objeto do negócio jurídico. 9. A ação de despejo da alienante é providência manifestamente imprópria e inadequada, posto que as partes no plano real nunca quiseram uma locação. A imprópria designação de "aluguel" utilizada no contrato das partes, na realidade, era a contraprestação contratual dentro de uma compra e venda de imóvel urbano a prazo. Hipótese de extinção da ação de despejo.

1. **"A"**, qualificada nos autos, ajuizou uma ação anulatória de contrato de venda e compra contra o adquirente **"B"**, ponderando que incidiu em erro substancial quando alienou o imóvel situado na Av. das Flores, nº 170, na cidade "Y", já que, tendo sido internada no Hospital Espírita da cidade "Y" por problemas mentais, e como foi vítima de estupro praticado por um vizinho, não tinha condições de compreender o contrato que assinou com o requerido. Aliás, o imóvel foi alienado por 24 mil reais, sendo que R$ 4.200,00 seriam pagos em 24 prestações de R$ 175,00, restando a parcela R$ 19.800,00 que o contrato não especificou como seria pago. Registrou-se que um outro imóvel seria financiado para a alienante, mas não foram especificados os detalhes e valores do novo negócio em benefício da autora. Enfim, a par do defeito negocial da "lesão", a autora incidiu em erro essencial, pois com os valores recebidos do adquirente não conseguiria sequer pagar os alugueres de outro imóvel urbano. Daí, pois, o pedido de anulação do negócio jurídico, cumulado inclusive com o de despejo através de outra ação autônoma (Feito nº 999/02), devendo os pagamentos já efetuados pelo requerido serem tidos como prestações pelo uso do imóvel enquanto perdurou o negócio inválido.

2. O requerido **"B"**, devidamente citado, contestou a ação nas fls. 23/24 dos autos, ponderando que agiu de boa-fé e adquiriu o imóvel de uma pessoa que se apresentava como normal aos olhos de todos. O preço total da venda do imóvel foi de R$ 24.000,00, e o pagamento ajustado foi de 24 parcelas de R$ 175,00, e o restante seria pago com outro imóvel que seria adquirido pelo próprio requerido em favor da autora. Nenhuma nulidade havia no negócio jurídico das partes. A autora foi quem começou a ingerir bebidas alcoólicas e precipitou-se em aventuras jurídicas. Enfim, pediu-se a improcedência da ação.

3. A relação jurídica processual se desenvolveu regularmente e foi garantido o amplo contraditório. Após escorreita citação do requerido, houve contestação à ação, e exibição de réplica pela autora nas fls. 57/58 dos autos. Regularizada a questão do fornecimento de água no imóvel negociado, foi realizada uma audiência de conciliação nos autos da ação de despejo nº 999/02 entre as mesmas partes, não tendo sido possível o acordo dos litigantes (fls. 30). Um outro magistrado que presidiu a audiência determinou a reunião dos processos para julgamento conjunto (fls. 30 do Feito nº 999/02), e até designou audiência de instrução (fls. 33 dos autos da ação de Despejo). Enfim, os processos estão em ordem. Não há nulidades processuais a declarar.

4. ESSE, O RELATÓRIO. DECIDO.

4.1. Reexaminando os autos da ação anulatória e de despejo entre os mesmos litigantes, verifico que pelos argumentos das partes (CPC, art. 334, incisos I, II e III) e pelos documentos já selecionados nos autos

(CPC, art. 330, inciso I), é caso de julgamento antecipado das lides conexas, sendo prescindível a audiência de instrução e de debates.

4.2. De início, observo que autora ajuizou uma ação anulatória de contrato de compra e venda em março de 2002, e posteriormente ajuizou outra ação de despejo em junho de 2002. Todavia, a ação de despejo foi uma providência totalmente imprópria e inadequada para a pretensão da autora, posto que, em verdade, as partes nunca quiseram ou celebraram um negócio jurídico de locação. Conquanto no contrato de venda e compra de fls. 09/10 dos autos, haja menção de pagamentos de aluguéis na cláusula 2ª, item "b", **na realidade,** tais pagamentos configuravam autêntica contraprestação do próprio contrato de venda e compra. As parcelas de R$ 175,00 que seriam pagas pelo requerido eram a contraprestação pela aquisição do imóvel da autora, e não aluguéis. Assim sendo, não há qualquer locação entre as partes para desencadear a ação de despejo. O pedido de despejo, portanto, é juridicamente impossível, nem há interesse processual na espécie (CPC, art. 267,VI), razão pela qual declaro extinto o processo nº 999/02, sem ônus sucumbenciais em razão do atestado de pobreza de fls. 08 dos autos.

4.3. Já quanto ao pleito judicial de anulação ou invalidação de negócio jurídico, a ação é cabalmente procedente. E, por três razões jurídicas concorrentes deve ser anulado ou invalidado o contrato celebrado pelas partes e juntado nas fls. 09/10: A) Por erro substancial, quando os negócios jurídicos em geral devem ser interpretados conforme a boa-fé (CC, arts. 113 e 422); B) Por haver condição ou cláusula incompreensível ou contraditória no negócio jurídico, a tanto equivalendo a prestação incompreensível (CC, art. 123, inciso III); e C) Por lesão no contrato comutativo (e não aleatório), tudo conforme art. 157 do CC, que dispensa o dolo do contratante ou o conhecimento da inexperiência ou necessidade da outra parte, bem entendido que o vício da lesão ocorre na própria **formação** inicial do negócio jurídico, enquanto a possibilidade de resolução contratual por onerosidade excessiva (CC, arts. 478 a 480), embora também contenha a preocupação com o desequilíbrio das prestações, ocorre na **execução** do contrato. (Ver art. 173, § 4º, da Constituição Federal, e art. 51, IV, do Código de Defesa do Consumidor, versando também sobre lesão). **Com efeito.**

4.4. A autora, ora alienante do imóvel urbano descrito na petição inicial, como mulher divorciada e desempregada (fls.), já esteve internada no Hospital Espírita de "Y" conforme atestados de fls. (...) dos autos, o que já revela pelo menos indícios sérios de problemas psicológicos ou emocionais, já que no caso de higidez mental não há necessidade de internação hospitalar. Por outro lado, o documento policial de fls. (...) dos autos, sinaliza que a autora também foi vítima de crime sexual, um estupro, tudo contribuindo para um quadro de perturbação mental. Ora, nesse contexto fático, a autora subscreveu um contrato de venda e compra de seu único imóvel urbano e aceitou erradamente a seguinte cláusula de pagamento, totalmente ambígua e incompreensível:

"Preço certo de R$ 24.000,00 a serem pagos da seguinte forma: a) O comprador se compromete a pagar o imóvel em 24 (vinte e quatro) parcelas de R$ 175,00, totalizando R$ 4.200,00, a começar vencer em 10 de maio de 2001 e terminar em 10 de maio de 2003; b) O comprador se compromete a financiar um imóvel para a vendedora durante o período do pagamento dos aluguéis. O valor a ser financiado será deduzido do valor total da venda menos o valor das parcelas pagas até a data. Terceira – A vendedora pagará ao comprador uma multa de 20% no caso de infringidas quaisquer uma das cláusulas deste contrato."

Ora, vejam só que quadro sintomático: A própria autora, ora alienante, que já ficava privada da posse de seu imóvel, e nem tinha recebido a contraprestação do adquirente, ainda ficava obrigada a uma multa de 20% no caso de infração contratual. O adquirente nada tinha pago, e a vendedora ora autora nada recebido, mas a vendedora já estava obrigada à uma multa contratual... Isso é um atentado à boa-fé negocial (CC, arts. 113 e 422), que invalida o negócio jurídico, máxime em concurso com outras causas de invalidade, como veremos a seguir.

4.5. Realmente, atente-se que, a par da transgressão ao princípio da boa fé negocial, verifica-se que a cláusula 2ª, itens "a" e "b", do contrato de fls. 9 e 24 dos autos, relativa ao pagamento do imóvel, é totalmente incompreensível e contraditória, invalidando por completo o negócio jurídico (CC, art. 123, inciso III, por analogia). Ajustaram as partes o preço total de R$ 24.000,00 para o imóvel, e o adquirente se comprometeu a pagar para a autora as irrisórias parcelas mensais de R$ 175,00 (menos que um salário mínimo por mês) durante 24 meses, certo que, não ficou claramente explicado como seria feito o pagamento do remanescente de R$ 19.800,00. Por outras palavras, não ficou esclarecido no contrato das partes como o requerido financiaria outro imóvel em favor da autora, e qual seria valor do bem, em que lugar ou bairro estaria situado, e em que condições ocorreria o financiamento e sobretudo quem pagaria as parcelas do financiamento. Nada disso ficou claro no contrato das partes. Aliás, o contrato dá a entender que o requerido pagaria o financiamento de outro imóvel para a autora **apenas durante o período do pagamento dos aluguéis, ou seja, durante o período de 24 meses em que pagaria R$ 175,00 para a autora** (Ver cláusula 2ª, item "b"..."<u>O comprador – ora requerido – se compromete a financiar um imóvel para a vendedora durante o período do pagamento dos aluguéis</u>"...). Ora, existe manifesta incompreensão, desproporcionalidade e desequilíbrio contratual.

4.6. Assim sendo, como se pode inferir da leitura do contrato, a par de incompreensibilidade da prestação contratual ou cláusula e da condição imposta sobre o pagamento do imóvel da autora, verifica-se também o absoluto desequilíbrio das prestações contratuais, gerando o vício da "lesão" no negócio jurídico celebrado pelos litigantes, independentemente de dolo do adquirente ou de seu desconhecimento da inexperiência ou necessidade da alienante-autora. O vício da lesão surge logo na formação ou no aparecimento inicial do negócio jurídico, enquanto a possibilidade de rescisão do negócio por onerosidade excessiva em decorrência de fatores supervenientes ocorre na execução do referido negócio. *Lesão é o defeito de consentimento do negócio jurídico em que uma parte contrai obrigação com muita desproporção em relação à prestação que vai receber da outra parte, e isso por premente necessidade ou por inexperiência.* Anote-se que, para caracterização da lesão é imprescindível a desproporcionalidade entre os quinhões contratuais, o que não ocorre necessariamente com o vício do "erro". Mas, no defeito do "erro", também pode haver desproporção das prestações contratuais, facilitando a compreensão do vício. A propósito, confira-se a jurisprudência: "Promessa de Compra e Venda de Imóvel – Valor do bem a considerar – Preço vil – Erro substancial – Nulidade por vício de manifestação da vontade – Pré-contrato – Nulidade – Erro na manifestação da vontade, ante a irrisoriedade do preço, que engendrou a invalidade do ato. Desequilíbrio gritante entre o bem e o preço, a ser pago em clima de inflação endêmica e incontida, no prazo de 35 prestações mensais, sucessivas e iguais, sem juros e correção monetária. Incensurável a sentença que declarou a nulidade do pré-contrato de promessa de venda e compra do imóvel descrito na petição inicial, julgando procedente o pedido e em consequência improcedentes os formulados pelos compradores, que são os réus, ora apelantes." (TJ-RS – Ac. nº 907/97 – (REG. 041197), Cód. 97.001.00907, 6ª Câmara Civil, Rel. Des. Mello Serra, julgado em 09.09.1997). Verifica-se, destarte, que essa solução jurisprudencial serve para apoiar a solução a ser dada no presente litígio.

  4.7. Apenas para melhor elucidar o defeito jurídico da lesão (CC, art. 157), pode-se considerar também como uma das fontes legais do referido vício o próprio art. 173, § 4º, da Constituição Federal de 1988, que reprime o abuso do poder econômico e o aumento arbitrário dos lucros, ao lado do art. 51, inciso IV, do Código de Proteção e Defesa do Consumidor.

  Acrescente-se que, no passado, se uma parte contratante recebesse apenas uma terça parte (1/3) do valor da coisa, ou seja, se o prejuízo ultrapassasse dois terços (2/3) do valor da coisa, falava-se em *lesão enormíssima*. Já se recebesse apenas metade, ou seja, se o prejuízo fosse inferior a 2/3 mas ultrapassasse a metade do valor da coisa, falava-se em *lesão enorme* (cf. Paulo Nader, em *Curso de Direito Civil – Parte Geral*, Rio de Janeiro, 2003, Forense, 1ª ed., págs. 504 e 505, e Carlos Roberto Gonçalves; *Direito Civil Brasileiro – Parte Geral*, Vol. 1º, São Paulo, 2003, Saraiva, pág. 400). O Código Civil de 2002 não faz distinção. A lesão, por outro lado, não se confunde com o vício denominado "estado de perigo", pois neste último a pessoa encontra-se em situação de perigo e por isso mesmo assume obrigação manifestamente onerosa e desproporcional (Exemplo do médico ou hospital que exige exagerada importância para uma cirurgia ou para internação de urgência de pessoa doente, ou do náufrago que promete exagerada recompensa pelo seu salvamento, ou do pai que, para salvar o filho de um seqüestro, contrai obrigações exageradas ou realiza maus negócios para levantar a quantia do resgate, etc.). *Na lesão não existe uma situação de perigo, com necessidade de salvar-se. Pode haver simplesmente inexperiência da parte lesada.* A premente necessidade mencionada no art. 157 do Código Civil sobre a lesão, é "por recurso", não se exigindo que a outra parte conheça dessa necessidade, bastando a desproporcionalidade das prestações, ao contrário do que ocorre no vício do estado de perigo em que se exige conheça a outra parte o estado de necessidade.

  4.8. Em suma, no caso vertente, por qualquer ângulo que se analise a questão, a autora, como mulher divorciada e com saúde mental abalada ou comprometida por sofrimentos retratados nos documentos de fls. (...) dos autos, se melhor tivesse sido cientificada e certificada do negócio, não teria assinado o contrato de venda e compra do seu único imóvel sem receber qualquer parcela significativa do preço. Ela errou, porque teve falsa noção da realidade, e não entendeu o negócio. Confira-se: "Ação Anulatória – Negócio Jurídico – Erro Substancial – A doutrina contemporânea admite duas espécies para o gênero erro substancial, sendo uma delas o erro na transmissão de vontade, e a outra o erro no entendimento ou na declaração. A derradeira espécie ocorre quando o declarante manifesta sua vontade supondo uma situação diversa e não querida por ele. O erro, nestas circunstâncias, invalida integralmente o negócio jurídico, pois este é incidível." (TA – MG, Ap. nº 0232312-6, 2ª Câmara Civil, Rel. Juiz Caetano Levi Lopes, j. em 4.3.1997, fls. 04).

Por outro lado, anote-se, faltou clareza sobre a cláusula-prestação referente ao pagamento do restante do preço, ou seja, nada ficou explicado no contrato sobre o pagamento do remanescente de R$ 19.800,00, dentro de um valor total de R$ 24.000,00. Não se sabe quem pagaria o financiamento do novo imóvel em prol da autora e onde o referido imóvel estaria situado, e qual o prazo para aquisição e as despesas com a escritura do novo imóvel. Enfim, uma cláusula ou prestação incompreensível, que invalida o negócio jurídico conforme analogicamente preceitua o art. 123, inciso III, do Código Civil. Por último, custa a crer que, com a quantia de R$ 175,00 por mês paga como prestação contratual pelo requerido, pudesse a autora alugar ou ter um outro imóvel para si, isso por 24 meses. A parcela mensal do requerido era menos que um (1) salário mínimo. A irrisoriedade das prestações e o desequilíbrio contratual é flagrante, dando origem também, como já foi dito, ao vício da "lesão". Destarte, a ação anulatória é totalmente procedente, bem entendido que, o requerido não trouxe qualquer prova documental ou mesmo notificação prévia de que teria cumprido totalmente a sua parte no negócio. O requerido não depositou o valor remanescente, como não provou ter entregue outro imóvel para autora. Por fim, o que o requerido até agora pagou para alienante, serviu como taxa de ocupação, ou seja, indenização pelo uso do imóvel. As partes, portanto, voltam ao estado anterior, sem quaisquer indenização.

5. A CONCLUSÃO.

Ante o exposto, JULGO PROCEDENTE a ação anulatória intentada por "A" contra "B" e consequentemente declaro inválido o contrato de fls. (...), voltando o imóvel da Av. das Flores nº 170, na cidade "Y", para a posse e domínio da autora. Expeça-se de imediato o mandado de reintegração de posse em favor da autora. Inexistem quaisquer perdas e danos, tudo conforme fundamentação constante do item 4.8 da presente sentença. As parcelas pagas pelo requerido ficam como compensação pelo uso do imóvel da autora. Quanto à ação de despejo, declaro-a extinta conforme fundamentação constante do item 4.2 acima. Não há verbas sucumbenciais em razão dos atestados de pobreza de fls. (...) dos autos. Intime-se. Atraso decorrente da invencível sobrecarga de trabalho inclusive na Vara Cumulativa da Infância e Juventude com a Corregedoria da FEBEM em Marília, além de serviços e plantões prestados no Juizado Especial Cível e no Anexo Fiscal.

P.R.I.C.

Local e Data.

(a) Dr. Valdeci Mendes de Oliveira

Juiz de Direito

2. SENTENÇA COGNITIVA SOBRE CONTRATO CONTENDO OBRIGAÇÃO DE FAZER "ATERROS", COM CLÁUSULA E CONDIÇÃO (PRESTAÇÃO) INCOMPREENSÍVEL E DESPROPORCIONAL – IMPROCEDÊNCIA DA AÇÃO DE OBRIGAÇÃO DE FAZER E DE DAR (COMINATÓRIA)

PODER JUDICIÁRIO
COMARCA DE MARÍLIA-SP
4ª VARA CÍVEL E DA INFÂNCIA E JUVENTUDE

Processo Cível nº 1.000/2000

SENTENÇA

Vistos, etc.

Síntese sentencial: 1. Ação de cognição com preceito cominatório ajuizada pelo alienante de uma área urbana visando a condenação dos requeridos-adquirentes no sentido de aterrar ou fazer o aterro de uma área remanescente do autor indicada em contrato sinalagmático, tudo sob pena de multa diária pelo atraso, tendo havido pedido cumulativo de cobrança da quantia de R$ 2.456,95, relativa a uma parcela da área alienada (CPC, arts. 287 e 461). 2. Hipótese de assunção de obrigação complexa e de prestação ambígua, tendo havido contrato de cessão de uma área de 934,20 m2 pelo autor, com pagamento ajustado pelo adquirente em parte com aterro de terras em outra área remanescente do próprio vendedor, e outra parte em dinheiro. O aterro na área do autor seria feito com as sobras de terras a serem extraídas em virtude do desaterro da área onde seria construído um núcleo residencial. Hipótese de insuficiência "das sobras" para fazer o aterro, sem solução constante do contrato. 3. Caso em que a prestação obrigacional a cargo do cessionário ou adquirente do imóvel ficou incompreensível, equiparando-se à prestação impossível de ser cumprida, já que, pela perícia judicial, o valor pecuniário do aterro exigido dos requeridos pelo autor da ação judicial seria de R$ 94.800,00 (fls. 157/159), isso para pagamento de uma área vendida pelo referido autor por apenas R$ 2.456,95, configurando-se, destarte, uma situação reveladora de desproporcionalidade de prestações contratuais de forma manifesta e abusiva, com afronta direta aos princípios da boa-fé e da probidade nos negócios jurídicos (CC, arts. 123, III, e 422). 4. Caso em que o contrato silenciou sobre a quantidade de terras para o aterro em área do autor e nada disciplinou sobre a hipótese de insuficiência de sobras de terra a ser extraída de área do adquirente. 5. Improcedência da ação com preceito cominatório. 6. A prestação obrigacional incompreensível, contraditória, desproporcional, impossível física ou juridicamente, recebe o mesmo tratamento ou enseja a mesma consequência jurídica da condição incompreensível ou impossível (CC, art. 123, III), ou seja, invalida o negócio jurídico, total ou parcialmente (CC, arts. 170, 182 e 184). A prestação desproporcional e incompreensível não obriga a cumprimento, resolvendo-se eventualmente a questão pendente por intermédio de indenização, se for o caso (CC, arts. 170,182 e 184).

1. "**X**", qualificado nos autos, ajuizou uma ação de cognição contra a empresa "**B**" e o **Sindicato "C"**, objetivando o cumprimento exato de um contrato de compra e venda de terreno urbano, já que, tendo o autor cedido uma área de 934,20 m2 para a primeira requerida (**empresa "B"**) destinada à construção de um núcleo residencial em favor do segundo requerido (Sindicato), não recebeu, todavia, a contraprestação devida pelos requeridos consistente em um aterro de terras e o pagamento de R$ 2.456,95. Vale dizer, pela transmissão da área de 934,20 m2 feita pelo autor, ficou ajustado que, como parte de pagamento, os requeridos deveriam fazer o aterro em uma outra área remanescente pertencente ao autor e indicada no contrato bilateral, certo que, o referido aterro não feito nem houve o pagamento estipulado de R$ 2.456,95 relativo à área efetivamente transmitida. Por outras palavras, o autor, como transmitente, ficou sem o aterro em sua área remanescente e sem o dinheiro relativo a área transmitida. Daí, pois, o pleito judicial visando a condenação dos requeridos em fazer o aterro, sob pena de multa diária pelo atraso, sem prejuízo de serem condenados a pagar a quantia de R$ 2.456,95 com juros e correção monetária, além dos encargos da sucumbência.

2. Os requeridos foram devidamente citados e contestaram a ação nas fls. 33/35 e 56/60 dos autos, tendo havido arguição de matéria preliminar consistente na ilegitimidade passiva do Sindicato (fls. 34), já que a referida entidade sindical figurou apenas como anuente no contrato do autor e da requerida "B", frisando-se que, quanto ao mérito, o Sindicato não se comprometeu a depositar terras em qualquer área do autor, bem entendido que o valor de R$ 2.456,95 foi pago ao aludido autor por um cheque emitido em 14.11.1998 (fls. 35). Alegou-se também que a construção do núcleo residencial operou-se numa área do Sindicato com 64.400 m2 (fls. 57), todavia, o contrato do autor foi integralmente cumprido. Se não for assim, o contrato seria nulo por não preencher os requisitos legais, não tendo sido a contestante "B" a responsável pelo loteamento. Em suma, o aterro foi feito conforme o combinado no contrato e nada mais era devido ao autor (fls. 58). Pediram os requeridos a improcedência total da ação.

3. A relação jurídica processual se desenvolveu regularmente e foi garantido o amplo contraditório. A réplica do autor veio nas fls. 73/83 dos autos, e na audiência de conciliação não foi possível o acordo das partes (fls. 91). Foi determinada a realização de perícia e os laudos do perito oficial e dos assistentes técnicos dos requeridos foram juntados nos autos, tendo havido manifestação das partes sobre os aludidos pareceres técnicos. Nulidades ou irregularidades processuais não foram apontadas pelos litigantes. Processo em ordem.

4. ESSE, O RELATÓRIO. DECIDO.

4.1. Cuida-se de ação de cognição em que o autor, como transmitente de uma área urbana, pretende receber dos adquirentes a contraprestação consistente em: a) um aterro em uma área remanescente (obrigação de fazer); e b) o pagamento da quantia de R$ 2.456,95 (obrigação de dar dinheiro), tudo com preceito cominatório (CPC, arts. 287 e 461, já com redação dada pela Lei nº 10.444, de 7.5.2002).

4.2. As provas documentais e periciais existentes nos autos são suficientes para a definição judicial da controvérsia. A audiência de instrução, debates e julgamento, no caso vertente, é prescindível (CPC, art. 330, inciso I). E, por outro lado, na espécie de que se cuida, há fatos notórios, confessados e incontroversos, que independem de provas (CPC, art. 334, incisos I, II e III).

4.3. De início, rejeito a matéria preliminar de ilegitimidade passiva do Sindicato, já que, foi o referido Sindicato beneficiado direto com a transmissão da área de 934,20 m2, feita pelo autor (fls. 60/69). Vale dizer, o Sindicato construiu um núcleo residencial valendo-se de uma área da qual era proprietário e ainda precisou de mais 934,20 m2 de área que foi transmitida pelo autor. Assim sendo, se o Sindicato beneficiou-se de uma área do autor, então é parte legítima para a ação judicial em que o transmitente exige a contraprestação devida pela alienação. Aliás, foi por isso mesmo que o Sindicato figurou como "anuente" no contrato de fls. 10/12 dos autos, porque seria o beneficiado direto da área transmitida. Pela cláusula 4ª do contrato de fls. 12, o autor se obrigou a ceder para a empresa requerida "B", e ao mesmo tempo se obrigou a vender para o Sindicato, a referida área de 934,20. Destarte, o Sindicato é parte legítima no pleito judicial. Anoto mais que, o contrato das partes não é nulo, pois não foi celebrado por agentes incapazes, nem teve objeto ilícito ou imoral, cuidando-se simplesmente de compra e venda e/ou cessão de terreno urbano. Depois, o remédio jurídico de que lançou mão o autor, em tese, tem amparo na ordem jurídica processual, inexistindo irregularidade de ordem formal.

4.4. Quanto ao pleito de cobrança da quantia de R$ 2.456,95 reclamada na petição inicial, o pedido tal como formulado não é possível juridicamente porque há prova de que um cheque de valor idêntico foi entregue ao autor para a quitação correspondente. **Confira-se a cópia do cheque nas fls. 40 e 42 dos autos. Por outro lado, na réplica de fls. 77 dos autos,** o próprio autor confessou que recebeu o referido cheque de R$ 2.465,95, porém, preferiu não emitir a quitação correspondente. Ora, a mora confessada é a do credor-autor, bem entendido que, se o autor confessou que o cheque foi emitido para ele, então competia-lhe trazer o original do cheque ou provar eventual impossibilidade de apresentação do título ao Banco para o recebimento (Ver fls. 54). Acentuou o autor que: "De fato foi emitido o cheque em favor do Autor no valor de R$ 2.465,95. (...) (sic – fls. 78). Nenhuma das partes trouxe o original do cheque para os autos, nem provaram a impossibilidade de apresentação do título ao Banco (fls. 54). Em suma, o pedido de cobrança do valor de R$ 2.465,95 não pode prosperar tal como formulado, pois outra deverá ser a causa de pedir (fls. 54, aqui acolhido). Se o autor preferiu esperar seu crédito, ou se já recebeu por outra forma, ou se pretende evitar o enriquecimento ilícito por parte dos requeridos, então a ação e o pedido teria que ter outra causa.

4.5. Mas, também é improcedente o pedido cominatório para feitura de um aterro em área remanescente do autor (obrigação de fazer o aterro). Realmente, as partes celebraram um contrato complexo e bilateral da seguinte forma: a) o autor transmitiu para os requeridos uma área de 934,20 m2 destinada à construção de um núcleo residencial; b) como pagamento, os requeridos deveriam fazer um aterro em área remanescente do autor, isso com as sobras de terras a serem tiradas em razão do desaterro na área onde seria edificado o núcleo residencial (cláusula 5ª, do contrato de fls. 11). Ora, pelo que se infere do contrato e dos argumentos das partes (CPC, art. 334), a prestação contratual a cargo dos requeridos ficou incompreensível senão impossível de ser cumprida e completamente desproporcional, sujeitando-se, por analogia, como nas condições impossíveis e incompreensíveis, ao decreto de invalidade total ou parcial por ferir os princípios contratuais da boa-fé e da probidade (CC, art. 123, III, c/c arts. 170, 182, 184 e 422), sem falar no princípio da desproporcionalidade. **É que, pelo laudo pericial de fls. 113/161 dos autos, estabeleceu-se acertadamente que:**

A) As obras de terraplenagem da área onde se implantou o núcleo residencial do Sindicato consistiu apenas na adequação da superfície, dentro do menor volume de movimentação de terra possível, pois buscou-se implantar as casas obedecendo-se a declividade natural do terreno (sic – fls. 140). A terraplenagem consistiu apenas em limpeza de superfície, com compensação de áreas de corte e aterro (fls. 140 e 153);

B) Não se encontra descrito de forma clara no contrato das partes, qual seria o volume de terras objeto de desaterro na área do Núcleo Residencial e que deveria ser depositada no imóvel do Requerente (sic – fls. 143).

C) Não se encontra previsto no contrato, qual o procedimento que seria adotado no caso de tais sobras serem insuficientes para suprir o volume de terras pretendido pelo autor da ação (sic – fls. 143 e 153);

D) E, se pelo *croquis* do autor (fls. 60), toda a área indicada como "Área A" devesse ser totalmente aterrada pelos requeridos (fls. 145), resultando em nivelamento com a Área "C", teríamos um custo de terraplenagem, ou seja, serviços de aterros em favor do autor **estimado em valor altíssimo de R$ 94.800,00 (sic – fls. 150), contra uma área de terras transmitida pelo próprio autor pelo valor simples de R$ 2.456,95 (fls. 60), o que revela desproporcionalidade de prestações contratuais de forma manifesta e abusiva, ferindo o princípio da razoabilidade, da boa-fé e da probidade (CC, art. 422).** O contrato das partes não fez qualquer previsão ou referência quanto ao volume de terras necessário ao aterro da área "A" do autor (sic – fls. 155). Já se sabia ou seria de notória presunção (CPC, art. 334), que as sobras de terras a serem tiradas do lugar onde se implantou o Núcleo Residencial do Sindicato, seriam insuficientes para fazer um eventual aterro total da área "A" do autor (fls. 153). É óbvio que o aterro pretendido pelo autor não pôde ser executado visando equalizar os níveis das áreas "A" e "C" (fls.156), porque o custo do aterro supera muitas vezes o valor da própria área transmitida aos requeridos e ainda supera o próprio valor da área a ser aterrada (fls. 158 e 160). De modo que, também foi acertada a conclusão do assistente técnico da requerida "B" (fls. 107), cujo laudo está nas fls.175/178 dos autos, no sentido de que:

"Concluímos pelo exposto acima que a empresa requerida "B" cumpriu integralmente o contrato e que a ação movida contra ela querendo obrigá-la executar um aterro que pelas contas do perito do Juiz pode ter um custo de R$ 94.800,00 por ter recebido uma área de 934,20 m2, com valor estimado de R$ 2.456,95, é descabida e improcedente" (sic – fls. 180).

Adite-se que, o assistente técnico do Sindicato apresentou laudo concordante com o laudo do perito do Juiz (fls. 181/190), frisando-se que, o próprio autor deixou de apresentar o laudo de seu assistente técnico indicado nas fls. 109/110. Vale dizer, o autor não trouxe laudo técnico de perito de sua confiança para contrariar os demais laudos inseridos nos autos (Ver fls. 197/204).

Em suma, em termos de "contrato" e de "obrigação", aliás, os contratos são fontes das obrigações, os requeridos não são obrigados a entregar uma contraprestação contratual totalmente desproporcional e abusiva em relação à prestação que receberam do autor, não podendo o contrato estabelecer condições física ou juridicamente impossíveis, nem incompreensíveis ou contraditórias (CC, art. 123, inciso III), o que se aplica por analogia às "prestações" impossíveis ou incompreensíveis e que são objetos de vínculos obrigacionais. Se a condição impossível ou incompreensível invalida total ou parcialmente os negócios jurídicos (art. 123, III), também a prestação impossível, desproporcional ou incompreensível não obriga a cumprimento, e até invalida as obrigações. Por uma área de terras do autor de 934,20 m2, que vale pelo contrato das partes a quantia de R$ 2.456,95, não pode os adquirentes pagar com o aterro de terras em área remanescente do alienante cujo custo ficaria em torno de R$ 94.800,00, ou R$ 41.700,00. Há ofensa ao princípio da razoabilidade, da boa-fé e da probidade contratual (CC, art. 422). A ação é totalmente improcedente, quer pelos argumentos das partes (CPC, art. 334, incisos I, II e III), quer pelos laudos do perito judicial e dos assistentes técnicos dos requeridos, além dos dispositivos legais já invocados. O autor não contrariou o laudo oficial com um laudo de seu assistente técnico.

4.6. Convém acentuar que, se o reconhecimento da invalidade do negócio jurídico ou da obrigação tornar impossível a restituição ao estado anterior, então a questão eventualmente pendente passa para a alçada do pleito indenizatório, que fica ressalvado, se se tiver por escopo evitar o enriquecimento ilícito. Inteligência dos arts. 170, 182 e 184 do Código Civil brasileiro.

5. A CONCLUSÃO.

Ante o exposto, JULGO IMPROCEDENTE a ação de cognição proposta por "A" contra "B" e o SINDICATO "C", ficando o autor obrigado a pagar as custas processuais e honorários advocatícios de 20% sobre o valor da causa, corrigidos desde o ajuizamento. Atraso decorrente do excessivo acúmulo de trabalho inclusive na Vara Cumulativa da Infância e Juventude com a Corregedoria da FEBEM em Marília, sem contar os serviços prestados no Juizado Especial Cível e no Anexo Fiscal.

Publique-se. Registre-se. Intime-se. Comunique-se.

Local e Data.

(a) Dr. Valdeci Mendes de Oliveira

Juiz de Direito

3. SENTENÇA COGNITIVA VERSANDO SOBRE REVISÃO DE CONTRATO BANCÁRIO E APLICAÇÃO DO CÓDIGO DE PROTEÇÃO E DEFESA DO CONSUMIDOR – PRINCÍPIOS DA REVISÃO CONTRATUAL POR ONEROSIDADE EXCESSIVA E DESPROPORCIONALIDADE DA PRESTAÇÃO – INVERSÃO DO ÔNUS DA PROVA – MOMENTO – HIPÓTESE EM QUE O BANCO NÃO EXIBE A CÓPIA DO CONTRATO OU DAS PROPOSTAS E EXTRATOS – NULIDADE E MODIFICAÇÃO DE CLÁUSULAS ABUSIVAS – EXTINÇÃO DA DÍVIDA BANCÁRIA – PROCEDÊNCIA DA AÇÃO

PODER JUDICIÁRIO
COMARCA DE MARÍLIA-SP
4ª VARA CÍVEL E DA INFÂNCIA E JUVENTUDE

Processos Cíveis ns. 1.000/00 e 999/00

SENTENÇA

Vistos, etc.

Síntese sentencial: 1. Ação de Revisão Contratual ajuizada por cliente de Instituição Bancária com escopo de modificar-nulificar cláusulas e condições abusivas, notadamente de capitalização dos juros. 2. Caso de aplicação do Código de Proteção e Defesa do Consumidor na atividade bancária, e em especial do princípio da inversão do ônus da prova e da proibição de prestações onerosas ou exageradas. 3. Hipótese em que o Banco-requerido, tanto nos autos da medida cautelar como nos autos da ação principal de revisão contratual se recusou sistematicamente a trazer uma cópia do contrato bancário para a devida aferição das cláusulas e condições do negócio jurídico celebrado entre as partes. 4. Diante da recusa da exibição pelo Banco do contrato e das cláusulas do negócio jurídico, há presunção de existência de cláusulas abusivas e ilegais, inclusive do anatocismo, ainda mais pela escala de valores demonstrada nos recibos de fls. 24/30 dos autos da ação cautelar nº 999/00, e cujos documentos foram aceitos pelo Banco nas fls. 70 dos autos da ação principal. 5. Procedência da ação principal e cautelar, com reconhecimento da extinção da dívida (CPC, arts. 334 e 335). Regras cogentes do Código do Consumidor.

1. "A", qualificado nos autos, ajuizou uma ação de revisão de contrato bancário, precedida de uma ação cautelar inominada para exclusão de seu nome dos cadastros de inadimplentes, ambas contra o **BANCO "B"**, frisando o autor que, em 1996 foi forçado a se utilizar do valor-limite do cheque especial e depois por motivos alheios à sua vontade, não conseguiu resgatar a dívida. Porém, para regularizar a situação bancária, o autor assinou em branco um contrato de confissão de dívida para pagamento em 15 parcelas. Sucede que, começou pagando o valor de R$ 1.369,78 em 22.05.1996, e quando já estava na 8ª parcela, o valor da prestação mensal era de R$ 1.884,71, o que revelava a cobrança de encargos ilegais, abusivos e de capitalização dos juros, tendo sido inserido o nome do autor nos cadastros de inadimplentes do

SERASA e SPC. Daí o pedido de revisão contratual para nulificar cláusulas abusivas e ilegais.

2. O BANCO "B", bem representado nos autos pelo advogado "C", produziu amplas e completas contestações nas duas ações – na principal e na cautelar – ponderando-se que, não poderia o autor depois de 04 (quatro) anos de inadimplência pedir a intervenção do Poder Judiciário num contrato bancário que era legítimo, autêntico e que nunca antes sofrera reclamação ou notificação. Enfatizou o Banco que a petição inicial da ação revisional e da ação cautelar era inepta, assim como o pedido inicial era juridicamente impossível, e o autor não tinha juntado os documentos essenciais à sua pretensão, certo que, não havia qualquer cobrança de juros capitalizados ou encargos ilegais (fls. 26/38). Nenhum fato extraordinário e imprevisível tornou excessivamente onerosa a prestação do autor. Enfim, as duas ações eram improcedentes.

3. A relação jurídica processual se desenvolveu regularmente e foi garantido o amplo contraditório. Após escorreita citação e defesa do Banco-requerido, houve réplica do autor nas fls. 46/51 dos autos principais. Na fase de especificação de provas, tanto o autor (fls. 53), como o Banco-requerido (fls. 55/56), pediram o julgamento antecipado da lide. Designada audiência de conciliação (fls. 57), não foi possível o acordo das partes e as matérias preliminares foram rejeitadas pela decisão incidental de fls. 63 dos autos. Foi determinado tanto na ação cautelar como na ação principal que o Banco juntasse nos autos o contrato das partes, o que não foi feito (fls. 63/78). Na ação cautelar, também foi pedido o julgamento antecipado da lide. Processos em ordem.

3. ESSE, O RELATÓRIO. DECIDO.

3.1. Cuida-se de ação revisional de contrato bancário, precedida de medida cautelar inominada para exclusão do nome do autor dos cadastros de inadimplentes, ponderando o referido autor que, em 1996 utilizou o valor-limite do cheque especial e como não foi possível resgatar a dívida, acabou por assinar em branco um contrato de confissão de dívida contendo cláusulas abusivas e ilegais. Assim é que, para regularizar a situação em 15 prestações mensais, o autor pagou a 1ª parcela de R$ 1.369,78 em data de 22.5.1996, e quando chegou na 8ª parcela o valor já estava em R$ 1.884,71, o que traduzia a cobrança de encargos ilegais e juros capitalizados. Daí o pedido de revisão contratual para nulificar cláusulas ilegais.

3.2. Observo que as matérias preliminares já foram rejeitadas por decisão judicial incidental lavrada no termo de audiência de conciliação de fls. 63 dos autos principais, sem recurso das partes interessadas. Aliás, os arts. 317 (sobre pagamento) e 478 (sobre contratos) do Código Civil brasileiro de 2002, admitem a revisão dos contratos sinalagmáticos, com o acréscimo do que está estabelecido no art. 6º, inciso V, do Código de Proteção e Defesa do Consumidor. Há ação de revisão de contrato para modificação de cláusulas que estabeleçam prestações desproporcionais ou abusivas (CC, art. 422, e CPDC, art. 6º, V), e há revisão para modificação de cláusulas em razão de fatos supervenientes e extraordinários que tornem excessivamente onerosas as prestações contratuais (CC, art. 478).

Realmente, anote-se que, em caso de prestação contratual desproporcional ou excessivamente onerosa (CC, art. 422, e CPDC, art. 6º, V), a ordem jurídica nacional já contém dispositivos expressos de lei autorizadores da modificação, revisão e nulificação da indigitada cláusula contratual extravagante. Com efeito, constitui direito básico do consumidor, por exemplo, "a modificação das cláusulas contratuais que estabeleçam prestações desproporcionais, ou sua revisão em razão de fatos supervenientes que as tornem excessivamente onerosas" (Lei nº 8.078/1990, art. 6º, inciso V). Por outro lado, é vedado "exigir do consumidor vantagem manifestamente excessiva" (Lei nº 8.078/1990, art. 39, inciso V). E, presume-se exagerada a vantagem que "se mostra excessivamente onerosa para o consumidor, considerando-se a natureza e conteúdo do contrato, o interesse das partes e outras circunstâncias peculiares ao caso" (Lei nº 8.078/1990, art. 51, § 1º). De tal modo que, "a nulidade de uma cláusula contratual abusiva não invalida o contrato, exceto quando de sua ausência, apesar dos esforços de integração, decorrer ônus excessivo a qualquer das partes". (Lei nº 8.078/1990, art. 51, § 2º, e CC, arts. 170, 182 e 184). Por fim, no fornecimento de produtos ou serviços que envolva outorga de crédito ou concessão de financiamento ao consumidor, a empresa é obrigada a fornecer e informar o preço em moeda corrente nacional, e os contratos deverão ser expressos efetivamente em moeda corrente nacional (Lei nº 8.078/1990, art. 52, inciso I, e art. 53, § 3º). E, afinal, na aplicação da lei o Juiz atenderá aos fins sociais a que ela se dirige e às exigências do bem comum (Lei de Introdução ao Código Civil, art. 5º).

Destarte, pelos fundamentos indicados, realmente pode o autor pleitear a revisão contratual, inclusive salientando a vedação do anatocismo ou dos juros capitalizados (STF, Súmula 121). O pedido é juridicamente possível.

3.3. Por outro lado, nem se diga que aos Bancos não se aplica o Código de Proteção e Defesa do Consumidor (CPDC, art. 3º, § 2º). A jurisprudência já se definiu assim:

"CONSUMIDOR – Contrato Bancário – Onerosidade excessiva – Inadmissibilidade – Inteligência do art. 51 da Lei nº 8.078/1990. Ementa: São nulas de pleno direito cláusulas contratuais relativas ao fornecimento de produtos e serviços que coloquem o consumidor em desvantagem exagerada, como, por exemplo, o contrato bancário excessivamente oneroso decorrente da fixação de obrigações abusivas, nos termos do art. 51 do CDC." (TACIVIL-SP – Apl. 625.502-7, 11ª Câmara, j. em 6.2.1997, Rel. Juiz Ary Bauer, v.u., in RT 743/280).

No mesmo sentido, o Egrégio Superior Tribunal de Justiça, no julgamento do Recurso Especial nº 57.974-0-RS, Relator o Ministro Ruy Rosado de Aguiar, da 4ª Turma, em julgado de 29.5.1995, assim registrou:

"Os bancos, como prestadores de serviços especiais contemplados no art. 3º, § 2º, estão submetidos às disposições do CPDC. A circunstância de o usuário dispor do bem recebido através de operação bancária, transferindo-o a terceiros, em pagamento de outros bens ou serviços, não o descaracteriza como consumidor final dos serviços prestados pelo Banco.".

3.4. Pois bem. Na espécie de que se cuida, o autor pretende a revisão de cláusulas de um contrato bancário, onde teria que pagar 15 prestações mensais e pagou apenas 8 (oito), em razão da onerosidade excessiva das referidas prestações. Começou pagando R$ 1.369,78 em 22.5.1996, e quando chegou na 8ª prestação, o valor já estava em R$ 1.884,71. Ora, o Banco-requerido ao contestar primeiramente a ação cautelar, não trouxe qualquer cópia do contrato de dívida nem da planilha de cálculos para demonstrar a legalidade dos valores cobrados do autor. Por outro lado, na ação principal, insistentemente a partir da audiência de conciliação conforme termo de fls. 63, o Juízo determinou que o Banco-requerido juntasse a referida cópia do contrato das partes para aferir a licitude das cláusulas e condições estabelecidas no negócio jurídico. Contudo, o Banco não juntou a cópia do indigitado contrato das partes, presumindo-se então haver excessos censuráveis. Nesse caso, impõe-se a aceitação dos fatos articulados pelo autor e a procedência da ação principal e cautelar, frisando-se a possibilidade da inteira aplicação do princípio da inversão do ônus da prova, mormente no caso de dúvida, tudo consoante a mais sensata interpretação pretoriana superior, até mesmo levando em conta a hipossuficiência técnica ou econômica do consumidor. Confira-se:

"CONSUMIDOR – Ônus da prova – Inversão – Faculdade concedida ao Juiz, que irá utilizá-la no momento que entender oportuno, se e quando estiver em dúvida, geralmente por ocasião da sentença – Inteligência do art. 6º, inciso VIII, da Lei nº 8.078/1990. A inversão do ônus da prova, prevista no art. 6º, inciso VIII, do CDC, é uma faculdade concedida ao Juiz, que irá utilizá-la a favor do consumidor no momento que entender oportuno, se e quando estiver em dúvida, geralmente por ocasião da sentença." (1º TACIVIL, 3ª Câm., A.I. nº 912.726-8-SP – Rel. Juiz Roque Mesquita, j. em 4.4.2000, v.u., RT 780/278).

E mais:

"CÓDIGO DE DEFESA DO CONSUMIDOR – Processo civil – Ônus da prova – Hipossuficiência – Conceito – Inversão do ônus da prova é um direito do consumidor, de acordo com o art. 6º, VIII, da Lei nº 8.078/1990. O conceito de hipossuficiência, seja econômica ou técnica, não permite subjetividades tendentes a infirmar a regra cogente, de modo que a circunstância de ser médico não autoriza, por si só, concluir-se que o consumidor conheça mecânica de automóvel, simples ou de luxo." (TAMG – Proc. nº 2.431.616/97 – Belo Horizonte, Rel. Juiz Nepomuceno Silva, j. em 14.10.1997, v.u.).

3.5. Vai daí que, se o autor afirmou serem as prestações contratuais excessivamente onerosas e abusivas (STF, Súmula 121), inclusive com juros capitalizados, e demonstrando com os documentos de fls. 24 a 30 dos autos da ação cautelar nº 999/00, que havia realmente uma escala dos valores progressivos cobrados pelo Banco, segue-se que, competia ao Banco comprovar a não existência de cláusula onerosa ou abusiva, demonstrando então uma cobrança conforme os ditames da Lei civil e comercial. Ora, o Banco, pelo contrário, tomou os documentos do autor como referência nas fls. 70 dos autos principais, mas não trouxe o contrato principal para comprovar a correspondência ou equivalência dos valores das prestações e dos encargos estipulados conforme o aludido contrato e os documentos de fls. 24/30 da ação cautelar. Em suma, as partes pediram o julgamento antecipado da lide sem outras provas, isso tanto na ação principal como na cautelar (fls. 53 e 55/56), e considerando que o Banco não trouxe o contrato bancário nem a planilha de demonstração da dívida e dos encargos estipulados e cobrados, segue-se que, a par da hipossuficiência econômica ou técnica do consumidor, é de se presumirem verdadeiros os excessos alegados na petição inicial. A julgar pelos valores trazidos aos autos (fls. 24 a 30 da ação cautelar), e à míngua de outros valores mencionados e apontados pelo requerido, segue-se que, pelo que já pagou ao Banco em excesso, o autor já quitou toda a dívida. Nada resta a pagar. Essa é a ilação que os argumentos das partes permitem traçar, no cotejo com as provas produzidas e com o recurso das regras da experiência comum subministradas pela observação do que ordinariamente acontece em casos análogos, bem entendido que o Banco não trouxe o contrato das partes para uma análise nos autos nem trouxe a planilha demonstrativa do débito e dos encargos cobrados (CPC, arts. 334, incisos I, II e III, e 335). Os juros capitalizados são ilegais (STF, Súmula 121), assim como encargos abusivos ou exagerados para o consumidor. Anote-se que que o Código de Proteção e Defesa do Consumidor contém regras ou normas cogentes ou obrigatórias, isto é, de aplicação de "ofício" pelo Juiz. Vale dizer, o Juiz pode reconhecer a quitação em prol do consumidor.

4. A CONCLUSÃO.

Ante o exposto, JULGO PROCEDENTE a ação principal revisional de contrato, bem como a ação cautelar inominada, ambas ajuizadas por "A" contra o BANCO "B", e consequentemente reconheço excessos contratuais no negócio jurídico descrito na petição inicial, certo que, pelo que já pagou o autor ao Banco, declaro extinta a dívida bancária traduzida no contrato bancário conforme documentos de fls. 24 a 30 dos autos da ação cautelar nº 999/00. Pagará o Banco-requerido as custas processuais e honorários advocatícios de 20% do valor da causa, corrigidos desde o ajuizamento. Comunique-se ao SERASA E SPC para exclusão definitiva do nome do autor dos cadastros de inadimplentes e com referência ao contrato bancário firmado com o requerido.

Publique-se.

Registre-se.

Intime-se.

Comunique-se.

Local e Data (2003).

(a) Dr. Valdeci Mendes de Oliveira
Juiz de Direito

4. SENTENÇA COGNITIVA VERSANDO SOBRE REVISÃO DE CONTRATO BANCÁRIO COM CLÁUSULAS ABUSIVAS REFERENTES AOS REAJUSTES OU INDEXAÇÃO DAS PRESTAÇÕES CONTRATUAIS COM BASE EM MOEDA ESTRANGEIRA (DÓLAR AMERICANO) – DESEQUILÍBRIO, ONEROSIDADE E DESPROPORCIONALIDADE DA PRESTAÇÃO CONTRATUAL – PROCEDÊNCIA DA AÇÃO – APLICAÇÃO DO CÓDIGO DE DEFESA DO CONSUMIDOR

PODER JUDICIÁRIO
COMARCA DE MARÍLIA-SP
4ª VARA CÍVEL E DA INFÂNCIA E JUVENTUDE

Processos Cíveis nº 2000/99 e 1.999/99.

SENTENÇA

Vistos, etc.

Síntese sentencial: 1. Ação Revisional de cláusula contratual. Onerosidade excessiva para empresa. 2. Matéria relacionada com o reajuste da prestação contratual vinculado à moeda estrangeira. 3. Hipótese de desproporcionalidade e desequilíbrio contratual, máxime quando as partes já tinham contrato anterior com outro sistema de reajuste mais condizente com a realidade nacional. 4. Onerosidade excessiva da prestação e abusividade de cláusula contratual reconhecidas. 4. Inaplicabilidade da desconsideração da personalidade jurídica (CC, art. 50). 5. Procedência do pleito judicial com invocação ilustrativa, inclusive, das regras do Código Civil de 2002.

1. A EMPRESA "A", e os sócios "B" e sua mulher "C", ajuizaram uma ação de revisão de cláusula contratual contra o BANCO "X", ponderando que, tendo atuação na fabricação de roupas, confiaram no PROGRAMA "PRÓ-TÊXTIL" do BNDES – linha especial de financiamento – e pediram dois financiamentos para aquisição de bens: a) um para renovação e aquisição de máquinas nacionais, com juros de 7,5% anuais mais TJLP, cujo contrato vem sendo cumprido regularmente; e b) outro para financiamento de máquinas japonesas, marca BROTHER, cujo contrato veio a ser firmado em 24 de julho de 1998, agora com um indexador chamado de "cesta de moedas", valendo o reajuste com base no valor de venda do "dólar" conforme Circular nº 157 da FINAME (Carta Circular nº 12/97). Sucede que, com a supervalorização da moeda norte-americana no ano de 1.999, o valor da dívida dos requerentes que era de R$ 168.513,76, mesmo após quatro (4) pagamentos para amortizações do principal e juros, saltou para R$ 240.000,00. Ora, o programa "Programa Pró-Têxtil" vigorou até **30.6.1998**, e os requerentes protocolaram seu pedido de financiamento com juros diferenciados em **26.06.1998**, portanto, a proposta dos requerentes foi feita em tempo hábil para fazer um contrato com indexação de 7,5% anuais a título de *spread*, mais TJLP, exatamente como foi feito no contrato para financiamento das máquinas nacionais. Vaí daí que, é ilegal e abusiva a mudança do indexador do contrato de empréstimo, devendo ser alterado o referido indexador consistente no índice BNDES-UMBNDES mais cesta de moedas (dólar) todos os dias 15 dos meses dos períodos de maio de 1999 a agosto de 2003, para a indexação de 7,5% de juros anuais, ou *spread* anual, mais TJLP, tudo conforme o outro contrato anteriormente celebrado. Pretende-se, pois, a modificação do indexador excessivo e oneroso.

A ação principal foi precedida de medida cautelar para impedir a cobrança indevida e a negativação dos nomes dos autores por parte do Banco "X", bem como para os depósitos das prestações que os autores entendiam devidas (Feito nº 1.999/99, fls. 103).

2. O Banco "X" foi devidamente citado e contestou a ação principal nas fls. 16/23 dos autos, arguindo-se como matéria preliminar a ilegitimidade passiva, já que, o contestante era um mero agente financeiro e a parte passiva legítima seria a FINAME, que foi quem concedeu o empréstimo. O contestante também denunciou na lide a FINAME, e, no mérito, o referido contestante ponderou que os autores tiveram plena ciência antecipada do contrato que firmaram, e portanto, *pacta sunt servanda*. Os autores livremente assinaram o contrato, e portanto, não podem agora mudarem o indexador. Aliás, o reajuste da prestação conforme a variação cambial não é ilegal conforme precedente jurisprudencial (fls. 21). Daí o pedido de improcedência da ação.

3. A relação jurídica processual se desenvolveu regularmente e foi garantido o amplo contraditório. Houve réplica dos autores nas fls. 30/35 dos autos, com a insistência no pedido de procedência do pleito, porque na época do protocolo do pedido de financiamento, em 26.6.1998, vigorava o índice de reajuste de 7,5% de juros anuais mais TJLP, e ao invés de ser observado esse sistema legal de reajuste, foi imposto indevidamente o reajuste pelo indexador BNDES – UMBNDES mais cesta de moedas (dólar). Por outro lado, na especificação de provas a serem produzidas, o Banco-requerido pediu o julgamento antecipado da lide nas fls. 37, enquanto os requerentes pediram audiência de instrução (fls. 39). Foi pedida a liberação dos depósitos efetuados pelos requerentes nos autos da ação cautelar nº 1.999/99, ora apensada, e na audiência de conciliação designada nos autos principais (fls. 52), não foi possível o acordo das partes (fls. 54), embora fossem autorizados os levantamentos dos depósitos das parcelas incontroversas (fls. 52 a 71). Pelos autores, foram feitos 14 depósitos (fls. 71), somando-se R$ 79.365,23. Igualmente, pela memória discriminada do Banco foram feitos 14 depósitos no total de R$ 79.363,23 (fls. 73), tendo sido depositada nos autos a 15ª parcela (fls. 74). Os levantamentos foram autorizados nas fls. 82 e verso. Todavia, sobre as parcelas supervenientes, o Banco-requerido pediu outros levantamentos nas fls. 120/121, num total de R$ 82.861,84, referente às 15ª até 33ª parcelas, e os autores não se opuseram aos levantamentos (fls. 123). Nulidades ou irregularidades processuais não foram apontadas pelos litigantes. Processos em ordem.

4. ESSE, O RELATÓRIO. DECIDO.

4.1. Cuida-se de ação de revisão de cláusula contratual e na espécie vertente é possível o julgamento antecipado da lide porque as provas documentais e os argumentos das partes são suficientes para a decisão final (CPC, art. 330, inciso I, c/c art. 334, incisos I, II e III).

Anoto desde logo que é de todo impertinente os argumentos de fls. (...) dos autos referentes ao acolhimento da desconsideração da personalidade jurídica prevista no art. 50 do Código Civil de 2002. Não há qualquer indício de abuso de algum dos sócios, ou de má gestão da empresa. Aliás, entre os Enunciados aprovados em Jornada de Direito Civil promovida pelo Centro de Estudos Judiciários do Conselho da Justiça Federal no período de 11 a 13 de setembro de 2002, sob a coordenação científica do ministro Ruy Rosado, do Superior Tribunal de Justiça, publicados na Revista da Escola Paulista da Magistratura, ano 4, nº 01, janeiro/junho de 2003, pág. 178, registrou-se o enunciado de nº 07 com o seguinte teor:

Enunciado nº 07 do Conselho da Justiça Federal em Jornada de Direito Civil: "Art. 50. Só se aplica a desconsideração da personalidade jurídica quando houver a prática de ato irregular, e limitadamente, aos administradores ou sócios que nela hajam incorrido." (*Revista da Escola Paulista da Magistratura*, ano 4, nº 01, janeiro/junho de 2003, pág. 178).

4.2. Pois bem. Inicialmente, atendendo-se ao que já foi decido nas fls. 82 e verso, é caso de se deferir o pedido de levantamento das parcelas mencionadas nas fls. 120/121, no valor total de R$ 82.861,84 (das 15ª à 33ª parcela), bem entendido que houve aquiescência dos autores nas fls.123 dos autos. O Banco-requerido poderá sacar os referidos valores, reconhecida a quitação regular nos termos da presente sentença.

4.3. Pelo que se infere da Cédula de Crédito Industrial constante de **fls. 11/21** e **51/57** dos autos da ação cautelar apensada nº 1.999/99, nitidamente os documentos foram firmados ou celebrados com o BANCO "X", ora requerido, que figurou como credor, e como tal assinou os documentos conforme se vê de fls. 21 e 51 da ação cautelar nº 1.999/99. Aliás, no preâmbulo da Cédula de Crédito Industrial está dito que: *"...Nas datas abaixo mencionadas, pagaremos por esta Cédula de Crédito Industrial ao BANCO "X" S/A, por sua Agência em Marília"*... Ora, nesse caso o Banco "X" é parte passiva legítima, porque figurou como contratante e como credor, com poderes para receber o crédito e, aliás, já pediu e levantou nos autos vários dos depósitos efetuados pelos autores. Destarte, se o próprio Banco "X" S/A pediu os levantamentos dos depósitos efetuados pelos autores é porque o aludido Banco tem interesse na causa e no negócio jurídico, e, portanto, é parte passiva legítima. Por esses motivos, rejeito as matérias preliminares de ilegitimidade passiva e de denunciação à lide, frisando-se que, em termos de denunciação na lide, o caso não se enquadra nas hipóteses do art. 70 do Código de Processo Civil. O mais, é mérito para ser solucionado como tal.

4.4. No mérito, realmente, verifica-se que do documento de fls. 69/71 dos autos da ação cautelar apensada, constou a promessa e a oferta de uma linha de financiamentos privilegiados com juros diferenciados aos consumidores em geral, **e não constou que a indexação ou os reajustes dos contratos seriam baseados na moeda estrangeira "dólar", ou baseada na variação cambial (Ver fls. 69).** *Todavia, pelo que se infere da Cédula de fls. 11/12 e do documento de fls. 23 da ação cautelar, observa-se que o reajuste das prestações passou a ter por base a variação da unidade monetária do BNDES-UMBNDES acrescida dos encargos da cesta de moedas ou a variação de moeda estrangeira específica acrescida de taxa fixa (sic – fls. 23). Ora, nesse caso, a par de contrariar o documento de fls. 69/71 da ação cautelar, as cláusulas de reajustes constantes de fls. 11/12 da ação cautelar, são abusivas e ilegais, acarretando, de fato, a desproporcionalidade contratual e a onerosidade excessiva ao consumidor. A melhor solução é a adaptação dos reajustes conforme uma outra cédula industrial constante de fls. 51/52 dos autos, ou seja, os reajustes devem ser à base de 7,5% de juros anuais, a título de "spread", acima da Taxa de Juros de Longo Prazo (TJLP), isto é, 7,5% de juros anuais mais a TJLP, devendo ser cancelado o sistema de reajuste com base na variação cambial ou no valor da moeda estrangeira.*

4.5. Com efeito, a par de ser de difícil compreensão o sistema de reajuste estabelecido pelo Banco-requerido, propiciando a que cláusulas duvidosas sejam interpretadas a favor do consumidor (Lei nº 8.078/1990, art. 47, c/c o art. 423 do Código Civil de 2002), na verdade, por várias vezes o legislador nacional não tolerou que os valores contratuais ou de reajustes convencionais fossem expressos em moeda estrangeira ou com base na variação cambial. Vale dizer, os contratos que envolvem oferecimento de crédito ou financiamento no Brasil, por exemplo, devem trazer os valores e os sistemas de reajustes com base em índices nacionais de indexação conforme se pode deduzir do art. 52, inciso I e art. 53, § 3º, do Código de Defesa do Consumidor. Assim também é na locação urbana de prédios, ou seja, é vedada a convenção de aluguel em moeda estrangeira e a sua vinculação à variação cambial (Lei nº 8.245/1991, art. 17). Pelo Código Civil de 2.002, verifica-se que "são nulas as convenções de pagamento em ouro ou em moeda estrangeira, bem como para compensar a diferença entre o valor desta e o da moeda nacional... (art. 318) ". Por outro lado, o Decreto-Lei nº 857/1969, vedou expressamente os contratos nacionais que estipulem o pagamento em moedas estrangeiras. Ora, no campo da jurisprudência, já se decidiu que:

"CONTRATO DE COMPRA E VENDA, COM PREÇO FIXADO E INDEXADO EM DÓLARES, PARA PAGAMENTO EM CRUZEIROS – Nulidade da cláusula – Decreto-Lei nº 857/1969. É taxativamente vedada a estipulação, em contratos exequíveis no Brasil, de pagamento em moeda estrangeira, a tanto equivalendo calcular a dívida com indexação ao dólar norte-americano, e não ao índice oficial ou oficioso de correção monetária, lícito segundo as leis nacionais. Ação de cobrança da variação cambial, proposta pela vendedora. Nulidade de pleno direito da cláusula ofensiva a norma imperativa e de ordem pública." (REsp nº 23.707-9-MG – 4ª T. do E. STJ – j. em 22.6.1993, *DJU-I* de 2.8.1993, pág. 14.250, Relator o Ministro Athos Carneiro, *in Repertório IOB de Jurisprudência* nº 16/93, indicativo 3/8723).

4.6. No caso de que se cuida, o Banco "X" não justificou satisfatoriamente como uma dívida de R$ 168.513,76 pôde saltar para R$ 240.000,00. Nenhuma memória discriminada da dívida foi trazida para os autos para explicar e justificar o aumento significativo do valor do débito dos autores, que se tornou excessivo. A função social do contrato não mais permite a sua intangibilidade (CC, art. 422). A propósito, sobre essa questão do reajuste das prestações contratuais com base na variação cambial, ou no valor da moeda estrangeira, existem acórdãos do Egrégio e Grande Segundo Tribunal de Alçada Civil de São Paulo, que bem elucidam a matéria, e aqui são integralmente acolhidos, ainda que por analogia. Confira-se:

"REVISÃO – *Leasing* – Nada obsta o deferimento de tutela antecipada para que o arrendatário de bem móvel (*leasing*) seja autorizado a realizar o pagamento das prestações com base no índice de reajuste outro que não a correção cambial contratada, se a possibilidade de revisão do contrato por fato imprevisto ou imprevisível desponta evidenciada (*fumus boni juris*), pois a caracterização da mora pelo não pagamento poderia causar-lhe dano de difícil e incerta reparação (*periculum in mora*)." (2º TACIVIL -SP – 1ª Câmara, Agr. de Instr. nº 573.041-00/3-São Paulo – Rel. Juiz Diogo de Salles – j. em 19.4.1999, maioria de votos, *in Boletim da AASP* nº 2112, de 21 a 27.6.1999, pág. 1029-j). A respeito da revisão do contrato, constou assim do v. acórdão:

"Foi avençado que o reajuste das prestações seria feito pela equivalência destas com o dólar americano (US$). O autor pretende pagar o valor das prestações sem essa correção cambial, substituindo-a pela indexação pelo IGPM, alegando a excessiva onerosidade do contrato em decorrência da liberação do câmbio recentemente ocorrida..." A não aplicação do Código de Defesa do Consumidor à espécie é irrelevante. A cláusula *rebus sic stantibus* é aplicável ao direito comum. A invocação deste diploma legal pelo autor não o prejudica pois *jura novit curia*. Abaixo, como referência da aplicação da **teoria da imprevisão aos contratos,** cito, inclusive, sua recepção pelo direito positivo, consubstanciado na norma aludida, sem que, todavia, aplique a disposição legal ao caso concreto. (...). "Desde a implantação do assim chamado "PLANO REAL", o GOVERNO BRASILEIRO OPTOU POR DEFINIR UMA POLÍTICA CAMBIAL DE CONTROLAR A FLEXIBILIDADE DA MOEDA NORTE-AMERICANA POR MEIO DE FIXAÇÃO DE "BANDAS" MÁXIMA E MÍNIMA, O QUE PREVALECEU ATÉ 13 DE JANEIRO DE 1999, PRÓXIMO PASSADO, QUANDO O BANCO CENTRAL, NO COMUNICADO Nº 6.560, FIXOU AS "BANDAS" MÍNIMA E MÁXIMA DO DÓLAR NORTE-AMERICANO EM R$ 1,20 E R$ 1,32. ACONTECE QUE, DOIS (2) DIAS APÓS, O GOVERNO ALTEROU BRUSCAMENTE SUA POLÍTICA QUE VIGORAVA HÁ MAIS DE QUATRO (4) ANOS E DEIXOU DE DEFINIR OS PADRÕES PARA A FLUTUAÇÃO DAQUELA MOEDA (COMUNICADO Nº 6.565, DE 18.1.1999). EM CONSEQÜÊNCIA, O VALOR DO DÓLAR NORTE-AMERICANO "EXPLODIU" NO MERCADO, CHEGANDO A VALER, RECENTEMENTE (MENOS DE DOIS MESES DEPOIS), QUASE O DOBRO DO QUE VALIA EM 13 DE JANEIRO DE 1999. Pergunta-se: O Contrato entre as partes é intangível ou pode ser alterado? A resposta é positiva, em tese. Se, na execução do contrato, houver desequilíbrio entre as prestações por fato superveniente, o contrato poderá ser revisto para que se recupere o equilíbrio perdido. A cláusula *rebus sic stantibus*, consagrada na doutrina e na jurisprudência e já encampada pelo Código de Defesa do Consumidor (art. 6º, V, do CDC) e pelo projeto de Código Civil (arts. 478 a 480), permite a providência, desde que, ao contratar, o fato, que é a razão do desequilíbrio, não pudesse ser previsto. E esse fato, a brutal desvalorização do real frente à moeda norte-americana, poderia ser previsto? Acredito que não... Com efeito, o próprio Presidente da República, em quem o cidadão poderia e deveria acreditar, reiteradas vezes declarou que não alteraria a política cambial. Confiram-se trechos de suas falas publicadas pela *Revista Carta Maior* em recente edição, pág. 12: "O Governo não mexe no câmbio" (29.11.1996). "Não consideramos a hipótese de alterar a política cambial. Repito: não consideramos a hipótese de alterar a atual política cambial." (12.9.1997). "Quaisquer que sejam as circunstâncias, uma coisa **é certa: não haverá** desvios nem retrocessos. Desvalorizar a moeda é o passado." (31.1.1998). "Não vamos desvalorizar moeda nenhuma, porque o Brasil preza o trabalhador, preza o salário." (25.6.1998). "Nossa tarefa daqui para a frente é consolidar cada vez mais o Real. Seu sucesso garantirá trabalho e salário para todos.". Em face desse quadro, depois de 4 (quatro) anos de fleuma inflacionária, o aumento do valor do dólar a patamares tão astronômicos era inesperado. Absolutamente imprevisível ao cidadão de conhecimentos básicos... "Para esse efeito, apenas, o provimento parcial da irresignação... Observo que, para efeito de cálculo das prestações, deverá ser adotado o seguinte critério: Apura-se o valor da prestação com indexação cambial até 13 de janeiro de 1999, considerando-se o valor da moeda norte-americana pela banda máxima, ou seja, R$ 1,32. O total assim apurado terá a correção pelo INPC, determinando-se o valor das parcelas seguintes, mês a mês." *(sic)* (Acórdão *in Boletim da AASP* nº 2112, de 21 a 27.6.1999, págs. 1029-j a 1031-j, maioria de votos, Rel. Juiz Diogo de Salles, do 2º TACIVIL-SP).

E, tem mais:

"REVISÃO – Contrato de *leasing* – Reajuste pactuado com base na variação cambial – Alteração abrupta da política cambial do governo – Imprevisibilidade – Onerosidade excessiva acarretada ao devedor – Revisão contratual justa – Recurso parcialmente provido – Tendo a inesperada mudança da política cambial oficial acarretado onerosidade excessiva das obrigações assumidas, devem as prestações relativas ao mês de janeiro de 1999 ser reajustadas pela cotação do dólar norte-americano em 1,32, passando as seguintes a ser reajustadas de conformidade com a variação do INPC do IBGE.". (2º TACIVIL-SP – Turma Julgadora da 5ª Câmara, A.I. nº 576.071-0/6-São Paulo-SP – Rel. Juiz Luís de Carvalho, j. em 26.5.1999, v.u., in *Boletim da AASP* nº 2123, de 6 a 12.9.1999, pág. 1119-j).

4.7. Em suma, pelo que se vê do contexto da doutrina e da jurisprudência nacional é a possibilidade de revisão ou modificação de cláusula abusiva que possa ferir o princípio do equilíbrio e da proporcionalidade contratual. Pelo Código Civil de 2002 já está registrado que: "Quando, por motivos imprevisíveis, sobrevier desproporção manifesta entre o valor da prestação devida e o do momento de sua execução, poderá o Juiz corrigi-lo, a pedido da parte, de modo que assegure, quanto possível, o valor real da prestação" (art.

317). Por outro lado, nos arts. 478, 479 e 480, do referido Código Civil de 2002, está consolidada a possibilidade de revisão contratual em razão da onerosidade excessiva da prestação. De modo que, no caso vertente, como o Banco "X", ora requerido, não justificou satisfatoriamente o valor excessivo cobrado dos autores, e diante da cláusula abusiva de reajuste levando em conta a variação cambial ou a cesta de moedas, a ação principal e a cautelar são procedentes para os fins do item 4.4 acima, ou seja, a melhor solução é a adaptação dos reajustes conforme uma outra cédula industrial constante de fls. 51/52 dos autos da ação cautelar, ou seja, os reajustes devem ser à base de 7,5% de juros anuais, a título de *spread*, acima da Taxa de Juros de Longo Prazo (TJLP), isto é, 7,5% de juros anuais mais a TJLP, devendo ser cancelado o sistema de reajuste com base na variação cambial ou no valor da moeda estrangeira, ficando autorizado os depósitos judiciais subsequentes como já vem ocorrendo, ficando o Banco-requerido impedido de negativar os nomes dos autores perante instituições de proteção ao crédito.

5. A CONCLUSÃO.

Ante o exposto, JULGO PROCEDENTES a ação revisional principal e a ação cautelar inominada intentadas pela empresa "A" e os sócios "B" e "C", contra o BANCO "X", tudo para o fim de modificar a cláusula de reajuste contratual constante da cédula de crédito industrial de fls. 11/21 da medida cautelar apensada, ficando doravante adaptado e adotado os reajustes conforme uma outra cédula de crédito industrial constante de fls. 51/52 dos autos da cautelar, ou seja, os reajustes devem ser à base de 7,5% de juros anuais, a título de *spread*, acima da Taxa de Juros de Longo Prazo (TJLP), isto é, 7,5% de juros anuais mais a TJLP, devendo ser cancelado o sistema de reajuste com base na variação cambial ou no valor da moeda estrangeira (cesta de moedas), ficando autorizados os depósitos judiciais subsequentes como já vem ocorrendo nos autos da cautelar, até o final do contrato previsto para agosto de 2003, ficando ainda o Banco-requerido impedido de negativar os nomes dos autores perante quaisquer instituições de proteção ao crédito, sob pena de multa diária de R$ 5.000,00 em caso de descumprimento do comando sentencial (CPC, art. 461 e §§ 3º, 4º e 5º). Autorizo o Banco-requerido a levantar os valores mencionados no item 4.2, reconhecida a quitação regular de todas as parcelas levantadas. Finalmente, condeno o Banco-requerido ao pagamento das custas processuais e honorários advocatícios de 10% do valor da causa principal, corrigidos desde o ajuizamento.

Publique-se.

Registre-se.

Comunique-se.

Intime-se.

Local e Data.

(a) Dr. Valdeci Mendes de Oliveira

Juiz de Direito

5. SENTENÇA COGNITIVA REFERENTE À INDENIZAÇÃO POR DESCUMPRIMENTO CONTRATUAL – EXPORTAÇÃO – CARTA DE CRÉDITO – HIPÓTESE DE NEGLIGÊNCIA E OMISSÃO DO BANCO NA CONFERÊNCIA E EXAME DA DOCUMENTAÇÃO DE EXPORTAÇÃO DE PRODUTOS ALIMENTÍCIOS, PROPICIANDO O CANCELAMENTO DA CARTA DE CRÉDITO EMITIDA POR ORDEM DA EMPRESA-IMPORTADORA-ADQUIRENTE – HIPÓTESE DE PRESTAÇÃO DE SERVIÇO DEFICIENTE – AÇÃO PROPOSTA PELA EMPRESA-EXPORTADORA-VENDEDORA PORQUE NÃO CONSEGUIU RECEBER O VALOR DA CARTA DE CRÉDITO NEM RECUPERAR OS PRODUTOS JÁ EMBARCADOS PARA OS ESTADOS UNIDOS – AÇÃO PARCIALMENTE PROCEDENTE EM ATENÇÃO AO PRINCÍPIO DA PROPORCIONALIDADE ENTRE O GRAU DE CULPA E O DANO

PODER JUDICIÁRIO
COMARCA DE MARÍLIA-SP
4ª VARA CÍVEL E DA INFÂNCIA E JUVENTUDE

Processo Cível nº 1.000/02

SENTENÇA

Vistos, etc.

Síntese sentencial: 1. Ação de Indenização proposta por empresa exportadora de produtos alimentícios contra o Banco "X" S/A por negligência e omissão deste na conferência e exame da documentação necessária para a plena liquidação da Carta de Crédito emitida por ordem da empresa adquirente-importadora. 2. Hipótese em que, tendo a empresa exportadora escolhido o Banco "X", ora requerido, para atuar no exame da documentação e recebimento da Carta de Crédito relativa à operação de exportação, estabeleceu-se um estado de confiança no sentido de que, qualquer discrepância de dados deveria ser imediatamente comunicada ou notificada à empresa exportadora para as providência necessárias. 3. Hipótese em que inocorreu um pronto aviso escrito ou notificação expressa por parte do Banco "X" à exportadora para solucionar eventual discrepância de termos documentais, desatendendo-se ao princípio da eticidade e operatividade contratual. 4. Caracterização de negligência do Banco, com atenuação do valor da indenização por relativa desproporcionalidade entre o grau de culpa e o dano. 5. Ação de indenização parcialmente procedente.

1. A empresa "A" LTDA, com fundamento jurídico nos arts. 159 e 1.523, inciso III, do Código Civil de 1916, ajuizou ação de indenização contra o BANCO "X" S/A, alegando que este foi negligente no exame e na conferência da documentação relativa à exportação de produtos alimentícios. Por outras palavras, o Banco "X" S/A, como agente prestador de serviços relacionados com a documentação inerente à exportação e importação de bens, não conferiu adequadamente nem agiu com cautela peculiar ao examinar a documentação para o First Union National Bank dos Estados Unidos, já que a empresa SHERWOOD BRANDS INC teria adquirido ou importado mercadorias da empresa-autora no valor de US$ 152.149,12, e conseqüentemente autorizado a emissão de Carta de Crédito segundo as regras da Câmara de Comércio Internacional e da Publicação nº 500. Acontece que o Banco do Brasil não observou que o "conhecimento de embarque" não estava de acordo com os termos e cláusulas do crédito documentário (Publicação 500, arts. 23-A, II, e 26). O First Union National Bank, atuando pela empresa-importadora-adquirente, inclusive para a emissão da Carta de Crédito que garantia o dinheiro à empresa-autora, ora vendedora, apontou a discrepância na documentação de exportação, mas o Banco-requerido negou a discrepância ponderando que não era exigida a expressão *"on board notation"*, mas sim *"cleam on board"* (fls.5/6). Por outro lado, o Banco "X", ora requerido, nada comunicou à empresa-autora, o que caracterizou uma falha contratual grave. Aliás, em face da omissão e negligência do Banco "X", o resultado foi o cancelamento da Carta de Crédito pela empresa importadora, recusando-se o Banco emitente, em 2.5.2001, a manter qualquer outro entendimento com o Banco "X" (fls. 8). Os produtos exportados não foram retirados pela empresa importadora e foram removidos da alfândega do destino para um depósito governamental norte-americano, com elevadas despesas de armazenagem que inviabiliza qualquer chance de recuperação dos produtos, máxime porque se trata de produtos perecíveis. De modo que, com tudo isso, o Banco-requerido, como Banco-Avisador e obrigado à chamada "negociação de documentos", falhou gravemente e causou prejuízo à empresa autora na ordem de R$ 356.871,94, que ora é o montante pedido como indenização, tudo fundamentado nos documentos de fls.15 *usque* 121 dos autos, inclusive com tradução para o português.

2. O Banco "X" S/A foi devidamente citado e contestou a ação nas fls. 134 *usque* 146 dos autos, tendo arguido como matéria preliminar a ilegitimidade passiva porque não atuou como responsável pelo fato gerador da discrepância apontado pelo First Union National Bank. A carta de crédito é modalidade de pagamento por um Banco e os seus termos e obrigações são sempre elaborados pelo exportador e importador, e nunca pelo Banco "X". A Carta de Crédito foi emitida pelo First Bank com as condições ajustadas entre a autora e a empresa-norte americana Sherwood Brands Inc., e o Banco "X" nada tem a ver com as obrigações das partes contratantes, posto não ter participado de qualquer negociação. Daí a ilegitimidade passiva. Já no tocante ao mérito da lide, negando qualquer culpa, o contestante ponderou nas fls. 140 que atuando como mero Banco-avisador, realmente avisou a empresa autora para que providenciasse os documentos necessários à liquidação da Carta de Crédito (sic – fls.140), o que não ocorreu. Enfim, o contestante negou qualquer culpa contratual ou extracontratual e pediu a improcedência da ação.

3. A relação jurídica processual se instaurou e se desenvolveu com regularidade, tendo havido escorreita distribuição da ação com a respectiva citação da parte-requerida, garantindo-se o amplo contraditório. Houve réplica da empresa autora e manifestação das partes sobre os documentos juntados. Nulidades ou irregularidades processuais não foram apontadas pelos litigantes. Processo em ordem.

4. ESSE, O RELATÓRIO. DECIDO.

4.1. Cuida-se de ação de indenização equivocadamente fundamentada no art. 159 do Código Civil de 1916 (agora art. 186 do CC de 2002), proposta por empresa-exportadora de bens contra o Banco prestador de serviços relativos à documentação de exportação. E, na espécie vertente, cuidando-se de responsabilidade civil contratual e não aquiliana, impõe-se o julgamento antecipado da lide porque a prova documental já selecionada nos autos e os argumentos das partes (CPC, art. 334, incisos I, II e III), são suficientes para a solução da disceptação (CPC, art. 330, inciso I). A matéria é de direito e de contrato escrito.

4.2. É inegável que entre as partes existiu um contrato de prestação de serviços conforme se infere dos documentos de fls. 41/43 dos autos, entre outros (ver também fls. 111). O próprio Banco-requerido cobrou pelos serviços prestados e alusivos à remessa de 6 *swifts* (R$ 468,55), o que denota que tem legitimidade passiva para suportar a demanda que versa exatamente sobre o mau desempenho contratual relativo à conferência de documentação para exportação. Há um contrato de exportação-importação, mas também há um outro negócio jurídico de prestação de serviços do qual o Banco-requerido faz parte como Banco-avisador, Banco-confirmador ou como agente da chamada "negociação de documentos". É sobre esse último contrato que versa a lide. Daí, pois, a rejeição da matéria preliminar de ilegitimidade passiva.

4.3. No tocante ao mérito da disceptação, realmente, tem-se que o Banco-requerido assumiu perante a empresa-autora a postura de um contratante ou agente prestador de serviços relativos à conferência de documentação inerente à exportação de bens, e até cobrou pelos serviços prestados (Ver fls. 41/43). É preciso, pois, ética e operatividade contratual. Acontece que os documentos não foram conferidos adequadamente pelo requerido e o Banco emitente da Carta de Crédito pela empresa importadora recusou-se a efetuar a liquidação da referida Carta. Ora, pelos documentos juntados aos autos, notadamente pelos de fls. 44/55 e 107/111, ficou evidente que houve discrepância nos documentos de exportação suscetíveis de impedir a pronta liquidação da carta de crédito, mas o Banco-requerido nem providenciou a regularização dos papéis em tempo hábil nem notificou a empresa-autora para solucionar eventual problema ou correção de frases. **ALIÁS, A CONTESTAÇÃO DE FLS. 134** *usque* **146 dos autos VEIO DESACOMPANHADA DE QUALQUER DOCUMENTO ELUCIDATIVO DAS QUESTÕES POSTAS EM JUÍZO. VALE DIZER, NENHUMA CARTA OU NOTIFICAÇÃO SUBSCRITA PELO BANCO "X" FOI DIRIGIDA EM TEMPO OPORTUNO À EMPRESA-AUTORA PARA EVENTUALMENTE SANAR A DISCREPÂNCIA OU IRREGULARIDADE NOS PAPÉIS DE EXPORTAÇÃO.** Ora, pelos termos da Publicação 500, da Câmara de Comércio Internacional, nos arts. 5º, 13, "a" e "b", 14, 23, tanto os Bancos-emitentes como os Bancos confirmadores ou avisadores têm responsabilidade no exame da documentação, e até existe a previsão da notificação (art. 14) (Ver fls. 56 a 86). Assim sendo, quando o Banco "X" aceitou prestar serviços para a autora na conferência e remessa de documentação necessária à exportação de bens, na verdade, o Banco captou a confiança do cliente que passou a acreditar num razoável cumprimento do contrato. É uma questão de ética e operatividade contratual. Por outras palavras, estabeleceu-se entre a empresa-exportadora e o Banco-avisador ou prestador de serviços um estado de confiança para a concretização da exportação e o recebimento do dinheiro traduzido na Carta de Crédito do importador, obrigando-se o Banco "X", ora requerido, no caso vertente, pela chamada "negociação de documentos", tanto que recebeu remuneração para o mister conforme se infere de fls. 41, isto é, o requerido cobrou da autora pelos serviços prestados. Assim sendo, pelo mau desempenho do contrato, deve o Banco-requerido responder porque a exportação não foi concretizada nem a mercadoria recuperada, mas a responsabilidade civil há de ser de forma relativa ou proporcional. Com efeito.

4.4. Realmente, no caso de que se cuida, existe certa desproporção entre a gravidade da culpa e o dano, podendo o Juiz reduzir equitativamente a indenização (CC de 2002, art. 944, parágrafo único). É que, a par da falha do Banco-requerido na conferência dos documentos, a autora não estava dispensada de também envidar esforços perante a própria empresa importadora e até mesmo perante o Banco estrangeiro, o First Union National Bank, para regularizar os papéis de exportação, principalmente para corrigir meras frases ou cláusulas dos documentos internacionais. O defeito não era da mercadoria ou produto. Não constou dos autos, por exemplo, que as duas empresas envolvidas na transação, a exportadora-autora e a importadora, mantiveram contatos diretos para regularizarem a situação, e apesar disso, o Banco "X" teria sido o único estorvo ou o único responsável pela não conclusão do negócio. A experiência demonstra que é muito natural uma empresa-exportadora aguardar com ansiedade e com muito interesse o dinheiro que tem para receber da empresa importadora, máxime quando já despachou a mercadoria. Seria natural que contatos periódicos da autora com o Banco-requerido poderiam ter gerado outro resultado, máxime para corrigir meras frases ou termos sacramentais nos negócios internacionais. De modo que, pela natureza do contrato e das circunstâncias peculiares de um negócio internacional, entendo razoável a fixação da indenização em metade do valor mencionado nas fls. 13 dos autos, ou seja, metade de R$ 356.871,94, que corresponde a R$ 178.435,97, com juros e correção monetária a partir da citação, ficando rejeitados todos os demais pedidos. Anoto que a responsabilidade do Banco-requerido foi contratual, o que não impede a aferição da existência de excludentes ou concorrentes da culpa. Não existe no regime jurídico nacional o fenômeno da responsabilidade objetiva integral ou absoluta, o que pode ser extraído da exegese dos arts. 927, 944 e 945 do Código Civil de 2002. Por último, na aplicação da lei, observei na espécie os fins sociais. As regras do Código de Proteção e Defesa do Consumidor não alteraria o resultado da presente sentença, nem mesmo o princípio da responsabilidade objetiva. A demanda, enfim, é parcialmente procedente.

5. A CONCLUSÃO.

Ante o exposto, JULGO PARCIALMENTE procedente a ação de indenização e consequentemente condeno o BANCO "X" S/A a pagar para a autora-exportadora "B" LTDA., a quantia de R$ 178.435,97 (cento e setenta e oito mil, quatrocentos e trinta e cinco reais e noventa e sete centavos), com juros legais e correção monetária a partir da citação processual (CC de 2002, art. 405). Pagará o Banco-requerido as custas processuais e honorários advocatícios de 10% sobre o valor atualizado da condenação, porque deu causa primária e real à instauração do litígio (fls. 106/110).

Publique-se. Registre-se. Intime-se. Comunique-se.

Local e Data.

(a) Dr. Valdeci Mendes de Oliveira

Juiz de Direito

6. SENTENÇA COGNITIVA DE IMPROCEDÊNCIA DE AÇÃO REVISIONAL DE CONTRATO BANCÁRIO

PODER JUDICIÁRIO
COMARCA DE MARÍLIA-SP
4ª VARA CÍVEL E DA INFÂNCIA E JUVENTUDE

Processo Cíve nº 1.000/99

SENTENÇA

Vistos, etc.

1. Trata-se de Ação "Ordinária" Revisional de Contrato intentada por **"A"**, qualificada nos autos, contra **"X"** ADMINISTRADORA DE CARTÕES DE CRÉDITO, pedindo a revisão e declaração de nulidades de cláusulas contratuais abusivas e a restituição de quantias pagas a mais.

2. Devidamente citada, a empresa "X" contestou a ação nos autos e pediu a improcedência da ação, ponderando-se que firmou um contrato lícito com a requerente e que nada havia de nulo ou abusivo. O contrato obedeceu os princípios legais.

3. A relação jurídica processual se desenvolveu regularmente tendo sido garantido o contraditório peculiar, com manifestação das partes nas fases próprias. E, designada audiência de conciliação, não foi possível auto-composição do conflito de interesses.

4. ESSE, O SUCINTO RELATÓRIO. DECIDO.

4.1. Cuida-se de Ação Revisional de Contrato bilateral, e, no caso vertente, os argumentos das partes e os documentos já juntados nos autos do processo são suficientes para a solução da lide (CPC, art. 330, inciso I, e art. 334, incisos I, II e III).

4.2. A ação é deveras improcedente. Com efeito, a requerente não discorreu na petição inicial que emprestou ou que gastou especificamente um certo e determinado montante de dinheiro e que pagou todo o débito, ou parte certa dele. Exemplificativamente falando, a requerente não discorreu que emprestou "X", ou que gastou "X" e que pagou "X" ou "Y", tendo crédito a receber da requerida no montante de "W". A petição inicial, data venia, não apontou nem fez o confronto de valores devidos e pagos, bem entendido que o primeiro controlador das contas bancárias ou dos cartões de crédito é o próprio titular da conta ou do cartão de crédito. Ora, a petição inicial não apontou qualquer valor pago nem exibiu recibos de quitação nos termos do art. 320 do Código Civil brasileiro, tudo para se aferir eventual abusividade de cobrança do credor. Não há qualquer planilha de cálculo com credibilidade juntada pela autora.

4.3. Por outro lado, não há qualquer indício documental de que houve cobrança de juros capitalizados, bem entendido que, quanto à taxa de juros, vigora a Súmula 596 do STF, assim: "As disposições do Decreto nº 22.626/1933 não se aplicam às taxas de juros e aos outros encargos cobrados nas operações realizadas por instituições públicas ou privadas, que integram o sistema financeiro nacional". É livre a taxa no que concerne ao crédito bancário ou operação similar, e desde que fixada entre pessoas maiores e capazes. Igualmente, há entendimento de que a comissão de permanência não encontra óbice em lei cogente e pode ser cobrada, desde que livre e contratualmente ajustada, e até o vencimento do título, incidindo depois apenas a correção monetária a teor da Súmula nº 30 do STJ: "A comissão de permanência e a correção monetária são inacumuláveis". (Isso após o vencimento do título, caso em que só incide a correção monetária nos termos da Lei nº 6.899/1981). Aliás, a petição inicial não apontou especificamente quaisquer cláusulas do contrato a serem nulificadas, por exemplo, se a cláusula 5ª, ou se a 16ª, ou a 22ª, etc., e quais as leis que expressamente as nulificavam.

4.4. Por fim, a autora não pode recobrar o que voluntariamente pagou a título de coisa fungível e consumida de boa-fé pelo credor. Eis a dicção do parágrafo único do art. 307 do Código Civil de 2002: "Se se der em pagamento coisa fungível, não se poderá mais reclamar do credor que, de boa-fé, a recebeu e consumiu, ainda que o solvente não tivesse o direito de aliená-la.". Destarte, o que a autora voluntariamente pagou, não pode recobrar. Anoto que conforme informação da contestação de fls. (...) dos autos, o cartão de crédito da autora foi cancelado em (...), e durante um longo tempo a autora cumpriu o contrato com a empresa-requerida e não esboçou qualquer reação, admitindo a licitude de suas cláusulas.

Ora, se a autora até cumpriu significativa parte do contrato lícito, então não pode pedir dano moral. Não há ilícito a declarar ou reconhecer, nem a autora demonstrou com números certos a abusividade de eventual débito, ou exagero de cobrança ou de pagamento.

4.5. Em suma, não há como julgar procedente a ação revisional, bem entendido que a autora nem compareceu à audiência preliminar de conciliação, nem fez juntar planilha de cálculo para demonstrar os desacertos ou eventuais abusos praticados pela empresa requerida. Não foi possível inferir dos elementos trazidos para os autos o anatocismo ou juros capitalizados. Nenhum demonstrativo de débito e crédito bem assinado e com credibilidade apontou irregularidades suscetíveis de macular o contrato das partes.

5. A CONCLUSÃO

Ante o exposto, JULGO IMPROCEDENTE a Ação Revisional de Contrato intentada por "A" contra empresa "X", e consequentemente abstenho de modificar ou rever o contrato das partes, e bem assim de fixar as verbas da sucumbência em virtude do pedido de assistência judiciária gratuita de fls. 27 dos autos, que ora defiro.

Publique-se. Registre-se. Intime-se. Comunique-se.

Local e Data.

(a) Dr. Valdeci Mendes de Oliveira
Juiz de Direito

7. SENTENÇA COGNITIVA (COMINATÓRIA) RELATIVA À OBRIGAÇÃO DE NÃO FAZER – HIPÓTESE DE CONDENAÇÃO DO REQUERIDO A ABSTER-SE DE FABRICAR PRODUTOS IGUAIS (IMITADOS) DE OUTRO FABRICANTE – TUTELA INIBITÓRIA-COATIVA E PREVENTIVA

PODER JUDICIÁRIO
ESTADO DE SÃO PAULO

Processo Cível nº 1.000/2002

SENTENÇA

Vistos, etc.

1. Trata-se de ação de cognição alusiva à obrigação de não fazer, cumulada com pedido de tutela antecipada de efeitos cominatórios, ajuizada por "A" contra a empresa Metalúrgica "B"- ME – objetivando impedir que a requerida produza protetores para interfones de portas de entrada de residências e edificações em geral, com o mesmo desenho industrial registrado pelo autor. Vale dizer, pretende o autor uma ordem judicial para compelir a requerida a não produzir (não fazer) protetores para interfones iguais aos seus, sob pena de multa pelo descumprimento. Ponderou o autor que, por ora, buscava uma tutela inibitória-coativa e preventiva, visando prevenir os demais ilícitos, e não o dano. Não tinha a tutela inibitória, por ora, qualquer caráter sub-rogatório, como teria a tutela ressarcitória em que se substitui o direito originário por um direito de crédito equivalente.

2. A medida liminar de antecipação da tutela foi deferida nas fls. (...) dos autos, fixando-se a multa pelo descumprimento da ordem judicial (CPC, arts. 287 e 461). Já a empresa-requerida foi devidamente citada para responder aos termos da ação de cognição e não contestou o pleito judicial. Preferiu a revelia [ver mandado de fls. (...), e certidão de fls. (...)]. O autor manifestou nos autos e pediu o julgamento antecipado da lide em virtude da revelia da requerida.

3. A relação jurídica processual se instaurou e se desenvolveu regularmente, tendo havido oportunidade para o amplo contraditório. A requerida preferiu não responder aos termos da ação.

4. ESSE, O SUCINTO RELATÓRIO. DECIDO.

4.1. Cuida-se de ação de cognição versando sobre obrigação de não fazer, visando o autor impedir que a requerida produza protetores para interfones de portas de entrada de residências e edificações em geral com o mesmo desenho industrial (*design*) já registrado por ele-requerente no Òrgão competente, ou seja, no Instituto Nacional de Propriedade Industrial. Argumentou o requerente que, sem alterar o pessoal da fabricação, nem alterar a qualidade e os recursos de seu produto, nem o preço, começou a ter queda progressiva nas suas vendas e no faturamento mensal (por dois meses), quando então deparou-se com o fato de que produtos iguais aos seus e imitados pela requerida, mas com matéria-prima inferior, estavam sendo comercializados por preços menores, criando-se uma concorrência ilícita e desleal. A requerida estava copiando ilicitamente os produtos do autor, e utilizando material de qualidade inferior.

4.2. Na espécie vertente, impõe-se o julgamento antecipado da lide (CPC, art. 330, incisos I e II). A rigor, julga-se pela revelia e silêncio da empresa-requerida. Com efeito, devidamente citada para responder aos termos da ação de cognição sobre obrigação de não fazer [ver fls. (...)], a requerida deixou escoar em branco o prazo para a contestação. Preferiu a contumácia, ou a revelia. Ora, "Se o réu não contestar a ação, reputar-se-ão verdadeiros os fatos afirmados pelo autor". Inteligência do art. 319 do Código de Processo Civil. É essa a hipótese dos autos.

4.3. Contudo, não é só pelo fato da revelia que a ação é procedente. É que, pelos documentos juntados nas fls. (...) dos autos, notadamente pelas fotografias e notas fiscais, ficou comprovado que a empresa-requerida produziu e comercializou protetores para interfones de portas de residências e edificações em geral com o mesmo desenho industrial (*design*) registrado pelo autor, o que é ilegal. [Ver pedido de registro de desenho industrial do autor perante o I.N.P.I, isto é, perante o Instituto Nacional de Propriedade Industrial, constante de fls. (...) dos autos.] As fotografias e notas fiscais de fls. (...) demonstraram que o produto copiado e imitado pela requerida foi comercializado e colocado em duas residências de terceiros na mesma cidade onde o autor fabrica os seus produtos, havendo probabilidade de comércio irregular em outras cidades ainda não apuradas. Enfim, como a requerida não aduziu contestação ao pleito judicial para impugnar os fatos, presumem-se verdadeiros os fatos articulados pelo autor. A ação é procedente, não tendo sido formulado, por ora, pedido indenizatório, apenas cominatório (CPC, arts. 287 e 461).

5. A CONCLUSÃO

Ante o exposto, JULGO PROCEDENTE a ação de cognição inerente à obrigação de não fazer intentada por "A" contra a empresa "B", e consequentemente condeno a requerida a definitivamente se abster de produzir ou fabricar protetores para interfones de portas de entrada de residências e edificações em geral com o mesmo desenho industrial (*design*) que o registrado pelo Autor, tudo conforme consta da petição inicial. Fixo a pena de multa diária de R$ 5.000,00 para o caso de descumprimento pela requerida, ou seja, fixo a multa de R$ 5.000,00 por peça ou unidade encontrada desde a comercialização, sem prejuízo da apreensão dos produtos copiados ou imitados. **INTIME-SE A REQUERIDA DA PENA COMINATÓRIA E DA PRESENTE SENTENÇA, POR MANDADO E / OU EDITAL.** Fundamentos: CPC, arts. 287, 461 e parágrafos, e 644. Finalmente, condeno a requerida ao pagamento das custas processuais e honorários advocatícios que fixo em 20% (vinte por cento) do valor causa, corrigidos desde o ajuizamento da ação.

Publique-se. Registre-se. Intime-se. Comunique-se. Expeça-se mandado de intimação.

Local e Data.

(a) Dr. Valdeci Mendes de Oliveira
Juiz de Direito

Capítulo II
Dos Processos com Ritos Especiais Legislação Separada do CPC Leis Especiais

1. AÇÃO CIVIL PÚBLICA (LEI Nº 7.347, DE 24.7.1985)

1.1. Generalidades

Nos termos da Lei nº 7.347/1985, a ação civil pública tem por finalidade corrigir, evitar, reprimir ou impedir danos: *a)* ao meio ambiente; *b)* ao consumidor; *c)* a bens e direitos de valor artístico, estético, histórico, turístico e paisagístico, sem prejuízo da ação popular; *d)* a qualquer outro interesse difuso ou coletivo; *e)* por infração da ordem econômica (art. 1º, I a V).

Protegem-se, destarte, e nos termos dos arts. 127 e 129 da CF, c/c os arts. 81 e 117 do Código de Proteção e Defesa do Consumidor – Lei nº 8.078/1990, os seguintes direitos ou interesses:

a) *os direitos ou interesses difusos;*
b) *os direitos ou interesses coletivos;*
c) *os interesses individuais homogêneos indisponíveis;*
d) *os interesses individuais homogêneos disponíveis, nos termos do art. 81, III, do CPDC (Lei nº 8.078/1990), embora haja divergência doutrinária a respeito dessa hipótese. Aliás, lembra Sérgio S. Fadel que Rodolfo C. Mancuso inclui as hipóteses enumeradas no art. 81 da Lei nº 8.078/1990, entre as tuteláveis*

por ação civil pública, sem fazer distinção entre direitos disponíveis (não amparáveis) e indisponíveis (por ela protegíveis) (ob. cit., pág. 21). Todavia, para Sérgio S. Fadel, "a ação coletiva a que se refere o art. 81 da Lei nº 8.078/1990, deve ser compreendida como espécie de ação individual plúrima (ou ação coletiva) e não se confunde com a ação civil pública, sem embargo do tratamento promíscuo que lhe dá o legislador, prevendo-o como meio alternativo de defesa dos mesmos direitos ou interesses difusos ou coletivos. Quanto aos direitos individuais homogêneos disponíveis, a eficácia da sentença erga omnes dependerá, no caso específico dessa ação (coletiva), da presença, como representados ou como litisconsortes, de todas as vítimas do dano decorrente de relação de consumo ou de infração à ordem econômica" (ob. cit., pág. 33).

Pode-se compreender os fenômenos protegíveis pela ação civil pública assim:

a) Os direitos difusos são aqueles cuja titularidade recai sobre um número indeterminado e indefinido de pessoas, estas ligadas num evento apenas por uma circunstância de fato (cf. Rogério Lauria Tucci, lembrado por Sérgio S. Fadel, em *Cadernos de Estudos In Verbis*, nº 2, ago/set/1996, pág. 20). Os direitos ou interesses difusos têm como características: 1. a *transindividualidade*, isto é, ultrapassam a esfera pessoal do sujeito porque a ele não pertencem exclusivamente os aludidos interesses, mas, sim, a todos; 2. a *indivisibilidade*, já que não é possível a divisão ou fragmentação, pois interessam a toda sociedade; 3. a *indeterminabilidade* dos titulares, pois estes não são claramente individuados como detentores específicos do todo ou de parte; 4. a *titularidade* se revela num conjunto de pessoas que estão ligadas por um simples fato ou circunstância, e não em virtude de uma relação jurídica. São exemplos de direitos ou interesses difusos: o direito ao meio ambiente saudável, os direitos comuns aos habitantes de uma região sujeita a vicissitudes naturais, ou aos aficionados de um esporte, ou aos freqüentadores da mesma zona turística, etc. (cf. José Carlos Barbosa Moreira, lembrado por Sérgio S. Fadel, *ob. cit.*).

b) Os direitos coletivos, malgrado serem transindividuais e indivisíveis, na verdade, são aqueles cuja titularidade recai sobre um grupo, categoria ou classe de pessoas ligadas entre si ou com a parte contrária por uma relação jurídica-base (cf. Sérgio Sahione Fadel, em *Cadernos de Estudos*, Ação Civil Pública, pág. 20). São exemplos de direitos ou interesses coletivos: os interesses comuns dos participantes de um grupo de consórcio, ou dos contribuintes de determinado tributo, ou dos estudantes de determinada universidade, etc. (cf. José Carlos Barbosa Moreira, *in ob. cit.*).

c) Os direitos individuais homogêneos indisponíveis (art. 81, III, c/c os arts. 110 e 117, todos do CPDC, Lei nº 8.078/1990, protegíveis também (alternativamente) pela ação coletiva instituída pelo art. 91 do mesmo diploma legal), são aqueles direitos subjetivos divisíveis decorrentes de uma origem comum, mas não disponível por cada titular, e estão nas mãos de pessoas determinadas (CPDC, arts. 81, III, e 110). Sérgio S. Fadel esclareceu: "Os direitos individuais homogêneos indisponíveis, embora não previstos no texto originário da Lei nº 7.347/1985, mas apenas nele incluído pelo art. 117 do CPDC, também podem ser, portanto, protegidos pela ação civil pública, tal como desenhada no art. 129, III, da Constituição Federal" (*Cadernos de Estudos In Verbis*, pág. 23). E nessa hipótese, o Ministério Público teria legitimidade para intentar a referida ação civil pública.

d) Os direitos individuais homogêneos disponíveis são aqueles direitos subjetivos divisíveis e decorrentes de uma origem comum (Lei nº 8.078/1990, art. 81, III), mas que, apesar da disponibilidade de cada titular, pelo significativo número de pessoas envolvidas ou lesadas, justificam desde logo a obtenção de uma decisão idêntica e uniforme para todos os envolvidos, e com efeito *erga omnes* (art. 16 da Lei nº 7.347/1985), evitando-se a proliferação de demandas individuais. Entende-se apenas que, nessa hipótese "de direitos individuais homogêneos disponíveis", o Ministério Público não teria legitimidade para intentar a ação civil pública.

Pois bem. A ação civil poderá ter por objeto a condenação em dinheiro ou o cumprimento de obrigação de fazer ou não fazer (art. 3º). Nas obrigações de fazer ou não fazer, o juiz pode determinar o cumprimento da obrigação devida ou a cessação da atividade nociva, dentro de certo prazo, sob pena de execução específica, ou de cominação de multa diária, se esta for suficiente ou compatível para o caso, independentemente de requerimento do autor (art. 11).

Quanto ao processo da ação civil, segue-se o rito ordinário, e cabe medida liminar, com ou sem justificação prévia (arts. 12 e 19 da Lei nº 7.347/1985). Ensina Hely Lopes Meirelles que: "Quanto ao processo dessa ação é o ordinário, comum, do Código de Processo Civil, com a peculiaridade de admitir medida liminar suspensiva da atividade do réu, quando pedida na inicial. Dessa liminar cabe agravo, interposto pelo réu (art. 12), e também pedido de sua suspensão ao Presidente do Tribunal competente para conhecer do respectivo recurso, formulado, a qualquer tempo, pela pessoa jurídica de Direito Público interessada, para evitar grave lesão à ordem, à saúde, à segurança e à economia pública (art. 12, § 1º)" (*Mandado de Segurança, Ação Popular, Ação Civil Pública, Mandado de Injunção e* Habeas Data, Revista dos Tribunais, 12ª ed., pág. 124).

Na ação civil, não haverá adiantamento de custas, emolumentos, honorários periciais ou quaisquer outras despesas (art. 18). Tudo será pago no final.

1.2. Despacho Inicial em Ação Civil Pública com Deferimento de Medida Liminar

Processo Cível nº

Vistos, etc.

1. Trata-se de ação civil pública intentada por "A" contra "B", tudo de conformidade com a Lei nº 7.347, de 24.7.1985.

2. No caso vertente, cuida-se de ação civil visando (...). Considerando os argumentos e os documentos atrelados na petição inicial, mormente os de fls., defiro a medida liminar nos termos do art. 12 da Lei nº 7.347/1985, e determino o seguinte: (...) (verificar: *a)* se for obrigação de fazer, determinar o fazimento sob pena de multa diária por atraso, fixando-se prazo para o cumprimento espontâneo e o dia a partir do qual a multa será devida (CPC, arts. 461, 644 e 645), isso sem prejuízo da execução específica por terceiro e às expensas do réu, quando possível; *b)* se for obrigação de não fazer, determinar a abstenção, ou interditar obras e atividades iniciadas, e cominar a multa diária (CPC, arts. 461, 644, 645); se for obrigação que envolva a condenação em dinheiro, determinar o seqüestro ou indisponibilidade de bens, ou depósito judicial, etc.).

3. Cite-se o requerido para, querendo, contestar a ação no prazo de 15 (quinze) dias (art. 19), observando-se o rito ordinário. Se for o caso, requisitem-se os documentos mencionados na petição inicial.

4. Intime-se. Cumpra-se.

Local e data

(a) Juiz de Direito

1.3. Ação Civil Pública – Jurisprudência Sobre A Espécie

1.3.1. "AÇÃO CIVIL PÚBLICA – Meio ambiente – Proteção – Desenvolvimento de instalações industriais e comerciais em área reservada, desincorporada da classe de bens de uso comum do povo – Inadmissibilidade – Obrigatoriedade da inclusão de áreas verdes dentre as reservadas, que visa à preservação da qualidade de vida urbana – Lei Federal nº 6.766/1979 – Ação procedente – Recurso provido para esse fim." (Ap. Cív. nº 167.320-1-Marília-SP, in *RJTJESP* 138/26).

1.3.2. "AÇÃO CIVIL PÚBLICA – Abate de capivara – Dano ao meio ambiente caracterizado – Existência de provas suficientes para a condenação – Recurso provido, com observação." (Ap. Cív. nº 240.960-1, Avaré-SP, 9ª CDP, TJSP, Rel. Des. Yoshiaki Ichihara, j. em 13.3.1996, v.u.).

1.3.3. "AÇÃO CIVIL PÚBLICA – Imposto Predial e Territorial Urbano. Inconstitucionalidade de alíquotas. Ilegitimidade do Ministério Público para a propositura da ação. Prejuízo a grupo específico. Interesse coletivo ou difuso não afetado. Carência da ação. Recurso provido." (TJSP, 5ª C., Ap. Cív. nº 250.472-1/6-Poá-SP, Rel. Des. Gomes Corrêa, j. em 19.10.1995, v.u., in *Boletim AASP* nº 1.946, de 10 a 16.4.1996, pág. 113-j). Invocou-se precedente em *JTJ-Lex* 152/10, e se destacou: "O Ministério Público teria legitimidade para a defesa: *a)* dos interesses sociais e individuais indisponíveis, não alcançando direitos subjetivos; *b)* interesses coletivos, com força para garantir a aplicação da lei que protege o consumidor. O controle da constitucionalidade das leis municipais pode ocorrer, *incidenter tantum,* de maneira difusa, no julgamento do caso concreto, pois inerente a todos os órgãos do Poder Judiciário, e nesses termos foi proposta a ação civil pública. O que não é possível é a defesa de interesses individuais disponíveis de contribuintes, rotulados como difusos pelo Ministério Público, certo que não ficam obstadas providências por quem entender desatendida a legislação." (*Boletim AASP* nº 1946, de 10 a 16.4.1996, pág.114-j).

1.3.4. "AÇÃO CIVIL PÚBLICA – Objetivo – Compelir a Fazenda Pública do Estado de São Paulo a prestar atendimento especializado a menor portador de deficiência. Cabimento. Dever do Estado previsto nas Constituições Federal e Estadual, bem como no Estatuto da Criança e do Adolescente. Ação procedente. Sentença confirmada." (TJSP, C. Esp., Ap. Cív. nº 24.332-0-SP, Rel. Des. Carlos Ortiz, j. em 28.9.1995, v.u., in Boletim AASP nº 1968, de 11 a 17.9.1996, pág. 72-e).

1.3.5. "AÇÃO CIVIL PÚBLICA – Danos ao patrimônio público – Propositura pelo Ministério Público – Legitimidade *ad causam* – Campo de atuação ampliado pela Constituição Federal de 1988 visando à proteção do patrimônio público e social, do meio ambiente e de outros interesses difusos e coletivos sem a limitação imposta pelo art. 1º da Lei nº 7.347/1985 – Inteligência e aplicação do art. 129, III, da CF/1988. O campo de atuação do Ministério Público (MP) foi ampliado pela Constituição de 1988, cabendo ao *Parquet* a promoção do inquérito civil e da ação civil pública para a proteção do patrimônio público e social, do meio ambiente e de outros interesses difusos e coletivos, sem a limitação imposta pelo art. 1º da Lei nº 7.347/1985." (STJ, 6ª T., REsp. nº 67.148-SP; Rel. Min. Adhemar Maciel, j. em 25.9.1995, v.u., ementa, in Boletim AASP nº 1970, de 25.9 a 1.10.1996, pág. 76-e).

1.3.6. "MINISTÉRIO PÚBLICO – Legitimidade – Ação civil pública – Defesa dos direitos individuais indisponíveis – Art. 127 da Constituição Federal. Entre as funções institucionais do Ministério Público se inclui a de promover a ação civil pública para *a proteção do patrimônio público e social, do meio ambiente e de outros interesses difusos e coletivos, não se inserindo entre estes, contudo, os individuais que, embora homogêneos, não sejam indisponíveis.*" (2º TACiv-SP, Ap. c/ Rev. nº 408.869, 5ª C., Rel. Juiz Antonio Maria, j. em 13.2.1996, in Boletim AASP nº 1971, de 2 a 8.10.1996, pág. 3, Ementário nº 10/96).

1.3.7. "AÇÃO CIVIL PÚBLICA – Taxa de iluminação – Inconstitucionalidade – Revogação da lei que a instituiu – Extinção do processo – Apuração dos valores cobrados indevidamente – Ação própria. Revogada a lei instituidora do tributo questionado, os pedidos se esvaziaram, em nível de ação civil pública, resultando na correta extinção do processo sem exame do mérito. Não se prestando a ação civil pública a amparar direitos individuais e nem se destinando a reparar prejuízos a particulares, a restituição dos valores pagos pelos contribuintes deve ser pleiteada em ação autônoma." (STJ, 2ª T., REsp. nº 94.445-MG, Rel. Min. Hélio Mosimann, j. em 19.8.1996, v.u., in Boletim AASP nº 1974, de 23 a 29.10.1996, p. 337-j).

1.3.8. "AÇÃO CIVIL PÚBLICA – Adiantamento de honorários e despesas com a perícia. Impossibilidade de forçar o demandado a suportar os ônus processuais, cabente ao autor (art. 18 da Lei nº 7.347/1985). Ausência de norma que leve o perito a aguardar remuneração e reembolso de despesas do sucumbente. Recurso improvido." (TJSP, 7ª CDPúb., Ag. Inst. nº 7.492.5/3-Franca-SP, Rel. Des. Sérgio Pitombo, j. em 5.8.1996, v.u., in Boletim da AASP nº 1974, de 23 a 29.10.1996, p. 341-j).

1.3.9. "AÇÃO CIVIL PÚBLICA – Dissolução de associação de torcedores – Legitimidade *ad causam* do Ministério Público – Realização de atividades incompatíveis com os objetivos sociais – Admissibilidade. A sociedade civil com personalidade jurídica que promover atividade ilícita será dissolvida por ação direta do povo ou do órgão do Ministério Público. Assim, as "torcidas organizadas" que difundem a violência dentro e fora dos estádios, com nítido descompasso entre a sua previsão estatutária e a sua prática cotidiana, autorizam a sua própria dissolução por realizar atividades incompatíveis com os seus objetivos sociais." (TJSP, 10ª C., AI nº 5.998-4/4-SP, Rel. Des. Ruy Camilo, j. em 12.3.1996, v.u., in Boletim AASP nº 1998, de 9 a 15.4.1997, pág. 29-e).

1.3.10. "AÇÃO CIVIL PÚBLICA – Argüição de Inconstitucionalidade de lei municipal – Impropriedade da via eleita – Hipótese de ação direta de inconstitucionalidade – Ementa Oficial: A ação civil pública há de ser intentada estritamente nas hipóteses legalmente previstas, dentre as quais não se divisa a de argüição de inconstitucionalidade de lei municipal, para a qual a Constituição Federal de 1988 prevê a via própria, que é a ação direta de inconstitucionalidade, tendo-se como impróprio o manejo da ação civil pública como sucedânea da ação direta de inconstitucionalidade. Ministério Público – Ilegitimidade *ad causam*. Interposição de ação civil pública visando à proteção de direitos individuais disponíveis decorrentes de relações tributárias. Inadmissibilidade. Impropriedade absoluta da via eleita – Ementa Oficial – A ação civil pública é veículo processual imprestável para a proteção de direitos individuais disponíveis. Assim, estando os direitos decorrentes das relações tributárias enquadrados nesta categoria de direitos, deflui a conclusão inexorável da ilegitimidade ativa do Ministério Público, além da absoluta impropriedade da via eleita." (TJ-MG, 2ª C., Ap. nº 77.020/6, Rel. o Des. Sérgio Lellis Santiago, j. em 29.4.1997, v.u., *RT* 748/368, in Boletim da AASP nº 2.174, Suplemento, pesquisa monotemática, de 28.8 a 3.9.2000, págs. 154 a 157).

1.3.11. "AÇÃO CIVIL PÚBLICA – Pretensão a obrigar a Municipalidade a fornecer abrigo a famílias despejadas de área de proteção aos mananciais por força de outra ação civil pública, igualmente movida pelo Ministério Público. Impossibilidade de o Judiciário se imiscuir em assuntos de esfera discricionária específica do Executivo. Interesse de agir inocorrente. Recursos improvidos." (TJ-SP, C. Esp., Ap. Cível nº 41.369-0-SP, Rel. Des. Alves Braga, j. em 15.1.1998, v.u., *JTJ* 219/14, in Boletim da AASP nº 2.174, Suplemento, pesquisa monotemática, de 28.8 a 3.9.2000, págs. 154 a 157).

1.3.12. "AÇÃO CIVIL PÚBLICA – Administrativo – Processual Civil – Parcelamento do solo – Município – Ação Civil Pública. 1. O Município, em se tratando de ação civil pública para obrigar o proprietário de imóvel a regularizar parcelamento do solo, em face do modo clandestino como o mesmo ocorreu, sem ter sido repelido pela fiscalização municipal, é parte legítima para figurar no pólo passivo da demanda. 2. O Município tem o poder-dever de agir para que loteamento urbano irregular passe a atender o regulamento específico para a sua constituição. 3. O exercício dessa atividade é vinculada. 4. Recurso provido para que o Município, conforme chamamento feito na inicial pelo Ministério Público, autor da ação, figure no pólo passivo da demanda." (STJ – 1ª T., REsp nº 194.732-SP, Rel. Min. José Delgado, j. em 23.2.1999, v.u, *RSTJ* 123/103, *in Boletim da AASP* nº 2.174, suplemento, pesquisa monotemática, de 28.8 a 3.9.2000, págs. 154 a 157).

1.3.13. "AÇÃO CIVIL PÚBLICA – Administrativo – Processo Civil – 1. O Ministério Público está legitimado para propor ação civil pública para proteger interesses coletivos. 2. Impossibilidade do Juiz substituir a Administração Pública determinando que obras de infra-estrutura sejam realizadas em conjunto habitacional. Do mesmo modo, que desfaça construções já realizadas para atender a projetos de proteção ao parcelamento do solo urbano. 3. Ao Poder Executivo cabe a conveniência e a oportunidade de realizar atos físicos de administração (construção de conjuntos habitacionais, etc.). O Judiciário não pode, sob o argumento de que está protegendo direitos coletivos, ordenar que tais realizações sejam consumadas. 4. As obrigações de fazer permitidas pela ação civil pública não têm força de quebrar a harmonia e independência dos Poderes. 5. O controle dos atos administrativos pelo Poder Judiciário está vinculado a perseguir a atuação do agente público em campo de obediência aos princípios da legalidade, da moralidade, da eficiência, da impessoalidade, da finalidade e, em algumas situações, o controle do mérito. 6. As atividades de realização dos fatos concretos pela administração dependem de dotações orçamentárias prévias e do programa de prioridades estabelecidos pelo governante. Não cabe ao Poder Judiciário, portanto, determinar as obras que deve edificar, mesmo que seja para proteger o meio ambiente. 7. Recurso provido." (STJ – 1ª T., REsp nº 169.876-SP, Rel. Min. José Delgado, j. em 16.6.1998, v.u., *RSTJ* 114/1998, *in Boletim da AASP* nº 2.174, suplemento, pesquisa monotemática, de 28.8 a 3.9.2000, págs. 154 a 157).

1.3.14. "AÇÃO CIVIL PÚBLICA – Ato impugnado – Improbidade Administrativa de Prefeito Municipal – Lesão do patrimônio público – Interesse difuso caracterizado – Legitimidade ativa do Ministério Público de tipo concorrente-disjuntivo e adequação da via eleita – Art. 17 da Lei Federal nº 8.429, de 1992 – Carência afastada – Prosseguimento determinado – Recurso provido. Ação Civil Pública – Ato impugnado. Improbidade administrativa de Prefeito Municipal. Lesão do patrimônio público. Interesse difuso caracterizado. Adequação da via eleita. Matéria reservada tanto à ação civil pública quanto à ação popular. Carência afastada. Prosseguimento determinado. Recurso provido. RECURSO – Apelação. Matéria que não foi objeto da decisão monocrática. Impossibilidade de apreciação em sede recursal. Não conhecimento. Ementa Oficial: Ação Civil Pública. Ato de improbidade administrativa. Utilização do dinheiro público para propaganda de obras, serviços e campanhas e programas da Administração Pública, com nítido propósito de promoção pessoal. Lesão do patrimônio público. Caracterização de interesse difuso. Matéria reservada tanto à ação civil pública quanto à ação popular. Legitimação do Ministério Público de tipo concorrente-disjuntivo. Art. 17 da Lei nº 8.492, de 1992. Ação civil extinta. Inadmissibilidade. Recurso provido, para afastar a extinção do processo por motivo de carência, julgando-se as demais questões." (TJ-SP, 8ª Câmara de Direito Público, Ap. Cív. nº 24.292-5-Limeira, Rel. Des. José Santana, j. em 23.9.1998, v.u., JTJ 217/9, in Boletim da AASP nº 2.174, suplemento, pesquisa monotemática, de 28/8 a 3.9.2000, págs. 154 a 157).

1.3.15. "AÇÃO CIVIL PÚBLICA – Ato impugnado – Improbidade administrativa – Contratação de empresa sem processo licitatório – Indisponibilidade de bens da pessoa jurídica – Admissibilidade – Participação no ato reputado ilegal – Recurso não provido. Ação Civil Pública – Liminar. Livre apreciação e prudente arbítrio do Magistrado. Presença dos requisitos necessários à concessão da medida. Recurso não provido. Ementas oficiais. Ação civil pública. Ilícito de improbidade administrativa. Declaração de indisponibilidade de bens de pessoa jurídica acusada de participação no ato reputado ilegal. Possibilidade. Ilícito que mesmo sendo praticado apenas por pessoas físicas pode ter a participação de pessoas jurídicas, recaindo também sobre estas a medida cautelar da indisponibilidade dos bens. Recurso não provido. Ainda que os atos de improbidade administrativa só possam ser praticados por agentes públicos, pessoas físicas, se terceiros se beneficiam daqueles atos, sejam pessoas físicas ou jurídicas, auferindo vantagens indevidas em detrimento do patrimônio público, podem também ser responsabilizadas, ficando seus bens indisponíveis para garantia de eventual indenização, como medida de cautela. Ação civil pública. Pedido de liminar. Livre apreciação pelo Juiz. Presença dos requisitos necessários à concessão da medida. Inadmissibilidade de maiores digressões acerca da matéria examinada sob pena de se adentrar o mérito da questão. Recurso não provido. A concessão ou não de liminar em sede de ação civil pública decorre da livre convicção e prudente arbítrio do Magistrado. Se concedida ou negada, só pode ser modificada pela Instância *ad quem* se comprovada a sua ilegalidade ou se proferida com abuso de poder." (TJ-SP, 8ª Câmara de Direito Público, A.I. nº 767.298-5-SP, Rel. Des. Celso Bonilha, j. em 22.4.1999, v.u., JTJ 220/172, in Boletim da AASP nº 2.174, suplemento, pesquisa monotemática, de 28.8 a 3.9.2000, págs. 154 a 157).

1.3.16. "AÇÃO CIVIL PÚBLICA – Processual Civil – Ação civil pública para declaração de inconstitucionalidade de lei e para defender direitos divisíveis – Legitimidade do Ministério Público para figurar no pólo ativo – Extinção do processo – O Ministério Público só tem legitimidade para figurar no pólo ativo de ação civil pública quando na defesa de interesse difuso ou coletivo, *assim entendidos os transindividuais, de natureza indivisível, de que sejam titulares pessoas indeterminadas e ligadas por circunstâncias de fato (art. 81, parágrafo único, incisos I e II, da Lei nº 8.078) de que seja titular grupo, categoria ou classe de pessoas ligadas entre si ou com a parte contrária por uma relação jurídica base.* O pedido de suspensão de pagamento de tributo e a respectiva repetição de indébito não se inserem na categoria de interesses difusos ou coletivos, porquanto, são divisíveis e individualizáveis. Interesse coletivo, na dicção da lei, não se confunde com interesse público ou da coletividade, pois aquele (interesse público) não entende como sendo uma simples realidade quantitativa, dependente do número de indivíduos que o partilham. O pedido de sustação de pagamento de tributo, cumulado com repetição de indébito, não tem conteúdo de interesse público, a ser protegido pela ação civil pública, que não pode substituir a de repetição de indébito, pois cuida-se de direito individual, determinado, quantificado, eis que cada contribuinte efetua pagamento de quantia certa, em período considerado. Os contribuintes não são consumidores, não havendo como se vislumbrar sua equiparação aos portadores de direitos difusos ou coletivos (Lei nº 7.347, art. 1º, IV). Em se tratando, in casu, de direitos individuais homogêneos, identificáveis e divisíveis, titularizáveis e quantificáveis, devem ser postulados, na esfera jurisdicional, pelos seus próprios titulares, já que, na sistemática do nosso direito, salvo exceção legal, ninguém poderá pleitear, em nome próprio, direito alheio. Recurso improvido. Decisão unânime." (STJ – 1ª T., REsp nº 175.888-PR, Rel. o Ministro Demócrito Reinaldo, j. em 18.3.1999, v.u, RSTJ 120/1999, in Boletim da AASP nº 2.174, suplemento, pesquisa monotemática, de 28.8 a 3.9.2000, págs. 154 a 157).

1.3.17. "AÇÃO CIVIL PÚBLICA – Ressarcimento ao erário – Ministério Público – Legitimidade – Ex-Prefeito – Ação cautelar – Bens – Seqüestro – Possibilidade – O Ministério Público tem legitimidade para, via ação civil pública, buscar o ressarcimento de supostos danos ao patrimônio municipal causados por ex-prefeito. Em tais casos, além do interesse individual da Fazenda Pública Municipal, há o interesse da coletividade, que tem direito a que o dinheiro público seja usado legalmente. A verificação de que o ex-administrador municipal, com a alienação de bens que compõem o seu patrimônio, possa inviabilizar a execução das providências requeridas na ação civil pública autoriza que, em sede de ação cautelar, parte dos bens que lhe restam seja sequestrada, para assegurar um eventual ressarcimento, nos limites do prejuízo estimado, a teor do art. 16 da Lei nº 8.429/1992." (TJ-MG- 4ª T., A.I. nº 130.107/6-Peçanha, Rel. o Des. Almeida Melo, j. em 19.11.1998, v.u., JM 146/46, in Boletim da AASP nº 2.174, suplemento, pesquisa monotemática, de 28.8 a 3.9.2000, págs. 154 a 157).

1.3.18. "AÇÃO CIVIL PÚBLICA – Loteamento – Transformação em condomínio fechado – Direito de locomoção do cidadão violado. Ação Civil Pública – Loteamento – Transformação em condomínio fechado com construção de muros e instalações de cancelas. Livre trânsito do cidadão obstado e condicionado à identificação perante autoridade ilegítima. Inadmissibilidade. Verossimilhança das alegações oferecidas com a petição inicial. Recurso provido para concessão da liminar pretendida." (TJ-SP- 2ª Câmara de Direito Privado, A.I. nº 12.348-4/5-Itanhaém, Rel. Des. Francisco de Assis Vasconcellos Pereira da Silva, j. em 15.10.1996, v.u., RTJE 168/222, in Boletim da AASP nº 2.174, suplemento, pesquisa monotemática, de 28.8 a 3.9.2000, págs. 154 a 157).

1.3.19. "AÇÃO CIVIL PÚBLICA – Consumidor – Prática abusiva prevista no art. 39, VIII, da Lei nº 8.078/1990 – Ministério Público – Substituto Processual na primeira fase do processo até a sentença declaratória – Necessidade, quando da execução da sentença, da intervenção concreta e efetiva dos consumidores lesados, os quais deverão trazer prova do quantum de seu dano para fins de ressarcimento. Ementa Oficial: Na ação civil pública, em face de prática abusiva prevista no art. 39, VIII, da Lei nº 8.078/1990, o Ministério Público age como substituto processual dos consumidores lesados, mas sua atuação nessa condição cessa logo na primeira fase do processo, com a sentença declaratória. Na segunda fase do processo, quando da execução da sentença, é necessária a intervenção concreta e efetiva dos consumidores eventualmente lesados, os quais deverão trazer aos autos a prova do *quantum* de seu dano, a fim de serem ressarcidos." (TAMG -7ª Câmara, Ap. Civ. nº 233.593-5-Belo Horizonte, Rel. Juiz Geraldo Augusto, j. em 19.6.1997, v.u., *RT* 748/396, *in Boletim da AASP* nº 2.174, suplemento, pesquisa monotemática, de 28.8 a 3.9.2000, págs. 154 a 157).

1.3.20. "AÇÃO CIVIL PÚBLICA – Ação intentada pelo Ministério Público do Trabalho – Manifestação do órgão ministerial estadual – Admissibilidade se houve a imposição de medida que envolve a indisponibilidade de bens. O Ministério Público Estadual é parte legítima para se manifestar em recurso cuja matéria envolve a indisponibilidade de bens decretada por força de ação civil pública intentada pelo Ministério Público do Trabalho. EXECUÇÃO. Penhora. Existência de mais de uma constrição sobre o mesmo bem. Observância da ordem de preferência dos créditos trabalhistas e alimentares, ainda que não habilitados. Irrelevância de o bem penhorado ter sido declarado indisponível em ação civil pública. Na hipótese de coexistirem duas ou mais constrições sobre o mesmo bem, os créditos trabalhistas e alimentares terão preferência sobre os demais, devendo ser incluídos na habilitação, ainda que os seus credores não tenham promovido a sua execução, sendo irrelevante o fato de o bem penhorado ter sido declarado indisponível em ação civil pública." (1º TAC – 8ª Câmara, A.I. nº 757.067-2-Americana-SP, Rel. o Juiz Antonio Carlos Malheiros, j. em 11.2.1998, v.u., *RT* 756/252, *in Boletim da AASP* nº 2.174, suplemento, pesquisa monotemática, de 28.8 a 3.9.2000, págs. 154 a 157).

1.3.21. "AÇÃO CIVIL PÚBLICA – Legitimidade – Fundação de Assistência Social à Comunidade de Pescadores – Defesa do meio ambiente – Construção – Fábrica de celulose. I – Embora não constando expressamente em suas finalidades institucionais a proteção ao meio ambiente, é a Fundação de Assistência aos Pescadores legitimada a propor ação civil pública para evitar a degradação do meio em que vive a comunidade por ela assistida. II – Justifica-se a ação rescisória somente quando a lei tida por ofendida o foi em sua literalidade. III – Ação rescisória improcedente." (STJ – 1ª Seção; Ação Rescisória nº 497-BA, Rel. o Ministro Garcia Vieira, j. em 12/08/1998, v.u, STJ-TRF- 128/15, *in Boletim da AASP* nº 2.174, suplemento, pesquisa monotemática, de 28.8 a 3.9.2000, págs. 154 a 157).

1.3.22. "AÇÃO CIVIL PÚBLICA – Processual Civil – Ação Civil – Ministério Público – Legitimidade – 1. O Ministério Público tem legitimidade ativa para promover ação civil pública com a pretensão de exigir a devolução de remuneração a maior recebida por Vice-Prefeito, conforme decisão de Tribunal de Contas. 2. Após vigência da CF/1988 foi ampliada a legitimidade ativa do Ministério Público para propor ação civil pública, especialmente, na defesa dos interesses coletivos, presentes em tal concepção de modo inequívoco, o de se zelar pela integridade do patrimônio estatal. 3. Inteligência do art. 1º, da Lei nº 7.347/85, fazendo-se aplicação do comando posto no art. 129, inciso III, da CF/1988. 4. Precedentes: REsp nº 67.148-SP- (Rel. Min. Adhemar Maciel, DJU de 4.12.1995, p. 42.148) e A.I. nº 97.838-GO- (Rel. Min. Pádua Ribeiro, DJU de 28.3.1996, p. 9.234). 5. Recurso provido para se afastar a extinção do processo." (STJ – 1ª T, REsp nº 190.886-MG, Rel. Min. José Delgado, j. em 20.5.1999, maioria de votos, *RSTJ* 127/81, in *Boletim da AASP* nº 2.174, suplemento, pesquisa monotemática, de 28.8 a 3.9.2000, págs. 154 a 157).

1.3.23. "ILEGITIMIDADE *AD CAUSAM* – Ministério Público – Mensalidades Escolares – Impossibilidade do uso da ação civil pública para a defesa de interesses de pequenos grupos determinados, em razão de danos variáveis e divisíveis – Hipótese de prestação de serviços, de caráter patrimonial e privado, disciplinados por uma relação exclusivamente contratual – Ausência de conversão da escola particular em ente público pelo fato de desempenhar relevante missão social reconhecida – Ilegitimidade do *Parquet* na substituição dos indivíduos na esfera de seus direitos – Extinção do processo decretada – Embargos Infringentes rejeitados – Declaração de voto vencido – ILEGITIMIDADE *AD CAUSAM* – Ação Civil Pública. Mensalidades Escolares. Impossibilidade do uso da ação civil pública para a defesa de interesses de pequenos grupos determinados, em razão de danos variáveis e divisíveis. Hipótese de prestação de serviços, de caráter patrimonial e privado, disciplinado por uma relação exclusivamente contratual. Ausência de conversão da escola particular em ente público pelo fato de desempenhar relevante missão social. Incompetência do Ministério Público na substituição dos indivíduos na esfera de seus direitos. Embargos Infringentes rejeitados." (1º TAC – 9ª Câmara, Emb. Infr. nº 768.923-2/01-Tietê-SP, Rel. Juiz Hélio Lobo Júnior; j. em 29.9.1998, maioria de votos, LEXTAC - 179/257, in *Boletim da AASP* nº 2.174, suplemento, pesquisa monotemática, de 28.8 a 3.9.2000, págs. 154 a 157).

1.3.24. "CÓDIGO DE DEFESA DO CONSUMIDOR – Processo Civil – Ônus da Prova – Hipossuficiência – Conceito – Inversão do ônus da prova é um direito do consumidor, de acordo com o art. 6º, VIII, da Lei nº 8.078/1990. *O conceito de hipossuficiência, seja econômica ou técnica, não permite subjetividades tendentes a infirmar a regra cogente, de modo que a circunstância de ser médico não autoriza, por si só, concluir-se que o consumidor conheça mecânica de automóvel, simples ou de luxo.*" (TAMG- Processo nº 2.431.616/97, Belo Horizonte-MG – Rel. Juiz Nepomuceno Silva, j. em 14.10.1997, v.u.).

1.3.25. "CRIME DE IMPROBIDADE ADMINISTRATIVA – Prefeito Municipal. Dispensa Indevida de Licitação (3ª festa do "morango") – Art. 89, *caput* e § 1º, da Lei Federal nº 8.666/1993. Hipótese em que não caracteriza a infração. Realização de festa local. Evento que não se caracteriza como serviço público. Dispensa do certame. Art. 6º, II, da referida Lei. Art. 386, III, do Código de Processo Penal. Absolvição. Recurso provido." (TJ-SP, 5ª Câmara Criminal, Ap. nº 231.243-3/0-Amparo-SP – Rel. Des. Gomes de Amorim, julgado em 5.12.2002, v.u, in *Boletim da AASP* nº 2340, de 10 a 16.11.2003).

1.4. SENTENÇA EM AÇÃO CIVIL PÚBLICA POR IMPROBIDADE ADMINISTRATIVA – MODELO VERSANDO SOBRE CARGOS CUMULATIVOS POR VICE-PREFEITO – QUESTÕES SOBRE A LEGITIMIDADE DO MINISTÉRIO PÚBLICO E A LEI DE IMPROBIDADE ADMINISTRATIVA – COMPETÊNCIA DO JUIZ DE 1º GRAU EM AÇÃO CIVIL CONTRA PREFEITO E VICE-PREFEITO

**PODER JUDICIÁRIO
COMARCA DE MARÍLIA-SP
4ª VARA CÍVEL E DA INFÂNCIA E JUVENTUDE**

Processo Cível nº 0001/99 (Número fictício)

SENTENÇA

Vistos, etc.

Síntese sentencial: 1. Hipótese de ação civil pública por improbidade administrativa proposta pelo Ministério Público Estadual contra o Prefeito e o Vice-Prefeito de cidade paulista, sob o argumento de ilegal acumulação de cargos remunerados pelo Vice-Prefeito, com a conivência do Prefeito. 2. Caso de legitimidade do Ministério Público para a propositura do pleito, já que o art. 129, inciso III, da Constituição Federal de 1988, não restringiu expressamente o seu campo de atuação, e sim, ampliou, não constando do dispositivo constitucional a famosa advertência "nos casos indicados por lei"... 3. Hipótese de constitucionalidade material e formal da Lei de Improbidade Administrativa – Lei nº 8.429/1992 – pois o art. 37, § 4º, da Constituição Federal de 1988, somente exemplificou algumas das possíveis sanções político-administrativas aplicáveis ao administrador improbo, inclusive sem prejuízo da ação penal cabível. 4. A ação civil pública é meio inadequado para declarar especificamente e tão somente a inconstitucionalidade de lei municipal, pois existe o remédio próprio que é a ação direta de inconstitucionalidade. Todavia, o controle incidental de constitucionalidade das leis é possível em qualquer demanda judicial. 5. A dupla remuneração recebida por Vice-Prefeito pela acumulação de cargos ou funções é vedada constitucionalmente, por atentar contra a moralidade administrativa. Todavia, se não há prova cabal do comportamento doloso e gravíssimo do agente público na prática de atos administrativos, não se pode falar em improbidade administrativa, máxime quando o ato não é proibido expressamente pela Lei Orgânica Municipal, antes tolerado pela legislação (art. 70, VI, da LOM de fls. 19 e 55). 6. Hipótese de improcedência da ação civil pública, e sem ônus da sucumbência, pois não houve pretensão manifestamente infundada e nem de má-fé do autor da ação. Inteligência dos arts. 17 e 18 da Lei nº 7.347/1985.

1. O MINISTÉRIO PÚBICO DO ESTADO DE SÃO PAULO, por seu representante legal na comarca de "X"-SP – ajuizou ação civil pública por improbidade administrativa contra os **EXCELENTÍSSIMOS SE-**

NHORES PREFEITO E VICE-PREFEITO DO MUNICÍPIO DE "YY" no ano de 1999, os Senhores "A" e "B", alegando que houve ilegal acumulação de cargos remunerados pelo Vice-Prefeito do município pelo período de dois anos, ou seja, de 1997 a 1999, notadamente porque "B" ganhava como Vice-Prefeito e como Secretário Municipal do Governo, certo que, essa acumulação de cargos e vencimentos não é tolerada pela Constituição Federal, e o Prefeito do município que deveria ter ciência da irregularidade acabou sendo conivente com a situação ilegal. Daí, pois, o pedido de reconhecimento da existência de improbidade administrativa, condenando-se os requeridos nas sanções da Lei nº 8.429/1992 (art. 10, inciso I, art. 11, inciso I e art. 12), inclusive no tocante à restituição dos valores recebidos pelo Vice-Prefeito, sem prejuízo da suspensão dos direitos políticos e da multa civil correspondente a cem vezes o valor da remuneração, mais a sanção prevista no art. 12, inciso III, da Lei nº 8.429/1992.

 2. Devidamente citados, os Excelentíssimos Senhores Prefeito e Vice-Prefeito de "YY", contestaram a ação nas fls. 53 *usque* 69 e 71 *usque* 85 dos autos, arguindo 02 (duas) matérias preliminares, quais sejam: A) Incompetência absoluta do Juízo, já que o autor pretendia a aplicação de sanção de natureza penal contra os requeridos, e o Prefeito tem foro especial no Tribunal de Justiça. B) Ilegitimidade ativa, já que o autor pretende a condenação típica de ação popular, e não de ação civil pública, certo que, não é função do Ministério Público defender interesses das pessoas jurídicas de direito público, o que deveria ser feito mediante ajuizamento de ação popular. No mérito, os requeridos ponderaram que não houve acumulação de vencimentos, pois o Vice-Prefeito não exerce função pública e portanto não cometeu qualquer ato ilícito. No mais, o art. 70, inciso VI, da Lei Orgânica Municipal permitia a acumulação de cargos e vencimentos. Nem houve incompatibilidade de horários. Daí, pois, o pedido de improcedência da ação (fls. 53/85).

 3. A relação jurídica processual se desenvolveu regularmente e foi garantido o contraditório peculiar. O autor exibiu réplica nas fls. 85 *usque* 92 dos autos, e na audiência de conciliação, não foi possível a autocomposição do conflito de interesses (fls. 151). Nulidades ou irregularidades processuais não foram apontadas pelos litigantes.

4. ESSE, O SUCINTO RELATÓRIO. DECIDO.

 4.1. Cuida-se de ação civil pública intentada pelo Ministério Público do Estado de São Paulo contra os Excelentíssimos Senhores Prefeito e Vice-Prefeito do Município de "YY" no ano de 1999, tudo sob o argumento de ilegal acumulação de cargos remunerados pelo Vice-Prefeito que, além de receber como Vice-Prefeito, também recebia salários como Secretário Municipal de Governo.

 4.2. Em que pesem as riquezas conceituais, experimentais e teóricas contidas nas contestações dos requeridos, REJEITO todas as matérias preliminares, inclusive com abordagem inicial sobre a eventual inconstitucionalidade formal e material da Lei nº 8.429/1992, que dispõe sobre improbidade administrativa. Em primeiro lugar, o art. 37, § 4º, da Constituição Federal de 1988, que é a fonte autorizativa e material da Lei nº 8.429/1992, não contém **expressamente** qualquer carga restritiva ou limitativa de matérias ou sanções administrativas ou penais para o legislador comum observar obrigatoriamente. A propósito, o legislador constitucional, exemplificativamente, e só exemplificativamente, arrolou o que poderia o legislador ordinário prescrever ou regulamentar, sem prejuízo da ação penal cabível. Quer dizer que, mesmo outros crimes referentes à matéria poderiam ser tipificados pelo legislador comum, e é cediço que, quem pode criar crimes, também pode criar o menos, ou seja, pode criar a infração e a sanção meramente administrativa. Enfim, o art. 37, § 4º, da Constituição Federal, autorizou, tal como está, a Lei nº 8.429/1992. O dispositivo constitucional assinala que "os atos de improbidade administrativa importarão...", **e não "somente importarão"**. Por outro lado, nenhuma certidão da Casa Legislativa Federal foi juntada nos autos para comprovar pelo menos indiciariamente que existiu um "vício formal" da Lei nº 8.429/1992. Nenhuma cópia de parecer da Comissão de Justiça, ou declaração de político envolvido na elaboração ou na edição da indigitada Lei de improbidade administrativa, seja Deputado, seja Senador, foi juntada nos autos para viabilizar o reconhecimento da inconstitucionalidade formal. Nenhuma certidão sobre a tramitação do projeto de lei foi juntada. Nenhum parecer das Comissões internas foi juntado dando conta de irregularidades na tramitação do projeto de lei. Ora, ficou patenteado que o Senado participou do processo legislativo, e não ocorreu a violação do art. 65 da Constituição Federal, que consagra o princípio bicameral. Portanto, a Lei nº 8.429/1992 é constitucional.

4.3. Quanto à ilegitimidade do Ministério Público, *data venia*, rejeito a matéria preliminar, e o faço com supedâneo na melhor interpretação do art. 129, inciso III, da Constituição Federal de 1988. A rigor, esse dispositivo constitucional não limitou a atuação do Ministério Público somente em pedidos de caráter declaratório, ou condenatório, ou constitutivo, nem exigiu expressamente um prévio procedimento administrativo para posterior ingresso no Poder Judiciário. De modo que, o Ministério Público é sim parte ativa legítima para o ajuizamento de ação civil pública visando a proteção – *e se compreende também a recomposição* – do patrimônio público e social. É o que se infere do texto do referido art. 129, inciso III, da Constituição Federal, assim:

"*São funções institucionais do Ministério Público:*

III – promover o inquérito civil e a ação civil pública, para a proteção do patrimônio público e social, do meio ambiente e de outros interesses difusos e coletivos."

Destarte, o patrimônio público e social é uma coisa, e o meio ambiente é outra. Para a proteção de ambos o Ministério Público pode ajuizar ação civil pública nos termos da Lei nº 7.347/1985. É inegável que o dinheiro arrecadado perante os contribuintes, ou as coisas adquiridas e os serviços pagos com tal dinheiro, constituem bens públicos, ou integram o patrimônio público e são suscetíveis de proteção pela ação civil pública. O art. 129, inciso III, da Constituição Federal, é demasiado claro nesse aspecto protetivo, e não contém qualquer restrição quanto ao que se deve entender por patrimônio público e a legitimidade do *Parquet*. Assim sendo, a interpretação cessa quando a lei é clara. A propósito, já se decidiu nos Tribunais Superiores que:

"*O campo de atuação do Ministério Público foi ampliado pela Constituição de 1988, cabendo ao* Parquet *a promoção do inquérito civil e da ação civil pública para a proteção do patrimônio público e social, do meio ambiente e de outros interesses difusos e coletivos, sem a limitação imposta pelo art. 1º da Lei nº 7.347/1985.*" (STJ – 2ª Turma – REsp nº 31.547-9-SP, Rel. Min. Américo Luz, j. em 6.10.1993, *DJU* de 8.11.1993, p. 23.546). [*Apud, Código de Processo Civil e Legislação Processual em Vigor*, de Theotonio Negrão, 26ª ed., Saraiva, pág. 695.]

Em hipótese semelhante, a jurisprudência admitiu a legitimidade do Ministério Público para promover a ação civil pública visando a devolução de remuneração a maior recebida por Vice-prefeito. Confira-se:

"AÇÃO CIVIL – Ministério Público – Legitimidade. 1. O Ministério Público tem legitimidade ativa para promover ação civil pública com a pretensão de exigir a devolução de remuneração a maior recebida por Vice-Prefeito, conforme decisão do Tribunal de Contas. 2. Após a vigência da CF/1988 foi ampliada a legitimidade ativa do Ministério Público para propor ação civil pública, especialmente, na defesa dos interesses coletivos, presentes em tal concepção de modo inequívoco, o de se zelar pela integridade do patrimônio estatal. 3. Inteligência do art. 1º da Lei nº 7.347/1985, fazendo-se aplicação do comando posto no art. 129, inciso III, da Constituição Federal de 1988. 4. Precedentes: REsp nº 67.148-SP (Rel. Min. Adhemar Maciel, *DJU* de 4.12.1995, p. 42.148) e A.I. nº 97.838-GO (Rel. Min. Pádua Ribeiro, *DJU* de 28.3.1996, p. 9.234). 5. Recurso provido para afastar a extinção do processo." (STJ – 1ª T. – REsp nº 190.886-MG – Rel. Min. José Delgado, j. 20.5.1999, in *RSTJ* 127/81).

4.4. Quanto à incompetência do Juízo monocrático em geral para conhecer e julgar as ações civis contra os Prefeitos das cidades brasileiras, *data venia*, também não é o caso de acolhimento da matéria. O art. 29, inciso X, da Constituição Federal de 1988, é dirigido ao julgamento do Prefeito pelos crimes em *sentido estrito* praticados contra a administração pública, e previstos na Lei penal específica. É bem nítido o caráter cível *lato sensu* da improbidade administrativa dos agentes políticos, ou o caráter extra-penal da Lei nº 8.429/1992. De tal arte que, o "Tribunal de Justiça do Estado de São Paulo já decidiu que o enquadramento de condutas de Prefeito Municipal na categoria de improbidade administrativa, *"a toda evidência, não se trata de matéria relativa a sanção penal, fixando-se a competência cível do juízo monocrático"* (TJSP-4ª Câmara de Direito Público, A.I. nº 279.176.2/0, relator o Des. Clímaco de Godoy, julgado em 21.3.1996, in Improbidade Administrativa, de Fábio Medina Osório, Síntese, 2ª ed., Porto Alegre, RS, págs. 217 a 224). Por fim, "O foro privilegiado concedido no art. 29, VIII, da Constituição Federal, a Prefeito Municipal em razão do cargo, diz respeito somente aos casos de responsabilidade penal, não se estendendo aos de natureza cível." (*RT* 694/880, Súmula 394 do STF, Súmula 164 do STJ, e *JTJ* 170/20).

Semelhantemente já se decidiu também que: "AÇÃO CIVIL PÚBLICA – Ato Impugnado – Improbidade Administrativa de Prefeito Municipal – Lesão do patrimônio público – Interesse difuso caracterizado – Adequação da via eleita – Matéria reservada tanto à ação civil pública quanto à ação popular – Carência afastada – Prosseguimento determinado" ("in" JTJ 217/9). Em suma, a ação civil pública cabe no Juízo cível monocrático, ainda que contenha matérias alusivas à improbidade administrativa.

4.5. No que concerne à acumulação de cargos ou funções públicas remuneradas – de Vice Prefeito e o de Secretário Municipal de Governo, tenho que realmente a acumulação de cargos e vencimentos é proibida pela Constituição Federal de 1988, e no caso vertente, observo que o requerido "B" realmente foi nomeado em 2 de janeiro de 1997 para o cargo em comissão de Secretário de Governo e exonerado em 4 de janeiro de 1999, tudo conforme documentos de fls. 19 e 22 dos autos. Aqui, impõe-se a observância e prevalência irrestrita das normas constitucionais superiores. Com efeito.

4.6. Quando Juiz com exercício na comarca de Quatá-SP – julguei uma demanda semelhante e cuja sentença foi mantida pelo Egrégio Tribunal de Justiça do Estado de São Paulo, sendo relator o eminente Desembargador Lobo Júnior (Apelação nº 191.053-1/5-Quatá, 4ª Câmara Civil do TJ-SP, acórdão de 12 de agosto de 1993). Na sentença que lavrei em 1992 deixei assentado argumentos e fundamentos que valem para o presente pleito judicial, assim: O cargo de Vice-Prefeito é remunerado conforme preceito constitucional (CF, art. 29, inciso V), e a própria Constituição Federal de 1988, **agora para Deputados e Senadores,** estabeleceu que não poderiam: "aceitar ou exercer cargo, função ou emprego remunerado, inclusive os de que sejam demissíveis *ad nutum*, nas entidades jurídicas de direito público" (art. 54, inciso I, "a" e "b"). **A proibição se estende aos vereadores conforme art. 29, inciso IX (Emenda nº 1, de 1992), da aludida Carta Magna.** A jurisprudência anterior já censurava a acumulação de cargo de vereador com o exercício de cargo em comissão (*RJTJESP* 35/151). Já no art. 28, § 1º, e art. 29, inciso XIV, da mesma Constituição, o legislador estabeleceu que: "Perderá o mandato **o Governador (e o Prefeito)** que assumir outro cargo ou função na administração pública direta ou indireta, ressalvada a posse em virtude de concurso público e observado o disposto no art. 38, I, IV e V". **Destarte, tem-se um quadro ético-jurídico em que, Governadores, Prefeitos, Deputados, Senadores e Vereadores, não podem acumular cargos remunerados na administração pública.** E, com mais ênfase, expressamente a Constituição Federal vedou a acumulação de cargos públicos no art. 37, incisos XVI e XVII, não se enquadrando o Vice-Prefeito e ora requerido nas exceções previstas nas letras "a", "b" e "c" do inciso XVI, do referido art. 37. **Pois bem.**

Nesse contexto ético-jurídico, atentaria contra a moralidade administrativa hoje erigida em princípio constitucional (art. 37, *caput*), e implicaria em odiosa discriminação permitir ao Vice-Prefeito dupla remuneração pela acumulação de cargos ou funções públicas quando a mesma é proibida aos Governadores, Prefeitos, Vereadores, Deputados e Senadores, mormente tratando-se de assunção de cargo em comissão **posterior** ao exercício de mandato eletivo, não se enquadrando a hipótese nas ressalvas em que se permite a opção de remuneração, bem entendido que na espécie de que se trata temos um Vice-Prefeito cumulando **cargo em comissão,** de livre nomeação e exoneração do Prefeito (fls. 19 e 22). De modo que, no caso vertente, a exoneração do requerido "B" decretada nas fls. 23 dos autos foi acertada e correta.

4.7. Mas, no presente caso especificamente, para elevar a eventual acumulação de cargos e vencimentos por agentes públicos de um pequeno Município ao nível de improbidade administrativa, seria necessário perquirir o elemento volitivo gravíssimo, ou seja, o dolo, do qual não se tem nenhuma prova cabal nos presentes autos. É que, pelo que se infere de fls. 18 e 54 dos autos, o art. 70, inciso VI, da Lei Orgânica do Município de "YY", propicia a interpretação de que seria possível a acumulação de cargos e vencimentos ou da verba de representação. Confira-se: "Art. 70. Ao Servidor Público com exercício de mandato eletivo aplicam-se as seguintes disposições: VI – Eleito Vice-Prefeito somente será obrigado a afastar-se de seu cargo ou função, quando substituir o Prefeito, podendo entretanto optar pelos vencimentos, sem prejuízo da verba de representação". Verifica-se, destarte, que a legislação municipal, além de duvidosa, parece tolerar a acumulação de vencimentos e da verba de representação (fls. 54). Nesse caso, não é possível inferir ou extrair um comportamento doloso e de natureza gravíssima praticado pelos requeridos. Ao que tudo indica estavam praticando atos amparados por uma interpretação possível da Lei Orgânica Municipal. A rigor, cabe aqui a interpretação pretoriana no sentido de que: "ATO DE IMPROBIDADE – Necessidade de se perquirir o elemento subjetivo – Dolo – O nosso ordenamento jurídico propõe para a caracterização do ato de improbidade que, além da prática do ato, há de se perquirir a existência do elemento subjetivo, isto é, do dolo." (TRT – 9ª R., 2ª T., RO nº 10807/97-Curitiba-PR; Rel. Juiz Luiz Celso Napp, j. em 23.6.1998).

E, quanto à restituição dos valores recebidos pelo Vice-Prefeito, tenho que é incabível a pretensão do autor nos termos do art. 933, parágrafo único, do Código Civil de 1916, repetido no Código Civil de 2002, no art. 307, parágrafo único, assim: "Se, porém, se der em pagamento coisa fungível, não se poderá mais reclamar do credor, que, de boa-fé, a recebeu, e consumiu, ainda que o solvente não tivesse o direito de alheá-la". No caso vertente, o requerido "B" recebeu as verbas até de natureza alimentares e evidentemente fungíveis e consumíveis, e estava amparado em Portaria do Governo Municipal expedida com fundamento na Lei Orgânica Municipal. Assim sendo, se o requerido recebeu salários com caráter alimentar (dinheiro é coisa fungível) e consumiu, não tem como dele se exigir a restituição.

4.8. Quanto à arguição de possível inconstitucionalidade da Lei Orgânica Municipal (réplica de fls. 82/91 dos autos), observo que se a ação civil pública fosse específica para tão somente declarar a inconstitucionalidade de lei municipal, seria ela uma via inadequada para tal reconhecimento, já que existente a ação específica e direta de inconstitucionalidade. Confira-se: "AÇÃO CIVIL PÚBLICA – Arguição de Inconstitucionalidade de Lei Municipal – Impropriedade da via eleita – Hipótese de ação direta de inconstitucionalidade. Ementa Oficial: A ação civil pública há de ser intentada estritamente nas hipóteses legalmente previstas, dentre as quais não se divisa a de arguição de inconstitucionalidade de lei municipal, para a qual a Constituição de Federal de 1988 prevê a via própria, que é a ação direta de inconstitucionalidade, tendo-se como impróprio o manejo da ação civil pública como sucedânea da ação direta de inconstitucionalidade." (*RT* 748/368). Todavia, no caso vertente, como em qualquer outra demanda judicial, o controle incidental de constitucionalidade das leis é plenamente possível no bojo do pleito judicial, razão pela qual deve sempre prevalecer a supremacia das normas constitucionais, o que ora proclamo conforme itens 4.5, 4.6 e 4.7 da presente sentença.

4.9. Derradeiramente, sobre os ônus da sucumbência, não vislumbro uma pretensão manifestamente infundada, ou veiculada de má-fé pelo Ministério Público na propositura da presente ação civil pública, e portanto, são incabíveis os honorários advocatícios. Inteligência dos arts. 17 e 18 da Lei nº 7.347/1985. No mais, não existe na Lei de Ação Civil Pública qualquer "adiantamento de custas, emolumentos, honorários periciais e quaisquer outras despesas, nem condenação da associação autora, salvo comprovada a má-fé, em honorários de advogado, custas e despesas processuais" (Lei nº 7.347/1985, art. 18). De modo que, quanto ao Ministério Público, aplicando-se o princípio isonômico, se não agiu ele de má-fé, também não está sujeito aos ônus da sucumbência. O mais, contido na petição inicial e nas contestações, ficam rejeitados. O art. 70, inciso VI, da Lei Orgânica Municipal não pode prevalecer na parte em que tolera a acumulação de vencimentos e/ou da verba de representação. O Vice-Prefeito não pode ter dupla remuneração por funções ou cargos públicos.

5. A CONCLUSÃO.

Ante o exposto, JULGO IMPROCEDENTE a ação civil pública intentada pelo MINISTÉRIO PÚBLICO ESTADUAL contra "A" e "B". Não há base legal para imposição dos ônus da sucumbência. P.R.I.C. Atrasei em razão da sobrecarga invencível de serviço inclusive na Infância e Juventude, cuja jurisdicão acumulo ao lado dos trabalhos no Juizado Especial Cível e no Anexo Fiscal.

Marília, 11 de junho de 2002.

(a) Dr. Valdeci Mendes de Oliveira
Juiz de Direito da 4ª Vara Cível e da Infância e Juventude

2. ALIENAÇÃO FIDUCIÁRIA – AÇÃO DE BUSCA E APREENSÃO

Nota: O Código Civil de 2002, ao lado do Decreto-Lei nº 911/1969, disciplinou a propriedade fiduciária de coisa móvel nos arts. 1.361 a 1.368, acentuando que se trata de propriedade resolúvel, isto é, aquela em cujo título de sua constituição já se prevê também o seu fim ou a sua extinção. A propriedade fiduciária surge como técnica de garantia (CC, art. 1.361), e o terceiro, interessado ou não, que pagar a dívida do devedor, se sub-roga de pleno direito no crédito e na propriedade fiduciária (CC, art. 1.368). As regras sobre propriedade resolúvel estão nos arts. 1.359 e 1.360 do Código Civil de 2002. Exemplo de caso que se enquadra no art. 1.359: Imagine uma doação com cláusula de reversão ao doador (o bem retorna ao doador se o donatário falecer primeiro), em que o donatário, apesar da cláusula de reversão, vende o imóvel que lhe foi doado para um terceiro, que por sua vez, dá o bem em hipoteca no Banco do Brasil. No caso, se o donatário falecer antes do doador, tem-se que, o imóvel deverá voltar ao patrimônio do doador e, na espécie, a hipoteca também desaparecerá. Destarte, resolvida ou revogada a propriedade, resolve-se todos os direitos reais, e o terceiro não pode alegar boa-fé. O terceiro sabia que tinha adquirido uma propriedade resolúvel ou revogável (CC, art. 1.359). Já no caso do art. 1.360, imagine que um sujeito-donatário recebe um imóvel em doação e o transfere para terceiro. Todavia, mais tarde, o doador por ação judicial revoga a doação por ingratidão do donatário. Nesse caso, o terceiro-adquirente não é atingido com a perda da coisa (pelo donatário). É a hipótese do art. 1.360 do Código Civil de 2002, que dispõe sobre causas supervenientes (anulação ou revogação). (A propósito, ver os exemplos em *O Novo Código Civil Anotado*, de Jorge Franklin Alves Felipe e Geraldo Magela Alves, Forense, 2003, Rio de Janeiro, 3ª ed., pág. 259).

2.1. Despacho inicial em ação de busca e apreensão

Processo Cível nº

Vistos, etc.

1. O Banco "A", ajuizou pedido de busca e apreensão contra "B" e "C", objetivando a constrição de bens móveis. Alegou o requerente a inadimplência contratual dos requeridos, frisando que estes firmaram um pacto com a garantia de alienação fiduciária de bens móveis. Reclama o requerente o pagamento da quantia de R$ (...).

2. Com a petição inicial vieram o demonstrativo do débito e o instrumento de notificação para efeitos de constituição em mora dos devedores. A notificação foi dirigida pelo Cartório de Registro de Títulos e Documentos (fls.).

3. Nos termos do art. 3º do Decreto-Lei nº 911/69, comprovada a mora dos devedores, como na hipótese vertente (a Súmula nº 72 do STJ prescreve: "A comprovação da mora é imprescindível à busca e apreensão do bem alienado fiduciariamente"), o caso é de se deferir liminarmente a medida de busca e apreensão do(s) seguinte(s) bem(ns): *a)* automóvel VW, Santana GL 2000, ano 1992, placas BMF 0000, em nome de (...); e *b)* Automóvel Ford, Escort XR-3, ano 1991, placas BJK 000 em nome de (...), como descrito na petição inicial.

4. Por ora, nomeio depositária fiel dos bens a Empresa (...), sediada em (...). Lavre-se o termo de compromisso de depositária fiel dos bens. Expeça-se mandado de busca e apreensão.

5. Citem-se os réus para, querendo, em 3 (três) dias, oferecerem contestação, ou, se já tiverem pago 40% do preço financiado, requererem a purgação da mora (Decreto-Lei nº 911/69, art. 3º, § 1º).

6. Cumpra-se. Intimem-se.

Local e data

(a) Juiz de Direito

2.2. Alienação fiduciária em garantia – Sentença em ação de busca e apreensão – Hipótese de réu revel

PODER JUDICIÁRIO
ESTADO DE SÃO PAULO

Processo Cível nº

SENTENÇA

Vistos, etc.

1. Trata-se de ação de Busca e Apreensão fundada no Decreto Lei nº 911, de 1º.10.1969. O Banco "X", alegando ter concedido empréstimo para "A", obteve deste e de "B", a garantia de alienação fiduciária de um automóvel marca (...), tipo (...), ano (...), cor (...). Sucede que o requerido não cumpriu o contrato celebrado e está a dever a quantia de R$ (...). Diante do inadimplemento contratual, pediu o requerente a Busca e Apreensão do bem móvel dado em garantia.

2. Deferida a Medida Liminar e depositado o automóvel nas mãos do requerente (fls.), o requerido foi citado e não contestou a Ação (fls.). Preferiram a revelia. Os devedores solidários foram notificados (fls.). O requerente fez nova manifestação nos autos e pediu a procedência da Ação diante da revelia do requerido.

3. É O SUCINTO RELATÓRIO. DECIDO.

3.1. Efetivamente, o requerido e os devedores solidários foram regularmente citados e notificados dos termos da Ação de Busca e Apreensão, e não houve apresentação de contestação ou impugnação de qualquer espécie (fls.). Neste caso, impõe-se a aplicação do art. 319 do Código de Processo Civil, que preceitua: "Se o réu não contestar a ação, reputar-se-ão verdadeiros os fatos afirmados pelo autor". É essa a hipótese dos autos.

3.2. Por outro lado, o Contrato de Empréstimo e de garantia real consta de fls., dos autos, tendo sido comprovada a mora pelos documentos de fls.. Deferida a Medida Liminar de Busca e Apreensão, o automóvel dado em garantia foi depositado em mãos do requerente, ora proprietário fiduciário (fls.). Destarte, diante da contumácia do requerido e do desinteresse dos devedores solidários, embora notificados (fls.), a ação é procedente.

3.3. O caso é de se consolidar a propriedade e a posse plena e exclusiva do bem nas mãos do proprietário fiduciário, ora requerente. *Mas o credor não poderá vender o bem por preço vil, sob pena de se caracterizar abuso de direito* (*RT* 532/208). Em suma, a ação é procedente nos termos do art. 1º, §§ 4º, 5º e 6º, c/c os arts. 2º e 3º, § 5º, todos do Decreto-Lei nº 911/1969. O requerente poderá vender o bem objeto da garantia independentemente de leilão, hasta pública, avaliação prévia ou qualquer outra medida judicial. Não poderá, como dito, vender por preço vil. Deverá, outrossim, aplicar o produto da venda no pagamento de seu crédito, tudo conforme o art. 1º, §§ 4º e 5º do Decreto-Lei nº 911/69. Se o credor preferir a venda judicial, aplicar-se-ão os arts. 1.113 a 1.119 do Código de Processo Civil, tudo consoante dispõe o art. 3º, § 5º, do Decreto Lei nº 911/69. O credor não poderá ficar com o bem e, na verdade, tem a obrigação de vendê-lo para terceiro com escopo de quitar a dívida do requerido.

4. DISPOSITIVO.

Ante o exposto, com base nos fundamentos elencados no item 3.3 retro, *julgo procedente a ação de busca e apreensão intentada por (...) contra (...), e conseqüentemente declaro consolidada a propriedade e a posse plena e exclusiva do automóvel tipo (...), descrito na petição inicial, nas mãos do requerente e proprietário fiduciário, observando-se as determinações supra*. Pagará o requerido as custas do processo e honorários advocatícios, que fixo em 10% do valor da causa, corrigidos desde o ajuizamento.

P.R.I.C.

Local e data

(a) Dr. Valdeci Mendes de Oliveira

Juiz de Direito

2.3. ALIENAÇÃO FIDUCIÁRIA EM GARANTIA – JURISPRUDÊNCIA SOBRE A ESPÉCIE

2.3.1. SÚMULA nº 28 do STJ: *"O contrato de alienação fiduciária em garantia pode ter por objeto bem que já integrava o patrimônio do devedor."*

2.3.2. SÚMULA nº 72 do STJ: *"A comprovação da mora é imprescindível à busca e apreensão do bem alienado fiduciariamente."*

2.3.3. SÚMULA nº 92 do STJ: *"A terceiro de boa-fé não é oponível a alienação fiduciária não anotada no Certificado de Registro de Veículo Automotor."*

2.3.4. SÚMULA nº 242 do extinto TFR: *"O bem alienado fiduciariamente não pode ser objeto de penhora nas execuções ajuizadas contra o devedor fiduciário."*

2.3.5. SÚMULA 245 do STJ: *"A notificação destinada a comprovar a mora nas dívidas garantidas por alienação fiduciária dispensa a indicação do valor do débito."* (Referência: Decreto-Lei nº 911, de 1º.10.1969, art. 2º, § 2º).

2.3.6. "ALIENAÇÃO FIDUCIÁRIA – O bem alienado fiduciariamente, por ser de propriedade do credor, não pode ser objeto de penhora, no processo de execução." (STJ, 4ª T., REsp nº 30.781-1-MG, Rel. Ministro Ruy Rosado de Aguiar, j. em 7.6.1994, v.u., *DJU* 27.6.1994, pág. 16.985, in *Código de Processo Civil e Legislação Processual em Vigor*, de Theotonio Negrão, Saraiva, 26ª ed., pág. 490).

2.3.7. "ALIENAÇÃO FIDUCIÁRIA – Prisão civil. Não é cabível a prisão civil do devedor-fiduciante, porquanto não está ele equiparado ao depositário infiel. Precedentes da 6ª T. Recurso provido." (STJ, 6ª T., Rec. em HC nº 5.240-PR, Rel. Min. Willian Patterson, j. em 28.2.1996, v.u., in Boletim da AASP nº 1984, de 1 a 7.1.1997, pág. 1-e).

2.3.8. "ALIENAÇÃO FIDUCIÁRIA – Mora – Purgação condicionada ao pagamento mínimo de 40% do valor financiado – Inadmissibilidade – Inteligência dos arts. 6º, VI, e 53, da Lei nº 8.078/1990 – Com o advento do Código do Consumidor restou ab-rogada a exigência de pagamento mínimo de quarenta por cento do valor financiado para o exercício do direito à purgação da mora. Inteligência dos arts. 6º, VI, e 53, da Lei nº 8.078/1990." (2º TACIVIL-SP, 2ª Câmara, Ap. c/ Rev. nº 491.341-0/3- São Paulo, Rel. Juiz Felipe Ferreira, j. em 16.6.1997, v.u, in Boletim da AASP nº 2051, de 20 a 26.4.1998, pág. 115-e).

3. AÇÃO DE ALIMENTOS

Despacho inicial e opcional (aplica-se também à revisão de alimentos e até mesmo à execução).

3.1. ALIMENTOS – EXECUÇÃO E REVISÃO – DESPACHO INICIAL E OPCIONAL

Processo nº

Vistos, etc.

1. Nos termos do art. 125, incisos II e IV, c/c o art. 599, inciso I, ambos do Código de Processo Civil, intime-se o requerido para audiência de conciliação que designo para o dia (...) de (...) de (...), às (...) horas. (*Obs: Essa audiência deve ser realizada dentro de prazo inferior a 30 (trinta) dias contados do ajuizamento do pedido*).

2. Igualmente, intime-se o autor para comparecimento. O conciliador nomeado pelo Juízo auxiliará nos trabalhos iniciais (CPC, art. 277, § 1º, com redação dada pela Lei nº 9.245, de 26.12.1995, por analogia.). Se for o caso, far-se-á a citação posteriormente, se infrutífera a conciliação. Ciência ao M.P. e ao patrono do autor.

3. Intime-se.

Local e data

(a) Juiz de Direito

3.1.1. Nota sobre os conciliadores

O Egrégio Tribunal de Justiça do Estado de São Paulo, fez publicar no *Diário Oficial do Estado de São Paulo* do dia 11 de abril de 2003, na Seção II da Corregedoria Geral de Justiça, o Comunicado nº CG-502/2003, sobre conciliadores, dispondo o seguinte: "O Desembargador Luiz Tâmbara, Corregedor Geral da Justiça, comunica

DESPACHOS JUDICIAIS E DECISÕES NO JUÍZO CÍVEL – *PROCESSOS COM RITOS ESPECIAIS* 137

os Meritíssimos Juízes do Estado que, em sessão realizada no dia 3 do corrente (abril/2003), o Egrégio Conselho Superior da Magistratura aprovou **a atuação de Conciliadores nas audiências a que aludem os arts. 331 e 277,** *caput,* **do Código de Processo Civil e naquelas designadas em ações de alimentos.** Comunica, outrossim, que os Magistrados interessados em recrutar Conciliadores deverão fazê-lo pela forma hoje estabelecida no âmbito dos Juizados Especiais Cíveis (arts. 10 e 11 da Lei Complementar Estadual nº 851/1998), e que em nenhuma hipótese poderão realizar-se audiências sem que o Juiz de Direito esteja presente no Fórum, supervisionando a atividade dos bacharéis ou acadêmicos, pronto para assumir a presidência dos trabalhos caso não obtido o acordo" (Comunicado CG-502/2003).

Anote-se que, o Provimento nº 806/2003, do Conselho Superior da Magistratura do Tribunal de Justiça do Estado de São Paulo, publicado no *DOE* de 5.8.2003, consolidou as normas relativas aos Juizados Informais de Conciliação, Juizados Especiais Cíveis e Criminais e Juizados Criminais com ofício específico no Estado de São Paulo, e disciplinou também a nomeação dos conciliadores que prestarão serviços a título honorário, sem qualquer vínculo com o Estado, valendo o efetivo exercício das funções como título em concurso de ingresso na Magistratura, Ministério Público, Procuradoria Geral do Estado e funcionalismo público em geral (Lei Estadual nº 5.143, de 28.5.1986, art. 7º). Os conciliadores serão nomeados por Portaria do Juiz Corregedor, isso depois de publicado edital de escolha e nomeação com prazo de 10 (dez) dias para eventuais impugnações, verificando-se também os antecedentes do candidato. O conciliador prestará compromisso em livro próprio e assinará sempre o livro de presença nos dias que comparecer à sessão de conciliação, tendo direito à certidão de efetivo exercício de conciliador, com menção à data de seu início, periodicidade e término (Seção III, itens 3 a 7, do Provimento nº 806/03-TJ-SP).

3.2. ALIMENTOS E REVISÃO – SEGUNDO DESPACHO, CASO INFRUTÍFERA A CONCILIAÇÃO NA AÇÃO DE ALIMENTOS E DE REVISÃO, NÃO SE APLICANDO À EXECUÇÃO CUJO DESPACHO OBEDECE AO DISPOSTO NO ART. 733 DO CPC

Processo Cível nº

Vistos, etc.

1. Designo audiência de Conciliação, Instrução e Julgamento para o dia (...) de (...) de (...), às (...) horas.

2. Cite-se o requerido para comparecimento e apresentação de contestação na audiência. O autor e o requerido comparecerão à audiência acompanhados de suas testemunhas, 3 (três) no máximo (Lei nº 5.478/1968, art. 8º).

3. O não comparecimento do autor implica no arquivamento do pedido, e a ausência do requerido importa em revelia, além de confissão quanto à matéria de fato (art. 7º da citada Lei).

4. Fixo alimentos provisórios no valor de 50% do salário-mínimo (ou outro percentual), devendo-se oficiar à empresa empregadora para desconto automático na folha de pagamento do requerido. A pensão incidirá sobre o 13º salário.

5. Oficie-se igualmente para a empregadora solicitando informações sobre os vencimentos do requerido nos últimos 6 (seis) meses, tudo sob as penas do art. 22 da Lei nº 5.478/1968.

6. Deve o autor indicar o número da conta bancária para o respectivo depósito do valor da pensão ora arbitrada.

7. Intime-se o autor da data da audiência acima aprazada, bem como o seu patrono judicial e o representante do Ministério Público.

Local e data

(a) Juiz de Direito

3.3. Alimentos – Exoneração – Sentença de extinção – Ação de exoneração de pensão alimentícia – Maioridade do filho atingida – Independe de ação a exoneração da pensão pela maioridade do filho credor

Processo Cível nº

Vistos, etc.

1. Cuida-se de ação de exoneração de pensão alimentícia proposta por G.G. contra L.L., salientando o autor a emancipação ou maioridade dos filhos, quer por força do atingimento da idade de 18 anos, quer por força do casamento.

2. O caso é de indeferimento da petição inicial por falta das condições da ação (CPC, art. 267, VI). Com efeito, já se decidiu que: "Alimentos – Obrigação alimentar – Filho – Maioridade atingida – Cessação automática do dever de pagá-los – Desnecessidade do ajuizamento de ação autônoma. Deferimento do pedido de expedição de ofício à empregadora do devedor. Inexistência, ademais, do direito de acrescer. Recurso provido. Cessada a menoridade de filho, cessa *ipso iure* a causa jurídica da obrigação de sustento, sem que se faça necessário o ajuizamento, pelo devedor, de uma ação exoneratória" (TJSP, 1ª CC, Ag. Inst. nº 260.325-1-SP, Rel. Des. Renan Lotufo, j. em 19.9.1995, *in Boletim AASP* nº 1.950, de 8 a 14.5.1996, pág. 36-e).

3. No caso vertente, alegada na petição inicial a maioridade dos filhos, cessa automaticamente o dever de pagar alimentos, ressalvadas as hipóteses de invalidez e outras de caráter educacional ou escolar do credor. Como dito, não há necessidade de ação exoneratória.

4. Indefiro, pois, a petição inicial. Determino, todavia, de ofício, a expedição de comunicado para a empresa empregadora, para que não mais proceda aos descontos da pensão alimentícia na folha de pagamento do autor, tudo em razão dos documentos comprovando a maioridade dos filhos (vide fls.).

P.R.I.C.

Local e data

(a) Juiz de Direito

3.4. AÇÃO DE ALIMENTOS E A INVESTIGAÇÃO DE PATERNIDADE

(Ver Decisão encartada no item 5.1, no Capítulo I: "Preliminares – Matérias Rejeitadas")

4. DESAPROPRIAÇÃO

4.1. DESPACHO INICIAL NA AÇÃO DE DESAPROPRIAÇÃO

Processo Cível nº

Vistos, etc.

1. Trata-se de pedido de desapropriação de imóvel urbano sem benfeitorias e com a área de (...) metros quadrados, formulado pela Prefeitura do Município de (...), contra (...), qualificado nos autos.

2. Pediu-se a medida liminar de imissão na posse do imóvel, sugerindo o Poder Público, desde logo, o valor real da indenização no importe de R$ (...) (...), valor esse encontrado por uma Comissão de Avaliação nomeada pela Fazenda Municipal.

3. Não fosse o valor real apontado pelo próprio Poder Público no presente caso, e com a disposição expressa para o depósito prévio e voluntário do preço total do bem desapropriado, tenho mesmo exigido uma avaliação prévia e o conseqüente depósito integral para fins de concessão da medida liminar de imissão na posse do imóvel desapropriado. Com efeito.

4. Tenho decidido em casos semelhantes conforme o Comunicado nº 545/1995, da E. Corregedoria Geral de Justiça do Estado de São Paulo, publicado no *DOE* de 16.10.1995, onde foi justificada a legitimidade da exigência do depósito *prévio e integral do valor do bem expropriado*, para fins de imissão provisória na posse pelo Poder Público Expropriante. Tenho lavrado assim o despacho inicial:

Atento à questão da indenização prévia devida na expropriação de bens pelo Poder Público (CF, art. 5º, inciso XXIV), tudo para fins de medida liminar de imissão na posse, é indispensável a avaliação prévia do imóvel descrito na petição inicial, pelo que, nomeio perito do Juízo o Sr. (...), que deverá apresentar laudo em 3 (três) dias, independentemente de compromisso (CPC, art. 422). As partes poderão indicar Assistentes Técnicos e exibirem quesitos, também em 3 (três) dias. Fixo honorários provisórios do perito em (4 ou 5) salários mínimos, devendo esse valor ser depositado pelo Poder Público Expropriante em 3 (três) dias.

Trata-se de avaliação prévia para fins de concessão da imissão provisória na posse de imóvel expropriado, que determino em função do princípio da moralidade administrativa e com o objetivo do Governo Municipal ficar livre das incertezas naturais do mercado, ora provocadas pela variação e conseqüente atualização dos valores dos bens decorrentes da inflação, ora provocadas por fatores imprevisíveis, possibilitando, igualmente, ao expropriado, o recebimento de imediato do preço para a aquisição de outro bem em substituição ao desapropriado, sem necessidade de aguardar por anos a indenização nas filas provocadas pelo represamento dos ofícios-precatórios (RT 671/104, Ag. Inst. nº 167.535-2, MS nº 163.791-2; Acórdão in RJTJESP-Lex 131/342, e Hely Lopes Meirelles, Direito Administrativo Brasileiro, Revista dos Tribunais, pág. 585). Efetivamente, tem-se entendido que: "*Mandado de segurança – Imissão na posse – Avaliação prévia – Depósito do preço. Uma vez que a Constituição Federal adota o princípio da legitimidade e licitude para a desapropriação (art. 5º, inciso XXIV), exigindo seja a indenização prévia e justa, em dinheiro, descabe qualquer alegação de possível gravame de determinação judicial de avaliação provisória do imóvel desapropriado para ser apurado como justo o preço*" (MS nº 20.078-4, Rel. Des. Luiz Perroti, *in Súmulas do STF*, Wilson Bussada, pág. 798).

5. Como no caso vertente o próprio Poder Público, já ciente da orientação anterior do Juízo local, ao ajuizar o pleito de desapropriação nomeou antes uma Comissão que avaliou o imóvel em R$ 12.658,50 (fls.), por ora e para fins de imissão provisória na posse do imóvel expropriado, aceito o valor indicado pela Fazenda Municipal, dispensando a *perícia prévia e provisória*, e determino o seguinte:

a) Intime-se o Poder Público Expropriante para, no prazo de 3 (três) dias, depositar o valor da indenização apurado por sua própria Comissão de Avaliação, isto é, deverá depositar o valor integral de R$ 12.658,50, que aceito provisoriamente.

b) Após o depósito da importância acima referida, nos termos do art. 15, *caput*, do Decreto-Lei nº 3.365, de 21.6.1941, defiro a imissão provisória na posse do bem expropriado, independentemente de citação do requerido. Expeça-se, portanto, após o depósito, inclusive dos honorários do perito judicial abaixo fixado, o mandado de imissão provisória na posse.

c) Nos termos do art. 14 e parágrafo único, do Decreto-Lei nº 3.365/1941, que determina a nomeação de perito já no despacho inicial, desde logo nomeio perito judicial para a avaliação definitiva dos bens o Dr. (...), independentemente de compromisso (CPC, art. 422). Laudo em 60 (sessenta) dias. As partes poderão indicar Assistentes Técnicos e formular quesitos, em 10 (dez) dias.

d) Nos termos dos arts. 16 e 19 do referido Decreto-Lei nº 3.365/1941, *cite-se o requerido para, querendo, contestar a ação no prazo de 15 (quinze) dias. Feita a citação, o processo tomará o rito ordinário (art. 19).* Havendo concordância quanto ao preço, o Juiz homologará por sentença no despacho saneador (art. 22). A propósito, *nada obsta a que a transação seja extrajudicial* (notas ao art. 158, nº 3, do CPC, *in Código de Processo Civil e Legislação Processual em Vigor*, de Theotonio Negrão, Revista dos Tribunais, pág. 842, art. 22, da Lei das Desapropriações).

Para levantamento do preço, o requerido deverá fazer prova da propriedade e da quitação das dívidas fiscais (art. 34).

e) Manifeste o Ministério Público, se for o caso.

f) Fixo os honorários provisórios do perito judicial em 5 (cinco) salários mínimos. A autora deverá depositar esse valor no prazo de 3 (três) dias.

g) Após a juntada do laudo, conclusos para designação de audiência de instrução ou julgamento independentemente de produção de outras provas.

Intime-se.

Local e data

(a) Juiz de Direito

4.2. SENTENÇA EM AÇÃO DE DESAPROPRIAÇÃO

Observação: A sentença e os julgados mencionados são do período de vigência do Código Civil de 1916.

PODER JUDICIÁRIO
ESTADO DE SÃO PAULO

Processo Cível nº

SENTENÇA

Vistos e examinados estes autos de ação de desapropriação de imóvel urbano pertencente a particular, por sentença tem-se a solução final em 1ª instância de uma lide com as seguintes características:

1. O REQUERENTE DO PROVIMENTO JURISDICIONAL E SUA PRETENSÃO

A Prefeitura de Garça ajuizou ação de Desapropriação de imóvel urbano, contra "A", ponderando que, pelo Decreto Municipal nº (...), de (...) de (...) de 19.., declarou de utilidade pública, um imóvel urbano localizado na Rua das Acácias, na cidade de Garça, com a área de (...) metros quadrados, destinado à captação de águas para abastecer e alimentar o Lago Artificial de Garça. O imóvel foi avaliado pelo Poder Público em R$ 4.788,00, ficando o preço do metro quadrado estimado em R$ 11,97. Pediu a requerente a imissão provisória na posse do imóvel expropriado, fazendo desde logo o depósito de R$ 4.788,00 (fls.) e, finalmente, requereu a procedência da ação com a transferência regular do domínio do imóvel desapropriado.

A petição inicial veio instruída com os documentos de fls.

2. O REQUERIDO NO PLEITO E SUA REAÇÃO PROCESSUAL

A Sra. (...), viúva de "A", este apontado inicialmente como parte requerida na ação, habilitou-se desde logo no processo, noticiando o falecimento do marido. Apresentou-se contestação nas fls.. Ponderou a requerida que não era possível aceitar a oferta do Poder Público Expropriante, já que o valor proposto ao imóvel desapropriado não correspondia ao real valor de mercado. A rigor, deveria ser paga uma justa indenização, nos termos da Constituição Federal, além do que um perito judicial deveria ser nomeado para apurar o justo valor (fls.). A requerida não concordou com o valor do depósito liminar (fls.), e salientou que outros imóveis semelhantes estavam sendo negociados a preços mais altos. Em suma, pediu a nomeação de perito judicial e protestou pela indicação de assistente técnico. E embora discordasse do preço, pediu o levantamento do depósito feito liminarmente pelo Poder Público Expropriante (sic, fls.).

3. A RELAÇÃO JURÍDICA PROCESSUAL

Após regular distribuição da petição inicial, e uma vez realizado o depósito prévio do valor da indenização, foi deferida a imissão provisória na posse do imóvel expropriado (fls.), tendo sido citada a parte requerida no pleito, que, aliás, exibiu contestação, no rito ordinário (Decreto-Lei nº 3.365/1941, art. 19). A Autora aduziu réplica. Foram cumpridas diligências determinadas pelo Juízo, e novos documentos comprobatórios da titularidade dominial da área expropriada vieram para os autos.

Malgrado devesse ser nomeado perito judicial já no primeiro despacho proferido a respeito da petição inicial (Decreto-Lei nº 3.365/1941, art. 14), na verdade, no despacho saneador de fls. é que foi nomeado o aludido perito. A requerida indicou assistente técnico e elaborou quesitos (fls.). O perito judicial apresentou o laudo nas fls., e o assistente técnico da requerida exibiu o seu laudo nas fls.. As partes manifestaram. Designada audiência de instrução, nenhuma das partes quis a produção de provas (fls.). Vieram os memoriais escritos, em substituição aos debates orais. O Poder Público Expropriante impugnou o valor encontrado pelo Assistente Técnico da requerida, e salientou que a indenização atual deveria ser na ordem de R$ 5.616,00, à razão de R$ 14,04 o preço do metro quadrado (fls.). Já a requerida pediu que o valor da indenização fosse fixado em R$ 24,00 para o metro quadrado, totalizando R$ 9.600,00 (fls.). A requerente complementou e pagou os honorários do perito judicial.

Nulidades ou irregularidades processuais não foram apontadas pelas partes.

4. ESSE, O SUCINTO RELATÓRIO. A SOLUÇÃO DA JURISDIÇÃO COM FUNDAMENTAÇÃO

4.1. Trata-se de desapropriação de imóvel urbano com a área de (...) metros quadrados, localizado na cidade de Garça. A cognição está restrita a eventual vício do processo judicial ou a impugnação do preço, inexistindo *uma ação direta, nos termos do art. 20 do Decreto-Lei nº 3.365/1941, para apuração de outras matérias.* Aliás, na contestação de fls., a requerida pediu mesmo o levantamento de 80% do valor depositado previamente pelo Poder Público Expropriante (sic, fls.). Por outro lado, é vedado ao Poder Judiciário decidir no processo expropriatório se se verificam ou não os casos de utilidade pública (art. 9º).

4.2. Pois bem. Vícios do processo judicial não foram apontados pelas partes, tudo conforme se infere dos memoriais das partes de fls.. Resta o exame da questão alusiva ao preço do imóvel expropriado.

4.3. O Poder Público Expropriante, inicialmente, avaliou o imóvel expropriado em R$ 4.788,00, à razão de R$ 11,97 o preço de cada metro quadrado (fls.). Esse foi o valor depositado, nas fls. dos autos. Na contestação de fls., a requerida não apontou nem indicou o valor que entendesse devido, sujeitando-se, contudo, ao valor indenizatório a ser apurado pelo perito judicial. No caso, o perito judicial, *em 20 de outubro de 1995, estimou o valor da indenização em R$ 6.800,00 (seis mil e oitocentos reais), à razão de R$ 17,00 o preço de cada metro quadrado, correspondentes no total a 7.903,30 BTN/TR* (sic, fls.). Para tanto, considerou o perito do Juízo que:

"*A área expropriada (400 m²), está localizada em um dos melhores bairros residenciais da cidade*" (fls.). E ainda: "*A área desapropriada está servida por todos os melhoramentos públicos da cidade, tais como asfalto, guias e sarjetas, iluminação pública, rede de água e esgoto, telefone, área de lazer, etc.*" (sic, fls.).

Ora, nessa tessitura, é razoável a impugnação do Assistente Técnico da requerida, levada a efeito nas fls., no sentido de que a própria Prefeitura de Garça, num loteamento inferior ao da área desapropriada, conhecido por "Loteamento Residencial Estação Velha", fixou para a venda desses lotes o preço de R$ 24,00 por metro quadrado (fls., *e especificamente fls.*). Destarte, o preço do metro quadrado do lote de terreno urbano ora desapropriado não poderia ser inferior ao preço do metro quadrado do loteamento denominado "Estação Velha" (fls.). É um método comparativo válido. Concluiu o Assistente Técnico da requerida:

"*Nessa conformidade, o metro quadrado do terreno objeto da lide, considerando-se a localização superior e mais valorizada aos oferecidos pelo autor, vale, no mínimo, R$ 22,00 (vinte e dois reais)*" (sic, fls.).

Essa conclusão pericial deve ser aceita, ficando fixado o valor total da indenização em R$ 8.800,00. E como a Prefeitura de Garça já depositou R$ 4.788,00 (fls.), deve agora depositar a diferença.

4.4. Observar-se-á o seguinte na fase de liquidação:

Súmula nº 12 do STJ: "Em desapropriação, são cumuláveis juros compensatórios e moratórios".

Súmula nº 113 do STJ: "Os juros compensatórios, na desapropriação direta, incidem a partir da imissão na posse, calculados sobre o valor da indenização, corrigido monetariamente".

Súmula nº 70 do STJ: "Os juros moratórios, na desapropriação direta ou indireta, contam-se desde o trânsito em julgado da sentença".

E mais: Súmula nº 131 do STJ: "Nas ações de desapropriação incluem-se no cálculo da verba advocatícia as parcelas relativas aos juros compensatórios e moratórios, devidamente corrigidas".

E ainda, Súmula nº 141 do mesmo STJ: "Os honorários de advogado em desapropriação direta são calculados sobre a diferença entre a indenização e a oferta, corrigidos monetariamente".

Mais, Súmula nº 102 do STJ: "A incidência dos juros moratórios sobre os compensatórios, nas ações expropriatórias, não constitui anatocismo vedado em lei".

4.5. Os argumentos do Poder Público Expropriante constantes do memorial de fls., não elidiram a força de convencimento do método comparativo utilizado pelo Assistente Técnico da requerida e corroborado nos documentos de fls.. Vale dizer, o próprio Poder Público Municipal valorizou bem mais imóveis considerados inferiores ao lote de terreno ora desapropriado. De resto, nenhuma prova testemunhal foi produzida para desacreditar ou enfraquecer os argumentos do Assistente Técnico da requerida.

5. A CONCLUSÃO

Ante o exposto, JULGO PROCEDENTE a Ação de Desapropriação intentada pela Prefeitura de Garça contra "A", MAS, fixo o valor da indenização em R$ 8.800,00, contemporânea ao laudo judicial de fls., devendo essa importância ser paga pelo Poder Público Expropriante à Expropriada com juros compensatórios de 12% ao ano, mais correção monetária a partir da imissão provisória na posse do imóvel (26.5.1995, fls.), incidindo ainda os juros moratórios de 6% ao ano a partir do trânsito em julgado da sentença. Observar-se-á na conta de liquidação a Súmula nº 561 do STF, devendo o valor apurado ser expressado por moeda corrente no País e também pelo equivalente aos índices inflacionários divulgados pelo IBGE.

Pagará o Poder Público Expropriante as despesas processuais e honorários advocatícios, que fixo em 10% do valor correspondente à diferença entre o valor da oferta e o fixado na presente sentença, devidamente corrigido.

Mantenho a decisão que deferiu a imissão provisória na posse do imóvel desapropriado. Com o pagamento ou a consignação do valor estabelecido na sentença, expedir-se-á a favor do Expropriante o mandado de imissão de posse definitiva e se ordenará a transcrição do imóvel no Cartório de Registro de Imóveis, tudo de conformidade com o art. 29 do Decreto-Lei nº 3.365/1941.

Do valor apurado em liquidação será deduzida a importância já depositada pelo Expropriante com a petição inicial e conforme guia de fls., devidamente corrigida.

Na liquidação observar-se-á o disposto no item 4.4. retro, ou seja, a orientação Pretoriana constantes das Súmulas citadas.

Recorro de ofício ao Egrégio Tribunal Superior. Remetam-se os autos, após o transcurso do prazo recursal para as partes.

Publique-se.

Registre-se.

Intime-se.

Comunique-se.

Local e data

(a) Dr. Valdeci Mendes de Oliveira – Juiz de Direito

5. DESPEJO – AÇÃO DE DESPEJO POR FALTA DE PAGAMENTO

5.1. DESPACHO INICIAL NA AÇÃO DE DESPEJO POR FALTA DE PAGAMENTO

Processo Cível nº

Vistos, etc.

1. As ações de despejo, após satisfeitas as regras especiais, terão o rito ordinário (art. 59, *caput*, da Lei nº 8.245/1991).

2. Cite-se o requerido para contestar a ação no prazo de 15 (quinze) dias, ou, no mesmo prazo, requerer a autorização para purgação da mora, querendo (Lei nº 8.245/1991, art. 62, II). Se for requerida a purgação, desde logo defiro o prazo de 5 (cinco) dias, contados do protocolo da petição, para o locatário depositar o principal, multas previstas no contrato, juros de mora, correção monetária, custas e honorários advocatícios de 10% do valor do débito atualizado (art. 62, II).

3. Efetuado o depósito, se o locador em 15 (quinze) dias alegar que a oferta não é integral e justificar a diferença, intime-se o locatário para complementar o depósito no prazo de 10 (dez) dias. Se não for complementado o depósito, o pedido de rescisão prosseguirá pela diferença, podendo o locador levantar a quantia depositada (art. 62, IV, Lei nº 8.245/1991).

4. Intime-se. Cumpra-se, pois, o disposto no art. 62 e incisos, da Lei nº 8.245/1991.

Local e data

(a) Juiz de Direito

5.2. DESPEJO – MEDIDA LIMINAR – HIPÓTESE DE CONCESSÃO DA MEDIDA (LEI Nº 8.245, DE 1991, ART. 59)

Processo Cível nº

Vistos, etc.

1. Nos termos do art. 59, § 1º, e incisos, da Lei nº 8.245/1991, é admissível na ação de despejo a concessão de medida liminar para desocupação do imóvel locado em 15 (quinze) dias, independentemente de audiência da parte contrária e desde que prestada a caução no valor equivalente a 3 (três) meses de aluguel, e ainda quando o pleito se fundar exclusivamente em:

a) descumprimento do mútuo acordo, celebrado por escrito e assinado pelas partes e duas testemunhas, no qual tenha sido ajustado o prazo mínimo de 6 (seis) meses para desocupação, contados da assinatura do acordo (art. 9º, I);

b) extinção do contrato de trabalho, se a ocupação do imóvel pelo locatário estiver relacionada com o seu emprego, devendo existir, na hipótese, prova escrita da rescisão do contrato de trabalho, ou, se for o caso, ser ela demonstrada em audiência prévia;

c) término do prazo da locação para temporada, desde que tenha sido proposta a ação de despejo em até 30 (trinta) dias após o vencimento do contrato;

d) morte do locatário sem deixar sucessor legítimo na locação, de acordo com o referido no inciso I do art. 11, permanecendo no imóvel pessoas não autorizadas por lei;

e) permanência do sublocatário no imóvel, extinta a locação celebrada com o locatário.

2. No caso dos autos, está presente a hipótese contemplada no item 1º, letra (...), acima. (vide docs. de fls.)

Assim, determino:

a) Tome-se por termo a caução, depositando-se o numerário oferecido pelo requerente em conta judicial com juros e correção monetária;

b) Após, expeça-se Mandado Liminar de Despejo, assegurando-se ao locatário o prazo de 15 (quinze) dias para desocupação voluntária. Findo o prazo sem desocupação voluntária, autorizo o despejo compulsório, com reforço policial, se for o caso.

c) Cite-se o requerido para, querendo, contestar a ação no prazo de 15 (quinze) dias.

3. Cumpra-se. Intime-se.

Local e data

(a) Juiz de Direito

5.3. DESPEJO – MEDIDA LIMINAR – INDEFERIMENTO DA MEDIDA

Processo Cível nº

Vistos, etc.

1. Não estando presente qualquer das hipóteses previstas no art. 59, § 1º, incisos I a V, da Lei nº 8.245/1991 (nem há prestação de caução), INDEFIRO a medida liminar.

2. Cite-se o requerido para, querendo, contestar a ação no prazo de 15 (quinze) dias (art. 59, *caput*, da Lei nº 8.245/1991).

3. Intime-se.

Local e data

(a) Juiz de Direito

5.4. Despejo – Sentença em ação de despejo por falta de pagamento de alugueres – Réu revel

(Nota: O mesmo modelo serve para o despejo de imóvel locado para fins comerciais, com os mesmos artigos de lei)

PODER JUDICIÁRIO
ESTADO DE SÃO PAULO

Processo Cível nº

SENTENÇA

Vistos, etc.

1. Trata-se de Ação de Despejo por Falta de Pagamento e Cobrança de Alugueres, ajuizada por "A" contra "B" e "C", todos qualificados na petição inicial. Alegou o requerente que locou um imóvel residencial para o requerido "B", situado na Rua das Acácias, nº 20, na cidade de (...), tendo como fiadores "C" e sua mulher. Acontece que a partir do mês de janeiro de 1996, o locatário "B" deixou de pagar os alugueres. Daí o pedido de despejo com a respectiva cobrança dos valores atrasados, mais os encargos de lei, inclusive contra os fiadores.

2. A petição inicial veio instruída com os documentos de fls.. Os requeridos foram devidamente citados para se defenderem e não contestaram a ação (fls.). Preferiram a contumácia.

3. ESSE, O RELATÓRIO. DECIDO.

3.1. O caso é de julgamento antecipado do processo (CPC, art. 330, I e II). A rigor, julga-se pela revelia dos requeridos. Com efeito, devidamente citados para responderem aos termos da ação (fls.), todos os requeridos deixaram escoar em branco o prazo para a contestação. Preferiram a revelia. Ora, "se o réu não contestar a ação, reputar-se-ão verdadeiros os fatos afirmados pelo autor". Inteligência do art. 319 do CPC. (ver, igualmente, Lei nº 8.245, de 18.10.1991, art. 79).

3.2. Em suma, no caso vertente, diante da revelia dos requeridos, não há como desprestigiar ou rejeitar o pedido do requerente amparado em contrato de locação. Como dito, na ausência de defesa, presumem-se verdadeiros os fatos articulados na peça exordial. É procedente a ação, inclusive de cobrança dos alugueres atrasados.

4. DISPOSITIVO

Ante o exposto, com fundamento nos arts. 9º, III, e 63, da Lei nº 8.245/1991, JULGO PROCEDENTE o pedido formulado por "A" e consequentemente decreto o Despejo de "B" do imóvel residencial situado na Rua das Acácias, nº 20, nesta cidade. Fixo o prazo de 30 (trinta) dias para a desocupação voluntária, contados da notificação. Notifique-se.

Findo o prazo sem desocupação, expeça-se mandado de despejo forçado, conforme o art. 65 da referida lei. Condeno todos os requeridos ao pagamento dos alugueres atrasados a partir de janeiro de 1996 (fls.), tudo acrescido de juros e correção monetária, nos termos da lei, contados da época do respectivo vencimento. Pagarão os vencidos as custas processuais e honorários advocatícios de 10% sobre o valor da condenação. Após a liquidação, citem-se os requeridos para pagamento no prazo de 24 (vinte e quatro) horas, sob pena de penhora de bens. Eventual recurso da presente decisão somente terá o efeito devolutivo (art. 58, V, da Lei nº 8.245/1991). Se for o caso de execução provisória da sentença (art. 64), fixo o valor da caução em R$ 960,00 (uma anuidade dos alugueres).

Publique-se. Registre-se. Intime-se. Comunique-se.

Local e data

(a) Dr. Valdeci Mendes de Oliveira – Juiz de Direito

5.5. DESPEJO – JURISPRUDÊNCIA

Observação: Alguns dos julgados mencionados são do período do Código Civil de 1916.

5.5.1. "DESPEJO – Caução – Agravo de instrumento. O próprio imóvel despejando poderá ser objeto de caução, desde que o caucionante faça prova de propriedade e da sua disponibilidade, somente podendo impugnar o réu a caução ofertada mediante justificada razão, não competindo ainda ao Juiz que a fixou determinar o modo como esta será prestada, pois cabe ao locador optar por uma das modalidades de garantia na forma que lhe for possível e conveniente. Agravo de Instrumento provido." (2º TACivSP, 7ª C., Ag. Inst. nº 459.725-00/2-SP, Rel. Juiz Emmanoel França, j. em 21.5.1996, v.u., *in Boletim AASP* nº 1973, de 16 a 22.10.1996, pág. 333-j).

5.5.2. "TUTELA ANTECIPADA – Despejo – Descabimento. A tutela antecipada do art. 273 do CPC se mostra inaplicável às ações de despejo, reguladas pela Lei nº 8.245/1991 (art. 59), pois aqui o legislador definiu, taxativamente, as hipóteses para a concessão da medida liminar comum." (2º TACivSP, Ag.Inst. nº 460.373, 5ª C., Rel. Juiz Laerte Sampaio, j. em 8.5.1996, *in Boletim AASP* nº 1975, de 30.10 a 5.11.1996, pág. 5, 14/96).

5.5.3. "Despejo – *Flat Service* ou *apart-hotel*. Não subordinação à Lei do Inquilinato – Inadequação – Cabimento da reintegração de posse. A retomada do imóvel, objeto do contrato de *apart-hotel* ou *flat*, deve ser demandada mediante provimento possessório, precedido ou não do rescisório da avença." (2º TACivSP, Ap. s/rev. nº 463.047, 5ª C., Rel. Juiz Laerte Sampaio, j. em 27.8.1996, *in Boletim AASP* nº 1979, de 27.11. a 3.12.1996, pág. 1, *Ementário* nº 18/96).

5.5.4. "EXECUÇÃO – Penhora – Bem de família – Fiador que se sub-roga no direito do credor – Impenhorabilidade do bem do devedor afastada – Aplicação da Lei nº 8.009/1990, art. 3º, VII, c/c o art. 988 do Código Civil. À ação intentada por fiador, que se sub-rogou nos direitos do locador, aplica-se o disposto no art. 3º, VII, da Lei nº 8.009/1990." (2º TACIvSP, Ap. c/ Rev. nº 464.002, 2ª C., Rel. Juiz Batista Lopes, j. em 23.9.1996, in Boletim AASP nº 1979, pág. 3, e no mesmo sentido, JTA-LEX 158/308).

5.5.5. "FIANÇA – Ausência de outorga uxória – Ineficácia do ato. A anulação da fiança, prestada por marido sem outorga uxória, em ação promovida pela mulher durante a constância da sociedade conjugal, acarreta a ineficácia total do ato. Art. 235, III, do Código Civil. Recurso conhecido e provido." (Ac. un. da 4ª T., STJ, REsp nº 94.094-MS, Rel. Min. Ruy Rosado de Aguiar, j. em 26.8.1996, DJU 7.10.1996, pág. 37.646, in Rep. IOB de Jurisprudência nº 23/96, 1ª quinz/dez/ 1996, indicativo 3/12659).

5.5.6. "CIVIL – Locação – Fiança – Interpretação não extensiva – Responsabilidade restrita ao período originariamente contratado – Continuidade da garantia sem anuência do fiador – Impossibilidade – Cláusula que obrigue o fiador até a efetiva entrega das chaves – Irrelevância – Súmula 214 do STJ. I – A obrigação decorrente da fiança locatícia deve se restringir ao prazo originariamente contratado, descabendo se exigir do garantidor o adimplemento de débitos que pertinem ao período de prorrogação da locação, à qual não anuiu, consoante a regra dos arts. 1.003 e 1.006 do Estatuto Civil. Precedentes. II – A impossibilidade de conferir interpretação extensiva à fiança locativa, consoante pacífico entendimento desta Egrégia Corte, torna, na hipótese, irrelevante, para o efeito de se aferir o lapso temporal da obrigação afiançada, cláusula contratual que preveja a obrigação do fiador até a entrega das chaves, bem como aquela que pretenda afastar a disposição prevista no art. 1.500 do Código Civil. III – Consoante dispõe a Súmula 214 desta Corte: "O Fiador na locação não responde por obrigações resultantes de aditamento ao qual não anuiu". IV – Embargos de divergência acolhidos." (REsp. nº 302.209, Rel. Min. Gilson Dipp, in Caderno Jurídico, da Tribuna da Magistratura, APAMAGIS, ano XV, nº 128, julho/agosto/2003, págs. 01/04).

Observação: Anote-se que, o Código Civil de 2002, no art. 835, permitiu ao fiador requerer a sua exoneração. Confira-se: "O fiador poderá exonerar-se da fiança que tiver assinado sem limitação de tempo, sempre que lhe convier, ficando obrigado por todos os efeitos da fiança, durante 60 (sessenta) dias após a notificação do credor.".

Lembre-se que, a par da regra especial contida no art. 39 da Lei nº 8.245/91, e do disposto no art. 2.036 do Código Civil de 2002, a fiança é um instituto de direito civil e tipicamente disciplinada no Código Civil, sendo assim genericamente aplicada conforme o contexto do aludido Código Civil.

6. FALÊNCIA

6.1. Despacho inicial na ação de falência por falta de pagamento (Art. 1º do Decreto-Lei Nº 7.661, de 21.6.1945)

Processo Cível nº

Vistos, etc.

    1. Nos termos dos arts. 1º e 11 da Lei de Falências, cite-se o devedor para, dentro de 24 (vinte e quatro) horas, apresentar defesa ou depositar a quantia devida, elidindo a falência (art. 11, §§ 1º e 2º).

    2. Não encontrado o devedor, cite-se por edital, com prazo de 3 (três) dias para a defesa (art. 11, § 1º, 2ª parte).

    3. Após, ao Ministério Público.

    4. Intime-se.

Local e data

(a) Juiz de Direito

6.2. Falência – extinção do processo em virtude da inércia do autor (paralisação do feito há mais de 30 dias)

Processo Cível nº

Vistos, etc.

    1. Tendo em vista o decurso do prazo estabelecido e face ao silêncio da autora, julgo extinto o Pedido de Falência movido por W.L.E. contra L.M.L., sem apreciação do mérito, tudo com fundamento no art. 267, inciso III, do CPC.

    2. Transitada em julgado, certifique-se, comunique-se e arquive-se.

P.R.I.C.

Local e data

(a) Juiz de Direito

6.3. Primeira hipótese de encerramento da falência: arrematação, liquidação e relatório final

Vistos, etc.

    1. Cuida-se de pedido de falência promovida pela empresa "X" contra a empresa "Y". O processo tramitou regularmente e no final os bens foram arrematados e entregues (fls. ___). Foi efetuada a liquidação (fls.___) e julgadas as contas do síndico (fls.___). A propósito, o síndico apresentou relatório final nas fls.____, pleiteando ele e o Dr. Curador o encerramento da falência (Ver fls.___e___).

2. Pois bem. Apresentado o relatório final e tendo o Dr. Curador manifestado nos autos, deve o processo ser encerrado, na forma do art. 132 da Lei de Falências.

3. A CONCLUSÃO.

Assim sendo, atendendo-se aos pedidos do Síndico e do Dr. Curador, DECLARO ENCERRADA a falência da empresa "Y", continuando esta com a responsabilidade do seu passivo constante do relatório. Determino que se cumpra o disposto nos §§ 2º e 3º do art. 132 da Lei de Falências. Expeçam-se editais e aguarde-se o decurso do prazo para recurso (LF, art. 132, § 2º). Não havendo recursos, certifique-se o trânsito em julgado e arquive-se os autos, cientificando as partes.

P.R.I.C.

Local e data.

(a) Juiz de Direito

6.4. SEGUNDA HIPÓTESE DE ENCERRAMENTO DA FALÊNCIA: NÃO HÁ SÍNDICO NEM CREDORES HABILITADOS

Vistos, etc.

1. A empresa "Y" requereu e viu julgada procedente a falência da empresa "B", tudo com fundamento no art. 1º, c/c art. 11, da Lei de Falências (Ver sentença de fls.____).

2. Nomeada a requerente para o cargo de síndica, ela culminou por rejeitar o cargo. Aliás, a requerente não assumiu o cargo e manifestou expressamente a pretensão de arquivamento do feito, alegando ter recebido seus créditos outros sujeitos à falência (fls. ____).

3. Instado para manifestar nos autos, o Dr. Curador opinou pela revogação da falência (Ver fls.___).

4. ESSE, O SUCINTO RELATÓRIO. DECIDO.

Pelo que consta dos autos, verifica-se que o presente caso, *mutatis mutandis,* se enquadra na hipótese descrita por WALDEMAR FERREIRA no seguinte sentido: "*Mesmo conhecidos os credores, pode dar-se que nenhum aceite o cargo de síndico, e o próprio requerente da falência, pago pelo próprio falido ou por alguém por ele, se desinteresse do processo. Nomeada pessoa estranha, e deixando os credores, o requerente da falência inclusive, de habilitar-se no prazo marcado pela sentença, torna-se impossível prosseguir por ausência de interesse econômico, que justifique o andamento do processo. A despeito da inexistência de dispositivo legal que, em tal caso, o encerre, cumpre ao Juiz encerrá-lo, dada a manifesta impossibilidade de seu prosseguimento"* (Tratado de Direito Comercial, vol. 15º, pág. 207, edição 1966).

5. A CONCLUSÃO.

Ante o exposto, nos termos do art. 132 da Lei de Falências, DECLARO ENCERRADA A FALÊNCIA DA EMPRESA "B". Cumpra-se o disposto nos §§ 2º e 3º do aludido art. 132 da Lei de Falências. Expeçam-se editais e aguarde-se o decurso de prazo para recursos (§ 2º do art. 132). Após, observadas as formalidades legais, arquive-se.

P.R.I.C.

Local e data.

(a) Juiz de Direito

6.5. TERCEIRA HIPÓTESE DE ENCERRAMENTO DA FALÊNCIA: POR FALTA DE BENS PARA ARRECADAR

Vistos, etc.

1. Trata-se de pedido de falência formulado por "X" contra "Y", tendo sido declarada a falência da requerida conforme sentença de fls._.

2. Cumpridas as formalidades legais e preliminares do processo de falência, a síndica e o Dr. Curador pediram o encerramento da falência diante da inexistência de bens para arrecadar (Ver fls._____ e _____).

3. ESSE, O SUCINTO RELATÓRIO. DECIDO.

Efetivamente, o presente processo de falência da empresa "Y" deve ser encerrado como foi requerido pela síndica (fls.___), com a concordância do Dr. Curador nas fls._____. Com efeito, diante da **inexistência de bens** para arrecadar (Ver Auto de Arrecadação Negativa nas fls.____) **e da não habilitação** de credores *ALÉM DA REQUERENTE* (Ver Certidão de fls.____), que, por sua vez, se desinteressou do processo, pleiteando mesmo o seu encerramento (fls. _____), o presente caso se enquadra no disposto no art. 75 da Lei de Falências, devendo assim, sumariamente, desencadear o procedimento de encerramento (cf. Waldemar Ferreira, *Tratado de Direito Comercial*, 1º vol., pág. 206; Rubens Requião, *Curso de Direito Falimentar*, 1º vol., pág. 234). Destarte, realizado esse procedimento, com a necessária publicação de editais, não se opuseram ao encerramento quaisquer credores. A anterior manifestação da síndica serve de relatório, eis que retrata a situação da falida (fls.___).

4. A CONCLUSÃO.

Ante o exposto, nos termos do art. 132 da Lei de Falências, DECLARO ENCERRADA a falência da empresa "Y", continuando esta com a responsabilidade do seu passivo, constante do relatório juntado nos autos. Cumpra-se o cartório o disposto nos §§ 2º e 3º do art. 132 da LF. Expeçam-se editais, oficiando-se por publicação gratuita, e aguarde-se o decurso do prazo para recurso (art.132, § 2º).

P.R.I.C.

Local e data.

(a) Juiz de Direito

6.6. Quarta hipótese de encerramento de falência: inexistência de bens a arrecadar, inexistência de credores habilitados, inexistência de síndico

Processo Cível nº 000/2000

SENTENÇA

Vistos,

1. A empresa "X" requereu e viu julgada procedente a Falência da empresa "Y", tudo com fundamento no art. 1º, combinado com o art. 11, da Lei de Falências (ver Sentença de fls. 102/106 dos autos).

2. Nomeada a requerente para o cargo de síndica, ela culminou por rejeitar o encargo, tudo conforme petição de fls. 200/201 dos autos. Aliás, a requerente não assumiu o encargo.

3. Em diligência peculiar ao Processo de Falência, o Oficial de Justiça não conseguiu lacrar o estabelecimento pela inexistência dele no local indicado pela requerente, tudo conforme se vê na **fls. 147** dos autos. Já nas **fls. 159 e 178** dos autos foi certificada a impossibilidade de arrecadação de bens por não terem sido encontrados. Por fim, nas **fls. 208/209** dos autos foi certificada a inexistência de qualquer habilitação de crédito, nem mesmo a do requerente, tudo conforme despacho de **fls. 211** dos autos.

4. Instada para manifestar nos autos, o Dr. Promotor de Justiça opinou pela extinção da Falência e não das obrigações do falido (ver parecer de fls. 223/226 dos autos).

5. ESSE, O SUCINTO RELATÓRIO. DECIDO.

5.1. Efetivamente, o presente Processo de Falência deve ser declarado extinto ou encerrado, com manutenção das obrigações da empresa falida. É que, no presente caso, verificou-se a inexistência de bens para arrecadar, bem como a inexistência de qualquer habilitação de crédito, bastando que se confira o que consta de **fls. 159, 178, 204 e 205** dos autos. A propósito, nem mesmo o requerente da Falência quis o encargo de síndico e nem mesmo se habilitou como deveria se habilitar nos autos (**fls. 200 e 201** dos autos). De modo que, verifica-se que o presente caso, *mutatis mutandis*, se enquadra na hipótese descrita por Waldemar Ferreira no seguinte sentido: *"Mesmo conhecidos os credores, pode dar-se que nenhum aceite o cargo de síndico, e o próprio requerente da falência, pago pelo próprio falido ou por alguém por ele, se desinteresse do processo. Nomeada pessoa estranha, e deixando os credores, o requerente da falência inclusive, de habilitar-se no prazo marcado pela sentença, torna-se impossível prosseguir por ausência de interesse econômico, que justifique o andamento do processo. A despeito da inexistência de dispositivo legal que, em tal caso, o encerre, cumpre ao Juiz encerrá-lo, dada a manifesta impossibilidade de seu prosseguimento".* (Tratado de Direito Comercial, vol. 15º, pág. 207, edição 1966).

5.2. Por seu turno, o Digno Representante do Ministério Público bem anotou que se nenhum credor se habilita na Falência, nem o próprio requerente, deve o Juiz encerrá-la por falta de objeto. **Não há falência sem credor.** Mas, não se trata de extinção das obrigações como previsto no art. 135 da Lei de Falências, e sim de encerramento por falta de objeto. Daí não incidir o art. 191 do Código Tributário Nacional, nem as demais exigências da extinção das obrigações. Na hipótese, decreta-se a extinção do processo e não das obrigações (*RJTJESP* 100/113, 126/116, 128/568 e *JTJ* 184 / 70).

6. A CONCLUSÃO.

Ante o exposto, nos termos do art. 132 da Lei de Falências, DECLARO EXTINTA E ENCERRADA A FALÊNCIA DA EMPRESA "X", MANTIDA A SUA RESPONSABILIDADE DE DEVEDORA PERANTE OS SEUS CREDORES, TUDO CONFORME ANOTADO NO "ITEM 5.2." ACIMA. Cumpra-se o disposto nos §§ 2º e 3º do aludido art. 132 da Lei de Falências. Expeçam-se os editais de intimação da presente sentença de encerramento, para serem publicados na Imprensa Oficial e Local, e aguarde-se o decurso de prazo para recursos (§ 2º, do art. 132). Após, observadas as formalidades legais, arquive-se.

P.R.I.C.

Local e data.

(a) Dr. Valdeci Mendes de Oliveira – Juiz de Direito

6.7. Hipótese de habilitação tempestiva de crédito – Primeira habilitação – Despacho inicial na Primeira habilitação

Vistos, etc.

1. R.A. Organizem-se os autos das habilitações de créditos, certificando-se no processo principal e aguardando-se, depois, pelas juntadas das demais habilitações tempestivas.

2. Entreguem-se as segundas vias das respectivas habilitações ao síndico, à medida que forem sendo recebidas pelo Cartório (LF, art. 83), tudo mediante recibo.

3. Aguarde-se o decurso do prazo para as habilitações, certificando-se e fazendo-se os autos conclusos.

Local e data.

(a) Juiz de Direito

6.8. Despacho inicial nas demais habilitações tempestivas

Vistos, etc.

1. Junte-se aos autos das habilitações de créditos, para providências oportunas.

2. Entregue-se, mediante recibo, a segunda via ao síndico (LF, art. 83).

Local e data.

(a) Juiz de Direito

6.9. Despacho mandando certificar o decurso do prazo para habilitações e outras providências

Vistos, etc.

1. Certifique-se o decurso do prazo para as habilitações de créditos.

2. Após cumprido o item 1º, indique o Síndico 2 (dois) credores para o exame dos créditos (LF, art. 85, § 2º), e providencie nos termos do art. 86 da Lei de Falências, tudo em 5 (cinco) dias.

3. Aguarde-se, a seguir, o decurso do prazo de 5 (cinco) dias para impugnação (art. 87), providenciada a publicação de aviso para os interessados.

4. O Cartório deverá "autuar" cada impugnação em separado, com as duas vias da declaração e os documentos a ela relativos, **desentranhando-se**, para esse fim, destes autos (LF, art. 88).

5. A seguir, diga o Dr. Curador.

Local e data.

(a) Juiz de Direito

6.10. Despacho em habilitação retardatária

Vistos, etc.

1. Autuada em apartado, certificada a apresentação no processo principal, digam, em 03 (três) dias, o síndico e a concordatária se for o caso (arts. 84 e 98), publicando-se o aviso para que os interessados apresentem impugnações em 10 dias.

2. A seguir, diga o Dr. Curador.

Local e data.

(a) Juiz de Direito

6.11. Despacho declarando habilitado o crédito quirografário

Vistos, etc.

1. Cuida-se de pedido de habilitação de crédito formulado por "X" em relação à falência da empresa "Y".

2. Diante dos pareceres favoráveis do Síndico e do Dr. Curador de Massas Falidas (fls.____), defiro o pedido de fls. 02 e determino que se inclua o crédito habilitado por "XM", no quadro geral de credores da falência da empresa "X", pela importância de R$ 35.343,00, como crédito **quirografário**.

P.R.I.C.

Local e data.

(a) Juiz de Direito

6.12. Despacho declarando habilitado um crédito preferencial (trabalhista)

Vistos, etc.

1. Cuida-se de pedido de habilitação de crédito formulado por "X" em relação à falência da empresa "Y".

2. Diante dos pareceres favoráveis do Síndico e do Dr. Curador de Massas Falidas (fls.___), DEFIRO o pedido de fls. 02/03 e determino que se inclua o crédito habilitado por FERNANDO MARQUES DE OLIVEIRA, no quadro geral de credores da falência da empresa "X", pela importância de R$ 45.450,00, **como crédito preferencial trabalhista.**

P.R.I.C.

Local e data.

(a) Juiz de Direito

6.13. Decisão declarando habilitados os créditos tempestivos

Vistos, etc.

1. Cuidam-se de pedidos de habilitações de créditos formulados por credores da empresa falida "X".

2. Como foram observadas as formalidades legais, inclusive com manifestação do Síndico e do Dr. Curador, impõe-se o acolhimento dos pedidos adiante mencionados.

3. Assim sendo, JULGO POR SENTENÇA, incluídos no quadro geral de credores da empresa falida "X", os créditos abaixo relacionados, como **quirografários:**

3.1. Gráfica Luzitânia S.A. .... R$ 20.000,00
3.2. Comércio de Carros Usados FMW . R$ 15.000,00
3.3. Irmãos Oliveira S.A. .... R$ 25.000,00
3.4. Loja Marca Ltda. .... R$ 34.000,00
etc., etc.

4. Publique-se, pois, o quadro geral de credores quirografários.

Local e data.

(a) Juiz de Direito

6.14. Despacho inicial em pedido de restituição

Vistos, etc.

1. D. por dependência, R.A., em separado, digam o falido e o síndico, no prazo de 03 dias para cada um (LF, art. 77, § 2º).

2. Providencie o Sr. Escrivão, pelo órgão oficial, o aviso aos interessados de que se encontra em Cartório o pedido de restituição, sendo-lhes concedido o prazo de 05 dias para apresentarem contestação (LF, art. 77, § 2º).

3. Certifique-se no processo principal a respeito da apresentação do presente pedido de restituição.

4. Local e Data.

(a) Juiz de Direito

6.15. SENTENÇA DECRETANDO A FALÊNCIA

Processo Cível nº 1111/99.

SENTENÇA

Vistos, etc.

1. Trata-se de ação de falência proposta pela empresa "X" contra a empresa "Y", ponderando a autora que é credora da requerida pela importância de R$ 18.174,67, representada por 9 (nove) triplicatas devidamente protestadas e não pagas, com o acréscimo da despesa com os protestos dos quirógrafos. Assim sendo, caracterizada a impontualidade da devedora, pediu a autora a decretação da falência, instruindo-se o pedido inicial com os documentos de fls. 05 *usque* 44 dos autos.

2. Depois de cumpridas algumas diligências complementares pela autora – como pagamento de diligência ao oficial de justiça e comunicação de endereço para o ato citatório (fls. 50/60), a empresa requerida foi devidamente citada na pessoa do sócio "W.F.C" (fls. 64), tendo sido exibida a DEFESA nos termos do Decreto-Lei nº 7.661/1945, nas fls. 66/68 dos autos, argüindo-se as seguintes matérias: a) falta do protesto especial a que se refere o art. 10 do Decreto-Lei nº 7.661/1945; b) falta de comprovante de entrega da mercadoria; c) escolha inadequada da via processual, pois a falência não serve como mera ação de cobrança. Daí o pedido de extinção da ação falencial (fls. 67).

3. A relação jurídica processual se desenvolveu regularmente e foi garantido o contraditório peculiar. Após a exibição da defesa da devedora, a empresa credora aduziu réplica nas fls. 71/75 dos autos e insistiu no pedido de procedência da ação. O ilustre e culto representante do Ministério Público sugeriu a realização de audiência de conciliação que, uma vez designada e realizada, a devedora se propôs a pagar a dívida em parcelas, com o que não concordou a requerente (ver fls. 76, 77 e 86). A credora juntou nova memória discriminada do valor da dívida (fls. 88/89), e as partes manifestaram sobre o novo documento (fls. 90). No final, o digno Representante do Ministério Público emitiu parecer nos autos favorável à decretação da falência (fls. 91/94). As partes novamente manifestaram nos autos e insistiram nos pedidos iniciais (fls. 95v/100v). Processo em ordem.

4. ESSE, O RELATÓRIO. DECIDO

4.1. Cuida-se de ação de falência intentada por "X", contra "Y", visando a autora o recebimento de 9 (nove) triplicatas vencidas, protestadas e não pagas nos vencimentos ajustados. Em primeira mão, diga-se que a ação foi distribuída para a 4ª Vara Cível e da Infância e Juventude de Marília-SP- num período em que se estava recebendo distribuições diferenciadas de feitos (3x1), em razão da instalação recente da 4ª Vara, o que provocou um acúmulo de trabalho. Por outro lado, a 4ª Vara Cível carrega cumulativamente a Vara da Infância e Juventude com mais de 2.500 feitos, havendo consequentemente uma sobrecarga natural de serviço. Além disso, há trabalho no Anexo do Juizado Especial Cível e no Anexo Fiscal, tudo contribuindo para um ligeiro atraso de serviço. No mais, também no processo falencial cabe ao magistrado decidir com base no art. 5º da Lei de Introdução ao Código Civil, buscando uma finalidade social e o bem comum. Foi o que aconteceu no caso vertente, inclusive com realização de audiência onde se teve uma proposta de pagamento parcelado da dívida (fls. 86).

4.2. Pois bem. No caso de que se cuida, não é necessária a produção de provas em audiência para solucionar o conflito de interesses. A prova documental é assaz idônea para o julgamento da espécie (CPC, art. 330, inciso I). E, deveras, o pleito judicial da autora é procedente.

4.3. Pelo que se vê dos documentos de fls. 19 a 27 dos autos, foram sacadas 9 (nove) triplicatas contra a empresa requerida, e as correspondentes notas-fiscais-faturas foram expedidas regularmente conforme se infere dos documentos de fls. 30 dos autos. Vai daí que, pelos instrumentos de fls. 31/39 dos autos, todas as 9 (nove) triplicatas foram protestadas no Cartório de Protesto competente, e não foram pagas no prazo legal. O primeiro protesto conhecido foi feito em **27.1.1999 (fls. 31)**. Por outro lado, os documentos comprobatórios da entrega das mercadorias constam de fls. 40/42 dos autos. *Ora, na jurisprudência dos Areópagos já se firmou o entendimento no sentido de que: "A duplicata (ou triplicata) não aceita, mas acompanhada do recibo da efetiva entrega da mercadoria e assim protestada, é título representativo de obrigação irrecusavelmente líquida e, assim, hábil a justificar requerimento de falência do devedor" (RT 443/182)*. Assim sendo, no caso vertente, não só os títulos atrelados à petição inicial são hábeis para instruir a ação de falência, como também a empresa devedora não alegou qualquer nulidade ou irregularidade da obrigação subjacente, nem fez uma notificação prévia para ressalvar eventuais direitos ou pagamentos totais ou parciais dos títulos. Enfim, há nos autos documentos comprobatórios da entrega das mercadorias e de que foi realizado um negócio comercial plenamente lícito entre as partes (ver fls. 40/42, e 28/30), sem qualquer recusa antecipada.

4.4. Anoto que, o protesto especial previsto no art. 10 da Lei de Falência, não era exigido no caso vertente. É que, o referido art. 10 e parágrafos da Lei de Quebras tem por escopo o protesto especial e peculiar aos títulos que, em regra, não estão sujeitos ao protesto obrigatório. No caso dos autos, as duplicatas estão sujeitas ao protesto comum ou cambiário. Destarte, ocorrendo o protesto cambiário ou comum, no foro competente, não será exigido um novo protesto, o especial, para se postular a falência de devedor comerciante.[1] Não procede, pois, a defesa da requerida nas fls. 66/68 dos autos. Se houve o protesto comum cambiário, é dispensável o protesto especial.

4.5. Para finalizar, impõe-se observar que não foram alegadas pela empresa devedora matérias como falsidade dos títulos, prescrição, nulidades, pagamentos, depósitos, etc. (LF, art. 4º). A própria devedora ao ser citada para a demanda judicial não depositou nem apresentou garantias ou caução de futuro cumprimento da obrigação. Nesse caso, não só ficou caracterizada a impontualidade, como também a insolvência. É caso de se decretar a falência e determinar a execução coletiva, com arrecadação de todos os bens da devedora e alienação judicial.[2]

5. A CONCLUSÃO

Ante o exposto, com fundamento nos arts. 1º, 11, 14 e 15 do Decreto-Lei nº 7.661/1945, JULGO PROCEDENTE o pedido formulado pela empresa "X" e consequentemente **DECLARO HOJE, às 14h00min, a falência** da empresa "Y", com CGC/MF sob nº 00.000.111/0001-37, com sede na

---

1. Ver a obra de Waldo Fazzio Júnior, *Lições de Direito Falimentar*, Editora Seleções Jurídicas, Marília, SP, 1978, págs. 79/82.
2. Convém deixar assentado que, no processo falencial comum são identificadas três fases: A) A primeira é a *fase declaratória ou preliminar,* que vai da petição inicial até a sentença declaratória de quebra; B) A segunda é a fase de *Sindicância, também denominada informativa ou investigatória,* que vai da sentença até o início da realização do ativo; aqui, apura-se o ativo e o passivo, arrecada-se os bens, investiga-se a conduta do falido, apuram-se eventuais crimes falimentares, etc. Acentue-se que, nesse momento, a falência se processa em *três autos paralelos e simultâneos: os autos principais, os autos de declarações de crédito e os autos de inquérito judicial, todos interdependentes, mas cada um com processamento próprio e com propósitos específicos;* C) A terceira fase é a da *LIQUIDAÇÃO,* em que se vendem os bens arrecadados e se pagam os credores. Contudo, nem sempre o andamento percorre todas as três fases. *A qualquer momento, por exemplo, o processo pode ser interrompido e encerrado, levantando-se a falência.* Para tanto, basta que o falido extinga as suas obrigações, com o pagamento ou a novação dos débitos, alegação de prescrição, ou transação, remissão, etc. (LF, arts. 135, I e 137, § 3º), certo que, a esse encerramento antecipado dá-se o nome de "levantamento da falência". (cf. Maximilianus Führer, *Falência e Concordatas*, Revista dos Tribunais, 5ª ed., págs.17, 23, 25 e 61). Advirta-se que, pode acontecer de o síndico não encontrar quaisquer bens para arrecadar, ou encontrar bens insuficientes para as despesas. Vale dizer, pode o síndico encontrar bens de valor irrisório, que não pagam as despesas do processo. Nesse caso, o síndico deverá comunicar imediatamente o Juiz que, ouvido o representante do Ministério Público, determinará que o processo passe a seguir o rito especial *"da falência frustrada", previsto no art. 75 e seus parágrafos, da Lei de Falências.* Observa-se que, na arrecadação de bens de fácil deterioração, deve o síndico representar ao Juiz sobre a necessidade de venda imediata por leilão, na forma prevista no art. 73 da LF. Os bens já penhorados ou sequestrados também são arrecadados, excetos os penhorados pela União, Estado e Município que não se sujeitam ao concurso de credores (Lei nº 6.830/1980, art. 29, e Decreto-Lei nº 858/1969, art. 2º). As ações individuais de credores quirografários ficam sem efeito e ficam suspensas em consequência da falência, em atenção ao princípio falimentar do Juízo universal. O credor quirografário perde o direito à execução individual e deve habilitar-se na falência, como todos os demais credores (*ob. cit.,* pág. 27). Os bens de terceiros que estiverem com o falido também são arrecadados, e devolvidos somente mediante pedido de "restituição" (art. 76) ou embargos de terceiro (art. 79), (pág. 26), com autuação em apartado. Por fim, é possível que, após o encerramento das habilitações de crédito, verifique-se que o montante total dos créditos declarados (e não reais) é inferior a cem vezes o maior salário mínimo vigente no País, caso em que, se determinará o processamento da falência sumária (art. 200 e parágrafos, da LF). Excepcionalmente, poderá o negócio continuar, nomeando-se um gerente proposto pelo síndico e fazendo negócios só a dinheiro (art. 74).

Rua das Palmeiras, nº 11, Parque São Luiz, em Marília-SP (fls. 16), tendo como sócio ocupante do cargo de gerente e diretor o Sr. W.F.C conforme documento de fls. 18 e 64 dos autos.

Em razão da presente decisão de declaração da falência, nos termos do art. 14, parágrafo único, e arts. 15 e 16 do Decreto-Lei nº 7.661/1945, faço por bem emitir os seguintes comandos:

A) Declaro como sendo às 14h00min, a hora da declaração da falência (LF, art. 14, parágrafo único, II);

B) Declaro fixado o termo legal da falência no sexagésimo (60º) dia anterior à data do primeiro protesto conhecido, ou seja, 27.1.1999 (fls. 31);

C) Determino a expedição de mandado de lacração do estabelecimento da falida e cartas precatórias para fechamento de eventuais filiais ou escritórios (LF, art. 15, inciso I), tudo a ser cumprido pelo oficial de justiça, afixando-se uma cópia do resumo da presente sentença no estabelecimento falido (LF, art. 15, inciso I);

D) Determino a remessa de cópia da presente sentença para o representante do Ministério Público, ao Registro do Comércio e à Câmara Sindical dos Corretores (art. 15, inciso II);

E) Marco o prazo de 20 (vinte) dias para as habilitações de créditos, que deverão ser feitas com declaração de origem do crédito e justificativas (LF, art. 14, parágrafo único, V). As habilitações serão processadas paralelamente, isto é, separadas dos autos principais. As habilitações serão feitas conforme art. 82, inclusive de títulos não vencidos (art. 25). O Síndico e o requerente da falência também habilitam seus créditos (art. 62 e 85 da LF);

F) Expeçam-se ofícios com remessa de cópia da sentença de falência:

1. À Junta Comercial no Estado de São Paulo;

2. Às Estações ou Companhias Telefônicas e Telegráficas de Marília-SP, bem como às Estações Postais ou Correios de Marília-SP (art. 15, § 2º);

3. Às Bolsas de Valores;

4. À Polícia Federal em Marília-SP;

5. À Receita Federal em Marília-SP;

6. À Fazenda Estadual em Marília-SP;

7. Às Varas Cíveis do Foro de Marília-SP e ao Cartório do Distribuidor;

8. Ao Banco Central do Brasil;

9. Ao Banco do Brasil em Marília-SP;

G) Providencie o Escrivão para que a sentença seja publicada no Diário Oficial, e posteriormente, o síndico deverá fazer publicar a sentença em jornal local de grande circulação, cumprindo-se, pois, o art. 16 da Lei de Falências;

H) Nomeio síndica a requerente, na pessoa de seu representante legal e estatutário, ficando assinado o prazo de 24 horas para assinar o termo de compromisso em cartório (LF, art. 62) e cumprir o art. 63 da Lei Falencial, bem como cumprir o art. 81 da aludida Lei (expedir circulares aos credores convidando-os para fazerem a habilitação), procedendo-se a imediata arrecadação dos bens pertencentes à massa falida, bem como a arrecadação dos livros e documentos na companhia do representante do Ministério Público e de Oficial de Justiça (art. 70, § 1º);

I) Intime-se pessoalmente o ilustre advogado constituído da empresa falida, bem como o próprio representante da requerida para que, no prazo de cinco (5) dias, apresentem em Juízo a relação atualizada dos débitos e créditos, com especificação de valores dos títulos, nomes e endereços dos credores e devedores, sem prejuízo do disposto no art. 60, § 1º, da Lei de Falências, isto é, sem prejuízo de ser o devedor novamente intimado a exibir a relação dos credores em duas horas, sob pena de prisão até trinta dias;

J) Em 24 horas, agende data para que o representante da empresa falida compareça em Cartório para depositar os seus livros e assinar o termo de comparecimento, prestando as informações exigidas no art. 34, inciso I, da Lei de Falências, sobre as causas determinantes da quebra e a situação geral da empresa, ocasião em que, deverá entregar todos os documentos da falida existentes em seu poder. Intime-se-o, sob pena de prisão (LF, arts. 34, 35 e 37);

K) Declaro suspensas as execuções individuais dos credores, exceto da União, Estado e Município (LF, art. 24), até o encerramento da falência. Por outro lado, a falência produz o vencimento antecipado de todas as dívidas da empresa falida (art. 25). Cumpra-se.

P.R.I.C.

Local e Data.

(a) Dr. Valdeci Mendes de Oliveira – Juiz de Direito

6.16. CONCORDATA PREVENTIVA – DESPACHO INICIAL

Processo Cível nº

Vistos, etc.

1. Trata-se de concordata preventiva ajuizada pelo devedor (...), visando evitar a declaração de falência (Decreto-Lei nº 7.661/1945, art. 156). A concordata só abrange os credores quirografários, não envolvendo os que têm garantias reais (art. 147, da LF, e *RJTJESP* 6/262, *RF* 135/436).

2. Pelo texto do art. 140 do Decreto-Lei nº 7.661, de 21.6.1945, não pode impetrar concordata: I – o devedor que deixou de arquivar, registrar ou inscrever no Registro do Comércio os documentos e livros indispensáveis ao exercício legal do comércio; II – o devedor que deixou de requerer

a falência no prazo do art. 8º; III – o devedor condenado por crime falimentar, furto, roubo, apropriação indébita, estelionato e outras fraudes, concorrência desleal, falsidade, peculato, contrabando, crime contra privilégio de invenção ou marcas de indústria e comércio e crime contra a economia popular; IV – o devedor que há menos de 5 (cinco) anos houver impetrado igual favor ou não tiver cumprido concordata há mais tempo requerida.

    3. Ainda, nos termos do art. 156, § 1º, do aludido Decreto-Lei nº 7.661/1945, o devedor deve *apresentar proposta de pagamento aos credores,* ou oferecer aos credores quirografários, por saldo de seus créditos, o pagamento mínimo de: I – 50% (cinqüenta por cento), se for à vista; II – 60% (sessenta por cento), 75% (setenta e cinco por cento), 90% (noventa por cento) ou 100% (cem por cento), se o prazo para pagamento for, respectivamente, de 6 (seis), 12 (doze), 18 (dezoito), ou 24 (vinte e quatro) meses, devendo ser pagos, pelo menos, 2/5 (dois quintos) no primeiro ano, nas duas últimas hipóteses.

    4. Por outro lado, nos termos do art. 158 do Decreto-Lei nº 7.661/1945, cumpre ao devedor satisfazer às seguintes condições:

    I – exercer regularmente o comércio há mais de 2 (dois) anos;

    II – possuir ativo cujo valor corresponda a mais de 50% (cinqüenta por cento) do seu passivo quirografário, certo que, na apuração desse ativo, o valor dos bens que constituam objeto de garantia será computado tão-somente pelo que exceder da importância dos créditos garantidos;

    III – não ser falido ou, se o foi, estarem declaradas extintas as suas responsabilidades;

    IV – não ter título protestado por falta de pagamento.

    5. A petição inicial, além de conter a proposta de pagamento, consoante prescreve o art. 156 da LF, também nos termos do art. 159, § 1º, deve estar instruída com os seguintes documentos:

    I – prova de que não ocorre o impedimento do nº I do art. 140, isto é, que o devedor tenha arquivado e registrado no Registro de Comércio os documentos e livros indispensáveis ao exercício do comércio. Deve juntar o contrato social ou documento equivalente em vigor;

    II – prova do requisito exigido no nº I do art. 158 (prova do exercício do comércio há mais de 2 (dois) anos). Deve juntar certidão da Junta Comercial;

    III – prova de não ter título protestado por falta de pagamento. Deve juntar certidão do Cartório de Protesto (O protesto por falta de aceite não impede a concordata (*RT* 331/215), nem o protesto por falta de pagamento tirado na data do pedido de concordata (*RT* 536/111), ou mesmo nos 30 (trinta) dias anteriores (*RT* 606/60, 695/94), tudo conforme mostra Maximilianus Cláudio A. Führer, em *Roteiro das Falências e Concordatas,* Revista dos Tribunais, 14ª ed., pág. 108);

    IV – prova de que não impetrou concordata nos últimos 5 (cinco) anos. Deve juntar certidão do Cartório do Distribuidor;

V – se comerciante individual, prova de que não foi condenado por crime do art. 140, III, da LF;

VI – no caso de Sociedade Anônima, deve juntar autorização da Assembléia-Geral, ou, em caso de urgência, do acionista controlador, se existir (Lei nº 6.404/1976, Lei das S.A., art. 122, IX, e parágrafo único);

VII – demonstração financeira referente ao último exercício social;

VIII – demonstração financeira levantada especialmente para instruir o pedido de concordata, confeccionada com estrita observância da legislação societária e composta obrigatoriamente de:

a) balanço patrimonial;

b) demonstração de lucros ou prejuízos acumulados;

c) demonstração do resultado desde o último exercício social;

d) inventário de todos os bens, com ativo que corresponda a mais de 50% do passivo quirografário;

e) relação das dívidas ativas;

f) lista nominativa de todos os credores, com domicílio e residência de cada um, a natureza e o valor dos respectivos créditos;

IX – outros elementos de informação, a critério do órgão do Ministério Público;

X – os livros obrigatórios, que serão encerrados pelo Escrivão, e com termos assinados pelo Juiz;

XI – a quantia necessária para as custas e despesas até a publicação dos editais legais;

XII – certidão negativa de executivos fiscais, ou prova de penhora aceita (Decreto-Lei nº 858/1969, art. 3º).

6. Observa-se, em síntese, que o devedor não pode incidir nos impedimentos previstos no art. 140, e deve satisfazer os requisitos previstos nos arts. 156, 158, 159 e 160 do Decreto-Lei nº 7.661/1945. Todavia, o art. 162 ressalva a possibilidade de verificação posterior da ausência dos requisitos legais, com decretação da falência. Bem por isso, mostra Maximilianus Cláudio Américo Führer que: "A concessão de prazo razoável para o oferecimento da documentação exigida não ofende a lei" (*RT* 373/107, 393/249, 405/351, 439/142, 440/122, 516/212; *RJTJESP* 11/347, 45/220) (*ob. cit.*, pág. 109).

7. Antes de verificar se as formalidades legais foram cumpridas, determino que manifeste nos autos o representante do Ministério Público, no prazo de 10 (dez) dias, inclusive para o efeito previsto no art. 159, § 1º, inciso VII, da Lei de Falências, qual seja, requerer a "juntada de outros elementos de informações, a critério dele, representante do Ministério Público".

8. Havendo manifestação favorável do Ministério Público, e cumprido o art. 160 da Lei de Falências (apresentação dos livros obrigatórios ao Escrivão, e encerrados), o despacho subseqüente será de processa-

mento da concordata, nos termos do art. 161 da referida lei, isso se não for o caso de decretação falência.

9. Cumpra-se.

Local e data

(a) Juiz de Direito

6.17. CONCORDATA PREVENTIVA – DESPACHO DEFERINDO O PROCESSAMENTO

Processo Cível nº

Vistos, etc.

1. Trata-se de pedido de concordata preventiva, já com um despacho inicial. Com as ressalvas previstas no art. 162 do Decreto-Lei nº 7.661/1945, ou seja, verificação *a posteriori* dos impedimentos enumerados no art. 140, ou constatação da falta das condições estabelecidas no art. 158, ou apuração da inexatidão de qualquer dos documentos mencionados no parágrafo único do art. 159, DEFIRO o processamento da concordata preventiva requerida por (...), com observância e submissão, mesmo posterior, das exigências contidas nos arts. 156, 158, 159 e 160 da Lei de Falências.

2. Os livros obrigatórios foram apresentados em Cartório com a petição inicial, e foram encerrados pelo Escrivão, por termos próprios assinados. Destarte, foi cumprido o disposto no art. 160 da LF.

3. O Ministério Público emitiu parecer favorável ao processamento da concordata (fls.).

4. Assim sendo, nos termos do art. 161, § 1º, da Lei de Falências, determino o seguinte:

4.1. Expeçam-se editais, devendo constar o pedido do devedor, a íntegra do presente despacho e a lista dos credores a que se referem os incisos V e VI do parágrafo único do art. 159, publicando-se no Órgão Oficial, nos termos do art. 206, § 2º, afixando-se uma via na Sede do Juízo, mantendo-se outra a disposição dos interessados, no cartório (ver art. 161, § 1º, inciso I).

4.2. Declaro suspensas as ações e execuções contra o devedor, por créditos sujeitos aos efeitos da concordata, ressalvando-se o disposto no art. 161, § 2º, da Lei de Falências (hipóteses de "não suspensão" de certos processos).

4.3. Fixo o prazo máximo de 20 (vinte) dias (art. 80), para as habilitações de créditos dos credores cujos nomes não constam da lista nominativa inicial. *Na concordata, não há necessidade de habilitação de todos os credores, mas apenas dos quirografários cujos nomes foram omitidos na petição ou lista inicial. Na concordata não há classificação de créditos, já que ela só abrange os créditos quirografários.* Em suma, marco o prazo de 20 (vinte) dias para os credores sujeitos aos efeitos da concordata que não constarem, por qualquer motivo, na lista a que se referem os incisos V e VI do parágrafo único do art. 159, a fim de apresentarem as declarações e documentos justificativos de seus créditos (art. 161, § 1º, III). Esses créditos são declarados e verificados na mesma forma que na falência de rito comum. A autuação será separada ("Autos paralelos").

4.4. Dentro do prazo de 20 (vinte) dias, contados da publicação do presente despacho de processamento, os interessados poderão impugnar os créditos relacionados na inicial, quanto à sua legitimidade e importância (art. 173, § 1º, da LF). As impugnações, e eventualmente as declarações retardatárias, serão autuadas e processadas em separado (art. 173, § 2º, c/c o art. 88), como "autos paralelos", bem entendido que os autos paralelos de declarações de crédito só serão formados no caso de habilitação de credores quirografários *omitidos na lista nominativa inicial*. Os créditos não impugnados, desde que relacionados na inicial, serão automaticamente incluídos no Quadro Geral de Credores, independentemente de declaração e verificação, no valor indicado pelo devedor (art. 173). O Quadro Geral de Credores é elaborado pelo Comissário nos próprios autos principais, com base na lista nominativa inicial e nas sentenças proferidas em impugnações ou declarações de créditos. Não havendo declaração tempestiva de crédito, ou impugnação, simplesmente será proferida a decisão de homologação da lista nominativa dos credores quirografários como Quadro Geral de Credores (art. 173, § 5º).

4.5. Nomeio como Comissário, com observância do disposto no art. 60 e seus §§, o credor (...). Intime-se, dentro de 24 (vinte e quatro) horas, para ser compromissado na forma da lei (art. 168). Ao assinar o termo, o Comissário deve entregar em cartório a declaração de seu crédito, com observância do disposto no parágrafo único do art. 62. Ao Comissário incumbe tomar todas as providências elencadas no art. 169 da Lei de Falências, mormente o de comunicar aos credores constantes da lista inicial sobre a concordata, e apresentar o Quadro Geral de Credores para fins de homologação (art. 173, § 4º). Apresentado o Quadro Geral e publicado, dentro de 5 (cinco) dias, deve o Comissário apresentar o Relatório (art. 169, X), acompanhado do laudo de perito. Juntados esses documentos, e desde que haja comprovação de que o devedor pagou os tributos federais, estaduais, municipais e as contribuições do INSS, os autos devem vir conclusos para determinação de publicação de aviso aos credores para, no prazo de 5 (cinco) dias, apresentarem embargos à concordata (art. 174, II). Se não houver embargos, e ouvido o Ministério Público, os autos devem vir conclusos para sentença de concessão da concordata (art. 144), se for o caso.

5. Se o devedor estiver oferecendo garantia, fixo o prazo de 20 (vinte) dias para que esta torne-se efetiva, tomando-se por termo e inscrevendo-se no Registro Público, se for o caso (art. 161, § 1º, V).

6. Determino o vencimento antecipado de todos os créditos sujeitos aos efeitos da concordata (art. 163).

7. Cumpra-se, pois, o disposto nos arts. 161 e 169 da Lei de Falências. Se a concordata não for cumprida, haverá rescisão (arts.150 e 154 da LF). Ciência ao Ministério Público.

Local e data

(a) Juiz de Direito

6.18. Concordata Preventiva – Despacho fixando o roteiro da concordata após a recusa do 1º Comissário nomeado pelo Juiz

PODER JUDICIÁRIO
COMARCA DE MARÍLIA-SP
4ª VARA CÍVEL E DA INFÂNCIA E JUVENTUDE

Processo Cível nº 1.941/01

Vistos, etc.

1. Trata-se de concordata preventiva ajuizada por GALA -V.M.- ME, visando evitar a falência.

2. O despacho inicial autorizando o processamento da concordata foi exarado nas fls. 275/277 dos autos, e a empresa nomeada como Comissária recusou o cargo conforme petição de fls. 376 dos autos. A digna Promotora de Justiça manifestou nos autos e opinou pelo cumprimento do art. 60 da Lei de Falência. **Realmente,** o art. 60, § 2º, c/c o art. 161, IV, da Lei de Falências, permite que o Juiz, observando a lista ou relação de credores, faça até três nomeações sucessivas de credores, certo que, após a terceira recusa de credores, poderá ser nomeada pessoa estranha e de boa fama, como Comissária, de preferência comerciante, ou mesmo advogado especialista. Enquanto o Síndico na falência é um administrador, o Comissário na concordatava é um fiscal, posto que, o concordatário continua administrando o seu negócio.

3. No caso vertente, ainda não se tem um Comissário diante da recusa de fls. 376 dos autos. Destarte, nos termos do art. 161, IV, c/c os arts. 60, 168, 169 e 171 do Decreto-Lei nº 7.661/1945, e tendo em vista a recusa da credora MANGE LTDA. (fls. 376), **NOMEIO COMISSÁRIA** PARA CUMPRIR O DESPACHO INICIAL DE PROCESSAMENTO DE FLS. 275/277, E TAMBÉM PARA CUMPRIR OS ARTIGOS 168 E 169 DA LEI DE FALÊNCIAS, A EMPRESA CREDORA "TÍTEL LTDA.", por seu representante legal, conforme lista ou relação de credores de fls. 15 dos autos (a 2ª maior credora). Determino, consequentemente, a observância das seguintes providências:

A) Intime-se a Comissária nomeada "Títel Ltda." para assinatura do termo de compromisso em 24 horas conforme art. 168 da LF, apresentando a declaração de seu crédito;

B) Tomado o compromisso, a Comissária, por seu representante legal e estatutário, cumprirá integralmente o art. 169 da Lei de Falências, notadamente nomeando perito-contador (art. 169, VI) para exame da escrituração da concordatária, bem como expedindo os avisos aos credores (art. 169, I, II e III);

C) Os autos principais deverão aguardar a perícia do contador e uma cópia do QUADRO GERAL DOS CREDORES (art. 96, § 2º), e após a exibição e publicação do referido quadro, aguarda-se por 05 dias o único Relatório do Comissário;

D) Uma vez entregue o Relatório do Comissário, os autos deverão vir conclusos ou para a declaração de falência (art. 174, inciso I), ou para publicação dos editais para eventuais embargos à concordata, em 05 dias (art. 174, II);

E) Na ausência de embargos, que venham os autos conclusos para a sentença de concessão da concordata (art. 144).

4. Deve a requerente-devedora depositar nos autos as quantias correspondentes às prestações que se vencerem *antes* da sentença que concede a concordata (art. 175). O depósito é obrigatório mesmo que ainda não tenha sido publicado o quadro geral de credores (*RT* 393/216 e 537/91). As prestações que se vencerem após a sentença concessiva da concordata serão pagas diretamente aos credores, sem o problema dos depósitos prévios.

5. Não cumprida a concordata, haverá rescisão e falência (arts. 152 e 154). Pode, todavia, a devedora-requerente *desistir* da concordata, desde que não haja má-fé ou prejuízo aos credores (*RT* 498/196-218). Se a desistência ocorrer depois do despacho inicial que autoriza o processamento da concordata, deverão ser publicados os editais na forma do art. 205 da LF. A desistência deverá ser homologada.

6. Cumpra-se, pois, o item 3º, intimando-se a Comissária para o compromisso conforme art. 168 da Lei Falimentar. Intime-se também a Requerente-devedora, do presente despacho.

Marília, data.

(a) Dr. Valdeci Mendes de Oliveira
Juiz de Direito da 4ª Vara Cível
e da Infância e Juventude.

7. MANDADO DE SEGURANÇA

7.1. MANDADO DE SEGURANÇA – DESPACHO INICIAL – DEFERIMENTO DA MEDIDA LIMINAR

Processo Cível nº

Vistos, etc.

1. Trata-se de mandado de segurança impetrado por "A" contra "B", com o argumento de violação de direito líquido e certo. Pediu-se uma medida liminar consistente na suspensão do ato que ora deu motivo ao *mandamus*.

2. Para a concessão da medida liminar em mandado de segurança devem concorrer 2 (dois) requisitos legais, quais sejam: a) que haja relevância dos motivos ou fundamentos em que se assenta o pedido inicial; e b) que haja possibilidade da ocorrência de lesão irreversível ao direito do impetrante, ou dano de difícil reparação, seja de ordem patrimonial, funcional ou moral, se for mantido o ato coator até a sentença final, ou se o provimento jurisdicional instado só lhe for reconhecido na sentença final de mérito (Lei nº 1.533, de 31.12.1951, art. 7º, II).

3. No caso vertente, os documentos atrelados na petição inicial, máxime os de fls., demonstram em caráter inicial a boa aparência do direito do impetrante e a razoabilidade de sua pretensão a uma medida de urgência, destinada à imediata suspensão do ato coator. Portanto, sem prejuízo de revogação posterior, o caso é de se deferir a medida pleiteada, e defiro-a. Expeça-se ofício e/ou mandado pertinente para cessação dos efeitos do ato impugnado até a solução judicial final.

4. Notifique-se a autoridade impetrada a fim de que, no prazo de 10 (dez) dias, preste as informações que julgar necessárias (Lei nº 1.533/1951, art. 7º, inciso I).

5. Se as informações vierem acompanhadas de documentos, diga o impetrante, em 5 (cinco) dias.

6. Cumpridos os itens 4 e 5 supra, manifeste o representante do Ministério Público (art. 10), e após, sejam os autos remetidos à conclusão.

7. Cumpra-se. Intime-se.

Local e data

(a) Juiz de Direito

Observação: Dentro da ciência processual encontramos cada vez mais forte o princípio do *due process of law*, isto é, a garantia de que ninguém pode sofrer uma pena ou uma sanção, nem perder seus bens e direitos sem o devido processo legal com a garantia da ampla defesa. Aliás, é precisa a lição de Manoel Gonçalves Ferreira Filho, invocando a doutrina americana: "Para os juristas americanos, o *due process of law* tem duas faces: Uma formal, outra substancial. O aspecto formal consiste na sujeição de qualquer questão que fira a liberdade ou os bens de um ser humano ao crivo do Judiciário, por meio do Juiz natural, num processo contraditório, em que se assegure ao interessado ampla defesa. O substancial importa em que as normas aplicadas quanto ao objeto do litígio não sejam desarrazoadas, portanto, intrinsecamente injustas" (*Comentários à Constituição Brasileira de 1988*, Saraiva, vol. I, pág. 67).

7.2. MANDADO DE SEGURANÇA – INDEFERIMENTO DA MEDIDA LIMINAR

Processo Cível nº

Vistos, etc.

1. Trata-se de mandado de segurança impetrado por "A" contra "B", com o argumento de violação de direito líquido e certo. Pediu-se uma medida liminar consistente na suspensão do ato que ora dá motivo ao *mandamus*.

2. Para a concessão da medida liminar em mandado de segurança devem concorrer 2 (dois) requisitos legais, quais sejam: *a)* que haja relevância dos motivos ou fundamentos em que se assenta o pedido inicial; e *b)* que haja possibilidade da ocorrência de lesão irreversível ao direito do impetrante, ou dano de difícil reparação, seja de ordem patrimonial, funcional ou moral, se for mantido o ato coator até a sentença final, ou se o provimento jurisdicional instado só lhe for reconhecido na sentença final de mérito (Lei nº 1.533, de 31.12.1951, art. 7º, II).

3. No caso vertente, pelos argumentos e documentos atrelados na petição inicial, não estou convencido da necessidade de concessão da medida liminar sem antes ouvir a parte contrária, não havendo grave comprometimento da situação do impetrante se a ordem de segurança for concedida na sentença final de mérito. Aparentemente, e apenas numa visão inicial, o ato impugnado parece conter foros de juridicidade. Indefiro, pois, a medida liminar.

4. Notifique-se a autoridade impetrada a fim de que, no prazo de 10 (dez) dias, preste as informações que julgar necessárias (Lei nº 1.533/1951, art. 7º, I).

5. Se as informações vierem acompanhadas de documentos, diga o impetrante, em 5 (cinco) dias.

6. Cumpridos os itens 4 e 5 supra, manifeste o representante do Ministério Público (art. 10), e após, sejam os autos remetidos à conclusão.

7. Cumpra-se. Intime-se.

Local e data

(a) Juiz de Direito

7.3. MANDADO DE SEGURANÇA – JURISPRUDÊNCIA SOBRE A ESPÉCIE

7.3.1. SÚMULA nº 20 do STF: *"É necessário processo administrativo, com ampla defesa, para demissão de funcionário admitido por concurso."*

7.3.2. SÚMULA nº 21 do STF: *"Funcionário em estágio probatório não pode ser exonerado nem demitido sem inquérito ou sem as formalidades legais de apuração de sua capacidade."*

7.3.3. SÚMULA nº 101 do STF: *"O mandado de segurança não substitui a ação popular."*

7.3.4. SÚMULA nº 266 do STF: *"Não cabe mandado de segurança contra lei em tese."*

7.3.5. SÚMULA nº 269 do STF: *"O mandado de segurança não é substitutivo de ação de cobrança."*

7.3.6. SÚMULA nº 271 do STF: *"Concessão de mandado de segurança não produz efeitos patrimoniais, em relação a período pretérito, os quais devem ser reclamados administrativamente ou pela via judicial própria."*

7.3.7. SÚMULA nº 304 do STF: *"Decisão denegatória de mandado de segurança, não fazendo coisa julgada contra o impetrante, não impede o uso da ação própria."*

7.3.8. SÚMULA nº 473 do STF: *"A administração pode anular seus próprios atos, quando eivados de vícios que os tornam ilegais, porque deles não se originam direitos; ou revogá-los, por motivo de conveniência ou oportunidade, respeitados os direitos adquiridos, e ressalvada em todos os casos a apreciação judicial."*

7.3.9. SÚMULA nº 105 do STJ: *"Na ação de mandado de segurança não se admite condenação em honorários advocatícios."*

7.3.10. SÚMULA nº 164 do STJ: *"O Prefeito Municipal, após a extinção do mandato, continua sujeito a processo por crime previsto no art. 1º do Decreto-Lei nº 201, de 27.2.1967."*

7.3.11. "MANDADO DE SEGURANÇA – Cassação de Vice-Prefeito pela Câmara Municipal por prática de crime político ou de infração político-administrativa. A regra contida no art. 29, inciso VII, da Constituição Federal, deve ser interpretada com temperamento, de forma sistemática e integrativa a outros princípios constitucionais, por isso compete ao *Tribunal de Justiça julgar o Prefeito Municipal* apenas no pertinente aos *crimes comuns*. Compete à *Câmara Municipal* processar e julgar o *Prefeito* e o *Vice-Prefeito* no pertinente aos crimes de responsabilidade e às infrações político-administrativas por eles praticados. Recurso improvido." (STJ, 1ª T., Rec. em MS nº 1.981-00-AM, Rel. Min. Cesar Asfor Rocha, j. em 21.2.1994, v.u., *DJU* 21.3.1994, pág. 5.440, Seção I, in Boletim AASP nº 1846, de 11 a 17.5.1994, pág. 56).

7.3.12. "ADMINISTRATIVO – Poder de Polícia. Indeferimento de alvará de licença de serviço de alto-falantes. É legítimo o indeferimento da licença de serviço de alto-falantes, pelo Prefeito Municipal de Lupércio, no exercício legal do Poder de Polícia e Poder Discricionário, se o impetrante está a perturbar o sossego público, estando a responder inquérito policial, onde se constatou a poluição sonora acima dos níveis permitidos pela legislação especial. Denegação mantida. Recurso não provido." (TJSP, Seção de Dir. Público, 8ª C., Ap. Cív. nº 239.781.1/5-00, Rel. Des. Felipe Ferreira).

7.3.13. "MANDADO DE SEGURANÇA – Dispensa do farmacêutico como responsável técnico de farmácias e drogarias – Inadmissibilidade – Necessidade da presença do profissional farmacêutico, devidamente inscrito no Conselho Regional de Farmácia – Aplicação da Lei nº 5.991/73 – Voto vencido. Ofende à lei o entendimento de que nas drogarias o responsável técnico não precisa ser farmacêutico, podendo investir-se na função um oficial de farmácia." (TJSP, 6ª CC, Ap. nº 231.890-1-SP, Rel. Des. Sena Rebouças, j. em 21.9.1995, m.v., in Boletim AASP nº 1971, de 2 a 8.10.1996, págs. 78/79-e).

7.3.14. "SERVIDOR PÚBLICO – Demissão no curso do estágio probatório – Cometimento de falta grave – Suficiência da sindicância sumária, dispensado o inquérito administrativo – Mandado de Segurança que não constitui meio idôneo para examinar fatos apurados em inquérito disciplinar administrativo – Segurança denegada. Constatada a prática de falta grave ocorrida ainda no primeiro biênio de exercício e apurada com observância das formalidades legais, não pode o Judiciário recusar à Administração Pública o direito de demitir o servidor faltoso, não sendo mandado de segurança meio idôneo para reexaminar fatos que foram apurados em inquérito disciplinar administrativo e aferir a injustiça da penalidade aplicada, uma vez que esta é uma área interdita ao Judiciário, que só se presta a corrigir ilegalidade extrínseca ou inobservância de formalidade legal." (TJSC, Pleno, MS nº 8.166-SC, Rel. Des. Anselmo Cerello, j. em 16.8.1995, v.u., in Boletim A-ASP nº 1974, de 23 a 29.10.1996, pág. 85-e).

7.3.15. "LICITAÇÃO – Contratação temporária de advogado por Prefeitura Municipal – Caráter *intuitu personae* – Licitação dispensável." (Ap. Cív. nº 239.171-1-Lucélia-SP, 8ª CDPúbl.,TJSP, Rel. Des. Walter Theodósio, j. em 27.3.1996, v.u.).

7.3.16. "VEÍCULO – Substituição de motor a gasolina por óleo diesel – Vedação incabível porquanto o veículo é fabricado nas três versões (álcool, gasolina e diesel) – Recurso não provido." (Ap. Cív. nº 234.946-1-SP, 2ª CC de Férias "J", TJSP, Rel. Des. Pires de Araújo, j. em 4.8.1995, m.v., in Boletim Inf. JUBI, nº 8, nov/1995).

7.3.17. "SERVENTIA EXTRAJUDICIAL – Atividade notarial e de registro – Titular – Vacância do cargo – Efetivação de serventuário substituto assegurada por dispositivo de Constituição Estadual – Inconstitucionalidade – Violação do princípio que exige concurso público – Inteligência do art. 236, § 2º, da Constituição Federal. Serventias judiciais e extrajudiciais. Concurso Público: arts. 37, II, e 236, § 3º, da CF. Ação direta de inconstitucionalidade do art. 4º do ADCT da Constituição do Estado de Santa Catarina, de 5.10.1989, que diz: "Fica assegurada aos substitutos das serventias, na vacância, a efetivação no cargo de titular, desde que, investidos na forma da lei, estejam em efetivo exercício, pelo prazo de três anos, na mesma serventia, na data da promulgação da Constituição". É inconstitucional esse dispositivo, por violar o princípio que exige concurso público de provas, ou de provas e títulos, para a investidura em cargo público, como é o caso do Titular de Serventias Judiciais (art. 37, II, da CF), e também para o ingresso na atividade notarial e de registro (art. 236, § 3º)." (STF, Pleno, ADin nº 363-1-DF, Rel. Min. Sydney Sanches, j. em 15.2.1996, v.u., in Boletim AASP nº 1987, de 22 a 28.1.1997, pág. 8-e).

7.3.18. "RECURSO ADMINISTRATIVO – Depósito prévio como requisito para o seu conhecimento – Inadmissibilidade – Ofensa ao princípio constitucional da ampla defesa – Inteligência do art. 5º LV da Constituição Federal – Ementa oficial: A exigência de depósito prévio como requisito para o conhecimento do recurso administrativo ofende o princípio constitucional da ampla defesa. Ampla defesa tem como instrumento vital a possibilidade de o administrado valer-se, mesmo antes de seguro o Juízo, de recurso perante a própria Administração. A ampla defesa é a essência do contraditório e ela deve ser assegurada aos litigantes, tanto no processo judicial como no administrativo como preceitua a Constituição Federal em seu art. 5º, LV." (Rel. Juiz Araken Mariz, in *RT* 738/460).

7.3.19. "COMPETÊNCIA – A competência para julgar mandado de segurança define-se pela categoria da autoridade coatora e pela sua sede funcional." (*RSTJ* 85/141), in Agr. Instr. nº 321.331-5/0-00-Marília-SP, TJ-SP, Rel. Des. Paulo Travain, que fez constar do acórdão o seguinte:

"A agravante é uma autarquia estadual, pessoa jurídica de direito público interno, cuja sede se localiza na Capital do Estado. Veja-se que a impetração é dirigida contra a pessoa do Sr. Diretor Geral da referida Autarquia (ARTESP), indicando o endereço da autoridade como sendo na Avenida do Estado, na cidade de São Paulo. Por isso, procede a alegação da agravante quando sustenta que o foro competente para apreciar o presente mandado de segurança é o da comarca da Capital, através de uma das Varas da Fazenda Pública (CPC, art. 100, IV, "a"), e não o Juízo da comarca de Marília. Realmente, "A competência para julgar mandado de segurança define-se pela categoria da autoridade coatora e pela sua sede funcional" (*RSTJ* 85/141). Prossegue: "Assim, irrelevante, para fixação de competência, a matéria a ser discutida em mandado de segurança, posto que é em razão da autoridade da qual emanou o ato, dito lesivo, que se determina qual o juízo a que deve ser submetida a causa" (STJ, CC 6.388-SP-, Rel. Min. Felix fischer, *DJU* de 30.06.1997, p. 30.855). "O Juízo competente para processar e julgar mandado de segurança é o da sede da autoridade coatora" (*RTFR*, 132/259). Portanto, os autos devem ser remetidos para uma das Varas da Fazenda Pública."

8. POPULAR – AÇÃO POPULAR

8.1. Despacho inicial na ação popular com deferimento da medida liminar

Processo Cível nº

Vistos, etc.

1. Cuida-se de ação popular intentada por "A" contra "B", objetivando-se, em síntese, a invalidação de atos (ou contratos) administrativos ilegais e lesivos.

2. São pressupostos indeclináveis da ação popular: *a)* que o autor seja cidadão brasileiro, eleitor; *b)* ilegalidade ou ilegitimidade do ato a invalidar; *c)* lesividade do ato ao patrimônio público, compreendendo-se também como lesivo o ato que ofende bens ou valores artísticos, cívicos, culturais, ambientais ou históricos da comunidade, bem como a moralidade administrativa. Por atos administrativos se entende a lei, o decreto, a resolução, a portaria, o contrato e demais manifestações gerais ou especiais, de efeitos concretos do Poder Público. Pois bem. Sem os três requisitos citados – condição de eleitor, ilegalidade e lesividade do ato administrativo, não se viabiliza a ação popular (cf. Hely Lopes Meirelles, em *Mandado de Segurança, Ação Popular, Ação Civil Pública, Mandado de Injunção e Habeas Data*, Revista dos Tribunais, 12ª ed., págs. 88/92).

3. O processo da ação popular segue o rito ordinário (Lei nº 4.717/1965, art. 7º, *caput*), mas o prazo para a contestação é de 20 (vinte) dias, prorrogável por mais 20 (vinte), a requerimento dos interessados (art. 7º, inciso IV). Serão citados os responsáveis pelo ato impugnado e os beneficiários.

4. É cabível a medida liminar na ação popular. O art. 5º, § 4º, da Lei nº 4.717, de 29.6.1965, com redação dada pelo art. 34 da Lei nº 6.513, de 20.12.1977, assim dispõe: "Na defesa do patrimônio público caberá suspensão liminar do ato lesivo impugnado".

5. No caso vertente, pelos argumentos e documentos atrelados na petição inicial, mormente os de fls., e ainda, para evitar maiores repercussões do ato impugnado e a potencialidade lesiva, defiro a medida liminar e suspendo a eficácia do ato ora indicado como ilegal e lesivo. Expeça-se ofício e/ou mandado para a cessação dos efeitos do ato impugnado.

6. Citem-se os responsáveis ou aqueles que praticaram o ato impugnado para, querendo, contestar a ação no prazo de 20 (vinte) dias.

6.1. Intime-se o representante do Ministério Público.

6.2. Requisitem-se os documentos necessários e indicados pelo autor, fixado o prazo de 15 (quinze) dias (ou no máximo 30 dias), para atendimento (art. 7º, I, *b*), tudo sob as penas do crime de desobediência (art. 8º).

6.3. Se o autor preferiu a citação dos beneficiários do ato impugnado por meio de edital, cite-se, fixado o prazo de 30 (trinta) dias no edital, afixando-se uma via na sede do Juízo e publicando-se 3 (três) vezes no jornal oficial do Estado. A publicação será gratuita. A lei não exigiu a publicação na imprensa local (art. 7º, inciso II).

6.4. Ao que for citado por edital, se revel, dar-se-á curador especial.

6.5. Se o autor pediu a citação pessoal dos beneficiários, expeça-se mandado citatório.

6.6. Oportunamente deliberarei sobre a necessidade de prova pericial, ou da designação de audiência de instrução, debates e julgamento (art. 7º, incisos V e VI). Se não for requerida prova testemunhal, as partes terão 10 (dez) dias para as alegações finais (inc. V).

7. Cumpra-se. Intimem-se. Vista ao Ministério Público.

Local e data

(a) Juiz de Direito

9. SEPARAÇÃO JUDICIAL LITIGIOSA

Observação: O Código Civil de 2002, nos arts. 1.571 a 1.590, disciplinou expressamente a dissolução da sociedade conjugal e a proteção da pessoa dos filhos, prevalecendo tais regras sobre muitas outras da Lei nº 6.515/1977. Anoto ainda que, muitos dos julgados logo abaixo mencionados são do período de vigência do Código Civil de 1916.

9.1. Despacho inicial em ação de separação litigiosa

Processo Cível nº

Vistos, etc.

1. Designo audiência de conciliação para o dia (...). de (...). de (...)., às (...). horas (art. 3º, § 2º, da Lei nº 6.515/1977, c/c a Lei nº 968, de 10.12.49, ainda em vigor (*RT* 570/200).

2. Cite-se o requerido para comparecimento, ciente que o prazo de 15 (quinze) dias para a contestação começará a fluir a partir da audiência de conciliação acima aprazada, caso infrutífera uma solução amigável.

3. Fixo desde logo os alimentos provisórios no valor de 50% (cinqüenta por cento) do salário mínimo, devendo-se oficiar à empresa empregadora para desconto automático na folha de pagamento do requerido. Não existindo fonte empregadora, intime-se desde logo o requerido para o pagamento da pensão provisória, cuja 1ª parcela vence em (...) de (...) de (...).

4. Se for o caso, oficie-se igualmente para a empregadora solicitando informações sobre os vencimentos do requerido nos últimos 6 (seis) meses.

5. Deve a autora indicar o número da conta bancária para o respectivo depósito do valor da pensão ora arbitrada. Prazo: 10 (dez) dias.

6. Intime-se a autora da data da audiência acima designada, bem como seu patrono judicial e o Representante do Ministério Público.

Local e data

(a) Juiz de Direito

9.2. Separação judicial – Jurisprudência sobre a espécie

Observação: Muitos julgados citados são do período de vigência do Código Civil de 1916.

9.2.1. "SEPARAÇÃO JUDICIAL – Quebra de obrigação – Prova – Separação. A saída de um cônjuge do lar, por si só, não representa quebra de obrigação resultante do casamento. A ilicitude deve ser demonstrada pelo autor, porque constitui fato constitutivo do direito alegado (CPC, art. 333, I)." (Ac. un. 2ª T., Civ. TJDF, Ac. nº

18.956, Rel. Des. Luiz Vicente Cernicchiaro, *DJU-II* de 2.8.1989, pág. 7.481, in *Repertório IOB de Jurisprudência* nº 17/89, set/89, indicativo 3/3057).

9.2.2. "A jurisprudência já se firmou no sentido de que, ajuizada ação de desquite com fundamento em adultério, pode a mesma ser tida como procedente com fundamento na injúria grave, não provado aquele, sem que com isso se configure o desvio de julgamento." (*RT* 449/95, no mesmo sentido: *RT* 458/80, 388/207, 381/157).

9.2.3. "DOAÇÃO – Promessa – Liberalidade feita por cônjuges a filho menor em separação judicial – Acordo alterado amigavelmente pelos pais – Admissibilidade. Inexigibilidade da coisa pelo donatário que não foi parte no ato que gerou a obrigação e em face da natureza do contrato. Conversão da separação em divórcio procedente. Recurso provido." (*RJTJESP-Lex* 127/66). (*Obs.:* A mencionada cláusula de ajuste de partilha configura uma espécie de estipulação em favor de terceiro, conforme os arts. 1.098 a 1.100 do Código Civil).

9.2.4. "SEPARAÇÃO JUDICIAL LITIGIOSA – Revelia – Efeitos – Admissibilidade. Esta Colenda 1ª Câmara vem admitindo a disponibilidade do direito e os efeitos da revelia em separação judicial, de há muito, como se vê dos acórdãos das Ap. nºs. 69.103-1, 69.410-1, 72.060-1, 93.448-1, 101.091-1, 111.065-1 e 120.194-1. Nesse sentido, ainda, a remissão feita por Theotônio Negrão em seu *Código de Processo Civil e Legislação...*, Revista dos Tribunais, 17ª ed., nota 6 ao art. 320 do CPC. Anota-se, ainda, que a jurisprudência, de maneira crescente e constante tem admitido: *RT* 491/175, 508/106, 612/58, 615/168 e 638/84; *RJTJSP* 49/59, 103/244, 105/143, 106/150." (Ac.1ª CC, TJSP, Ac. nº 127.082-1, Rel. Designado Des. Renan Lotufo, j. em 25.9.1990, in *Rep. IOB de Jurisp.* nº 4/1991, 2ª quinz/fev/1991).

9.2.5. "ANULATÓRIA DE PARTILHA – Casamento – Regime de bens – Comunhão universal – Imóvel adquirido após a *separação de fato* – Anulação de partilha pretendida para a inclusão desse patrimônio – Inaplicabilidade do prazo de prescrição previsto no art. 178, § 6º, inciso V, do CC. Incomunicabilidade dos bens. Recursos improvidos. 1. O art. 178, § 6º, V, do CC, se reporta, de forma muito clara, *à partilha derivada do direito de sucessão causa mortis*, não podendo admitir sua aplicação analógica aos casos de partilha promovida na ação de dissolução de sociedade conjugal, pois em se sabendo que a prescrição envolve a limitação de gozo de direitos, os prazos especiais se aplicam apenas nas hipóteses expressamente estabelecidas. 2. *Rompida a sociedade conjugal em virtude de separação de fato irreversível, os bens adquiridos pelo marido após tal separação, quando já unido a outra mulher, não se comunicam à ex-esposa pelo fato de ter a separação judicial se concretizado depois dessa aquisição, posto que para essa finalidade ela em nada contribuiu, direta ou indiretamente, já que não mais existia a vida em comum, ou seja, convivência exigida pela norma do art. 226, do CC.*" (Ac. 10ª C. de Férias "B" de Direito Privado, TJSP, Rel. Des. Ruiter Oliva, de 7.8.1996, na Ap. nº 267.317.1/9, da comarca de Paraguaçú Paulista-SP, que manteve minha sentença de 1º grau). Salientou o v. acórdão que, na época da aquisição do bem pelo marido, não mais existia entre ele e a esposa, uma comunhão de vida, donde a ausência da *affectio maritalis*.

9.2.6. "CASAMENTO – Comunhão universal de bens – Cônjuges separados de fato, vivendo um deles em *concubinato* – Patrimônio adquirido durante relação concubinária tido como *"reservado", não podendo ser partilhado com o outro cônjuge, ainda que proveniente de loteria esportiva.* Afigura-se injusto, atingindo as raias do enriquecimento ilícito, considerar de ambos os cônjuges, dado o casamento sob o regime da comunhão universal de bens, mas havendo separação de fato, o patrimônio adquirido durante relação concubinária, ainda que proveniente de loteria esportiva. Tal patrimônio é tido como *"reservado"*, não podendo ser submetido à partilha." (*RT* 674/111, Ap. nº 147.634.1/10, 3ª C., j. em 24.9.1991, Rel. Des. Silvério Ribeiro).

9.2.7. SÚMULA nº 382 do STF: "*A vida em comum sob o mesmo teto, more uxorio, não é indispensável à caracterização do concubinato.*"

9.2.8. "DIVÓRCIO LITIGIOSO – Bem reservado – Exclusão. Partilha de bens adquiridos pela mulher, com o produto do seu trabalho, *durante a separação de fato.* Nos termos do art. 246 do Código Civil, o produto auferido com o trabalho da mulher constitui bem reservado, não podendo ser objeto de partilha, quando da *separação ou divórcio.* Embargos rejeitados." (Ac. un., 4ª CC, TJSP, m.v., EI 225.126-1/1-01, Rel. Des. Toledo Silva, j. em 27.6.1996, *DJSP* 10.9.1996, pág. 24, *in Rep. IOB de Jurisp.* nº 23/1996, 1ª quinz/dez/1996, indicativo nº 3/12661).

9.2.9. "ADULTÉRIO – Art. 240 do Código Penal – Adúlteros encontrados em flagrante no quarto e na cama do casal, em trajes íntimos – *Consumação, mesmo que o casal tenha ingressado com pedido de separação judicial, ainda pendente de decisão.* O adultério foi consumado, já que o casal ainda permanecia sob o mesmo teto, ocupando o mesmo leito conjugal, em cujo espaço, ainda um lar, abrigava a filha do casal menor impúbere. A afronta se torna mais torpe porque praticada no leito conjugal do ofendido, com um homem casado, quando ainda não estava consolidada a situação jurídica do casal." (TACrim-RJ, 3ª C., Ap. nº 57.736/95-RJ, Rel. Juiz Erié Sales da Cunha, j. em 28.3.1996, m.v., *in Boletim AASP* nº 1988, de 29.1 a 4.2.1997, pág. 10-e).

9.2.10. "SENTENÇA ESTRANGEIRA – Homologação indeferida – Divórcio decretado nos Estados Unidos da América – Casamento e domicílio do casal no Brasil – Ausência de eleição de foro – Juiz incompetente. Casamento realizado no Brasil e aqui domiciliado o casal desde antes da união até a presente data e não tendo havido eleição de foro estrangeiro, com a concordância de ambos, é incompetente para decretar o divórcio perante as leis brasileiras o juiz norte-americano, ainda que desta nacionalidade seja um dos cônjuges." (STF, Pleno, Sentença estrangeira – Cont. nº 5.066-9-DF, Rel. Min. Maurício Corrêa, j. em 19.6.1996, v.u., *in Boletim AASP*, nº 1998, de 9 a 15.4.1997, pág. 30-e).

9.2.11. "RESCISÓRIA-ANULATÓRIA – Divórcio – Anulatória – Fundamento – Falta de citação pessoal, decorrente de dolo do autor – Adequação da via eleita – Afastamento da extinção do processo, sob o entendimento de ser cabível a ação rescisória – Recurso provido – A rigor, não é cabível a rescisória, mas a ação declaratória de nulidade, no caso de falta ou nulidade da citação." (Ap. Cível nº 39.324-4-SP, TJ-SP, 4ª Câmara de Dir. Privado, Rel. o Des. Olavo Silveira, j. em 26.6.1997, in JTJ 198/54, art. 485, III, e *RSTJ* 8/231). A ementa oficial do acórdão paulista foi lançada assim: "Divórcio Judicial – Falta de citação pessoal por falsa alegação de desconhecimento do domicílio da ré – Divórcio decretado – Ação Anulatória por vício de citação – Processo extinto sob a alegação de ser a rescisória a ação cabível – Recurso provido". Constou do v. acórdão: "A sentença de fls. 48 julgou extinto o processo, por entender que a ação cabível é a rescisória, segundo o art. 485, inciso III, do Código de Processo Civil. (...). O recurso foi provido "determinando-se o prosseguimento, em forma regular, da ação de nulidade, afastada a extinção do processo sem julgamento do mérito." (*JTJ* 198/54).

9.2.12. "PENHORA – Mulher casada – Bem reservado – Aceito o fato de que o bem foi adquirido com o produto do trabalho da mulher, incide o disposto no art. 246, parágrafo único, do Código Civil. Posta a questão nestes termos, é irrelevante que o regime de bens do casal seja o da separação legal (CC, art. 258, parágrafo único, II), que admite a comunicação dos adquiridos durante a vigência do casamento (CC, art. 259). Recurso especial não conhecido." (STJ – 4ª T., Rec. Esp. nº 28.084-2-SP, Rel. Min. Ruy Rosado de Aguiar, j. em 24.5.1994, v.u, *DJU* Seção I, de 20.6.1994, pág. 16.107, in Boletim da AASP nº 1856/85-e, de 26.7.1994).

9.3. SEPARAÇÃO DE CORPOS CONSENSUAL PARA AGUARDAR OS DOIS ANOS DE MATRIMÔNIO PARA OS CÔNJUGES PLEITEAREM A SEPARAÇÃO DEFINITIVA – CAUTELAR – INCOMUNICABILIDADE DOS AQÜESTOS

Processo Cível nº

Vistos, etc.

1. Trata-se de pedido de separação de corpos formulado conjuntamente pelos cônjuges A e B, tudo sob o argumento DE QUE AINDA NÃO TÊM 01 (UM) ANO DE CASADOS CIVILMENTE PARA PEDIREM DIRETAMENTE A SEPARAÇÃO CONSENSUAL DEFINITIVA (CC de 2002, art. 1.574). Assim, como não podem obter a dissolução consensual do casamento, malgrado não desejarem a vida em comum, pretendem ao menos a separação cautelar.

2. Mesmo no regime anterior do CC de 1916, a doutrina e jurisprudência já admitia a separação cautelar de corpos pleiteada pelos cônjuges de mútuo acordo e com a declaração de que aguardavam o decurso do biênio (agora apenas um ano) do casamento para ajuizar pedido definitivo de separação consensual (Yussef Said Cahali, *Divórcio e Separação*, t. I, 6ª ed., Revista dos Tribunais, págs. 538/539, e *RT* 518/95 e *RJTJSP* 53/169).

3. Assim, nos termos dos arts. 1.562 e 1.585 do Código Civil, c/c o art. 7º, § 1º da Lei nº 6.515/1977, defiro a separação cautelar de corpos, ressalvados os direitos de eventuais filhos dos requerentes, e de terceiros. Expeça-se Alvará de separação de corpos. Aguarde-se o decurso do prazo de 01 (um) ano, ficando homologado o acordo de vontades.

4. Defiro a tutela antecipada no sentido de que não se comunicam para fins de partilha os bens adquiridos a partir da presente decisão, que passarão para a classe de bens reservados de cada um dos separandos. A propósito, confira-se a jurisprudência:

"Família – Separação de corpos – Efeitos. Estabelecendo o art. 8º da Lei nº 6.515/1977 (Lei do Divórcio) a retroação dos efeitos da sentença que extingue a sociedade conjugal à data da decisão que concedeu a separação de corpos, nessa data se desfazem tanto os deveres de ordem pessoal dos cônjuges como o regime matrimonial de bens. Desde então não se comunicam os bens e direitos adquiridos por qualquer dos cônjuges. Recurso conhecido e provido." (STF, 2ª. T., RE nº 109.111-8-PB, Rel. Min. Carlos Madeira, j. em 5.8.1986, v.u, in Boletim AASP nº 1498, de 2.9.1987, pág. 207, contendo várias remissões jurisprudenciais e doutrinárias).

5. Publique-se. Registre-se. Intime-se. Comunique-se.

Local e data

(a) Juiz de Direito

9.4. SEPARAÇÃO – CONVERSÃO CONSENSUAL EM DIVÓRCIO – SENTENÇA

PODER JUDICIÁRIO
ESTADO DE SÃO PAULO

Processo Cível nº

SENTENÇA

Vistos, etc.

1. "A" e "B" (ex-cônjuges), qualificados nos autos, alegaram que por ação de separação judicial levada a efeito no ano de (...), dissolveram o casamento civil, e agora objetivam a conversão da separação em divórcio, já que decorreu o lapso de tempo superior a 1 (um) ano e não há descumprimento de obrigações assumidas no prévio processo de separação (CC de 2002, art. 1.580 e Lei nº 6.515, arts. 35 e 36). O pedido inicial veio acompanhado de procurações e certidão de casamento com a averbação da separação judicial.

2. Tratando-se de pedido consensual formulado pelos ex-cônjuges, e naturalmente dispensada a citação, o Representante do Ministério Público opinou no sentido da procedência da ação (fls.). Não foram apontadas nulidades ou irregularidades processuais.

3. ESSE, O RELATÓRIO. DECIDO.

3.1. O pleito de conversão da separação em divórcio foi desencadeado pelos ex-cônjuges por mútuo acordo, isto é, trata-se de pedido consensual de divórcio, não havendo necessidade de produção de provas em audiência. É caso de se conhecer e julgar diretamente o pedido (Lei nº 6.515/1977, art. 37). De fato, pelo processo judicial nº (...), ora apensado, verifica-se que os requerentes estão separados desde (...) de (...)de (...).., por sentença lavrada nas fls. do aludido feito. Na prévia separação judicial acertaram e ajustaram os requerentes sobre a guarda dos filhos, pensão alimentícia e partilha de bens. Destarte, sobre essas questões nada há que prover no presente processo de pedido de dissolução definitiva do tálamo.

3.2. Pelo exposto, verifica-se que já decorreu lapso de tempo superior a 1 (um) ano contado da separação, e pelo que consta do pedido inicial não há descumprimento de obrigações assumidas no prévio processo de dissolução do casamento (Lei nº 6.515/1977, art. 36). É procedente o pedido inicial, havendo manifestação favorável do Ministério Público (fls.).

4. DISPOSITIVO

Ante o exposto, nos termos do art. 1.580 do Código Civil de 2002, c/c arts. 36 e 37 da Lei nº 6.515/1977, JULGO PROCEDENTE o pedido formulado por "A" e "B", e conseqüentemente converto em divórcio a prévia separação judicial dos requerentes, mantidas as cláusulas e obrigações ajustadas no aludido processo de separação anterior. Transitando em julgado, expeça-se mandado para averbação. *Determino, por pedido das partes, a lavratura do termo de guarda dos filhos ao avô paterno "C", sem prazo determinado.*

Publique-se. Registre-se. Intime-se. Comunique-se.

Local e data

(a) Dr. Valdeci Mendes de Oliveira

Juiz de Direito

9.5. SEPARAÇÃO – CONVERSÃO LITIGIOSA EM DIVÓRCIO – RÉU REVEL – SENTENÇA

PODER JUDICIÁRIO
ESTADO DE SÃO PAULO

Processo Cível nº

SENTENÇA

Síntese sentencial: Julga-se diretamente procedente pedido de conversão de separação judicial em divórcio se o requerido devidamente citado não contestou a ação e não apontou os motivos impeditivos arrolados no art. 36, parágrafo único, incisos I e II, da Lei nº 6.515/1977.

Vistos e examinados estes autos de ação de conversão de separação judicial em divórcio, por **sentença** tem-se a solução final em 1ª instância de uma lide com as seguintes características:

1. A REQUERENTE DO PROVIMENTO JURISDICIONAL E SUA PRETENSÃO

"A", devidamente qualificada nos autos, alegou que contraiu matrimônio com o requerido "B", em data de (...), sob o regime da separação (ou comunhão) de bens, e dele se separou judicialmente por sentença de (...) de (...) de (...), proferida nos autos do processo de separação nº (...). Tendo sido resolvidas as questões sobre a guarda dos filhos, pensão alimentícia e partilha de bens, e transcorrido o prazo de 1 (um) ano contado da separação judicial, a requerente pretende agora a conversão da prévia separação em divórcio, acompanhando a petição inicial a cópia da certidão de casamento com a devida averbação da prévia dissolução do tálamo.

2. O REQUERIDO E SUA REAÇÃO PROCESSUAL – A CONTESTAÇÃO

"B", qualificado nos autos, foi devidamente citado para os termos da ação de conversão da separação em divórcio e, não obstante, deixou de contestar o pedido inicial (fls.). Preferiu a revelia.

3. O PARECER DO MINISTÉRIO PÚBLICO

O digno Promotor de Justiça manifestou nos autos e opinou no sentido de se julgar procedente o pedido inicial (fls.).

Nulidades ou irregularidades processuais não foram apontadas por qualquer das partes.

4. ESSE, O SUCINTO RELATÓRIO. A SOLUÇÃO DA JURISDIÇÃO COM FUNDAMENTAÇÃO

4.1. Cuida-se de pedido de conversão de separação judicial em divórcio. Alegou a requerente que já transcorreu lapso de tempo superior a 1 (um) ano contado da prévia separação judicial com o requerido. Este, devidamente citado para o pleito da conversão em divórcio, não contestou a ação conversiva, preferindo a contumácia. Ora, nos termos *do art. 37 da Lei nº 6.515/1977, o juiz conhecerá diretamente do pedido quando não houver contestação à ação conversiva ou não houver necessidade de produzir prova em audiência.* No caso vertente, o requerido foi pessoalmente citado para contestar o pleito e optou por não apresentar qualquer impugnação, donde resulta a presunção de serem verdadeiros os fatos articulados na petição inicial (CPC, art. 319). A revelia induz ao julgamento antecipado da lide (CPC, art. 330, II). Por outro lado, nos termos do art. 36, parágrafo único, da Lei nº 6.515/1977, a eventual contestação ao pedido de conversão em divórcio só poderia ter como fundamentos: *a)* a falta do decurso de 1 (um) ano da separação judicial; *b)* o descumprimento das obrigações assumidas pelo requerente na separação. Destarte, no presente caso, verifica-se dos autos do processo apensado (feito nº...), que a requerente está separada do requerido desde (...) de (...), tudo de conformidade com a sentença exarada nas fls. dos referidos autos. Portanto, já transcorreu mais de 1 (um) ano da prévia separação judicial, satisfeita assim a exigência contida no art. 226, § 6º, da Constituição Federal de 1988. E, depois, não houve alegação nem indícios de que a requerente descumpriu significativamente alguma obrigação assumida por ocasião da prévia dissolução da sociedade conjugal. Em suma, preenchidos os requisitos legais, tem-se por procedente o pedido de conversão em divórcio.

4.2. Destaque-se: *"Se é controvertida a questão relativa ao cumprimento ou não de obrigação assumida pelo requerente, deve a conversão da separação em divórcio ser homologada, ressalvando-se às partes a discussão do assunto na ação que couber"* (*RT* 598/193). Por fim, se o réu não contestou o pedido, e não se instaurou um litígio, é incabível a fixação de honorários advocatícios (*RJTJESP* 56/187, 62/45 e 91/91).

5. A CONCLUSÃO

Ante o exposto, com fundamento no art. 226, § 6º, da Constituição Federal, c/c os arts. 36 e 37 da Lei nº 6.515/1977, JULGO PROCEDENTE o pedido formulado por "A" contra "B", e conseqüentemente converto em divórcio a prévia separação judicial das partes. Declaro dissolvido o matrimônio pelo divórcio, obedecendo-se às condições e cláusulas estipuladas no prévio processo de separação. Ressalvo às partes o direito de discussão de alguma controvérsia em ação própria e autônoma. Com o trânsito em julgado da presente sentença, expeça-se mandado de conversão em divórcio. Não houve resistência ao pedido inicial, e portanto, são incabíveis as verbas inerentes à sucumbência.

Publique-se. Registre-se. Intime-se. Comunique-se.

Local e data

(a) Dr. Valdeci Mendes de Oliveira
Juiz de Direito

Capítulo III
Processo de Execução

GENERALIDADES – ESPÉCIES DE EXECUÇÃO

O Código de Processo Civil disciplinou várias modalidades de execução. Assim, temos a execução para a entrega de coisa certa ou incerta, a execução de obrigação de fazer e não fazer, a execução para cobrança de quantia certa contra devedor solvente, a execução de prestação alimentícia, a execução contra o Poder Público e a execução contra o devedor insolvente. O processo de execução mais freqüente no Foro é o de execução para cobrança de quantia certa contra devedor solvente. Destaque-se: o processo executivo para cobrança de quantia certa contra devedor solvente, compreende as seguintes fases: a citação e penhora, a avaliação, a arrematação, a adjudicação ou pagamento ao credor. Vejamos alguns dos despachos judiciais possíveis nas diversas espécies de execução.

A) AÇÃO DE EXECUÇÃO POR QUANTIA CERTA CONTRA DEVEDOR SOLVENTE

1. CITAÇÃO E PENHORA – DESPACHO INICIAL

> Processo nº
>
> **Vistos, etc.**
> **1.** Havendo demonstrativo do débito atualizado até a data da propositura da ação, ou memória discriminada e atualizada do cálculo juntada pelo credor (CPC, art. 614, II, c/c o art. 604), e podendo o devedor fazer o mesmo depositando de imediato o valor que apurar (CPC, art. 605 c/c o art. 570), o caso é de se deferir o processamento.

2. Cite-se o devedor executado para, no prazo de 24 (vinte e quatro) horas, pagar ou nomear bens à penhora (CPC, art. 652), sob pena de lhe serem penhorados bens coercitivamente (CPC, art. 659). A penhora se concretiza pela apreensão e depósito dos bens, lavrando-se um só auto se as diligências forem concluídas no mesmo dia. Se houver mais de uma penhora em dias distintos, lavrar-se-á para cada qual um auto (CPC, art. 664, parágrafo único). Não encontrado o devedor, defiro o arresto de bens tantos quantos bastem para garantir a execução, e nos 10 (dez) dias seguintes à efetivação do arresto, o oficial de justiça procurará o devedor por 3 (três) vezes em dias distintos. Se mesmo assim não o encontrar, certifique-se, devendo o credor providenciar a citação por edital, tudo conforme os arts. 653 e 654 do CPC, convertendo-se em seguida o arresto em penhora no caso de não pagamento do débito. Deverá constar do edital o prazo de 10 (dez) dias para embargos.

3. Se houver bens gravados de ônus reais, a penhora recairá sobre os bens dados em garantia, independentemente de nomeação (CPC, art. 655, § 2º).

4. Não cabe citação com hora certa no processo de execução (cf. CPC, arts. 653 e 654, e *RT* 618/196, *JTA* 60/91, 74/38 e 103/209).

5. Penhorados os bens, intime-se o devedor para oferecimento de embargos à execução no prazo de 10 (dez) dias. Se for penhorado bem imóvel, intime-se igualmente o cônjuge do devedor, se casado (CPC, art. 669, parágrafo único). E, após, providencie o exequente, sem prejuízo da intimação do executado, o registro da penhora no ofício imobiliário para presunção absoluta de conhecimento por terceiros, tudo de conformidade com os §§ 4º e 5º do art. 659 do CPC, com redação dada pela Lei nº 10.444, de 7 de maio de 2002. Não há necessidade de mandado judicial, bastando a exibição de certidão do auto ou termo de penhora no Cartório de Registro.

6. Se a execução não for embargada, o bem penhorado será avaliado e depois submetido a leilão (se for bem móvel), ou praça (se for bem imóvel). Se o devedor, ao nomear os bens à penhora (CPC, art. 655, § 1º, V), atribuir valor aos bens e o credor concordar, nos termos do art. 684, I, do CPC, não se procederá a avaliação por avaliador.

7. No caso de pagamento no início da ação, fixo honorários advocatícios de 10% sobre o valor da causa.

8. Se o devedor fechar as portas da casa a fim de obstar a penhora de bens, defiro a ordem de arrombamento e 2 (dois) oficiais de justiça cumprirão o mandado (CPC, arts. 660 e 661). Desde já autorizo o reforço policial, agindo os servidores com circunspeção e equilíbrio (CPC, art. 662).

9. Oportunamente deliberarei sobre o comparecimento das partes para tentativa de conciliação (CPC, art. 599, I, c/c o art. 125, IV).

Local e data

(a) Juiz de Direito

2. PENHORA – NOMEAÇÃO PELO DEVEDOR – RECUSA DO CREDOR

Decisão rejeitando a nomeação de bens à penhora feita pelo devedor.

Processo nº

        Vistos, etc.

        1. Desde que presente(s) a(s) hipótese(s) contemplada(s) no art. 656 do CPC, conforme apontado pelo credor, e visando a melhor segurança para a execução, o caso é de se devolver ao aludido credor o direito à nomeação, consoante dispõe o art. 657, 2ª parte, do CPC. Neste caso, o credor tem a livre escolha dos bens a serem penhorados (*RT* 490/134, *JTA* 39/156).

        2. Penhore-se, pois, conforme requerido pelo credor.

        3. Intime-se.

        Local e data

        (a) Juiz de Direito

3. PENHORA – DESPACHO PARA PENHORA DE BENS DOS SÓCIOS DE EMPRESA COMERCIAL

Processo nº

        Vistos, etc.

        1. Nos termos dos arts. 592, II, e 596, do Código de Processo Civil, defiro o pedido da exeqüente de fls. (*RT* 635/225). Cite-se o sócio da empresa executada, Sr. (...), para pagamento do débito em 24 (vinte e quatro) horas, sob pena de penhora de seus bens particulares (CPC, art. 652).

        2. Tem-se entendido que: "Execução fiscal – Penhora – Responsabilidade dos sócios – Alteração societária – Hipótese que não exclui o substituto de responder pelo não recolhimento da dívida fiscal regularmente constituída e inscrita. *Irrelevância do seu nome não constar na certidão de dívida ativa – Inteligência dos arts. 135 e 136 do CTN*. O sócio responsável pela administração e gerência de sociedade limitada, por substituição, é objetivamente responsabilizado pela dívida fiscal, constituindo violação à lei o não recolhimento de dívida fiscal regularmente constituída e inscrita. Não exclui a sua responsabilidade o fato do seu nome não constar na certidão de dívida ativa" (STJ, 1ª T., REsp. nº 47.718-2-SP, Rel. Min. Milton Luiz Pereira, j. em 9.8.1995, v.u., *in Boletim AASP* nº 1971, pág. 78-e).

        3. Intimem-se.

        Local e data

        (a) Juiz de Direito

4. PENHORA SOBRE DINHEIRO DA EMPRESA OU SOBRE O FATURAMENTO MENSAL

Processo Cível nº

Vistos, etc.

1. Defiro a penhora em dinheiro da empresa solicitada pela Fazenda Pública, observando-se o entendimento jurisprudencial. Com efeito.

2. A jurisprudência tem entendido que: "Penhora em dinheiro da empresa – Movimento mensal da empresa executada – Observância das formalidades legais – Matéria probatória – Lei nº 6.830/1980, art. 11, § 1º, CPC, arts. 659 usque 665 – Súmula nº 7 do STJ – Precedentes. A jurisprudência admite a penhora em dinheiro do faturamento mensal da empresa devedora executada, desde que cumpridas as formalidades ditadas pela lei processual civil, como: *a)* a nomeação de administrador; e *b)* com apresentação da forma de administração e do esquema de pagamento. Impossível, em sede de recurso especial, a revisão da matéria fática que embasou a fundamentação da decisão recorrida, a teor da jurisprudência sumulada desta Corte. Recurso não conhecido" (STJ, 2ª T., REsp. nº 45.621-5-SP, Rel. Min. Peçanha Martins, j. em 19.6.1996, v.u., in Boletim AASP nº 1945, de 3 a 9.4.1996, pág. 26-e).

E mais: "Execução – Penhora – Faturamento da sociedade – Admissibilidade. Faturamento de uma empresa é bem penhorável, não se mostrando aceitável decisão que lhe indefere o pedido de penhora, sob o pretexto de sua impossibilidade prática" (2º TACiv-SP, Ag. Inst. nº 432.061, 6ª C., Rel. Juiz Gamaliel Costa, j. em 5.4.1995, in Boletim AASP nº 1958, de 3 a 9.7.1996, pág. 4, *Ementário* 17/95).

E ainda: "Penhora – Nomeação de bens – Indeferimento – Decisão que determinou penhora, por indicação do credor, *sobre o dinheiro arrecadado nos pedágios* – Validade. Alegação de interesse público e impenhorabilidade. Inconsistência. Sociedade de economia mista com bens não afetados ao serviço público. Admissibilidade da penhora diária da empresa devedora. Empresa submetida ao regime jurídico das empresas privadas. Parte que não goza do privilégio da impenhorabilidade. Improvimento." (1º TACivSP, 7ª C., Ag. Instr. nº 680.336-1-SP; Rel. Juiz Ariovaldo Santini Teodoro, j. em 21.5.1996, v.u., in Boletim AASP nº 1965, de 21 a 27.8.1996, pág. 269-j).

Constou do v. acórdão que: "*A penhora de renda diária de empresa devedora é admissível, mas não deve ultrapassar a 30% (trinta por cento), consoante vem proclamando a jurisprudência em casos análogos.*" (*RT* 695/107, e STJ, 1ª T., REsp nº 36.535-0-SP).

3. Diante do exposto, indique a Fazenda Pública, em 15 (quinze) dias, o administrador ou sócio da empresa para o cargo de depositário, a fim de que o Juízo tome por termo a nomeação e marque prazo para apresentação do plano de administração e forma de pagamento.

4. Intime-se.

Local e data

(a) Juiz de Direito

5. IMPENHORABILIDADE DE BEM DE FAMÍLIA – BENS MÓVEIS

Bens móveis que guarnecem a casa do devedor (Lei nº 8.009/1990).

Processo Cível nº

Vistos, etc.

1. A mesa, o aparelho de televisão, a geladeira, o tanque de lavar roupas, o simples aparelho de som, o videocassete, etc., são bens impenhoráveis, conforme o art. 1º da Lei nº 8.009/1990. Na verdade, esses bens não se configuram como obras de arte nem como adornos suntuosos de uma residência, tanto que eles são encontrados nos lares mais humildes da sociedade brasileira. São objetos domésticos da massa, e muitas vezes, o mínimo conforto das famílias mais pobres, dos operários, das mulheres e crianças.

2. Confira-se a jurisprudência:

"BEM DE FAMÍLIA – Impenhorabilidade – Lei nº 8.009, de 1990 – Bens que guarnecem a residência do devedor – Mesa e televisão não qualificados como objetos de luxo ou adorno. A Lei nº 8.009/1990, ao dispor que os equipamentos, inclusive móveis, que guarnecem a residência, são impenhoráveis, não abarca tão-somente os *indispensáveis à moradia, mas também aqueles que usualmente integram uma residência, como geladeira, mesa e televisão, que não se qualificam como objetos de luxo ou adorno.* Ao Juiz, em sua função de intérprete e aplicador da lei, em atenção aos fins sociais a que ela se dirige e às exigências do bem comum, como admiravelmente adverte o art. 5º da LICC, incumbe dar-lhe exegese construtiva e valorativa, que se afeiçoe aos seus fins teleológicos, sabido que ela deve refletir não só os valores que a inspiraram, mas também as transformações culturais e sócio-políticas da sociedade a que se destina." (STJ, 4ª T., REsp. nº 74.210-PR, Rel. Min. Sálvio Figueiredo Teixeira, j. em 19.3.1996, v.u., in Boletim AASP nº 1979, de 27.11 a 3.12.1996, pág. 94-e).

"EXECUÇÃO – Penhora – Bens impenhoráveis – Televisor – Inadmissibilidade – Exegese do art. 1º, parágrafo único, e art. 2º, *caput*, da Lei nº 8.009/1990. A impenhorabilidade alcança todos os equipamentos que guarnecem a casa do devedor. Assim, o aparelho de televisão, ainda que a cores, bem como *videocassete e aparelho de som são considerados equipamentos que guarnecem a casa do devedor"* (2º TACivSP, Ag. Inst. nº 394.625, 9ª C., Rel. Juiz Ribeiro da Silva, j. em 13.9.1994, in Boletim AASP nº 1.916, de 13 a 19.9.1995, pág. 3, *Ementário* nº 1/1995).

3. Anoto que a impenhorabilidade de um bem pode ser argüida por simples petição e independentemente de apresentação de embargos à execução (*RT* 677/189). E até "de ofício pode ser reconhecida" (*JTA-ERGS* 84/186, apud Theotônio Negrão, *Código de Processo Civil e Legislação Processual em Vigor*, Saraiva, 26ª ed., art. 649-2, pág. 490).

4. Ante o exposto, indefiro o pedido de penhora do aparelho de televisão, do tanque de lavar roupas, geladeira e aparelho de som.

5. Intime-se. Local e data

(a) Juiz de Direito

5.1. Jurisprudência sobre a impenhorabilidade de certos bens

5.1.1. "EXECUÇÃO – Impenhorabilidade – Motorista – Ônibus escolar – Microempresa – É absolutamente impenhorável o ônibus escolar que serve para o exercício da profissão de motorista (CPC, art. 649, V), não obstante registrado em nome de firma individual, da qual o devedor é titular. *A microempresa é forma de atuação do profissional no mercado de trabalho e deve ser ignorada quando tal desconsideração é necessária para fazer prevalecer a norma instituída em benefício do profissional".* (STJ, 4ª T., REsp. nº 84.756-RS, Rel. Min. Ruy Rosado de Aguiar, j. em 25.3.1996, v.u., *in Boletim AASP* nº 1984, de 1 a 7.1.1997, pág. 1-e).

Obs.: "Beneficia-se da impenhorabilidade dos bens indispensáveis ou úteis ao exercício da atividade profissional a firma pequena, em que seu titular vive do trabalho pessoal e próprio, ainda que tenha um ou outro empregado para ajudá-lo." (*RT* 658/167).

5.1.2. "Não pode ser penhorado o direito de uso de telefone que sirva a médico (*JTAERGS* 78/175) ou instalado em escritório de advocacia (*RTFR* 125/162, *JTA* 100/100), ou mesmo em residência, desde que destinado ao exercício de profissão" (*RT* 702/124). Também, "não pode ser penhorado o único táxi de motorista profissional" (*RT* 649/110, *JTA* 121/132) (*apud* Theotônio Negrão, *in* Código de Processo Civil e Legislação Processual em Vigor, Saraiva, 26ª ed., pág. 493).

6. IMPENHORABILIDADE DA PEQUENA PROPRIEDADE RURAL – DECISÃO

PODER JUDICIÁRIO
ESTADO DE SÃO PAULO

Processo Cível nº

Vistos, etc.

1. Cuida-se de ação de execução por quantia certa promovida pelo Banco "A" contra os devedores "B" e "C".

2. A execução foi proposta em 12 de março de 1991 e por 4 (quatro) vezes ficou suspensa a pedido do próprio exeqüente (fls.).

3. Afinal, houve penhora de um pequeno prédio rústico (metade de um sítio de 5,5 alqueires paulistas), pertencente ao devedor "C" (fls.). Não houve embargos à execução (fls.).

4. O Cartório de Registro de Imóveis, atendendo à diligência do Juízo, informou que o devedor "C" somente possui o imóvel rural de 5,5 alqueires paulistas, objeto da matrícula imobiliária nº 4.465 (fls.).

5. O defensor do devedor pretende a exclusão do imóvel rural da constrição judicial, tudo sob a alegação de ser o bem penhorado uma pequena propriedade rústica tipicamente familiar, e, portanto, impenhorável, nos termos da Constituição Federal.

6. Realmente, a penhora que recaiu sobre o imóvel rural com 5,5 alqueires paulistas (fls.), deve ser anulada ou desfeita em face da impenhorabilidade prevista *no art. 5º, inciso XXVI, da Constituição Federal de 1988, c/c o art. 4º, § 2º, da Lei nº 8.009, de 29.3.1990, e ainda, art. 191 da citada Carta Magna.*

7. Com efeito, dispõe o art. 5º, XXVI, da Carta Magna, que: "A pequena propriedade rural, assim definida em lei, desde que trabalhada pela família, *não será objeto de penhora para pagamento de débitos decorrentes de sua atividade produtiva, dispondo a lei sobre os meios de financiar o seu desenvolvimento".*

Pois bem.

A ilação do que seja uma pequena propriedade rural pode ser extraída do art. 191 da própria CF que, ao prever o usucapião especial de imóveis rurais, estabeleceu como limite permissivo à usucapibilidade uma quantidade de área nunca superior a 50 (cinqüenta) hectares. Eis o preceito constitucional: *"Aquele que, não sendo proprietário de imóvel rural ou urbano, possua como seu, por cinco anos ininterruptos, sem oposição, área de terras, em zona rural, não superior a 50 hectares, tornando-a produtiva por seu trabalho ou de sua família, tendo nela sua moradia, adquirir-lhe-á a propriedade".*

Destarte, dentro desse contexto normativo, no que concerne a imóvel situado na zona rural, o que de certa forma se entende como quantidade de área razoável para ser adquirida por usucapião especial previsto na Constituição Federal, também deve ser considerada como sendo pequena propriedade rural para fins de impenhorabilidade e conseqüente garantia do devedor ou sua família no árduo trabalho do campo (CF, art. 5º, XXVI). Por outras palavras, em face do disposto no art. 191 da Carta Magna, deve-se entender por pequena propriedade rural, aquela que tiver área inferior a 50ha, equivalentes a mais ou menos 20,6 alqueires paulistas.

8. Ora, no caso vertente, foi penhorado um imóvel rural com 5,5 alqueires paulistas, equivalentes a 13,31ha, pertencente ao devedor "C", que reside no aludido imóvel (fls.). Aliás, esse devedor nem figurou pessoalmente como subscritor do título de crédito que embasa a execução, sabido que: "É nula a obrigação cambial assumida por procurador do mutuário vinculado ao mutuante, no exclusivo interesse deste." (Súmula nº 60 do STJ).

9. A questão, enfim, pode ser resumida assim: se a penhora recaiu sobre imóvel rural com 5,5 alqueires paulistas, equivalentes a 13,31ha, tem-se um caso de constrição judicial sobre *uma pequena propriedade rural, entendida esta como sendo aquela de área inferior a 50ha, iguais a 20,6 alqueires paulistas, previstos no art. 191 da Constituição Federal.* É claro que no caso dos autos há prova de que o devedor "C" não possui outro imóvel senão o prédio rústico de 5,5 alqueires, tudo conforme certidão do Cartório de Registro de Imóveis de fls.. Acentue-se que o título objeto da execução *é uma letra de câmbio expressamente descrita na petição inicial, e nessa letra o devedor "C" não figurou pessoalmente como subscritor, mas sim, por procurador cujo mandato é nulo, nos termos da Súmula nº 60 do STJ.*

10. Por outro lado, se a propriedade penhorada é de área inferior a 50ha, e se o devedor não possui outros bens, nessa hipótese incide a regra do art. 4º, § 2º, da Lei nº 8.009/1990, que transcrevo: *"Quando a residência familiar constituir-se em imóvel rural, a impenhorabilidade restringir-se-á à sede de moradia, com os respectivos bens móveis, e, nos casos do art. 5º, inciso XXVI, da Constituição Federal, à área limitada como pequena propriedade rural."*

11. Diga-se mais, que a impenhorabilidade da pequena propriedade rural é oponível em qualquer processo de execução civil, fiscal, previdenciária, trabalhista ou de outra natureza (Lei nº 8.009/1990, art. 3º). E, por último, no caso de que se cuida, o crédito executado não se enquadra nas exceções previstas em todos os incisos do art. 3º da referida lei, o que implica dizer que não se trata de: *a)* cobrança de crédito de trabalhadores da própria residência e respectivas contribuições previdenciárias; *b)* cobrança de crédito decorrente da concessão de financiamento destinado à construção ou aquisição do imóvel; *c)* cobrança de crédito pelo credor de pensão alimentícia; *d)* cobrança de crédito decorrente de impostos, predial ou territorial, taxas e contribuições devidas em função do imóvel familiar; *e)* cobrança de crédito garantido com hipoteca sobre o imóvel, desde que a garantia real tenha sido oferecida pelo casal ou pela entidade familiar; *f)* cobrança de crédito pela vítima do crime, e decorrente do crime, ou de sentença penal condenatória para ressarcimento de danos, indenização ou perdimento de bens; *g)* cobrança de crédito decorrente de fiança concedida em contrato de locação.

12. Observo que o § 2º do art. 4º da Lei nº 8.009/1990, expressamente consagra a impenhorabilidade da pequena propriedade rural exatamente nos termos do art. 5º, XXVI, da CF, este último dispositivo interpretado aqui juntamente com o disposto no art. 191 da mesma Carta Magna. O limite do que seja uma pequena propriedade rural o legislador constitucional implicitamente já traçou: 50ha (art. 191). Porque, só se permitiu o usucapião especial de área rural nunca superior a 50ha No caso dos autos, o imóvel penhorado tem 13,31ha, portanto, área inferior a 50ha. A função social e familiar da pequena propriedade tem que ser preservada.

13. Ante o exposto, DECLARO SEM EFEITO o auto de penhora de fls., porque é nulo em face da impenhorabilidade da pequena propriedade rural consagrada na Constituição Federal (art. 5º, XXVI) e na Lei nº 8.009/1990 (art. 4º, § 2º).

14. Anoto que a impenhorabilidade de um bem pode ser argüida por simples petição e independentemente de apresentação de embargos à execução (*RT 677/189*). E até "de ofício pode ser reconhecida" (*JTA-ERGS 84/186*, apud Theotônio Negrão, *Código de Processo Civil e Legislação Processual em Vigor*, Saraiva, 26ª ed., art. 649-2, pág. 490).

15. Intime-se. Manifeste o credor sobre a suspensão da execução em virtude da ausência de bens penhoráveis (CPC, art. 791, inciso III). Prazo: 10 (dez) dias.

Local e data

(a) Juiz de Direito

6.1. ACÓRDÃO NA ÍNTEGRA QUE MANTEVE DECISÃO PROFERIDA NOS TERMOS DO ITEM 6 RETRO

ACÓRDÃO

Vistos, relatados e discutidos estes autos de Agravo de Instrumento nº 599.080-1, da comarca de Quatá, sendo agravante Cia. Itauleasing de Arrendamento Mercantil – Grupo Itaú, e agravados M.A.S. e outro.

Acordam, em Sexta Câmara do Primeiro Tribunal de Alçada Civil, por votação unânime, negar provimento ao recurso.

Trata-se de Agravo de Instrumento, tirado contra r. decisão que, editada em ação de execução contra devedor solvente, excluiu da penhora bem imóvel rural, à vista do princípio consagrado na Constituição Federal (art. 5º, inciso XXVI) e Lei nº 8.009/1990 (art. 4º, § 2º).

Sustenta a recorrente, em resumo, que a constrição deveria ser mantida, pois o imóvel não se enquadraria na norma constitucional invocada, por não se tratar, efetivamente, de pequena propriedade.

Recurso respondido, mantida, na fase adequada, a decisão hostilizada, subindo os autos a esta Corte.

É o relatório, no essencial.

Ato de constrição perpetrado após a vigência da Lei nº 8.009/1990 e incidindo sobre imóvel rural, cuja área, correspondente a 5,5 alqueires, o qualifica como sendo pequena propriedade agrícola, para os fins do art. 5º, XXVI, da Constituição Federal, não pode realmente subsistir, porque afeta a impenhorabilidade prevista naquela norma constitucional e reciclada, também, na lei anteriormente indicada, em seu art. 4º, § 2º.

Por isso, andou bem o ilustre Juiz de Primeiro Grau, em acolhendo a argüição levantada pelo executado, ao determinar o levantamento da penhora, sendo prevalentes os doutos fundamentos que embasaram a decisão hostilizada e que ficam integralmente adotados.

Por tais fundamentos, negam provimento ao recurso.

Presidiu o julgamento, com voto, o Juiz Evaldo Veríssimo e dele participaram os Juízes Joaquim Chiavegato e Jorge Farah.

São Paulo, 30 de agosto de 1994

(a) Dr. Evaldo Veríssimo – Juiz Relator

Obs.: *O acórdão transcrito refere-se a decisão por mim proferida num caso concreto, quando então era Juiz na Comarca de Quatá (Proc. Exec. nº 63/1991).*

7. FRAUDE À EXECUÇÃO – RECONHECIMENTO NOS PRÓPRIOS AUTOS DA EXECUÇÃO

Processo Cível nº

Vistos, etc.

1. Trata-se de alegação formulada pelo credor inerente a fraude à execução.

2. Nos termos do art. 593 do Código de Processo Civil, considera-se em fraude de execução a alienação ou oneração de bens: "I – quando sobre eles pender ação fundada em direito real; II – quando, ao tempo da alienação ou oneração, corria contra o devedor demanda capaz de reduzi-lo à insolvência; III – nos demais casos expressos em lei". Por outro lado, pelo art. 592, V, do mesmo CPC, ficam sujeitos à execução os bens alienados ou gravados em fraude de execução.

3. No caso dos autos, a hipótese alegada se enquadra no inciso II do art. 593, do CPC.

4. Com efeito, conforme se vê de fls. dos autos, o documento revela que a alienação de bens pelo devedor ocorreu em data de (...) de (...) de (...), quando já havia execução aparelhada contra o referido devedor. É suficiente, para caracterizar a fraude, que ao tempo da alienação haja ação judicial aforada contra o alienante, independentemente de ter havido citação válida (*RJTJESP* 118/140, *RT* 609/107, *RT* 601/125, *RJTJESP* 114/215, *JTA* 110/33). No caso, está patente a fraude à execução (CPC, arts. 592-V e 593-II). Torno ineficaz a alienação do bem apontado pelo credor.

5. Tem-se entendido que: "A ineficácia da alienação de bens pode ser declarada incidentalmente no processo de execução, independente de ação específica, e até de ofício" (*RJTJESP* 88/283, 139/75, *RT* 697/82 e STJ-*JTAERGS* 77/342). Por outro lado, "em todos os casos do art. 593, há presunção peremptória de fraude e, por isso, em execução movida contra o alienante, a penhora *pode recair sobre os bens transmitidos, como se não tivesse havido alienação" (RTJ 94/918,* RT *499/228,* RJTJESP *99/274, 118/140).* E mais: "*Reconhecida a fraude à execução, compete ao próprio Juiz da Execução determinar o necessário cancelamento do registro da alienação fraudulenta*" (RT *689/167,* apud Theotônio Negrão, *Código de Processo Civil e Legislação Processual em Vigor*, Saraiva, 26ª ed., págs. 467 e 468). *Aliás, a propósito da alienação fraudulenta de bens imóveis, dispõe o art. 214 da Lei nº 6.015, de 31.12.1973, Lei dos Registros Públicos, o seguinte: "As nulidades de pleno direito do registro, uma vez provadas, invalidam-no, independentemente de ação direta". Por outro lado, o art. 216 da mesma Lei preceitua: "O registro poderá também ser* retificado ou anulado *por sentença em processo contencioso, ou por efeito do julgado em ação de anulação ou de declaração de nulidade de ato jurídico, ou de julgado sobre fraude à execução". As regras citadas valem também para os casos de "ineficácia do ato jurídico". Só para acrescentar, nos* *termos do art. 167, II, 12, da Lei nº 6.015/1973, no Registro de Imóveis serão também feitas averbações das "decisões", recursos e seus efeitos, que tenham por objeto atos ou títulos registrados ou averbados. No mesmo diapasão, averbar-se-á a declaração de indisponibilidade de bens, na forma da lei (Lei nº 6.015/1973, art. 247)."*

6. Assim exposto, reconheço a fraude à execução e torno ineficaz a alienação feita pelo devedor. Determino a penhora dos bens transmitidos e apontados pelo credor, como se não tivesse ocorrido a alienação. Intime-se o terceiro adquirente do presente despacho. Cancele-se o registro da alienação fraudulenta, expedindo-se mandado (*RT* 689/167). Cumpra-se, penhorando-se os bens para garantir a execução.

7. Local e data

(a) Juiz de Direito

8. AVALIAÇÃO – DESPACHO NOMEANDO PERITO AVALIADOR NA EXECUÇÃO

Processo nº

Vistos, etc.

1. Nomeio perito avaliador o Sr. (...), para estimar os bens penhorados. Laudo em 10 (dez) dias (CPC, art. 681). Fixo honorários provisórios em (...) (2 ou 3) salários mínimos. O exeqüente deverá depositar os honorários em 10 (dez) dias. Proceda-se, antes, ao cálculo do débito.

2. Não se procederá à avaliação se o devedor, ao nomear bens à penhora, atribuiu o respectivo valor (CPC, art. 655, § 1º, inciso V), e o credor aceitou esse valor (CPC, art. 684, I).

3. Intime-se.

Local e data

(a) Juiz de Direito

9. ARREMATAÇÃO – DESPACHO

Despacho determinando a arrematação – Edital (*praça* é para bens imóveis, e *leilão* é para bens móveis).

Processo nº

Vistos, etc.

1. Os bens penhorados já foram avaliados e há cálculo do débito nos autos. Deverá o Escrivão-Diretor inserir em pauta própria as datas para 1ª e 2ª praças e/ou leilões, observando-se o prazo mínimo de 10 (dez) e o máximo de 20 (vinte) dias entre uma e outra (CPC, art. 686, VI).

Se for designada praça (alienação de bem imóvel), realizar-se-á no átrio do Fórum. Se leilão (bens móveis), também poderá ser feito no átrio do Fórum, ou em outro lugar, designado pelo Juiz (CPC, art. 686, § 2º).

2. Expeçam-se e publiquem-se os editais, consoante o art. 686 do CPC. Os editais serão afixados no local de costume no prédio do Foro e publicados, em resumo, com antecedência mínima de 5 (cinco) dias, pelo menos uma vez em jornal de ampla circulação local (art. 687). Se o credor for beneficiário da Assistência Judiciária Gratuita, a publicação será feita no órgão oficial (art. 687, § 1º).

3. Se o valor dos bens penhorados não exceder o valor correspondente a 20 (vinte) vezes o maior salário mínimo vigente na data da avaliação (*RT* 628/124), fica dispensada a publicação de editais em jornal local, não podendo, *neste caso, o preço da arrematação ser inferior ao da avaliação* (CPC, art. 686, § 3º).

4. Não será aceito lanço que, em 2ª (segunda) praça ou leilão, ofereça preço vil (CPC, art. 692), como, por exemplo, preço bem inferior ao valor da avaliação, ou inferior a 60% do valor real do bem (*RJTJESP* 96/50, 109/100). A arrematação por preço vil é nula, podendo ser reconhecida de ofício no próprio processo de execução (*RJTJESP* nº 108/44 e *JTA* 98/300).

5. Intime-se pessoalmente o devedor das datas das praças (ou leilões), e também por edital (CPC, art. 687, § 5º). A intimação pode ser por carta com "AR". Feita a praça ou leilão, lavrar-se-á o Termo de Ocorrência da Praça ou Leilão, e somente após decorridas 24 (vinte e quatro) horas, será lavrado o Auto de Arrematação ou Leilão (CPC, art. 693). O prazo de 24 horas para lavratura do auto de arrematação foi estabelecido para que o devedor ou seu cônjuge, descendente ou ascendente, pudessem exercer o direito de remição expressamente previsto nos arts. 651, 787 e 788 do CPC. Se nesse prazo de 24 horas houver o pagamento do débito, fica desfeita a arrematação (*RJTJESP* 107/242).

6. O prazo para eventuais Embargos à Arrematação ou Adjudicação é de 10 (dez) dias contados da assinatura do Auto de Arrematação ou Adjudicação (CPC, art. 746 c/c o art. 694, e *RJTJESP* 103/218). A arrematação deve ser anulada de plano, nos próprios autos da execução, se feita a prova de que os bens não existem (*RJTJESP* 97/277), ou de que não foram encontrados (*RJTJESP* 105/265), ou que pertencem a terceiros (*RJTJESP* 89/281) (ver também *RT* 460/153, 509/213 e 573/174). Nesses casos, não há necessidade de embargos à arrematação, sendo suficiente simples requerimento do interessado nos próprios autos de execução (*RJTJESP* 98/204).

7. Local e data

(a) Juiz de Direito

10. CARTA DE ARREMATAÇÃO – DESPACHO ORDENANDO A EXPEDIÇÃO DE CARTA DE ARREMATAÇÃO

Processo Cível nº

Vistos, etc.

1. Já transcorreu o prazo de 24 (vinte e quatro) horas da praça ou leilão (CPC, arts. 693 e 694). O Auto de Arrematação ou (Adjudicação) foi assinado.

2. A serventia igualmente certificou o transcurso do prazo de 10 (dez) dias para eventuais Embargos à Arrematação (CPC, arts. 694 e 746). Não houve interposição de Embargos.

3. Assim, nos termos dos arts. 694 e 707, ambos do CPC, expeça-se a carta de arrematação, pagando o exeqüente o valor dos emolumentos necessários para a extração das peças que formarão a aludida carta. Após manifeste-se o Credor sobre eventual saldo remanescente, ou sobre o arquivamento.

4. Quanto à entrega do bem ao adquirente-arrematante, observar-se-á o contido na jurisprudência: *"Arrematação – Imissão na posse – Arrematação de imóvel penhorado que se encontra em posse de terceiro. O adquirente do imóvel alienado judicialmente obtém a imissão na posse mediante simples mandado no próprio processo em que obteve a Carta de Adjudicação ou Arrematação, desde que o mandado seja contra o depositário judicial ou contra o proprietário-devedor. Mas, se o bem estiver na posse de terceiro que não tenha sido parte na Execução ou sujeito a seus efeitos, precisa o adquirente-arrematante mover-lhe ação própria"* (como, v.g., contra comodatários, a ação própria é a de imissão na posse) (1º TACivSP, 8ª C., AI nº 555.052-9-SP, Rel. Juiz Raphael Salvador, j. em 27.10.1993, v.u., in Boletim da AASP nº 1829, pág. 13).

5. Intimem-se.

Local e data

(a) Juiz de Direito

11. ADJUDICAÇÃO – DESPACHO DE DEFERIMENTO

Despacho deferindo a adjudicação de bens móveis ao credor (hipótese em que não houve licitantes ou lançador).

Processo nº

Vistos, etc.

1. Cuida-se de pedido de adjudicação de bens móveis, formulado pelo exeqüente, após 2 (dois) leilões negativos. Embora passados vários dias do segundo leilão, nada obsta o deferimento da adjudicação, conforme a jurisprudência dos Tribunais (*RT* 660/145 -...*passaram-se meses, na hipótese, e foi deferida a adjudicação.* Vide ainda acórdão em *Boletim AASP* nº 1695, pág. 3, *Ementário* nº 8/1991, do 2º TACivSP). Por outro lado, tem-se entendido que: *"Arrematação – Imissão na posse – Arrematação de imóvel penhorado que se encontra em posse de terceiro. O adquirente do imóvel alienado judicialmente obtém a imissão na posse mediante simples mandado no próprio processo em que obteve a Carta de Adjudicação ou Arrematação, desde que o mandado seja contra o depositário judicial ou contra o proprietário-devedor. Mas, se o bem estiver na posse de terceiro que não tenha sido parte na Execução ou sujeito a seus efeitos, precisa o adquirente-arrematante mover-lhe ação própria" (como, v.g., contra locatários ou comodatários, a ação própria é a de imissão na posse)* (1º TACivSP, 8ª C., Ag. Inst. nº 555.052-9-SP, Rel. Juiz Raphael Salvador, j. em 27.10.1993, v.u., in Boletim da AASP nº 1829, de 12 a 18.1.1994, pág. 13).

2. Sabido que "leilão" é para alienação de bens móveis, e "praça" é para a venda judicial de bens imóveis, a jurisprudência tem proclamado que, "ao leilão de bem móvel se aplica por analogia o disposto no art. 714 do CPC sobre a adjudicação de imóvel" (*RT* 469/134, 471/143, *JTA* 31/231). Adjudicação só se defere se não houver lançador no 2º leilão, e por preço nunca inferior ao que consta do edital ou da avaliação.

3. No caso vertente, o exeqüente pede a adjudicação de 2 (dois) bens móveis penhorados (uma máquina de lavar roupas Brastemp e uma lavadora marca Pop Tank Müller), isso após o segundo leilão judicial sem licitantes. O valor total da avaliação dos bens foi de R$ 495,00 (fls. 7), e esse valor constou do edital de fls. 14. Destarte, pelo preço total da avaliação acima mencionado, defiro a adjudicação dos bens ao exeqüente. *Lavre-se o auto de adjudicação, que só será assinado decorrido o prazo de 24 horas (CPC, art. 715, § 1º).* Vencido o prazo de 24 horas e assinado o auto, expeça-se Carta de Adjudicação, independentemente de sentença (art. 715).

Obs.: O prazo para eventuais Embargos à Adjudicação é de 10 (dez) dias (CPC, art. 746) contado da assinatura do auto. Se ajuizados, suspendem a expedição da respectiva carta.

4. Intimem-se. Se for o caso, devolva-se a precatória.

Local e data

(a) Juiz de Direito

B) AÇÃO DE EXECUÇÃO PARA ENTREGA DE COISA CERTA

1. CITAÇÃO – DESPACHO INICIAL

Processo Cível nº

Vistos, etc.

1. Cuida-se de execução para entrega de coisa certa, ajuizada por "A" contra "B".

2. Com a Lei nº 8.953/1994, e depois com a Lei nº 10.444, de 7 de maio de 2002, que modificaram a redação do art. 621 do Código de Processo Civil e acrescentaram o art. 461-A, §§ 1º, 2º e 3º do mesmo CPC, admite-se título executivo *extrajudicial* para instruir pedido de execução para entrega de coisa certa, já que, para a hipótese de ação de cognição com título executivo *judicial* (sentença) existe a técnica do mandado de busca e apreensão ou de imissão na posse conforme art. 461-A, § 2º, do aludido CPC, isso no bojo dos próprios autos de cognição. O art. 621 do CPC, com a redação da Lei nº 10.444/2002, não mais faz alusão ao "título judicial", cujo cumprimento forçado obedece a técnica do art. 461-A, tendo sido alterado também o § 1º do art. 627 do CPC, que se refere à hipótese de não constar o valor da coisa do "título", e não mais da "sentença" como era antes, caso em que o exequente fará a estimativa, sujeitando-se ao arbitramento judicial, isso no caso de execução com base em título extrajudicial. Não sendo possível a entrega da coisa, e tratando-se de obrigação inserida em sentença judicial, a obrigação converte-se em indenização por perdas e danos (CPC, art. 461, §§ 1º e 2º, aplicáveis por força do **art. 461-A**, § 3º, com redação dada pela Lei nº 10.444/2002).

3. Assim sendo, nos termos do aludido art. 621, cite-se o devedor para, dentro de 10 (dez) dias, satisfazer a obrigação (entregar a coisa reclamada pelo credor), ou, seguro o juízo pelo depósito da coisa (CPC, art. 737, inciso II), apresentar Embargos. Fixo multa por dia de atraso no valor equivalente a R$ 2.000,00, tudo nos termos do art. 621, parágrafo único, do CPC, com redação dada pela Lei nº 10.444/2002.

4. O prazo para embargos é de 10 (dez) dias (CPC, art. 738), contados: *a)* ou do termo de depósito da coisa (art. 622); ou *b)* da juntada aos autos do mandado de imissão na posse (quando imóvel), ou de busca e apreensão (quando móvel), tudo conforme os arts. 625 c/c o 738, III, ambos do CPC.

5. Se o devedor depositar a coisa, com o fim de embargar a execução (art. 622), o credor não poderá levantá-la antes do julgamento dos embargos (art. 623), salvo prestando caução idônea ou se lhe for deferida a tutela antecipada. Se apenas entregar, lavrar-se-á o termo de entrega e se declarará extinta a execução (art. 624). Se apenas entregar, lavrar-se-á o termo de entrega e se declarará extinta a execução, salvo se esta tiver de prosseguir

para o pagamento de frutos ou ressarcimento de prejuízos (redação dada ao art. 624 do CPC pela Lei nº 10.444/2002).

6. Não sendo a coisa entregue ou depositada, nem sendo admitidos embargos suspensivos da execução (art. 738), expedir-se-á, em favor do credor, mandado de imissão na posse ou de busca e apreensão, conforme se tratar de imóvel ou de móvel (art. 625).

7. Alienada a coisa quando já litigiosa, expedir-se-á mandado contra o terceiro adquirente, que somente será ouvido depois de depositá-la (art. 626).

8. Se a coisa não for entregue, seja porque não foi encontrada, seja porque se deteriorou, seja porque não foi reclamada do poder de terceiro adquirente, o credor tem direito a receber as perdas e danos, além do valor da referida coisa, podendo esse valor ser *estimado pelo próprio credor (art. 627, § 1º)*. Vale dizer, não constando do título o valor da coisa, ou sendo impossível a sua avaliação, o exequente far-lhe-á a estimativa, sujeitando-se ao arbitramento judicial. Serão apurados em liquidação o valor da coisa e os prejuízos (CPC, art. 627, §§ 1º e 2º, com redação dada pela Lei 10.444/2002).

9. Autorizo diligências, conforme o art. 172 e §§ do CPC. No caso de pronto cumprimento da obrigação, fixo honorários advocatícios de 10% do valor da causa.

10. Intimem-se. Cumpra-se.

Local e data
(a) Juiz de Direito

C) EXECUÇÃO PARA ENTREGA DE COISA INCERTA

1. CITAÇÃO – DESPACHO INICIAL

Processo Cível nº

Vistos, etc.

1. Cuida de execução para entrega de coisa incerta, ajuizada por "A" contra "B".

2. Nos termos dos arts. 629 e 631, c/c o art. 621, todos do CPC, cite-se o executado para, no prazo de 10 (dez) dias, proceder a escolha ou seleção (se lhe competir) e entregar individualizadas as coisas determinadas pelo gênero e quantidade, mencionadas na petição inicial. Se as coisas já estiverem indicadas na petição inicial pelo credor, a quem de fato competir a escolha, cite-se o executado para entregá-las no prazo de 10 (dez) dias, tudo conforme os arts. 621 e 631 do CPC. Fixo multa diária de R$

2.000,00 para a hipótese de descumprimento (CPC, arts. 621, parágrafo único, 631 e 461-A, §§ 1º, 2º e 3º, com redação dada pela Lei nº 10.444/2002).

3. Comentando o art. 629 do CPC, ensina Alcides de Mendonça Lima que: "O Código não indica o prazo para o cumprimento neste dispositivo. Mas, deve ser aplicado o art. 621, conforme a remissão genérica do art. 631, assim como o art. 571, referente à escolha nas obrigações alternativas, das quais a presente norma é uma das variantes, isto é, 10 (dez) dias para proceder à escolha, indicando a coisa a ser entregue" (*Comentários ao Código de Processo Civil*, Forense, 4ª ed., 1985, vol. VI, pág. 670).

4. Qualquer das partes poderá, no prazo de 48 (quarenta e oito) horas, impugnar a escolha feita pela outra. Se realmente houver impugnação, o juiz decidirá de plano, ou, se necessário, ouvirá perito de sua nomeação (CPC, art. 630), observando-se a regra do art. 244, 2ª parte, do Código Civil de 2002: *"Nas coisas determinadas pelo gênero e pela quantidade, a escolha pertence ao devedor, se o contrário não resultar do título da obrigação; mas não poderá dar a coisa pior, nem será obrigado a prestar a melhor."*.

5. Se quiser discutir a questão em Juízo, deverá o executado depositar a coisa, para efeito de recebimento dos Embargos (CPC, arts. 622 e 738).

6. Se a coisa não for entregue ou depositada, será expedido mandado de busca e apreensão (art. 625).

7. Cumpra-se.

Intimem-se.

Autorizo diligências, consoante o art. 172 e §§, do CPC. No caso de cumprimento espontâneo da obrigação, fixo honorários advocatícios de 10% do valor da causa.

Local e data

(a) Juiz de Direito

2. DESPACHO CONVERTENDO EXECUÇÃO PARA A ENTREGA DE COISA INCERTA EM EXECUÇÃO POR QUANTIA CERTA

PODER JUDICIÁRIO
COMARCA DE MARÍLIA-SP
4ª VARA CÍVEL E DA INFÂNCIA E JUVENTUDE

Processo Cível nº 100/2002 (número fictício)

Vistos, etc.

1. Trata-se de ação de execução para a entrega de coisa incerta (café) fundada em título executivo extrajudicial, ajuizada pelo Banco do V.M.O. S.A. contra "X", "Y" e "W", todos qualificados na petição inicial.

2. Os executados foram devidamente citados para, em 10 dias, escolherem e entregarem as coisas descritas na petição inicial (23.500 Kg de café arábica), tudo nos termos dos arts. 629 e 631 c/c o art. 621, todos do Código de Processo Civil, e não depositaram nem entregaram as coisas reclamadas (ver fls. 38/48-verso e certidão de fls. 60). Os executados juntaram procuração *ad judicia* nos autos, mas não entregaram as coisas reclamadas na petição inicial (fls. 43 e 51).

3. Diante da inércia dos devedores, ora executados, o exequente pediu a conversão da execução de entrega de coisa incerta para execução de quantia certa, pedindo a homologação do valor já constante dos autos, ou seja, R$ 46.111,41 consoante consta de fls. 25 *usque* 31. (Ver petição de fls. 56).

4. ESSE, O RELATÓRIO. DECIDO.

Realmente, os executados foram regularmente citados para o pleito judicial e não procederam a escolha nem a entrega das coisas reclamadas pelo credor na petição inicial (ver fls. 38/48 e 50). Nesse caso, os devedores se sujeitaram à regra do art. 627, § 1º, do Código de Processo Civil, isso por força do art. 631 do mesmo diploma legal. Vale dizer, não havendo entrega da coisa incerta, o credor tem o direito de receber, além de perdas e danos, o valor da coisa, e também tem o direito de fazer a estimativa do referido valor. Ora, nas fls. 25 *usque* 31 dos autos, o credor-exequente estimou o valor da dívida em R$ 46.111,41, e também fez inserir esse valor na petição inicial de fls. 06, item 9, letra "b", e os executados não fizeram qualquer impugnação, não obstante a regular citação. De modo que, à míngua de impugnação por parte dos executados, e considerando os documentos juntados pelo exequente, é caso de se converter a execução para entrega de coisa incerta em ação de execução de quantia certa, e pelo valor de R$ 46.111,41, com juros e correção monetária a partir do ajuizamento. Os cálculos e os valores de fls. 25/31 ficam homologados, observando-se o disposto no art. 604 do CPC.

5. A CONCLUSÃO.

Ante o exposto, converto a ação de execução para entrega de coisa incerta em ação de execução de quantia certa, e homologo os cálculos de fls. 25/31 dos autos, fixando-se o valor da execução em R$ 46.111,41, com juros e correção monetária a partir do ajuizamento do pleito judicial. Fundamentos: CPC, arts. 629 e 631 c/c arts. 604 e 627. Determino a citação dos executados para pagarem o débito no prazo de 24 horas, sob pena de penhora do imóvel hipotecado conforme solicitado nas fls. 05 e 56.

Citem-se, e penhore-se.

Intimem-se.

Marília, 30 de setembro de 2002.

(a) Dr. *Valdeci Mendes de Oliveira*
Juiz de Direito

3. JURISPRUDÊNCIA SOBRE EXECUÇÃO DE DAR COISA INCERTA

3.1. "EXECUÇÃO – Entrega de coisa incerta – Conversão – Execução por quantia certa. A matéria trata da possibilidade ou não de haver conversão automática de execução de entrega de coisa incerta, fungível, em execução por quantia certa, sem o cumprimento das etapas e formalidades previstas nos arts. 622 e seguintes do CPC. O objetivo específico da execução para entrega da coisa, portanto, é a procura do bem no patrimônio do devedor (ou de terceiro). Caso não seja encontrado o bem, ou em caso de destruição ou alienação, poderá o credor optar pela entrega de quantia em dinheiro equivalente ao valor da coisa e postular a transformação da execução de entrega em execução por quantia certa, na linha do art. 627 do CPC. Indispensável, nessa hipótese, contudo, a prévia apuração do *quantum*, por estimativa do credor ou por arbitramento. Sem essa liquidação, mostra-se inviável a conversão automática da execução para entrega da coisa em execução por quantia certa, mormente pelo fato de que a execução carecerá de pressuposto específico, a saber, a liquidez. Aduza-se que, no contrato de parceria pecuária firmado pelas partes, não há previsão de valores específicos para os animais, dependendo de apuração." (STJ, REsp nº 327.650-MS, Rel. Min. Sálvio de Figueiredo, j. em 26.8.2003).

D) AÇÃO DE EXECUÇÃO DE OBRIGAÇÃO DE FAZER, INCLUSIVE A AÇÃO EXIGITÓRIA DE DECLARAÇÃO DE VONTADE (ADJUDICATÓRIA)

Observação: O Código de 2002, no art. 249, parágrafo único, dispõe que: "Em caso de urgência, pode o credor, independentemente de autorização judicial, executar ou mandar executar o fato, sendo depois ressarcido.".

1. DESPACHO INICIAL

Processo Cível nº

Vistos, etc.

1. Cuida-se de execução de obrigação de fazer, ajuizada por "A" contra "B".

2. Com as Leis nº 8.953/1994 e 10.444/2002, admite-se a execução da obrigação de fazer, com base em título executivo extrajudicial (CPC, arts. 585, II, 644, *caput*, e 645, *caput*).

3. Assim sendo, nos termos do art. 632, do Código de Processo Civil, cite-se o executado para, no prazo de (...) (o juiz fixa prazo razoável tendo-se em vista a natureza da prestação a ser feita, se outro não tiver fixado no título executivo), desempenhar a tarefa ou executar o serviço ou obra constante do título executivo e exigida na petição inicial. O devedor poderá apresentar Embargos no prazo de 10 (dez) dias contados da juntada aos autos do mandado de citação, na execução das obrigações de fazer e de não fazer (CPC, art. 738, inciso IV).

4. Se for caso de obrigação de fazer fungível, isto é, que possa ser cumprida por terceiro, e se no prazo fixado no item 3 acima, o devedor não satisfizer a obrigação, poderá o credor, nos próprios autos, requerer que a prestação seja executada por terceiro e à custa do devedor, observando-se o procedimento estatuído nos arts. 633 *usque* 637 do CPC. Ou, se preferir, poderá o credor nos próprios autos pedir o pagamento por perdas e danos, convertendo-se o pedido inicial em indenização, seguindo-se com a prévia apuração do valor por liquidação e respectiva execução para cobrança de quantia certa (CPC, art. 633, parágrafo único). Apurar-se-á previamente o valor em liquidação por arbitramento ou por artigos (CPC, arts. 603 a 611).

5. Se se tratar de obrigação de fazer infungível, isto é, que só pode ser executada pessoalmente pelo devedor, se este não cumpri-la no prazo fixado no item 3 acima, a pedido do credor a obrigação pessoal converter-se-á em perdas e danos, com prévia apuração do valor em liquidação por arbitramento ou por artigos, seguindo-se com o pedido de execução para cobrança de quantia certa, aplicando-se o art. 633 do CPC, por determinação do art. 638 do mesmo diploma legal.

6. Para qualquer tipo de obrigação de fazer – fungível e/ou infungível – nos termos dos arts. 461, 644 e 645 do CPC, fixo para o executado a multa no valor de R$ (...), por dia de atraso no cumprimento da obrigação. A multa diária será devida a partir do dia seguinte ao vencimento do prazo estabelecido no item 3 acima, ou seja, o executado tem até o dia (...) de (...) de (...), para cumprir espontaneamente a obrigação e, se não cumpri-la, já no dia (...), começa devedor da multa ora fixada. Tem-se entendido que: "Conquanto se cuide de obrigação de fazer fungível, ao autor é facultado pleitear a cominação da pena pecuniária. Inteligência dos arts. 287 e 644 do CPC" (*RSTJ* 25/389). A cobrança da multa dar-se-á sem prejuízo das perdas e danos (CPC, art. 461, § 2º).

7. Cumpra-se.

Intimem-se.

Autorizo diligências, consoante o art. 172 e §§, do CPC. Se houver cumprimento espontâneo da obrigação, fixo os honorários advocatícios em 10% do valor da causa.

Local e data

(a) Juiz de Direito

1.1. Execução de Obrigação de Fazer – Hipótese de Promessa de Construção de Prédio Residencial Simples

Processo Cível nº

Vistos, etc.

1. Cuida-se de Ação de Execução de Obrigação de Fazer ajuizada por "X" contra a empresa de construção civil "Y" Ltda.

2. O exequente pretende que a executada faça e entregue um prédio residencial simples com 80 m2 de construção que se comprometeu a fazer e entregar.

3. De antemão, indefiro o pedido de tutela antecipada, tal como formulado na peça exordial, por falta dos pressupostos legais e porque a hipótese não reclama uma medida de urgência. A feitura de um prédio residencial, ainda que simples, demanda tempo.

4. No mais, cite-se a executada nos termos do art. 632 do Código de Processo Civil, ficando fixado o prazo de 120 (cento e vinte) dias para a entrega do prédio residencial simples descrito na petição inicial, tudo sob pena de multa diária de R$ 1.000,00 por atraso no cumprimento da ordem judicial. A multa será devida a partir do dia seguinte ao vencimento do prazo de 120 (cento e vinte) dias acima estabelecido, intimando-se a executada. Se o devedor não satisfizer a obrigação, ou sendo impossível o cumprimento e a execução, poderá o exequente converter o pedido em indenização por perdas e danos (CPC, arts. 633, 644 e 461).

5. Autorizo diligências conforme art. 172 e parágrafos do Código de Processo Civil. O devedor poderá embargar no prazo de 10 (dez) dias contados da juntada nos autos do mandado de citação, tudo conforme art. 738, inciso IV, do Código de Processo Civil.

6. Intime-se.

Local e Data

(a) Juiz de Direito

2. Ação Exigitória de Declaração de Vontade ou Adjudicatória – Sentença

Observação: A matéria tratada no pleito abaixo referido configura uma espécie de obrigação de fazer – CPC, arts. 639 e 641. Por outro lado, o Código Civil de 2002 disciplinou expressamente o contrato preliminar que enseja a ação exigitória de declaração de vontade nos arts. 462 a 466.

PODER JUDICIÁRIO
ESTADO DE SÃO PAULO

Processo Cível nº

SENTENÇA

Vistos e examinados estes autos de Ação Exigitória de declaração de vontade contratual, cumulada com pedido de provimento judicial substitutivo, por *sentença* tem-se a solução final em primeira instância de uma lide com as seguintes características:

1. O(S) REQUERENTE(S) DO PROVIMENTO JURISDICIONAL: "A" E SUA MULHER "B", QUALIFICADOS NAS FLS. 2 DOS AUTOS

2. A PRETENSÃO DEDUZIDA EM JUÍZO

Com fundamento nos arts. 639 a 641 do Código de Processo Civil, o(s) requerente(s) alegou(ram) que, por contrato particular, adquiriu(ram) o imóvel descrito na petição inicial e documentos que o acompanha, ponderando que pagou(ram) o total do preço ao alienante e este não outorgou a escritura definitiva de venda e compra para o registro no Cartório de Registro de Imóveis competente. Assim sendo, necessitando da escritura definitiva para a correta transferência do domínio no Cartório de Registro, reclama(m) do(s) requerente(s) em Juízo a obrigação do alienante em outorgar a referida escritura, pedindo, em suma, uma sentença judicial que produza os mesmos efeitos da declaração de vontade não emitida pelo alienante, servindo a aludida sentença como título dominial apto ao registro. Mencionou(ram) sobre ser possível a ação cominatória.

Descrição do Imóvel Adquirido pelo(s) Requerente(s):

Um terreno urbano situado na Rua K, em Garça-SP, constituído pelo lote nº 3 (três), da quadra "H", do Loteamento Jardim Novo Lar, com as seguintes confrontações e medidas: *a)* pela frente, com a Rua K, onde mede 10 metros; *b)* de um lado, com o lote nº 2, onde mede 20 metros (lado direito); *c)* de outro lado, com o lote nº 1, onde mede 20 metros (lado esquerdo); e *d)* finalmente pelos fundos, com o lote nº 5, onde mede 10 metros, perfazendo um total de 200 metros quadrados. Referido imóvel está registrado no nome de Empreendimentos Imobiliários Rioclarense S/C Ltda., conforme matrícula nº 1.753 do Cartório de Registro de Imóveis de Garça (fls.) e certidão da Prefeitura de fls.

3. DOCUMENTOS COM A PEÇA EXORDIAL

Com a petição inicial vieram documentos, inclusive fiscais, e cópia do contrato de transferência do imóvel (fls.).

4. O(A) REQUERIDO(A) NO PROCESSO

A empresa Empreendimentos Imobiliários Rioclarense S/C Ltda., identificada nas fls. 2.

5. DA CONTESTAÇÃO DO(A) REQUERIDO(A)

Ponderou o(a) requerido(a) que o(s) autor(es) não fez (fizeram) prova de ter(em) pago todas as prestações periódicas referentes à aquisição do imóvel. De resto, não houve o registro do contrato de aquisição do terreno. Assim, sem prova de ter(em) pago o imóvel ao alienante, e sem registro do contrato, era improcedente a ação (fls.).

Também foi argüida matéria concernente à irregularidade de representação processual (faltava um mandato), bem como defeito na descrição da área do imóvel (fls.).

6. A RELAÇÃO JURÍDICA PROCESSUAL

O(a) requerido(a) foi regularmente citado, conforme se vê de fls. dos autos. O princípio do contraditório foi assegurado, consoante se verifica da contestação de fls..

7. DOCUMENTOS COM A CONTESTAÇÃO

Não foram exibidos documentos.

8. ESSE, O SUCINTO RELATÓRIO. A SOLUÇÃO DA JURISDIÇÃO COM FUNDAMENTAÇÃO

8.1. Pelo que se infere da cópia do contrato particular de fls., dos documentos fiscais de fls., bem como da certidão do Cartório de Registro de Imóveis de fls., tudo indica que o(s) requerente(s) realmente fez (fizeram) a aquisição do imóvel urbano descrito na petição inicial e evidentemente já transcorreu lapso de tempo considerável e suficiente para se deduzir que o pagamento integral foi feito ao alienante. Pois, do contrário, se pagamento não tivesse havido, nada justificaria a inércia do alienante no tocante à tomada de providências contra o(s) autor(es).

Aliás, o contrato de fls. tem a anotação de "quitado", e na cláusula referente à forma de pagamento, nada se especificou (fls. 7v.). A hipótese é de contrato quitado (*sic*, fls. 7v.).

8.2. Os documentos juntados aos autos, como cópia do contrato de transferência do bem (fls.), carnês de pagamentos das prestações (fls.), certidão imobiliária de fls., mais a certidão da Prefeitura Municipal, estão a revelar que a petição inicial não padece de vícios ou imperfeições que descaracterizem a pretensão do(s) autor(es). Aliás, os autores, em tempo oportuno, corrigiram as eventuais anomalias (fls.).

8.3. Por outro lado, o(a) requerido(a), ao contestar a ação, não negou a alienação do bem imóvel ao(s) autor(es) e nem juntou documentos ou produziu provas para impedir o sucesso da ação do(s) referido(s) autor(es). Não comprovou o(a) requerido(a) que *em algum tempo o(s) adquirente(s) foi (foram) constituídos em mora por falta de pagamento pontual das prestações referentes à aquisição do imóvel, sabido que se exige interpelação prévia para tanto,* mormente em se tratando de contrato de compromisso de venda e compra de imóvel loteado. Não subsistem, assim, motivos para rejeitar a pretensão inicial.

8.4. Com base, pois, na documentação exibida, e com fulcro nos arts. 16 e 22 do Decreto-Lei nº 58, de 10.12.1937, c/c o Decreto-Lei nº 745, de 7.8.1969, e ainda arts. 639, 640 e 641 do Código de Processo Civil, é procedente a ação. Não é necessária a fixação de prazo para o réu cumprir a obrigação de contratar (cf., por exemplo, Sydney Sanches, *Execução Específica*, Revista dos Tribunais, 1978, nº 10, pág. 33; Pedro Henrique Távora Niess, *Da Sentença Substitutiva da Declaração de Vontade*, 2ª ed., Saraiva, 1982, IV, nº 3, págs. 40 a 41; e *RJTJESP* 66/200). Por outro lado, transitada em julgado a sentença, deve ser expedida Carta de Sentença (Lei nº 6.015, art. 221, IV; Sydney Sanches, *ob. cit.*, nº 2, pág. 21). A ação do(s) autor(es) é para compelir o devedor ao cumprimento de uma espécie de obrigação de fazer, qual seja, a de prestar declaração de vontade contratual. Persistindo a inadimplência, a sentença judicial é o sucedâneo da declaração de vontade não emitida pelo alienante faltoso. É procedente a ação.

9. A CONCLUSÃO

Ante o exposto, com os fundamentos constantes do item 8.4 supra, JULGO PROCEDENTE o pedido do(s) requerente(s) a fim de que a presente sentença produza todos os efeitos da declaração de vontade não emitida pelo(s) requerido(s), ora alienante(s) do imóvel descrito na petição inicial. Fica, assim, suprida a falta da escritura definitiva de venda e compra assinada pelo(s) alienante(s), valendo a presente sentença como título apto ao registro do domínio em favor do(s) autor(es). O imóvel fica adjudicado ao(s) requerente(s). Custas pelo réu, e honorários de 10% sobre o valor da causa, corrigidos desde o ajuizamento. Transitada em julgado, expeça-se carta de sentença. Publique-se. Registre-se. Intime-se. Comunique-se.

Local e data

(a) Dr. Valdeci Mendes de Oliveira

Juiz de Direito

E) AÇÃO DE EXECUÇÃO DE OBRIGAÇÃO DE NÃO FAZER

Observação: O Código Civil de 2002, no art. 251, parágrafo único, estabeleceu que: *"Em caso de urgência, poderá o credor desfazer ou mandar desfazer, independentemente de autorização judicial, sem prejuízo do ressarcimento devido."*.

1. DESPACHO INICIAL

Processo Cível nº

Vistos, etc.

1. Cuida-se de execução de obrigação de não fazer. Na hipótese, o devedor praticou ato, a cuja abstenção estava obrigado por lei ou pelo contrato (CPC, art. 642).

2. Nos termos do citado art. 642 do CPC, cite-se o devedor para, no prazo de 10 dias (ou 20, 30, conforme a natureza da tarefa), desfazer o ato que praticou, certo que, se houver recusa ou mora, será determinado o desfazimento por terceiro e à custa do próprio devedor, respondendo este também por perdas e danos (CPC, art. 643, *caput*). Não sendo possível desfazer-se o ato, a obrigação se resolve em perdas e danos, com prévia liquidação e posterior execução para cobrança de quantia certa.

3. Desde logo, fixo a pena de multa no valor de R$ (...), por dia de atraso no desfazimento do ato (CPC, arts. 644 e 645), sendo a pena pecuniária devida a partir da expiração do prazo assinalado no item 2 acima. A indenização por perdas e danos dar-se-á sem prejuízo da multa (CPC, art. 461, § 2º).

4. Se o executado quiser, poderá aduzir Embargos à Execução, no prazo de 10 (dez) dias, contado da juntada aos autos do mandado de citação (CPC, art. 738, inciso IV).

5. Cumpra-se.

6. Intimem-se.

Local e data

(a) Juiz de Direito

2. OBSERVAÇÃO SOBRE A EXECUÇÃO DE DAR, FAZER E NÃO FAZER NO JUIZADO ESPECIAL CÍVEL (LEI Nº 9.099/1995)

O art. 52, V, da Lei nº 9.099/1995, versando sobre as execuções de dar, fazer e não fazer, assim dispõe: *"Nos casos de obrigação de entregar, de fazer, ou de não fazer, o juiz, na sentença ou na fase de execução, cominará multa diária, arbitrada de acordo com as condições econômicas do devedor, para a hipótese de inadimplemento. Não cumprida a obrigação, o credor poderá requerer a elevação da multa ou a transformação da condenação em perdas e danos, que o juiz de imediato arbitrará, seguindo-se a execução por quantia certa, incluída a multa vencida de obrigação de dar, quando evidenciada a malícia do devedor na execução do julgado;"*.

F) AÇÃO DE EXECUÇÃO DE PRESTAÇÃO ALIMENTÍCIA COM PEDIDO DE PRISÃO DO DEVEDOR (CPC, ART. 733)

1. DESPACHO INICIAL

Processo Cível nº

Vistos, etc.

1. Cuida-se de pedido de execução de prestação alimentícia fundada em título executivo judicial (ou extrajudicial).

2. Nos termos do art. 733 do Código de Processo Civil, cite-se o devedor para, em 3 (três) dias, efetuar o pagamento da pensão, provar que o fez ou justificar a impossibilidade de efetuá-lo. Se não pagar, nem se escusar, ser-lhe-á decretada a prisão pelo prazo de 1 (um) a 3 (três) meses (CPC, art. 733, § 1º). Se o devedor pagar a prestação, fica suspensa a ordem de prisão, ou se expedirá o alvará de soltura, conforme a hipótese.

3. Cumpra-se – Intimem-se.

Local e data

(a) Juiz de Direito

G) AÇÃO DE EXECUÇÃO CONTRA A FAZENDA PÚBLICA (CPC, ART. 730)

1. DESPACHO INICIAL

Processo Cível nº

Vistos, etc.

1. Cuida-se de execução por quantia certa contra a Fazenda Pública, que pode ter por base título executivo judicial ou extrajudicial (CF, art. 117, e *JTA* 108/31, 108/91, 130/82), sendo, por exemplo, inexigível empenho prévio para a execução de nota promissória formalmente perfeita (STJ, 3ª T., REsp nº 34.265-3-PA, Rel. Min. Cláudio Santos, j. em 25.4.1994, *apud* Theotônio Negrão, *Código de Processo Civil e Legislação Processual em Vigor*, Saraiva, 26ª ed., pág. 528). Aliás, a Súmula 279 do STJ dispõe: *"É cabível execução por título extrajudicial contra a Fazenda Pública."*.

2. Nos termos do art. 730 do Código de Processo Civil, cite-se a Fazenda Pública para opor embargos em 10 (dez) dias. Se não houver embargos, será requisitado o pagamento por intermédio do Presidente do Egrégio Tribunal de Justiça, expedindo-se o ofício-precatório. Far-se-á o pagamento na ordem de apresentação do precatório e à conta do respectivo crédito.

3. Se o credor for preterido no seu direito de preferência, o Presidente do Tribunal poderá, depois de ouvido o Ministério Público, ordenar o seqüestro da quantia necessária para satisfazer o débito.

4. Cumpra-se – Intimem-se.

Local e data

(a) Juiz de Direito

H) AÇÃO DE EXECUÇÃO FISCAL (LEI Nº 6.830/1980)

1. DESPACHO INICIAL – ROTEIRO

Processo Cível nº

Vistos, etc.

1. Cuida-se de Execução Fiscal promovida pelo Poder Público contra (...). A dívida ativa regularmente inscrita goza da presunção de certeza e liquidez (Lei nº 6.830/1980, art. 3º). O presente despacho inicial importa ordem para: *a)* citação; *b)* penhora; *c)* arresto; *d)* registro de penhora ou do arresto, independentemente do pagamento de custas; *e)* avaliação dos bens penhorados ou arrestados (art. 7º). Nos termos da Súmula nº 58 do STJ: "Proposta a execução fiscal, a posterior mudança de domicílio do executado não desloca a competência já fixada" (Referências: CPC, arts. 87 e 578).

2. Cite-se o devedor para, no prazo de 5 (cinco) dias, pagar a dívida com os acréscimos legais, ou garantir a execução com oferecimento de bens à penhora. A citação poderá ser feita pelo Correio, salvo se a Fazenda requerer que se faça por meio de oficial de justiça (art. 8º, I e II). O executado poderá, querendo, oferecer embargos no prazo de 30 (trinta) dias, contados da intimação da penhora.

3. Não pago o débito nem garantida a execução, o oficial de justiça fará a penhora de bens do devedor, procedendo-se desde logo à avaliação, devendo o valor constar do termo ou auto de penhora (art. 13).

4. Se não forem oferecidos embargos, ou se forem rejeitados, "a alienação de quaisquer bens penhorados será feita em leilão público", sejam bens móveis ou imóveis, tudo conforme art. 23 da Lei nº 6.830/1980, observando-se, ainda, o seguinte:

a) Súmula nº 121 do STJ: "Na execução fiscal o devedor deverá ser intimado, pessoalmente, do dia e hora da realização do leilão";

b) Súmula nº 128 do STJ: "Na execução fiscal haverá segundo leilão, se no primeiro não houver lanço superior à avaliação" (Referências: CPC, arts. 686, VI, e 692, e Lei nº 6.830/1980, arts. 1º e 23).

O leilão será precedido de publicação de edital, afixado no local de costume, na sede do Juízo, e publicado em resumo, uma só vez, gratuitamente, na imprensa oficial. O prazo entre as datas de publicação do edital e do leilão não poderá ser superior a 30 (trinta) dias, nem inferior a 10 dias (art. 22, § 1º).

5. Cumpra-se.

6. Intimem-se.

Local e data

(a) Juiz de Direito

2. SUSPENSÃO DA EXECUÇÃO FISCAL POR NÃO TER SIDO ENCONTRADO O DEVEDOR OU BENS PARA SEREM PENHORADOS – DESPACHO

Processo Cível nº

Vistos, etc.

1. Nos termos do art. 40 da Lei nº 6.830/1980, o juiz suspenderá o curso da execução e não correrá o prazo de prescrição, quando: *a)* não for localizado o devedor; *b)* não forem encontrados bens sobre os quais possa recair a penhora.

2. Na hipótese vertente, o devedor foi localizado, mas não foi possível encontrar bens penhoráveis. Declaro, pois, suspenso o curso da execução. Decorrido o prazo máximo de 1 (um) ano sem que seja localizado o devedor ou encontrados bens penhoráveis, determino que se aguarde no arquivo. Contudo, a qualquer tempo, encontrado o devedor ou bens penhoráveis, os autos serão desarquivados e a execução prosseguirá (Lei nº 6.830/1980, art. 40, §§ 2º e 3º).

3. Ciência ao Representante da Fazenda Pública.

4. Intimem-se.

Local e data

(a) Juiz de Direito

3. NOTA JURISPRUDENCIAL SOBRE A EXECUÇÃO FISCAL

3.1. "TRIBUTO – Correção monetária – UFESP – Legalidade do indexador. O Plenário desta Corte firmou o entendimento no sentido da legalidade da UFESP e refutou a eiva de inconstitucionalidade suscitada." (STF, 2ª T., Ag. em R. Extr. nº 167.848-9-SP, Rel. Min. Maurício Corrêa, j. em 13.5.1996, *in Boletim AASP* nº 1.998, de 9 a 15.4.1997, pág. 30-e).

3.2. SÚMULA nº 189. *"É desnecessária a intervenção do Ministério Público nas execuções fiscais."* [Ref: Resp. 63.529-PR (1ª T, 17.5.1995, *DJ* 7.8.1995); 48.771-RS (1ª T., 27.9.1995, *DJ* 6.11.1995); 80.58I-SP (1ª T., 26.3.1996, *DJ* 6.5.1996); 52.318-RS (2ª T., 16.11.1994, *DJ* 5.12.1994); 30.150-PR (2ª T., 2.12.1996, *DJ* 3.2.1997)].

3.3. SÚMULA nº 190. *"Na execução fiscal, processada perante a Justiça Estadual, cumpre à Fazenda Pública antecipar o numerário destinado ao custeio das despesas com o transporte dos oficiais de justiça."* (IUJ no RMS 1,352-SP 1ª S. 26.2.1997, *DJ* 19.5.1997).

3.4. SÚMULA nº 250 do STJ: *"É legítima a cobrança de multa fiscal de empresa em regime de concordata."*

3.5. SÚMULA nº 251 do STJ: *"A meação só responde pelo ato ilícito quando o credor, na execução fiscal, provar que o enriquecimento dele resultante aproveitou ao casal."*

3.6. SÚMULA nº 279 do STJ: *"É cabível execução por título extrajudicial contra a Fazenda Pública."*

3.7. "EMBARGOS À EXECUÇÃO FISCAL – Decadência – Não-ocorrência – Entre o fato gerador e o lançamento, o prazo é decadencial e, no caso concreto, não transcorreram 5 anos – Art. 173, inciso I, do CTN – Precedentes jurisprudenciais – Apelo provido e reexame necessário acolhido para arredar a decadência, anulando-se a r. sentença para que sejam apreciadas as demais questões debatidas, proferindo-se outra no momento processual oportuno." (TJ-SP – 9ª Câmara de Direito Público, Ac. nº 140.420-5/7-00-SP, Rel. Des. Geraldo Lucena, j. em 20.11.2002, v.u., in *Boletim da AASP* nº 2.353, de 9 a 15.2.2004, pág. 2.953).

I) EXECUÇÃO PROVISÓRIA (CPC, ARTS. 587 E 588)

1. DESPACHO INICIAL

Processo Cível nº

Vistos, etc.

1. Cuida-se de pedido de execução provisória. Autorizo os trâmites da referida execução, seja na respectiva carta de sentença conforme arts. 521, última parte, e 589, ambos do CPC, seja nos autos suplementares (arts. 589 e 159, §§ 1º e 2º).

2. Observar-se-á na execução provisória o disposto no art. 588 do referido CPC, com redação dada pela Lei nº 10.444, de 7 de maio de 2002. Excepcionalmente, poderá ser autorizada a alienação (arrematação) de bens ou o levantamento de depósito em dinheiro desde que o credor ou exequente preste caução idônea nos próprios autos da execução, tomando-se por termo e registrando-a quando se tratar de garantia real (CPC, art. 588, inciso II). A caução poderá ser dispensada nos casos de crédito de natureza alimentar, até o limite de 60 (sessenta) vezes o salário mínimo, e quando o exequente se encontrar em estado de necessidade (CPC, art. 588, § 2º). Em qualquer hipótese, correrá por conta e responsabilidade do exequente a execução provisória, que se obriga desde logo, se a sentença for reformada, a reparar todos os prejuízos que o executado vier a sofrer (CPC, art. 588, inciso I). Os prejuízos serão liquidados no mesmo processo. O título do edital de alienação de bens será: "Edital de Praça ou Leilão para Alienação de Bens, com pendência de Recurso em 2ª Instância, e caução oferecida pelo exequente.".

3. Sejam os bens penhorados avaliados. Após, manifestem as partes em 5 (cinco) dias. Nomeio perito o Sr. (...). Honorários provisórios do perito: 2 (dois) salários mínimos. O exeqüente deve depositar o valor em 5 (cinco) dias.

Intimem-se.

Local e data

(a) Juiz de Direito

Observação: Ver também despacho sobre recebimento de Recurso de Apelação somente no efeito devolutivo. Hipótese em que se pode autorizar a venda de bens do devedor em leilão ou praça, ou pode-se autorizar o levantamento de dinheiro pelo credor, desde que haja caução idônea prestada e tomada por termo nos autos da execução, e oferecida pelo exequente-credor. Pode ser determinada a proibição de dispor, conforme art. 167, II, item 12, da Lei dos Registros Públicos.

2. **EXECUÇÃO PROVISÓRIA – MULTA FIXADA EM DECISÃO ANTECIPATÓRIA DE TUTELA – COBRANÇA – EXCEÇÃO DE PRÉ-EXECUTIVIDADE DO DEVEDOR – REJEIÇÃO – HIPÓTESE DE EXISTÊNCIA DE TÍTULO EXECUTIVO JUDICIAL (CPC, ARTS. 273, § 3º, 287, 461, 461-A E 588, COM REDAÇÃO DADA PELA LEI Nº 10.444/2002). DECISÃO DE 1º GRAU**

**PODER JUDICIÁRIO
COMARCA DE MARÍLIA-SP
4ª VARA CÍVEL E DA INFÂNCIA E JUVENTUDE**

Processo Cível nº 1.000/03. Apenso. Execução Provisória.

Vistos, etc.

Síntese decisória: 1. Execução Provisória – Exceção de Pré-executividade no bojo de execução provisória relativa à pena de multa por descumprimento de obrigação de não fazer. 2. Hipótese em que o requerido-executado praticou atos nocivos que a decisão judicial em sede de antecipação de tutela em ação de cognição já o tinha impedido (promover festas barulhentas e desordeiras na chácara). 3. Execução relativa à pena pecuniária imposta em ação do tipo cominatória, sem recurso do requerido com relação à decisão estatuindo a referida multa (CPC, arts. 273, § 3º, 287, 461 e 588). 4. Hipótese de existência de título executivo judicial, e de execução provisória da multa cominatória. Viabilidade. Caso de rejeição da exceção de pré-executividade porque cabe execução provisória da decisão antecipatória da tutela ou cominatória, com possibilidade de caução para a hipótese de autorização de alienação de bens do devedor (CPC, arts. 273, § 3º, 287, 461 e 588).

1. O Executado "X", ao sofrer ação de execução para pagamento de multa cominatória no valor de R$ 2.000,00, por parte da **ASSOCIAÇÃO DOS PROPRIETÁRIOS DAS CHÁCARAS DE RECREIO "M.M"**, ajuizou uma exceção de pré-executividade ponderando que não existia título executivo hábil para ensejar a execução, certo que, meros boletins de ocorrências policiais para demonstrarem festas barulhentas e desordeiras em sua chácara, por serem documentos unilaterais, não se prestavam à execução judicial. Por outras palavras, meros "termos circunstanciados" ou "boletins de ocorrências policiais" não seriam títulos executivos idôneos, e é nula a execução sem título hábil. Daí o pedido de extinção ou suspensão da execução.

2. A exequente ASSOCIAÇÃO DOS PROPRIETÁRIOS DAS CHÁCARAS DE RECREIO "M.M", impugnou a exceção e pediu o prosseguimento da execução, pois houve descumprimento de ordem judicial. O título executivo era judicial.

3. ESSE, O RELATÓRIO. DECIDO.

3.1. Efetivamente, é caso de rejeição da exceção ou objeção de pré-executividade, não estando presentes quaisquer das hipóteses de nulidades arroladas no art. 618 do Código de Processo Civil.

3.2. Com efeito, o que a exequente está executando é a multa cominatória estatuída na decisão judicial antecipatória da tutela em ação de cognição, e da qual não houve recurso do requerido, ora executado (CPC, arts. 273, 287 e 461). Vale dizer, em ação de cognição de obrigação de não fazer com pedido de liminar, o executado "X" foi impedido de permitir ou promover em sua propriedade tida por chácara de recreio as festas nocivas, os sons exagerados e as badernas promovidas por seus locatários, tendo sido lavrada a decisão judicial liminar em **5.9.2001 (ver fls. 02)**. Ora, pelas letras do art. 287 do CPC, já com a redação dada pela Lei nº 10.444/2002, se o autor pedir que seja imposta ao réu a abstenção da prática de certos atos, poderá requerer a cominação de pena pecuniária **para o caso de descumprimento da sentença ou da decisão antecipatória da tutela** (arts. 461, § 4º, e 461-A, do CPC, com redação dada pela Lei nº 10.444, de 7 de maio de 2002). Por outro lado, pelo art. 644 do CPC, com redação dada pela Lei nº 10.444/2002, "a sentença relativa a obrigação de fazer ou não fazer cumpre-se de acordo com o art. 461", admitindo-se, ainda, a execução provisória conforme art. 588 do mesmo CPC. Aliás, pelo § 3º do art. 273, já com a redação dada pela Lei nº 10.444/2002, "a efetivação da tutela antecipada observará, no que couber e conforme sua natureza, as normas previstas nos arts. 588, 461, §§ 4º e 5º, e 461-A". Ora, de nada adiantaria uma medida liminar impondo pena pecuniária no início da lide se não pudesse ser cobrada em execução provisória no caso de descumprimento. De modo que, no caso vertente, não se executa o boletim de ocorrência policial, ou o termo circunstanciado lavrado pela Polícia, mas sim a decisão judicial que estatuiu a pena de multa cominatória. No caso de que se cuida, permitindo a realização de festas nocivas em sua propriedade, o executado descumpriu uma ordem judicial em processo de cognição de obrigação de não fazer, e os termos circunstanciados lavrados pela Polícia, ou os boletins de ocorrências policiais, apenas comprovam inicialmente a prática de atos então proibidos ao executado. A propósito, as questões de maior indagação versadas nos Boletins Policiais poderão ser objetos de discussão em sede apropriada, mas não em exceção de pré-executividade que reclama a hipótese de nulidade veemente da execução.

3.3. Pelo que consta dos autos, por duas vezes, uma em 11.10.2002 e outra em 5.12.2002, o executado permitiu festas nocivas, barulhentas e perturbadoras em sua propriedade, tudo conforme boletins e/ou termos de fls.06/08 dos autos da Execução. A propósito, havia gente urinando na cerca e chamando "para o pau" (sic – fls. 07). O documento de fls. 51 revela com clareza uma propaganda e uma divulgação de festa **"na chácara do "X", ora executado.** No bojo do próprio processo de cognição o executado foi notificado extrajudicialmente para paralisar condutas nocivas e não apresentou qualquer contra-notificação (fls. 39/46), como também não ajuizou recurso da decisão concessiva da medida liminar nas fls. 02 da ação cognitiva. Vale dizer, deferida a medida liminar para o réu se abster da prática de atos nocivos sob pena de multa pelo descumprimento, não houve recurso do referido réu, e portanto, nos termos dos arts. 273, §§ 3º e 7º, 287, 461, 588 e 644 do Código de Processo Civil, a execução da multa deverá prosseguir, com penhora de bens do executado para satisfazer o débito de R$ 2.000,00, devidamente corrigido a partir do ajuizamento da execução. São duas multas de R$ 1.000,00 cada uma.

4. A CONCLUSÃO.

Ante o exposto, REJEITO a exceção ou objeção de pré-executividade de fls.13/23 dos autos, ajuizada pelo executado "X", e consequentemente determino o prosseguimento da execução pelo valor de R$ 2.000,00, com correção monetária a partir do ajuizamento da execução e juros a partir da citação (fls. 09). Pagará o executado "X" as custas processuais e honorários advocatícios de 20% sobre o valor atualizado da execução.

P.R.I.C.

Data e local.

(a) Dr. Valdeci Mendes de Oliveira

Juiz de Direito da 4ª Vara Cível e da Infância e Juventude

J) EXECUÇÃO POR QUANTIA CERTA CONTRA DEVEDOR INSOLVENTE

Nota: Escrevi sobre o "concurso de credores" e as fases do processo de execução concursal na minha obra Obrigações e Responsabilidade Civil Aplicadas, *Edipro, SP, 2ª ed., 2001, pág. 500.*

1. DESPACHO INICIAL DE CITAÇÃO NA EXECUÇÃO COLETIVA

Processo Cível nº

Vistos, etc.

1. Cuida-se de execução por quantia certa contra devedor insolvente, proposta por credor quirografário de dívida líquida e certa. Na espécie, é indispensável o título executivo judicial ou extrajudicial (CPC, art. 754).

2. Cite-se o devedor para, no prazo de 10 (dez) dias, opor embargos (CPC, art. 755). Se não forem oferecidos os embargos, será prolatada sentença de declaração de insolvência (CPC, art. 755). Outrossim, poderá o devedor ilidir o pedido de insolvência, dentro do prazo para propositura dos embargos (10 dias), desde que deposite a importância do crédito para lhe discutir a legitimidade ou o valor (CPC, art. 757).

3. Autorizo diligências, conforme o art. 172 e §§ do CPC.

4. Cumpra-se.

Local e data

(a) Juiz de Direito

L) EMBARGOS À EXECUÇÃO OU EMBARGOS DO DEVEDOR – EMBARGOS À ARREMATAÇÃO OU À ADJUDICAÇÃO

1. EMBARGOS NA EXECUÇÃO POR QUANTIA CERTA CONTRA DEVEDOR SOLVENTE

1.1. Despacho inicial de recebimento de embargos do devedor

Processo nº

Vistos, etc.

1. Estando o Juízo garantido pela penhora de bens, recebo os embargos do devedor para discussão. Autue-se em apenso.

2. Os embargos são recebidos com efeito suspensivo (CPC, art. 739, § 1º).

3. Intime-se o credor para, querendo, impugnar os embargos no prazo de 10 (dez) dias (CPC, art. 740).

4. Após impugnação do credor, adotado o rito ordinário, será deliberado sobre a designação de audiência de conciliação (CPC, art. 331), ou de instrução e julgamento (CPC, art. 740).

Local e data

(a) Juiz de Direito

1.2. Embargos de co-executado que não sofreu a constrição de seus bens – admissibilidade

Processo Cível nº

Vistos, etc.

1. Cuida-se de Embargos de Devedor ajuizado por co-executado que não sofreu constrição em seus bens. "A" foi devidamente citado por carta precatória, mas antes já tinha ocorrido a citação e penhora de bens do co-devedor "B".

2. Recebo os Embargos de "A" para discussão e suspendo o curso da execução. Observo que, não obstante a falta de penhora de bens do embargante, a jurisprudência tem admitido mesmo assim os referidos embargos. Confira-se julgado do STJ:

"Processo Civil – Embargos à execução – Legitimidade ativa – Prazo – Co-devedor que não sofreu a constrição patrimonial e não foi intimado da penhora – Arts. 736/738 do CPC – Precedentes da Corte e do STF – Agravo desprovido. 1. Nos termos da jurisprudência desta Corte e de orientação firmada no STF, na vigência do sistema constitucional anterior, o co-devedor ostenta legitimidade para opor Embargos à Execução, *mesmo que não tenha sofrido constrição em qualquer de seus bens, desde que seguro o juízo por algum dos coobrigados. 2. Havendo no título exeqüendo vários devedores, mesmo que ajuizada a execução contra apenas um deles, salvo se exercitada a faculdade prevista no art. 569, do CPC, devem ser todos intimados da penhora, uma vez que a todos assiste o direito de embargar. 3. O prazo para oferecimento dos Embargos é singular, iniciando-se, para cada devedor, na data em que intimado da penhora. 4. Para os coobrigados não intimados da penhora o prazo só começa a fluir da data em que comparecerem voluntariamente aos autos, desde que compatível seu exame com o estágio em que se ache o processo, e evidenciada a ausência de má-fé*" (STJ, 4ª T., Ag. Reg. em Ag. Inst. nº 27.981-3, RN; Rel. Min. Sálvio de Figueiredo, j. em 8.2.1993, v.u., in Boletim AASP nº 1818, de 27.10 a 2.11.1993, pág. 448).

3. À impugnação do credor, no prazo legal.

4. Intime-se.

Local e data

(a) Juiz de Direito

1.3. EMBARGOS DO DEVEDOR – DECISÃO REJEITANDO LIMINARMENTE OS EMBARGOS DO DEVEDOR AJUIZADOS FORA DO PRAZO LEGAL

Processo Cível nº

Vistos, etc.

1. Nos termos do art. 739, inciso I, do CPC, rejeito liminarmente os embargos do devedor, porque serôdio.

2. Com efeito, o mandado de intimação da penhora foi juntado em data de (...) de (...) de (...), tudo conforme se vê de fls. dos autos da execução.

3. Se o prazo para embargar a execução é de 10 (dez) dias (CPC, art. 738), no caso vertente o devedor só veio a protocolar os referidos embargos em data de (...) de (...) de (...), portanto, fora do prazo legal. Rejeito, pois, os embargos. O cartório procedeu a baixa do mandado em (...) de (...) de (...) (fls.).

4. P.R.I.C.

Local e data

(a) Juiz de Direito

1.4. EMBARGOS À ARREMATAÇÃO OU EMBARGOS À ADJUDICAÇÃO (CPC, ART. 746) – DESPACHO INICIAL

Processo Cível nº

Vistos, etc.

1. Cuidam-se de Embargos à Arrematação (ou à Adjudicação), ajuizado por "A" contra "B" (CPC, art. 746).

2. No caso, o procedimento dos embargos à arrematação ou à adjudicação é o mesmo dos embargos à execução (CPC, arts. 736 a 744, e 746). É de 10 (dez) dias o prazo para a oposição de embargos à arrematação ou adjudicação (*RJTJESP* 128/98 e *JTA* 117/110), contados não da assinatura da *carta*, mas sim, da assinatura do *auto* de arrematação (*RJTJESP* 134/86), independentemente de intimação (*RJTJESP* 103/218). Contudo, "*Não intimado o devedor para a praça, o prazo para opor embargos à adjudicação somente tem início quando do cumprimento do mandado de imissão na posse*" (*RSTJ* 43/488). O ajuizamento dos embargos tem efeito suspensivo da expedição da carta respectiva. Por outro lado, é indispensável a presença e citação do arrematante na qualidade de litisconsorte necessário (*RSTJ* 36/295). Por nulidade da execução se compreende a nulidade da arrematação por preço vil (*RJTJESP* 119/37). "É admissível o oferecimento de embargos à arrematação ou à adjudicação por quem, não sendo o devedor, teve, no entanto, bem particular seu, embora adquirido em fraude, sujeito à penhora" (CPC, art. 746) (STJ-*RF*-321/157, julgados trazidos à colação por Theotônio Negrão, in *Código de Processo Civil e Legislação Processual em Vigor*, Saraiva, 27ª ed., 1996, págs. 530/531).

3. Destarte, recebo os embargos à arrematação (ou à adjudicação) e suspendo a expedição da respectiva carta. A propósito, os embargos serão sempre recebidos com efeito suspensivo (CPC, arts. 739, § 1º, e 746). Autue-se a petição dos embargos em apenso ao processo principal (CPC, arts. 736 e 746).

4. Intime-se o credor para impugnar os embargos no prazo de 10 (dez) dias, tudo nos termos do art. 740 do CPC. *Igualmente, cite-se o arrematante para responder aos embargos em 10 dias (RSTJ 36/295).*

5. Nos termos do art. 740 do CPC, c/c o art. 746, após a juntada das contestações ou impugnações do credor e do arrematante, se não houver documentos para manifestação do embargante, será designada audiência de conciliação (CPC, art. 331), ou audiência de instrução, debates e julgamento, salvo se não houver necessidade, consoante dispõe o parágrafo único do aludido art. 740 do CPC.

6. Intimem-se.

Cumpra-se.

Local e data

(a) Juiz de Direito

1.5. EMBARGOS À ARREMATAÇÃO – SENTENÇA – O CREDOR PODE LANÇAR NA 2ª PRAÇA OU LEILÃO, E SE O PREÇO ATINGIU 70% DA AVALIAÇÃO, NÃO HÁ PREÇO VIL – O CREDOR PODE ARREMATAR POR PREÇO INFERIOR AO DA AVALIAÇÃO NA 2ª PRAÇA – IMPROCEDÊNCIA DOS EMBARGOS

PODER JUDICIÁRIO
COMARCA DE MARÍLIA-SP
4ª VARA CÍVEL E DA INFÂNCIA E JUVENTUDE

Processo Cível nº 1.200/00.

SENTENÇA

Vistos, etc.

Síntese sentencial: 1. Embargos à arrematação ajuizados pelo executado sob o argumento de que o credor não poderia lançar e arrematar o bem penhorado no 2º leilão e por preço inferior ao da avaliação. 2. Hipótese em que o embargante não alegou as matérias elencadas nos arts. 746 e 618 do CPC (nulidade da execução, pagamento, novação, transação e prescrição), nem demonstrou proibição expressa da lei para o credor arrematar em 2º leilão, não estando o exequente no rol das pessoas impedidas de lançar e constantes do art. 690, §§ 1º e 2º do CPC. 3. Se o exequente ofereceu lanço de valor correspondente a 70,75% do preço da avaliação, não há falar em preço vil, máxime quando o lance quitou o débito da execução. 4. Hipótese de improcedência total dos embargos.

1. "X", executado, qualificado nos autos, apresentou embargos à arrematação contra "Y", ponderando que, jamais poderia o exequente – "Y" – arrematar o bem penhorado, em segundo leilão no qual não compareceu licitante, sendo-lhe lícito apenas adjudicar pelo preço da avaliação. Assim sendo, o exequente, na ausência de licitantes no 2º leilão, somente poderia pedir a adjudicação pelo preço da avaliação, e nunca arrematar por preço inferior à avaliação, tal como ocorreu. Houve arrematação pelo exequente, por R$ 4.604,82, de um veículo que estava avaliado em R$ 6.507,85, o que gerava a nulidade. Daí os embargos à arrematação.

2. O exequente "Y" impugnou os embargos e ponderou que, nos termos do art. 690, § 1º, do Código de Processo Civil, não estava impedido de lançar nem de arrematar, frisando-se que não arrematou por preço vil, e sim por preço equivalente a 70,75% da avaliação do bem penhorado. Acentuou que os embargos eram protelatórios e havia litigância de má-fé. Pediu-se a improcedência.

3. A relação jurídica processual se desenvolveu regularmente e foi garantido o amplo contraditório. O embargante não aduziu réplica (fls. 13) nem especificou provas a serem produzidas (fls.14 e 16), tendo o embargado pedido o julgamento antecipado da lide (fls. 15).

4. ESSE, O RELATÓRIO. DECIDO.

4.1. Cuidam-se de embargos à arrematação e no caso vertente a audiência de instrução é prescindível, sendo suficiente a prova documental e os argumentos das partes (CPC, art. 330, inciso I, c/c art. 334, incisos I, II e III).

4.2. Em 17 de abril de 2003, em segundo (2º) leilão para o qual estava plenamente intimado o devedor-embargante (fls. 55), o credor-exequente arrematou por R$ 4.604,82, que era o valor de seu crédito, o veículo penhorado na execução e avaliado em R$ 6.507,85 conforme cálculo de fls. 59/61 da execução. Vale dizer, em 2º leilão, o exequente arrematou o bem penhorado por valor equivalente a 70,75% do valor da avaliação.

4.3. Ora, não há qualquer nulidade ou irregularidade na atitude do credor no lançar e no arrematar bens penhorados. Diga-se que, no caso de que se cuida, o devedor foi intimado para os leilões e não compareceu nem pagou a dívida, como também nem aduziu embargos à execução, preferindo a revelia. Pelas letras do art. 746 do Código de Processo Civil, nos embargos à arrematação somente caberiam as seguintes matérias: a) nulidade da execução (art. 618); b) pagamento; c) novação; d) transação; e e) prescrição. Ora, no caso vertente, o embargante não alegou quaisquer dessas matérias, e não comprovou o pagamento, a novação, transação ou prescrição. Também não foram apontadas as nulidades previstas no art. 618 do CPC, nem houve embargos à execução.

4.4. Por outro lado, pelas letras do art. 690, §§ 1º e 2º do CPC, o credor não está impedido de lançar e arrematar, mesmo em segundo leilão, e por preço abaixo da avaliação, mormente quando o lance é suficiente para a quitação do débito. Não há proibição legal expressa para o credor lançar em 2º leilão. A propósito, escreveu Humberto Theodoro Júnior, que: "Esboçou-se na jurisprudência o entendimento de que, à luz do art. 690, § 2º, do CPC, que fala em valor dos bens e não em preço da arrematação, que o credor estaria sempre obrigado, mesmo na segunda licitação, a arrematar pelo valor mínimo da avaliação. MAS, O SUPREMO TRIBUNAL FEDERAL superou a divergência e fixou o entendimento de que não há discriminação legal contra o exequente, que, também, pode perfeitamente, em pé de igualdade com os demais pretendentes, licitar abaixo do preço de avaliação, no segundo leilão ou segunda praça....E em se tratando de segunda praça, não há falar em valor da avaliação, pois a venda se faz a quem mais der." (STF, RE nº 91.187, 1ª T., Rel. Min. Soares Munhoz, in Juriscível do STF 81/107) (in Processo de Execução, São Paulo, Leud, 1983, 8ª ed., pág. 305). Assim sendo, a par de não terem sido arguidas as matérias elencadas nos arts. 746 e 618 do Código de Processo Civil, o credor-exequente também não figura no rol das pessoas impedidas de lançar e arrematar os bens penhorados (CPC, art. 690, §§ 1º e 2º). E, por último, não se pode cogitar de preço vil quando o credor-exequente arrematou o bem penhorado pelo valor equivalente a 70,75% do valor da avaliação. Vale dizer, pelo valor de R$ 4.604,82, que quitou o débito do devedor, o credor arrematou um bem avaliado em R$ 6.507,85 (fls. 62). Não houve oferta de preço vil, e a execução ficou extinta. Destarte, são improcedentes os embargos à arrematação, não havendo, todavia, litigância de má-fé se o devedor procurou apenas uma interpretação sistemática da lei à míngua de disposição expressa para lhe proteger.

5. A CONCLUSÃO.

Ante o exposto, JULGO IMPROCEDENTES os embargos à arrematação ajuizados por "X" contra "Y", e consequentemente mantenho o leilão e a arrematação realizados na execução. Expeça-se carta de arrematação e o mandado de entrega do bem. Pagará o embargante as custas processuais e honorários advocatícios de 10% do valor da causa, corrigidos desde o ajuizamento. Publique-se. Registre-se. Intime-se. Comunique-se. Data e local.

(a) Dr. Valdeci Mendes de Oliveira
Juiz de Direito da 4ª Vara Cível
e Da Infância e Juventude.

1.6. EMBARGOS DE RETENÇÃO POR BENFEITORIAS – DESPACHO INICIAL

Observação: Os arts. 516 e 547 mencionados na decisão abaixo transcrita são do Código Civil de 1916, e correspondem aos arts. 1.219 e 1.255, *caput*, do Código Civil de 2002.

Processo Cível nº _____ (Apenso de Embargos)

Vistos, etc.

1. Cuidam-se de Embargos de Retenção por Benfeitorias, ajuizados por (...), contra (...) e sua mulher, tudo com fundamento no art. 744 do Código de Processo Civil, c/c os arts. 516 e 547 do Código Civil de 1916, ponderando o Embargante que foi vencido numa Ação Judicial de Imissão de Posse ajuizada pelo Embargado, estando por conseguinte obrigado a entregar um imóvel residencial situado na Rua (...). Sucede que o Embargante fez várias benfeitorias no imóvel e pretende a indenização por elas, razão pela qual objetiva reter o bem até ser pago pelas referidas benfeitorias realizadas. Numa síntese: quer o vencido na ação de Imissão de Posse – ora Embargante – reter a coisa, a fim de não ser entregue ao vencedor – ora Embargado – até que este satisfaça o ressarcimento do valor das benfeitorias especificadas na petição inicial dos Embargos.

2. O direito de retenção tem a natureza jurídica de direito real, e tem-se entendido que *"o fato de não haver o réu formulado pedido de retenção do imóvel por benfeitorias na fase de cognição, não impede de fazê-lo por meio de embargos de retenção"*. E *"embora tecnicamente as construções e plantações não sejam benfeitorias, mas acessões industriais, a jurisprudência tem equiparado as duas hipóteses para reconhecer a aplicabilidade do jus retentionis também no segundo caso"* (STF, *RTJ* 60/719 e *RT* 458/231, in *Processo de Execução*, de Humberto Theodoro Júnior, Leud, págs. 364 e 365, e ainda *RSTJ* 53/183). Por fim, registra o mesmo Theodoro Júnior, *"embora não*

o diga expressamente o Código, os embargos de retenção também são providos de efeito suspensivo frente à execução, dada a própria índole desse remédio processual, que é preservar a posse dos bens em poder do executado" (ob. cit., pág. 364). A propósito, a Lei nº 8.953/1994, acrescentou o § 1º no art. 739 do Código de Processo Civil, este incluído entre as regras inerentes às "Disposições Gerais" sobre os Embargos", com o seguinte teor: *"Os Embargos serão sempre recebidos com efeito suspensivo".* Como se vê, não se impôs qualquer limitação. Quanto ao procedimento dos Embargos por Retenção, não difere do comum ao dos demais Embargos, devendo o Embargado ser intimado para impugnação no prazo de 10 (dez) dias (CPC, art. 740) (Moacyr Amaral Santos, *Primeiras Linhas de Direito Processual Civil*, Saraiva, vol. III, págs. 393/394).

3. Assim exposto, RECEBO os Embargos de Retenção de Benfeitorias ajuizados por (...), *e consequentemente suspendo a ordem e o respectivo cumprimento do mandado de imissão na posse, cuja determinação foi exarada no despacho de fls. do (...) volume dos autos da ação ordinária de imissão na posse (feito nº...).* Recebo, pois, os Embargos de Retenção no efeito suspensivo.

4. Intime-se o Embargado para, no prazo de 10 (dez) dias, querendo, impugnar os Embargos (CPC, art. 740).

5. A partir da impugnação do Embargado, o processo tomará o rito ordinário.

6. Como o processo de cognição – Imissão na Posse – conta com 4 (quatro) volumes, tornando difícil o manuseio dos autos, determino que sejam trasladadas para os autos dos Embargos de Retenção, uma cópia da sentença de 1ª Instância e respectivo Acórdão de fls. 426 *usque* 432, mais o despacho de fls. 653. Ao todo, são três documentos (sentença, acórdão em apelação e o despacho de fls. 653). Após juntadas as cópias nos Embargos, *desapense-se,* prosseguindo-se somente os Embargos. Traslade, outrossim, cópia do presente despacho para os Autos da Imissão na Posse, certificando a ocorrência na folha 654 do 4º volume, ficando este paralisado até decisão final nos Embargos de Retenção.

7. Intime-se.

8. Local e data

(a) Juiz de Direito

1.7. JURISPRUDÊNCIA SOBRE MATÉRIAS VERSADAS NOS EMBARGOS À EXECUÇÃO

1.7.1. SÚMULA nº 387 do STF: *"A cambial emitida ou aceita com omissões, ou em branco, pode ser completada pelo credor de boa-fé antes da cobrança ou do protesto."*

1.7.2. SÚMULA nº 596 do STF: *"As disposições do Decreto nº 22.626/1933 não se aplicam às taxas de juros e aos outros encargos cobrados nas operações realizadas por instituições públicas ou privadas, que integram o sistema financeiro nacional."*

1.7.3. SÚMULA nº 616 do STF: *"É permitida a cumulação da multa contratual com os honorários de advogado, após o advento do Código de Processo Civil."*

1.7.4. SÚMULA nº 26 do STJ: *"O avalista do título de crédito vinculado a contrato de mútuo também responde pelas obrigações pactuadas, quando no contrato figurar como devedor solidário."*

1.7.5. SÚMULA nº 16 do STJ: *"A legislação ordinária sobre crédito rural não veda a incidência da correção monetária."*

1.7.6. SÚMULA nº 27 do STJ: *"Pode a execução fundar-se em mais de um título extrajudicial relativo ao mesmo negócio."* (CPC, arts. 573 e 618).

1.7.7. SÚMULA nº 30 do STJ: *"A Comissão de Permanência e a Correção Monetária são inacumuláveis."* (Isso após o vencimento dos títulos, caso em que só incide a correção monetária, nos termos da Lei nº 6.899/1981).

1.7.8. SÚMULA nº 60 do STJ: *"É nula a obrigação cambial assumida por procurador do mutuário vinculado ao mutuante, no exclusivo interesse deste."*

1.7.9. SÚMULA nº 93 do STJ: *"A legislação sobre cédulas de crédito rural, comercial e industrial admite o pacto de capitalização de juros."*

1.7.10. SÚMULA nº 176 do STJ: *"É nula a cláusula contratual que sujeita o devedor à taxa de juros divulgada pela ANBID/CETIP."* (Referência: CC, art. 115).

1.7.11. SÚMULA 233 do STJ: *"O contrato de abertura de crédito, ainda que acompanhado de extrato da conta-corrente, não é título executivo."*

1.7.12. "EXECUÇÃO. Título íntegro, inabalado pelos argumentos da parte devedora. Avalista e devedor principal são solidariamente responsáveis pelo todo. Comissão de permanência viável, porque contratada, não estando sendo cumulada com correção monetária. Apelo improvido." (Ap. Cív. nº 574.673-0-Campinas-SP, Ac. 9.4.1996, Rel. Juiz Soares de Mello, 3ª C., 1º TACivSP). Destacou o v. acórdão: "A dívida é líquida, certa e exigível, ainda e porque sequer negada pelos embargantes, que somente se insurgem contra cálculos"... "Quanto à comissão de permanência. Devida, posto pactuada. Serve ela para corrigir a moeda face à erosão inflacionária e, na essência, não passa de mero índice de correção monetária, que não é pena nem acréscimo de valor. O que é indevido, e já foi ressalvado pelo *decisum*, é sua cumulação com correção, de que aqui não se trata".

1.7.13. "ARRENDAMENTO MERCANTIL – *Leasing.* Inadimplência do arrendatário, determinando resolução do contrato. Prestações *vencidas até a retomada do bem e encargos contratuais devidos. Exclusão das prestações vincendas, isto é, aquelas posteriores à retomada do bem e encargos contratuais devidos.* Recurso não provido." (Ap. Cív. nº 249.857-1-SP, 5ª CDPriv., Rel. Des. Silveira Netto, j. em 23.5.1996, v.u.).

1.7.14. "*LEASING* – Inadimplemento do arrendatário – Cobrança de prestações vincendas – Inadmissibilidade – Ação monitória. Contrato de arrendamento mercantil. Inadimplemento do arrendatário. Cobrança de prestações vincendas. Falta de individualização de parcelas. Inadmissibilidade. Cláusula leonina. Recurso não provido. 1. No contrato de arrendamento mercantil é leonina e inválida a cláusula que, mesmo de forma indireta, contenha previsão para cobrança de prestações vincendas para a hipótese do arrendatário inadimplir o pacto. 2. Segundo orientação do Eg. STJ, tornando-se inadimplente o arrendatário, é devida a multa contratual. Todavia, para ser cobrada, *deve haver discriminação na inicial ou na planilha. 3. Omitida a providência, interpreta-se a inexistência do dado em desfavor do prestador de bens ou serviços* conforme prevêem as normas de proteção do consumidor. 4. Apelação conhecida e não provida." (Ac. un. 2ª CC, TAMG, Ac. 216.549-3, Rel. Juiz Caetano Levi Lopes, j. em 24.5.1996, *DJMG* 7.9.1996, págs. 1/2, ementa oficial, in Rep. *IOB de Jurisp.* nº 19/1996, 1ª quinz/out/1996, indicativo 3/12462).

Observação da IOB: "Do voto do Relator ressaltamos: *"No caso destes autos, os apelados pagaram as prestações* enquanto utilizaram o bem. *Quando não suportaram mais a dívida devolveram* o veículo em bom estado de conservação. *Nesta modalidade de contrato, o inadimplemento leva à sua resilição, com a obrigação da devolução do bem em condições normais de uso, o que de fato ocorreu. Todavia, não se pode exigir o pagamento* das prestações vincendas porque elas são contrapartida do uso e gozo do bem e parcela de pagamento do preço para a eventualidade, se não fosse o inadimplemento, de aquisição da *res. É o que ensina Arnaldo Rizzardo, na sua obra* Leasing e Arrendamento Mercantil no Direito Brasileiro, *1987, Revista dos Tribunais, SP, pág. 148:* "Quanto aos aluguéis vincendos, não configurando o leasing *um mútuo ou financiamento propriamente dito, onde se dá a entrega pura e simples de certa importância em dinheiro, para ser devolvida após determinado lapso de tempo, é incabível a pretensão da arrendante em pleitear o recebimento de prestações ou aluguéis vincendos, após a rescisão do contrato* e a reintegração na posse do bem. *Como já foi abordado, é o arrendamento mercantil um contrato complexo ou misto, onde têm proeminência dois elementos:* a locação da coisa e o financiamento. *Mas as prestações mantêm o caráter de aluguéis até o momento em que se dá a manifestação da vontade de adquirir. Daí, pois, enquanto perdura esta natureza da relação contratual, ou seja, de locação, não se admite a cobrança de valores como se o devedor estivesse adquirindo o bem."*

1.7.15. "EXECUÇÃO – Possibilidade de alegação, *antes da penhora,* de fatos extintivos do direito (prescrição) – Embargos infringentes parciais – Limites de sua apreciação. Inexistindo bens penhoráveis, circunstância certificada pelo meirinho (e, em conseqüência, suspenso o processo de execução), desnecessária e prejudicial à economia processual a indefinida espera para que o Juiz se manifeste sobre a extinção do crédito, em face da prescrição, cuja decretação foi requerida pelo executado, se este se encontra na absoluta impossibilidade de oferecer embargos. A execução forçada se ultima com a satisfação do seu objeto, que é o pagamento ao credor. Pode, porém, *estancar diante de empeços inarredáveis, como,* ad exemplum*, nos casos de extinção do próprio direito do crédito do exeqüente, podendo, em hipóteses excepcionais, o juiz extinguir o processo executório, antes mesmo de seguro o juízo, com a penhora."* (STJ, 1ª T., REsp. nº 59.351-4-PR, Rel. Min. Demócrito Reinaldo, j. em 11.4.1996, v.u., *in Boletim AASP* nº 1983, de 25 a 31.12.1996, pág. 102-e).

1.7.16. "EXECUÇÃO – Título executivo – Contrato bilateral – Obrigação de dar. O contrato bilateral pode servir de título executivo de obrigação *de pagar quantia certa,* desde que definida a liqüidez e certeza da prestação do devedor, comprovando o credor o cumprimento integral da sua obrigação. Recurso conhecido, pela divergência, mas improvido, por desatendimento da exigência de prova da prestação." (STJ, 4ª T., REsp. nº 81.399-MG, Rel. Min. Ruy Rosado de Aguiar, j. em 5.3.1996, v.u., *in Boletim AASP* nº 1982, de 18 a 24.12.1996, pág. 100-e).

1.7.17. "PROCESSO CIVIL – Execução – Exceção de Pré-Executividade – Admissibilidade – Hipóteses – Higidez do título executivo – Matérias apreciáveis de ofício – Verificação no caso concreto – Reexame de provas e interpretação de cláusula contratual – Recurso não conhecido – I – A sistemática processual que rege a execução por quantia certa exige, via de regra, a segurança do juízo como pressuposto para o oferecimento de embargos do devedor. II – A exceção de pré-executividade, admitida em nosso direito por construção doutrinário-jurisprudencial somente se dá, em princípio, nos casos em que o juízo, de ofício, pode conhecer da matéria, a exemplo do que se verifica a propósito da higidez do título executivo. III – Se a verificação dos requisitos formais do título executivo depende da análise de premissas de fato, como o reexame de provas e a interpretação de cláusulas contratuais, a apreciação do tema, na instância especial, atrita com a competência constitucionalmente reservada ao Superior Tribunal de Justiça (Enunciados nºs 5 e 7 da Súmula/STJ). IV. Não se vislumbra a apontada negativa de prestação jurisdicional, quando o órgão julgador não deixa de examinar qualquer ponto suscitado pela parte interessada. V. A configuração do dissídio pretoriano, a ensejar recurso especial, depende da semelhança entre as situações fáticas e da demonstração da divergência, na conformidade do art. 541, parágrafo único, do Código de Processo Civil." (STJ, 4ª T., Rec. Esp. nº 180.734-RN, Rel. Min. Sálvio de Figueiredo Teixeira, j. em 20.4.1999, v.u., *in Boletim da AASP* nº 2.176, de 11 a 17.9.2000, pág. 1.537).

1.7.18. "EXCEÇÃO DE PRÉ-EXECUTIVIDADE – Execução – Fazenda Pública. O art. 618 do Código de Processo Civil, subsidiário da Lei de Execuções Fiscais, institui a nulidade da execução quando o título em que está lastreada não se afigure líquido, certo e exigível. Possibilidade de exceções prévias que afastam a legitimidade da própria penhora, já que esta pressupõe a executoriedade do título. Se inexeqüível, não tem sentido, nem fundamento lógico ou jurídico, seja realizada a penhora. Certidão da dívida ativa que despreza acordo judicial homologado e transitado em julgado, rigorosamente cumprido pela ré, estabelece a inconsistência do procedimento fiscal, ensejando a decretação *in limine* da nulidade do título. Tem cabida o julgamento antecipado da lide quando o Juiz, identificando de plano a ausência de condições da ação, extingue o processo sem julgamento do mérito, face ao que não se há de falar em cerceamento de defesa. Recurso conhecido e improvido." (TJ-AL – 1ª Câmara Cível, Ap.Cível nº 98.000304-0-Maceió-AL, Rel. Des. Washington Luiz Damasceno Freitas, j. em 18.2.1999, v.u., in Boletim da AASP nº 2116, de 19 a 25.7.1999, pág. 215-e).

1.7.19. "VENDA COM RESERVA DE DOMÍNIO – Impenhorabilidade do bem. Processo Civil – Penhora – Bens adquiridos sob cláusula de reserva de domínio – Inviabilidade da constrição. Na venda sob reserva de domínio, o alienante assegura para si a propriedade da coisa enquanto não satisfeito o preço. Provada a existência de contrato dessa espécie e a não extinção da restrição, inviável que em execução contra o adquirente a penhora recaia sobre tais bens." (2º TACIVIL-SP, A.I. nº 564.735- 12ª Câmara, Rel. o Juiz Arantes Theodoro, j. em 11.3.1999).

1.7.20. "DESPESAS DE CONDOMÍNIO – Execução – Agravo Regimental – Recurso Especial não admitido – Despesas de Condomínio – Execução – 1. Constituindo as atas de assembléias e as convenções condominiais títulos executivos extrajudiciais, cabível é a via executiva e não o ajuizamento de ação monitória. 2. Agravo Regimental improvido." (STJ, 3ª T., AgRg no A.I. nº 216.816-DF, Rel. Min. Carlos Alberto Menezes Direito, julgado em 20.04.1999, v.u, in Boletim da AASP nº 2237, de 12 a 18.11.2001, pág. 2025). O v. acórdão do STJ frisou que não havia contrariedade aos arts. 585, inciso IV, 275, inciso II, letra "b", e 1.102a a 1.102c do CPC. As atas das assembléias do condomínio que instituiram os valores cobrados, constituem títulos executivos extrajudiciais (CPC, art. 585, IV), donde ser incabível a ação monitória ou a conversão para a ação de rito sumário. Foram mencionados outros julgados no mesmo sentido da pertinência da ação de execução. *Confira-se:*

"CONDOMÍNIO – Processual Civil. Taxas condominiais. Título Executivo. Em tese, as taxas condominiais, desde que havendo orçamento e aprovação desse orçamento em convenção, podem ser cobradas pela via executiva. Recurso conhecido e parcialmente provido." (REsp nº 33.062/RJ, 4ª T, Re. Min. Cesar Asfor Rocha, *DJ* de 27.4/.998).

"CONDOMÍNIO – Processual Civil. Recurso Especial. Condomínio. Despesas. Cobrança. Via executiva. 1. O procedimento sumário – art. 275, inciso II, do CPC, não se aplica a cobrança de despesas condominiais, cujos valores tenham sido estabelecidos e aprovados em convenção, pois, nesta hipótese, o caso é de ação de execução, *ex vi*, do art. 585, IV do CPC e art. 12, § 2º, da Lei nº 4.591/64. II. Recurso Especial não conhecido." (REsp nº 43.318-MG, 3ª T., Rel.

Min. Cláudio Santos, *DJ* de 26.2.1996, in *Boletim da AASP* nº 2237, de 12 a 18.1.2001, pág. 2025).

1.7.21. "USUFRUTO – Dúvida – Penhora sobre o direito de exercício de usufruto – Registro negado por se tratar de direito pessoal – Apelação desprovida." (TJ-SP – Conselho Superior da Magistratura, j. em 29.11.2002, Rel. Des. Luiz Tâmbara, publicado no *DOE-SP* de 19.12.2002). *Constou do v. acórdão que:* "O devedor executado, nos termos do que consta da certidão de registro juntada às fls. 23/24, doou o imóvel objeto da matrícula nº 23.725 do 2º Registro de Imóveis da comarca de Ribeirão Preto, reservando para si e esposa "A" o usufruto do imóvel, nos termos do Registro nº 07, ou seja, destacou da propriedade o usufruto, portanto, **a nua propriedade foi transmitida aos donatários mencionados no registro.** No Juízo em que se processa a execução, por decisão copiada às fls. 27/28, restou firmado o entendimento de que a constrição recaíra sobre o **exercício** do direito real de usufruto, posto que, o usufruto, por ser direito personalíssimo não comporta alienação e, portanto, não pode ser penhorado, tendo sido determinada a retificação da penhora, para ficar constando que a constrição recai sobre o "exercício" do direito de usufruto (e não sobre o usufruto). Desnecessária qualquer outra ponderação para afastar a pretensão do apelante, mesmo porque a questão foi decidida pelo Juízo da execução, que claramente deixou assentado tratar-se de direito pessoal por recair a constrição sobre o exercício do direito, reconhecendo a impossibilidade de penhora sobre usufruto, não se tendo notícia de qualquer ataque a tal decisão... A sentença adotou correto fundamento para negar o acesso do título apresentado ao Registro de Imóveis." (*DOE-SP* de 19.12.2002, Apelação nº 95.768-0/4-Ribeirão Preto).

1.7.22. "EXECUÇÃO POR TÍTULO EXTRAJUDICIAL – Caução – Hipótese de execução definitiva (art. 587, do Código de Processo Civil) – Desobrigatoriedade – Necessidade de constar dos editais de praça ou leilão a existência de recurso pendente – Recurso provido para possibilitar a designação das praças, com a observação retro." (1º TACIVIL-SP – 11ª Câmara, Agravo de Instrumento nº 1.138.299-1-Marília, j. em 28.11.2002, Rel. Juiz Melo Colombi). *Constou do v. acórdão uma decisão do STJ:* "Também segundo a jurisprudência do Superior Tribunal de Justiça, é definitiva a execução por título extrajudicial, mesmo enquanto pendentes de recurso, embargos do executado (*RSTJ* 54/276)... Importa ressaltar que, no caso de eventual provimento do recurso do embargante contra a sentença que decretou a improcedência dos embargos, quando a execução já estiver definitivamente terminada, no que pertine aos danos irreparáveis, a solução está prevista no art. 574 do Código de Processo Civil: "O credor ressarcirá ao devedor os danos que este sofreu, quando a sentença, passado em julgado, declarar inexistente, no todo ou em parte, a obrigação, que deu lugar à execução.".

1.7.23. "SUSPENSÃO DA EXECUÇÃO (CPC, art. 791, III) – Prescrição Intercorrente – Ação de Execução – Pedido de suspensão do processo, a fim de pesquisar a existência de bens do executado suficientes para a continuidade do procedimento – Prescrição não caracterizada – Caso de suspensão automática na qual o prazo não tem curso – Decisão mantida – Recurso improvido." (1º TA-CIVIL-SP – 3ª Câmara, v.u, Agr. de Instr. nº 1.191.199-6-Marília-SP – j. em 1º.7.2003, Rel. Juiz Roque Mesquita). *Constou do v. acórdão outro precedente, e a seguinte fundamentação:* "Ora, a lei processual admite a suspensão da execução "quando o devedor não possuir bens penhoráveis" (art. 791, III). A Lei não estabelece nenhum prazo dentro do qual a suspensão produzirá efeitos, o que equivale dizer que o processo de execução ficará suspenso até que o credor consiga obter informações a respeito de bens passíveis de penhora em nome do devedor". *Mencionou-se o seguinte precedente:*

"PROCESSO SUSPENSO – Prescrição Intercorrente – Suspensão – Não tem curso a prescrição quando a execução se acha suspensa, a requerimento do credor, ante a inexistência de bens penhoráveis do devedor." (STJ, 4ª Turma, REsp nº 38.399-4-PR, Rel. Min. Barros Monteiro, julgado em 20.10.1993, *DJU* de 2.5.1994, pág. 10.013. No mesmo sentido: STJ, 3ª Turma, REsp nº 154.782-PR, Relator o Ministro Waldemar Zveiter, julgado em 22.9.1998, v.u, *DJU* de 29.3.1999, pág. 166).

1.7.24. "COMISSÃO DE PERMANÊNCIA – Agravo de Instrumento – Ação de Busca e Apreensão – Alienação Fiduciária em garantia – Purgação da mora – Substituição da comissão de permanência pela atualização monetária – Admissibilidade – Negado provimento ao recurso." (2º TACIVIL-SP – 9ª Câmara, Agr. de Instr. nº 807.709-0/1-Marília-SP – Rel. Juiz Gil Coelho, ano 2003). *Constou do v. acórdão o seguinte:*

"A rigor, a comissão de permanência prevista no contrato deveria ser pura e simplesmente entendida como correção monetária, calculada esta pelos índices oficiais. Com efeito, a incidência da taxa de mercado do dia do pagamento é inadequada, dada a sua forte característica de condição potestativa, na medida em que a taxa de mercado a que corresponderia está sujeita ao arbítrio do credor, sem qualquer possibilidade de sofrer influência da outra parte, daí ser a comissão de permanência contrária à lei (art. 115 do Código Civil de 1916 e art. 122 do novo Código Civil). E não aproveita ao credor a alternativa de incidência da taxa de contrato, uma vez que esta pode valer apenas até a data acertada para o vencimento da obrigação. Após o vencimento da obrigação, a incidência é de encargos moratórios e de manutenção do valor da moeda no tempo, isto é, podem incidir os juros de mora e a multa moratória, além da atualização monetária. Se a título de atualização monetária for aplicada a chamada comissão de permanência, com taxa superior a qualquer dos índices oficiais de desvalorização da moeda, haverá penalidade em dobro por um mesmo evento, o que é inadmissível.

Registre-se que a referência à taxa de mercado, para o cálculo da comissão de permanência, é figura destituída de sentido jurídico, quer porque não há taxa única praticada pelo mercado financeiro, mas concorrência de taxas, quer porque, se houvesse uma única taxa para todo o mercado, sua estipulação estaria nas mãos das entidades financeiras, ou seja, das credoras, como o ora Agravante. A suposição de estipulação pelo Banco Central do Brasil, por ato superveniente ao contrato, não vincularia o agravado. Vale lembrar, por oportuno, que foram revogadas, pelo art. 25 do Ato das Disposições Transitórias da Constituição

Federal, todos os dispositivos legais que atribuam ou deleguem a órgão do Poder Executivo competência no que tange a ação normativa. Como não se pode enquadrar o disposto no art. 4º, inciso IX, da Lei nº 4.595/1964, como de natureza meramente regulamentar, difícil fica dizer que haja respaldo legal, atualmente, para a comissão de permanência, como prevista no contrato. Logo, deve ser mantida a r. decisão agravada." (A.I. nº 807.709-0/1 – 9ª Câmara do 2º TACIVIL-SP, Rel. Gil Coelho).

Observação: Anote-se que, em outro acórdão do 2º TACIVIL -SP – 5ª Câmara, no Agravo de Instrumento nº 580.967-0/1, Rel. Juiz Dyrceu Cintra, ficou decidido que:

"Fica afastada a comissão de permanência porque: (a) antes do ajuizamento é incompatível com a variação cambial (2º TACIVIL, 5ª Câmara, E.I. 534.691-01/0, julgado em 9.6.1999; (b) depois do ajuizamento não pode ser cumulada com correção monetária (Súmula nº 30 do STJ); (c) não há prévia fixação de seus índices, afigurando-se previsão potestativa (2º TACIVIL, 5ª Câmara, Apelações 530.585/5, 536.040/0 e 540.430/6)".

1.7.25. "EXECUÇÃO POR TÍTULO EXTRAJUDICIAL (Juros e Comissão de Permanência) – Nota de Crédito Industrial – Cobrança de encargos previstos no Decreto-Lei nº 413/1969 – Capitalização dos juros – Legalidade – Incidência da Súmula 93 do Colendo Superior Tribunal de Justiça – Inaplicação do Código de Defesa do Consumidor – Embargos do devedor improcedentes – Recurso improvido – Juros Reais – Execução por Título Extrajudicial – Limitação prevista no art. 192, § 3º, da Constituição Federal – Dispositivo que não é auto-aplicável – Entendimento do Supremo Tribunal Federal – Recurso improvido – Comissão de Permanência – Correção Monetária – Nota de Crédito Industrial – Hipótese em que não há cobrança cumulada – Possibilidade de exigência da comissão de permanência até o ajuizamento da execução, considerando-se após apenas a correção monetária – Recurso improvido," (1º TACIVIL-SP – 7ª Câmara, Apelação nº 745.230-4-Marília, v.u, julgado em 11 de novembro de 1997, Rel. Juiz Alvares Lobo). *Constou do v. acórdão o seguinte:*

"No tocante aos juros contratuais é de se lembrar que o Banco credor está autorizado a convencionar mútuos à taxa de mercado, conforme dispõe a Lei nº 4.595/1964, ou seja, fora do controle da Lei de Usura (Decreto nº 22.626/33) (cf. JTA-Lex nº 98/111 e Súmula 596 do STF – *JTA-RT* 119/238)".

"Quanto à comissão de permanência, que é inacumulável com a correção monetária, de acordo com a Súmula nº 30 do Superior Tribunal de Justiça, não comprovaram os apelantes que estão sendo cobradas cumulativamente, mesmo porque a primeira é devida até o ajuizamento da execução, considerando-se após apenas a correção monetária. Ora, não consta que o exequente assim tenha procedido, de acordo com o que se verifica da petição inicial e nos demonstrativos que a acompanham. Mas, desde já fica esclarecido, que a comissão de permanência é devida até o ajuizamento da execução, após, passa a incidir unicamente a correção monetária." (Rel. Juiz Alvares Lobo, na Apelação nº 745.230-4-Marília).

1.7.26. "JUROS – **TAXA SELIC** – Processual civil e tributário – Compensação de tributos – Correção monetária e juros de mora – Precedentes. *1. A Taxa Selic é composta de taxa de juros e taxa de correção monetária, não podendo ser cumulada com qualquer outro índice de correção.* 2. É devida a Taxa Selic na repetição de indébito, seja como restituição ou compensação tributária, desde o recolhimento indevido, independentemente de se tratar de contribuição sujeita à posterior homologação do pagamento antecipado (EREsp nºs 131.203/RS, 230.427, 242.029 e 244.443). 3. Na correção monetária, em casos de compensação ou restituição, deve-se utilizar: o IPC, no período de março/90 a janeiro/91; o INPC, de fevereiro/91 a dezembro/91; a UFIR, de janeiro/92 a 31.12.1995; **e, a partir de 1º.1.1996, a Taxa Selic.** 4. Na repetição de indébito ou na compensação, com o advento da Lei nº 9.250/1995, a partir de 1º.1.1996, os juros de mora passaram a ser devidos pela Taxa Selic a partir do recolhimento indevido, não mais tendo aplicação o art. 161 c/c o art. 167, parágrafo único, do CTN. Tese consagrada na Primeira Seção, com o julgamento dos EREsps nºs 291.257/SC, 399.497/SC e 425.709/SC em 14.5.2003. 5. Jurisprudência da Corte que se firmou no sentido de que não houve expurgo inflacionário no período do Plano Real. 6. Recurso Especial improvido." (STJ, 2ª Turma, REsp nº 464.640-PR, Rela. Ministra Eliana Calmon, j. em 27.5.2003, v.u., in Boletim da AASP nº 2345, de 15 a 21.12.2003, pág. 2889).

Constou do v. acórdão o seguinte: "Estabelece o § 4º do art. 39 da Lei nº 9.250/95, que: "A partir de 1º de janeiro de 1996, a compensação ou restituição será acrescida de juros equivalentes à taxa referencial do Sistema Especial de Liquidação e de Custódia – Selic – para títulos federais, acumulada mensalmente, calculados a partir do pagamento indevido ou a maior até o mês anterior ao da compensação ou restituição e de 1% relativamente ao mês em que estiver sendo efetuada. (...) A taxa Selic representa a taxa de juros reais e a taxa de inflação no período considerado e não pode ser aplicada, cumulativamente, com outros índices de reajustamento."

1.7.27. "SÚMULA 247 do STJ: *"O contrato de abertura de crédito em conta-corrente, acompanhado do demonstrativo de débito, constitui documento hábil para o ajuizamento da ação monitória."*

1.7.28. "SÚMULA nº 248 do STJ: *"Comprovada a prestação dos serviços, a duplicata não aceita, mas protestada, é título hábil para instruir pedido de falência."*

1.7.29. "SÚMULA nº 249 do STJ: *"A Caixa Econômica Federal tem legitimidade passiva para integrar processo em que se discute correção monetária do FGTS."*

1.7.30. "SÚMULA nº 251 do STJ: *"A meação só responde pelo ato ilícito quando o credor, na execução fiscal, provar que o enriquecimento dele resultante aproveitou ao casal."*

1.7.31. "SÚMULA nº 252 do STJ: *"Os saldos das contas do FGTS, pela legislação infraconstitucional, são corrigidos em 42,72% (IPC) quanto às perdas de janeiro de 1989 e 44,80% (IPC) quanto às de abril de 1990, acolhidos pelo STJ os índices de 18,02% (LBC) quanto às perdas de junho de 1987, de 5,38% (BTN) para maio de 1990 e 7,00% (TR) para fevereiro de 1991, de acordo com o entendimento do STF (RE 226.855-7-RS)."*

1.7.32. "SÚMULA nº 258 do STJ: *"A nota promissória vinculada a contrato de abertura de crédito não goza de autonomia em razão da iliquidez do título que a originou."*

1.7.33. "SÚMULA nº 261 do STJ: *"A cobrança de direitos autorais pela retransmissão radiofônica de músicas, em estabelecimentos hoteleiros, deve ser feita conforme a taxa média de utilização do equipamento, apurada em liquidação."*

1.7.34. "SÚMULA nº 262 do STJ: *"Incide o imposto de renda sobre o resultado das aplicações financeiras realizadas pelas cooperativas."*

1.7.35. "SÚMULA nº 268 do STJ: *"O fiador que não integrou a relação processual na ação de despejo não responde pela execução do julgado."*

1.7.36. "SÚMULA nº 270 do STJ: *"O protesto pela preferência de crédito, apresentado por Ente Federal em execução que tramita na Justiça Estadual, não desloca a competência para a Justiça Federal."*

1.7.37. "SÚMULA nº 271 do STJ: *"A correção monetária dos depósitos judiciais independe de ação específica contra o Banco depositário."*

1.7.38. "SÚMULA nº 279 do STJ: *"É cabível execução por título extrajudicial contra a Fazenda Pública."*

2. JURISPRUDÊNCIA SOBRE A DEFINITIVIDADE DA EXECUÇÃO DE TÍTULO JUDICIAL NA PENDÊNCIA DE RECURSO DE APELAÇÃO AJUIZADO CONTRA A SENTENÇA QUE JULGOU IMPROCEDENTE OS EMBARGOS DO DEVEDOR

2.1. "APELAÇÃO – Embargos à Execução – Sentença de improcedência – Efeito meramente devolutivo – Art. 520, V, do CPC. Quando os embargos à execução são julgados improcedentes, a apelação deve ser recebida tão-somente no efeito devolutivo, conforme determina o art. 520, V, do CPC. Nesse caso, prossegue a execução em caráter definitivo, podendo ir até o seu termo final. A execução é definitiva, porque se provisória fosse não poderia importar atos de alienação (CPC, art. 588, II) e, consequentemente, não haveria sentido na previsão do inciso IV do art. 686 do CPC. Ademais, é a execução provisória que pode ser transformada em definitiva, e não o oposto. No caso de o julgamento da apelação modificar a sentença, aplicar-se-á a regra do art. 574 do CPC. Tal disposição afasta a ocorrência de dano irreparável." (TRF – 4ª Reg. 4ª T., MS nº 96.04.01826-4, Rel. o Juiz José Germano da Silva, DJU de 12.11.1997, *RJ* 249/1990, in *Boletim da AASP* nº 2.161, suplemento, de 29.5 a 4.6.2000, págs. 142 a 144).

2.2. "APELAÇÃO – Interposição contra sentença denegatória de embargos do devedor – Inadmissibilidade de recebê-la no efeito suspensivo, por ser definitiva a execução fundada em título extrajudicial – Inteligência dos arts. 520, V, c/c o art. 587, do CPC. Ementa Oficial: Não é de conceder efeito suspensivo à apelação interposta contra sentença denegatória de embargos de devedor, por ser definitiva a execução fundada em título extrajudicial – Art. 520, V, c/c o art. 587, do CPC." (TJ-DF, 4ª T. Cível, A.I. nº 7.113/1996, Rel. Des. Everards Mota e Matos, j. em 12.11.1996, v.u, *RT* 740/367, in *Boletim da AASP* nº 2.161, suplemento, de 29.5 a 4.6.2000, págs. 142 a 144).

2.3. "RECURSO – Apelação – Efeitos – Recebimento apenas no efeito devolutivo no caso de interposição contra sentença na parte que julgou improcedentes os embargos do devedor – Art. 520, V, do CPC – Agravo de Instrumento improvido – Recurso – Efeitos – Se os embargos foram acolhidos, em parte, sendo que o recurso de apelação ataca a r. sentença na parte que os desacolheu, incide a regra contida no inciso V, do art. 520, do Código de Processo Civil. Efeito devolutivo, tão-somente. Agravo improvido." (1º TAC – 2ª Câmara, A.I. nº 851.917-5-SP, Rel. Juiz Alberto Tedesco, j. em 31.2.1999, v.u., *LEXTAC* 176/64, in *Boletim da AASP* nº 2.161, suplemento, de 29.5 a 4.6.2000, págs. 142 a 144).

2.4. "AGRAVO EM INDENIZAÇÃO Civil – Acidente do trabalho. A finalidade da regra estatuída no art. 520, V, do Código de Processo Civil é estabelecer, em se cuidando de exceção, o efeito suspensivo apenas quanto ao recebimento de apelação interposta contra sentença de procedência dos embargos à execução. Quando parcial a procedência, não se justificaria aquele efeito, já que o título comporta execução da parte não desconstituída no referido julgamento. Recurso improvido." (2º TAC – 6ª Câmara, A.I. nº 553.970-00/8-Osasco, Rel. Juiz Paulo Hungria, j. em 10.2.1999, v.u., *LEXTAC* 175/358, in *Boletim da AASP* nº 2.161, suplemento, de 29.5 a 4.6.2000, págs. 142 a 144).

2.5. "PROCESSO CIVIL – Agravo de Instrumento – Sentença que rejeita liminarmente ou julga improcedentes os embargos à execução – Recurso de apelação recebido apenas no efeito devolutivo – Inaplicabilidade da ADIN nº 675-4 – Agravo improvido. I – A apelação interposta contra sentença que rejeita liminarmente ou julga improcedentes os embargos à execução deve ser recebida apenas em seu efeito devolutivo (art. 520, V, do CPC). II – A regra estabelecida no art. 130 da Lei nº 8.213/1991, suspenso parcialmente pela ADIN nº 675-4, refere-se, tão-somente, a recursos interpostos contra sentença que põe termo a processo de conhecimento (Precedentes desta E. Corte Regional). III – Agravo improvido." (TRF, 3ª Reg., 5ª T., A.I. nº 69.846-SP, Rel. Des. Federal Ramza Tartuce, j. em 15.3.1999, v.u., STJ, TRF, 121/468, in Boletim da AASP nº 2.161, suplemento, de 29.5 a 4.6.2000, págs. 142 a 144).

2.6. "PROCESSO CIVIL – Embargos do devedor – Rejeição liminar – Efeito suspensivo da apelação. A apelação de sentença em embargos do devedor, seja a que os rejeita liminarmente, seja a final, com exame do mérito, não tem efeito suspensivo." (STJ, 3ª T., REsp nº 32.036-0-SP, Rel. Min. Dias Trindade, j. em 22.6.1993, v.u, RSTJ 50/333, in Boletim da AASP nº 2.161, suplemento, de 29.5 a 4.6.2000, págs. 142 a 144).

2.7. "EMBARGOS À EXECUÇÃO – Rejeição liminar por intempestivos – Apelação – Efeito devolutivo tão-somente. É de ser recebida apenas no efeito devolutivo a apelação interposta contra a decisão que rejeita in limine os embargos à execução. Recurso especial conhecido pelo dissídio, mas improvido." (STJ, 4ª T., REsp nº 41.792-9-MG, Rel. Min. Barros Monteiro, j. em 28.2.1994, v.u., RSTJ 63/415, in Boletim da AASP nº 2.161, suplemento, de 29.5 a 4.6.2000, págs. 142 a 144).

2.8. "EMBARGOS À EXECUÇÃO – Improcedência – Prosseguimento da execução em caráter definitivo – Irrelevância de existir apelação pendente, pois esta, nos termos do art. 520, V, do CPC, não tem efeito suspensivo. Tendo sido julgados improcedentes os embargos à execução, o processo prossegue com caráter de definitividade, mesmo que exista apelação pendente, pois esta, nos termos do art. 520, V, do CPC, não tem efeito suspensivo. CAUÇÃO – Apresentação por autarquia federal para proceder à alienação de bem penhorado – Desnecessidade, pois tem presunção de idoneidade financeira. Tratando-se de autarquia federal, pessoa jurídica de direito público, é desnecessária a apresentação de caução para proceder-se à alienação dos bens penhorados, em decorrência da presunção de idoneidade financeira." (TRF, 4ª Reg., 2ª T., A.I. nº 1998.04.01.077591-5/SC, Rel. Juiz Jardim Camargo, j. em 10.12.1998, v.u., RT 765/403, in Boletim da AASP nº 2.161, suplemento, de 29.5 a 4.6.2000, págs. 142 a 144).

2.9. "APELAÇÃO – Interposição contra decisão que julgou improcedentes os embargos à execução – Recebimento, em regra, apenas no efeito devolutivo, conforme dispõe o art. 520, V, do CPC – Contrato de compra e venda de participações societárias que traz dúvidas quanto à sua exeqüibilidade, com a possibilidade, portanto, de resultar lesão grave e de difícil reparação, que autoriza a suspensão do efeito da decisão – Inteligência do art. 558 e parágrafo único, também do CPC. A apelação interposta contra decisão que julgou improcedentes os embargos à execução, em regra, deve ser recebida apenas no efeito devolutivo, conforme dispõe o art. 520, V, do CPC; ocorre, porém, que tratando-se de contrato de compra e venda de participações societárias, que traz sérias dúvidas sobre sua exeqüibilidade, aplica-se o art. 558 e parágrafo único, também do CPC, que suspende o efeito da decisão frente a existência da possibilidade de resultar lesão grave e de difícil reparação ao executado." (1º TAC, 5ª Câmara, A.I. nº 812.781-7, Rel. Juiz Joaquim Garcia, j. em 21.10.1998, v.u., *RT* 766/271, *in Boletim da AASP* nº 2.161, suplemento, de 29.5 a 4.6.2000, págs. 142 a 144).

2.10. "RECURSO – Apelação – Efeitos – Decisão que julga procedentes, em parte, embargos à execução fiscal – Recebimento apenas no efeito devolutivo – Art. 520, inciso V, do Código de Processo Civil – Aplicabilidade à Fazenda Pública, sem prejuízo, no que couber, do art. 475, inciso II, do mesmo estatuto processual – Recurso não provido. Ementa Oficial: Processual – Apelação – Efeitos: "o art. 520, V, é aplicável, obviamente, à Fazenda Pública, sem prejuízo, no que couber, do art. 475, inciso II, ambos do Código de Processo Civil." (TJ-SP, 6ª Câmara de Direito Público, A.I. nº 85.550-5-SP, Rel. Des. Vallim Bellocchi, j. em 17.8.1998, v.u., *JTJ* 212/230, *in Boletim da AASP* nº 2.161, suplemento, de 29.5 a 4.6.2000, págs. 142 a 144).

2.11. "EMBARGOS À EXECUÇÃO – Suspensividade – Arts. 520, V, e 741 do CPC – Recurso extraordinário. 1. A regra do art. 741 do CPC, que determinou sejam recebidos com efeitos suspensivos os embargos à execução quando a mesma se fundar em sentença, é de aplicar-se à execução do título extrajudicial, por força do princípio lógico-jurídico que estabelece que a cognição precede, necessária e logicamente, à execução. — 2. Assim ocorrendo, não há como entender-se o comando do art. 520, V, do CPC, sem correlacioná-lo com a norma do art. 741 da mesma lei processual civil, impondo-se concluir pela não aplicação da regra do art. 520, V, se os embargos à execução eram de ser recebidos com efeito suspensivo. — 3. Atacado, via RE, o acórdão que confirmou a sentença que rejeitou os embargos, modifica-se o despacho agravado para determinar que não se retorne a execução enquanto não houver tal recurso." (TRF, 5ª Reg., 2ª T., A.I. nº 1708-AL, Rel. Juiz Petrúcio Ferreira, *DJU* de 27.3.1992, *RJ* 178/1996, *in Boletim da AASP* nº 2.161, suplemento, de 29.5 a 4.6.2000, págs. 142 a 144).

2.12. "RECURSO – Apelação – Embargos à Execução rejeitados liminarmente – Efeito devolutivo – Recurso Extraordinário provido – Inteligência do art. 520, V, do CPC. Ementa Oficial: Apelação contra decisão que rejeita liminarmente embargos à execução. Efeito apenas devolutivo. Código de Processo Civil, art. 520, V (interpretação). Recurso extraordinário conhecido e provido." (STF, 1ª T., RE nº 96.885-7-SP, Rel. Min. Oscar Corrêa, j. em 12.8.1983, v.u., *RT* 589/242, *in Boletim da AASP* nº 2.161, suplemento, de 29.5 a 4.6.2000, págs. 142 a 144).

2.13. "RECURSO – Apelação – Interposição da sentença que rejeita *in limine* embargos à execução – Recebimento apenas no efeito devolutivo – Inteligência do art. 520, V, do CPC. Nos termos do que dispõe o art. 520, V, do CPC, a apelação será recebida só no efeito devolutivo quando interposta de sentença que julgar improcedentes os embargos opostos à execução. Portanto, inexiste razão de ordem lógica para que seja recebido em ambos os efeitos o recurso contra sentença que os rejeita *in limine*." (1º TAC, 6ª Câmara, Ap. nº 357.486-SP, Rel. Juiz Ernani de Paiva, j. em 17.6.1986, v.u., *RT* 611/131, *in Boletim da AASP* nº 2.161, suplemento, de 29.5 a 4.6.2000, págs. 142 a 144).

2.14. "AGRAVO DE INSTRUMENTO – Execução – Entende-se que, pendente de exame apelação contra sentença que julgou improcedentes os embargos, é definitiva a execução. Recurso provido." (1º TAC-SP, 11ª Câmara, A.I. nº 921.296/4-SP, Rel. Juiz Silveira Paulilo, j. em 27.3.2000, v.u, *in Boletim da AASP* nº 2.161, suplemento, de 29.5 a 4.6.2000, págs. 142 a 144).

2.15. "RECURSO – Agravo de Instrumento – Interposição contra decisão que suspendeu execução até o trânsito em julgado da sentença que apreciou embargos do devedor. Existência, ademais, de apelação atacando esta decisão, mas sujeita à apreciação de recurso extraordinário e especial recebidos no efeito devolutivo. Arts. 587 e 588, inciso II, do CPC. Configuração da execução como provisória e não como definitiva ante os prejuízos que poderiam acarretar no caso de vitoriosos os recursos. Hipótese, aliás, de execução que não atinge os atos que importam em alienação de domínio. Decisão mantida." (1º TAC-SP, 1ª Câmara, A.I. nº 550.616-3-Presidente Venceslau, Rel. o Juiz Paulo Eduardo Razuk, j. em 4.10.1993, v.u., LEXTAC – 148/30, *in Boletim da AASP* nº 2.161, suplemento, de 29.5 a 4.6.2000, págs. 142 a 144).

2.16. "RECURSO – Apelação – Interposição de sentença que rejeita *in limine* embargos à execução – Recebimento em ambos os efeitos – Inadmissibilidade – Efeito apenas devolutivo. Despejo – Embargos à execução – Inadmissibilidade – Incompatibilidade – Entendimento predominante – A apelação de sentença que rejeita *in limine* embargos oferecidos à execução deve ter efeito apenas devolutivo. Esse entendimento, embora não predominante, deve prevalecer, pois, sem dúvida, está lastreado em pensamento que melhor se ajusta à natureza do indeferimento liminar. Nas ações de despejo não cabem embargos à execução, pois este remédio é incompatível com as peculiaridades que informam a ação aludida." (2º TAC-SP, 9ª Câmara, Apelação nº 163.299-SP, Rel. Juiz Joaquim de Oliveira, j. em 5.10.1983, v.u., *RT* 579/151, *in Boletim da AASP* nº 2.161, suplemento, de 29.5 a 4.6.2000, págs. 142 a 144).

2.17. "EXECUÇÃO POR TÍTULO EXTRAJUDICIAL – Caução – Hipótese de execução definitiva (art. 587, do Código de Processo Civil) – Desobrigatoriedade – Necessidade de constar dos editais de praça ou leilão a existência de recurso pendente – Recurso provido para possibilitar a designação das praças, com a observação retro." (1º TACIVIL-SP – 11ª Câmara, Agravo de Instrumento nº 1.138.299-1-Marília, j. em 28.11.2002, Rel. Juiz Melo Colombi).

Constou do v. acórdão uma decisão do STJ: "Também segundo a jurisprudência do Superior Tribunal de Justiça, é definitiva a execução por título extrajudicial, mesmo enquanto pendentes de recurso, embargos do executado (RSTJ 54/276) (...) Importa ressaltar que, no caso de eventual provimento do recurso do embargante contra a sentença que decretou a improcedência dos embargos, quando a execução já estiver definitivamente terminada, no que pertine aos danos irreparáveis, a solução está prevista no art. 574 do Código de Processo Civil: "O credor ressarcirá ao devedor os danos que este sofreu, quando a sentença, passado em julgado, declarar inexistente, no todo ou em parte, a obrigação, que deu lugar à execução.".

Capítulo IV
Processo Cautelar

NOTA E OBSERVAÇÃO SOBRE O PROCESSO CAUTELAR

O processo cautelar é um processo acessório e sempre dependente do processo principal, sendo admissível as medidas liminares logo no início da ação cautelar (CPC, arts. 796 e 804). É um remédio jurídico de urgência. O processo cautelar não tende a solucionar a matéria de mérito principal, apenas visa em caráter de urgência garantir o resultado prático e eficiente do processo principal. O processo cautelar é para garantir o resultado do processo principal. Por outras palavras, o processo cautelar é para situações de emergência e é preparatório, incidental ou preventivo, e por isso mesmo é apenas utilizado como garantidor do que ficará decidido no processo principal. A finalidade primordial do processo cautelar é garantir o resultado do processo principal. Aliás, as medidas cautelares se subordinam a dois requisitos ou pressupostos: *a)* o *periculum in mora* e *b)* o *fumus boni iuris*.

Gravem: Conhecer bem as controvérsias e os problemas jurídicos, e devagar, para garantir um diálogo amplo e completo, e ainda julgar com certeza, são questões ou conteúdos pertinentes ao processo principal. Já o conhecer superficialmente, e com rapidez, e ainda julgar com base na mera probabilidade ou na mera fumaça de um bom direito, isso porque há receio do tempo inutilizar o objetivo principal, são questões ou conteúdos do processo cautelar. Entre o fazer bem alguma coisa e com demora, e o fazer alguma coisa "mais ou menos" e de forma arriscada, porém rápida, o processo cautelar surge exatamente como instrumento de urgência para se fazer algo rápido, ainda que levemente imperfeito ou malfeito. A questão é de providência acessória e de urgência e garantia, e não de quem tem definitivamente a razão pelo mérito do conflito de interesses. Afinal, a medida liminar ou cautelar poderá ser cassada ou revogada, e até substituída por uma caução (CPC, art. 805). A questão de quem tem ou não a razão definitiva na disceptação é do processo principal. O conteúdo do processo cautelar é a urgência da questão situacional e a garantia que se busca preventivamente para o processo principal.

Piero Calamandrei assinalou com muita propriedade que: "Os procedimentos cautelares representam uma conciliação entre as duas exigências, frequentemente contrastantes, da Justiça, aquela da celeridade e aquela da ponderação: entre o fazer depressa mas mal, e o fazer bem feito mas devagar, os procedimentos cautelares objetivam antes de tudo a celeridade, deixando que o problema do bem e do mal, isto é, da justiça intrínseca do procedimento, seja resolvido sucessivamente com a necessária ponderação nas repousadas formas do processo ordinário." (*Introdução ao Estudo Sistemático dos Procedimentos Cautelares*, Piero Calamandrei, tradução de Carla Roberta Andreasi Bassi, traduzido da edição italiana de 1936, Campinas-SP, 2000, Servanda, págs. 39 e 40).

1. AÇÃO CAUTELAR INOMINADA

Despacho inicial, de caráter geral, principalmente nas chamadas cautelares inominadas. Hipótese de deferimento da medida liminar.

Processo nº

Vistos, etc.

1. Cuida-se de ação cautelar aforada por "A" contra "B".

2. Considerando os argumentos expendidos pelo Autor e sufragados por documentos atrelados na petição inicial, em particular pelos documentos de fls., presentes os requisitos da plausibilidade do direito (*fumus boni iuris*) e do perigo da demora na obtenção do provimento principal (*periculum in mora*), na conformidade do art. 804 do Código de Processo Civil, defiro a medida liminar, cujo mandado de cumprimento será expedido após tomada por termo a caução. Se esta for de bem móvel ou imóvel, e sendo o caso, o autor fica desde já nomeado depositário fiel do bem dado em caução, sob as penas da lei, devendo assinar o respectivo termo do encargo. O autor doravante terá a posse do bem dado em garantia em nome do Juízo, como depositário judicial.

3. Cite-se a parte requerida nos termos dos arts. 802 e 803 do Código de Processo Civil. Prazo para contestação: 5 (cinco) dias.

4. Intime-se.

Local e data

(a) Juiz de Direito

1.1. JULGADOS SOBRE CAUÇÃO – FACULDADE DO JUIZ

1.1.1. "MEDIDA CAUTELAR – Sustação de protesto – Caução – Faculdade colocada ao Juiz, e não obrigação – Inteligência do art. 804 do CPC. O art. 804 do CPC é uma faculdade colocada ao Juiz e não uma obrigação, razão por que fica a seu critério a exigência da contracautela." (TACiv, 2ª C., Ag. Inst. nº 195.174.131-RS, Rel. Juiz Carlos Alberto Bencke, j. em 21.12.1995, m.v., in *Boletim AASP* nº 1974, de 23 a 29.10.1996, pág. 85-e).

1.1.2. "A sustação de protesto de título se inclui entre as medidas cautelares inominadas, previstas no art. 798 (*RT* 490/128, 491/203), podendo, inclusive, ser ordenado o seqüestro do título" (*RF* 254/303). E, "O Juiz pode determinar liminarmente a sustação de protesto de título (*RT* 468/106, *JTA* 31/250), dispensando a caução (*JTA* 34/95), ou exigindo-a." (*RT* 503/131) (*apud* Theotônio Negrão, *Código de Processo Civil e Legislação Processual em Vigor*, Saraiva, 26ª ed., 1995, págs. 564 e 569).

2. ARRESTO – DESPACHO INICIAL

Nota: A Lei nº 10.444, de 7 de maio de 2002, deu nova redação ao parágrafo único do art. 814 do Código de Processo Civil, excluindo o laudo arbitral pendente de homologação, ficando assim o texto:

"Parágrafo único. Equipara-se à prova literal da dívida líquida e certa, para efeito de concessão de arresto, a sentença, líquida ou ilíquida, pendente de recurso, condenando o devedor ao pagamento de dinheiro ou de prestação que em dinheiro possa converter-se."

Observa-se que o legislador, a par de excluir o laudo arbitral pendente de homologação como título apto a fundamentar o arresto cautelar, manteve no final a possibilidade de arresto fundado em sentença que condena o devedor ao pagamento de dinheiro ou em prestação que em dinheiro possa converter-se (dar, fazer e não fazer).

Processo Cível nº

        Vistos, etc.

        1. Trata-se de ação cautelar de arresto ajuizada por "A" contra "B".

        2. Nos termos do art. 814 do Código de Processo Civil, para a concessão do arresto é essencial: *a)* prova literal de dívida líquida e certa; *b)* prova documental ou justificação de algum dos casos mencionados no art. 813 do CPC. Dispensa-se a justificação prévia se a parte requerente for a União, Estado ou Município, ou se o credor prestar caução (CPC, art. 816).

        3. No caso vertente, existe prova literal de dívida líquida e certa (fls.), o requerente ofereceu caução, e pelos argumentos expostos na petição inicial verifica-se que estão presentes os requisitos do *fumus boni iuris* e *periculum in mora*. Os documentos de fls. autorizam a medida liminar.

        4. Destarte, defiro a medida liminar de arresto de bens do devedor, inclusive os já indicados, tantos quantos bastem para garantir o êxito de futura execução por quantia certa. Antes da expedição do mandado de arresto, determino que se tome por termo a caução, ficando o autor nomeado depositário fiel dos bens dados em garantia, sob as penas da lei (Súmula nº 619 do STF). Assinado o termo, expeça-se o mandado de constrição. No final, procedente o pleito principal, o arresto se resolve em penhora (CPC, art. 818).

5. Cite-se o requerido, nos termos dos arts. 802 e 803 do CPC. Prazo para contestação: 5 (cinco) dias. Autorizo diligências, conforme o art. 172, §§ 1º e 2º.

6. Cumpra-se.

Local e data

(a) Juiz de Direito

3. SEQÜESTRO – DESPACHO INICIAL

Processo Cível nº

Vistos, etc.

1. Trata-se de ação cautelar de seqüestro de bens, ajuizada por "A" contra "B". A medida cautelar de seqüestro tem por escopo assegurar o êxito de futura execução para entrega de coisa ao credor.

2. Pelos argumentos expostos e pelos documentos atrelados na petição inicial, em particular pelos de fls., verifica-se que estão presentes os requisitos do *fumus boni iuris* e do *periculum in mora*. Há risco de desaparecimento, danificação ou deterioração na coisa descrita e reclamada na petição inicial. Defiro a medida liminar de seqüestro, devendo-se tomar por termo a caução oferecida pelo autor.

3. Como são aplicáveis ao seqüestro as regras do arresto (CPC, art. 823), no caso vertente o requerente prestou caução, tornando-se dispensável a justificação prévia (CPC, arts. 816, II e 823). Lavre-se o termo de caução, ficando o autor nomeado depositário fiel do bem, sob as penas da lei (Súmula nº 619 do STF).

4. Observo que, se o requerente não quiser ou não puder dar caução, o objeto da ação cautelar fica seqüestrado (cf. Pontes de Miranda, *Tratado das Ações*, Revista dos Tribunais, t. VI, pág. 267, e Hamilton de Moraes e Barros, *Comentários ao CPC*, Forense, vol. IV, pág. 389, ao tratarem da medida liminar em Embargos de Terceiro). Se tal circunstância ocorrer na ação judicial ora em exame, determino a expedição de mandado de seqüestro, nomeando-se o requerente o depositário fiel do bem, sob as penas da lei. Anote-se que, "quando o depositário já detinha anteriormente a posse da coisa litigiosa, a assunção do encargo processual opera a 'inversão do título de posse', eis que passará a detê-la em nome e à ordem do Juiz" (Humberto Theodoro Júnior, *Processo Cautelar*, LEUD, pág. 251). Fundamentos: CPC, arts. 824, III, e 825.

5. Cite-se o requerido, nos termos dos arts. 802 e 803 do CPC. Prazo para a contestação: 5 (cinco) dias. Autorizo diligências, conforme o art. 172, §§ 1º e 2º do CPC.

6. Cumpra-se.

Local e data

(a) Juiz de Direito

4. CAUÇÃO – DESPACHO INICIAL

Processo Cível nº

Vistos, etc.

1. Cuida-se de medida cautelar de caução, ajuizada por quem alega ter o direito de exigi-la do obrigado (CPC, art. 830). Na hipótese, o obrigado deve prestar a caução sob pena de incorrer na sanção que a lei ou o contrato cominar para a falta. Eventualmente, se o requerido não cumprir a sentença final no prazo assinalado, o juiz declarará efetivada a sanção que cominou (CPC, art. 834, parágrafo único, II).

2. Presentes os requisitos legais, e havendo documentos elucidativos da questão, principalmente os de fls., defiro o pedido inicial. Cite-se o requerido para, no prazo de 5 (cinco) dias, prestar a caução ou contestar o pleito (CPC, art. 831). Se contestar, poderá ser designada audiência de instrução, salvo se a matéria objeto da controvérsia for unicamente de direito ou não houver necessidade de produção de provas em audiência (CPC, art. 833). Julgada procedente a ação, será assinado prazo para o requerido prestar a caução, sob pena de (...) (por exemplo, arresto de bens, ou de se considerar rescindido o contrato, conforme os arts. 475 e 476, do CC de 2002).

3. A caução pode ser real ou fidejussória (CPC, art. 826).

4. Cumpra-se.

Local e data

(a) Juiz de Direito

4.1. CAUÇÃO LEGAL – HIPÓTESE

Processo Cível nº

Vistos, etc.

1. Trata-se de ação cautelar de caução intentada por filhos menores credores de pensão alimentícia. Pretendem os menores-autores que o genitor lhes preste caução, com fulcro no art. 21 da Lei nº 6.515/1977 (Lei do Divórcio), tudo porque o requerido, atualmente bancário, irá para o Japão, com viagem já marcada para o dia (...) de (...) de (...). Os autores pediram o apensamento da medida cautelar no processo de separação nº (...).

2. Preleciona Humberto Theodoro Júnior que: "O procedimento para se exigir a caução legal, todavia, é o mesmo das ações cautelares (arts. 826 a 838)". E repete: "Qualquer que seja a natureza da pretensão de caucionar, o procedimento será o mesmo, isto é, o dos arts. 830 e 834" (*Processo Cautelar*, Leud, 5ª ed., 1983, págs. 258/260). Ainda, fazendo alusão a Pontes de Miranda, escreve o jurista de escol: "Admite a modalidade de medida liminar *inaudita altera parte,* em casos de urgência" (*ob. cit.,* pág. 263).

3. Assim exposto, no caso vertente, comprovada a relação de parentesco e de crédito alimentício, havendo indícios da separação dos pais dos menores, presentes os requisitos do *fumus boni iuris* e do *periculum in mora*, defiro liminarmente o pedido para que o oficial de justiça tome por termo uma caução real sobre bens móveis e imóveis do requerido, e de valores compatíveis para a satisfação da obrigação alimentar por longo período. Averbe-se a caução no Registro Público ou na Repartição Pública competente para asseguração e preservação da propriedade caucionada. Nomeio depositária dos bens caucionados a mãe dos menores Sra. (...), (ou o próprio requerido), sob as penas da lei (Súmula nº 619 do STF).

4. Nos termos do art. 831 do CPC, cite-se o requerido para, querendo, em 5 (cinco) dias, prestar outra caução idônea, real ou fidejussória, ou contestar a ação (CPC, art. 826), tudo sob pena de serem seqüestrados e arrestados tantos bens quantos bastem para cumprimento da obrigação mencionada na petição inicial, sem prejuízo de ser bloqueado o pagamento que o seu empregador tiver que lhe fazer por força de eventual rescisão do contrato de trabalho, com o conseqüente depósito judicial. Os bens seqüestrados e arrestados servirão no futuro para penhora e alienação judicial, se for o caso.

5. Expeça-se mandado de caução liminar, e de citação (CPC, arts. 802, 803 e 831). Seja o presente feito apensado ao de nº (...).

6. Após, manifeste o representante do Ministério Público.

Local e data

(a) Juiz de Direito

5. BUSCA E APREENSÃO – DESPACHO INICIAL

Processo Cível nº

Vistos, etc.

1. Nos termos do art. 839 do CPC, o juiz pode decretar a busca e apreensão de pessoas ou de coisas.

2. No caso vertente, considerando os argumentos expostos e os documentos atrelados na petição inicial, mormente os de fls., presentes os requisitos do *fumus boni iuris* e do *periculum in mora*, defiro a medida liminar de busca e apreensão, que deverá ser cumprida com prudência e moderação por 2 (dois) oficiais de justiça, ficando autorizado, se for absolutamente necessário, o arrombamento de portas externas e o reforço policial (CPC, art. 842 e §§).

3. Cite-se o requerido, conforme os arts. 802 e 803 do CPC. Prazo para a contestação: 5 (cinco) dias. Autorizo diligências, consoante o art. 172, §§ 1º e 2º, do CPC.

4. Cumpra-se.

Local e data

(a) Juiz de Direito

6. AÇÃO DE EXIBIÇÃO DE DOCUMENTOS – DESPACHO INICIAL

Processo Cível nº

Vistos, etc.

1. Trata-se de ação exibitória de documentos aforada por (...) contra (...), com postulação de medida liminar e indicação de futura ação indenizatória a ser ajuizada.

2. Posto que o direito do segurado de pleitear indenização decorrente de inadimplemento de contrato de seguro está sujeito à prescrição ânua (STJ, Súmula nº 101), não é o caso de se protelar o deferimento de ordem para exibição de documentos imprescindíveis ou relevantes para o pleito indenizatório. Justamente o contrário. A hipótese é de se deferir celeremente a medida liminar de índole exibitória-documental, para não se correr o risco de perecimento do direito.

3. Atendendo-se aos termos da petição inicial, e com os corolários dos arts. 358 e 359 do Código de Processo Civil, consistentes na presunção legal em benefício do autor, defiro a medida liminar e determino que a parte requerida exiba nos autos os seguintes documentos:

a) laudo médico que atestou a invalidez do autor e ora segurado;

b) cópia da apólice do seguro;

c) nota discriminativa, ou contrato que revele o valor da indenização objeto de pedido de cobertura securitária pelo autor;

d) cópia da proposta do seguro (*sic*, fls.).

4. Prazo para exibição: 5 (cinco) dias.

5. Cite-se a requerida para os termos da ação cautelar (CPC, arts. 802 e 803).

6. Intime-se.

Local e data

(a) Juiz de Direito

6.1. EXIBIÇÃO DE DOCUMENTOS – JURISPRUDÊNCIA

6.1.1. "MEDIDA CAUTELAR – Exibição de documentos – Necessidade de serem próprios ou comuns – Documento a ser exibido que não retrata qualquer relação jurídica ou fática entre as partes – Impossibilidade jurídica do pedido – Extinção do processo sem julgamento do mérito. Por expressa determinação do art. 844, II, do CPC, somente podem ser alvo de exibição judicial os documentos próprios ou comuns, *ou seja, que pertençam exclusivamente ao autor, ou a ele e outra pessoa, que pode ser ou não o atual detentor*. No presente caso, o documento a ser exibido não se enquadra em nenhuma destas hipóteses, sendo vedada a propositura de ação cautelar preparatória com vistas a obter tal provimento. Caracterizada a impossibilidade jurídica do pedido, ante a proibição legal, impõe-se a extinção sem julgamento de mérito, nos termos do art. 267, VI, do CPC." (TRF, 3ª R., 2ª T., Ap. nº 93.03.106.161-6-SP, Relª Juíza Sylvia Steiner, j. 27.2.1996, v.u., in Boletim AASP nº 1974, de 23 a 29.10.1996, pág. 85-e).

6.1.2. SÚMULA nº 260 do STF: "*O exame de livros comerciais, em ação judicial, fica limitado às transações entre os litigantes.*"

6.1.3. "EXIBITÓRIA – Interesse processual – Medida Cautelar – Exibição de Documentos – Existência de Embargos do Devedor em tramitação – Possibilidade da providência de exibição nos próprios autos dos embargos, nos termos dos arts. 355 e seguintes e 359, do Código de Processo Civil – Carência configurada da cautelar – Recurso improvido." (1º TACIVIL-SP – 9ª Câmara, Apelação nº 900.816-6-Marília, j. em 21.8.2001, v.u, Rel. Juiz Hélio Lobo Júnior).

6.2. SENTENÇA NA AÇÃO CAUTELAR DE EXIBIÇÃO – CONSEQUÊNCIAS DA PROCEDÊNCIA – UMA ESPÉCIE

PODER JUDICIÁRIO
COMARCA DE MARÍLIA-SP
4ª VARA CÍVEL E DA INFÂNCIA E JUVENTUDE

Processo Cível nº 1.00/98

SENTENÇA

Vistos, etc.

1. Trata-se de Ação Cautelar de Exibição de Documento proposta por "X" contra o Banco "Y", pretendendo a autora que o Banco-requerido exiba o documento pelo qual ela aparece como devedora de uma certa quantia já liquidada, ou seja, que o Banco exiba uma nota promissória ou título equivalente assinado pela referida autora e ainda não pago.

2. Deferida a medida liminar, o Banco "Y" contestou a ação nas fls. 73/79 dos autos e pediu um prazo mais dilatado para exibir o documento (fls. 74), não sem antes ponderar que a própria autora deveria ter uma cópia do documento que desejava.

3. O processo se desenvolveu regularmente e foi garantido o contraditório peculiar, com manifestação das partes nas fases próprias. A réplica da autora veio nas fls. 84/89 dos autos, e ela voltou a frisar que não desejava os extratos bancários, e sim o documento da dívida. O Banco juntou o documento de fls. 99 dos autos, mas a autora salientou nas fls. 104/105 dos autos que não era o documento desejado. A autora novamente explicou nas fls. 170/178 dos autos que o documento esperado era uma nota promissória. Designada audiência de instrução e julgamento, as partes não arrolaram testemunhas. Nulidades ou irregularidades processuais não foram apontadas pelos litigantes.

4. ESSE, O SUCINTO RELATÓRIO. DECIDO.

4.1. É caso de julgamento antecipado da lide porque os argumentos das partes e os documentos já selecionados nos autos são suficientes para a compreensão e solução do conflito de interesses (CPC, art. 330, inciso I, e art. 334, incisos I, II e III), bem entendido que cabe ação exibitória até mesmo na hipótese de obrigação alternativa para se proceder a escolha da coisa a ser entregue ao credor. Vale dizer, serve a cautelar para possibilitar ao autor o exercício do direito de ação, nas obrigações alternativas (cf. Humberto Theodoro Júnior, em *Processo Cautelar*, São Paulo, 1983, Leud, 5ª ed., pág. 289). Pois bem.

4.2. No caso vertente, a ação exibitória é procedente e tem aplicação o art. 359, incisos I e II, do Código de Processo Civil. Com efeito, a autora demonstrou pelo documento de fls. 12 dos autos que quitou o débito perante o Banco-requerido e a liquidação da dívida ocorreu exatamente em razão de uma cobrança efetuada pela Empresa "M.J." de Cobranças Ltda. Verifica-se que o documento de fls. 12 dos autos está assinado pelo representante legal do Banco-requerido, que autorizou a exclusão do nome da autora dos cadastros de inadimplentes no SERASA e no S.P.C. (Ver parte final do documento de fls. 12). Assim sendo, por esse aspecto, não há débito remanescente da autora representado por uma nota promissória ou documento equivalente.

4.3. Por outro lado, o documento de fls. 15 dos autos demonstra claramente uma nova cobrança da dívida dirigida à autora pela Empresa "CAVE – Assessoria de Cobrança". Ora, a autora pediu explicações pelos documentos de fls. 17/18 dos autos e, contudo, não obteve resposta satisfatória por parte do Banco-requerido. Aliás, embora bem elaborada a contestação de fls. 73/79 dos autos, na verdade, a peça contestatória não trouxe qualquer documento para infirmar a pretensão da autora. A contestação veio só, isto é, sem documentos, acrescendo-se que foi pedido um prazo maior para exibir o documento pretendido pela autora e afinal o referido documento não apareceu nos autos tudo conforme despacho de fls. 143 dos autos, sem recurso da parte interessada.

4.4. Adite-se que a autora exibiu documento que prova a cobrança de um saldo de R$ 525,00, e que alegou ser indevido. Destarte, pelo contexto das provas produzidas, a autora não tem título de dívida em aberto perante o Banco-requerido. A contestação e as demais peças de manifestações defensivas do Banco não trouxeram documentos de dívida subscritos pela autora e ainda pendentes de liquidação. Assim sendo, é de se admitir como verdadeiros os fatos por meios dos quais a autora pretendia provar com o documento a ser exibido, ou seja, que estava quitado e que inexiste dívida. A autora nada deve ao requerido. Anoto que nas fls. 74 dos autos foi pedido prazo maior pelo requerido para exibir o documento e tal exibição não ocorreu.

5. A CONCLUSÃO.

Ante o exposto, JULGO PROCEDENTE a ação cautelar de exibição de documento intentada por "X" contra o Banco "Y", e como este não exibiu o documento pretendido pela autora, admito como verdadeiros os fatos que, por meio do documento que a requerente desejava ser exibido pelo requerido, pretendia provar, tudo nos termos do art. 359, incisos I e II, do Código de Processo Civil. Vale dizer, a autora queria provar a existência de título quitado e/ou a inexistência de dívida ou pendências no Banco, e com a omissão deste, tenho que a autora não deve a quantia de R$ 525,00 e que é produto de cobrança conforme documento de fls.13 dos autos e mais o documento exibido nas fls. 110. Pagará o Banco-requerido as custas processuais e honorários advocatícios de 20% do valor da causa, corrigidos desde o ajuizamento da ação. Publique-se. Registre-se. Comunique-se. Intime-se. Marília, data.

(a) Dr. Valdeci Mendes de Oliveira
Juiz de Direito da 4ª Vara Cível
e da Infância e Juventude

7. PRODUÇÃO ANTECIPADA DE PROVAS (VISTORIA *AD PERPETUAM REI MEMORIAM*) – DESPACHO INICIAL

Processo Cível nº

Vistos, etc.

1. Cuida-se de processo cautelar antecipatório de provas judiciais e levado a efeito por "A" contra "B". Pede-se uma vistoria e exame pericial numa área rural para verificação e constatação de danos provocados na lavoura e decorrentes da invasão de animais.

2. Pontes de Miranda já deixou assentado que: "A citação da parte (na ação cautelar antecipatória) só é dispensada: *a)* se se apresenta, ou se dá por ciente; *b)* se a diligência foi concedida *inaudita altera parte,* caso em que se cita depois" (*Tratado das Ações, Ações Mandamentais*, Revista dos Tribunais, 1976, t. VI, pág. 499). Por outro lado, leciona Humberto Theodoro Júnior: "Mas casos urgentes, como o risco de vida da testemunha, e a necessidade de citação por precatória em vistoria, poderão ensejar deferimento liminar da medida, na forma do art. 804 do CPC" (*Processo Cautelar*, Leud, 5ª ed., pág. 309). Por fim, confira-se a jurisprudência:

"Medida cautelar – Produção antecipada de prova – Perícia deferida antes da contestação – Admissibilidade – Inteligência do art. 802 do CPC. O disposto no art. 802 do CPC não impede que o Juiz determine, antes mesmo da contestação e do exame das alegações, a produção de prova" (TJSP, 1ª CDPriv., Ag. Instr. nº 274.811-2/3-SP, Rel. Des. Laerte Nordi, j. em 19.3.1996, v.u., *in Boletim AASP* nº 1973, de 16 a 22.10.1996, pág. 83-e).

3. No caso vertente, a vistoria ou exame desejado pela parte requerente, reclama uma providência de urgência. Presentes os requisitos do *fumus boni iuris* e do *periculum in mora*, defiro liminarmente a medida cautelar e determino o exame pericial (CPC, art. 846).

3.1. Nomeio perito do Juízo o Sr. (...), independentemente de compromisso (CPC, art. 422).

3.2. Intime-se o perito com urgência para proceder a vistoria e elaborar o respectivo laudo. Prazo para exibição do laudo: 20 (vinte) dias. Deverá o requerente, em 48 (quarenta e oito) horas, depositar como honorários provisórios do perito judicial o valor correspondente a 5 (cinco) salários mínimos.

3.3. Faculto às partes, dentro do prazo de 5 (cinco) dias, indicarem assistentes técnicos e formularem quesitos. Os assistentes técnicos são de confiança da parte, não sujeitos a impedimentos ou suspeição (CPC, art. 422, 2ª parte). Os assistentes oferecerão seus pareceres no prazo comum de 10 (dez) dias, após intimadas as partes da apresentação do laudo (CPC, art. 433, parágrafo único, com redação dada pela Lei nº 10.358/2001).

3.4. O perito judicial deverá responder aos quesitos formulados pelo autor na petição inicial, e se for o caso, também aos do requerido.

4. Cite-se o requerido para os termos dos arts. 846 e segs., do CPC, ficando-lhe assegurado, dentro do prazo de 5 (cinco) dias contados da citação, o direito de requerer diligências complementares e formular quesitos suplementares.

5. Realizado o exame pericial, e com observância das formalidades legais, será prolatada sentença meramente homologatória da prova colhida, sem ingresso no mérito. Os autos da medida cautelar permanecerão em cartório (CPC, art. 851), não podendo ser entregues à parte.

6. Intimem-se.

Local e data

(a) Juiz de Direito

8. ALIMENTOS PROVISIONAIS – DESPACHO INICIAL

Processo Cível nº

Vistos, etc.

1. Cuida-se de ação cautelar de alimentos provisionais, ajuizada por "A" contra "B". Os alimentos provisionais são aqueles concedidos provisoriamente ao alimentário, antes ou no curso da lide principal (*DOE-SP*, 3.9.1996, pág. 23, resposta à questão formulada na prova de concurso para ingresso na magistratura paulista).

2. No caso vertente, na petição inicial a parte requerente expõe os argumentos de suas necessidades e as possibilidades do alimentante (CPC, art. 854).

3. Presentes os requisitos do *fumus boni iuris* e do *periculum in mora*, aliás, a hipótese é de "alimentos", é caso de se arbitrar desde logo uma mensalidade para mantença da parte requerente (CPC, art. 854, parágrafo único). Fixo a prestação alimentícia provisória (por exemplo) em 2 (dois) salários mínimos por mês. Intime-se o requerido para pagamento, vencendo-se a primeira em (...) de (...) de (...). Se existir fonte empregadora do requerido, oficie-se para desconto automático em folha de pagamento. Requisitem-se informações sobre os ganhos do réu nos últimos 6 (seis) meses.

4. Cite-se o requerido, nos termos dos arts. 802 e 803 do CPC. Prazo para contestação: 5 (cinco) dias. Autorizo diligências, consoante o art. 172, §§ 1º e 2º do CPC.

5. Cumpra-se. Local e data

(a) Juiz de Direito

9. ARROLAMENTO DE BENS – DESPACHO INICIAL

Processo Cível nº

Vistos, etc.

1. Trata-se de medida cautelar de arrolamento de bens (CPC, art. 855), por haver fundado receio de extravio ou de dissipação destes.

2. A requerente é casada com o requerido e por um erro grosseiro do oficial do Cartório do Registro Civil que realizou o casamento, ficou constando que o regime era o da separação de bens, quando o correto é o da comunhão de bens, até porque inexiste o pacto antenupcial (casamento realizado em 1966).

3. O requerido, por outro lado, reside fora da comarca de (...), e também fora do Estado de São Paulo. Já existe, ou está na iminência de ser ajuizada, a ação de separação litigiosa.

4. A prova documental atrelada na petição inicial demonstra a existência de bens fora da comarca, e o erro alegado sobre o regime de bens do casamento das partes constitui motivo que torna verossímil o extravio ou dissipação de bens pelo possuidor. A pretexto de que o regime de bens é o da separação, conforme demonstra a certidão de casamento, vários bens podem ser alienados ou cedidos, tudo em prejuízo da futura partilha na ação principal de dissolução do casamento.

5. Assim sendo, nos termos dos arts. 804 e 858 do CPC, defiro liminarmente a medida cautelar, e em face das circunstâncias, nomeio depositário dos bens, sob as penas da lei, o próprio requerido (...), ciente que, de conformidade com o teor da Súmula nº 619 do STF, "a prisão do depositário judicial pode ser decretada no próprio processo em que se constituiu o encargo, independentemente da propositura de ação de depósito" (*RTJ* 125/1.046).

6. Deverá ser expedido um mandado judicial de arrolamento de bens e o oficial de justiça acompanhará o depositário e efetuará a apreensão de todos os bens, inclusive com observação do rol de bens descritos na petição inicial. O oficial de justiça e o depositário lavrarão auto circunstanciado de arrolamento, e o último assinará o compromisso de depositário fiel e judicial.

7. Não sendo possível concluir o arrolamento no dia em que for iniciada a diligência, apor-se-ão selos nas portas da casa ou nos móveis em que estejam os bens, continuando-se a diligência no dia seguinte, tudo conforme dispõe o art. 860 do CPC.

8. Cite-se o requerido, nos termos dos arts. 802 e 803 do CPC, ficando autorizada diligência, consoante o art. 172 e §§, do mesmo diploma processual.

9. Intimem-se.

Local e data

(a) Juiz de Direito

10. JUSTIFICAÇÃO – DESPACHO INICIAL

Processo Cível nº

Vistos, etc.

1. Trata-se de pedido de justificação judicial formulado por "A", nos termos do art. 861 do CPC. A justificação consiste na inquirição de testemunhas (CPC, art. 863).

2. Defiro o pedido inicial, e para inquirir as testemunhas indicadas designo o dia (...) de (...) de (...), às (...) horas. Notifique-se. Intime-se o Autor. Citem-se os interessados (CPC, art. 862). Se algum dos interessados não puder ser citado pessoalmente, intervirá no processo o Ministério Público.

3. No final, será prolatada sentença homologatória da justificação, sem pronunciamento sobre o mérito da prova, limitando-se à verificação de cumprimento das formalidades legais (CPC, art. 866). Os autos serão entregues à parte requerente decorridas 48 horas da decisão (CPC, art. 866).

4. Cumpra-se.

Local e data

(a) Juiz de Direito

11. PROTESTOS, NOTIFICAÇÕES E INTERPELAÇÕES – DESPACHO INICIAL

Processo Cível nº

Vistos, etc.

1. Cuida-se de pedido de notificação judicial formulado por "A", nos termos do art. 867 do CPC.

2. Defiro o pedido inicial. Notifique-se conforme requerido, entregando-se ao notificado cópia da petição inicial. Autorizo diligências, consoante o art. 172, §§ 1º e 2º, do CPC.

3. Feita a notificação, pagas as custas processuais e decorridas 48 (quarenta e oito) horas, sejam os autos entregues à parte requerente, independentemente de traslado (CPC, art. 872).

4. Cumpra-se.

Local e data

(a) Juiz de Direito

11.1. PROTESTO CONTRA ALIENAÇÃO DE BENS – (CPC, ART. 870, PARÁGRAFO ÚNICO)

Processo Cível nº

Vistos, etc.

1. Cuida-se de protesto contra alienação de bens, ajuizado por "A" contra "B". A pretensão do requerente se justifica no receio que tem de ver frustrada futura ação de cobrança ou execução a ser movida contra o requerido, já que este tende a efetuar a transferência de seus bens para terceiro.

2. Se é verdade que "pode o requerente deixar de pedir a publicação de edital, no caso de protesto contra a alienação de bens" (*RT* 605/63), na espécie vertente foi expressamente solicitada a publicação dos aludidos editais para conhecimento de terceiros. Tal expedição é autorizada pelo art. 870, inciso I, e parágrafo único, do CPC. Só se nega a publicação do edital se ao Juiz parecer haver no pedido inicial um ato emulativo, tentativa de extorsão ou qualquer outro fim ilícito, caso em que poderá o requerido ser ouvido dentro do prazo de 3 (três) dias, decidindo-se em seguida sobre a publicação.

3. O requerente comprovou ser credor do requerido. Não vislumbro hipóteses inibidoras da publicação de editais (CPC, art. 870, parágrafo único).

4. Destarte, defiro o pedido inicial. Notifique-se o requerido dos termos da petição inicial e documentos. As alienações de bens que fizer poderão ser tidas como fraudulentas. Expeçam-se editais para publicação na imprensa local e oficial, apresentando o requerente a minuta. Oficie-se ao Cartório de Registro de Imóveis remetendo cópia da inicial e do presente despacho, para conhecimento do serventuário e informações a terceiros, se for o caso. Não se admite, entretanto, a averbação do protesto no Registro de Imóveis (*RJTJESP* 118/349). É que o protesto configura uma medida cautelar unilateral de prevenção, ressalva e salvaguarda de interesses, desprovida de contenciosidade, tanto que, não se admite defesa nem contraprotesto nos mesmos autos (CPC, art. 871).

5. Feita a notificação ao requerido e publicados os editais para conhecimento de terceiros, pagas as custas e decorridas 48 horas, sejam os autos entregues à parte requerente independentemente de traslado (CPC, art. 872). Autorizo diligências, conforme o art. 172, §§ 1º e 2º do CPC.

6. Intimem-se.

Local e data

(a) Juiz de Direito

12. HOMOLOGAÇÃO DO PENHOR LEGAL – DESPACHO INICIAL

Processo Cível nº

Vistos, etc.

     1. Trata-se de pedido de homologação de penhor legal, formulado por "A", visando a constituição de um título executivo hábil para o processo de futura execução. As hipóteses permissivas de penhor legal estão previstas no art. 1.467 do CC (aos hospedeiros e donos de prédios rústicos ou urbanos).

     2. O autor da ação já fez a detenção extrajudicial das coisas do devedor, e para deferimento da providência instada é imprescindível que o pedido inicial esteja instruído com: *a)* conta pormenorizada das despesas do devedor; *b)* cópia da tabela dos preços praticados; e *c)* relação dos objetos retidos (CPC, art. 874).

     3. No caso vertente, o autor instruiu o pedido inicial com os documentos obrigatórios, e portanto, defiro o processamento. As contas das despesas do devedor, todavia, não estão por este assinadas ou rubricadas. Assim, nos termos do art. 874, *caput*, do CPC, cite-se o devedor para, em 24 (vinte e quatro) horas, pagar ou alegar defesa limitada aos casos previstos no art. 875 do CPC. [*ou então...* As contas pormenorizadas das despesas estão assinadas ou rubricadas pelo próprio devedor. O pedido inicial está suficientemente instruído e provado. Assim sendo, homologo de plano o penhor legal, tudo conforme o art. 874, parágrafo único, do CPC. Contudo, determino a citação do devedor apenas para, em 24 horas, pagar o débito, já que, homologado de plano o penhor, a sentença é definitiva e o juiz não poderá reapreciar a homologação, embora caiba recurso de apelação (cf. Humberto Theodoro Júnior, *Processo Cautelar*, Leud, 5ª ed., 1983, pág. 356). Transcorridas 24 horas sem o pagamento ou recurso da decisão homologatória, sejam os autos entregues ao requerente, independentemente de traslado].

     4. Quando houver citação e defesa, no final, havendo sentença homologatória, os autos serão entregues ao requerente 48 (quarenta e oito) horas depois da decisão (CPC, art. 876). Não sendo homologado o pedido, os objetos serão devolvidos ao devedor, ressalvado ao autor o direito de cobrar a conta por ação ordinária (CPC, art. 876, 2ª parte).

     5. Cumpra-se.

     6. Intimem-se.

Local e data

(a) Juiz de Direito

13. DA POSSE EM NOME DO NASCITURO – DESPACHO INICIAL

Processo Cível nº

Vistos, etc.

1. Preceitua o art. 2º do CC de 2002 que, "a personalidade civil da pessoa começa do nascimento com vida; mas a lei põe a salvo, desde a concepção, os direitos do nascituro". No caso vertente, a autora "A", para garantia dos direitos do filho nascituro, quer provar o seu estado de gravidez, mormente em virtude do óbito da pessoa de quem o nascituro é sucessor. O pedido cautelar está corretamente formulado contra os herdeiros do autor da herança (*ou, se for o caso, contra o doador ou testamenteiro, na hipótese de bens doados ou legados em favor do nascituro*).

2. Na hipótese, o pedido inicial também está instruído com a obrigatória certidão de óbito da pessoa de quem o nascituro é sucessor (CPC, art. 877, § 1º).

3. Assim sendo, nos termos dos arts. 802 e 803, e até para os fins previstos no art. 877, § 2º, todos do CPC (*dispensa do exame médico se houver aceitação dos herdeiros*), determino a citação dos requeridos para, querendo, contestarem o pedido em 5 (cinco) dias, ou aceitá-lo. Desde logo, para evitar a demora, nos termos do art. 877, *caput*, do CPC, nomeio perito único para examinar a autora, o médico Dr. (...), independentemente de compromisso (CPC, art. 422). O laudo para constatação da gravidez deverá vir para os autos em 10 (dez) dias. Fixo os honorários provisórios do perito em 1 (um) salário mínimo. A autora deverá depositar o valor em 48 horas. A falta do exame não prejudicará os direitos do nascituro (CPC, art. 877, § 3º).

3. No final do processo, por sentença, "se declarará a requerente investida na posse dos direitos que assistam ao nascituro". A eficácia da sentença abrange o exercício dos direitos patrimoniais. A requerente, como representante legal do nascituro, poderá promover ações cautelares, possessórias, reivindicatórias e quaisquer outras que se tornarem necessárias para conservação ou preservação dos direitos do nascituro. Se à requerente não couber o exercício do poder familiar, será nomeado curador ao nascituro (CPC, art. 878, parágrafo único, e CC de 2002, art. 1.779).

4. A presente ação cautelar não impede, no futuro, uma eventual ação negatória ou investigatória de paternidade, conforme seja positivo ou negativo o laudo médico e o filho venha a nascer com vida.

Cumpra-se.

Local e data

(a) Juiz de Direito

14. DO ATENTADO – DESPACHO INICIAL

Processo Cível nº

Vistos, etc.

1. Cuida-se de medida cautelar de atentado (CPC, art. 879). Há lide principal pendente entre as partes – pressuposto fundamental – e a alegação do autor é no sentido de que o réu está criando situação nova ou mudando o *status quo* das coisas.

2. Conquanto haja entendimento de que não cabe medida liminar na Cautelar de Atentado (*RT* 574/193 e 629/154), existem casos em que a liminar se faz necessária (*RT* 557/211). Em qualquer hipótese, o requerido está sujeito ao restabelecimento do estado anterior, ao pagamento de perdas e danos e às sanções previstas no art. 881 do CPC, como a proibição de falar nos autos. Determino, pois, a autuação em separado da petição inicial, com citação do requerido, nos termos dos arts. 802 e 803 do CPC.

3. No final, como dito, observar-se-á o disposto no art. 881 do CPC.

4. Intimem-se.

Local e data

Juiz de Direito

14.1. ATENTADO – HIPÓTESE DE PARALISAÇÃO DE OBRAS EM ÁREA DE TERRAS A SER LOTEADA – MEDIDA LIMINAR DEFERIDA

PODER JUDICIÁRIO
COMARCA DE MARÍLIA-SP
4ª VARA CÍVEL E DA INFÂNCIA E JUVENTUDE

Processo Cível nº 1.001/2000

Vistos, etc.

Ementa: 1. Se a simples construção de cerca divisória no curso de demanda demarcatória constitui atentado (RP 6/304), e se a realização de benfeitorias de grande vulto no curso de ação de despejo também configura inovação contrária ao direito (JTAERGS 79/285), então analogicamente as obras e os serviços de máquinas pesadas para iniciar a implementação de um grande loteamento e implantar a infra-estrutura, com mudança do status quo e da própria paisagem da área litigiosa, configura igualmente um atentado suscetível de correção pela Ordem Jurídica, não se tratando obviamen-

te de continuação de atos anteriores, mas de atos novos e iniciais do loteamento. **2.** Se o provimento jurisdicional instado é de urgência, e se a Ação Cautelar de Atentado é classificada como provimento de emergência, então cabe medida liminar (RT 557/211 e JTAERGS 76/176). **3.** Hipótese, ademais, em que não é viável a suspensão da ação principal. Prosseguimento determinado do pleito principal, com deferimento de medida liminar na cautelar de atentado.

1. Trata-se de ação cautelar de atentado proposta por: 1) "A", 2) "B", e 3) "C", **contra:** 1) "X" INCORPORADORA LTDA, sucessora de "BIBE" INCORPORADORA LTDA., 2) R.O.R., 3) MNY, e 4) CONSTRUTORA OPD LTDA, visando os autores uma ordem judicial que proíba a inovação ilegal no estado de fato de uma área de terras objeto de litígio entre as partes.

É que, dizem os autores em pleito principal, em 20.11.1995, celebraram um contrato com os requeridos intitulado "contrato de parceria para elaboração e construção de um loteamento denominado "Jardim das Flores", numa área de 17 alqueires paulistas pertencentes aos referidos autores que, em troca, ficariam com 53,5% dos lotes apurados, ou seja, dos 802 lotes previstos, seriam entregues 53,5% aos requerentes, isto é, 429 lotes. Acontece que os requeridos não aprovaram nem executaram os trabalhos de loteamento no prazo de 06 (seis) meses como previsto em cláusula contratual, não obstante terem recebido a escritura definitiva dos autores referente ao imóvel de 17 alqueires paulistas, iguais a 41,14 ha. Os requeridos foram também notificados a cumprirem o contrato, e mesmo assim permaneceram em mora. Daí, pois, o ajuizamento de ação principal de rescisão contratual por inadimplemento absoluto dos requeridos, pedindo os autores o retorno da pósse e do domínio do imóvel matriculado sob nº 26.892 em nome da ré "X" Incorporadora, mais perdas e danos consistentes no pagamento de multa de 10% do valor do contrato, obrigando-se os requerentes a devolverem uma nota promissória de R$ 2.000.600,00 (dois milhões e seiscentos reais).

2. Contudo, no curso da demanda principal – **ação de rescisão** – os requeridos começaram a executar com máquinas pesadas os trabalhos de implementação do loteamento de grande vulto, razão pela qual vinham os referidos autores reclamar um provimento jurisdicional que proíba a inovação ilegal do estado físico e estrutural da área litigiosa.

3. Realmente, pelos argumentos expostos na peça exordial da ação cautelar e pelos documentos juntados nos autos, mormente as fotografias de fls. 14/16, não é razoável que, no curso de uma demanda principal e cuja cópia da petição inicial consta de fls. 27/33, venham os requeridos criarem situação nova numa área litigiosa e de dimensões consideráveis (são 17 alqueires paulistas, iguais a 41,14 ha), como demonstram as fotografias já mencionadas. A simples alteração da paisagem de uma grande área de terras com máquinas pesadas já seria suficiente para classificar um "atentado" nos termos da lei processual, não se tratando obviamente da hipótese em que os requeridos estariam "dando continuidade a atos anteriores", mas sim iniciando ou criando situação nova. A construção de benfeitorias de grande vulto também já configuraria uma inovação ilegal e portanto um atentado (*v.g. in JTAERGS* 79/285). Ora, no caso presente há indícios de que os requeridos estão iniciando a execução de trabalhos consideráveis para a implementação de um grande loteamento, alterando-se assim o estado de fato e a estrutura física do imóvel (CPC, art. 879, inciso III). De modo que, é preciso paralisar esses trabalhos até a solução final da demanda principal, mantendo-se o *status quo*.

4. E, se o legislador nacional considerou o "atentado" entre as Ações Cautelares no processo civil (CPC, arts. 879 a 881), e se as ações cautelares são classificadas como "provimentos de urgência", haveria então enorme contradição jurídica se não fosse possível a concessão de uma medida liminar, máxime em face da disposição geral contida no art. 798 do CPC. A jurisprudência tem admitido a medida liminar em atentado (*RT* 557/211 e *JTA-ERGS* 76/176).

5. Em suma, pelas razões acima expostas, e considerando o disposto no art. 461, §§ 2º, 3º, 4º e 5º, c/c os arts. 798 e 879, inciso III, todos do CPC, DEFIRO A MEDIDA LIMINAR nos seguintes termos:

A) Expeça-se Mandado para os requeridos paralisarem imediatamente quaisquer obras e serviços que estejam executando na área litigiosa de 17 alqueires paulistas, denominada Jardim das Flores, devendo-se manter o *status quo*, e se for o caso restabelecer o estado anterior, sob pena de crime de desobediência e de multa diária de 50 (cinquenta) mil reais, sem prejuízo das perdas e danos finais. Trata-se de obrigação de não fazer. Os requeridos deverão se abster da prática de atos inovadores ou de alteração.

B) Pelo mesmo mandado acima citado, que sejam intimadas as pessoas que se encontrarem trabalhando na área litigiosa, a fim de paralisarem os serviços, sob as cominações acima mencionadas.

C) Citem-se os requeridos para, querendo, contestarem a ação no prazo de 05 (cinco) dias, sob pena de revelia (CPC, arts. 802 e 803).

Em virtude das peculiaridades do caso e das cominações acima impostas aos requeridos, inclusive a multa diária, determino o prosseguimento do processo principal, vindo conclusos se não estiverem para as partes ou peritos. Aliás: "Antes da sentença na cautelar de atentado não é viável a suspensão da causa principal " (*in Boletim da AASP* 920/91). Intimem-se. Atrasei pela imensa carga de trabalho também na Vara da Infância e Juventude, que ora acumulo.

Local e data.

(a) Dr. Valdeci Mendes de Oliveira
Juiz de Direito da 4ª Vara Cível
e da Infância e Juventude

15. SENTENÇA CAUTELAR DE EXTINÇÃO DO PROCESSO NO CASO DE NÃO PROPOSITURA DA AÇÃO PRINCIPAL

Processo Cível nº

Vistos, etc.

1. Trata-se de ação cautelar intentada por (...) contra (...).

2. Com a adoção das medidas preliminares e próprias, o autor deixou transcorrer o prazo de 30 (trinta) dias sem propor a ação principal, malgrado tenha obtido a medida liminar.

3. O caso é de extinção do processo cautelar nos termos do art. 808, I, do CPC. A propósito, e à guisa de reforço, nos Autos da Ap. Cív. nº 639.459-0, da comarca de (...), a Colenda 1ª C., do E. 1º TACivSP, em acórdão datado de 11.12.1995, Rel. Juiz Ademir de Carvalho Benedito, ficou registrado o seguinte:

"Cautelar – Sustação de protesto – Liminar deferida – Ação principal não ajuizada – Eficácia cessada – Processo extinto: CPC, arts. 806 e 808, I. Sentença confirmada". Ficou dito: "Não proposta a ação principal naquele prazo (30 dias), a cautelar perde sua eficácia, por disposição expressa do art. 808, I, do estatuto processual (...) perdendo objeto a cautelar (...). E por isso, acertada a extinção do processo, que perdeu qualquer sentido prático".

4. Em suma, declaro extinto o processo cautelar. Custas pelo Autor.

5. P.R.I.C.

Local e data

(a) Juiz de Direito

16. JURISPRUDÊNCIA SOBRE AS CAUTELARES EM GERAL

16.1. Cumulatividade de medidas cautelares num único processo cautelar – Possibilidade

"AGRAVO DE INSTRUMENTO – Medida Cautelar de Separação de Corpos. Deferimento de liminar. Afastamento do varão do lar conjugal, fixação de pensão alimentícia e da guarda provisória dos filhos. Decisão suficientemente fundamentada. Inépcia da inicial afastada. Possibilidade de cumulação de pedidos cautelares. Indícios que revelam a presença de *fumus boni iuris* e de *periculum in mora*. Decisão mantida. Recurso improvido." (TJ-SP – 3ª Câmara de Direito Privado, A.I. nº 223.234-4/9-Marília, Rel. Des. Carlos Stroppa).

Constou do v. acórdão que:

"Ao contrário do que argumentou o agravante, é possível a cumulação de pedido cautelar de separação de corpos com o de fixação de alimentos provisórios e guarda de filhos. Embora as questões tenham natureza distintas, objetivam preservar a integridade física da agravada e os interesses dos menores, filhos do casal. Além disso, a ação principal, que deverá ser proposta para a solução das questões postas, também é a mesma, ou seja, a de separação judicial. Assim, por não vislumbrar na cumulação de pedidos em foco qualquer prejuízo para as partes, tão-pouco a existência de eventual tumulto processual, determino a continuidade do procedimento tal como interposto, inexistindo violação ao art. 295, V, parágrafo único, IV, do Código de Processo Civil." (Rel. Des. Carlos Stroppa, A.I. nº 223.234-4/9-Marília).

Capítulo V
Dos Procedimentos Especiais de Jurisdição Contenciosa

1. AÇÃO DE CONSIGNAÇÃO EM PAGAMENTO

1.1. Despacho inicial na ação consignatória de dinheiro

Processo Cível nº

Vistos, etc.

1. Recebo a petição inicial e o depósito da quantia especificada (CPC, art. 893) (*ou, se for o caso:* Recebo a petição inicial e defiro o prazo de 5 (cinco) dias para o depósito, conforme o art. 893, I, CPC).

2. Após, cite-se o requerido para levantar o depósito ou oferecer resposta no prazo de 15 (quinze) dias, observando-se o disposto no art. 896 do CPC, que enumera as defesas cabíveis na contestação.

3. A alegação de que o depósito não é integral só será admissível se o réu indicar o montante que entende devido (CPC, art. 896, IV). Alegada a insuficiência do depósito e indicado o montante que se entende devido, ao autor é lícita a complementação no prazo de 10 (dez) dias, contado da intimação (CPC, art. 899). Por outro lado, poderá o réu levantar, desde logo, a quantia ou a coisa depositada, com a conseqüente liberação parcial do autor, prosseguindo o processo quanto à parcela controvertida (CPC, art. 899, § 1º).

4. Se se tratar da hipótese de prestações periódicas, uma vez consignada a primeira, pode o devedor continuar a consignar, no mesmo processo e sem mais formalidades, as que se forem vencendo, desde que os depósitos sejam efetuados até 5 dias, contados da data do vencimento. O depósito efetuado a destempo será *desconsiderado* na sentença final, cabendo ao consignante, na hipótese, promover nova ação consignatória com relação à prestação causadora da ruptura da cadeia de depósitos regulares, mais aquelas que venham a vencer posteriormente (*RT* 709/109). Tem-se entendido que: "É insubsistente o depósito de prestação vincenda feito a destempo (*RT* 546/147), *mas tal fato não acarreta a improcedência da ação de consignação*" (*RT* 546/147, 560/142, 563/149, *apud* Theotônio Negrão, em *Código de Processo Civil e Legislação Processual em Vigor*, Saraiva, 27ª ed.).

     5. Cumpra-se. Oportunamente deliberarei sobre a audiência de conciliação (CPC, art. 331).

     Local e data

     (a) Juiz de Direito

1.2. Ação consignatória de coisa certa – Despacho inicial

Processo Cível nº

     Vistos, etc.

     1. Recebo a petição inicial e o depósito da coisa certa ou infungível (*ou*, recebo a petição inicial e defiro o prazo de 5 (cinco) dias para o depósito da coisa certa).

     2. Desde logo, nomeio depositário fiel da coisa depositada (ou a ser depositada), o Sr. (...) Lavre-se o termo de depositário judicial, sob as penas da lei.

     3. Cite-se o réu para, dentro do prazo de 15 (quinze) dias, levantar o depósito ou oferecer resposta (CPC, art. 893, II). Se o réu comparecer e levantar o depósito, por sentença será declarada extinta a obrigação de dar ou entregar, ficando o referido réu obrigado ao pagamento das custas processuais e honorários advocatícios correspondentes a 10% do valor da causa (CPC, art. 897, parágrafo único).

     4. Cumpra-se. Intime-se.

     Local e data

     (a) Juiz de Direito

1.3. Ação consignatória de coisa incerta, e com escolha deferida ao credor (CPC, art. 894)

Processo Cível nº

     Vistos, etc.

     1. Cuida-se de ação consignatória de coisa incerta, isto é, coisa indicada apenas pelo gênero e quantidade (arts. 243 a 246 do CC de 2002). Nos termos do contrato das partes, a escolha compete ao credor, ora réu.

2. Assim sendo, cite-se o credor da coisa incerta, ora réu, nos seguintes termos: *a)* ou para exercer o direito de escolha das coisas dentro do prazo de 5 (cinco) dias, se outro prazo não constar da lei ou do contrato, podendo fazer a seleção no local indicado na petição inicial; ou *b)* para aceitar que o devedor, dentro do mesmo prazo, faça a referida escolha das coisas a serem entregues para extinção da obrigação.

3. Realizada a escolha por uma ou por outra parte, designo o dia (...) de (...) de (...), às (...) horas, no local (...), para a efetiva entrega, sob pena de depósito judicial e posterior sentença declaratória de extinção da obrigação.

4. Cumpra-se. Intimem-se. Oportunamente deliberarei sobre a necessidade de nomeação de perito para avaliar a qualidade da coisa prometida pelo devedor, ou sobre a designação de audiência de conciliação (CPC, art. 331).

Local e data

(a) Juiz de Direito

2. DEPÓSITO – AÇÃO DE DEPÓSITO

2.1. Despacho inicial

Processo Cível nº

Vistos, etc.

1. A petição inicial está instruída com a obrigatória prova literal do depósito e o autor fez a estimativa do valor da coisa (CPC, art. 902).

2. Assim sendo, nos termos do citado art. 902 do CPC, cite-se o requerido para, no prazo de 5 (cinco) dias, entregar a coisa, depositá-la em juízo ou consignar-lhe o equivalente em dinheiro, ou ainda, para contestar a ação. Desde já fica o requerido advertido que, julgada procedente a ação, será expedido mandado para a entrega da coisa, no prazo de 24 (vinte e quatro) horas, ou para a entrega do equivalente em dinheiro. Não sendo cumprido o mandado, será decretada a prisão de até 1 (um) ano, conforme os arts. 902, § 1º, e 904, ambos do CPC, tudo sem prejuízo da busca e apreensão da coisa devida (CPC, art. 905).

3. Se o requerido contestar a ação, o processo tomará o rito ordinário (CPC, art. 903).

4. Não sendo encontrada a coisa devida, e não havendo depósito em dinheiro, o processo prosseguirá para apuração do valor correspondente e respectiva execução para cobrança de quantia certa (CPC, art. 906).

5. Intimem-se.

Local e data

(a) Juiz de Direito

2.2. Depósito – Jurisprudência

2.2.1. SÚMULA nº 619 do STF: "*A prisão do depositário judicial pode ser decretada no próprio processo em que se constituiu o encargo, independentemente da propositura de ação de depósito.*"

2.2.2. "O depositário judicial não tem a opção propiciada pelos arts. 902, I, e 904 do CPC. Só quando há impossibilidade de cumprir a obrigação principal (como no caso de perecimento do objeto) é que lhe será lícito restituir o equivalente em dinheiro." (*RJTJESP* 95/382 e 124/351, *apud* Theotônio Negrão, em *Código de Processo Civil e Legislação Processual em Vigor*, 26ª ed., pág. 171).

3. AÇÃO DE ANULAÇÃO E SUBSTITUIÇÃO DE TÍTULOS AO PORTADOR – DESPACHO INICIAL

Processo Cível nº

Vistos, etc.

1. Trata-se de pedido de anulação de título ao portador (CPC, art. 907, II), com especificação da espécie, valor nominal e demais atributos.

2. Nos termos do art. 908 do CPC, determino: *a)* a citação do detentor do título, se for conhecido, para contestar a ação; *b)* a citação por edital com prazo de 30 (trinta) dias, dos terceiros interessados, também para contestarem a ação; *c)* a intimação do devedor, para que deposite em juízo o capital, bem como os juros ou dividendos vencidos ou vincendos; *d)* a intimação, se for o caso, da Bolsa de Valores, para conhecimento de seus membros, a fim de que estes não negociem os títulos (CPC, art. 908, I a III).

3. Só se admitirá a contestação quando acompanhada do título reclamado (CPC, art. 910).

4. Intimem-se.

Local e data

(a) Juiz de Direito

4. AÇÃO DE PRESTAÇÃO DE CONTAS

4.1. Citação – Despacho inicial

Processo Cível nº

Vistos, etc.

1. A ação de prestação de contas normalmente tem duas fases, e a medida compete a quem: *a)* tem o direito de exigi-las; *b)* tem a

obrigação de prestá-las (CPC, art. 914, I e II). Se a ação provém deste último, isto é, do devedor das contas, o pleito já se inicia com a exibição das contas feitas pelo autor, citando-se o credor para, no prazo de 5 (cinco) dias, aceitá-las ou discuti-las (CPC, art. 916). O rito processual é simplificado, não existindo a 1ª fase, consistente na discussão em torno da obrigação de prestar contas, já que, havendo o reconhecimento espontâneo, a questão se resume na apuração das verbas e do eventual saldo. O rito a observar é o previsto no art. 916, §§ 1º e 2º, do CPC.

2. Já se a ação for intentada por quem alega ter o direito de exigir as contas, haverá as duas fases processuais: *a)* na primeira etapa busca-se resolver a questão da existência ou não da obrigação de prestar contas *(por exemplo, se por lei ou contrato, a parte administrou ou geriu bens ou interesses alheios)*; *b)* na segunda fase, se positiva a primeira, realizam-se as operações destinadas ao exame das contas para apurar eventual saldo devedor. Faz-se perícia e/ou designa-se audiência de instrução, debates e julgamento (CPC, art. 915, e §§).

3. No caso vertente, cuida-se de ação intentada por quem alega ter o direito de exigir contas do réu (CPC, arts. 914, I). Na hipótese, o rito processual é o estabelecido no art. 915 e §§, do CPC.

4. Assim sendo, nos termos do aludido art. 915, cite-se o requerido para, no prazo de 5 (cinco) dias, apresentar as contas ou contestar a ação.

5. Se o réu prestar as contas reclamadas pelo autor, no prazo da contestação, isso importa em reconhecimento do pedido e desaparece a lide quanto à questão que deveria ser objeto de decisão na 1ª fase do processo. Na expressão de Humberto Theodoro Júnior, "queima-se uma etapa procedimental passando-se, *sem sentença*, aos atos próprios da segunda fase, ou seja, aos pertinentes ao exame das contas e determinação do saldo" (*Curso de Direito Processual Civil*, Forense, 13ª ed., v. III, pág. 109). Destarte, prestadas as contas pelo réu, o Autor deverá manifestar em 5 (cinco) dias. Se aceitá-las, expressa ou tacitamente, o processo será encerrado por sentença que aprovará as contas exibidas pelo réu, fixando-se o valor do eventual saldo (CPC, art. 330, II).

6. Se o autor impugnar as contas exibidas pelo réu dentro do prazo da contestação, e havendo necessidade, será designada audiência de instrução, debates e julgamento, ou, se for o caso, será determinado o exame pericial contábil (art. 915, § 1º).

7. Se o réu não apresentar as contas nem negar a obrigação de prestá-las, será desde logo prolatada sentença, na forma dos arts. 330 e 915, § 2º, do CPC, condenando-se o réu a prestar as referidas contas no prazo de 48 (quarenta e oito) horas, sob pena de não lhe ser lícito impugnar as que o autor apresentar. Mesmo revel na 1ª fase, o réu será intimado para prestar as contas no prazo de 48 (quarenta e oito) horas, e sob a sanção prevista no art. 915, § 2º, do CPC (Vide Acórdão *in Boletim AASP* nº 1947, de 17 a 23.4.1996, pág. 126-j, na íntegra). Na 1ª fase, há sentença condenatória de uma prestação de fazer sob especial cominação. Se o réu exibir as contas no prazo de 48 horas, o autor deverá manifestar em 5 (cinco) dias. Se houver con-

cordância, haverá sentença de aprovação das contas e fixação do saldo. Se existir impugnação, havendo necessidade, será designada audiência de instrução e/ou determinada a prova pericial. Quanto à fixação do saldo, em virtude do caráter dúplice da ação, a sentença poderá voltar-se tanto contra o réu como contra o autor (cf. Humberto T. Júnior, *ob. cit.*, pág. 113).

8. Se o réu contestar a ação com a negativa da existência de obrigação de prestar as contas, *a primeira fase do processo deve assumir o rito ordinário* (CPC, art. 273). Como mostra Humberto Theodoro Júnior, "aliás, apenas a exibição das contas pelo réu, no prazo de resposta, sem contestação, é que mantém o rito especial para a causa. Todas as demais atitudes do sujeito passivo supra-examinadas levam a primeira fase da ação de prestação de contas à observância do procedimento ordinário, em suas diversas alternativas" (*ob. cit.*, pág. 111).

9. As contas serão apresentadas em forma mercantil, especificando-se as receitas e despesas, bem como eventual saldo. Todas serão instruídas com documentos justificativos. O saldo declarado na sentença poderá ser cobrado em execução forçada (CPC, art. 918).

10. Intime-se.

Local e data

(a) Juiz de Direito

4.2. Observação sobre a Ação de Prestação de Contas

A ação de prestação de contas tem natureza dúplice, não havendo necessidade de reconvenção do réu quando este quiser um contra-ataque. Mas, algumas questões conexas podem autorizar pretensões que, embora não incluídas no âmbito das contas, sejam discutíveis em reconvenção, por exemplo, para pedir a rescisão do contrato ou impor perdas e danos ao autor, etc. (cf. Humberto Theodoro Júnior, *ob. cit.*, pág. 111).

4.3. Prestação de Contas – Sentença – Réu Revel

**PODER JUDICIÁRIO
ESTADO DE SÃO PAULO**

Processo Cível nº

SENTENÇA

Vistos, etc.

1. "A", qualificada nos autos, ajuizou Ação de Prestação de Contas contra "B", alegando, em síntese, que com este mantinha uma conta bancária conjunta em sistema de caderneta de poupança no Banco Bradesco S.A., Agência de (...), e embora houvesse constantes depósitos, os saldos começaram a se apresentar sempre baixos, por retiradas do requerido. Ponderou a requerente que procurou orientação de pessoas autorizadas e culminou por fechar a conta bancária, pedindo, agora, a prestação de contas pelo aludido requerido (fls. 2/5).

Com a petição inicial vieram os documentos de fls.

2. O requerido "B" foi devidamente citado, consoante se vê de fls. dos autos, e preferiu a inércia. Não houve contestação nem exibição das contas. A requerente manifestou nos autos e pediu a procedência da ação (fls.).

3. ESSE, O SUCINTO RELATÓRIO. DECIDO

3.1. Trata-se de um caso em que a Requerente alega ter aberto uma conta-poupança bancária em conjunto com o Requerido. Acontece que este passou a fazer saques dos depósitos efetuados por ela requerente, vindo para os autos os comprovantes da movimentação da referida conta bancária (fls.).

3.2. O requerido foi regularmente citado para responder aos termos da ação e/ou exibir as contas reclamadas pela Requerente, e ele preferiu a revelia, ou seja, deixou de apresentar contestação e as contas. Neste caso, impera a presunção prevista no art. 319 do Código de Processo Civil: "Se o réu não contestar a ação reputar-se-ão verdadeiros os fatos afirmados pelo autor". É a hipótese dos autos. Se o requerido não contestou o pedido inicial nem exibiu as contas, presumem-se verdadeiros os fatos articulados pela requerente. Destarte, impõe-se o julgamento antecipado da lide, conforme o art. 330, II, do diploma processual civil, e isso por mandamento da regra específica do art. 915, § 2º, do mesmo estatuto legal.

4. DISPOSITIVO

Ante o exposto, e pelo mais que dos autos consta, JULGO PROCEDENTE o pedido inicial para o fim de CONDENAR "B" a prestar as contas em 48 (quarenta e oito) horas, sob pena de não lhe ser lícito impugnar as que a requerente apresentar. O requerido pagará as despesas processuais e honorários advocatícios de 15% do valor da causa, corrigidos desde o ajuizamento, bem entendido que: "Na primeira fase da ação de prestação de contas, a sentença condenará o vencido ao pagamento de honorários de advogado, conforme considere a ação procedente ou improcedente (*RJTJSP* 9/228); na segunda fase, essa condenação dependerá da conduta das partes" (*JTA* 94/59).

Intime-se o requerido para apresentar as contas em 48 horas. Se não exibi-las, dê-se vista para a Requerente apresentar as suas, no prazo de 10 (dez) dias (CPC, art. 915, § 3º). O réu não mais poderá impugnar as contas da autora. Sendo julgadas boas as contas aduzidas, e havendo saldo, seguir-se-á com a execução forçada (CPC, art. 918), conforme seja pedido pela parte interessada.

P.R.I.C.

Local e data

(a) Dr. Valdeci Mendes de Oliveira – Juiz de Direito

4.4. Prestação de Contas – Sentença dando a 1ª fase da ação por superada, e com a 2ª fase encerrada desde logo – Hipótese de aprovação das contas, sem saldo a fixar para qualquer das partes.

PODER JUDICIÁRIO
COMARCA DE MARÍLIA-SP
4ª VARA CÍVEL E DA INFÂNCIA E JUVENTUDE

Processo Cível nº 1.000/98.

SENTENÇA

Vistos, etc.

Síntese sentencial: 1. Ação de Prestação de Contas ajuizada por cliente de Instituição Bancária para apuração de saldo em conta poupança. 2. Hipótese em que, ao contestar a ação, o Banco-requerido explicou e juntou as contas com indicação do histórico, movimentação e retirada de dinheiro. 3. Caso em que ficou superada a 1ª fase procedimental da ação de prestação de contas com a exibição das contas, e para o julgamento da 2ª fase do pleito judicial a audiência de instrução e a perícia se tornaram prescindíveis em razão dos argumentos das partes (CPC, art. 334, incisos I, II e III). 4. Hipótese de encerramento do processo com a aprovação das contas, sem saldo a fixar para qualquer das partes. Processo extinto, sem verbas sucumbenciais.

1. "A", ajuizou uma ação de prestação de contas contra **FINAM CRÉDITO S/A,** ponderando que, em 16 de março de 1984, fez um depósito de NCR$ 4.500.000,00 (valores da época) na conta poupança e até a propositura da presente ação nunca fez qualquer retirada. Todavia, nunca recebeu extratos bancários e o dinheiro não mais existe no Banco. Daí o pedido de prestação de contas.

2. A petição inicial foi indeferida pela decisão de fls. 09 porque o autor já sabia o que cobrar do Banco e não precisava da ação de prestação de contas. Contudo, o Egrégio Tribunal Superior reformou a decisão de 1º Grau com a seguinte ementa:

"PRESTAÇÃO DE CONTAS – INDEFERIMENTO DE INICIAL POR FALTA DE INTERESSE DE AGIR – CONDIÇÃO DA AÇÃO, NA HIPÓTESE DOS AUTOS, PRESENTE. A AÇÃO DE PRESTAÇÃO DE CONTAS SE ESTENDE A TODAS AS SITUAÇÕES EM QUE SEJA A FORMA DE ACERTAR-SE, EM FACE DE UM NEGÓCIO JURÍDICO, A EXISTÊNCIA DE UM DÉBITO OU DE UM CRÉDITO – RECURSO PROVIDO PARA ORDENAR O PROSSEGUIMENTO DO FEITO." (Apelação nº 861.729-8-Marília, julgado em 18.10.2001, Rel. Juiz Silveira Paulilo, da 11ª Câmara do E. 1º TACIVIL).

Houve menção de precedentes jurisprudenciais. Confira-se:

"Art. 914: A ação de prestação de contas se estende a todas as situações em que seja a forma de acertar-se, em face de um negócio jurídico, a existência de um débito ou de um crédito." (*JTJ* 162/117).

"A prestação de contas é devida por quantos administram bens de terceiros, ainda que não exista mandato." (STJ-3ª T., Ag. 33.211-6-SP – Rel. Min. Eduardo Ribeiro, j. em 13.4.1993).

A Súmula nº 259 do STJ preceitua: *"A ação de prestação de contas pode ser proposta pelo titular de conta-corrente bancária."*.

3. Devidamente citado, o Banco-requerido contestou a ação e apresentou as explicações e as contas sobre o dinheiro depositado pelo autor (fls. 32/39), frisando-se que houve levantamento do total e a conta está "ZERADA" (sic – fls. 37). O autor apresentou réplica nas fls. 41/43 e frisou que o Banco não apresentou documentos idôneos e a planilha apresentada era inútil (sic – fls. 43). As partes, por fim, pediram o julgamento antecipado da lide (fls. 54 e 57).

4. ESSE, O SUCINTO RELATÓRIO. DECIDO.

4.1. Cuida-se de ação de prestação de contas e o Banco-requerido ao contestar a ação culminou por explicar e apresentar as contas do autor, frisando-se que a conta poupança estava "zerada" (sic – fls. 37). Vale dizer, em 24.2.1988, houve a retirada de R$ 2.394,79, ficando "zerada" a conta poupança do requerente. Ficou registrado que o autor não tem mais saldo positivo, e os documentos de fls. 39 *usque* 41 dos autos, devidamente assinados pelo Banco, comprovaram à saciedade todo o histórico da movimentação da conta bancária indicada pelo autor. Ora, com os referidos documentos de fls. 39/41, tanto o Banco-requerido como o Autor da ação não quiseram mais a produção de outras provas (Ver fls. 46, 54 e 57). Assim sendo, ficou ultrapassada e superada a 1ª (primeira) fase procedimental da ação de prestação de contas com prescindibilidade de sentença judicial obrigando à prestação, exatamente porque houve a exibição das contas com indicação do histórico, da movimentação e do saldo bancário, certo ainda que, no presente caso, para o julgamento da 2ª fase não é necessária a produção de quaisquer outras provas diante dos argumentos das partes e dos elementos já trazidos para o bojo dos autos (CPC, art. 334, incisos I, II, III, e art. 330, inciso I).

4.2. Pelo que se infere dos argumentos das partes, somente depois de 15 anos é que o autor veio reclamar as contas, e os documentos de fls. 39/41 revelaram toda a movimentação bancária e a retirada de dinheiro feita pelo autor, **"zerando" a conta bancária** (sic – fls. 39). O autor não contrariou nem impugnou eficazmente os documentos e os argumentos do Banco (fls. 32/39), de modo que, aceitou as contas, ainda que tacitamente, já que nem mesmo apontou saldo e indicou provas (fls. 55). Não há saldo a fixar. O processo deve ser encerrado com sentença de aprovação das contas exibidas pelo Banco, e sem saldo a fixar, certo que, em face da conduta das partes, não há verbas sucumbenciais.

5. A CONCLUSÃO.

Ante o exposto, APROVO E JULGO BOAS AS CONTAS ADUZIDAS PELO REQUERIDO, NÃO HAVENDO SALDO A FIXAR PARA QUALQUER DAS PARTES. Em razão da conduta das partes (JTA 94/59), não há verbas sucumbenciais. Custas pelo requerido. Declaro extinto o processo.

P.R.I.C.

Marília, Data.

(a) Dr. Valdeci Mendes de Oliveira.
Juiz de Direito da 4ª Vara Cível
e da Infância e Juventude

4.5. Prestação de Contas – Sentença – Hipótese determinando ao Banco a prestação de contas por vender um bem do cliente e não explicar o quanto amortizou ou liquidou – Rejeição da tese da defesa

PODER JUDICIÁRIO
COMARCA DE MARÍLIA – SP
4ª VARA CÍVEL E DA INFÂNCIA E JUVENTUDE

Processo Cível nº 999/98.

SENTENÇA

Vistos, etc.

1. Trata-se de Ação de Prestação de Contas intentada por "X" contra o Banco "Y", objetivando a requerente que o Banco-requerido demonstre por quanto foi vendido os direitos da linha telefônica adquirida com um contrato de financiamento bancário, frisando-se que foram pagas por ela 06 (seis) prestações do financiamento e as outras ficaram sem quitação, bem entendido que foi dado em penhor os referidos direitos sobre a linha telefônica. Em virtude do débito da autora no tocante ao financiamento, o Banco negociou o bem empenhado e não prestou contas. Daí o pedido judicial de prestação de contas.

2. Regularmente citado, o Banco-requerido contestou a ação nas fls. 54/60 dos autos, arguindo como matéria preliminar a carência da ação por ilegitimidade ativa e passiva, além da carência por falta de interesse processual. No mérito, ponderou que não estava obrigado a prestar contas.

3. A relação jurídica processual se desenvolveu regularmente garantindo-se o amplo contraditório, inclusive com réplica da autora nas fls. 68 dos autos. E, designada audiência de conciliação, não foi possível autocomposição do litígio. Nulidades ou irregularidades processuais não foram apontadas pelos litigantes.

4. ESSE, O SUCINTO RELATÓRIO. DECIDO.

4.1. De antemão, rejeito as matérias preliminares porque o venerando acórdão de fls. 41/43 dos autos, proferido em Recurso de Agravo de Instrumento, já resolveu a questão da legitimidade das partes litigantes quando afirmou que pela "cláusula 6.4.1.6" do contrato das partes, o Banco "Y" ficava autorizado a negociar o bem dado em penhor e aplicar o produto da negociação na liquidação da dívida. O próprio acórdão afirmou que a autora teria o direito de exigir do réu a prestação de contas. Assim sendo, quer pelo contrato das partes, quer pelo venerando acórdão de fls. 41/43 dos autos, verifica-se que as partes são legítimas e existe interesse processual na solução da controvérsia, já que o Banco alienou um bem patrimonial da autora para liquidar um débito da própria autora. Nesse caso, o Banco pode ter agido como mandatário ou gestor de negócio. Enfim, as partes são legítimas e o pedido inicial é juridicamente possível.

4.2. No mérito, nos termos da "cláusula 6.4.1.6" do contrato de fls. 09 dos autos, o Banco-requerido ficou autorizado a negociar o bem dado em penhor e aplicar o produto da venda na amortização ou liquidação da dívida. Ora, se assim estabeleceram as partes, verifica-se que a própria autora tem o direito de saber por quanto foram vendidos os direitos da linha telefônica e o quanto foi empregado na liquidação da dívida. Nesse caso, o Banco-requerido deve prestar as contas no prazo de 48 horas, conforme art. 915, § 2º, do Código de Processo Civil, sob pena de aceitar as que a autora apresentar no prazo de 10 (dez) dias, já que o Banco agiu como mandatário, ou gestor, ou terceiro interessado prestador de serviços.

4.3. Os demais argumentos da contestação não encontram respaldo na Lei ou no contrato das partes, e também foram superados pelo venerando acórdão de fls. 41/43 dos autos.

4.4. Assim sendo, na primeira fase processual, a ação de prestação de contas é procedente.

5. A CONCLUSÃO.

Ante o exposto, JULGO PROCEDENTE a ação de prestação de contas e consequentemente condeno o requerido Banco "Y" a prestar contas à requerente "X" no prazo de 48 horas, devendo apresentar o valor pelo qual vendeu os direitos da linha telefônica e o quanto empregou na amortização ou liquidação do débito da autora, discriminando os encargos e o valor total da dívida, tudo sob pena de aceitar as contas que a autora exibir no prazo de 10 (dez) dias. Pagará o requerido as custas processuais e honorários advocatícios de 20% do valor da causa, corrigidos desde o ajuizamento da ação.

Publique-se. Registre-se. Comunique-se. Intime-se.

Marília, data.

(a) Dr. Valdeci Mendes de Oliveira
Juiz de Direito da 4ª Vara Cível
e da Infância e Juventude

4.6. PRESTAÇÃO DE CONTAS – JURISPRUDÊNCIA SOBRE A ESPÉCIE

Nota: Alguns dos julgados abaixo transcritos foram lavrados sob a égide do Código Civil de 1916.

4.4.1. "PRESTAÇÃO DE CONTAS – Requisito – Relação de débito e crédito – Inexistência – Carência decretada – Não pode pedir contas quem está de posse de quitação pelas mesmas contas." (2º TACivSP, Ap. s/ Rev. nº 431.552, 12ª C., Rel. Juiz Ribeiro da Silva, j. em 18.5.1995, *in Boletim AASP* nº 1958, de 3 a 9.7.1996, pág. 5, *Ementário* nº 17/95).

4.4.2. "PRESTAÇÃO DE CONTAS – Locação – Ex-locatário que a exige de seu ex-locador. Inadmissibilidade – Exegese do art. 914 do CPC. Não pode o ex-locatário exigir prestação de contas de seu ex-locador." (2º TACivSP, Ap. s/ Rev. nº 431.552, 12ª C., Rel. Juiz Ribeiro da Silva, j. em 18.5.1995, *in Boletim AASP* nº 1958, de 3 a 9.7.1996, pág. 5, *Ementário* nº 17/1995).

4.4.3. "PARCERIA AGRÍCOLA – Ação de prestação de contas – Inadmissibilidade. A ação de prestação de contas não se presta à conferência de obrigações assumidas em contrato sinalagmático de parceria agrícola, porquanto ausente a figura da gestão que autoriza seu exercício." (2º TACivSP, Ap. c/ Rev. nº 282.232, 5ª C., Rel. Juiz Ricardo Brancato, j. em 20.12.1990, *in Boletim AASP* nº 1707, de 11 a 17.9.1991, pág. 6, *Ementário* nº 12/1991).

4.4.4. "AÇÃO DE PRESTAÇÃO DE CONTAS RESULTANTES DE MANDATO – Inteligência do art. 914, I e II, do CPC. Sentença reformada, para determinar a mencionada prestação. Deve prestar contas aquele que administra bens, negócios ou interesses de outrem." (1º TACivSP, 7ª C., Ap. nº 327.930, Barretos-SP, Rel. Juiz Luiz de Azevedo, j. em 18.9.1984, v.u., *in Boletim AASP* nº 1373, de 10.4.1985, pág. 91).

4.4.5. "PRESTAÇÃO DE CONTAS – Reconhecida, na sentença que julga a *primeira fase do procedimento,* a obrigação do réu de prestar contas, este *deverá ser pessoalmente intimado dessa determinação* (mesmo que revel na 1ª fase), fluindo desse ato o prazo de 48 (quarenta e oito) horas, previsto no art. 915, § 2º, do CPC. Apelação provida." (2º TACivSP, 6ª C., Ap. c/ Rev. nº 445.388-00/6-SP, Rel. Juiz Paulo Hungria, j. em 13.2.1996, v.u., *in Boletim AASP* nº 1947, de 17 a 23.4.1996, pág. 126-j).

Constou do v. acórdão o seguinte: "O procedimento, na ação de prestação de contas, segundo o magistério de Adroaldo Furtado Fabrício, se *desenvolve em duas fases bem distintas, cada qual com o seu objeto próprio* (*Comentários ao CPC*, Forense, v. VIII, t. III, pág. 402). Ante a revelia, a sentença determinou que os réus apresentassem as contas em 48 horas, iniciando-se *a segunda fase destinada ao julgamento das contas.* Vencido *in albis* aquele prazo de 48 horas, os autores ofertaram suas contas, julgadas boas pela sentença *que encerrou esta última fase,* consignando-se no julgamento, ainda, que os réus, em face da revelia decretada *na primeira fase,* não deveriam ser intimados para a prestação de contas, a teor do art. 322 do CPC. No entanto, penso que a regra estatuída no art. 322 do CPC inaplica-se à espécie em debate... A própria natureza da ação de prestação de contas está a recomendar, segundo entendo, que *a segunda fase se inicie com a intimação pessoal do réu, sobretudo porque bastante violenta é a conseqüência prevista para nova omissão, qual seja, a proibição de impugnar as contas que vierem a ser apresentadas pelo autor." (in ob. cit.).*

4.4.6. "PRESTAÇÃO DE CONTAS – Dever de prestá-las e direito de exigi-las – Inexistência entre sócios – Irrelevância que se trate de sociedade de fato – Recurso não provido. *O vínculo jurídico existente entre sócios, por sua própria natureza, não é apto a ensejar o dever de prestar contas. Sociedade de fato –* Prova de sua existência – Ação entre sócios – Ônus que cabia ao autor – Arts. 333, I, do CPC, e 303 do Código Comercial. Admissibilidade, ademais, apenas da prova documental – Recurso não provido. *Condomínio – Coisa comum – Fruto – Art.* 627 do CC – Ininvocabilidade – Condômino que recebeu o resultado de seu trabalho na proporção de seu quinhão – Art. 638 do mesmo Código – Prestação de contas improcedente – Recurso não provido. *Condomínio – Coisa comum – Administrador – Qualidade inexistente – Dependência e sujeição ao outro comunheiro – Prestação de contas improcedente – Recurso não provido. Ementa Oficial*: Prestação de contas – Exigência de sua prestação feita por um sócio a outro, sendo ambos integrantes de uma sociedade de fato – O vínculo jurídico existente entre eles, por sua própria natureza, não é apto a ensejar o dever de prestar contas – Não caracterização da *negotiorum gestio* à míngua de *espontaneidade na assunção da gestão da coisa comum.* O art. 640 do CC contempla a figura da *negotiorum gestio* e não de mandato, que pressupõe entendimento, dada sua natureza contratual." (Ap. Cív. nº 273.964-2 – Vargem Grande do Sul-SP, TJ, 14ª C., j. em 24.10.1995, Rel. Des. Franklin Neiva, in *RJTJ-Lex* 177/121-122).

4.4.7. "PRESTAÇÃO DE CONTAS – Ação de natureza privada – Utilização por Município contra ex-prefeito – Inadmissibilidade – Inteligência do art. 31 da CF. "Na ação de prestação de contas há nítida natureza privada, fundada que é *na existência de relação contratual entre autor e réu.* Daí ser inadmissível a sua utilização por Município contra ex-prefeito, agente político cuja prestação de contas é regrada pelo Direito Público, que atribui ao Poder Legislativo, com auxílio do Tribunal de Contas, a sua tomada, *ex vi* do art. 31 da CF." (TJAM, 2ª CC, Rem. *Ex Officio* nº 9.500.702-AM, Rel. Des. Hosannah Florêncio de Menezes, j. em 5.3.1996, v.u., in *Boletim AASP,* nº 1999, de 16 a 27.4.1995, pág. 31-e).

4.4.8. "AÇÃO DE PRESTAÇÃO DE CONTAS – Conta Corrente – Extratos – Identificação dos lançamentos tidos como incorretos – Preliminar de carência de ação afastada – Rito dividido em duas fases (art. 915 do Código de Processo Civil) – Requerido que ao mesmo tempo negou a obrigação de prestar contas e as apresentou – Supressão da primeira fase – Desnecessidade de sentença somente reconhecendo a obrigatoriedade e determinando que o demandado preste contas em 48 horas. *Decisum* anulado – Se o réu apresenta as contas, reduzem-se os atos do procedimento, não havendo a necessidade do Juiz proferir sentença sobre a obrigatoriedade da prestação, uma vez que a primeira fase, por imperativo de ordem lógica, restou esvaziada e superada." (TJ-SC, 3ª Câmara Civil, Ap. Cível nº 97.009737-9-SC, Rel. Des. Silveira Lenzi, j. em 19.10.1999, in Boletim da AASP nº 2163, de 12 a 18.6.2000, pág. 287-e).

4.4.9. SÚMULA nº 259 do STJ: *"A ação de prestação de contas pode ser proposta pelo titular da conta-corrente bancária."*.

5. DAS AÇÕES POSSESSÓRIAS (REINTEGRAÇÃO DE POSSE, MANUTENÇÃO DE POSSE E INTERDITO PROIBITÓRIO)

5.1. REINTEGRAÇÃO DE POSSE

5.1.1. Deferimento de medida liminar de reintegração – Despacho inicial

Processo Cível nº

Vistos, etc.

1. Cuida-se de ação de reintegração de posse com pedido de medida liminar, ajuizada por "A" contra "B ", tendo por motivo o esbulho possessório que data de menos de ano e dia.

2. Nos termos do art. 928 do Código de Processo Civil, e em razão dos argumentos expostos e documentos atrelados na petição inicial, em particular os de fls., verifico que são verossímeis e plausíveis, numa primeira análise, os fatos alegados pelo autor, consistentes na injusta privação da posse de um bem que lhe pertence, estando presente o requisito do *fumus boni iuris* (fumaça do bom direito). Defiro, pois, sem ouvir o requerido, a medida liminar de reintegração de posse, em decorrência do esbulho noticiado. Expeça-se mandado de reintegração, que deverá ser cumprido com circunspeção e moderação. Autorizo o reforço policial, se for o caso, devendo a polícia, outrossim, agir com equilíbrio e moderação.

3. Cite-se o requerido para, querendo, contestar a ação no prazo de 15 (quinze) dias. Aplica-se ao processo o rito ordinário (CPC, art. 931).

4. Cumpra-se.

Local e data

(a) Juiz de Direito

5.1.2. Reintegração de Posse – Hipótese de Designação de Audiência para Justificação Prévia Antes do Deferimento da Medida Liminar

Processo Cível nº

Vistos, etc.

1. Trata-se de ação de reintegração de posse com pedido de medida liminar ajuizada por "A" contra "B", tendo por motivo o esbulho possessório que data de menos de ano e dia.

2. No caso vertente, entendo necessária a audiência de justificação prévia para deferimento da medida liminar, pois os argumentos expostos na petição inicial e os documentos juntados, não permitem de plano uma compreensão segura da controvérsia de índole possessória.

3. Designo audiência para justificação do alegado na petição inicial, para o dia (...) de (...) de (...), às (...) horas. Nos termos do art. 928, 2ª parte, do CPC, cite-se o requerido para comparecimento à audiência, podendo apenas formular contraditas e reperguntas às testemunhas do autor, não sendo admitida a oitiva, na oportunidade, das testemunhas dele, requerido, que serão ouvidas na fase instrutória, se for o caso (*RT* 499/105 e 609/98). Intime-se o autor e notifiquem as testemunhas deste. Ciência ao patrono judicial.

4. O prazo para contestar a ação, quando realizada a justificação, contar-se-á da intimação do despacho que deferir ou não a medida liminar (CPC, art. 930, parágrafo único).

5. Cumpra-se.

Local e data

(a) Juiz de Direito

5.1.3. Reintegração de Posse – Hipótese em que não se encontrou o bem móvel com o réu – Pedido de conversão em execução de dar – Despacho de Indeferimento

Processo Cível nº

Vistos, etc.

1. O autor pediu e obteve uma medida liminar de reintegração de posse sobre o bem móvel descrito na petição inicial. Acontece que o Oficial de Justiça não encontrou o bem móvel com o réu nem descobriu onde a coisa se encontra, e o autor retornou nos autos pedindo a citação para a entrega de coisa certa, ou a conversão do pedido inicial em execução de obrigação de dar.

2. *Data venia*, o pedido de citação para entrega de coisa certa ou de conversão da ação possessória em execução de dar, não tem amparo legal no caso de que se cuida. Pela própria natureza da ação possessória, não existe neste pleito judicial a fase de execução do julgado. A ordem de reintegração possessória é suficiente por si só, não havendo necessidade de ação ou de pedido de execução do julgado. Nem há propriamente a fase de execução. Se o bem móvel perseguido pelo autor pereceu ou desapareceu, então cabe desde logo o pedido substitutivo de indenização por perdas e danos. Destarte, deve o Oficial de Justiça voltar em diligência e realizar a citação do réu, inclusive para as perdas e danos (CPC, art. 921, inciso I, e CC de 2002, art. 1.218).

  3. Indefiro, pois, o pedido de fls.. Cite-se.
  Local e Data.
  (a) Juiz de Direito

5.2. MANUTENÇÃO DE POSSE

5.2.1. Deferimento de medida liminar de manutenção – Despacho inicial

Processo Cível nº

  Vistos, etc.
  1. Trata-se de ação de manutenção de posse com pedido de medida liminar, ajuizada por "A" contra "B", tendo como motivo a turbação ou moléstia concreta da posse, sem ocorrência, ainda, do fenômeno da privação do bem descrito. Em síntese, pede o autor que seja ele mantido na posse tranqüila do bem que descreve. A turbação data de menos de ano e dia.

  2. Nos termos do art. 928 do CPC, e em razão dos argumentos expostos e documentos atrelados na petição inicial, em particular os de fls., verifico que são verossímeis e plausíveis, numa primeira análise, os fatos alegados pelo autor, consistentes na injusta molestação da posse de um bem que lhe pertence, embora demonstrada a continuação da aludida posse. Está presente o requisito do *fumus boni iuris* (fumaça do bom direito). Defiro, pois, sem ouvir o requerido, a medida liminar de manutenção de posse, em decorrência da turbação noticiada. Expeça-se mandado de manutenção, ficando cominada a multa diária de 10 (dez) salários mínimos, no caso do réu descumprir a ordem e praticar novas turbações, sem prejuízo da resposta criminal à transgressão da ordem judicial.

  3. O autor poderá pedir revigoramento do mandado liminar, desobedecido, após seu cumprimento pelo réu (*RT 474/99, apud* Theotônio Negrão, *CPC e Legislação Processual em Vigor*, Saraiva, 26ª ed., pág. 610).

  4. Autorizo o reforço policial, se for o caso, devendo a polícia e os servidores agirem com equilíbrio e circunspeção.

  5. Cite-se o requerido para, querendo, contestar a ação no prazo de 15 (quinze) dias. Aplica-se ao processo o rito ordinário (CPC, art. 931).

  6. Cumpra-se.
  Local e data
  (a) Juiz de Direito

5.2.2. Manutenção de posse – Hipótese de audiência preliminar de justificação de posse

Processo Cível nº

Vistos, etc.

1. Trata-se de ação de manutenção de posse com pedido de medida liminar ajuizada por "A" contra "B", tendo por motivo a turbação possessória, que data de menos de ano e dia.

2. No caso vertente, entendo necessária a audiência de justificação prévia para deferimento da medida liminar, pois os argumentos expostos na petição inicial e os documentos juntados, não permitem de plano uma compreensão segura da controvérsia de índole possessória.

3. Designo audiência para justificação do alegado na petição inicial, para o dia (...) de (...) de (...), às (...) horas. Nos termos do art. 928, 2ª parte, do CPC, cite-se o requerido para comparecimento à audiência, podendo apenas formular contraditas e reperguntas às testemunhas do autor, não sendo admitida a oitiva, na oportunidade, das testemunhas dele, requerido, que serão ouvidas na fase instrutória, se for o caso (*RT* 499/105 e 609/98). Intime-se o autor e notifiquem as testemunhas deste. Ciência ao patrono judicial.

4. O prazo para contestar a ação, quando realizada a justificação, contar-se-á da intimação do despacho que deferir ou não a medida liminar (CPC, art. 930, parágrafo único).

5. Cumpra-se.

Local e data

(a) Juiz de Direito

5.3. INTERDITO PROIBITÓRIO – DESPACHO INICIAL

Processo Cível nº

Vistos, etc.

1. Trata-se de ação de interdito proibitório ajuizada por "A" contra "B". O requerente alega justo receio de ser molestado na posse de seus bens e afirma a possibilidade de turbação ou esbulho iminente. Daí o pedido de mandado proibitório, com cominação de multa diária.

2. Aplica-se ao processo do interdito proibitório o disposto acerca das ações de reintegração e manutenção de posse (CPC, art. 933), inclusive sobre a medida liminar.

3. No caso vertente, tratando-se de *ação de força nova*, e tendo-se em vista os argumentos expostos na petição inicial e documentos juntados, mormente os de fls., defiro liminarmente a expedição do mandado proibitório (CPC, art. 932), ficando cominada a pena pecuniária no valor correspondente a 10 (dez) salários mínimos por dia, caso o requerido transgrida o preceito e venha a molestar ou turbar a posse do autor. Fica o requerido proibido de praticar quaisquer atos de turbação ou esbulho, sob pena de pagar a multa diária. E, sem prejuízo da sanção pecuniária, se verificada a concreta moléstia à posse ou o esbulho possessório, transformar-se-á automaticamente o interdito proibitório em ação de manutenção ou de reintegração, bastando apenas que a parte prejudicada comunique o fato ao juiz e requeira o mandado respectivo (CPC, art. 920, e *RT* 490/75, *JTA* 98/186).

4. Cite-se o requerido para, querendo, contestar a ação no prazo de 15 (quinze) dias, e sob o rito ordinário (CPC, arts. 931 e 933).

5. Intimem-se. Cumpra-se.

Local e data

(a) Juiz de Direito

5.4. SENTENÇA POSSESSÓRIA – RESCISÃO DE CONTRATO

Exemplo de sentença em ação de reintegração de posse de bem imóvel prometido à venda. Rescisão de contrato preliminar. Cláusula resolutiva expressa. Hipótese de aplicação do Código Civil e não do Código de Proteção e Defesa do Consumidor. Perdimento das arras, com condenação no pagamento do valor da cláusula penal, porém, com redução. Inexigibilidade do cônjuge do requerido na relação processual.

Nota: Os artigos mencionados na sentença a seguir transcrita são do Código Civil de 1916, e correspondem aos arts. 127 e 128 (condição resolutiva), 418 (arras confirmatórias), 397 (mora *ex re*), 410 (cláusula penal compensatória), 413 (redução da multa compensatória pelo Juiz), 474 e 475 (resolução de pleno direito em razão de cláusula resolutiva expressa), do Código Civil de 2002.

PODER JUDICIÁRIO
ESTADO DE SÃO PAULO

Processo Cível nº

SENTENÇA

Vistos e examinados estes autos de ação de reintegração de posse cumulada com pedido de perda das quantias pagas, *por sentença* tem-se a solução final em 1ª instância de uma lide com as seguintes características:

Síntese sentencial: *Reintegração de posse de imóvel rural objeto de contrato preliminar de compromisso de venda e compra. Descumprimento da obrigação de pagar pelo adquirente. Existência de cláusula re-*

solutiva expressa. Desnecessidade de ação de rescisão contratual, que se declara incidentalmente no bojo da ação possessória. Inteligência dos arts. 119, parágrafo único, e 1.163, parágrafo único, do Código Civil. Sinal ou arras confirmatórias, que não se confunde com a cláusula penal. Perda do sinal em virtude do inadimplemento. Inteligência do art. 1.097 do Código Civil. Estipulação da cláusula penal sob a forma de cláusula de decaimento (perda das quantias pagas). Licitude da pena convencional, porém, garantida a redutibilidade por norma cogente. Inteligência do art. 924 do Código Civil, e atenção ao princípio da vedação do enriquecimento ilícito ou imoral. Aplicação das regras do Código Civil e não do Código de Proteção e Defesa do Consumidor, não sendo o alienante uma empresa ou profissional no ramo de comércio de imóveis, e portanto, não se cuidando de um fornecedor, assim definido no Estatuto Especial. Inexistência de contrato de adesão, mas, sim, de contrato paritário e particular. Impossibilidade de se cumular a perda do sinal, mais o pagamento de cláusula penal, com o pedido de outras perdas e danos a serem apuradas em medidas cautelares de produção antecipada de provas. Extinção que se declara dos processos acessórios. Procedência parcial da Ação Possessória.

1. OS REQUERENTES DO PROVIMENTO JURISDICIONAL E SUAS PRETENSÕES DEDUZIDAS EM JUÍZO

"A" e sua mulher "B", qualificados na petição de fls. 2 dos autos, ajuizaram ação de reintegração de posse cumulada com pedido de perda das quantias pagas, contra "C", ponderando que celebraram com este, em 15 de julho de 1994, um contrato preliminar de venda e compra de uma herdade denominada "Fazenda Água Limpa", com 76,49 alqueires paulistas. A posse precária do imóvel foi transmitida ao adquirente em 15 de novembro de 1994. Sucede que, em 30 de julho de 1995, o adquirente "C" deveria ter pago a última parcela do preço ajustado, no valor de R$ 380.000,00, acrescida dos encargos previstos no contrato. O adquirente, embora *notificado* para pagar a última parcela no valor de R$ 380 mil, deixou de quitá-la, provocando assim, *de pleno direito*, a ruptura do vínculo contratual em razão de cláusula resolutiva expressa. Em razão do inadimplemento contratual e conseqüente rescisão do pacto bilateral, conforme estipulação expressa no contrato, o adquirente deve perder as quantias até então pagas aos requerentes, ora alienantes. Em suma, invocando precedentes jurisprudenciais (*RJTJESP* 111/53-54, *RT* 483/220-221 e *RT* 701/158), os requerentes pediram o seguinte: *a)* deferimento de medida liminar de reintegração de posse; *b)* procedência da ação para tornar definitiva a reintegração com a implícita rescisão contratual e perda das parcelas pagas pelo adquirente (*sic*, fls. 12); *c)* condenação do requerido nas custas processuais e honorários advocatícios.

Com a petição inicial vieram os documentos de fls..

2. O REQUERIDO NO PLEITO E SUA REAÇÃO PROCESSUAL – A CONTESTAÇÃO

"C", qualificado nos autos, reagiu à pretensão dos requerentes e contestou a ação possessória (fls.). Alegou como matérias preliminares o seguinte: *a)* carência da ação por falta de interesse processual, já que, sem prévia rescisão do contrato não há como caracterizar o esbulho ensejador da ação possessória. Esta é ação sucessiva à de rescisão (*RT* 475/157), donde o pedido de extinção do processo (fls.); *b)* irregularidade da representação dos requerentes, não tendo sido juntada a procuração correta da esposa do alienante; *c)* houve erro substancial na celebração do contrato, frisando antes que ele, contestante, chegou a pagar aos requerentes o equivalente a mais de 50% do preço ajustado.

Referentemente ao mérito, o requerido salientou que é nula a estipulação contratual que prevê a perda das quantias pagas pelo adquirente ao alienante de imóvel urbano ou rural (Código de Proteção e Defesa do Consumidor, art. 53, e *RT* 708/95, 691/107). Por outro lado, não foi o requerido adequadamente constituído em mora (fls.), nem mesmo a sua mulher, já que é casado. Em suma, criticou-se a concessão da medida liminar e pediu-se a improcedência da ação, salientando que, se os requerentes quiserem ficar com o imóvel, deverão restituir as quantias que já receberam, tudo acrescido com juros e correção monetária (fls.).

Com a contestação vieram os documentos de fls..

3. A RELAÇÃO JURÍDICA PROCESSUAL

A relação jurídica trilateral processual foi instaurada e desenvolvida com regularidade e asseguração do princípio do contraditório. A petição inicial foi corretamente distribuída e a medida liminar de reintegração de posse foi deferida no despacho de fls. 2. Devidamente citado, o requerido exibiu a contestação e documentos, tendo os requerentes aduzido réplica nas fls., insistindo no pedido de procedência da ação e contrariando todas as matérias preliminares suscitadas na contestação. Foi designada audiência de tentativa de conciliação, nos termos do art. 331 do CPC, não tendo havido a transação (fls.). Os requerentes pediram o prosseguimento do feito (fls.).

Paralelamente à ação possessória, o requerido ajuizou mandado de segurança com escopo de alterar ou desfazer a medida liminar de reintegração de posse. O Egrégio Tribunal de Justiça do Estado de São Paulo, pelo Eminente 3º Vice-Presidente, Des. Ney de Mello Almada, não acolheu o pedido de medida liminar no *mandamus* nº 1.339.4/0, e registrou que:

"A injuridicidade do ato impugnado não foi demonstrada, porquanto a tutela concedida em primeiro grau encontra respaldo em reiterado entendimento pretoriano, que não exige a propositura de ação rescisória de compromisso de venda e compra, na hipótese de pactuação de cláusula resolutória expressa" (sic, nos autos apensados).

Os requerentes também ajuizaram duas ações cautelares de produção antecipada de provas, visando a apuração e avaliação de prejuízos consistentes no desaparecimento de móveis e benfeitorias do imóvel negociado, além de se pretender avaliar as precárias condições da lavoura de café.

4. ESSE, O SUCINTO RELATÓRIO. A SOLUÇÃO DA JURISDIÇÃO COM FUNDAMENTAÇÃO

4.1. A disceptação entre as partes litigantes é oriunda de contrato sinalagmático escrito, estando o pleito judicial convenientemente embasado em documentos que tornam dispensável a dilação probatória em audiência de instrução. A própria contestação de fls. 53 admitiu a alternativa de restituição do imóvel negociado com os requerentes, mas com a restituição ao adquirente das quantias pagas ao alienante do aludido prédio rústico. O caso é de julgamento antecipado da lide (CPC, art. 330, I).

   4.2. A representação processual dos requerentes não padece de vícios ou defeitos que inviabilizem o desenvolvimento do processo judicial. Com efeito, os requerentes outorgaram mandato judicial por instrumento público, tudo consoante se vê de fls. 14 *usque* 16 dos autos, não vedando a lei a conferência de poderes gerais ao mandatário, o que torna dispensável a descrição pormenorizada dos bens que poderão ser negociados pelo procurador, ou dos atos específicos de administração que deverão ser desempenhados pelo aludido mandatário. Em suma, a procuração e o instrumento de substabelecimento estão corretos (fls. 14/16), tendo sido conferidos amplos poderes e até mesmo os especiais de alienação de bens e administração em geral, ao procurador nomeado, abrangendo a faculdade de constituir advogado para a defesa dos interesses dos requerentes.

   4.3. A participação do cônjuge do requerido no pólo passivo da ação possessória é dispensável no caso vertente. Com efeito, o requerido "C", pelo contrato preliminar de compra e venda de fls. dos autos, adquiriu um bem imóvel e subscreveu *sozinho* o aludido contrato. Trata-se de aquisição de direitos sobre um prédio rústico feita por contrato preliminar – e não definitivo – bem entendido que a subscrição do ato representativo do negócio foi levada a efeito *por um só dos cônjuges.* Vale dizer, a mulher do requerido "C" não figurou no contrato de fls. dos autos. *In that case,* impera a regra do art. 10, § 2º, do CPC: "*Nas ações possessórias, a participação do cônjuge do autor ou do réu somente é indispensável nos casos de composse ou de ato por ambos praticados.*". Ora, na espécie, o requerido "C" não praticou o ato de aquisição do imóvel rural em conjunto com a sua mulher. Ele fez sozinho a aquisição, e ainda, adquiriu o prédio rústico por contrato preliminar e não definitivo, donde ser dispensável a presença de sua mulher no pólo passivo da presente ação possessória. A interpretação de uma regra de direito, no caso, do art. 10, § 2º, do diploma processual civil, cessa quando o enunciado é claro. Rejeito, pois, a matéria preliminar suscitada na contestação.

   4.4. Pois bem. É ponto incontroverso nos autos que os requerentes alienaram para o requerido uma herdade com 76,49 alqueires paulistas, situada no Município de Gália, comarca de Garça-SP. As partes celebraram um contrato sinalagmático escrito, que se encontra reproduzido por cópia nas fls. 17 *usque* 22 dos autos. O preço da operação de venda e compra foi de R$ 800.000,00 (oitocentos mil reais), com a seguinte forma de pagamentos: *a)* R$ 10.000,00 (dez mil reais) como sinal e princípio de pagamento; *b)* R$ 190.000,00 (cento e noventa mil reais) para serem pagos no dia 31 de agosto de 1994; *c)* R$ 220.000,00 (duzentos e vinte mil reais) para serem pagos no dia 15 de novembro de 1994; e *d)* R$ 380.000,00 (trezentos e oitenta mil reais) para serem pagos no dia 30 de julho de 1995. No contrato firmado pelas partes também ficou expresso o seguinte:

a) A escritura definitiva de venda e compra seria outorgada por ocasião do pagamento da última parcela do preço, ou seja, na oportunidade do pagamento da verba de R$ 380.000,00 (trezentos e oitenta mil reais), em 30 de julho de 1995 (ver cláusula VIII, e § 1º, do contrato de fls. 20).

b) Haveria rescisão de pleno direito, em razão do descumprimento de qualquer obrigação assumida pelo adquirente, com a conseqüente perda das quantias pagas (cláusula IX, do contrato de fls. 21).

4.5. O inadimplemento da obrigação de pagar por parte do adquirente, ora requerido, ficou demonstrado nos autos. Com efeito, o requerido foi previamente notificado para comparecer num Cartório de Notas do Município a fim de pagar a quantia de R$ 380.000,00 (trezentos e oitenta mil reais), e assim receber a Escritura Definitiva do imóvel rural (fls. 23/24 e 25/26 dos autos). Apenas os requerentes compareceram e lavraram a Escritura de Comparecimento para demonstrarem a pontualidade. O requerido não compareceu ao Cartório Extrajudicial para cumprir a sua parte na avença, nem contraprotestou ou justificou a ausência (fls. 26). Por outro lado, a própria contestação de fls. 44 deixa claro que o requerido efetivamente cumpriu significativa parte da avença, mas deixou de adimplir outra parte. Confira-se:

Primeiramente, há que se frisar que o contestante pagou ao autor, especificamente a este, o equivalente a mais de 50% do valor do contrato (sic, fls. 44).

Depreende-se do exposto que o próprio requerido não *afirmou ter pago todo o preço, e sim, "mais de 50%".* Sobre o remanescente previsto no contrato de fls. 19, o requerido nada justificou, ficando, pois, caracterizado o inadimplemento.

4.6. O requerido foi regularmente constituído em mora mediante prévia interpelação extrajudicial (fls. 23 *usque* 26, e 71/72), e não optou pela emenda da mora. Os requerentes, por outro lado, cumpriram o disposto no Decreto-Lei nº 745, de 7.8.1969, e na Súmula nº 76 do E. STJ, que consagram o fenômeno *da mora ex persona, em contraposição à mora ex re* (CC de 1916, art. 960, 1ª parte). A Súmula nº 76 do STJ dispõe: "A falta de registro do compromisso de compra e venda de imóvel não dispensa a prévia interpelação para constituir em mora o devedor". Ora, no caso vertente, o que se verifica dos autos é que existiram duas interpelações prévias para o requerido pagar a quantia de R$ 380.000,00 (trezentos e oitenta mil reais) (fls. 23/24 e 71/72). *E com a citação na presente ação possessória, o requerido preteriu, outra vez, uma oportunidade de purgar ou emendar a mora no prazo da contestação.* Não era necessário endereçar a interpelação ao cônjuge do requerido. Como dito acima, por força do art. 10, § 2º, do CPC, nem a ação possessória nem a interpelação prévia haveriam de ser dirigidas também contra o cônjuge do requerido. Afinal, a lide versa sobre inadimplemento de ato jurídico preliminar de aquisição de prédio rústico praticado exclusivamente pelo requerido, e não por ele e a mulher. Resumindo, na espécie, houve mora e descumprimento definitivo do contrato preliminar por parte do adquirente, ora requerido.

4.7. A rescisão – ou, com mais técnica, a resolução – de contrato sinalagmático em virtude de inadimplemento é expressamente admitida no ordenamento jurídico pátrio. Inteligência do art. 1.092, parágrafo único, do CC de 1916. E como no presente caso o que se tem é um contrato preliminar de compra e venda celebrado entre as partes litigantes, a propósito do específico pacto de compra e venda, o legislador também permitiu expressamente o *pacto comissório, também chamado de cláusula resolutiva expressa e automática*. Inteligência do art. 1.163 do CC de 1916, cujo teor transcrevo:

> *Art. 1.163. Ajustado que se desfaça a venda, não se pagando o preço até certo dia, poderá o vendedor, não pago, desfazer o contrato, ou pedir o preço.*
>
> *Parágrafo único. Se, em dez dias de vencido o prazo, o vendedor, em tal caso, não reclamar o preço, ficará de pleno direito desfeita a venda.*

O art. 1.163 do CC de 1916 é o exemplo prático de aplicação da regra geral constante do art. 119, parágrafo único, do mesmo Código, assim:

> *Art. 119. Se for resolutiva a condição, enquanto esta se não realizar, vigorará o ato jurídico, podendo exercer-se desde o momento deste o direito por ele estabelecido; mas, verificada a condição, para todos os efeitos, se extingue o direito a que ela se opõe.*
>
> *Parágrafo único. A condição resolutiva da obrigação pode ser expressa, ou tácita; operando, no primeiro caso, de pleno direito, e por interpelação judicial, no segundo.*

Ora, no caso vertente, as partes contratantes expressamente estatuíram a possibilidade *de rescisão de pleno direito do contrato de venda e compra se o adquirente, ora requerido, descumprisse qualquer obrigação assumida* (fls. 21, cláusula IX do contrato). Destarte, o fato *do não pagamento* foi a condição estabelecida para a resolução do negócio. A operação negocial permaneceria válida e produziria todos efeitos próprios até a verificação do evento ou acontecimento consistente no "não pagamento". E o requerido confessadamente não quitou todo o preço ajustado, reconhecendo que pagou "mais de 50% do preço" (fls. 44), frisando mais, *que se os requerentes quiserem ficar com o imóvel, deverão restituir as quantias que receberam" (sic, fls. 53)*. Na hipótese vertente, por falta de pagamento de parcela prevista no contrato, operou-se a rescisão automática do pacto bilateral, e isso por força de cláusula resolutiva expressa, *sendo desnecessário o ajuizamento de prévia ação de rescisão de contrato por ser assaz a ação possessória no bojo da qual se pode declarar incidentalmente a resolução do contrato*. É o que ficou claro pelas palavras do Des. Ney de Mello Almada, então DD. 3º Vice-Presidente do E. TJESP, no despacho proferido em 1º de dezembro de 1995, nos autos do MS nº 1.339.4/0, ajuizado pelo requerido, cujo trecho importante segue transcrito:

> *"A injuridicidade do ato impugnado não foi demonstrada, porquanto a tutela concedida em primeiro grau encontra respaldo em reiterado entendimento pretoriano, que não exige a propositura de ação rescisória de*

compromisso de venda e compra, na hipótese de pactuação de cláusula resolutória expressa" (sic).

Efetivamente, no meu livro *Direito das Obrigações Aplicado*, Edipro, 1996, pág. 69, defini *as obrigações condicionais como "sendo aquelas cujas prestações pessoais de dar, fazer ou não fazer alguma coisa, estão na dependência de um evento futuro e incerto para serem cumpridas, ou, se já realizadas, para se tornarem definitivamente resolvidas (desfeitas). Isso porque há condição suspensiva e há condição resolutiva. Da primeira – suspensiva – cuida o art. 118 do Código Civil... – Da segunda, cuida o art. 119 do mesmo Código"*. No caso vertente, cuida-se de contrato preliminar de venda e compra com a cláusula especial do pacto comissório (CC, art. 1.163), o que significa cláusula resolutiva expressa, que dispensa a prévia propositura de ação de rescisão de contrato.

Mostra Orlando Gomes, que: "No direito pátrio, a regra relativa à cláusula resolutiva não distingue entre a condição expressa e a tácita, entendendo alguns que, em qualquer hipótese, a resolução do contrato há de ser requerida ao juiz. Todavia, outra disposição declara que a condição resolutiva expressa opera de pleno direito. É de se admitir que, havendo sido estipulada, seja dispensável a resolução judicial, pois, do contrário, a cláusula seria inútil" (*Contratos*, Forense, 1983, pág. 195).

Na jurisprudência, anota Theotônio Negrão que: "Havendo cláusula resolutória expressa, pode o promitente-vendedor propor ação de reintegração de posse, independentemente da propositura, prévia ou concomitante, da ação de rescisão do contrato" (STF, *RTJ* 72/87, 74/449, 83/401, *RT* 483/215, *RJTJESP* 111/53, *JTA* 103/91)... Não fica, porém, dispensado de proceder à notificação prévia, determinada pelo Decreto-Lei nº 745, de 7.8.1969... Tratando-se de reivindicatória, a situação é diferente da possessória em que não houve pedido expresso de rescisão do compromisso. Assim, "Exercida a posse por força de contrato de promessa de compra e venda, inadmissível a reivindicatória contra o promissário-comprador sem prévia ou simultânea rescisão do contrato, haja vista que, enquanto não desfeito o negócio jurídico, injusta não pode ser considerada a posse do que se comprometeu a adquirir" (*RSTJ* 32/287) (*Código de Processo Civil e Legislação Processual em Vigor*, Saraiva, 26ª ed., 1995, pág. 609).

Sintetizando a matéria, no caso de que se cuida, no contrato das partes, como já dito, existe cláusula de "rescisão de pleno direito" para a hipótese de descumprimento da obrigação por parte do adquirente do imóvel rural, ora requerido (fls. 21). Aplicável, pois, a regra do parágrafo único do art. 119, combinado com o parágrafo único do art. 1.163, ambos do CC de 1916.

É prescindível, nos termos do aludido art. 119, parágrafo único, do CC, a ação de rescisão contratual quando houver cláusula resolutiva expressa, sendo assaz a ação possessória visando a restituição da coisa vendida e cujo preço total não foi pago pelo adquirente, tendo sido este previamente constituído em mora pela interpelação regular.

Nessa esteira, rejeito a matéria preliminar de carência da ação judicial, suscitada pelo contestante.

4.8. Caracterizado o inadimplemento contratual do adquirente de prédio rústico – *e no âmbito dos contratos é sempre presumida a culpa do inadimplente, que não precisa necessariamente ser provada pelo autor da ação* – segue-se que, no contrato firmado pelas partes, foi estabelecido expressamente o pagamento de uma quantia a título de sinal ou arras (fls. 19). Pela cláusula V do contrato das partes, a quantia de R$ 10.000,00 (dez mil reais) foi paga a título de sinal ou arras. Na hipótese, cuidou-se de *arras confirmatórias, e não penitenciais, já que o contrato foi celebrado em caráter irrevogável e irretratável*. Uma das funções das arras confirmatórias é exatamente *a de servir como prefixação ou pré-avaliação das perdas e danos. Ou ainda, significam as arras a prévia determinação das perdas e danos pelo não cumprimento das obrigações.* Inteligência do art. 1.097 do CC/1916. Se quem deu as arras acaba também dando causa à rescisão do negócio, perde a quantia dada como sinal. Ensina Arnold Wald que: "A opinião dominante todavia é aquela que não amplia o texto legal, entendendo não caber o recurso analógico ao art. 1.095, frisando que se o culpado deu as arras, *mesmo confirmatórias, perde as mesmas*, mas, se as recebeu, deve devolvê-las e responde por perdas e danos, na forma do art. 1.056" (*Curso de Direito Civil Brasileiro* – Obrigações e Contratos, Revista dos Tribunais, 10ª ed., pág. 137). *Normalmente nas arras se incluem todos os prejuízos decorrentes do inadimplemento, e em princípio, não se poderia admitir a cumulatividade das arras com outras verbas indenizatórias*. Mas, por cláusula expressa das partes, é possível a cumulação (cf. Washington de Barros Monteiro, em *Curso de Direito Civil* – Direito das Obrigações – 2ª Parte, Saraiva, 1981, v. 5º, pág. 44). No caso vertente, todavia, além do sinal ou arras previstas contratualmente, *como cláusula penal compensatória (CC, art. 918)*, as partes estabeleceram o perdimento das quantias pagas pelo adquirente do imóvel se caso este descumprisse suas obrigações. Trata-se, na hipótese, *da denominada "cláusula de decaimento", admitida na doutrina e jurisprudência*, em função do princípio da autonomia da vontade das partes, que preside as relações contratuais privadas. Realmente, há acórdão lavrado nos Autos da Ap. Cív. nº 69.398-2, da comarca de Pompéia-SP, datado de 24 de maio de 1984, sendo Rel. o Des. Sabino Neto, que entendeu ser lícita a cláusula pela qual, em contrato de compra e venda, estipulam as partes a perda das quantias pagas pelo adquirente da coisa, em benefício do alienante, isso no caso de rescisão contratual. É possível, destarte, desde que expressamente estipulada, *a cláusula de decaimento*, que implica em pré-avaliação das perdas e danos. Constou do v. aresto citado que: "Na cláusula em que se estabeleceu o pacto comissório, ficou expresso, no caso de desconstituição do ajuste, a perda pelo outorgado, em benefício dos outorgantes, das quantias pagas até então. Essa estipulação, denominada na doutrina "Cláusula de Decaimento", importa em pré-avaliação dos danos" (Aps. Cívs. nºs 3.844-2 – Guarujá-SP, 7.026-2 – Marília-SP, 8.131-2-Campinas-SP, *RT* 260/303, e Orozimbo Nonato, *Curso de Obrigações*, II/318).

Por outro lado, também já se decidiu que:

"Outrossim, a cláusula penal que estabelece a perda das quantias pagas, na hipótese de rescisão do contrato de promessa de venda e compra, por culpa dos compromissários-compradores, *constitui uma prefixação das perdas e danos livremente ajustada pelas partes, e decorre do disposto no* art. 1.092 do Código Civil. Portanto, cabe a sua redução proporcional segundo estabelece o art. 924 do Código Civil, como tem entendido reiteradamente o C. STJ" (JTJ-Lex 161/34).

E mais... "Cláusula penal – Inteligência dos arts. 920 e 924 do Código Civil. I – Não se justifica que o Direito, que deve realizar o justo, albergue pretensão que, além da resolução contratual e da reintegração na posse, ainda postula a perda da integralidade das quantias pagas, quando o inadimplemento decorreu apenas das duas últimas prestações. II – A pena convencional prevista no art. 920 do Código Civil, não se limita ao percentual da "Lei de Usura", sendo lícito ao Juiz, porém, autorizado pela norma do art. 924 do mesmo diploma, reduzi-la a patamar justo, evitando que referida multa venha a constituir fonte de enriquecimento indevido"* (STJ, 4ª T., REsp. nº 10.620-SP, rel. Min. Sálvio de Figueiredo Teixeira, j. em 25.2.1992, v.u., in Boletim AASP nº 1754/1992, pág. 275).

Em suma, no caso de que se cuida, tendo havido o inadimplemento por parte do adquirente de prédio rústico, e versando o descumprimento sobre um contrato sinalagmático com cláusula resolutiva expressa, impõe-se determinar a perda do sinal ou arras pagas pelo requerido ao requerente (10 mil reais), porque se estabeleceu nitidamente *as arras confirmatórias, além do que, deve o requerido pagar mais de 10% do valor total do contrato como cláusula penal compensatória*, ou seja, 10% de R$ 800.000,00 (oitocentos mil reais), perfazendo uma multa de R$ 80.000,00 (oitenta mil reais). Ao todo, o requerido perde R$ 90.000,00 (noventa mil reais), para compensar eventuais prejuízos dos alienantes, *que já recuperaram a posse do imóvel por medida liminar de reintegração*. Os requerentes, por outro lado, deverão devolver para o requerido R$ 110.000,00, mais R$ 220.000,00, totalizando R$ 330.000,00 (trezentos e trinta mil reais), com juros e correção a partir do ajuizamento (1.11.1995). E assim decido porque os requerentes já receberam de volta a herdade antes alienada, isto é, recuperaram o imóvel vendido. Impõe-se, no caso, a redução do valor da cláusula penal, nos termos do art. 924 do CC e da jurisprudência já mencionada, tudo para se evitar o enriquecimento ilícito ou imoral. *Aliás, não é só por eqüidade ou critério de justiça que se impõe a redução da cláusula penal (LICC, art. 5º), mas porque o Decreto-Lei nº 58, de 10.12.1937, que se aplica aos compromissos de venda e compra de imóveis não loteados (art. 22, com redação dada pela Lei nº 6.014/1973), não permite mesmo a cláusula penal de valor superior a 10% (art. 11, f). Impõe-se a analogia, se não for o caso de autêntica aplicação do Decreto-Lei nº 58/1937.*

4.9. As medidas cautelares de produção antecipada de provas perderam o objeto. Primeiro, porque não seria lícito, diante da perda do sinal confirmatório e da cobrança da cláusula penal compensatória, cumular mais uma indenização "por outras perdas e danos", bem entendido que os requerentes recuperaram a posse do imóvel por medida liminar concedida em 1.11.1995 (fls. 2), logo no início da lide. O valor do sinal confirmatório e da cláusula penal ou multa compensatória ora estabelecida no contrato das partes, *representam por si só a prefixação das perdas e danos pelos próprios contratantes*. Segundo, *nem o contrato das partes nem o pedido inicial* fizeram a previsão da cumulação do principal com as "perdas e danos genéricas".

Terceiro, o desaparecimento de bens móveis ou equipamentos agrícolas entregues ao requerido (trator, pulverizador, máquinas, madeiras ou tijolos), como relatado no Processo Cautelar nº 1.489/1995, pode configurar um crime de furto ou apropriação indébita suscetível de reparação em ação própria, e não em ação necessariamente vinculada à reintegração de posse – onde a rescisão é incidental – de modo que a extinção da medida cautelar não acarreta o perecimento de direito dos requerentes. Já os fatos e supostos prejuízos deduzidos na segunda medida cautelar, nº 553/1996, referente ao descuido da cultura do café pelo requerido, se não estiverem cobertos os referidos danos pelo valor do sinal e da multa compensatória ora fixados e contratados, não foram mesmo tais prejuízos objeto de pedido reparatório específico na petição inicial de fls. 2/12. *Aliás, se a multa estabelecida é do tipo compensatório, não se pode cumular o pedido de multa com o de perdas e danos. Inteligência do art. 918 do CC.* Destarte, no presente caso, é de se admitir apenas o cúmulo das arras confirmatórias com a cláusula penal compensatória, reduzida esta para evitar o enriquecimento indevido, e analogicamente, nos termos do Decreto-Lei nº 58/37. A redução do valor da multa é autorizada por norma cogente (CC, art. 924).

4.10. Não se aplicam aqui, as regras do Código de Proteção e Defesa do Consumidor, caso em que seria nula a cláusula de decaimento, como tem entendido a jurisprudência, assim: "Promessa de compra e venda – Cláusula de decaimento – Código de Defesa do Consumidor. É nula a cláusula de decaimento inserta *em contrato de adesão,* celebrado na vigência do Código de Defesa do Consumidor. Procedência parcial da *ação de restituição* para condenar a empresa promitente-vendedora à *devolução de 80% das quantias recebidas"* (STJ, 4ª T., REsp. nº 60.065-SP, rel. Min. Ruy Rosado de Aguiar, j. em 15.8.1995, v.u., in Boletim AASP nº 1.949, de 1º a 7.5.1996, pág. 35-e). No presente caso, as partes particulares não celebraram um contrato de adesão, mas sim um autêntico contrato particular, tendo havido a fase da puntuação. O contrato celebrado foi do tipo "paritário", e não de adesão ou de "massa". De resto, não há qualquer prova de que os alienantes sejam empresas ou profissionais que comercializam com habitualidade imóveis rurais. O Código de Proteção e Defesa do Consumidor – Lei nº 8.078, de 11.9.1990 – *não fez desaparecer o Código Civil nem revogou as regras deste quanto aos contratos celebrados por particulares em caráter esporádico.* O Código de Proteção e Defesa do Consumidor é aplicável *nas relações de consumo entre partes definidas nos arts. 2º e 3º do seu texto.* Uma das partes há de ser um fornecedor, assim entendida toda pessoa física ou jurídica, pública ou privada, nacional ou estrangeira, bem como os entes despersonalizados, que desenvolvem atividades de produção, montagem, criação, construção, transformação, importação, exportação, distribuição ou comercialização de produtos ou prestação de serviços. Ora, no caso dos autos, as partes não podem ser identificadas como "consumidor" e "fornecedor", pois firmaram um negócio particular, esporádico, ocasional, uma operação de estrito caráter privado, sob a égide do Código Civil, sem a conotação de que exerciam por qualquer modo "o comércio" por profissão ou com habitualidade.

4.11. Por fim, e a propósito da cumulação da multa contratual com os honorários advocatícios a seguir arbitrados, o Supremo Tribunal Federal pacificou o entendimento ao editar a Súmula nº 616, assim:

"É permitida a cumulação da multa contratual com os honorários de advogado, após o advento do Código de Processo Civil vigente".

5. A CONCLUSÃO

5.1. Ante o exposto, JULGO PARCIALMENTE procedente a ação de reintegração de posse ajuizada por "A" e sua mulher "B", contra "C", e consequentemente reintegro definitivamente os autores na posse do imóvel rural denominado "Fazenda Água Limpa", com 76,49 alqueires paulistas, e com a declaração incidental de que o contrato de compromisso de venda e compra firmado com o requerido está rescindido ou desfeito. Torno definitiva a medida liminar concedida aos autores.

5.2. Condeno o requerido "C" ao perdimento da quantia de R$ 10.000,00 (dez mil reais), dada aos autores como arras confirmatórias. Também condeno o mesmo requerido ao perdimento da quantia correspondente a 10% do valor do contrato, ou seja, de R$ 80.000,00 (oitenta mil reais), válida como cláusula penal, tudo em benefício dos autores. Ao todo, o requerido "C" perde R$ 90.000,00 (noventa mil reais), para pagamento de perdas e danos prefixados.

5.3. Em virtude do caráter dúplice da ação possessória (CPC, art. 922, e *RT* 494/152), condeno os autores a devolver para o requerido as quantias de R$ 110.000,00 (cento e dez mil reais, mais R$ 220.000,00 (duzentos e vinte mil reais), totalizando R$ 330.000,00 (trezentos e trinta mil reais), com juros e correção monetária a partir do ajuizamento (1.11.1995), valendo a sentença condenatória, nesta parte, como título constitutivo de hipoteca judiciária, autorizada a inscrição no Registro de Imóveis (CPC, art. 466, III, e *RT* 596/99).

5.4. Condeno o requerido "C" a pagar honorários advocatícios de 10% sobre a quantia cuja perda foi determinada em benefício dos autores, ou seja, 10% de R$ 90.000,00 (noventa mil reais), com juros e correção monetária a partir do ajuizamento. Pagará também as custas processuais.

5.5. Declaro extintos os processos cautelares nºs 1.489/1995 e 553/1996, de produção antecipada de provas, tudo conforme fundamentação constante do bojo da presente sentença (CPC, art. 267, VI).

Publique-se.

Registre-se.

Intime-se.

Cumpra-se.

Local e data

(a) Dr. Valdeci Mendes de Oliveira – Juiz de Direito

5.4.1. Sentença possessória – Terreno invadido – Hipótese de vizinho que construiu no terreno errado e adquiriu a propriedade do terreno de outrem, mas ficou obrigado a indenizar – Procedência parcial da ação possessória do dono do terreno invadido

**PODER JUDICIÁRIO
COMARCA DE MARÍLIA-SP
4ª VARA CÍVEL E DA INFÂNCIA E JUVENTUDE**

Processo Cível nº 1.000/99

SENTENÇA

Vistos, etc.

Síntese sentencial: *1. Ação de Reintegração de posse intentada por empresa proprietária de um lote de terreno urbano invadido por engano pelo vizinho e sobre o qual o invasor construiu uma casa simples de madeira. 2. Hipótese de vizinho que, de boa-fé, crendo estar sobre o seu terreno, edificou uma casa de madeira em terreno alheio. 3. Caso em que, inexistindo má-fé, e considerados os fins sociais que a lei e a decisão judicial devem buscar e atingir, a solução mais consentânea é a adjudicação do terreno alheio em favor de quem construiu de boa-fé, devendo o construtor, todavia, pagar indenização ao proprietário do terreno invadido. 4. Procedência parcial do pleito possessório, no sentido de conferir à parte autora não o terreno objeto do litígio, mas sim, a indenização correspondente pela perda do imóvel. Inteligência do art. 5º da L.I.C.C., c/c o art. 5º, inciso XXIII, da Constituição Federal, e art. 1.255, parágrafo único, do Código Civil de 2002.*

1. A empresa USINA M.J. S/A, ajuizou uma ação de reintegração de posse contra " W.M.", ponderando que é proprietária do lote nº 07, da quadra nº 14, na cidade de KM-SP – objeto da matrícula imobiliária nº 24.718 do 1º C.R.I de Marília-SP – e o requerido "W.M." invadiu o referido terreno e nele construiu uma casa de madeira. Assim sendo, o requerido cometeu o esbulho possessório, pois construiu num terreno que não lhe pertence. Daí o pedido de reintegração de posse cumulado com perdas e danos.

2. Indeferida a medida liminar pelo despacho de fls. 21 dos autos, o requerido "W.M." contestou a ação nas fls. 35/39 dos autos, alegando que já era dono do terreno sobre o qual construiu a casa de madeira por força do usucapião especial (CF, art. 183), certo que, deveria integrar a lide a Prefeitura do Município de "KM" e o antecessor "L.J.O.". No mérito, o contestante ponderou que adquiriu legitimamente um terreno urbano e tomou posse conforme orientação e demarcação feita pela própria Prefeitura do Município. Assim sendo, estando de boa-fé, o contestante culminou por edificar uma casa no terreno que a própria Prefeitura demarcou e apontou como sendo dele contestante. Destarte, a ação de reintegração era improcedente, e alternativamente, se fosse procedente, deveria a autora pagar indenização no valor de R$ 16.000,00 (fls. 39).

3. A relação jurídica processual se desenvolveu regularmente e foi garantido o amplo contraditório. A réplica da autora veio nas fls. 70/74 dos autos e na audiência de conciliação não foi possível o acordo das partes (fls. 86). Foi deferida a denunciação na lide da Prefeitura de KM (fls. 86), com desistência de outra denunciação nas fls. 94 e homologação nas fls. 100 dos autos. A denunciada Prefeitura de "KM Oriente" contestou o pleito nas fls. 109/111 e frisou que tanto a ação como a denunciação eram improcedentes. Primeiro, porque não foi juntado qualquer documento do engenheiro da Prefeitura ou do proprietário anterior do imóvel, indicando o lote de terreno errado para a construção do requerido. A rigor, a Prefeitura nunca indicou o lote errado. Em segundo lugar, nem mesmo o argumento do direito de regresso beneficiaria o requerido, pois "Não se admite denunciação no caso de mero direito regressivo eventual, a surgir da sentença condenatória do réu (*RT* 598/171)". Em suma, pediu-se a improcedência da ação e da denunciação (fls. 111). Houve manifestação das partes sobre a contestação da denunciada, e afinal, na audiência de instrução foram ouvidas as partes e testemunhas (fls. 124 *usque* 127 dos autos). Nos debates finais, a autora insistiu na procedência da ação, enquanto o requerido persistiu no pedido de improcedência. Nulidades ou irregularidades processuais não foram apontadas pelos litigantes.

4. ESSE, O RELATÓRIO. DECIDO.

4.1. Cuida-se de ação de reintegração de posse, tendo sido alegado pela empresa autora o esbulho ilegal praticado pelo requerido. Vale dizer, a autora é proprietária do Lote de terreno urbano nº 07, da quadra nº 14, em KM-Oriente, e o requerido, como vizinho e proprietário do lote nº 06, da mesma quadra nº 14, acabou invadindo e construindo erradamente uma casa de madeira sobre o lote nº 07, pertencente à autora. Daí o pedido de reintegração de posse. O requerido ao invés de construir no lote nº 06 de sua propriedade, acabou por construir no lote nº 07, pertencente à autora, no que cometeu esbulho possessório.

4.2. De antemão, rejeito a matéria preliminar consistente na aquisição pelo contestante do imóvel objeto da lide por usucapião especial (CF, art. 183). Nenhum documento, como nenhuma testemunha, destacou em favor do contestante "W.M." a posse ininterrupta de cinco (5) anos sobre o lote nº 07, da quadra nº 14, transcrito no Registro de Imóveis no nome da autora. Aliás, os documentos de fls. 43 e 129 comprovam que a Municipalidade somente aprovou o memorial descritivo da construção em 7 de julho de 1994, isso em documento datado de 5.7.1994, certo que, a ação possessória foi proposta em abril de 1999, e portanto, antes de completar os 05 (cinco) anos de omissão do proprietário como requisito exigido pela Lei para usucapir. Por outras palavras, o contestante "W.M." não comprovou por documentos ou por testemunhas que preenchia todos os requisitos necessários para o usucapião especial. Rejeito, pois, a matéria preliminar de usucapião. Não estão presentes os requisitos do usucapião.

4.3. Quanto à denunciação à lide determinada nas fls. 86 dos autos, o contestante "W.M." pediu a desistência quanto ao proprietário antecessor " L.J.O." (fls. 93), o que foi homologado e decidido nas fls. 100 dos autos, sem recurso das partes. Já quanto à Prefeitura do Município de KM-Oriente, não sendo ela proprietária ou possuidora de qualquer dos imóveis objetos da lide e da controvérsia, não há razão para integrar a relação processual. Realmente, conforme anotado na defesa de fls. 110: *"Não se admite denunciação no caso de mero direito regressivo eventual, a surgir da sentença condenatória do réu."* (*RT* 598/171). De resto, no caso dos autos, a relação jurídica controvertida não se enquadra nas hipóteses previstas no art. 70 do CPC. Em suma, reconheço incabível a denunciação à lide da Prefeitura de KM-Oriente, senão prejudicada pelo resultado abaixo registrado.

4.4. Quanto à controvérsia possessória entre a autora e o contestante "W.M.", observo que, o requerido "W.M.", ao invés de construir uma casa popular de madeira no lote nº 06, da quadra 14, que é de sua propriedade conforme Escritura Pública de fls. 98/99 dos autos, acabou por construir erradamente a referida casa sobre o lote nº 07, da quadra 14, pertencente à autora conforme certidão imobiliária de fls. 11 dos autos. Pelas características da construção popular demonstradas nas fotografias de fls. 15 a 17 dos autos, verifica-se que se trata de habitação popular, e observadas as peculiaridades do caso, deve o Juiz atentar-se para a dicção do art. 5º da Lei de Introdução ao Código Civil: "Na aplicação da lei, o juiz atenderá aos fins sociais a que ela se dirige e às exigências do bem comum". A propósito, nem se pode olvidar o princípio constitucional de que a propriedade atenderá a sua função social (CF, art. 5º, inciso XXIII). Ora, observada teleologicamente a Lei Constitucional e a Lei infra-constitu-cional, nada recomenda a demolição de uma casa popular nos dias atuais, nem a sua perda para terceiro não construtor, sob pena de enriquecimento ilícito (CC, art. 884). De modo que, no caso dos autos, nem os documentos nem a prova oral produzida em audiência demonstraram que o requerido "W.M." agiu de má-fé ao construir em terreno alheio. Ao contrário, a prova oral demonstrou que o requerido "W.M." agiu de boa-fé, e muito provavelmente os agentes públicos do Município de KM-Oriente foi quem demarcaram equivocadamente o lote do requerido e contribuiram para a falha de localização. (Ver depoimentos de fls. 124/127).

Assim sendo, se fosse completamente ignorado o aspecto ou o elemento subjetivo dos contendores (por exemplo, ignorada a boa-fé), e também desconsiderada a finalidade social que deve nortear os julgamentos pelo Poder Judiciário, teria sentido aqui o art. 547 do Código Civil de 1916, reproduzido com alguma alteração no *caput* do art. 1.255 do Código Civil de 2002, impondo-se a transcrição do primeiro texto legal. *Confira-se:*

"Art. 547. Aquele que semeia, planta ou edifica em terreno alheio perde, em proveito do proprietário, as sementes, plantas e construções, mas tem direito à indenização. Não o terá, porém, se procedeu de má-fé, caso em que poderá ser constrangido a repor as coisas no estado anterior e a pagar os prejuízos."

Ora, fria e objetivamente encarada a situação problemática trazida nos autos, o contestante "W.M." deveria perder a construção para autora, e esta deveria indenizá-lo pelo valor de R$ 16.000,00 conforme apontado nas fls. 39, e que é um valor justo e adequado para a benfeitoria demonstrada nas fotografias de fls. 15 a 17 (CPC, art. 335). Todavia, considerando o aspecto social da questão, bem como os valores em disputa e as condições das partes litigantes (há falência em andamento contra a empresa-autora), atendendo-se ao que dispõe a natureza dúplice das ações possessórias (CPC, arts. 921 e 922) e o que preceitua o art. 5º da Lei de Introdução ao Código Civil, a melhor solução é a adjudicação do imóvel da autora, com a respectiva construção, em favor do contestante, devendo este pagar indenização pelo terreno perdido pela autora no valor de R$ 5.000,00, que foi o valor apontado pelo preposto da própria autora no depoimento de fls.125 dos autos. Aliás, a solução ora engendrada já está no Código Civil de 2002, no art. 1.255, parágrafo único, assim:

"Aquele que semeia, planta ou edifica em terreno alheio perde, em proveito do proprietário, as sementes, plantas e construções; se procedeu de boa-fé, terá direito a indenização.

Parágrafo único. Se a construção ou a plantação exceder consideravelmente o valor do terreno, aquele que, de boa-fé, plantou ou edificou, adquirirá a propriedade do solo, mediante pagamento da indenização fixada judicialmente, se não houver acordo."

4.5. Destarte, considerando o que demonstraram as fotografias de fls. 15 a 17 dos autos (simplicidade), e o que mais ficou ratificado pelos depoimentos judiciais de fls. 125/127, e levando em conta o que a lei permite ao Juiz auxiliar pela experiência comum (CPC, art. 335), a solução mais consentânea para a hipótese vertente é manter a construção popular edificada pelo contestante "W.M." e lhe adjudicar o terreno alheio sobre o qual construiu de boa-fé a moradia simples. Todavia, como construiu em terreno alheio, e como o preposto da autora frisou que o terreno invadido valeria de R$ 4.000,00 a R$ 5.000,00 (fls.125), em contraposição aos valores de R$ 2.000,00 a R$ 3.000,00 mencionados nos outros dois depoimentos de fls. 126 e 127, deverá o requerido-contestante pagar a indenização de R$ 5.000,00 para a autora, podendo, se quiser, vender o lote nº 06, da quadra 14, de sua propriedade (fls. 98/99), para o fim de pagar a indenização ora arbitrada (CC de 1916, art. 1.553, c/c art. 944, parágrafo único, e 1.255 e 1.259 do CC de 2002, por analogia). **Assim é que decido, homenageando a finalidade e o interesse social de habitação ao homem simples da sociedade.**

5. A CONCLUSÃO.

Ante o exposto, JULGO PARCIALMENTE procedente a ação possessória intentada pela USINA M.J. S/A, contra "W.M." e a PREFEITURA DE "KM", no sentido de conferir ou atribuir à autora não a posse do lote nº 07, da quadra 14, situado na cidade de KM-SP – objeto da matrícula nº 24.718 do 1º C.R.I, mas sim, a indenização correspondente e substitutiva de R$ 5.000,00, que deverá ser paga pelo requerido "W.M.", com juros e correção monetária a partir do ajuizamento da ação, ficando consequentemente adjudicado em favor do requerido "W.M.", o imóvel acima citado (Lote nº 7, quadra 14 – descrito nas fls. 10). Expeça-se carta de adjudicação do imóvel descrito nas fls. 11 em favor de "W.M.". E, quanto à denunciada Prefeitura de "KM", julgo prejudicada a denunciação em virtude do resultado registrado na presente sentença. As partes foram reciprocamente vencidas e vencedoras, e cada qual responderá pelos honorários de seus respectivos advogados. A autora e o contestante "W.M." pagarão cada qual metade do valor das custas processuais. Atraso em decorrência da excessiva sobrecarga de trabalho, inclusive na Vara cumulativa da Infância e Juventude, com a Corregedoria da FEBEM da unidade de Marília, além de serviços prestados no Juizado Especial Cível e no Anexo Fiscal.

Publique-se. Registre-se. Intime-se. Comunique-se.

Marília, data.

(a) Dr. Valdeci Mendes de Oliveira
Juiz de Direito da 4ª Vara Cível
e da Infância e Juventude

5.4.2. Imissão na posse – Ação atipicamente possessória – Sentença – Cessionário – Contrato de compromisso de venda e compra não registrado – Possibilidade e legitimidade do cessionário – Citação com hora certa – Contestação serôdia – Acórdão ratificando a sentença

PODER JUDICIÁRIO
COMARCA DE MARÍLIA-SP
4ª VARA CÍVEL E DA INFÂNCIA E JUVENTUDE

Processo Cível nº 1.500/99.

SENTENÇA

Vistos, etc.

***Síntese sentencial: 1.** Ação de Imissão na Posse de imóvel objeto de contrato de cessão de direitos não registrado. **2.** Hipótese de admissibilidade do pleito pelo cessionário, pois "a todo o direito corresponde uma ação, que o assegura" (CC de 1916, art. 75 e RT 453/215), mormente se os alienantes-cedentes foram previamente notificados para desocuparem o imóvel cedido e não esboçaram reação idônea. **3.** Ademais, há contrato escrito entre as partes com as assinaturas de testemunhas e de anuente interveniente. Pacta Sunt Servanda. **4.** O prazo para contestar a ação de imissão na posse pelo procedimento ordinário é de 15 dias (CPC, art. 297), o que não foi observado pelos requeridos (fls. 18 e 27), motivo pelo qual tornou-se forçoso o reconhecimento da revelia (CPC, art. 319). **5.** Caso de procedência da ação de imissão na posse.*

1. "**XL**", solteiro, ajuizou ação de imissão na posse contra "**B**" e sua mulher "**C**", ponderando que, adquiriu dos requeridos por contrato de cessão de direitos, um imóvel urbano situado na Rua "H", nº 500, Parque das Orquídeas, em Marília. Sucede que, não obstante a alienação firmada por contrato bilateral, os requeridos não desocuparam o imóvel, embora notificados previamente para tanto. Daí o pedido de imissão forçada na posse.

2. Devidamente citados em 15.3.1999 e 17.3.1999, e com mandado citatório juntado nos autos em 18.3.1999, conforme se vê de fls. 17v e 18 dos autos, os requeridos só contestaram a ação em 13 de abril de 1999 (fls. 27/28), ponderando que foram forçados a assinar o contrato de cessão, que assim não era legítimo. Nunca houve alienação espontânea de bens, e sim, um negócio viciado e inválido.

3. A relação jurídica processual se desenvolveu regularmente com escorreita distribuição do pedido e regular citação dos requeridos, tendo havido réplica do autor nas fls. 38 que insistiu na intempestividade da contestação. As partes especificaram provas a serem produzidas em audiência e os autos se fizeram conclusos. Processo em ordem.

4. ESSE, O SUCINTO RELATÓRIO. DECIDO.

É caso de julgamento antecipado do conflito de interesses (CPC, art. 330, II). Com efeito, os requeridos aduziram contestação fora do prazo legal de 15 dias (CPC, art. 297). Assim é que, foram os requeridos citados em 15.3.1999 e 17.3.1999, e o respectivo mandado citatório foi juntado em **18.3.1999,** tudo consoante se vê de fls. 17v e 18 dos autos. Ora, o prazo para contestar a ação venceria em 5 de abril de 1999, todavia, a contestação de fls. 27/29 somente foi protocolada em **13 de abril de 1999 (fls. 27).** Portanto, seródia a peça de contrariedade, na medida em que, *"a carta complementar, na citação com hora certa, não interfere no prazo para a contestação que terá início a partir da juntada do mandado nos autos"* (*RT* 636/146, 710/192 – fls. 39). Destarte, como corolário da falta de contestação no prazo legal, tem-se os efeitos da revelia, máxime em se tratando de lide sobre direitos disponíveis, como é a hipótese dos autos. Logo, *"se o réu não contestar a ação no prazo legal, reputar-se-ão verdadeiros os fatos afirmados pelo autor" (CPC, art. 319).* Essa é a regra a ser aplicada no caso vertente. Uma contestação intempestiva é o mesmo que contestação inexistente.

Aliás, não fosse pela revelia, verifica-se que os documentos atrelados na peça exordial dão suporte à pretensão de imissão na posse (ação que se pode considerar também atipicamente possessória, ao lado das ações típicas de reintegração, manutenção e interdito proibitório). Com efeito, o contrato de cessão de fls. 07 está corretamente assinado pelos litigantes, por duas testemunhas e por anuente interveniente. *Pacta Sunt Servanda.* O contrato foi firmado em 24 de outubro de 1996, **e lá se vão quase 03 (três) anos sem impugnação dos requeridos.** Por fim, os requeridos foram previamente notificados para desocuparem o imóvel cedido conforme se vê de fls. 06 dos autos e não fizeram contra-notificação nem esboçaram reação idônea. E, com a jurisprudência hodierna, diga-se: " Imissão de Posse – Fundamento – Compromisso de Compra e Venda não registrado – Cabimento da ação. Em face da evolução jurisprudencial admite-se, hoje, a ação de imissão na posse até mesmo com base em compromisso não registrado, não consistindo, portanto, a ausência de domínio empecilho para a referida ação " (*RJTJ* vol. 144, pág. 59, e *RJTJESP* vol. 89, pág. 147 e vol. 59, pág. 925).

Acrescente-se que, conforme art. 75 do CC de 1916: "A todo o direito corresponde uma ação, que o assegura". E, pelo art. 76 do mesmo Código de 1916, assinalou-se que: "Para propor, ou contestar uma ação, é necessário ter legítimo interesse econômico ou moral. Parágrafo único. O interesse moral só autoriza a ação quando toque diretamente ao autor, ou à sua família". As duas regras (arts. 75 e 76), conquanto não repetidas expressamente no Código Civil de 2002, continuam aceitáveis, válidas e aplicáveis como fundamentos e princípios integrantes da ordem jurídica privada nacional. Em suma, procede o pleito de imissão, mas inspirado no art. 5º da L.I.C.C., abstenho de fixar perdas e danos, já que o próprio autor permitiu o transcurso do prazo de 3 anos para então ajuizar o pleito judicial. Tolerou. Fixo, outrossim, com base no mesmo fundamento jurídico-social, o prazo de 30 dias para desocupação voluntária, findo o qual haverá imissão forçada.

5. A CONCLUSÃO.

Ante o exposto, JULGO PROCEDENTE a ação e declaro o autor "XL" imitido na posse do imóvel descrito na petição inicial, ficando, todavia, concedido o prazo de 30 dias para os requeridos desocuparem voluntariamente o imóvel. Notifique-se para a desocupação. Após notificação sem desocupação espontânea, expeça-se mandado de imissão na posse, ficando autorizado o reforço policial. Os requeridos são respectivamente "motorista" e "do lar". Abstenho de fixar as verbas da sucumbência.

P.R.I.C.

Marília, data.

(a) Dr. Valdeci Mendes de Oliveira
Juiz de Direito da 4ª Vara Cível
e da Infância e Juventude

5.4.2.1. Acórdão mantendo a decisão de imissão na posse transcrita no item anterior

PODER JUDICIÁRIO
TRIBUNAL DE JUSTIÇA DO ESTADO DE SÃO PAULO

(Apelação Cível nº 138.245.4/4-00-Marília-SP).

ACÓRDÃO

Ementa: APELAÇÃO – Imissão de Posse – Contrariamente ao alegado, a citação por hora certa não padece de irregularidade, feita em conformidade com o art. 227 do CPC, constando, inclusive, o horário das diligências – A contestação é intempestiva, razão pela qual devem ser reputados como verdadeiros os fatos narrados na exordial, consoante o art. 319 do CPC – De qualquer forma, o instrumento de cessão está assinado pelas partes, por duas testemunhas e pela anuente, sendo perfeitamente hábil para autorizar a presente demanda de imissão de posse – Recurso desprovido (voto nº 2182).

Vistos, relatados e discutidos estes autos de **Apelação Cível nº 138.245.4/4-00, da Comarca de Marília-SP** – Sendo apelantes "A e B" e apelado "X",

Acordam, em Nona Câmara de Direito Privado do Tribunal de Justiça do Estado de São Paulo, por votação unânime, negar provimento ao recurso.

Trata-se de apelação interposta contra sentença que julgou procedente a ação, para imitir o autor na posse do imóvel, concedendo o prazo de trinta dias para que os réus façam a desocupação voluntariamente.

Sustentam os apelantes que é certo que se envolveram em dívida com o apelado e não reuniram condições para quitá-la na data aprazada. Em razão da pressão sofrida por parte do autor, acabaram por assinar os documentos de transferência do imóvel. Aduzem que a sentença não observou o descumprimento da citação por hora certa, uma vez que não atendidos os pressupostos do art. 227 do CPC, sendo o ato nulo. Pugnam pela nulidade da decisão ou sua reforma.

Contra-razões às fls. 59/61.

É O RELATÓRIO.

Contrariamente ao alegado, conforme certidão de fls. 18 verso, a citação por hora certa não padece de irregularidade, feita em conformidade com o art. 227 do CPC, constando, inclusive, o horário das diligências.

Quanto ao mérito, não obstante os fundamentos de fato e de direitos expostos, a r. sentença bem examinou a questão, dando correto desate ao litígio.

A contestação é intempestiva, razão pela qual devem ser reputados como verdadeiros os fatos narrados na exordial, consoante o art. 319 do CPC.

De qualquer forma, o instrumento de cessão (fls. 07) está assinado pelas partes, por duas testemunhas e pela anuente EMDURB, sendo perfeitamente hábil para autorizar a presente demanda de imissão de posse.

"O novo Código de Processo Civil não previu, todavia, de modo específico, a antiga ação de imissão de posse. Nem por isso ela desapareceu. Acredito realmente que o autor possa promovê-la, desde que imprima ao feito o rito comum (ação ordinária de imissão de posse) e que terá por objeto a obtenção da posse nos casos legais " (Washington de Barros Monteiro, *Curso de Direito Civil*, Direito das Coisas, Saraiva, 19ª ed., pág. 51).

"A ação de imissão de posse, sabidamente, não é ação possessória destinada à proteção da posse, mas sim ação petitória a favor de quem vai em busca de posse. O mestre Gildo dos Santos, analisando o Código de 1939, lembra que "a imissão de posse, embora catalogada entre as ações possessórias, não era da natureza destas. Na verdade, a imissão de posse não era uma ação possessória, mas sim dominial." (*As Ações de Imissão de Posse, Cominatória e de Despejo no Novo Código*, José Bushatsky, 1975, pág. 19). Em seguida, lembra, com a precisão de sempre: "Estamos aqui, pois, no estrito campo das ações possessórias. No entanto, se alguém tem domínio, é proprietário, mas não tem a posse, isto é, aquele "mero estado de fato que a lei protege em atenção à propriedade, de que ela é manifestação exterior", então não é caso de pedir-se ao Juiz proteção possessória, mas imissão na posse, ação que não tem, pois, caráter possessório, porém, petitório." (*ob. cit.*, pág. 35). Pontes de Miranda analisou a disposição processual que autoriza a mudança da ação possessória, mostrando que: "O art. 920 está colocado no Capítulo V, que se refere às ações possessórias; não à ação de imissão de posse, que é ação petitória." (*Código de Processo Civil*, Forense, T. XIII/181, 1977)." (*RT* 612/106-107).

Ressalte-se que é admissível a imissão de posse ainda que o compromisso de compra e venda não esteja registrado (vide *RJTJ* 144/59 e *RJTJESP* 89/147).

Isto posto, negam provimento ao recurso.

Participaram do julgamento os Desembargadores Evaldo Veríssimo (Presidente sem voto), Marco César e Ruiter Oliva.

São Paulo, 15 de abril de 2003.

(a) *Desembargador Sérgio Gomes, Relator*

5.5. NOTAS SOBRE AÇÕES POSSESSÓRIAS

5.5.1. Nota sobre a posse justa e injusta

O art. 1.200 do Código Civil de 2002 define a posse justa como sendo aquela que não for violenta, clandestina ou precária. "É justa a posse que não for violenta, clandestina ou precária". Logo, *posse injusta* é a que for obtida por violência, ou na clandestinidade, ou por abuso de confiança (precária). *Posse violenta* é aquela obtida pela força ilegal. Posse clandestina é aquela obtida às ocultas ou às escondidas. *Posse precária* é aquela que nasce do abuso de confiança e não é definitiva (por exemplo, quando o locatário de coisa móvel, comodatário, usufrutuário, depositário, se negam a restituir a coisa). *A posse pode convalescer dos vícios da violência e da clandestinidade, como quando se estende por mais de ano e dia sem oposição, ou por tempo necessário a gerar a aquisição por usucapião.* Todavia, a posse precária jamais convalesce. O vício da precariedade nunca cessa, conforme dispõe o art. 1.208 do CC de 2002: "*Não induzem posse os atos de mera permissão ou tolerância assim como não autorizam a sua aquisição os atos violentos, ou clandestinos, senão depois de cessar a violência ou a clandestinidade.*". O legislador não se referiu à cessação do vício da posse precária.

5.5.2. Nota sobre a interpretação do art. 505 do Código Civil de 1916, cujo texto foi parcialmente repetido no art. 1.210, § 2º, do Código Civil de 2002 – Natureza jurídica da posse (Direito Real) – Efeitos – Interditos possessórios

1. Pode-se dizer que, a posse é o poder físico que alguém exerce sobre alguma coisa móvel ou imóvel para tirar algum proveito próprio-especial e semelhante ao do proprietário, não se configurando, todavia, o estado de posse, quando o poder físico sobre a coisa é resultado de uma relação de dependência, instrução ou subordinação com o proprietário, caso em que é mera detenção (CC, arts. 1.196 e 1.198). A posse é constituída pelo *corpus*, e não há posse de direitos pessoais conforme adiante veremos. Pois bem. O art. 505 do CC de 1916 dispunha que: *"Não obsta à manutenção, ou reintegração na posse, a alegação de domínio, ou de outro direito sobre a coisa. Não se deve, entretanto, julgar a posse em favor daquele a quem evidentemente não pertencer o domínio."*.

Já o art. 1.210, § 2º, do Código Civil de 2002, estabelece que: *"Não obsta à manutenção ou reintegração na posse a alegação de propriedade, ou de outro direito sobre a coisa."*.

2. Destarte, na vigência do Código Civil de 1916, editou-se a Súmula nº 487 do STF com o seguinte teor: *"Será deferida a posse a quem, evidentemente, tiver o domínio, se com base neste for ela disputada."*.

3. Ainda na vigência do Código Civil de 1916, a interpretação razoável que se deu ao art. 505 e à Súmula nº 487 do STF foi esta: a) como regral geral, nos interditos possessórios ou nas ações possessórias, é inadmissível a defesa com fundamento no domínio; b) todavia, excepcionalmente, admite-se a defesa fundada no domínio nas seguintes situações: 1ª) quando duas pessoas disputam a posse a título de proprietárias (Súmula nº 487 do STF); e 2ª) quando é duvidosa a posse de ambos litigantes (CC de 1916, arts. 500 e 507, que correspondem ao art. 1.211 do CC de 2002 e art. 924 do CPC, este último mantendo o prazo de ano e dia para qualificar uma posse nova e uma posse velha antes prevista no art. 507 do CC de 1916). Tenha-se presente que, nos termos do art. 1.200 do Código Civil de 2002, "é justa a posse que não for violenta, clandestina ou precária".

4. O Código Civil de 2002 não repeliu expressamente as interpretações acima descritas para uso no Juízo possessório, conquanto haja entendimento de que, a *exceptio proprietatis*, como defesa oponível às ações possessórias típicas, foi abolida pelo Codigo Civil de 2002, que adotou a absoluta separação entre os Juízos possessório e petitório.

5. Lembre-se que o Juízo petitório é o Juízo da ação reivindicatória, ou seja, do proprietário que persegue a propriedade ou domínio. No Juízo possessório discute-se a posse, ainda que com o seu caráter provisório e até mesmo contra o próprio proprietário. Pense no exemplo do comodatário ou do arrendatário com ação possessória para manter-se na posse do bem emprestado ou arrendado durante o prazo ajustado. A posse, portanto, é um dos elementos ou uma das situações e posições reveladoras da propriedade. Ela é um estado de fato e jurídico importante, que é destacável do "domínio" e até transferível para terceiro, donde a outorga de defesa jurídica em ambiente próprio e tipicamente possessório, ainda que em caráter provisório. A posse tem ambiente próprio para discuti-la, com ações judiciais próprias e específicas que tutelam a sua natureza autônoma e especial, e até a sua provisoriedade, inclusive não se ignorando a possibilidade também de se reconhecer a tendência natural dela rumo ao domínio.

6. Para constituir a posse, ou o estado de posse, sustenta Ihering, basta o *corpus*, o poder físico sobre a coisa, dispensando o *animus*, porque esse elemento anímico já se acha implícito no poder físico sobre a coisa. O elemento *corpus* é o único visível e suscetível de comprovação, e portanto é inseparável do *animus*. A posse, em princípio, é a exteriorização ou visibilidade do domínio ou propriedade. Já para Savigny, para se ter a posse são necessários dois elementos constitutivos: a) o poder físico sobre a coisa (*corpus*); e b) a intenção de exercer sobre a coisa o direito de propriedade (*animus*). O Código Civil de 1916 e o Código Civil de 2002 adotaram a teoria de Ihering, para quem a posse é constituída pelo elemento *corpus*, e é um autêntico direito, isto é, um interesse juridicamente protegido. E se é um direito que pode refletir a propriedade ou domínio, ou tende a proteger o direito de propriedade, então é um direito real, e o seu lugar é o Direito das Coisas. Washington de Barros Monteiro, em obra atualizada por Carlos Alberto Dabus Maluf, assim deixou assentado:

"A teoria de Ihering foi acolhida pela lei civil pátria de 1916, que se tornou o primeiro Código a consagrá-la, posto que em um e outro lance revelasse ainda persistência das idéias de Savigny, como, por exemplo, o art. 493. O Código Civil de 2002 segue no mesmo sentido, pois o art. 1.204, embora com redação diferente e mais sintética, não discrepa da teoria de Ihering, prevendo também a aquisição da posse pela (mera) apreensão da coisa. O art. 520 do Código Civil de 1916 especificava, desnecessariamente as diversas causas de perda da posse; já o art. 1.223 do Código Civil de 2002 não mais elenca as diversas hipóteses de perda da posse; acertadamente diz que a perda da posse se dá "quando cessa, embora contra a vontade do possuidor, o poder sobre o bem", adotando, mais uma vez, pois, a teoria de Ihering. Mais adiante prossegue: "Ihering, por seu turno, sustenta que a posse é um direito, vale dizer, um interesse juridicamente protegido... Sua verdadeira conceituação é a de instituição jurídica tendente à proteção do direito de propriedade. Para Ihering, portanto, o lugar da posse é no direito das coisas, entre os direitos reais." (*Curso de Direito Civil – Direito das Coisas*, vol. 3º, São Paulo, Saraiva, 2003, 37ª ed., págs. 18,19 e 20).

Aliás, vejamos a lição do próprio Rudolf von Ihering, em a *Teoria Simplificada da Posse* (Belo Horizonte, Lider, 2002, pág. 8), lembrada por Cláudio Antonio Soares Levada (in *Revista da Escola Paulista da Magistratura*, ano 4, julho/dezembro de 2003, nº 2, pág. 54): *"O fato e o direito, tal é a antítese a que se reduz a distinção entre a posse e a propriedade. A posse é o **poder de fato** (poder físico) e, a propriedade, o **poder de direito** sobre a coisa (poder de usar, gozar, dispor e reivindicar). Ambos podem achar-se com o proprietário, mas podem também separar-se, podendo acontecer isso de duas maneiras: ou o proprietário transfere a outrem tãosomente a posse, ficando com a propriedade; ou a posse lhe é arrebatada contra sua vontade. No primeiro caso, a posse é **justa (possessio justa)**, e o proprietário mesmo deve respeitá-la; no segundo, é **injusta (possessio injusta)**, e o proprietário pode acabar com ela por uma ação judicial. Ora, uma vez dotado com essa faculdade, fica-lhe garantido o **direito de possuir**."*

Por outro lado, por falar em direitos reais, em contraposição, **os direitos pessoais** nunca foram desmembramentos do domínio, e portanto, não podem ser objeto de turbação material. Os direitos pessoais são como um estágio ou degrau para se alcançar o domínio ou propriedade material. Não pode haver posse de coisas incorpóreas, nem há posse do abstrato. A noção de posse não se aplica aos direitos pessoais, e por isso mesmo não se pode invocar as ações possessórias para proteger os aludidos direitos pessoais. Para estes, existem outras ações como o mandado de segurança, o *habeas corpus*, as ações de cognição ou de execução com pedido de tutela antecipada, etc. A propósito, a Súmula 228 do STJ, por exemplo, estabelece que:

SÚMULA 228: *"É inadmissível o interdito proibitório para a proteção do direito autoral."* (Ref. art. 493 do CC de 1916, e Lei nº 5.988/1973, arts. 2º e 29).

Ora, sabe-se que, a ação de interdito proibitório se constitui numa das ações possessórias típicas. Registrou Washington de Barros Monteiro, na obra acima citada e atualizada por Carlos Alberto D. Maluf, que "no direito italiano, é pacífica a exclusão da posse aos direitos de crédito" (*ob. Cit.*, págs. 22/25, com vários exemplos de hipóteses em que não se pode invocar os interditos possessórios para direitos pessoais).

7. Anote-se que, quanto aos efeitos da posse, Savigny chegou a apontar um escritor que encontrou e enumerou 72 efeitos da posse, mas ele próprio Savigny reduziu a dois (2) os efeitos da posse: a) a usucapião; e b) a faculdade de invocar os interditos possessórios, ou seja, o direito de propor as ações possessórias (*ob. acima cit.*, págs. 40/43). E, no direito brasileiro, costuma-se apontar seis (06) ações possessórias, entre típicas e atípicas. São elas: a) ação de reintegração de posse – típica – (esbulho); b) ação de manutenção de posse – típica – (turbação); c) ação de interdito proibitório – típica – (ameaça); d) ação de imissão na posse (atípica); e) ação de embargos de terceiro (atípica); e f) ação de nunciação de obra nova (atípica). As ações possessórias típicas tem natureza dúplice (CPC, art. 922), podendo qualquer dos litigantes assumir a posição de autor ou réu independentemente de reconvenção.

8. **Sobre a execução do julgado**, acrescente-se que, não existe a fase de ação de execução nos interditos possessórios, cumprindo-se de plano o comando sentencial. Inexiste ação de execução de julgado possessório. Não há citação do executado, devendo o julgado ser cumprido de plano (*ob. cit.*, pág. 43). Pode-se dizer em "efeito executivo irradiante e automático" do julgado nas lides possessórias, ou em "auto-suficiência executiva" da sentença possessória (que se basta por si mesma), ou ainda em efeito mandamental peculiar do julgado. A propósito, **as ações de cognição** – e as correspondentes sentenças – podem ser classificadas em declaratórias, condenatórias e constitutivas. Todavia, algumas dessas ações e sentenças (declaratórias, condenatórias e constitutivas) **já têm propriedades ou efeitos executivos irradiantes e automáticos, ou são de auto-suficiência executiva, ou ainda, contém efeitos mandamentais próprios,** dispensando-se a ação específica de execução do título judicial, ou a fase de ação executiva, tudo conforme se infere das técnicas de cumprimento do julgado empregadas nos arts. 461, 461-A e 644 do CPC, com redação dada pela Lei nº 10.444/2002. As ações são declaratórias, condenatórias ou constitutivas, mas algumas têm efeitos executivos irradiantes e automáticos, ou são de auto-suficiência executiva de modo a dispensar a ação específica de execução do título judicial, e tudo isso em razão, por exemplo, das técnicas de cumprimento empregadas nos citados arts. 461, 461-A e 644 do CPC.

5.5.3. Nota sobre a interpretação do art. 521 do Código Civil de 1916, cuja regra não foi repetida expressamente pelo Código Civil de 2002, no capítulo da "perda da posse" (arts. 1.223 e 1.224) – Possibilidade, todavia, de aplicação interpretativa e integrativa no novo sistema jurídico

Prescrevia o art. 521 do Código Civil de 1916, no capítulo da "perda da posse", que: "Aquele que tiver perdido, ou a quem houverem sido furtados, coisa móvel, ou título ao portador, pode reavê-los da pessoa que os detiver, salvo a esta o direito regressivo contra quem lhos transferiu" (v. art. 1.542 do CC de 1916). Portanto, entendia-se na época que: a) a reivindicação do titular da coisa móvel só seria possível nos casos em que a referida coisa saiu da esfera de vigilância do aludido dono ou possuidor contra a sua vontade, como ocorre nas hipóteses de furto, roubo e de perda; b) não seria possível a reivindicação do titular contra terceiro de boa-fé nos casos em que a privação da posse da coisa móvel ocorrera em razão de crime de apropriação indébita ou estelionato, casos em que a própria vítima é que teria efetuado a entrega voluntária da coisa, não obstante ilaqueada em sua boa-fé. Nesse último caso, a vítima teria ação penal e civil contra o criminoso, mas não poderia reaver a coisa móvel do terceiro de boa-fé. A jurisprudência afirmava: "A Lei civil permite à vítima do furto reivindicar a coisa furtada, mesmo daquele que a adquiriu e possui de boa-fé" (*RT* 365/200 e 381/274). Todavia, a reivindicabilidade das coisas móveis não seria possível nas hipóteses de perda da posse em razão de **estelionato ou apropriação indébita, onde a própria vítima se despojou voluntariamente da coisa,** malgrado sob a malícia de outrem (*RT* 438/104). Acentue-se que, a reivindicação de imóveis tem outra sitemática legal. Pois bem.

Com o Código Civil de 2002, continuam suscetíveis de ocorrerem as hipóteses de perda da coisa móvel por furto ou roubo, assim como as perdas decorrentes de crimes de apropriação indébita e estelionato. E, não há dispositivo legal no bojo do Código Civil de 2002 impedindo expressamente a interpretação acima consolidada sob a égide do Código Civil de 1916 (art. 521). Afinal, quem perdeu alguma coisa móvel por ter sido vítima de roubo ou furto, sempre terá ação judicial para amparar-lhe na reivindicação. Terceiros beneficiados com a coisa roubada ou furtada não poderão se sustentarem com provas ou títulos viciados, adulterados e falsos. Lembre-se que a posse violenta ou clandestina não autoriza a aquisição (CC de 2002, art. 1.208), a não ser pela usucapião depois de 05 anos (CC de 2002, art. 1.261). Por outro lado, mesmo os que gratuitamente houverem participado nos produtos do crime, independentemente de culpa, responderão pela reparação civil, inclusive em espécie (CC de 2002, arts. 932, V, 933 e 884)".

5.6. Jurisprudência sobre ações possessórias

Nota: Uma parte das Súmulas e dos julgados abaixos citados foram lavrados e editados na vigência do Código Civil de 1916.

5.6.1. SÚMULA nº 237 do STF: *"O usucapião pode ser arguido em defesa."* (Referências: CC, arts. 550 e 551).

5.6.2. SÚMULA nº 415 do STF: *"Servidão de trânsito não titulada, mas tornada permanente, sobretudo pela natureza das obras realizadas, considera-se aparente, conferindo direito à proteção possessória."*

5.6.3. "SERVIDÃO – Utilização de caminho por vários anos – Natureza contínua e aparente – Irrelevância de outra estrada para a via oficial – Possessória procedente. Quando se cuida de servidão de passagem, contínua e aparente, é irrelevante a existência de outra estrada em favor do prédio dominante." (*RT* 472/86). Constou do v. acórdão: "Não se pretende, nestes autos, o reconhecimento de direito de passagem, caso em que *apropriada seria a ação confessória. Na realidade, a pretensão do autor é de ver restabelecida a servidão de trânsito, de que se diz possuidor."* (*RT* 472/87).

5.6.4. "Havendo cláusula resolutória expressa, pode o promitente-vendedor propor ação de reintegração de posse, independentemente da propositura, prévia ou concomitante, da ação de rescisão do contrato (STF, *RTJ* 72/87, 74/449, 83/401, *RT* 483/215, *RJTJESP* 111/53, *JTA* 103/191). Não fica o vendedor, todavia, dispensado de proceder à notificação prévia." (Decreto-Lei nº 58/37, art. 22, e Decreto-Lei nº 745, de 7.8.1969), *apud* Theotônio Negrão, *CPC e Legislação Processual em Vigor*, Saraiva, 26ª ed., pág. 609).

5.6.5. "INTERDITO PROIBITÓRIO – Ajuizamento contra ato do Poder Público – Possibilidade – Defesa de posse em razão de inusitada ordem de derrubada de muro. Caracterização de abuso de direito, que encontra reparo nas teorias da posse e da responsabilidade civil." (1º TACivSP, 4ª C., Ap. nº 482.598-5 – São Sebastião, rel. Juiz Carlos Bittar, j. em 14.10.1993, v.u., *in Boletim AASP* nº 1839, de 23 a 29.3.1994, pág. 93).

5.6.6. "MANUTENÇÃO DE POSSE – Obstrução de servidão utilizada pelos sucessores de antigos titulares. Edificação de cerca impedindo o acesso representa exercício abusivo, justificador da outorga do interdito de manutenção. Caracterização cristalina da proteção possessória concedida. Recurso improvido." (1º TACivSP, 4ª C., Ap. nº 527.716-7, Atibaia, rel. Juiz Carlos Bittar, j. em 23.11.1994, v.u., *in Boletim AASP* nº 1886, de 15 a 21.2.1995, pág. 57).

5.6.7. "*LEASING* – Reintegração – Inadimplemento do arrendatário – Cobrança de prestações vincendas – Inadmissibilidade – Ação monitória – Contrato de arrendamento mercantil – Falta de individualização de parcelas – Cláusula leonina. Recurso não provido. 1. No contrato de arrendamento mercantil é leonina e inválida a cláusula que, mesmo de forma indireta, contenha previsão para cobrança de prestações vincendas para a hipótese do arrendatário inadimplir o pacto. 2. Segundo orientação do Eg. STJ, tornando-se inadimplente o arrendatário, é devida a multa contratual. Todavia, para ser cobrada, *deve haver discriminação na inicial ou na planilha.* 3. *Omitida a providência, interpreta-se a inexistência do dado em desfavor do prestador de bens ou serviços,* conforme prevêem as normas de proteção do consumidor. 4. Apelação conhecida e não provida." (Ac. un. 2ª CC, TAMG, Ac. 216.549-3, rel. Juiz Caetano Levi Lopes, j. em

24.5.1996, *DJMG* 7.9.1996, págs. 1/2, ementa oficial, *in Rep. IOB de Jurisp.* nº 19/1996, 1ª quinz/out/1996, indicativo 3/12462).

Obs. da IOB. "Do voto do Relator ressaltamos: "No caso destes autos, os apelados pagaram as prestações enquanto utilizaram o bem. Quando não suportaram mais a dívida devolveram o veículo em bom estado de conservação. Nesta modalidade de contrato, o inadimplemento leva à sua resilição, com a obrigação da devolução do bem em condições normais de uso, o que de fato ocorreu. Todavia, não se pode exigir o pagamento das prestações vincendas porque elas são contrapartida do uso e gozo do bem e parcela de pagamento do preço para a eventualidade, se não fosse o inadimplemento, de aquisição da *res*. É o que ensina Arnaldo Rizzardo, na sua obra *Leasing – Arrendamento Mercantil no Direito Brasileiro*, 1987, Revista dos Tribunais, SP, pág. 148: "Quanto aos aluguéis vincendos, não configurando o *leasing* um mútuo ou financiamento propriamente dito, onde se dá a entrega pura e simples de certa importância em dinheiro, para ser devolvida após determinado lapso de tempo, é incabível a pretensão da arrendante em pleitear o recebimento de prestações ou aluguéis vincendos após a rescisão do contrato e a reintegração na posse do bem. Como já foi abordado, é o arrendamento mercantil um contrato complexo ou misto, onde têm proeminência dois elementos: a locação da coisa e o financiamento. Mas as prestações mantêm o caráter de aluguéis até o momento em que se dá a manifestação da vontade de adquirir. Daí, pois, enquanto perdura esta natureza da relação contratual, ou seja, de locação, não se admite a cobrança de valores como se o devedor estivesse adquirindo o bem".

5.6.8. "COMPRA E VENDA – Veículo automotor – Efetivação através de cheque pré-datado sem fundos – Sucessivas alienações. Embargos de terceiro – Veículo apreendido por sentença prolatada em ação de busca e apreensão – Venda feita com cheque sem fundos – Automotor transferido a terceiro de boa-fé – Procedência dos Embargos de terceiro – Apelação improvida. 1. Se o proprietário de um veículo entrega-o ao adquirente, devidamente acompanhado do recibo de quitação, inclusive com autorização para transferência assinada, tendo recebido do comprador o valor pedido pelo carro através de cheque pós-datado, consumou-se aí um negócio que reúne as condições de um ato jurídico perfeito e acabado – *res traditio – pagamento*. 2. A circunstância do cheque não ter sido resgatado na data combinada é fato estranho ao negócio em si e, efetivamente, não pode prejudicar terceiro que, de boa-fé, comprou posteriormente o veículo, após múltipla sucessão de alienações do automóvel. Ademais, o cheque aceito pelo Apelante, embora descaracterizado por ser pós-datado, não perdeu sua propriedade de cambiariedade nem a conseqüente executividade, valendo lembrar que a venda foi a prazo e sem condição de reserva de domínio. Apelação improvida." (Ac. un. 1ª C., TJPR, *DJ* 12.2.1988, rel. Des. Oto Luiz Sponholz, *in Rep. IOB de Jurisp.* nº 7/88, 1ª quinz/abr/88, indicativo 3/1179).

5.6.9. "AÇÃO REIVINDICATÓRIA – Lotes de terrenos transformados em favela dotada de equipamentos urbanos – Função social da propriedade – Direito de indenização dos proprietários. Lotes de terrenos urbanos tragados por uma favela deixam de existir e não podem ser recuperados, fazendo, assim, desaparecer o direito de reivindicá-los. O abandono dos lotes urbanos caracteriza uso anti-social da propriedade, afastado que se apresenta do princípio constitucional da função social da propriedade. Permanece, todavia, o direito dos proprietários de pleitear indenização contra quem de direito." (TJSP, 8ª C., Ap. Cív. nº 212.726-1-8-SP, rel. Des. José Osório, j. em 16.12.1994, v.u., in Boletim AASP nº 1896, de 26.4 a 2.5.1995, pág. 137-j, acórdão na íntegra).

6. AÇÃO DE NUNCIAÇÃO DE OBRA NOVA

6.1. Despacho inicial

Processo Cível nº

Vistos, etc.

1. Trata-se de ação de nunciação de obra nova intentada por "A" contra "B". Esta ação cabe ao proprietário, possuidor, condômino ou Município, para impedir a edificação de obra nova prejudicial ou lesiva a seus interesses. É lícita a concessão do embargo liminarmente ou após justificação prévia (CPC, art. 937).

2. No caso vertente, em virtude dos argumentos expostos e secundados por documentos, mormente os de fls., para evitar danos irreparáveis ou de difícil reparação, e até mesmo o inconveniente de se prosseguir numa obra que no final pode ser demolida, modificada ou reconstituída (CPC, art. 936, I), defiro liminarmente o embargo para que fique suspensa a obra nova, ficando desde já cominada a multa diária de valor igual a 20 (vinte) salários mínimos para o caso de inobservância da ordem e do preceito (CPC, art. 936, II), sem prejuízo da condenação em perdas e danos.

3. O Oficial de Justiça cumprirá o disposto no art. 938 do CPC, lavrando-se o auto circunstanciado com descrição do estado em que se encontra a obra. Ato contínuo, intimará o construtor e operários para que não continuem a obra sob pena de desobediência.

4. Cite-se a parte requerida para, querendo, contestar a ação no prazo de 5 (cinco) dias (CPC, art. 938, parte final). Eventual pedido de caução feito pelo nunciado será apreciado oportunamente, com as cautelas de praxe (CPC, art. 940).

5. Intimem-se.

Local e data

(a) Juiz de Direito

7. USUCAPIÃO – AÇÃO DE USUCAPIÃO EXTRAORDINÁRIO

7.1. Despacho inicial

Processo Cível nº

Vistos, etc.

1. Cite-se aquele em cujo nome estiver registrado o imóvel usucapiendo, bem como todos os confinantes do referido imóvel.

2. Por edital, com o prazo de 30 (trinta) dias (CPC, art. 232, IV), citem-se os réus em lugar incerto e os eventuais interessados (CPC, art. 942).

3. Por via postal, intimem-se, para manifestar interesse na causa, os representantes da Fazenda Pública da União, do Estado e do Município.

4. Dê-se vista dos autos para o Ministério Público.

5. Não existe mais a audiência preliminar de justificação de posse.

6. Oportunamente será designada audiência de instrução para a oitiva de testemunhas.

Local e data

(a) Juiz de Direito

7.2. Sentença em ação de usucapião extraordinário

Nota: A sentença abaixo transcrita foi lavrada na vigência do Código Civil de 1916, e por isso os artigos nela mencionados são do referido Código Civil de 1916. Os artigos correspondentes do Código Civil de 2002 são: 1.238, 1.241 e 1.243. Lembre-se que o prazo para usucapir imóvel foi reduzido de 20 para 15 anos, e pode ser reduzido para 10 anos, quando o possuidor houver estabelecido no imóvel a sua moradia habitual ou nele realizado obras ou serviços de caráter produtivo (CC de 2002, art. 1.238, parágrafo único). Trata-se do usucapião extraordinário.

PODER JUDICIÁRIO
ESTADO DE SÃO PAULO

Processo Cível nº

SENTENÇA

Vistos e examinados estes autos de Ação de usucapião de terra particular, por ***sentença*** tem-se a solução final em 1ª Instância de uma lide com as seguintes características:

1. OS REQUERENTES DO PROVIMENTO JURISDICIONAL

"A" e sua mulher "B", qualificados nas fls. 2.

2. A PRETENSÃO DEDUZIDA EM JUÍZO

Com fundamento nos arts. 550 *usque* 553 do CC, e arts. 941 e seguintes, do CPC, pretendem os requerentes que se declare judicialmente pertencer-lhes o domínio de um imóvel abaixo descrito, isso porque alegam ser possuidores do referido bem por mais de 20 (vinte) anos, com posse mansa, pacífica e ininterrupta. Para tanto, juntaram os requerentes, com o pedido inicial, vários documentos de posse e aquisição de direitos anteriores, mencionando os nomes dos confinantes. Pediram os requerentes a procedência da ação de usucapião.

Descrição do imóvel usucapiendo: imóvel urbano, localizado na Rua das Acácias, na cidade de (...), distante 20 metros da esquina da Rua das Rosas, quadra 12, parte do lote de terreno nº 3, Centro, medindo 10 x 40 metros, totalizando 400 metros quadrados, contendo uma casa de tijolos, sob nº 123, confrontando: *a)* pela frente, com a Rua das Acácias; *b)* de um lado, com parte do lote 4; *c)* de outro lado, com o lote 5; e *d)* pelos fundos, com o lote nº 7 (fls. dos autos).

3. A PARTE "REQUERIDA" NA RELAÇÃO JURÍDICA PROCESSUAL E A REAÇÃO AO PEDIDO DOS REQUERENTES. CONTESTAÇÃO

Foram citados por edital os possuidores-antecessores "A", "B", "C", "D" e "E", bem como os confrontantes do imóvel usucapiendo a saber: 1. "F"; 2. "G", 3. "H"; e 4. "I", tudo conforme se vê de fls. dos autos. Também foram citados os "réus" ausentes e eventualmente interessados.

As partes citadas não contestaram a ação, consoante se vê de fls. dos autos. O Curador Especial nomeado para os réus citados por edital, contestou o feito por negação geral, pedindo a improcedência da ação (fls.).

4. A MANIFESTAÇÃO DAS FAZENDAS PÚBLICAS

As Fazendas Públicas Federal, Estadual e Municipal, manifestaram pelo desinteresse na lide e no imóvel usucapiendo (fls.)

5. O PARECER DO MINISTÉRIO PÚBLICO

O Ilustre Promotor de Justiça, oficiando nos autos, ponderou que os confrontantes citados não contestaram a ação e o imóvel usucapiendo estava perfeitamente delimitado, conforme fls. dos autos, inclusive com vistoria técnica (fls.). Destarte, após audiência de testemunhas, o representante do *parquet* pediu a procedência da ação, concordando com o pedido inicial (fls.).

6. A RELAÇÃO JURÍDICO-PROCESSUAL

O processo se desenvolveu regularmente, com citação dos confrontantes do imóvel objeto da lide e indicados na petição inicial, bem como dos réus ausentes e terceiros interessados (fls.). Foi designada audiência de instrução e inquiridas testemunhas arroladas pelos requerentes (fls.). Foram juntadas certidões imobiliárias e possessórias. Nulidades ou irregularidades processuais não foram apontadas pelas partes.

7. ESSE, O SUCINTO RELATÓRIO. A SOLUÇÃO DA JURISDIÇÃO COM FUNDAMENTAÇÃO

7.1. Cuida-se de usucapião de imóvel urbano. Os requerentes juntaram documentos fiscais e de aquisições de posse, demonstrando assim a corrente ou cadeia de possuidores anteriores, bem como as sucessivas transmissões do imóvel descrito na petição inicial (fls.). O primeiro documento sobre a alienação do imóvel tem data de (...) de (...) de (...) (fls.). O imóvel usucapiendo está cadastrado na Prefeitura de (...) e foi objeto de vistoria pelo Poder Público (fls.). Pois bem.

7.2. As duas testemunhas inquiridas em Juízo afirmaram que de fato conhecem o imóvel usucapiendo e sabem que os requerentes são os titulares da posse (fls.). Acrescentaram as referidas testemunhas que a posse exercida pelos requerentes e pelos antecessores soma mais de 20 (vinte) anos e, nesse período, não houve qualquer reclamação de terceiros. Trata-se, pois, de posse mansa, pacífica, ininterrupta e sem oposição de terceiros (CC, art. 550). De fato, devidamente citados para a ação, os confrontantes do imóvel não apresentaram contestação, nem as Fazendas Públicas manifestaram interesse na lide. O digno Promotor de Justiça concordou com o pedido inicial. Assim, não há qualquer impugnação consistente para justificar a improcedência do pedido inicial. Por outro lado, o Curador Especial não trouxe provas bastante para ilidir o pedido inicial.

7.3. A impossibilidade de juntar certidão da transcrição imobiliária referente ao imóvel usucapiendo, ou mesmo a falta de transcrição no Registro Imobiliário, não constitui pressuposto indeclinável da ação de usucapião. Confira-se a jurisprudência: "Usucapião extraordinário – Inexistência de transcrição do imóvel usucapiendo no Registro respectivo – Impossibilidade de juntar-se certidão, positiva ou negativa, do registro de imóveis – Impedimento processual da ação de usucapião – Extinção do processo (art. 267, IV e VI, do CPC). I – A inexistência de transcrição do imóvel no Registro de Imóveis respectivo, por tratar-se de terras submetidas ao regime do Decreto nº 1.318, de 30.4.1854, *não pode ser causa impeditiva do curso da ação de usucapião, desde quando a posse, por mais de 30 anos, pode ser provada através de testemunhas e confrontantes. Insistir na impossibilidade de continuação do processo por falta desse pressuposto, é violar a Constituição Federal, quando recomenda que nenhuma violação de direito pode ficar excluída da apreciação do Poder Judiciário. 2. Também a falta da certidão, positiva ou negativa, do registro de imóveis, não pode prejudicar a instauração do processo, pois, a despeito da oposição doutrinária, a lei processual (art. 942, incisos I e II), a ela não alude. 3. Injustificável a extinção do processo, pelas causas aqui apontadas. Sentença que se reforma, para determinar o prosseguimento do feito com o exame do mérito. Recurso provido"* (TFR, 2ª T., Ap. Civ. nº 89.326-MA, rel. Min. José Cândido, j. em 9.4.1985, v.u., *DJU* 30.5.1985, in Boletim AASP nº 1384, de 26.6.1985, pág. 160).

7.4. Em suma, é procedente a ação de usucapião, com declaração do domínio do imóvel descrito na petição inicial a favor dos requerentes (CPC, arts. 941 e 945). A sentença deverá ser transcrita no Registro de Imóveis, mediante mandado, satisfeitas as obrigações fiscais (CPC, art. 945).

8. A CONCLUSÃO

Ante o exposto, JULGO PROCEDENTE a ação de usucapião intentada por "A" e sua mulher "B", e conseqüentemente declaro pertencer-lhes o domínio do imóvel descrito na petição inicial e na presente sentença, ressalvados direitos de terceiros não citados. Após o trânsito em julgado, expeça-se o Mandado para o Registro do Domínio a favor dos requerentes. Não há custas processuais nem honorários advocatícios para arbitrar, não tendo havido resistência ao pedido inicial. Publique-se. Registre-se. Intime-se. Comunique-se.

Local e data

(a) Dr. Valdeci Mendes de Oliveira – Juiz de Direito

7.3. JURISPRUDÊNCIA SOBRE USUCAPIÃO

Nota: Alguns dos julgados abaixos transcritos foram lavrados na vigência do Código Civil de 1916. Já o Código Civil de 2002 reduziu alguns prazos de usucapião e disciplinou as modalidades nos arts. 1.238 a 1.244 e 1.260 a 1.262.

7.3.1. "USUCAPIÃO – Coisa móvel – Automóvel furtado. Reconhece-se usucapião extraordinário pela posse superior a 5 (cinco) anos, mesmo que o primeiro adquirente conhecesse o *vitium furti*. "O ladrão pode usucapir; o terceiro usucape, de boa ou má-fé, a coisa furtada" (Pontes de Miranda). Sentença confirmada." (Ac. un. 4ª C., TAPA, j. em 17.5.1990, rel. Juiz Ernani Graeff, *in RTJE* 75/206).

7.3.2. "USUCAPIÃO – Ação de divisão de condomínio. Admite-se usucapião, *por um dos condôminos, de todo o imóvel, quando ele prove posse própria (posse com a intenção de ter a coisa exclusivamente para si), decorrente de atos inequívocos*. Extinto, assim, o condomínio, não há que pretender-se a divisão do que já não existe em comum. Acórdão que, com base na prova, julga improcedente ação divisória por entender que existente o usucapião em favor de um dos condôminos sobre *a totalidade do imóvel,* não viola o art. 629 do CC, nem o art. 415 do antigo CPC." (STF, RExtr. não conhecido, *in RTJ* 76/855).

7.3.3. "USUCAPIÃO – Área urbana – Art. 183 da Constituição Federal – Contagem do prazo que se inicia, na data de sua promulgação. Quanto ao usucapião urbano, criado pelo art. 183 da CF vigente, não são computadas posses anteriores à sua promulgação." (TJSP, 4ª C. de Férias "A" de Direito Privado, Ap. Cív. nº 242.704-1/2-SP, rel. Des. Cunha Cintra, j. em 7.2.1996, v.u., *in Boletim AASP* nº 1979, de 27.11 a 3.12.1996, pág. 95-e)

8. DIVISÃO E DEMARCAÇÃO DE TERRAS

8.1. DIVISÃO – DESPACHO INICIAL

Processo Cível nº

Vistos, etc.

1. Cuida-se de ação de divisão ajuizada por "A" contra "B". A ação compete ao condômino para obrigar os demais consortes a partilhar a coisa comum (CPC, art. 946, II). Trata-se de ação real. O escopo da ação divisória é a dissolução do condomínio, transformando a parte ideal de cada consorte sobre o imóvel comum em parte concreta e determinada. O procedimento da divisão judicial se desdobra em duas fases distintas: *a)* na primeira, busca-se a definição do direito de dividir, se cabe ou não a divisão, se o bem é ou não divisível, com sentença no final; *b)* na segunda, que se inicia pela regra do art. 969 do CPC (*RT* 601/196), levam-se a efeito as operações técnicas de divisão, se for procedente a 1ª fase. A citação aos réus é única para todo o processo. Não há duas citações, embora haja duas sentenças, ambas de mérito. Observar-se-á, na 1ª fase, o procedimento ordinário, tendo o réu o prazo de 20 (vinte) dias para contestar (CPC, arts. 968, 953 e 954). Com o trânsito em julgado da sentença, serão nomeados 2 (dois) arbitradores e 1 (um) agrimensor (CPC, art. 956), sob compromissos, podendo as partes apresentar assistentes técnicos ao agrimensor e aos arbitradores.

2. Assim sendo, na ação divisória, os réus que residirem na comarca serão citados pessoalmente, e os demais por edital (CPC, arts. 953 e 968). Prazo do edital: 30 (trinta) dias. Os réus terão o prazo comum de 20 (vinte) dias para contestar a lide (CPC, arts. 954 e 968). Havendo contestação, observar-se-á o procedimento ordinário (CPC, arts. 955 e 968). Não havendo contestação, aplica-se o art. 330, II, do CPC, com possibilidade, portanto, de julgamento antecipado em decorrência da revelia (CPC, art. 319).

3. Citem-se, conforme exposto no item 2 acima.

4. Oportunamente deliberarei sobre a designação de audiência visando a conciliação (CPC, art. 331), propondo, se for o caso, o sistema de "sorteio" para dividir o bem, tudo conforme a regra permissiva do art. 817 do CC.

5. Intimem-se.

Local e data

(a) Juiz de Direito

8.2. Divisão – Indeferimento da inicial por pretender o autor a divisão parcial, e não total – Fundamentos jurídicos da divisão

Nota: A decisão abaixo transcrita foi lavrada na vigência do Código Civil de 1916, e os artigos mencionados correspondem ao *caput* e parágrafos do art. 1.320 do Código Civil de 2002. A decisão continua possível no sistema do CC de 2002.

Processo Cível nº

SENTENÇA

Vistos, etc.

1. Trata-se de ação de divisão ajuizada por 7 (sete) condôminos contra outros 4 (quatro) co-proprietários. São requerentes: *A*, *B*, *C*, *D*, *E*, *F* e *G*, inclusive os cônjuges, todos qualificados na petição inicial. São requeridos: *H*, *I*, *J* e *L*, também qualificados na peça exordial.

2. Os requerentes argumentaram que, em virtude de escritura pública de doação com reserva de usufruto, adquiriram um imóvel rural com a área de 8,33 alqueires paulistas, equivalentes a 20,16 ha, denominado Sítio Fortuna, localizado no Bairro do Cristal, município e comarca de (...)-SP, tudo consoante Registro nº 1 da Matrícula nº 2.956 do Cartório de Registro de Imóveis de (...). Salientaram, também, os requerentes, que o usufruto foi extinto por morte dos doadores, e assim, na atualidade, *são 11 (onze) os proprietários e condôminos do aludido prédio rústico*. Isso significa que os 7 (sete) requerentes são proprietários do imóvel conjuntamente com os 4 (quatro) requeridos.

3. Pretendem os requerentes dividir o imóvel rural suso descrito em duas glebas, de tal arte que: *a)* na primeira gleba, com 5,30 alqueires paulistas, permaneceriam como condôminos os 7 (sete) requerentes; *b)* na segunda gleba, com 3,05 alqueires paulistas, permaneceriam como condôminos os 4 (quatro) requeridos. A petição inicial esclareceu que, como são 11 (onze) os proprietários da área de 8,33 alqueires paulistas, objeto da presente ação divisória, segue-se que, a cada consorte pertence, portanto, a parte ideal de 1/11. Destarte, preferem dividir a propriedade apenas em duas glebas, de tal modo que aos autores fiquem pertencendo 7/11, e aos requeridos fiquem pertencendo 4/11. A petição também enfatizou que os requeridos permanecerão no estado de comunhão, e o remanescente não será dividido entre eles (*sic*, fls. 3).

4. ESSE, O SUCINTO RELATÓRIO. A SOLUÇÃO DA JURISDIÇÃO COM FUNDAMENTAÇÃO

4.1. Em caráter preliminar, impõem-se algumas considerações superficiais sobre a divisão de terras particulares. Efetivamente, dispõe o art. 629 do CC que: "A todo tempo será lícito ao condômino exigir a divisão da coisa comum". Primeiramente, tenha-se presente que o direito de exigir a divisão não é *absoluto*. Há certas *limitações* a serem observadas, e desta forma não pode o condômino exercer o direito de divisão: *a)* quando a coisa, por sua natureza, é indivisível (CC, art. 53, I); b) quando a coisa, pela divisão, tornar-se imprópria à sua destinação ou acarretar significativa perda de valor econômico (CPC, art. 1.117, II); c) quando os próprios condôminos declararem a indivisibilidade por tempo não superior a 5 (cinco) anos (CC, art. 629, parágrafo único); e d) quando o doador ou testador estabeleceu a indivisão por tempo não superior a 5 (cinco) anos (CC, art. 630).

4.2. Pois bem. Um dos objetivos da ação divisória é exatamente o de promover a repartição do imóvel comum em tantas partes materiais e distintas quantos forem os consortes ou comunheiros. O que se visa na ação de divisão é desmembrar e localizar os quinhões de todos os condôminos. É imprescindível destacar-se ou determinar-se os quinhões distintos de cada um dos condôminos, isso para que de fato ocorra, de uma só vez, a extinção do estado de comunhão, tido este como "sementeira de discórdias".

4.3. No caso de que se cuida, pelo menos duas razões contribuem para o indeferimento da petição inicial em virtude da impossibilidade jurídica do pedido. A primeira delas refere-se ao fato de que os requerentes *não querem propriamente a extinção total do condomínio, mas sim a instituição de um novo tipo ou novo modelo de comunhão*. Com efeito, se hoje são em 11 (onze) os proprietários de uma área rural de 8,33 alqueires paulistas, possuindo cada um a parte ideal de 1/11, na verdade, querem agora os requerentes não a divisão propriamente dita do total dos 8,33 alqueires para os 11 consortes, mas sim instituírem um novo estado de comunhão onde 7 (sete) dos consortes ficariam com 5,30 alqueires (os autores), e os outros 4 (quatro) condôminos ficariam com 3,03 alqueires, não havendo divisão entre estes (sic, fls. 3, item III). Ora, isso equivale a frustrar o objetivo mais sério e eficaz da ação divisória, que é exatamente o de extinguir de uma só vez o condomínio, evitando-se que futuras demandas sejam instauradas em decorrência da permanência do estado de comunhão. Tal como proposta a presente ação de divisão, com o caráter contencioso (e não jurisdição voluntária), novas divisões no futuro poderão ser veiculadas. Na verdade, a divisão judicial há de ser completa e não parcial. Ensina Humberto Theodoro Júnior, em *Terras Particulares*, Leud, 1981, pág. 327, que: "O certo, todavia, é que "em falta de composição amigável dos condividentes em contrário, a divisão de coisa singular tem de ser completa e feita de um jato", porquanto o "juízo divisório é de sua *natureza único e universal e ninguém pode pretender que se proceda à divisão parceladamente e em várias vezes*". Sem o consenso dos demais, nenhum consorte pode evitar que pela divisão se extingam todas as relações entre os condôminos sobre todo o imóvel comum".

4.4. Ora, no caso vertente, como já dito, o que se almeja é exatamente um outro tipo ou modelo de comunhão, e não propriamente uma divisão única e completa entre todos os condôminos. Nos termos da petição inicial, numa pequena propriedade rural de 8,33 alqueires paulistas, onde 11 pessoas são as proprietárias, objetiva-se com a ação divisória a repartição em duas glebas, uma com 5,30 alqueires, sobre a qual ficarão em comum 7 dos consortes, e outra com 3,03 alqueires, sobre a qual ficarão em comum 4 dos condôminos, os ora requeridos. Pelo caráter contencioso que se deu à ação, a divisão, tal como proposta, que mais se assemelha à instituição de um novo tipo de comunhão, é impossível juridicamente e a petição inicial deve ser indeferida. O juízo divisório, porque tem por escopo evitar futuras demandas, é único e universal, e não parcial.

4.5. Por outro lado, mesmo que se pretendesse dividir totalmente os 8,33 alqueires paulistas para os 11 (onze) condôminos, quer me parecer que a divisão seria também inviável. É que "A perda de identidade e a diminuição do valor econômico são traços característicos da indivisibilidade jurídica da coisa comum" (*RT* 227/603). E, ainda, "A impossibilidade de dividir não é a material nem a intelectual, mas é a econômico-jurídica" (*RT* 185/993). Por fim, "A divisibilidade de um prédio comum é apreciada pelo aspecto econômico e não pelo jurídico" (*RT* 209/478 e 214/565). Ora, no caso presente, tratar-se-ia de dividir 8,33 alqueires entre 11 (onze) condôminos, o que, do ponto de vista econômico, notoriamente, se torna inviável.

4.6. Pelas razões expostas, de um modo ou de outro, o pedido dos requerentes é juridicamente impossível e não há como acolher a petição inicial (CPC, art. 267, VI, c/c o art. 295, III, e parágrafo único, inciso III). Não há, também, interesse processual dos autores, eis que não pretendem uma única divisão do todo, mas sim instituírem um novo estado de comunhão diferente do que já existe. Ou as partes amigavelmente convencionam como quiserem a divisão, ou então devem submeter o imóvel todo à venda judicial com repartição do preço. Com o caráter da contenciosidade, e tal como proposta a ação, não vislumbro como submeter os requeridos à ação dos autores.

5. DISPOSITIVO

Ante o exposto, indefiro a petição inicial da ação de divisão ajuizada por "A", "B", "C", "D", "E", "F" e "G", contra "H", "I", "J" e "L", tudo com fulcro nos fundamentos jurídicos supra mencionados. Se houver recurso de apelação da parte interessada (CPC, art. 296, *caput*), fica facultado o reexame da decisão pelo Juiz Singular (CPC, art. 296). Não havendo reforma da decisão, os autos serão imediatamente encaminhados ao Tribunal competente, sem necessidade de citação dos réus (CPC, art. 296, parágrafo único, com redação dada pela Lei nº 8.952/1994). Custas pelos requerentes.

Publique-se. Registre-se. Intime-se. Local e data

(a) Dr. Valdeci Mendes de Oliveira – Juiz de Direito

Nota: *Ver no Capítulo VI, nº XIV, item 2, a divisão pelo procedimento de jurisdição voluntária, mesmo com condômino incapaz.*

8.3. DEMARCAÇÃO – DESPACHO INICIAL

Processo Cível nº

Vistos, etc.

1. Cuida-se de ação de demarcação ajuizada por "A" contra "B". A ação compete ao proprietário pleno ou titular de direitos reais limitados, para obrigar o seu confinante a estremar os respectivos prédios, fixando-se novos limites entre eles ou aviventando-se os já apagados (CPC, art. 946, I). Trata-se de ação real, com possibilidade de reconvenção. O escopo da ação demarcatória é: *a)* reavivar os rumos existentes; ou *b)* fixar os que deveriam existir. O procedimento se desdobra em duas fases distintas: *a)* na primeira, busca-se a definição do direito de demarcar, com sentença no final; *b)* na segunda, que se inicia no art. 958 do CPC, levam-se a efeito as operações técnicas de demarcação, se procedente a 1ª fase. A citação aos réus é única para todo o processo. Não há duas citações. Observar-se-á, na 1ª fase, o procedimento ordinário, tendo o réu o prazo de 20 (vinte) dias para contestar (CPC, arts. 953 e 954). Antes mesmo da sentença com o trânsito em julgado, serão nomeados 2 (dois) arbitradores e 1 (um) agrimensor, para levantarem o traçado da linha demarcanda (CPC, art. 956), tudo sob compromissos, podendo as partes apresentarem assistentes técnicos ao agrimensor e aos arbitradores. A sentença, que julgar procedente a ação, determinará o traçado da linha demarcanda (CPC, art. 958). Por isso, "não cabe ação demarcatória quando não há incerteza quanto à linha divisória" (*RTJ* 80/918, *RT* 508/107). Também, se as linhas divisórias são existentes e conhecidas dos confrontantes há anos, não cabe a referida ação demarcatória (STF- *RJTJESP* 51/148).

 2. Assim sendo, na ação demarcatória, os réus que residirem na comarca serão citados pessoalmente, e os demais, por edital (CPC, art. 953). Prazo do edital: 30 (trinta) dias. Os réus terão o prazo comum de 20 (vinte) dias para contestar a lide (CPC, art. 954). Havendo contestação, observar-se-á o procedimento ordinário (CPC, art. 955). Não havendo contestação, aplicar-se-á o art. 330, II, do CPC.

 3. Por ora, citem-se, conforme exposto no item 2 acima. Nomeio perito agrimensor o Sr. (...), e como arbitradores os Srs. (...) e (...). Lavrem-se os termos de compromissos.

 Laudo em 60 dias (*ou 30 dias*). Admito assistentes técnicos em 5 dias.

 4. Oportunamente deliberarei sobre a designação de audiência visando a conciliação (CPC, art. 331).

 5. Intimem-se.

 Local e data

 (a) Dr. Valdeci Mendes de Oliveira – Juiz de Direito

9. INVENTÁRIO E ARROLAMENTO SUMÁRIO

Nota: Existe a ação de inventário porque no sistema constitucional brasileiro a herança e/ou patrimônio de uma pessoa falecida é transmitida aos seus herdeiros. Por outras palavras, pelo art. 5º, inciso XXII, da Constituição Federal, "é garantido o direito de propriedade", assim como, pelo inciso XXX, do mesmo art. 5º, "é garantido o direito de herança". A pergunta que se faz logo de início é a seguinte: Para quem vai a herança? A resposta inicial está no art. 1.829 do Código Civil de 2002, que dispõe:

"A sucessão legítima defere-se na ordem seguinte: I – aos descendentes, em concorrência com o cônjuge sobrevivente, salvo se casado este com o falecido no regime da comunhão universal, ou no da separação obrigatória de bens (art. 1.641); ou se, no regime da comunhão parcial, o autor da herança não houver deixado bens particulares; II – aos ascendentes, em concorrência com o cônjuge; III – ao cônjuge sobrevivente; IV- aos colaterais.".

Assim sendo, o Código Civil de 2002 definiu como herdeiros necessários os ascendentes, descendentes e cônjuges. A "legítima" que constitui forçosamente a herança transmissível, consiste em 50% do patrimônio da pessoa, isso quando ela tiver herdeiros necessários (ascendentes, descendentes e/ou cônjuge). A outra parte ou a outra metade chamada de "parte disponível", ou meação disponível, pode ser livremente objeto de testamento ou doação (CC, arts. 1.789 e 1.857 e segs). É óbvio que se não for objeto de doação ou testamento, será então partilhada entre os herdeiros, caso em que, vai para o inventário 100% dos bens do falecido, excluindo-se, quando for o caso, a meação do cônjuge. Uma regra importante em termos de testamento é a do art. 1.848 do Código Civil de 2002, que dispõe: *"Salvo se houver justa causa, declarada no testamento, não pode o testador estabelecer cláusula de inalienabilidade, impenhorabilidade, e de incomunicabilidade, sobre os bens da legítima."* (ver também art. 2.042, sobre as cláusulas estabelecidas anteriormente). Somente quando houver justa causa declarada no testamento é possível inserir as cláusulas limitativas da alienação, oneração ou comunicação. Como bem explicou Miguel Reale, "por outro lado, em matéria sucessória, não é mais lícito ao testador vincular bens da legítima a seu bel prazer. Ele deve explicitar o motivo que o leva a estabelecer a cláusula limitadora do exercício de direitos pelo seu herdeiro, podendo o Juiz, em certas circunstâncias, apreciar a matéria para verificar se procede a justa causa invocada" (*RT* 752/28).

Depois de dar ênfase ao princípio da eticidade no novo Código Civil, que compreende a valorização da pessoa humana como fonte de todos os valores, e cujo objetivo só pode ser alcançado pelos critérios da eqüidade, da boa-fé e da justa causa, o mesmo mestre Miguel Reale registra o seguinte sobre o testamento particular: "Outra inovação que não pode ser olvidada diz respeito ao testamento particular, figura jurídica praticamente inexistente, pois as exigências e formalidades estabelecidas no Código atual (de 1916) para a sua validade é de tal ordem que praticamente não há quem dele faça uso, com grande dano para os indivíduos e a sociedade. Pelo projeto (Código Civil de 2002), ao contrário, o testamento particular poderá ser redigido à mão pelo próprio testador, ou mediante qualquer processo de digitação, bastando que ele seja lido e assinado perante três testemunhas que também o subscreverão." (*RT* 752/30).

Sobre a sucessão do **cônjuge**, ou o cônjuge como herdeiro, observo que, nos termos do art. 1.829, inciso I, do Código Civil de 2002, o cônjuge **não** será herdeiro: a) se tiver sido casado com o falecido no regime da comunhão universal de bens, porque aí é meeiro e não herdeiro; b) se tiver sido casado no regime da separação obrigatória de bens, porque aí a vontade do legislador foi a de não permitir a comunhão; c) se tiver sido casado com o falecido no regime da comunhão parcial de bens e o falecido não tiver deixado bens particulares. Nesta última hipótese, compreendo e entendo o seguinte:

A) O cônjuge, na comunhão parcial, não herdará se o falecido **não tiver** deixado bens particulares, porque se tiver deixado apenas bens comuns, então haverá meação ao referido cônjuge sobrevivente (Observe: nos bens comuns);

B) O cônjuge, na comunhão parcial, herdará se o falecido tiver deixado APENAS E TÃO-SOMENTE **bens particulares**, caso em que, o sobrevivente herda os bens particulares para não ficar sem bens para garantir-lhe a sobrevivência.

C) **Já havendo bens comuns e bens particulares**, o cônjuge, na comunhão parcial, penso eu, **não herdará se os bens comuns sobre os quais terá a meação forem de considerável valor para garantir-lhe a sobrevivência**, entendido por considerável valor o que representar pelo menos 1/4 do total a partilhar. Já se os bens comuns sobre os quais recair a meação forem insuficientes para uma digna sobrevivência, então herdará o cônjuge sobrevivente os bens comuns e os particulares. Essa é a ilação que pode ser extraída dentro da ordem de vocação hereditária estabelecida pelo Código Civil de 2002, frisando-se que a referência a 1/4 foi tomada por analogia com o disposto no art. 1.832 do aludido Código, que estabelece não poder ser a parte do cônjuge inferior a 1/4 quando concorrer com os ascendentes. A propósito, medite-se também nas palavras de Miguel Reale que assim escreveu:

"No que se refere à igualdade dos cônjuges, é preciso atentar ao fato de que houve alteração radical no tocante ao regime de bens, sendo desnecessário recordar que anteriormente prevalecia o regime da comunhão universal, de tal maneira que cada cônjuge era meeiro, não havendo razão alguma para ser herdeiro. Tendo já a metade do patrimônio, ficava excluída a idéia de herança. Mas, desde o momento em que passamos do regime da comunhão universal para o regime parcial de bens com comunhão de aqüestos, a situação mudou completamente. Seria injusto que o cônjuge somente participasse daquilo que é produto comum do trabalho, quando outros bens podem vir a integrar o patrimônio e ser objeto de sucessão. Nesse caso, o cônjuge, quando casado no regime da separação parcial de bens (note-se) concorre com os descendentes e com os ascendentes até a quarta parte da herança. Quer dizer, ele nunca será privado de menos de um quarto daquilo que é objeto de partilha, **desde que resulte do trabalho comum (grifos nossos)**. De maneira que são duas as razões que justificam esse entendimento: de um lado, uma razão de ordem jurídica, que é a mudança do regime de bens do casamento; e a outra, a absoluta equiparação do homem e da mulher, pois a grande beneficiada com tal dispositivo, é, no fundo, mais a mulher do que o homem." (*RT* 752/28).

9.1. Arrolamento Sumário – Despacho Inicial

Processo Cível nº

              Vistos, etc.

              1. Nomeio inventariante, independentemente de termo, o requerente (...).

              2. Requisite-se certidão negativa de débito referente ao Imposto de Renda.

3. Deve o requerente fazer prova da quitação dos tributos relativos aos bens do espólio, juntando-se os documentos cadastrais ou fiscais.

4. Após, manifeste o representante da Fazenda Pública, e o do Ministério Público, se for o caso.

5. Depois, ao Contador Judicial, para conferência do plano de partilha e constatação de estar sendo feita uma partilha de forma igualitária para todos os herdeiros.

6. Se houver caso de renúncia de herança, ou doação, ou cessão, tome-se por termo, devendo a parte transmitente ou renunciante ser intimada pessoalmente para assiná-lo. Já decidiu o Tribunal: "Inventário – Doação pela viúva, aos filhos, por termo nos autos – Renúncia translativa – Possibilidade – Desnecessidade de escritura pública – Recurso provido" (Ag. Inst. nº 278.410-1-SP, 4ª C., TJ, rel. Des. José Osório, j. em 1.2.1996, v.u., in *JUBI-Informativo*, nº 12, mar/1996). *Excepcionalmente, e quando houver instrumento público de mandato, pode a subscrição do termo ser feita pelo procurador.* Confira-se: "Direitos hereditários – Renúncia translativa, in favorem – Formalização por termo nos autos de inventário – Comparecimento pessoal do herdeiro renunciante – Desnecessidade – Suficiência da subscrição por advogado com expressos poderes especiais – Ementa oficial: Inventário – Renúncia da herança de filhos em prol da viúva meeira – Caráter translativo – Admissão de formalização por termo nos autos, independentemente de escritura pública, mas com exigência do pessoal comparecimento dos herdeiros na lavratura do ato – Desnecessidade – Advogado com poderes especiais para renunciar e subscrever o termo judicial – Suficiência e validade – Recurso provido para esse fim" (Ag. Inst. nº 256.152-1-Guararapes-SP, j. em 2.5.1995, rel. Des. J. Roberto Bedran, in *RJTJ-Lex*, 178/220-221).

7. Se o inventariante, no curso do processo, for autorizado, por decisão específica, a levantar ou sacar alguma importância que tiver no nome do falecido, observar-se-á o disposto no art. 919 do CPC, inclusive as sanções.

Local e data

(a) Juiz de Direito

9.2. Arrolamento – Sentença homologatória de partilha no arrolamento sumário

Processo nº

Vistos, etc.

1. Trata-se de arrolamento dos bens deixados pelo falecido (...), sendo inventariante (...).

2. Foi apresentada a relação de herdeiros e descritos os bens a serem arrolados, bem como foi exibido o plano de partilha, obedecendo-se na divisão dos bens a igualdade dos quinhões hereditários para os herdeiros (fls.).

3. O imposto *causa mortis* foi recolhido (fls.) e a Fazenda Pública não se opôs ao pedido (fls.).

4. Há nos autos certidão negativa de débito referente ao imposto de renda (fls.). Sobre os tributos municipais há comprovante de quitação nas fls..

5. O Contador do Juízo conferiu o plano de partilha apresentado e o reputou correto, estando cada herdeiro recebendo iguais quinhões em todos os bens descritos nos autos (fls.).

6. Ante o exposto, HOMOLOGO a partilha de fls., relativa aos bens deixados pelo falecido (...), atribuindo aos herdeiros filhos, em partes iguais, seus respectivos quinhões hereditários em todos os bens descritos nestes autos, e à viúva meeira atribuo a sua meação, também em todos os bens descritos, ressalvados erros, omissões ou eventuais direitos de terceiros e, ainda, o disposto no art. 919 do CPC. Transitando em julgado, expeça-se formal de partilha, fornecendo a parte interessada as peças necessárias.

Publique-se. Registre-se. Intime-se.

Local e data

(a) Juiz de Direito

9.3. INVENTÁRIO – DESPACHO INICIAL

Processo Cível nº

Vistos, etc.

1. Nomeio inventariante o requerente, sob compromisso. Intime-se para assinatura do termo de compromisso no prazo de 5 (cinco) dias.

2. No prazo de 20 (vinte) dias contados da data em que prestou compromisso, deverá o inventariante apresentar as primeiras declarações, acompanhadas dos documentos cadastrais e fiscais dos bens inventariados, lavrando-se termo circunstanciado em Cartório (CPC, art. 993).

3. Requisite-se certidão negativa do Imposto de Renda.

4. Se não houver necessidade de citação de algum herdeiro (CPC, art. 999), digam as partes, inclusive o Ministério Público, se for o caso, e a Fazenda Pública, sobre as primeiras declarações (CPC, art. 1.000).

5. Não havendo impugnação às primeiras declarações, e tendo havido concordância da Fazenda Pública quanto aos valores atribuídos aos bens do espólio nas primeiras declarações (CPC, arts. 1.003 e 1.007), lavre-se o termo de últimas declarações (CPC, art. 1.011), intimando-se o inventariante para prestá-las.

6. Após às últimas declarações, digam (CPC, art. 1.012).

7. Cumprido o item anterior ("Últimas"), ao Contador-Partidor para cálculos dos impostos, dizendo as partes em 5 (cinco) dias. Não havendo impugnação aos cálculos, estes serão homologados por sentença.

8. Após a homologação dos cálculos e recolhimento dos impostos, ao Partidor para organizar o esboço da partilha e também o respectivo auto da partilha, conforme pedidos das partes. Feito o esboço e o respectivo auto da partilha, devem as partes manifestar em 5 (cinco) dias. Em seguida, conclusos para a homologação da partilha, desde que juntada a certidão negativa de dívida referente ao Imposto de Renda.

9. Se houver caso de renúncia de herança, ou doação, ou cessão, tome-se por termo, devendo a parte transmitente ou renunciante ser intimada pessoalmente para assiná-lo. Já decidiu o Tribunal: "Inventário – Doação pela viúva, aos filhos, por termo nos autos – Renúncia translativa – Possibilidade – Desnecessidade de escritura pública – Recurso provido" (Ag. Inst. nº 278.410-1-SP, 4ª C. DPriv., TJ, Rel. Des. José Osório, j. em 1º.2.1996, v.u., *in JUBI-Informativo*, nº 12, mar/1996). *Excepcionalmente, e quando houver instrumento público de mandato, pode a subscrição do termo ser feita pelo procurador.* Confira-se: "Direitos hereditários – Renúncia translativa, in favorem – Formalização por termo nos autos de inventário – Comparecimento pessoal do herdeiro renunciante – Desnecessidade – Suficiência da subscrição por advogado com expressos poderes especiais – Ementa oficial: Inventário – Renúncia da herança de filhos em prol da viúva meeira – Caráter translativo – Admissão de formalização por termo nos autos, independentemente de escritura pública, mas com exigência do pessoal comparecimento dos herdeiros na lavratura do ato – Desnecessidade – Advogado com poderes especiais para renunciar e subscrever o termo judicial – Suficiência e validade – Recurso provido para esse fim." (Ag. Instr. nº 256.152-1-Guararapes-SP, j. em 2.5.1995, rel. Des. J. Roberto Bedran, *in RJTJ-Lex*, 178/220-221).

10. Se o inventariante, no curso do processo, for autorizado a levantar ou sacar alguma importância que tiver no nome do falecido, observar-se-á o disposto no art. 919 do CPC, inclusive as sanções.

Intime-se.

Local e data

(a) Juiz de Direito

9.4. Habilitação de crédito – Sentença de não habilitação de credora e remessa das partes às vias ordinárias, com reserva de bens no inventário

**PODER JUDICIÁRIO
COMARCA DE MARÍLIA-SP
4ª VARA CÍVEL E DA INFÂNCIA E JUVENTUDE**

Processo Cível nº 1.001/01 – Apenso de Habilitação de Crédito

SENTENÇA

Vistos, etc.

1. "AB", dizendo-se credora de R$ 2.000,00 da falecida "M.C.S", ajuizou um pedido de habilitação de crédito nos termos do art. 1.017 e seguintes do Código de Processo Civil, que foi distribuído por dependência em razão dos autos de inventário nº 1.001/01, requerido pela herdeira e mãe da finada, a Sra. "K.M.S". Pediu a credora o pagamento de seu crédito e/ou a separação de bens para posterior venda judicial (CC, art. 1.997).

2. Foi determinada a intimação dos herdeiros para a manifestação sobre a habilitação de crédito, e na verdade, a única herdeira – a mãe da falecida – não concordou com o pagamento e impugnou o pedido de habilitação de crédito dizendo que os cheques da credora eram produtos de juros excessivos e ilegais (fls. 18/19).

3. A Digna Promotora de Justiça ponderou que não havia interesse de incapazes nos autos e não haveria razão para manifestação do representante do Ministério Público. A Digna Procuradora do Estado pediu a decisão judicial.

4. ESSE, O RELATÓRIO. DECIDO.

4.1. A herança responde pelo pagamento das dívidas do falecido; mas, feita a partilha, só respondem os herdeiros, cada um em proporção da parte ideal que na herança lhe coube (CC, art. 1.997). O patrimônio transmissível do *de cujus* aos herdeiros é apenas o saldo entre o seu ativo e o seu passivo. Vale dizer, primeiro apuram-se e pagam-se as dívidas, e aí verifica-se o saldo remanescente que será o ativo transmissível e sobre o qual incidem os impostos. Pois bem.

4.2. Podem os credores do espólio, inclusive os credores das despesas funerárias (CC de 2002, arts. 1.997 e 1.998), **antes da partilha**, pedir ao Juízo do Inventário o pagamento das dívidas vencidas e exigíveis, e sendo o pedido de habilitação apensado aos autos do inventário, **se todos os herdeiros concordarem,** o juiz declarará habilitado o credor e mandará que se faça a separação de dinheiro ou, em sua falta, de bens suficientes para o seu pagamento (CPC, art. 1.017, § 2º). Separados os bens, o Juiz mandará aliená-los em praça ou leilão, tudo conforme as regras do Processo de Execução (CPC, art. 1.017, § 3º). Poderá o credor pedir até mesmo a adjudicação de bens (CPC, art. 1.017, § 4º). **Todavia,** não havendo concordância de **todos** os herdeiros com relação à habilitação de crédito, o Juiz remeterá o credor para os meios ordinários de cobrança da dívida. Inteligência do art. 1.018 do CPC. A rigor, havendo impugnação dos herdeiros que não seja fundada em pagamento, o juiz mandará reservar, em poder do inventariante, bens suficientes para a solução do débito, sobre os quais venha a recair oportunamente a execução, certo que, o credor será obrigado a iniciar a ação de cobrança no prazo de 30 (trinta) dias, sob pena de se tornar de nenhum efeito a providência indicada (CC de 2002, art. 1.997, § 2º).

4.3. Mostra Silvio Rodrigues que "a impugnação do crédito por qualquer dos herdeiros não precisa ser fundamentada, pois, como determina a lei, o pagamento só será ordenado, nos autos do inventário, "quando houver acordo expresso de todos os interessados" (CPC, art. 1.018). Ora, se algum herdeiro, ainda que sem fundamentar sua oposição, impugnar o pagamento, é óbvio que não se manifesta o indispensável acordo entre os interessados. Verdade, como de resto observa Bevilaqua, que não há interesse da parte do herdeiro em opor-se ao pagamento de uma dívida verdadeira, porque sua oposição lhe seria inútil e meramente dilatória....porque o juiz mandará reservar bens em mãos do inventariante..." (*Direito Civil, Direito das Sucessões*, vol. 7º, Saraiva, 2002, 25ª ed., págs. 332/333, Código Civil novo).

4.4. No caso dos autos, a única herdeira e ora inventariante, que é mãe da falecida, impugnou os 10 (dez) cheques apresentados pela credora **"AB"**, discorrendo que os títulos representavam cobrança de juros excessivos e ilegais (fls. 18/19). De modo que, não houve a concordância de todas as partes com o pagamento da dívida nos autos do inventário (CPC, art. 1.018, e CC, art. 1.997, § 2º), razão pela qual não haveria como declarar habilitado o crédito da requerente "AB". Na hipótese dos autos, como houve impugnação de um dos herdeiros, deverá a credora ir para os procedimentos ordinários de cobrança, observando-se o prazo do art. 1.997, § 2º, do Código Civil de 2002.

5. A CONCLUSÃO.

Ante o exposto, nos termos do art. 1.018, parágrafo único, do Código de Processo Civil, combinado com o art. 1.997, § 2º, do Código Civil de 2002, abstenho de declarar habilitada nos autos do Inventário nº 1.334/01 a credora "AB", que fica remetida para os meios ordinários de cobrança, observando-se o prazo de 30 dias para iniciar a cobrança (CC de 2002, art. 1.997, § 2º). Determino a separação e a reserva de bens para solução do débito, em poder da inventariante, que fica desde já nomeada depositária fiel dos bens inventariados e reservados, não podendo aliená-los ou onerá-los nem levá-los à partilha. No caso dos autos, havendo um único bem imóvel a inventariar, a inventariante deverá mantê-lo separado e reservado para os efeitos de futura execução da credora. Traslade-se cópia da presente sentença para os autos do inventário. Aguarde-se oportunamente os efeitos de eventual execução e constrição sobre o bem inventariado e ora separado. **Traslade-se para os autos do inventário. Não há partilha do bem reservado enquanto não solucionada a pendência de crédito de terceiro. Publique-se. Registre-se. Intime-se. Comunique-se.** Marília, data.

(a) Dr. Valdeci Mendes de Oliveira
Juiz de Direito da 4ª Vara Cível e da Infância e Juventude

9.5. JURISPRUDÊNCIA SOBRE INVENTÁRIO E PARTILHA DE BENS

Nota: Alguns julgados abaixos transcritos foram lavrados na vigência do Código Civil de 1916.

9.5.1. "Partilha eliminando o estado de comunhão ou condomínio em todos os bens do espólio. Bens determinados e individuados para cada herdeiro. Admissibilidade. Acórdão na íntegra sobre a hipótese de partilha com distribuição a cada herdeiro de bens determinados, eliminando-se o estado de condomínio entre os herdeiros.

Acórdão

Vistos, relatados e discutidos estes autos de Ap. Cív. nº 5.544-0, da comarca de Taquaritinga-SP, em que são apelantes M.A.J. e M.T.A., e apelado o Oficial do Registro de Imóveis e Anexos, e interessado M.A., inventariante do Espólio de A.B.A.,

Acordam os Desembargadores do Conselho Superior da Magistratura, por votação unânime, em dar provimento à apelação. Custas na forma da lei.

A dúvida é improcedente, tanto sob o aspecto formal, como sob o aspecto de mérito. Em primeiro lugar, como já fora acentuado pelo Dr. Curador no parecer de fls., ao Oficial do Registro de Imóveis não é dado recusar, por considerações de fundo, o formal de partilha regularmente expedido, pondo em discussão a partilha já homologada por ato do Juiz.

Depois, o entendimento sustentado pelo Oficial é de inteira improcedência. O Espólio é uma universalidade de bens em que tanto o meeiro como os herdeiros *têm partes ideais, não definidas em bens individuados. Para se estremarem (separarem, apartarem, demarcarem ou distinguirem) tais partes, individuando então a incidência de meação e de cada quota hereditária é que existe a partilha judicial ou amigável, que põe fim ao estado de comunhão criado com a abertura da sucessão. A partilha, por isso mesmo, livremente distribuirá os bens do espólio entre a meação e as cotas dos herdeiros, de conformidade com os pedidos – e com isso porá termo ao estado de comunhão, se assim for desejado pelos interessados. Não há fundamento legal para a exigência da participação do meeiro em metade de cada um dos bens integrantes do espólio – mantendo obrigatoriamente o estado de comunhão que a lei repele como solução definitiva.*

Por essas razões, e de conformidade com os pareceres da Procuradoria da Justiça e do MM Juiz Corregedor, dão provimento à apelação para determinar a efetivação do registro recusado. São Paulo, 4 de abril de 1986. Des. Nelson Pinheiro Franco, Presidente do Tribunal de Justiça, Sylvio do Amaral, Corregedor-Geral da Justiça e Relator, Marcos Nogueira Garcez, Vice-Presidente do Tribunal de Justiça".

(Acórdão publicado no *DOE* de 3.9.1986, pág. 10, grifos nossos).

Obs.: No mesmo DOE *de 3.9.1986, pág. 10,* foi publicado o parecer do Juiz Corregedor Luiz Antonio Âmbra, que serviu de lastro para o venerando acórdão acima transcrito. Pela excelência dos argumentos e fundamentos, transcrevo também o aludido parecer:

"APELAÇÃO CÍVEL Nº 5.544-0-TAQUARITINGA

1. Falecendo a consorte, inventariados seus bens, pelo cônjuge sobrevivente vieram a ser *arrolados inúmeros imóveis,* consoante se verifica de fls.. Dois os herdeiros, maiores e capazes (fls.), *acertaram com o meeiro partilha amigável (fls.), que foi homologada em Ribeirão Preto (fls.).* O imposto de transmissão devido foi ali calculado (fls.) e devidamente pago (fls.).

2. Um dos imóveis se situava em Taquaritinga. *Foi, integralmente, incluído na legítima dos herdeiros.* O Oficial de Registro Imobiliário, entretanto, não o quis registrar e suscitou dúvida, julgada procedente pela decisão de fls.. Negado o registro, apelam os interessados (fls.). Sustentam que, contrariamente ao afirmado na sentença, em nada afetaria a meação do cônjuge sobrevivente a *atribuição isolada de um imóvel inteiro aos herdeiros.*

Em primeira e segunda instâncias opina o Ministério Público pelo provimento da irresignação (fls.).

3. A matéria em discussão pode assim ser sintetizada: *possuindo determinado casal inúmeros imóveis, no inventário da esposa, um deles, situado em Taquaritinga, foi atribuído com exclusividade aos filhos, integrando sua legítima. Isso, para o digno Serventuário, não teria razão de ser, representando invasão da parte do cônjuge supérstite.*

4. Para o Serventuário (fls.) haveria, antes de partilhar o acervo, estremar em cada imóvel a metade do cônjuge sobrevivente – havia, aqui, casamento pelo regime da comunhão universal de bens. Sobre a outra metade, depois, é que se realizaria partilha entre os herdeiros. Esta, unicamente, é que seria objeto de sucessão hereditária.

5. *Segundo a sentença, nessa mesma linha de raciocínio, "dever-se-ia, quando da partilha, respeitar necessariamente o destaque da meação do viúvo nos imóveis em questão, mesmo porque só se levou a inventário a meação do cônjuge morto" (fls.).*

6. Há a perquirir, primeiramente, o que seja uma *universalidade de bens.* O patrimônio e a herança, segundo prevê expressamente o art. 57 da Lei Civil, "constituem coisas universais, ou universalidades, e como tais subsistem, embora não constem de objetos materiais". Tal disposição, elementar, vem explicitada na seção V, do Capítulo I, do livro II do Estatuto Substantivo Geral, pertinente às *coisas singulares e coletivas.* Coletivas são as que "se encaram agregadas em todo" (CC, art. 54, II). Nelas o todo é o que conta, não suas partes componentes.

7. O espólio é uma *universalidade, constituída por um conjunto de bens. Nele existe um como que condomínio entre herdeiros e cônjuge sobrevivente, a cada qual cabendo uma fração ideal correspondente a 50% do acervo.* E isso, simplesmente, porque quando vivo o *de cujus* tal situação, condominial, já existia: cada cônjuge tinha 50% do todo, no casamento em comunhão universal.

8. Sendo os bens – o acervo, a universalidade que compõem – divisíveis (art. 52, do CC), *a indivisão cessará, justamente, pela partilha. É que, como salientado pela douta Procuradoria às fls.,*

"o casal se faz dono, em comum, de um acervo de bens, pertencendo a cada qual a metade do todo, não de cada parte".

9. A prevalecer a tese da sentença, a indivisão jamais cessaria na partilha: sempre e sempre, em cada imóvel, fração ideal de 50% deveria ser atribuída ao meeiro sobrevivente. O que, convenha-se, é um verdadeiro absurdo.

10. Hamilton de Moraes e Barros (*Comentários ao Código de Processo Civil*, Forense, vol. IX, 2ª ed.), de quem o decisório recorrido se socorre, não diz outra coisa. Ou seja: *"Ressalte-se que a meação do cônjuge sobrevivente não é herança. Já era dele. Trata-se, tão-somente, de separar o que já lhe pertencia, isto é, a parte que tinha na sociedade conjugal desfeita com a morte do outro cônjuge. A metade ideal que o cônjuge tem no patrimônio comum do casal vai ser agora metade concreta, traduzida na propriedade plena e exclusiva dos bens que, na partilha, lhe foram atribuídos"* (pág. 318, grifos originais do parecer).

11. Uma das finalidades *precípuas da partilha, se possível – pois casos haverão em que isso não será possível, como, por exemplo, quando um único imóvel compuser o patrimônio do casal – portanto, é a de por fim ao estado condominial. Havendo vários imóveis, com efeito, nada impedirá que cada qual seja entregue a um só titular. Para esse fim é que existe aquilo a que se denomina "pedido de quinhões".*

12. Anota Moraes e Barros (*ob. cit.*, pág. 307), que uma das regras a se observar na partilha *"é a comodidade dos herdeiros e do meeiro. A uma viúva, senhora de hábitos urbanos, não convém um imóvel rural que demande sua presença e vigilância. Do mesmo modo, ao homem do campo, habituado às atividades agrícolas ou pecuárias, não ficaria bem atribuir-se a exploração de uma jazida, ou um estabelecimento comercial na cidade. A comodidade deve* combinar-se com a igualdade. *Os dois critérios explicam a terceira regra das partilhas, que é a prevenção dos futuros litígios. Não deve, pois, ser germe de próximas discórdias, como a* criação de servidões desnecessárias, a colocação das coisas em condomínio". Conclui (pág. 308) ser por isso *"e para atender, tanto quanto possível, aos interesses e desejos dos herdeiros e legatários, bem como do cônjuge sobrevivente, que o legislador faculta às partes que formulem ao juiz o pedido de composição de seus quinhões".*

Compondo os quinhões (*ob. cit.* pág. 308), *o juiz "designa os bens que deverão constituir a meação do cônjuge sobrevivente e os que devam compor o quinhão de cada herdeiro e legatário".*

Anota (pág. 309) que, *pela partilha, a indivisão somente não cessará em casos excepcionais, ou quando os interessados não quiserem (e aqui quiseram). Vale dizer: "pode haver uma comunhão que nasce com a partilha, quando um único bem não couber na metade do cônjuge sobrevivo ou no quinhão de qualquer herdeiro e ficou resolvido que esse bem ficasse indiviso, em propriedade comum".*

Quer dizer, a comunhão só não cessará – ou até mesmo terá início, se o número e valor das propriedades forem inferiores ao de herdeiros – quando "um dos bens do espólio não couber por inteiro *num dos quinhões ou na própria meação,* ou, cabendo, seja antieconômica ou ruinosa a sua retalhação" (pág. 310).

13. Não é, evidentemente, o que sucede aqui. A partilha foi regular e os quinhões, na medida do possível, se acomodaram com o consentimento de todos os interessados. O imposto de transmissão, por outro lado, foi regularmente calculado e recolhido. A matéria fiscal, como quer que seja, haveria que ser resolvida no processo de inventário, ao qual tem a Fazenda acesso por nele ser chamada a comparecer.

14. Os critérios de partilha, da mesma forma, hão que ser regulados no inventário. Nada tem com eles o juiz de registros, que se deve ater apenas à regularidade formal dos títulos levados à apreciação do oficial, quando este suscite dúvida. A propósito, como decidiu o Conselho Superior da Magistratura e vem expresso nas fls., tem-se que "a partilha, em si, é ato judicial, insuscetível de exame pelo oficial do Registro" (Ac. 104-0-Americana-SP, j. em 29.12.1980, na RDI-IRIB, 8/98-99).

15. A não ser assim, afrontar-se-ia a própria preclusão emergente da homologação, sem recurso, da partilha. Esta, a rigor, é julgada boa por sentença e só se pode desconstituir nos casos expressamente previstos em lei.

16. Há, de todo o exposto, dar provimento ao recurso. A descrição da casa há de se fazer na forma preconizada nas fls. (item 2.2.) ou, então, haverá que se comprovar a construção de outra, averbando-se-a na forma e requisitos legais". São Paulo, 6 de março de 1986. Luiz Antonio Âmbra, Juiz de Direito Corregedor (*DOE* 3.9.1986, pág. 10).

9.4.2. "INVENTÁRIO – Partilha – Herdeiros maiores e capazes. Pedido de divisão geodésica de um dos dois imóveis rurais, com atribuição de partes destacadas e certas, segundo mapa e memorial apresentados, a dois dos herdeiros. Indeferimento, sob alegação de necessidade de ulterior processo divisório. CABIMENTO. Imóvel a comportar divisão cômoda, suscetível de complementar a partilha amigável. Agravo provido." (TJ-SP – 2ª Câmara de Direito Privado, A.I. nº 248.338-4/6-São Pedro-SP – Rel. Des. J. Roberto Bedran, julgado em 6.8.2002, v.u., in Boletim da AASP nº 2296, de 30.12.2002 a 5.1.2003, pág. 2497).

Do texto do v. acórdão constou o seguinte:

"Os três únicos herdeiros do espólio, maiores e capazes, representados pelo mesmo patrono, acordaram em partilhar, entre dois deles, um dos dois imóveis rurais inventariados, dividindo-o em partes certas e localizadas, segundo planta e memorial descritivo apresentado ao Juízo, atribuindo o remanescente integralmente ao terceiro herdeiro. *E, para tanto, não há nenhum óbice legal a que tal divisão geodésica ocorra, no processo de inventário, em complemento à partilha, aqui de natureza amigável* post mortem, *a ser tomada por termo nos autos e necessariamente homologada pelo Judiciário (arts. 1.773 do Código Civil de 1916 [art. 2.015 do CC de 2002], 1.029 e 1.031 do Código de Processo Civil). Até porque, não tendo pertinência, no caso, a regra do art. 1.775 do Código Civil, o prédio rústico a dividir, ninguém o nega, admite, física e juridicamente, divisão cômoda, mais conveniente aos herdeiros, cuja vontade e interesse, no caso, merecem prevalecer, sobretudo por evitar indesejável condomínio, fonte costumeira de discórdia.* Aliás, essa forma de divisão geodésica de prédio rústico complementar à partilha nunca foi estranha no procedimento do inventário, tanto assim que, conforme anota Itabaiana de Oliveira, prevista no regime do Código de Processo Civil anterior (arts. 505, 515 e parágrafo único e 516), podia ser realizada mediante requerimento dos interessados e antes do julgamento da partilha, com observância das disposições peculiares ao processo divisório (*Tra-

tado de Direito das Sucessões, Max Limonad, 4ª ed., 1952, Vol. III, § 921, pág. 885). Pontes de Miranda, analisando os conceitos de *PARTIR e DIVIDIR*, deixou, a propósito, muito bem acentuado, em lição integralmente aplicável à espécie: "nem sempre parte quem divide; nem sempre divide quem parte. O direito romano colheu a essência das duas categorias quando distinguiu, precisamente, o campo da *actio familiae erciscundae* e o campo da *actio communi dividundo*, a ponto de só permitir que se usasse daquela uma vez. Por quê? Porque aquela se refere a uma relação que não é a da comunhão "pro indiviso" de direito das coisas puro. SE O MONTE PARTÍVEL SE COMPÕE DE TRÊS PRÉDIOS E OS HERDEIROS SÃO TRÊS, A PARTILHA DOS TRÊS, SENDO UMA PARA CADA HERDEIRO, *NÃO DIVIDE. SOMENTE PARTE*. Se são 4 (quatro) os herdeiros e dois têm de ficar num só prédio, em vez de se dividir, criou-se a indivisão; NO ENTANTO, PARTIU-SE O MONTE E UMA DAS LINHAS DA PARTILHA DEIXOU DE COINCIDIR COM AS COISAS E ATRAVESSOU UMA DELAS. SE ESSE PRÉDIO É DIVISÍVEL, AO TEMPO DE SE PARTILHAR TAMBÉM SE PODE DIVIDIR O PRÉDIO, E ENTÃO HAVERÁ PARTILHA *MAIS DIVISÃO*. Ou se há de deixar para depois, como exercício de *actio communi dividundo* (*Tratado de Direito Privado*, Parte Especial, Tomo LX, Revista dos Tribunais, 3ª ed., 1984, pág. 226).

E esse mesmo e ínclito autor complementa em outra passagem:

"*A divisão e a demarcação dentro do processo de inventário e partilha podem ser simplesmente operatórias*, e.g. *o de cujus deixou um terreno, com x metros de frente e 2x de fundo, tendo-se, no esboço, atribuído x/2 a "A" e x/2 a "B", com os mesmos 2x de fundo, ou x com x de fundo a "A" e a "B", e x com x de fundo a "C" e a "D", ou em frações diferentes, se os herdeiros acordaram, no correr do processo, quanto aos limites. AINDA A DIVISÃO E A DEMARCAÇÃO PODEM SER AÇÃO INCIDENTE, QUE SE PROCESSA DENTRO DO PROCESSO DE INVENTÁRIO E PARTILHA.*" (*ob.cit.*, pág. 234). Em suma, a decisão, ao ordenar a apresentação de novo plano de partilha, até mesmo com a exigida divisão do imóvel rural em partes ideais, não pode prevalecer, cumprindo à MM. Juiza apreciar e decidir o pedido dos herdeiros tal qual formulado. ..." (*in Boletim da AASP* nº 2296, de 30.12.2002 a 5.1.2003, pág. 2497 e 2498). No mesmo acórdão constou a lição de Sebastião Amorim e Euclides de Oliveira, "no sentido de que os critérios da partilha "são regulados exclusivamente pelo Juízo do inventário, descabendo sua apreciação à ocasião do registro imobiliário. NADA TEM COM ELES O JUIZ DE REGISTROS, QUE SE DEVE ATER APENAS À REGULARIDADE FORMAL DOS TÍTULOS LEVADOS À APRECIAÇÃO DO OFICIAL, QUANDO ESTE SUSCITE DÚVIDA. Decidiu dessa forma o Conselho Superior da Magistratura de São Paulo, lembrando precedente (AC. nº 104-0, julgado em 29.12.1980, na *Revista de Direito Imobiliário*, do IRIB, vol. 8/98, e concluindo: "A não ser assim, afrontar-se-ia a própria preclusão emergente da homologação, sem recurso, da partilha. Esta, a rigor, é julgada boa por sentença e só se pode desconstituir nos casos expressamente previstos em Lei (Ap. Cível nº 5.544-0, *DJU* de 3.9.1986)." (*Inventário e Partilhas, Teoria e Prática*, Leud, 12ª ed., pág. 280).

9.5.3. "PARTILHA – Sistema em que ficou para a viúva meeira o usufruto dos 4 (quatro) bens inventariados, ficando para as duas herdeiras a nua-propriedade. Admissibilidade da partilha e do registro.

Nos autos da Ap. nº 8.597-0/1-São Vicente-SP, em procedimento de dúvida inversa, o Juiz Corregedor Aroldo Mendes Viotti, em parecer de 9.8.1988, publicado no DOE-SP 21.10.1988, cad. 1, esclareceu o seguinte:

"*Recusou-se o Serventuário ao registro porque, na partilha homologada, tocou à viúva meeira tão-só o usufruto sobre os 4 (quatro) bens imóveis que compunham o monte-mor, e às duas herdeiras filhas a nua-propriedade. Essa forma de partilha importou em doação feita pelo cônjuge supérstite de sua meação. E a doação reclama instrumento público e satisfação dos tributos devidos ao Estado Federado*".

"*Nos autos do inventário, a viúva meeira e as duas herdeiras filhas convencionaram partilha amigável em que, à primeira, se reservou unicamente o usufruto vitalício dos quatro bens imóveis arrolados, cabendo às herdeiras a nua-propriedade sobre os mesmos bens*".

"*A discussão que nestes autos se desenvolveu centra-se, em última análise, na questão da admissibilidade – ou não – de atribuição de bens e direitos como a que foi efetuada e homologada nos autos do inventário em causa, de ser passível de integrar o conceito de partilha mortis causa, ou, ao contrário, importar em constituição de direitos reais estranhos àqueles oriundos da abertura da sucessão, e, nesta última medida, exigir instrumento público para sua formulação*".

"*Ora, ao homologar a partilha, implicitou a D. autoridade judiciária o entendimento de que constituição de usufruto vitalício e despojamento, pela viúva meeira, de sua meação, traduziam matéria suceptível de integrar partilha em inventário. A r. decisão homologatória guarda, sim, conteúdo positivo da admissibilidade de ser homologada partilha da forma por que, no presente caso, o foi. E, quer parecer, não é ao registrador, ou Juízo administrativo que se lhe figura como autoridade hierarquicamente superior, que se facultará questionar ponto assim decidido em sede jurisdicional*".

"*Importa salientar, ainda, que a matéria relativa à admissibilidade de partilha da natureza da dos autos tem merecido, na jurisprudência, posicionamento não uníssono, anotando-se a existência de r. julgados que não* hesitam em sufragá-la (cf., além dos v. arestos colacionados pela apelante, aquele inserto na RT 606/106), o que, com maior razão, recomenda se prestigie a intangibilidade da r. sentença homologatória nesta esfera de cognição formal. *Por derradeiro, já teve o Colendo Conselho, em época posterior à do v. acórdão invocado pelo suscitante (fls.), oportunidade de se pronunciar sobre o tema, restando então firmado que,* "até a partilha, com efeito, a meação e a herança são partes ideais e, como já estabeleceu o E. Tribunal de Justiça, nada obsta a que tais partes se definam como sendo o usufruto e a nua-propriedade, sem que tal implique em *doação*, pois, diversamente, não passa de simples atribuição das partes ideais" (*RJTJESP* 65/236, e Ap. Cív. nº 2.595-0, de Sorocaba, j. em 1.8.1983, Rel. Des. Affonso de André). "É do mesmo v. aresto a assertiva de que, "não havendo doação, inexistiria tributo devido".

O parecer do Juiz Aroldo Mendes Viotti foi integralmente acolhido pelo v. acórdão do Conselho Superior da Magistratura, lavrado em 5.9.1988, e subscrito pelo então Des. Milton Evaristo dos Santos, na época Corregedor-Geral da Justiça e Relator (*DOE* 21.10.1988, cad. 1).

9.5.4. "ANULATÓRIA – Outorga uxória – Anulação – Ineficácia – Cessão de direitos hereditários – Separação de fato – Bens adquiridos após a separação – Alienação sem a outorga uxória – Ineficácia – Recurso não provido. A cessão de direitos hereditários, sem outorga uxória, pelo marido casado em regime de comunhão de bens, *é ineficaz em relação à metade da mulher. Os bens adquiridos pelo marido após 30 anos da separação de fato não integram a meação. Resguardada, pelo acórdão recorrido, a meação da mulher, em relação à qual foi reconhecida a ineficácia do ato da cessão – o que lhe garantiu mais direito do que lhe reconhece a doutrina – inexiste razão para ser declarada a invalidade de todo o ato. Recurso não conhecido."* (STJ, 4ª T., REsp. nº 60.820-1-RJ, Rel. Min. Ruy Rosado de Aguiar, j. em 21.6.1995, v.u., *in Boletim AASP* nº 1945, de 3 a 9.4.1996, pág. 26-e). *Obs.:* Os bens adquiridos pelo marido – ou pela mulher – após cristalizada a separação de fato, configuram "bens reservados".

9.5.5. "DIREITOS HEREDITÁRIOS – Cessão – Inaplicabilidade do art. 1.139 do Código Civil. Possibilidade de o co-herdeiro *ceder seu direito à herança, sem o consentimento dos demais*. Indivisibilidade da herança que não se constitui em dogma, mas tão-somente um apoio prático para facilitar o seu reclamo, eis que o herdeiro, a despeito de titular de parte ideal do espólio, tem legitimidade para reclamá-la por inteiro. Inteligência do art. 1.580 do CC, que se *refere a direito indiviso, ao passo que o art. 1.139 se refere a coisa indivisível*. Carência mantida. Embargos rejeitados." (TJSP, 2ª C., E. Infrs. nº 104.913-1-SP, Rel. Des. Fortes Barbosa, j. em 6.3.1990, *in Boletim AASP* nº 1659, pág. 237).

9.5.6. "INVENTÁRIO – Renúncia translativa – Validade – Doação por termo nos autos, sem prejuízo do tributo devido *inter vivos*. Renúncia translativa, em que os herdeiros declinam da herança em favor de pessoa determinada. *Cessão de direitos hereditários em que figura como cedente herdeira casada, com o assentimento do marido, por termo lavrado nos autos do inventário em favor da inventariante, viúva meeira, e levada a efeito por procurador constituído pelo casal cedente, que lhe conferiu poderes especiais para a prática do ato em nome dos outorgantes. Validade após observância das formalidades legais*. Recurso interposto pelo genro contra a decisão que deferiu *a cessão de herança, por termo judicial nos autos, em que afinal pede a reforma do decisum, para anular o ato praticado, inclusive os alvarás deferidos para levantamento de dinheiro e transferência dos bens do espólio. Improvido, mantida a decisão recorrida.*" (Ac. un., 2ª CC, TJSC, Ag. nº 5.517, Rel. Des. Rubem Córdova, j. em 21.8.1990, *DJSC* 17.9.1990, págs. 5/6, *in Rep. IOB de Jurisp.* nº 22/1990, 2ª quinz/nov/1990, indicativo nº 3/4813).

Do voto do Desembargador Relator Rubem Córdova, no acórdão supra citado, constou: "*In casu,* constata-se que de fato nos autos do inventário deixados por W.S., os herdeiros-filhos, inclusive o genro ora agravante, *por termo judicial, cederam a herança em favor da viúva meeira*, V.S.S., ocorrendo assim a aludida *"renúncia translativa",* em que os herdeiros declinaram da herança em favor de pessoa determinada (no caso, a mãe, viúva meeira). A distinção entre *renúncia propriamente dita (renúncia abdicativa) e a renúncia translativa,* tranqüilamente aceita pela doutrina e pela jurisprudência, mostra que na *segunda há uma aceitação, com posterior transmissão. A renúncia translativa envolve doação* (cf. Carvalho Santos, *Código Civil Brasileiro Interpretado*, vol. XXII/115, Sílvio Rodrigues, Caio Mário da Silva Pereira). Em várias oportunidades já se pronunciou a respeito o Supremo Tribunal Federal, quer para reconhecer a renúncia translativa, quer para admitir seja ela feita por termo nos autos." (*RTJ* 76/296; *Lex-* STF 49/163) (*in Rep. IOB* nº 22/1990).

9.5.7. "INVENTÁRIO – Renúncia – Cessão – Usufruto – Termo nos autos – Possibilidade – Inventário-arrolamento de bens – Atribuição da nua propriedade do imóvel aos herdeiros, com usufruto vitalício ao viúvo-meeiro. Desnecessidade de escritura pública. Renúncia que deve ser expressa por escritura pública ou termo judicial. "Termo Judicial" que é sucedâneo da escritura, para fins de cessão de direitos hereditários. Inteligência do art. 1.581 do CC de 1916 (art. 1.806 do CC de 2002). Recurso provido." (TJ-SP – 10ª Câmara de Direito Privado, A.I. nº 196.698-4/5-Jaú-SP – Rel. Des. Ruy Camilo, julgado em 15.05.2001, v.u, *in Boletim da AASP* nº 2249, de 4 a 10.2.2002, pág. 502).

9.5.8. "INVENTÁRIO – Doação da Meação e não renúncia – Tributos – Devem ser recolhidos os dois impostos, *causa mortis*" e o *inter-vivos* e antes da homologação da partilha, conforme determinam os arts. 1.026 do Código de Processo Civil e o art. 192 do Código Tributário Nacional – Agravo desprovido" (TJ-SP – 9ª Câmara de Direito Privado, A.I. nº 279.364.4/6-Marília-SP – julgado em 25 de março de 2003, Rel. Des. Alberto Tedesco).

Constou do v. acórdão o seguinte:

"Pelo que se infere da prova documental existente nos autos, tendo falecido a mãe do agravante, Sra. "A", este solicitou a abertura do inventário. E o viúvo-meeiro manifestou o desejo de "renunciar" à sua meação. Essa renúncia à meação equivale a uma doação e, portanto, dois impostos devem ser pagos, o imposto *causa mortis* e o *inter vivos*. E, ainda o doador deve comparecer ao Cartório Judicial para assinar o termo de doação, o que equivale à lavratura de escritura de doação. Pelo que se deduz dos autos o imposto *causa mortis* já foi pago e a Procuradora do Estado está exigindo o pagamento do imposto de transmissão *inter-vivos* (fls. 34), o que determinou o MM. Juiz *a quo* (fls.35). O agravante insiste em que não tem que assinar o termo de doação, porque já firmou o de renúncia (fls. 36), mas sem razão. Se por equívoco se aceitou que assinasse o termo de renúncia, a determinação de assinar o termo de doação se justificava, porque se cuida, realmente, de doação, uma vez que não se trata da hipótese de herdeiro renunciar à herança. O que o viúvo-meeiro está fazendo é doação da sua meação aos filhos, pelo que deve assinar o termo e pagar o imposto de transmissão *inter-vivos*. E o que deve ser observada, no caso de doação, é a lei incidente na ocasião em que esta ocorrer e não a da data do óbito do cônjuge-virago. A doação da meação nada tem a ver com a herança. Portanto, devem ser recolhidos os dois impostos, *causa-mortis* e *inter-vivos* e antes da homologação da partilha, conforme determinam os arts. 1.026 do Código de Processo Civil e o 192, do Código Tributário Nacional." (Rel. Des. Alberto Tedesco).

9.5.9. "HERANÇA – Renúncia – Agravo de Instrumento – A renúncia à herança deve ser feita por instrumento público ou termo nos autos. Irrelevância do tipo de renúncia (abdicativa, ou então imprópria – translativa ou translatícia)." (T.J-SP – 8ª Câmara de Dir. Privado, A.I. nº 206.362.4/8, Rel. Des. Assumpção Neves, j. em 6.8.2001, com invocação de julgados na *RT* 696/94 e *RT* 561/208).

9.5.10. "INVENTÁRIO – União Estável – Ação declaratória de reconhecimento de união estável em andamento – Bloqueios de bem e de pedido de pensão por morte do *de cujus* junto ao I.N.S.S. – Admissibilidade – Precedentes – Agravo improvido." (TJ-SP – A.I. nº 273.520.4/5-Marília-SP – Rel. o Des. Luiz Antonio de Godoy, voto nº 8723).

Do venerando acórdão constou os seguintes precedentes:

"Nada impede que, a título de medida cautelar, sustentada pelo art. 798 do CPC, se aplique, por analogia, ou interpretação expansiva, à ex-concubina, cujo provável direito na comunhão possa ser preterido no inventário, o disposto no art. 1.001 do CPC." (*RT* 697/77, e no mesmo sentido *RT* 755/344 e *JTJ* 202/232).

"CONCUBINATO – Ação Declaratória de sociedade de fato em andamento – Pedido de Reserva de Bens em Inventário – Possibilidade – Recurso provido. "O *jus superveniens* – na espécie, a edição da Lei nº 9.278/1996, conferindo a esta o direito à meação dos bens havidos com o concubino, propiciou à apelante o direito de postular a reserva dos bens no inventário de seu ex-companheiro até que seja definitivamente julgada a ação declaratória de reconhecimento da sociedade de fato e partilha de bens que aforou contra o Espólio daquele, aplicando-se-lhe, agora, o disposto no art. 1.001 do CPC." (Apelação Cível nº 69.430-4-São Paulo, 4ª Câmara de Direito Privado, Rel. Barbosa Pereira, j. em 5.2.1999).

"AÇÃO DE RECONHECIMENTO DE SOCIEDADE DE FATO CUMULADA COM PEDIDO DE PARTILHA – Reserva de bens – Admissibilidade – Pleito cautelar incidental – Inteligência dos arts. 1.001 do Código de Processo Civil e 1.796, § 1º, do Código Civil de 1916. Possibilidade de articulação do pedido perante o Juízo da ação de conhecimento – Agravo provido." (A.I. nº 116.845.4-São Paulo, 10ª Câmara de Direito Privado, Rel. Juiz G. Pinheiro Franco, j. em 10.8.1999, v.u.).

"RESERVA DE BENS – Partilha – Pedido de reserva de bens pelo companheiro da falecida como garantia da meação do concubino – Procedência – Genitora que pretende investir-se na administração dos bens – Inadmissibilidade – Hipótese em que não se exclui do disposto no art. 1.001 do Código de Processo Civil, o concubino que pleiteia parte da herança – Súmula 380 do Supremo Tribunal Federal – Herdeiros que terão seus bens garantidos caso não se reconheça o direito do concubino – Recurso não provido." (A.I. nº 149.241-1-Ubatuba-SP – 4ª Câmara de Direito Privado, Rel. Juiz Barbosa Pereira, j. em 14.5.1991).

"ARROLAMENTO – Concubina – Partilha – Meação da concubina – Declaração da existência do concubinato ainda não transitada em julgado – Descabimento da suspensão do processo – Cabível providência cautelar de reserva de bens – Recurso parcialmente provido." (A.I. nº 90.151-4-Salto-SP – 4ª Câmara de Direito Privado, Rel. Juiz José Osório, j. em 1.09.1998, v.u.).

9.5.11. "HERANÇA – Doação – Marido e mulher donatários – O art. 1.178, parágrafo único, do Código Civil de 1916 (agora art. 551, parágrafo único, do Código Civil de 2002), "como resulta de sua *ratio*, beneficia o cônjuge sobrevivo casado pelo regime da comunhão universal de bens, ainda quando a doação, sem cláusula de incomunicabilidade, foi feita apenas em favor do cônjuge falecido." (STF-2ª Turma, RE. nº 92.911-RS, Rel. Min. Moreira Alves, julgado em 9.9.1980, v.u., *DJU* de 14.11.1980, pág. 9.493, in *"Resumo de Obrigações e Contratos*, de Maximilianus Cláudio Amério Fuher, São Paulo,1990, Revista dos Tribunais, 6ª ed., pág. 56).

Observe que, Washington de Barros Monteiro deixou assentado o seguinte: "Se os beneficiados da doação são marido e mulher, a regra é o direito de acrescer; a doação subsiste, na totalidade, para o cônjuge sobrevivente (CC, art. 1.178, parágrafo único, agora art. 551, parágrafo único, do CC de 2002). Trata-se de dispositivo cuja aplicação é frequentemente olvidada, não sendo raro ver-se, na prática, um inventário e partilha do bem doado, quando, pela regra referida, este estaria excluído do acervo hereditário, por ter acrescido à do sobrevivente a quota do cônjuge falecido." (*Curso de Direito Civil*, Direito das Obrigações, 2ª parte, 5º vol., São Paulo, Saraiva, 1995, 28ª ed., pág. 128).

9.5.12. "INVENTÁRIO – Reconhecimento de paternidade e de união estável nos mesmo autos – Possibilidade – Observância do princípio da instrumentalidade do processo. Desde que documentalmente comprovados os fatos no *curso do inventário*, sem necessidade de procurar provas fora do processo e além dos documentos que o instruem, nesse feito é que devem ser dirimidas as questões levantadas pelas autoras, no tocante às condições de filha e herdeira e à condição de companheira do *de cujus*, prestigiando-se o princípio da instrumentalidade, desdenhando-se as vias ordinárias." (STJ, 4ª T., Resp. nº 57.505-MG, Rel. Min. Cesar Asfor Rocha, j. em 19.3.1996., v.u., in Boletim AASP nº 1998, de 9 a 15.4.1997, pág. 30-e).

9.6. Notas sobre inventário e partilha de bens

9.6.1. Nota sobre alvará para a alienação de bens do espólio

Os magistrados Euclides Benedito de Oliveira e Sebastião L. Amorim, escrevendo sobre alvará dentro e fora do inventário, advertiram que: "A venda de bens por documentos, pelos herdeiros ou pelo cônjuge-meeiro, após a morte do inventariado, não prescinde da abertura de inventário. O processo deverá ser normalmente instaurado, inclusive para efeitos fiscais, seguindo-se o pedido de alvará no seu bojo. O procedimento adequado, nessa hipótese, seria a cessão de direitos hereditários, através de escritura pública, cabendo aos cessionários, então, a abertura do inventário. O produto da venda deverá ser aplicado em bens de igual ou maior valor, ou deixado em depósito judicial, com cláusulas de correção monetária e juros. Nenhuma alienação será judicialmente autorizada sem a prova de quitação da Dívida Ativa, ou a concordância da Fazenda Pública. É o que dispõe o art. 31 da Lei nº 6.830/1980, em resguardo aos interesses fiscais" (Jornal *O Estado de S. Paulo*, "Tribunais", 6.11.1983, pág. 50).

9.6.2. Nota sobre a renúncia de herança e a dispensa do consentimento do cônjuge renunciante

Quem renuncia não doa, e portanto, é inaplicável o disposto no art. 1.175 do Código Civil (agora art. 548 do CC 2002), regra específica para doação (*RT* 500/43 e 538/92). O renunciante é tido como se jamais "fosse um herdeiro", ou como diz Pontes de Miranda, "quem renuncia nunca foi herdeiro" (*Tratado*, 50, pág. 55). A renúncia não eqüivale à alienação de bens, mas sim, a um ato de obstáculo à aquisição ou acréscimo ao patrimônio (*RT* 538/98). Por isso, é dispensável o consentimento do cônjuge do renunciante, evidentemente se este for casado. Caio Mario da Silva Pereira escreveu: "Assim é que não se requer mais a autorização marital para a mulher *aceitar ou repudiar herança* ou legado; exercer *munus* familiares (tutela, curatela); exercer profissão ou atividade fora do lar, inclusive comercial; litigar a respeito de seus direitos e interesses" (*Instituições de Direito Civil* – Direito de Família, Forense, 4ª ed., 1981, vol. V, pág. 133). Washington de Barros Monteiro também explica que: "Renúncia não é considerada transmissão da propriedade, nem liberalidade. Ao renunciante se considera como se não existisse, ou melhor, como se nunca tivesse herdado... Nessas condições, presentemente, a mulher pode *aceitar e repudiar herança ou legado* independentemente de outorga marital. De modo idêntico, tem-se julgado que o art. 235 do mesmo Código não submete a renúncia pura e simples da herança, pelo marido, ao prévio consentimento da mulher" (*Curso de Direito Civil*, Direito das Sucessões, Saraiva, 19ª ed., 1983, vol. 6, pág. 48).

Por outro lado, na vigência do Código Civil de 1916, o Egrégio Superior Tribunal de Justiça também entendeu que:

"INVENTÁRIO – Partilha em vida – Doação – Pretensão de colação. Assentado tratar-se, no caso, de partilha em vida (partilhados todos os bens dos ascendentes, em um mesmo dia, no mesmo Cartório e mesmo livro, com expresso consentimento dos descendentes), não ofendeu os arts. 1.171, 1.785, 1.786 e 1.776, do CC de 1916, acórdão que confirmou sentença indeferitória da pretensão de colação. Não se cuidando, portanto, de doação, não se tem como aplicar princípio que lhe é próprio. Inocorrentes ofensa à Lei Federal ou dissídio, a Turma não conheceu do recurso especial." (STJ, 3ª Turma, REsp. nº 6.528-RJ (Reg. 90126029), Rel. Min. Nílson Naves, julgado em 11.6.1991, v.u, *in "Direito das Sucessões*, de Arnoldo Wald, Saraiva, 2002, 12ª ed., pág. 320).

10. EMBARGOS DE TERCEIRO

10.1. Despacho inicial em embargos de terceiro, com deferimento de medida liminar

Processo Cível nº

Vistos, etc.

1. Cuidam-se de Embargos de Terceiro visando a exclusão de bens do Embargante de uma constrição judicial. São partes: "A" contra "B".

2. Considerando a documentação atrelada na petição inicial, em particular os documentos de fls. dos autos, o caso é de se deferir a medida liminar mediante caução, conforme o art. 1.051 do Código de Processo Civil. É que, para fins de medida liminar e para evitar prejuízos à parte, é melhor numa primeira análise considerar suficiente a prova do direito possessório do Embargante sobre o bem descrito na peça exordial.

3. Tome-se por termo a caução, conforme o art. 1.051 do CPC. Após prestada a caução e lavrado o respectivo termo, expeça-se Mandado de Restituição ou Manutenção, conforme o caso.

4. Cite-se o Embargado para contestar a ação no prazo de 10 (dez) dias, conforme o art. 1.053 do Código de Processo Civil.

5. Se for o caso, suspende-se o processo de execução.

6. Cumpra-se, comunicando-se e trasladando-se o presente despacho para o feito executivo.

Local e data

(a) Juiz de Direito

10.2. Embargos de terceiro – Indeferimento de medida liminar

Processo Cível nº

Vistos, etc.

1. Cuidam-se de Embargos de Terceiro visando a exclusão de bens do Embargante de uma constrição judicial. São partes: "A" contra "B".

2. Considerando a documentação atrelada na petição inicial, em particular os documentos de fls. dos autos, não vislumbro a comprovação satisfatória do direito possessório, ou mesmo direito dominial, do Embargante, sobre os bens constritos. Indefiro, por ora, a medida liminar.

3. Nos termos do art. 1.053 do Código de Processo Civil, cite-se o Embargado para, querendo, contestar a ação no prazo de 10 (dez) dias.

4. Intime-se.

Local e data

(a) Juiz de Direito

10.3. Embargos de Terceiro – Caução – Hipótese do embargante que não pode prestar caução e pede que a própria coisa a lhe ser restituída seja tomada como garantia – Admissibilidade

Processo Cível nº

Vistos, etc.

1. Cuidam-se de Embargos de Terceiro, e, deferida a medida liminar, o embargante não tem como prestar caução.

2. Pressuposto indeclinável para expedição e cumprimento do mandado de manutenção ou restituição é a caução que o embargante deve oferecer (CPC, art. 1.051). Se o embargante não quiser ou não puder dar caução, o objeto dos embargos fica *seqüestrado* (Pontes de Miranda, *Tratado das Ações*, Revista dos Tribunais, t. VI, pág. 267, e Hamilton de Moraes e Barros, *Comentários ao CPC*, Forense, vol. IV, pág. 389).

3. Determino, pois, a expedição de *mandado de seqüestro*, ficando o embargante nomeado depositário fiel do bem, e sob as penas da lei. Anote-se que, "quando o depositário já detinha anteriormente a posse da coisa litigiosa, *a assunção do encargo processual opera a 'inversão do título de posse', eis que passará a detê-la em nome e à ordem do Juiz*" (Humberto Theodoro Júnior, *Processo Cautelar*, Leud, pág. 251). Fundamentos: CPC, arts. 824, III, e 825.

4. O embargante *deve* pessoalmente prestar o compromisso de depositário fiel do bem. (Se se tratar de automóvel, comunique-se ao Departamento de Trânsito; se de linha telefônica, comunique-se à concessionária prestadora do serviço; se de imóvel, averbe-se no Cartório de Registro de Imóveis a presente decisão e o encargo assumido pelo embargante – art. 167, II, item 12, da Lei nº 6.015/1973, inclusive a proibição de dispor, art. 216).

5. Intime-se. Cumpra-se o despacho inicial, citando-se o requerido.

Local e data

(a) Juiz de Direito

10.4. Jurisprudência sobre embargos de terceiro

Nota: Alguns dos julgados e súmulas abaixos transcritos foram lavrados e editados na vigência do Código Civil de 1916.

10.4.1. SÚMULA nº 84 do STJ: "*É admissível a oposição de embargos de terceiro fundados em alegação de posse advinda do compromisso de compra e venda de imóvel, ainda que desprovido do registro.*"

10.4.2. SÚMULA nº 92 do STJ: "*A terceiro de boa-fé não é oponível a alienação fiduciária não anotada no certificado de registro do veículo automotor.*"

10.4.3. SÚMULA nº 134 do STJ: "*Embora intimado da penhora em imóvel do casal, o cônjuge do executado pode opor embargos de terceiro para defesa de sua meação.*" (Referências: CPC, arts. 669, parágrafo único e 1.046; Lei nº 4.121, de 27.8.62, art. 3º).

10.4.4. "PROCESSO CIVIL – Execução – Mulher casada – CPC, art. 1.046, Lei nº 4.121/1962, art. 3º – Meação – Ônus da prova – *Exclusão em cada bem* – Bem indivisível – Aferição no valor encontrado – Doutrina e jurisprudência – Hermenêutica – Parcial – I. A esposa não responde pela dívida, contraída apenas pelo marido, se provar que a mesma não veio em benefício do casal, presumindo-se o prejuízo da mulher no caso de aval do seu cônjuge, salvo se este for sócio da empresa avalizada (REsp nº 3.263-RS, *DJ* 9.10.1990). II. A exclusão da meação deve ser considerada em cada bem do casal e não na indiscriminada totalidade do patrimônio (REsp nº 1.164-GO, *RSTJ* 8/385). III. *Sem embargo da controvérsia no tema, gerado pela deficiente disciplina legal, recomenda-se como mais adequada a orientação segundo a qual o bem, se for indivisível, será levado por inteiro à hasta pública, cabendo à esposa metade do preço alcançado.*" (STJ, 4ª T., REsp. nº 16.950-0-MG, Rel. Min. Barros Monteiro, j. em 3.3.1993, in Boletim AASP nº 1807, de 11 a 17.8.1993, pág. 327).

10.4.5. "AGRAVO DE INSTRUMENTO – Penhora – Meação do cônjuge. A meação do cônjuge, casado sob o regime da comunhão universal de bens, sobre o imóvel penhorado por obrigação do consorte, não leva à impenhorabilidade da metade da coisa, apenas reserva ao inocente o direito à meação do produto da arrematação. Provimento do Recurso, para estender a constrição à totalidade da coisa, com ressalva ao comunheiro da metade do produto da venda em hasta pública." (TACRJ, 8ª C., Ag. Instr. nº 716/1993, RJ, Rel. Juiz Murilo Andrade de Carvalho, j. em 11.8.1993, v.u., *in Boletim AASP* nº 1881, de 11 a 17.1.1995, pág. 19).

10.4.6. SÚMULA nº 112 do extinto TFR: "*Em execução fiscal, a responsabilidade pessoal do sócio gerente de sociedade por quotas, decorrentes de violação da lei ou excesso de mandato, não atinge a meação de sua mulher.*" (Referências: Lei nº 4.121/1962, art. 3º, Código Tributário Nacional, Lei nº 5.172/66, art. 135, III, e Decreto nº 3.708, de 10.1.1979, art. 10).

Nota: A propósito da Súmula nº 112 do extinto TFR, acima transcrita, o Eg. TJESP, pela sua C. 2ª CDPúb., em acórdão datado de 24.11.1996, sendo relator o insigne Des. Lineu Peinado, nos autos da Ap. nº 10.999-5/4-Quatá-SP, confirmou uma sentença por mim proferida quando magistrado naquela comarca, e conseqüentemente ratificou a vigência do teor da referida Súmula, lançando a ementa no seguinte sentido:

10.4.7. "EXECUÇÃO FISCAL – Embargos de terceiro opostos por mulher casada – Meação – Impenhorabilidade. Tratando-se de dívida tributária contraída por empresa da qual a mulher não era sócia ou gerente, deve ser respeitada a sua meação no patrimônio do casal, salvo se provado o enriquecimento familiar. Precedentes desta Corte e do E. STJ. Não pode a mulher defender em seu nome direito que cabe ao marido defender, posto cuidar-se de embargos de terceiro e não de embargos à execução".

O Rel. Des. Lineu Peinado assim fundamentou o acórdão: "É que o responsável tributário solidário e substituto responde com seus bens particulares, *mas o patrimônio do cônjuge não responde por tais dívidas*. A uma, porque o cônjuge não a contraiu, mas sim a empresa, pessoa jurídica distinta da pessoa física do sócio. A duas, porque *a solidariedade resulta ou da lei ou da vontade das partes, e a lei é silente quanto a meação do cônjuge que não participa da sociedade*. A três, porque tal solidariedade tem o caráter de pena e esta não pode ultrapassar a pessoa do criminoso. Neste sentido decidiu esta Corte em v. Acórdão da C. 19ª C, que teve como relator o eminente Desembargador Vallim Bellocchi, *in JTJ-Lex 172/82*: "Execução fiscal – Embargos de terceiro – Oposição por mulher casada visando excluir meação da penhora – Admissibilidade – Obrigação assumida por sociedade comercial da qual fazia parte o seu cônjuge – Recurso não provido. Tratando-se de dívida tributária de sociedade da qual o marido fazia parte e por isso responsável tributário, negar direito à meação da mulher, em nome da presunção de benefício familiar, implica em ampliação dessa responsabilidade além dos sócios para atingir suas mulheres".

Ainda, no mesmo sentido, foi invocado acórdão do Eg. STJ, no REsp. nº 44.399-7-SP, sendo relator o Min. Humberto Gomes de Barros, *in RSTJ 76/213*: "Executivo fiscal – Responsabilidade – Sócio-gerente – Cônjuge – Meação – Presunção. I. A responsabilidade do sócio-gerente, por dívida fiscal da pessoa jurídica, decorrente de ato ilícito (CTN, art. 135) não alcança, em regra, o patrimônio de seu cônjuge. II. Se, do ato ilícito houver resultado enriquecimento do patrimônio familiar, impõe-se ao Estado credor o encargo de provar o locupletamento, para se beneficiar da exceção consagrada no art. 246, parágrafo único, do Código Civil". *Constou do v. acórdão do STJ, então relatado pelo Min. Humberto Gomes de Barros, que:* "Em tema de Direito Público, tenho como acertada – data venia – a orientação consolidada no saudoso TFR: *a responsabilidade do sócio-gerente, gerada em ato ilícito, não contamina a mulher*. É que a responsabilidade solidária do sócio-gerente, na hipótese, resulta de ato ilícito. A teor do art. 135 do CTN, a responsabilidade do gerente, pela dívida tributária, limita-se àquelas obrigações *resultantes dos atos praticados com excesso de poderes ou infração de lei, contrato social ou estatutos*. A vinculação do sócio infrator ao crédito tributário, na hipótese, encerra nítido caráter *penal:* o sócio responde por haver infringido o ordenamento jurídico – não por se haver locupletado. Estender tal responsabilidade ao cônjuge é infringir o cânone de que a pena se restringirá à pessoa do infrator. É possível que o ilícito tributário beneficie quem o praticou e tenha resultado em proveito para a família. Se isto houver acontecido, incide a exceção consagrada no art. 246, parágrafo único, do Código Civil. O enriquecimento funcionará, assim, como fato constitutivo do direito que assistirá ao Estado-credor, de estender a execução à meação do cônjuge inocente. Em tal circunstância, restará ao Estado o encargo de provar o locupletamento familiar (CPC, art. 333, II). Se assim ocorre, a se cogitar de presunção, ela milita em favor da mulher" (*RSTJ 76/213*).

11. HABILITAÇÃO – AÇÃO DE HABILITAÇÃO INCIDENTAL – SUBSTITUIÇÃO DA PARTE FALECIDA PELOS SEUS SUCESSORES

11.1. Despacho inicial

Processo Cível nº

Vistos, etc.

1. Destina-se o processo de habilitação a analisar a qualidade daqueles que pretendem se colocar na posição do litigante falecido. Visa-se à substituição da parte falecida e a vinculação de seus sucessores na lide.

2. A iniciativa para provocar a substituição do litigante morto pode ser: *a)* da parte sobrevivente; *b)* dos sucessores da parte falecida.

3. Há dois tipos de procedimentos para realizar a habilitação: *a)* sob a forma de *ação incidente,* correndo em autos próprios e sujeitando-se a uma sentença especial (CPC, arts. 1.057 e 1.058); e *b)* sob a forma de *habilitação direta nos autos da causa principal e independentemente de sentença* (CPC, art. 1.060). Utiliza-se o procedimento dos arts. 1.057 e 1.058 quando houver controvérsia ou resistência (ativa ou passiva) à substituição da parte falecida. Se não houver resistência ou se as provas da qualidade de sucessor são evidentes, não é preciso a ação autônoma de habilitação. Basta o requerimento de habilitação nos próprios autos da ação principal, e o juiz, ouvindo a parte contrária, e desde que não haja impugnação fundamentada e coerente, admitirá de plano a habilitação, sem prolatar uma sentença, mas sim uma decisão interlocutória, prosseguindo-se normalmente com o processo principal.

4. As hipóteses em que o Código permite a habilitação direta nos próprios autos principais, portanto, sem ação incidental autônoma, estão elencadas no art. 1.060 do CPC, assim:

a) quando o pedido for formulado pelo cônjuge e herdeiros necessários (descendentes ou ascendentes), desde que exibam documentos comprobatórios do óbito da parte e de sua qualidade. Todos devem comparecer no pedido para que a habilitação seja deferida sem necessidade de ação e sentença. Se houver necessidade de citar algum herdeiro, o procedimento deve ser de ação autônoma de habilitação (CPC, arts. 1.057 e 1.058);

b) quando o pedido for formulado por quem, em outra causa, teve sua qualidade de herdeiro ou sucessor reconhecida por sentença passada em julgado;

c) quando o pedido for formulado por herdeiro que foi incluído, sem qualquer oposição, no inventário do litigante falecido;

d) quando houver ausência ou herança jacente já declarada em juízo, caso em que a representação se fará no processo pelo curador;

e) sempre que a parte contrária reconhecer a procedência do pedido de habilitação, e não houver oposição de terceiros.

5. Assim sendo, no caso vertente, trata-se de pedido de habilitação formulado diretamente no bojo do processo principal pelos herdeiros do falecido. Determino que manifeste a parte contrária, em 5 (cinco) dias. Se não houver oposição, será deferida de plano a substituição, anotando-se no Cartório do Distribuidor e na Autuação os novos figurantes.

6. Se for o caso, manifeste igualmente o Ministério Público.

7. Intime-se.

Acrescente-se que:

"Poderá, portanto, ocorrer mais de uma substituição, sucessivamente: a da parte falecida pelo espólio e a deste pelo herdeiro a quem couber a coisa ou o direito" (Celso Agrícola Barbi, *Comentários ao CPC*, Forense, pág. 254).

(a) Juiz de Direito

11.2. HABILITAÇÃO DO ADQUIRENTE E DO CESSIONÁRIO

Processo Cível nº

Vistos, etc.

1. A alienação do bem litigioso por ato *inter vivos* e a cessão negocial do direito controvertido no processo não geram substituição de parte, exceto se houver concordância do outro litigante (CPC, art. 42). Mesmo depois da transferência, as partes permanecem as mesmas, embora o efeito da decisão venha a atingir o sucessor *inter vivos* (CPC, arts. 42, § 3º, e 592, inciso I).

2. Se, porém, o transmitente, alienante ou cedente, vem a falecer no curso do processo, não há razão para só permitir sua substituição pelos herdeiros. Provado o negócio *inter vivos* de transmissão do direito ou coisa, e falecido o alienante ou transmitente, agora já admite a lei que a habilitação seja feita pelo adquirente ou cessionário, e a estes competirão prosseguir na causa. Com os documentos de identidade e qualidade de cessionário, e bem assim, do negócio da cessão ou transferência (CPC, art. 1.061), o pedido de habilitação pode ser feito nos autos do próprio processo principal, a exemplo das hipóteses previstas no art. 1.060 do CPC, independentemente de sentença (Humberto Theodoro Júnior, *Curso de Direito Processual Civil*, Forense, 13ª ed., vol. III, pág. 342).

3. Assim sendo, no caso vertente, está provada a qualidade de cessionário, bem como o ato jurídico da cessão. O alienante ou cedente é falecido, conforme certidão de óbito atrelada ao pedido de habilitação. Não vejo como negar a substituição. Defiro, pois, a habilitação, prosseguindo-se o feito com o requerente (...), no pólo ativo (*ou passivo*) da ação.

4. Intime-se.

Local e data

(a) Juiz de Direito

11.3. Habilitação – Decisão especial em habilitação (Concubina)

Processo Cível nº

Vistos, etc.

1. Trata-se de ação de conhecimento-condenatória proposta por "A" contra o INSS. O autor veio a falecer no curso do processo, quando já existente sentença definitiva e com o trânsito em julgado.

2. Nos termos do art. 1.060, incisos I e V, do Código de Processo Civil, e considerando o que consta da certidão de óbito do autor, de fls., estando comprovada a relação de concubinato entre a peticionária e o falecido "A", bem como a existência de filhos comuns, todos *maiores e capazes,* e considerando a concordância destes e do INSS nas fls., declaro habilitada no processo a Sra. (...), e nomeio-a como depositária fiel do valor constante da guia de fls., deferindo-lhe a faculdade de levantar o numerário, com obrigação de prestar contas perante todos os herdeiros e interessados. Ressalvo direitos de herdeiros e terceiros não citados ou mencionados, aplicando-se o art. 919 do CPC.

Obs.: Se, na hipótese, existisse herdeiro menor ou incapaz, a parte cabente a este seria depositada em conta judicial com juros e correção monetária.

3. Digam sobre o arquivamento.

4. Intime-se.

Local e data

(a) Juiz de Direito

12. RESTAURAÇÃO DE AUTOS

12.1. Despacho inicial

Processo Cível nº

1. Cuida-se de pedido de restauração de autos que desapareceram da repartição competente, inexistindo autos suplementares dentro dos quais se poderia ter o curso normal da demanda (CPC, art. 1.063, parágrafo único).

2. Cite-se a parte contrária para contestar o pedido no prazo de 5 (cinco) dias, cabendo-lhe exibir as cópias, contrafés e mais reproduções dos autos e documentos que estiverem em seu poder (CPC, art. 1.065).

3. "Se o desaparecimento dos autos tiver ocorrido depois da produção das provas em audiência, o juiz mandará repeti-las". Inteligência do art. 1.066 e §§, do CPC.

>   4. Deve o Escrivão-Diretor certificar e juntar as peças ou cópias que eventualmente estejam no Cartório.
>   5. Intimem-se.
>   Local e data
>   *(a) Juiz de Direito*

13. VENDA COM RESERVA DE DOMÍNIO

Ação especial de reintegração de posse ou especial de busca e apreensão em questão referente a venda com reserva de domínio.

Nota: O Código Civil de 2002 disciplinou a venda com reserva de domínio nos arts. 521 a 528, e na hipótese de inadimplemento do adquirente, permitiu ao alienante recuperar a própria coisa vendida com retenção de prestações pagas que sejam suficientes para cobrir um valor de depreciação da coisa (CC, art. 527), que pode ser estimado prudencialmente, por exemplo, entre 10 a 20%. Depois de abatidas as despesas, os encargos e o valor da depreciação, o excedente será devolvido ao comprador.

13.1. Despacho inicial

>   Processo Cível nº
>
>   **Vistos, etc.**
>   1. Cuida-se de pedido especial de reintegração de posse ou especial de busca e apreensão de coisa vendida com reserva de domínio, nos termos dos arts. 1.070 e seguintes, do Código de Processo Civil.
>   2. No caso, existe contrato escrito de venda de coisa com reserva de domínio. A mora do comprador está comprovada com o protesto do título, tudo consoante exige o art. 1.071 do CPC.
>   3. Assim sendo, defiro liminarmente e sem audiência do adquirente, a apreensão e depósito da coisa descrita na petição inicial. Nos termos do art. 1.071, § 1º, do CPC, nomeio perito para proceder a vistoria da coisa e fazer o arbitramento do seu valor, o Sr. (...), independentemente de compromisso. Intime-se. Prazo para o laudo: 15 (quinze) dias. Honorários provisórios: 1 (um) salário mínimo.
>   4. Fica o requerente nomeado depositário fiel do bem, lavrando-se o respectivo termo. Feito o depósito, cite-se o adquirente para, dentro em 5 (cinco) dias, contestar a ação ou, se já tiver pago mais de 40% (quarenta por cento) do preço, requerer a purgação da mora em 30 (trinta) dias e reaver a coisa (CPC, art. 1.071, § 2º). Se não contestar ou requerer a purgação da mora, será deferida ao autor a reintegração imediata e definitiva na posse da coisa, desde que o referido requerente apresente os títulos vencidos e vincen-

dos. Neste caso, seria descontado do valor arbitrado pelo perito a importância da dívida acrescida das despesas judiciais e extrajudiciais, restituindo-se ao réu eventual saldo, com depósito em juízo (CPC, art. 1.071, § 3º). Se a ação for contestada, observar-se-á o procedimento ordinário, sem prejuízo da reintegração liminar (CPC, art. 1.071, § 4º).

5. Cumpra-se.

Local e data

(a) Juiz de Direito

13.2. Jurisprudência sobre a ação referente à venda com reserva de domínio

Nota: Alguns dos julgados abaixo transcritos foram lavrados na vigência do Código Civil de 1916.

13.2.1. "VENDA COM RESERVA DE DOMÍNIO – Impenhorabilidade do bem. Processo Civil – Penhora – Bens adquiridos sob cláusula de reserva de domínio – Inviabilidade da constrição. Na venda sob reserva de domínio, o alienante assegura para si a propriedade da coisa enquanto não satisfeito o preço. Provada a existência de contrato dessa espécie e a não extinção da restrição, inviável que em execução contra o adquirente a penhora recaia sobre tais bens." (2º TAC-SP, A.I. nº 564.735, 12ª Câmara, Rel. o Juiz Arantes Theodoro, j. em 11.3.1999).

14. AÇÃO DE INSTITUIÇÃO DE ARBITRAGEM OU AÇÃO EXIGITÓRIA DE COMPROMISSO ARBITRAL (LEI Nº 9.307, DE 23.9.1996)

14.1. Despacho inicial

Processo Cível nº

Vistos, etc.

1. Cuida-se de pedido de instituição de arbitragem (Lei nº 9.307/1996, arts. 7º e 42), fundada em contrato do qual consta a cláusula compromissória.

2. Cite-se e intime-se o requerido para comparecer em Juízo em audiência especial que designo para o dia (...) de (...) de (...), às (...) horas, visando a lavratura do compromisso arbitral. Na audiência também será tentada a conciliação acerca do litígio. Não obtida a conciliação, buscar-se-á a celebração do compromisso arbitral por mútuo acordo (Lei nº 9.307/1996, art. 7º, § 2º).

3. Não concordando as partes sobre a composição amigável ou sobre a instituição da arbitragem por mútuo acordo, o réu poderá apresentar defesa na própria audiência ou no prazo de 10 (dez) dias, respeitadas as disposições da cláusula compromissória. Se na referida cláusula nada se dispuser acerca da nomeação dos árbitros, será nomeado árbitro único pelo Juiz, tudo conforme o art. 7º, § 4º, da Lei nº 9.307/1996.

4. A ausência do autor, sem justo motivo, na audiência designada para a lavratura do compromisso arbitral, importará na extinção do processo sem julgamento de mérito (art. 7º, § 5º). A ausência do réu na audiência importará na nomeação de árbitro único, depois de ouvido o autor (art. 7º, § 6º). A sentença que julgar procedente o pedido valerá como compromisso arbitral (art. 7º, § 7º). Eventual recurso de apelação será recebido somente no efeito devolutivo (Lei nº 9.307/1996, art. 42, e CPC, art. 520, inciso VI).

5. A sentença proferida pelos árbitros, ou árbitro, independe de homologação judicial e não fica sujeita a recurso (art. 18), constituindo-se título executivo judicial (Lei nº 9.307/1996, art. 41, e CPC, art. 584, inciso III).

6. Intimem-se.

Local e data

(a) Juiz de Direito

14.2. JURISPRUDÊNCIA SOBRE A INSTITUIÇÃO DE ARBITRAGEM

14.2.1. "ARBITRAGEM – Execução – Contrato de exportação – Cláusula arbitral – Jurisdição comum afastada – Extinção do processo sem julgamento do mérito – Eficácia de lei no tempo – Juízo arbitral – Matéria exclusivamente processual. A simples existência de qualquer das formas de convenção de arbitragem estabelecida pela Lei nº 9.307/1996 – *Cláusula compromissória ou compromisso arbitral* – Conduz, desde que alegada pela parte contrária, à extinção do processo sem o julgamento do mérito, visto que nenhum dos *contratantes*, sem a concordância do *adversus,* poderá arrepender-se de opção anterior, voluntária e livremente estabelecida no sentido de que eventuais conflitos sejam dirimidos através do Juízo Arbitral. Inteligência dos arts. 4º e 9º da Lei nº 9.307/1996, c/c os arts. 267, VII, 301, IX, ambos do Código de Processo Civil. *Em tema de Juízo Arbitral, matéria estritamente processual, é irrelevante que a arbitragem tenha sido convencionada antes da vigência da Lei nº 9.307/1996, visto que, como se depreende do art. 1.211 do Código de Processo Civil, a Lei tem incidência imediata, sendo, destarte, inteiramente aplicável à execução apresentada em Juízo na vigência da lei nova.*" (TAC – MG – AP. N. 254.852-9-MG, Relatora a Juíza Jurema Brasil Marins, j. em 3.6.1998, v.u., in Boletim da AASP nº 2088, de 4 a 10.1.1999, p. 171-e).

15. AÇÃO MONITÓRIA

15.1. Despacho inicial

Processo Cível nº

Vistos, etc.

1. Defiro de plano a expedição do mandado de pagamento no prazo de 15 (quinze) dias, com observância do disposto nos arts. 1.102b e 1.102c, do CPC. Entregue-se cópia da inicial ao requerido.

2. No caso de pronto pagamento, fica o requerido isento das custas e honorários advocatícios.

3. Tem-se entendido que não cabe a citação por edital em ação monitória. Confira-se: "Ação monitória – Citação por edital – Título executivo judicial. Em face de sua natureza e excepcionalidade, a ação monitória não admite citação por edital, porquanto esta importa em presunção de conhecimento, insuficiente para a formação de título executivo" (Ac. 1ª CC, TAMG, Ac. nº 210.948-2, Rel. Juiz Alvim Soares, j. em 19.3.1996, *DJMG* 25.5.1996, pág. 10, *in Rep. IOB de Jurisp.*, RJ-3, nº 13/1996, 1ª quinz/jul/1996, indicativo 3/12185).

4. Intime-se.

Local e data

(a) Juiz de Direito

15.2. Monitória – Despacho convertendo o mandado inicial da monitória em mandado executivo – Despacho de conversão

Processo Cível nº

Vistos, etc.

1. Cuida-se de ação monitória visando o pagamento de soma em dinheiro. Deferida de plano a expedição do mandado de pagamento, o devedor não pagou nem ofereceu Embargos, tudo conforme certidão de fls. dos autos.

2. Não havendo Embargos nem pagamento, converto a decisão inicial mandamental em título executivo judicial. Igualmente, converto o mandado inicial em mandado executivo (CPC, art. 1.102c).

3. Tratando-se de pleito visando o pagamento de soma em dinheiro, cite-se o devedor para, em 24 (vinte e quatro) horas, pagar o débito ou nomear bens à penhora, sob pena de ser feita a constrição pelo oficial de justiça (CPC, art. 652). No caso de pronto pagamento, fixo os honorários advocatícios em 10%. Feita a penhora, intime-se o devedor para Embargos no prazo de 10 (dez) dias, inclusive o cônjuge, se a constrição recair sobre bens imóveis (CPC, art. 738, I). Não encontrado o devedor, cumpram-se os arts. 653 e 654 do CPC, ficando deferido o arresto de bens.

4. Intime-se.

5. Local e data

(a) Juiz de Direito

15.3. JURISPRUDÊNCIA SOBRE AÇÃO MONITÓRIA

Nota: Alguns dos julgados abaixo transcritos foram lavrados na vigência do Código Civil de 1916.

15.3.1. "AÇÃO MONITÓRIA – Apelo recebido no efeito devolutivo e suspensivo. Pretensão de recebimento em efeito meramente devolutivo. Inadmissibilidade. Agravo negado." (1º TACivSP, 2ª Câmara, Agr. de Instr. nº 854.311-5-SP, Rel. Juiz Nelson Ferreira, j. em 20.4.1999, v.u., *in Boletim da AASP* nº 2170, de 31.7.2000 a 6.8.2000, pág. 1492).

15.3.2. "AÇÃO MONITÓRIA – Citação Postal – Inadmissibilidade – Agravo de Instrumento – Ação Monitória – Previsão de citação por mandado, expressa no art. 1.102b, do Código de Processo Civil – Impossibilidade de citação via postal – Aplicação dos arts. 221, II, e 224, do CPC. Recurso não provido.". (Ac. Un. da 4ª C. do 1º TACivSP, Ag. nº 815.597-7, Rel. Juíza Zélia Maria Antunes Alves, j. em 16.9.1998, DJ-SP de 1º/10/1998, pág. 102, *in Repertório IOB de Jurisprudência* nº 6/1999, 2ª quinzena de março/1999, indicativo 3/15377).

15.3.3. "AÇÃO MONITÓRIA – Propositura contra o Município – Admissibilidade – Documentos hábeis – Ação Monitória – Ilegitimidade ativa *ad causam* – Inexistência – Inexiste óbice em que se promova contra o Município a ação monitória prevista no art. 1.102a, do CPC. Se os documentos que instruem a inicial se consubstanciam em notas de empenho e cheques, sem eficácia executiva, perfeito é o ajuste entre estes e o procedimento previsto no citado art. 1.102a, do CPC, não havendo risco de colisão entre o procedimento da monitória e o de execução previsto no art. 730 do CPC, sendo este, aliás, uma seqüência natural do primeiro, caso acolhido e constituído o título executivo. Se a municipalidade, através da certidão, registra com clareza e precisão que tanto as notas de empenho quanto os cheques que instruem a inicial foram lançados em sua contabilidade, como gastos dos apelados, induvidoso o débito do município-apelante para com os apelados, impondo-se a sua quitação." (Ac. Un. da 1ª C. Civil do TJ-MG, Ac. nº 109.537/1, Rel. Des. José Brandão de Resende, j. em 19.5.1998, DJ-MG de 4.12.1998, pág. 1, *in Repertório IOB de Jurisprudência* nº 2/1999, 2ª quinzena de janeiro/1999, indicativo nº 3/15179).

15.3.4. "MONITÓRIA – Reconvenção – Possibilidade, pois com o oferecimento de embargos passa a ser observado o procedimento ordinário – Recurso provido." (1º TACIVIL-SP – 10ª Câm., A.I. nº 1.165.382-8-Marília-SP – j.em 10.6.2003, Rel. Juiz Frank Hungria)

Constou do venerando acórdão vários precedentes, assim:

"RECONVENÇÃO – Admissibilidade em monitória, por ter esta prosseguimento sob o rito ordinário após a oposição dos embargos – Recurso provido para esse fim." (1º TACIVIL-SP – Rel. o Juiz Morato de Andrade, in RT 775/280).

"PROCESSO CIVIL - Ação Monitória – Embargos - Conversão do Procedimento para ordinário – Reconvenção – Cabimento - Precedentes do Tribunal – Doutrina - Recurso provido. É admissível a reconvenção no procedimento monitório, desde que ocorra a conversão do procedimento para o ordinário, com a oposição dos embargos previstos no art. 1.102c, do CPC." (STJ, 4ª T., Rel. Min. Sálvio de Figueiredo Teixeira, REsp 401575-RJ, julgado em 6.8.2002).

"RECONVENÇÃO – Monitória – Admissibilidade – Hipótese em que, oferecidos embargos, passa a ser observado o procedimento ordinária – Art. 1.102c, § 2º, do Código de Processo Civil – Inexistência de incompatibilidade de ritos – Processamento da reconvenção admitido – Recurso provido para esse fim." (1º TACIVIL-SP – 1ª Câmara, A.I. nº 1070527-8-SP – Rel. Juiz Cyro Bonilha, j. em 11.3.2002).

15.3.5. "SÚMULA nº 247 do STJ: *"O contrato de abertura de crédito em conta-corrente, acompanhado do demonstrativo de débito, constitui documento hábil para o ajuizamento da ação monitória."*.

Capítulo VI
Dos Procedimentos Especiais de Jurisdição Voluntária

NOTA SOBRE AS ESPÉCIES PROCEDIMENTAIS

O procedimento de jurisdição voluntária serve para os pedidos de alvarás, de emancipação de órfão, pedidos de sub-rogação real de vínculos, de alienação, arrendamento ou oneração de bens de menores, órfãos e dos interditos, de extinção de usufruto e de fideicomisso (substituição testamentária), suprimento de idade, suprimento de consentimento, retificações no registro civil e imobiliário, curatela dos interditos, cumprimento de testamentos, etc.

1. ALVARÁS – VÁRIAS HIPÓTESES DE PEDIDOS

1.1. Alvará – Despacho inicial

Processo Cível nº

Vistos, etc.

1. Diga o representante do Ministério Público.

2. Após, citem-se os interessados para responderem no prazo de 10 (dez) dias (CPC, arts. 1.105 e 1.106).

Local e data

(a) Juiz de Direito

1.2. ALVARÁ PARA LEVANTAMENTO DE DINHEIRO – DESPACHO DE DEFERIMENTO QUANDO HÁ HERDEIROS MENORES

Processo Cível nº

Vistos, etc,

1. Cuida-se de pedido de alvará para levantamento de importâncias depositadas no nome de (...), no Banco (...), contas nºs (...) e (...).

2. Existem 3 (três) herdeiros-menores e beneficiários. No caso, as importâncias cabentes aos três incapazes deverão permanecer em depósito judicial com juros e correção monetária, no mesmo banco.

3. Autorizo o levantamento da(s) parte(s) cabente(s) ao(s) requerente(s) e herdeiro(s) maior(es), observando-se os cálculos feitos pelo Contador do Juízo. Ressalvo expressamente direitos de terceiros ou herdeiros não "citados" ou mencionados no processo. Aplica-se, no caso, o disposto no art. 919 do CPC, com as respectivas sanções. Se apenas um for o sacador, fica este desde já nomeado depositário fiel da importância levantada, e obrigado à prestação de contas com eventuais herdeiros e interessados. Expeça-se Alvará com a transcrição do presente despacho.

4. Cumpra-se. Após a comprovação do depósito das partes ideais pertencentes aos menores, arquive-se.

Local e data

(a) Juiz de Direito

1.3. ALVARÁ – DESPACHO DE DEFERIMENTO QUANDO EXISTEM SOMENTE HERDEIROS MAIORES, MAS O PEDIDO INICIAL VEM SEM A CONCORDÂNCIA DE TODOS – HIPÓTESES DE SAQUES DE RESÍDUOS DE BENEFÍCIOS PREVIDENCIÁRIOS DO INSS, DE VALOR INFERIOR A 10 SALÁRIOS MÍNIMOS

Processo Cível nº

Vistos, etc.

1. Com as advertências abaixo, defiro o Alvará para que o requerente possa sacar os valores indicados na petição inicial, ou seja, R$ (...) (*valor inferior a 10 salários mínimos*), ficando, todavia, o referido requerente, nomeado desde já depositário fiel dos valores sacados, e também obrigado à prestação de contas com os demais herdeiros e interessados.

2. Ressalvo expressamente direitos de terceiros não "citados" para o processo, ou de eventuais interessados não mencionados, aplicando-se o disposto no art. 919 do CPC e as respectivas sanções.

3. O presente procedimento é de jurisdição voluntária, onde a decisão não faz coisa julgada material (CPC, art. 1.111), nem está o Juiz obrigado a observar o critério de legalidade estrita (CPC, art. 1.109). Assim, no presente caso, conquanto não haja a concordância de todos os herdeiros, considerei os argumentos expendidos pelo requerente no sentido de que teve gastos com o falecido (fls.), e, ainda, levei em conta o valor a ser sacado, que é inferior a 10 (dez) salários mínimos. Destarte, desde logo, nomeio o aludido requerente como depositário fiel do numerário a ser levantado e com expressa obrigação de prestação de contas com os demais herdeiros e interessados, quando instado para tanto, aplicando-se o disposto no art. 919 do CPC.

Lavrado o termo de depositário fiel e assinado, expeça-se Alvará.

Local e data

(a) Juiz de Direito

2. ALIENAÇÕES JUDICIAIS

2.1. DESPACHO INICIAL EM PEDIDO DE ALIENAÇÃO JUDICIAL DE BENS

Processo Cível nº

Vistos, etc.

1. Trata-se de pedido de alienação judicial de coisa comum, formulado por "A".

2. No caso, deve-se observar o procedimento especial de jurisdição voluntária (CPC, art. 1.112), com citação de todos os interessados, bem como do Ministério Público (CPC, art 1.105). O prazo para responder ou contestar o pedido é de 10 (dez) dias, tudo conforme o art. 1.106 do CPC.

3. Assim sendo, determino: *a)* citem-se os requeridos e interessados para, querendo, contestarem o pedido no prazo de 10 (dez) dias; *b)* manifeste o representante do Ministério Público sobre o pedido inicial.

4. Oportunamente deliberarei sobre a audiência de conciliação (CPC, art. 331), ou sobre a avaliação do bem descrito na petição inicial e o respectivo leilão judicial (CPC, arts. 1.113, 1.114 e 1.115).

5. Cumpra-se. Intimem-se.

Local e data

(a) Juiz de Direito

2.2. JURISPRUDÊNCIA SOBRE A VENDA JUDICIAL DE COISA COMUM INDIVISÍVEL

2.2.1. "CONDOMÍNIO DO CÓDIGO CIVIL – Requerimento judicial de venda da coisa comum – Direito de promover a extinção do condomínio – Possibilidade de exercício a qualquer tempo – Imprescritibilidade. Constitui direito imprescritível, de todos e cada um dos condôminos, o de, a qualquer tempo, pôr termo à comunhão, *seja por meio da divisão ou da venda da coisa comum.* Trata-se de atributo inerente ao próprio domínio, exercitável a qualquer tempo, certo que, salvo prévia e expressa *contratação de indivisão temporária,* ninguém é obrigado a viver em comunhão, notória sementeira de discórdias. Condomínio – Sua extinção – Indivisibilidade – Expressão da configuração física da coisa – Possibilidade de ser instituído condomínio por planos horizontais – Faculdade que não autoriza interpretação violadora do Código Civil. Coisa divisível é a que pode ser geodesicamente dividida, tal a sua compreensão, presa à configuração física do bem. *Em se tratando de conjuntos e salão de um prédio, evidentemente a res se caracteriza como indivisível, pois não poderá ser partida fisicamente, sem destruição e/ou perda de sua natureza ou substância.* O Código Civil se manteve fiel à tradição romana, só admitindo o fracionamento de um bem por plano vertical, distribuindo a fração do solo com a construção sobre a qual erigida. A faculdade jurídica de os condôminos instituírem sobre um prédio o condomínio por planos horizontais não autoriza interpretação derrogatória do disposto no Código Civil. Alienação de bem imóvel comum – Procedimento de jurisdição voluntária – Possibilidade de se decidir por critérios não da legalidade estrita – Prejuízo decorrente das hastas públicas – Venda por intermédio de corretor de imóveis – Aplicação dos arts 1.109 e 700 do CPC. Constitui fato notório que as hastas públicas geralmente conduzem a resultados desastrosos, produzindo no mais das vezes arrematação de imóveis por valores baixos, não compatíveis com os valores de mercado. Nos procedimentos de jurisdição voluntária o juiz não está obrigado a decidir segundo critérios de legalidade estrita, o que autoriza a determinação de ser a venda feita por intermédio de corretor de imóveis, segundo faculta o disposto no art. 700 do CPC." (TJSP, 13ª CC, Emb. Infris. nº 218.698-2-8-01-SP, Rel. Des. Marrey Neto, j. em 8.3.1994, m.v., *in Boletim AASP* nº 1878, de 21 a 27.12.1994, págs. 405/406).

2.2.2. "ALIENAÇÃO JUDICIAL – Coisa comum – Requerimento por excônjuge – Inadmissibilidade – Acolhimento que expressaria vulneração ao que restou homologado quando da separação – *Imóvel destinado à morada da ex-mulher e de sua filha – Direito de propriedade que deverá coexistir com o atendimento da função social* – Art. 5º, inciso XXII, da Constituição da República – Existência, ademais, de outros imóveis que integram o patrimônio – Recurso não provido." (Ap. Cível nº 220.611-2-SP, *in JTJ-Lex* 160/12).

2.3. MODELO DE SENTENÇA EM AÇÃO DE ALIENAÇÃO DE BENS COMUNS

PODER JUDICIÁRIO
COMARCA DE MARÍLIA-SP
4ª VARA CÍVEL E DA INFÂNCIA E JUVENTUDE.

Processo Cível nº 1.000/99.

SENTENÇA

Vistos, etc.

1. Trata-se de Ação de Alienação Judicial de Imóvel pertencente a condôminos, veiculada pelo procedimento de jurisdição voluntária, intentada pela senhora "X" contra o senhor "Y", objetivando a autora a alienação de um bem imóvel indivisível, descrito na petição inicial e sobre o qual ela tem uma parte ideal correspondente a 50%.

2. O requerido "Y" foi devidamente citado nas fls. 35v dos autos e não contestou a ação conforme certidão de fls. 46 dos mesmos autos. Preferiu a revelia ou contumácia.

3. O imóvel objeto da ação judicial foi avaliado conforme laudo de fls. 63/73 dos autos, e a relação jurídica processual se desenvolveu regularmente, tendo havido por parte da requerente a concordância quanto ao laudo de avaliação, tudo consoante consta de fls. 75 dos autos. A Digna Promotora de Justiça também concordou com o laudo avaliatório conforme parecer de fls. 76 dos autos.

4. ESSE, O RELATÓRIO. DECIDO.

4.1. Cuida-se de Pedido de Alienação Judicial de imóvel indivisível pertencente a dois (2) condôminos. Efetivamente, a autora possui 50% do imóvel urbano situado na Rua das Flores, nº 158, Jardim Campo Limpo, em Marília-SP, certo que o requerido "Y" possui os outros 50% sobre o aludido imóvel, tudo conforme sentença proferida nos autos da separação judicial nº 2000/98, da 1ª Vara Cível de Marília, cuja cópia consta de fls. 07/08 dos autos. Pois bem.

4.2. No caso vertente, o requerido foi devidamente citado nas fls. 35v dos autos para responder à ação de jurisdição voluntária tudo conforme arts. 1.105 e 1.106 do Código de Processo Civil, e não reagiu ao pleito judicial. Ora, o requerido não contestou a ação nem explicou as razões para não se vender o imóvel.

4.3. Assim sendo, sem a alegação de motivos idôneos para se manter forçadamente um condomínio sobre o imóvel indivisível descrito na peça exordial, e sabido que o *condomínio horizontal em muitos casos é sementeira de discórdias,* o caso é de se deferir a alienação judicial do bem conforme art. 1.112, inciso IV e art. 1.117, incisos I e II, do Código de Processo Civil.

4.4. Observo que, *"nos termos do art. 1.109 do Código de Processo Civil, porém, pode o Juiz determinar que o leilão se faça com observância de preço mínimo (RTJ 90/195), ou determinar que novo leilão seja feito. Não é ilegal, a critério do Juiz, a realização de um só leilão (RJTJESP nº 130/286)".*

5. DISPOSITIVO.

Ante o exposto, JULGO PROCEDENTE o pedido inicial intentado pela senhora "X" e atendendo ao disposto no art. 1.109 do Código de Processo Civil, determino a venda em leilão do imóvel descrito na petição inicial, nunca por preço inferior ao que consta do Laudo de Avaliação de fls. 52/73 dos autos, salvo com a aquiescência das partes. Do total apurado com a venda judicial, 50% do preço pertencerá à autora e os outros 50% caberá ao requerido "Y". Expeça-se Edital de um único leilão. Se não for possível a venda num único leilão, agende-se novo leilão, tudo dentro do prazo de 90 (noventa) dias, findo os quais seria verificada eventual alteração de preço de mercado do imóvel. O preço mínimo de venda é o da avaliação judicial. INTIME-SE PESSOALMENTE AS PARTES DA DATA APRAZADA PARA O LEILÃO. Intime-se pessoalmente o requerido da presente sentença.

P.R.I.C.

Marília, data.

(a) Dr. Valdeci Mendes de Oliveira – Juiz de Direito

3. EMANCIPAÇÃO DE ÓRFÃO

3.1. Despacho inicial

Processo Cível nº

Vistos, etc.

1. Cuida-se de pedido de emancipação de órfão. O procedimento processual é o de jurisdição voluntária (CPC, art. 1.112), impondo-se a citação dos interessados para responderem, querendo, no prazo de 10 (dez) dias (CPC, arts. 1.105 e 1.106).

2. No caso, se o tutor não aderiu ao pedido inicial, cite-o para resposta no prazo de 10 (dez) dias. Após, manifeste o representante do Ministério Público (CPC, art. 1.105). Se o tutor já tiver manifestado a concordância com a inicial e documentos, dê-se vista dos autos ao representante do Ministério Público, diretamente. Junte-se certidões de óbito dos pais do requerente.

3. Após cumprido o item 2º supra, verificarei a necessidade de interrogar o requerente em qualquer dia de expediente normal, para aferir se está apto à aquisição da capacidade civil.

4. Cumpra-se.

Local e data

(a) Juiz de Direito

3.2. Emancipação de órfão – Sentença

PODER JUDICIÁRIO
ESTADO DE SÃO PAULO

Processo Cível nº

1. Trata-se de pedido de Emancipação Civil ajuizado pelo jovem "A", devidamente assistido por seu tutor "B", ambos qualificados nos autos. Ponderou o requerente que já completou 16 (dezesseis) anos de idade e está apto à aquisição da capacidade civil, razão pela qual pede a emancipação judicial, por serem falecidos os seus pais (CC de 2002, art. 5º, parágrafo único, inciso I). Com a petição inicial vieram os documentos de fls.

2. Dispensada a citação do tutor porque a sua concordância veio de forma expressa com a petição inicial, o Representante do Ministério Público manifestou nos autos e opinou no sentido do deferimento do pedido (fls.).

3. Regularizados os autos com as juntadas das certidões de óbito dos pais do requerente, e sem impugnação de qualquer interessado, vieram-me conclusos.

4. ESSE, O SUCINTO RELATÓRIO. DECIDO.

4.1. "A", qualificado nos autos, conforme cópias da certidão de nascimento e cédula de identidade de fls., nasceu em 31.5.78, e, portanto, já completou 16 anos de idade, considerando-se que petição inicial foi distribuída em outubro de 1996. No caso vertente, pleiteia o jovem requerente a emancipação civil por sentença judicial, já que é órfão, tendo sido juntadas as certidões de óbito de seus genitores nas fls. dos autos. Nos termos do art. 5º, parágrafo único, inciso I, do Código Civil de 2002, falecendo os pais, a emancipação tem que ser por sentença judicial.

4.2. Realmente, comprovado o óbito dos pais do requerente e não tendo havido impugnação fundamentada do tutor quanto ao pedido inicial, aliás, o tutor concordou com o pleito ao subscrever a procuração de fls., não há razão para indeferir a emancipação. O Representante do Ministério Público foi ouvido e não impugnou o pedido, pelo contrário, manifestou-se favorável ao deferimento da emancipação, tudo conforme se vê de fls.

4.3. Por fim, o requerente foi ouvido em Juízo e não foi possível aferir de plano a sua incapacidade. Pelo contrário, pelo que demonstrou, ele está apto à aquisição da capacidade civil antes da idade legal de 18 anos.

5. DISPOSITIVO.

Do exposto, JULGO PROCEDENTE o pedido e declaro EMANCIPADO PARA OS EFEITOS CIVIS, O REQUERENTE "A", qualificado nos autos. Determino o registro da emancipação no Cartório de Registro Civil, tudo consoante prescrevem os arts. 29, IV, e 89 *usque* 91, da Lei dos Registros Públicos (Lei nº 6.015/1973). Expeça-se mandado para o competente registro.

Publique-se. Registre-se. Intime-se.

Comunique-se o Registro Civil.

Local e data

(a) Juiz de Direito

4. PEDIDO DE SUB-ROGAÇÃO DE VÍNCULO

4.1. Despacho Inicial

Processo Cível nº

Vistos, etc.

1. Trata-se de pedido de sub-rogação de vínculo real, isto é, substituição de uma coisa vinculada a cláusulas ou ônus reais, por outra coisa, e com mantença dos mesmos vínculos nesta que se indica como substituta.

2. O procedimento é de jurisdição voluntária (CPC, art. 1.112, inciso II). Citem-se os interessados indicados para responderem ao pedido no prazo de 10 (dez) dias, inclusive o representante do Ministério Público (CPC, arts. 1.105 e 1.106). (*Obs.: os interessados podem ser: doadores, herdeiros, credores, etc.*).

3. Intimem-se.

Local e data

(a) Juiz de Direito

4.2. Jurisprudência sobre sub-rogação de vínculo

4.2.1. "ALIENAÇÃO DE IMÓVEL GRAVADO COM A CLÁUSULA DE INALIENABILIDADE – Possibilidade. Vínculo – Imóvel – Inalienabilidade e impenhorabilidade – *Sub-rogação* – *Caderneta de poupança* – *Admissibilidade* – Recurso provido. Nada impede que seja depositado em caderneta de poupança da Caixa Econômica do Estado o produto da venda de imóvel com vínculos de inalienabilidade e impenhorabilidade. *O Decreto-Lei nº 6.777, de 1944, não está revogado.*" (Ap. nº 271.482-SP, in *RT* 518/105).

5. SEPARAÇÃO CONSENSUAL

5.1. Despacho Inicial

Processo Cível nº

Vistos, etc.

1. Ouvi os separandos e eles querem a dissolução do casamento sem hesitação.

2. Tome-se por termo a ratificação. Outrossim, se houver doação ou cessão de bens entre os separandos, ou para os filhos, tome-se por termo a transferência, recolhendo-se os tributos devidos.

3. Segue-se sentença homologatória, já que houve manifestação do representante do Ministério Público sobre o pedido das partes.

4. Intimem-se.

Local e data

(a) Juiz de Direito

5.2. SENTENÇA HOMOLOGATÓRIA DA SEPARAÇÃO CONSENSUAL

Processo Cível nº

Vistos, etc.

1. Cuida-se de pedido de separação consensual formulado por "A" e "B", tendo sido estipuladas na petição inicial as cláusulas e condições sobre guarda de filhos, pensão alimentícia e partilha de bens. O representante do Ministério Público manifestou nos autos e não se opôs ao pedido inicial.

2. Homologo para todos os fins de direito a separação consensual de "A" e "B" e declaro dissolvido o casamento, cessados os deveres conjugais. Voltará ela a assinar o nome de solteira. Quanto à guarda dos filhos, pensão alimentícia e partilha de bens, obedecer-se-á o que ficou convencionado na petição inicial de fls. 2/4.

3. Após o trânsito em julgado da presente sentença, expeça-se mandado para averbação no Registro Civil. Se a partilha envolver bens imóveis, expeça-se mandado ao Cartório de Registro de Imóveis para o devido registro e matrícula. Se as partes pediram, expeça-se ofício à empresa empregadora do varão para o desconto automático em folha de pagamento do valor da pensão alimentícia e conseqüente depósito na conta bancária indicada. Depois, arquive-se.

4. P.R.I.C.

Local e data

(a) Juiz de Direito

5.3. SEPARAÇÃO CONSENSUAL – JURISPRUDÊNCIA SOBRE A ESPÉCIE

5.3.1. "SEPARAÇÃO CONSENSUAL – Partilha – Desigualdade – Prova. Ação declaratória – Erro que não pode ser provado pela simples verificação da diferença – Ausência de prova de manobra fraudulenta. A partilha de bens em processo de separação consensual *não exige absoluta igualdade, podendo os cônjuges transigir mutuamente,* por interesse recíproco, de acordo com a conveniência de cada um. Se houve diferença na partilha de bens, tal fato, por si só, não caracteriza o erro propositado resultante de manobra fraudulenta feita para nele induzir a outra parte. Recurso improvido." (Ac. un., 2ª T., C. TJMS, Ac. Classe II, M, nº 1.272/88, Rel. Des. Nelson Mendes Fontoura, *DJMS* 15.9.1989, pág. 6, in *Rep. IOB de Jurisp.* nº 20/89, 2ª quinz/out/89, indicativo 3/3239).

5.3.2. "SEPARAÇÃO – Imóvel em comum – Partilha – Alienação judicial – Coisa comum – Requerimento por ex-cônjuge – Inadmissibilidade – Acolhimento que expressaria vulneração ao que restou homologado quando da separação – *Imóvel destinado à morada da ex-mulher e de sua filha – Direito de propriedade que deverá coexistir com o atendimento da função social* – Art. 5º, inciso XXII, da Constituição da República – Existência, ademais, de outros imóveis que integram o patrimônio – Recurso não provido" (Ap. Cív. nº 220.611-2-SP, *in JTJ-Lex.* 160/12).

Nota: *ver outras jurisprudências sobre* Separação Judicial *no Capítulo II, referente à Separação Litigiosa.*

6. TESTAMENTOS E CODICILOS

6.1. Testamento Público – Ação de apresentação, registro e cumprimento de testamento público

6.1.1. Despacho inicial

Processo Cível nº

Vistos, etc.

1. Cuida-se de ação de apresentação, registro e cumprimento de testamento público, ajuizada por (...), salientando que o testamenteiro nomeado pelo testador é falecido.

2. Nos termos do art. 1.128 do CPC, que trata do testamento público, deve-se obedecer, no que tange ao cumprimento, o mesmo procedimento do cumprimento do testamento cerrado previsto no art. 1.125 do CPC. Esta ação visa apenas uma autenticação do estado em que o documento foi apresentado em Juízo. Verificará o Juiz se o documento está intacto e determinará que conste do auto de abertura e leitura alguma circunstância digna de nota, encontrada no invólucro ou no interior do documento. Se o testamenteiro já tiver falecido, será nomeado um testamenteiro dativo pelo Juiz, se for o caso.

3. No testamento público, observar-se-á o seguinte: 1º) *designa-se uma audiência de apresentação do testamento público, ou realiza-se a audiência no mesmo dia da apresentação.* 2º) *Incumbirá ao juiz verificar se há qualquer circunstância digna de nota no contexto do documento (CPC, art. 1.125, IV) e determinará a sua leitura pelo Escrivão, em presença de quem o entregou, lavrando-se, em seguida, um AUTO DE APRESENTAÇÃO E LEITURA DO TESTAMENTO PÚBLICO, com os requisitos do art. 1.125, parágrafo único, do CPC.* 3º) *Após, o Juiz determinará vista dos autos ao Ministério Público.* 4º) Em seguida, despachará o "cumpra-se", ou seja, determinará o registro em livro próprio, o arquivamento e cumprimento do testamento, nomeando-se testamenteiro e compromissando-o. 5º) Após, será expedida certidão do processado para posterior juntada aos autos do inventário ou da arrecadação (José Olympio de Castro Filho, *Comentários ao CPC,* Forense, págs. 165/166).

4. O que se tem de gravar é isto: Com o ato de apresentação e leitura do testamento, segue-se a manifestação do Ministério Público, e em seguida, a decisão do Juiz que necessariamente será a de mandar registrar em livro próprio, arquivar e cumprir o testamento. A competência do Juiz, nesta ação, é limitada, fazendo-se apenas uma inspeção para verificação extrínseca do documento. Só negará o 'CUMPRA-SE', quando for visível a falta de requisito essencial. Não se cogita, no procedimento de abertura, da existência de nulidades, que poderão ser alegadas a todo tempo em processo contencioso. Para se negar o cumprimento do testamento terá o juiz de encontrar vício extrínseco que o torne suspeito de nulidade ou falsidade. Encontrados vícios evidentes, serão assinalados no termo. Pois bem.

5. No caso vertente, é mister designar audiência de apresentação e leitura do testamento. Primeiro, porque não foi exibido o traslado original do testamento, e sim "xerox". Segundo, porque o testamenteiro, segundo se alega, é falecido. Terceiro, porque o pedido foi protocolado como expediente normal, e não diretamente com o Juiz. Assim, designo o dia (...) de (...) de (...), às (...) horas, para a apresentação do traslado original do testamento público e leitura pelo escrivão, *lavrando-se termo de apresentação e leitura de testamento público*. Após manifestação do Ministério Público, serão cumpridos os arts. 1.126 e parágrafo único, e 1.127, do CPC. O testamenteiro observará o art. 1.135 do CPC.

Intime-se.

Local e data

(a) Juiz de Direito

6.1.2. TESTAMENTO PÚBLICO – SENTENÇA DE CUMPRIMENTO

Processo Cível nº

SENTENÇA

Vistos, etc.

1. "A", brasileira, solteira, ajuizou ação de apresentação, registro e cumprimento de testamento público, exibindo em Juízo a escritura feita por instrumento público. Ponderou a requerente que "B", já falecido, deixou o testamento público.

2. Foi realizada a audiência de apresentação e leitura do testamento e lavrado o respectivo termo, conforme os arts. 1.125, parágrafo único e 1.128, parágrafo único, ambos do Código de Processo Civil.

3. O Representante do Ministério Público lançou parecer nos autos favorável ao registro e cumprimento do testamento público (fls.).

4. É O SUCINTO RELATÓRIO. DECIDO.

4.1. Inspecionando o instrumento do testamento público exibido pela requerente, não se nota nele a existência de vícios externos ou extrínsecos que o tornem suspeito de falsidade ou nulidade, e ele apresenta os requisitos exigíveis para o testamento público, tudo conforme o art. 1.864 do Código Civil de 2002. No pedido de abertura, registro e cumprimento de testamento, limita-se a cognição do Juiz à verificação da parte exterior e essencial do documento, que, no caso vertente, está conforme a lei. Como ensina José Olympio de Castro Filho: "Assim, no ato da apresentação, incumbirá ao juiz verificar se há qualquer circunstância digna de nota no contexto do documento (art. 1.125, IV) e determinar a sua leitura, pelo escrivão, em presença de quem o entregou, lavrando-se, em seguida, o mandado de apresentação, com os requisitos do art. 1.125, parágrafo único. Tal como no processamento do testamento cerrado, haverá que ouvir o Ministério Público, e determinar o Juiz o registro, arquivamento e cumprimento do ato de última vontade, nomeando-se o testamenteiro, se antes o não houver feito o testador, e, compromissado este, seguir-se-á a certidão do processado, para ser posteriormente juntada aos autos do inventário ou da arrecadação". Prossegue o mestre: "E o seu "CUMPRA-SE" não significa que esteja declarando regular ou irregular o documento, senão traduz, unicamente, a vontade do Estado de que se dê ao documento execução, na qual (no inventário ou em ação ordinária própria) é que caberá o exame das questões que acaso o testamento possa suscitar. Numa palavra, o procedimento de abertura de testamento nada mais é, e somente é, que um procedimento para autenticação do estado em que o documento foi apresentado em Juízo. E isso é verdadeiro tanto para o testamento cerrado, objeto do presente comentário, quanto para qualquer outra forma de testamento, de que adiante nos ocuparemos". E ainda: "Não se cogita neste momento da existência ou não de nulidades outras que a seu tempo poderão ser alegadas, e que não podem ser apreciadas no processo sumaríssimo da apresentação do testamento. Quando as nulidades não sejam evidentes e em ponto substancial, verificável à simples inspeção, deve o Juiz apor o seu 'Cumpra-se'" (*Comentários ao CPC*, Forense, Vol. X, págs. 156, 157 e 166).

4.2. Por fim, destaca a jurisprudência que: "O registro previsto no procedimento dos arts. 1.125 e 1.126, do CPC, não tem efeitos constitutivos, destina-se apenas a propiciar ao testamento a mais ampla publicidade e a convocar eventuais interessados a contestá-lo" (Ap. Cív. nº 226.955-2-Santo André-SP, Rel. Des. Érix Ferreira, j. em 24.5.1994, *JTJ-Lex* 161/31).

5. A CONCLUSÃO.

Ante o exposto, determino que se registre em livro próprio o testamento público. Após o registro, remeta-se cópia à repartição fiscal (CPC, art. 1.126, parágrafo único, c/c o art. 1.128, parágrafo único). Arquive-se o testamento. CUMPRA-SE-O, no regular processo de inventário. Intime-se o testamenteiro nomeado para, no prazo de 5 (cinco) dias, assinar o termo de testamentária (CPC, art. 1.127 e §). Compromissado, expeça-se certidão do processado para juntada nos autos do inventário ou arrecadação para observação e cumprimento da vontade do testador. Se for o caso, o partidor judicial conferirá a partilha e a distribuição dos bens.

P.R.I.C.

Local e data

(a) Dr. Valdeci Mendes de Oliveira – Juiz de Direito

6.1.3. Testamento Público – Despacho nomeando testamenteiro dativo, quando o testador não tiver feito a nomeação de particular

Processo Cível nº

Vistos, etc.

1. Cuida-se de ação de apresentação, registro e cumprimento de testamento público, *não havendo testamenteiro nomeado pelo testador* (art. 1.984, CC de 2002).

2. A requerente "A", qualificada nos autos, pede que ela seja nomeada testamenteira dativa, à falta de outro interessado, ponderando, inclusive, que é inventariante nomeada no processo de inventário.

3. O representante do Ministério Público não se opôs ao pedido da requerente, concordando que ela seja nomeada testamenteira dativa, e obedecida a preferência estatuída pela lei civil.

4. Pois bem. O processo já foi sentenciado e ordenado o cumprimento do testamento público. Mas, não há testamenteiro nomeado pelo testador. Neste caso, dispõe o art. 1.984 do Código Civil de 2002, que o encargo compete a um dos cônjuges, e, em falta destes, ao herdeiro nomeado pelo Juiz. No regime do Código Civil de 1916, o art. 1.763 dispunha que encargo competiria ao "cabeça-de-casal", e então escrevia Clóvis Bevilaqua que: "cabeça-de-casal é o inventariante, e o cônjuge, em primeiro lugar e mais propriamente, e, na falta dele, o co-herdeiro". Acrescentava o mestre: "não basta que falte o testamenteiro nomeado, é, ainda, necessário que não haja cabeça-de-casal, porque, havendo, será este o executor do testamento. A escolha do Juiz deverá recair em algum herdeiro" (*Código Civil dos Estados Unidos do Brasil Comentado*, Edição Histórica, pág. 980, art. 1.763 do CC de 1916). O mesmo mestre ainda citava alguns casos em que a nomeação poderia recair em outra pessoa que não seja herdeiro.

5. No caso dos autos, o testador já faleceu, no estado civil de viúvo, conforme certidão de fls.. Aliás, ao fazer o testamento, o testador já era viúvo, assim constando de sua qualificação na Escritura Pública de fls.. Na referida escritura pública nenhum testamenteiro foi nomeado. A requerente "A" é a inventariante no processo de inventário já ajuizado, e também é filha do testador, *embora não seja a beneficiária do testamento* (fls.). Nesse contexto de fatos e documentos, impõe-se nomear a requerente "A" como testamenteira dativa, tudo conforme o art. 1.984 do Código Civil de 2002 e art. 1.127, parágrafo único, do CPC, com a obrigação de prestar contas.

6. Ante o exposto, à falta de testamenteiro nomeado pelo testador e de cabeça-de-casal, nos termos do art. 1.984 do CC de 2002, c/c o art. 1.127 e parágrafo único, do CPC, nomeio a inventariante "A", também filha do testador (fls.), *como testamenteira dativa*, devendo cumprir integralmente o disposto no art. 1.135 e seguintes, do CPC, com prestação de contas. *Feito o registro do testamento no livro próprio e cumprido integralmente o disposto na parte final da sentença de fls. (CPC, art. 1.126 e parágrafo* *único), intime-se pessoalmente a testamenteira ora nomeada para assinar o termo de testamentária no prazo de 5 (cinco) dias, dando-se integral cumprimento ao disposto no aludido art. 1.127 e parágrafo, do CPC.*

Intime-se.

Local e data

(a) Juiz de Direito

6.2. TESTAMENTO PARTICULAR – AÇÃO DE CONFIRMAÇÃO, PUBLICAÇÃO, REGISTRO E CUMPRIMENTO DE TESTAMENTO PARTICULAR

6.2.1. NOTA PRELIMINAR

Preceitua o art. 1.876 do Código Civil de 2002 que: *"O testamento particular pode ser escrito de próprio punho ou mediante processo mecânico. § 1º. Se escrito de próprio punho, são requisitos essenciais à sua validade seja lido e assinado por quem o escreveu, na presença de pelo menos 3 (três) testemunhas, que o devem subscrever. § 2º. Se elaborado por processo mecânico, não pode conter rasuras ou espaços em branco, devendo ser assinado pelo testador, depois de o ter lido na presença de pelo menos 3 (três) testemunhas, que o subscreverão."*. Por seu turno, dispõe o art. 1.877 do mesmo CC que: *"Morto o testador, publicar-se-á em Juízo o testamento, com citação dos herdeiros legítimos"*. Por fim, arremata o art. 1.878 que: a) *"se as testemunhas forem contestes sobre o fato da disposição, ou, ao menos, sobre a sua leitura perante elas, e se reconhecerem as próprias assinaturas, assim como a do testador, o testamento será confirmado"*. Segue-se: b) *"se faltarem testemunhas, por morte ou ausência, e se pelo menos uma delas o reconhecer, o testamento poderá ser confirmado, se, a critério do Juiz, houver prova suficiente de sua veracidade"*. Pelo art. art. 1.879, *"em circunstâncias excepcionais declaradas na cédula, o testamento particular de próprio punho e assinado pelo testador, sem testemunhas, poderá ser confirmado, a critério do Juiz"*. E, pelo art. 1.880, *"o testamento particular pode ser escrito em língua estrangeira, contando que as testemunhas a compreendam"*.

6.2.2. TESTAMENTO PARTICULAR – DESPACHO INICIAL

Processo Cível nº

Vistos, etc.

1. Cuida-se de ação de confirmação, publicação, registro e cumprimento de testamento particular. Essa ação pode ser intentada por herdeiro, legatário ou testamenteiro nomeado pelo testador, após a morte deste. É indispensável que se requeira a publicação do testamento em Juízo, inquirindo-se as testemunhas que lhe ouviram a leitura e depois o assinaram (CPC, arts. 1.130 e 1.133, e CC 2002, arts. 1.876 a 1.880). As testemunhas serão inquiridas para se apurar a regularidade do testamento e a autenticidade das assinaturas constantes da cédula do testamento.

2. Serão intimados para comparecerem na audiência de inquirição das testemunhas, em Juízo: *a)* aqueles a quem caberia a sucessão legítima (herdeiros legítimos), dispondo o art. 1.877 do Código Civil de 2002, que: "Morto o testador, publicar-se-á em juízo o testamento, com citação *dos herdeiros legítimos*"; *b)* o testamenteiro, os herdeiros e os legatários *que não tiverem requerido a publicação* (CPC, art. 1.131). As pessoas que não forem encontradas na comarca, serão intimadas por edital (CPC, art. 1.131, parágrafo único). Prazo do edital: 30 (trinta) dias.

3. Destarte, para o fim previsto no art. 1.133 do CPC e art. 1.878, parágrafo único, do CC de 2002, qual seja, da necessidade de pelo menos 01 (uma) testemunha reconhecer como autêntico o testamento particular, e para o fim previsto no art. 1.130 do referido diploma processual, qual seja, inquirição solene, e se possível das 03 (três) testemunhas nomeadas na cédula do testamento (CC, art. 1.876, § 1º), designo audiência de confirmação para o dia (...) de (...) de (...) Intimem-se todas as testemunhas que assinaram o testamento particular.

4. Citem-se e intimem-se os herdeiros legítimos que não figurarem como requerentes do pedido inicial (CC de 2002, art. 1.877, e CPC, art. 1.131, II), mostrando-lhes a data da audiência. Igualmente, intimem-se o testamenteiro e os legatários que não tiverem requerido a publicação. As pessoas que não forem encontradas na comarca serão intimadas por edital com o prazo de 30 (trinta) dias (CPC, art. 1.131, parágrafo único).

5. Intime-se o Representante do Ministério Público (CPC, art. 1.131, III).

6. Após as inquirições, os interessados terão o prazo comum de 5 (cinco) dias para manifestar sobre o testamento e o procedimento judicial (CPC, art. 1.132), isso se não fizerem a manifestação de concordância na própria audiência de confirmação. Após, deverá o representante do Ministério Público emitir o parecer (CPC, art. 1.133), se não o fizer na audiência.

7. Se pelo menos 1 (uma) testemunha reconhecer como autêntico o testamento, será lavrada sentença de confirmação, registro, arquivamento e cumprimento do testamento particular (CPC, art. 1.133). Na sentença, nos termos da lei civil e processual, o juiz mandará: *a)* registrar no livro próprio, o testamento particular; *b)* arquivar em lugar próprio o procedimento, remetendo-se cópia do testamento à repartição fiscal; *c)* cumprir o testamento, intimando-se o testamenteiro para assinar no prazo de 5 (cinco) dias, o termo de testamentária. Assinado o termo, o testamenteiro colherá do escrivão a certidão do testamento e da decisão de confirmação para ser juntada aos autos do inventário ou de arrecadação da herança, a fim de que se dê o devido cumprimento e distribuição aos herdeiros-legatários. Essas providências constam dos arts. 1.126 e 1.127 do CPC (sobre testamento cerrado e público), aplicáveis na espécie por força do art. 1.133 do mesmo diploma legal.

8. Cumpra-se.

Local e data

(a) Juiz de Direito

6.3. Testamento cerrado – Ação de apresentação, abertura, registro e cumprimento de testamento cerrado – Procedimento

Na espécie, observar-se-á o disposto nos arts. 1.125, 1.126 e 1.127 do Código de Processo Civil (procedimento semelhante ao do testamento público já visto). Ao receber o testamento cerrado em dia de expediente normal no Foro, o juiz tomará as seguintes providências:

a) recebendo no Foro o testamento cerrado, o juiz, na sala de audiências e presente o seu escrivão, verificará se está *intacto e anotará qualquer circunstância digna de nota encontrada no invólucro ou no interior do testamento*. Note-se que, por ocasião da aprovação do testamento cerrado pelo Tabelião de Notas, o art. 1.869 do Código Civil de 2002 determina que o Tabelião passe a cerrar e coser o instrumento aprovado, ou seja, exige-se que o "Notário cerre e cosa o testamento, depois de concluído o instrumento de aprovação";

b) após verificação exterior, o juiz *abrirá o testamento* e mandará que o escrivão o leia em presença de quem o entregou;

c) após a leitura, lavrar-se-á um termo de abertura e leitura do testamento cerrado, que será assinado pelo juiz, escrivão e pelo apresentante do testamento (CPC, art. 1.125, parágrafo único);

d) no termo lavrado pelo escrivão, constarão: *a)* a data e o lugar em que o testamento foi aberto; *b)* o nome do apresentante e como houve ele o testamento; *c)* a data e o lugar do falecimento do testador; *d)* qualquer circunstância digna de nota, encontrada no invólucro ou no interior do testamento (CPC, art. 1.125, parágrafo único, incisos I a IV);

e) cumpridos os itens anteriores, os autos irão conclusos para o Juiz que, depois de ouvido o representante do Ministério Público, *mandará registrar, arquivar e cumprir o testamento, se lhe não achar vício externo que o torne suspeito de nulidade ou falsidade* (CPC, art. 1.126). Feito o registro, será intimado o testamenteiro para assinar o termo de testamentária e cumprir o testamento, conforme o art. 1.127 do CPC.

6.4. Testamentos militar, marítimo-aeronáutico, nuncupativo e do codicilo – Procedimento

O procedimento judicial previsto para a confirmação, registro e cumprimento do *testamento particular* (CPC, arts. 1.130 a 1.133), aplica-se ao registro e cumprimento dos seguintes testamentos *especiais: a) militar* (testamento feito por pessoas das Forças Armadas, em campanha, guerra ou praça sitiada PERANTE DUAS OU TRÊS TESTEMUNHAS – CC, art. 1.893); *b) marítimo-aeronáutico* (testamento lavrado nos navios nacionais de guerra ou mercante, em viagem de alto-mar, pelo comandante – CC, art. 1.888 – ou testamento lavrado a bordo de aeronave militar ou comercial perante pessoa designada pelo Comandante – CC, art. 1.889); *c) nuncupativo* (disposição testamentária verbal do militar e demais pessoas a serviço das Forças Armadas, perante duas testemunhas, quando empenhadas em combate, ou feridas, tudo conforme art. 1.896 e parágrafo único, do Código Civil de 2002, ficando sem efeito o testamento se o testador não morrer na guerra ou convalescer dos ferimentos; e *d) ao codicilo* (ato de dispor sobre pequenos bens ou objetos pessoais de pequeno valor). A determinação de que se aplica o procedimento judicial da confirmação, registro e cumprimento do testamento particular, ao registro e cumprimento das formas especiais de testamentos, consta do art. 1.134 do CPC. Destarte, para o registro e cumprimento dos testamentos especiais, haverá necessidade de designação de audiência para oitiva de testemunhas em Juízo, visando confirmar os referidos testamentos, com citação dos herdeiros legítimos e intimação para comparecimento na aludida audiência. Lembre-se que, pelo art. 1.879 do Código Civil de 2002, em circunstâncias excepcionais declaradas na cédula, o testamento particular de próprio punho e assinado pelo testador, mesmo sem testemunhas, poderá ser confirmado, a critério do Juiz.

6.5. TESTAMENTOS – JURISPRUDÊNCIA SOBRE A ESPÉCIE

Observação: Uma parte dos julgados e súmulas abaixo transcritos foram lavrados durante a vigência do Código Civil de 1916.

6.5.1. "TESTAMENTO – Cônjuges – Disposição em proveito recíproco – Possibilidade. Os cônjuges podem instituir-se, reciprocamente, herdeiros em cédulas diferentes, pois o que a lei condena (CC, art. 1.630) é o encerramento das disposições em *um só ato,* mas a sua enunciação separada é válida. Recurso conhecido e provido." (Ac. un., 3ª T., STJ, REsp nº 1.635-PB, Rel. Min. Gueiros Leite, j. em 14.8.1990, *DJU*-I 3.9.1990, pág. 8.842, *in Rep. IOB de Jurisp.* nº 19/1990, indicativo 3/4613).

6.5.2. "TESTAMENTO – Instrumento particular manuscrito pelo testador, mas datilografado por terceiro – Irrelevância – Demonstrada a real intenção do testador. O rigorismo das formas prescritas na legislação civil é justificado para resguardo e garantia da vontade do testador, mas não pode ir ao ponto de macular o ato, por mera interpretação fria e literal da lei." (TJSP, 1ª CC, E. Infrs. nº 204.859-1/2-01-SP, Rel. Des. Luís de Macedo, j. em 14.2.1995, *in Boletim AASP* nº 1955, de 12 a 18.6.1996, pág. 47-e).

6.5.3. "TESTAMENTO PARTICULAR – Rascunho manuscrito pelo testador e datilografado por terceiro – Assistência, apenas, de caráter material e não intelectual – Invalidade não reconhecida – Embargos rejeitados. O rigorismo das formas prescritas na legislação civil é justificado para o resguardo e garantia da vontade do testador, mas não pode ir ao ponto de macular o ato, por mera interpretação fria e literal da lei." (TJSP, E. Infrs. nº 204.859-1-Piracicaba-SP, 1ª C., Rel. Des. Luiz de Macedo, j. em 14.1.1995, m.v., *in Jornal A Tribuna do Direito,* Caderno de Jurisprudência, ano 1, nº 6, out/1995, pág. 22).

7. RETIFICAÇÕES NO REGISTRO CIVIL

7.1. Retificação de erro no registro civil – Despacho inicial

Processo Cível nº

Vistos, etc.

1. Cuida-se de pedido de Retificação no Registro Civil. O procedimento é o da jurisdição voluntária (CPC, art. 1.103).

2. Assim, manifeste o representante do Ministério Público.

Local e data

(a) Juiz de Direito

7.2. Retificação – Sentença no pedido de retificação de erro no registro civil

**PODER JUDICIÁRIO
ESTADO DE SÃO PAULO**

Processo Cível nº

SENTENÇA

Vistos, etc.

1. Cuida-se de pedido de retificação em assentamento no Registro Civil (Lei nº 6.015/1973). "A" e sua mulher "B", qualificados nos autos, alegaram que na certidão de casamento de ambos ficou constando erradamente a data de nascimento da varoa, ou seja, ficou constando que tanto ela como ele nasceram em 4 de junho de 1949, quando na verdade ela nasceu em 1º de agosto de 1951. Pediram, pois, a retificação nessa parte.

2. Ouvido o digno Promotor de Justiça, o parecer foi no sentido de se deferir a retificação (fls.).

3. ESSE, O SUCINTO RELATÓRIO. DECIDO.

3.1. A questão não exige dilação probatória em audiência. Pelos documentos juntados, em particular pelo de fls. dos autos – uma Cédula de Identidade – verifica-se que "B" nasceu em 1º de agosto de 1951, e não em 4 de junho de 1949, como constou do assentamento de seu casamento no Registro Civil. O Ministério Público, ouvido no processo, não impugnou o pedido de retificação, antes concordou com ele (fls.). À míngua de impugnação, e pelo que revelam os documentos, o pedido inicial é procedente, ressalvados direitos de terceiros.

3.2. Julga-se a presente questão pelo procedimento de jurisdição voluntária, e ainda, com base nos arts. 109 e 112 da Lei nº 6.015/1973, que autorizam a retificação em assentamento no Registro Civil (ou então, quando se tratar de erros de nomes, escrever: A rigor, trata-se de erros de grafia, impondo-se corrigi-los) (Lei nº 6.015/1973, art. 110).

4. DISPOSITIVO.

Ante o exposto, com ressalvas de direitos de terceiros, JULGO PROCEDENTE o pedido formulado por "A" e "B", e conseqüentemente determino a retificação do assentamento no Registro Civil, devendo constar do registro de casamento dos requerentes que a data de nascimento da mulher é 1º de agosto de 1951, e não 4 de junho de 1949. Expeça-se Mandado para a Retificação específica, corrigindo-se apenas a data de nascimento da mulher. Publique-se. Registre-se. Intime-se. Comunique-se (*quando for o caso, determinar: Comunique-se o Cartório do Distribuidor local, a Delegacia de Polícia, o Tribunal Regional Eleitoral e o Instituto de Identificação para fins policiais*).

Local e data

(a) Dr. Valdeci Mendes de Oliveira – Juiz de Direito

7.2.1. Retificação no Registro Civil – Modificação do sexo e do prenome – Transexual – Possibilidade

PODER JUDICIÁRIO
ESTADO DE SÃO PAULO

Processo Cível nº

SENTENÇA

Vistos, etc.

1. Trata-se de pedido de retificação de registro civil formulado por "X", objetivando a alteração do prenome e do sexo, tudo sob a alegação de que, nascido com o corpo de homem, o autor sempre viveu em alma como mulher e sempre teve comportamento feminino, certo que, após cuidadoso acompanhamento psicológico culminou por realizar uma cirurgia de redesignação sexual nos Estados Unidos, da qual resultou a ablação do pênis e do saco escrotal com a consequente implantação de vagina. Ponderou-se mais que sempre foi conhecida com o nome de "Carolina". Assim sendo, agora anatomicamente mulher, pretende a alteração do prenome para "Carolina", bem como a alteração do estado de "masculino" para o "feminino", indicando-se ou não a classe de transexual. Invocou-se, comparativamente, as leis permissivas na Itália, Suécia, Noruega, Dinamarca, Alemanha, Canadá e nos Estados Unidos (Illinois, Louisiânia, Califórnia e Nova York).

2. O Ilustre Promotor de Justiça ofereceu parecer nos autos e invocou precedentes jurisprudenciais desfavoráveis ao autor (RT 662/149, 672/108 e 712/235), destacando-se a impossibilidade de ferir o determinismo biológico.

3. O autor apresentou novos argumentos e acentuou a prevalência do princípio da dignidade da pessoa humana, invocando-se o trabalho de Antonio Chaves, *in RT* 679/8-4.

4. ESSE, O RELATÓRIO. DECIDO.

4.1. Cuida-se de pedido de retificação no registro civil, envolvendo o tema da transexualidade. É a humanidade e seus problemas. E, felizmente, a dignidade da pessoa humana constitui princípio constitucional (CF, art. 1º, inciso III). Ao ser humano que de alguma forma sofre física ou psiquicamente, e a ciência apresenta tratamento, não convém marcá-lo com indignidade ou desumanidade. É possível entender o transexualismo como enfermidade, e não se pode impedir o ser humano de buscar a solução para os seus problemas. Se a cirurgia de ablação e implantação de órgãos é a solução, uma vez realizada, deve proporcionar em todos os planos um tratamento digno à pessoa que buscou a cura. Nada de estigma ou preconceitos, máxime jurídicos.

4.2. A propósito, elucidativo acórdão do Egrégio Tribunal de Justiça do Rio de Janeiro, deixou assentado que:

"REGISTRO CIVIL DE NASCIMENTO – Transexualimo – Alteração – Mudança do sexo – Possibilidade – Apelação – Registro Civil – Retificação do registro de nascimento em relação ao sexo. Passando, a pessoa portadora de transexualismo, por cirurgia de mudança de sexo, que importa na transmutação de suas características sexuais, de ficar acolhida a pretensão de retificação do registro civil, para adequá-lo à realidade existente. A constituição morfológica do indivíduo e toda a sua aparência sendo de mulher, alterado que foi, cirurgicamente, o seu sexo, razoável que se retifique o dado de seu assento, para "feminino", no registro civil. O sexo da pessoa, já com o seu prenome mandado alterar para a forma feminina, no caso concreto considerado, que é irreversível, deve ficar adequado, no apontamento respectivo, evitando-se, para o interessado, constrangimentos individuais e perplexidade no meio social. As retificações no registro civil são processadas e julgadas perante o Juiz de Direito da Circunscrição competente, que goze da garantia da vitaliciedade, e mediante processo judicial regular. A decisão monocrática recorrida não contém nulidade insanável. Preliminares rejeitadas. Recurso, quanto ao mérito, provido para ficar modificado, parcialmente, o julgado de 1º grau." (Ac. Un. da 16ª Câmara Civil do TJ – RJ, Ac. nº 16.591/2002, Rel. Des. Ronald Valladares, julgado em 25.3.2003, *DJ-RJ* de 11.9.2003, pág. 416, *in Repertório IOB de Jurisprudência* nº 01 / 2004, 1ª quinzena de janeiro/2004, indicativo 3/21026). **Constou do voto do insigne Relator que:**

"Transexualismo tem sentido conceitual de enfermidade. E, como citado às fls. 90, "o transexualismo masculino deve ser entendido como condição clínica em que encontra-se um indivíduo biologicamente normal (....) que, segundo sua história pessoal e clínica e de acordo com exame psiquiátrico, apresenta sexo psicológico incompatível com a natureza do sexo somáti-

co (Tese de mestrado do Dr. Pedro Jorge Daguer – Instituto de Pós-Graduação Psiquiátrica da UFRJ). A "cura" da patologia, se assim se pode dizer, só ocorre através da cirurgia de mudança de sexo, feita para ajustar o sexo físico ao psicológico. Impedir o apelante de complementar sua "cura", pela adequação, também, do sexo jurídico, será desumano. Forçar que conste de seus documentos a expressão "transexual", como indicativa do sexo, será, na frase apropriada do "Parquet" de 1º grau, "lançá-lo num abismo profundo, estigmatizá-lo para sempre, mantê-lo alvo de escárnio, não deixar que colha frutos do sacrifício que fez ao se submeter à cirurgia de modificação sexual". Por outro lado, o não possuir ovários e o não poder procriar o recorrente, não deve ser causa impeditiva de ser considerado pessoa do sexo feminino, pois, ao contrário, como ficariam definidas as mulheres que passaram por cirurgias de extração dos ovários ? Na Revista Consultor Jurídico, de 10 de abril de 2001, consta referência à decisão do Tribunal de Justiça de São Paulo, do Ilustre magistrado Boris Kauffman, que conclui: " Em consequência, o recurso é provido para se determinar que no assento de nascimento lavrado no livro do Cartório do Registro Civil tal, às fls. tantas, seja alterado o nome de "Adão Lucimar" para "Lucimara", bem como a indicação do sexo, de "masculino" para "feminino". (Ver Ementa no Repertório IOB de Jurisprudência nº 22/2003, 2ª quinzena de novembro de 2003, indicativo nº 3/20863).

    4.3. Destarte, pelos fundamentos suso expostos, não há como rejeitar o pedido de retificação. Aliás, uma ementa do Desembargador Enio Zuliani registrou que: " O registro civil não existe para agravar a opressão social de sujeito malformado sexualmente, perpetuando elementos identificadores da pessoa incompatíveis com a condição física e psicológica assumida em situação oposta, como ocorre com o transexual que pretende adequar os dados registrários à realidade existencial" (JTJ-Lex 212, págs. 163/168). Em suma, a alteração anatômica que realizou no corpo, transformou o autor, na aparência, em mulher, adequando-se o sexo físico ao psicológico. Pelas certidões negativas e demais documentos juntados nos autos, não se vislumbra prejuízos para terceiros, tendo a perícia afirmado ser irreversível a cirurgia (fls. ...). Acentue-se que, para uma eventual hipótese de casamento e possível alegação de engano pelo outro cônjuge quanto a transexualidade do parceiro (morfológica e internamente masculino sem possibilidade de procriação, e externa e psicologicamente feminino), existe o remédio jurídico da anulação do casamento (por exemplo, por erro essencial).

5. A CONCLUSÃO.

    Ante o exposto, JULGO PROCEDENTE o pedido formulado por "X" e consequentemente determino que se proceda no Registro Civil a alteração do prenome do requerente, de "L" para "Carolina", alterando-se também o sexo de "masculino" para "feminino", sem qualquer menção à transexualidade. Cumpra-se o artigo 109 e parágrafos, da Lei nº 6.015/1973. Expeça-se mandado de retificação.

    P.R.I.C.

    Local e data.

    (a) Dr. Valdeci Mendes de Oliveira – Juiz de Direito

7.3. RETIFICAÇÃO – JURISPRUDÊNCIA SOBRE RETIFICAÇÃO NO REGISTRO CIVIL

Observação: Uma parte dos julgados e súmulas abaixo transcritos foram lavrados durante a vigência do Código Civil de 1916.

7.3.1. "REGISTRO CIVIL – Assento de nascimento – Pretendido acréscimo ao prenome, bem como exclusão de um dos patronímicos maternos – Inocorrentes quaisquer das situações do parágrafo único do art. 58 da Lei de Registros Públicos – Alteração descabida – Pedido indeferido. Quanto aos apelidos de família, não se constatando qualquer irregularidade ou grave inconveniência no registro feito, ficam mantidos." (Ap. Cív. nº 241.903-1-SP, 5ª C. DPriv. Férias "A", Rel. Des. Marcos César, j. em 9.2.1996, v.u., TJSP).

7.3.2. "REGISTRO CIVIL – Nome – Sobrenome acrescido – Pedido para ser estendido ao nome de filhos menores – Deferimento – Recurso provido. Admite-se a retificação no registro civil quando, não sendo objetivo visado pelo requerente o de alterar o nome de seus filhos menores, mas simplesmente retificar, nos seus assentamentos, a alteração já havida no sobrenome do pai, tal fato não importa em expô-los a qualquer vexame" (*RT* 528/220-221). "Após haver obtido alteração de nome no assento de seu nascimento, para nele fazer *acrescentar o epíteto "Jota Jota", pelo qual é conhecido profissionalmente,* o apelante requereu, em processo de retificação, a consignação daquela alteração também nos assentamentos de seus filhos menores". O requerente ficou com o nome de "João José Jota Jota de Oliveira". O pedido de retificação nos assentamentos de nascimentos dos filhos menores também foi deferido." (*RT* 528/220).

7.3.3. "REGISTRO CIVIL – Alteração de nome – Apelido de família – Acréscimo de qualquer nome a ele e se é permitido. Aplicação do art. 70 do Decreto nº 4.857/1939. Quando a lei proíbe fique, na retificação do registro, prejudicado o apelido de família, refere-se à sua supressão; não impede, porém, o acréscimo de qualquer outro nome a esse apelido." (Ap. nº 19.368-SP, 2ª C., j. em 13.7.43, Rel. Mário Guimarães).

7.3.4. "REGISTRO PÚBLICO – Nome – Alteração de prenome – Pretendente que deseja em verdade acrescer um sobrenome a este último – Deferimento – Aplicação do art. 71 do Decreto nº 4.857, de 9.11.1939. Quando em verdade pretenda alguém acrescer um sobrenome ao seu prenome, tal é admissível, já que se respeita a lei não se alterando este último." (Ap. nº 12.055, Pinhal-SP, 4ª C., j. em 5.6.41, Rel. Meirelles dos Santos).

7.3.5. "REGISTRO CIVIL – Nascimento – Retificação – Admissibilidade – *Nome excessivamente longo* – Ausência de malícia ou de intuito menos idôneo na alteração – Recurso provido." (Ap. Cív. nº 258.783-1-SP, 4ª CDPriv., Rel. Fonseca Tavares, j. em 13.6.1996).

7.3.6. "REGISTRO CIVIL – Nome – Uso prolongado em atividades sociais e comerciais – Averbação – Pedido deferido. Nada impede o acréscimo *de um apelido ao prenome* quando comprovado o uso em atividades sociais e comerciais e se trata de pessoa de bons antecedentes." (*RT* 518/104, hipótese em que o Tribunal autorizou a alteração do nome de Nemésio Cadetti para Nemésio "Ceará" Cadetti).

7.3.7. "REGISTRO CIVIL – Retificação. Assento de nascimento. Alegação de erro da paternidade, fundada em exame pericial hematológico pelo sistema DNA. Questão de *filiação. Impropriedade pela via eleita* – Necessidade de procedimento contencioso – Art. 113 da Lei nº 6.015/1973 – Petição inicial indeferida – Recurso não provido." (Ap. Cív. 258.004-1-SP, 1ª CDPriv., Rel. Guimarães de Souza, j. em 28.5.1996, v.u., in Jornal *A Tribuna do Direito*, pág. 70).

7.3.8. "REGISTRO CIVIL DE PESSOAS NATURAIS – Pretensão de registro de prenome "Gyowane" – Registro negado – Ausência das letras "y" e " w " no alfabeto pátrio – Grafia imprópria – IRRELEVÂNCIA – Nome que não importa exposição do seu titular ao ridículo – Recurso provido." (T.J.-SP – Conselho Superior da Magistratura, Apelação Cível nº 99.828-0/8-Mairiporã-SP – Rel. Des. Luiz Tâmbara).

Constou do v. acórdão que:
"A recusa da retificação justificada no emprego correto da língua portuguesa é de excessivo rigor (alegou-se que as letras "y" e "w" não existem no alfabeto pátrio)... Depois de se acentuar que "não existe direito adquirido ao engano ou aos erros do passado", todavia, no caso concreto, o desvio não importará, necessariamente, a exposição do titular do nome ao ridículo e esta é a única hipótese legal para a negativa de registro. Como já explicitou Pontes de Miranda:

"Nenhuma regra existe, no direito brasileiro, que vede a imposição de prenome artificial, ou de prenomes orientais, ou africanos, ou tirados de romances e filmes cinematográficos....Só se pode denegar o registro de prenome que exponha ao rídiculo (Decreto nº 4.857, de 9 de novembro de 1938, art. 69, parágrafo único, regra jurídica antes já existente, não escrita, no sistema jurídico brasileiro). A ridiculez é *quaestio facti* (*in Tratado de Direito Privado*, vol. 1º, § 69, nº 02, pág. 244, Borsoi, RJ, 1970). Não há como afirmar, desde logo, que o prenome "Gyowane" escolhido exporá o titular do mesmo ao ridículo". (Ap. nº 99.828-0/8-Mairiporã-SP, TJ-SP, C.S.M).

8. RETIFICAÇÃO NO REGISTRO DE IMÓVEIS

8.1. DESPACHO INICIAL

PODER JUDICIÁRIO

Processo Cível nº

Vistos, etc.

1. Cuida-se de pedido de Retificação no Registro de Imóveis (CC de 2002, art. 1.247).

2. Citem-se os alienantes do imóvel e os confrontantes para, querendo, impugnarem o pedido inicial no prazo de 10 (dez) dias (CPC, art. 1.106).

3. Após, manifeste o representante do Ministério Público.

4. Oportunamente deliberarei sobre a necessidade de perícia. Intimem-se.

Local e data

(a) Juiz de Direito

8.2. Sentença deferindo a retificação no registro de imóveis – Anotações sobre as espécies de retificações

PODER JUDICIÁRIO
ESTADO DE SÃO PAULO

Processo cível nº

SENTENÇA

Vistos, etc.

1. Trata-se de pedido de retificação de área de imóvel rural formulado por "A" e sua mulher "B", qualificados nos autos. Alegam os requerentes que, pela matrícula nº (...), do Cartório de Registro de Imóveis da cidade de (...), são possuidores e proprietários de um imóvel rural com a área de (...) alqueires paulistas, denominado Fazenda Esteio, situada no município de (...), com as divisas e confrontações constantes de fls. 2 dos autos. Os requerentes fizeram um levantamento topográfico-planimétrico e constataram que na verdade o referido imóvel tem área maior, ou seja, (...) alqueires de terra, razão pela qual pretendem a retificação do registro, com a nova descrição feita pelo engenheiro credenciado, mantido no mais o estado das linhas divisórias e as coisas como já existem há anos, alterando-se apenas a área, com menção do roteiro e rumos atualizados.

A petição inicial veio instruída com os documentos de fls. (...).

2. Foram citados os alienantes e os confrontantes do imóvel (fls.), e não houve contestação de quem quer que seja (fls...).

3. O zeloso Promotor de Justiça, representante do Ministério Público, ante a inexistência de impugnação, opinou pelo deferimento do pedido inicial (fls.).

4. É O SUCINTO RELATÓRIO. DECIDO.

4.1. Com ressalvas de direitos de terceiros, e sem modificar o estado das linhas divisórias já existentes e sempre respeitadas, e, portanto, mantidos os contornos como existem há anos, o pedido inicial é procedente, com fundamento nos arts. 1.247 do Código Civil de 2002, e 213, § 2º, da Lei nº 6.015/1973, com redação dada pela Lei nº 9.039, de 9.5.1995.

4.2. O pedido de retificação veio instruído com a planta do imóvel rural e levantamento topográfico-planimétrico conforme se vê de fls.. O memorial descritivo consta de fls. dos autos. Todos os confrontantes mencionados pelos autores foram citados, conforme se vê de fls.. Os alienantes também foram citados, consoante se vê de fls.. Nem os confinantes nem os alienantes apresentaram qualquer impugnação ao pedido inicial (fls.). Por outro lado, o digno Promotor de Justiça concordou com a pretensão inicial, conforme parecer de fls.. Destarte, ante a inexistência de impugnação de qualquer dos interessados, a ação é procedente. E como a petição inicial veio acompanhada de parecer técnico e documentos elucidativos, e não tendo havido impugnação de pessoas interessadas, dispenso a perícia, conforme o art. 427 do Código de Processo Civil, com redação dada pela Lei nº 8.455/1992.

4.3. Tal como está redigido o art. 213 e §§, da Lei nº 6.015/1973, podemos estabelecer o seguinte critério classificatório das retificações no registro de imóvel:

4.3.1. *Existe a retificação "de ofício", no caso de erro evidente e notório do registro, devendo o oficial corrigir com cautela e desde que não haja prejuízo a terceiro;*

4.3.2. *Existe a retificação judicial que pode ser:*

a) Retificação unilateral, cujo procedimento é administrativo e pela Corregedoria Permanente da comarca, com possibilidade de recurso à Eg. Corregedoria-Geral de Justiça. Essa retificação judicial unilateral é feita obviamente por despacho do Juiz Corregedor e está prevista no art. 213, § 1º, da Lei nº 6.015/1973. Aqui, retifica-se, por exemplo, apenas um nome errado, o estado civil, o número de documento, nacionalidade das partes, dados do imóvel que tão-somente explicam melhor as medidas já expressas, etc. Não se vislumbra, nessa espécie retificatória, uma possibilidade de prejuízos a terceiros. Trata-se, pois, *de retificação judicial unilateral, sem contraditório.*

b) Retificação bilateral, cujo procedimento, em princípio, é o da *jurisdição voluntária*, havendo distribuição regular da petição inicial no Juízo e cartório cível. Pela retificação bilateral, almeja o autor a alteração da área ou das divisas do imóvel registrado. O que distingue fundamentalmente a retificação judicial unilateral da bilateral é a potencialidade lesiva da correção para terceiro. Assim, *a retificação bilateral* está prevista no art. 213, § 2º, da mencionada Lei de Registros Públicos, exigindo-se no procedimento a citação dos alienantes e confrontantes, isso porque as alterações pretendidas concernem à área do imóvel e às divisas e confrontações. Não havendo oposição, e desde que juntados o memorial e o mapa geodésico, o juiz deferirá a retificação, tendo a faculdade (não obrigatoriedade) de dispensar a realização de vistoria ou perícia judicial. Esta será sempre necessária nos casos de aumentos consideráveis de área do imóvel, ou mudança significativa das divisas, etc. Por outro lado, as sentenças nos procedimentos de jurisdição voluntária não fazem coisa julgada material (CPC, arts. 1.109 e 1.111), podendo a decisão ser modificada. Aliás, a coisa julgada, mesmo que existisse, não beneficiaria e *nem prejudicaria* terceiro não integrante da lide (CPC, art. 472). A propósito da *retificação bilateral com o procedimento da jurisdição voluntária,* e para fazer constar a área real do imóvel, o Eg. Superior Tribunal de Justiça já decidiu que:

"Retificação – Registro de Imóveis – Alteração da área. É cabível o pedido de retificação de registro de imóvel, *para fazer constar a área real do lote, na forma do artigo 213, § 2º, da Lei dos Registros Públicos (Lei nº 6.015/1973). O encaminhamento das partes às vias ordinárias somente se justificaria diante de fundamentada impugnação dos demais interessados.* Cassação da sentença e do acórdão que rejeitaram o pedido dos autores por julgarem imprópria a via escolhida, para que se prossiga no processo, suprida a falta de citação dos alienantes (art. 213, § 2º)" (STJ, 4ª T., REsp. nº 57.737-3-MS, Rel. Min. Ruy Rosado de Aguiar, j. em 9.8.1995, v.u., *DJU* 2.10.1995, pág. 32.375, in Boletim AASP nº 1926, de 22 a 28.11.1995, pág. 119-e).

Depois, já se decidiu também que:

"Retificação do Registro Imobiliário – Possibilidade jurídica de retificação de área – Sentença reformada. Vem admitindo a jurisprudência a possibilidade jurídica de retificação de área no registro imobiliário desde que, citados os confrontantes e alienantes, não apresentem impugnação fundamentada" (*RTJE-Vellenich*, 31/254/255). Nesse julgado, mencionou-se para a colação um acórdão relatado pelo Des. Wilson Guarany, em Florianópolis, na Ap. Cív. nº 19.808-Capital, assim ementado: "Registro de Imóveis – Retificação – Alteração de área – *Procedimento simplificado.* É admissível o procedimento simplificado dos arts. 860 do Código Civil de 1916, e 212 e 213, da Lei dos Registros Públicos, para a retificação de registros de imóveis, ainda que dela resulte *alteração da área,* bastando, para isso, que não haja impugnação fundamentada, a evidenciar inequivocamente a possibilidade de prejuízo a terceiro, casos só em que as partes serão remetidas às vias comuns" (*JCat* 42/223-226). Este último julgado, por sua vez, louvou-se em aresto do TJERGS, de cujo recurso foi relator o ilustre Des. Galeno de Lacerda, assim ementado:

"*Domínio. No Direito Processual podem coexistir vias diversas para atingir o mesmo objetivo, inclusive uma de natureza administrativa e outra de natureza jurisdicional. A Lei dos Registros Públicos é da mesma hierarquia do Código Civil e pode criar via nova de reconhecimento implícito de domínio, coerente com a tendência de simplificação dos atos e relações jurídicas que dominam o moderno sistema legal brasileiro. Cabível, portanto,* a retificação de área de imóvel em virtude de erro constante da escritura, aplicando-se o procedimento do art. 212 da Lei dos Registros Públicos, com a concordância dos lindeiros e do alienante," (*BJA* nº 391, verbete 91.372, *RTJE-Vellenich* 31/255-256).

4.3.3. Finalmente, existe a *retificação contenciosa,* que se realiza nas vias ordinárias quando tenha havido impugnação fundamentada na retificação unilateral ou bilateral. Essa retificação contenciosa está prevista no art. 213, § 4º, da Lei dos Registros Públicos, mas ela pode também ser efeito de uma ação judicial não específica, como no caso de ação reivindicatória, demarcatória, anulatória, etc. (Lei nº 6.015/1973, art. 216).

4.4. Destarte, posto os princípios jurídicos, no caso de que se cuida, com ressalvas de direitos de terceiros, defiro a retificação da Matrícula Imobiliária nº (...), do Cartório de Registro de Imóveis de (...), para o fim de constar que a Fazenda Esteio, de propriedade dos autores, tem a área de (...) alqueires paulistas, iguais a (...) hectares, com o roteiro e rumos descritos na petição de fls., mantido no mais o estado das linhas divisórias já existentes. Os fundamentos jurídicos foram apontados nos itens 4.1 e 4.3. acima. Tanto o Código Civil, como a Lei dos Registros Públicos, autorizam a retificação de registro imobiliário (CC/2002, art. 1.247, e Lei nº 6.015/1973, arts. 212 e 213).

Para finalizar, diga-se que o teor do registro público deve corresponder à realidade física e quantitativa do imóvel registrado.

5. DISPOSITIVO.

Ante o exposto, julgo PROCEDENTE o pedido de retificação de registro imobiliário formulado por "A" e sua mulher "B", para o fim constante do item 4.4. supra, ressalvando-se direitos de terceiros não mencionados ou citados no processo judicial. Com o trânsito em julgado, expeça-se mandado de retificação, com cópia da presente sentença. Publique-se. Registre-se. Intime-se. Comunique-se.

Local e data

(a) Dr. Valdeci Mendes de Oliveira – Juiz de Direito

9. AÇÃO DE SUPRIMENTO DE IDADE

9.1. DESPACHO INICIAL

Processo Cível nº

Vistos, etc.

1. Trata-se de pedido de suprimento de idade de adolescente para fins de casamento civil, formulado conjuntamente pelos pais da referida menor. Dispensável, pois, a citação de qualquer dos genitores.

2. Ao Estudo Social pela Assistente do Juízo. Relatório em 3 (três) dias.

3. Após, diga o Ministério Público. Com a manifestação do Promotor de Justiça, que venham os autos conclusos.

4. Se ainda não tiver documento médico nos autos atestando a aptidão da adolescente para suportar o ônus conjugal, deve o autor providenciar em 3 (três) dias o aludido atestado.

5. Intime-se.

Local e data

(a) Juiz de Direito

9.2. Sentença de suprimento de idade

PODER JUDICIÁRIO
ESTADO DE SÃO PAULO

Processo cível nº

SENTENÇA

Vistos, etc.

1. Trata-se de pedido de suprimento de idade da menor "C", formulado pelos pais "A" e "B". Os argumentos são no sentido de que a jovem filha dos requerentes mantém relacionamento afetivo com (...), e em razão disso veio a ser deflorada por este, havendo gravidez, tudo conforme exame médico e/ou atestado de fls.. (*ou então... mantém relacionamento afetivo com (...), e agora pretendem os jovens o matrimônio civilmente*). A menor tem (...) anos de idade e é necessário o suprimento de idade para fins de casamento no registro civil. Daí o pedido de Alvará de suprimento de idade.

2. Com a petição inicial vieram documentos e o atestado médico de fls., este certificando ter a menor bom desenvolvimento físico e psíquico, além de se encontrar grávida.

3. O digno Representante do Ministério Público manifestou nos autos (fls.).

4. Determinou-se a feitura do estudo social do caso (fls.). *Ou...* Pelas peculiaridades do caso, foi dispensado o relatório social.

5. É A SÍNTESE DO PROCESSO. DECIDO.

5.1. Não é o caso de se realizar audiência para mais instrução probatória porque o pedido conjunto dos pais da menor é suficiente para o julgamento da causa, somado aos documentos já juntados nos autos.

5.2. A menor "C" nasceu em (...) de (...) de (...) [Certidão de Nascimento de fls. (...)]. Ela tem, portanto, 14 (*ou 15*) anos de idade e o exame e/ou atestado médico de fls. (...) comprova que ela foi seduzida ou deflorada, reunindo, malgrado a idade, boas condições físicas e psíquicas para suportar o ônus conjugal.

5.3. A propósito, a menor está grávida (fls. ...). Os requerentes do pedido de suprimento de idade são os próprios pais da menor, o que demonstra a aquiescência deles quanto ao casamento da filha. Destarte, o pedido é procedente. A intenção do casamento civil deve ser premiada. É certo que no regime do Código Civil de 1916 não poderiam se casar as mulheres com idade inferior a 16 anos e os homens com idade inferior a 18 anos (CC, art. 183, inciso XII), mas o art. 214 do referido Código Civil ressalvava uma hipótese, e, comentando-a, ensinava Clóvis Bevilaqua que " não havia necessidade de considerar o fato em relação à pena; não deve ser "formidine poenae" que os cônjuges queiram legitimar a sua união, mas em satisfação à moral, à honestidade das famílias, e no interesse da prole possível. O casamento só se realiza a aprazimento das partes e dos seus representantes legais. Ainda que a redação do artigo permita outra inteligência, não a tolera a razão jurídica" (*Código Civil dos Estados Unidos do Brasil Comentado*, Edição Histórica, Rio, pág. 554). Impunha-se observar, ainda, o art. 215 do Código Civil de 1916. Todavia, com o Código Civil de 2002, estabeleceu-se a igualdade entre homens e mulheres no tocante à idade núbil, dispondo o art. 1.517 que o homem e a mulher com 16 anos de idade podem casar, desde que haja autorização de ambos os pais. Excepcionalmente será permitido o casamento de quem não alcançou a idade núbil de 16 anos quando for para evitar imposição ou cumprimento de pena criminal ou em caso de gravidez (CC de 2002, art. 1.520).

6. DISPOSITIVO.

Ante o exposto, JULGO PROCEDENTE o pedido inicial e declaro suprida a idade de (...) para fins de casamento civil com......, observando-se o regime obrigatório da separação de bens e demais formalidades do registro civil (CC de 2002, art. 1.641, inciso III). Atento-se aos princípios da eticidade e da boa-fé, e da analogia (CC, art. 1.725, na união estável, no silêncio, vigora a comunhão parcial), aplicar-se-á a Súmula 377 do S.T.F: *"No regime de separação legal (ou obrigatória) de bens, comunicam-se os adquiridos na constância do casamento."* (Referências: CC de 1916, arts. 258 e 259). Expeça-se Alvará de imediato. Como foi alegada a urgência, dispenso a publicação de editais, desde que apresentados os documentos exigidos no art. 1.525 do Código Civil de 2002, tudo conforme autoriza o art. 1.527, parágrafo único, do referido Código Civil.

P.R.I.C.

Local e data

(a) Dr. Valdeci Mendes de Oliveira

Juiz de Direito

10. AÇÃO DE SUPRIMENTO DE CONSENTIMENTO

10.1. Despacho inicial

Processo Cível nº

Vistos, etc.

1. Trata-se de pedido de suprimento de consentimento ajuizado por "A" contra "B", tudo com fundamento no art. 11 do CPC. O procedimento é de jurisdição voluntária (CPC, art. 1.103 e *RT* 530/90).

2. Cite-se a parte requerida para, querendo, contestar o pedido no prazo de 10 (dez) dias (CPC, art. 1.106).

blico. 3. Após, manifeste o representante do Ministério Público.

4. Cumpra-se.

Intime-se.

Local e data

(a) Juiz de Direito

10.2. SUPRIMENTO DE CONSENTIMENTO – JURISPRUDÊNCIA SOBRE A ESPÉCIE

Observação: Uma parte dos julgados e súmulas abaixo transcritos foram lavrados durante a vigência do Código Civil de 1916.

10.2.1. "SUPRIMENTO DE CONSENTIMENTO – Ausência de motivo convincente para negativa de autorização para alienação de imóvel – Deferimento. A exigência legal de consentimento do cônjuge tem por fim a proteção do patrimônio da família. Fora disso, a discordância quanto à disposição de bens exclusivos do outro cônjuge é abusiva e merece ser suprida judicialmente." (TJSP, Rel. Des. Luiz de Macedo, j. em 3.4.1990, v.u., *in Boletim AASP* nº 1655, de 12 a 18.9.1990, pág. 215).

Sobre o rito processual, anotou o v. acórdão: *"Ao contrário do que ocorria com o Código de Processo anterior, que expressamente regulava o procedimento para a espécie (arts. 625 a 628), o estatuto em vigor não o faz, embora o mencione no art. 11. Daí entender-se ser aplicável o artigo 1.103 do CPC, com as disposições comuns aos procedimentos de jurisdição voluntária. É também a opinião de Theotonio Negrão, que cita jurisprudência a propósito (nota 1 ao art. 11, 17ª. ed. de seu festejado CPC)".*

10.2.2. "SUPRIMENTO DE CONSENTIMENTO – Alienação de bem havido por sucessão – Levantamento pela esposa da importância correspondente à meação do marido, de paradeiro ignorado – Admissibilidade – Recurso provido." (Ag. Inst. nº 197.438-1-SP, Ac. 29.12.1993, Rel. Des. Fonseca Tavares, *in RJTJ-Lex*, 155/189).

Constou do venerando aresto que: "Encontrando-se o marido afastado do lar há 10 (dez) anos, a esposa, ora agravante, logrou obter *suprimento judicial para alienação de bem havido por sucessão,* em condomínio com outros sucessores, indivisível. Ao requerer o levantamento da importância que corresponderia à meação do marido, o magistrado o indeferiu. A douta Procuradoria observou que, em se cuidando *de jurisdição voluntária, a dirimência não se faz com fundamento no princípio da estrita legalidade,* facultado antes ao magistrado venha a dirimir eventuais questões que possam eclodir por meio dos critérios da conveniência ou da oportunidade (CPC, art. 1.109). O parecer acertou exatamente o ponto crucial da pretensão. O alvo é exatamente esse: Não permitir que a esposa, que suporta o afastamento do marido, a esposa que já tem todos os filhos criados, permaneça a aguardar o seu retorno, eventual e imprevisível, para só então reclamar lhe seja entregue a pecúnia remanescente, que, destinada ao marido, pode ser mantida sem qualquer utilidade ou relevância longe do desfrute da agravante. Não há como impedir o levantamento. A questão pertinente a ser ou não *irrisória a quantia, há de ser vista segundo os critérios do homem médio, do bom pai de família. Caso haja o retorno do esposo, caberá à mulher restituir-lhe tal pecúnia, que não deveria deixar de ser regularmente utilizada, enquanto o paradeiro dele é de todo ignorado."* (*JTJ-Lex* 155/189-190).

10.2.3. "Se o marido está em lugar incerto e não sabido, não há necessidade da declaração de sua ausência para que a mulher, autorizada judicialmente, possa fazer a venda dos bens do casal. Estando o marido em lugar remoto ou não sabido, e vendidos pela mulher, por autorização judicial, os bens do casal, cabe-lhe administrar o produto da venda como lhe parecer conveniente." (*RT* 522/198).

10.2.4. "É dispensável o depósito da metade do produto da venda do imóvel, pela mulher em nome do marido, cujo consentimento foi suprido judicialmente." (*RT* 523/75).

10.2.5. "Não há nenhuma determinação legal que condicione a outorga do Alvará de Suprimento de Consentimento à reserva da meação do ausente, depositando-se o preço." (*RT* 412/182).

11. HERANÇA JACENTE – DESPACHO EM PEDIDO DE "HERANÇA JACENTE" (QUE JAZ OU ESPERA POR HERDEIROS) – HÁ CERTEZA DE MORTE DO TITULAR DOS BENS

11.1. Despacho inicial

Processo Cível nº

Vistos, etc.
1. Cuida-se de pedido de arrecadação de herança jacente. Nessa espécie, o que existe é certeza da morte de alguém, contudo, ignora-se quem sejam os herdeiros. No caso, pensa-se em ausência de herdeiros, ou seja, herdeiros de alguém que se sabe concretamente falecido. É diferente da "arrecadação de bens dos ausentes", pois o fato determinante desta é a ausência de alguém que deixou bens, não se tendo certeza da sua morte.
2. São quatro as fases do procedimento de arrecadação da herança jacente:
a) arrecadação dos bens;
b) publicação de editais por 3 (três) vezes, com intervalo de 30 (trinta) dias para cada um, para que venham a habilitar-se os herdei-

ros e legatários, no prazo de 6 (seis) meses contados da 1ª publicação (CPC, art. 1.152);

c) passado 1 (um) ano da 1ª publicação do edital referido (art. 1.152), se não aparecerem herdeiros, a herança pode ser declarada vacante (CPC, art. 1.157), com entrega dos bens à Fazenda; e

d) transferência do domínio, decorridos 5 (cinco) anos da abertura da sucessão.

3. Pois bem. No caso vertente, adoto as seguintes providências:

A) Nomeio Curador o Sr. J.G., oficial de justiça (CPC, art. 1.143). Lavre-se termo de compromisso, aplicando-se os arts. 919 e 1.144 do CPC.

B) Solicite-se à autoridade policial que proceda à arrecadação e o arrolamento de bens (CPC, art. 1.148), sempre com 2 (duas) testemunhas, lavrando-se o auto circunstanciado respectivo. Ouvirá a autoridade policial outras pessoas e testemunhas, conforme dispõe o art. 1.150 do CPC, lavrando-se autos de inquirição e informações.

C) Se aparecer algum herdeiro (art. 1.151), suspende-se a arrecadação, instruindo-se para requerer o inventário ou arrolamento.

D) Ultimada a arrecadação com a lavratura do auto circunstanciado, expeça-se edital, conforme art. 1.152 do CPC. Aparecendo algum herdeiro, converte-se o procedimento em inventário, com o requerimento próprio.

E) Passado 1(um) ano da 1ª publicação do edital acima referido, será a herança declarada vacante por sentença judicial. Advirta-se: "A sentença declaratória de vacância (CC de 1916, art. 1.593, e CC de 2002, art. 1.820), como o nome diz, não é constitutiva, mas declaratória porque reconhece uma situação preexistente. Os efeitos são *ex tunc*, retroagindo ao óbito" (*JTJ-Lex* 176/215).

F) Requisite-se a certidão de óbito, como requerido nas fls. 3 pelo Promotor de Justiça.

G) Oficie-se, requisitando certidão do Cartório de Registro, como pedido nas fls. 3.

4. Intime-se, cientificando o representante do Ministério Público.

5. Local e data

(a) Juiz de Direito

11.2. Jurisprudência sobre Herança Jacente

Observação: Alguns julgados a seguir transcritos foram lavrados durante a vigência do Código Civil de 1916.

11.2.1. "HERANÇA JACENTE – Sucessão – Lei Federal nº 8.049, de 1990 – Anterioridade de óbito – Legitimidade da Universidade de São Paulo para figurar como sucessora – Art. 1.572 do Código Civil – Afastamento da Municipalidade da condição de beneficiária dos bens arrecadados – Recurso provido. Tanto a vacância como a jacência da herança regem-se pela lei vigente quando falece o *de cujus*. "Não se aplica a Lei nº 8.049/1990, quando o autor da herança tenha falecido antes de sua vigência"." (Ag. Inst. nº 261.601-SP, Rel. Des. Cunha Cintra, *in RJTJ-Lex* 176/214). No mesmo sentido, *RJTJ Lex* 153/193.

11.2.2. "HERANÇA JACENTE – Incidência da nova lei – Direito do Estado. Se, ao tempo da abertura da sucessão, a lei vigente atribuía ao *Estado* os bens da herança jacente, a ele deverão ser transferidos, ainda que a transmissão do domínio tenha ocorrido quando em vigor a Lei nº 8.049/1990, que atribuiu ao *Município* os bens de heranças jacentes." (STJ, 4ª T., REsp. nº 61.885-SP, Rel. Min. Ruy Rosado de Aguiar, j. em 12.9.1995, v.u., *in Boletim AASP* nº 1947, de 17 a 23.4.1996, págs. 30-e e 31-e).

12. DA ARRECADAÇÃO DOS BENS DO AUSENTE (CPC, ARTS. 1.159 E SEGS.)

12.1. Despacho inicial

Processo Cível nº

Vistos, etc.

1. Cuida-se de pedido de arrecadação de bens de ausente. Dispõe o art. 1.160 do CPC, que: "O juiz mandará arrecadar os bens do ausente e nomear-lhe-á curador na forma estabelecida no capítulo antecedente", o que vale dizer, na forma estabelecida para a arrecadação da herança jacente (*ver despacho anterior*).

2. Difere a arrecadação de herança jacente da arrecadação de bens de ausente porque nesta o fato determinante da arrecadação é a ausência de alguém que deixou bens, não se tendo certeza da sua morte. Tanto que, nos termos do art. 1.162 do CPC, cessa a curadoria do ausente: I – pelo comparecimento do ausente, do seu procurador ou de quem o represente; II – pela certeza da morte do ausente, caso em que, os eventuais herdeiros poderão requerer desde logo o inventário; III – pela sucessão provisória.

3. As fases do procedimento de arrecadação dos bens de ausente, que se fará na mesma forma da arrecadação da herança jacente (CPC, art. 1.160), são as seguintes:

a) nomeia-se um Curador ao ausente (CPC, art. 1.160);

b) determina-se a arrecadação dos bens do ausente, podendo o juiz requisitar o mister da autoridade policial (CPC, art. 1.148 e 1.160);

c) feita a arrecadação, segue-se a publicação de editais durante 1 (um) ano, reproduzidos de dois em dois meses, anunciando a arrecadação e chamando o ausente a entrar na posse de seus bens (CPC, art. 1.161);

d) passado um ano da publicação do *primeiro* edital, sem que se saiba do ausente e não tendo comparecido seu procurador ou representante, poderão os interessados requerer que se abra provisoriamente a sucessão (CPC, arts. 1.163, § 1º, e 1.164);

e) a sentença que determinar a abertura da sucessão provisória só produzirá efeito 6 (seis) meses depois da publicação pela imprensa, mas, logo que passe em julgado, se procederá à abertura do inventário e partilha dos bens, como se o ausente fosse falecido (CPC, art. 1.165). Se dentro de 30 (trinta) dias não comparecer interessado ou herdeiro que requeira o inventário, a herança será considerada jacente (art. 1.165, parágrafo único). A sucessão provisória cessará pelo comparecimento do ausente e converter-se-á em definitiva: I – quando houver certeza da morte do ausente; II – 10 (dez) anos depois de passada em julgado a sentença de abertura da sucessão provisória; III – quando o ausente contar 80 (oitenta) anos de idade e houverem decorrido 5 (cinco) anos das últimas notícias suas (CPC, art. 1.167).

4. Pois bem. No caso vertente, adoto as seguintes providências:

A) Nomeio Curador do Ausente o Sr. (...) (CPC, art. 1.160). Lavre-se termo de compromisso de curador do ausente, com aplicação do art. 919 do CPC. Deverá o curador apresentar balancete mensal da receita e da despesa (CPC, art. 1.144, IV).

B) Solicite-se à autoridade policial que proceda à arrecadação e o arrolamento de bens (CPC, arts. 1.148, 1.145 e 1.160), sempre com 2 (duas) testemunhas, lavrando-se o auto circunstanciado respectivo. O Curador nomeado acompanhará as diligências, podendo, igualmente, arrecadar bens dos quais tiver conhecimento (CPC, art. 1.144, II). Ouvirá a autoridade policial outras pessoas e testemunhas, conforme dispõe o art. 1.150 do CPC, lavrando-se um auto de inquirição e informação.

C) Feita a arrecadação, publicar-se-ão editais, na forma do art. 1.161 do CPC, durante 1 (um) ano, reproduzidos de dois em dois meses, anunciando a arrecadação e chamando o ausente para entrar na posse de seus bens. Cessará a curadoria se o ausente comparecer ou se se tiver certeza da sua morte (CPC, art. 1.162).

D) Passado 1(um) ano da *primeira* publicação do edital acima referido, não comparecendo o ausente ou seu representante, na forma do art. 1.163 do CPC, poderão os interessados requerer que se abra provisoriamente a sucessão. Passados 6 (seis) meses da publicação na imprensa da *sentença* que determinar a abertura da sucessão provisória, e depois disso, transcorridos mais 30 (trinta) dias sem o comparecimento de interessado para requerer o inventário (CPC, art. 1.165), a herança será considerada jacente (art. 1.165, parágrafo único). Advirta-se que: "A sentença declaratória de vacância (CC de 1916, art. 1.593, e CC de 2002, art. 1.820), como o nome diz, não é constitutiva, mas declaratória, porque reconhece uma situação preexistente. Os efeitos são *ex tunc*, retroagindo ao óbito" (*JTJ-Lex* 176/215).

E) Requisite-se as informações solicitadas na petição inicial (fls. 3).

F) Oficie-se ao Tribunal Regional Eleitoral.

5. Intime-se, cientificando o representante do Ministério Público.

6. Local e data

(a) Juiz de Direito

12.2. JURISPRUDÊNCIA SOBRE A ARRECADAÇÃO DOS BENS DO AUSENTE

12.2.1. "REGISTRO DE IMÓVEIS – Carta de Adjudicação expedida em razão de sucessão provisória de bens de ausente – Acesso negado – Transmissão dominial, sob condição, que só se dá com a sucessão definitiva – Falta de disponibilidade – Sentença mantida – Registro negado – Recurso desprovido." (TJ-SP – Conselho Superior da Magistratura, Apelação nº 93.962-0/5-São Paulo, j. em 6.9.2002, Rel. Des. Corregedor Luiz Tâmbara, *DOE* de 30.10.2002).

Constou do v. acórdão o seguinte:

"Cuida-se de recurso interposto em face de sentença proferida pelo MM. Juiz Corregedor Permanente....que entendeu de indeferir, ao argumento de que inocorrida, ainda, a transmissão dominial, registro de carta de adjudicação expedida em razão de sucessão provisória de bens de ausente...

Sabido que o instituto da ausência tende a assegurar a situação patrimonial, e seus reflexos perante terceiros interessados, de quem tenha desaparecido sem deixar notícias e sem deixar quem o representasse. Trata-se, é bem de ver, **de técnica pela qual se nomeia quem administre o patrimônio do ausente até que, decorrido certo tempo, os bens se transmitam, definitivamente, aos herdeiros.** Isto se faz, todavia, mercê do cumprimento de etapas ao cabo das quais cada vez mais remota se ostenta a possibilidade de o ausente retornar e retomar seus interesses. Em diversos termos, desaparecido o titular do patrimônio, **procede-se, primeiro, e atendidos os pressupostos dos arts. 1.163 a 1.165 do Código de Processo Civil, ao que se denomina ser a sucessão provisória de seus bens.** Apenas depois de interregno decenal, como regra, é que a sucessão provisória se converte em definitiva e, mesmo assim, com a contingência de, ainda em posteriores dez anos, retornar o ausente a tempo de retomar seu patrimônio no estado que então se encontrar.

Pois bem. No caso em tela, expediu-se carta de adjudicação, cujo registro se persegue, ainda em fase de sucessão provisória dos bens do ausente. Sucede que, neste instante, ainda não existe, em verdade, transmissão dominial que o justifique. Explica-se. A partir de e enquanto se processa a sucessão provisória, a idéia do legislador foi, claramente, a de apenas possibilitar a imissão dos herdeiros na posse dos bens, a fim de administrá-los, sempre na expectativa, ainda, da volta do ausente (v.g., Silvio Rodrigues, *Direito Civil*, Saraiva, 32ª ed., vol. 1º, págs. 79-81). Tanto assim é que, por exemplo, e segundo o art. 473 do CC de 1916 (art. 30 do CC de 2002) e art. 1.166 do CPC, os herdeiros imitidos na posse dos bens do ausente devem dar caução de sua restituição, caso retorne o titular do patrimônio......Na realidade, é com a sucessão definitiva que os herdeiros adquirem o domínio dos bens do ausente, e mesmo assim **sob condição**, a de o titular retornar em dez anos e retomar seu patrimônio, no estado em que se encontrar (CPC, art. 1.168). Neste sentido, **o da aquisição da propriedade, e resolúvel, só com a sucessão definitiva, de se conferir, a título exemplificativo,** Arnoldo Wald, in Direito das Sucessões, Saraiva, 12ª ed., pág. 36, e Maria Helena Diniz, in Curso, Saraiva, 18ª ed., pág. 151. Não por outro motivo dispuseram, tanto o Código Civil de 1916 (art. 479), quanto o Código Civil de 2002 (art. 35), que, se durante o prazo da sucessão provisória, se provar a época exata do falecimento do ausente, considera-se, nesta data, aberta a sucessão. Sinal de que não havida transmissão, antes. Ou seja, injustificado o registro da carta de adjudicação ainda na fase da sucessão provisória, à míngua de transmissão dominial ou mutação real qualquer que o autorize, é o que cabe nesta esfera aferir, sabido que os títulos judiciais não se forram à qualificação registraria."

13. INTERDIÇÃO

13.1. DESPACHO INICIAL EM AÇÃO DE INTERDIÇÃO OU CURATELA

Processo Cível nº

Vistos, etc.

1. Cite-se e intime-se o interditando para o interrogatório que designo para o dia (...) de (...) de (...), às (...) horas (CPC, art. 1.181).

2. Considerando os fatos alegados, mormente o estado de saúde do interditando e a necessidade de ampará-lo material e socialmente, antecipo parcialmente os efeitos da tutela pretendida no pedido inicial (CPC, art. 273, I), para o fim de nomear desde logo curador provisório do aludido interditando, o Sr. (...), *exclusivamente para fins previdenciários,* ficando o referido curador provisório nomeado depositário fiel dos valores recebidos da Previdência, e também obrigado à prestação de contas quanto instado para tanto, observando-se, inclusive, o disposto no art. 919 do CPC, e as respectivas sanções. Lavre-se termo de curatela provisória, devendo constar do termo que é terminantemente vedada a alienação ou oneração de quaisquer bens móveis, imóveis ou de quaisquer natureza, pertencentes ao interditando, salvo com autorização judicial.

3. Após a audiência de interrogatório, o feito deverá aguardar por 5 (cinco) dias eventual impugnação do pedido (CPC, art. 1.182).

4. Decorrido o prazo acima de 5 dias, requisite-se perito oficial e oficie-se como de praxe, para a perícia médica-psiquiátrica no interditando (CPC, art. 1.183). Antes, dê-se vista ao autor e ao Ministério Público para,

em 10 (dez) dias, formularem quesitos, querendo. Deverá o perito oficial responder ao seguinte quesito do Juiz:

O interditando é relativa ou absolutamente incapaz para reger a sua pessoa e administrar seus bens?

5. Sendo absolutamente necessária, será determinada a condução coercitiva para o exame pericial, na hipótese de recusa do interditando, sem prejuízo da aplicação da "presunção" prevista no art. 359 do CPC (*RJTJERGS* 162/233). Se é certo que ninguém pode ser coagido ao exame ou inspeção corporal, para prova no juízo cível (*RJTJESP* 112/368), verdade também é que, "ninguém se exime do dever de colaborar com o Poder Judiciário para o descobrimento da verdade" (CPC, art. 339). Por outro lado, é lícita a aplicação da presunção prevista no art. 359 do CPC, no caso de recusar-se a parte, sem motivo justificado, a exame na sua pessoa (*RJTJESP* 99/35, 99/158, 111/350 e 112/368).

6. Após juntada do laudo, digam as partes, em 10 (dez) dias. Em seguida, conclusos para a sentença ou eventual designação de audiência de instrução. Ciência ao MP.

7. Intime-se.

Local e data

(a) Juiz de Direito

13.2. SENTENÇA NO PROCESSO DE INTERDIÇÃO

PODER JUDICIÁRIO
ESTADO DE SÃO PAULO

Processo Cível nº

SENTENÇA

Vistos, etc.

1. "A", qualificado nos autos, requereu a interdição de seu filho (ou irmão, cônjuge, etc.) "B", nascido em (...) de (...) de (...), em (...) (cidade e Estado), registrado no Cartório de Registro Civil de (...), no livro nº (...), fls. (...) (fls. 6). O requerente alegou que seu filho (*ou irmão, cônjuge, etc.*) sofre de doença psíquica que o incapacita para os atos da vida civil e comercial, tudo conforme prévia constatação médica. Na qualidade de pai (*ou avô, cônjuge, irmão, etc.*), o requerente sempre cuidou do requerido, que aliás, possui (*ou não possui*) bens deixados por herança da mãe (fls. 2). Pediu-se, pois, seja decretada a interdição e o requerente nomeado curador.

2. A petição inicial veio instruída com os documentos de fls. (...) *usque* (...), inclusive pessoais, tendo sido designada data para interrogatório do interditando, com escorreita citação processual. Feita a inquirição judicial do aludido interditando (fls.), realizou-se perícia médica, vindo para os autos o laudo técnico psiquiátrico de fls., no qual constou respostas aos quesitos formulados pelas partes. O Digno Promotor de Justiça opinou pelo deferimento do pedido inicial, após analisar o laudo médico e documentos. (fls.).

2.1. Pelo despacho inicial de fls., como medida liminar, foi deferida para o requerente a administração provisória dos interesses do interditando, exclusivamente para fins previdenciários, vedados expressamente os atos de alienações ou onerações de bens móveis ou imóveis, e com observância do disposto no art. 919 do CPC.

3. ESSE, O SUCINTO RELATÓRIO. DECIDO.

3.1. Nos termos dos arts. 1.767, inciso I, 1.768, inciso I (ou II ou III conforme a hipótese), c/c os arts. 1.742, 1.745, 1.750, 1.755, 1.756, 1.757, 1.772, 1.774 e 1.782, todos do Código Civil, e ainda arts. 919 e 1.188 do Código de Processo Civil, a ação de interdição é procedente.

3.2. No caso, deve-se ter o requerido por interdito, já que, com (...) anos de idade, é absolutamente incapaz para os atos civis e comerciais. O requerido não tem a plena capacidade de discernimento. Com efeito.

3.3. A impressão inicial que se colheu quando do interrogatório judicial do interditando (fls.), ou da análise inicial do documento médico de fls., foi no sentido de que ele não compreendia *totalmente* o universo de fatos e coisas ao seu redor. A situação se agravava com o fato dele se apresentar também com alguma deficiência física (fls.).

3.4. Para a confirmação do estado de saúde mental do interditando, no sentido de que ele é absolutamente incapaz para reger a sua pessoa e administrar seus bens, veio o laudo de peritos médicos-psiquiátricos (fls.), cuja conclusão técnica não deixou fresta à dúvida. Vale dizer, o requerido padece de anomalia psíquica consistente em "(...)" (*exemplo: déficit mental global profundo, e também é epiléptico de provável etiologia congênita. Ele depende totalmente da família*) (*sic*, fls.). O requerido, em suma, é portador de doença conhecida como "(...)" (*exemplo: oligofrenia profunda*), irreversível, sendo absolutamente incapaz na expressão e entendimento dos peritos (fls.).

3.5. Ponderou Washington de Barros Monteiro que: "Saliente-se, em segundo lugar, que o decreto de interdição requer que o estado de alienação seja prolongado, duradouro, permanente, habitual, não bastando passageiro distúrbio das faculdades psíquicas. Por outro lado, não é mister que esse distúrbio seja ininterrupto; ainda que o paciente apresente lúcidos intervalos, deve ser interdito. Ou melhor, como adverte Carvalho Santos, precisamente porque tem mais intervalos, períodos de aparente lucidez, deve ele ser interdito" (*Curso de Direito Civil – Direito de Família*, Saraiva, 1982, vol. 2º, pág. 323).

3.6. No caso vertente, insisto, o requerido sofre de anomalia psíquica de caráter permanente (fls.), uma "(...)" (*exemplo: oligofrenia profunda*), e, consequentemente, deve ser considerado interdito. Os peritos médicos, respondendo aos quesitos das partes, não hesitaram em reafirmar: o requerido é absolutamente incapaz (fls.).

3.7. Não é a hipótese, pois, de realização de audiência de instrução porque as provas documentais e periciais são suficientes ao julgamento da causa. O documento médico de fls., foi ratificado pelo laudo pericial de fls.. Depois, não dependem de provas os fatos notórios. Inteligência do art. 334, I, do CPC. Acentue-se que, "a audiência só é obrigatória se houver necessidade de produção de prova oral (*RT* 25/317), e "não é absoluta a ordem de preferência estabelecida no art. 454 do Código Civil de 1916 (agora art. 1.775 do CC de 2002), cedendo ante os interesses da pessoa protegida" (*RTJ* 84/679, *RJTJESP* 34/190) (*apud* Theotônio Negrão, *Código de Processo Civil e Legislação Processual em Vigor*, Saraiva, 26ª ed., 1995, pág. 680). Por fim, o pedido de interdição se ajusta dentre os procedimentos de jurisdição voluntária, onde o magistrado não está obrigado a observar o critério de legalidade estrita (CPC, art. 1.109, e acórdão in Boletim AASP nº 1988, de 29.01 a 4.2.1997, pág. 37-j, Rel. Des. Júlio Vidal).

4. DISPOSITIVO.

Ante o exposto, JULGO PROCEDENTE o pedido inicial e decreto a interdição de "B", com declaração de que, apesar de contar com (...) anos de idade, é absolutamente incapaz para exercer pessoalmente os atos da vida civil e comercial, por ser portador de doença mental conhecida por "(...)" (*exemplo: oligofrenia profunda e epilepsia*), tudo conforme o laudo médico de fls.. Nomeio curador do interdito o seu pai (*ou mãe, avô, irmão, etc.*), ora requerente, *que não poderá por qualquer modo alienar ou onerar bens móveis, imóveis ou de quaisquer natureza, pertencentes ao interdito*, sem autorização judicial. Os valores recebidos de entidade previdenciária deverão ser aplicados exclusivamente na saúde, alimentação e no bem-estar do interdito. Aplica-se, no caso, o disposto no art. 919 do CPC e as respectivas sanções. Lavre-se termo de curatela, constando as restrições acima. Cumpra-se o disposto nos arts. 1.184 e 1.188 do Código de Processo Civil, publicando-se os editais.

Inscreva-se a sentença no Registro Civil. Publique-se na Imprensa Oficial por 3 (três) vezes, com intervalo de 10 (dez) dias. Intime-se o curador para o compromisso, em cujo termo deverão constar as restrições supra, todas referentes à proibição de alienações ou onerações de quaisquer bens do interdito, sem autorização judicial.

P.R.I.C.

Local e data

(a) *Dr. Valdeci Mendes de Oliveira – Juiz de Direito*

13.3. JURISPRUDÊNCIA SOBRE INTERDIÇÃO

Nota: Alguns dos julgados abaixo transcritos foram lavrados durante a vigência do Código Civil de 1916.

13.3.1. "INTERDIÇÃO – Curatela provisória – Admissibilidade – Interpretação extensiva e analógica diante da lacuna da lei – Entendimento doutrinário e pretoriano superado, visto que o disposto no art. 273 do CPC faculta ao Magistrado, a requerimento da parte, antecipar, total ou parcialmente, os efeitos da tutela pretendida, desde que exista prova inequívoca e se convença da veracidade dos fatos apontados na exordial – Curador temporário. Proteção preventiva da pessoa e dos bens do interditando, recomendável no início da ação, havendo indícios e suspeitas de que o requerido não detém plena capacidade de entendimento. Recurso desprovido." (TJSP, 7ª CDPriv., Ag. Inst. nº 18.405-4/0-Barretos-SP, Rel. Des. Júlio Vidal, j. em 23.10.1996, v.u., in Boletim AASP nº 1988, de 29.01 a 4.2.1997, pág. 36-j).

Do v. acórdão constou o seguinte: "O pedido de interdição se ajusta dentre os procedimentos de jurisdição voluntária, podendo a qualquer tempo o juiz, de ofício ou por provocação das partes, adotar medidas que entender convenientes ou oportunas ao caso concreto. Em causas que tais não está obrigado a observar o critério de legalidade estrita (CPC, art. 1.109). A curatela é encargo público, cometido por lei, a alguém, para *reger e defender uma pessoa e administrar os bens de maiores incapazes, que, por si sós,* não estão em condições de fazê-lo, em razão de enfermidade ou deficiência mental (*RT* 529/80). Assim, deve ser deferida pelo juiz, ainda que de forma provisória, em processo de interdição, que visa apurar os fatos que justificam a nomeação de curador, averiguando não só se é necessária a interdição e se ela aproveitaria ao argüido da incapacidade, mas também a razão legal da curatela, ou seja, se o indivíduo é ou não incapaz de reger sua pessoa ou seu patrimônio". Importante ressaltar que não se decretou a interdição provisória da agravante, apenas lhe foi indicada *Curadora Provisória* em razão do estado de saúde da recorrente. A doutrina se orienta no sentido de se indicar Curador Provisório ou Temporário, no processo de interdição, para uma proteção preventiva da pessoa e dos bens do interditando. Nesse sentido *(RT 503/252)* (in Boletim AASP nº 1988, de 29.1 a 4.2.1997, pág. 38-j).

13.3.2. "INCAPAZ – Débil mental – Compromisso de Venda de Imóvel vinculado – Posterior Interdição – Ato Nulo – Reintegração de Posse procedente – Apelação não provida – Provada a incapacidade mental, antes da interdição, nulo é o compromisso de venda de imóvel feito pelo interdito, mormente tratando-se de imóvel vinculado." (Apelação nº 258.547- Jundiaí-SP, ação de reintegração de posse, *in RT* 503/93).

Constou do v. acórdão: "...Os apelantes sustentam em suas razões de recurso, a impropriedade da ação, dizendo que, para que o apelado pudesse propor a presente reintegratória, teria que, antes, propor através da via adequada, a anulação do contrato que celebrara com os recorrentes. Razão, porém, não lhes assiste. É que não existiu qualquer ajuste válido, suscetível de anulação pelo Judiciário, portanto, não se poderia exigir, como condição legitimadora da presente ação, pleiteasse o apelado, inicialmente, a sua anulação, para depois, propor a ação de reintegração de posse. A sentença apelada está correta e fica mantida por seus próprios e jurídicos fundamentos... Estando provada a incapacidade anterior, o ato é nulo. Consequentemente, foi também nula a transmissão da posse de parte do imóvel feita ao apelante. E recusando-se este a devolvê-la ao apelado, representado por sua curadora, caracterizou-se o esbulho." (*RT* 503/94).

14. DIVISÃO PELO PROCEDIMENTO DE JURISDIÇÃO VOLUNTÁRIA, MESMO COM CONDÔMINO INCAPAZ

14.1. NOÇÕES PRELIMINARES

Tive oportunidade de anotar em meu livro *Direito das Obrigações Aplicado – Obrigações e Responsabilidade Civil*, Edipro, 1996, págs. 363/364, que: "A nova redação do art. 585, inciso II, do CPC, dada pela Lei nº 8.953/1994, ao permitir a *transação* por instrumento referendado pelo Ministério Público (como título executivo extrajudicial), serve, ao meu ver, para apoiar e secundar também a idéia de Humberto Theodoro Júnior em relação à divisão de imóveis pelo procedimento de jurisdição voluntária. Vale dizer, nem sempre a divisão de terras, por exemplo, há de ser pelo procedimento contencioso. Se não existe litígio entre as partes, mas a via judicial é necessária porque há condômino incapaz, isso não implica necessariamente a obrigação de observância do procedimento contencioso. É suficiente o procedimento da jurisdição voluntária, agora com mais forte razão, por permitir a lei a transação referendada pelo Ministério Público".

Prossegui nas minhas anotações: "O mestre Humberto Theodoro Júnior já ensinava antes da Lei nº 8.953/1994, assim: "58. Jurisdição voluntária. Partilha judicial quer dizer partilha feita através de procedimento promovido em Juízo. Não se reclama, porém, obrigatoriamente, o procedimento contencioso, para que a divisão se considere judicial. O procedimento complexo que se vê nos arts. 946 e seguintes do CPC é essencialmente um procedimento de jurisdição contenciosa. *Se não existe litígio entre as partes e se o recurso às vias judiciais só se faz em função, por exemplo, da incapacidade de um dos condôminos, empecilho não há para que a partilha seja feita de modo mais simples, com observância do procedimento comum da jurisdição voluntária.* Em caráter genérico, o Código de Processo Civil prevê um rito singelo que se pode aplicar em qualquer caso de jurisdição não contenciosa, que é o contido no Capítulo I, Título II, Livro IV (arts. 1.103 a 1.112), e que o art. 1.103 manda observar para todos os casos de "jurisdição voluntária" para os quais não se tenha instituído um procedimento especial (entenda-se: procedimento especial de jurisdição voluntária). Para processar-se uma divisão judicial não contenciosa, segundo o rito supra, as próprias partes poderiam indicar o perito e os arbitradores que, sem maiores formalidades apresentariam, de uma só vez, plantas, memoriais e folhas de pagamento. Assim, após o compromisso, num só laudo e respectivos anexos, todos os trabalhos divisórios estariam concluídos. Todo o feito correria sob fiscalização do Ministério Público *e aos incapazes dar-se-ia curador especial sempre que houvesse conflito de interesse entre eles e seus representantes legais (caso, por exemplo, de figurarem uns e outros como condôminos do imóvel partilhando).* Concluídos os trabalhos técnicos, ouvidos os interessados e o Representante do Ministério Público, o juiz simplesmente homologaria a divisão sumariamente processada, no juízo da jurisdição graciosa" (*Terras Particulares – Divisão, Demarcação e Tapumes*, Leud, 1981, pág. 73, grifos nossos).

Não hesito em transcrever, com a devida vênia, mais uma vez, as minúcias do procedimento da divisão processada pela via da jurisdição voluntária, traçadas pelo festejado Humberto Theodoro Júnior, na obra acima citada, págs. 149/150: "Por outro lado, se não há litígio entre as partes, e a divisão ou *demarcação só não se faz amigavelmente por questão de capacidade* (há, por exemplo, *um condômino ou um confinante menor ou interdito*), a meu ver nada impede que se utilize o procedimento comum dos feitos de jurisdição voluntária, que é muito mais singelo e célere, sem acarretar os gastos e o tempo exigidos pelos procedimentos especiais das ações de divisão e demarcação, contidos nos arts. 946 e seguintes, do Código de Processo Civil, procedimentos que pressupõem litígio a dirimir entre as partes. Há hoje um rito comum para os feitos de jurisdição voluntária, que o Código manda aplicar a qualquer caso de negócio jurídico que não se possa consumar sem a intervenção judicial, mas que não se caracterize pela litigiosidade. Assim, *requerida a divisão sob forma de jurisdição voluntária, o juiz dará curador especial ao incapaz, se houver conflito entre seu interesse e o do seu representante legal (CPC, art. 9º, inciso I) e ouvirá, em todos os atos processuais, o Representante do Ministério Público*. Não haverá a fase contenciosa do juízo divisório, justamente porque litígio inexiste e todos os interessados requereram, em conjunto, *a divisão ou demarcação*. Nomeará o juiz um perito (agrimensor) que procederá os trabalhos divisórios e apresentará um só laudo, contendo todos os elementos necessários à extinção da comunhão ou à definição da linha divisória. Colhida a prova técnica, serão ouvidos os interessados e o Representante do Ministério Público, ficando então habilitado o Juiz a decidir, em 10 (dez) dias, *com dispensa de observância da legalidade estrita, como dispõe o art. 1.109 do Código de Processo Civil*. Se, por qualquer razão, não estiver o Juiz seguro da preservação efetiva dos interesses do incapaz, ordenará diligências antes de homologar o trabalho divisório, para o devido esclarecimento. Se mesmo assim, não conseguir um juízo firme diante da sumariedade dos elementos obtidos, caber-lhe-á, então, denegar a homologação, mandando que as partes se dirijam para as vias comuns da divisão ou demarcação, onde, pela maior amplitude dos trabalhos técnicos, os interesses dos incapazes encontrarão melhores condições de tutela. No juízo divisório, pelas vias da jurisdição voluntária (arts. 1.103 e segs.), deve o juiz exigir, como *requisitos indispensáveis para a respectiva homologação, entre outros elementos probatórios*: a) *a planta do imóvel, contendo os quinhões ou linha demarcanda;* b) *o memorial descritivo;* c) a caderneta de campo. Ditos documentos são necessários para documentação e segurança dos trabalhos técnicos, bem como para real eficácia prática da sentença. Para que o juiz, outrossim, possa comprovar que não está havendo lesão aos direitos do incapaz, é mister que os trabalhos técnicos *contenham, ainda, avaliação e classificação das terras e benfeitorias, de todo o imóvel e de cada quinhão, no caso de divisão*. Finalmente, antes da homologação, ordenará o juiz que se elaborem as *competentes folhas de pagamento*, sem as quais não será possível a posterior transcrição no Registro de Imóveis" (*ob. cit.*, págs. 149/150, grifos nossos).

14.2. DESPACHO INICIAL NA DIVISÃO PELO PROCEDIMENTO DE JURISDIÇÃO VOLUNTÁRIA

Processo Cível nº

Vistos, etc.

1. Trata-se de pedido de divisão de terras ajuizado por "A", "B", "C" e "D", pelo procedimento de jurisdição voluntária (CPC, arts. 1.103 e segs.), onde o juiz não está obrigado a observar o critério da legalidade estrita (CPC, art. 1.109).

2. Observo que, entre os autores, há condômino(s) incapaz(es), e o seu representante legal também figura como condômino pretendente da divisão. Neste caso, impõe-se a nomeação de curador especial ao(s) incapaz(es), tudo de conformidade com o art. 9º, inciso I, do CPC. Os interesses do(s) incapaz(es) pode(m) entrar em conflito com os de seus representantes legais. Nomeio curador(es) especial(is) ao(s) incapaz(es) o(s) Dr(s). (...) (e) (...), advogado(s) militante(s) na comarca.

Na divisão que ora se pretende pelo procedimento da jurisdição graciosa, não poderá haver qualquer tipo de prejuízo ao(s) incapaz(es), ou então, na divisão, deve existir manifesta vantagem para o(s) referido(s) incapaz(es).

3. É imprescindível que os autos sejam instruídos com:

a) escritura pública ou título dominial com a respectiva certidão da matrícula no Registro de Imóveis;

b) planta do imóvel, contendo os quinhões de cada condômino;

c) o memorial descritivo;

d) a caderneta de campo;

e) avaliação e classificação das terras de todo o imóvel e de cada quinhão;

f) avaliação e classificação das benfeitorias de todo o imóvel e de cada quinhão;

g) finalmente, a folha de pagamento de cada condômino.

4. Se os documentos mencionados no item 3 acima já estiverem nos autos, e se foram elaborados por técnicos habilitados, dê-se vista ao Representante do Ministério Público e ao(s) curador(es) especial(is), para manifestarem no prazo de 10 (dez) dias, tudo conforme preceituam os arts. 1.105 e 1.106 do CPC.

Observo que, se já existirem pareceres técnicos com a petição inicial, o juiz poderá dispensar a prova pericial (CPC, art. 427). Outrossim, poderá apenas inquirir em audiência um perito de confiança que nomear para examinar informalmente o imóvel e documentos (CPC, art. 421, §

2º). No caso vertente, como já existem nos autos os documentos dos técnicos referentes à divisão, apesar disso, desejo ouvir em audiência um perito de minha confiança. Para tanto, nomeio o Dr. (...) Intimo-o para audiência, que designo para o dia (...) de (...) de (...) (CPC, art. 421, § 2º). Deverá o perito judicial examinar o imóvel e os documentos juntados, avaliando principalmente se o(s) condômino(s) incapaz(es) está(ão) sendo prejudicado(s) na divisão ou se está havendo manifesta vantagem para ele(s).

4.1. Ou, se as partes pediram a nomeação de perito agrimensor, nomeio o Dr. (...), independentemente de compromisso (CPC, art. 422). O perito deverá realizar os trabalhos técnicos da divisão e juntar os documentos mencionados no item 3 acima. Prazo: 90 (noventa) dias. Se as partes quiserem, faculto a indicação de assistentes técnicos no prazo de 5 (cinco) dias, independentemente de compromisso. Os assistentes técnicos apresentarão pareceres, se for o caso, no prazo comum de 10 (dez) dias, após intimadas as partes da apresentação do laudo. Intimem-se. Fixo os honorários provisórios do perito judicial em 8 (oito) salários mínimos. Os autores deverão depositar o respectivo valor no prazo de 5 (cinco) dias.

5. Após a juntada dos documentos técnicos da divisão e/ou conferência e audiência de inquirição do perito judicial, as partes deveriam manifestar sobre todo o processado no prazo de 10 (dez) dias. Feitas as manifestações, os autos deverão vir conclusos para a sentença de homologação do laudo e determinação do competente registro no Cartório de Registro de Imóveis. Intimem-se.

Local e data

(a) Dr. Valdeci Mendes de Oliveira – Juiz de Direito

Título II
DESPACHOS JUDICIAIS E DECISÕES NO JUÍZO CRIMINAL

GENERALIDADES

Podemos dizer que, no Código de Processo Penal, o legislador pátrio empregou a palavra "processo" em sentido amplo, para designar também os vários procedimentos ou diversas maneiras de proceder. Paulo Lúcio Nogueira salientou que, "a rigor, não se deveria falar "processo comum", "processo sumário", mas procedimento comum, etc." (*Curso Completo de Processo Penal*, Saraiva, 9ª ed., 1995, pág. 319). Todavia, usando a terminologia do legislador, o Código de Processo Penal prevê 3 (três) tipos de processos: 1. Processo Comum ou Ordinário, que serve para apuração e julgamento: *a)* dos crimes punidos com reclusão (arts. 394 a 405, 498 a 502); e *b)* dos crimes da competência do Júri Popular (arts. 394 a 497); 2. Processo Sumário, que serve para apuração e julgamento dos crimes punidos com detenção, e que se estende às contravenções e crimes culposos (ver art. 129, I, da Constituição Federal e arts. 538 a 540, do CPP); 3. Processo Especial, que serve para apuração e julgamento: *a)* dos crimes falimentares (arts. 503 a 512); *b)* dos crimes da responsabilidade de funcionários públicos (arts. 513 a 518); *c)* dos crimes contra a honra de alçada privada (arts. 519 a 523); e *d)* dos crimes contra a propriedade imaterial (arts. 524 a 530). Vejamos algumas espécies de despachos judiciais nos diferentes processos.

Capítulo I
Processo Comum ou Ordinário

A) DO PROCESSO PENAL COMUM OU ORDINÁRIO (CÓDIGO DE PROCESSO PENAL, ARTS. 394 A 405 E 498 A 502), QUE SE APLICA PARA APURAÇÃO E JULGAMENTO DOS CRIMES PUNIDOS COM RECLUSÃO

1. INQUÉRITO POLICIAL – ARQUIVAMENTO – DESPACHO DE ARQUIVAMENTO DE INQUÉRITO

Processo-Crime nº

Vistos, etc.

1. Acolho o parecer do representante do Ministério Público levado a efeito nas fls., e cujos fundamentos por ele expostos adoto como razões de decidir. O conjunto probatório colhido no inquérito policial efetivamente não autoriza, por ora, a propositura da ação penal. Determino, como requerido, o arquivamento do inquérito policial, ressalvada a hipótese do art. 18 do Código de Processo Penal.

2. Também ressalvo eventuais direitos ou postulações na área cível, já que a responsabilidade civil é independente da criminal (CC/2002, art. 935).

3. Façam-se as anotações de praxe, comunicando-se.

4. Local e data

(a) Juiz de Direito

1.1. Inquérito policial – Remessa ao Procurador-Geral de Justiça por não acolhimento do pedido de arquivamento formulado pelo Promotor de Justiça – Despacho conforme art. 28 do Código de Processo Penal

Processo-Crime nº

Vistos, etc.

1. O ilustre representante do Ministério Público, no caso vertente, ao invés de apresentar denúncia contra "A", requereu o arquivamento do inquérito policial, tudo de conformidade com as razões invocadas nas fls. dos autos.

2. Na espécie, *data venia*, considero improcedentes as razões invocadas pelo nobre Promotor de Justiça para o fim de sustentar o arquivamento do inquérito policial. É que, para iniciar a ação penal no caso de que se cuida, há indícios de autoria e razoável prova da materialidade do delito. Confira-se o que consta de fls., bem como de fls. dos autos do inquérito (*inserir, se for o caso, outros elementos de convicção*).

3. Assim sendo, nos termos do art. 28 do Código de Processo Penal, determino a remessa dos autos ao Ilustre Procurador-Geral de Justiça para as opções legais: a) oferecer denúncia; b) ou designar outro representante do Ministério Público para oferecer a aludida denúncia; c) ou insistir no arquivamento do inquérito, caso em que o feito será definitivamente arquivado (CPP, art. 28, última parte).

4. Dê-se ciência ao ilustre Promotor de Justiça de 1º grau. Após, remetam-se os autos ao Digno Procurador-Geral de Justiça.

5. Cumpra-se.

Local e data

(a) Juiz de Direito

1.2. Inquérito policial – Hipótese de réu preso e concessão de liberdade provisória sem fiança

Processo-Crime nº

Vistos, etc.

1. "A" encontra-se preso por crime de (...) (*mencionar o delito*).

2. A Constituição Federal dispõe que: "Ninguém será considerado culpado até o trânsito em julgado de sentença penal condenatória". (art. 5º, inciso LVII). A prisão antes do devido processo legal e antes do amplo contraditório só se justifica em casos gravíssimos, até porque, para significativo número de delitos previstos na lei, mesmo na sentença final, pode o acusado ser beneficiado com o cumprimento da pena no regime aberto ou semi-aberto,

não se justificando um prévio regime fechado e cautelar sem a amplitude de defesa na esfera judicial. A exceção refere-se aos agentes de notória periculosidade ou com propensão de agredir violentamente a ordem pública, sem endereço e trabalho definidos no corpo social.

3. No caso, conquanto tenha o acusado alguns antecedentes criminais, o crime que se lhe imputa não foi perpetrado com grave violência contra a pessoa, embora se reconheça, em princípio, a ofensa de bem jurídico alheio e relevante. Depois, o acusado tem família e endereço no distrito por onde tramita o procedimento criminal. Por último, pode o benefício da liberdade provisória ser revogado a qualquer tempo.

4. Dispõe o art. 310 do Código de Processo Penal, que: "*Quando o juiz verificar, pelo auto de prisão em flagrante, que o agente praticou o fato, nas condições do art. 23, I, II e III, do Código Penal (anterior: art. 19, I, II e III), poderá, depois de ouvir o Ministério Público, conceder ao réu liberdade provisória, mediante termo de comparecimento a todos os atos do processo, sob pena de revogação. Parágrafo único. Igual procedimento será adotado quando o juiz verificar, pelo auto de prisão em flagrante, a inocorrência de qualquer das hipóteses que autorizam a prisão preventiva (arts. 311 e 312).*"

5. Na jurisprudência já se decidiu que:

5.1. "Embora preso em flagrante por crime inafiançável, pode o réu ser libertado provisoriamente, desde que inocorram razões para a sua prisão preventiva" (TJSP, *RT* 523/376).

5.2. "Liberdade provisória – Concessão a réu preso em flagrante e denunciado por crime inafiançável – Admissibilidade – Pressupostos da prisão preventiva ausentes na espécie – Decisão mantida. Inteligência do art. 310 do CPP" (*RT* 518/382).

5.3. "Tóxicos – Art. 12 ou 16? Liberdade provisória mantida... O Juiz não é um frio aplicador da lei, pois, fosse assim, uma simples máquina poderia ser programada para dar sentenças. É preciso interpretar a legislação de forma adequada e consentânea com a realidade de cada caso concreto, não se podendo negar ao aplicador da lei, no exercício de sua árdua tarefa de julgar que, diante do caso concreto, procure amenizar os rigores da norma legal, dando tratamento diferenciado a situações distintas, na busca do ideal de justiça. Na hipótese vertente, em que pese o parecer contrário da douta Procuradoria de Justiça, a manutenção da liberdade provisória mediante fiança concedida ao acusado se afigura a medida mais justa e que a prudência indica adotar... Outrossim, é importante também destacar que o acusado se acha em liberdade há quase 10 (dez) meses, e devolvê-lo agora *às agruras de uma prisão, tão-somente pela duvidosa classificação feita na denúncia, que ainda sequer resultou provada e acolhida por sentença, é medida por demais temerária, que não se afigura ir de encontro aos reais interesses da Justiça*" (RSE nº 199.622-3/8-SP, 2ª CCrim., Rel. Des. Devienne Ferraz, j. em 20.5.1996, v.u., *in Boletim IBCCrim* nº 49 – jurisp., dez/1996, pág. 174).

6. Ante o exposto, nos termos dos dispositivos legais acima mencionados, defiro a liberdade provisória sem fiança, mediante o compromisso do acusado de comparecer a todos os atos do processo e não mudar

de domicílio sem prévio aviso ao Juízo, sob pena de revogação. Expeça-se Alvará de soltura, lavrando-se o termo de advertência.

7. Intime-se.

Local e data

(a) Juiz de Direito

1.3. Inquérito policial – Interceptação de comunicações telefônicas (Lei nº 9.296, de 24.7.1996) – Despacho de concessão

Processo-Crime nº

Vistos, etc.

1. Trata-se de pedido de interceptação de comunicações telefônicas, que pode abranger a interceptação de comunicações em sistemas de informática e telemática, tudo disciplinado pela Lei nº 9.296, de 24.7.1996, *vedada* a interceptação para investigação de infrações penais punidas *com detenção*, ou cuja prova puder ser feita por outros meios disponíveis, e também se não houver indícios razoáveis de autoria ou participação delitiva.

2. O pedido deve tramitar sob sigilo e em autos apartados e apensados aos autos do inquérito policial ou processo criminal (art. 8º). Determino, pois, a autuação em apartado do presente expediente, observando-se o seguinte:

2.1. O expediente tramitará em segredo de justiça (art. 1º), e a quebra do sigilo implicará em crime definido no art. 10 da Lei nº 9.296/1996, punido com reclusão de 2 a 4 anos, e multa.

2.2. Para deferimento do pedido de interceptação de comunicações telefônicas, são necessários, no mínimo, que o crime a apurar seja punido com reclusão e que haja indícios razoáveis de autoria ou participação em infração penal, sendo difícil a prova por outros meios (art. 2º). A execução da diligência não poderá exceder a 15 (quinze) dias, renovável por igual tempo uma vez comprovada a indispensabilidade do meio de prova. A autoridade policial, e somente esta, conduzirá os procedimentos de interceptação (arts. 5º e 6º), podendo o Ministério Público acompanhar, devendo ser lavrado o termo circunstanciado. Poderá a autoridade policial requisitar serviços e técnicos especializados das concessionárias de serviço público (art. 7º).

3. Na hipótese vertente, considerando as informações e documentos trazidos com o pedido de interceptação de comunicação telefônica, mormente os de fls., consistentes em *relatórios e depoimentos de (...)*, e considerando-se que a prova requisitada visa apurar crime punido com reclusão, e havendo indícios razoáveis de autoria e/ou participação criminosa, defiro a medida de interceptação, sob segredo de justiça, devendo a autoridade policial conduzir as diligências e requisitar os serviços ou técnicos especializados de concessionária de serviço público (arts. 6º e 7º), podendo efetuar gravações e transcrições, preservando-se o sigilo e lavrando-se termo circunstanciado. Prazo para a execução da diligência: 15 (quinze) dias, e o Ministério Público poderá acompanhar os trabalhos. A gravação que não interessar à prova será inutilizada por decisão judicial, autuando-se em separado o incidente de inutilização requerido pelo Ministério Público ou pela parte interessada, podendo ambos acompanhar a diligência de inutilização (art. 9º).

4. Cumpra-se, em sigilo, sob pena do crime previsto no art. 10 da Lei nº 9.296/1996.

Intimem-se.

Local e data

(a) Juiz de Direito

1.4. INQUÉRITO POLICIAL – BUSCA DOMICILIAR – DESPACHO DE AUTORIZAÇÃO

Processo-Crime nº

Vistos, etc.

1. Cuida-se de pedido de busca domiciliar formulado pela autoridade policial.

2. O pedido veio instruído com relatório de investigação, Boletim de Ocorrência Policial e outros documentos.

3. Nos termos do art. 5º, inciso XI, da Constituição Federal, c/c os arts. 240 *usque* 250 do Código de Processo Penal, autorizo a busca domiciliar, observando-se que a busca será feita de modo que não moleste os moradores mais do que o indispensável para o êxito da diligência (CPP, art. 248).

4. No tocante às buscas domiciliares, observar-se-á o seguinte: *a)* com o consentimento do morador, é possível realizá-las à noite ou durante o dia; *b)* sem o consentimento do morador só serão possíveis: 1) à noite, nas hipóteses de flagrante delito, desastre ou para prestar socorro; 2) durante o dia somente mediante determinação judicial (CF, art. 5º, XI, parte final). A autoridade policial não pode mais, diante da Constituição Federal de 1988, proceder, pessoalmente ou por seus agentes, à busca domiciliar. Ela depende de ordem judicial (art. 5º, XI), salvo as hipóteses de flagrante delito, desastre ou prestação de socorro. Não está em vigor o art. 241 do CPP.

5. Cumpra-se, com as cautelas da lei.

6. O presente expediente despachado serve como mandado.

Local e data

(a) Juiz de Direito

1.5. INQUÉRITO POLICIAL – PEDIDO DE RESTITUIÇÃO DE COISAS APREENDIDAS

Processo-Crime nº

Vistos, etc.

1. Trata-se de pedido de restituição de coisa apreendida por autoridade policial.

2. O art. 120, *caput*, do Código de Processo Penal, autoriza de imediato a restituição da coisa ao reclamante, por termo nos autos, desde que não exista dúvida quanto ao seu direito de propriedade. Se duvidoso o direito, o pedido de restituição deve ser autuado em apartado e o requerente terá o prazo de 5 (cinco) dias para a prova, caso em que somente o juiz criminal decidirá o incidente (CPP, art. 120, § 1º). Igual procedimento será adotado se as coisas forem apreendidas em poder de terceiro de boa-fé, que será intimado para alegar e provar o seu direito (CPP, art. 120, § 2º). *Em caso de dúvida sobre quem seja o verdadeiro dono, o juiz remeterá as partes para o juízo cível, ficando as coisas depositadas em mãos de depositário judicial ou do próprio terceiro que as detinha, se for pessoa idônea (CPP, art. 120, § 4º).*

3. No caso vertente, os documentos de fls. confirmam o direito do requerente sobre a(s) coisa(s) apreendida(s). O ilustre Promotor de Justiça, outrossim, concordou com o pedido inicial. Assim sendo, defiro a restituição mediante *termo de depósito* nos autos, ficando o requerente nomeado fiel depositário da(s) coisa(s) até final da lide. Deverá conservá-la(s) e preservá-la(s).

4. Na jurisprudência já se decidiu que:

a) "Crime de contrabando – Automóvel adquirido na Zona Franca de Manaus – Restituição de coisa apreendida. A restituição de veículo apreendido em investigação policial pode ser concedida *ao seu proprietário, mediante termo de depósito, para a devida conservação.* Isso não contraria o art. 118 do CPP, porquanto a providência não impede a realização das diligências que se mostrarem necessárias, à vista do eventual cometimento do crime de contrabando. A providência ainda mais se impõe quando, a despeito de ter sido o veículo adquirido na Zona Franca de Manaus, o seu proprietário não é o destinatário das investigações. Improvimento da apelação" (TRF, 1ª R., 3ª T., Ap. Crim. nº 93.01.34866-7-AM, Rel. Juiz Olindo Menezes, j. em 27.5.1996, v.u., in Boletim AASP nº 1988, pág. 10-e).

b) "A eventualidade de transporte de substância causadora de dependência, destinada a uso próprio, em veículo de passeio, autoriza a sua restituição ao proprietário" (acórdão in Boletim AASP nº 1574, pág. 43.).

c) "Mandado de Segurança. Apreensão de bem em processo contravencional – Automóvel necessário ao exercício de profissão do réu – Coisa não adquirida com produto de crime, nem perigosa para ordem jurídica – Ordem concedida. S.C. demonstrou que a *camioneta, placas 2198,* apreendida pela autoridade policial quando de sua prisão em flagrante, como infrator do chamado "jogo do bicho", é de sua propriedade e posse legítima. Insistiu na afirmação de que o veículo é imprescindível para o desempenho de sua profissão, mas não conseguiu liberá-lo. Ora, à evidência que o veículo em questão *não é perigoso para a ordem jurídica*. De outro lado, não se demonstrou que se trata de produto de crime. Tratando-se de bem pertencente ao impetrante, que se encontra impedido de seu uso para trabalho regular e aparentemente lícito, é de ser concedida a segurança" (TACrim-SP, v.u., j. em 20.1.1988, in Boletim AASP nº 1584, de 3.5.1989, pág. 100).

d) "Correição parcial – Agente portando arma sem autorização legal – Inviabilidade de restituição da arma – Agente condenado pelos arts. 19 e 28 da Lei das Contravenções Penais". (TACrim-SP, Correição Parcial nº 704.747-2-Jundiaí-SP, Rel. Juiz Sidnei Benetti, j. em 24.2.1992, v.u., in Boletim AASP nº 1770, de 25.11 a 1.12.1992, pág. 458).

Do venerando acórdão constou: "O instrumento usado fica confiscado em favor da União, como um dos efeitos da própria condenação" (*RT* 525/363), ou ainda, "a disposição do art. 91, II, *b*, do Código Penal, alcança as contravenções, tendo em vista a clareza da norma extensiva do art. 1º da LCP. Consequentemente, mantém-se o indeferimento do pedido de restituição" (*RTJ* 60/248). Há outros precedentes: *JUTACRIM* 88/236 e *RT* 597/353".

5. Cumpra-se.

Intimem-se.

Local e data

(a) Juiz de Direito

2. DENÚNCIA – DESPACHO INICIAL DE RECEBIMENTO DA DENÚNCIA

Processo-Crime nº

Vistos, etc.

1. Recebo a denúncia oferecida contra (...).

2. Designo interrogatório do acusado para o dia (...) de (...) de (...), às (...) horas.

3. Cite-se. Notifique-se, ciente o Ministério Público.

4. Requisitem-se Folha de Antecedentes e certidões de praxe, inclusive do Foro local.

5. Autorizo xerox, ficando deferido o contido na cota do Ministério Público.

6. Intime-se.

Local e data

(a) Juiz de Direito

2.1. Prisão preventiva – Representação para decretação – Despacho de deferimento

Processo-Crime nº

Vistos, etc.

1. Cuida-se de pedido de prisão preventiva formulado pelo Ministério Público em relação ao acusado (...). O crime imputado ao agente está previsto no art. (...) do Código Penal.

2. Nos termos do art. 312 do Código de Processo Penal, além da "prova da existência do crime e dos indícios suficientes da autoria", a prisão preventiva deve estar orientada para a satisfação das seguintes regras:

a) para garantir a ordem pública;

b) ou por conveniência da instrução criminal;

c) ou para assegurar a aplicação da lei penal.

3. No caso vertente, pelos documentos, informações e depoimentos constantes de fls. dos autos, estão presentes as hipóteses previstas no item 2 acima, mormente no item 2a e 2b (*ou 2a e 2c., ou todas*).

4. Na jurisprudência já se decidiu que:

4.1. "Prisão preventiva – Garantia da ordem pública – Entendimento – Ordem de *habeas corpus* denegada. Prisão preventiva. Garantia da ordem pública: *A repercussão do crime pode justificar a prisão preventiva que preserve a credibilidade da Justiça como instrumento de garantia da ordem pública. "No conceito de ordem pública não se visa apenas a evitar a reprodução de fatos criminosos, mas a acautelar o meio social e a própria credibilidade da Justiça em face da gravidade do crime e de sua repercussão; a conveniência da medida deve ser revelada pela sensibilidade do Juiz à reação do meio ambiente à ação criminosa"* (STF/RHC nº 65.043-RS, Rel. Min. Carlos Madeira, in *LEX-JSTF* 105/365, in *RTJE* Vellenich 81/274, Rel. Des. Ivan Righi, TJPR).

4.2. Por outro lado, justifica-se a prisão preventiva quando ocorre a prática de crime hediondo, onde o acusado revela torpeza, maldade, perversão, cupidez ou insensibilidade, ou ainda, quando profissional do crime (TACrim-SP, 9ª C., Rec. nº 360.121/3-Ubatuba, Rel. Juiz Bonaventura Guglicimi, j. em 11.4.1984, v.u., in *Boletim AASP* nº 1363, de 30.1.1985, pág. 28).

4.3. Tenha-se presente, ainda, que: "Prisão preventiva – Primariedade e bons antecedentes. Fundamentação suficiente. Forte nos motivos de ordem pública invocados, não obsta o decreto da prisão provisória a exibição de bons antecedentes e primariedade delitiva" (STJ, 5ª T., Rec. de HC nº 814-SP, Rel. Min. José Dantas, j. em 10.10.1990, *DJU* 22.10.1990, pág. 11.672, Seção I, in *Boletim AASP* nº 1668, de 12 a 18.12.1990, pág. 306). E mais:

4.4. "A periculosidade do réu, evidenciada pelas circunstâncias em que o crime foi cometido, basta, por si só, para embasar a custódia cautelar no *resguardo da ordem pública e mesmo por conveniência da instrução criminal"* (STJ, Rel. Min. Costa Leite, *DJU* 28/8/89, *in* Jornal *O Estado de S.Paulo*, de 17.2.1991, pág. 36).

5. Em suma, expeça-se mandado de prisão preventiva.

6. Intime-se.

Local e data

(a) Juiz de Direito

2.2. PRISÃO PREVENTIVA – REPRESENTAÇÃO PARA DECRETAÇÃO – HIPÓTESE DE INDEFERIMENTO – DESPACHO

Processo-Crime nº

Vistos, etc.

1. Cuida-se de pedido de prisão preventiva formulado pelo Ministério Público em relação ao acusado (...).

2. Indefiro o pedido de custódia cautelar. Não vislumbro, por ora, a presença drástica dos pressupostos previstos no art. 312 do Código de Processo Penal, bem entendido que a prisão preventiva pode ser decretada em qualquer fase do inquérito policial ou da instrução criminal (CPP, art. 311). Pelo que consta dos autos, o acusado tem endereço, família e trabalho definidos (fls.).

3. Na jurisprudência, tem-se entendido que:

3.1. "A prisão sem pena é uma medida de força, em sacrifício da liberdade natural do indivíduo ainda não condenado, justificando-se apenas em casos excepcionais, reclamados pelo interesse social. A prisão em flagrante, em si, não se reveste desse interesse social, pois se funda, exclusivamente, "na certeza visual do crime". Não pode constituir óbice, portanto, para que o paciente aguarde em liberdade o julgamento do processo, se primário e com bons antecedentes" (*RT* 475/262).

3.2. Por outro lado, já se afirmou que: "Liberdade provisória – Concessão. *Os maus antecedentes do réu por si só não o impedem de gozar da liberdade provisória* mediante fiança, desde que preenchidos todos os requisitos dos arts. 323 e 324 do CPP" (TACrim-SP, 11ª C., HC. nº 248.620/9, Mogi das Cruzes, Rel. Juiz Haroldo Luz, j. em 20.9.1993, *in* Boletim AASP nº 1832, de 2 a 8.2.1994, pág. 40).

3.3. Por fim, a gravidade do crime não obsta sequer o apelo em liberdade. Confira-se: "A gravidade do crime cometido pelo réu não o impede, por si só, de usufruir do benefício previsto pelo art. 594 do CPP" (Rec. nº 749.183, Rel. Juiz Haroldo Luz, 2ª C., j. em 28.1.1993, v.u., *in* Boletim do IBCCrim., ano 1, nº 6, jul/1993, pág. 12).

3.4. No mesmo sentido, ver *Rep. IOB de Jurisp.* nº 9/1991, 1ª quinz/maio de 1991, indicativo 3/5448, e ainda, julgado do STF, *Lex* 42/341, assim:

"O só fato de se tratar de um crime de graves conseqüências, mesmo praticado em circunstâncias que estariam em princípio a indicar periculosidade do agente, não basta para que o Juiz decrete a prisão preventiva, em se tratando de denunciado que tem domicílio certo, bons antecedentes e é primário" (Rel. Min. Néri da Silveira).

3.5. E tem mais: "*Habeas corpus* – Tráfico de entorpecentes – Direito à liberdade provisória, desde que não estejam presentes os pressupostos da prisão preventiva. *Entre as garantias que o Estado assegura, constitucionalmente, aos acusados, está a de só poder infligir pena depois de submeter sua pretensão de punir ao prévio controle jurisdicional. A gravidade do crime, por si só, não justifica a prisão preventiva*" (TJSP, 1ª C., HC nº 54.429-3-SP, Rel. Des. Andrade Cavalcanti, j. em 11.5.1987, v.u., *in Boletim AASP* nº 1498, pág. 210, *RT* 578/320).

3.6. Ainda, para mais ilustrar sobre a liberdade provisória, confira-se: "Liberdade provisória – Prisão em flagrante – Tentativa de homicídio qualificado – Denúncia que, contudo, não espelha adequação com os fatos – Duvidosa ocorrência da qualificadora – *Impossibilidade de imediato enquadramento dentro dos crimes hediondos* – *Custódia desnecessária* – Reunião, ademais, de condições para obtenção do benefício – Ordem concedida. Quando for *discutível ou duvidosa* a capitulação do crime constante na denúncia, não estará o Juiz ou Tribunal impedido de deferir a liberdade provisória em face do delito, mais ajustado ao caso concreto, para evitar uma injustiça flagrante (*HC* nº 202.190-3- Mococa, 6ª CCrim, TJ, Rel. Des. Fanganiello Mairovitch, j. em 15.2.1996, v.u., *in Boletim Jubi*).

3.7. "Paciente já recolhido ao presídio cumprindo sentença penal condenatória – Nova denúncia – Prisão preventiva – Pressupostos – Ausência. A prisão preventiva é medida cautelar de cabimento excepcional em face de princípio constitucional da presunção de inocência, restrito às situações previstas no art. 312, do CPP, objetivamente demonstradas. Encontrando-se o réu, ora paciente, recolhido ao presídio em cumprimento de pena imposta por sentença condenatória e, de conseqüência, afastado do ambiente social da Comarca, impossibilitado, portanto, de perturbar a ordem pública, de prejudicar a instrução criminal ou de furtar-se à aplicação da lei penal, não há justa causa para a imposição de custódia provisória em outro processo criminal. *Habeas corpus* concedido" (STJ, 6ª T., HC nº 3.282-9-RJ, Rel. Min. Adhemar Maciel, j. em 29.4.1996, m. v., *in Boletim AASP* nº 1974, de 23 a 29.10.1996, pág. 85-e).

4. Indefiro, pois, o pedido de prisão preventiva. O processo prosseguirá com o acusado em liberdade.

5. Intime-se. Prossiga-se.

Local e data

(a) *Juiz de Direito*

2.3. PRISÃO TEMPORÁRIA – HIPÓTESE – DESPACHO DE DECRETAÇÃO

Processo-Crime nº

Vistos, etc.

1. Cuida-se de pedido de prisão temporária formulado em relação a (...).

2. Nos termos da Lei nº 7.960, de 21.12.1989, caberá a prisão temporária por 5 (cinco) dias, prorrogável por igual período em caso de extrema e comprovada necessidade, nas seguintes hipóteses:

a) quando imprescindível para as investigações do inquérito policial (art. 1º, inciso I);

b) quando o indiciado não tiver residência fixa ou não fornecer elementos necessários ao esclarecimento de sua identidade (art. 1º, II);

c) quando houver fundadas razões, de acordo com qualquer prova admitida na legislação penal, de autoria ou participação do indiciado nos seguintes crimes:

c.1. homicídio doloso (CP, art. 121, *caput*, e seu § 2º);

c.2. seqüestro ou cárcere privado (CP, art. 148, *caput*, e seus §§ 1º e 2º);

c.3. roubo (CP, art. 157, *caput*, e seus §§ 1º, 2º e 3º);

c.4. extorsão (CP, art. 158, *caput*, e seus §§ 1º e 2º);

c.5. extorsão mediante seqüestro (CP, art. 159, *caput*, e seus §§ 1º, 2º e 3º);

c.6. estupro (CP, art. 213, *caput*, e sua combinação com o art. 223, *caput*, e parágrafo único);

c.7. atentado violento ao pudor (CP, art. 214, *caput*, e sua combinação com o art. 223, *caput*, e parágrafo único);

c.8. rapto violento (CP, art. 219, e sua combinação com o art. 223, *caput*, e parágrafo único);

c.9. epidemia com resultado de morte (CP, art. 267, § 1º);

c.10. envenenamento de água potável ou substância alimentícia ou medicinal qualificado pela morte (CP, art. 270, *caput*, combinado com o art. 285);

c.11. quadrilha ou bando (CP, art. 288);

c.12. genocídio (Lei nº 2.889/1956, arts. 1º, 2º e 3º, em qualquer de suas formas típicas);

c.13. tráfico de drogas (Lei nº 6.368/1976, art. 12);

c.14. crimes contra o sistema financeiro (Lei nº 7.492/1986).

3. Os presos temporários deverão permanecer obrigatoriamente separados dos demais detentos (art. 3º) e, decorrido o prazo de 5 (cinco) dias, deverão ser postos imediatamente em liberdade, salvo se já tiver sido decretada a prisão preventiva (art. 2º, § 7º), tudo sob pena de incidir a autoridade competente no crime de abuso de autoridade (Lei nº 4.898, de 9.12.1965, art. 4º, alínea *i*).

4. No caso vertente, pelos documentos, informações e depoimentos atrelados ao pedido de custódia temporária, mormente o de fls. e depoimento de (...), verifica-se que está presente a hipótese prevista no item 2 acima (*ou 2b, ou 2c.1 ou 2c.10, 2.c.11, etc.*).

5. Defiro, pois, o pedido de prisão temporária por 5 (cinco) dias, observando-se a separação do preso temporário dos demais detentos (art. 3º), garantindo-se-lhe os direitos previstos no art. 5º da Constituição Federal (art. 2º, § 6º, e art. 3º da Lei nº 7.960/1989). Decorrido o prazo de 5 (cinco) dias, deverá o preso temporário ser colocado imediatamente em liberdade, comunicando-se o Juízo, salvo se já tiver sido decretada a prisão preventiva.

6. Expeça-se mandado de prisão temporária, em duas vias, servindo uma como nota de culpa ao indiciado (art. 2º, § 4º), remetendo-se à autoridade policial cópia do presente despacho. *A autoridade policial providenciará exame médico no preso temporário, no início e no final da custódia, remetendo-se o laudo ao Juízo.*

7. Intime-se.

8. Local e data

(a) Juiz de Direito

3. DENÚNCIA – HIPÓTESE DE SUSPENSÃO DO PROCESSO – DESPACHO DE SUSPENSÃO DO PROCESSO, CONFORME ART. 89 DA LEI Nº 9.099/1995 – (LEI DO JUIZADO ESPECIAL CRIMINAL)

Processo-Crime nº

Vistos, etc.

1. Cuida-se de apuração de infração penal cuja pena mínima não excede a 1 (um) ano. Considerando que o acusado e seu defensor aceitaram a proposta de suspensão do processo criminal, nos termos do art. 89 da Lei nº 9.099/1995, tudo conforme se vê do termo de audiência formal (ou do presente termo de audiência) (fls.), *RECEBO A DENÚNCIA DE FLS. 2, que imputou ao acusado o crime previsto no art. (...) do Código Penal.*

2. *Homologo e declaro suspenso o processo por 2 (dois) anos, sob as seguintes condições:* a) *não poderá o denunciado ausentar-se da comarca por mais de 15 (quinze) dias, sem autorização judicial;* b) *deverá o denunciado comparecer mensalmente em juízo para comprovar o exercício de atividade lícita, obtendo-se o "visto" do juízo. O início do cumprimento das medidas é a data da aceitação da suspensão do processo pelo denunciado e seu defensor.*

3. Expirado o prazo da suspensão sem motivos para revogação, será declarada extinta a punibilidade.

4. Determino as seguintes providências para o cumprimento das medidas estabelecidas:

a) Autue-se em apartado – separadamente – um expediente de "Execução de Medidas em Processo Criminal Suspenso, nos termos da Lei nº 9.099/1995", *e registre-se em livro próprio da Serventia.*

b) Constarão do expediente da Execução das Medidas as seguintes peças processuais: 1. cópia da denúncia; 2. documento de qualificação do acusado; 3. cópia da decisão judicial homologando a suspensão e do termo de audiência em que o acusado e seu defensor aceitaram a referida suspensão do processo; e 4. cópia do cálculo de liquidação.

5. Proceda-se o cálculo de liquidação no processo originário nº (...), trasladando-se cópia para o Expediente de Execução. Após o cálculo, o processo originário aguardará o prazo da suspensão. Findo o prazo, o Expediente de Execução será apensado no processo originário.

6. Se as medidas impostas para suspensão do processo tiverem que ser cumpridas em outra localidade, o Expediente de Execução será remetido ao Juízo do local onde estiver o denunciado, para a fiscalização das condições impostas. Ou será expedida carta precatória para tanto. O processo originário permanecerá neste Juízo de (...), aguardando a expiração do período de prova. Cumprido o período, o Juízo da Execução das medidas devolverá o Expediente de Execução para ser apensado no processo originário de (...).

7. A qualquer tempo, se for revogado o benefício, o Expediente de Execução será apensado no processo originário, que terá seguimento normal com o interrogatório do agente, a defesa prévia e audiência de instrução.

8. Cumpra-se. Intime-se.

Local e data

(a) Juiz de Direito

4. REVELIA – SUSPENSÃO DO PROCESSO – DESPACHO DE SUSPENSÃO DO PROCESSO DE RÉU REVEL CITADO POR EDITAL E SUSPENSÃO DA PRESCRIÇÃO (CPP, ART. 366, COM REDAÇÃO DADA PELA LEI Nº 9.271/1996)

Processo-Crime nº

Vistos, etc.

1. O acusado foi citado por edital e não compareceu para interrogatório judicial nem constituiu advogado.

2. Nos termos do art. 366 do Código de Processo Penal, com redação dada pela Lei nº 9.271, de 17.4.1996, *declaro suspenso o* *processo e também suspenso o curso do prazo prescricional. Não é o caso de se decretar prisão preventiva.*

3. Mantida a suspensão supra, não obstante, determino a produção antecipada da prova testemunhal indicada na denúncia, que considero relevante para o desfecho da lide. É que, por exemplo, pode ocorrer o falecimento de testemunhas ou mudanças de endereços que dificultem a produção futura da prova.

4. A prova será colhida na presença do representante do Ministério Público e do advogado dativo, este nomeado neste ato na pessoa do Dr. (...). Malgrado a suspensão do processo e do prazo prescricional, faculto ao defensor que apresente, querendo, a defesa prévia com rol de testemunhas. Intime-se.

5. Designo audiência para o dia (...) de (...) de (...), às (...) horas. Notifiquem-se a vítima e as testemunhas de acusação arroladas na denúncia. Oportunamente, se for o caso, deliberarei sobre a oitiva de eventual testemunha de defesa. Ciência ao MP e ao defensor dativo. Intime-se pessoalmente o defensor nomeado.

6. Comparecendo o acusado, ter-se-á por citado pessoalmente, prosseguindo o processo em seus *ulteriores atos* (CPP, art. 366, § 2º).

7. Colhidas as provas, deliberarei posteriormente sobre nova intimação do acusado, mesmo por edital, para comparecimento nos autos e cientificação de todo o processado, inclusive da colheita de provas. Se o acusado, mesmo intimado por edital, não atender ao chamado judicial, examinarei a possibilidade de lavrar a sentença, tornando sem efeito a suspensão decretada no item 2º do presente despacho.

8. Intimem-se.

Local e data

(a) Juiz de Direito

4.1. Nota Jurisprudencial sobre a Suspensão do Processo

"Réu citado por edital que não comparece ao processo nem constitui defensor – Citação anterior à Lei nº 9.271, de 17.4.1996, que deu nova redação ao art. 366 do Código de Processo Penal – Suspensão do processo nos termos da nova lei – *Admissibilidade.* Cuida-se aí de norma de natureza nitidamente processual e que se aplica, portanto, imediatamente, aos processos em curso, como é o caso, sem invalidar os atos já praticados na vigência da lei anterior. *Despacho que, a par da suspensão do processo, decide a data em que ocorrerá a prescrição da ação penal. Inadmissibilidade.* Polêmica à parte quanto à constitucionalidade do novo dispositivo legal (no que se refere à suspensão do prazo prescricional), o certo é que a prescrição, no caso, tratando-se de fato futuro e incerto, já que dependente de inúmeras condições ainda não preenchidas, não cabe ser objeto de decisão judicial. Nenhuma parte invocou, ainda, a prescrição, cuja ocorrência representa *mera expectativa, baseada na suposição de que o réu não compareça espontaneamente, nem venha a ser preso, antes do prazo prescricional previsto na lei penal.* Recurso do Ministério Público a que se dá parcial provimento para anular, nessa parte, o despacho recorrido." (TACrim-SP, 2ª C., Recurso em Sentido Estrito (RSE) nº 1.033.229/7- Atibaia-SP, Rel. Juiz Érix Ferreira, j. em 31.10.1996,v.u., *in Boletim AASP* nº 1987, de 22 a 28.1.1997, pág. 31-j).

5. **AUDIÊNCIA DE INSTRUÇÃO – DESPACHO DE DESIGNAÇÃO – INQUIRIÇÃO DE TESTEMUNHAS – REVELIA – DECRETAÇÃO AO RÉU CITADO PESSOALMENTE E POR MANDADO – CARTAS PRECATÓRIAS E PRAZOS PARA CUMPRIMENTO**

Processo-Crime nº

Vistos, etc.

1. O acusado foi pessoalmente citado por mandado e não compareceu para o interrogatório judicial, não sendo apontados os motivos justificadores da ausência. Nos termos do art. 367 do Código de Processo Penal, com redação dada pela Lei nº 9.271, de 17.4.1996, o processo seguirá sem a presença do acusado. Declaro a revelia. Nomeio defensor dativo o Dr. (...).

2. Dê-se vista ao defensor para a defesa prévia no prazo de 3 (três) dias. Intime-se.

3. Designo audiência de *início* de instrução, para o dia (...) de (...) de (...). Trata-se de processo destinado à investigação e apuração de crime cuja pena prevista é de reclusão. Oportunamente, e após completada a prova da acusação, será designada audiência para oitiva das testemunhas de defesa, se forem arroladas. O número máximo de testemunhas, para cada parte, é de 8 (oito), não sendo computadas as vítimas e os meramente "informantes", bem como as ouvidas de ofício pelo Juiz (CPP, art. 398).

4. Notifiquem-se as testemunhas de acusação e vítimas arroladas na denúncia.

5. Se tiver carta precatória a ser expedida, fixo o prazo de 60 (sessenta) dias para cumprimento, certo que a expedição da carta não suspenderá o processo nem o julgamento (CPP, art. 222, § 2º, e *RT* 451/378 e 534/436). Intime-se pessoalmente o representante do Ministério Público e o Defensor nomeado, inclusive da expedição das cartas (CPP, art. 370, § 4º).

6. Intimem-se.

Local e data

(a) Juiz de Direito

6. INSTRUÇÃO ENCERRADA – DESPACHO APÓS A INQUIRIÇÃO DE TODAS AS TESTEMUNHAS (RITO ORDINÁRIO)

Processo-Crime nº

Vistos, etc.

1. Foram inquiridas as testemunhas arroladas nos autos do processo. Declaro encerrada a instrução.

2. Dê-se "Vista" dos autos para as partes, a fim de que cumpram o disposto nos arts. 499 e 500 do Código de Processo Penal. Se for o caso, antes, atualizem as certidões sobre antecedentes criminais.

3. Intimem-se.

Local e data

(a) Juiz de Direito

7. OUTRAS TESTEMUNHAS – DESPACHO PARA OUVIR OUTRAS TESTEMUNHAS NÃO ARROLADAS PELAS PARTES, OU AQUELAS INDICADAS NA FASE PREVISTA NO ART. 499 DO CPP

Processo-Crime nº

Vistos, etc.

1. No processo penal vigora o princípio da verdade real, e o juiz, quando julgar necessário, poderá ouvir outras testemunhas além daquelas indicadas pelas partes (CPP, art. 209).

2. Assim, com fulcro nos arts. 156, 157 e 209 do Código de Processo Penal, designo o dia (...) de (...) de (...)., às (...)h, para inquirir as testemunhas indicadas nas fls.. Trata-se de apurar a responsabilidade ou não de um crime de consideráveis efeitos. Notifiquem-se as testemunhas, intime-se o acusado, o Defensor e o Ministério Público.

3. Intimem-se.

Local e data

(a) Juiz de Direito

8. TESTEMUNHA – SUBSTITUIÇÃO – DESPACHO DEFERINDO A SUBSTITUIÇÃO DE TESTEMUNHA NÃO ENCONTRADA (CPP, ARTS. 397 E 405)

Processo-Crime nº

Vistos, etc.

1. Tanto o Ministério Público (CPP, art. 397), como a Nobre Defesa (CPP, art. 405), podem pedir a substituição de testemunhas não encontradas ou falecidas, no prazo de 3 (três) dias. A propósito, o STF já permitiu a substituição de testemunha fora do prazo do art. 405 do CPP, por liberalidade (*RTJ* 66/68, e cf. Damásio E. de Jesus, *CPP Anotado*, Saraiva, 1986, págs. 241 e 245).

2. Dê-se vista ao interessado, e, se for o caso, intime-se. Audiência para o dia (...) de (...) de (...), às (...) horas.

3. Intimem-se.

Local e data

(a) Juiz de Direito

9. INCIDENTE DE INSANIDADE MENTAL – DESPACHO E PORTARIA DETERMINANDO A INSTAURAÇÃO DE INCIDENTE DE INSANIDADE MENTAL

9.1. Despacho Inicial

Processo-Crime nº

Vistos, etc.

1. Considerando que, pelos termos do interrogatório judicial de fls., bem como dos demais elementos probatórios, surgiram dúvidas sobre a integridade da saúde mental do acusado, vislumbro na espécie a necessidade de exame pericial.

2. Assim, deve o acusado ser submetido a exame médico legal, conforme o art. 149 do Código de Processo Penal.

3. Suspendo o curso do presente processo e nomeio Curador do acusado, o seu defensor, Dr. (...).

4. Subscrevo Portaria, que será autuada em apenso com as principais peças do processo. Dê-se vista às partes para formularem quesitos. Prazo: 10 (dez) dias. Autorizo fotocópias.

5. Oficie-se a (...), como de praxe, para nomeação de perito-médico.

Intime-se.

Local e data

(a) Juiz de Direito

9.2. PORTARIA INSTAURANDO O INCIDENTE DE INSANIDADE MENTAL DO ACUSADO

PODER JUDICIÁRIO
ESTADO DE SÃO PAULO

PORTARIA Nº

O Excelentíssimo Senhor Doutor (...), Meritíssimo Juiz de Direito da (...) Vara Judicial da cidade e comarca de (...), Estado de (...), usando das atribuições que por lei lhe são conferidas e

Considerando que "A" está sendo processado como incurso nas sanções do art. (...), do Código Penal;

Considerando que no aludido processo-crime, por ocasião do interrogatório judicial (fls.), e/ou em virtude de outros elementos indiciários, surgiram dúvidas sobre a integridade da saúde mental do acusado – ele parece dependente de bebida alcoólica – o que suscita a hipótese da necessidade de realização de exame médico legal, tudo nos termos do art. 149 do Código de Processo Penal.

RESOLVE:

Art. 1º. Determinar a instauração do incidente de insanidade mental, com fundamento no art. 149 do Código de Processo Penal, tudo para o fim de ser o acusado "A", qualificado no processo nº (...), da comarca de (...), submetido a exame ou perícia médico-legal, apurando-se o seu estado de saúde mental.

Art. 2º. Determinar a suspensão do curso normal do processo principal, nos termos do referido art. 149, § 2º, do Código de Processo Penal.

Art. 3º. Nomear Curador do acusado o seu defensor, Dr. (...), advogado militante nesta comarca de (...).

Art. 4º. Determinar a Autuação da presente Portaria em apartado, com as principais peças do processo judicial nº (...), como denúncia, depoimentos da vítima e testemunhas, termos de interrogatórios do acusado, alegações do Ministério Público e do Defensor.

Art. 5º. Determinar, após a Autuação prevista no artigo anterior, seja aberta "Vista" dos autos ao digno Promotor de Justiça e ao Ilustre Curador para, no prazo de 10 (dez) dias formularem os quesitos que entenderem pertinentes.

Art. 6º. Determinar, como de praxe na comarca, seja oficiado para o Centro de Saúde I, situado na Rua (...), nº (...), centro, em (...), com o escopo de ser nomeado perito oficial ou credenciado para a realização de perícia médico-legal no acusado. A nomeação do perito dar-se-á pelo próprio órgão público, que comunicará a data da perícia ao Juízo, informando qual o perito oficial designado. Se a nomeação for de perito oficial ou credenciado, fica dispensado o compromisso. Os peritos "não oficiais" prestarão o devido compromisso de bem e fielmente desempenhar o encargo (CPP, art. 159, § 2º). Laudo em 30 (trinta) dias, podendo o prazo ser prorrogado mediante representação escrita do perito, com demonstração da necessidade de dilação do referido prazo.

[(*Obs.: Perito particular e assistente técnico inexistem no processo penal*). (STF, RHC 63.315, *DJU* 27.9.1985, pág. 16.612, *apud* Damásio E. de Jesus, *in Código de Processo Penal Anotado*, Saraiva, 1986, 5ª ed., pág. 121, art. 159)].

Art. 7º. Autorizar a extração de "cópias" das peças processuais para formação dos autos incidentais.

Publique-se. Registre-se. Autue-se em Apenso.

Cumpra-se.

Local e data

(a) Juiz de Direito

9.3. DEPENDÊNCIA TOXICOLÓGICA – PORTARIA INSTAURANDO O INCIDENTE DE EXAME MÉDICO PARA VERIFICAÇÃO DE DEPENDÊNCIA TOXICOLÓGICA (LEI Nº 6.368/1976, ARTS. 11, 19, 22, § 5º, 23, § 1º, E 29)

PODER JUDICIÁRIO
ESTADO DE SÃO PAULO

PORTARIA Nº (...)

O Excelentíssimo Senhor Doutor (...), Meritíssimo Juiz de Direito da (...) Vara Judicial da cidade e comarca de (...), Estado de (...), usando das atribuições que por lei lhe são conferidas, e

Considerando que "A" está sendo processado como incurso nas sanções do art. (...), da Lei nº 6.368, de 21.10.1976 [Processo-Crime nº (...)];

Considerando que no aludido processo-crime existem indícios de que o acusado é dependente de substância entorpecente, o que suscita a hipótese da necessidade de realização de exame médico-legal, tudo nos termos do art. 149 do CPP;

Considerando que o art. 22, § 5º da Lei nº 6.368/1976, determina que o Juiz, no interrogatório judicial, indague do réu sobre eventual dependência toxicológica, o que foi feito e respondido afirmativamente, consoante termo de interrogatório de fls.;

Considerando que, determinado o exame de dependência, o prazo para a realização da audiência de instrução será de 30 (trinta) dias, conforme o art. 23, § 1º, da Lei nº 6.368/1976, ressalvados os casos plenamente justificados;

Considerando o tratamento específico previsto ao dependente, conforme o art. 11 da referida lei, bem como a hipótese de isenção de pena, nos termos do art. 19 do mesmo diploma legal, com a conseqüente e eventual possibilidade de absolvição do agente nos termos do art. 29 (hipótese de inimputabilidade);

RESOLVE:

Art. 1º. Determinar a instauração do incidente de insanidade mental, com fundamento no art. 149 do Código de Processo Penal, c/c os arts. 11, 19, 23, § 1º, e 29 da Lei nº 6.368/1976, tudo para o fim de ser o acusado "A", qualificado no processo nº (...), da comarca de (...), submetido a exame ou perícia médico-legal, apurando-se o seu estado de saúde mental e de eventual dependência a substância entorpecente.

Art. 2º. Determinar a suspensão do curso normal do processo principal até a conclusão do exame pericial, tudo nos termos do referido art. 149, § 2º, do Código de Processo Penal.

Art. 3º. Nomear Curador do acusado o seu defensor, Dr. (...), advogado militante nesta comarca de (...).

Art. 4º. Determinar a Autuação da presente Portaria em apartado e em Apenso, com as principais peças do processo judicial nº (...), como denúncia, depoimentos da vítima e testemunhas, termos de interrogatórios do acusado, alegações do Ministério Público e do Defensor. Prazo: 48 (quarenta e oito) horas.

Art. 5º. Determinar, após a Autuação prevista no artigo anterior, seja aberta "Vista" dos autos ao digno Promotor de Justiça e ao Ilustre Curador para, no prazo de 10 (dez) dias formularem os quesitos que entenderem pertinentes.

Art. 6º. Determinar, como de praxe na comarca, seja oficiado para o Centro de Saúde I, situado na Rua (...), nº (...), centro, em (...), com o escopo de ser nomeado perito oficial ou credenciado para a realização de perícia médico-legal no acusado. A nomeação do perito dar-se-á pelo próprio órgão público, que comunicará a data da perícia ao Juízo, informando qual o perito designado. Se a nomeação for de perito oficial ou credenciado, fica dispensado o compromisso (Lei nº 6.368/1976, art. 29, § 2º, *a contrariu sensu*). Os peritos "não oficiais" prestarão o devido compromisso de bem e fielmente desempenhar o encargo (CPP, art. 159, § 2º, c/c o art. 29, § 2º da Lei nº 6.368/1976). Laudo em 30 (trinta) dias, podendo o prazo ser prorrogado mediante representação escrita do perito, com demonstração da necessidade de dilação do referido prazo.

[(*Obs.: Perito particular e assistente técnico inexistem no processo penal*). (STF, RHC 63.315, *DJU* 27.9.1985, pág. 16.612, *apud* Damásio E. de Jesus, in *Código de Processo Penal Anotado*, Saraiva, 1986, 5ª edição, pág. 121, art. 159)].

Art. 7º. Autorizar a extração de "cópias" das peças processuais para formação dos autos incidentais.

Publique-se. Registre-se. Autue-se em Apenso. Cumpra-se.

Local e data

(a) Juiz de Direito

9.3.1. Jurisprudência sobre a Dependência Toxicológica

a) "O simples fato de o réu ser dependente de substância psicotrópica não significa seja ele inimputável." (Rel. Tomaz Rodrigues, *JUTACRIM* 67/253).

b) "Cuidando-se de dependência meramente psíquica, absolutamente inaceitável é a argüição de estado de necessidade em razão do vício, pois, *ao contrário da dependência física, em que presentes problemas de ordem metabólica, praticamente inexiste naquela o fenômeno da compulsão pela síndrome de abstinência, com seus desastrosos efeitos.* O princípio ativo da maconha (09-gama-transtetrahidrocanabinol), segundo os especialistas no assunto, *não produz, senão, dependência psíquica.*" (TACRIM-SP, Rel. Geraldo Gomes, *JUTACRIM* 34/388).

c) "Traficante dependente psiquicamente de drogas, mas não portador de doença mental nem de desenvolvimento mental incompleto ou retardado. Responde plenamente pelo crime o traficante que, embora dado ao uso de drogas e dependente psiquicamente em relação às mesmas, não apresenta qualquer doença mental nem desenvolvimento mental incompleto ou retardado." (TACrim-SP, Rev. 88.878, Rel. Jefferson Perroni).

d) "A previsão do art. 29 da Lei nº 6.368/1976 se relaciona com a *absolvição. Todo condenado dependente de tóxico fica sujeito a tratamento adequado,* ex vi do art. 11 da referida lei." (TJRS, Rel. Nelson Luiz Púperi, *RJTJRS* 76/126).

e) "Na atual legislação brasileira sobre tóxicos não existe a semidependência." (TJSC, Rel. May Filho, *JC* 22/478).

f) "A hipótese do parágrafo único do art. 19 da Lei nº 6.368/1976 não é de semidependência, mas de semi-responsabilidade." (TACrim-RJ, Rel. Adolphino Ribeiro, Ac. 10.008).

g) "Se, através de exame, restar comprovada a semi-responsabilidade do agente, a pena, a teor do parágrafo único do art. 19 da Lei nº 6.368/1976, pode ser diminuída, mas não substituída por tratamento." (TJSC, Rel. Tycho Brahe, *JC* 15-16/476, e *JC* 22/543).

h) "Em face da Lei nº 6.368/1976, o vício não exime o agente da pena, mas apenas abranda-a." (TACrim-SP, Rel. Galvão Coelho, *JUTACRIM* 46/208).

i) "Quando se fala em semi-imputável reconhece-se que o infrator dispõe de certa responsabilidade, tanto que fica sujeito a uma pena atenuada. E quando se trata de inimputável, o caso será de absolvição, isenção de penas (art. 19 da Lei nº 6.368), sujeito, contudo, a internação compulsória hospitalar (art. 8º, § 10, da Lei)." (TACrim-SP, Rel. Geraldo Gomes, *JUTACRIM* 57/302).

j) "Ao semi-imputável é inaplicável a providência do art. 29 da Lei nº 6.368, e muito menos a medida de segurança prevista no art. 92 do CP, o que representaria tratamento muito mais rigoroso que o do próprio inimputável" (TACrim-SP, Rel. Djalma Lofrano, *JUTACRIM* 56/374).

Obs.: Todos os julgados citados foram extraídos da obra de Alberto Silva Franco e outros, *Leis Penais Especiais e sua Interpretação Jurisprudencial,* Revista dos Tribunais, 1995, págs. 805 a 817.

10. SENTENÇA ABSOLUTÓRIA POR FALTA DE PROVAS – EXEMPLO

PODER JUDICIÁRIO
ESTADO DE SÃO PAULO

Processo-Crime nº

SENTENÇA

Vistos, etc.

1. Trata-se de ação penal instaurada contra "A", devidamente qualificado nos autos, porque no dia (...) de (...) de (...), às (...) horas, na Rua das Acácias, nº 10, nesta cidade, agrediu com socos (*ou com uma faca*) a pessoa de "B", produzindo os ferimentos físicos descritos no laudo médico juntado nos autos. Daí a denúncia, com fulcro no art. 129, § 1º, inciso I, do Código Penal.

Ou então: 1. Trata-se de ação penal instaurada contra "A", devidamente qualificado nos autos, porque no dia (...) de (...) de (...), na Rua das Acácias, nº 10, nesta cidade, subtraiu para si uma bicicleta e um relógio pertencentes a "B", avaliados em R$ 500,00. O furto aconteceu com rompimento de obstáculo (ou mediante o concurso de duas ou mais pessoas). *Daí a denúncia, com fulcro no art. 155, § 4º, incisos I e IV, do CP.*

2. A peça inicial acusatória foi regularmente recebida por despacho de fls. dos autos, tendo sido propiciado e garantido o amplo contraditório. O acusado foi devidamente citado para os termos da ação penal e compareceu (*ou não compareceu*) para o interrogatório judicial (fls.). A defesa prévia foi produzida nas fls. dos autos. Na fase instrutória foram inquiridas, além da vítima, as testemunhas de acusação e de defesa (*Mencionar se houve, ou não, desistência da oitiva de alguma testemunha*). Encerrada a instrução, as partes cumpriram o disposto no art. 499 do Código de Processo Penal, sem requerimentos (*ou com requerimentos, que foram atendidos*). No final, vieram as alegações, nos termos do art. 500 do CPP. O representante do Ministério Público, analisando detidamente as provas produzidas nos autos do processo, pediu a absolvição do acusado por falta de provas seguras. O Ilustre Defensor também pediu a absolvição em virtude da fragilidade das provas colhidas (ver fls.). Nulidades ou irregularidades processuais não foram apontadas pelas partes.

Ou então, quando se tratar de crime apenado com detenção e de rito sumário, com debates das partes ao invés do cumprimento das fases previstas nos arts. 499 e 500 do CPP, pode ser feita a seguinte adaptação:

"Encerrada a instrução, as partes debateram (oralmente ou por escrito). O representante do Ministério Público, analisando detidamente as provas produzidas nos autos do processo, pediu a absolvição do acusado por falta de provas seguras. O Ilustre Defensor também pediu a absolvição em virtude da fragilidade das provas colhidas (ver fls.). Nulidades ou irregularidades processuais não foram apontadas pelas partes."

3. ESSE, O SUCINTO RELATÓRIO. DECIDO.

3.1. Cuida-se de ação penal instaurada para a apuração e responsabilização de autoria de um crime de lesões corporais (*ou furto qualificado*).

3.2. O caso é de absolvição do acusado "A". Com efeito, do banco de dados probatórios registrados no bojo do processo criminal, não é possível extrair elementos seguros e convincentes para alicerçar um decreto condenatório. Confira-se:

3.3. A versão do acusado:

Instado a participar do processo e a se defender da acusação, o acusado não admitiu de forma indesculpável uma conduta ilícita ou reprovável (ver Termo de Interrogatório de fls.).

3.4. Das provas testemunhais:

Por outro lado, foram inquiridas três (ou quatro) testemunhas de acusação. Nenhuma delas presenciou os acontecimentos descritos na denúncia, ou não souberam informar detalhes do episódio para se aquilatar a responsabilidade penal do acusado. Confira-se: 1) A testemunha "C" afirmou que (...) 2) A testemunha "D" asseverou que (...) 3) A testemunha "E" ponderou que (...) Por fim, a versão da vítima também não encerrou foros de inconcussa culpabilidade do agente.

3.5. Verifica-se, em suma, que, conquanto haja prova da materialidade do delito, não há provas seguras para condenar o acusado "A". O próprio autor da ação penal, o ilustre representante do Ministério Público, pediu a absolvição. E essa é a solução consentânea no caso vertente.

4. DISPOSITIVO

Ante o exposto, JULGO IMPROCEDENTE a ação penal e, com fundamento no art. 386, inciso VI, do Código de Processo Penal, absolvo o acusado "A", qualificado nos autos. Publique-se. Registre-se. Intime-se. Comunique-se. Com o trânsito em julgado da sentença, feitas as anotações de praxe, arquive-se.

Local e data

(a) Dr. Valdeci Mendes de Oliveira

Juiz de Direito

11. EXECUÇÃO PENAL – DESPACHO PARCELANDO PAGAMENTO DE PENA DE MULTA

Processo-Crime nº

Vistos, etc.

1. Nos termos do art. 50 do CP, c/c o art. 169 da Lei de Execução Penal, e considerando a concordância do MP na cota retro, defiro o pagamento da multa em 3 (três) parcelas mensais. Seja o valor atualizado até o presente mês, e em seguida dividido em três parcelas iguais e sucessivas, sem acréscimos.

2. Intime-se.

3. Local e data

(a) Juiz de Direito

12. EXECUÇÃO PENAL – EXTINÇÃO DA PUNIBILIDADE – DESPACHO DE EXTINÇÃO DA PUNIBILIDADE PELO CUMPRIMENTO DA PENA

Processo-Crime nº

Vistos, etc.

1. Expirado o prazo do *sursis* sem que tenha havido motivo para a revogação, nos termos da cota do Ilustre Promotor de Justiça, declaro extinta a punibilidade do sentenciado (...)

2. Anote-se e comunique-se, certificando-se no processo principal.

3. P.R.I.C.

Local e data

(a) Juiz de Direito

12.1. Extinção da punibilidade por morte do agente – Despacho

Processo-Crime nº

Vistos, etc.

1. Trata-se de procedimento criminal instaurado contra "AAA".

2. No curso do procedimento, sobreveio a notícia de morte do agente, comprovada pela certidão de óbito de fls., tudo consoante prescreve o art. 62 do CPP. Por "agente", entenda-se: o indiciado, o réu e o condenado.

3. No caso, preceitua o art. 107, inciso I, do Código Penal, que: "Extingue-se a punibilidade: I – pela morte do agente". Destarte, *a morte tudo apaga, e no âmbito do Direito Penal, nenhuma pena passará da pessoa do agente faltoso* (Constituição Federal, art. 5º, inciso XLV), *ressalvada a obrigação civil de reparar o dano* (CC/2002, art. 943).

4. Em face do exposto, declaro extinta a punibilidade pela morte do agente "A". Feitas as comunicações de praxe, arquive-se.

5. Intimem-se.

Local e data

(a) Juiz de Direito

12.2. Extinção da Punibilidade pela Prescrição – Despacho

Processo-Crime nº

Vistos, etc.

1. Nos termos do art. 107, inciso IV, do Código Penal, extingue-se a punibilidade pela prescrição, decadência ou perempção. A prescrição em matéria criminal é de ordem pública, devendo ser decretada até mesmo *de ofício pela autoridade judiciária, ou então, a requerimento das partes, em qualquer fase do processo.* É o que se infere do disposto no art. 61 do Código de Processo Penal.

2. Nos termos do Código Penal, existem: *a) prescrição da pretensão punitiva (chamada impropriamente de prescrição da ação penal),* que está prevista nos arts. 109 e 110, §§ 1º e 2º (prescrição intercorrente, abrangendo a prescrição retroativa); e *b) prescrição da pretensão executória,* que está prevista no art. 110, *caput.*

3. O contador judicial, no cálculo de liquidação de fls., informou e indagou sobre a ocorrência da prescrição. O Ministério Público emitiu parecer nos autos e pediu a extinção da punibilidade em virtude da real ocorrência da prescrição (fls.).

4. De fato, ocorreu a prescrição, conforme cálculo de fls. e parecer de fls.. Declaro extinta a punibilidade. Feitas as anotações, arquive-se.

5. Intimem-se.

Local e data

(a) Juiz de Direito

12.2.1. Jurisprudência sobre Prescrição

a) "PRESCRIÇÃO DA PRETENSÃO PUNITIVA E REABILITAÇÃO – Tendo o recorrido, em *habeas corpus,* obtido a declaração da extinção de sua punibilidade pela prescrição da pretensão punitiva, o Estado perdeu o seu direito de ação, daí a pena imposta no processo ser tida *por inexistente, não cabendo reabilitação dela.* Recurso *ex officio* provido." (TACrim-SP, 3ª C., Rec. de Ofício nº 455.615/0- Santos, Rel. Juiz Gomes de Amorim, j. em 27.5.1987, v.u., in Boletim AASP nº 1551, de 7.9.1988, pág. 213).

Constou do v. acórdão que: "Assim, *cuidando-se da chamada prescrição retroativa,* reconhece-se que o Estado, face o decurso do tempo e em razão da pena concretizada, perdera o seu direito de ação, pelo que a pena imposta no processo respectivo *é tida como inexistente,* pois *o jus puniendi* já estava extinto com a perda do direito de ação" (*in Boletim AASP* 1551, 7.9.1988, pág. 213).

b) *"HABEAS CORPUS* – Extinção da punibilidade pela prescrição da pretensão punitiva – Possibilidade de ser decretada em 1ª Instância. A profunda alteração do sistema referente à prescrição, operada pela Lei nº 7.909/1984, fez com que *a prescrição retroativa* se tornasse decididamente uma das modalidades *da prescrição da pretensão punitiva,* de forma que, diante dela, não mais se pode dizer que a sentença proferida em ação penal prescrita signifique válida manifestação jurisdicional de 1ª Instância, apta a produzir coisa julgada." (TACrim-SP, 11ª C., H.C. nº 188.864/0- Guarulhos, Rel. Juiz Sidney Beneti, j. em 12.2.1990, v.u., in *Boletim AASP* nº 1638, de 16 a 22 de maio de 1990, pág. 118). No v. acórdão, fez-se menção aos argumentos de Dante Busana no sentido de que: "Consumada a modalidade de prescrição, dá-se a rescisão da sentença condenatória, que não mais pode fazer coisa julgada material e apenas produz o efeito de reger, pela pena que aplicou, o prazo prescricional" (*JUTACRIM* 86/159-160). Concluiu-se que, a prescrição retroativa pode ser reconhecida pelo Juiz de 1º Grau, após o trânsito em julgado da sentença." (*JUTACRIM* 72/111, 69/12, 71/3, e *RT* 637/371).

c) "APELAÇÃO CRIMINAL – *Prescrição retroativa – Aumento pela continuidade delitiva – Impossibilidade de ser computado para efeitos prescricionais –* Pena pecuniária – Extinção da punibilidade – Mérito prejudicado. Existência da prescrição retroativa, eis que entre a data do fato delituoso e a data do recebimento da denúncia decorreram mais de 4 (quatro) anos, levando-se em conta a pena aplicada. *A continuidade delitiva não exerce qualquer influência na contagem do prazo prescricional (art. 119 do CP e Súmula nº 497 do STF). Aplicação da prescrição às penas pecuniárias,* pois as penas mais leves prescrevem-se com as mais graves (art. 118 do Código Penal). Declaração da extinção da punibilidade do fato pela ocorrência da prescrição da pretensão punitiva, ficando prejudicado o exame do mérito (Súmula nº 241 do extinto TFR). Preliminar acolhida. Apelos parcialmente providos." (TRF, 3ª R., 1ª T., Ap. Crim. nº 95.03.072991-2-SP, Rel. Juiz Sinval Antunes, j. em 18.6.1996, v.u., in *Boletim AASP* nº 1987, de 22 a 28.1.1997, pág. 26-j).

13. EXECUÇÃO – *SURSIS* – DESPACHO TORNANDO SEM EFEITO O *SURSIS*

Processo-Crime nº

Vistos, etc.

1. "A", foi condenado à pena de (...) de reclusão, sob regime aberto, bem como o pagamento de (...) dias-multa, com fundamento no art. (...), *caput*, c/c o art. (...), ambos do Código Penal, sendo concedido o benefício do *sursis* pelo prazo de 2 (dois) anos, mediante a condição prevista no art. 78, § 2º, letra *c*, do Código Penal.

2. Transitada em julgado a sentença (fls.) e designada audiência admonitória (fls.), o réu foi intimado por edital (fls.) e não atendeu ao chamado judicial (fls.).

3. O Promotor de Justiça pugnou pela revogação do benefício então concedido ao sentenciado (fls.).

4. É O SUCINTO RELATÓRIO. DECIDO.

4.1. Realmente, intimado por edital (fls.), já que não foi possível a sua localização para intimação pessoal, o réu preferiu a inércia, donde a presunção de que não aceitou a condição do benefício então concedido, impondo-se, destarte, que seja tornado sem efeito, nos termos do que dispõe o art. 161 da Lei de Execução Penal.

4.2. Isto posto, com fundamento no art. 161 da Lei de Execução Penal, *torno sem efeito* o benefício do *sursis* concedido ao sentenciado "A" e, consequentemente, determino a imediata execução da pena, expedindo-se contra ele o competente mandado de prisão, observado o regime de cumprimento da pena imposta (*regime aberto, semi-aberto ou fechado*). Expeça-se o necessário.

5. P.R.I.C.

Local e data

(a) Juiz de Direito

13.1. RESTAURAÇÃO OU RESTABELECIMENTO DO *SURSIS* – DESPACHO DE CONCESSÃO

Processo-Crime nº

Vistos, etc.

1. Cuida-se de pedido de restauração ou restabelecimento do benefício do *sursis*. Por desatender ao chamamento judicial e às condições impostas, foi revogado ao benefício do *sursis* concedido ao réu, que, afinal, foi preso pela autoridade competente.

2. Diante das justificativas apresentadas e a comprovação do endereço e do exercício de atividade lícita (fls.), restauro ou restabeleço o benefício do *sursis*, observando-se as condições impostas. Designo audiência admonitória para hoje [*ou designo audiência admonitória para (...) de (...) de (...)*]. Expeça-se alvará de soltura, devendo o réu comparecer ou ser trazido em Juízo.

3. Tem-se entendido que: "Para se evitarem seqüelas socialmente desfavoráveis e incidência do *summum ius,* tem a jurisprudência abrandado a inteligência do art. 705 do Código de Processo Penal, para deixar ao bom critério dos magistrados a possibilidade de restauração do *sursis* que fora cassado, pelo único motivo da falta de prova do justo impedimento do comparecimento do sentenciado à audiência admonitória" (Rel. Azevedo Franceschini, *RT* 412/304). *E mais:* "Sendo sumamente difícil a comprovação na espécie da impossibilidade do comparecimento do réu à audiência admonitória e sendo merecedora de fé a alegação do justo impedimento, restaura-se o *sursis,* interpretando com benignidade o disposto no art. 705 do Código de Processo Penal" (Rel. Lauro Malheiros, *JUTACRIM* 19/274). *Por fim:* "Decisão restauradora de *sursis* é irrecorrível, eis que o restabelecimento do benefício constitui função meramente administrativa, afeita à execução criminal" (Rel. Roberto Martins, *JUTACRIM* 36/142. Julgados extraídos da obra de Alberto Silva Franco e outros, *Código Penal e sua Interpretação Jurisprudencial*, Revista dos Tribunais, 4ª ed., pág. 526).

4. Cumpra-se.

5. Intimem-se.

Local e data

(a) Juiz de Direito

14. EXECUÇÃO – *SURSIS* – DESPACHO ALTERANDO AS CONDIÇÕES IMPOSTAS NO *SURSIS*

Processo-Crime nº

Vistos, etc.

1. Nos termos do art. 158, § 2º, da Lei de Execução Penal (Lei nº 7.210/1984), o juiz poderá, a qualquer tempo, de ofício, a requerimento do Ministério Público ou mediante proposta do Conselho Penitenciário, modificar as condições e regras estabelecidas na sentença, ouvido o condenado.

2. No caso dos autos, pelas condições do sentenciado e por faltar recursos para melhor fiscalizar as condições impostas na sentença, substituo a medida de prestação de serviço à comunidade pela do comparecimento mensal e obrigatório do réu em Juízo, para comunicação do exercício de atividade lícita.

3. Intime-se.

Local e data

(a) Juiz de Direito

15. EXECUÇÃO – PRESTAÇÃO DE SERVIÇO À COMUNIDADE – DESPACHO ESTABELECENDO CONDIÇÕES

PODER JUDICIÁRIO
ESTADO DE SÃO PAULO

Processo-Crime nº

Vistos, etc.

1. Cuida-se de estabelecer condições de cumprimento da pena de prestação de serviço à comunidade, imposta ao sentenciado (...), pelo prazo de 1 (um) ano e 2 (dois) meses, conforme sentença e acórdão de fls. (...).

2. PRIMEIRAMENTE, o sentenciado, em processo de execução, foi intimado para esclarecer suas atividades de rotina e o horário delas, tendo ele indicado que é (...) (*exemplo: motorista*) e trabalha da segunda-feira ao sábado, no horário das 00h00min às 00h00min (fls.).

3. DEPOIS, foi solicitado da Prefeitura de (...) informações sobre o local e a tarefa que poderia o sentenciado desempenhar, já que, na comarca, não existem entidades credenciadas. A Prefeitura respondeu que o sentenciado poderia prestar serviços no Hospital Municipal de (...), desempenhando as funções de zelador do pátio (fls.).

4. Com essas providências preliminares tomadas no processo de Execução de Pena, o caso agora é de fixar as condições para cumprimento da pena, segundo o art. 46 do Código Penal c/c os arts. 149 e 150 da Lei de Execução Penal. Assim, determino:

a) DA ENTIDADE AJUSTADA PARA PRESTAÇÃO DE SERVIÇO GRATUITO: O sentenciado prestará serviços no Hospital Municipal de (...), conforme ofício de fls., emanado da Prefeitura.

b) DAS FUNÇÕES A SEREM EXERCIDAS GRATUITAMENTE: O sentenciado exercerá as funções de zelador do pátio do hospital.

c) DURAÇÃO E DIAS DE TRABALHO: O sentenciado cumprirá 8 (oito) horas semanais, devendo prestar serviços por 4 (quatro) horas aos sábados, e por mais 4 (quatro) horas aos domingos, podendo também, prestar serviços durante os dias feriados. Poderá a forma de execução ser alterada, a fim de ajustá-la às modificações ocorridas na jornada de trabalho de rotina do sentenciado.

d) INÍCIO DA EXECUÇÃO: A execução da pena, que durará 1 (um) ano e 2 (dois) meses, terá início a partir da data do primeiro comparecimento.

e) DO RELATÓRIO DA ENTIDADE BENEFICIADA: A entidade beneficiada com a prestação de serviços gratuitos encaminhará mensalmente ao Juízo da Execução, em (...) (cidade), relatório circunstanciado das atividades do condenado, descrevendo os dias e horários de atividades prestadas, anotando também, em qualquer tempo, comunicação sobre ausência ou falta disciplinar (arts. 149 e 150 da LEP). OFICIE-SE À ENTIDADE, COM CÓPIA DO PRESENTE DESPACHO.

f) DA INTIMAÇÃO AO SENTENCIADO: Determino, desde logo, a intimação do condenado, cientificando-o da entidade onde prestará os serviços gratuitos, bem como os dias e horários em que deverá cumprir a pena (sábados, domingos e feriados, conforme exposto no item *c* acima). *A entidade beneficiada deverá comunicar a data de início das atividades.*

5. Cumpra-se.

Local e data

(a) Juiz de Direito

16. EXECUÇÃO – PROGRESSÃO DE REGIME DE CUMPRIMENTO DA PENA – DESPACHO

Processo-Crime nº

Vistos, etc.

1. Nos termos do cálculo de liquidação da pena constante de fls. dos autos, e na conformidade do que dispõe o art. 112 da Lei da Execução Penal, o sentenciado já cumpriu 1/6 da pena privativa de liberdade, o tempo mínimo exigido para a progressão.

2. Nos autos há parecer ou atestado sobre o bom comportamento carcerário do sentenciado (fls.).

3. Na comarca, por Portaria do Juízo, existe o Conselho da Comunidade (art. 80 da LEP), e o referido Conselho foi favorável à progressão de regime prisional para o sentenciado.

4. O exame criminológico não é obrigatório (Rec. HC 1.185, RJ, 5ª T., Rel. Min. Edson Vidigal, j. em 5.8.1991, *DJU* 26.8.1991, pág. 11.403), pelo que, na espécie vertente, dispenso-o (*ou então: Para o exame criminológico, nomeio peritos do Juízo os Drs. (...). Intime-os para apresentação do laudo no prazo de 30 (trinta) dias. Se os peritos solicitarem, requisite-se o réu para apresentação no dia, hora e local designados pelos referidos peritos, tudo mediante escolta própria*).

5. Assim sendo, DEFIRO a progressão de regime prisional e autorizo o cumprimento da pena no regime aberto. À falta de estabelecimento adequado, o sentenciado cumprirá a pena na modalidade de prisão domiciliar, sob as condições previstas no art. 115 da LEP, *que são modificáveis*, conforme o art. 116 do mesmo diploma legal. Cumpra-se. Expeça-se o necessário, com audiência para advertência em (...).

6. Na jurisprudência, tem-se entendido que:

6.1. "*O artigo 2º, § 1º, da Lei nº 8.072/1990, não impede a progressão meritória no cumprimento da pena*". Assim é que: "*Pena – Progressão meritória – Crime hediondo ou assemelhado – Possibilidade – Extensão, à fase executória, do princípio constitucional da individualização da pena – Prevalência do interesse na reeducação e ressocialização do condenado presente, inclusive, no art. 5º da Lei de Crimes Hediondos – Inteligência do art. 2º, § 1º, da Lei nº 8.072, de 1990 – Recurso parcialmente provido. O disposto no § 1º, do art. 2º, da Lei 8.072/1990, não impede, em determinados casos concretos, a progressão meritória no cumprimento da pena reclusiva imposta pela prática de crime hediondo ou assemelhado, isso porque, à luz do princípio constitucional da individualização da pena, que se estende à fase executória, deve prevalecer sempre o relevante interesse de reeducação e ressocialização do condenado, que, até na forma do art. 5º, do primeiro diploma citado, poderá obter* livramento condicional" (Ac. nº 190.234-3/1-SP, 3ª C., Rel. Min. Luiz Pantaleão, j. em 11.9.1995, v.u.).

6.2. Do voto de nº 9.132, dos autos do Agravo de nº 207.799.3/5-0, lavrado pelo eminente Juiz-Relator Silva Pinto, do Eg. TACSP, ficou registrado que, se o juiz do processo criminal de conhecimento não proibiu expressamente *a progressão do regime de pena, mesmo nos crimes hediondos*, o sentenciado tem direito à referida progressão na fase de execução. Confira-se:

"Nesses termos, se o Juiz, na sentença do processo de conhecimento, passada em julgado sem recurso da acusação, estabelece que a pena será cumprida apenas no início no regime fechado, embora se trate de crime elencado na Lei nº 8.072/1990 (crimes hediondos), permitiu futuras progressões e assim deverá ser cumprida na execução, sem maiores polêmicas. Por sinal, assim já teve oportunidade de decidir a Suprema Corte (HC nº 72.139-7-DF, Rel. Min. Ilmar Galvão, in RT 724/561). "A sentença constitui o título executório, o qual fixa os limites da execução" (...) "Nesses termos, cumpre, agora, respeitar a decisão passada em julgado, como ordena a Lei Maior (art. 5º, XXXVI), de sorte a permitir as progressões, como consta do título executório, sob pena de se cometer desvio ou excesso" (Rel. Juiz Silva Pinto, TACrim-SP, Ag. nº 207.799.3/5-00, voto nº 9.132).

6.3. "Crimes hediondos – Regime fechado integral – Inconstitucionalidade. Não obstante reiterados e sucessivos julgados do C. Superior Tribunal de Justiça, nenhum unânime ao que se sabe, proclamando a constitucionalidade deste preceito, os prolatores dos votos vencedores neste julgado entendem que colide ele com o princípio constitucional da individualização da pena, referido no art. 5º, inciso XLVI, da Carta Magna, entendimento que encontra sólido amparo em respeitabilíssimos votos vencidos nos arestos acima referidos, proferidos, entre outros, pelos eminentes Ministros Vicente Cernicchiaro e Ademar Maciel. Por maioria de votos, dá-se, destarte, parcial provimento ao apelo de (...) para o fim inicialmente declarado" (Ap. Crim. nº 167.338-3/2, Osasco, 3ª C.Crim., Rel. Des. Silva Leme, j. em 20.3.1995, m.v., in Boletim *IBCCrim* nº 49-jurisp., dez/1996, pág. 174).

7. Cumpra-se.

Local e data

(a) Juiz de Direito

17. EXECUÇÃO – AUTORIZAÇÃO DE SAÍDA TEMPORÁRIA – VISITA À FAMÍLIA – DESPACHO DE CONCESSÃO

Processo-Crime nº

Vistos, etc.

1. Cuida-se de pedido de saída temporária de presídio oficial, formulado pelo reeducando "A", com o escopo de visita à família (Lei nº 7.210/1984, art. 122, inciso I).

2. O pedido de saída temporária, sem vigilância direta, só pode ser deferido para quem esteja cumprindo pena no *regime semi-aberto*, *e desde que cumprido 1/6 da pena, se primário, ou 1/4, se reincidente o condenado* (Lei nº 7.210/1984, art. 123, II). A autorização será concedida por prazo não superior a 7 (sete) dias, podendo ser renovada por mais quatro vezes durante o ano (Lei nº 7.210/1984, art. 124).

Por outro lado, preceitua a Súmula nº 40 do STJ, que: *"Para obtenção dos benefícios de saída temporária e trabalho externo, considera-se o tempo de cumprimento da pena no regime fechado"* (Ref. Lei nº 7.210/1984, arts. 37, 122 e 123, II).

3. No caso vertente, existe atestado da administração penitenciária comprovando o comportamento adequado do peticionário, e o Ministério Público, ouvido, não se opôs ao pedido (art. 123). Há compatibilidade do benefício com os objetivos da pena. Ademais, a lei prevê a possibilidade de *concessão de regalias* a quem tiver bom comportamento carcerário (art. 56, inciso II).

4. Assim sendo, defiro o benefício de saída temporária, pelo prazo máximo de 7 (sete) dias (art. 124 da Lei nº 7.210/1984) (*pode ser 6 ou 5 dias*), devendo o reeducando sair do presídio às (...) horas do dia (...) e retornar até às (...) horas do dia (...).

5. Intimem-se. Cientifique-se a autoridade policial. Oficie-se, encaminhando cópia do presente despacho.

Local e data

(a) Juiz de Direito

18. EXECUÇÃO – REMIÇÃO DA PENA EM VIRTUDE DE TRABALHO PRESTADO – DESPACHO

Processo nº

Vistos, etc.

1. De acordo com o disposto no art. 126 da Lei nº 7.210/1984 – Lei da Execução Penal – o condenado que cumpre pena no regime *fechado ou semi-aberto poderá remir, pelo trabalho, parte do tempo da execução da pena.*

2. A contagem do tempo para fim o de remição será feita assim: por 3 (três) dias de trabalho, desconta-se 1 (um) dia da pena imposta (art. 126, § 1º). A remição deve ser declarada pelo juiz da execução.

3. No caso vertente, o documento de fls. atesta que o condenado trabalhou (...) dias. Considerando que a contagem do tempo para efeitos de remição se faz à razão de um dia de pena por três de trabalho (art. 126, § 1º), o contador judicial certificou que, pelo trabalho desempenhado, conforme documento juntado nos autos, foram resgatados ou remidos (...) dias de pena.

4. Destarte, declaro remidos ou resgatados (...) dias da pena imposta. Determino que se proceda nova liquidação de pena, obser-

vando-se a remição ora concedida. O tempo remido será computado para a concessão de livramento condicional e indulto (art. 128).

5. Cumpra-se.

Local e data

(a) Juiz de Direito

B) PROCESSO DA COMPETÊNCIA DO JÚRI

1. JÚRI – DESPACHO INICIAL – RECEBIMENTO DA DENÚNCIA

O despacho inicial, na hipótese, é igual ao despacho já formulado para o processo destinado à apuração e julgamento dos crimes apenados com reclusão. Recebe-se a denúncia e designa-se data para o interrogatório do acusado, requisitando-se a Folha de Antecedentes e Certidões de praxe.

2. JÚRI – AUDIÊNCIA DE INSTRUÇÃO – DESIGNAÇÃO – TESTEMUNHAS

Após o interrogatório do acusado, também prevalecem os mesmos despachos já formulados para o processo destinado à apuração e julgamento dos crimes apenados com reclusão. Primeiramente, designa-se data para oitiva das testemunhas de acusação e, depois, outra data para oitiva das testemunhas de defesa, se forem arroladas. Recomenda-se a fixação de prazo para o cumprimento de eventuais cartas precatórias.

3. JÚRI – ENCERRAMENTO DA INSTRUÇÃO – DESPACHO APÓS A INQUIRIÇÃO DE TODAS AS TESTEMUNHAS ARROLADAS

Processo-Crime nº

Vistos, etc.

1. Foram inquiridas as testemunhas arroladas nos autos.

2. Declaro encerrada a instrução.

3. Determino que as partes cumpram o disposto no art. 406 do Código de Processo Penal. Apresentem, pois, as partes, as alegações finais.

4. Intimem-se.

Local e data

(a) Juiz de Direito

4. SENTENÇA DE PRONÚNCIA – EXEMPLO DA PARTE "DISPOSITIVA" DE UMA SENTENÇA DE PRONÚNCIA

DISPOSITIVO

Ante o exposto, e na conformidade do que dispõe o art. 408 do Código de Processo Penal, JULGO PROCEDENTE a ação penal na primeira fase procedimental (*no caso, o procedimento é bifásico*), para o fim de PRONUNCIAR o acusado "A", qualificado nos autos, como incurso nas sanções do art. 121, § 2º, inciso IV, do Código Penal. O acusado será definitivamente julgado pelo Egrégio Tribunal do Júri Popular.

Abstenho de decretar a prisão do acusado em virtude da primariedade e dos bons antecedentes, conforme preceitua o art. 408, § 2º, do CPP.

Intime-se pessoalmente o acusado da presente sentença de pronúncia, tudo de conformidade com o que preceituam os arts. 413 e 414 do CPP.

Transitada em julgado a sentença de pronúncia, dê-se vista ao representante do Ministério Público para oferecimento do libelo (CPP, art. 416), entregando-se cópia do aludido libelo ao acusado. Outrossim, após a apresentação do libelo, dê-se "vista" ao defensor, para a contrariedade (CPP, arts. 421 e 422).

O nome do acusado só será lançado no rol dos culpados após eventual condenação com trânsito em julgado (CPP, art. 408, § 1º, com redação dada pela Lei nº 9.033, de 2.5.1995).

P.R.I.C.

Local e data

(a) Juiz de Direito

4.1. Julgado sobre "qualificadora" do crime sujeito a julgamento pelo Tribunal do Júri

a) "A exclusão da qualificadora, como é curial, somente é admissível nesta fase processual quando se revele incabível de forma manifesta. Já ficou proclamado que: 'Tratando-se de simples sentença de pronúncia, não se justifica a exclusão das qualificadoras apontadas na denúncia, quando não as repele, manifesta e declaradamente, a prova dos autos'." (Rel. Des. Silva Leme, *in* RT 423/94) (*apud* Acórdão em Recurso em Sentido Estrito nº 147.970-3/0-Quatá-SP, TACrim-SP, 3ª C., 12.12.1994, rel. Juiz Segurado Braz).

Nota: Na hipótese de crime doloso contra a vida, a competência para o julgamento final é do Tribunal do Júri. No caso, somente diante de provas inequívocas é que deve o réu ser subtraído de seu Juiz Natural, ou seja, do Tribunal do Júri (RT 479/364). Na pronúncia, há inversão da regra procedimental *in dubio pro reo* para o *in dubio pro societate*.

4.2. JURISPRUDÊNCIA SOBRE "CONCURSO DE PESSOAS" EM CRIME DE HOMICÍDIO

a) "HOMICÍDIO – Concurso de pessoas – Hipótese em que diversos policiais militares desferem tiros em direção à vítima – Identificação da arma responsável pelo disparo fatal – Condenação do agente pelo crime consumado – Condenação dos demais partícipes pela forma tentada. Policiais militares que, em perseguição a veículo que desobedecera ordem de parar, desferem vários tiros em direção ao veículo perseguido, um deles atingindo o menor que estava na direção, matando-o. Condenação de todos os policiais, o autor do tiro fatal pela autoria, os demais em co-autoria, por homicídio consumado (art. 205, § 1º, do CPM), apesar de ter sido identificado o único projétil causador da morte como tendo partido da arma do primeiro. Hipótese em que, por ser a perseguição aos fugitivos desobedientes fato normal na atividade de policiamento, não se pode tomá-la como suficiente a caracterizar a necessária unidade do elemento subjetivo dirigido à causação solidária do resultado. Assim, nessa hipótese, os disparos de arma de fogo devem ser examinados em relação a cada um dos responsáveis por esses disparos, caracterizando-se, na espécie, a denominada autoria colateral. Como apenas um desses disparos, com autoria identificada, atingiu a vítima, matando-a, o autor do tiro fatal responde por homicídio consumado, os demais, ante a prova reconhecida pelo acórdão, de que também visaram a vítima, sem atingi-la, respondem por tentativa de homicídio." (STJ, 5ª T., REsp. nº 37.280-RS, Rel. Min. Assis Toledo, j. em 2.4.1996, v.u., *in Boletim AASP* nº 1987, de 22 a 28.1.1997, pág. 8-e).

5. JÚRI – HIPÓTESE DE RÉU INIMPUTÁVEL E LAUDO MÉDICO JÁ FEITO NA FASE POLICIAL – DENÚNCIA RECEBIDA E PROSSEGUIMENTO DO FEITO ATÉ SENTENÇA – DESPACHO INICIAL

Processo-Crime nº

Vistos, etc.

1. Trata-se de denúncia oferecida contra "A", qualificada nos autos, por crime tentado previsto no art. 121, § 2º, II e IV, c/c os arts. 14, II, e 61, II, *e*, todos do CP. Numa síntese, cuida-se de tentativa de homicídio praticado contra ascendente.

2. A inimputabilidade da acusada foi constatada por perícia médica já na fase do inquérito policial. Concluído os autos do Incidente de Insanidade Mental, sobreveio a denúncia, que pede a decisão final com base no art. 411 do CPP. Pois bem.

3. Damásio E. de Jesus, em seu *Código de Processo Penal Anotado*, Saraiva, registra que: "*Não impede o processamento da ação penal (o laudo positivo quanto à inimputabilidade, realizado durante o inquérito policial), devendo esta ter andamento com nomeação de curador* (art. 151, CP). *Absolvendo-se o réu, o juiz lhe imporá medida de segurança* (CP, art. 97)" (pág.

115, art. 149, anotações). Paulo Lúcio Nogueira, em seu *Curso Completo de Processo Penal*, Saraiva, pág. 87, também aponta as divergências na doutrina sobre se deve ou não o Promotor de Justiça oferecer denúncia contra inimputável, assim já definido na fase do inquérito policial. Conclui o saudoso mestre que tanto pode o Promotor apenas historiar os fatos e pedir aplicação da medida de segurança, como pode oferecer denúncia e formalizar o procedimento. "Os dois procedimentos conduzem ao mesmo resultado, embora o mais técnico fosse o primeiro. O mais usado é o oferecimento da denúncia".

4. O Código de Processo Penal, ao disciplinar o procedimento da ação penal de competência do Tribunal do Júri Popular, estabelece que, finda a instrução probatória com a inquirição das testemunhas e alegações das partes (CPP, art. 406), o juiz absolverá o réu quando se convencer da existência de circunstância que exclua o crime, *ou isente de pena o réu*, devendo, neste caso, recorrer de ofício de sua decisão (art. 411). Isto significa que a instrução processual deve existir, mesmo no caso de inimputabilidade do agente ativo, porque o CPP nada ressalva.

5. Ante o exposto, no caso vertente, mesmo já constatada a inimputabilidade da acusada na fase do inquérito policial, agora, em Juízo, o processo deve prosseguir com a presença de Curador, tudo consoante prescreve o art. 151 do CPP. *Destarte, RECEBO a denúncia de fls. 2/5 contra a acusada "A". Nomeio seu curador o Dr. (...), advogado militante na comarca. Cite-se e notifique-se para interrogatório que designo para o dia (...) de (...) de (...), às (...) horas. Intime-se o curador e o representante do Ministério Público. Defiro o pedido de certidões sobre os antecedentes.*

6. Cumpra-se.

Local e data

(a) Juiz de Direito

5.1. SENTENÇA DE PRONÚNCIA – RÉU INIMPUTÁVEL – APLICAÇÃO DE MEDIDA DE SEGURANÇA

PODER JUDICIÁRIO
ESTADO DE SÃO PAULO

SENTENÇA

Processo-Crime nº

Vistos e examinados estes autos de ação penal instaurada tendo em vista a ocorrência de um crime tentado de homicídio duplamente qualificado, praticado por descendente contra ascendente, por SENTENÇA tem-se a solução final em 1ª instância de uma lide com as seguintes características:

1. O SUJEITO ATIVO DO ILÍCITO PENAL: "A", devidamente qualificada nos autos.

2. O SUJEITO PASSIVO DO DELITO: "B", também qualificada nos autos.

3. A EXPOSIÇÃO SUCINTA DA ACUSAÇÃO

O Promotor de Justiça apresentou denúncia contra "A" por ter esta infringido o art. 121, § 2º, incisos II e IV, c/c os arts. 14, inciso II e 61, inciso II, letra e, todos do Código Penal. No dia 3 de junho de 1991, por volta das 21h30, na varanda do prédio residencial localizado na Rua Gal. M. S., nº 52, em (...), a acusada, por motivo fútil e mediante surpresa, tentou matar sua genitora "B", com golpes de "pau" e "facão", não consumando o delito por circunstâncias alheias à sua vontade. A vítima, entretanto, sofreu lesões corporais de natureza grave. Apurou-se que a acusada é totalmente inimputável, e no dia dos fatos descritos na denúncia, sem que houvesse desentendimento anterior, a acusada passou a agredir sua mãe. Agentes policiais compareceram ao local, e como a acusada não paralisava as agressões, o policial "C" disparou sua arma de fogo e atingiu a referida acusada, que assim parou as ofensas físicas à mãe. O policial agiu em legítima defesa de terceiro e no estrito cumprimento do dever legal (CP, art. 23, I e III, c/c o art. 25). A acusada, em suma, não consumou o homicídio por circunstâncias alheias à sua vontade. Daí a denúncia, nos termos dos mencionados dispositivos legais.

4. A EXPOSIÇÃO SUCINTA DA DEFESA DA ACUSADA

Com fundamento na inimputabilidade da acusada, comprovada por laudo médico oficial lavrado nos autos apartados de Incidente de Insanidade Mental, pretende o Defensor a absolvição, com apoio no art. 386, inciso V, do Código de Processo Penal. Ponderou, entretanto, que não é necessária a medida de segurança detentiva, ou seja, é desnecessária a internação da acusada em hospital de custódia e tratamento psiquiátrico, bastando a aplicação de medida de segurança para tratamento ambulatorial. É que a acusada já faz muito tempo vem sendo tratada de modo satisfatório por médicos particulares e a família não a abandonou. Daí, pois, a suficiência de aplicação do art. 96, inciso II, do Código Penal. Há vários atestados médicos particulares juntados nos autos (fls.), e por isso o pedido de tratamento em regime ambulatorial (ver alegações finais de fls.).

5. A RELAÇÃO JURÍDICA PROCESSUAL E A PRODUÇÃO DE PROVAS

5.1. A relação jurídica processual se instaurou-se com o regular recebimento da denúncia e abertura do amplo contraditório. A acusada foi citada para os termos da ação penal, tendo sido interrogada em Juízo, aduzindo em seguida a defesa prévia. Na fase instrutória foram inquiridas a vítima, testemunhas de acusação (6) e de defesa (2), sobrevindo as alegações finais, nos termos do art. 406 do CPP. O representante do Ministério Público insistiu no pedido de absolvição da acusada com base na inimputabilidade (CPP, art. 386, inciso V), e reiterou o pedido de internação em hospital de custódia e tratamento psquiátrico (fls.). As alegações defensivas constam de fls. e já foram sintetizadas. Vários documentos foram juntados aos autos. Nulidades ou irregularidades processuais não foram apontadas pelas partes.

5.2. Todavia, inicialmente houve representação da autoridade policial para decretação da prisão preventiva, que foi acolhida e depois revogada ante os indícios de anomalia psíquica de que era portadora a acusada (ver autos apensados). Concluído e relatado o inquérito policial, o Ministério Público, antes de oferecer a denúncia, requereu o exame de insanidade mental da acusada e apresentou os quesitos para serem respondidos pelos peritos. Por despacho de fls., foi deferido o pedido do representante do *Parquet* e instauraram por portaria os autos de incidente de insanidade mental. Feito o exame psiquiátrico na acusada, concluíram os peritos que ela é portadora de doença mental com crises psicóticas (tipo paranóides agudas), e ainda afirmaram os referidos médicos que, ao tempo da fato criminoso, a acusada era incapaz totalmente de entender o caráter ilícito de sua conduta e de determinar-se de acordo com o seu entendimento (fls. dos Autos Apensados). Com a juntada do laudo pericial, aí sim, houve oferecimento da denúncia e pedido do Ministério Público para a aplicação do art. 411 do Código de Processo Penal (recurso de ofício ao Egrégio Tribunal *ad quem*). O processo teve o seu curso normal.

6. ESSE, O SUCINTO RELATÓRIO. A SOLUÇÃO DA JURISDIÇÃO COM FUNDAMENTAÇÃO

6.1. No caso de que se cuida, tanto o representante do Ministério Público como o Nobre Defensor reconheceram a inimputabilidade da acusada e pediram a aplicação de medida de segurança, divergindo apenas quanto à maneira de execução desta. Então, como pródromo do mérito, necessária se torna a advertência de Júlio Fabbrini Mirabete sobre a questão de aplicação de medida de segurança: "Não se aplica medida de segurança nestes casos: se não há provas que confirmem a imputação; se o fato não constitui ilícito penal; e se o agente foi absolvido por ter praticado o fato ao abrigo de uma excludente de antijuridicidade" (*Manual de Direito Penal*, Atlas, pág. 350).

Assim sendo, em obediência ao princípio constitucional que impõe a necessidade de oferecimento de oportunidade para a ampla defesa no processo criminal (pleno contraditório), e tendo em vista a necessidade de motivação ou fundamentação da sentença definitiva, realmente, o processo judicial, mesmo que já reconhecida a inimputabilidade da acusada na fase do inquérito policial, tem que ser desenvolvido com todas as suas fases peculiares, como se fez no caso vertente: denúncia, recebimento desta, interrogatório da acusada, audiência de instrução e alegações finais das partes. Aliás, poderia mesmo o Curador da acusada sustentar em defesa a presença de uma excludente de antijuridicidade, ou a inexistência de provas que confirmassem a imputação, casos em que não haveria lugar para a aplicação de medida de segurança.

6.2. Pois bem. No mérito da presente lide penal, apurou-se que, sob o influxo de fenômenos mentais hostis, a acusada, convencida de que ladrões ou o "diabo" estavam na sua residência, passou a aquecer uma faca no fogo, oriundo de um fogão doméstico, tudo para expulsar os invasores do mal. Apoderou-se também de um pedaço de madeira e acreditou que, espancando a mãe "B", de 85 anos de idade, estaria expulsando os referidos ladrões ou o "diabo". Isso é o que se pode inferir do termo de interrogatório judicial de fls., e também do depoimento do agente policial "C", que disparou arma de fogo para conter a fúria da acusada, e depois foi apagar o fogo do fogão do prédio residencial. Aliás, o policial só conseguiu penetrar no prédio residencial da acusada após a derrubada de um portão trancado (fls. 150). As testemunhas inquiridas na fase judicial não apresentaram versões contraditórias. Com efeito, tanto a testemunha "D", como a "E" e "F", todas, *a una voce*, afirmaram que de alguma forma presenciaram do lado de fora da residência e à distância, aquele fenômeno de agressão que consideraram "anormal" (fls.). As testemunhas de defesa nada presenciaram. Tem-se, pois, um quadro probatório em que a acusada realmente praticou uma tentativa de homicídio contra sua genitora, e ela não estava sob o abrigo de qualquer excludente de antijuridicidade. Há provas suficientes para reconhecimento da autoria e materialidade do delito. Existiu um fato criminoso e a acusada "A" foi a autora.

6.3. Todavia, desde a fase policial, os documentos médicos constantes de fls., já sinalizavam e comprovavam que a acusada era portadora de alguma anomalia psíquica. Realmente, instaurados e formados os autos de Incidente de Insanidade Mental, concluíram os peritos médicos que a acusada era portadora de doença mental com crises psicóticas (tipo paranóides agudas), e, portanto, ela era inimputável, conforme respostas dadas aos quesitos formulados pelas partes (ver os autos apensados). Diante da evidência, o Promotor de Justiça e o Nobre Defensor reconheceram a inimputabilidade penal da acusada e pediram a absolvição, com aplicação de medida de segurança. E realmente é esta a solução adequada para o caso. De conformidade com o art. 26 do Código Penal, c/c os arts. 386, inciso V e 411 do Código de Processo Penal, a acusada deve ser absolvida, porque isenta de pena pela inimputabilidade comprovada, sujeita a sentença ao duplo grau de jurisdição obrigatoriamente.

6.4. A gravidade do caso e as circunstâncias descritas pelas testemunhas, tudo associado à situação da acusada e sua doença, apontam para a necessidade de aplicação de medida de segurança *por 2 (dois) anos* (CP, art. 97, § 1º). O crime descrito na denúncia não é apenado com detenção e, sim, com reclusão. Deve ser aplicada medida de segurança detentiva, ou seja, internação em hospital de custódia e tratamento psiquiátrico por 2 (dois) anos, e não simplesmente o tratamento ambulatorial, possível para os crimes apenados com detenção. Todavia, por força do que dispõe o art. 43 e parágrafo único, c/c o art. 14, § 2º, da Lei de Execução Penal, e *tendo em vista o tratamento a que vem sendo submetida a acusada desde a fase do inquérito policial, bem como o amparo que a própria família tem oferecido*, concedo à acusada a faculdade de indicar qual o local da internação, mesmo particular. O Juízo da Execução, após a indicação do estabelecimento particular pela acusada, solicitará do estabelecimento oficial a autorização de que cogita o § 2º do art. 14 da Lei de Execução Penal. Observo que, para Julio Fabbrini Mirabete, "quando o estabelecimento penal não estiver aparelhado para prover a assistência médica psiquiátrica necessária, esta pode ser prestada em outro local mediante autorização da direção do estabelecimento (art. 14, § 2º, c/c o art. 42, da LEP)" (*Manual de Direito Penal*, Atlas, pág. 354). *Por outro lado, frise-se, será possível a* desinternação ou liberação condicional da acusada se os médicos ou peritos recomendarem, tudo conforme o art. 97, § 3º, do Código Penal. Sempre condicional.

Transitada em julgado a presente sentença, expedir-se-á a guia de execução (Lei das Execuções Penais, arts. 172 e 173). Realizar-se-á perícia de 6 em 6 meses.

7. A CONCLUSÃO

Ante o exposto, com fundamento no art. 26, *caput*, do Código Penal, c/c os arts. 386, inciso V, e 411, do Código de Processo Penal, ABSOLVO a acusada "A", qualificada nos autos e, em virtude da reconhecida inimputabilidade, aplico a medida de segurança consistente em internação em hospital de custódia e tratamento psiquiátrico por 2 (dois) anos, tudo conforme os termos do item 6.4. acima. Perícia a cada 6 (seis) meses. Recorro de ofício ao Egrégio Tribunal *ad quem*, já que a acusada é isenta de pena em decorrência da inimputabilidade reconhecida em laudo médico. *Observo que poderá ocorrer a desinternação ou liberação, sempre condicional (CP, art. 97, § 3º).*

Publique-se.

Registre-se.

Intime-se.

Comunique-se.

Local e data

(a) Dr. Valdeci Mendes de Oliveira – Juiz de Direito

5.2. ACÓRDÃO NA ÍNTEGRA QUE MANTEVE UMA DECISÃO PROFERIDA NOS TERMOS DO ITEM 5.1. RETRO

(Obs.: Fui eu mesmo quem proferiu a decisão de 1ª Instância, num caso concreto, quando magistrado na comarca de Quatá, SP).

ACÓRDÃO

Vistos, relatados e discutidos estes autos de Recurso em Sentido Estrito nº 150.373-3/2, da comarca de Quatá, em que são recorrentes o Juízo *ex officio* e a acusada "A", sendo recorridas a Mesma e a Justiça Pública.

ACORDAM, em Segunda Câmara Criminal do Tribunal de Justiça do Estado de São Paulo, por votação unânime, negar provimento aos recursos.

"A" foi denunciada, na comarca de Quatá, como incursa no art. 121, § 2º, incisos II e IV, c/c o art. 14, inciso II, do Código Penal. A final, pela r. sentença de fls. 190/194, cujo relatório se adota, foi absolvida, por ser inimputável, sendo, no entanto, aplicada a medida de segurança, consistente em internação em hospital de custódia e tratamento psiquiátrico, pelo prazo mínimo de 2 (dois) anos.

Houve a interposição do recurso *ex officio*. Mas a acusada também interpôs recurso em sentido estrito, colimando a substituição da internação hospitalar por tratamento ambulatorial.

O recurso voluntário foi normalmente processado.

Mantida a decisão, subiram os autos a este E. Tribunal, dando-se vista dos autos à d. Procuradoria-Geral de Justiça, cujo parecer é no sentido de ser negado provimento aos recursos.

Este o relatório.

Improcedem os recursos.

A bem elaborada sentença hostilizada merece prevalecer por seus próprios e jurídicos fundamentos.

Em nada a abalaram os argumentos expendidos nas razões apresentadas pela acusada recorrente.

O fato descrito na denúncia é tipificado como crime. As provas coletadas, especialmente o depoimento testemunhal de fls. 150, demonstram a triste realidade.

A conduta da ré é punida com pena de reclusão. Trata-se, como demonstrado pela sentença, de tentativa de homicídio. Outrossim, é ela inimputável, como apurado pelo laudo psiquiátrico constante do Apenso (fls. 41/43).

Devido a esses fatores, não há como atender ao pedido feito pela esforçada defesa, no sentido de substituir a internação hospitalar por tratamento ambulatorial.

Na verdade, a pretendida substituição só é possível em duas hipóteses: 1. quando, sendo o agente inimputável, for o fato punido com detenção (art. 97 do Código Penal); 2. quando se tratar de semi-imputável (art. 98 do mesmo texto).

Doutro lado, cumpre verificar que a r. sentença já facultou à ré se internar em hospital de sua livre escolha. Igualmente, a lei lhe concede o direito de contratar médico psiquiatra de sua confiança a fim de orientar e acompanhar o tratamento de que necessita (art. 43, parágrafo único, da Lei de Execução Penal).

Ante o exposto, negam provimento aos recursos.

O julgamento teve a participação dos Desembargadores Angelo Gallucci e Renato Talli, com votos vencedores.

São Paulo, 28 de dezembro de 1994.

Desembargador Silva Pinto, Pres. e Relator.

(Rec. em Sentido Estrito nº 150.373-3/2- Quatá-SP).

5.3. Júri – Pronúncia – Desclassificação de homicídio tentado para a tentativa de estupro

PODER JUDICIÁRIO
ESTADO DE SÃO PAULO

SENTENÇA

Processo-Crime nº

Vistos e examinados estes autos de ação penal instaurada tendo em vista a ocorrência de um crime de homicídio tentado, por SENTENÇA tem-se a solução final em 1ª instância de uma lide com as seguintes características:

1. O SUJEITO ATIVO DO ILÍCITO PENAL: "A", vulgo "X", devidamente qualificado nos autos.

2. O SUJEITO PASSIVO DO DELITO: "C", também qualificada nos autos.

2.1. Capitulação do fato criminoso: Art. 121, *caput*, c/c o art, 14, II, do Código Penal.

3. A EXPOSIÇÃO SUCINTA DA ACUSAÇÃO

O Promotor de Justiça ofereceu denúncia contra "A", vulgo "X", porque este tentou matar "B" no dia 10 de julho de 1993, por volta das 22h, nas imediações do Campo de Aviação de (...), no Bairro J.T.. O acusado desferiu vários golpes na cabeça da vítima com uma pedra de concreto, causando ferimentos significativos, e só não consumou o delito por circunstâncias alheias à sua vontade, pois foi surpreendido por pessoas que passavam no local, e assim empreendeu fuga. Apurou-se que o acusado tencionava manter relação sexual com a vítima, e como esta gritava "não faça isso", ele empunhou um bloco de concreto e, com intenção de matá-la, passou a aplicar vários golpes na cabeça da referida vítima. Como pessoas surpreenderam o acusado no local, não foi possível por ele a consumação do homicídio. Daí a denúncia por crime previsto no art. 121, *caput*, c/c o art. 14, inciso II, do Código Penal.

4. A EXPOSIÇÃO SUCINTA DA DEFESA DO ACUSADO

Pretende o acusado a desclassificação do delito e/ou a absolvição sumária (ver Defesa Prévia e Alegações Finais). Argumentou que, pelos meios empregados, não se pode deduzir o *animus necandi* (RT 339/326). Nos autos não há laudo médico complementar, e as lesões sofridas pela vítima foram de natureza leve. Aliás, ponderou o nobre defensor que nos autos estava evidente que o objetivo do acusado e da vítima não foi outro senão o de "animalescamente" (*sic*) praticarem o ato da relação sexual (*sic*), e que, por "desentendimentos e motivos óbvios", não pôde o ato sexual vir à tona (*sic*). Assim sendo, pediu-se na defesa a desclassificação do delito, conforme inclusive entendimento dos Tribunais Superiores. No mérito, salientou o acusado que as provas dos autos são completamente controvertidas e tudo não passa de um sensacionalismo indigno dos interesses da Justiça. O inquérito policial deixou bastante a desejar e não foram produzidas provas seguras. Há contradição entre as testemunhas e algumas são suspeitas de parcialidade. Deve-se tomar com reservas as versões das referidas testemunhas. Em suma, o acusado não praticou o crime que se lhe imputa. A vítima de alguma forma contribuiu para o desencadeamento dos fatos, e num quadro de incertezas, impõe-se a absolvição sumária (sic, fls.).

5. A RELAÇÃO JURÍDICA PROCESSUAL E A PRODUÇÃO DE PROVAS

O acusado foi preso em flagrante delito e ainda permanece no cárcere oficial. Foi indeferido o pedido de liberdade provisória e negado provimento ao *habeas corpus* interposto perante o Tribunal Superior. No processo, a denúncia foi regularmente recebida, o acusado foi citado, interrogado em Juízo, e produziu defesa prévia com rol de testemunhas.

Na fase instrutória foram inquiridas a vítima e 5 (cinco) testemunhas de acusação, além de 2 (duas) de defesa. Tanto o Promotor de Justiça como o Defensor desistiram dos depoimentos de algumas testemunhas. Em cumprimento do disposto no art. 406 do Código de Processo Penal, as partes apresentaram as alegações finais. O Promotor de Justiça insiste na sentença de pronúncia contra o acusado, tudo com base nas provas colhidas (fls.). O defensor, como já dito, pediu a desclassificação do delito imputado ou a absolvição sumária.

Vieram para os autos as certidões de antecedentes criminais e documentos solicitados pelos interessados. Nulidades ou irregularidades processuais não foram apontadas pelas partes.

6. ESSE, O SUCINTO RELATÓRIO. A SOLUÇÃO DA JURISDIÇÃO COM FUNDAMENTAÇÃO

6.1. Um crime existiu induvidosamente, mas não foi o de homicídio tentado. Com efeito, constitui ponto incontroverso nos autos, inclusive admitido pelo próprio acusado quando interrogado na fase do inquérito policial e na fase judicial (fls.), que ele (denunciado) e a vítima, realmente estiveram juntos no Campo de Aviação, ou, mais precisamente, nas imediações do Campo de Aviação, em lugar não habitado. Categoricamente afirmou o acusado, em Juízo, que o propósito era o de manter relação sexual com a vítima (fls.). Na fase policial, afirmou o acusado *que chegou a retirar da vítima "o sutiã"* (fls. 9). Em Juízo, confirmou que o *"sutiã"* da vítima foi encontrado em seu poder quando agentes policiais lhe fizeram uma revista pessoal. Pois bem.

6.2. Para as testemunhas "L" e "M", cujos depoimentos nas duas fases processuais encontram-se nas fls., a vítima, ao ser localizada, estava completamente nua ou despida. E a testemunha "R" ouviu do próprio acusado que este pretendia mesmo manter relação sexual com a vítima (fls.). Ora, fácil concluir diante desse quadro probatório que o móvel do acusado, inclusive confessado, era o sexo. O acusado realmente esteve com a vítima nas imediações do Campo de Aviação, em lugar não habitado. Mas, como ficam a violência e os ferimentos sofridos pela vítima no caso de que se cuida? Com objetividade, sexo com violência é estupro, ou pelo menos tentativa de estupro. Vejamos.

6.3. O álibi do acusado, consistente no fato de terem sido outros dois elementos estranhos que agrediram a vítima para com ela manter relação sexual, não encontra qualquer ressonância ou indícios razoáveis no conjunto de provas colhidas nos autos do processo. Não está comprovada a versão do acusado, aliás, constitui uma versão isolada no contexto das provas coligidas. A propósito, o comportamento posterior do acusado revela que foi ele mesmo o autor da violência praticada contra a vítima, e na fase do inquérito policial o referido acusado confessou: *"que revoltado de perder a vítima para os estranhos, começou a chutá-la, e que deu vários chutes em seu corpo"* (sic, fls. 9). Que o acusado desejava manter relação sexual com a vítima, ele mesmo confessou em Juízo. Que ele tirou o "sutiã" da vítima, isso também está confessado. Ora, nesse contexto, bem razoável a versão da testemunha "L", que tanto conhece o acusado como a vítima:

"Que entende (a testemunha), que o acusado deve ter forçado (*sic*) a vítima para manter relação sexual, e que a mesma, não aceitando, acabou por ser agredida pelo mesmo" (fls. 21). E mais:

"Que a depoente afirma que "estranhou" profundamente ser o "A" o autor do crime, pois "Zil" – ora vítima – nunca lhe deu liberdades, o que leva a deduzir que o acusado forçou a mesma a manter relação sexual e ela não aceitou" (*sic*, fls. 22).

Ora, toda essa construção probatória, robustecida na afirmação do próprio acusado, de que tencionava manter relação sexual com a vítima, tudo isso indica uma tentativa de estupro, já que não comprovada a cópula completa. As circunstâncias e a própria confissão do acusado demonstram que o propósito era a relação sexual, tanto que o "sutiã" da vítima foi tirado pelo aludido acusado, que o guardou para si. A vítima decisivamente afirmou que não queria manter relação sexual com o acusado, *até porque tinha acabado de vir do enterro da filha* (*sic*).

6.4. Diga-se que o próprio defensor admite em sua peça defensiva que "o acusado e a vítima tinham como objetivo o de "animalescamente" praticarem o ato da relação sexual" (fls., Alegações Finais). Mas, a vítima não poderia desejar o sexo com tamanha dose de agressão em seu próprio rosto e cabeça, tudo a ser praticado pelo acusado, e com uma pedra de concreto. Logo, pode-se concluir que o acusado foi um agressor, e sexo com violência é estupro. Na verdade, custa a crer que após o "enterro da própria filha", a vítima buscasse o sexo violento em lugar ermo, e com o acusado.

6.5. O comportamento posterior do acusado indica que ele participou ou foi autor das agressões contra a vítima. Com efeito, que ele desferiu chutes na vítima está confessado na fase policial. Mas, a testemunha "X", cujo depoimento consta de fls., discorre sobre circunstâncias extremamente comprometedoras para o acusado. Com clareza explicou a testemunha, em Juízo: *"Entrei no banheiro para fazer as necessidades fisiológicas e aí depa-*

rei com o acusado assim com manchas de sangue (...) e perguntei-lhe o que tinha ocorrido; o acusado, aqui presente, respondeu que tinha sido "uma briguinha". E nas reperguntas do Defensor, a testemunha mais esclareceu: "Deu certo de eu lavar as minhas mãos na mesma pia que o acusado lavou as mãos dele; eu vi o rosto dele "respingado" de sangue, assim, pingos espalhados pelo rosto dele; foi por isso que eu perguntei para ele o que tinha ocorrido" (fls.56).

Verifica-se, pois, que o acusado, tendo admitido o desejo de cópula com a vítima, ainda foi encontrado com manchas de sangue na roupa e no seu próprio rosto, sem contar a peça de "sutiã" apreendida também debaixo da camisa do referido acusado (ver depoimentos de fls.). Se tivessem sido outros os agressores, não haveria qualquer razão para o acusado omitir socorro à vítima ou então comunicar o fato à polícia, porque é este o sentimento e dever de um homem correto e que nada deve ou teme. Em suma, pelas provas colhidas, o acusado forçou a relação sexual com a vítima, e como esta recusou, foi violentamente agredida, tendo sido encontrada completamente nua no local dos fatos. Destarte, o acusado não consumou o delito de estupro por circunstâncias alheias à sua vontade, isto é, não levou a cabo o seu desejo em virtude da interferência de populares. A testemunha "Z", que primeiro chegou no local, ouviu o clamor da vítima: "não faça isso", "não faça isso" (...). Não havia vestígio ou sinal de mais de um homem com a vítima (fls. 53). Em tese, pois, o acusado cometeu o crime de estupro tentado, não se tendo nos autos laudo médico ou provas bastantes para se reconhecer o estupro consumado.

6.6. Observo, finalmente, com a jurisprudência, que:

"Até a prostituta de "porta-aberta" tem direito a dispor de seu corpo e eleger os seus parceiros sexuais" (TJDF, Rel. Des. Mário Guerrera, *DJU* 13.6.1980, pág. 4.485).

E, ainda:

"A alegação de serem as vítimas meretrizes nada representa para a tipificação do estupro, uma vez que a lei protege a liberdade sexual, sem nenhuma distinção, porque o ponto primordial do delito em exame é a violação dessa liberdade" (*RT* 594/386).

6.7. Há mais orientação jurisprudencial sobre a tentativa de estupro, que se amolda no caso vertente. Confira-se:

"A tentativa de estupro será reconhecível, ainda quando não haja o contato sexual, desde que circunstâncias deixem manifesto, por parte do agente, o intuito de conjunção carnal" (*RT* 559/373).

"A tentativa de estupro pode aperfeiçoar-se mesmo sem o contato superficial dos órgãos genitais, desde que as circunstâncias deixem manifesto, por parte do agente, a intenção de conjunção carnal" (*RT* 360/131).

Finalmente:

"Chegando o acusado a desnudar quase que inteiramente a vítima, após arrastá-la, mediante violência, para o mato, demonstra a nítida intenção de cometer o estupro, crime que não se consumou dada a resistência daquela e a pronta intervenção de populares" (TJSP, Rel. Márcio Bonilha, in *RT* 509/358).

Como já dito, as fotografias de fls. 84/85 demonstram o lugar afastado onde o acusado dominou a vítima; a testemunha "Z" ouviu o clamor da vítima e os gemidos de dor, e depois de se armar, voltou ao local para socorrer a aludida vítima. O acusado, por outro lado, confessou o desejo de sexo com a vítima e a defesa não pôde deixar de confirmar tal propósito nas fls. 70. O acusado foi encontrado com uma peça de roupa íntima da vítima, e ainda, ele foi visto com manchas de sangue contidas na sua roupa e no seu próprio rosto. O acusado, enfim, se omitiu no socorro à vítima, e as duas testemunhas de defesa que arrolou nos autos, nada alteraram sobre a versão da acusação. A vítima foi encontrada nua. Sintetizando, houve tentativa de estupro, crime hediondo, insuscetível de benefícios como fiança, liberdade provisória, regime aberto, etc. Aliás, a testemunha de defesa "S", afirmou que o acusado não tem moradia fixa, e "às vezes ele está na casa de um, às vezes na casa de outro"... (*sic*, fls. 61). Os antecedentes do acusado também não permitem que aguarde o julgamento em liberdade. Deve, pois, permanecer sob custódia oficial.

7. A CONCLUSÃO.

Ante o exposto, com fundamento no art. 410 do Código de Processo Penal, convencido de que o acusado "A", vulgo "X", deve ser julgado por delito diverso do capitulado na denúncia, DESCLASSIFICO A IMPUTAÇÃO QUE INICIALMENTE LHE FOI FEITA, com tipificação no art. 121, *caput*, c/c o art. 14, inciso II, do Código Penal, para o fim de enquadrar a conduta do referido denunciado no art. 213, c/c o art. 14, inciso II, ambos do Código Penal, observando-se a Lei dos Crimes Hediondos (Lei nº 8.072, de 25.7.1990), que considera crime hediondo o estupro tentado ou consumado (art. 1º).

Decorrido o prazo para recurso, ou com o trânsito em julgado da decisão, dê-se baixa no cartório distribuidor, fazendo-se a redistribuição do processo entre aqueles de competência do juiz singular, tudo com o termo de retificação e ratificação.

Após a redistribuição, reabra-se o prazo para manifestação da defesa, dando-se-lhe "vista" dos autos para requerer o que de direito (CPP, art. 410).

Com a manifestação da defesa, o processo prosseguirá, conforme os arts. 499 e 500 do Código de Processo Penal, ainda que a nova definição do crime permitisse a aplicação de pena de detenção.

O acusado permanecerá preso em virtude dos fundamentos já expostos na parte final do item 6.7. da presente sentença, e em razão do que dispõe a Lei dos Crimes Hediondos (Lei nº 8.072/1990). O estupro, tentado ou consumado, constitui crime insuscetível de fiança, liberdade provisória, graça, anistia, indulto, regime aberto, etc.

Publique-se. Registre-se. Intime-se. Comunique-se.

Local e data

(a) Dr. Valdeci Mendes de Oliveira
Juiz de Direito

5.4. ACÓRDÃO NA ÍNTEGRA QUE MANTEVE UMA DECISÃO PROFERIDA NOS TERMOS DO ITEM 5.3. RETRO (DESCLASSIFICAÇÃO)

(Obs.: Fui eu mesmo quem proferiu a decisão de 1ª Instância, num caso concreto, quando magistrado na comarca de Quatá, SP).

ACÓRDÃO

Vistos, relatados e discutidos estes autos de Recurso em Sentido Estrito nº 157.971-3/2, da comarca de Quatá, em que é Recorrente "A" e recorrida a Justiça Pública.

ACORDAM, em Primeira Câmara Criminal do Tribunal de Justiça do Estado de São Paulo, por votação unânime, negar provimento ao recurso.

A r. sentença recorrida, nos termos do art. 410 do Código de Processo Penal, desclassificou a infração inicialmente imputada ao recorrente "A" (art. 121, *caput*, c/c o art. 14, II, ambos do CP), "para o crime previsto no art. 213, c/c o art. 14, inciso II, do Código Penal", e determinou as providências constantes daquele dispositivo processual penal.

Sustenta o recorrente, em resumo, estar nula a sentença; no mérito, postula a desclassificação do delito para lesões corporais leves.

Contra-razões nos autos.

O parecer da Douta Procuradoria-Geral de Justiça é pelo improvimento do recurso.

É o relatório.

Na verdade, é recomendável que o Juiz, ao se convencer da existência de crime que não seja da competência do júri, não dê "a qualificação jurídico-penal do fato" (Tourinho Filho) para evitar uma possível alegação de prejulgamento da lide penal. Mas se, eventualmente, o julgador indica o dispositivo penal que, em tese, está incurso o réu, nem por isso estará nula a sentença, visto que a sua conclusão não é definitiva, e sim opinativa, pois que o seu entendimento não obriga o Juiz Singular que receber o processo. Em suma: a classificação não é definitiva, "pois que isso será da alçada do Juiz competente para o processo, ao qual não estará, evidentemente, vedada a faculdade de valer-se do art. 384, do CPP" (*RT* 550/323, *in Teoria e Prática do Júri*, de Adriano Marrey e outros, pág. 477, nº 92). De qualquer maneira, a questão não é pacífica, como se lê do julgado publicado na mesma obra:

"Tanto a acusação quanto a defesa têm o direito de saber por inteiro o resultado do julgamento.... sem receio de prejulgamento ou de extravasamento de competência..." (*RT* 550/322).

Nulidade haveria se o julgador decidisse a causa desde logo, impondo pena ao réu, desprezando as diligências exigidas pelo art. 410, do Código de Processo Penal (*RT* 665/276).

No caso, o d. julgador deu a qualificação legal do fato, a que lhe pareceu adequada, para afirmar a incompetência do Tribunal do Júri.

Efetivamente, como reconhece o recorrente, o crime objeto do presente processo não é contra a vida (tentativa de homicídio).

Mas caberá ao juiz singular competente decidir se a hipótese é de mera lesão corporal leve ou contra os costumes, mesmo porque o réu, ao ser interrogado, na fase policial (na presença de advogado), "confessou que tencionava manter relação sexual com a ofendida" (parecer).

A manutenção da prisão cautelar se justifica, em se tratando de réu preso em flagrante delito, mostrando o paciente ser dotado de periculosidade. "Esse aspecto, muito relevante na espécie, acrescido à circunstância de estar o paciente respondendo na comarca a outros processos... ao fato de não ter família constituída e se tratar de trabalhador rural, atividade que não o fixa no distrito da culpa..." impedem a concessão de qualquer benefício, por ora, ao recorrente (cf. HC nº 152.179-3/1 – impetrado em favor do réu – v. fls. 115/117).

Nega-se provimento ao recurso.

O julgamento teve a participação dos Desembargadores Jarbas Mazzoni (Presidente sem voto), Fortes Barbosa e Gomes de Amorim, com votos vencedores.

São Paulo, 6 de junho de 1994.

Des. Andrade Cavalcanti, Relator.

6. JÚRI – LIBELO ACUSATÓRIO – DESPACHO APÓS O TRÂNSITO EM JULGADO DA SENTENÇA DE PRONÚNCIA

Processo-Crime nº

1. Foi prolatada a sentença de pronúncia e houve o trânsito em julgado.

2. Destarte, dê-se vista dos autos ao representante do Ministério Público para oferecimento do libelo acusatório baseado na pronúncia, e que deve ser feito por artigos (CPP, art. 416).

3. Cumpra-se.

Local e data

(a) Juiz de Direito

DESPACHOS JUDICIAIS E DECISÕES NO JUÍZO CRIMINAL – PROCESSO COMUM OU ORDINÁRIO

7. JÚRI – LIBELO – CONTRARIEDADE DA DEFESA – DESPACHO APÓS O OFERECIMENTO DO LIBELO ACUSATÓRIO

Processo-Crime nº

1. Recebo o libelo acusatório de fls., oferecido contra o acusado (...)..

2. Entregue-se ao acusado, em 3 (três) dias, cópia do libelo, com ou sem rol de testemunhas.

3. Notifique-se o digno defensor para que, no prazo de 5 (cinco) dias, ofereça a peça de contrariedade (CPP, art. 421), podendo arrolar no máximo 5 (cinco) testemunhas para depor em plenário (CPP, art. 421, parágrafo único).

4. Intimem-se.

Local e data

(a) Juiz de Direito

7.1. CONTRARIEDADE AO LIBELO – APRESENTAÇÃO DA PEÇA DE CONTRARIEDADE E DO ROL DE TESTEMUNHAS, PELO DEFENSOR, FORA DO PRAZO LEGAL – DECISÃO DE INDEFERIMENTO

Processo-Crime nº

Vistos, etc.

1. Trata-se de ação penal instaurada contra "A" em razão da prática de homicídio qualificado. Com o curso regular e legal, desenvolveu-se o processo e sobreveio a sentença de pronúncia que transitou em julgado. O acusado, quando preso por ordem da Instância Superior, não quis recorrer (fls.).

2. Oferecido o libelo-crime pelo representante do Ministério Público, o acusado constituiu advogado para sua defesa (fls.).

3. O advogado constituído pelo acusado foi *pessoalmente e por mandado, intimado para oferecer contrariedade ao libelo no prazo de 5 (cinco) dias* (fls.). A intimação do aludido defensor ocorreu no dia 18 de abril de 1995, tendo sido o mandado juntado nos autos na mesma data (fls.). Anote-se que o dia 18 de abril correspondeu a uma terça-feira.

4. Pois bem. O prazo para oferecimento da contrariedade ao libelo e para o oferecimento do rol de testemunhas é de 5 (cinco) dias, tudo consoante dispõe o art. 421 e parágrafo único, do Código de Processo Penal. No caso vertente, o defensor apresentou a peça de contrariedade ao libelo e o rol de testemunhas somente em *25 de abril de 1995, numa outra terça-feira,* tudo conforme se vê do protocolo e petição de fls. dos autos. Neste caso, a petição e o rol de testemunhas foram exibidos *fora do prazo legal de 5 dias, razão pela qual não podem ser admitidos no processo.*

5. Acentue-se que, "no processo-crime, os prazos são peremptórios e não podem ser dilatados pela vontade das partes" (*JTACRESP* 41/154). Os prazos correrão em cartório e serão contínuos e peremptórios. Por outro lado, "A contrariedade ao libelo é mera faculdade processual. Seu não exercício – a ausência – não gera nulidade" (*RT* 543/317 e 427/375). Realmente, tem-se decidido que: "Júri – Pronúncia – Nulidade argüida, ante a não manifestação da defesa na fase do art. 406 do CPP. Preliminar rejeitada, eis que, além de não decisiva, ditas alegações não foram elaboradas, a despeito da intimação regular da defesa constituída. Hipóteses em que não se tratam de "alegações finais", no *sentido estrito,* mas sim de alegações que põem fim ao "juízo de admissibilidade da acusação", ao qual se segue o "juízo da causa". Inocorrência de qualquer prejuízo" (TJSP, 1ª CCrim., Rec.Crim. nº 75.873-3-Santos-SP, Rel. Des. Fortes Barbosa, j. em 7.5.1990, v.u., in Boletim *AASP* nº 1655, pág. 214, de 12 a 18.9.1990).

6. Adite-se que não é lícito o arrolamento extemporâneo ou serôdio de testemunhas. Confira-se: "Escoado o prazo para a contrariedade ao libelo, não é mais lícito à defesa arrolar testemunhas ou solicitar diligências" (*RT* 449/392). Na espécie, o próprio defensor admitiu que exibiu a peça de contrariedade ao libelo e o rol de testemunhas fora do prazo legal e peremptório (fls.). INDEFIRO, pois, a apresentação do rol de testemunhas fora do prazo peremptório segundo as regras do processo penal, bem entendido que, no caso, incorre qualquer prejuízo ao acusado, já que este, na defesa prévia, não arrolou qualquer testemunha (fls.), não recorreu da sentença de pronúncia (fls.), e por quase 8 (oito) anos permaneceu foragido do distrito da culpa, embora com prisão preventiva decretada pela Instância Superior (fls.). Saliento, por último, que pela lei, o Ministério Público também não pode intempestivamente arrolar testemunhas, permitindo o próprio acusador apenas a apresentação do libelo acusatório num prazo excepcional de 48 horas. Mas isso não ocorreu nestes autos.

7. Julgo o processo saneado e preparado. Designo julgamento pelo Eg. Tribunal do Júri Popular para o dia 19 de junho de 1995, às 13h. Intimem-se os jurados e publiquem-se os editais. Igualmente, intimem-se o representante do Ministério Público e o defensor constituído. Intime-se e requisite-se o acusado. Não há testemunhas a serem ouvidas em plenário. Prepare a serventia as formalidades de praxe.

Cumpra-se.
Local e data
(a) Dr. Valdeci Mendes de Oliveira
Juiz de Direito

8. JÚRI – DESIGNAÇÃO DE DATA PARA A SESSÃO DE JULGAMENTO – DESPACHO APÓS O OFERECIMENTO, PELO DEFENSOR, DA PEÇA DE CONTRARIEDADE AO LIBELO

Processo-Crime nº

Vistos, etc.

1. Julgo preparado o processo e determino a inclusão na pauta própria para o julgamento pelo Tribunal do Júri Popular.

2. Observo que as sessões do Tribunal do Júri, nas comarcas do interior do Estado de São Paulo, se realizam no mês de março, junho, setembro e dezembro, tudo consoante prescreve o art. 49 do Código Judiciário do Estado de São Paulo.

3. Intimem-se os jurados, o Ministério Público, o Defensor e o acusado. Notifiquem-se as testemunhas arroladas.

4. Publiquem-se os editais.

Local e data

(a) Juiz de Direito

9. JÚRI – QUESITOS – EXEMPLOS – COMENTÁRIOS

9.1. QUESITOS SOBRE HOMICÍDIO DOLOSO

PODER JUDICIÁRIO
ESTADO DE SÃO PAULO

Processo-Crime nº
Autora: Justiça Pública
Acusado: "A".
Imputação: Art. 121, § 2º, inciso II, do Código Penal

QUESITOS

1. No dia 19 de março de 1987, por volta das 20h, defronte ao imóvel situado na Rua M.F.L., nº 950, em (...), o acusado "A", fazendo uso de um punhal, desferiu um golpe na região toráxica de "B", produzindo neste os ferimentos e lesões descritas no laudo de exame necroscópico de fls. 7?

2. Os ferimentos ou lesões sofridas pela vítima deram causa à sua morte?

3. O acusado agiu em legítima defesa de sua própria pessoa?

Obs: Se os jurados responderem "não", restam prejudicados todos os demais quesitos da legítima defesa (cf. Adriano Marrey, Alberto Silva Franco e Rui Stoco, em Teoria e Prática do Júri, Revista dos Tribunais, 4ª ed., pág. 372, e RT 470/342). É dispensável, inclusive, na hipótese de resposta negativa, a indagação sobre o "excesso culposo". Confira-se: "Negada pelos jurados qualquer conduta de defesa, ficam prejudicados os quesitos referentes ao excesso culposo e a moderação" (STF, HC nº 55.932, DJU 5.5.1978, pág. 2.978, apud Código de Processo Penal Anotado, de Damásio E. de Jesus, Saraiva, 5ª ed., pág. 296, anotações ao art. 484 do CPP).

4. O acusado se defendeu de uma agressão injusta?

5. O acusado se defendeu de uma agressão atual?

Obs: Por agressão atual entenda-se agressão que já estava acontecendo, ou que o acusado já estava sofrendo. Se positiva a resposta dos jurados, fica prejudicado o quesito seguinte sobre a agressão iminente.

6. O acusado se defendeu de uma agressão iminente?

Obs: Aqui, a agressão não estava acontecendo, ou não tinha acontecido, mas estava prestes a acontecer, ia acontecer.

7. O acusado usou moderadamente dos meios necessários para repelir a agressão?

Obs: "É possível englobar num único quesito a indagação sobre os meios necessários à defesa e o uso moderado desses meios, por serem expressões que exprimem o mesmo conceito" (RT 540/291 e 453/349).

8. O acusado excedeu, dolosamente, os limites da legítima defesa?

Obs: Esse quesito não será formulado se os jurados tiverem respondido "não" ao terceiro quesito referente à legítima defesa. Se a resposta ao terceiro quesito, entretanto, for positiva, é obrigatória a formulação do quesito referente ao excesso doloso e culposo, tudo conforme a Lei nº 9.113, de 16 de outubro de 1995, que alterou o inciso III, do art. 484 do Código de Processo Penal. Com a alteração, o aludido artigo ficou com a seguinte redação: "se o réu apresentar, na sua defesa, ou alegar, nos debates, qualquer fato ou circunstância que por lei isente de pena ou exclua o crime, ou o desclassifique, o juiz formulará os quesitos correspondentes imediatamente depois dos relativos ao fato principal, inclusive os relativos ao excesso doloso ou culposo quando reconhecida qualquer excludente de ilicitude".

"Reconhecido o excesso doloso (CP, art. 23, parágrafo único), a legítima defesa deixa de existir e o agente responde pelo homicídio doloso" (RT 409/118, JUTACRIM 41/269). O excesso desfigura a excludente de ilicitude.

9. O acusado excedeu, culposamente, os limites da legítima defesa?

Obs: Repita-se: esse quesito só será formulado se os jurados tiverem respondido "sim" ao terceiro quesito, isto é, se tiverem reconheci-

do a legítima defesa. Se os jurados tiverem respondido "não" a esse quesito, ficam prejudicados os quesitos referentes ao excesso doloso e culposo: "Negada pelos jurados qualquer conduta de defesa, ficam prejudicados os quesitos referentes ao excesso culposo e à moderação" (STF-HC nº 55.932, DJU 5.5.1978, pág. 2.978).

10. O acusado agiu sob o domínio de violenta emoção logo em seguida a injusta provocação da vítima?

Obs: "*Em relação às circunstâncias objetivas, que dizem respeito aos meios ou modos de execução (art. 121, § 2º, incisos III e IV), pode haver concurso com as circunstâncias que autorizam a diminuição de pena (art. 121, § 1º, do CP), as quais deverão prevalecer, pois são preponderantes*". (Heleno Fragoso, Lições de Direito Penal, Parte Especial, pág. 50, Forense, 6ª ed., 1981). *Assim, as circunstâncias objetivas são as previstas no art. 121, § 2º, incisos III e IV. É possível "a violenta emoção, com a qualificadora da surpresa*" (HC nº 3.180-6, 5ª T., j. em 8.2.1995, DJU 6.3.1995, pág. 4.372, Rel. Min. Jesus Costa Lima, in Boletim IBCcrim. maio/1995). E mais: "*Responsabilidade penal – Homicídio – Qualificadora – Privilégio – O Código Penal, como, de resto, o Direito, é unidade. As normas se harmonizam. Secundária a colocação topográfica. Importante, fundamental é definir se há harmonia, ou incompatibilidade. A "violenta emoção, logo em seguida à injusta provocação da vítima" (CP, art. 121, § 1º) – causa especial de diminuição da pena – não é incompatível com o "emprego de recurso que impossibilita a defesa da vítima" (CP, art. 121, § 2º) – qualificadora. Uma não contradiz a outra. A primeira é de natureza subjetiva. A segunda, objetiva. Não se repelem, não se eliminam. Assim, convivem, podem coexistir. Factualmente, admissível o agente, sob "violenta emoção", escolher, na execução, modo de impossibilitar, ou tornar impossível, a reação da vítima*". (STJ, 6ª T., REsp. nº 77.225-MG, Rel. Min. Luiz Vicente Cernicchiaro, j. em 19.12.1995, v.u., in Boletim AASP nº 1984, de 1 a 7.1.1997, pág. 2-e).

Contudo, é incompatível o motivo fútil com o privilégio de violenta emoção (Boletim AASP nº 1775, de 30.12 a 5.1.1993, pág. 515). *Nesse último acórdão ficou registrado que "a qualificadora do motivo fútil pode coexistir com* a atenuante da "influência de violenta emoção" (CP, art. 65, inciso III, *c*), mas o motivo fútil é incompatível com a causa de diminuição de pena consistente "sob o domínio de violenta emoção". (Rel. Min. Assis Toledo, STJ, 5ª T., REsp. nº 21.396-8, j. em 24.6.1992, DJU 5.10.1992, pág. 17.115). *Assim, se os jurados responderem "sim" ao quesito do homicídio privilegiado por violenta emoção, ou cometido em razão de relevante valor moral*, fica prejudicado o quesito da qualificadora de motivo fútil adiante formulado.

11. O acusado cometeu o crime por motivo fútil, consistente em desinteligências anteriores?

Obs.: Esse quesito só será formulado se os jurados tiverem respondido "não" ao quesito do homicídio privilegiado. Pois, se tiverem respondido "sim" ao crime privilegiado por violenta emoção ou cometido em razão de relevante valor moral, fica prejudicado esse quesito do motivo fútil. O motivo fútil é circunstância subjetiva. As circunstâncias objetivas são as do art. 121, § 2º, III e IV, e somente essas podem coexistir com o "privilégio". O motivo fútil está previsto no art. 121, § 2º, II, e, destarte, não é uma circunstância objetiva, e sim subjetiva. É incompatível o motivo fútil com a "violenta emoção".

12. Existe circunstância atenuante?

Obs.: Só se formula o quesito de "circunstâncias agravantes" que estiverem no "libelo" ou forem requeridas em plenário "se não for apontada qualquer circunstância agravante no libelo, nem for requerida em plenário, não se pode formular o quesito de agravantes. Mas, o quesito da atenuante é obrigatório. Primeiramente, deve ser indagado se os jurados acreditam que existem circunstâncias atenuantes. Se os jurados responderem "sim", o juiz deve consultar o Código Penal e escolher uma das circunstâncias mais apropriadas e colocar em votação.

13. O acusado era menor de 21 (vinte e um) anos na data em que cometeu o crime de homicídio?

Local e data

(a) Juiz de Direito

(a) Promotor de Justiça

(a) Defensor do acusado

9.2. QUESITOS SOBRE TENTATIVA DE HOMICÍDIO

QUESITOS

1. No dia 19 de março de 1987, por volta das 20h., defronte ao imóvel situado na Rua M.F.L., nº 950, em (...), o acusado "A", fazendo uso de um punhal, desferiu um golpe na região toráxica de "B", produzindo neste os ferimentos e lesões descritas no laudo de exame de médico de fls. (...).

[Ou, no dia 19 de março de 1987, por volta das 20h., na Rua M.F.L., nº 950, em (...), o acusado "A", mediante emprego de revólver, efetuou disparos contra a vítima "B", que, ao ser atingida pelos projéteis experimentou as lesões corporais descritas no laudo de fls. (...)].

Obs.: Negado o primeiro quesito, o acusado será absolvido por negativa de autoria, ficando encerrada a votação.

2. Da forma como agiu, o acusado "A" deu início à execução de um crime de homicídio, que não se consumou por circunstâncias alheias à sua vontade?

Obs.: Negado o segundo quesito, opera-se a desclassificação própria, passando-se ao juiz singular a competência para julgar a espécie com a liberdade que lhe é peculiar (por exemplo, negada a intenção de matar, poderemos ter o crime de lesões corporais, ou de perigo de vida (CP, art. 132), ou contravenção de vias de fato, etc.). Poderá, inclusive, o juiz singular, absolver o acusado, reconhecendo-se excludentes de antijuridicidade ou culpabilidade, já que não foram estas questões colocadas em debate no Tribunal do Júri. Não poderá o juiz singular, entretanto, absolver o acusado por negativa de *autoria, já que os jurados responderam "sim" ao quesito da autoria e materialidade (1º quesito).* Na hipótese de desclassificação em plenário, o Juiz Presidente do Tribunal do Júri é que proferirá a sentença logo em seguida à votação, tudo conforme os arts. 74, § 3º e 492, § 2º, do Código de Processo Penal. Este último dispõe: "Se for desclassificada a infração para outra atribuída à competência do juiz singular, ao Presidente do Tribunal caberá proferir em seguida a sentença".

Apenas para ilustração, na desclassificação imprópria, os jurados decidem pelo afastamento da competência do júri e ao mesmo tempo reconhecem ou definem um novo crime, por força da tese defensiva. Exemplificando: se o acusado está pronunciado por homicídio doloso consumado, pode a própria defesa alegar em Plenário a hipótese de um homicídio culposo. Nesse caso, torna-se obrigatória a inclusão de um quesito sobre o homicídio culposo. Assim: O acusado, no dia (...), na rua (...), culposamente feriu a vítima "B" (por imprudência, negligência ou imperícia)? O Juiz Presidente do Tribunal do Júri proferirá a sentença conforme a definição criminal dada pelos jurados.

3. Segue-se os quesitos da defesa. Por exemplo: legítima defesa. Assim:

3.1. O acusado agiu em legítima defesa de sua própria pessoa?

Obs.: Se os jurados responderem "não", restam prejudicados todos os demais quesitos da legítima defesa (cf. Adriano Marrey, Alberto Silva Franco e Rui Stoco, em *Teoria e Prática do Júri*, Revista dos Tribunais, 4ª ed., pág. 372, e *RT* 470/342). *É dispensável, inclusive, na hipótese de resposta negativa, a indagação sobre o "excesso culposo".* Confira-se: *"Negada pelos jurados qualquer conduta de defesa, ficam prejudicados os quesitos referentes ao excesso culposo e a moderação"* (STF, HC nº 55.932, *DJU* 5.5.1978, pág. 2.978, apud *Código de Processo Penal Anotado*, de Damásio E. de Jesus, Saraiva, 5ª ed., pág. 296, anotações ao art. 484 do CPP).

3.2. O acusado se defendeu de uma agressão injusta?

3.3. O acusado se defendeu de uma agressão atual?

Obs.: Por agressão atual entenda-se agressão que já estava acontecendo, ou que o acusado já estava sofrendo. Se positiva a resposta dos jurados, fica prejudicado o quesito seguinte sobre a agressão iminente.

3.4. O acusado se defendeu de uma agressão iminente?

Obs.: Aqui, a agressão não estava acontecendo, ou não tinha acontecido, mas estava prestes a acontecer, ia acontecer.

3.5. O acusado usou moderadamente dos meios necessários para repelir a agressão?

Obs.: "É possível englobar num único quesito a indagação sobre os meios necessários à defesa e o uso moderado desses meios, por serem expressões que exprimem o mesmo conceito" (RT 540/291 e 453/349).

3.6. O acusado excedeu, dolosamente, os limites da legítima defesa?

Obs.: Esse quesito não será formulado se os jurados tiverem respondido "não" ao terceiro quesito referente à legítima defesa. Se a resposta a esse quesito, entretanto, for positiva, é obrigatória a formulação do quesito referente ao excesso doloso e culposo, tudo conforme a Lei nº 9.113, de 16.10.1995, que alterou o inciso III, do art. 484 do Código de Processo Penal. Com a alteração, o aludido artigo ficou com a seguinte redação: "se o réu apresentar, na sua defesa, ou alegar, nos debates, qualquer fato ou circunstância que por lei isente de pena ou exclua o crime, ou o desclassifique, o juiz formulará os quesitos correspondentes imediatamente depois dos relativos ao fato principal, inclusive os relativos ao excesso doloso ou culposo quando reconhecida qualquer excludente de ilicitude".

"Reconhecido o excesso doloso (CP, art. 23, parágrafo único), a legítima defesa deixa de existir e o agente responde pelo homicídio doloso consumado ou tentado" (RT 409/118, JUTACRIM 41/269). O excesso desfigura a excludente de ilicitude.

3.7. O acusado excedeu, culposamente, os limites da legítima defesa?

Obs.: Repita-se: esse quesito só será formulado se os jurados tiverem respondido "sim" ao terceiro quesito, isto é, se tiverem reconhecido a legítima defesa. Se os jurados tiverem respondido "não" a esse quesito, ficam prejudicados os quesitos referentes ao excesso doloso e culposo: "Negada pelos jurados qualquer conduta de defesa, ficam prejudicados os quesitos referentes ao excesso culposo e à moderação" (STF, HC nº 55.932, DJU 5.5.1978, pág. 2.978).

3.8. O acusado agiu sob o domínio de violenta emoção logo em seguida a injusta provocação da vítima?

Obs.: "Em relação às circunstâncias objetivas, que dizem respeito aos meios ou modos de execução (art. 121, § 2º, III e IV), pode haver concurso com as circunstâncias que autorizam a diminuição de pena (art. 121, § 1º, do CP), as quais deverão prevalecer, pois são preponderantes" (Heleno Fragoso, Lições de Direito Penal, Parte Especial, pág. 50, Forense, 6ª ed., 1981). Assim, as circunstâncias objetivas são as previstas no art. 121, § 2º, III e IV. É possível "a violenta emoção, com a qualificadora da surpresa" (HC nº 3.180-6, 5ª T.,, j. em 8.2.1995, DJU 6.3.1995, pág. 4.372, Rel. Min. Jesus Costa Lima, in Boletim IBCcrim, maio/1995). Contudo, é incompatível o motivo fútil com o privilégio de violenta emoção (Boletim AASP nº 1775, de 30.12 a 5.1.1993, pág. 515). Nesse último acórdão ficou registrado que "a qualificadora do motivo fútil pode coexistir com a atenuante da "influência de violenta emoção" (CP, art. 65, inciso III, c), mas o motivo fútil é incompatível com a causa de diminuição de pena consistente "sob o domínio de violenta emoção" (Rel. Min. Assis Toledo, STJ, 5ª T., REsp. nº 21.396-8, j. em 24.6.1992, DJU 5.10.1992, pág. 17.115). Assim, se os jurados responderem "sim" ao quesito do homicídio privilegiado por violenta emoção, ou cometido em razão de relevante valor moral, fica prejudicado o quesito da qualificadora de motivo fútil adiante formulado.

3.9. O acusado cometeu o crime por motivo fútil, consistente em desinteligências anteriores?

Obs.: Esse quesito só será formulado se os jurados tiverem respondido "não" ao quesito do homicídio privilegiado. Pois, se tiverem respondido "sim" ao crime privilegiado por violenta emoção ou cometido em razão de relevante valor moral, fica prejudicado esse quesito do motivo fútil. O motivo fútil é circunstância subjetiva. As circunstâncias objetivas são as do art. 121, § 2º, III e IV, e somente essas podem coexistir com o "privilégio". O motivo fútil está previsto no art. 121, § 2º, II, e, destarte, não é uma circunstância objetiva, e sim subjetiva. É incompatível o motivo fútil com a "violenta emoção".

3.10. Existe circunstância atenuante?

Obs.: Só se formula o quesito de "circunstâncias agravantes" que estiverem no "libelo" ou forem requeridas em plenário. "Se não for apontada qualquer circunstância agravante no libelo, nem for requerida em plenário, não se pode formular o quesito de agravantes. Mas, o quesito da atenuante é obrigatório. Primeiramente, deve ser indagado se os jurados acreditam que existem circunstâncias atenuantes. Se os jurados responderem "sim", o juiz deve consultar o Código Penal e escolher uma das circunstâncias mais apropriadas e colocar em votação.

3.11. O acusado era menor de 21 (vinte e um) anos na data em que cometeu o crime de homicídio?

Local e data

(a) Juiz de Direito

(a) Promotor de Justiça

(a) Defensor do acusado

9.3. QUESITOS SOBRE O ESTADO DE NECESSIDADE – (EXCLUDENTE DE ANTIJURIDICIDADE)

Nota: São 6 (seis) os quesitos somente sobre a excludente de antijuridicidade, consistente no estado de necessidade (cf. Hermínio Alberto Marques Porto, em *Júri – Procedimentos e Aspectos do Julgamento* – Questionários, Revista dos Tribunais, 6ª ed., 1990).

QUESITOS

1. No dia 10 de março de 1987, durante uma pescaria no rio "X", o acusado "A", ao perceber que o barco onde estava iria tombar, como de fato tombou, causou a morte de "B" por afogamento ao se apossar dos equipamentos "salva-vidas"?

2. O acusado agiu em defesa de um direito próprio? (ou alheio, e explicar qual o direito. Por exemplo, direito à vida).

3. O acusado agiu em defesa de um direito ameaçado por perigo atual?

4. O acusado agiu desobrigado de dever legal de enfrentar o perigo?

vontade do acusado?
     5. O perigo decorreu de motivo alheio ou estranho à

perigo?
     6. Era impossível ao acusado evitar, de outra forma, o

     7. Nas circunstâncias, é certo afirmar que não se poderia razoavelmente exigir o sacrifício do bem ameaçado?

tado de necessidade?
     8. O acusado excedeu culposamente os limites do es-

Obs. Aníbal Bruno, tratando da excludente de estado de necessidade, aponta os requisitos necessários para sua caracterização: "a) existência de um perigo atual e inevitável para um bem jurídico do agente ou de outrem; b) que esse perigo não tenha sido provocado voluntariamente pelo agente; c) que, nas circunstâncias, não se possa razoavelmente exigir o sacrifício do bem ameaçado" (Direito Penal, Parte Geral, t. I/385, Nacional, 1956). Por outro lado, não pode invocar o estado de necessidade aquele que tem o dever legal de enfrentar o perigo.

9.4. QUESITOS SOBRE AS EXCLUDENTES DO "ESTRITO CUMPRIMENTO DE DEVER LEGAL E EXERCÍCIO REGULAR DE DIREITO"

     Após a indagação do fato principal, segue-se:

A)

ver seu, consistente em (...)?
     1. O acusado agiu no estrito cumprimento de um de-

     2. Esse dever era legal, isto é, emanado de lei?

do dever legal?
     3. O acusado excedeu culposamente no cumprimento

B)

     1. O acusado agiu no exercício de um direito?

     2. Era regular o exercício desse direito?

direito?
     3. O acusado excedeu culposamente no exercício do

9.5. QUESITOS SOBRE COAÇÃO IRRESISTÍVEL E OBEDIÊNCIA HIERÁRQUICA

QUESITOS

     Após a indagação sobre o fato principal, segue-se:

A)

pessoa?
     1. O acusado praticou a conduta impelido por terceira

(moral ou física), consistente em (...)?
     2. O acusado assim agiu porque estava sob coação

3. Essa coação sobre o acusado era irresistível?

B)

1. O acusado praticou a conduta obedecendo a uma ordem emanada de terceira pessoa, seu superior hierárquico?

2. O acusado assim agiu obedecendo ordem não manifestamente ilegal?

3. A ordem recebida foi estritamente obedecida?

9.6. ABORTO – QUESITOS

9.6.1. Quesitos sobre o aborto provocado pela gestante ou com seu consentimento – Hipótese prevista no art. 124 do Código Penal (auto-aborto e/ou aborto consentido)

QUESITOS
(CP, art. 124, primeira parte, auto-aborto):

1. No dia 20 de fevereiro de 1995, a acusada "A" estava grávida? (*Nota*: A prova da existência do estado de gravidez é indispensável para configuração do crime de aborto).

Obs.: Se os jurados responderem "não", inexistiu crime de aborto. Se a resposta ao quesito for afirmativa, seguem-se as indagações.

2. No útero da acusada "A", estava vivo um feto, quando das práticas de atos ou manobras realizadas com propósitos abortivos, em data de 20 de fevereiro de 1995?

Obs.: Se os jurados responderem que "não", isto é, o feto não estava vivo (e sim, morto), tem-se a hipótese de um crime impossível ou putativo, ou tentativa inadequada (Ver, de Hermínio Alberto Marques Porto, *Júri – Procedimento e Aspectos do Julgamento* – questionários", Revista dos Tribunais, 6ª ed., 1990, pág. 281, rodapé). *Se a resposta for afirmativa, segue-se:*

3. No dia 20 de fevereiro de 1995, na Rua das Acácias, nº 10, a acusada "A" provocou aborto em si mesma?

(Ou então: No dia 20 de fevereiro de 1995, na Rua das Acácias, nº 10, a acusada "A" consentiu que terceira pessoa lhe provocasse o aborto?

Nota: Neste último quesito, ainda o que se busca é a punição da gestante. Porém, se houver co-autoria no auto-aborto, ou participação no consentimento da gestante – instigação – (art. 124), sem a contribuição efetiva do terceiro nos atos de execução, formula-se, numa outra série de questionário autônomo para o co-autor, a seguinte indagação:

"No dia 20 de fevereiro de 1995, na Rua das Acácias, nº 10, a acusada "A", querendo, praticou o aborto em si mesma, e foi auxiliada na vontade, ou induzida, ou encorajada por terceira pessoa? Essa terceira pessoa foi o acusado "B", que apenas induziu, instigou ou auxiliou a gestante, sem entretanto participar dos atos executórios? *(Aqui, insisto, temos a hipótese de co-autoria do art. 124 do CP (auto-aborto), e não as hipóteses dos crimes previstos nos arts. 125 e 126).*

Observações sobre o auto-aborto e a co-autoria (CP, art. 124)

"O agente que auxilia ou induz a gestante a praticar aborto em si mesma comete o crime do art. 124 *como co-autor* da ação dela, e não o crime do art. 126 do CP, que é o do executante da ação física". Assim é que: "Quem presta colaboração à mulher que quer abortar, encorajando-a a fazê-lo, comete o crime do art. 124 como *co-autor da ação dela, e não o do art. 126, que é o do executante da ação física"* (RHC nº 50.872, de 29.3.1973, *DJU* 31.8.1973, pág. 6.308, Rel. Min. Aliomar Baleeiro).

Por outro lado, "no Brasil, o Código Penal não incrimina, *como tipo distinto, a "instigação" ao aborto.* Também não incrimina, "separadamente", *o auto-aborto.* E no caso de aborto consentido, não estabelece delito plurissubjetivo necessário, punindo a gestante e o provocador do aborto com a mesma pena. Outro é o critério da lei brasileira. *Excluída a hipótese do aborto não consentido, pune aprovação dele "por terceiro", com o consentimento da gestante,* com reclusão de 1 a 4 anos (ressalvado o tipo qualificado) – (art. 126). Quanto à gestante, o mesmo art. 124 *engloba a punição do auto-aborto e – diferentemente do Direito italiano – "o consentimento" dado para que terceiro o provoque.* Essas condutas são punidas com *detenção de 1 a 3 anos.* Ora, sendo assim, somente poderia ocorrer *co-autoria* nos casos do art. 124 se houvesse "auxílio" no auto-aborto (art. 124, primeira parte) ou participação no "consentimento" da gestante (cuja única forma possível é, parece-me, a instigação, que constitui tipo distinto no Direito italiano). Toda atividade de outrem, *que se não restrinja ao auxílio do auto-aborto ou à instigação ao consentimento não pode, assim, configurar co-autoria nos delitos previstos no art. 124. As demais formas de co-participação na atividade delitiva se inserem, necessariamente, nos tipos dos arts. 125, 126 e 127 do Código Penal.* O indicar o praticante de aborto, pagá-lo, conduzir-lhe a gestante, são formas de co-autoria estranhas ao art. 124; referem-se aos arts. 126-127 do CP" (*RTJ* 79/15, Rel. Min. Rodrigues Alckmin, *apud* Hermínio Alberto Marques Porto, *ob. cit.,* págs. 288 e 289).

4. Seguem-se os quesitos da defesa.

4.1. Hipótese de defesa fundada no aborto necessário. Exemplo:

No dia 20 de fevereiro de 1995, na Rua das Acácias, nº 10, a acusada "A", praticou aborto como único meio de salvar sua própria vida?

Obs.: Damásio E. de Jesus, faz a seguinte anotação: "Existe crime se a gestante provoca em si mesma o aborto terapêutico ou sentimental? Tratando-se de aborto necessário, previsto no art. 128, I, do CP, não há crime, em face da exclusão da antijuridicidade (ela é favorecida pelo estado de necessidade, previsto no CP, art. 24). Se, porém, se trata de caso de aborto sentimental, previsto no art. 128, II, do Código Penal, entendemos que subsiste o de-

DESPACHOS JUDICIAIS E DECISÕES NO JUÍZO CRIMINAL – *PROCESSO COMUM OU ORDINÁRIO* 449

lito, uma vez que essa disposição só permite a provocação do aborto por médico" (Direito Penal, Parte Especial, 2º vol. Saraiva, 16ª ed., 1994, págs. 105 e 106).

4.2. Hipótese de defesa fundada no aborto cuja gravidez decorreu de estupro (o aborto sentimental): "No dia 20 de fevereiro de 1995, na Rua das Acácias, nº 10, a acusada "A" praticou aborto em si mesma porque a gravidez resultou de estupro? (Na hipótese de o aborto ter sido provocado por terceiro, acrescenta-se: *a)* O aborto foi praticado com o consentimento da gestante? ou, *b)* O aborto foi praticado com o consentimento de "B", representante legal da gestante?).

4.3. *Obs.:* Pode haver outras teses defensivas relativamente às excludentes de ilicitude ou culpabilidade.

4.4. Seguem-se os quesitos referentes às agravantes e atenuantes.

9.6.2. Aborto provocado por terceiro, sem consentimento da gestante (Código Penal, art. 125)

QUESITOS

1. No dia 20 de fevereiro de 1995, "A" estava grávida? (A prova da existência do estado de gravidez é indispensável para configuração do crime de aborto).

Obs.: Se os jurados responderem "não", inexistiu crime de aborto. Se positiva a resposta, seguem-se as indagações.

2. No útero de "A", estava vivo um feto, quando das práticas de atos ou manobras realizadas com propósitos abortivos, em data de 20 de fevereiro de 1995? (A prova pericial deve estar nos autos).

Obs.: Se os jurados responderem que "não", isto é, o feto não estava vivo (e sim, morto), tem-se a hipótese de um crime impossível ou putativo, ou tentativa inadequada (Ver obra de Hermínio Alberto Marques Porto, cit., pág. 281, rodapé).

3. No dia 20 de fevereiro de 1995, na Rua das Acácias, nº 10, o acusado "B", provocou, com o emprego de meios abortivos consistentes em (...), o aborto em "A", sem o consentimento desta?

Obs.: Aqui, o quesito é formulado evidentemente de acordo com a sentença de pronúncia. Todavia, pode a defesa insistir, e pretender a desclassificação do crime previsto no art. 125 para o crime previsto no art. 126 (com o consentimento da gestante), e neste caso, dois quesitos devem ser novamente formulados. Assim:

3.1. No dia 20 de fevereiro de 1995, na Rua das Acácias, nº 10, o acusado "B", provocou com o emprego de meios abortivos consistentes em (...), aborto em "A"?

3.2. O aborto foi praticado sem consentimento da gestante?

Obs.: Se os jurados responderem "sim", fica ratificada a resposta inicialmente dada ao quesito nº 3, e, portanto, afastada a desclassificação. Se os jurados, porém, responderem "não", entende-se prejudicada a resposta inicialmente dada ao quesito 3, e, portanto, fica aceita a tese da desclassificação para o crime de aborto com o consentimento da gestante (art. 126).

4. Seguem-se os quesitos da defesa, que podem versar sobre: *a)* aborto necessário (CP, art. 128, I); *b)* aborto decorrente de estupro ou aborto sentimental (CP, art. 128, II); *c)* existência de excludentes de ilicitude ou culpabilidade. Depois dos quesitos da defesa, seguem-se os referentes às causas de aumento de pena (CP, art. 127), circunstâncias agravantes e atenuantes.

9.6.3. Aborto provocado por terceiro, com consentimento da gestante (Código Penal, art. 126)

QUESITOS

1. No dia 20.2.1995, "A" estava grávida? (A prova da existência do estado de gravidez é indispensável para configuração do crime de aborto).

Obs.: Se os jurados responderem "não", inexistiu crime de aborto. Se a resposta for positiva, seguem-se as indagações.

2. No útero de "A", estava vivo um feto, quando das práticas de atos ou manobras realizadas com propósitos abortivos, em data de 20.2.1995? (A prova pericial deve estar nos autos).

Obs.: Se os jurados responderem que "não", isto é, o feto não estava vivo (e sim, morto), tem-se a hipótese de um crime impossível ou putativo, ou tentativa inadequada (Ver obra de Hermínio Alberto Marques Porto, cit., pág. 281, rodapé).

3. No dia 20.2.1995, na Rua das Acácias, nº 10, o acusado "B", com emprego de meios abortivos consistentes em (...)., provocou o aborto em "A", com o consentimento desta?

4. Seguem-se os quesitos da defesa, depois os de causas de aumento de pena (CP, art. 127), e finalmente os quesitos sobre as circunstâncias agravantes e atenuantes.

4.1. Sobre as causas de aumento de pena previstas no art. 127 do Código Penal, e aplicáveis nas hipóteses dos crimes de aborto previstos nos arts. 125 e 126 do mesmo diploma legal, os quesitos podem ser formulados assim:

a) Em razão do aborto ou dos meios empregados para provocá-lo, a gestante "A" sofreu lesão corporal de natureza grave, tudo de conformidade com o laudo de exame médico de fls. dos autos?

b) Em razão do aborto ou dos meios empregados para provocá-lo, a gestante "A" veio a falecer, tudo conforme demonstra o laudo médico de fls.?

9.7. Infanticídio – Quesitos

> **QUESITOS**
>
> **1.** No dia 20 de fevereiro de 1995, na Rua das Acácias, nº 10, a acusada "A", sob a influência do estado puerperal, durante o parto (ou logo após), produziu em seu filho as lesões corporais descritas no laudo médico de fls.?
>
> **2.** Essas lesões demonstradas no laudo médico causaram a morte da vítima?
>
> **3.** *Obs.: Se se tratar de tentativa, após o primeiro quesito, o segundo pode ser formulado assim: "A acusada "A", assim agindo, iniciou a execução de um crime de infanticídio, que não se consumou por circunstâncias alheias à sua vontade?*
>
> **4.** Seguem-se os quesitos referentes à tese da defesa.

10. JURISPRUDÊNCIA E ENUNCIADOS SOBRE O JÚRI

10.1. Conclusões tiradas do 1º Encontro de Juízes do Júri de São Paulo

Realizado em 6 de novembro de 1998, publicadas no *DOE* de 1º.3.1999, pág. 3.

10.1.1. A inclusão de qualificadora na denúncia de crime de homicídio não obsta a concessão de liberdade provisória e nem obriga a prisão, devendo o juiz decidir a respeito em conformidade com o disposto nos arts. 311 e 312 do CPP (v.u.).

10.1.2. Não é possível a inclusão de ofício de qualificadora na sentença de pronúncia (m.v.).

10.1.3. A sentença de pronúncia deve especificar a modalidade de concurso de agentes admitida, se co-autoria ou participação (v.u).

10.1.4. O crime de porte de arma é absorvido pelo crime de homicídio (m.v.).

10.1.5. Ao Juiz compete decidir exclusivamente sobre diligências requeridas em plenário, independente de qualquer consulta (v.u.).

10.1.6. Não é admissível a condução coercitiva de testemunha residente em comarca contígua para prestar depoimento em plenário (v.u.).

10.1.7. O juiz deve agir com rigor durante os debates visando garantir sua vinculação à prova dos autos, o equilíbrio das partes e os limites éticos, podendo para tanto advertir, determinar de ofício anotações em ata, proceder a gravação magnética dos trabalhos e dissolver o conselho de sentença (v.u.).

10.1.8. É admissível a quesitação da tese de inexigibilidade de conduta diversa (m.v.).

10.1.9. É inviável o desaforamento do julgamento para outra unidade da federação na qual encontra-se preso o réu não apresentado para julgamento (m.v.).

10.1.10. É admissível autorização judicial de aborto em hipótese de máformação fetal (m.v.).

10.1.11. É aplicável a transação penal prevista na Lei nº 9.099/1995 nas infrações conexas àquelas de competência do Júri (m.v.).

10.1.12. Desclassificada a infração em plenário, deve se aguardar o trânsito em julgado de tal decisão para a aplicação dos preceitos da Lei nº 9.099/1995 (m.v.).

10.1.13. Não há necessidade de representação da vítima nos termos da Lei nº 9.099/1995 em hipótese de *aberratio ictus* (m.v.).

10.1.14. É cabível a suspensão do processo, nos termos do art. 89 da Lei nº 9.099/1995, aos crimes descritos nos arts. 124 e 125 do Código Penal, bem como ao do art. 122 do Código Penal, quando resultar lesão grave (v.u.).

Capítulo II
Do Processo Penal Sumário

CPP, ARTS. 538 A 540
APLICADO PARA APURAÇÃO E JULGAMENTO DOS CRIMES PUNIDOS COM DETENÇÃO, OS CRIMES CULPOSOS E AS CONTRAVENÇÕES

1. OBSERVAÇÃO

Em muitas hipóteses de crimes com menor potencial lesivo e contravenções, se o acusado for primário, deve-se aplicar o procedimento previsto na Lei nº 9.099/1995 (Juizado Especial Criminal).

2. DESPACHO INICIAL DE RECEBIMENTO DE DENÚNCIA

Prevalece, na hipótese, o mesmo despacho já formulado para o processo de rito ordinário. Recebe-se a denúncia, designa-se o interrogatório do acusado, determina-se sua citação e ordena-se a requisição da folha de antecedentes e certidões de praxe.

3. AUDIÊNCIA DE INSTRUÇÃO, DEBATES E JULGAMENTO NO PROCESSO DE RITO SUMÁRIO – DESPACHO

Processo-Crime nº

                    Vistos, etc.

                    1. Designo audiência de instrução, debates e julgamento para o dia (...) de (...) de (...).

2. Intimem-se o acusado, o seu defensor e o representante do Ministério Público.

3. Notifiquem-se as testemunhas arroladas, observando-se o máximo de 5 (cinco) testemunhas para cada parte (CPP, art. 539 e § 1º). Se tiver que ser expedida carta precatória, fixo o prazo de 50 (cinqüenta) dias para o cumprimento.

4. Na mesma audiência serão realizados os debates orais e proferida a sentença, salvo a hipótese prevista no art. 538, § 3º, do CPP.

5. Cumpra-se.

Local e data

(a) Juiz de Direito

Capítulo III
Dos Processos Criminais Especiais

A) PROCESSO ESPECIAL PARA APURAÇÃO E JULGAMENTO DE CRIMES FALIMENTARES (CPP, ARTS. 503 A 512)

1. NOTA IMPORTANTE

No Estado de São Paulo, pela Lei nº 3.947, de 8.12.1983, o processo criminal por crime falimentar tem curso perante o próprio Juízo da Falência, vale dizer, o processo não é remetido para uma das Varas Criminais (*RT* 596/331, 611/449).

2. CRIMES FALIMENTARES – DENÚNCIA – DESPACHO INICIAL DE RECEBIMENTO

Processo-Crime nº

Vistos, etc.

1. Cuida-se de denúncia por crime falimentar ajuizada contra "A".

2. A denúncia está suficientemente embasada em provas indiciárias e convincentes sobre a autoria e materialidade do crime falimentar. Também está instruída e acompanhada de peças obrigatórias, como relatórios do síndico e sentença declaratória da falência (CPP, arts. 505 e 507). Há falência decretada, que constitui um pressuposto indeclinável para a ação penal.

3. Recebo a denúncia e determino o prosseguimento da ação penal pelo rito ordinário (CPP, 512). Designo interrogatório para o dia (...) de (...) de (...). Cite-se e notifique-se o denunciado, ciente que poderá oferecer defesa prévia em 3 (três) dias após o interrogatório (CPP, arts. 394 e 395). Funcionará nos autos o Curador de Massas Falidas.

4. Após a instrução, observar-se-á o disposto nos arts. 499 e 500 do CPP.

5. Ciência ao Ministério Público.

6. Intimem-se.

Local e data

(a) Juiz de Direito

B) DO PROCESSO CRIMINAL PARA APURAÇÃO E JULGAMENTO DOS CRIMES DE RESPONSABILIDADE DOS FUNCIONÁRIOS PÚBLICOS (CPP, ARTS. 513 A 518)

1. NOTA IMPORTANTE

A expressão "crime de responsabilidade dos funcionários públicos" deve ser encarada no sentido comum, isto é, crimes *comuns* cometidos por funcionários públicos no exercício da função. E esses crimes estão previstos *nos arts. 312 a 326 do Código Penal*. Anota Paulo Lúcio Nogueira que, "atualmente, com a Lei nº 6.416, de 24 de maio de 1977, que estende a fiança e o *sursis* a todos os crimes punidos com reclusão de até dois anos, todos os crimes ditos funcionais são afiançáveis" (*Curso Completo de Processo Penal*, Saraiva, 1995, pág. 332). Em suma, a expressão "crime de responsabilidade" não pode, aqui, ser tomada em sentido amplo, abrangendo os crimes praticados pelo Presidente da República, Ministros, Governadores e Secretários, cujo julgamento cabe ao Congresso Nacional (exemplo, Lei nº 1.079/1950), ou crime de responsabilidade dos Prefeitos (Decreto-Lei nº 201, 27.2.1967).

2. PROCESSO JUDICIAL CONTRA FUNCIONÁRIO PÚBLICO – DESPACHO INICIAL QUE ANTECEDE O RECEBIMENTO DA DENÚNCIA

Processo-Crime nº

Vistos, etc.

1. Cuida-se de denúncia oferecida contra o funcionário público "A". Determino a Autuação.

2. Antes do recebimento da denúncia, nos termos do art. 514 do Código de Processo Penal, ordeno a notificação do acusado para responder por escrito à acusação, no prazo de 15 (quinze) dias, podendo juntar documentos. Se não for conhecida a residência do acusado, ou se este se achar fora da jurisdição, ser-lhe-á nomeado defensor, para apresentar a resposta preliminar (CPP, art. 514, parágrafo único).

3. Com a juntada da resposta preliminar, ou decorrido o prazo sem a apresentação da referida defesa, que venham os autos conclusos para recebimento ou rejeição da denúncia (CPP, art. 516). Se houver recebimento, o processo prosseguirá com o rito ordinário, *seja o crime apenado com reclusão ou detenção,* designando-se data para interrogatório do acusado e instrução processual (CPP, arts. 517, 394, 395, 499 e 500).

4. Intimem-se.

Local e data

(a) Juiz de Direito

3. FUNCIONÁRIO PÚBLICO – DENÚNCIA – RECEBIMENTO

Processo-Crime nº

Vistos, etc.

1. Trata-se de denúncia por crime perpetrado por funcionário público.

2. Devidamente notificado, o acusado apresentou resposta preliminar, consoante o art. 514 do CPP (*... ou deixou de apresentar a defesa inicial*). Examinando a referida defesa inicial e os documentos, não estou totalmente convencido, por ora, da inexistência do crime ou da falta de justa causa para a ação penal. Não é o caso de se rejeitar a denúncia (CPP, art. 516).

3. Recebo a denúncia contra "A". Designo interrogatório para o dia (...) de (...) de (...). Cite-se e notifique-se o acusado, ciente que poderá oferecer defesa prévia em 3 (três) dias após o interrogatório (CPP, arts. 517, 394 e 395). Na instrução processual, seja o crime apenado com reclusão ou detenção, observar-se-á o disposto nos arts. 499 e 500 do CPP.

4. Intimem-se.

Local e data

(a) Juiz de Direito

C) PROCESSO ESPECIAL PARA APURAÇÃO E JULGAMENTO DOS CRIMES DE CALÚNIA, DIFAMAÇÃO E INJÚRIA (CPP, ARTS. 519 A 523)

1. DESPACHO INICIAL ANTES DE RECEBER A QUEIXA-CRIME – AUDIÊNCIA DE CONCILIAÇÃO – PROCEDIMENTO POSTERIOR

Processo-Crime nº

Vistos, etc.

1. Cuida-se de queixa privada por crime contra a honra (CP, art. 139, difamação), com procedimento especial traçado nos arts. 519 a 523 do Código de Processo Penal *(abrangente para os crimes de calúnia, difamação e injúria, consoante se vê da Exposição de Motivos do Código de Processo Penal)*. É mister, antes do recebimento da queixa, a designação de audiência de conciliação nos termos do art. 520 do Código de Processo Penal. Ouvidos o querelante e o querelado, obtendo-se a reconciliação, *lavrar-se-á o termo de desistência assinado pelo querelante,* arquivando-se a queixa (Código de Processo Penal, art. 522). A *desistência* na audiência de conciliação, é uma causa extintiva da punibilidade, embora não mencionada no art. 107 do Código Penal, cuja enumeração não é taxativa (Julio Fabbrini Mirabete, em *Código de Processo Penal Anotado*, Atlas, pág. 599, art. 522).

2. O não comparecimento do querelante na audiência acarreta a peremção da ação (CPP, art. 60, III, e *RT* 597/324 e 646/323). Na hipótese, declara-se perempta a ação penal, com a conseqüente extinção da punibilidade (CP, art. 107, IV), arquivando-se o feito. Comparecendo as partes e não obtida a conciliação, será a queixa-crime recebida e desde logo será designada a audiência para interrogatório do querelado, prosseguindo-se o processo *pelo rito comum (Código de Processo Penal, arts. 394 a 405 e 498 a 502), ainda que o crime seja apenado com detenção (art. 519).* Assim, encerrada a oitiva das testemunhas, observar-se-á o disposto nos arts. 499 e 500 do Código de Processo Penal.

3. É admissível a retratação do agente como causa de extinção da punibilidade, antes da sentença (Código Penal, art. 107, VI), mas tão-somente para a calúnia e a difamação (Código Penal, art. 143). Não cabe a retratação na injúria. A retratação independe da aceitação do querelante. Retratar-se é desdizer-se, retirar o que se disse, é declarar que errou. Trata-se de causa extintiva da punibilidade (Código Penal, art. 143, e 107, VI).

4. Assim exposto, designo audiência de conciliação para o dia (...) de (...) de (...). Notifiquem-se o querelante e o querelado para comparecimento. Ciência aos defensores e ao Ministério Público.

5. Intimem-se.

Local e data

(a) Juiz de Direito

2. CALÚNIA, DIFAMAÇÃO E INJÚRIA – HIPÓTESE DE PEDIDO JUDICIAL DE EXPLICAÇÕES SOBRE OFENSAS CONTRA A HONRA (CP, ART. 144) – DESPACHO INICIAL

Processo nº

Vistos, etc.

1. Cuida-se de pedido de explicações em juízo, formulado por quem se julga ofendido em sua honra, por referências, alusões ou frases descritas na petição inicial (CP, art. 144). Defiro o pedido.

2. Aquele que se recusar a dar as explicações, ou, a critério do juiz, não as dá satisfatórias, responderá pela ofensa (*por exemplo, calúnia, difamação ou injúria*).

3. Assim sendo, torna-se necessária a designação de audiência para colher as explicações. Designo a data de (...) de (...) de (...), às (...) horas. Intime-se o requerido para comparecimento e para dar as explicações solicitadas. Serão tomadas por termo as declarações e explicações prestadas. Igualmente, intime-se o requerente para, querendo, assistir a audiência, sem manifestação de qualquer ordem.

4. Colhidas as explicações por termo nos autos, ou se o requerido não comparecer, ou, comparecendo, se recusar a dar as explicações, os autos serão entregues ao requerente após decorridas 48 (quarenta e oito) horas, independentemente de traslado, e sem qualquer decisão ou consideração sobre o mérito. No prazo de 48 horas poderá o requerido pedir certidões ou traslados.

5. Cumpra-se.

Local e data

(a) Juiz de Direito

D) PROCESSO ESPECIAL POR CRIME CONTRA A PROPRIEDADE IMATERIAL (CPP, ARTS. 524 a 530)

1. NOTA IMPORTANTE

Os crimes contra a propriedade imaterial estão previstos nos arts. 184 a 186 do Código Penal. A Lei nº 9.279, de 14.5.1996, definiu, em seus arts. 183 a 195 outros tipos penais e, em seu art. 244, revogou os arts. 187 a 196 do Código Penal, os arts. 169 a 189 do Código da Propriedade Industrial (Decreto-Lei nº 7.903, de 27.8.1945) e a Lei nº 5.772, de 21.12.1971.

Anote-se ainda que, a Lei nº 10.695, de 1º de julho de 2003, alterou e acrescentou parágrafo ao art. 184 do Código Penal e deu nova redação ao art. 186 do mesmo diploma legal, revogando-se ainda o art. 185 e acrescentando-se os arts. 530-A, 530-B, 530-C, 530-D, 530-E, 530-F, 530-G, 530-H e 530-I no Código de Processo Penal. Acentue-se que, em determinadas hipóteses do art. 184 do Código Penal, já com a nova redação dada pela Lei nº 10.695/2003, a apreensão dos bens ilicitamente produzidos ou reproduzidos será procedida pela própria autoridade policial, que lavrará um termo de apreensão com assinaturas de 2 (duas) ou mais testemunhas, fazendo-se em seguida, a perícia sobre os referidos bens apreendidos, por perito oficial, ou, na falta deste, por pessoa tecnicamente habilitada. O Laudo deverá integrar o inquérito policial ou o processo (CPP, art. 530-D).

2. DESPACHO INICIAL NO PEDIDO PRÉVIO DE BUSCA E APREENSÃO PARA APURAÇÃO DE CRIME CONTRA A PROPRIEDADE IMATERIAL

Processo-Crime nº

Vistos, etc.

1. Cuida-se de prévio pedido de Busca e Apreensão de objeto, para embasar futura ação penal. Deve o pedido ser Autuado pelo Cartório Criminal. Realmente, para oferecimento da queixa ou denúncia por crime contra a propriedade imaterial, e tratando-se de delito do tipo que deixa vestígios, é indispensável a busca e o prévio exame pericial dos objetos que constituam o corpo de delito (CPP, art. 525). A apreensão fica a critério dos peritos abaixo nomeados, ressalvadas as hipóteses do art. 184 do Código Penal e arts. 530-B e 530-I do Código de Processo Penal, com redação dada pela Lei nº 10.695, de 1º de julho de 2003, em que a apreensão poderá ser feita pela própria autoridade policial com termo assinado por duas testemunhas, realizando-se em seguida a perícia conforme art. 530-D do CPP. A queixa ou denúncia não pode ser recebida sem o prévio exame pericial.

2. Destarte, nos termos do art. 527 do CPP, nomeio 2 (dois) peritos para procederem à busca e apreensão e a respectiva perícia, os Srs. "A" e "B". Tome-se por termo o compromisso. Os mesmos peritos apresentarão laudo em 3 (três) dias.

3. Encerradas as diligências, os autos devem vir conclusos para homologação do laudo, se for aceito o trabalho pericial. Caso contrário, será determinado novo exame pericial. Contudo, homologado seja o laudo pericial, os autos ficarão em cartório aguardando o início da ação penal. Se for caso de oferecimento de queixa, conta-se o prazo de 30 (trinta) dias para oferecê-la da data da intimação da parte sobre a decisão de homologação judicial do laudo (CPP, art. 529). Se o crime for de ação pública, será dada "vista" dos autos ao Ministério Público (CPP, art. 529, parágrafo único).

4. Tratando-se de hipótese de crime que não deixa vestígios, o prazo decadencial para a queixa é de 6 (seis) meses contado da data do conhecimento da autoria do fato danoso, ou da contrafação (*RT* 569/411).

5. Intimem-se os peritos, e tome-se o compromisso por termo. Proceda-se à busca e apreensão, com perícia.

6. Local e data

(a) Juiz de Direito

3. CRIME CONTRA A PROPRIEDADE IMATERIAL – RECEBIMENTO DA DENÚNCIA OU QUEIXA

Processo-Crime nº

Vistos, etc.

1. Trata-se de queixa (*ou denúncia*) por crime contra a propriedade imaterial, com vestígios.

2. Foi realizada prévia perícia com busca e apreensão do objeto.

3. Recebo a queixa (*ou denúncia*), determinando-se o rito ordinário ou comum para prosseguimento da ação penal, tudo conforme o art. 524 do CPP. Designo interrogatório para o dia (...) de (...) de (...).. Cite-se e notifique-se o acusado, ciente que poderá oferecer defesa prévia em 3 (três) dias após o interrogatório. Após instrução processual, observar-se-á o disposto nos arts. 499 e 500 do CPP.

4. Intimem-se. Ciência ao Ministério Público.

5. Local e data

(a) Juiz de Direito

E) O PROCESSO ESPECIAL DE RESTAURAÇÃO DE AUTOS EXTRAVIADOS OU DESTRUÍDOS (CPP, ARTS. 541 A 548)

1. RESTAURAÇÃO DE AUTOS – DESPACHO INICIAL

Processo-Crime nº

Vistos, etc.

1. Trata-se de informação ou representação do Escrivão sobre o extravio ou desaparecimento dos autos do processo-crime nº (...), instaurado contra "A" e "B". No caso, torna-se necessária a renovação ou restauração dos autos originais, processando-se esta em 1ª Instância, ainda que o extravio tenha ocorrido em 2ª Instância (CPP, art. 541, § 3º). Se já existe sentença condenatória e o réu está preso, deve este aguardar na prisão a restauração dos autos originais (CPP, art. 548 e *RT* 473/384).

2. Considerando as peculiaridades do caso, determino o seguinte:

a) que o Escrivão diligencie no recinto do cartório e promova a juntada de certidões e cópias autênticas das peças do processo extraviado ou destruído, disponíveis obviamente na repartição, ou até mesmo com as partes;

b) certifique o Escrivão o que for de sua lembrança;

c) requisitem-se cópias do que constar sobre o processo original, nas Repartições Públicas em geral, como Instituto Médico-Legal, Instituto de Identificação e Estatística, Penitenciárias e Cadeias, etc.;

d) citem-se as partes (o Representante do Ministério Público, o Acusado e o Defensor), pessoalmente, para o processo de restauração dos autos, solicitando-se cópias de peças do processo original que tiverem disponíveis. Se não for encontrado o acusado e/ou seu defensor, cite-se por edital, com o prazo de 10 (dez) dias, para o processo de restauração dos autos (CPP, art. 541, § 2º, *c*).

3. Oportunamente será designada audiência, nos termos do art. 542 do CPP, ouvindo-se as partes sobre os pontos que estiverem acordes, bem como sobre a exibição e conferência de documentos e certidões. Lavrar-se-á termo circunstanciado.

4. No final, será prolatada sentença estatuindo que os presentes autos valem pelos originais (CPP, art. 547). Se, no curso dos autos da restauração, aparecerem os autos originais, nestes continuará a ação penal, apensando-se naqueles (CPP, art. 547, parágrafo único).

5. Intimem-se.

Local e data

(a) Juiz de Direito

Capítulo IV
Hipóteses Procedimentais Peculiares

1. ABORTO – AUTORIZAÇÃO PARA ABORTO – DESPACHO INICIAL

Processo-Crime nº

Vistos, etc.

1. Em tema de aborto, o nosso Código Penal só permitiu 2 (duas) formas consideradas de "abortos legais", ou seja: *a)* o aborto terapêutico ou necessário, previsto no art. 128, I, para a hipótese em que há perigo concreto para a vida da própria gestante; e *b)* o aborto sentimental ou humanitário, da estuprada ou da vítima do atentado violento ao pudor, evidentemente quando a gravidez resultou de estupro ou do atentado, sendo essa modalidade abortiva prevista no art. 128, II, do Código Penal. Os dois incisos do aludido art. 128 contêm causas de *exclusão da antijuridicidade.* Nas hipóteses, não há crime.

2. Como *terceira espécie,* o aborto eugenésico ou eugênico, isto é, aquele que se compreende quando há sério e grave perigo de vida para o nascituro (deformidades graves na criatura ou possibilidade da criança nascer com taras hereditárias), não é expressamente admitido pela Lei Penal. Contudo, nessa hipótese, está em evolução o pensamento jurídico para, em determinados casos, enquadrar o *aborto eugenésico como aborto necessário* (CP, art. 128, I). Com efeito, ensina o magistrado Geraldo Francisco Pinheiro Franco, em matéria publicada no Boletim *IBCCrim*, ano 1, nº 11, de dez/1993, que se a lei penal permite o aborto necessário ou terapêutico, quando em perigo a vida da mãe, *independentemente das condições de saúde do feto,* e se a mesma lei tolera o aborto sentimental (da estuprada), *também independentemente das condições do feto,* razoável admitir-se o aborto quando se verificar também a *impossibilidade de vida autônoma do feto, como no caso da "acrania"*

(ausência de crânio), "acefalia" (ausência de cérebro) ou anomalias seríssimas e assemelhadas, tudo previamente constatado por uma equipe de médicos.

3. Pois bem. O que se pergunta é o seguinte: para realizar o aborto legal é necessária autorização judicial? O Código Penal, no art. 128, não exigiu qualquer autorização judicial. Especificamente sobre o *aborto sentimental ou humanitário,* ensina Damásio E. de Jesus, que: "O médico deve valer-se dos meios à sua disposição para a comprovação do estupro ou atentado violento ao pudor (inquérito policial, processo criminal, peças de informações (não é necessária sentença criminal), etc.). Inexistindo esses meios, ele mesmo deve procurar certificar-se da ocorrência do delito sexual. *Não é exigida autorização judicial pela norma não incriminadora.* Tratando-se de dispositivo que favorece o médico, deve ser interpretado restritivamente. Como o tipo não faz qualquer exigência, as condições da prática abortiva não podem ser alargadas. O consentimento da gestante ou de seu representante legal só é exigível no aborto sentimental. Tratando-se de aborto necessário, previsto no nº I, é perfeitamente dispensável (grifos nossos, *Direito Penal,* Saraiva, 1994, 16ª ed., vol. 2, pág. 109).

4. No mesmo sentido escreveu o magistrado Wanderley José Frederighi, em matéria publicada no jornal *O Estado de S. Paulo,* de 30.3.1986, pág. 40, assim: "Em suma, pode-se dizer que inexistem fundamentos legais para o pedido de autorização de aborto humanitário ou sentimental. *Existe, a nosso ver, entretanto, uma única exceção: no caso da gestante ser menor de idade e os seus genitores ou responsáveis estarem se opondo à realização do aborto (desejado pela gestante) por motivo fútil, torpe ou criminoso. Nesse caso, o juiz seria chamado a atuar, eis que haveria necessidade de suprimento de autorização. À menor estaria sendo negado um direito que é legitimamente seu, por ato mesquinho daqueles que deveriam defendê-la. Não se trata de conceder uma simples chancela de legitimidade a um ato, mas de determinar a realização do mesmo, contra aqueles que a ele injustamente se opõem. Este é o único caso em que, a nosso ver, é cabível a autorização judicial para a prática do aborto sentimental. Nos demais casos, ao menos até que se mude a lei penal, a referida autorização deverá ser sempre negada"* (grifos nossos). O mesmo magistrado citou e lembrou Nelson Hungria, que sugere obtenha o médico por escrito, da gestante ou de seu representante legal, a permissão para a prática do aborto, valendo-se, inclusive, da subscrição de testemunhas no instrumento de autorização.

5. Malgrado a existência de abalizadas opiniões dos mestres, entendo que, o Juiz, quando instado pela parte interessada e sofredora para resolver um conflito ou chancelar um interesse privado onde viceja a insegurança, não pode ficar indiferente à solução do problema, nem pode se' eximir alegando lacuna na legislação. Se a lei penal não exigiu autorização judicial para o aborto, também não a vedou. Pode o Juiz, portanto, após prévia determinação e realização de perícia médica, ou audiência de justificação prévia dos fatos, com oitiva de profissional habilitado como autoriza – por analogia – *o art. 421, § 2º, do CPC,* emitir autorização judicial para segurança das pessoas envolvidas num delicado drama da vida real e social. Ou então, com base no art. 427 do CPC, pode mesmo o Juiz dispensar a prova pericial se o pedido da parte interessada vier instruído com documentos e laudos idôneos. Por outro lado, quanto ao procedimento cautelar, tem-se entendido que:

"Ação cautelar penal – Inexistência de procedimento específico no Código de Processo Penal – Aplicabilidade das normas estabelecidas na legislação civil. O Código de Processo Penal não possui uma parte em que cuida do processo cautelar, de forma específica, referindo-se, em algumas passagens, à possibilidade de concessões de medidas com caráter acautelatório, mas não traça a forma procedimental quanto à existência de um feito autônomo. Destarte, ainda que se trate de "ação cautelar penal", o procedimento a ser seguido deve orientar-se pelas normas estabelecidas na legislação civil" (TJMG, 1ª C. Crim, Ap. nº 22.835/3-MG, Rel. Des. Sérgio Rezende, j. em 16.5.1995, v.u., *in Boletim AASP* nº 1970, de 25.9 a 1.10.1996, pág. 77-e).

6. No caso vertente, impõe-se a oitiva de profissional habilitado. Assim sendo, nomeio perito-médico para examinar (...) (nome da mulher), o Dr. (...), independentemente de compromisso (por analogia, CPC, art. 422). Laudo em 5 (cinco) dias. *Ou então,*

6.1. Para ouvir os interessados, testemunhas e o perito-médico Dr. (...), neste ato nomeado, designo o dia (...) de (...) de (...) de (...).

Intime-os.

Ciência ao Ministério Público.

7. Local e data

(a) Juiz de Direito

2. CREMAÇÃO DE CADÁVER – (HIPÓTESE DE MORTE VIOLENTA) – DESPACHO

Processo da Corregedoria Permanente nº

Vistos, etc.

1. O pedido de cremação de cadáver, *no caso de morte violenta,* está disciplinado nas Normas de Serviço da Eg. Corregedoria-Geral de Justiça do Estado de São Paulo (Provimento 50/89), no Capítulo V, Seção X, Subseção II (Dos Ofícios de Justiça Criminal, do Júri, das Execuções Criminais e da Corregedoria dos Presídios e da Polícia Judiciária, itens 186 a 192).

2. Para a autorização de cremação de cadáver, *no caso de morte violenta,* são imprescindíveis:

a) que o falecido tenha manifestado, em vida, a vontade de ser incinerado (itens 186 e 188 das Normas da Eg. CGJ do Estado de São Paulo);

b) nos casos urgentes, em que o pedido for formulado perante a autoridade policial, deve existir o parecer escrito da referida autoridade policial sobre a conveniência ou não da liberação do corpo, caso em que, lavrado o parecer, será o feito remetido ao Juiz Corregedor;

c) que o pedido seja instruído com o documento original pelo qual, o falecido, em vida, manifestou a vontade ser cremado;

d) que o pedido venha acompanhado do Boletim de Ocorrência Policial;

e) que o pedido venha instruído com o laudo médico-legal ou declaração dos médicos legistas no sentido da liberação do corpo para cremação.

3. A manifestação de vontade do menor, absoluta ou relativamente incapaz, ou do interdito, poderá ser expressa por seu representante legal, ou curador.

4. A urgência da providência de cremação deverá decorrer:

a) do interesse da família na remoção do corpo;

b) ou da impossibilidade da conservação do cadáver, comprovada por documento médico-legal;

c) ou, ainda, de imperativo da saúde pública, comprovado com documento emitido por médico credenciado.

5. Não se convencendo da urgência ou da conveniência da liberação imediata do corpo, o juiz ordenará o retorno do pedido de autorização à polícia, sem prejuízo de posterior apreciação do mesmo, antes da distribuição do inquérito policial. Após a distribuição do inquérito, a matéria será decidida pelo Juiz da Vara a quem competir a apreciação e julgamento do feito criminal.

6. Os pedidos de autorização para cremação de cadáver, após a efetivação da medida ou *indeferimento,* deverão ser apensados nos autos *do inquérito policial, ou do processo-crime, se já instaurado* (item 192).

7. No caso vertente, os requisitos acima citados foram preenchidos, razão pela defiro o pedido de cremação. Expeça-se ordem autorizativa (*ou então: "Pelos documentos juntados, não vislumbro urgência nem a conveniência da imediata liberação do corpo. Determino o retorno do pedido à Polícia, sem prejuízo de posterior apreciação do mesmo, antes da distribuição do inquérito."*).

8. Oportunamente, sejam os autos apensados no inquérito policial ou no processo-crime.

Cumpra-se.

Local e data

(a) Juiz de Direito

3. ELEITORAL – CRIMES ELEITORAIS – PROCEDIMENTO

Nota: As infrações penais definidas no Código Eleitoral são de ação pública (Código Eleitoral, art. 355).

3.1. DESPACHO INICIAL DE RECEBIMENTO DA DENÚNCIA

Processo-Crime nº

Vistos, etc.

1. Trata-se de denúncia por crime eleitoral (CE, art. 357).

2. Não vislumbro, por ora, as hipóteses de rejeição liminar da denúncia, conforme o art. 358 do Código Eleitoral.

3. Assim sendo, recebo a denúncia e determino a citação do infrator para que, no prazo de 10 (dez) dias, conteste a acusação, podendo juntar documentos e arrolar as testemunhas que tiver (CE, art. 359). Não há exigência de interrogatório do infrator. Se, citado, o acusado não apresentar defesa, será feita a nomeação de defensor dativo (arts. 5º da CF, 162 do CPP, e 364 do CE).

4. Após a contestação ou defesa preliminar, será designada audiência de instrução para inquirição das testemunhas de acusação e de defesa. Ouvidas as testemunhas, e praticadas as diligências requeridas pelas partes, abrir-se-á o prazo de 5 (cinco) dias a cada uma das partes, para as alegações finais (CE, art. 360). Depois, seja feita a conclusão para a sentença final.

5. Das decisões finais de condenação ou absolvição cabe recurso para o Tribunal Regional Eleitoral, a ser interposto no prazo de 10 (dez) dias (CE, art. 362).

6. Cumpra-se.

Local e data

(a) Juiz de Direito

4. HABEAS CORPUS

O *habeas corpus* pode ser concedido "de ofício" (CPP, art. 654, § 2º), certo que, também se admite o "*habeas corpus* preventivo" com expedição de licença ou salvo-conduto (CPP, art. 660, § 4º). Acentue-se que é admissível a concessão de medida liminar (CPP, art. 660, § 2º). A propósito do tema, a Súmula nº 109 das "Mesas de Processo Penal", publicada no *Boletim AASP,* Supl. nº 1428, de 30.4.1986, pág. 2, assim dispõe: "*A concessão de medida liminar em* habeas corpus*, construída pretorianamente, tem o mesmo caráter de medida cautelar atribuída à liminar em* *mandado de segurança"*. E depois, a Súmula nº 108, com a seguinte dicção: *"A requisição de informações à autoridade coatora em sede de* habeas corpus, *embora facultativa, é sempre recomendável para que a autoridade coatora possa exercer o seu direito-dever de demonstrar a legalidade do ato"*.

Igualmente, tem-se admitido, inclusive, com fundamento no art. 648, inciso I, do CPP, que prevê a hipótese da coação ilegal por falta de justa causa, o *habeas corpus* para trancar inquérito policial ou ação penal logo no seu início, porque o *status dignitatis* da pessoa está inserido no direito de locomoção, evidentemente sem constrangimentos ou vergonha. A Súmula nº 103 das "Mesas de Processo Penal", publicada no *Boletim AASP* nº 1428, de 30.4.1986, pág. 1, dispõe: *"No* habeas corpus *visando ao trancamento de inquérito policial, competente será o juiz de primeiro grau, a menos que a ele se possa atribuir a ameaça ou constrangimento ilegal à liberdade de locomoção"*.

Na jurisprudência já se decidiu que:

"Lesão corporal – Acidente de trânsito – Princípio da insignificância. Acidente – Lesão corporal – Inexpressividade da lesão – Princípio da insignificância – Crime não configurado. *Habeas corpus* deferido para trancar ação penal." (STF, Rel. Min. Aldir Passarinho, j. em 6.12.1988, publicado no *DJU* 28.4.1989, pág. 6.295, *in Rep. IOB de Jurisp.* nº 11/89, 1ª quinz/jun/89, indicativo nº 3/2738).

Por fim, tem-se admitido o *habeas corpus* até mesmo contra particular. Confira-se a Súmula nº 101 das "Mesas de Processo Penal", *in Boletim AASP* nº 1428, de 30.4.1986, pág. 1, com o seguinte teor: "O órgão jurisdicional competente para o processo de *habeas corpus* impetrado contra ato de particular ou de autoridade não judiciária será o do lugar em que ocorrer a coação, violência ou ameaça, aplicando-se, subsidiariamente, as demais regras de competência fixadas pelo CPP" (arts. 70 e segs.).

4.1. DESPACHO INICIAL EM *HABEAS CORPUS*

Processo nº

Vistos, etc.

1. Cuida-se de pedido de *Habeas Corpus* ajuizado por "A", visando a cessação de violência ou coação ilegal, tudo nos termos do art. 647 do Código de Processo Penal.

2. Nos termos do art. 648 do aludido CPP, "a coação considerar-se-á ilegal: I – quando não houver justa causa; II – quando alguém estiver preso por mais tempo do que determina a lei; III – quando quem ordenar a coação não tiver competência para fazê-lo; IV – quando houver cessado o motivo que autorizou a coação; V – quando não for alguém admitido a prestar fiança, nos casos em que a lei autoriza; VI – quando o processo for manifestamente nulo; VII – quando extinta a punibilidade".

Por outro lado, a petição do *habeas corpus* deve preencher os requisitos previstos no art. 654 do CPP.

3. No caso vertente, a alegação do postulante se enquadra na hipótese do inciso (...) do citado art. 648 do CPP.

4. Fixados os princípios jurídicos, estando a petição inicial satisfatoriamente instruída com documentos que evidenciam a ilegalidade da coação (Código de Processo Penal, art. 660, § 2º), mormente os de fls., defiro liminarmente a ordem de *habeas corpus* e determino (conforme a hipótese): *a)* a soltura do paciente imediatamente, expedindo-se o Alvará; *b)* ou o pagamento de fiança que arbitro em R$ (...); *c)* ou a nulidade do processo e a sua renovação a partir da citação (Código de Processo Penal, art. 652); *d)* ou a extinção da punibilidade como alegado pelo impetrante. *Apenas para constar dos autos, requisite-se as informações da autoridade coatora, dizendo o representante do Ministério Público.*

4.1. (*Se os documentos não evidenciarem de plano a ilegalidade, o comando judicial será: "Requisite-se da autoridade coatora as informações escritas no prazo de 48 horas. Após, manifeste o representante do Ministério Público, no mesmo prazo. Em seguida, conclusos...."*).

5. Intimem-se. Cumpra-se.

Local e data

(a) Juiz de Direito

4.2. HABEAS CORPUS – JURISPRUDÊNCIA

4.2.1. "*HABEAS CORPUS* PREVENTIVO – Receio de constrangimento ilegal. Ainda que pareça *vão o receio do paciente,* ante as informações da autoridade impetrada, confirma-se a sentença que defere *salvo-conduto (licença)* a advogado que, intimado por autoridade policial para esclarecer pontos de depoimento anterior, receia ser conduzido coercitivamente, por haver consignado na contrafé do mandado que não se sentia obrigado a comparecer, posto que intimado menos de 24 (vinte e quatro) horas da diligência, apresentando-se razoável a determinação da sentença no sentido de que nova intimação seja feita com antecedência mínima de 3 (três) dias." (TFR, Rel. Min. Dias Trindade, j. em 12.6.1987, v.u., *DJU* 6.8.1987, pág. 15.171, in Boletim AASP nº 1565, pág. 300).

4.2.2. SÚMULA nº 52 do STJ: *"Encerrada a instrução criminal, fica superada a alegação de constrangimento por excesso de prazo."*

4.2.3. SÚMULA nº 64 do STJ: *"Não constitui constrangimento ilegal o excesso de prazo na instrução, provocado pela defesa."*

5. CRIME DE IMPRENSA – DIREITO DE RESPOSTA – PEDIDO JUDICIAL PARA RESPOSTA – LEI Nº 5.250/1967 – DESPACHO

Processo-Crime nº

Vistos, etc.

1. Pleitea o requerente o direito de resposta sobre matéria divulgada pela imprensa escrita. O pedido está dentro do prazo de 60 (sessenta) dias, conforme dispõe a Lei nº 5.250/1967, art. 29, § 2º. Por outro lado, o pedido inicial veio instruído com o teor da resposta que se objetiva publicar.

2. Assim sendo, e nos termos do art. 32, § 1º, da Lei nº 5.250/1967, expeça-se mandado judicial para que o responsável pelo jornal faça a publicação da resposta em 24 (vinte e quatro) horas, sob pena de multa de R$ 1.000,00 *por dia de atraso*.

3. Não atendida a ordem judicial, os autos devem vir conclusos para o despacho citatório, isto é, será ordenada a citação da parte para que, em 24 horas, diga as razões por que não publicou a resposta (Lei nº 5.250/1967, art. 32, § 3º).

4. Após, ao Ministério Público.

5. Cumpra-se.

Local e data

(a) Juiz de Direito

5.1. CRIME DE IMPRENSA – (LEI Nº 5.250/1967) – CRIME DE CALÚNIA, DIFAMAÇÃO E INJÚRIA PELA IMPRENSA – QUEIXA-CRIME OU DENÚNCIA – PROCEDIMENTO ESPECIAL – DESPACHO INICIAL DE CITAÇÃO DO RÉU

Processo-Crime nº

Vistos, etc.

1. Trata-se de processo criminal para apuração de crime previsto na Lei de Imprensa (Lei nº 5.250, de 9.2.67). Dispõe o art. 43 da aludida lei que a denúncia ou queixa será instruída com exemplar do jornal ou periódico e obedecerá o disposto no art. 41 do CPP. Se a infração tiver sido praticada através de radiodifusão, a denúncia ou queixa será instruída com a notificação de que trata o art. 57 da Lei nº 5.250/1967.

2. Segundo Damásio Evangelista de Jesus, nos crimes de imprensa, *"é inaplicável o rito dos arts. 519 e segs., do Código de Processo Penal"*, tudo em virtude do disposto no art. 43 da Lei nº 5.250/1967. Nesse sentido, confira-se acórdão do TAMG, Acrim nº 15.958, de 5.11.1987 (*apud Código de Processo Penal Anotado*, Saraiva, 9ª ed., 1991, pág. 337, notas ao art. 519, e pág. 550, notas sobre o art. 43 da Lei nº 5.250/1967). Destarte, o rito processual para apuração dos crimes de imprensa está previsto no art. 43 da citada lei, e *será assim:*

DESPACHOS JUDICIAIS E DECISÕES NO JUÍZO CRIMINAL – HIPÓTESES PECULIARES

a) Ao despachar a denúncia ou queixa, *sem declarar o recebimento,* o juiz determinará a citação do réu para que apresente defesa prévia no prazo de 5 (cinco) dias. Não sendo o réu encontrado, será citado por edital com o prazo de 15 (quinze) dias. Decorrido esse prazo e o qüinqüídio para a defesa prévia, se o réu não contestar a denúncia ou queixa, será declarado revel, e o juiz nomeará defensor dativo, que terá vista dos autos para a defesa prévia em 5 dias (art. 43, § 2º). O mesmo procedimento será observado se o réu, apesar de citado pessoalmente, não exibir a defesa prévia (art. 45, parágrafo único). Na defesa prévia poderão ser argüidas as preliminares cabíveis, inclusive a exceção da verdade (art. 43, § 3º).

b) O Ministério Público sempre será ouvido no processo (art. 43, § 4º).

c) O Juiz pode receber ou rejeitar a denúncia ou queixa, isso *após a defesa prévia, e nos crimes de ação penal privada, em seguida à manifestação do Ministério Público (art. 44).* A denúncia ou queixa será rejeitada quando não houver justa causa para a ação penal, bem como nos casos previstos no art. 43 do CPP. Contra a decisão que rejeitar a denúncia ou queixa, cabe apelação, e contra a que receber, cabe recurso em sentido estrito, sem suspensão do curso do processo (art. 44, § 2º).

d) Exibida a defesa prévia *e recebida a denúncia ou queixa,* o juiz designará data para a apresentação do réu em juízo, destinada à sua *qualificação, e marcará, desde logo, o dia e hora para a audiência de instrução.* Se o réu não comparecer para a qualificação, será considerado revel e ser-lhe-á nomeado defensor dativo. Se comparecer e não tiver advogado, também ser-lhe-á nomeado um defensor dativo. *Em um e outro caso, bastará a presença do advogado ou defensor do réu, para a instrução processual (art. 45, I). Note-se que* são duas audiências marcadas num só despacho, uma de apresentação do réu para sua qualificação e outra de instrução probatória.

e) Na audiência de instrução serão ouvidas testemunhas de acusação em primeiro lugar, e depois, as de defesa. O réu só será interrogado se tiver feito pedido nesse sentido, na defesa prévia ou antes da audiência de instrução (art. 45, III). Se tiver formulado pedido, então será interrogado antes da inquirição das testemunhas. *O interrogatório só deve ser realizado a pedido do réu* (STF, HC nº 68.129, *DJU* 19.10.1990, pág. 11.487, *apud Código de Processo Penal Anotado,* de Damásio E. de Jesus, pág. 550).

f) Encerrada a instrução, o autor e o réu terão, sucessivamente, o prazo de 3 (três) dias para oferecerem as alegações finais, inclusive o MP nas infrações de alçada privada. Daí segue-se a sentença final. Caberá apelação *com efeito suspensivo* contra a sentença *que condenar ou absolver o réu* (art. 47, Lei nº 5.250/1967). Em tudo o que não é regulado pela Lei nº 5.250/1967, caberá aplicação subsidiária do CP e CPP (art. 48).

g) Cabe a retratação ou retificação espontânea, expressa e cabal, antes de iniciado o procedimento judicial, caso em que excluirá *a ação penal nos crimes previstos nos arts. 20 a 22,* vale dizer, calúnia (art. 20), difamação (art. 21) e injúria (art. 22). Ver art. 26. A retratação do ofensor *pode ocorrer em Juízo* (art. 26, § 1º), reconhecendo-se por termo lavrado nos autos a falsidade da imputação. Nesse caso, a retratação eximirá o ofensor da pena, desde que pague as custas processuais e promova, se a vítima quiser, dentro de 5 dias e por sua conta, a divulgação da notícia da retratação. A retratação será divulgada ou noticiada no mesmo jornal, no mesmo espaço ou lugar, ou na mesma emissora e no mesmo programa (art. 26, § 2º, *a* e *b*). A retratação é unilateral e prescinde da aceitação do ofendido (*RT* 555/372).

3. Assim exposto, no caso vertente, exibida a queixa-crime, *antes de recebê-la,* determino em primeiro lugar que se proceda à citação do(s) réu(s) para que apresente(m), querendo, a defesa prévia no prazo de 5 (cinco) dias (art. 43, § 1º, Lei nº 5.250/1967). Exibida a defesa prévia, dê-se vista ao Ministério Público. Após, conclusos para recebimento ou rejeição da denúncia ou queixa. Se for recebida, será designada uma data para a apresentação do(s) réu(s) e destinada à sua qualificação, e outra data para a audiência de instrução (art. 45, e incisos). O réu só será interrogado se fizer pedido nesse sentido. *Na primeira audiência de apresentação do réu será deliberado sobre eventual aplicação de soluções previstas na Lei nº 9.099/1995 (suspensão do processo, composição civil dos danos, renúncia, etc.). A suspensão do processo é instituto genérico que se aplica a qualquer infração cuja pena prevista esteja dentro dos parâmetros fixados pelo art. 89 da Lei nº 9.099/1995.*

4. Cumpra-se. Cite-se. Intime-se a parte requerente.

Local e data

(a) Juiz de Direito

6. REABILITAÇÃO CRIMINAL – SENTENÇA DE DEFERIMENTO

PODER JUDICIÁRIO
ESTADO DE SÃO PAULO

Processo-Crime nº

SENTENÇA

Vistos, etc.

1. "A", qualificado nos autos, ajuizou pedido de Reabilitação Criminal nos termos dos arts. 93 e 94 do Código Penal, salientando que sofreu condenação penal imposta pelo Estado e já cumpriu a sanção, estando apto ao convívio harmonioso na sociedade. Daí o pedido de reabilitação, com o sigilo de sua condenação anterior.

O requerente foi condenado à pena de 10 (dez) dias-multa, por infração ao art. 331 do Código Penal.

2. O pedido inicial veio instruído com documentos (fls.), e o digno Promotor de Justiça aduziu manifestação nas fls. Diligências foram cumpridas.

3. ESSE, O RELATÓRIO. DECIDO.

3.1. Preceitua o art. 94 do Código Penal que a reabilitação criminal poderá ser requerida decorridos 2 (dois) anos do dia em que for extinta, de qualquer modo, a pena ou terminar a execução, computando-se o período de prova do *sursis* e do livramento condicional. Para deferimento do pedido, o requerente deverá comprovar: *a)* domicílio no País, no prazo referido; *b)* bom comportamento público e privado, durante o mesmo prazo; *c)* ressarcimento do dano ou impossibilidade de o fazer, ou renúncia da vítima. Pois bem. A certidão de fls. demonstra a condição do requerente *de não reincidente*. A pena que lhe foi imposta no passado foi cumprida (fls.). O documento de fls. demonstra um vínculo empregatício mantido pelo requerente no território nacional. As declarações de fls. (esta última subscrita por homem com função pública), demonstram o satisfatório comportamento social do requerente. Destarte, faltou apenas a comprovação do ressarcimento do dano provocado pelo crime, mas há indícios da impossibilidade material de o requerente indenizar os efeitos de um crime de *desacato* (fls.), persistindo, até o momento, a inércia da própria vítima quanto à cobrança. Aliás, o requisito da reparação do dano precisa ser apreciado com certa elasticidade, sem rigorismos (*RT* 511/397 e 405).

3.2. Por outro lado, há entendimento de que, no caso de pena de multa, para fins de reabilitação criminal, não é exigido o transcurso do prazo de 2 (dois) anos (TJGO, Ac. nº 10.776, Rel. Leôncio Pinheiro Lemos), indispensável, entretanto, quando se tratar de outras penas aplicadas. Em suma, no caso vertente, não há óbices significativos para impedir a reabilitação do requerente, nem razão jurídica para que subsista o estigma da condenação criminal anterior. Na jurisprudência tem-se entendido que:

"Reabilitação – Antecedentes criminais – Reabilitação com trânsito em julgado – Nome incluído nos terminais do Instituto de Identificação – Acesso às informações – Sigilo dos registros – Violação a direito do cidadão – Segurança concedida. Condenações anteriores não serão mencionadas *na folha de antecedentes do reabilitado, nem em certidão extraída dos livros do juízo, salvo quando requisitado por Juízo Criminal*. A reabilitação alcança quaisquer penas aplicadas em sentença definitiva, assegurando ao condenado o sigilo *dos registros sobre seu processo e condenação*. O livre acesso aos terminais do Instituto de Identificação fere direito daqueles protegidos pelo manto da reabilitação. *Impõe-se, assim, a exclusão das anotações no Instituto, mantendo-se tão-somente nos arquivos do Poder Judiciário*" (STJ, 2ª T., Rec. em MS nº 5.452-SP, Rel. Min. Hélio Mosimann, j. em 4.12.1995, v.u., in Boletim AASP nº 1983, de 25 a 31.12.1996, pág. 102-e).

4. DISPOSITIVO.

Ante o exposto, JULGO PROCEDENTE o pedido de reabilitação criminal formulado por "A" e o declaro reabilitado, ficando determinado o sigilo da condenação ou condenações anteriores, não se devendo fazer menção na folha de antecedentes criminais nem em certidões extraídas dos livros do Juízo, salvo quando a certidão for requisitada por Juiz Criminal (CPP, art. 748). Comunique-se o Instituto de Identificação e Estatística e demais repartições congêneres, sobre a reabilitação (CPP, art. 747). Cumpra-se o art. 202

da Lei nº 7.210/1994 (LEP). Oficie-se ao Cartório Eleitoral, cancelando-se a suspensão dos direitos políticos.

P.R.I.C.

Local e data

(a) Dr. Valdeci Mendes de Oliveira – Juiz de Direito

6.1. REABILITAÇÃO CRIMINAL – JURISPRUDÊNCIA SOBRE A ESPÉCIE

6.1.1. "PRESCRIÇÃO DA PRETENSÃO PUNITIVA E REABILITAÇÃO – Tendo o recorrido, em *habeas corpus*, obtido a declaração da extinção de sua punibilidade pela prescrição da pretensão punitiva, o Estado perdeu o seu direito de ação, daí a pena imposta no processo ser tida *por inexistente, não cabendo reabilitação dela*. Recurso *ex officio* provido." (TACrim-SP, 3ª C., Rec. Of. nº 455.615/0 – Santos, Rel. Juiz Gomes de Amorim, j. em 27.5.1987, v.u., in *Boletim AASP* nº 1551, de 7.9.1988, pág. 213). Constou do v. acórdão que: "Assim, *cuidando-se da chamada prescrição retroativa*, reconhece-se que o Estado, face o decurso do tempo e em razão da pena concretizada, perdera o seu direito de ação, pelo que a pena imposta no processo respectivo *é tida como inexistente*, pois o *jus puniendi* já estava extinto com a perda do direito de ação" (*Boletim AASP* 1551, 7.9.1988, pág. 213).

6.1.2. "REABILITAÇÃO CRIMINAL – Arts. 93 do CP e 743 do CPP – Extinção da pretensão punitiva ou da ação penal – Impossibilidade da reabilitação pela *inexistência de culpabilidade*. Extinção da ação penal cujos efeitos são mais abrangentes do que a própria reabilitação. Sistema de Direito Comparado que revela a perfeição do sistema jurídico brasileiro pela sua completeza. *Cancelamento que pode ser feito pela via administrativa. Recurso de ofício provido, cassada a r. sentença que concedeu a reabilitação.*" (TACrim, 2ª C., Rec. em Sent. Est. nº 986.193-2-SP, rel. Juiz Rulli Júnior, j. em 23.11.1995, v.u., in *Boletim AASP* nº 1951, de 15 a 21.5.1996, pág. 159-j).

6.1.3. "REABILITAÇÃO – Antecedentes criminais – Reabilitação com trânsito em julgado – Nome incluído nos terminais do Instituto de Identificação – Acesso às informações – Sigilo dos registros – Violação a direito do cidadão – Segurança concedida. Condenações anteriores não serão mencionadas *na folha de antecedentes do reabilitado, nem em certidão extraída dos livros do juízo, salvo quando requisitado por Juízo Criminal.* A reabilitação alcança quaisquer penas aplicadas em sentença definitiva, assegurando ao condenado o sigilo *dos registros sobre seu processo e condenação.* O livre acesso aos terminais do Instituto de Identificação fere direito daqueles protegidos pelo manto da reabilitação. *Impõe-se, assim, a exclusão das anotações no Instituto, mantendo-se tão-somente nos arquivos do Poder Judiciário.*" (STJ, 2ª T., Rec. em MS nº 5.452-SP, Rel. Min. Hélio Mosimann, j. em 4.12.1995, v.u., in *Boletim AASP* nº 1983, de 25 a 31.12.1996, pág. 102-e).

7. TÓXICOS – CRIMES – LEIS Nº 6.368, 21.10.1976 e Nº 10.409, DE 11.1.2002 – PROCEDIMENTOS

7.1. Despacho inicial determinando a citação do acusado para responder por escrito à acusação, e intimando-o para o interrogatório judicial, tanto nos crimes apenados com detenção como com reclusão

Processo Crime nº (...)

Vistos, etc.

1. Trata-se de denúncia por crime previsto na Lei Antitóxicos (Lei nº 6.368/1976), e com 05 testemunhas arroladas, que é o limite máximo previsto pelo legislador (art. 37, inciso III, da Lei nº 10.409/2002, que entrou em vigor em 28.2.2002). No caso vertente, deve-se obedecer o procedimento previsto nos arts. 38 a 41 da aludida Lei nº 10.409, de 11 de janeiro de 2002 (ver art. 2º, § 1º, e art. 6º, da L.I.C.C, c/c art. 2º, do CPP).

2. Assim sendo, antes de receber a denúncia, determino a citação do acusado para responder por escrito à acusação, no prazo de 10 (dez) dias contado da data da juntada do mandado nos autos ou da primeira publicação do edital de citação, ficando designado para interrogatório judicial o dia (...), às (...) horas. O interrogatório deve ser realizado dentro de 30 dias seguintes, se o acusado estiver solto, ou em 05 (cinco) dias, se estiver preso. Cite-se. Intime-se.

3. Se o acusado for citado pessoalmente ou por edital, e não comparecer, aplicar-se-á a Lei nº 9.271/1976, que deu nova redação ao arts 366 e 367 do CPP. Vale dizer, se citado por edital, o acusado não comparecer, ficarão suspensos o processo e o curso do prazo prescricional, podendo o juiz determinar a produção antecipada das provas consideradas urgentes. Já se for citado ou intimado pessoalmente para qualquer ato processual, o acusado deixar de comparecer sem motivo justificado, o processo seguirá sem a presença do referido acusado.

4. Cite-se e intime-se o acusado, podendo a resposta escrita consistente de defesa prévia e exceções conter matérias preliminares e todas as razões de defesa, além de justificações e especificações de provas com o rol de 5 testemunhas (art. 38, § 1º). Anoto que as exceções serão processadas em apartado, nos termos dos arts. 95 a 113 do CPP. Requisite-se o acusado, se estiver preso. Expeça-se ofício.

5. Requisite-se Folha de Antecedentes Criminais e Certidões de praxe. Autorizo "xerox".

6. Se o acusado não apresentar resposta escrita consistente de defesa prévia, será nomeado defensor dativo para oferecê-la em 10 dias, concedendo-lhe vista dos autos no ato de nomeação (art. 38, § 3º, da Lei 10.409/2002).

7. Apresentada a resposta escrita consistente de defesa prévia, dê-se vista dos autos ao Representante do Ministério Público para manifestação em 05 dias, vindo os autos conclusos para a decisão de recebimento ou rejeição da denúncia (art. 38, § 4º, da Lei 10.409/2002).

8. No caso de recebimento da denúncia, será desde logo designada audiência de instrução e julgamento, intimando-se o acusado, o Representante do Ministério Público e se for o caso, o assistente (art. 40 da Lei nº 10.409/2002). Na audiência de instrução, após o interrogatório do acusado e a inquirição das testemunhas, será dada a palavra, sucessivamente, ao Representante do Ministério Público e ao Defensor do acusado, pelo prazo de 20 (vinte) minutos para cada um, prorrogável por mais 10 (dez), para as alegações finais, podendo ser proferida a sentença logo em seguida, ou no prazo de 10 (dez) dias (art. 41, parágrafo único da Lei nº 10.409/2002).

9. Intime-se. Cumpra-se.

Local e Data.

(a) Juiz de Direito

7.2. Despacho de recebimento da denúncia por crime previsto na Lei Antitóxico

Processo Crime nº

Vistos, etc.

1. Trata-se de denúncia contra "A" por crime previsto na Lei Antitóxico.

2. Devidamente citado e intimado, o acusado apresentou resposta escrita e defesa prévia, pedindo a rejeição da denúncia pelos seguintes motivos: a) (...); b) (...) e c) (...).

3. No caso vertente, impõe-se a rejeição da defesa do acusado e o consequente recebimento inicial da denúncia. Com efeito, os elementos probatórios colhidos no inquérito policial dão respaldo inicial à peça acusatória, já que foram apreendidos com o acusado os seguintes materiais e bens: (...). Por outro lado, as testemunhas "A" e "B" discorreram inicialmente que o acusado (...). E, por fim, o referido acusado não juntou documentos completos para justificar a rejeição da denúncia, como também não justificou satisfatoriamente a posse ou propriedade das coisas apreendidas. Em suma, para melhor esclarecimentos dos fatos, o processo deve prosseguir, garantindo-se a ampla defesa. Anoto que não se faz presentes os motivos previstos para a rejeição da denúncia e constantes do art. 39, incisos I e II da Lei nº 10.409/2002 (inépcia e falta de justa causa para a acusação).

4. Recebo a denúncia de fls. 02/04 nos termos do art. 40 da Lei nº 10.409/2002. Designo audiência de instrução, debates e julgamento para o dia (...), às (...)horas. Notifiquem-se as testemunhas de acusação e de defesa, observando-se o número máximo de 05 para cada parte. Intime-se o acusado, o Defensor, o Representante do Ministério Público, e se for o caso, o Assistente. Após a inquirição de todas as testemunhas, será dada a palavra às partes para os debates finais, por 20 minutos, prorrogáveis por 10, se houver

necessidade. Em seguida, será lavrada a sentença, ou então, no prazo de 10 dias conforme art. 41, parágrafo único, da Lei nº 10.409/2002.

5. Anoto que, do despacho que recebe a denúncia, não cabe recurso em sentido estrito (art. 27 da Lei nº 10.409/2002, c/c art. 581, inciso I, do CPP). Escreve Julio Fabbrini Mirabete, com apoio da jurisprudência (*RT* 540/353), que: "Do recebimento da denúncia ou da queixa não cabe recurso em sentido estrito, já que a lei se refere apenas ao não-recebimento daquelas peças, nem mesmo se esse despacho advém da reforma do anterior, que rejeitara a inicial. Entretanto, o acusado pode impetrar "habeas corpus" se entender, por exemplo, que o ato é ilegal, por não conter a denúncia o relato do fato criminoso ou abusivo, por faltar justa causa para a ação penal, etc. Não cabe também recurso do deferimento de pedido de arquivamento de inquérito policial instaurado em caso de ação pública" (*Código de Processo Penal Interpretado*, São Paulo, 1994, Atlas, pág. 657, art. 581).

6. Intime-se.

Loca e data.

(a) Dr. Valdeci Mendes de Oliveira – Juiz de Direito

7.3. OBSERVAÇÃO SOBRE OS PRAZOS PROCEDIMENTAIS DA LEI ANTITÓXICOS (LEI 10.409/2002)

O inquérito policial deverá ser concluído no prazo máximo de 15 (quinze) dias, se o indiciado estiver preso, e de 30 (trinta) dias, quando solto (art. 29). Esses prazos podem ser duplicados pelo Juiz (30 e 60 dias), mediante pedido justificado da autoridade policial (art. 29, parágrafo único). Findos os prazos referidos, os autos devem ser remetidos ao Juízo competente, sem prejuízo da realização de diligências complementares e laudos que poderão ser juntados até o dia anterior ao designado para a audiência de instrução e julgamento (art. 31).

Recebidos os autos do inquérito policial, dar-se-á vista ao Representante do Ministério Público para, no prazo de 10 dias, oferecer denúncia, ou requerer o arquivamento, ou requisitar diligências, ou deixar justificadamente de propor ação penal contra os agentes ou partícipes de delitos (art. 37).

Oferecida a denúncia, em 24 horas o Juiz ordenará a citação do acusado para responder por escrito à acusação no prazo de 10 dias, realizando-se o interrogatório dentro dos 30 dias seguintes, se o acusado estiver solto, ou em 05 (cinco) dias, se estiver preso.

Apresentada a resposta escrita, o Ministério Público terá 05 dias para manifestação, e o Juiz decidirá também em 05 dias sobre se recebe ou rejeita a denúncia. Poderá o Juiz, se entender necessário, determinar diligências com o prazo máximo de 10 (dez) dias (art. 38, § 5º). Após a inquirição das testemunhas e os debates orais na audiência de instrução, o Juiz proferirá sentença na referida audiência, ou no prazo de 10 dias (art. 41, parágrafo único da Lei nº 10.409/2002).

Anote-se que, se o acusado, citado pessoalmente ou por edital, ou intimado para qualquer ato processual, deixar de comparecer sem motivo justificado, aplicar-se-á a Lei nº 9.271, de 17 de abril de 1996. Vale dizer, se citado por edital, não comparecer, ficarão suspensos o processo e o curso do prazo prescricional. Já se for citado e intimado pessoalmente, o acusado não comparecer, o processo prosseguirá sem a sua presença – arts. 366 e 367 do CPP, com redação dada pela Lei nº 9.271/1996.

Registre-se que, antes da Lei nº 10.409, de 11 de janeiro de 2002, anotei o seguinte na edição anterior deste livro: Os prazos procedimentais previstos na Lei nº 6.368/1976 são contados em dobro quando se tratar de crime previsto como hediondo, ou seja, quando se tratar dos crimes previstos nos arts. 12, 13 e 14 da Lei nº 6.368/1976 (Ver art. 35, parágrafo único, da Lei nº 6.368/1976, acrescentado pelo art. 10 da Lei nº 8.072, de 25.6.1990 – Lei dos Crimes Hediondos). Se o réu estiver preso, o prazo total para a conclusão do processo judicial é de 76 (setenta e seis) dias (*JTJ* 148/301).

8. INTERNAÇÃO DE PESSOAS PORTADORAS DE TRANSTORNOS MENTAIS (LEI Nº 10.216, DE 6 DE ABRIL DE 2001)

8.1. Despacho inicial determinando a internação involuntária e/ou compulsória de pessoa portadora de transtorno mental

Processo de Jurisdição Voluntária nº (...)

Vistos, etc.

1. Trata-se de pedido de internação involuntária e/ou compulsória formulada por terceiro em relação ao paciente "A". Vale dizer, "B", como pai de "A", pede a internação deste visando o tratamento que lhe possibilite a melhora e a reinserção social em seu meio (Lei nº 10.216, de 6.4.2001, art. 4º, §§ 1º, 2º e 3º).

2. No caso vertente, não é possível o consentimento do paciente em virtude do seu atual quadro de saúde mental. Contudo, a internação voluntária (com o consentimento do paciente) ou involuntária (sem o consentimento), somente será autorizada por médico devidamente registrado no Conselho Regional de Medicina (C.R.M) do Estado onde se localize o estabelecimento, impondo-se, quando for o caso, a comunicação da internação involuntária urgente ao Ministério Público Estadual no prazo de 72 horas (Lei nº 10.216, de 6.4.2001, art. 8º, § 1º).

3. Anoto que, o término da internação involuntária dar-se-á por solicitação escrita do familiar, ou responsável legal, ou quando estabelecido pelo especialista responsável pelo tratamento (Lei nº 10.216/2001, art. 8º, § 2º).

4. Destarte, para fins de avaliação médica sobre a necessidade de internação de "A", considerando o pedido inicial e os motivos expostos pelo familiar do paciente, determino liminarmente e em caráter protetivo

(CPC, arts. 273, 461 e 796 a 799), a busca e apreensão de "A" e sua condução compulsória ao Posto de Saúde "X" ou ao Estabelecimento denominado "Y", para ser avaliado em caráter preliminar por médico credenciado que emitirá atestado ou documento recomendando a internação.

Acentuo que, se o médico emitir documento ou atestado sugerindo a internação, desde logo, autorizo a internação por 60 dias como proposto na petição inicial, oficiando-se. Autorizo o reforço policial, se for necessário, utilizando-se os agentes públicos da prudência e moderação. Requisite-se força policial. Expeça-se mandado de busca e apreensão de pessoa. Autorizo diligências conforme art. 172 e parágrafos, do CPC.

5. Deverá o requerente, ou o Oficial de Justiça, ou o Agente policial, trazer para os autos o documento médico que recomendou a internação. Prazo: 48 horas.

6. Após, cite-se conforme arts. 1.105 e 1.106 do CPC. Prazo para resposta: 10 dias.

7. Manifeste o Representante do Ministério Público.

8. Intime-se. Cumpra-se.

Local e data.

(a) Juiz de Direito

Título III
Despachos Judiciais e Decisões no Juízo da Infância e Juventude

GENERALIDADES

Aqui, os procedimentos são disciplinados pelo ECA – Estatuto da Criança e do Adolescente, Lei nº 8.069, de 13.7.1990.

Na parte cível, o legislador traçou os procedimentos da adoção, guarda e tutela.

Na parte criminal, qualquer que seja a infração, o procedimento é o mesmo. O menor será ouvido pelo Juiz que em seguida dará oportunidade para a defesa prévia. Realizada a referida defesa, ou não, o Juiz designará a audiência de instrução, debates e julgamento, ouvindo a testemunhas de acusação e de defesa. Feitas as inquirições, as partes fazem debates orais e em seguida o Juiz proferirá a sentença de mérito.

Confira-se, a seguir, a resenha de despachos cíveis e criminais na infância e juventude, lembrando que também se enquadram no ECA os pedidos de alvarás para participação de menores em eventos públicos e de lazer, além das autorizações para viagens.

Referentemente à adoção, guarda e tutela, convém lembrar para consulta o nosso trabalho intitulado *AGT – Adoção, Guarda e Tutela como Institutos Jurídicos definidores de família substituta – Doutrina e Legislação*, também editado pela EDIPRO.

Capítulo I
Da Jurisdição Criminal

1. CRIMINAL – REPRESENTAÇÃO DO MINISTÉRIO PÚBLICO – DESPACHO INICIAL DE RECEBIMENTO DE REPRESENTAÇÃO – CITAÇÃO DO ADOLESCENTE INFRATOR E PROCEDIMENTO POSTERIOR

Processo-Crime nº

Vistos, etc.

1. Recebo a representação oferecida pelo DD. PROMOTOR DE JUSTIÇA DA INFÂNCIA E JUVENTUDE contra o(s) adolescente(s) (...), qualificados nos autos, tudo nos termos da Lei nº 8.069, de 13.7.1990.

2. Cite(m)-se o(s) adolescente(s) (art. 111, I, do Estatuto da Criança e do Adolescente), cientificando-o(s) do teor da representação, bem como seus pais ou responsáveis, notificando-se todos para comparecerem em audiência de apresentação que designo para o dia (...) de (...) de (...), às (...) horas. O(s) adolescente(s) e seus pais, ou responsáveis, poderão estar acompanhados de advogado (art. 184, § 1º, do Estatuto da Criança e do Adolescente). Se o adolescente, embora notificado, não comparecer à audiência de apresentação, fica desde já autorizada a *condução coercitiva, conforme o art. 187 do ECA.*

3. O feito prosseguirá, de conformidade com os arts. 186 e segs. do ECA, isto é, após audiência de apresentação e inquirição do adolescente infrator e seu responsável, o defensor terá 3 (três) dias para a defesa prévia, e após será designada audiência de instrução, debates e julgamento, ouvindo-se testemunhas de acusação e de defesa na mesma data. *Obs.: Após oitiva do adolescente e seu responsável legal, pode o juiz entender adequada a remissão, como forma de extinção do processo, caso em que ouvirá o representante do Ministério Público e em seguida proferirá decisão, tudo conforme auto-*

rizam os arts. 186, § 1º, e 188, da Lei nº 8.069/1990. Este último dispositivo permite que a remissão, como forma de suspensão ou extinção do processo, seja concedida em qualquer fase do procedimento, antes da sentença.

4. Ciência ao Ministério Público.

Local e data

(a) Juiz de Direito

2. CRIMINAL – REMISSÃO PARA O ADOLESCENTE INFRATOR – DESPACHO DE CONCESSÃO

Processo-Crime nº

Vistos, etc.

1. Na forma do art. 126, c/c o art. 181, § 1º, do Estatuto da Criança e do Adolescente, HOMOLOGO por sentença e para que produza seus jurídicos e legais efeitos, a remissão concedida pelo ilustre representante do Ministério Público ao adolescente (...), qualificado nos autos, tudo de conformidade com o parecer de fls. (se a proposta de remissão vier acompanhada de pedido de aplicação de medida sócio-educativa, conforme autoriza o art. 127 do ECA, acrescentar: *Aplico a medida de advertência, conforme o art. 127 do ECA. Intime-se para assinatura do termo*).

2. Deverá o responsável legal do adolescente regularizar os documentos do veículo automotor, após o que poderá retirá-lo junto à autoridade policial (*ou, se se tiver que aplicar a medida de advertência, "Intime-se o adolescente para comparecer em qualquer dia de expediente no foro, para ser advertido e assinar o respectivo termo"*).

3. Publique-se. Registre-se. Intime-se, arquivando-se os autos, oportunamente.

Local e data

(a) Juiz de Direito

3. CRIMINAL – MEDIDAS SÓCIO-EDUCATIVAS – DESPACHO ALTERANDO MEDIDA SÓCIO-EDUCATIVA ANTERIORMENTE APLICADA

Processo nº

Vistos, etc.

1. A Lei nº 8.069/1990 – Estatuto da Criança e do Adolescente – permite que várias medidas sócio-educativas possam ser substituídas por outras. É o caso da medida que obriga a reparar os danos, que pode ser substituída por outra (art. 116, parágrafo único). Também é o caso da *liberdade assistida*, que pode ser alterada ou substituída (art. 118, § 2º). Igualmente,

a medida aplicada por força da remissão poderá ser *revista* judicialmente, a qualquer tempo, mediante pedido expresso do adolescente ou de seu representante legal, ou do Ministério Público (art. 128).

2. No caso vertente, substituo a medida aplicada pela de (...) (*pode ser advertência, tão-somente*), lavrando-se o respectivo termo.

3. Intime-se.

Local e data.

(a) Juiz de Direito

4. CRIMINAL – INTERNAÇÃO OU CUSTÓDIA CAUTELAR DE ADOLESCENTE INFRATOR

Despacho de internação provisória ou custódia preventiva do adolescente infrator num compartimento especial

Processo-Crime nº

Vistos, etc.

1. Atendendo-se à manifestação da Autoridade Policial e do Ministério Público, e considerando as circunstâncias especiais do presente caso, mais o significativo potencial lesivo da infração noticiada e os antecedentes do adolescente (...) (*nome*), nos termos dos arts. 175, § 2º e 185, § 2º, do Estatuto da Criança e do Adolescente, e bem assim do precedente jurisprudencial constante do H.C. nº 15.597-0/8, acórdão de 25.6.1992, do Eg. TJESP, sendo relator o Des. Sabino Neto, defiro a custódia especial e forçada do adolescente (...), nas condições abaixo descritas. Observo que se imputa ao adolescente a prática de grave infração, ou seja, o crime de (...), sendo imperioso o resguardo da ordem pública e a credibilidade das instituições jurídicas.

2. Na falta de estabelecimento adequado na comarca, determino que se recolha o adolescente num compartimento especial e isolado dos adultos, na Cadeia Pública, pelo prazo máximo de 45 (quarenta e cinco) dias, conforme o art. 108 do Estatuto da Criança e do Adolescente, devendo a autoridade policial garantir e preservar o seguinte:

a) o adolescente ficará em compartimento especial, separado dos adultos, assegurado sempre o direito de visitas diárias para os pais ou responsáveis legais e parentes próximos (avós e irmãos). Os pais ou guardiães – somente estes – poderão visitar o adolescente 2 (duas) vezes ao dia, uma no período da manhã e outra no período da tarde.

b) deverá a autoridade policial redobrar a vigilância e cautela sobre o adolescente, atendendo-o bem na alimentação e repouso, preservando sua integridade física e psíquica.

3. Expeça-se mandado de recolhimento provisório do adolescente, diligenciando a autoridade policial para a feitura de um *prévio exa-*

me médico no adolescente, isso para verificação de suas condições físicas ao entrar no estabelecimento de custódia cautelar. Findo o prazo da custódia, o adolescente será imediatamente colocado em liberdade, fazendo-se a entrega aos pais ou responsáveis legais, procedendo-se antes ao *exame médico* para aferir as condições de saída do menor do aludido estabelecimento. A autoridade policial providenciará os laudos de exames médicos, no início e no final da custódia preventiva.

    4. Oficie-se, solicitando vaga na FEBEM.

    5. Intime-se. Cumpra-se.

Local e data

(a) Juiz de Direito

5. CRIMINAL – PRESCRIÇÃO – DECISÃO REJEITANDO ARGUIÇÃO DE PRESCRIÇÃO DAS MEDIDAS SÓCIO-EDUCATIVAS

Processo-Crime nº

    Vistos, etc.

    1. Ao contrário do que sustenta a nobre Defesa, ao adolescente infrator não aproveita o instituto jurídico da prescrição penal. Com efeito.

    2. Não há previsão legal para o reconhecimento do instituto da prescrição na espécie vertente, pois não foi contemplado ou disciplinado pelo Estatuto da Criança e do Adolescente (Lei nº 8.069/1990). Nem se argumente com a hipótese de aplicação subsidiária do Código Penal ou Código de Processo Penal. No referido Estatuto da Criança e do Adolescente (ECA), não há punição prevista sob a intitulação de "crime" cometido pelo adolescente, mas sim de "ato infracional", nem se fala em "condenação" do infrator, mas de aplicação de medidas de proteção e sócio-educativas. Não se fala em pena, nem em duração rigorosa ou imodificável de sanção.

    3. Destarte, para se falar em prescrição criminal, como sustenta a digna defesa, presume-se que exista um "crime" de autoria de pessoa penalmente imputável, ou que exista uma *condenação criminal, isto é, que exista uma sentença condenatória, ou, ainda, possibilidade de aplicação de pena criminal definida no Código Penal.* Por outro lado, nos termos do art. 188 do ECA, "a remissão, como forma de extinção ou suspensão do processo, poderá ser aplicada em qualquer fase do procedimento, antes da sentença".

    4. Por fim, quanto ao ECA, tem-se que é um diploma legal destinado à proteção integral à criança ou adolescente (entenda-se: criança é a pessoa até 12 anos de idade, e adolescente a pessoa com idade entre 12 a 18 anos). De resto, "Nos casos expressos em lei, aplica-se excepcionalmente este Estatuto às pessoas entre 18 e 21 anos de idade" (art. 2º, parágrafo único).

    5. Inaplicável, portanto, a prescrição penal no âmbito das "infrações", assim reconhecidas no Estatuto da Criança e do Adolescente.

JUÍZO DA INFÂNCIA E JUVENTUDE – DA JURISDIÇÃO CRIMINAL   487

> 6. Cumpra-se, prosseguindo-se. Mantenho o despacho ou decisão de fls..
>
> Local e data
>
> *(a) Juiz de Direito*

5.1. NOTA JURISPRUDENCIAL SOBRE PRESCRIÇÃO

No acórdão lavrado pela C. Câmara Especial do Eg. Tribunal de Justiça do Estado de São Paulo, nos autos da Ap. Cív. nº 35.843.0/8- Garça-SP, e datado de 27.2.1997, sendo relator o insigne Des. Denser de Sá, foi mantida decisão por mim proferida a respeito da rejeição do argumento referente à prescrição no âmbito do Estatuto da Criança e do Adolescente. Constou do v. acórdão que: "Inviável o acolhimento da tese esposada pela defensora do adolescente. A medida sócio-educativa tem como finalidade o complemento educacional do adolescente, bem ainda sua reinserção no convívio social. Não é pena oriunda de um processo criminal, sendo impossível a analogia pretendida para aplicação das normas referentes à prescrição. Nesse sentido: "O Estatuto tem em vista a prática de atos infracionais por inimputáveis, enquanto o Código Penal, no art. 109, ao tratar da prescrição 'antes de transitar em julgado a sentença', refere-se textualmente à pena privativa de liberdade cominada ao crime, hipótese que certamente não pode ser trasladada para os atos infracionais que têm apenas como sanção medidas sócio-educativas" (Ap. nº 19.771.0/1, Rel. Des. Lair Loureiro). É de se notar que as medidas sócio-educativas podem ser executadas até que o adolescente – assim entendido aquele com idade entre doze e dezoito anos, na época dos fatos – complete vinte e um anos, nos termos do art. 121, § 5º, do Estatuto. Ademais, em sendo a medida em questão de prazo indeterminado (art. 121, § 2º, do ECA), impossível a mensuração de um *quantum* capaz de balizar o lapso de tempo necessário à prescrição" (Ap. Civ. nº 35.843.0/8- Garça-SP, Rel. Des. Denser de Sá).

6. CRIMINAL – RECURSO – DESPACHO DE RECEBIMENTO

> Processo-Crime nº
>
> **Vistos, etc.**
>
> **1.** Trata-se de Recurso de Apelação, que recebo em seus regulares efeitos. Foi interposto no prazo de 10 (dez) dias (ECA, art. 198, II).
>
> **2.** Processe-se. Com as razões do recurso nos autos, dê-se vista à parte contrária para as contra-razões. Intime-se. (*Obs:* Após a exibição das contra-razões, o despacho seguinte será de manutenção ou reforma da decisão, podendo ser assim lavrado: "Nos termos do art. 198, inciso VII, da Lei nº 8.069/1990, examinando as razões do recurso e reexaminando a decisão recorrida, não vislumbro motivos para reformar a decisão/sentença. Mantenho-

a, por seus próprios fundamentos. Remetam-se os autos ao Egrégio Tribunal *ad quem*).".

3. Remetam-se os autos ao Egrégio Tribunal *ad quem*.
4. Ciência às partes.
Local e data
(a) Juiz de Direito

7. NOTA SOBRE O PROCESSO ADMINISTRATIVO PARA PUNIÇÃO ESCOLAR – (SUSPENSÃO DE ALUNO)

O processo disciplinar na escola, e contra aluno, é sumário e informal. Com efeito. O jornal *A Tribuna do Direito*, caderno de jurisprudência, de out/1996, ano 2, nº 18, trouxe importante matéria de Mauro Mello, sobre o acórdão lavrado nos autos da Ap. Cív. nº 3.677-4/5- Santos-SP, tendo sido o julgamento realizado em 28.3.1996, sendo relator o Des. José Osório, do Eg. TJESP. Assim é que, pela prática de um "trote" aviltante, um aluno foi punido pela Escola *com 30 dias de suspensão*, e recorreu ao Judiciário sustentando que, na sindicância administrativa, a escola não lhe proporcionou o contraditório e a ampla defesa. O V. acórdão destacou que:

"O direito ao contraditório e a ampla defesa, previsto no art. 5º, LV, da Constituição Federal, há que ser entendido na intensidade correspondente a cada esfera de responsabilidade, com máxima amplitude na condenação penal, menor nos campos civil e administrativo, e muito pequena no ambiente escolar. O processo disciplinar de aluno é sumário e informal" (Rel. Des. José Osório).

O episódio que redundou na punição escolar do aluno foi assim descrito no acórdão:

"Além dos cortes e pintura de cabelos, deixava-se o calouro somente de cueca, perdendo sua calça, camisa e tênis; manipulavam-se os seios das calouras; calouras eram obrigadas a chupar o bico de uma garrafa simulando o genital masculino e deviam gritar que eram vagabundas" (...) "O trote foi extremamente aviltante".

Em suma, a punição de 30 dias de suspensão aplicada pela Escola ao aluno foi mantida pelo Eg. Tribunal de Justiça, com invocação de lição de Hely Lopes Meirelles, em *Direito Administrativo Brasileiro*, Revista dos Tribunais, 16ª ed., pág. 588.

8. CRIMINAL – JURISPRUDÊNCIA PERANTE O E.C.A.

8.1. SÚMULA 108 do STJ: *"A aplicação de medidas sócio-educativas ao adolescente, pela prática de ato infracional, é da competência exclusiva do Juiz."*.

8.2. SÚMULA 265 do STJ: *"É necessária a oitiva do menor infrator antes de decretar-se a regressão da medida sócio-educativa."*.

8.3. "REMISSÃO – Estatuto da Criança e do Adolescente – Oportunidade. E.C.A – Remissão – Momento próprio. Representação (arts. 182,184, 186, § 1º, e 188, do E.C.A). A remissão, uma vez oferecida a representação, pode ser

JUÍZO DA INFÂNCIA E JUVENTUDE – *DA JURISDIÇÃO CRIMINAL*   489

concedida a qualquer tempo antes da sentença, mas sempre após a audiência de apresentação, ouvido o Ministério Público. Recurso conhecido e provido." (Ac. Un. da 5ª T. do STJ, REsp nº 164.853-SP – Rel. Min. José Arnaldo, julgado em 10.11.1998, *DJU-E* de 7.12.1998, pág. 95, in *Repertório IOB de Jurisprudência* nº 02/09, 2ª quinzena de janeiro de 1999).

8.4. "REMISSÃO JUDICIAL – Desnecessidade da realização de audiência para sua concessão – Art. 188 do Estatuto da Criança e do Adolescente – A Autoridade Judicial pode concedê-la a qualquer tempo." (TJSP, Apelação Cível nº 25.838-0/7, Rel. Des. Cunha Bueno). No mesmo sentido, Apelações nºs 25.419-0/5 e 25.538-0/8, Rel. Des. Cunha Bueno, 25.799-0/8, Rel. Des. Prado de Toledo, 25.927-0/3, 26.231-0/4, 26.743-0/0 e 30.519-0/3, Rel. Des. Pereira da Silva.)

8.5. "MENOR – Ato Infracional – Dano – Concessão de remissão após recebimento da representação e oitiva do Ministério Público – Medida que pode ser aplicada pelo magistrado em qualquer fase do procedimento, antes da sentença – Art. 188 do E.C.A – Recurso não provido." (TJ-SP – Apelação Cível nº 25.540-0/7, Rel. Des. Carlos Ortiz. No mesmo sentido, Apelações nºs 25.700-0/8 e 25.539-0/2, Rel. Des. Carlos Ortiz).

8.6. "MENOR – Ato infracional – Remissão concedida pela autoridade judiciária, após a oitiva do adolescente e de seu responsável, cumulada com a medida sócio-educativa de prestação de serviços à comunidade – Admissibilidade. Inexistência de ofensa ao princípio do contraditório – Sentença mantida." (TJ-SP – Apelação Cível nº 20.550-0/6, Rel. Des. Dirceu de Mello).

8.7. "INTERNAÇÃO – A medida de internação não se sujeita a prazo predeterminado, devendo ser reavaliada a cada seis meses, conforme o art. 121, § 2º, do E.C.A." (TJ-SP, Rel. Des. Aniceto Aliende, *JTJ* 143/110).

8.8. "INTERNAÇÃO – Medida sócio educativa – Internação – Fixação pelo prazo de 02 (dois) anos – Inadmissibilidade – Medida que não comporta prazo determinado – Art. 121, § 2º, do E.C.A." (TJ-SP – Ac. nº 15.229-0, Rel. Des. Sabino Neto).

8.9. "PROVA – Ato Infracional – Ausência de Provas – Aplicação do brocardo *in dubio pro reo*. Inadmissibilidade. Para aplicação da medida sócio-educativa, contenta-se o procedimento com a confissão do infrator que, *in casu*, vem alicerçada na apreensão da *res* e da arma utilizada na prática infracional. Recurso improvido." (TJSP – Ap. nº 33.890-0/7-00, Rel. Des. Rebouças de Carvalho. No mesmo sentido, Apelação nº 29.431-0/9, Rel. Des. Pereira da Silva).

8.10. "PROVA – Ato Infracional – Procedimento – Existência somente da confissão do adolescente em Juízo, na presença de seu Defensor, corroborando os elementos da fase inquisitorial – Procedimento regular – Recurso improvido." (TJ-SP – Apelação nº 27.868-0/8- Rel. Des. Cunha Bueno).

Capítulo II
Da Jurisdição Cível

1. GENERALIDADES

No âmbito do Estatuto da Criança e do Adolescente – Lei nº 8.069, de 13.7.1990 – o legislador pátrio frisou que a colocação do infante ou jovem em família substituta far-se-á mediante guarda, tutela ou adoção (art. 28). Destarte, na jurisdição cível e sob a égide do ECA, são possíveis 3 (três) tipos de pleitos: *a)* guarda; *b)* tutela; e *c)* adoção. Vejamos alguns despachos judiciais nas três modalidades.

2. CÍVEL – GUARDA – DESPACHO INICIAL DEFERINDO A GUARDA PROVISÓRIA E EM CARÁTER LIMINAR – CITAÇÃO DOS REQUERIDOS

Processo nº

Vistos, etc.

1. Considerando as circunstâncias e os fatos narrados no pedido inicial, nos termos dos arts. 33 *usque* 35, da Lei nº 8.069/1990, defiro liminarmente a guarda provisória da criança (ou adolescente) para os requerentes, sem prejuízo de ulterior revogação, a qualquer tempo (ver art. 153 do ECA, que autoriza, inclusive, a adoção de outras medidas e providências mais adequadas ao caso concreto).

2. Para que não haja alegação futura de ofensa ao princípio do devido processo legal e da oportunidade do amplo contraditório (CF, art. 5º, LIV e LV), citem-se os pais biológicos para contestarem o pedido no prazo de 15 (quinze) dias, ou para comparecerem em Juízo e assinarem termo de concordância perante a autoridade judiciária (Lei nº 8.069/1990, art. 166, pa-

rágrafo único, por extensão e analogia). Em qualquer hipótese, deverá ser feita a entrega de cópia da petição inicial ao(s) requerido(s).

3. Ao Estudo Social por Assistente Social do Juízo.

4. Diga o Ministério Público.

5. Intime-se.

Local e data

(a) Juiz de Direito

2.1. Cível – Guarda – Sentença em pedido de guarda

PODER JUDICIÁRIO
ESTADO DE SÃO PAULO

Processo nº

SENTENÇA

Vistos, etc.

1. Trata-se de pedido de guarda formulado por (...), qualificado(s) nas fls. 2, em relação ao adolescente "A" (*ou criança "A"),* nascido em (...) de (...) de (...), tendo o pleito fundamento jurídico nos arts. 33 e segs., da Lei nº 8.069/1990. Alegou(aram) o(s) requerente(s) que já tem(têm) a guarda de fato do adolescente "A" (*ou criança "A")* e por esta razão quer(em) a guarda de direito. Assinalou-se mais, na petição inicial, que os pais biológicos do adolescente (ou criança), de alguma forma se desinteressaram pelo jovem (*ou criança),* e o deixaram sem assistência adequada.

2. A POSIÇÃO DOS PAIS BIOLÓGICOS DO ADOLESCENTE (*OU CRIANÇA*):

Os pais do adolescente, Srs. (...) e (...), foram devidamente citados para contestar a ação (fls.), e não apresentaram qualquer impugnação ou interesse no desfecho da lide. Transcorreu em branco o prazo para a contestação (fls.) (*ou....Os genitores do menor assinaram termo de concordância quanto ao pedido inicial*).

3. O ESTUDO SOCIAL DO CASO

Minucioso e bem elaborado estudo social do caso não apontou irregularidades ou fatos que desaconselhassem o deferimento da guarda ao(s) requerente(s). A conclusão do relatório social foi no sentido de se deferir a guarda (fls.).

4. O PARECER DO MINISTÉRIO PÚBLICO

O digno Promotor de Justiça opinou no sentido do deferimento do pedido inicial (fls.).

5. A RELAÇÃO JURÍDICA PROCESSUAL

A relação jurídica processual se desenvolveu regularmente, tendo sido instaurado o contraditório com a citação dos pais biológicos, que, aliás, preferiram a revelia (*ou não contestaram a ação*) (fls.).

6. ESSE, O RELATÓRIO. A SOLUÇÃO DA JURISDIÇÃO COM FUNDAMENTAÇÃO

6.1. A Constituição Federal preceitua que *os pais têm o dever de assistir, criar e educar os filhos menores,* e os filhos maiores têm o dever de ajudar e amparar os pais na velhice, carência ou enfermidade (CF, art. 229). Em harmonia com o texto constitucional, o art. 22 da Lei nº 8.069/1990, dispõe que aos pais incumbe o dever DE SUSTENTO, GUARDA E EDUCAÇÃO dos filhos menores. O descumprimento injustificado dos deveres e obrigações a que alude o art. 22 da referida lei, implica para os pais biológicos a perda ou suspensão do pátrio poder (art. 24 da mesma Lei).

6.2. No caso vertente, os pais naturais ou biológicos do adolescente (*ou criança*)..., deixaram de assisti-lo e sustentá-lo, sabido que o jovem é menor de idade. Os genitores violaram, destarte, os deveres legais impostos no art. 229 da Constituição Federal e no art. 22 da Lei nº 8.069/1990. Por outro lado, devidamente citados para responderem ou contestarem o pedido de guarda, os pais biológicos ou naturais do adolescente (*ou criança*) preferiram a *revelia (ou, não aduziram impugnação, tendo assinado termo de concordância)*. Nenhuma prova produziram para infirmar a pretensão inicial (fls.).

6.3. O Estudo Social de fls. (...) *usque (...)*, bem como o parecer do digno representante do Ministério Público de fls., são no sentido de se deferir a guarda pleiteada. Destarte, à míngua de impugnação convincente de quem quer que seja, e considerando a opinião favorável da equipe técnica e do Curador-Geral, é procedente a ação. Não há necessidade de produção de provas em audiência.

6.4. Diga-se, por último, o adolescente foi entrevistado e manifestou o desejo de permanecer sob a guarda do(s) requerente(s) (fls.).

7. A CONCLUSÃO.

Ante o exposto, julgo procedente o pedido inicial e consequentemente defiro a guarda definitiva e por prazo indeterminado do adolescente "A" (*ou criança "A"*) para o(s) requerente(s) (...), tudo com fundamento nos arts. 33, 34 e 35, da Lei nº 8.069/1990, sem prejuízo de revogação a qualquer tempo. Lavre-se termo de guarda definitivo, intimando-se. Cumpra-se o art. 32 da citada lei (lavratura do termo).

P.R.I.C.

Local e data.

(a) Dr. Valdeci Mendes de Oliveira – Juiz de Direito

2.1.1. Cível – Guarda – Outro modelo de sentença

**PODER JUDICIÁRIO
ESTADO DE SÃO PAULO**

Processo Cível nº 0002/0001

SENTENÇA

Vistos, etc.

1. Trata-se de ação de guarda ajuizada por "X" e sua mulher "Y", em relação ao infante "R.S.", filho de "A" e pai ignorado (ou então filho de "A" e "B"), com fundamento na Lei nº 8.069/1990.

O(s) requerente(s) pretende(m) oferecer assistência e apoio ao menor, objetivando para tanto a guarda judicial conforme a Lei nº 8.069/1990.

2. O(s) pai(s) biológico(s) ou natural(is) do infante não contestou(ram) nem impugnou (ram) a ação [ver petição inicial de fls. (...), e/ou mandado de citação e certidão de fls. (...) e (...) dos autos]. Preferiu(ram) o silêncio, ou a adesão ao pedido.

3. Foi realizado estudo e relatório interprofissional do caso e o Laudo dos Técnicos do Juízo foi juntado nas fls. (...) dos autos.

4. O representante do Ministério Público manifestou nos autos e opinou pelo deferimento da guarda do infante aos requerentes (ver fls. ...).

5. ESSE, O SUCINTO RELATÓRIO. DECIDO.

5.1. A ação de guarda é procedente, já que o menor não pode ficar sem assistência e amparo de pessoa maior e capaz. Com efeito, o(s) pai(s) do menor não contestou(ram) nem impugnou(ram) a ação judicial (ver fls. ...). Preferiu(ram) o silêncio, ou a adesão ao pedido inicial, equivalendo, por exemplo, à revelia, donde a presunção de serem verdadeiros os fatos articulados na petição inicial (CPC, art. 319).

5.2. Por outro lado, o estudo e relatório interprofissional do caso, realizado pelos Técnicos do Juízo e reproduzido no Laudo de fls. (...) dos autos, apresentou conclusão no sentido de que a providência de guarda do infante em favor do(s) requerente(s) é vantajosa e benéfica para o referido menor. E, o digno Promotor de Justiça também opinou pelo deferimento da guarda conforme parecer de fls. (...).

5.3. Destarte, sem impugnação do(s) pai(s) biológico(s) do menor, e sem oposição do DD. Promotor de Justiça, antes com a concordância deste, o pedido de guarda é procedente nos termos do Laudo já mencionado.

6. DISPOSITIVO.

Ante o exposto, nos termos dos arts. 33 a 35 da Lei nº 8.069/1990, julgo procedente o pedido inicial e defiro a guarda do infante "R.S." para o(s) requerente(s) "A" e "B", sem prejuízo de revogação a qualquer tempo. Ficam vedadas alienações e onerações de bens do menor. Lavre-se termo de guarda definitivo, intimando-se. Cumpra-se o art. 32 do E.C.A. (lavratura do termo com restrições).

P.R.I.C.

Local e Data.

(a) Dr. Valdeci Mendes de Oliveira – Juiz de Direito

2.1.2. Cível – Guarda – 3ª espécie de modelo de sentença

PODER JUDICIÁRIO
ESTADO DE SÃO PAULO

Processo Cível nº
Partes:
A) Requerente (s):
B) Criança (s) e/ou Adolescente (s):
C) Pais biológicos:

SENTENÇA

Vistos, etc.

1. Trata-se de pedido de guarda formulado pelo(s) requerente(s) acima nomeado(s) em relação ao menor "X", objetivando-se dar amparo e assistência para o referido infante. O pedido foi fundamentado na Lei nº 8.069/1990.

2. Os pais biológicos do menor não ofereceram contestação ou impugnação ao pedido de guarda (ver fls. ...). Aliás, a paternidade não foi reconhecida conforme certidão de fls. ...

3. Foi determinado e realizado o Estudo Interprofissional do caso, com conclusão favorável à guarda (ver Laudo de fls. ...).

4. O Representante do Ministério Público manifestou nos autos e foi favorável à guarda solicitada (ver fls. ...).

5. ESSE, O SUCINTO RELATÓRIO. DECIDO.

Cuida-se de pedido de guarda de menor e não houve contestação ou impugnação dos pais biológicos, assim como não houve oposição do Ilustre Promotor de Justiça (ver fls. ...). Por outro lado, o Estudo Interprofissional do caso estabeleceu conclusão favorável à guarda solicitada (ver Laudo de fls. ...). Assim sendo, à míngua de impugnação de quem quer que seja, o pedido inicial é procedente. A guarda judicial, por ora, é a medida adequada para a proteção do infante, sem prejuízo de revogação a qualquer instante.

6. A CONCLUSÃO.

Ante o exposto, nos termos dos artigos 33 *usque* 35 da Lei nº 8.069/1990, JULGO PROCEDENTE o pedido inicial e defiro a guarda do menor "X" para o(s) requerente(s) (...), sem prejuízo de revogação a qualquer momento. Lavre-se termo de guarda (ECA, art. 32).

Publique-se. Registre-se. Intime-se. Cumpra-se.

Local e Data.

(a) Dr. Valdeci Mendes de Oliveira – Juiz de Direito

2.2. NOTA JURISPRUDENCIAL CÍVEL

2.2.1. "MEDIDA CAUTELAR – Busca e apreensão de menor requerida pelos pais adotivos. Criança que, a despeito de ordem judicial contrária, ficou com a mãe biológica e sob os cuidados desta, por mais de 8 (oito) anos. Prejuízos psicológicos evidentes na alteração abrupta da guarda da menor. Recurso não provido." (Ap. Cív. nº 257.248-1- Araraquara, 3ª CDPriv. TJSP, Rel. Des. Alfredo Migliore, j. em 28.5.1996, v.u.).

2.2.2. "O menor relativamente incapaz não é proibido de reconhecer a paternidade em declaração para o assento de nascimento." (*RT* 543/89). No *DOE* de 2.2.2000, em acórdão de 31 de janeiro de 2000, sendo Relator o Des. Luiz de Macedo, invocou-se lição de Pontes de Miranda no seguinte sentido: "A Lei nada explica sobre a capacidade requerida para reconhecer filho ilegítimo; mas é de crer-se que se não apliquem à espécie as regras relativas à capacidade de exercer os demais atos da vida civil."... Não se trata de contrato, mas de simples declaração unilateral de vontade, com o conteúdo de comunicação de fato. Quaisquer pessoas podem reconhecer, inclusive: a) o menor de vinte e um anos e maior de dezesseis anos, ainda que sem a *venia aetatis* e sem assentimento do pai ou do tutor... (in *Tratado de Direito Privado*, Tomo IX, Revista dos Tribunais, 4ª ed., 1983, págs. 78/79)". *Obs*: Veda-se o reconhecimento de filho ao absolutamente incapaz, salvo com autorização judicial, e permite-se o reconhecimento espontâneo de filho natural por menor relativamente incapaz, por testamento ou perante o Oficial do Registro Civil, mesmo sem assistência dos pais, havendo tal necessidade de consentimento dos genitores apenas quando o reconhecimento for por escritura pública (*DOE* de 2.2.2000, Protocolado nº 630/2000-Jaú-SP, relator o Des. Luis de Macedo, Corregedor Geral de Justiça).

2.2.3. "MENOR – Guarda – Filhos da companheira – Concessão – Admissibilidade – Hipótese em que a guarda será exercida pelo requerente e sua companheira, que continuará no exercício do pátrio poder – Recurso provido." (TJ-SP – 7ª Câmara de Direito Privado, Apelação Cível nº 204.527-4/7-Pompéia-SP – Rel. o Des. Leite Cintra, acórdão de 10.10.2001).

Constou do v. acórdão o seguinte:

"Como se depreende do relatório acima, o requerente, que é viúvo e que vive em companhia da mãe dos menores, que também é viúva, pretende a guarda dos filhos de sua companheira... A questão é singela. Não é caso de observar o critério de legalidade estrita. A guarda será exercida pelo requerente e sua companheira, que continuará no exercício do pátrio poder. E mais. Se é possível, nos termos do Estatuto da Criança e do Adolescente, a um dos concubinos adotar o filho do outro, também é possível o menos, ou seja, apenas a guarda. Quem pode o mais, pode o menos. Seria o caso de guarda excepcional prevista no § 2º, do art. 33 do E.C.A." (Rel. Des. Leite Cintra). *Obs: Trata-se de guarda para pessoas que ocupam ou residem no mesmo teto.*

2.2.4. "PAIS SEPARADOS DE FATO – Guarda conferida à mãe, que organiza nova família com terceiro – Pedido de destituição do pátrio poder – Inadmissibilidade – Concessão, todavia, da guarda conjunta dos menores à mãe e seu companheiro." (*RT* 552/70, TJ-SP – 2ª Câmara, Rel. Desembargador João Del Nero). *Obs: Novamente trata-se de guarda para pessoas que ocupam ou residem no mesmo teto.*

2.2.5. "GUARDA – Competência – Interesses – Menor. No caso, os interesses da menor serão verificados com mais afinco no foro em que está residindo, no Juízo suscitado, tendo em vista já ter este deferido a guarda provisória em favor da requerente, sua tia, que acolheu a menor e tomou providências necessárias para o seu sustento. Ademais, a requerida, mãe da menor, já não detinha sua guarda legal, mas apenas de fato, porque, na separação judicial, foi deferida a guarda ao seu genitor. A Turma conheceu do conflito, para declarar competente o Juízo do lugar onde está a criança." (CC nº 34.577-MG, Rel. Min. Carlos Alberto Menezes Direito, j. em 14.8.2002).

3. HIPÓTESE DE INDEFERIMENTO DE PETIÇÃO INICIAL DE AÇÃO DE GUARDA COMPARTILHADA PROPOSTA POR AVÓS E A MÃE BIOLÓGICA DO INFANTE

PODER JUDICIÁRIO
ESTADO DE SÃO PAULO

Processo Cível nº (...)

SENTENÇA

Vistos, etc.

1. Trata-se de Ação de Guarda Compartilhada-conjunta proposta pelos avós paternos "X" e "Y", em relação ao neto " K.L", com a aquiescência da mãe biológica "J.M", todos qualificados nos autos.

2. Sem embargo ao esforço do nobre patrono dos autores, *data venia*, é caso de indeferimento da petição inicial por impossibilidade jurídica do pedido e por falta de legitimidade ou interesse processual para a causa.

3. Em primeiro lugar, convém frisar, nem o Código Civil Brasileiro de 2002, nem o Estatuto da Criança e do Adolescente (Lei nº 8.069/1990), fizeram a previsão expressa da guarda compartilhada-conjunta (máxime em prol de pessoas com residências diferentes), e nem poderiam fazê-lo em virtude do próprio conjunto sistemático de regras adotadas no Direito pátrio. Assim sendo, já à míngua de regras expressas sobre a guarda compartilhada, não haveria como aceitá-la em processo judicial e assim mitigar os rigores no trato de direitos indisponíveis como são os ligados aos menores e à família (poder familiar).

4. Em segundo lugar, diga-se que, os institutos jurídicos da "Guarda", como o da Tutela e o da Adoção, são remédios jurídicos de configuração **da chamada família substituta (E.C.A., art. 28)**. Vale dizer, defere-se a guarda quando há necessidade de família substituta para o infante. Assim sendo, somente se coloca em família substituta um menor que realmente necessite de assistência material, moral e educacional por omissão ou impedimento temporário dos pais, porque **como regra geral** toda criança e adolescente tem direito de ser criada no seio de sua família natural, **e só excepcionalmente em família substituta (E.C.A, art. 19)**. A guarda é medida de exceção, porque o natural é o menor com a família originária e sem repartição de poderes ou direitos com terceiros. Afinal, o poder familiar é indivisível e intransferível.

Ora, no caso vertente, o menor "K.L.", com 8 (oito) anos de idade, não se encontra em situação de carência absoluta, nem é caso de destituição do pátrio poder dos pais biológicos. Aliás, o referido menor encontra-se residindo com sua mãe biológica e sempre está em contato com os avós paternos, tudo conforme narrado pelos próprios autores na peça exordial. Se a genitora, temporariamente, não pode exercer a guarda, então poderá concordar que a **guarda exclusiva** seja deferida aos avós paternos, assegurando-lhe o amplo direito de visitas. Afinal, a guarda é sempre transitória e revogável. O que não se admite juridicamente é a existência de três ou mais guardiões do infante, bem como a repartição da guarda do filho com terceiros. A situação se agrava e se torna impraticável também com a guarda para pessoas com residências diferentes.

5. De modo que, a par de não poder a mãe biológica fracionar com terceiros quaisquer dos direitos sobre os filhos biológicos, notadamente para inseri-los em família substituta que somente deverá aparecer em casos excepcionais, verifica-se mais uma vez que o próprio Código Civil de 2002 e o Estatuto da Criança e do Adolescente não fizeram a previsão expressa da guarda compartilhada ou conjunta com terceiros, que, aliás, poderia ser uma sementeira de discórdias e de demandas judiciais. Afinal, o guardião pode se opor até aos pais biológicos conforme prescreve o art. 33 do E.C.A. Confira-se: "A guarda obriga à prestação de assistência material, moral e educacional à criança ou adolescente, conferindo a seu detentor o direito de opor-se a terceiros,

inclusive aos pais". Destarte, a guarda merece ser estimulada para o jovem órfão ou abandonado pelos pais ou pela família conforme art. 34 do E.C.A, e não no caso dos autos. Acentue-se que um acréscimo de conforto material ou econômico para o menor não justifica a guarda para terceiros. O menor tem sempre direito à família originária e natural. Anoto que, comparativamente falando, ninguém pode ser adotado por duas pessoas, salvo se forem marido e mulher, ou se viverem em união estável (CC, art. 1.622). Logo, não existe a hipótese de três guardiões, o que certamente geraria uma sementeira de discórdias.

6. Por último, alguns aspectos práticos também não recomendariam a guarda compartilhada, como por exemplo: a) Qual seria o domicílio do menor para fins de responder por direitos e obrigações? b) Qual dos guardiões administraria os bens do menor e qual deles, por exemplo, receberia rendimentos ou benefícios econômicos e daria quitação? c) Qual dos guardiões faria aplicações do dinheiro ou rendas do menor? **Em suma, em nome da unidade e uniformidade de padrões educacionais, bem como da segurança e estabilidade emocional do menor,** a guarda compartilhada não é aconselhável e prevista expressamente na Legislação Nacional. Apenas acréscimos de confortos materiais ou econômicos para o menor não justificam a guarda compartilhada. Os direitos inerentes ao poder familiar são indisponíveis, intransferíveis e insuscetíveis de transação, máxime quando não se está em situação excepcional de busca de família substituta para um menor abandonado ou maltratado.

7. Observo, finalmente, que a ajuda humanitária dos avós em prol do neto poderá sempre ocorrer sem a necessidade da guarda jurídica, bastando a solidariedade parental e afetiva natural. Ou então, preferindo, poderá a mãe biológica consentir na guarda exclusiva para os avós por um determinado período, e depois pedir a revogação, já que a guarda é sempre revogável. O que não é admissível é a existência de três ou mais guardiões do infante, criando instabilidade ou insegurança emocional e psíquica para o próprio menor. Apenas para constar, o que pode ser ampliado em determinados casos é o próprio direito de visitas.

8. Destarte, nos termos do art. 267, inciso VI, c/c art. 295, inciso III, e parágrafo único, inciso III, todos do Código de Processo Civil, INDEFIRO A PETIÇÃO INICIAL, e portanto, declaro extinto o processo sem julgamento de mérito. Publique-se. Registre-se. Intime-se. Comunique-se. Arquive-se, após a conferência nos termos da Portaria nº 01/2003 do Juízo.

Local e Data.

(a) Dr. Valdeci Mendes de Oliveira
Juiz de Direito

4. SEGUNDA HIPÓTESE DE INDEFERIMENTO DE PETIÇÃO INICIAL DE AÇÃO DE GUARDA COMPARTILHADA-CONJUNTA, PROPOSTA POR EX-COMPANHEIRO DA MÃE BIOLÓGICA DO MENOR, QUE JÁ SE ENCONTRA CASADO COM OUTRA MULHER, ESTANDO A REFERIDA GENITORA TAMBÉM EM UNIÃO ESTÁVEL COM OUTRO HOMEM. INADMISSIBILIDADE DA GUARDA COMPARTILHADA DE MENOR ENTRE DUAS PESSOAS DE TETOS E FAMÍLIAS DIFERENTES, QUE NÃO SÃO CÔNJUGES NEM CONVIVENTES

PODER JUDICIÁRIO
ESTADO DE SÃO PAULO

Processo Cível nº (...)

SENTENÇA

Vistos, etc.

1. Trata-se de Ação de Guarda Compartilhada-conjunta proposta pelo Sr. "X", em relação ao menor "Y", com a aquiescência da mãe biológica "J.M". O requerente alegou que foi ex-companheiro da mãe biológica do menor e por isso mesmo nutre grande afeto pelo infante, conquanto não viva mais ao lado da referida genitora do menor. Aliás, o requerente já tem nova companheira, e a mãe do menor também já vive em união estável com outro homem. Destarte, como o menor "Y", com 11 anos de idade, não foi reconhecido pelo verdadeiro pai biológico – é filho de pai ignorado – pretende o requerente a guarda compartilhada com a mãe natural, embora não viva no mesmo teto com a referida mãe biológica do infante.

2. Sem embargo ao esforço do nobre patrono dos autores, *data venia*, é caso de indeferimento da petição inicial por impossibilidade jurídica do pedido e por falta de legitimidade ou interesse processual para a causa.

3. Em primeiro lugar, convém frisar, nem o Código Civil Brasileiro de 2002, nem o Estatuto da Criança e do Adolescente (Lei nº 8.069/1990), fizeram a previsão expressa da guarda compartilhada-conjunta (máxime em prol de pessoas com residências diferentes), e nem poderiam fazê-lo em virtude do próprio conjunto sistemático de regras adotadas no Direito pátrio. Assim sendo, já à míngua de regras expressas sobre a guarda compartilhada, não haveria como aceitá-la em processo judicial e assim mitigar os rigores no trato de direitos indisponíveis como são os ligados aos menores e à família (poder familiar).

4. Em segundo lugar, diga-se que, os institutos jurídicos da "Guarda", como o da Tutela e o da Adoção, são remédios jurídicos de configuração **da chamada família substituta (E.C.A., art. 28)**. Vale dizer, defere-se a guarda quando há necessidade de família substituta para o infante. Assim sendo, somente se coloca em família substituta um menor que realmente necessite de assistência material, moral e educacional por omissão ou impedimento temporário dos pais, porque **como regra geral** toda criança e adolescente tem direito de ser criada no seio de sua família natural, **e só excepcionalmente em família substituta (E.C.A, art. 19).** A guarda é medida de exceção, porque o natural é o menor com a família originária e sem repartição de poderes ou direitos com terceiros. Afinal, o pátrio poder, ou o poder familiar, é indivisível e intransferível.

Ora, no caso vertente, o menor "Y", com 11 anos de idade, não se encontra em situação de carência absoluta, nem o autor "X" é o cônjuge ou companheiro da mãe do infante, e nem está o referido autor pedindo a destituição do pátrio poder (ou poder familiar) de qualquer dos pais biológicos. Vai daí que, não se tem nos autos um caso, por exemplo, de adoção unilateral prevista no art. 41, § 1º, do Estatuto da Criança e do Adolescente, até porque o autor não convive com a mãe do menor "Y". Aliás, o autor não formulou mesmo pedido expresso de adoção, e pelo que consta da petição inicial, o aludido autor vive em união estável com a Senhora "E.B.L.", e a mãe biológica do menor também vive em união estável com "R.C.P.", com quem tem 02 filhos naturais conforme Laudo-Relatório de fls. (...) dos autos.

Nesse caso, o requerente não vive no mesmo teto com a mãe do menor (não é cônjuge nem companheiro), e portanto, o direito da mãe biológica sobre o filho menor não comporta fracionamento com terceiros, até porque o pátrio poder, ou o poder familiar, é um direito indisponível que não pode ser objeto de transação, dação, ou acordo dos pais biológicos. O menor, no caso dos autos, não está em situação de exposição para uma família substituta, tendo direito, portanto, de viver e ser criado no seio da família natural conforme art. 19 do E.C.A.

5. De modo que, a par de não poder a mãe biológica fracionar com terceiros quaisquer dos direitos sobre os filhos menores biológicos, notadamente para inseri-los em família substituta que somente deverá aparecer em casos excepcionais, verifica-se mais uma vez que o próprio Código Civil de 2002 e o Estatuto da Criança e do Adolescente não fizeram a previsão expressa da guarda compartilhada ou conjunta com terceiros, que, aliás, poderia ser uma sementeira de discórdias e de demandas judiciais. Afinal, o guardião pode se opor até aos pais biológicos conforme prescreve o art. 33 do E.C.A. Confira-se: "A guarda obriga à prestação de assistência material, moral e educacional à criança ou adolescente, conferindo a seu detentor o direito de opor-se a terceiros, inclusive aos pais". Destarte, a guarda merece ser estimulada para o jovem órfão ou abandonado pelos pais ou pela família conforme art. 34 do E.C.A, e não no caso dos autos. Acentue-se que um acréscimo de conforto material ou econômico para o menor não justifica a guarda compartilhada com ou para terceiros. O menor tem sempre direito à família originária e natural. Os demais aspectos de confortos materiais retratados no Laudo de fls. (...) dos autos não justificam a guarda compartilhada com terceiros, e tais benefícios poderão continuar sendo objeto de solidariedade humana por parte do autor "X".

Anoto ainda que, comparativamente falando, ninguém pode ser adotado por duas pessoas, salvo se forem marido e mulher, ou se viverem em união estável (CC, art. 1.622). Ora, no caso dos autos, o requerente "X" não é casado nem vive em união estável com a mãe biológica do menor "Y". Ou seja, o autor "X" convive com a esposa "E.B.L.", e a mãe biológica do menor, a Senhora "J.M" convive com "R.C.P.". De modo que, se duas pessoas que não são casadas nem vivem em união estável não podem adotar outra pessoa, segue-se que, também não podem ter a guarda compartilhada de infante que estaria na posição de uma quase adoção simulada de pessoas não casadas ou conviventes e que residem em lugares diferentes. Logo, não existe juridicamente a hipótese de dois ou três guardiões de menor com domicílios diferentes e famílias distintas, o que certamente geraria uma sementeira de discórdias.

6. Por último, alguns aspectos práticos também não recomendariam a guarda compartilhada com terceiro, como por exemplo: a) Qual seria o domicílio do menor para fins de responder por direitos e obrigações? b) Qual dos guardiões administraria os bens do menor e qual deles, por exemplo, receberia rendimentos ou benefícios econômicos e daria quitação? c) Qual dos guardiões faria aplicações do dinheiro ou rendas do menor? **Em suma, em nome da unidade e uniformidade de padrões educacionais, bem como da segurança e estabilidade emocional do menor,** a guarda compartilhada não é aconselhável e prevista expressamente na Legislação Nacional. Apenas acréscimos de confortos materiais ou econômicos para o menor não justificam a guarda compartilhada. Os direitos inerentes ao poder familiar são indisponíveis, intransferíveis e insuscetíveis de transação, máxime quando não se está em situação excepcional de busca de família substituta para um menor abandonado ou maltratado.

7. Observo, finalmente, que a ajuda humanitária do Autor em prol do menor poderá sempre ocorrer sem a necessidade da guarda jurídica, bastando a solidariedade humana e a afeição natural, como ocorre, por exemplo, com os "padrinhos". Ou então, preferindo, poderá a mãe biológica, em caso de necessidade, consentir na guarda exclusiva para o Autor por um determinado período, e depois pedir a revogação, já que a guarda é sempre revogável e sujeita à análise da autoridade judicial. O que não é admissível é a guarda compartilhada de menor entre pessoas não conviventes e "não cônjuges" e com famílias e domicílios distintos, criando instabilidade ou insegurança emocional e psíquica para o próprio menor. Apenas para constar, o que pode ser ampliado em determinados casos é o próprio direito de visitas.

8. Destarte, nos termos do art. 267, inciso VI, c/c art. 295, inciso III, e parágrafo único, inciso III, todos do Código de Processo Civil, INDEFIRO A PETIÇÃO INICIAL, e portanto, declaro extinto o processo sem julgamento de mérito. Publique-se. Registre-se. Intime-se. Comunique-se. Arquive-se, após a conferência nos termos da Portaria nº 01/2003 do Juízo.

Marília, data.

(a) Dr. Valdeci Mendes de Oliveira
Juiz de Direito.

5. CÍVEL – ADOÇÃO – DESPACHO INICIAL EM PEDIDO DE ADOÇÃO

Processo Cível nº

Vistos, etc.

1. Nos termos dos arts. 24, 158 e 166, parágrafo único, da Lei nº 8.069/1990, citem-se os requeridos para, querendo, contestar o pedido no prazo de 10 (dez) dias, ou então para comparecerem ao Fórum em qualquer dia de expediente normal, após 13h., e assinarem o termo de concordância com a adoção. Em qualquer hipótese, deverá ser feita a entrega da cópia da petição inicial aos requeridos.

2. Ao Estudo Social, pelo Setor Técnico.

3. Se for o caso, defiro a guarda provisória para os requerentes, sem prejuízo de revogação a qualquer tempo (ECA, arts. 33 *usque* 35) (*se houver motivo grave... "Nos termos do art. 157 do ECA, decreto liminarmente a suspensão do pátrio poder, até o julgamento definitivo da causa"*).

4. Diga o Ministério Público.

5. Intime-se.

Local e data

(a) Juiz de Direito

5.1. CÍVEL – ADOÇÃO – SENTENÇA DE ADOÇÃO

PODER JUDICIÁRIO
ESTADO DE SÃO PAULO

Processo Cível nº

SENTENÇA

Vistos, etc.

1. Trata-se de pedido de adoção formulado por (...) e sua mulher (...), qualificados nas fls. 2, em relação à criança "A", nascida em (...) de (...) de (...), filho de (...), e pai ignorado (fls.). Em síntese, ponderaram os requerentes que resolveram adotar a criança porque há desinteresse completo dos pais naturais ou biológicos do infante em zelar pela sorte deste. Assim, nos termos da Lei nº 8.069/1990 (ECA), pedem os referidos requerentes a adoção, com destituição do pátrio poder ou poder familiar dos pais naturais.

Com a petição inicial vieram os documentos de fls., como procuração, certidões de casamento e nascimento, etc.

2. A POSIÇÃO DOS PAIS NATURAIS DA CRIANÇA

O pai biológico ignorou a criança (fls.), isto é, não houve reconhecimento da paternidade, e a mãe natural, devidamente citada, não contestou a ação (fls.). Preferiu a revelia.

3. O ESTUDO SOCIAL DO CASO

Minucioso e detalhado relatório social do caso, elaborado por profissional qualificada e credenciada do Foro local, recomendou e aconselhou a adoção do infante em favor dos requerentes (fls.).

4. O PARECER DO MINISTÉRIO PÚBLICO

O Digno Promotor de Justiça opinou no sentido do deferimento do pedido de adoção, salientando as condições favoráveis que os autos revelavam (fls.).

5. INCIDENTES PROCESSUAIS

5.1. Não existiram incidentes dignos de nota processual. (*Ou então* ...).

5.1. Inicialmente foi citada a mãe biológica da criança, posto que o pai é desconhecido, não havendo paternidade reconhecida (fls.). O Oficial de Justiça constatou que a mãe biológica da criança aparentava sofrer de alguma anomalia psíquica (fls.). O relatório social também detectou a anormalidade (fls.). Em virtude da anomalia psíquica da mãe da criança, foi exarado o seguinte despacho nas fls.: "NOS TERMOS DO ART. 218, § 1º, DO CÓDIGO DE PROCESSO CIVIL, NOMEIO MÉDICO PARA EXAMINAR A REQUERIDA E CONSTATAR A DEMÊNCIA, O DR. (...) LAUDO EM 5 (CINCO) DIAS. O PERITO, DENTRO DE 5 (CINCO) DIAS DA INTIMAÇÃO, EXAMINARÁ A CITANDA, MARCANDO LOCAL E DATA PARA SER INTIMADA PELO JUÍZO. RECONHECIDO O ESTADO ANORMAL, SERÁ NOMEADA CURADORA A MÃE DA CITANDA, E NOVA CITAÇÃO À CURADORA DEVERÁ SER FEITA (ART. 218, §§ 2º e 3º, DO CPC)".

Compromissado o médico, sobreveio o sucinto laudo de fls., constatando-se um certo rebaixamento mental da requerida. Então, foi exarado novo despacho nas fls., do seguinte teor: "NOMEIO CURADORA DA REQUERIDA..., A SUA PRÓPRIA MÃE, DONA (...) (FLS.). INTIME-SE PARA LAVRATURA DE TERMO PROVISÓRIO. A SEGUIR, SEJA FEITA NOVA CITAÇÃO NA PESSOA DA CURADORA NOMEADA, A QUEM INCUMBIRÁ A DEFESA DA RÉ (ART. 218, §§ 1º, 2º, e 3º, DO CPC)".

Devidamente citada, a curadora da requerida não exibiu contestação (fls.). As partes, então, pediram a procedência da ação de adoção.

6. ESSE, O SUCINTO RELATÓRIO. A SOLUÇÃO DA JURISDIÇÃO COM FUNDAMENTAÇÃO

6.1. Pela dicção do art. 229 da Constituição Federal, c/c os arts. 22 e 24 da Lei nº 8.069, de 13.7.1990 (ECA), observa-se que realmente os pais biológicos ou naturais da criança (...) descumpriram elementares deveres paternos e maternos, sendo de inteira procedência o pedido de adoção com destituição do pátrio poder formulado pelos requerentes. Com efeito, devidamente assegurado o princípio do contraditório e da ampla defesa no presente processo, com regular citação dos pais naturais (fls.), NÃO HOUVE QUALQUER IMPUGNAÇÃO CONVINCENTE E SUSTENTADA EM PROVAS IDÔNEAS PARA DESQUALIFICAR O PEDIDO DOS REQUERENTES.

6.2. O Relatório Social de fls., demonstra que a criança, antes em situação precária e indefinida, atualmente encontra-se com os requerentes em condições satisfatórias de vida e bem adaptada ao novo lar. A adoção, no caso vertente, representa reais vantagens para o adotado, tanto que o Ministério Público também concordou com o pedido inicial (fls.). Destarte, à mingua de contestação sustentada em provas idôneas, e considerando o parecer favorável da Assistente Social e do Nobre Promotor de Justiça, o caso é de julgamento antecipado da lide, com o conseqüente decreto de procedência da ação.

6.3. Autorizo a mudança do nome da criança para (...) (fls.). Deve ser cumprido integralmente o art. 47 e §§, da Lei nº 8.069/1990. Dispensa-se o estágio de convivência, conforme o art. 46, § 1º, da citada lei. A sentença deve ser inscrita no registro civil, por mandado, *cancelando-se* o registro original, lavrando-se um outro com os nomes dos requerentes como pais da criança, e os nomes dos ascendentes daqueles como avós do infante. São aplicáveis, neste caso, os arts. 41 e 43 do Estatuto da Criança e do Adolescente.

7. A CONCLUSÃO

Ante o exposto, julgo procedente o pedido e concedo aos requerentes (...) e sua mulher (...), a adoção da criança (...), ficando os pais naturais ou biológicos destituídos do pátrio poder. Expeça-se mandado, conforme determinado no item 6.3. supra, cumprindo-se integralmente o art. 47 e §§ da Lei nº 8.069/1990.

P.R.I.C.

Local e data

(a) Dr. Valdeci Mendes de Oliveira

Juiz de Direito

5.2. CÍVEL – ADOÇÃO UNILATERAL – HIPÓTESE PREVISTA NO ART. 41, § 1º, DO ECA – DESPACHO INICIAL NA ADOÇÃO UNILATERAL

Processo Cível nº

Vistos, etc.

1. Nos termos do art. 166, parágrafo único, da Lei nº 8.069/1990, cite-se a requerida para, querendo, contestar o pedido em 10 (dez) dias, ou então para comparecer ao Fórum em qualquer dia de expediente normal, após 13h., a fim de assinar o termo de concordância, observado o art. 41, § 1º, da referida lei.

2. Ao Estudo Social.
3. Após, diga o Ministério Público.
4. Intime-se.
Local e data
(a) Juiz de Direito

5.3. Adoção Unilateral – Sentença

**PODER JUDICIÁRIO
ESTADO DE SÃO PAULO**

Processo Cível nº

SENTENÇA

Vistos, etc.

1. Trata-se de pedido de adoção formulado por (...) em relação à criança "A", nascida em (...) de (...) de (...), filha de (...), e pai ignorado. Alegou o requerente que contraiu matrimônio com a mãe da criança em data de (...) de (...) de (...), e, portanto, já tem a guarda de fato da infante, desejando, agora, concretizar a adoção, consoante o art. 41, § 1º, da Lei nº 8.069/1990 *combinado com o art. 1.626, parágrafo único, do Código Civil de 2002.*

Com a petição inicial vieram os documentos de fls., como procurações, certidões de nascimento e casamento das partes.

2. A MANIFESTAÇÃO DA MÃE NATURAL DA CRIANÇA SOBRE A ADOÇÃO

Em audiência formal, por termo nos autos, a mãe da criança, Sra. (...), concordou com o pedido de adoção, desde que, mantido também para si o pátrio poder ou poder familiar (fls.).

3. O ESTUDO SOCIAL DO CASO

Minucioso e detalhado relatório social elaborado por profissional qualificada e credenciada do Juízo local, recomendou e aconselhou a concessão da adoção ao requerente (fls.).

4. O PARECER DO MINISTÉRIO PÚBLICO

O digno Promotor de Justiça também opinou pela concessão da adoção (fls.).

5. ESSE, O SUCINTO RELATÓRIO. A SOLUÇÃO DA JURISDIÇÃO COM FUNDAMENTAÇÃO

5.1. O requerente da adoção convolou justas núpcias com a mãe da criança a ser adotada, e isso está comprovado pela certidão de fls.. A mãe natural ou biológica da criança, por termo nos autos, concordou expressamente com o pedido de adoção (fls.). O pai natural da criança, ignorou-a (fls.). O relatório social trouxe considerações satisfatórias ao deferimento da adoção, e por isso, o Ministério Público também não foi contrário ao pedido (fls.). Não há, pois, impugnação de qualquer interessado, e a adoção realmente trará reais vantagens para a criança. A mãe natural conservará o pátrio poder.

5.2. O pedido inicial, destarte, é procedente, ficando autorizada a mudança do nome da criança para (...), devendo ser cumprido integralmente o art. 47 da Lei nº 8.069/1990 (Estatuto da Criança e do Adolescente).

6. A CONCLUSÃO.

Ante o exposto, julgo procedente o pedido formulado por (...) e na conformidade do disposto no art. 41, § 1º, da Lei nº 8.069/1990 c/c art. 1.626, parágrafo único, do Código Civil, defiro a adoção que pleiteou em relação à criança "A", ficando autorizada a expedição de mandado e averbação, conforme o art. 47 e §§ da citada lei. A mãe natural da criança, Sra. (...), também conservará o pátrio poder ou poder familiar. Observar-se-á o item 5.2. supra. Constarão os nomes dos ascendentes do adotante como avós da criança.

P.R.I.C.

Local e data

(a) Dr. Valdeci Mendes de Oliveira – Juiz de Direito

5.4. NOTAS E JURISPRUDÊNCIAS SOBRE ADOÇÃO

5.4.1. "A Lei nº 10.421, de 15 de abril de 2002, acrescentou o art. 392-A na CLT e o art. 71-A na Lei Previdenciária de nº 8.213/1991, estendendo à mãe adotiva o direito ao salário maternidade e o direito à licença maternidade por 120 dias no caso de adoção de criança até um (01) ano de idade, ou 60 dias se a criança tiver mais de 01 ano até 04 anos de idade, ou 30 dias se a criança tiver mais de 04 anos até 08 anos."

5.4.2. "ADOÇÃO – Indeferimento de inscrição de pessoa com quase 70 anos de idade no cadastro de pessoa apta à adoção. Estatuto da Criança e do Adolescente que não elege a idade como fator impeditivo à adoção. Princípio da dignidade da pessoa humana que não permite ao Judiciário traçar o destino da pretendente à adoção rotulando-a como em idade adequada para ser avó. Ausência de impedimentos materiais e morais. Recurso provido." (TJ-SP – Câmara Especial, Ac. nº 96.918-0/7-00-SP – Rel. Des. Moura Ribeiro, j. em 18.11.2002, v.u, in *Boletim da AASP* nº 2345, de 15 a 21 de dezembro de 2003, pág. 2893).

6. CÍVEL – DESTITUIÇÃO OU SUSPENSÃO DO PÁTRIO PODER OU PODER FAMILIAR – DESPACHO EM PEDIDO DE DESTITUIÇÃO OU SUSPENSÃO DO PÁTRIO PODER

Processo Cível nº

Vistos, etc.

1. O procedimento para decretação da perda ou suspensão do pátrio poder obrigatoriamente será um "procedimento provido do contraditório" (Lei nº 8.069/1990, art. 24).

2. Nos termos do art. 158 da Lei nº 8.069/1990, cite-se o requerido para, querendo, contestar a ação no prazo de 10 (dez) dias. Não sendo contestado o pedido, o Ministério Público emitirá parecer e os autos deverão vir conclusos para a sentença (art. 161).

3. Sendo o caso, nos termos do art. 157, defiro a medida liminar de suspensão do pátrio poder, ficando a guarda deferida para (...). Lavre-se o termo, sem prejuízo de revogação a qualquer tempo.

4. O Juiz pode adotar em cada caso concreto as providências que julgar necessárias (ECA, art. 153). Por ora, determino o Estudo Social. Após, diga o Ministério Público.

5. Intime-se.

Local e data

(a) Juiz de Direito

6.1. Jurisprudência

"PÁTRIO PODER – Destituição – Admissibilidade – Abandono configurado – Genitores afeitos ao vício do álcool – Exposição do menor a situação vexatória – Violação do art. 22 do ECA – Permanência em lar substituto determinada – Sentença mantida – Recurso não provido. O lar é uma escola, onde se preparam caracteres e se formam personalidades. É no lar que os filhos adquirem o sentimento de dignidade pessoal, de honestidade e de correção, que formam a tônica do homem de bem." (Ap. Cív. nº 26.598-0/8, de José Bonifácio, Câmara Especial, Rel. Des. Yussef Cahali, j. em 21.9.1995, v.u., in Boletim Inf. JUBI, nº 8, nov/1995).

7. CÍVEL – TUTELA – DESPACHO INICIAL

Processo Cível nº

Vistos, etc.

1. Cuida-se de pedido de tutela formulado por (...).

2. O deferimento da tutela pressupõe a prévia decretação da perda ou suspensão do pátrio poder. Inteligência do art. 36, parágrafo único, da Lei nº 8.069/1990. Por outro lado, na suspensão ou perda do pátrio poder, observar-se-á o procedimento contraditório (arts. 24 e 169 do ECA).

3. Assim sendo, nos termos do art. 158 do ECA, cite-se o requerido para, querendo, contestar a ação no prazo de 10 (dez) dias. Deverão ser esgotados todos os meios para a citação pessoal (art. 158, parágrafo único).

4. Diante dos argumentos expostos, defiro liminarmente a suspensão do pátrio poder e nomeio o requerente o guardião do menor, tudo nos termos do art. 157, c/c o art. 153 do ECA. Lavre-se termo de guarda, sem prejuízo de revogação a qualquer tempo.

5. Ao Estudo Social.

6. Diga o Ministério Público.

7. Intime-se.

Local e data

(a) Juiz de Direito

7.1. TUTELA CIVIL DE ÓRFÃO – SENTENÇA

Processo Cível nº

SENTENÇA

Vistos, etc.

1. Trata-se de pedido de Tutela ajuizado por "A" e sua mulher "B", em relação ao menor "C", com (...) anos de idade. Alegaram os requerentes que, com os falecimentos de "X" e "Y", genitores do menor, este ficou órfão e sem representantes legais. Daí o pedido para que os requerentes sejam os tutores do jovem.

2. Foi deferida a guarda provisória e incidental, nas fls., bem como determinado e realizado um Estudo Social perante os requerentes (fls.). O representante do Ministério Público lançou parecer favorável à tutela e aos requerentes (fls.).

3. ESSE, O SUCINTO RELATÓRIO. DECIDO.

3.1. Nos termos dos arts. 1.728, inciso I, 1.731, inciso II, 1.733, 1.742, 1.745, parágrafo único, 1.750, 1.755, 1.756 e 1.757, todos do Código Civil, c/c o art. 1.188 do Código de Processo Civil, a ação é procedente. Com efeito, o menor "C" é filho de "X" e "Y", ambos falecidos, conforme certidões de óbitos de fls. (*ou, o menor é filho de "X" e de pai ignorado, tendo aquela falecido, consoante certidão de óbito de fls.*). Destarte, o menor "C" ficou sem representantes legais. O Código Civil prescreve que os filhos menores serão postos em tutela *falecendo os pais* (CC/2002, art. 1.728, I). É essa a hipótese dos autos.

3.2. Pelo que consta dos autos, os requerentes são parentes do menor (*por exemplo, ele irmão e ela cunhada do infante*). O Estudo Social de fls. não revelou circunstâncias incompatíveis com a Tutela, antes foi favorável à assunção do encargo pelos requerentes. Por fim, o parecer do representante do Ministério Público também foi favorável à pretensão inicial (fls.). Assim sendo, pelo procedimento de *jurisdição voluntária*, e à mingua de impugnação dos interessados, o pleito é procedente. Todavia, a tutela só se defere a um tutor, tudo conforme art. 1.733, § 1º, do Código Civil.

4. DISPOSITIVO.

Ante o exposto, nos termos dos dispositivos legais já mencionados, e de acordo com os arts. 1.187 e 1.188 do Código de Processo Civil, JULGO PROCEDENTE o pedido inicial e nomeio O REQUERENTE "X", como tutor do menor "C", observando-se o art. 919 do CPC. O tutor não poderá alienar ou onerar por qualquer modo, quaisquer espécies de bens do menor, sejam móveis, imóveis ou de outra natureza, sem autorização judicial. Eventual pensão previdenciária em favor do menor deverá ser empregada em seu próprio benefício. Intime-se o tutor para prestar o compromisso legal, tudo conforme preceitua o art. 1.187, I, do CPC, devendo constar do termo as advertências acima arroladas.

P.R.I.C.

Local e data

(a) Dr. Valdeci Mendes de Oliveira
Juiz de Direito

7.2. TUTELA – JURISPRUDÊNCIA

7.2.1. "TUTELA – Neto menor – Deferimento – Pai falecido e mãe em lugar incerto e não sabido – Criança criada com a avó paterna desde tenra idade – Decisão ditada em benefício do menor – *Hipótese, ademais, em que a suspensão do pátrio poder da genitora e a concessão da tutela à requerente não fazem coisa julgada* – Recurso não provido" (*RJTJESP* 136/297). Do acórdão constou que *a ordem do art. 409 do Código Civil não é imperativa, mas relativa*. "E, note-se, ainda, que a decisão de suspender o pátrio poder da mãe e a conseqüente concessão da tutela, não fazem coisa julgada, como bem lembrou o ilustre magistrado, deixando consignada a possibilidade de esta assumir o comando de seus direitos, se assim o pretender, comparecendo em Juízo, desde que sem prejuízo da criança." (Rel. Des. Marcus Andrade).

7.2.2. "A curatela dos interditos se destina a proteger pessoas cuja incapacidade não resulta de idade. Assim, não pode ser requerida visando a interdição de menores." (*RT* 720/111).

8. AUTORIZAÇÃO PARA CRIANÇA OU ADOLESCENTE VIAJAR (ARTS. 83 A 85 DA LEI Nº 8.069, DE 13.7.1990)

8.1. NOTAS PRELIMINARES

Nenhuma criança poderá viajar para fora da *comarca* onde reside, *desacompanhada* dos pais ou responsável, sem expressa autorização judicial (Lei nº 8.069, de 1990, art. 83). Significa que poderá a criança viajar desacompanhada dos pais, mas com autorização judicial.

Todavia, a autorização judicial será dispensada, mesmo estando a criança desacompanhada dos pais, verificadas cumulativa e conjuntamente as seguintes hipóteses:

a) quando se tratar de viagem para comarca contígua à da residência da criança, e desde que na mesma *unidade da Federação (Estado),* ou incluída na mesma região metropolitana; e

b) para viagem aos referidos lugares mencionados no item *a* (comarca contígua e dentro da mesma unidade da Federação ou dentro da mesma região metropolitana), quando a criança estiver acompanhada: 1) de qualquer ascendente ou colateral maior, até o terceiro grau, comprovado documentalmente o parentesco; 2) de pessoa maior, expressamente autorizada pelo pai, mãe ou responsável (art. 83, § 1º, *a* e *b*).

Infere-se, portanto, que, *a contrariu sensu,* a autorização judicial de viagem será *necessária e indispensável, mesmo para os parentes do menor,* quando: *a)* a criança ou adolescente for viajar para comarca que *não seja contígua à de sua residência,* ou para outra unidade da Federação (Estado), desacompanhada de ambos os pais, podendo ser deferida a autorização, válida por 2 (dois) anos; e *b)* quando se tratar de viagem para o exterior. Mesmo nesta última hipótese – de viagem para o exterior – a autorização será *dispensável: a)* se a criança ou adolescente estiver acompanhado de *ambos os pais ou responsável legal (guardião de direito, tutor ou curador); b)* se a criança ou adolescente viajar na companhia de um dos pais, *autorizado expressamente pelo outro através de documento com firma reconhecida* (art. 84). Fora dessas duas últimas hipóteses de viagem ao exterior, a autorização judicial se torna necessária.

Nenhuma criança ou adolescente nascido no território nacional poderá sair do País em companhia de estrangeiro residente ou domiciliado no exterior, sem prévia e expressa autorização judicial (art. 85).

8.2. DESPACHO INICIAL EM PEDIDO DE AUTORIZAÇÃO DE VIAGEM

Processo nº

Vistos, etc.

1. Cuida-se de pedido de autorização de viagem formulado por "A" em relação à criança (*ou adolescente*) "B".

2. Inicialmente, determino que se tome por termo judicial a ratificação dos pais ou responsável legal quanto ao pedido inicial, fixando-se os motivos da viagem, o prazo e os endereços do domicílio e do lugar de permanência do menor fora da comarca. Lavre-se termo de ratificação, comparecendo pessoalmente os pais ou responsável para a subscrição.

3. Após, conclusos.

4. Intime-se.

Local e data

(a) Juiz de Direito

8.3. DESPACHO CONCESSIVO DA AUTORIZAÇÃO DE VIAGEM

Processo Cível nº

Vistos, etc.

1. Trata-se de pedido de autorização judicial para viagem de criança (*ou adolescente*).

2. O pedido inicial foi devidamente ratificado em Juízo pelos pais ou responsável legal (fls.), havendo esclarecimentos quanto aos motivos da viagem, prazo e os endereços do domicílio e do lugar de permanência do menor.

3. A autorização judicial de viagem é necessária, mesmo aos parentes do menor, quando:

a) a criança ou adolescente for viajar para comarca que não seja contígua à de sua residência, ou para outra unidade da Federação (Estado), desacompanhada de ambos os pais (*obs: se estiver acompanhada de ambos os pais, ou acompanhada por um dos pais com expressa autorização por escrito e com firma reconhecida do outro genitor, é dispensável a autorização judicial*); e

b) quando se tratar de viagem para o exterior. Mesmo nesta última hipótese – de viagem para o exterior – a autorização será *dispensável:* 1) se a criança ou adolescente estiver acompanhado de *ambos os pais ou responsável legal (guardião de direito, tutor ou curador);* 2) se a criança ou adolescente viajar na companhia de um dos pais, *autorizado expressamente pelo outro através de documento com firma reconhecida* (art. 84). Fora dessas duas hipóteses de viagem ao exterior, a autorização judicial se torna necessária.

4. No caso vertente, está presente a hipótese de exigência da autorização judicial de viagem que se enquadra no item *3a, acima (ou 3b1 ou 3b2).* Defiro, pois, a autorização de viagem porque o próprio pai (*ou mãe*) foi quem formulou o pedido e ratificou em Juízo.

5. Expedida a autorização, arquive-se.

Local e data

(a) Juiz de Direito

8.4. Hipótese de indeferimento de autorização de viagem de criança para o exterior – Sentença e acórdão

8.4.1. Sentença de indeferimento

PODER JUDICIÁRIO
ESTADO DE SÃO PAULO

Processo Cível nº (...)

SENTENÇA

Vistos, etc.

1. "A", qualificada nas fls. 02 dos autos, na qualidade de mãe, ajuizou pedido de autorização de viagem ao exterior em relação ao seu filho menor "Y", com 7 (sete) anos de idade. É que, a requerente pretende viajar para Finlândia e levar consigo o filho menor, permanecendo por três meses no Exterior.

2. Devidamente citado, o genitor do menor, "J.M.", contestou o pedido nas fls. dos autos, frisando que não concordava com a viagem do filho ao Exterior, até porque havia sinais de que a mãe – envolvida num romance com um homem da Finlândia – poderia nem voltar para o Brasil, sem contar o prejuízo escolar e até de saúde para o infante.

3. A relação jurídica processual se desenvolveu regularmente e foi garantido o contraditório peculiar. Foi feito um Estuto Interprofissional do caso e o Laudo oficial foi juntado nas fls.(...) dos autos. O Digno Promotor de Justiça ofereceu um parecer nos autos e opinou pelo indeferimento do pedido inicial.

4. ESSE, O SUCINTO RELATÓRIO. DECIDO.

É caso de indeferimento do pedido inicial. Com efeito, o menor "Y" tem apenas 07 anos de idade e está cursando a 1ª série do ensino fundamental na Escola "K.P.O.", tudo conforme Laudo de fls. (...) dos autos. Ora, a par do prejuízo escolar que o menor teria viajando para a Finlândia no mês de setembro ou outubro de 2001, um outro prejuízo surge com mais intensidade, qual seja, o prejuízo familiar e o afetivo-social. É que, o infante vive hoje com os avós maternos e mais dois tios maternos, tendo o pai biológico cumprido a função paterna com regular e periódicas visitas ao filho. Nesse caso, a criança está bem integrada com os familiares de sangue a ponto de uma viagem para a Finlândia comprometer toda uma estrutura emocional do infante capaz até mesmo de agravar a doença de pele diagnosticada como sendo de fundo emocional ou hereditário (sic – fls. 50). Por outro lado, a própria genitora não negou o relacionamento amoroso que mantém com um homem da Finlândia e até mesmo a possibilidade de casar-se e permanecer com ele no Exterior (Ver

Laudo de fls.(...) dos autos). Ora, se para os adultos a adaptação num lar estranho e fora do País já é difícil, imagine para uma criança que sempre viveu ao lado dos avós e tios naturais... Nada impede que a genitora, ora requerente, como pessoa adulta, procure reconstruir sua vida afetiva dentro ou fora do Brasil, mas a criança deverá permanecer no seio da família natural que mais lhe propicie segurança e bem-estar. Adite-se que, nem pai nem mãe pode dificultar ou sacrificar o acesso ao filho menor. Nesse caso, para um bom desenvolvimento psico-social do infante, é melhor que ele permaneça no Brasil, próximo da família natural e dos costumes que já absorveu com avós, tios, primos e o próprio pai biológico. Enfim, aceito as preocupações lançadas no Laudo de fls. (...) dos autos, e consequentemente INDEFIRO o pleito de fls. 02/05 dos autos.

5. A CONCLUSÃO.

Ante o exposto, pelas razões acima expostas, INDEFIRO o pedido de autorização de viagem ao Exterior, formulado pela mãe "A", em relação ao filho "Y". A criança não poderá sair do Brasil.

Publique-se. Registre-se. Intime-se. Comunique-se.

Oficie-se à Polícia Federal.

Local e data.

(a) Dr. Valdeci Mendes de Oliveira
Juiz de Direito

8.4.2. Acórdão do Tribunal mantendo a sentença de indeferimento de viagem de criança ao Exterior

TRIBUNAL DE JUSTIÇA DO ESTADO DE SÃO PAULO

Voto nº 1.865/TJ – Câmara Especial
Apelação Cível nº 96.988.0/5
Comarca de Marília
Apelante "A."
Apelado "J.M."

ACÓRDÃO

Ementa: *Menor. Suprimento de autorização paterna para viagem ao Exterior. Indeferimento. Prejuízo à criança que se afastaria da Escola em pleno período letivo, além de mantê-la distante do meio sóciofamiliar que tanto preza. Transtornos evidentes ao direito de visitas pelo progenitor. Recurso da progenitora improvido.*

Vistos, relatados e discutidos estes autos da APELAÇÃO CÍVEL nº 96.988-0/5-00, da comarca de Marília, em que é Apelante "A", sendo apelado "J.M.":

ACORDAM, em Câmara Especial do Tribunal de Justiça do Estado de São Paulo, por unanimidade de votos, negar provimento ao recurso, de conformidade com o voto do Relator que fica fazendo parte integrante do presente julgado. O Julgamento teve a participação dos Desembargadores Luiz de Macedo (Presidente sem Voto), Vallim Bellocchi e Theodoro Guimarães. São Paulo, 11 de novembro de 2002 (a) Fábio Quadros, Relator.

1. Trata-se de recurso (fls 93/99) interposto por "A" contra a sentença de fls. 84, que indeferiu o pedido de autorização de viagem ao Exterior do menor "Y", formulado pela ora apelante. Busca a anulação da decisão, alegando cerceamento de defesa, para que possa a requerente produzir todas as provas em direito admitidas, para que seja a presente ação, ao final, julgada procedente, concedendo-se a autorização para o menor viajar a passeio em companhia de sua genitora.

O recurso foi respondido (fls. 109/112) e o Ministério Público de primeiro grau manifestou-se pelo improvimento do apelo.

A decisão foi mantida nas fls. 116, tendo a Procuradoria Geral de Justiça opinado pelo improvimento do recurso (fls. 121/125).

É o relatório.

2. A decisão recorrida deu à questão posta nos autos acertado deslinde.

O suprimento de autorização paterna não merecia mesmo deferimento para que a criança pudesse, em pleno período letivo, acompanhar a progenitora em viagem ao Exterior.

Além da perda das aulas, em evidente prejuízo à escolarização, a criança seria afastada do meio sócio-familiar que tanto preza, segundo ficou evidenciado na avaliação social, dificultando, inclusive, o direito de visitas do pai que, pela distância dos domicílios, cerca de 500 quilômetros, e as dificuldades econômicas experimentadas por todos os integrantes de ambas as famílias, já vem sendo prejudicado.

Além do mais, referida viagem visa tão somente o bem estar da requerente, ao contrário do afirmado na petição inicial, que, aliás, distanciou-se da boa-fé ao fazer reserva, ou não informar, qual era a verdadeira finalidade.

Coincidentemente o prazo do afastamento da requerente do País, e das aulas pela criança, é o mesmo fixado como máximo permitido para permanência na Finlândia, destino da progenitora.

Não é desarrazoado supor que a viagem duraria cinco, seis, dez meses ou ano, se assim fosse permitida a permanência naquele País aos não residentes.

A prova da inexistência de vantagem ao menor com tal viagem encontra-se nos elementos trazidos aos autos, dispensando-se quaisquer outros.

3. Ante o exposto, nego provimento ao recurso.

(a) Des. Fábio Quadros – Relator

9. ALVARÁS PARA BAILES, BRINCADEIRAS DANÇANTES, FESTAS DE PEÃO, CERTAMES DE BELEZA, JOGOS EM FLIPERAMA, QUERMESSES, PARQUES DE DIVERSÕES, ETC.

9.1. ALVARÁ PARA BAILES OU BRINCADEIRAS DANÇANTES NOTURNAS EM CLUBES COM ATIVIDADES PERMANENTES (TÊNIS CLUBE, GRÊMIOS, ETC.)

Processo nº

Vistos, etc.

1. Cuida-se de pedido de Alvará para participação de jovens menores de 18 (dezoito) anos em bailes ou brincadeiras dançantes noturnas. Defiro o pedido de fls. 2, mediante as seguintes CONDIÇÕES:

a) É proibida a freqüência e a entrada de crianças e adolescentes com idade inferior a 14 (quatorze) anos de idade, mesmo acompanhadas dos pais ou responsáveis legais;

b) Os adolescentes com idade igual ou superior a 14 (quatorze) anos de idade, *mas inferior a 16 (dezesseis) anos,* deverão obrigatoriamente estar acompanhados de seus pais ou responsáveis legais (guardião de direito, tutor ou curador), ou ainda, acompanhados de pessoa da *família* com mais de 18 (dezoito) anos de idade, devidamente autorizada pelos pais do adolescente. A autorização para a pessoa da família acompanhar o adolescente deverá ser por escrito, com firma reconhecida, e emitida para cada baile ou brincadeira dançante, ou cada evento noturno.

c) Os adolescentes com idade igual ou superior a 16 (dezesseis) anos até 18 (dezoito) anos, deverão estar acompanhados dos pais ou de pessoa maior de 18 (dezoito) anos de idade, desde que esta última tenha autorização escrita dos pais ou responsável legal, com firma reconhecida, válida por 60 (sessenta) dias, admitindo-se a renovação. Nessa hipótese, a pessoa acompanhante autorizada pelos pais do adolescente não precisa ser necessariamente da família.

d) O requerente manterá um arquivo das autorizações previstas nos itens anteriores, para conferência e fiscalização.

e) É livre a freqüência e entrada de pessoas com idade superior a 18 (dezoito) anos de idade.

f) Compete aos responsáveis pelos eventos fiscalizar em sua plenitude o cumprimento do presente Alvará e das Portarias do Juízo, sob pena de cassação do referido Alvará, sem prejuízo da aplicação de outras sanções administrativas e penais.

g) É terminantemente vedada a venda ou distribuição gratuita de bebidas alcoólicas ou substâncias semelhantes e outras que causem dependência física ou psíquica, aos adolescentes.

2. Expeça-se Alvará com o prazo de validade para 120 (cento e vinte) dias, transcrevendo-se todas as condições impostas na presente decisão.

3. Após, ciência ao Ministério Público, e arquive-se.

Local e data

(a) Dr. Valdeci Mendes de Oliveira – Juiz de Direito

9.2. ALVARÁ PARA FESTA DO PEÃO

Processo nº

Vistos, etc.

1. Cuida-se de pedido de Alvará para a entrada e participação de jovens menores de 18 (dezoito) anos em festa denominada "Festa do Peão". Atendendo ao que foi requerido por (...), defiro o pedido de fls. 2 mediante as seguintes CONDIÇÕES:

a) As crianças e adolescentes com idade inferior a 14 (quatorze) anos, somente poderão ingressar e permanecer na festa do peão, devidamente acompanhados dos pais ou responsáveis legais (guardião, tutor ou curador), vedadas as autorizações para outras pessoas maiores acompanharem os referidos menores.

b) Os adolescentes com idade igual ou superior a 14 (quatorze) anos, somente poderão ingressar e permanecer na festa do peão, desde que acompanhados dos pais ou de pessoa com idade igual ou superior a 18 (dezoito) anos, esta última autorizada pelos pais ou responsáveis legais daqueles. A autorização para a pessoa maior de 18 anos de idade acompanhar os adolescentes com idade igual ou superior a 14 anos deverá ser por escrito.

c) Os menores de 18 (dezoito) anos, não poderão, em hipótese alguma, participar de montarias, brincadeiras ou qualquer competição com animais.

d) É livre o ingresso de pessoas com idade igual ou superior a 18 (dezoito) anos de idade.

e) Compete aos responsáveis pelo evento fiscalizar em toda plenitude o cumprimento do presente Alvará e das Portarias do Juízo, sendo terminantemente vedada a venda e a distribuição gratuita de bebidas alcoólicas ou substâncias semelhantes ou outras que causem dependência física ou psíquica, aos adolescentes.

2. Expeça-se Alvará, com transcrição integral das condições acima impostas. Após dada ciência ao Ministério Público, arquive-se.

3. Local e data

(a) Dr. Valdeci Mendes de Oliveira – Juiz de Direito

9.2.1. Nota jurisprudencial sobre a Feira Agropecuária e a "Festa do Peão" – Hipótese de Responsabilidade Civil

"RESPONSABILIDADE CIVIL – Atropelamento de transeunte por cavalo desgovernado em feira agropecuária promovida pela Prefeitura – Responsabilidade solidária da Municipalidade juntamente com os organizadores do evento. A administração, como arrecadadora das taxas e tributos, centralizando assim dinheiro público dos munícipes, é prestadora de serviços públicos, através de seus agentes ou por terceiros e, nessa prestação, responde pelos danos que causar. A recreação pública, como as feiras e exposições promovidas pela Municipalidade, não deixa de ser um serviço de interesse público, garantidor do lazer, tido como necessidade básica vital, assim reconhecido constitucionalmente (*ex vi* do art. 6º, IV, da CF), e, nesse mister, responde pelos prejuízos que por si ou por terceiros, por ela autorizados a promover atrações no local, causar a terceiros." (TJ, 8ª C. de Férias "H", E. Infrs. nº 215.931-1/7-01-SP, Rel. Des. Felipe Ferreira, j. 6.12.1995, v.u., *in Boletim AASP* nº 1965, de 21 a 27.8.1996, pág. 66-e).

9.3. Alvará para certame de beleza (Concurso de Miss, Garota do Ano, etc.)

Processo nº

Vistos, etc.

1. Atendendo-se ao que foi requerido por (...), defiro o Alvará pretendido mediante as seguintes CONDIÇÕES:

a) As crianças e adolescentes com idade inferior a 16 (dezesseis) anos, deverão obrigatoriamente estar acompanhadas de seus pais ou responsáveis legais (guardião, tutor ou curador), ou então, acompanhadas de pessoa com 18 (dezoito) anos de idade ou mais, esta última devidamente autorizada pelos pais das crianças ou adolescentes. A autorização deve ser por escrito.

b) A participação efetiva de jovens como "concorrentes" no certame ou no evento, dependerá de expressa autorização dos pais, competindo aos organizadores do evento a obtenção da permissão e arquivamento.

c) É livre a entrada e freqüência de pessoas com idade igual ou superior a 16 (dezesseis) anos.

2. Compete aos responsáveis pelo evento a fiscalização em toda a plenitude do cumprimento do presente Alvará e das Portarias do Juízo, sendo vedadas cenas ou episódios que atentem contra a moral e os bons costumes, bem como proibida a venda ou distribuição de bebidas alcoólicas ou substâncias semelhantes e outras que causem dependência física ou psíquica, aos adolescentes.

3. Expeça-se Alvará com transcrição integral das condições acima impostas. Após, cientifique o Ministério Público, e arquive-se.

4. Intime-se.

Local e data

(a) Dr. Valdeci Mendes de Oliveira – Juiz de Direito

9.4. ALVARÁ PARA OS BAILES CARNAVALESCOS E MATINÊS

Processo nº

Vistos, etc.

1. O clube (...), por seu representante, pleitea um Alvará Judicial que discipline o ingresso e participação de crianças e adolescentes nos bailes carnavalescos do ano de (...).

2. O Ministério Público, nos termos do Estatuto da Criança e do Adolescente, não se opõe ao pedido inicial (fls.).

3. Atendendo-se às particularidades locais e a existência de vários outros recintos onde serão realizados os bailes carnavalescos, e destarte, objetivando a uniformização da disciplina sobre o ingresso e participação de crianças e adolescentes nos referidos bailes, nos termos dos arts. 149 e 153 do ECA – Lei nº 8.069, de 13.7.1990 – AUTORIZO, mediante Alvará, a realização dos aludidos eventos com a participação de menores de 18 (dezoito) anos de idade, sob as seguintes CONDIÇÕES:

3.1. As crianças – pessoas com idade inferior a 12 (doze) anos de idade – não poderão em hipótese alguma participar dos bailes noturnos de carnaval, ainda que acompanhados dos pais ou representantes legais.

3.2. Os adolescentes com idade igual ou superior a 12 (doze) anos, *mas inferior a 16 (dezesseis) anos,* somente poderão participar dos bailes carnavalescos noturnos devidamente acompanhados dos pais ou de quem detenha o pátrio poder (ou poder familiar) ou a guarda de direito (tutor, curador, guardião com termo judicial), ficando expressamente vedadas as autorizações para outros acompanhantes dos adolescentes, *salvo para os avós, ou irmãos com mais de 18 anos de idade ou um casal de tios.* Os pais ou responsáveis legais deverão *permanecer* com os menores no clube durante os bailes. Os menores desacompanhados serão retirados do clube e entregues aos pais, sem prejuízo da rešponsabilidade civil, administrativa ou penal, do clube e dos pais.

3.3. Os adolescentes com idade igual ou superior a 16 (dezesseis) anos e menores de 18 (dezoito) anos, poderão ingressar e participar dos referidos bailes noturnos desde que acompanhados dos pais ou de pessoa com mais de 18 (dezoito) anos de idade, esta última autorizada ou abonada pelos pais do adolescente. Para cada noite de baile será expedida uma autorização escrita e específica dos pais, mencionando-se a pessoa maior de 18 anos de idade que acompanhará o adolescente no evento festivo, observando-se ainda o reconhecimento da firma no instrumento de autorização.

3.4. É livre a freqüência de pessoas com idade igual ou superior a 18 (dezoito) anos.

3.5. Autorizo as matinês com início às 15h. e término às 18h., com intervalos de 20 minutos em cada seleção, para o necessário descanso (pedido de fls. 2), reservada a festa vesperal para as crianças e adolescentes com idade até 14 (quatorze) anos, adotando o clube as medidas consentâneas tendo em vista a compleição dos participantes, se for o caso e as circunstâncias exigirem.

3.6. Observar-se-á o disposto no art. 81 do Estatuto da Criança e do Adolescente, principalmente a proibição de venda ou distribuição gratuita de bebidas alcoólicas aos adolescentes, bem como a venda de produtos cujos componentes possam causar dependência física ou psíquica, ainda que por utilização diversa da prevista, mas indevida, devendo os responsáveis pelo evento e os do clube observarem as regras inerentes aos bons costumes.

3.7. A propósito da utilização do "trio elétrico", nenhuma criança ou adolescente desacompanhada dos pais ou responsável legal poderá ficar em cima do caminhão ou outro veículo automotor que serve ao som musical, obedecendo-se o período de sossego, conforme a jurisprudência: "Mandado de segurança – Proibição de utilização do "trio elétrico" em período de carnaval no horário de 23 às 6h., considerado o período de sossego. Recurso provido" (Ap. Cív. nº 240.857-1, Tietê, 3ª CDPúb., Rel. Des. Laerte Carramenha, j. em 2.4.1996, v.u., TJSP).

4. O clube deverá manter afixado em lugar visível ao público, *uma cópia* do termo de inspeção ou licença do Corpo de Bombeiros e da Prefeitura quanto à segurança do prédio onde serão realizados os eventos festivos.

5. Expeça-se Alvará com transcrição integral das condições acima impostas.

Após, cientificado o Ministério Público, arquive-se.

Local e data

(a) Dr. Valdeci Mendes de Oliveira – Juiz de Direito

9.5. ALVARÁ PARA JOGOS EM "VÍDEO-GAMES" E FLIPERAMAS

Processo nº

Vistos, etc.

1. Trata-se de pedido de Alvará para a disciplina de ingresso de crianças e adolescentes em Estabelecimento Comercial que explora os jogos do tipo "fliperama" e jogos em aparelhos de "vídeo-game", mediante uma paga.

2. Observo que, na hipótese, é necessária uma cautela especial no deferimento do Alvará, sob pena de se criar, com uma autorização geral e incondicional para os jogos eletrônicos e similares, uma evasão escolar das crianças e adolescentes. Por esse aspecto, certamente problemas advirão com os pais das referidas crianças e adolescentes, que viriam em Juízo reclamar exatamente da disciplina dos filhos na questão da diversão eletrônica e dos jogos mediante uma paga. É óbvio que a exploração dos jogos em Estabelecimento Comercial ocorre mediante um pagamento em dinheiro, ainda que de uma quantia irrisória, mas aí está o caminho para o vício, o que é diferente quando a criança e o adolescente apenas "brincam" no interior do próprio lar, sob a fiscalização direta dos pais, e sem dinheiro ou paga.

3. Atento às considerações supra expostas, DEFIRO O ALVARÁ SOB AS SEGUINTES CONDIÇÕES:

3.1. É terminantemente proibida a entrada, presença e permanência de crianças (pessoas que ainda não completaram 12 (doze) anos de idade – art. 2º do ECA), *desacompanhadas dos pais,* em Estabelecimento Comercial que explore com mecanismos próprios os jogos em "vídeo-games", bem como "fliperamas" e máquinas similares.

3.2. Os adolescentes com idade igual ou superior a 12 (doze) anos de idade, *mas inferior a 15 (quinze) anos,* somente poderão permanecer no Estabelecimento e utilizar-se dos aparelhos de jogos quando acompanhados dos pais ou responsáveis legais (tutor, curador ou guardião), ou ainda, desde que acompanhados de pessoa maior de 18 anos de idade, esta última devidamente autorizada como acompanhante, pelos pais do menor, mediante autorização escrita dos referidos genitores e válida apenas por 30 (trinta) dias. A referida autorização é renovável a critérios dos pais.

3.3. Os adolescentes com idade igual ou superior a 15 (quinze) anos de idade poderão permanecer no Estabelecimento Comercial e utilizar-se dos aparelhos de jogos, *mesmo desacompanhados,* desde que apresentem autorização por escrito dos pais ou responsáveis legais, com firma reconhecida e válida por 30 (trinta) dias, renovável a critério dos genitores.

3.4. O dono do Estabelecimento Comercial manterá um arquivo próprio das referidas autorizações para as devidas fiscalizações pelos Comissários ou Voluntários do Juízo, e pela Polícia.

3.5. Os jogos de bilhar, sinuca ou congêneres, estão proibidos às crianças e adolescentes, conforme dispõe o art. 80 da Lei nº 8.069/1990.

3.6. A venda ou aluguel de fitas de programação em vídeo, em sentido amplo, deverá obedecer o disposto no art. 77 e parágrafo único, da Lei nº 8.069/1990.

3.7. Observar-se-á o disposto no referido art. 77, parágrafo único, e arts. 80 e 81 da Lei nº 8.069/1990, sob pena de prática de infração, conforme os arts. 256 e 258 do mesmo diploma legal, além da cassação do presente Alvará.

3.8. É livre o acesso de pessoas com idade igual ou superior a 18 (dezoito) anos.

3.9. É vedada a venda ou distribuição de bebidas alcoólicas ou substâncias semelhantes e outras que causem dependência física ou psíquica, aos adolescentes e crianças.

3.10. O horário de freqüência das pessoas com idade inferior a 18 (dezoito) anos, no Estabelecimento Comercial que explore os jogos com máquinas e aparelhos, de segunda a sexta-feira, será das 14 às 21h.. Nos sábados e domingos será das 13 às 22h..

3.11. O presente Alvará tem validade por 120 (cento e vinte) dias, competindo ao dono do Estabelecimento Comercial zelar pelo cumprimento do presente Alvará e das Portarias do Juízo.

4. CUMPRA-SE, expedindo-se o Alvará com a transcrição integral das condições acima impostas.

Local e data

(a) Dr. Valdeci Mendes de Oliveira
Juiz de Direito

9.6. ALVARÁ PARA "FESTA JUNINA" E PARA "QUERMESSE" (A DECISÃO É IGUAL PARA AS DUAS HIPÓTESES)

Processo Cível nº

Vistos, etc.

1. Trata-se de pedido de Alvará para a disciplina da participação de crianças e adolescentes em "festa junina" (*ou quermesse*).

2. Defiro o Alvará mediante as seguintes condições:

a) As crianças, assim entendidas as pessoas com idade inferior a 12 (doze) anos de idade, só poderão ingressar e permanecer no recinto da Festa Junina (*ou quermesse*), acompanhadas dos pais ou responsáveis legais (Tutor, Curador, Guardião de Direito).

b) Os adolescentes, assim compreendidas as pessoas com idade igual ou superior a 12 (doze) anos e inferior a 15 (quinze) anos, poderão ingressar e permanecer no recinto da Festa Junina (*ou quermesse*) desde que acompanhados de pessoa maior de 18 anos de idade, devidamente autorizada pelos pais do adolescente.

c) É livre a entrada e permanência dos adolescentes com idade igual ou superior a 15 (quinze) anos.

d) Os organizadores da festa tomarão todas as cautelas necessárias e preventivas para evitar acidentes com os jovens, mantendo atenta fiscalização. É terminantemente proibida a venda ou mesmo a distribuição gratuita de bebidas alcoólicas ou substâncias semelhantes e que causem dependência física ou psíquica, às crianças e adolescentes.

3. CUMPRA-SE.

Local e data

(a) Dr. Valdeci Mendes de Oliveira
Juiz de Direito

9.7. ALVARÁ PARA PARQUE DE DIVERSÕES

Processo Cível nº

Vistos, etc.

1. Atendendo ao que foi requerido pela empresa de Parque de Diversões, defiro o Alvará para freqüência de crianças e adolescentes nas seguintes condições:

a) os menores de 12 (doze) anos de idade – as crianças – devem obrigatoriamente estar acompanhados dos pais ou responsável legal (Tutor, Curador ou Guardião de direito), principalmente para brincarem ou se utilizarem dos brinquedos ou instrumentos que ofereçam algum tipo de risco à saúde ou segurança das pessoas, ou que provoquem variações de qualquer natureza no organismo humano, ainda que mínima;

b) os maiores de 12 (doze) anos e menores de 16 (dezesseis) anos de idade, devem estar acompanhados dos pais ou de pessoa maior de 18 anos de idade, mormente para brincarem ou se utilizarem de instrumentos ou brinquedos que ofereçam qualquer tipo de risco à saúde ou segurança das pessoas; ou então, que provoquem variações no organismo, ainda que mínima;

c) é livre o acesso de jovens com idade igual ou superior a 16 anos de idade.

d) a empresa deverá manter pessoas orientadoras e avisos visíveis ao público sobre os brinquedos e instrumentos que provoquem qualquer tipo de variações no organismo da pessoa ou consumidor.

2. Cumpra-se.

3. Local e data

(a) Dr. Valdeci Mendes de Oliveira – Juiz de Direito

Capítulo III
Procedimento para Apuração de Infrações Administrativas às Normas de Proteção à Criança e ao Adolescente

(LEI Nº 8.069/1990, ARTS. 194 A 197 E 245 A 258)

1. NOTA PRELIMINAR

O procedimento para imposição de penalidade administrativa por infração às normas de proteção à criança e ao adolescente terá início por: *a)* representação do Ministério Público; *b)* ou do Conselho Tutelar; *c)* ou auto de infração elaborado por servidor efetivo ou *voluntário credenciado, e assinado por duas testemunhas, se possível* (art. 194, do ECA).

2. DESPACHO INICIAL EM PROCEDIMENTO PARA APURAÇÃO DE INFRAÇÃO ADMINISTRATIVA AO ESTATUTO DA CRIANÇA E DO ADOLESCENTE

Processo nº

Vistos, etc.

1. Cuida-se de representação oferecida pelo Ministério Público (*ou Conselho Tutelar*) contra "A" (*ou: Cuida-se de auto de infração ad-*

ministrativa elaborado por servidor efetivo ou voluntário credenciado, e assinado por duas testemunhas) (Lei nº 8.069/1990, art. 194).

2. Recebo o expediente e determino a citação do requerido para, no prazo de 10 (dez) dias, apresentar defesa (art. 195). Se não for encontrado, cite-se por edital com prazo de 30 (trinta) dias (art. 195, IV). Ao réu citado por edital se dará Curador Especial.

3. Se não for apresentada a defesa no prazo legal, apesar de pessoalmente citado o requerido, dê-se vista dos autos ao representante do Ministério Público, por 5 (cinco) dias, e em seguida "conclusos" para a sentença (art. 196). Se for apresentada a defesa, igualmente dê-se vista ao Ministério Público, por 5 (cinco) dias. Após, conclusos para designação de audiência de instrução, debates e julgamento, se necessária (art. 197). Colhida a prova oral, cada uma das partes terá 20 (vinte) minutos para as alegações finais, seguindo-se a prolação da sentença (art. 197, parágrafo único, da Lei nº 8.069/1990). Da sentença caberá recurso no prazo de 10 (dez) dias (art. 198, II, do ECA). A apelação só será recebida no efeito devolutivo (art. 198, VI).

4. Intimem-se.

Local e data

(a) Juiz de Direito

Título IV
Despachos Judiciais e Decisões no Juizado Especial Cível

1. GENERALIDADES

Nos termos do art. 3º da Lei nº 9.099/1995, o Juizado Especial Cível tem competência para julgar as causas cíveis de menor complexidade, assim entendidas: *a)* as causas cujo valor não exceda a 40 (quarenta) vezes o salário mínimo; *b)* as causas enumeradas no art. 275, inciso II, do Código de Processo Civil, *independentemente do valor,* sendo elas: de arrendamento rural e de parceria agrícola; de cobrança ao condômino de quaisquer quantias devidas ao condomínio; de ressarcimento por danos em prédio urbano ou rústico; de ressarcimento por danos causados em acidente de veículo de via terrestre; de cobrança de seguro, relativamente aos danos causados em acidente de veículo, ressalvados os casos de processo de execução; de cobrança de honorários dos profissionais liberais; e demais casos previstos em lei como de rito sumário; *c)* a ação de despejo para uso próprio; *d)* as ações possessórias sobre bens imóveis de valor não excedente ao fixado na letra *"a"* acima citada.

Por outro lado, no Juizado Especial se processará a execução de seus julgados e dos títulos extrajudiciais no valor de até 40 (quarenta) vezes o salário mínimo (art. 53). Todavia, ficam excluídas da competência do Juizado Especial as causas de natureza alimentar, falimentar, fiscal e de interesse da Fazenda Pública, além das relativas a acidentes de trabalho, resíduos e ao estado e capacidade das pessoas, ainda que de cunho patrimonial.

No Juizado Especial permite-se o julgamento por eqüidade (art. 6º), sendo dispensado o relatório da sentença (art. 38). A sentença condenatória será sempre líquida (art. 38, parágrafo único). No primeiro grau de jurisdição, e ressalvados os casos de litigância de má-fé, não haverá pagamento de despesas, custas e honorários advocatícios (arts. 54 e 55 da Lei nº 9.099/1995). No Juizado Especial deve-se buscar sempre a conciliação e a transação (art. 2º). O Juiz togado poderá ser auxiliado por conciliadores (art. 7º). Em princípio, somente as pessoas físicas poderão propor ação perante o Juizado Especial, ficando, portanto, excluídas as pessoas jurídicas. Mas o art. 38 da Lei nº 9.841, de 5.10.1999, veio a permitir que também as microempresas possam mover ação perante o Juizado Especial Cível. Aliás, confira o teor do Enunciado nº 48, do VII Encontro Nacional de Coordenadores des Juizados Especiais Cíveis e Criminais do Brasil: *"O disposto no § 1º, do art. 9º, da Lei nº 9.099/1995, é aplicável às microempresas."*

Também, não poderão ser partes no Juizado: o incapaz, o preso, as pessoas jurídicas de direito público, as empresas públicas da União, a massa falida e o insolvente civil.

Nas causas de valor até 20 (vinte) salários mínimos, as partes podem ou não estar assistidas por advogados, mas nas lides de valor superior, a assistência é obrigatória (art. 9º). No Juizado Especial, o processo terá como escopo principal o atingimento da conciliação ou transação (art. 2º). O art. 58 da Lei nº 9.099/1995 permite estender a fase de conciliação prevista nos arts. 22 e 23 às causas não abrangidas pela mesma lei.

2. PRIMEIRO DESPACHO JUDICIAL POSSÍVEL NUMA AÇÃO PROPOSTA PERANTE O JUIZADO ESPECIAL CÍVEL, EXCLUÍDA A DE EXECUÇÃO

2.1. NOTA PRELIMINAR

O despacho judicial cujo modelo vem logo a seguir, pode ser exarado em qualquer das ações previstas no art. 3º da Lei nº 9.099/1995, ou seja, nas de valor inferior a 40 (quarenta) salários mínimos, sejam elas condenatórias ou constitutivas, possessórias, despejo para uso próprio e as arroladas no art. 275,II, do CPC, de rito sumário.

2.2. DESPACHO INICIAL

Processo Cível nº

Vistos, etc.

1. Cuida-se de ação judicial proposta por "A" contra "B".

2. Não estando presentes ambas as partes para se instalar desde logo a audiência de conciliação, a Secretaria do Juizado deve designar data para sessão de conciliação (art. 16 da Lei nº 9.099/1995). Determino, pois, a designação de dia e hora para a conciliação. Os conciliadores do Juízo auxiliarão nos trabalhos da audiência (art. 22).

3. Agendada a data, cite-se o requerido para comparecimento à audiência de conciliação (art. 18, § 1º), oportunidade em que poderá contestar a ação, se quiser. A contestação poderá ser oral ou escrita (art. 30), podendo haver pedidos contrapostos (art. 17, parágrafo único), sem reconvenção (art. 31). O não comparecimento do demandado *à sessão de conciliação ou à audiência de instrução e julgamento,* implica na presunção de verdadeiros os fatos alegados no pedido inicial (art. 20), com julgamento imediato da causa (art. 23). A citação poderá ser feita por correspondência com "AR", ou pelo oficial de justiça, independentemente de mandado ou carta precatória (art. 18, I, II e III).

4. Na audiência de conciliação, conforme a hipótese, os conciliadores tentarão, por exemplo, o parcelamento da dívida, a dação de coisa diversa para solução do impasse, a prorrogação de prazo, suspensão da audiência para uma melhor reflexão das partes, a renúncia ou desistência total ou parcial, etc.

5. No Juizado Especial não há lugar para a citação por edital (art. 18, § 2º). Se o réu estiver em lugar incerto e não sabido, o feito seria arquivado, sendo facultado ao autor o ingresso no Juízo Comum.

6. Cumpra-se.

Local e data

(a) Juiz de Direito

3. SEGUNDO DESPACHO JUDICIAL EM AÇÃO PROPOSTA PERANTE O JUIZADO ESPECIAL – HIPÓTESE DE HOMOLOGAÇÃO DE ACORDO

Processo Cível nº

Vistos, etc.

1. Na audiência de conciliação as partes pediram prazo para reflexão e agora chegaram a um acordo para solução do impasse.

2. O acordo das partes foi celebrado por petição de fls.. Destarte, nos termos do art. 22, parágrafo único, da Lei nº 9.099/1995, c/c os arts. 269, inciso III, e 584, inciso III, ambos do Código de Processo Civil, HOMOLOGO O ACORDO DAS PARTES CONSTANTE DE FLS. DOS AUTOS e declaro extinto o processo. Não há custas processuais. Arquive-se. Eventual descumprimento do acordo ensejará pedido de execução nestes mesmos autos ou em processo autônomo.

3. Cumpra-se.

Local e data

(a) Juiz de Direito

4. TERCEIRO DESPACHO JUDICIAL POSSÍVEL EM AÇÃO PROPOSTA PERANTE JUIZADO ESPECIAL CÍVEL – AS PARTES FAZEM OPÇÃO PELO JUÍZO ARBITRAL

Processo Cível nº

Vistos, etc.

1. As partes não quiseram a conciliação mas manifestaram o propósito de resolver a pendência através de um árbitro que livremente escolheram. O Juízo arbitral é instaurado independentemente de termo de compromisso (art. 24, § 1º), e o árbitro deve ser escolhido dentre os juízes leigos (art. 24, § 2º).

2. No caso dos autos, o árbitro escolhido não está presente com as partes. Convoco-o para o dia (...) de (...) de (...), às (...) horas. Intime-o. Nesse mesmo dia será realizada a audiência de instrução e julgamento (art. 24, § 1º). Ao término da instrução, ou nos 5 (cinco) dias subseqüentes, o árbitro apresentará o laudo ao Juiz togado para a *homologação por sentença irrecorrível* (art. 26). O árbitro conduzirá o processo com os mesmos critérios do Juiz togado, na forma dos arts. 5º e 6º da Lei nº 9.099/1995, podendo decidir por eqüidade (art. 25).

3. Intime-se o árbitro, com observância da data supra aprazada para a audiência. Intimem-se as partes e as testemunhas, se for o caso. O número de testemunhas é de 3 (três) para cada parte (art. 34).

4. Cumpra-se.

Local e data

(a) Juiz de Direito

5. QUARTO DESPACHO JUDICIAL POSSÍVEL EM AÇÃO PROPOSTA PERANTE O JUIZADO ESPECIAL CÍVEL – HIPÓTESE DE DESIGNAÇÃO DE AUDIÊNCIA DE INSTRUÇÃO

Processo Cível nº

Vistos, etc.

1. Designada sessão de conciliação, as partes não chegaram a um acordo amigável nem quiseram a instituição do juízo arbitral. O réu impugnou o pedido inicial.

2. Nos termos do art. 27 da Lei nº 9.099/1995, não tendo havido conciliação nem instituição de juízo arbitral, designo audiência de instrução e julgamento para o dia (...) de (...) de (...), às (...). h. Intimem-se as partes para depoimentos pessoais. Se as partes requererem, intimem-se as testemunhas até o máximo de 3 (três) para cada parte (art. 34). O requerimento para intimação das testemunhas deve ser protocolado na Secretaria pelo menos 5 (cinco) dias antes da audiência de instrução (art. 34, § 1º).

3. Na audiência, as partes manifestarão sobre documentos eventualmente juntados, sem interrupção dos trabalhos (art. 29, parágrafo único). Todos os incidentes serão resolvidos na audiência.

4. Se for o caso, a audiência de instrução poderá ser dirigida por Juiz leigo, sob a supervisão do Juiz togado (art. 37).

5. Cumpra-se.

Local e data

(a) Juiz de Direito

5.1. OBSERVAÇÃO SOBRE A PROVA TÉCNICA OU PERICIAL

Quando a prova de certos fatos exigir o conhecimento de técnicos, o juiz poderá inquirir na audiência os peritos de sua confiança, permitida às partes a apresentação de parecer técnico (art. 35). No caso, o Juiz nomeia perito e determina sua intimação para comparecer à audiência para esclarecimentos. Às partes fica facultada a apresentação de parecer técnico (art. 35).

6. QUINTO DESPACHO JUDICIAL POSSÍVEL EM AÇÃO PROPOSTA PERANTE O JUIZADO ESPECIAL CÍVEL – HIPÓTESES DE EXTINÇÃO DO PROCESSO (ART. 51 DA LEI Nº 9.099/1995)

Processo Cível nº

Vistos, etc.

1. Nos termos do art. 51 da Lei nº 9.099/1995, extingue-se o processo, além dos casos previstos em lei: *a)* quando o autor deixar de comparecer a qualquer das audiências do processo; *b)* quando inadmissível o procedimento instituído pela Lei nº 9.099/1995, *ou seu prosseguimento, após a conciliação* (v.g., *prova técnica complexa*); *c)* quando for reconhecida a incompetência territorial; *d)* quando sobrevier qualquer dos impedimentos previstos no art. 8º da Lei nº 9.099/1995 (incapacidade da parte, prisão, falência, insolvência civil, etc.); *e)* quando, falecido o autor, a habilitação depender de sentença ou não se der no prazo de 30 (trinta) dias; *f)* quando, falecido o réu, o autor não promover a citação dos sucessores no prazo de 30 (trinta) dias da ciência do fato.

2. A extinção do processo *independerá*, em qualquer hipótese, de prévia intimação pessoal das partes (art. 51, § 1º).

3. No caso dos autos, está presente a hipótese constante do item 1º supra citado (ausência do autor na audiência). Declaro extinto o processo. Arquive-se. Autorizo a devolução de documentos, mediante recibo nos autos.

4. Cumpra-se.

Local e data

(a) Juiz de Direito

7. SENTENÇA CONDENATÓRIA NO JUIZADO ESPECIAL CÍVEL – EXEMPLO – HIPÓTESE DE RÉU REVEL

PODER JUDICIÁRIO
ESTADO DE SÃO PAULO

Processo Cível nº

SENTENÇA

Vistos, etc.

1. Trata-se de ação de cobrança proposta por "A" contra "B", ambos qualificados nos autos, perante o Juizado Especial Cível instituído pela Lei nº 9.099, de 26.9.1995. O autor objetiva receber do requerido a importância de R$ 750,00 (setecentos e cinqüenta reais).

2. O requerido "B" foi devidamente citado para responder aos termos da ação judicial e não contestou a pretensão do autor (ver fls., comprobatória da citação e da ausência de resposta).

Foi assegurado o direito à ampla defesa e dada atenção ao princípio do contraditório. No mais, o art. 38, *caput*, da Lei nº 9.099/1995, dispensa o relatório da sentença.

3. ESSA, A SÍNTESE DO PROCESSO. DECIDO.

3.1. Cuida-se de ação de cobrança pela qual o autor pretende receber do requerido a importância de R$ 750,00 (setecentos e cinqüenta reais).

3.2. O requerido foi devidamente citado para responder ou impugnar a pretensão do autor, e não apresentou qualquer contestação (fls.). Diga-se que o requerido preferiu a revelia ou contumácia. Neste caso, em virtude da ausência de impugnação ao pleito, presumem-se verdadeiros os fatos articulados na petição inicial. Na hipótese, aplica-se o disposto no art. 20 da Lei nº 9.099/1995. Assim: "Não comparecendo o demandado à sessão de conciliação ou à audiência de instrução e julgamento, reputar-se-ão verdadeiros os fatos alegados no pedido inicial, salvo se o contrário resultar da convicção do Juiz". Outrossim, tem aplicação na espécie o disposto no art. 319 do Código de Processo Civil: "Se o réu não contestar a ação, reputar-se-ão verdadeiros os fatos afirmados pelo autor". Por fim, "o juiz conhecerá diretamente do pedido, proferindo sentença, quando ocorrer a revelia" (CPC, art. 330, II). Finalizando, é procedente a ação nos termos do art. 20 da Lei nº 9.099/1995, c/c os arts. 319 e 330, inciso II, do Código de Processo Civil.

4. DISPOSITIVO.

Ante o exposto, JULGO PROCEDENTE o pedido inicial formulado por "A", e conseqüentemente condeno o requerido "B" a pagar para o referido autor da demanda, a quantia de R$ 750,00 (setecentos e cinqüenta reais), com juros a partir da citação inicial (CC/2002, art. 405) e correção monetária a partir do ajuizamento da ação. No Juizado Especial Cível, em 1º grau de jurisdição, não há condenação em custas processuais e honorários advocatícios (Lei nº 9.099/1995, arts. 54 e 55). Com o trânsito em julgado da presente sentença, seja feito o cálculo-liquidação de sentença por servidor judicial (art. 52, II). Após, cite-se o devedor para pagar a dívida em 24 (vinte e quatro) horas, sob pena de penhora. Efetuada a penhora, poderá ser designada audiência de conciliação, nos termos do art. 53, § 1º, da Lei nº 9.099/1995, oportunidade em que o devedor poderá opor embargos com as matérias específicas previstas no art. 52, IX, letras *a* a *d*, da referida Lei nº 9.099/1995.

P.R.I.C.

Local e data

(a) Dr. Valdeci Mendes de Oliveira – Juiz de Direito

8. EXECUÇÃO NO JUIZADO ESPECIAL CÍVEL

8.1. EXECUÇÃO POR QUANTIA CERTA CONTRA DEVEDOR SOLVENTE – DESPACHO INICIAL

Processo Cível nº

Vistos, etc.

1. A execução de título extrajudicial, no valor de até 40 (quarenta) salários mínimos, obedecerá o disposto no Código de Processo Civil (art. 53 da Lei nº 9.099/1995). Todavia, efetuada a penhora, o devedor será intimado para comparecer à audiência de conciliação, quando então poderá opor embargos por escrito ou oralmente (art. 53, § 1º). Na audiência de conciliação, o conciliador poderá propor, entre outras medidas cabíveis, o pagamento do débito a prazo ou a prestação, a dação em pagamento de coisa diversa, *ou a imediata adjudicação do bem penhorado ao credor para quitação do débito* (art. 53, § 2º).

2. No caso dos autos, há título executivo instruindo o pedido do credor, bem como memória discriminada do débito (CPC, arts. 604 e 614, II). (*Se não houver memória discriminada da dívida, o servidor judicial fará os cálculos, conforme o art. 52, I e II da Lei nº 9.099/1995*).

3. Assim sendo, cite-se o devedor para pagamento do débito no prazo de 24 (vinte e quatro) horas, ou nomeação de bens à penhora. Se não pagar, ou nomear bens à penhora, o oficial de justiça fará a penhora coercitiva. Lavrado o termo ou auto de penhora, a Secretaria do Juizado deverá agendar data para a audiência de conciliação, conforme o art. 53, § 1º, da Lei nº 9.099/1995, oportunidade em que o devedor poderá embargar, por escrito ou oralmente. As matérias que poderão ser tratadas nos embargos constam do art. 52, inciso IX, letras *a* a *d*, da Lei nº 9.099/1995.

4. Se não forem apresentados embargos, ou se forem julgados improcedentes, a Secretaria deverá agendar datas para a praça (se penhorado bem imóvel) ou leilão (se penhorado bem móvel). Poderá ser nomeada terceira pessoa para tratar da alienação do bem até a data fixada para a praça ou leilão (art. 52, VII). É dispensada a publicação de editais em jornais, quando se tratar de alienação de bens de pequeno valor, por exemplo, de valor inferior a 40 (quarenta) salários mínimos.

5. Cumpra-se.

Local e data

(a) Juiz de Direito

8.1.1. Adjudicação imediata dos bens penhorados em virtude da ausência do devedor na audiência de conciliação e ausência de embargos (Lei nº 9.099/1995, art. 53, §§ 1º e 3º)

Processo Cível nº

Vistos, etc.

1. Cuida-se da execução proposta por "A" contra "B".

2. Realizada a penhora de bens (fls.), foi designada audiência de conciliação, conforme determinação do art. 53, § 1º, da Lei nº 9.099/1995, que dispõe: *Efetuada a penhora, o devedor será intimado a comparecer à audiência de conciliação, quando poderá opor embargos (art. 52, IX), por escrito ou verbalmente.*

3. Devidamente intimado, o devedor não compareceu à audiência de conciliação (fls.), nem ofereceu embargos. Dispõe o § 3º do art. 53 da Lei nº 9.099/1995, que: *Não apresentados os embargos em audiência, ou julgados improcedentes,* qualquer das partes *poderá requerer ao Juiz a adoção de uma das alternativas do parágrafo anterior* (ou seja, pagamento do débito a prazo ou a prestação, a dação em pagamento ou a imediata adjudicação do bem penhorado, conforme o § 2º, do art. 53).

4. Pois bem. Diante da ausência do devedor na audiência de conciliação e da falta de embargos, o credor pediu a imediata adjudicação dos bens penhorados para pagamento total da dívida, tudo como lhe autoriza o § 3º do art. 53 da Lei nº 9.099/1995. Foi determinado que se fizesse a avaliação dos bens penhorados e bem assim que se fizesse o cálculo atualizado da dívida, o que foi feito, conforme se vê a fls.

5. Ante o exposto, considerando os cálculos da dívida e o valor da avaliação dos bens penhorados (fls.) DEFIRO A ADJUDICAÇÃO dos bens ao credor, *pelo valor da avaliação*, tudo de conformidade com o art. 53, § 3º, da Lei nº 9.099/1995. Se o valor da avaliação for superior ao da dívida, o credor, em 3 (três) dias, deverá depositar a diferença. Se não houver diferença, ou se o credor renunciá-la, declaro extinta a execução. Lavre-se o auto de adjudicação, que somente será assinado decorrido o prazo de 24 horas (CPC, art. 715, § 1º). Vencido o prazo de 24 horas e assinado o auto, expeça-se carta de adjudicação, independentemente de sentença (CPC, art. 715), com ordem de imissão na posse dos bens.

Obs.: O prazo para eventuais embargos à adjudicação é de 10 (dez) dias (CPC, art. 746), contados da assinatura do auto. Se ajuizados, suspendem a expedição da respectiva carta.

6. Cumpra-se. Intimem-se.

Local e data

(a) Juiz de Direito

8.2. DECISÃO DECLARATÓRIA DE EXTINÇÃO DA EXECUÇÃO POR NÃO TER SIDO ENCONTRADO O DEVEDOR, OU POR INEXISTIREM BENS PENHORÁVEIS

Processo Cível nº

Vistos, etc.

1. O art. 53, § 4º, da Lei nº 9.099/1995, dispõe que: "Não encontrado o devedor ou inexistindo bens penhoráveis, o processo será imediatamente extinto, devolvendo-se os documentos ao autor".

2. No caso vertente, não foram encontrados bens do devedor que sejam penhoráveis, tudo conforme certidão do oficial de justiça (fls.) [*ou... No caso presente, o devedor não foi encontrado para responder ao processo de execução, tudo conforme certidão do oficial de justiça (fls.)*].

3. Destarte, nos termos do art. 53, § 4º, da Lei nº 9.099/1995, declaro extinto o processo de execução. Autorizo a devolução dos documentos, mediante recibo nos autos. Arquive-se.

4. Cumpra-se.

Local e data

(a) Juiz de Direito

8.3. AÇÃO DE EXECUÇÃO PARA ENTREGA DE COISA CERTA

8.3.1. Citação do devedor – Despacho inicial

Processo Cível nº

Vistos, etc.

1. Cuida-se de execução para entrega de coisa certa, ajuizada por "A" contra "B".

2. Com as Leis nºs 8.953/1994 e 10.444, de 7 de maio de 2002, que alteraram os arts. 287, 621, 624, 627, 644 e 744 do Código de Processo Civil, admitindo-se a cominação de pena pecuniária e apenas o título executivo **extrajudicial** para instruir o pedido de execução para entrega de coisa certa, tem-se que, o cumprimento de obrigação de entrega de coisa certa fundada em **título executivo judicial** ficou com a técnica da expedição do mandado de busca e apreensão ou de imissão na posse, conforme se tratar de coisa móvel ou imóvel, tudo conforme art. 461-A, §§ 1º, 2º e 3º, do CPC, com redação dada pela referida Lei nº 10.444, de 7 de maio de 2002. Pode-se dizer que a ação de cognição e a respectiva sentença judicial contendo uma obrigação de dar, **é daquelas que tem efeito executivo irradiante e automático, ou então é de auto-suficiência executiva, ou ainda contém efeitos mandamentais próprios de modo a dispensar a ação específica de execução judicial e permanecer com a técnica de cumprimento traçada nos arts. 461, 461-A e 644 do CPC, já com a redação dada pela Lei 10.444/2002.** Por outro lado, o art. 52, *caput*, da Lei nº 9.099/1995, determina a aplicação subsidiária do Código de Processo Civil nas ações executivas de competência do Juizado Especial Cível.

3. Assim sendo, nos termos do aludido art. 621 e parágrafo único, do CPC, com a redação dada pela Lei nº 10.444/2002, cite-se o devedor mencionado no **título extrajudicial** para, dentro de 10 (dez) dias, satisfazer a obrigação (entregar a coisa reclamada pelo credor), ou seguro o Juízo pelo depósito da coisa (CPC, art. 737, II), apresentar Embargos.

4. O prazo para embargos é de 10 (dez) dias (CPC, art. 738), contados: *a)* ou do termo de depósito da coisa (art. 622); ou *b)* da juntada aos autos do mandado de imissão na posse (quando imóvel), ou de busca e apreensão (quando móvel), tudo conforme o art. 625, c/c o art. 738, III, ambos do CPC.

5. Se o devedor depositar a coisa, com o fim de embargar a execução (art.622), o credor não poderá levantá-la antes do julgamento dos embargos (art. 623), salvo prestando caução idônea ou se lhe for deferida a tutela antecipada que comporta execução provisória conforme art. 273, parágrafo 3º e art. 588, do CPC, com redação dada pela Lei nº 10.444/2002. Se o devedor apenas entregar, lavrar-se-á o termo de entrega e será declarada extinta a execução, salvo se esta tiver de prosseguir para o pagamento de frutos ou ressarcimento de prejuízos (art. 624 do CPC, com redação dada pela Lei nº 10.444/2002).

6. Não sendo a coisa entregue ou depositada, nem sendo admitidos embargos suspensivos da execução (art. 738), expedir-se-á, em favor do credor, mandado de imissão na posse ou de busca e apreensão, conforme se tratar de imóvel ou de móvel (art. 625).

7. Alienada a coisa quando já litigiosa, expedir-se-á mandado contra o terceiro adquirente, que somente será ouvido depois de depositá-la (art. 626).

8. Se a coisa não for entregue, seja porque não foi encontrada, seja porque se deteriorou, seja porque não foi reclamada do poder de terceiro adquirente, o credor tem direito a receber as perdas e danos, além do valor da referida coisa, podendo esse valor ser *estimado pelo próprio credor (art. 627, § 1º) e arbitrado desde logo pelo Juiz.*

9. O art. 52, V, da Lei nº 9.099/1995, dispõe que: *"nos casos de obrigação de entregar, de fazer, ou de não fazer, o Juiz, na sentença ou na fase de execução, cominará multa diária, arbitrada de acordo com as condições econômicas do devedor, para a hipótese de inadimplemento. Não cumprida a obrigação, o credor poderá requerer a elevação da multa ou a trans-*

formação da condenação em perdas e danos, que o juiz de imediato arbitrará, seguindo-se a execução por quantia certa, incluída a multa vencida de obrigação de dar, quando evidenciada a malícia do devedor na execução do julgado;".

Assim sendo, no caso presente, fixo a multa diária de R$ 500,00 (quinhentos reais), exigíveis após a expiração do prazo de 10 (dez) dias para entrega da coisa, fixado no item 3 acima (art. 621 do CPC).

10. Autorizo diligências, conforme o art. 172 e §§, do CPC. Com a apreensão da coisa, deliberarei sobre a audiência de conciliação.

11. Intimem-se. Cumpra-se.

Local e data

(a) Juiz de Direito

8.4. AÇÃO DE EXECUÇÃO PARA ENTREGA DE COISA INCERTA

8.4.1. Citação do devedor – Despacho inicial

Processo Cível nº

Vistos, etc.

1. Cuida-se de execução para entrega de coisa incerta, ajuizada por "A" contra "B". Reclama-se a entrega de coisas indicadas pelo gênero e quantidade. A execução está fundada em **título extrajudicial,** porque no caso de título judicial (sentença) obedece-se à técnica direta do mandado de busca e apreensão ou de imissão na posse conforme arts. 461 e 461-A, §§ 1º, 2º e 3º do CPC, com redação dada pela Lei nº 10.444, de 7 de maio de 2002. A sentença judicial de cognição contendo obrigação de dar coisa certa ou incerta **já tem efeito executivo irradiante e automático, ou é de auto-suficiência executiva, ou ainda contém efeito mandamental próprio de modo a dispensar a ação específica de execução judicial e permanecer com a técnica de cumprimento traçada nos arts. 461 e 461-A do CPC, com redação dada pela referida Lei nº 10.444/2002.**

2. Nos termos dos arts. 629 e 631, c/c o art. 621, todos do CPC, cite-se o executado para, no prazo de 10 (dez) dias, proceder a escolha ou seleção (se lhe competir) e entregar individualizadas as coisas determinadas pelo gênero e quantidade, mencionadas na inicial. Se as coisas já estiverem indicadas na petição inicial pelo credor, a quem de fato competir a escolha, cite-se o executado para entregá-las no prazo de 10 (dez) dias, tudo conforme os arts. 621 e 631 do CPC. Diga-se mais que o art. 52, *caput*, da Lei nº 9.099/1995, determina a aplicação subsidiária do Código de Processo Civil nas ações executivas de competência do Juizado Especial Cível.

3. Comentando o art. 629 do CPC, ensina Alcides de Mendonça Lima que: "O Código não indica o prazo para o cumprimento neste dispositivo. Mas, deve ser aplicado o art. 621, conforme a remissão genérica do art. 631, assim como o art. 571, referente à escolha nas obrigações alternativas, das quais a presente norma é uma das variantes, isto é, 10 (dez) dias para proceder à escolha, indicando a coisa a ser entregue" (*Comentários ao Código de Processo Civil*, Forense, 4ª ed., 1985, v. VI, pág. 670).

4. Qualquer das partes poderá, no prazo de 48 horas, impugnar a escolha feita pela outra. Se realmente houver impugnação, o juiz decidirá de plano, ou, se necessário, ouvirá perito de sua nomeação (CPC, art. 630), observando-se a regra do art. 244, 2ª parte, do CC de 2002: *"Nas coisas determinadas pelo gênero e pela quantidade, a escolha pertence ao devedor, se o contrário não resultar do título da obrigação; mas não poderá dar a coisa pior, nem será obrigado a prestar a melhor."*.

5. Se quiser discutir a questão em Juízo, deverá o executado depositar a coisa, para efeito de recebimento dos Embargos (CPC, arts. 622 e 738).

6. Se a coisa não for entregue ou depositada, será expedido mandado de busca e apreensão (art. 625).

7. O art. 52, V, da Lei nº 9.099/1995, dispõe que: "Nos casos de obrigação de entregar, de fazer, ou de não fazer, o Juiz, na sentença ou na fase de execução, cominará multa diária, arbitrada de acordo com as condições econômicas do devedor, para a hipótese de inadimplemento. Não cumprida a obrigação, *o credor poderá requerer a elevação da multa ou a transformação da condenação em perdas e danos, que o juiz de imediato arbitrará, seguindo-se a execução por quantia certa, incluída a multa vencida de obrigação de dar, quando evidenciada a malícia do devedor na execução do julgado"*. Assim sendo, no caso presente, fixo a multa diária de R$ 500,00 (quinhentos reais), exigíveis após a expiração do prazo de 10 (dez) dias para entrega da coisa, fixado no item 2 acima (arts. 621 e 631 do CPC).

8. Cumpra-se. Intimem-se. Autorizo diligências, consoante o art. 172 e §§, do CPC. Oportunamente deliberarei sobre a audiência de conciliação.

Local e data

(a) Juiz de Direito

8.5. Ação de execução de obrigação de fazer

8.5.1. Despacho inicial

Processo Cível nº

Vistos, etc.

1. Cuida-se de execução de obrigação de fazer, ajuizada por "A" contra "B".

2. Com as Leis nºs 8.953/1994 e 10.444, de 7 de maio de 2002, que alteraram os arts. 287, 461 e 644 do CPC, determinando-se que a sentença judicial relativa à obrigação de fazer e de não fazer será cumprirá de acordo com o referido art. 461 (CPC, art. 644), tem-se que, **a ação específica**

de execução da obrigação de fazer e de não fazer somente subsiste quando fundada em título executivo **extrajudicial** (CPC, arts. 585, II e 645). Porque, havendo título judicial (sentença), o cumprimento ou a solução ocorrerá com a técnica estabelecida no aludido art. 461 do CPC, prescindindo-se da ação própria de execução. Por outro lado, o art. 52, *caput*, da Lei nº 9.099/1995, determina a aplicação subsidiária do Código de Processo Civil nas ações executivas de competência do Juizado Especial Cível.

3. Assim sendo, nos termos do art. 632, do Código de Processo Civil, cite-se o executado para, no prazo de (...) (*o juiz fixa prazo razoável tendo-se em vista a natureza da prestação a ser feita, se outro não estiver fixado no título executivo*), desempenhar a tarefa ou executar o serviço ou obra constante do título executivo e exigida na petição inicial. O devedor poderá apresentar Embargos no prazo de 10 (dez) dias contados da juntada aos autos do mandado de citação, na execução das obrigações de fazer e de não fazer (CPC, art. 738, IV).

4. Se for caso de obrigação de fazer fungível, isto é, que possa ser cumprida por terceiro, e se no prazo fixado no item 3 retro, o devedor não satisfizer a obrigação, poderá o credor, nos próprios autos, requerer que a prestação seja executada por terceiro e à custa do devedor, observando-se o procedimento estatuído nos arts. 633 *usque* 637 do CPC (ver também art. 52, VI, da Lei nº 9.099/1995). Ou, se preferir, poderá o credor nos próprios autos pedir o pagamento por perdas e danos, convertendo-se o pedido inicial em indenização, seguindo-se a respectiva execução para cobrança de quantia certa (CPC, art. 633, parágrafo único). O Juiz arbitrará desde logo o valor da indenização (art. 52, V, da Lei nº 9.099/1995).

5. Se se tratar de obrigação de fazer infungível, isto é, que só pode ser executada pessoalmente pelo devedor, se este não cumprí-la no prazo fixado no item 3 acima, a pedido do credor a obrigação pessoal converter-se-á em perdas e danos, seguindo-se com o pedido de execução para cobrança de quantia certa, aplicando-se o art. 633 do CPC, por determinação do art. 638 do mesmo diploma legal. Neste caso, também haverá arbitramento imediato do valor da indenização pelo Juiz (art. 52, V, da Lei nº 9.099/1995).

6. Para qualquer tipo de obrigação de fazer – fungível e/ou infungível – nos termos dos arts. 461, 644 e 645 do CPC, c/c o art. 52, V, da Lei nº 9.099/1995, fixo para o executado a multa no valor de R$ 500,00 (quinhentos reais), por dia de atraso no cumprimento da obrigação. A multa diária será devida a partir do dia seguinte ao vencimento do prazo estabelecido no item 3 retro, ou seja, o executado tem até o dia (...) de (...) de (...) para cumprir espontaneamente a obrigação, e se não cumprí-la, já no dia (...) começa devedor da multa ora fixada. Tem-se entendido que: "Conquanto se cuide de obrigação de fazer fungível, ao autor é facultado pleitear a cominação da pena pecuniária. Inteligência dos arts. 287 e 644 do CPC" (*RSTJ* 25/389).

7. A propósito, o art. 52, V, da Lei nº 9.099/1995, dispõe que: "Nos casos de obrigação de entregar, de fazer, ou de não fazer, o Juiz, na sentença ou na fase de execução, cominará multa diária, arbitrada de acordo com as condições econômicas do devedor, para a hipótese de inadimplemento. Não

cumprida a obrigação, *o credor poderá requerer a elevação da multa ou a transformação da condenação em perdas e danos, que o juiz de imediato arbitrará, seguindo-se a execução por quantia certa, incluída a multa vencida de obrigação de dar, quando evidenciada a malícia do devedor na execução do julgado"*. Reiterando, no caso presente, fixo a multa diária de R$ 500,00 (quinhentos reais), exigíveis após a expiração do prazo acima concedido para adimplemento espontâneo da obrigação.

8. Observe-se que, em função da natureza da prestação devida, o art. 249, parágrafo único, do Código Civil de 2002, dispõe o seguinte: *"Se o fato puder ser executado por terceiro, será livre ao credor mandá-lo executar à custa do devedor, havendo recusa ou mora deste, sem prejuízo da indenização cabível. Parágrafo único. Em caso de urgência, pode o credor, independentemente de autorização judicial, executar ou mandar executar o fato, sendo depois ressarcido.".*

9. Cumpra-se. Intimem-se. Autorizo diligências, consoante o art. 172 e §§, do CPC.

Local e data

(a) Juiz de Direito

8.6. AÇÃO DE EXECUÇÃO DE OBRIGAÇÃO DE NÃO FAZER

8.6.1. Despacho inicial

Processo Cível nº

Vistos, etc.

1. Cuida-se de ação de execução de obrigação de não fazer fundada em título extrajudicial, porque na hipótese de título judicial a técnica a ser seguida é a do art. 461 do CPC (Ver art. 644 do CPC, com redação dada pela Lei nº 10.444, de 7 de maio de 2002). Na hipótese, o devedor praticou ato a cuja abstenção estava obrigado por lei ou pelo contrato (CPC, art. 642). O art. 52, *caput*, da Lei nº 9.099/1995, determina a aplicação subsidiária do Código de Processo Civil nas execuções de competência do Juizado Especial Cível.

2. Nos termos do citado art. 642 do Código de Processo Civil, cite-se o devedor para, no prazo de (...) dias *(pode ser 10, 20 ou 30 dias, conforme a natureza da tarefa)*, desfazer o ato que praticou, certo que, se houver recusa ou mora, será determinado o desfazimento por terceiro e à custa do próprio devedor, respondendo este também por perdas e danos (CPC, art. 643, *caput*). Não sendo possível desfazer-se o ato, a obrigação se resolve em perdas e danos, com arbitramento de imediato do valor da indenização pelo Juiz, e posterior execução para cobrança de quantia certa (art. 52, V, da Lei nº 9.099/1995).

3. Desde logo, fixo a pena de multa no valor de R$ (...), por dia de atraso no desfazimento do ato (CPC, arts. 644 e 645, c/c o art. 52, V, da Lei nº 9.099, de 1995), sendo a pena pecuniária devida a partir da expiração do prazo assinalado no item 2 retro. A propósito, dispõe o aludido art.

52, V, da Lei nº 9.099/1995: *"Nos casos de obrigação de entregar, de fazer, ou de não fazer, o Juiz, na sentença ou na fase de execução, cominará multa diária, arbitrada de acordo com as condições econômicas do devedor, para a hipótese de inadimplemento. Não cumprida a obrigação, o credor poderá requerer a elevação da multa ou a transformação da condenação em perdas e danos, que o juiz de imediato arbitrará, seguindo-se a execução por quantia certa, incluída a multa vencida de obrigação de dar, quando evidenciada a malícia do devedor na execução do julgado".*

4. Se o executado quiser, poderá aduzir Embargos à Execução, no prazo de 10 (dez) dias, contados da juntada aos autos do mandado de citação (CPC, art. 738, IV).

5. Cumpra-se.

6. Intimem-se.

7. Observe-se que, em função da natureza da prestação devida, o art. 251, parágrafo único, do Código Civil de 2002, dispõe o seguinte: *"Praticado pelo devedor o ato, a cuja abstenção se obrigara, o credor pode exigir dele que o desfaça, sob pena de se desfazer à sua custa, ressarcindo o culpado perdas e danos. Parágrafo único. Em caso de urgência, poderá o credor desfazer ou mandar desfazer, independentemente de autorização judicial, sem prejuízo do ressarcimento devido.".*

Local e data

(a) Juiz de Direito

9. JURISPRUDÊNCIA SOBRE O JUIZADO ESPECIAL CÍVEL

9.1. "JUIZADO ESPECIAL CÍVEL – Ajuizamento de ação – Caráter facultativo e não obrigatório. Recurso – Agravo de instrumento – Competência – Declinação *ex officio* – Determinação de remessa dos autos de ação de reparação de danos patrimoniais e morais pelo rito sumário em decorrência de acidente de trânsito *ao Juizado Especial de Pequenas Causas – Impossibilidade.* Análise doutrinária a propósito da obrigatoriedade ou facultatividade do ajuizamento perante o Juizado Especial de Causas Cíveis. Valor atribuído à causa supera 40 salários mínimos. Recurso provido, transformando em definitiva a tutela recursal provisoriamente concedida, para o fim de determinar que o processamento da ação se dê perante a *Justiça Comum, reconhecendo como opcional a utilização do Juizado Especial."* (1º TACiv-SP, 7ª C., A.I. nº 679.850-9-SP, Rel. Carlos R. A. Ferreira, j. em 2.4.1996, v.u., *in Boletim AASP* nº 1950, pág. 150-j).

Constou do venerando acórdão a versão doutrinária favorável ao caráter facultativo do ajuizamento de ação perante o Juizado Especial, assim: "A esses repositórios doutrinários, ora adotados, devem ser adicionadas as lições ministradas pelo eminente processualista Nelson Nery Júnior, na 2ª ed. (ainda no prelo) das suas *Atualidades Sobre o Processo Civil* – A Reforma do CPC brasileiro de 1994 e 1995, para quem: " (...) o autor pode optar por ajuizar a ação mencionada no LJE (art. 3º), ou perante os Juizados Especiais, se quiser procedimento mais rápido, sumaríssimo, informal, restrito, sem a obediência da legalidade estrita, isto é, por eqüidade (LJE, art. 6º), ou perante o Juízo Comum, pelo rito sumário, se quiser ter oportunidade de ampla defesa com todos os recursos a ela inerentes e ver sua causa decidida *de jure*, já que no sistema do rito sumário do CPC, o juiz não pode decidir com base na eqüidade...". Segue-se: "... a entender-se que o ajuizamento das ações previstas no LJE (art. 3º) é obrigatório perante o Juizado Especial, é, a um só tempo: *a)* apenar-se o jurisdicionado que, ao invés de ter mais uma alternativa para buscar a aplicação da atividade jurisdicional do Estado, tem retirada de sua disponibilidade a utilização dos meios processuais adequados, existentes no ordenamento processual, frustrando-se a finalidade da criação dos Juizados Especiais; *b)* esvaziar-se quase que completamente o procedimento sumário do sistema do CPC, que teria aplicação residual às pessoas que não podem ser parte e às matérias que não podem ser submetidas ao julgamento dos Juizados Especiais. Isto quer significar que o entendimento restritivo só conspiraria contra o acesso à justiça, porque se restringiria o direito de ação do autor, ao passo que, se se entender que o ajuizamento das ações perante os Juizados Especiais é facultativo, opção do Autor, estariam sendo atendidos os princípios constitucionais do direito de ação (CF, art. 5º, XXXV), da ampla defesa (CF, art. 5º, LV), bem como se proporcionaria ao autor um meio alternativo de acesso à Justiça... *(sic)*. No mesmo diapasão, o insigne Vicente Greco Filho, na pág. 3 dos seus *Comentários ao Procedimento Sumário, ao Agravo e à Ação Monitória*, Saraiva, ministra que: "O Juizado Especial é de escolha facultativa do autor..." *(sic) (in Boletim AASP nº 1950, pág. 152-j). Por fim, lembro que no Juizado Especial, em 1º grau de jurisdição, não se impõe o pagamento de custas e honorários advocatícios (arts. 54 e 55), o que não deixa de ser um bom motivo para a opção pelo Juizado".*

9.2. "JUIZADO ESPECIAL CÍVEL – Competência – Causa de menor complexidade. Ações de rito sumário. Não limitação ao valor de 40 (quarenta) salários mínimos. *Obrigatoriedade do ajuizamento no Juizado Especial"* (1º TACiv-SP, 10ª C., Ag. de Inst. nº 677.042-9-SP, Rel. Juiz Antonio de Pádua Ferraz Nogueira, j. em 2.4.1996, v.u., *in Boletim AASP* nº 1954, de 5 a 11.6.1996, pág. 180-j). *A ementa completa foi lavrada nos autos de uma ação de reparação de danos decorrentes de acidente de veículo automotor, no valor de R$ 4.427,26 (quatro mil, quatrocentos e vinte e sete reais e vinte e seis centavos), em 1996, quando o salário mínimo tinha o valor de R$ 112,00. A ementa completa foi exarada assim:* "Competência – Processo extinto, por cuidar de matéria da competência do Juizado Especial Cível. Tratando-se de causa constante no art. 3º, II, da Lei nº 9.099/1995, *cujo inciso não foi revogado pela posterior Lei nº 9.245/1995 (rito sumário no CPC), a competência é do Juizado Especial Cível*. Obrigatoriedade funcional e *ratione materiae* do Juizado Especial Cível, que albergou os arts. 24, X, e 98, I, da Constituição Federal de 1988. Causa que não está limitada a 40 (quarenta) salários mínimos, por ser legalmente conceituada como de menor complexidade. Exegese dos arts. 3º, §§ 3º, 21, 22, e 39 da Lei nº 9.099/1995. Descabimento, porém, da extinção do processo, que, por economia processual, deve ser, após declarada a incompetência da *Justiça Comum*, remetido ao novo Órgão da Justiça Ordinária – Recurso parcialmente provido." *(in Boletim AASP* nº 1954, de 5 a 11.6.1996, pág. 180-j, acórdão na íntegra).

Dentro da concepção do v. acórdão retro mencionado, pode-se deduzir o seguinte: As causas de rito sumário, arroladas no art. 275, II, do CPC, *independentemente do valor*, serão processadas no Juizado Especial Cível, obrigatoriamente. A causa de menor complexidade não está vinculada ao valor da demanda. Serão, todavia, processadas no Juízo Comum: *a)* as causas de rito sumário em que a autora ou requerente seja *pessoa jurídica ou empresa*; *b)* as causas de rito sumário em que *a pessoa física* esteja impossibilitada de entrar no Juizado Especial, como acontece em algumas hipóteses previstas no art. 3º, § 2º, da Lei nº 9.099/1995; *c)* os casos de réu em lugar incerto e não sabido, já que no Juizado Especial não se admite a citação por edital (art. 18, § 2º); *d)* causas com algum caráter excepcional, como quando for o caso de se aplicar, subsidiariamente, os §§ 4º e 5º do art. 277 do CPC, com redação dada pela Lei nº 9.245/1995, c/c o art. 51 da Lei nº 9.099/1995, em face da justificada controvérsia da demanda, a exigir prova técnica de maior complexidade".

Obs.: Acentue-se que a Lei nº 9.841, de 5.10.1999, em seu art. 38, veio a permitir que as microempresas possam mover ações junto ao JEC.

9.3. "JUIZADO ESPECIAL CÍVEL – Despejo – A ação de despejo por falta de pagamento cumulada com cobrança não é abrangida pelo art. 3º do Juizado Especial de Pequenas Causas, criado pela Lei nº 9.099/1995, *devendo obedecer ao disposto na Lei nº 8.245/1991, que é especial, perante a Justiça Comum."* (2º TACiv-SP, 7ª C., Ag. Instr. nº 459.810-00/5-SP, Rel. Juiz Emmanoel França, j. em 30.4.1996, v.u.).

9.4. "DESPEJO – Falta de pagamento de aluguel – Incompetência dos Juizados Especiais Cíveis para seu processamento – Competência da Vara Cível. Inteligência das Leis nºs 9.099/1995 e 8.245/1991. É opcional o acesso ao Juizado Especial Cível, e relativa a competência ditada pelo valor da causa (art. 3º, Lei nº 9.099/1995). A ação de despejo por falta de pagamento, ainda que de valor inferior a 40 (quarenta) salários mínimos, não se enquadra no rol de competências do Juizado Especial, uma vez que tem procedimento próprio, previsto na Lei nº 8.245/1991." (2º TACiv-SP, 10ª C., Ag. Instr. nº 459.474-00/5-SP, Rel. Juiz Euclides de Oliveira, j. em 21.5.1996, v.u., *in Boletim AASP* nº 1987, de 22 a 28.1.1997, pág. 7-e).

9.5. O Eg. Conselho Superior da Magistratura do Tribunal de Justiça do Estado de São Paulo, no expediente protocolado sob nº G-182.311/94, em sessão realizada no dia 29.8.1996, sendo relator o Des. Nigro Conceição, aprovou parecer sobre matéria relativa ao atendimento de pessoas jurídicas no Juizado Informal de Conciliação. "Na realidade, todas as questões suscitadas em face da Lei nº 7.244/84, acham-se prejudicadas, tendo em vista o advento da Lei nº 9.099/1995, que a revogou expressamente" (...) "No caso, contudo, pesem, embora, os nobres propósitos do digno magistrado, o Juizado consubstancia a Justiça do cidadão, ficando, em princípio, dele afastada, ao menos como autor, a pessoa jurídica. *É claro que esta questão não pode ser solucionada de modo simplista, pois é sabido que algumas pessoas jurídicas constituídas, de reduzido porte – mini ou microempresas – muitas vezes têm apenas o seu titular e se limi-*

tam à prestação de pequenos serviços. Nestes casos, estas pessoas jurídicas, em face do preenchimento dos demais requisitos exigidos pela Lei nº 9.099/1995, não devem ser alijadas dos Juizados Especiais". Des. Nigro Conceição, 1º.4.1996.

Obs.: Acentue-se que a Lei nº 9.841, de 5.10.1999, em seu art. 38, veio a permitir que as microempresas possam mover ações junto ao JEC.

9.6. "JUIZADO ESPECIAL – Recurso Especial -Interposição contra julgamento proferido por Turma Recursal dos Juizados Especiais ou do Conselho do Juizado de Defesa do Consumidor – Inadmissibilidade. A jurisprudência do STJ nega a possibilidade de Recurso Especial de julgamento proferido por Turma Recursal dos Juizados Especiais. A mesma solução se aplica aos julgados do Conselho do Juizado de Defesa do Consumidor, do Estado da Bahia, integrado por Desembargadores." (STJ, 2ª S., Recl. nº 383-BA, Rel. Min. Ruy Rosado de Aguiar, j. em 28.8.1996, v.u., in Boletim AASP nº 2011, de 14 a 20.7.1997, pág. 54-e).

9.7. SÚMULA nº 203 do STJ: "Não cabe recurso especial contra decisão proferida, nos limites de sua competência, por órgão de segundo grau dos Juizados Especiais." (Referência: CF/1988, art. 105, III; Lei nº 7.244, de 7.11.1984; Lei nº 9.099, de 26.9.1995).

10. ENUNCIADOS CÍVEIS APROVADOS, ATUALIZADOS E RATIFICADOS NO XIV ENCONTRO DOS JUÍZES COORDENADORES DOS JUIZADOS ESPECIAIS CÍVEIS E CRIMINAIS DO BRASIL

Íntegra dos Enunciados do Fórum Permanente dos Juízes Coordenadores dos Juizados Especiais Cíveis e Criminais do Brasil atualizados até novembro de 2003 – XIV Encontro Nacional São Luis – Maranhão (*DOE-SP*, de 19.1.2004).

Enunciado nº 1: *O exercício do direito de ação no Juizado Especial Cível é facultativo para o autor.*

Enunciado nº 2: (Substituído pelo Enunciado nº 58).

Enunciado nº 3: *Lei local não poderá ampliar a competência do Juizado Especial.*

Enunciado nº 4: *Nos Juizados Especiais só se admite a ação de despejo prevista no art. 47, inciso III, da Lei nº 8.245/1991.*

Enunciado nº 5: *A correspondência ou contra-fé recebida no endereço da parte é eficaz para efeito de citação, desde que identificado o seu recebedor.*

Enunciado nº 6: *Não é necessária a presença do Juiz Togado ou Leigo na Sessão de Conciliação.*

Enunciado nº 7: *A sentença que homologa o laudo arbitral é irrecorrível.*

Enunciado nº 8: *As ações cíveis sujeitas aos procedimentos especiais não são admissíveis nos Juizados Especiais.*

Enunciado nº 9: *O condomínio residencial poderá propor ação no Juizado Especial, nas hipóteses do art. 275, inciso II, item b, do Código de Processo Civil.*

Enunciado nº 10: *A contestação poderá ser apresentada até a audiência de Instrução e Julgamento.*

Enunciado nº 11: *Nas causas de valor superior a vinte salários mínimos, a ausência de contestação, escrita ou oral, ainda que presente o réu, implica revelia.*

Enunciado nº 12: *A perícia informal é admissível na hipótese do art. 35 da Lei nº 9.099/1995.*

Enunciado nº 13: *Os prazos processuais nos Juizados Especiais Cíveis, inclusive na execução, contam-se da data da intimação ou ciência do ato respectivo.* (Alteração aprovada no XII Encontro – Maceió – AL)

Enunciado nº 14: *Os bens que guarnecem a residência do devedor, desde que não essenciais a habitabilidade, são penhoráveis.*

Enunciado nº 15: *Nos Juizados Especiais não é cabível o recurso de agravo.*

Enunciado nº 16: (Cancelado).

Enunciado nº 17: *É vedada a acumulação das condições de preposto e advogado, na mesma pessoa (arts. 35, I e 36, II, da Lei nº 8.906/1994, c/c art. 23 do Código de Ética e disciplina da OAB).*

Enunciado nº 18: (Cancelado).

Enunciado nº 19: *A audiência de conciliação, na execução de título executivo extrajudicial, é obrigatória e o executado, querendo embargar, deverá fazê-lo nesse momento (art. 53, parágrafos 1º e 2º).*

Enunciado nº 20: *O comparecimento pessoal da parte às audiências é obrigatório. A pessoa jurídica poderá ser representada por preposto.*

Enunciado nº 21: *Não são devidas custas quando opostos embargos do devedor. Não há sucumbência salvo quando julgados improcedentes os embargos.*

Enunciado nº 22: *A multa cominatória é cabível desde o descumprimento da tutela antecipada, nos casos dos incisos V e VI, do art 52, da Lei nº 9.099/1995.*

Enunciado nº 23: *A multa cominatória não é cabível nos casos do art. 53 da Lei nº 9.099/1995.*

Enunciado nº 24: *A multa cominatória, em caso de obrigação de fazer ou não fazer, deve ser estabelecida em valor fixo diário.*

Enunciado nº 25: *A multa cominatória não fica limitada ao valor de quarenta (40) salários mínimos, embora deva ser razoavelmente fixada pelo juiz, obedecendo-se o valor da obrigação principal, mais perdas e danos, atendidas as condições econômicas do devedor.*

Enunciado nº 26: *São cabíveis a tutela acautelatória e a antecipatória nos Juizados Especiais Cíveis, em caráter excepcional.*

Enunciado nº 27: *Na hipótese de pedido de valor até 20 salários mínimos, é admitido pedido contraposto no valor superior ao da inicial, até o limite de 40 salários mínimos, sendo obrigatória à assistência de advogados às partes.*

Enunciado nº 28: *Havendo extinção do processo com base no inciso I, do art. 51, da Lei nº 9.099/1995, é necessária a condenação em custas.*

Enunciado nº 29: (Cancelado).

Enunciado nº 30: *É taxativo o elenco das causas previstas na o art. 3º da Lei nº 9.099/1995.*

Enunciado nº 31: *É admissível pedido contraposto no caso de ser a parte ré pessoa jurídica.*

Enunciado nº 32: *Não são admissíveis as ações coletivas nos Juizados Especiais Cíveis.*

Enunciado nº 33: *É dispensável a expedição de carta precatória nos Juizados Especiais Cíveis, cumprindo-se os atos nas demais comarcas, mediante via postal, por ofício do Juiz, fax, telefone ou qualquer outro meio idôneo de comunicação.*

Enunciado nº 34: (Cancelado).

Enunciado nº 35: *Finda a instrução, não são obrigatórios os debates orais.*

Enunciado nº 36: *A assistência obrigatória prevista no art. 9º da Lei nº 9.099/1995 tem lugar a partir da fase instrutória, não se aplicando para a formulação do pedido e a sessão de conciliação.*

Enunciado nº 37: *Em exegese ao art. 53, § 4º, da Lei nº 9.099/1995, não se aplica ao processo de execução o disposto no art. 18, § 2º, da referida lei, sendo autorizados o arresto e a citação editalícia quando não encontrado o devedor, observados, no que couber, os arts. 653 e 664 do Código de Processo Civil.*

Enunciado nº 38: *A análise do art. 52, IV, da Lei nº 9.099/1995, determina que, desde logo, expeça-se o mandado de penhora, depósito, avaliação e intimação, inclusive da eventual audiência de conciliação designada, considerando-se o executado intimado com a simples entrega de cópia do referido mandado em seu endereço, devendo, nesse caso, ser certificado circunstanciadamente.*

Enunciado nº 39: *Em observância ao art. 2º da Lei nº 9.099/1995, o valor da causa corresponderá à pretensão econômica objeto do pedido.*

Enunciado nº 40: *O conciliador ou juiz leigo não está incompatibilizado nem impedido de exercer a advocacia, exceto perante o próprio Juizado Especial em que atue ou se pertencer aos quadros do Poder Judiciário.*

Enunciado nº 41: *A intimação do advogado é válida na pessoa de qualquer integrante do escritório, desde que identificado.*

Enunciado nº 42: *O preposto que comparece sem Carta de Preposição obriga-se a apresentá-la, no prazo que for assinado, para a validade de eventual acordo. Não formalizado o acordo, incidem, de plano, os efeitos de revelia.*

Enunciado nº 43: *Na execução do título judicial definitivo, ainda que não localizado o executado, admite-se a penhora de seus bens, dispensado o arresto. A intimação de penhora observará ao disposto no artigo 19, § 2º, da Lei nº 9.099/1995.*

Enunciado nº 44: No âmbito dos Juizados Especiais, não são devidas despesas para efeito do cumprimento de diligências, inclusive, quando da expedição de cartas precatórias.

Enunciado nº 45: (Substituído pelo Enunciado nº 75).

Enunciado nº 46: A fundamentação da sentença ou do acórdão poderá ser feita oralmente, com gravação por qualquer meio, eletrônico ou digital, consignando-se apenas o dispositivo na ata. (Redação Alterada no XIV Encontro – São Luís/MA)

Enunciado nº 47: A microempresa para propor ação no âmbito dos Juizados Especiais deverá instruir o pedido com documento de sua condição.

Enunciado nº 48: O disposto no § 1º do art. 9º, da Lei nº 9.099/1995, é aplicável às microempresas.

Enunciado nº 49: As empresas de pequeno porte não poderão ser autoras nos Juizados Especiais.

Enunciado nº 50: Para efeito de alçada, em sede de Juizados Especiais, tomar-se á como base o salário mínimo nacional.

Enunciado nº 51: Os processos de conhecimento contra empresas sob liquidação extrajudicial devem prosseguir até a sentença de mérito, para constituição do título executivo judicial, possibilitando a parte habilitar o seu crédito, no momento oportuno, pela via própria.

Enunciado nº 52: Os embargos à execução poderão ser decididos pelo juiz leigo, observado o art. 40 da Lei nº 9.099/1995.

Enunciado nº 53: Deverá constar da citação a advertência, em termos claros, da possibilidade de inversão do ônus da prova.

Enunciado nº 54: A menor complexidade da causa para a fixação da competência é aferida pelo objeto da prova e não em face do direito material.

Enunciado nº 55: (Substituído pelo Enunciado nº 76).

Enunciado nº 56: (Cancelado).

Enunciado nº 57: (Cancelado).

Enunciado nº 58: (Substitui o Enunciado nº 2): *As causas cíveis enumeradas no art. 275, II, do CPC admitem condenação superior a 40 salários mínimos e sua respectiva execução, no próprio Juizado.*

Enunciado nº 59: Admite-se o pagamento do débito por meio de desconto em folha de pagamento, após anuência expressa do devedor e em percentual que reconheça não afetar sua subsistência e a de sua família, atendendo sua comodidade e conveniência pessoal.

Enunciado nº 60: É cabível a aplicação da desconsideração da personalidade jurídica, inclusive na fase de execução. (Redação alterada no XIII Encontro – Campo Grande/MS).

 Redação anterior: *É cabível a aplicação da desconsideração da personalidade jurídica, inclusive na fase de execução, quando a relação jurídica de direito material decorrer da relação de consumo.*

Enunciado nº 61: *No processo de execução, esgotados os meios de defesa ou inexistindo bens para a garantia do débito, expede-se certidão de dívida para fins de protesto e/ou inscrição no Serviço de Proteção ao Crédito – SPC e SERASA, sob a responsabilidade do exeqüente.* (Cancelado em razão da redação do Enunciado nº 76 – XIII Encontro – Campo Grande/MS)

Enunciado nº 62: *Cabe exclusivamente às Turmas Recursais conhecer e julgar o mandado de segurança e o* habeas corpus *impetrados em face de atos judiciais oriundos dos Juizados Especiais.*

Enunciado nº 63: *Contra decisões das Turmas Recursais são cabíveis somente os embargos declaratórios e o Recurso Extraordinário.*

Enunciado nº 64: *Os remédios constitucionais (mandado de segurança e habeas corpus) eventualmente impetrados em face de atos das Turmas Recursais devem ser dirigidos ao STF.*

Enunciado nº 65: *A ação previdenciária fundada na Lei nº 10.259/2001, onde não houver Juízo Federal, poderá ser proposta no Juizado Especial Estadual, nos termos do art. 109, § 3º, da Constituição Federal.*

Enunciado nº 66: *É possível a adjudicação do bem penhorado em execução de título extrajudicial, antes do leilão, desde que, comunicado do pedido, o executado não se oponha, no prazo de 10 dias.*

Enunciado nº 67: *O conflito de competência entre juízes de Juizados Especiais vinculados à mesma Turma Recursal será decidido por esta.*

Enunciado nº 68: *Somente se admite conexão em Juizado Especial Cível quando as ações puderem submeter-se à sistemática da Lei nº 9.099/1995.*

Enunciado nº 69: *As ações envolvendo danos morais não constituem, por si só, matéria complexa.*

Enunciado nº 70: *As ações nas quais se discute a ilegalidade de juros não são complexas para o fim de fixação da competência dos Juizados Especiais.*

Enunciado nº 71: *É cabível a designação de audiência de conciliação em execução de título judicial.*

Enunciado nº 72: *Inexistindo interesse de incapazes, o Espólio pode ser autor nos Juizados Especiais Cíveis.*

Enunciado nº 73: *As causas de competência dos Juizados Especiais em que forem comuns o objeto ou a causa de pedir poderão ser reunidas para efeito de instrução, se necessária, e julgamento.*

Enunciado nº 74: *A prerrogativa de foro na esfera penal não afasta a competência dos Juizados Especiais Cíveis.*

Enunciado nº 75: (Substitui o Enunciado nº 45): *A hipótese do § 4º, do art. 53, da Lei nº 9.099/1995, também se aplica às execuções de título judicial, entregando-se ao exequente, no caso, certidão do seu crédito, como título para futura execução, sem prejuízo da manutenção do nome do exequente no Cartório Distribuidor.*

Enunciado nº 76: (Substitui o Enunciado nº 55): *No processo de execução, esgotados os meios de defesa e inexistindo bens para a garantia do débito, expede-se a pedido do exeqüente certidão de dívida para fins de inscrição* no serviço de Proteção ao Crédito – SPC e SERASA, sob pena de responsabilidade.

Enunciado nº 77: O advogado cujo nome constar do termo de audiência estará habilitado para todos os atos do processo, inclusive para o recurso. (Aprovado no XI Encontro em Brasília/DF).

Enunciado nº 78: O oferecimento de resposta, oral ou escrita, não dispensa o comparecimento pessoal da parte, ensejando, pois, os efeitos da revelia. (Aprovado no XI Encontro em Brasília/DF).

Enunciado nº 79: Designar-se-á hasta pública única, se o bem penhorado não atingir valor superior a vinte salários mínimos. (Aprovado no XI Encontro em Brasília/DF).

Enunciado nº 80: O recurso inominado será julgado deserto quando não houver o recolhimento integral do preparo e sua respectiva comprovação pela parte, no prazo de 48 horas, não admitida a complementação intempestiva (art. 42, § 1º, da Lei nº 9.099/1995). (Aprovado no XI Encontro em Brasília/DF – Alteração aprovada no XII Encontro em Maceió/AL).

Enunciado nº 81: A arrematação e a adjudicação podem ser impugnadas por simples pedido. (Aprovado no XII Encontro, Maceió/AL).

Enunciado nº 82: Nas ações derivadas de acidentes de trânsito a demanda poderá ser ajuizada contra a seguradora, isolada ou conjuntamente com os demais coobrigados. (Aprovado no XIII Encontro em Campo Grande/MS).

Enunciado nº 83: A pedido do credor, a penhora de valores depositados em bancos poderá ser feita independentemente de a agência situar-se no juízo da execução. (Aprovado no XIV Encontro em São Luís/MA)

Enunciado nº 84: Compete ao Presidente da Turma Recursal o juízo de admissibilidade do Recurso Extraordinário. (Aprovado no XIV Encontro em São Luís/MA)

Enunciado nº 85: O Prazo para recorrer da decisão de Turma Recursal fluirá da data do julgamento. (Aprovado no XIV Encontro em São Luís/MA)

10.1. Enunciados relativos à Medida Provisória nº 2152-2/2001

Aprovados em Belo Horizonte em junho de 2.001

Enunciado nº 1: Não se aplica o litisconsórcio necessário previsto no art. 24 da MP nº 2152-2/2001 aos casos de abuso, por ação ou omissão, das concessionárias distribuidoras de energia elétrica.

Enunciado nº 2: Os Juizados Especiais são competentes para dirimir as controvérsias sobre os direitos de consumidores residenciais sujeitos a situações excepcionais (§ 5º, do art. 15, da MP nº 2152-2/2001).

Enunciado nº 3: O disposto no art. 25 da MP nº 2152-2/2001 não exclui a aplicação do Código de Defesa do Consumidor.

TÍTULO V
DESPACHOS JUDICIAIS E DECISÕES NO JUIZADO ESPECIAL CRIMINAL

1. GENERALIDADES

No Juizado Especial Criminal, criado com base no art. 98, inciso I, da Constituição Federal, concilia-se e julga-se as infrações penais de menor potencial ofensivo (Lei nº 9.099/1995, art. 60). Entendia-se por infrações de menor potencial lesivo apenas com a definição da Lei nº 9.099 de 1995, as seguintes: a) as contravenções penais, inclusive as previstas em leis especiais; b) os crimes a que a lei cominava pena máxima não superior a um ano, excetuados os casos em que a lei estabelecia procedimento especial (exemplificava-se, a exceção, com a Lei dos Tóxicos) (Ver art. 61). Todavia, com a Lei Federal nº 10.259, de 12 de julho de 2001, que criou os Juizados Especiais Criminais na Justiça Federal, o art. 2º, parágrafo único dessa Lei, derrogou a parte final do art. 61 da Lei nº 9.099/1995 para o fim de serem considerados delitos de menor potencial ofensivo, para efeitos da referida Lei nº 9.099/1995, aqueles aos quais a lei comine, no máximo, a pena detentiva não superior **a dois anos**, ainda que tenham **procedimento especial**. Por outras palavras, a Lei posterior de direito penal material e mais benéfica ao infrator, derrogou a anterior na parte que definia os crimes de menor potencial ofensivo (CF, art. 5º, XL, e CP, art. 2º, parágrafo único). De modo que, a Lei nº 10.259/2001, que criou os Juizados Especiais Federais, não só elevou o máximo da pena cominada para efeitos de aplicação da competência especial do Juizado (de um ano para dois anos), como também silenciou sobre qualquer cláusula restritiva, isto é, não ressalvou nem os delitos com procedimentos especiais para apuração, sugerindo-se aplicação genérica. Anotou Damásio E. de Jesus que: "Em suma, entendemos que o parágrafo único do art. 2º da Lei nº 10.259/2001 derrogou também a parte final do art. 61

da Lei dos Juizados Especiais Criminais (Lei nº 9.099/1995), ampliando a sua extensão. Em consequência, devem ser considerados delitos de menor potencial ofensivo, para efeito do art. 61 da Lei nº 9.099/95, aqueles aos quais a lei comine, no máximo, pena detentiva não superior a dois anos, ou multa, sem exceção." (*Jornal Notícias Forenses,* outubro de 2001, pág. 61). No mesmo sentido escreveu Luiz Flávio Gomes, com apoio da jurisprudência do Egrégio Tribunal de Justiça do Estado do Rio Grande do Sul (5ª Câmara), onde não só houve ratificação do entendimento a respeito da ampliação da competência dos Juizados Especiais Estaduais (para crimes apenados até dois anos) como também se firmou posição no sentido de que a competência do Juizado Especial alcançava também os crimes com procedimentos especiais de apuração (por exemplo, crimes contra a honra) (*A Tribuna da Magistratura,* maio de 2002, pág. 8). Na jurisprudência no STJ, assentou-se que: "Súmula 243 – STJ – Limite – Dois anos – A Lei nº 10.259/2001, ao definir as infrações penais de menor potencial ofensivo, estabeleceu o limite de dois anos para a pena máxima cominada. Daí que o art. 61 da Lei nº 9.099/1995 foi derrogado, sendo o limite de um ano alterado para dois, devendo tal mudança ser acrescentada à parte final da Súmula nº 243 desta Corte, visto que as alterações da Lei penal que são benéficas para os réus devem retroagir. A Turma deu provimento ao recurso para afastar o limite de um ano e estabelecer o de dois anos para a concessão do benefício da suspensão condicional do processo." (RHC nº 12.033-MS, Rel. Min. Felix Fischer, j. em 13.8.2002). Destarte, estão na competência dos Juizados Especiais Criminais Estaduais a apuração e o julgamento de crimes a que a lei comine pena máxima não superior a dois anos, ainda que tenham procedimentos especiais.

Contudo, no art. 89 da Lei nº 9.099/1995, existe ainda um benefício especial consistente na suspensão condicional do processo antes mesmo do recebimento da denúncia, isso nos crimes em que a pena *mínima* for igual ou inferior a um ano, abrangidas ou não pela referida Lei nº 9.099/1995.

Os dois principais objetivos do Juizado Especial Criminal são: *a)* buscar sempre que possível a reparação dos danos sofridos pela vítima; e, *b)* aplicação de pena não privativa de liberdade (art. 62). Por esta razão, o legislador instituiu nos processos do Juizado Especial Criminal uma fase preliminar *de conciliação,* destinada a: 1. obter a composição civil dos danos; e, 2. obter a aceitação do infrator de proposta de aplicação de pena não privativa de liberdade, que pode ser: *a)* pena restritiva de direitos; e *b)* pena de multa (arts. 72 e 76). Isso é o que determina especificamente o art. 72 da Lei nº 9.099/1995.

Observa-se que, por duas vezes, o legislador insistiu no objetivo primeiro e principal do Juizado Especial Criminal, qual seja, o de obter a reparação dos danos sofridos pela vítima (arts. 62 e 72). Aliás, pela terceira vez, frisou o legislador que o acordo sobre a composição civil dos danos acarreta a renúncia ao direito de queixa ou representação nos crimes de iniciativa privada ou condicionada à representação (art. 74, parágrafo único). Lucas Pimentel de Oliveira entende que o parágrafo único do art. 74 revogou a segunda parte do parágrafo único do art. 104 do Código Penal, segundo o qual a reparação do dano não constituía renúncia ao direito de queixa. O ilustre autor também entende que o referido parágrafo único do art. 74 da Lei nº 9.099/1995 "se aplica a todas as hipóteses, independente de ser o crime de menor potencial ofensivo ou não. Assim, se a vítima de um crime de ação penal pública condicionada ou ação privada, receber o valor correspondente aos danos, não poderá representar ou ofertar queixa-crime contra seu ofensor, ainda que o crime não seja de menor potencial ofensivo. Tal entendimento está arrimado na analogia *in bonam partem*, possível em Direito Penal" (*Juizados Especiais Criminais*, Edipro, 1995, pág. 43).

Não se pense, todavia, que nos crimes de ação penal pública incondicionada não cabe a composição civil dos danos como forma de extinção da punibilidade ou como causa especial despenalizadora. Pelo contrário, a lei não proibiu. A obtenção da composição civil dos danos foi sempre a primeira solução recomendada pelo legislador, que o fez sem qualquer limitação ou caráter inibitório. Leia-se os arts. 62, 72 e o *caput* do art. 74 da Lei nº 9.099/1995. A propósito, Joel Dias Figueira Júnior e Maurício Antonio Ribeiro Lopes, respectivamente Magistrado e Promotor de Justiça, escreveram em obra clássica que: "A composição dos danos causados pela infração penal deve ser considerada sob duas hipóteses profundamente diversas entre si: *a)* nos casos de infrações cuja ação penal seja de iniciativa privada ou de ação penal pública condicionada à representação do ofendido, e *b)* nos casos de infrações cuja ação penal seja pública incondicionada"... Prosseguem os ilustres autores: "A outra hipótese é a composição dos danos em tema de crime cuja ação penal seja de iniciativa pública incondicionada. Uma leitura mais afoita da lei deixaria entrever que nestes casos não haveria oportunidade para a composição dos danos, posto que desta nenhum efeito decorreria por falta de previsão legal. Nada mais falso. O espírito da lei não é apenas o de tratar fragmentariamente a realidade do delito, deixando de promover, face à informalidade dos procedimentos, a reparação do dano sempre que possível". Quanto à homologação do acordo, arrematam: "não vejo maiores problemas em tal procedimento deferindo-se a essa decisão – homologatória – as mesmas características daquela descrita há pouco nos casos de ação penal privada". O descumprimento do acordo também não ressuscita a ação penal, devendo a vítima proceder a execução no Juízo Cível (*Comentários à Lei dos Juizados Especiais Cíveis e Criminais*, Lei nº 9.099/1995, Revista dos Tribunais, 1995, págs. 333/334).

Como se vê, mesmo nos crimes de ação penal pública incondicionada, cabe a composição civil dos danos como causa extintiva da punibilidade, ou como causa especial despenalizadora. E os danos reparáveis não são somente os *materiais, mas também os morais*. Pode uma infração penal provocar apenas um dano moral, e desde que seja reparado de forma satisfatória pelo autor do ato danoso, caberá decisão declaratória extintiva da punibilidade. Aliás, mesmo o reincidente no Juizado Especial pode compor os danos e ver declarada extinta a punibilidade. A reparação dos danos constitui uma *causa autônoma de extinção da punibilidade, ou causa especial despenalizadora* (arts. 62, 72 e 74). O que a Lei nº 9.099/1995 proíbe são os seus benefícios a quem *já foi beneficiado anteriormente, no prazo de cinco anos, pela aplicação de pena restritiva de direito ou multa (art. 76, § 2º, II), não abrangendo aquele que reparou os danos anteriormente. Aliás, os três motivos impeditivos dos benefícios da Lei nº 9.099/1995 são: a) ter sido o autor da infração condenado, pela prática de crime, à pena privativa de liberdade, por sentença definitiva (a condenação anterior à pena de multa não impede, pela primeira vez, os benefícios da Lei nº 9.099/1995); b) ter sido o agente beneficiado anteriormente, no prazo de cinco anos, pela aplicação de pena restritiva ou multa; c) não indicarem os antecedentes, a conduta social e a personalidade do agente, bem como os motivos e as circunstâncias, ser necessária e suficiente a adoção da medida (art. 76, § 2º, I a III).*

Nota-se que, apesar da abrangência da terceira hipótese inibidora, o fato de ter o agente anteriormente reparado o dano sofrido por uma vítima em processo do Juizado Especial Criminal, não o impede de voltar no Juizado Especial e novamente reparar os danos de outra vítima e decorrentes de uma nova infração. O escopo do processo será sempre, e em primeiro lugar, buscar a reparação dos danos sofridos pela vítima. É o que prescrevem os arts. 62 e 72 da Lei nº 9.099/1995, sem restrições ou limitações. E, numa interpretação mais audaciosa, mas analógica, e em favor do acusado, penso que a reparação do dano como causa extintiva de punibilidade pode ocorrer até para as hipóteses de crimes em que a pena *mínima cominada seja igual ou inferior a 1(um) ano, já que, nesses casos, é permitida a suspensão condicional do processo (art. 89)*. Mais salutar que a suspensão do processo, é de fato a reparação do dano à vítima. Foi nisso que o legislador tanto insistiu nos arts. 62, 72 e 74 da Lei nº 9.099/1995, determinando que se buscasse sempre que possível a conciliação (arts. 1º e 2º). É certo que a suspensão condicional do processo poderá ocorrer também sob a condição do autor da infração reparar os prejuízos da vítima (art. 89, § 1º), mas isso está debaixo de uma "faculdade" do Juiz. Confira-se: "Aceita a proposta pelo acusado e seu defensor, na presença do Juiz, este, recebendo a denúncia, *poderá – e não deverá – suspender o processo, submetendo o acusado a período de prova, sob as seguintes condições: I – reparação do dano, salvo impossibilidade de fazê-lo"*. Todavia, pode a própria vítima de um delito cuja pena ultrapasse os limites previstos no art. 61 da Lei nº 9.099/1995, dentro de uma conciliação ou acordo amigável com o acusado, aceitar que a mera reparação do dano seja causa extintiva de punibilidade, o que constitui certamente um estímulo para o ofensor reparar a conduta que praticou, embora tenha intenção de discutir excludentes de ilicitude ou culpabilidade. Por outro lado, pode o Juiz suspender o processo sem impor ao autor da infração a condição de reparar o dano, o que pode deixar a vítima num estado de descrença nas instituições.

Em suma, o que não é admissível é a reparação do dano como causa extintiva de punibilidade nos crimes de ação penal pública incondicionada e cuja pena *mínima cominada ultrapasse a 1 (um) ano. O teto permissivo, usando a interpretação extensiva analógica, é o do art. 89 da Lei nº 9.099/1995, ou seja, nos crimes cuja pena mínima seja igual ou inferior a 1 (um) ano.* Essa interpretação encontra respaldo nos arts. 1º e 2º da Lei nº 9.099/1995, segundo os quais, nos Juizados Especiais Cíveis e Criminais, deve-se buscar sempre a conciliação e/ou transação. Num sistema em que o legislador erigiu a conciliação como objetivo principal, pode a própria vítima de um crime de ação penal pública incondicionada e com pena mínima igual ou inferior a 1 (um) ano, aquiescer que seja a reparação do dano, por si só, uma causa de extintiva de punibilidade para o autor do fato danoso e, nessa hipótese, não se estaria transformando a ação pública incondicionada em ação privada; porque, a reparação do dano não implica sempre na disponibilidade da ação penal, mas sim, numa causa especial despenalizadora somente nas hipóteses de crimes previstos no bojo da Lei nº 9.099/1995.

Por fim, diga-se que, se o escopo do Juizado Especial Criminal é a conciliação e a reparação do dano à vítima (arts. 60, 61 e 62), podem os trabalhos conciliatórios serem conduzidos pelo Juiz togado ou por Conciliador sob sua orientação (art. 73). Pode mesmo ser determinada *a condução coercitiva das partes para a audiência preliminar*. O citado autor Lucas Pimentel de Oliveira escreveu que: "Ademais, juristas de primeira água, como Espínola Filho e Magalhães Noronha, defendem a possibilidade de se conduzir coercitivamente as partes a juízo, para a audiência de conciliação prevista no art. 520 do Código de Processo Penal, tese aceita pelo Supremo Tribunal Federal (RTJ 77/409-12). Logo, mutatis mutandis, possível a adoção da medida no Juizado Criminal" (Juizados Especiais Criminais, Edipro, 1995, pág. 42).

As alternativas a serem perseguidas na audiência de conciliação são:

a) primeiramente, nas ações penais de iniciativa privada ou condicionadas à representação, pode-se buscar a renúncia da vítima, lembrando-se que, além das hipóteses previstas no CP e legislação especial, as ações penais relativas aos crimes de lesões corporais leves e lesões culposas agora dependem de representação da vítima (art. 88 da Lei nº 9.099/1995). Se a vítima renunciar, ou ficar inerte pelo prazo previsto na lei para representar, o procedimento será arquivado, declarando-se extinta a punibilidade do autor do fato danoso;

b) havendo representação da vítima, ou tratando-se de ação penal pública incondicionada, se e quando possível, pode-se tentar a composição civil dos danos materiais e/ou morais (arts. 62, 72 e 74). O acordo homologado acarreta a extinção da punibilidade e constitui título executivo no Juízo Cível (art. 74 e parágrafo único). Os danos ressarcíveis são os materiais e/ou morais. Mesmo o reincidente no Juizado Especial pode compor os danos materiais e/ou morais para ver declarada extinta a punibilidade;

c) não obtida a composição civil dos danos, passa-se à proposta do Ministério Público de aplicação de penas não privativas de liberdade, que são: a) pena restritiva de direitos; e b) pena de multa (art. 76). Observe que são somente duas espécies: ou pena restritiva de direitos ou pena de multa. Aceita a proposta pelo acusado e seu defensor, será submetida à apreciação do Juiz togado (art. 76, § 3º). Acolhendo a proposta (pode o Juiz não acolher, posto que não é mero chancelador de acordos feitos ao arrepio da lei ou das circunstâncias de cada caso concreto, lembrando-se que o legislador recomenda a busca da conciliação (art. 2º), o Juiz aplicará a pena restritiva de direitos ou multa, que não importará em reincidência, sendo registrada apenas para impedir novamente o mesmo benefício no prazo de 5 (cinco) anos (art. 76, § 4º). Da sentença do Juiz caberá recurso de apelação (art. 76, § 5º);

d) não obtida a composição civil dos danos e sendo infrutífera a transação para aplicação de pena não privativa de liberdade, segue-se o procedimento sumaríssimo previsto nos arts. 77 e segs., da Lei nº 9.099/1995. Na própria audiência preliminar de conciliação pode o Ministério Público oferecer denúncia oral, que será reduzida a termo, ou, se for o caso, requerer diligências complementares em virtude da complexidade do caso, hipótese em que o procedimento será encaminhado ao Juízo Comum, determinando-se a abertura de inquérito e processamento, conforme o Código de Processo Penal (art. 77, caput, e § 2º, c/c o art. 66, parágrafo único, da Lei nº 9.099/1995). Oferecida a denúncia – ainda não será recebida – será designada audiência de instrução e julgamento, devendo-se tentar a conciliação, na forma dos arts. 72, 73 e 74, se já não tiver sido feita anteriormente (art. 79). Aberta a audiência e prejudicada a conciliação, será dada a palavra ao defensor para responder à acusação. Se rejeitada a defesa, a denúncia será recebida e serão ouvidas a vítima e testemunhas de acusação e defesa, interrogando-se a seguir o acusado, se presente, passando-se aos debates orais e à prolação da sentença (art.

81). Na audiência o Juiz pode limitar ou excluir as provas que considerar excessivas, impertinentes ou protelatórias (art. 81, § 1º). Dispensa-se o relatório da sentença (art. 81, § 3º). Da decisão de rejeição da denúncia ou queixa e da sentença final caberá apelação (art. 82).

2. DESPACHOS JUDICIAIS NO JUIZADO ESPECIAL CRIMINAL

2.1. Primeiro despacho possível – Vista ao Ministério Público

Processo-Crime nº

Vistos, etc.

1. Trata-se de Termo Circunstanciado relativo à infração de menor potencial ofensivo, o qual se acha acompanhado de declarações e documentos, tendo sido encaminhados pela autoridade policial ao Juizado Especial Criminal. O autor do fato danoso e a vítima não estão presentes no momento para a realização de imediato da audiência de conciliação.

2. Assim, dê-se vista dos autos ao representante do Ministério Público para as alternativas legais (*v.g.*, pedido de arquivamento, ou pedido de certidões criminais e designação de audiência de conciliação, com proposta de transação, ou pedido de diligências e nova distribuição ao Juízo Comum por não ser a questão do Juizado Especial, etc.).

3. Após, conclusos.

Local e data

(a) Juiz de Direito

2.2. Segundo despacho possível em processos do Juizado Especial Criminal – Designação de audiência para conciliação e alternativas legais para o infrator

Processo-Crime nº

Vistos, etc.

1. Trata-se de Termo Circunstanciado acompanhado de declarações e documentos, encaminhados pela autoridade policial ao Juizado Especial Criminal. O autor do fato danoso e a vítima não estão presentes no momento.

2. Assim sendo, tendo havido prévia manifestação do Ministério Público, e, agora, visando a conciliação e/ou transação, designo audiência para o dia (...), às (...) horas. Intime-se o autor do fato e a vítima. Poderão estar acompanhados de advogados. A ausência injustificada na audiência poderá acarretar a condução coercitiva (Por analogia, ver julgado do STF *in* RTJ 77/409-12, e *Juizado Especial Criminal*, de Lucas P. de Oliveira, Edipro, pág. 42). Dê-se ciência ao representante do Ministério Público.

3. Os trabalhos da audiência poderão ser conduzidos por Conciliador nomeado pelo Juiz togado, sob a supervisão deste (art. 73). Na audiência de conciliação podem ser perseguidas as seguintes alternativas:

a) renúncia da vítima, nos casos de ações penais privadas ou condicionadas à representação (arts. 75 e 88 da Lei nº 9.099/1995);

b) a composição civil dos danos materiais e/ou morais (arts. 62, 72 e 74), o que acarretará a extinção da punibilidade;

c) não obtida a composição dos danos, buscar-se-á a aplicação de pena não privativa de liberdade, com proposta do Ministério Público limitada a: *a)* pena restritiva de direito; ou *b)* pena de multa (art. 76). O cumprimento da pena de multa far-se-á mediante pagamento na Secretaria do Juizado. A pena de multa pode ser reduzida até a metade (art. 76, § 1º). A pena restritiva será cumprida na Vara das Execuções Criminais (arts. 84 e 86).

4. Intimem-se. Cumpra-se.

Local e data

(a) Juiz de Direito

2.3. Terceiro despacho possível em processos do Juizado Especial Criminal – Extinção da punibilidade pelo pagamento da multa

Processo-Crime nº

Vistos, etc.

1. O autor do fato danoso, "A", aceitou a pena de multa e efetuou o pagamento conforme guia de recolhimento de fls..

2. Destarte, nos termos do art. 84, parágrafo único, da Lei nº 9.099/1995, declaro extinta a punibilidade em virtude do cumprimento da pena pecuniária. A condenação não deve constar dos registros criminais, exceto para fins de requisição judicial (art. 84, parágrafo único).

3. Intime-se. Arquive-se.

Local e data

(a) Juiz de Direito

2.4. Quarto Despacho Possível em Processos do Juizado Especial Criminal – Disposições para Cumprimento da Pena Restritiva de Direitos

Processo-Crime nº

Vistos, etc.

1. O autor do fato danoso, "A", na audiência preliminar de conciliação, aceitou uma pena restritiva de direito (vide Termo de Audiência de fls.).

2. Nos termos do art. 43 do Código Penal, com a redação dada pela Lei nº 9.714, de 25 de novembro de 1998, as penas restritivas de direitos que podem ser aplicadas quando a pena privativa de liberdade não for superior a 4 (quatro) anos e o crime não tiver sido cometido com violência ou grave ameaça à pessoa, ou, qualquer que seja a pena aplicada, se o crime for culposo, são as seguintes: I – prestação pecuniária; II – perda de bens e valores; III – prestação de serviços gratuitos à comunidade ou a entidades públicas, que deverá ser cumprida à razão de uma (1) hora de tarefa por dia de condenação; IV – interdição temporária de direitos; V – limitação de fim de semana (arts. 43 a 46, e 55 e 77, § 2º, todos com redação dada pela Lei nº 9.714/1998). As penas restritivas de direitos previstas nos incisos IV, V e VI do art. 43 terão a mesma duração da pena privativa de liberdade substituída, ressalvado o disposto no § 4º do art. 46 do Código Penal (ver art. 55 do CP, com redação dada pela Lei nº 9.714/1998). A pena restritiva de direitos converte-se em privativa de liberdade quando ocorrer o descumprimento injustificado de restrição imposta. No cálculo da pena privativa de liberdade a executar será deduzido o tempo cumprido de pena restritiva de direitos, respeitado o saldo mínimo de trinta dias de detenção ou reclusão (art. 44, § 4º). Sobrevindo condenação a pena privativa de liberdade, por outro crime, o Juiz da execução decidirá sobre a conversão, podendo deixar de aplicá-la se for possível ao condenado cumprir a pena substitutiva anterior (art. 44, § 5º). No tocante à prestação de serviços gratuitos à comunidade ou entidades públicas, a medida é aplicável às condenações superiores a 6 (seis) meses de privação de liberdade (art. 46). Já a medida de prestação pecuniária consiste no pagamento em dinheiro à vítima, a seus dependentes ou a entidade pública ou privada com destinação social, de importância fixada pelo Juiz, não inferior a 1 (um) salário mínimo e nem superior a 360 (trezentos e sessenta) salários mínimos. O valor pago será deduzido do montante de eventual condenação em ação de reparação civil, se coincidentes os beneficiários (CP, art. 45, § 1º, com redação dada pela Lei nº 9.714/1998). No caso de aceitação do beneficiário, a prestação pecuniária pode consistir em prestação de outra natureza (art. 45, § 2º).

3. No caso dos autos, foi aceita pelo autor do fato danoso a *PRESTAÇÃO DE SERVIÇO À COMUNIDADE*. Portanto:

3.1. Cuida-se de estabelecer condições de cumprimento da pena de prestação de serviço à comunidade, imposta ao acusado (...), pelo prazo de 8 (oito) meses, conforme termo de audiência de fls..

3.2. PRIMEIRAMENTE, o acusado, em processo de execução, foi intimado para esclarecer suas atividades de rotina e o horário delas, tendo ele indicado que é (...) (*exemplo: motorista*) e trabalha de segunda-feira a sábado, no horário das 00h. às 00h. (fls.).

3.3. DEPOIS, foi solicitado da Prefeitura de (...) (*ou outra entidade*) informações sobre o local e a tarefa que poderia o acusado desempenhar, já que, na comarca, não existem entidades credenciadas. A Prefeitura respondeu que o acusado poderia prestar serviços no Hospital Municipal de (...), desempenhando as funções de zelador do pátio (fls.).

3.4. Com essas providências preliminares tomadas no processo de Execução de Pena, o caso agora é de fixar as condições para cumprimento da pena, segundo o art. 46 do Código Penal c/c os arts. 149 e 150 da Lei de Execução Penal.

Destarte, determino:

a) DA ENTIDADE AJUSTADA PARA PRESTAÇÃO DE SERVIÇO GRATUITO: O acusado prestará serviços no Hospital Municipal de (...), conforme ofício de fls., emanado da Prefeitura.

b) DAS FUNÇÕES A SEREM EXERCIDAS GRATUITAMENTE: O acusado exercerá as funções de zelador do pátio do hospital.

c) DURAÇÃO E DIAS DE TRABALHO. O acusado cumprirá a medida à razão de uma (1) hora de tarefa por dia de condenação, sempre de modo a não prejudicar a jornada normal de trabalho e/ou estudos em escolas reconhecidas. (Ou então, quando a pena for superior a 1 (um) ano, o acusado poderá executar a medida cumprindo 8 (oito) horas semanais, podendo prestar serviços 04 (quatro) horas aos sábados, domingos e feriados, respeitando-se o limite mínimo de execução nunca inferior à metade da pena privativa de liberdade fixada, tudo conforme o § 4º do art. 46 do CP). Poderá a forma de execução ser alterada, a fim de ajustá-la às modificações ocorridas na jornada de trabalho de rotina do sentenciado.

d) INÍCIO DA EXECUÇÃO. A execução da pena, que durará 08 (oito) meses, terá início a partir da data do primeiro comparecimento.

e) DO RELATÓRIO DA ENTIDADE BENEFICIADA: A entidade beneficiada com a prestação de serviços gratuitos encaminhará mensalmente, ao Juízo da Execução, em (...) (*cidade*), relatório circunstanciado das atividades do condenado, descrevendo os dias e horários de atividades prestadas, anotando também, em qualquer tempo, comunicação sobre ausência ou falta disciplinar (arts. 149 e 150 da LEP). OFICIE-SE À ENTIDADE, COM CÓPIA DO PRESENTE DESPACHO.

f) DA INTIMAÇÃO AO ACUSADO. Determino, desde logo, a intimação do acusado, cientificando-o da entidade onde prestará os serviços gratuitos, bem como os dias e horários em que deverá cumprir a pena (de 2ª feiras aos sábados por uma hora, ou então, aos sábados, domingos e feriados por 4 horas cada). A entidade beneficiada deverá comunicar a data de início das atividades.

4. CUMPRA-SE.

Local e data / *(a) Juiz de Direito*

3. TERMOS DE AUDIÊNCIAS NO JUIZADO ESPECIAL CRIMINAL

3.1. Termo de Audiência de Conciliação Criminal – Hipótese de renúncia da vítima à representação

Aos (...) dias do mês de (...) do ano de (...), às 18h., nesta cidade e Comarca de (...), Estado de (...), no Edifício do Fórum, onde presente se encontrava o Excelentíssimo Senhor Doutor (...), Meritíssimo Juiz de Direito Titular da (...) Vara, bem como o Digno Representante do Ministério Público, Dr. (...), e o Conciliador, Sr. (...), nomeado conforme portaria do Juízo, comigo secretário nomeado e abaixo assinado, aí sendo foi declarada aberta a audiência de conciliação nos autos do *procedimento simplificado de infrações de menor potencial lesivo*, feito nº (...). Iniciados os trabalhos, verificou-se a presença da *vítima "A", e do autor da infração "B"*, constatando-se que o conflito a ser resolvido versava sobre *lesões corporais de natureza leve* (CP, art. 129, caput), sofridas pela vítima no dia 29.2.1996, na Rua das Laranjas, nº 15, em (...) *(cidade)*. Após as conversações e esclarecimentos sobre a conciliação e/ou transação, nos termos da Lei nº 9.099/1995, concluiu-se que as partes adotaram a seguinte alternativa prevista na referida lei:

1. Pelo MM Juiz e/ou Conciliador foi ouvida a vítima "A", que se manifestou no seguinte sentido:

2. Que ela, vítima, estava ciente do disposto no art. 88 da Lei nº 9.099/1995, que exige a representação para o prosseguimento da ação penal contra o autor dos fatos danosos;

3. Que de sua livre e espontânea vontade, renunciava ao direito de representação contra o autor das lesões corporais leves, concordando com o arquivamento do feito. Declarou, inclusive, que se retratava da representação formulada na Delegacia de Polícia, tornando-a sem efeito.

4. Pelo MM Juiz foi ouvido o representante do Ministério Público, que não se opôs à renúncia da vítima. Em virtude da renúncia da vítima, não seria necessária a nomeação de defensor dativo ao autor da infração.

Assim, diante das manifestações das partes, foi proferida a seguinte decisão:

1. Tendo em vista que a vítima "A", expressamente renunciou ao direito de representação, inclusive manifestando o propósito firme de não oferecê-la, declaro extinta a punibilidade do autor da infração, "B". Arquive-se.

Nada mais havendo para tratar, declarou o MM Juiz encerrada a presente audiência. Para constar lavrei o presente termo, que vai devidamente assinado. Eu (...) ("C"), Secretário, que digitei.

MM Juiz

Representante do Ministério Público

Conciliador / Defensor / Vítima / Autor da Infração

3.2. Termo de Audiência de Conciliação Criminal – Hipótese de composição civil dos danos

         Aos (...) dias do mês de (...) do ano de (...), às 13h30, nesta cidade e Comarca de (...), Estado de (...), no Edifício do Fórum, onde presente se encontrava o Excelentíssimo Senhor Doutor, Meritíssimo Juiz de Direito Titular da (...) Vara, bem como o Digno Representante do Ministério Público, Dr. (...), e o Conciliador, Sr. (...), nomeado conforme portaria do Juízo, comigo secretário nomeado e abaixo assinado, aí sendo foi declarada aberta a audiência de conciliação nos autos do *procedimento simplificado de infrações de menor potencial lesivo*, feito nº (...). Iniciados os trabalhos, verificou-se a presença da vítima "A" e do autor da infração "B", constatando-se que o conflito a ser resolvido versava sobre *lesões corporais de natureza leve*, sofridas pela vítima no dia 30 de dezembro de 1995, na Rua das Acácias, nº 10, em (...) (*cidade*). Após as conversações e esclarecimentos sobre a conciliação e/ou transação nos termos da Lei nº 9.099/1995, concluiu-se que as partes adotaram a seguinte alternativa prevista na referida lei:

    1. Pela vítima foi dito que devido às lesões corporais sofridas em razão da conduta do autor da infração, ela ficou afastada de suas atividades habituais por 10 (dez) dias na época dos fatos, tudo conforme atestado médico que ficava fazendo parte integrante do presente feito, sendo que ela recebia R$ 7,00 (sete reais) por dia de trabalho, totalizando desta forma um prejuízo de R$ 70,00 (setenta reais). A vítima declarou ainda que teve gastos num montante de R$ 20,00 (vinte reais), em farmácias da cidade, isso na aquisição de remédios e curativos dos ferimentos resultantes das agressões que sofreu.

    2. Para fins de conciliação e composição civil dos danos, a vítima "A" concordou com o recebimento da quantia de R$ 90,00 (noventa reais), para satisfação dos prejuízos por ela sofridos. Pelo autor dos fatos "B", foi dito que concordava em pagar a quantia de R$ 90,00, em duas parcelas iguais e sucessivas, da seguinte forma: *a)* a quantia de R$ 45,00 será paga em (...); e *b)* a quantia de R$ 45,00 será paga em (...).

    3. Assim sendo, ficou convencionado entre as partes que o autor da infração compareceria perante a Secretaria do Juizado e efetuaria os pagamentos das quantias mencionadas nas datas aprazadas no presente termo. No caso de descumprimento, incidirá a multa de 20% sobre o valor total do acordo, certo que, o atraso da 1ª prestação provocaria o vencimento antecipado da outra. Pediram as partes a homologação do acordo, conforme o art. 74 da Lei nº 9.099/1995.

    4. Pelo Meritíssimo Juiz foi ouvido o representante do Ministério Público, que afirmou sua concordância com os termos do acordo das partes. Pelo MM Juiz também foi nomeado o Defensor Dr. (...), para assistir o autor da infração. Dada a palavra ao defensor, por ele foi dito que concordava com os termos do acordo das partes. Então, pelo MM Juiz foi proferida a seguinte decisão:

    Homologo por sentença irrecorrível o acordo civil das partes e declaro extinta a punibilidade do autor da infração "B", tudo nos termos do art. 74 e parágrafo único, da Lei nº 9.099/1995. O acordo homologado constitui título executivo a ser executado no juízo cível competente. Arquive-se.

Nada mais havendo para tratar, declarou-se encerrada a presente audiência. Para constar lavrei o presente termo, que vai devidamente assinado. Eu (...) ("C"), Secretário, que digitei.

MM Juiz

Representante do Ministério Público

Conciliador

Defensor

Autor dos Fatos

Vítima

3.3. Termo de Audiência de Conciliação Criminal – Hipótese de representação da vítima e impossibilidade de composição civil dos danos ou aplicação imediata de pena não privativa de liberdade – Remessa do feito ao juízo comum por impossibilidade de oferecimento da denúncia oral

Aos (...) dias do mês de (...) do ano de (...), às 14h., nesta cidade e Comarca de (...), Estado de (...), no Edifício do Fórum, onde presente se encontrava o Excelentíssimo Senhor Doutor (...), Meritíssmo Juiz de Direito Titular da (...) Vara, bem como o Digno Representante do Ministério Público, Dr. (...), e o Conciliador, Sr. (...), nomeado conforme portaria do Juízo, comigo secretário nomeado e abaixo assinado, aí sendo foi declarada aberta a audiência de conciliação nos autos do *procedimento simplificado de infrações de menor potencial lesivo*, feito nº (...). Iniciados os trabalhos, verificou-se a presença da vítima "A" e do autor da infração "B", acompanhado de seu advogado constituído Dr. (...) Constatou-se que o conflito a ser resolvido versava sobre *lesões corporais de natureza leve*, sofridas pela vítima "A", no dia 23 de janeiro de 1996, na Rua das Flores, nº 27, em (...) (*cidade*), certo que as agressões foram perpetradas pelo autor "B". Após as conversações e esclarecimentos sobre a conciliação e/ou transação, nos termos da Lei nº 9.099/1995, concluiu-se que as partes não desejavam quaisquer das soluções conciliatórias previstas na referida lei.

1. Pelo MM Juiz foi ouvida a vítima "A" e por ela foi manifestado o interesse de representar contra o autor da infração "B".

2. Pelo MM Juiz foi dada a palavra ao Representante do Ministério Público para a formulação de proposta de transação penal. Feita a proposta de transação, consistente na aplicação imediata de pena de multa ou pena restritiva de direitos, verificou-se que o autor da infração e seu defensor não aceitaram a proposta do ilustre Promotor de Justiça.

3. Então, pelo MM Juiz foi novamente concedida a palavra ao representante do Ministério Público para oferecimento da denúncia oral. Pelo Doutor Promotor de Justiça foi dito que seriam necessárias mais diligências a serem executadas pela Polícia para o oferecimento de uma eventual denúncia. Assim, nos termos do art. 77, *caput*, e § 2º, c/c o art. 66, parágrafo único, todos da Lei nº 9.099, de 1995, pediu-se a remessa do procedimento para a Autoridade Policial e prosseguimento comum nos termos do Código de Processo Penal *(Esse procedimento também se aplica quando o autor da infração não for encontrado ou não comparecer à audiência de conciliação – arts. 66, parágrafo único, e 77, da Lei nº 9.099/1995).*

Pelo MM Juiz foram determinadas as seguintes providências:

1. Proceda-se a baixa do registro do feito no Juizado Especial Criminal e, em seguida, remeta-se o expediente para a Delegacia de Polícia local para a instauração do Inquérito Policial comum. Fundamento: Art. 77, *caput*, e § 2º, c/c o art. 66, parágrafo único, da Lei nº 9.099/1995.

Nada mais havendo a tratar, declarou o MM Juiz encerrada a presente audiência. Para constar lavrei o presente termo, que vai devidamente assinado. Eu (...) ("C"), Secretário, que digitei.

MM Juiz

Representante do Ministério Público

Conciliador

Defensor

Vítima

Autor da Infração

3.4. TERMO DE AUDIÊNCIA DE CONCILIAÇÃO CRIMINAL – HIPÓTESE DE APLICAÇÃO DE PENA DE MULTA

Aos (...) dias do mês de (...) ano de (...), às 17h., nesta cidade e Comarca de (...), Estado de (...), no Edifício do Fórum, onde presente se encontrava o Excelentíssimo Senhor Doutor (...), Meritíssimo Juiz de Direito Titular da (...) Vara, bem como o Digno Representante do Ministério Público, Dr. (...), e o Conciliador, Sr. (...), nomeado conforme portaria do Juízo, comigo secretário nomeado e abaixo assinado, aí sendo foi declarada aberta a audiência de conciliação nos autos do *procedimento simplificado de infrações de menor potencial lesivo*, feito nº (...). Iniciados os trabalhos, verificou-se a presença da vítima e dos autores da infração "A" e "B", qualificados nos autos. Constatou-se que o conflito a ser resolvido versava sobre *lesões corporais de natureza leve (art. 129,* caput, *do CP)*, sofridas pela vítima "C", no dia 11 de janeiro de 1996, na Rua das Flores, nº 34, em (...) *(cidade)*, certo que as agressões foram praticadas pelos autores "A" e "B". Após conversações e esclarecimentos sobre a conciliação e/ou transação penal nos termos da Lei nº 9.099/1995, concluiu-se que as partes adotaram a seguinte alternativa prevista na referida lei:

1. Pelo MM Juiz foi ouvida a vítima e por ela foi dito que tinha o firme propósito de representar contra os Autores da infração, tudo conforme termo circunstanciado de fls..

2. Verificada a impossibilidade de composição civil dos danos materiais e/ou morais, pelo MM Juiz foi concedida a palavra ao Representante do Ministério para a formulação de proposta de transação penal. Pelo representante do Ministério Público foi proposta a aplicação aos autores da infração da pena de 10 (dez) dias-multa, com fundamento no art. 129, *caput,* do Código Penal.

3. Pelo MM Juiz foram ouvidos os autores da infração e seu defensor o Dr. (...), nomeado neste ato para assistir os referidos autores. Todos – autores e defensor – disseram que aceitavam a pena de multa no grau mínimo. Então, pelo MM Juiz foi proferida a seguinte decisão:

Tendo em vista que os autores da infração "A" e "B", bem como seu Defensor nomeado Dr. (...), aceitaram de imediato a aplicação da pena de multa, com fundamento no art. 129, *caput,* do Código Penal, aplico aos aludidos autores da infração a pena de 10 (dez) dias-multa, no valor unitário mínimo legal, para cada um deles. O valor da sanção pecuniária deverá ser recolhido na Secretaria do Juizado, no prazo de 10 (dez) dias contados desta data, saindo cientes os autores da infração. Com o pagamento da multa, será declarada extinta a punibilidade, nos termos do art. 84, parágrafo único, da Lei nº 9.099/1995.

Nada mais havendo a tratar, declarou o MM Juiz encerrada a presente audiência. Para constar lavrei o presente termo, que vai devidamente assinado. Eu (...) ("C"), Secretário, que digitei.

MM Juiz

Representante do Ministério Público

Conciliador

Defensor

Autores da Infração

Vítima

3.5. Termo de Audiência de Conciliação Criminal – Hipótese de Arquivamento do Procedimento

Aos (...) dias do mês de (...) do ano de (...), às 18h10, nesta cidade e Comarca de (...), Estado de (...), no Edifício do Fórum, onde presente se encontrava o Excelentíssimo Sr. Doutor (...) MM Juiz de Direito Titular da (...) Vara, bem como o Digno Representante do Ministério Público, Dr. (...), e o Conciliador, Sr. (...), nomeado conforme portaria do Juízo, comigo secretário nomeado e abaixo assinado, aí sendo foi declarada aberta a audiência de conciliação nos autos do *procedimento simplificado de infrações de menor potencial lesivo,* feito nº (...). Iniciados os trabalhos, verificou-se a presença da autora da infração "A" e da vítima "B". Constatou-se que o conflito a ser resolvido versava sobre *maus tratos,* sofridos pela vítima "B" e praticados por sua mãe, conforme termo circunstanciado de fls. dos autos. Após as conversações e esclarecimentos sobre a conciliação e/ou transação penal, nos termos da Lei nº 9.099/1995, concluiu-se que as partes adotaram a seguinte alternativa prevista na referida lei:

1. Pelo Dr. Promotor de Justiça foi pedida a palavra pela ordem e, concedida, assim se manifestou: "MM Juiz: O Termo Circunstanciado foi lavrado pela iniciativa do próprio adolescente, que hoje reconheceu que sua mãe agiu corretamente na época dos fatos. Não houve testemunhas presenciais do episódio. As partes tiveram o caso por insignificante. Não há elementos para oferecimento da denúncia ou prosseguimento do expediente. Destarte, requeiro o arquivamento do procedimento".

2. Pelo MM Juiz foi proferida a seguinte decisão:

2.1. Homologo o pedido do ilustre Promotor de Justiça e determino o arquivamento do presente procedimento, ressalvada a hipótese do art. 18 do Código de Processo Penal.

2.2. Sem prejuízo da decisão supra, determino à serventia a extração de cópias do presente feito e conseqüente remessa ao Juízo da Infância e da Juventude para instauração de procedimento visando realizar Estudo Social e verificar a atual situação de convivência do menor e sua mãe. Cumprida a diligência, arquive-se.

NADA MAIS havendo para tratar, declarou o MM Juiz encerrada a presente audiência. Para constar lavrei o presente termo, que vai devidamente assinado. Eu (...)("C"), Secretário, que digitei.

MM Juiz

Representante do Ministério Público

Conciliador

Partes

3.6. Termo de Audiência de Conciliação Criminal – Hipótese de aplicação de pena restritiva de direitos

Aos (...) dias do mês de (...) do ano de (...), às 13h., nesta cidade e Comarca de (...), Estado de (...), no Edifício do Fórum, onde presente se encontrava o Excelentíssimo Sr. Doutor (...), Meritíssimo Juiz de Direito Titular da (...) Vara, bem como o Digno Representante do Ministério Público, Dr. (...), e o Conciliador, Sr. (...), nomeado conforme portaria do Juízo, comigo secretário nomeado e abaixo assinado, aí sendo foi declarada aberta a audiência de conciliação nos autos do *procedimento simplificado de infrações de menor potencial lesivo*, feito nº (...). Iniciados os trabalhos, verificou-se a presença da vítima "A" e do autor da infração "B". Constatou-se que o conflito a ser resolvido versava sobre *lesões corporais de natureza leve*, sofridas pela vítima no dia 20 de fevereiro, na Rua das Flores, nº 10, em (...) (*cidade*). Após as conversações e esclarecimentos sobre a conciliação e/ou transação nos termos da Lei nº 9.099/1995, concluiu-se que as partes adotaram a seguinte alternativa prevista na referida lei:

1. Pelo MM Juiz foi ouvida a vítima, que manifestou o firme propósito de representar contra o autor da infração. Não foi possível a composição amigável acerca dos danos materiais e/ou morais.

2. Em seguida, dada a palavra ao representante do Ministério Público, por ele foi dito que: "Tendo em vista as circunstâncias do presente caso, proponho a pena restritiva de direitos, consistente na prestação de serviço à comunidade ou a entidades públicas, observando-se a duração da pena de 07 meses conforme autorização contida no art. 129, *caput*, do Código Penal."

3. Pelo MM. Juiz foi dada a palavra ao autor da infração e ao seu Defensor, Dr. (...), nomeado neste ato. Por eles foi dito que aceitavam a proposta do representante do Ministério Público, desde que fixada a pena em 7 (sete) meses e não no máximo de 1 (um) ano.

4. Pelo MM Juiz foi proferida a seguinte decisão:

Tendo em vista que o autor da infração "B", bem como seu defensor, aceitaram a aplicação imediata da pena restritiva de direitos, com fundamento no art. 129, *caput*, c/c os arts. 43, 44, 45, 46, 55 e 77, todos do Código Penal, com a redação dada pela Lei nº 9.714, de 25.11.1998, APLICO ao autor da infração a pena restritiva de direitos consistente na prestação de serviços gratuitos à comunidade ou à entidades públicas, pelo prazo de 07 (sete) meses (CP, arts. 46 e 55). As condições serão fixadas após o trânsito em julgado, ou no Juízo da Execução (Lei nº 9.099/1995, art. 86). Expeça-se Carta de Guia para processamento no Juízo da Execução Penal. O descumprimento da pena restritiva ensejará a conversão em pena privativa de liberdade, certo que, no cálculo da pena privativa de liberdade a executar será deduzido o tempo cumprido da pena restritiva de direitos, respeitado o saldo mínimo de 30 dias de detenção ou reclusão (CP, art. 44, § 4º, com redação dada pela Lei nº 9.714, de 25.11.1998). Cumpra-se.

Nada mais havendo para tratar, declarou o MM Juiz encerrada a presente audiência. Para constar lavrei o presente termo, que vai devidamente assinado. Eu (...)("C"), Secretário, que digitei.

MM Juiz

Representante do Ministério Público

Conciliador

Defensor

Autor da Infração

Vítima

4. JURISPRUDÊNCIA SOBRE O JUIZADO ESPECIAL CRIMINAL

4.1. "JUIZADO ESPECIAL CRIMINAL – *Lesões corporais culposas resultantes de acidente de veículo* – Autoridade policial que determina o indiciamento do autor na vigência da Lei nº 9.099/1995 – Inadmissibilidade. Nas hipóteses de incidência da Lei nº 9.099/1995 (art. 61), não cabe à autoridade policial instaurar algum inquérito ou procedimento assemelhado, *nem proceder ao indiciamento e identificação do acusado,* mas, sim, tão-somente fazer lavrar e encaminhar ao juízo competente o *termo circunstanciado,* além das demais providências de que fala o art. 69 da referida lei. *Habeas corpus preventivo concedido pelo juízo de* primeiro grau. Recurso de Ofício a que se nega provimento." (TACrim-SP, 2ª C., HC. nº 1.028.223/3- Ribeirão Pires-SP, Rel. Juiz Érix Ferreira, j. em 15.8.1996, v.u., in Boletim AASP nº 1975, pág. 350-j.).

Constou do v. acórdão: *"Nesse sentido, elogiável é a nova fórmula criada pelo legislador, que, dispensando o inquérito policial, prevê o simples encaminhamento ao juiz pela autoridade policial de um "termo circunstanciado" da ocorrência (art. 69), cuja finalidade seria apenas de permitir, no juízo, a convocação do (suposto) autor do fato e da vítima a uma audiência preliminar, de forma a serem orientados no sentido de uma composição amigável dos danos e da aceitação pelo acusado de uma pena não privativa de liberdade (arts. 72 e 76). A redação dos arts. 69 a 74, 75, 76 e (principalmente) art. 77 da nova lei não deixa margem à dúvida de que o processo penal* só se instaura mediante denúncia após se constatarem infrutíferas todas as alternativas preliminares: 1. composição amigável com a vítima para reparação dos danos *materiais e morais* (art. 72); 2. aceitação pelo autor do fato de pena não privativa de liberdade (art. 72); 3. renúncia da vítima à representação, quando exigida (art. 75); e, 4. aceitação pelo autor do fato de proposta do MP para aplicação imediata de pena restritiva de direitos ou multa (art. 76) – e nessa ordem. Note-se que, mesmo oferecida a denúncia e antes de ser ela recebida pelo juiz, sobra, ainda, ao acusado, uma última alternativa – a suspensão do processo prevista no art. 89 e aplicável *até a procedimentos não sujeitos ao Juizado". Em suma, a Lei nº 9.099/1995 "subordina a condução do procedimento a critérios de oralidade, simplicidade, informalidade, economia processual e celeridade, e elege como objetivo maior do processo* a conciliação ou a transação".

4.2. "FURTO QUALIFICADO TENTADO – Aplicabilidade da suspensão condicional do processo (Lei nº 9.099/1995, art. 89). A suspensão condicional do processo é, em tese, aplicável à tentativa de *furto qualificado,* pois a pena mínima a esta cominada, por força da diminuição *máxima de 2/3 (dois terços),* é inferior a 1 (um) ano (...). Melhor dos excertos doutrinários aludidos pelo Dr. Promotor, explana outro ilustre membro da mesma instituição, Jorge Assaf Maluly, que na apreciação da possibilidade de suspensão para os crimes cuja pena mínima cominada é de 1 (um) ano, deve-se considerar *a tentativa como causa especial de diminuição e, de outro lado, não se pode excluir a redução máxima de 2/3 (dois terços) do crime consumado, prevista no parágrafo único, do art. 14, do Código Penal."* ("A Tentativa e a Suspensão Condicional do Processo", in Boletim *IBCCrim. 46, set/1996-*SP, Inst. Bras. de Ciências Criminais).

4.3. SÚMULA nº 3 de 1996 do Ministério Público. *"A pena mínima da tentativa, para o fim do art. 89 da Lei nº 9.099/1995, é aquela resultante da aplicação do redutor máximo (dois terços) previsto no parágrafo único do art. 14 do Código Penal sobre a mínima cominada ao crime consumado."* (*DOE* 24.8.1996, pág. 26) (*in* Boletim *JUBI/TJSP* 9/96).

4.4. SÚMULA nº 4 de 1996 do Ministério Público. *"No concurso de crimes, as penas cominadas serão consideradas isoladamente, para os fins dos arts. 61 e 89 da Lei nº 9.099/1995."* (*DOE* 24.8.1996, pág. 27) (*idem, ibidem*).

4.5. "SUSPENSÃO CONDICIONAL DO PROCESSO (LEI Nº 9.099/1995).

Exigência do Ministério Público da prévia reparação do dano – Constrangimento ilegal sanável pela via do habeas corpus, tendo em vista a ausência da prévia reparação no diploma legal. Além de ser o benefício da nova lei um direito subjetivo do autor do fato, em momento algum o referido diploma legal exige a prévia reparação do dano para a concessão da suspensão condicional do processo. Na verdade, os termos claros do art. 89 revelam que a reparação do dano é condição obrigatória para a suspensão, *"salvo impossibilidade de fazê-lo",* impossibilidade essa que poderá ser demonstrada durante o período de prova, pois a suspensão será revogada se, no curso do prazo, o beneficiário não efetuar, sem motivo justificado, a reparação do dano. Conforme consta da petição dirigida ao Juízo de Defesa, o paciente se manifestou no sentido de não ter condições de reparar de pronto os danos, como pleiteado pelo Ministério Público, podendo tal condição ser tratada durante o período de prova, não havendo, portanto, recusa cabal, mas acenou-se com a possibilidade de que tal condição possa ser satisfeita, no todo ou em parte, durante o transcorrer do prazo da suspensão do processo. *O constrangimento ilegal, portanto, se faz presente, sanável pela via do habeas corpus, tendo em vista que diante das circunstâncias o Juízo de 1º grau acolheu a recusa ilegal manifestada pelo Ministério Público, prejudicando, destarte, a conciliação. Ordem concedida."* (TACrim-SP, 9ª C., H.C. nº 291.538-8-Espírito Santo do Pinhal-SP, Rel. Juiz Lourenço Filho, j. em 31.7.1996, *in Boletim AASP* nº 1982, de 18 a 24.12.1996, pág. 404-j).

Constou do venerando acórdão o seguinte: "Aliás, embora a proposta de suspensão do processo deva, em princípio, partir do MP, tal iniciativa não afasta o controle jurisdicional dos requisitos legais ao benefício e da adequação das condições a serem estabelecidas durante o período de prova. Tal conclusão se extrai até mesmo da redação do § 2º do art. 89, que confere ao Juiz a faculdade de estabelecer outras condições, além daquelas previstas no § 1º, "desde que adequadas ao fato e à situação pessoal do acusado". Assim, se o Juiz pode o mais, não se pode deixar de reconhecer que podia também, no caso, *relegar para o período de prova a análise da alegada impossibilidade do paciente, parcial ou total, de reparação dos danos,* pois o que realmente a Lei nº 9.099/1995 não exige é a reparação prévia, como pareceu ao douto representante do MP em 1º grau, e como se infere da simples leitura do disposto no art. 89, § 1º, I, e § 3º. A propósito, ensinam ainda Joel Dias Figueira Júnior e Maurício Antonio Ribeiro Lopes que: "A maneira como está redigido o dispositivo legal indica que o Juiz não está vinculado à proposta feita pelo representante do Ministério Público, ainda que aceita pelo argüido e seu defensor, podendo denegar a suspensão condicional do processo. Não existe vinculação do Juiz à proposta formulada e aceita, *não cumprindo papel de chancelador de acordos celebrados em arrepio à lei"* (*Comentários à Lei dos Juizados Especiais Cíveis e Criminais,* Revista dos Tribunais, 1995, pág. 393).

"No mesmo sentido, Ada Pellegrini Grinover, Antonio Magalhães Gomes Filho, Antonio Scarance Fernandes e Luiz Flávio Gomes, *in Juizados Especiais Criminais,* Revista dos Tribunais, 1995, *ressaltando que a* transação é *"necessariamente bilateral (depende de aceitação do acusado e seu defensor) e tudo tem que se submeter ao controle do Juiz (pág. 191), de quem é a palavra final, pois "há sempre controle judicial, inclusive do uso do princípio da discricionariedade"* (pág. 192) (*in Boletim AASP* nº 1982, de 18 a 24.12.1996, pág. 405-j).

O fundamento da proposta da suspensão do processo, ou da transação penal, corresponde à opção de se buscar uma causa conciliatória despenalizadora e extintiva da punibilidade, em detrimento da forma clássica de se perseguir a fórmula estatal autenticamente penalizadora (pena de prisão, em geral).

Do voto do Juiz Samuel Júnior, no acórdão acima mencionado, destaca-se: "Não há, evidentemente, em caso onde haja descompasso entre a posição do Ministério Público e do Poder Judiciário, como falar-se, deve ser ressaltado desde logo, em aplicação subsidiária das disposições contidas no art. 28 do CPP. Tal, evidentemente, somente pode ocorrer quando *a divergência disser respeito à propositura da ação e não à concessão de um direito público subjetivo,* pois, nesta hipótese, compete ao Judiciário, exclusivamente ao Judiciário, dizer se é, ou não, caso de aplicação. Decidir se ocorre, ou não, hipótese para concessão de direito previsto em lei é matéria que compete exclusivamente ao Poder Judiciário e não atribuição do Ministério Público" (*Boletim AASP* 1982, de 18 a 24.12.1996, pág. 407-j).

4.6. SUSPENSÃO DO PROCESSO CRIMINAL (E TRANSAÇÃO) – Podem ser apreciadas de ofício pelo Juiz.

"Suspensão do processo – Lei nº 9.099/1995 – Concessão da suspensão de ofício – A suspensão do processo é pertinente ao Direito Material – Réu que preenche os requisitos exigidos pelo art. 89 e §§ da Lei nº 9.099/1995 – Obrigação do Poder Judiciário apreciar a matéria mesmo que seja proposta do Ministério Público e que não tenha sido requerida pelo réu – Não envio dos autos à Procuradoria-Geral da Justiça, conforme os termos do art. 28 do CPP – Não preenchimento dos requisitos deste aludido artigo. A não proposta de *transação não caracteriza, nem por analogia, pedido de arquivamento.* Nega-se provimento ao recurso ministerial" (TACrim-SP, 6ª C., Ap. nº 1.031.541/0-SP, Rel. Juiz Almeida Braga, j. em 9.10.1996, v.u., in *Boletim AASP* nº 1994, de 12 a 18.2.1997, pág. 86-j). Constou do v. acórdão:

"A proposta de suspensão é uma faculdade do Ministério Público. A suspensão do processo é, contudo, um direito do réu. O réu que preenche os requisitos exigidos pelo art. 89 e §§ da Lei nº 9.099/1995 tem o direito de requerer a suspensão do processo mesmo quando o Ministério Público não elabora a proposta. Na hipótese do Ministério Público não efetuar a proposta e o réu não a requerer, o juiz, por se tratar de um direito do réu, tem o dever de propô-la de ofício. Essa obrigação decorre do fato de que qualquer direito do réu, em matéria penal, tem que ser apreciado pelo Poder Judiciário, embora não tenha sido objeto de pedido explícito".

E mais: *"A Lei nº 9.099/1995, em duas oportunidades, regulamenta a proposta de transação a ser feita pelo Ministério Público*: a primeira diz respeito à aplicação imediata da pena regulada pelo art. 76 da mencionada lei. A segunda é pertinente à proposta de suspensão do processo disciplinada pelo art. 89 da mesma lei".

"Ausência de proposta de transação para aplicação imediata da pena ou de suspensão do processo não caracteriza, nem por analogia, pedido de arquivamento. Essa ausência de proposta de transação retrata a opinião do Ministério Público de que o agente cometeu um crime, mas não preenche os requisitos objetivos ou subjetivos, ou ambos, para ser beneficiado com a aplicação imediata da pena ou suspensão do processo. Refletindo esse fato a ausência de proposta de transação para aplicação imediata da pena ou suspensão do processo e sendo a aplicação imediata da pena ou a suspensão do processo um direito do réu, somente o Poder Judiciário é que poderá manifestar-se a respeito, acolhendo a pretensão ministerial ou reconhecendo, por provocação do agente infrator ou de ofício, que essa pretensão não pode ser aceita por ferir um direito de um acusado da prática de um crime ou contravenção penal".

"O inciso XXXV do art. 5º da Constituição Federal é cristalino ao afirmar: *A lei não excluirá da apreciação do Poder Judiciário lesão ou ameaça a direito.* A ausência de proposta *de transação para a aplicação imediata de pena ou para a suspensão do processo pelo Ministério Público*, quando o acusado preenche os requisitos objetivos e subjetivos para ser beneficiado com essa proposta, constitui uma lesão ao direito de um acusado".

"Reconhecendo-se esse fato, lesão ao direito de um acusado, a ausência de proposta de aplicação imediata da pena ou de suspensão do processo quando ele preenche os requisitos objetivos e os subjetivos, a apreciação dessa lesão ao direito não pode deixar de ser feita pelo Poder Judiciário. Não pode é o órgão de acusação, representado pelo Ministério Público, apreciar a lesão a um direito de um acusado cometido por ele mesmo".

"O Ministério Público não possui função jurisdicional. Essa função é pertinente somente ao Poder Judiciário. Logo, o Ministério Público não possui competência para apreciar qualquer lesão a um direito de um acusado cometido por um seu representante de instância inferior. A competência é do Poder Judiciário" (j. em 9.10.1996, v.u., Rel. Juiz Almeida Braga, TACrim-SP, Ap. nº 1.031.541/0-SP, *in Boletim AASP* nº 1994, de 12 a 18.3.1997, págs. 85-j a 88-j).

4.7. "AÇÃO PENAL MILITAR – Lei nº 9.099/1995 – Incompatibilidade com os princípios que norteiam o Processo Penal Militar – Inaplicabilidade – A ação penal militar é indisponível, sendo o procedimento regido por regras e princípios peculiares, tendo em vista a preservação dos valores corporativos fundamentais da hierarquia e da disciplina, não se aplicando as inovações introduzidas pela Lei nº 9.099/1995, fundadas na oportunidade da instauração do processo e na possibilidade de conciliação entre as partes. Não-aplicabilidade da Lei nº 9.099/1995 na Justiça Militar. A teor do art. 1º da Lei nº 9.099, de 26.9.1995, os Juizados Especiais são órgãos da Justiça Ordinária, a que não corresponde, pela própria nomenclatura, a Justiça Militar, que é uma Justiça Especial. Assim, ficam fora do âmbito dos Juizados Especiais as matérias criminais de competência da Justiça Militar. O delito militar não se circunscreve e limita, atendendo só às pessoas do culpado e da vítima, mas, em especial, à quebra do dever militar e à lesão dos fins e interesses da instituição militar. No Direito Penal Militar, não é a liberdade a nota suprema predominante e necessária, mas os princípios básicos da disciplina e da hierarquia, com formas precípuas e finalísticas de preservação da instituição militar. Daí uma Justiça especializada e uma legislação penal militar própria a esta finalidade e que não deve ser turbada pela legislação comum, destinada a outros propósitos." (TJM – Ap. Crim. nº 1.955 – Proc. nº 13.479/ 1ª CE, Rel. Juiz Marcelo Inacarato, *DJ-MG* de 6.9.1996, *RJ* 229/137, in *Boletim da AASP* nº 2.026, de 27.10 a 2.11.1997, págs. 17 a 20).

4.8. "AMEAÇA POR TELEFONE – Possibilidade – Sentença – Fundamentação – Multa – Improcede a preliminar de nulidade da sentença, por inobservância do disposto no art. 81, § 3º, da Lei nº 9.099/1995, desde que fixada a pena no mínimo, por se tratar de réu primário e de bons antecedentes. Corroborada a versão da vítima pelos depoimentos prestados pelas testemunhas, sendo certo que houve ameaça pelo telefone, incabível decreto absolutório. A pena de multa deve ser fixada segundo os mesmos critérios estabelecidos para a pena privativa de liberdade, reservando-se a condição econômica do réu para a determinação do seu valor." (TJ-DF- APJE nº 19/1996-Reg. Ac. nº 89.760, TRJE, Rel. Juíza Haydevalda Sampaio, *DJU* de 13.11.1996, *RJ* 232/139, in *Boletim da AASP* nº 2.026, de 27.10 a 2.11.1997, págs. 17 a 20).

4.9. "CONTRABANDO – CP, art. 334, c/c o art. 14, II – Tentativa reconhecida – Pena mínima inferior a 1 ano – Aplicação do art. 89 da Lei nº 9.099/1995. Tendo em vista que a pena abstratamente cominada ao delito não é superior a 1 (um) ano de reclusão, impõe-se a conversão do julgamento em diligência, para assegurar a prerrogativa prevista no art. 89 da Lei nº 9.099/1995." (TRF-4ª Região, 1ª T., Ap.Crim. nº 95.04.35492-0-PR, relator o Juiz Luiz Carlos de C. Lugon, DJU de 30.10.1996, R.J. 231/117, in *Boletim da AASP* nº 2.026, de 27.10 a 2.11.1997, págs. 17 a 20.).

4.10. "CRIME CONTRA O SISTEMA FINANCEIRO – Consórcio – Lei nº 7.492/86, art. 16 – Sentença condenatória – Apelação – Suspensão condicional do processo – Aplicabilidade – Art. 90 da Lei nº 9.099, de 26.9.1995 – Retroatividade -"Participar de um grupo de companheiros de autofinanciamento em que existe uma empresa que administra os recursos oriundos das mensalidades pagas, cobrando para tal taxa de administração, não é outra coisa que participar de consórcio" (Sentença do Juiz Alexandre Machado Vasconcelos). O art. 90 da Lei nº 9.099/1995 só é aplicável às normas estritamente processuais. A suspensão condicional do processo é instituto de natureza mista, penal e processual. Penal, porque diz respeito à extinção da punibilidade. Processual, no tocante ao processo em si, à suspensão. Ora, como as normas penais devem retroagir quando beneficiar, evidentemente que o disposto no art. 90 tem que ser analisado restritivamente. Sendo o instituto da suspensão do processo favorável ao acusado, deve retroagir, ainda que já tenha havido condenação e os autos se encontrem no Tribunal, por força de recurso. Inaplicabilidade, na hipótese, do disposto no art. 90 da Lei nº 9.099, de 1995. Baixa dos autos ao Juízo do primeiro grau para audiência do réu sobre a aplicabilidade da suspensão condicional do processo, proposta pelo M.P. Havendo concordância, o processo ficará suspenso na Vara." (TRF – 1ª Região, 3ª T., Ap.Crim. nº 96.01.00008-9-DF, Rel. Juiz Tourinho Neto, *DJU* de 30.8.1996, *RJ* 229/140, in *Boletim da AASP* nº 2.026, de 27.10 a 2.11.1997, págs. 17 a 20).

4.11. "DESIGNAÇÃO *EX OFFICIO* DE AUDIÊNCIA PARA PROPOSTA DE SUSPENSÃO CONDICIONAL DO PROCESSO – Lei nº 9.099/1995 – Decisão de caráter irrecorrível – A correição parcial somente terá lugar contra ato ou despacho de que não caiba recurso ou que importe erro de ofício ou abuso de poder – Lei nº 5.010/1966, art. 6º, inciso I. A designação "ex offício" pelo Juiz, de audiência para proposta de suspensão condicional do processo (Lei nº 9.099/1995), não importa erro de ofício ou abuso de poder, não dando ensejo, portanto, à correição parcial, sendo, por outro lado, à míngua de previsão legal, decisão de caráter irrecorrível." (TRF-1ª Região, 3ª T., R.Crim. nº 96.01.11518-8-MT, Rel. Juiz Fernando Gonçalves, *DJU* de 9.9.1996, *RJ* 230/136, in *Boletim da AASP* nº 2.026, de 27.10 a 2.11.1997, págs. 17 a 20).

4.12. "FATO CONTRAVENCIONAL – Lei nº 9.099/1995 – Fase preliminar da composição civil – Ação penal pública incondicionada – Extinção antecipada da punibilidade – Supressão da fase disposta no art. 76 da *novatio legis* – Reforma da decisão. Se as pessoas interessadas alcançam a composição civil, conciliando-se com o autor do fato, não estará o Juiz, ainda, autorizado a julgar extinta a punibilidade, uma vez que a prática contravencional se expõe à ação penal pública incondicionada, sendo, por conseguinte, defesa a supressão do art. 76 da antecipada Lei nº 9.099/1995." (TJ-DF- APJE 14/1996 – Reg. Ac. nº 89.680, TRJE, Rel. Juiz Edson A. Smaniotto, *DJU* de 13.11.1996, *RJ* 231/119, in *Boletim da AASP* nº 2.026, de 27.10 a 2.11.1997, págs. 17 a 20).

4.13. "LEI Nº 9.099/1995 – Suspensão condicional do processo – Ministério Público – Princípio do contraditório – Maus antecedentes – Prova – Presunção de inocência – Embora a iniciativa de suspensão condicional do processo, a que se refere o art. 89 da Lei nº 9.099/1995, caiba ao Promotor de Justiça, ante a omissão deste pode o réu pleiteá-la, por se tratar de um direito público subjetivo. Negando-se o Promotor de Justiça a apresentar a proposta de suspensão do processo, mas sendo esta pleiteada pelo denunciado, cabe ao Juiz que preside o feito decidir se ela tem cabimento ou não, pois o entendimento de que tão-somente o Promotor de Justiça gozaria de faculdade exclusiva de julgar a pertinência ou não da referida suspensão afronta o princípio insculpido no art. 5º, LV, da Constituição Federal, alçando-se o MP, de maneira indevida, como único Juízo da conveniência ou não daquele instituto. Simples folha de antecedentes criminais, emitida pela polícia, não se presta para atestar maus antecedentes ou falta de primariedade do réu, sendo, assim, incapaz de obstar a concessão do benefício previsto no art. 89 da Lei nº 9.099/1995, ante a garantia constitucional da presunção de inocência, que somente pode ser desconstituída diante de certidão cartorária da qual conste condenação anterior com trânsito em julgado." (TAMG – 1ª Câmara, Ap.Crim. nº 222.207-7, Rel. Juiz Sérgio Braga, *DJ-MG* de 7.2.1997, *RJ* 233/136, in *Boletim da AASP* nº 2.026, de 27.10 a 2.11.1997, págs. 17 a 20).

4.14. "RETROATIVIDADE DA *LEX MITIOR* – Garantia constitucional – Art. 5º, XL, CF/1988 – Aplicação do art. 89 da Lei nº 9.099/1995 – Suspensão condicional do processo – Delitos com pena mínima cominada inferior ou igual a um ano – Possibilidade – Impera o princípio segundo o qual a lei mais benéfica retroage para beneficiar o réu, garantia expressamente prevista no art. 5º, XL, da Constituição Federal e de longa data consagrado no art. 2º, parágrafo único, do Código Penal. Toda norma que amplie o âmbito da licitude penal, quer restringindo o campo do *jus puniendi* ou do *jus punitionis,* quer estendendo o do *jus libertatis,* de qualquer forma, pode ser considerada *lex mitior.* A norma que prevê a suspensão condicional do processo é uma norma penal mais benéfica ao acusado, criando um direito público subjetivo àquele, de índole eminentemente material, estabelecendo uma pretensão jurídica individual a favor de determinados titulares, com o correspondente poder/dever jurídico por parte dos destinatários passivos (Ministério Público e Juiz) de lhes conferirem. Há o direito de a lei retroagir, para fins de abarcar situações pretéritas, com fulcro no princípio da retroatividade *in melius* – garantia elevada à égide constitucional. O art. 90 da Lei nº 9.099/1995 será interpretado de forma sistemática, ou seja, de acordo com os princípios constitucionais e infraconstitucionais da lei mais benéfica. Com arrimo no art. 89 da aludida lei, poderá ser proposta pelo M.P. a suspensão condicional do processo. Esse dispositivo, por beneficiar o acusado, aplica-se retroativamente, hipótese em que o Tribunal converte o julgamento em diligência, para o fim de oportunizar, se for o caso, a aplicação do disposto legal antes invocado." (TRF, 4ª Região, 1ª T., Ap.Crim. nº 96.04.20853-5, Rel. Juiz Gilson Dipp, *DJU* de 18.9.1996, *RJ* 230/137, *in Boletim da AASP* nº 2.026, de 27.10 a 2.11.1997, págs. 17 a 20).

4.15. "CRIMES DE LESÃO CORPORAL LEVE E CULPOSA – Representação – Aplicação imediata – Inteligência dos arts. 88 e 90 da Lei nº 9.099/1995 – Nos termos do art. 88 da Lei nº 9.099/1995, nos delitos de lesão corporal leve e lesão corporal culposa, a ação penal depende de representação do ofendido. Assim sendo, essa lei tem efeito retroativo, com aplicação imediata, nos termos do art. 2º, parágrafo único, do Código Penal, ainda que haja sentença condenatória com trânsito em julgado." (TACRIM, 1ª Câmara, Ap. nº 980.461/4, Rel. Juiz José Valério, j. em 4.1.1996, v.u., *RT* 726/499, *in Boletim da AASP* nº 2.026, de 27.10 a 2.11.1997, págs. 17 a 20).

4.16. "MANDADO DE SEGURANÇA – O Mandado de Segurança pressupõe ato concreto, ofensivo a direito líquido e certo, não podendo atuar como instrumento de correção de omissão ou recusa do poder público, porque, nesse caso, seu objeto teria por escopo forçar a prática do ato. Lei nº 9.099/1995. Prejuízo – Inexistência de risco de prejuízo porque o eventual reconhecimento, embora contra a posição majoritária da Câmara, da retroatividade da Lei nº 9.099/1995, implicará a desconstituição da sentença transitada em julgado, a teor do inciso XL do art. 5º da CF e do parágrafo único do art. 2º do CP. Direito líquido e certo. Impossível deferir a segurança quando há divergência doutrinária e jurisprudencial sobre a certeza do direito reclamado. Pedido negado". (TARS – 3ª T., MS nº 296.013.816, Rel. Juiz José Antonio Paganella Boschi, j. em 18.6.1996, *RJ* 228/142, *in Boletim da AASP* nº 2.026, de 27.10 a 2.11.1997, págs. 17 a 20).

4.17. "PROCESSO – Incidência da Lei nº 9.099/1995 – Denúncia recebida sem proposta ao acusado das alternativas previstas nos arts. 76 e 89 da Nova Lei – Inadmissibilidade – Constatada a incidência da Lei nº 9.099/1995, não fica ao arbítrio do representante do Ministério Público oferecer ou não as propostas alternativas à condenação previstas nos arts. 76 e 89 daquela Lei. Em que pese a equivocada redação desses dispositivos, o vocábulo "poderá", tal como na exegese já pacífica do art. 77 do Código Penal, deve ser entendido como alusivo às hipóteses em que o acusado não satisfaça a todos os requisitos legais para usufruir do benefício. Observa-se que todos os benefícios previstos na Lei nº 9.099/1995 constituem direitos públicos subjetivos do acusado – ainda que o tempo verbal em que alguns foram formulados esteja eventualmente no condicional – ensejando a sua denegação, presentes os requisitos autorizadores, a impetração do *habeas corpus* ou de mandado de segurança para a sua imediata restauração. Não é dado, assim, ao representante do Ministério Público propor ou não, ao seu alvedrio, acordo com o acusado visando à aplicação da pena restritiva de direito ou multa (art. 76) ou à suspensão do processo (art. 89). Presentes todos os pressupostos legais, não há como recusar o acordo; por outro lado, verificada a ausência de algum desses requisitos, cumpre ao Ministério Público, ao oferecer a denúncia, submeter à decisão do Juiz suas razões para não apresentar a proposta. Ordem concedida para que se ofereça à paciente proposta de suspensão do processo, nos termos do art. 89 da Lei nº 9.099/1995." (TACRIM- 2ª Câmara, H.C. nº 290.606/6, Rel. Juiz Érix Ferreira, j. em 13.6.1996, v.u, *RT* 733/575, in *Boletim da AASP* nº 2.026, de 27.10 a 2.11.1997, págs. 17 a 20).

4.18. "DESCLASSIFICAÇÃO DO DELITO – Sentença de 1º Grau que reconheceu o delito como furto qualificado pelo concurso de agentes – Acórdão que determinou a desclassificação do delito para furto simples, descaracterizando o concurso de agentes – Suspensão do processo em face da aplicabilidade do art. 89 e parágrafos da Lei nº 9.099/1995 – A classificação do crime descrita na denúncia tem caráter provisório, isto porque, após a colheita de provas, poderá ser dada ao fato definição jurídica diversa da que constar na queixa ou na denúncia. Destarte, a nova definição jurídica outorgada ao fato pode gerar uma desclassificação do delito imputado ao acusado, passando este a ter direito à concessão da suspensão do processo prevista na Lei nº 9.099/1995. Sendo assim, o pedido de suspensão do processo, em se tratando de um direito do réu, tem que ser apreciado pelo Poder Judiciário independentemente de ter sido ou não objeto de pedido explícito por parte do réu ou do representante do Ministério Público. Nestes casos, ausentes quaisquer dos pedidos, tem o Juiz o dever de propô-la de ofício, desde que o réu preencha os requisitos do art. 77 do Código Penal, não esteja sendo processado e não tenha sido condenado anteriormente por outro crime. Isto ocorre porque a Lei nº 9.099/1995 possui caráter misto, ou seja, encerra dispositivos pertinentes ao direito material e ao direito processual. No tocante ao direito material, dispõem sobre a composição do dano, decadência, aplicação imediata da pena e a suspensão do processo. Ressalta-se, contudo, que a suspensão do processo implica no encerramento da ação penal, sem que haja condenação, e, assim sendo, não pode o Juiz reconhecer a desclassificação e aplicar a pena." (TACRIM- 6ª Câmara, Ap. nº 984.353-0- Mirante do Paranapanema, Rel. Juiz Almeida Braga, j. em 3.1.1996, v.u, *Boletim AASP* 1946/115 de 16.4.1996, *in Boletim da AASP* nº 2.026, de 27.10 a 2.11.1997, págs. 17 a 20).

4.19. "SUSPENSÃO CONDICIONAL DO PROCESSO (LEI Nº 9.099/1995) – Exigência do Ministério Público da prévia reparação do dano. Inadmissibilidade. Constrangimento ilegal sanável pela via do *habeas corpus*, tendo em vista a ausência da prévia reparação no diploma legal. Além de ser o benefício da nova Lei um direito subjetivo do autor do fato, em momento algum o referido diploma legal exige a prévia reparação do dano para a concessão da suspensão condicional do processo. Na verdade, os termos claros do art. 89 revelam que a reparação do dano é condição obrigatória para a suspensão, *"salvo impossibilidade de fazê-lo"*, impossibilidade essa que poderá ser demonstrada durante o período de prova, pois a suspensão será revogada se, no curso do prazo, o beneficiário não efetuar, sem motivo justificado, a reparação do dano. Conforme consta da petição dirigida ao Juízo de defesa, o paciente se manifestou no sentido de não ter condições de reparar de pronto os danos, como pleiteado pelo Ministério Público, podendo tal condição ser tratada durante o período de prova, não havendo, portanto, recusa cabal, mas acenou-se com a possibilidade de que tal condição possa ser satisfeita, no todo ou em parte, durante o transcorrer do prazo da suspensão do processo. O constrangimento ilegal, portanto, se faz presente, sanável pela via *do habeas corpus,* tendo em vista que diante das circunstâncias o Juízo de 1º Grau acolheu a recusa ilegal manifestada pelo Ministério Público, prejudicando, destarte, a conciliação. Ordem concedida." (TACRIM-SP, 9ª Câmara, H.C. nº 291.538-8- Espírito Santo do Pinhal, Rel. Juiz Lourenço Filho, j. em 31.7.1996, maioria de votos, *Boletim AASP* 1982/403, de 18.12.1996, *in Boletim da AASP* nº 2.026, de 27.10 a 2.11.1997, págs. 17 a 20).

4.20. "SUSPENSÃO DO PROCESSO – LEI Nº 9.099/1995 – Concessão da suspensão de ofício. A suspensão do processo é pertinente ao direito material. Réu que preenche os requisitos exigidos pelo art. 89 e parágrafos da Lei nº 9.099/1995. Obrigação do Poder Judiciário apreciar a matéria mesmo que não haja proposta do Ministério Público e que não tenha sido requerido pelo réu. Não envio dos autos à Procuradoria-Geral da Justiça, conforme os termos do art. 28 do CPP; não preenchimento dos requisitos deste aludido artigo. A não proposta de transação não caracteriza, nem por analogia, pedido de arquivamento. Nega-se provimento ao recurso ministerial." (TACRIM – 6ª Câmara, Ap. nº 1.031.541/0-SP, Rel. Juiz Almeida Braga, j. em 9.10.1996, v.u., *Boletim AASP* 1994/85, de 12.3.1997, *in Boletim da AASP* nº 2.026, de 27.10 a 2.11.1997, págs. 17 a 20).

4.21. "PENAL – Processual Penal. Recurso em sentido estrito. Porte e disparo de arma de fogo. Competência. Isonomia. Derrogação do art. 61 da Lei nº 9.099/1995. Retroatividade da Lei nº 10.259/2001, que criou os Juizados Especiais Federais. Com o advento da Lei nº 10.259/2001, restou ampliado o conceito de infração penal de menor potencial ofensivo (crimes apenados com até 02 anos de pena detentiva), por exigência da isonomia constitucional... O comando normativo contido no art. 2º, da Lei nº 10.259/2001 possui contornos penais suficientes a atrair a observância imperativa do disposto no inciso XL do rol das garantias constitucionais (art. 5º). As demandas iniciadas antes de 14.1.2002 tramitarão no Juízo comum, assegurados ao réu os benefícios da Lei nº 9.099/1995 – Recurso provido, em parte, por unanimidade." (Rec. em Sentido Estrito nº 700037-36428, 5ª Câmara do E. Tribunal de Justiça do Rio Grande do Sul, Rel. Des. Amilton Bueno de Carvalho, lembrado por Luiz Flávio Gomes, em periódico *Tribuna da Magistratura*, maio de 2002, pág. 08).

4.22. "PROCESSUAL PENAL – Conflito de competência – Crime contra a honra – Lei nº 10.259/2001 e crimes com rito especial. Com o advento da Lei nº 10.259/2001, restou ampliado o conceito de infração penal de menor potencial ofensivo no âmbito da Justiça Estadual, por exigência da isonomia constitucional. O comando normativo contido no art. 2º, parágrafo único, da Lei nº 10.259/2001 deu novo conceito à menor potência, ficando excluída a restrição aos crimes com rito especial contida no art. 61, *in fine*, da Lei nº 9.099/95. À unanimidade, negaram provimento ao conflito, mantendo a competência do Juizado Especial Criminal." (TJRS, CC 70004092680, 5ª Câmara, Rel. Des. Amilton Bueno de Carvalho, j. em 24.4.2002, lembrado por Luiz Flávio Gomes, em periódico *Tribuna da Magistratura*, maio de 2002, pág. 08).

5. ENUNCIADOS CÍVEIS APROVADOS, ATUALIZADOS E RATIFICADOS NO XIV ENCONTRO DOS JUÍZES COORDENADORES DOS JUIZADOS ESPECIAIS CÍVEIS E CRIMINAIS DO BRASIL

Íntegra dos Enunciados do Fórum Permanente dos Juízes Coordenadores dos Juizados Especiais Cíveis e Criminais do Brasil atualizados até novembro de 2003 – XIV Encontro Nacional São Luis – Maranhão (*DOE-SP*, de 19.1.2004).

Enunciado nº 1: *A ausência injustificada do autor do fato à audiência preliminar implicará em vista dos autos ao Ministério Público para o procedimento cabível.*

Enunciado nº 2: *O Ministério Público, oferecida a representação, em juízo, poderá propor diretamente a transação penal, independentemente do comparecimento da vítima à audiência preliminar.* (Redação alterada no XI Encontro, em Brasília/DF).

Enunciado nº 3: *O prazo decadencial para a representação nos crimes de ação pública condicionada é de trinta (30) dias, contados da intimação da vítima, para os processo em andamento, quando da edição da Lei nº 9.099/1995.*

Enunciado nº 4: (Substituído pelo Enunciado 38).

Enunciado nº 5: (Cancelado em razão da nova redação do Enunciado nº 46).

Enunciado nº 6: *O art. 28 do Código de Processo Penal é inaplicável, no caso de não apresentação de proposta de transação penal ou de suspensão condicional do processo, cabendo ao juiz apresentá-las de ofício, quando satisfeitos os requisitos legais.*

Enunciado nº 7: (Cancelado).

Enunciado nº 8: *A multa deve ser fixada em dias-multa, tendo em vista o art. 92 da Lei nº 9.099/1995, que determina a aplicação subsidiária dos Códigos Penal e de Processo Penal.*

Enunciado nº 9: *A intimação do autor do fato para a audiência preliminar deve conter a advertência da necessidade de acompanhamento de advogado e de que, na sua falta, ser-lhe-á nomeado Defensor Público.*

Enunciado nº 10: *Havendo conexão entre crimes da competência do Juizado Especial e do Juízo Penal Comum, prevalece a competência deste.*

Enunciado nº 11: *Os acréscimos do concurso formal e do crime continuado não devem ser levados em consideração (para efeito de aplicação da Lei nº 9.099/1995).*

Enunciado nº 12: *O processo só será remetido ao Juízo Comum, após a denúncia e tentativa de citação pessoal no Juizado Especial.*

Enunciado nº 13: *É cabível o encaminhamento de proposta de transação através de carta precatória.*

Enunciado nº 14: *É incabível o oferecimento de denúncia após sentença homologatória de transação penal, podendo constar da proposta que a sua homologação fica condicionada ao cumprimento do avençado. (Substituído pelo Enunciado nº 57 – XIII Encontro em Campo Grande/MS).*

Enunciado nº 15: *O Juizado Especial Criminal é competente para execução da pena de multa. (Alteração aprovada no XII Encontro em Maceió/AL)*

Enunciado nº 16: *Nas hipóteses em que a condenação anterior não gera reincidência, é cabível a suspensão condicional do processo.*

Enunciado nº 17: *É cabível, quando necessário, interrogatório através de carta precatória, por não ferir os princípios que regem a Lei nº 9.099/1995.*

Enunciado nº 18: *Na hipótese de fato complexo, as peças de informação deverão ser encaminhadas à Delegacia Policial para as diligências necessárias. Retornando ao Juizado e sendo o caso do art. 77, § 2º, da Lei nº 9.099/1995, as peças serão encaminhadas ao Juízo Comum.*

Enunciado nº 19: (Substituído pelo Enunciado nº 48 – Aprovado no XII Encontro em Maceió/AL)

Enunciado nº 20: *A proposta de transação de pena restritiva de direitos é cabível, mesmo quando o tipo em abstrato só comporta pena de multa.*

Enunciado nº 21: (Cancelado).

Enunciado nº 22: *Na vigência do sursis, decorrente de condenação por contravenção penal, não perderá o autor do fato o direito à suspensão condicional do processo por prática de crime posterior.*

Enunciado nº 23: (Cancelado).

Enunciado nº 24: (Substituído pelo Enunciado nº 54).

Enunciado nº 25: *O início do prazo para o exercício da representação do ofendido começa a contar do dia do conhecimento da autoria do fato, observado o disposto no Código de Processo Penal ou legislação específica. Qualquer manifestação da vítima que denote intenção de representar vale como tal para os fins do art. 88 da Lei nº 9.099/1995.*

Enunciado nº 26: (Substituído pelo Enunciado nº 55).

Enunciado nº 27: *Em regra não devem ser expedidos ofícios para órgãos públicos, objetivando a localização de partes e testemunhas nos Juizados Criminais.*

Enunciado nº 28: *Em se tratando de contravenção às partes poderão arrolar até três testemunhas, e em se tratando de crime o número admitido é de cinco testemunhas, mesmo na hipótese de concurso de crimes.*

Enunciado nº 29: *Nos casos de violência doméstica, a transação penal e a suspensão do processo deverão conter, preferencialmente, medidas sócio-educativas, entre elas acompanhamento psicossocial e palestras, visando à reeducação do infrator, evitando-se a aplicação de pena de multa e prestação pecuniária.* (Alteração aprovada no XII Encontro em Maceió/AL)

Enunciado nº 30: (Cancelado – Incorporado pela Lei nº 10.455/2002)

Enunciado nº 31: *O conciliador ou juiz leigo não está incompatibilizado nem impedido de exercer a advocacia, exceto perante o próprio Juizado Especial em que atue ou se pertencer aos quadros do Poder Judiciário.*

Enunciado nº 32: *O Juiz ordenará a intimação da vítima para a audiência de suspensão do processo como forma de facilitar a reparação do dano, nos termos do art. 89, § 1º, da Lei nº 9.099/1995.*

Enunciado nº 33: *Aplica-se, por analogia, o artigo 49 do Código de Processo Penal no caso da vítima não representar contra um dos autores do fato.*

Enunciado nº 34: *Atendidas as peculiaridades locais, o termo circunstanciado poderá ser lavrado pela Polícia Civil ou Militar.*

Enunciado nº 35: *Até o recebimento da denúncia é possível declarar a extinção da punibilidade do autor do fato pela renúncia expressa da vítima ao direito de representação.*

Enunciado nº 36: *Havendo possibilidade de solução de litígio de qualquer valor ou matéria subjacente à questão penal, poderá ser reduzido a termo no Juizado Especial Criminal e encaminhado via distribuição para homologação no juízo competente, sem prejuízo das medidas penais cabíveis.*

Enunciado nº 37: *O acordo civil de que trata o enunciado 36 poderá versar sobre qualquer valor ou matéria.*

Enunciado nº 38: (Substitui o Enunciado nº 4): *A Renúncia ou retratação colhida em sede policial será encaminhada ao Juizado Especial Criminal e, nos casos de violência doméstica, deve ser designada audiência para sua ratificação.*

Enunciado nº 39: *Nos casos de retratação ou renúncia do direito de representação que envolvam violência doméstica, o Juiz ou o conciliador deverá ouvir os envolvidos separadamente.*

Enunciado nº 40: *Nos casos de violência doméstica, recomenda-se que as partes sejam encaminhadas a atendimento por grupo de trabalho habilitado, inclusive como medida preparatória preliminar, visando a solução do conflito subjacente à questão penal e à eficácia da solução pactuada.*

Enunciado nº 41: (Cancelado – vide Enunciado nº 29).

Enunciado nº 42: *A oitiva informal dos envolvidos e de testemunhas, colhida no âmbito do Juizado Especial Criminal, poderá ser utilizada como peça de informação para o procedimento.*

Enunciado nº 43: *O acordo em que o objeto for obrigação de fazer ou não fazer deverá conter cláusula penal em valor certo, para facilitar a execução cível.*

Enunciado nº 44: *No caso de transação penal homologada e não cumprida, o decurso do prazo prescricional provoca a declaração de extinção de punibilidade pela prescrição da pretensão executória.*

Enunciado nº 45: (Cancelado).

Enunciado nº 46: *A Lei nº 10.259/2001 ampliou a competência dos Juizados Especiais Criminais dos Estados e Distrito Federal para o julgamento de crimes com pena máxima cominada até dois anos, com ou sem cumulação de multa, independente do procedimento.* (Alteração aprovada no XII Encontro em Maceió/AL).

Enunciado nº 47: *A expressão conciliação prevista no art. 73 da Lei nº 9.099/1995 abrange o acordo civil e a transação penal, podendo a proposta do Ministério Público ser encaminhada pelo conciliador, nos termos do art. 76, § 3º da mesma lei.*

Enunciado nº 48: *O recurso em sentido estrito é incabível em sede de Juizados Especiais Criminais.*

Enunciado nº 49: *Na ação de iniciativa privada, cabe a transação penal e suspensão condicional do processo, por iniciativa do querelante ou do juiz.* (Alteração aprovada no XII Encontro, Maceió/AL).

Enunciado nº 50: (Cancelado no XI Encontro em Brasília/DF).

Enunciado nº 51: *A remessa dos autos à Justiça Comum, na hipótese do art. 66, parágrafo único, da Lei nº 9.099/95 (Enunciado nº 12), exaure a competência do Juizado Especial Criminal, que não se restabelecerá com localização do acusado.*

Enunciado nº 52: *A remessa dos autos à Justiça Comum, na hipótese do art. 77, parágrafo 2º, da Lei nº 9.099/1995 (Enunciado nº 18), exaure a competência do Juizado Especial Criminal, que não se restabelecerá ainda que afastada a complexidade.*

Enunciado nº 53: *No Juizado Especial Criminal, o recebimento da denúncia, na hipótese de suspensão condicional do processo, deve ser precedido da resposta prevista no art. 81 da Lei nº 9.099/1995.*

Enunciado nº 54: (Substitui o Enunciado nº 24): *O processamento de medidas despenalizadoras, aplicáveis ao crime previsto no art. 306 da Lei nº 9.503/1997, por força do parágrafo único do art. 291 da mesma Lei, não compete ao Juizado Especial Criminal.*

Enunciado nº 55: (Cancelado no XI Encontro em Brasília/DF).

Enunciado nº 56: *Os Juizados Especiais Criminais não são competentes para conhecer, processar e julgar feitos criminais que versem sobre delitos com penas superiores a um ano ajuizados até a data em vigor da Lei nº 10.259/2001.* (Aprovado no XI Encontro em Brasília/DF).

Enunciado nº 57: *A transação penal será homologada de imediato e poderá conter cláusula de que, não cumprida, o procedimento penal prosseguirá.* (Aprovado no XIII Encontro em Campo Grande/MS).

Enunciado nº 58: *A transação penal poderá conter cláusula de renúncia à propriedade do objeto apreendido.* (Aprovado no XIII Encontro em Campo Grande/MS).

Enunciado nº 59: *O juiz decidirá sobre a destinação dos objetos apreendidos e não reclamados no prazo do art. 123 do CPP.* (Aprovado no XIII Encontro em Campo Grande/MS).

Enunciado nº 60: *Exceção da verdade e questões incidentais não afastam a competência dos Juizados Especiais, se a hipótese não for complexa.* (Aprovado no XIII Encontro em Campo Grande/MS).

Enunciado nº 61: *O processamento de medida despenalizadora prevista no artigo 94 da Lei nº 10.741/2003, não compete ao Juizado Especial Criminal.* (Aprovado no XIV Encontro em São Luís/MA).

Enunciado nº 62: *O Conselho da Comunidade poderá ser beneficiário da prestação pecuniária e deverá aplicá-la em prol da execução penal e de programas sociais, em especial daqueles que visem a prevenção da criminalidade.* (Aprovado no XIV Encontro em São Luís/MA).

Enunciado nº 63: *As entidades beneficiárias de prestação pecuniária, em contrapartida, deverão dar suporte à execução de penas e medidas alternativas.* (Aprovado no XIV Encontro em São Luís/MA).

TÍTULO VI
SÚMULAS
DO
SUPERIOR TRIBUNAL DE JUSTIÇA

CLASSIFICADAS SEGUNDO O INTERESSE QUE DESPERTAM NAS DIVERSAS DISCIPLINAS DO DIREITO (DE 1988 A JANEIRO DE 2004)

I – DIREITO CONSTITUCIONAL

Nº 2: "*Não cabe o habeas data (CF, art. 5º, LXXII, a), se não houve recusa de informações por parte da autoridade administrativa.*" [Ref.: CF/1988, art. 5º, XXXIII e LXXII, a; Lei nº 1.533, de 31.12.51; Decreto nº 96.876, de 29.9.1988; Ato 1.245, de 16.11.1988, do TFR, IX.]

Nº 3: "*Compete ao Tribunal Regional Federal dirimir conflito de competência verificado na respectiva região, entre Juiz federal e Juiz estadual investido de jurisdição federal.*" [Ref.: CF, art. 108, I, e.]

Nº 4: "*Compete à Justiça estadual julgar causa decorrente do processo eleitoral sindical.*" [Ref.: CF, art. 8º.]

Nº 5: "*A simples interpretação de cláusula contratual não enseja recurso especial.*" [Ref.: CF, art. 105, III, e RISTJ, art. 257.]

Nº 6: "*Compete à Justiça comum estadual processar e julgar delito decorrente de acidente de trânsito envolvendo viatura de polícia militar, salvo se autor e vítima forem policiais militares em situação de atividade.*" [Ref.: CF, art. 125, § 4º; Código Penal Militar, art. 9º, II, a e c.]

Nº 7: "*A pretensão de simples reexame de prova não enseja recurso especial.*" [Ref.: CF, art. 105, II; RISTJ, art. 257.]

N° 11: "A presença da União ou de qualquer de seus entes, na ação de usucapião especial, não afasta a competência do foro da situação do imóvel." [Ref.: CF, art. 109, § 3°; Lei n° 6.969 de 10.12.1981, art. 4°, § 1°.]

N° 12: "Em desapropriação, são cumuláveis juros compensatórios e moratórios."

N° 13: "A divergência entre julgados do mesmo Tribunal não enseja recurso especial." [Ref.: CF, art. 105, III, c; RISTJ, art. 225, parágrafo único.]

N° 15: "Compete à Justiça estadual processar e julgar os litígios decorrentes de acidentes de trabalho." [Ref.: CF, art. 109, I.]

N° 19: "A fixação do horário bancário, para atendimento ao público, é competência da União." [Ref.: Lei n° 4.595 de 31.12.1964, art. 4°, VIII; Lei n° 6.045/1974.]

N° 32: "Compete à Justiça federal processar justificações judiciais destinadas a instruir pedidos perante entidades que nela têm exclusividade de foro, ressalvada a aplicação do art. 15, II, da Lei n° 5.010/1966." [Ref.: CF, art. 109, I, e §§ 3° e 4°; Código de Processo Civil, art. 109; Lei n° 5.010 de 30.5.1966, art. 15.]

N° 34: "Compete à Justiça estadual processar e julgar causa relativa a mensalidade escolar, cobrada por estabelecimento particular de ensino."

N° 38: "Compete à Justiça estadual comum, na vigência da Constituição de 88, o processo por contravenção penal, ainda que praticada em detrimento da União ou de suas entidades." [Ref.: CF, art. 109, IV, ADCT, art. 27, § 10; Lei n° 4.771, de 15.9.1965, art. 26.]

N° 41: "O Superior Tribunal de Justiça não tem competência para processar e julgar, originariamente, mandado de segurança contra atos de outros Tribunais ou dos respectivos Órgãos." [Ref.: CF, art. 105, I, b; Lei Complementar n° 35, de 14.3.1979, art. 21, VI.]

N° 42: "Compete à Justiça comum estadual processar e julgar as causas cíveis em que é parte sociedade de economia mista e os crimes praticados em seu detrimento." [Ref.: CF, art. 109, I e IV.]

N° 45: "No reexame necessário, é defeso ao Tribunal, agravar a condenação imposta à Fazenda Pública." [Ref.: CPC, art. 475.]

N° 47: "Compete à Justiça Militar processar e julgar crime cometido por militar contra civil, com emprego de arma pertencente à corporação, mesmo não estando em serviço."

Obs.: Acentua-se que, pelo art. 1°, parágrafo único, da Lei n° 9.299, de 7.8.1996, que alterou o art. 9° do Código Penal Militar, fica estabelecido que : "Os crimes de que trata este artigo, quando dolosos conta a vida e cometidos contra civil, serão de competência da justiça comum."

N° 53: "Compete à Justiça comum estadual processar e julgar civil acusado de prática de crime contra instituições militares estaduais." [Ref.: CF, art. 125, § 4°.]

N° 55: "Tribunal Regional Federal não é competente para julgar recurso de decisão proferida por Juiz estadual, não investido de jurisdição federal." [Ref. CF, art. 108, II.]

N° 56: "Na desapropriação para instituir servidão administrativa são devidos os juros compensatórios pela limitação de uso da propriedade." [Ref.: CF, art. 5°, XXIV.]

SÚMULAS DO SUPERIOR TRIBUNAL DE JUSTIÇA

Nº 57: "*Compete à Justiça comum estadual processar e julgar ação de cumprimento fundada em acordo ou convenção coletiva não homologados pela Justiça do Trabalho.*" [Ref.: CF, art. 114.]

Nº 62: "*Compete à Justiça estadual processar e julgar o crime de falsa anotação na Carteira de Trabalho e Previdência Social, atribuído à empresa privada.*" [Ref. CF, art. 109, IV.]

Nº 66: "*Compete à Justiça federal processar e julgar execução fiscal promovida por conselho de fiscalização profissional.*" [Ref.: CF, art. 109, I.]

Nº 73: "*A utilização de papel-moeda grosseiramente falsificado configura, em tese, o crime de estelionato, da competência da Justiça estadual.*" [Ref.: CF, art. 109, IV; Código Penal, art. 289.]

Nº 75: "*Compete à Justiça comum estadual processar e julgar o policial militar por crime de promover ou facilitar a fuga de preso de estabelecimento penal.*"

Nº 78: "*Compete à Justiça Militar processar e julgar policial de corporação estadual, ainda que o delito tenha sido praticado em outra unidade federativa.*" [Ref.: CF, art. 125, § 4º; Código Penal Militar, art. 9º.]

Nº 82: "*Compete à Justiça federal, excluídas as reclamações trabalhistas, processar e julgar os feitos relativos a movimentação do FGTS.*" [Ref.: CF, art. 109, I; Lei nº 8.036 de 11.5.1990.]

Nº 86: "*Cabe recurso especial contra acórdão proferido no julgamento de agravo de instrumento.*" [Ref.: CF, art. 105, III.]

Nº 90: "*Compete à Justiça Estadual Militar processar e julgar o policial militar pela prática do crime militar, e à comum pela prática do crime comum simultâneo àquele.*" [Ref.: CF, art. 125, § 4º; CPP, art. 79, I.]

Nº 91: "*Compete à Justiça federal processar e julgar os crimes praticados contra a fauna.*" [Ref.: CF, art. 109, IV; Lei nº 5.197, de 3.1.67; Lei nº 7.653, de 12.2.1988.]

Nº 97: "*Compete à Justiça do Trabalho processar e julgar reclamação de servidor público relativamente a vantagens trabalhistas anteriores à instituição do Regime Jurídico Único.*" [Ref.: CF, arts. 39 e 114.]

Nº 103: "*Incluem-se entre os imóveis funcionais que podem ser vendidos os administrados pelas Forças Armadas e ocupados pelos servidores civis.*" [Ref.: Lei nº 8.025, de 12.4.1990, art. 1º; Decreto nº 99.266/1990, art. 4º, § 2º; Decreto nº 99.664/1990.]

Nº 104: "*Compete à Justiça estadual o processo e julgamento dos crimes de falsificação e uso de documento falso relativo a estabelecimento particular de ensino.*" [Ref.: CF, art. 109, IV.]

Nº 108: "*A aplicação de medidas sócio-educativas ao adolescente, pela prática de ato infracional, é de competência exclusiva do Juiz.*" [Ref.: arts. 112, 126, 127, 146, 148, 180 e 182 do Estatuto da Criança e do Adolescente.]

Nº 113: "*Os juros compensatórios, na desapropriação direta, incidem a partir da imissão na posse, calculados sobre o valor da indenização, corrigido monetariamente.*" [Ref.: CF, arts. 5º, XXIV e 182, § 3º; Lei nº 4.686, de 21.6.1965; Decreto-Lei nº 3.365, de 21.6.1941, art. 26, § 2º, com redação da Lei nº 4.686, de 21.6.1965.]

Nº 114: "*Os juros compensatórios, na desapropriação indireta, incidem a partir da ocupação, calculados sobre o valor da indenização, corrigido monetariamente.*" [Ref.:

CF, arts. 5º, XXIV e 182, § 3º; Lei nº 4.686, de 21.6.1965; Decreto-Lei nº 3.365, de 21.6.1941, art. 26, § 2º, com redação da Lei nº 4.686, de 21.6.1965.]

Nº 119: *"A ação de desapropriação indireta prescreve em 20 (vinte) anos."* [Ref.: CC, arts.177 e 550.]

Nº 122: *"Compete à Justiça federal o processo e julgamento unificado dos crimes conexos de competência federal e estadual, não se aplicando a regra do art. 78, II, a, do Código de Processo Penal."* [Ref.: CPP, art. 78, II, a e III.]

Nº 123: *"A decisão que admite, ou não, o recurso especial, deve ser fundamentada, com o exame dos seus pressupostos gerais e constitucionais."* [Ref.: CF, arts. 93, IX, e 105, III; Lei nº 8.038, de 28.5.1990, art. 27, § 1º.]

Nº 125: *"O pagamento de férias não gozadas por necessidade do serviço não está sujeito à incidência do Imposto de Renda."* [Ref.: CF, art. 153, III; CC, arts. 1.056 e 1.534; CTN, art. 43, I e II; Lei nº 7.713/1988, arts. 3º, §§ 4º e 6º, IV e V; Lei nº 8.112, de 11.12.1990, art. 78, § 1º.]

Nº 126: *"É inadmissível recurso especial, quando o acórdão recorrido assenta em fundamentos constitucional e infraconstitucional, qualquer deles suficiente, por si só, para mantê-lo, e a parte vencida não manifesta recurso extraordinário."* [Ref.: Lei nº 8.038, de 28.5.1990, art. 27, § 5º.]

Nº 127: *"É ilegal condicionar a renovação de licença de veículo ao pagamento de multa, da qual o infrator não foi notificado."* [Ref.: Decreto nº 62.127, de 16.1.1968, arts.194 e 210; Decreto nº 98.933, de 7.2.1990, art. 1º.]

Nº 131: *"Nas ações de desapropriação incluem-se no cálculo da verba advocatícia as parcelas relativas aos juros compensatórios e moratórios, devidamente corrigidas."*

Nº 135: *"O ICMS não incide na gravação e distribuição de filmes e videoteipes."* [Ref.: CF, arts. 155, I, b e 156, IV; Lei Complementar nº 56, de 15.12.1987, item 63; Decreto-Lei nº 406, de 31.12.1968, art. 8º, § 1º.]

Nº 136: *"O pagamento de licença-prêmio não gozada por necessidade do serviço não está sujeito ao Imposto de Renda."* [Ref.: CC, arts. 1.056 e 1.534; CTN, art. 43, I e II; Lei nº 7.713/1988, arts. 3º, § 4º e 6º, IV e V; Lei nº 8.112/1990, art. 78, § 1º.]

Nº 137: *"Compete à Justiça comum estadual processar e julgar ação de servidor público municipal, pleiteando direitos relativos ao vínculo estatutário."* [Ref.: CF, art. 114; CLT, art. 803.]

Nº 139: *"Cabe à Procuradoria da Fazenda Nacional propor execução fiscal para cobrança de crédito relativo ao ITR."* [Ref.: CF, arts. 131, § 3º, 153, VI e 158, II; LC nº 73/1993, arts. 12, II e V, e 17, I; Lei nº 6.830/1980, art. 2º, § 4º; Lei nº 8.022/1990, art. 1º; Lei nº 8.383/1991, art. 67.]

Nº 141: *"Os honorários de advogado em desapropriação direta são calculados sobre a diferença entre a indenização e a oferta, corrigidas monetariamente."* [Ref.: Decreto-Lei nº 3.365, de 21.6.1941, art. 27, § 1º.]

Nº 144: *"Os créditos de natureza alimentícia gozam de preferência, desvinculados os precatórios da ordem cronológica dos créditos de natureza diversa."* [Ref.: CF, art. 100 e ADCT, art. 33; CPC, art. 730, I e II; Lei nº 8.197, de 27.6.1991, art. 4º, parágrafo único.]

Nº 147: *"Compete à Justiça federal processar e julgar os crimes praticados contra funcionário público federal, quando relacionados com o exercício da função."* [Ref.: CF, art. 109, IV.]

Nº 150: *"Compete à Justiça federal decidir sobre a existência de interesse jurídico que justifique a presença, no processo, da União, suas autarquias ou empresas públicas."* [Ref.: CF, art. 109, I.]

Nº 155: *"O ICMS incide na importação de aeronave, por pessoa física, para uso próprio."* [Ref.: CF, art. 155, § 2º, IX, *a;* Decreto-Lei nº 406/1968, art. 8º; Conv. ICM nº 66, de 14.12.1988, arts. 2º, I, 21, parágrafo único, I, e 27, I, *d.*]

Nº 157: *"É ilegítima a cobrança de taxa, pelo município, na renovação de licença para localização de estabelecimento comercial ou industrial."* [Ref.: CF, art. 145, § 2º; CTN, arts. 77, 78 e 114.]

Nº 159: *"O benefício acidentário, no caso de contribuinte que percebe remuneração variável, deve ser calculado com base na média aritmética dos últimos 12 meses de contribuição."* [Ref.: Lei nº 6.367/1976, art. 5º, § 4º, I e II; Lei nº 8.213/1991, art. 30.]

Nº 160: *"É defeso ao município atualizar o IPTU, mediante decreto, em percentual superior ao índice oficial de correção monetária."* [Ref.: CF, art. 150, I; CTN, arts. 33 e 97, §§ 1º e 2º.]

Nº 163: *"O fornecimento de mercadorias com a simultânea prestação de serviços em bares, restaurantes e estabelecimentos similares constitui fato gerador do ICMS a incidir sobre o valor total da operação."* [Ref.: CF, arts. 155, I, *b*, § 2º e IX; 156, IV; Decreto-Lei nº 406/1968, arts. 1º, III, e 8º §§ 1º e 2º; Decreto-Lei nº 408/1968; Decreto-Lei nº 834/1969.]

Nº 164: *"O prefeito municipal, após a extinção do mandato, continua sujeito a processo por crime previsto no art. 1º do Decreto-Lei nº 201, de 27.2.1967."* [Ref.: Decreto-Lei nº 201/1967, art. 1º.]

Nº 166: *"Não constitui fato gerador do ICMS o simples deslocamento de mercadoria de um para outro estabelecimento do mesmo contribuinte."* [Ref.: Decreto-Lei nº 406, de 31.12.1968, art. 1º, I, §§ 2º e 6º, e art. 6º, § 2º.]

Nº 167: *"O fornecimento de concreto, por empreitada, para construção civil, preparado no trajeto até a obra em betoneiras acopladas a caminhões, é prestação de serviço, sujeitando-se apenas à incidência do ISS."* [Ref.: Decreto-Lei nº 406/1968.]

Nº 169: *"São inadmissíveis embargos infringentes no processo de mandado de segurança."* [Ref.: CPC, art. 1.217; Lei nº 1.533/1951, arts. 12 e 13, com a redação dada pela Lei nº 6.014/1973; art. 3º, e da Lei nº 6.071/1974; art. 1º, RISTJ, arts. 247 e 260.]

Nº 173: *"Compete à Justiça federal processar e julgar o pedido de reintegração em cargo público federal, ainda que o servidor tenha sido dispensado antes da instituição do Regime Jurídico Único."* [Ref.: CF, art. 109, I, Lei nº 8.112/1990, art. 28.]

Nº 177: *"O Superior Tribunal de Justiça é incompetente para processar e julgar, originariamente, mandado de segurança contra ato de órgão colegiado presidido por Ministro de Estado."* [Ref.: CF, art. 105, I, *b.*]

Nº 183: *"Compete ao Juiz Estadual, nas Comarcas que não sejam sede de Vara da Justiça Federal, processar e julgar ação civil pública, ainda que a União figure no processo."* [Ref.: CF/1988, art. 109, I; e Lei nº 7.347, de 24.7.1985, art. 2º.]

Nº 184: "*A microempresa de representação comercial é isenta do imposto de renda.*" [Ref.: Lei nº 7.256, de 27.11.1984, art. 11, I, alterado pelo art. 51 da Lei nº 7.713, de 22.12.1988.]

Nº 198: "*Na importação de veículo por pessoa física, destinado a uso próprio, incide o ICMS.*" [Ref.: CF/1988, art. 155, § 2º, IX, *a*; ADCT, art. 34, §§ 5º e 8º; Conv. ICMS, nº 66, de 14.12.1988, arts. 2º, I; 21, parágrafo único, I, e 27, I, *d*; Decreto-Lei nº 406, de 31.12.1968, art. 6º.]

Nº 201: "*Os honorários advocatícios não podem ser fixados em salários mínimos.*" [Ref.: CF/1988, art. 7º, IV; CPC, art. 20, § 4º; Lei nº 6.205, de 29.4.1975, art. 1º; Lei nº 7.789, de 3.7.1989, art. 3º.]

Nº 202: "*A impetração de segurança por terceiro, contra ato judicial, não se condiciona à interposição de recurso.*" [Ref.: CF/1988, art. 5º, XXXV; CPC, art. 499, *caput*, § 1º; Lei nº 1.533, de 31.12.1951, art. 5º.]

Nº 203: "*Não cabe recurso especial contra decisão proferida, nos limites de sua competência, por órgão de segundo grau dos juizados especiais.*" ([Ref.: CF/1988, art. 105, III; Lei nº 7.244, de 7.11.1984; Lei nº 9.099, de 26.9.1995).]

Nº 207: "*É inadmissível recurso especial quando cabíveis embargos infringentes contra o acórdão proferido no tribunal de origem.*" [Ref.: CF, art. 105, III, e CPC, art. 530.]

Nº 208: "*Compete à Justiça Federal processar e julgar prefeito municipal por desvio de verba sujeita a prestação de contas perante órgão federal.*" [Ref.: CF, art. 109, IV.]

Nº 209: "*Compete à Justiça Estadual processar e julgar prefeito por desvio de verba transferida e incorporada ao patrimônio municipal.*" [Ref.: CF, art. 29, X.]

Nº 211: "*Inadmissível recurso especial quanto à questão que, a despeito da oposição de embargos declaratórios, não foi apreciada pelo tribunal a quo.*" [Ref.: CPC, art. 535, II.]

Nº 212: "*A compensação de créditos tributários não pode ser deferida por medida liminar.*" [Ref.: CPC, arts. 798 e 799.]

Nº 213: "*O mandado de segurança constitui ação adequada para a declaração do direito à compensação tributária.*" [Referências: somente a recursos especiais – REsp nº 145.138-SP, 148.742-SP, 119.155-SE, 148.824-PB, etc.]

Nº 215: "*A indenização recebida pela adesão a programa de incentivo à demissão voluntária não está sujeita à incidência do imposto de renda.*"

Nº 216: "*A tempestividade de recurso interposto no Superior Tribunal de Justiça é aferida pelo registro no protocolo da secretaria e não pela data da entrega na agência do correio.*" [Ref.: RISTJ, art. 66; CPC, arts. 374 e 508.]

Nº 217: "*Não cabe agravo de decisão que indefere o pedido de suspensão da execução da liminar, ou da sentença em mandado de segurança.*" [Ref.: RISTJ, art. 271, § 2º; Lei nº 4.348, de 26.6.1964, art. 4º; Lei nº 8.038, de 28.5.1990, art. 25, § 2º.]

Nº 218: "*Compete à justiça dos estados processar e julgar ação de servidor estadual decorrente de direitos e vantagens estatutárias no exercício de cargo em comissão.*" [Ref.: Estatuto dos Funcionários Públicos Estaduais.]

Nº 221: "*São civilmente responsáveis pelo ressarcimento de dano, decorrente de publicação pela imprensa, tanto o autor do escrito quanto o proprietário do veículo de divulgação.*" [Ref.: CC, art. 19; Lei de Imprensa, art. 49, § 2º.]

SÚMULAS DO SUPERIOR TRIBUNAL DE JUSTIÇA

Nº 222: *"Compete à justiça comum processar e julgar as ações relativas à contribuição sindical prevista no art. 578 da CLT."* [Ref.: CF/1988, art. 114; CLT, art. 578; Lei nº 8.984, de 7.2.1995.]

Nº 225: *"Compete ao Tribunal Regional do Trabalho apreciar recurso contra sentença proferida por órgão de primeiro grau da Justiça Trabalhista, ainda que para declarar-lhe a nulidade em virtude de incompetência."*

Nº 226: *"O Ministério Público tem legitimidade para recorrer na ação de acidente do trabalho, ainda que o segurado esteja assistido por advogado."* [Ref.: CPC, arts. 82, III, in fine e 499.]

Nº 227: *"A pessoa jurídica pode sofrer dano moral."* [Ref.: CF/1988, art. 5º, X; CC, arts. 159 e 1.553.]

Nº 232: *"A fazenda pública, quando parte no processo, fica sujeita à exigência do depósito prévio dos honorários do perito."*

Nº 236: *"Não compete ao Superior Tribunal de Justiça dirimir conflitos de competência entre juízes trabalhistas vinculados a tribunais do trabalho diversos."*

Nº 238: *"A avaliação da indenização devida ao proprietário do solo, em razão de alvará de pesquisa mineral, é processada no juízo estadual da situação do imóvel."*

Nº 254: *"A decisão do Juízo Federal que exclui da relação processual ente federal não pode ser reexaminada no Juízo Estadual."*

Nº 256: *"O sistema de "protocolo integrado" não se aplica aos recursos dirigidos ao Superior Tribunal de Justiça."* [Ref.: Lei nº 5.869/1973; CPC, art. 541.]

Nº 262: *"Incide o imposto de renda sobre o resultado das aplicações financeiras realizadas pelas cooperativas."* [Ref.: Lei nº 5.764/1971, arts. 79, 85, 86, 87, 88 e 111; Lei nº 7.450/1985, art. 34.]

Nº 265: *"É necessária a oitiva do menor infrator antes de decretar-se a regressão da medida sócio-educativa."* [Ref.: CF/1988, art. 5º, LIV e LV; Lei nº 8.069/1990, Estatuto da Criança e do Adolescente, arts. 110, 111, V.]

Nº 266: *"O diploma ou habilitação legal para o exercício do cargo deve ser exigido na posse e não na inscrição para o concurso público."* [Ref.: CF/1988, art. 37, I e II.]

Nº 270: *"O protesto pela preferência de crédito, apresentado por ente federal em execução que tramita na Justiça Estadual, não desloca a competência para a Justiça Federal."* [Ref.: CF/1988, art. 109; I; Lei nº 5.172/1966, CTN, art. 186.]

Nº 272: *"O trabalhador rural, na condição de segurado especial, sujeito à contribuição obrigatória sobre a produção rural comercializada, somente faz jus à aposentadoria por tempo de serviço, se recolher contribuições facultativas."* [Ref.: CF/1988, art. 195, § 8º; Lei nº 8.213/1991, arts. 11, VII; 24; 25, II; 26, III; 39, I e II, e 52.]

Nº 274: *"O ISS incide sobre o valor dos serviços de assistência médica, incluindo-se neles as refeições, os medicamentos e as diárias hospitalares."* [Ref.: Decreto-Lei nº 406/1968, art. 8º, § 1º.]

Nº 275: *"O auxiliar de farmácia não pode ser responsável técnico por farmácia ou drogaria."* [Ref.: Lei nº 3.820/1960, art. 13, 14 e 16; Lei nº 9.394/1996; Decreto nº 793/1993; Decreto nº 74.170/1974; Decreto nº 79.094/1977; Lei nº 5.991/1973; Lei nº 6.360/1976.]

Nº 276: *"As sociedades civis de prestação de serviços profissionais são isentas da Cofins, irrelevante o regime tributário adotado."* [Ref.: Lei Complementar nº 70/1991, art. 6º, II; Lei nº 8.541/1992, arts. 1º e 2º; Decreto-Lei nº 2.397/1987, arts.1º e 2º; Lei nº 9.430/1996.]

Nº 278: *"O termo inicial do prazo prescricional, na ação de indenização, é a data em que o segurado teve ciência inequívoca da incapacidade laboral."* [Ref.: Lei nº 3.071/1916, CC, art. 178, § 6º, II; Súmulas STJ nºs 101 e 229.]

Nº 279: *"É cabível execução por título extrajudicial contra a Fazenda Pública."*

II – DIREITO ADMINISTRATIVO

Nº 12: "*Em desapropriação, são cumuláveis juros compensatórios e moratórios.*"

Nº 56: "*Na desapropriação para instituir servidão administrativa são devidos os juros compensatórios pela limitação de uso da propriedade.*" [Ref.: CF, art. 5º, XXIV.]

Nº 67: "*Na desapropriação, cabe a atualização monetária, ainda que por mais de uma vez, independente do decurso de prazo superior a um ano entre o cálculo e o efetivo pagamento da indenização.*" [Ref.: Lei nº 6.899/81; Decreto-Lei nº 3.365/1941, art. 26, § 2º.]

Nº 69: "*Na desapropriação direta, os juros compensatórios são devidos desde a antecipada imissão na posse e, na desapropriação indireta, a partir da efetiva ocupação do imóvel.*" [Ref.: Decreto-Lei nº 3.365/1941, arts. 15 e 26; Decreto nº 22.785/1933, art. 3º (Revogado pelo art. 2º da Lei nº 4.414/1964).]

Nº 70: "*Os juros moratórios, na desapropriação direta ou indireta, contam-se desde o trânsito em julgado da sentença.*" [Ref.: CC, art. 1.063; Decreto-Lei nº 3.365/1941, arts. 15 e 26; Decreto nº 22.785/1933, art. 3º (Revogado pelo art. 2º da Lei nº 4.414/1964).]

Nº 85: "*Nas relações jurídicas de trato sucessivo em que a Fazenda Pública figure como devedora, quando não tiver sido negado o próprio direito reclamado, a prescrição atinge apenas as prestações vencidas antes do qüinquênio anterior à propositura da ação.*" [Ref.: Decreto nº 20.910/1932, art. 3º.]

Nº 89: "*A ação acidentária prescinde do exaurimento da via administrativa.*" [Ref.: Lei nº 6.367/1976, arts. 14 e 19.]

Nº 97: "*Compete à Justiça do Trabalho processar e julgar reclamação de servidor público relativamente a vantagens trabalhistas anteriores à instituição do Regime Jurídico Único.*" [Ref.: CF, arts. 39 e 114.]

Nº 102: "*A incidência dos juros moratórios sobre os compensatórios, nas ações expropriatórias, não constitui anatocismo vedado em lei.*" [Ref.: CF, art. 5º, XXIV; Decreto nº 22.626/1933, art. 4º.]

Nº 103: "*Incluem-se entre os imóveis funcionais que podem ser vendidos os administrados pelas Forças Armadas e ocupados pelos servidores civis.*" [Ref.: Lei nº 8.025/1990, art. 1º; Decreto nº 99.266/1990, art. 4º, § 2º; Decreto nº 99.664/1990.]

Nº 105: "*Na ação de mandado de segurança não se admite condenação em honorários advocatícios.*" [Ref.: CPC, art. 20; Lei nº 1.533/1951, arts. 6º e 19.]

Nº 113: "*Os juros compensatórios, na desapropriação direta, incidem a partir da imissão na posse, calculados sobre o valor da indenização, corrigido monetariamente.*" [Ref.: CF, arts. 5º, XXIV e 182, § 3º; Lei nº 4.686/1965; Decreto-Lei nº 3.365/1941, art. 26, § 2º, com redação dada pela Lei nº 4.686/1965.]

Nº 114: "*Os juros compensatórios, na desapropriação indireta, incidem a partir da ocupação, calculados sobre o valor da indenização, corrigido monetariamente.*" [Ref.: CF, arts. 5º, XXIV e 182, § 3º; Decreto-Lei nº 3.365/1941, art. 26, § 2º, com redação dada pela Lei nº 4.686/1965.]

Nº 119: "*A ação de desapropriação indireta prescreve em 20 (vinte) anos.*" [Ref.: CC, arts. 177 e 550.]

Nº 125: "*O pagamento de férias não gozadas por necessidade do serviço não está sujeito à incidência do Imposto de Renda.*" [Ref.: CF, art. 153, III; CC, arts. 1.056 e 1.534; CTN, art. 43, I e II; Lei nº 7.713/1988, arts. 3º, § 4º e 6º, IV e V; Lei nº 8.112/1990, art. 78, § 1º.]

Nº 127: "*É ilegal condicionar a renovação da licença de veículo ao pagamento de multa, da qual o infrator não foi notificado.*" [Ref.: Decreto nº 62.127/1968, arts. 194 e 210; Decreto nº 98.933/1990, art. 1º.]

Nº 131: "*Nas ações de desapropriação incluem-se no cálculo da verba advocatícia as parcelas relativas aos juros compensatórios e moratórios, devidamente corrigidas.*"

Nº 136: "*O pagamento de licença-prêmio não gozada por necessidade do serviço não está sujeito ao Imposto de Renda.*" [Ref.: CC, arts. 1.056 e 1.534; CTN, art. 43, I e II; Lei nº 7.713/1988, arts. 3º, § 4º e 6º, IV e V; Lei nº 8.112/1990, art. 78, § 1º.]

Nº 137: "*Compete à Justiça comum estadual processar e julgar ação de servidor público municipal, pleiteando direitos relativos ao vínculo estatutário.*" [Ref.: CF, art. 114; CLT, art. 803.]

Nº 141: "*Os honorários de advogado em desapropriação direta são calculados sobre a diferença entre a indenização e a oferta, corrigidas monetariamente.*" [Ref.: Decreto-Lei nº 3.365/1941, art. 27, § 1º.]

Nº 144: "*Os créditos de natureza alimentícia gozam de preferência, desvinculados os precatórios da ordem cronológica dos créditos de natureza diversa.*" [Ref.: CF, art. 100; ADCT, art. 33; CPC, art. 730, I e II; Lei nº 8.197/1991, art. 4º, parágrafo único.]

Nº 147: "*Compete à Justiça federal processar e julgar os crimes praticados contra funcionário público federal, quando relacionados com o exercício da função.*" [Ref.: CF, art. 109, IV.]

Nº 150: "*Compete à Justiça federal decidir sobre a existência de interesse jurídico que justifique a presença, no processo, da União, suas autarquias ou empresas públicas.*" [Ref.: CF, art. 109, I.]

Nº 157: "*É ilegítima a cobrança de taxa, pelo município, na renovação de licença para localização de estabelecimento comercial ou industrial.*" [Ref.: CF, art. 145, § 2º; CTN, arts. 77, 78 e 114.]

Nº 160: "*É defeso ao município atualizar o IPTU, mediante decreto, em percentual superior ao índice oficial de correção monetária.*" [Ref.: CF, art. 150, I; CTN, arts. 33 e 97, §§ 1º e 2º.]

Nº 164: "O prefeito municipal, após a extinção do mandato, continua sujeito a processo por crime previsto no art. 1º do Decreto-Lei nº 201/1967." [Ref.: Decreto-Lei nº 201/1967, art. 1º.]

Nº 169: "São inadmissíveis embargos infringentes no processo de mandado de segurança." [Ref.: CPC, art. 1.217; Lei nº 1.533/1951, arts. 12 e 13, com a redação da Lei nº 6.014/1973, art. 3º; Lei nº 6.071/1974, art. 1º; RISTJ, arts. 247 e 260.]

Nº 170: "Compete ao juízo onde primeiro for intentada a ação envolvendo cumulação de pedidos trabalhista e estatutário, decidi-la nos limites da sua jurisdição, sem prejuízo do ajuizamento de nova causa, com o pedido remanescente, no juízo próprio."

Nº 173: "Compete à Justiça federal processar e julgar o pedido de reintegração em cargo público federal, ainda que o servidor tenha sido dispensado antes da instituição do Regime Jurídico Único." [Ref.: CF, art. 109, I; Lei nº 8.112/1990, art. 28.]

Nº 177: "O Superior Tribunal de Justiça é incompetente para processar e julgar, originariamente, mandado de segurança contra ato de órgão colegiado presidido por Ministro de Estado." [Ref.: CF, art. 105, I, b.]

Nº 183: "Compete ao Juiz Estadual, nas comarcas que não sejam sede de vara da Justiça Federal, processar e julgar ação civil pública, ainda que a União figure no processo." [Ref.: CF/1988, art. 109, I; Lei nº 7.347, de 24.7.1985, art. 2º.]

Nº 188: "Os juros moratórios, na repetição do indébito, são devidos a partir do trânsito em julgado da sentença." [Ref.: CTN, art. 167, parágrafo único.]

Nº 201: "Os honorários advocatícios não podem ser fixados em salários mínimos." [Ref.: CF/1988, art. 7º, IV; CPC, art. 20, § 4º; Lei nº 6.205, de 29.4.1975, art. 1º; Lei nº 7.789, de 3.7.1989, art. 3º.]

Nº 202: "A impetração de segurança por terceiro, contra ato judicial, não se condiciona à interposição de recurso." [Ref.: CF/1988, art. 5º, XXXV; CPC, art. 499, caput, § 1º; Lei nº 1.533, de 31.12.1951, art. 5º.]

Nº 208: "Compete à Justiça Federal processar e julgar prefeito municipal por desvio de verba sujeita a prestação de contas perante órgão federal." [Ref.: CF, art. 109, IV.]

Nº 209: "Compete à Justiça Estadual processar e julgar prefeito por desvio de verba transferida e incorporada ao patrimônio municipal." [Ref.: CF, art. 29, X.]

Nº 213: "O mandado de segurança constitui ação adequada para a declaração do direito à compensação tributária." [Referências: somente a recursos especiais – REsp nº 145.138-SP, 148.742-SP, 119.155-SE, 148.824-PB, etc.]

Nº 215: "A indenização recebida pela adesão a programa de incentivo à demissão voluntária não está sujeita à incidência do imposto de renda."

Nº 216: "A tempestividade de recurso interposto no Superior Tribunal de Justiça é aferida pelo registro no protocolo da secretaria e não pela data da entrega na agência do correio." [Ref.: RISTJ, art. 66; CPC, arts. 374 e 508.]

Nº 217: "Não cabe agravo de decisão que indefere o pedido de suspensão da execução da liminar, ou da sentença em mandado de segurança." [Ref.: RISTJ, art. 271, § 2º; Lei nº 4.348, de 26.6.1964, art. 4º; Lei nº 8.038, de 28.5.1990, art. 25, § 2º.]

Nº 218: "Compete à justiça dos estados processar e julgar ação de servidor estadual decorrente de direitos e vantagens estatutárias no exercício de cargo em comissão." [Ref.: Estatuto dos Funcionários Públicos Estaduais.]

Nº 232: "A Fazenda Pública, quando parte no processo, fica sujeita à exigência do depósito prévio dos honorários do perito."

Nº 235: "A conexão não determina a reunião dos processos, se um deles já foi julgado."

Nº 238: "A avaliação da indenização devida ao proprietário do solo, em razão de alvará de pesquisa mineral, é processada no juízo estadual da situação do imóvel."

Nº 240: "A extinção do processo, por abandono da causa pelo autor, depende de requerimento do réu." [Ref.: CPC/73, art. 267, inciso III.]

Nº 254: "A decisão do Juízo Federal que exclui da relação processual ente federal não pode ser reexaminada no Juízo Estadual."

Nº 266: "O diploma ou habilitação legal para o exercício do cargo deve ser exigido na posse e não na inscrição para o concurso público." [Ref.: CF/1988, art. 37, I e II.]

Nº 279: "É cabível execução por título extrajudicial contra a Fazenda Pública."

III – DIREITO TRIBUTÁRIO

Nº 20: "A mercadoria importada de país signatário do GATT é isenta do ICM, quando contemplado com esse favor o similar nacional." [Ref.: Emenda Constitucional nº 23, de 1983, com a nova redação ao art. 23, § 11, da CF/67; CTN, art. 93.]

Nº 49: "Na exportação de café em grão, não se inclui na base de cálculo do ICM a quota de contribuição a que se refere o art. 2º do Decreto-Lei nº 2.295/1986." [Ref.: Decreto-Lei nº 406/1968, art. 2º, § 8º; Decreto-Lei nº 2.295/1986, art. 2º.]

Nº 50: "O adicional de tarifa portuária incide apenas nas operações realizadas com mercadorias importadas ou exportadas, objeto de comércio de navegação de longo curso." [Ref.: Lei nº 7.700/1988, art. 1º, § 1º Decreto nº 24.508/1934, arts. 5º a 18.]

Nº 58: "Proposta a execução fiscal, a posterior mudança de domicílio do executado não desloca a competência já fixada." [Ref.: CPC, arts. 87 e 578.]

Nº 65: "O cancelamento, previsto no art. 29 do Decreto-Lei nº 2.303/86, não alcança os débitos previdenciários." [Ref.: Decreto-Lei nº 2.303/1986, art. 29.]

Nº 68: "A parcela relativa ao ICM inclui-se na base de cálculo do PIS." [Ref.: LC nº 7/1970, art. 3º, b; e Decreto-Lei nº 406/1968, art. 2º, § 7º.]

Nº 71: "O bacalhau importado de país signatário do GATT é isento de ICM." [Ref.: CTN, art. 98; Acordo do GATT, Parte II, art. III.]

Nº 80: "A taxa de melhoramento dos portos não se inclui na base de cálculo do ICM." [Ref.: CF, art. 145, II; CTN, arts. 4º, I e II, 77, 97, IV; Lei nº 3.421/1958; Decreto-Lei nº 8.311/1945; Decreto-Lei nº 406/1968; Decreto-Lei nº 1.507/1976.]

Nº 85: "Nas relações jurídicas de trato sucessivo em que a Fazenda Pública figure como devedora, quando não tiver sido negado o próprio direito reclamado, a prescrição atinge apenas as prestações vencidas antes do qüinqüênio anterior à propositura da ação." [Ref.: Decreto nº 20.910/1932, art. 3º.]

Nº 87: "A isenção do ICMS relativa às rações balanceadas para animais abrange o concentrado e o suplemento." [Ref.: CF, art. 155, I, b; LC nº 4/1969; Decreto-Lei nº 406/1968.]

Nº 94: *"A parcela relativa ao ICMS inclui-se na base de cálculo do Finsocial."* [Ref.: CF, art. 155, I, b; Decreto-Lei nº 406/1968; Decreto-Lei nº 1.940/1982, art. 1º, § 1º]

Nº 95: *"A redução da alíquota do Imposto sobre Produtos Industrializados ou do Imposto de Importação não implica redução do ICMS."* [Ref.: CF, arts. 151, III e 155, I, b; CTN, arts. 97, I e IV, 111, 175 e 176; LC nº 4/1969, art. 1º, IV; LC nº 24/1975; Decreto-Lei nº 1.428/1975; Decreto-Lei nº 2.433/1988; Decreto nº 77.065/1976; Decreto nº 99.546/1990.]

Nº 100: *"É devido o adicional ao frete para renovação da Marinha Mercante na importação sob o regime de Benefícios Fiscais à Exportação (BEFIEX)."* [Ref.: CTN, art. 111, II; Lei nº 5.025/1966, art. 55, com redação dada pelo Decreto-Lei nº 24/1966, art. 4º; Decreto-Lei nº 1.219/1972, art. 15; Decreto-Lei nº 1.248/1972; Decreto-Lei nº 1.081/1980.]

Nº 112: *"O depósito somente suspende a exigibilidade do crédito tributário se for integral e em dinheiro."* [Ref.: CTN, art. 151, II; Lei nº 6.830/1980, arts. 9º, §§ 4º, 32 e 38.]

Nº 116: *"A Fazenda Pública e o Ministério Público têm prazo em dobro para interpor agravo regimental no Superior Tribunal de Justiça."* [Ref.: CPC, art. 188; Lei nº 8.038/1990, arts. 28, § 5º e 39; e RISTJ, arts. 258 e 259.]

Nº 121: *"Na execução fiscal o devedor deverá ser intimado, pessoalmente, do dia e hora da realização do leilão."* [Ref.: CPC, arts. 125, I, e 687, § 3º; Lei nº 6.830/1980, art. 1º.]

Nº 124: *"A Taxa de Melhoramento dos Portos tem base de cálculo diversa do Imposto de Importação, sendo legítima a sua cobrança sobre a importação de mercadorias de países signatários do GATT, da ALALC ou ALADI."* [Ref.: CTN, arts. 4º, I e II, 20, II, 77, 97, IV; Lei nº 3.421/1958, art. 3º, com a redação dada pelo Decreto-Lei nº 1.507/1976, art. 1º; Decreto nº 85.893/1981; Decreto nº 87.054/1982; Decreto nº 98.836/1990; e Decreto Legislativo nº 66/1981.]

Nº 125: *"O pagamento de férias não gozadas por necessidade do serviço não está sujeito à incidência do Imposto de Renda."* [Ref.: CF, art. 153, III; CC, arts. 1.056 e 1.534; CTN, art. 43, I e II; Lei nº 7.713/1988, arts. 3º, §§ 4º e 6º, IV e V; Lei nº 8.112/1990, art. 78, § 1º.]

Nº 127: *"É ilegal condicionar a renovação da licença de veículo ao pagamento de multa, da qual o infrator não foi notificado."* [Ref.: Decreto nº 62.127/1968, arts.194 e 210; Decreto nº 98.933/1990, art. 1º.]

Nº 128: *"Na execução fiscal haverá segundo leilão, se no primeiro não houver lanço superior à avaliação."* [Ref.: CPC, arts. 686, VI, e 692; Lei nº 6.830/1980, arts. 1º e 23.]

Nº 129: *"O exportador adquire o direito de transferência de crédito do ICMS quando realiza a exportação do produto e não ao estocar a matéria-prima."* [Ref.: CTN, art. 97, III; Decreto-Lei nº 406/1968, arts.1º, I, e 3º.]

Nº 135: *"O ICMS não incide na gravação e distribuição de filmes e videoteipes."* [Ref.: CF, arts. 155, I, b, e 156, IV; LC nº 56/1987, item 63; Decreto-Lei nº 406/1968, art. 8º, § 1º.]

Nº 136: *"O pagamento de licença-prêmio não gozada por necessidade do serviço não está sujeito ao Imposto de Renda."* [Ref.: CC, arts. 1.056 e 1.534; CTN, art. 43, I e II; Lei nº 7.713/1988, arts. 3º, § 4º e 6º, IV e V; Lei nº 8.112/1990, art. 78, § 1º.]

Nº 138: "*O ISS incide na operação de arrendamento mercantil de coisas móveis.*" [Ref.: LC nº 56/1987; Lei nº 6.099/1974; Decreto-Lei nº 406/1968, art. 8º.]

Nº 139: "*Cabe à Procuradoria da Fazenda Nacional propor execução fiscal para cobrança de crédito relativo ao ITR.*" [Ref.: CF, arts.131, § 3º, 153, VI e 158, II; LC nº 73/1993, arts. 12, II e V, e 17, I; Lei nº 6.830/1980, art. 2º, § 4º; Lei nº 8.022/1990, art. 1º; Lei nº 8.383/1991, art. 67.]

Nº 152: "*Na venda pelo segurador, de bens salvados de sinistros, incide o ICMS.*" [Ref.: Decreto-Lei nº 406/1968, art. 6º, § 1º, I; Decreto nº 17.727/1981, arts. 453 e 464.]

Nº 153: "*A desistência da execução fiscal, após oferecimento dos embargos, não exime o exeqüente dos encargos da sucumbência.*" [Ref.: Lei nº 6.830/1980, arts. 1º e 26; CPC, art. 20, § 4º.]

Nº 154: "*Os optantes pelo FGTS, nos termos da Lei nº 5.958/1973, têm direito à taxa progressiva dos juros, na forma do art. 4º da Lei nº 5.107/1966.*" [Ref.: Lei nº 5.107/1966, art. 4º; Lei nº 5.705/1971, arts. 1º e 2º; Lei nº 5.958/1973, art. 1º.]

Nº 155: "*O ICMS incide na importação de aeronave, por pessoa física, para uso próprio.*" [Ref.: CF, art. 155, § 2º, IX, a; Decreto-Lei nº 406/1968, art. 8º; Conv. ICM nº 66, de 14.12.1988, arts. 2º, I, 21, parágrafo único, I, e 27, I, d.]

Nº 156: "*A prestação de serviço de composição gráfica, personalizada e sob encomenda, ainda que envolva fornecimento de mercadorias, está sujeita apenas ao ISS.*" [Ref.: LC nº 56/1987, lista anexa, item 77; Decreto-Lei nº 406/1968, art. 8º, § 1º.]

Nº 157: "*É ilegítima a cobrança de taxa, pelo município, na renovação de licença para localização de estabelecimento comercial ou industrial.*" [Ref.: CF, art. 145, § 2º; CTN, arts. 77, 78 e 114.]

Nº 160: "*É defeso ao município atualizar o IPTU, mediante decreto, em percentual superior ao índice oficial de correção monetária.*" [Ref.: CF, art. 150, I; CTN, arts. 33 e 97, §§ 1º e 2º.]

Nº 162: "*Na repetição de indébito tributário, a correção monetária incide a partir do pagamento indevido.*" [Ref.: CTN, art. 165; Lei nº 4.357/1964, art. 7º.]

Nº 163: "*O fornecimento de mercadorias com a simultânea prestação de serviços em bares, restaurantes e estabelecimentos similares constitui fato gerador do ICMS a incidir sobre o valor total da operação.*" [Ref.: CF, arts. 155, I, b, § 2º e IX; 156, IV; Decreto-Lei nº 406/1968, arts. 1º, III, e 8º, §§ 1º e 2º; Decreto-Lei nº 408/1968; Decreto-Lei nº 834/1969.]

Nº 166: "*Não constitui fato gerador do ICMS o simples deslocamento de mercadoria de um para outro estabelecimento do mesmo contribuinte.*" [Ref.: Decreto-Lei nº 406/1968, art. 1º, I, §§ 2º e 6º, e art. 6º, § 2º.]

Nº 167: "*O fornecimento de concreto, por empreitada, para construção civil, preparado no trajeto até a obra em betoneiras acopladas a caminhões, é prestação de serviço, sujeitando-se apenas à incidência do ISS.*" [Ref.: Decreto-Lei nº 406/1968.]

Nº 184: "*A microempresa de representação comercial é isenta do imposto de renda.*" [Ref.: Lei nº 7.256, de 27.11.1984, art. 11, I, alterado pelo art. 51 da Lei nº 7.713, de 22.12.1988.]

Nº 185: "*Nos depósitos judiciais, não incide o imposto sobre operações financeiras.*" [Ref.: CTN, art. 97, I; Lei nº 8.033, de 12.4.1990, art. 1º.]

Nº 188: *"Os juros moratórios, na repetição do indébito, são devidos a partir do trânsito em julgado da sentença."* [Ref.: CTN, art. 167, parágrafo único.]

Nº 189: *"É desnecessária a intervenção do ministério público nas execuções fiscais."* [Ref.: só aos recursos especiais onde a matéria foi debatida.]

Nº 190: *"Na execução fiscal, processada perante a justiça estadual, cumpre à fazenda pública antecipar o numerário destinado ao custeio das despesas com o transporte dos oficiais de justiça."* [Ref.: só aos recursos onde a matéria foi debatida.]

Nº 198: *"Na importação de veículo por pessoa física, destinado a uso próprio, incide o ICMS."* [Ref.: CF/1988, art. 155, § 2º, IX, a; ADCT, art. 34, §§ 5º e 8º; Conv. ICMS, nº 66, de 14.12.1988, arts. 2º, I; 21, parágrafo único, I, e 27, I, d; Decreto-Lei nº 406, de 31.12.1968, art. 6º.]

Nº 210: *"A ação de cobrança das contribuições para o FGTS prescreve em trinta (30) anos."* [Ref.: CTN, arts. 173 e 174; Lei nº 3.807, de 26.8.1960, art.144; Lei nº 6.830, de 22.9.1980, art. 2º, § 9º; EC nº 8, de 1977.]

Nº 212: *"A compensação de créditos tributários não pode ser deferida por medida liminar."* [Ref.: CPC, arts. 798 e 799.]

Nº 213: *"O mandado de segurança constitui ação adequada para a declaração do direito à compensação tributária."* [Referências: somente a recursos especiais – REsp nº 145.138-SP, 148.742-SP, 119.155-SE, 148.824-PB, etc.]

Nº 215: *"A indenização recebida pela adesão a programa de incentivo à demissão voluntária não está sujeita à incidência do imposto de renda."*

Nº 232: *"A fazenda pública, quando parte no processo, fica sujeita à exigência do depósito prévio dos honorários do perito."*

Nº 237: *"Nas operações com cartão de crédito, os encargos relativos ao financiamento não são considerados no cálculo do ICMS."*

Nº 250: *"É legítima a cobrança de multa fiscal de empresa em regime de concordata."*

Nº 251: *"A meação só responde pelo ato ilícito quando o credor, na execução fiscal, provar que o enriquecimento dele resultante aproveitou ao casal."*

Nº 252: *"Os saldos das contas do FGTS, pela legislação infraconstitucional, são corrigidos em 42,72% (IPC) quanto às perdas de janeiro de 1989 e 44,80% (IPC) quanto às de abril de1990, acolhidos pelo STJ os índices de 18,02% (LBC) quanto às perdas de junho de 1987, de 5,38% (BTN) para maio de 1990 e 7,00% (TR) para fevereiro de 1991, de acordo com o entendimento do STF (RE 226.855-7-RS)."*

Nº 262: *"Incide o imposto de renda sobre o resultado das aplicações financeiras realizadas pelas cooperativas."* [Ref.: Lei nº 5.764/1971, arts. 79, 85, 86, 87, 88 e 111; Lei nº 7.450/1985, art. 34.]

Nº 270: *"O protesto pela preferência de crédito, apresentado por ente federal em execução que tramita na Justiça Estadual, não desloca a competência para a Justiça Federal."* [Ref.: CF/1988, art. 109; I; Lei nº 5.172/1966, CTN, art. 186.]

Nº 274: *"O ISS incide sobre o valor dos serviços de assistência médica, incluindo-se neles as refeições, os medicamentos e as diárias hospitalares."* [Ref.: Decreto-Lei nº 406/1968, art. 8º, § 1º.]

Nº 276: *"As sociedades civis de prestação de serviços profissionais são isentas da Cofins, irrelevante o regime tributário adotado."* [Ref.: Lei Complementar nº 70/1991, art. 6º, II; Lei nº 8.541/1992, arts. 1º e 2º; Decreto-Lei nº 2.397/1987, arts.1º e 2º; Lei nº 9.430/1996.]

Nº 279: *"É cabível execução por título extrajudicial contra a Fazenda Pública."*

IV – DIREITO PENAL

Nº 17: "*Quando o falso se exaure no estelionato, sem mais potencialidade lesiva, é por este absorvido.*" [Ref.: CP, arts. 70 e 171.]

Nº 18: "*A sentença concessiva do perdão judicial é declaratória da extinção da punibilidade, não subsistindo qualquer efeito condenatório.*" [Ref.: CP, arts. 107, IX, e 120.]

Nº 24: "*Aplica-se ao crime de estelionato, em que figura como vítima entidade autárquica da previdência social, a qualificadora do § 3º, do art. 171 do Código Penal.*" [Ref.: Incidente de Uniformização de Jurisprudência, no REsp 2169-RJ, 3ª S., em 6.12.1990 – DJ 4.3.1991.]

Nº 40: "*Para obtenção dos benefícios de saída temporária e trabalho externo, considera-se o tempo de cumprimento da pena no regime fechado.*" [Ref.: Lei nº 7.210/1984, arts. 37, 122 e 123, II.]

Nº 51: "*A punição do intermediador, no jogo do bicho, independe de identificação do 'apostador' ou do 'banqueiro'.*" [Ref.: Decreto-Lei nº 6.259/1944, art. 58, § 1º, a.]

Nº 73: "*A utilização de papel-moeda grosseiramente falsificado configura, em tese, o crime de estelionato, da competência da Justiça estadual.*" [Ref.: CF, art. 109, IV, e CP, art. 289.]

Nº 74: "*Para efeitos penais, o reconhecimento da menoridade do réu requer prova por documento hábil.*" [Ref.: CP, art. 115.]

Nº 81: "*Não se concede fiança quando, em concurso material, a soma das penas mínimas cominadas for superior a dois anos de reclusão.*" [Ref.: CPP, art. 323, I.]

Nº 96: "*O crime de extorsão consuma-se independentemente da obtenção da vantagem indevida.*" [Ref.: CP, art. 158, caput.]

Nº 104: "*Compete à Justiça estadual o processo e julgamento dos crimes de falsificação e uso de documento falso relativo a estabelecimento particular de ensino.*" [Ref.: CF, art. 109, IV.]

Nº 107: "*Compete à Justiça comum estadual, processar e julgar crime de estelionato praticado mediante falsificação das guias de recolhimento das contribuições previdenciárias, quando não ocorrente lesão à autarquia federal.*" [Ref.: CP, art. 171.]

Nº 108: "*A aplicação de medidas sócio-educativas ao adolescente, pela prática de ato infracional, é de competência exclusiva do Juiz.*" [Ref.: arts. 112, 126, 127, 146, 148, 180 e 182 do Estatuto da Criança e do Adolescente.]

Nº 122: "*Compete à Justiça federal o processo e julgamento unificado dos crimes conexos de competência federal e estadual, não se aplicando a regra do art. 78, II, a, do CPP.*" [Ref.: CPP, art. 78, II, a, e III.]

Nº 140: "*Compete à Justiça comum estadual processar e julgar crime em que o indígena figure como autor ou vítima.*" [Ref.: CF, arts. 109, XI e 129, V.]

Nº 147: "*Compete à Justiça federal processar e julgar os crimes praticados contra funcionário público federal, quando relacionados com o exercício da função.*" [Ref.: CF, art. 109, IV.]

Nº 151: "*A competência para o processo e julgamento por crime de contrabando ou descaminho define-se pela prevenção do juízo federal do lugar da apreensão dos bens.*" [Ref.: CPP, art. 71, e CP, art. 334, caput.]

Nº 164: "*O prefeito municipal, após a extinção do mandato, continua sujeito a processo por crime previsto no art. 1º do Decreto-Lei nº 201, de 27.2.1967.*" [Ref.: Decreto-Lei nº 201/1967, art. 1º.]

Nº 165: "*Compete à Justiça federal processar e julgar crime de falso testemunho no processo trabalhista.*" [Ref.: CF, art. 109, IV.]

Nº 171: "*Cominadas cumulativamente, em lei especial, penas privativa de liberdade e pecuniária, é defeso a substituição da prisão por multa.*" [Ref.: CP, arts. 12 e 60, § 2º; Lei nº 6.368/1976, art. 16 (tóxicos).]

Nº 172: "*Compete à Justiça comum processar e julgar militar por crime de abuso de autoridade, ainda que praticado em serviço.*" [Ref.: Lei nº 4.898/1965, arts. 3º e 4º.]

Nº 174: "*No crime de roubo, a intimidação feita com arma de brinquedo autoriza o aumento da pena.*" [Ref.: CP, art. 157, § 2º, I.]

Nº 191: "*A pronúncia é causa interruptiva da prescrição, ainda que o Tribunal do Júri venha a desclassificar o crime.*" [Ref.: CP, art. 117, II.]

Nº 192: "*Compete ao juízo das execuções penais do estado a execução das penas impostas a sentenciados pela Justiça Federal, militar ou eleitoral, quando recolhidos a estabelecimentos sujeitos à administração estadual.*" [Ref.: Lei nº 7.210, de 11.7.1984, arts. 2º, 65 e 66.]

Nº 200: "*O juízo federal competente para processar e julgar acusado de crime de uso de passaporte falso é o do lugar onde o delito se consumou.*" [Ref.: CP, arts. 304 e 308; CPP, arts. 69, I e 70.]

Nº 209: "*Compete à justiça estadual processar e julgar prefeito por desvio de verba transferida e incorporada ao patrimônio municipal.*" [Ref.: CF, art. 29, inciso X.]

Nº 220: "*A reincidência não influi no prazo da prescrição da pretensão punitiva.*" [Ref.: CP, art. 110.]

Nº 231: "*A incidência da circunstância atenuante não pode conduzir à redução da pena abaixo do mínimo legal.*"

Nº 234: "*A participação de membro do ministério público na fase investigatória criminal não acarreta o seu impedimento ou suspeição para o oferecimento da denúncia.*"

Nº 241: "*A reincidência penal não pode ser considerada como circunstância agravante e, simultaneamente, como circunstância judicial.*" [Ref.: CP, arts. 59, 61, inciso I.]

Nº 243: "*O benefício da suspensão do processo não é aplicável em relação às infrações penais cometidas em concurso material, concurso formal ou continuidade delitiva, quando a pena mínima cominada, seja pelo somatório, seja pela incidência da majorante, ultrapassar o limite de um (01) ano.*" [Ref.: CP, arts. 69 e 70; Lei nº 9.099/1995, art. 89.]

Nº 244: "*Compete ao foro do local da recusa processar e julgar o crime de estelionato mediante cheque sem provisão de fundos.*" [Ref.: CP, art. 171, § 2º, inciso VI; CPP, art. 69, inciso I, e art. 70.]

Nº 265: *"É necessária a oitiva do menor infrator antes de decretar-se a regressão da medida sócio-educativa."* [Ref.: CF/1988, art. 5º, LIV e LV; Lei nº 8.069/1990, Estatuto da Criança e do Adolescente, arts. 110, 111, V.]

Nº 267: *"A interposição de recurso, sem efeito suspensivo, contra decisão condenatória não obsta a expedição de mandado de prisão."* [Ref.: Decreto-Lei nº 3.689/1941, CPP, art. 637; Lei nº 8.038/1990, art. 27, § 2º; Lei nº 8.950/1994, art. 542, § 2º.]

Nº 269: *"É admissível a adoção do regime prisional semi-aberto aos reincidentes condenados a pena igual ou inferior a quatro anos se favoráveis as circunstâncias judiciais."* [Ref.: Decreto-Lei nº 2.848/1940, CP, arts. 33, § 2º e 59.]

Nº 273: *"Intimada a defesa da expedição da carta precatória, torna-se desnecessária intimação da data da audiência no juízo deprecado."* [Ref.: Decreto-Lei nº 3.689/1941, CPP, art. 222.]

V – DIREITO PROCESSUAL PENAL

Nº 2: "*Não cabe o* habeas data (CF, art. 5º, LXXII, *a) se não houve recusa de informações por parte da autoridade administrativa.*" [Ref.: CF, art. 5º, XXXIII e LXXII, *a*; Lei nº 1.533/1951; Decreto nº 96.876/1988; e Ato nº 1.245, de 16.11.1988, do Tribunal Federal de Recursos, IX.]

Nº 9: "*A exigência da prisão provisória para apelar, não ofende a garantia constitucional da presunção de inocência.*" [Ref.: CF, art. 5º, LVII e LXI; CPP, arts. 393, I, e 594, e Lei nº 6.368/1976, art. 35.]

Nº 17: "*Quando o falso se exaure no estelionato, sem mais potencialidade lesiva, é por este absorvido.*" [Ref.: CP, arts. 70 e 171.]

Nº 18: "*A sentença concessiva do perdão judicial é declaratória da extinção da punibilidade, não subsistindo qualquer efeito condenatório.*" [Ref.: CP, arts. 107, IX e 120.]

Nº 21: "*Pronunciado o réu, fica superada a alegação do constrangimento ilegal da prisão por excesso de prazo na instrução.*" [Ref.: CPP, art. 408, § 1º; e Lei nº 5.941/1973.]

Nº 38: "*Compete à Justiça estadual comum, na vigência da Constituição de 1988, o processo por contravenção penal, ainda que praticada em detrimento da União ou de suas entidades.*" [Ref.: CF, art. 109, IV; ADCT, art. 27, § 10; Lei nº 4.771/1965, art. 26.]

Nº 40: "*Para obtenção dos benefícios de saída temporária e trabalho externo, considera-se o tempo de cumprimento da pena no regime fechado.*" [Ref.: Lei nº 7.210/1984, arts. 37, 122 e 123, II.]

Nº 47: "*Compete à Justiça militar processar e julgar crime cometido por militar contra civil, com emprego de arma pertencente à corporação, mesmo não estando em serviço.*"

Nº 48: "*Compete ao juízo do local da obtenção da vantagem ilícita processar e julgar crime de estelionato cometido mediante falsificação de cheque.*" [Ref.: CP, art. 171.]

Nº 51: "*A punição do intermediador, no jogo do bicho, independe de identificação do "apostador" ou do "banqueiro".*" [Ref.: Decreto-Lei nº 6.259/1944, art. 58, § 1º, *a*.]

Nº 52: *"Encerrada a instrução criminal, fica superada a alegação de constrangimento por excesso de prazo."* [Ref.: CPP, art. 401.]

Nº 53: *"Compete à Justiça comum estadual processar e julgar civil acusado de prática de crime contra instituições militares estaduais."* [Ref.: CF, art. 125, § 4º.]

Nº 59: *"Não há conflito de competência se já existe sentença com trânsito em julgado, proferida por um dos juízes conflitantes."* [Ref.: CPC, arts. 113, § 2º e 118; CPP, arts. 114 e 115.]

Nº 62: *"Compete à Justiça estadual processar e julgar o crime de falsa anotação na Carteira de Trabalho e Previdência Social, atribuído à empresa privada."* [Ref.: CF, art. 109, IV.]

Nº 64: *"Não constitui constrangimento ilegal o excesso de prazo na instrução, provocado pela defesa."*

Nº 75: *"Compete à Justiça comum estadual processar e julgar o policial militar por crime de promover ou facilitar a fuga de preso de estabelecimento penal."*

Nº 78: *"Compete à Justiça Militar processar e julgar policial de corporação estadual, ainda que o delito tenha sido praticado em outra unidade federativa."* [Ref.: CF, art. 125, § 4º; CPM, art. 9º.]

Nº 81: *"Não se concede fiança quando, em concurso material, a soma das penas mínimas cominadas for superior a dois anos de reclusão."* [Ref.: CPP, art. 323, I.]

Nº 90: *"Compete à Justiça Estadual Militar processar e julgar o policial militar pela prática do crime militar, e à comum pela prática do crime comum simultâneo àquele."* [Ref.: CF, art. 125, § 4º; CPP, art. 79, I.]

Nº 91: *"Compete à Justiça federal processar e julgar os crimes praticados contra a fauna."* [Ref.: CF, art. 109, IV; Lei nº 5.197/1967; Lei nº 7.653/1988.]

Nº 104: *"Compete à Justiça estadual o processo e julgamento dos crimes de falsificação e uso de documento falso relativo a estabelecimento particular de ensino."* [Ref.: CF, art. 109, IV.]

Nº 107: *"Compete à Justiça comum estadual, processar e julgar crime de estelionato praticado mediante falsificação das guias de recolhimento das contribuições previdenciárias, quando não ocorrente lesão à autarquia federal."* [Ref.: CP, art. 171.]

Nº 108: *"A aplicação de medidas sócio-educativas ao adolescente, pela prática de ato infracional, é de competência exclusiva do Juiz."* [Ref.: arts. 112, 126, 127, 146, 148, 180 e 182 do ECA.]

Nº 115: *"Na instância especial é inexistente recurso interposto por advogado sem procuração nos autos."* [Ref.: CPC, art. 37.]

Nº 117: *"A inobservância do prazo de 48 horas, entre a publicação de pauta e o julgamento sem a presença das partes, acarreta nulidade."* [Ref.: CPC, arts. 552, § 1º e 184, § 2º.]

Nº 122: *"Compete à Justiça federal o processo e julgamento unificado dos crimes conexos de competência federal e estadual, não se aplicando a regra do art. 78, II, a, do Código Processo Penal."* [Ref.: CPP, art. 78, II, a, e III.]

Nº 123: *"A decisão que admite, ou não, o recurso especial, deve ser fundamentada, com o exame dos seus pressupostos gerais e constitucionais."* [Ref.: CF, arts. 93, IX, e 105, III; Lei nº 8.038/1990, art. 27, § 1º.]

SÚMULAS DO SUPERIOR TRIBUNAL DE JUSTIÇA

Nº 126: *"É inadmissível recurso especial, quando o acórdão recorrido assenta em fundamentos constitucional e infraconstitucional, qualquer deles suficiente, por si só, para mantê-lo, e a parte vencida não manifesta recurso extraordinário."* [Ref.: Lei nº 8.038/1990, art. 27, § 5º.]

Nº 140: *"Compete à Justiça comum estadual processar e julgar crime em que o indígena figure como autor ou vítima."* [Ref.: CF, arts. 109, XI e 129, V.]

Nº 147: *"Compete à Justiça federal processar e julgar os crimes praticados contra funcionário público federal, quando relacionados com o exercício da função."* [Ref.: CF, art. 109, IV.]

Nº 151: *"A competência para o processo e julgamento por crime de contrabando ou descaminho define-se pela prevenção do juízo federal do lugar da apreensão dos bens."* [Ref.: CPP, art. 71; CP, art. 334, caput.]

Nº 158: *"Não se presta a justificar embargos de divergência o dissídio com acórdão de Turma ou Seção que não mais tenha competência para a matéria neles versada."* [Ref.: CPC, art. 546, I.]

Nº 164: *"O prefeito municipal, após a extinção do mandato, continua sujeito a processo por crime previsto no art. 1º do Decreto-Lei nº 201, de 27.2.67."* [Ref.: Decreto-Lei nº 201/1967, art. 1º.]

Nº 165: *"Compete à Justiça federal processar e julgar crime de falso testemunho no processo trabalhista."* [Ref.: CF, art. 109, IV.]

Nº 168: *"Não cabem embargos de divergência, quando a jurisprudência do Tribunal se firmou no mesmo sentido do acórdão embargado."*

Nº 171: *"Cominadas cumulativamente, em lei especial, penas privativa de liberdade e pecuniária, é defeso a substituição da prisão por multa."* [Ref.: CP, arts. 12 e 60, § 2º; Lei nº 6.368/1976, art. 16 (Tóxicos).]

Nº 172: *"Compete à Justiça comum processar e julgar militar por crime de abuso de autoridade, ainda que praticado em serviço."* [Ref.: Lei nº 4.898/1965, arts. 3º e 4º.]

Nº 174: *"No crime de roubo, a intimidação feita com arma de brinquedo autoriza o aumento da pena."* [Ref.: CP, art. 157, § 2º, I.]

Nº 182: *"É inviável o agravo do art. 545 do CPC que deixa de atacar especificamente os fundamentos da decisão agravada."* [Ref.: CPC, arts. 524, II e 545.]

Nº 187: *"É deserto o recurso interposto para o Superior Tribunal de Justiça, quando o recorrente não recolhe, na origem, a importância das despesas de remessa e retorno dos autos."* [Ref.: CPC, art. 511, caput; RISTJ, art. 112.]

Nº 191: *"A pronúncia é causa interruptiva da prescrição, ainda que o Tribunal do Júri venha a desclassificar o crime."* [Ref.: CP, art. 117, II.]

Nº 192: *"Compete ao Juízo das Execuções Penais do Estado a execução das penas impostas a sentenciados pela Justiça Federal, militar ou eleitoral, quando recolhidos a estabelecimentos sujeitos à administração estadual."* [Ref.: Lei nº 7.210, de 11.7.1984, arts. 2º, 65 e 66.]

Nº 200: *"O juízo federal competente para processar e julgar acusado de crime de uso de passaporte falso é o do lugar onde o delito se consumou."* [Ref.: CP, arts. 304 e 308; CPP, arts. 69, I e 70.]

Nº 201: *"Os honorários advocatícios não podem ser fixados em salários mínimos."* [Ref.: CF/1988, art. 7º, IV; CPC, art. 20, § 4º; Lei nº 6.205, de 29.4.1975, art. 1º; Lei nº 7.789, de 3.7.1989, art. 3º.]

Nº 202: *"A impetração de segurança por terceiro, contra ato judicial, não se condiciona à interposição de recurso."* [Ref.: CF/1988, art. 5º, XXXV; CPC, art. 499, caput, § 1º; Lei nº 1.533, de 31.12.1951, art. 5º.]

Nº 203: *"Não cabe recurso especial contra decisão proferida, nos limites de sua competência, por Órgão de Segundo Grau dos Juizados Especiais."* ([Ref.: CF/1988, art. 105, III; Lei nº 7.244, de 7.11.1984; Lei nº 9.099, de 26.9.1995).]

Nº 206: *"A existência de vara privativa, instituída por lei estadual, não altera a competência territorial resultante das leis de processo."* [Ref.: CPC, arts. 99 e 100, IV, a e b.]

Nº 207: *"É inadmissível recurso especial quando cabíveis embargos infringentes contra o acórdão proferido no tribunal de origem."* [Ref.: CF, art. 105, III, e CPC, art. 530.]

Nº 208: *"Compete à Justiça Federal processar e julgar prefeito municipal por desvio de verba sujeita a prestação de contas perante órgão federal."* [Ref.: CF, art. 109, IV.]

Nº 209: *"Compete à Justiça Estadual processar e julgar prefeito por desvio de verba transferida e incorporada ao patrimônio municipal."* [Ref.: CF, art. 29, X.]

Nº 211: *"Inadmissível recurso especial quanto à questão que, a despeito da oposição de embargos declaratórios, não foi apreciada pelo tribunal a quo."* [Ref.: CPC, art. 535, II.]

Nº 216: *"A tempestividade de recurso interposto no Superior Tribunal de Justiça é aferida pelo registro no protocolo da secretaria e não pela data da entrega na agência do correio."* [Ref.: RISTJ, art. 66; CPC, arts. 374 e 508.]

Nº 217: *"Não cabe agravo de decisão que indefere o pedido de suspensão da execução da liminar, ou da sentença em mandado de segurança."* [Ref.: RISTJ, art. 271, § 2º; Lei nº 4.348, de 26.6.1964, art. 4º; Lei nº 8.038, de 28.5.1990, art. 25, § 2º.]

Nº 220: *"A reincidência não influi no prazo da prescrição da pretensão punitiva."* [Ref.: CP, art. 110.]

Nº 223: *"A certidão de intimação do acórdão recorrido constitui peça obrigatória do instrumento de agravo."*

Nº 224: *"Excluído do feito o ente federal, cuja presença levara o juiz estadual a declinar da competência, deve o juiz federal restituir os autos e não suscitar conflito."*

Nº 231: *"A incidência da circunstância atenuante não pode conduzir à redução da pena abaixo do mínimo legal."*

Nº 234: *"A participação de membro do ministério público na fase investigatória criminal não acarreta o seu impedimento ou suspeição para o oferecimento da denúncia."*

Nº 235: *"A conexão não determina a reunião dos processos, se um deles já foi julgado."*

Nº 241: *"A reincidência penal não pode ser considerada como circunstância agravante e, simultaneamente, como circunstância judicial."* [Ref.: CP, arts. 59, 61, inciso I.]

Nº 243: *"O benefício da suspensão do processo não é aplicável em relação às infrações penais cometidas em concurso material, concurso formal ou continuidade delitiva, quando a pena mínima cominada, seja pelo somatório, seja pela incidência da majorante, ultrapassar o limite de um (01) ano."* [Ref.: CP, arts. 69 e 70; Lei nº 9.099/1995, art. 89.]

Nº 244: "*Compete ao foro do local da recusa processar e julgar o crime de estelionato mediante cheque sem provisão de fundos.*" [Ref.: CP, art. 171, § 2º, inciso VI; CPP, art. 69, inciso I, e art. 70.]

Nº 253: "*O art. 557 do CPC, que autoriza o relator a decidir o recurso, alcança o reexame necessário.*" [Ref.: Lei nº 5.869/1973; CPC, art. 557.]

Nº 255: "*Cabem embargos infringentes contra acórdão, proferido por maioria, em agravo retido, quando se tratar de matéria de mérito.*" [Ref.: Lei nº 5.869/1973; CPC, arts. 522 e 530.]

Nº 256: "*O sistema de "protocolo integrado" não se aplica aos recursos dirigidos ao Superior Tribunal de Justiça.*" [Ref.: Lei nº 5.869/1973; CPC, art. 541.]

Nº 265: "*É necessária a oitiva do menor infrator antes de decretar-se a regressão da medida sócio-educativa.*" [Ref.: CF/1988, art. 5º, LIV e LV; Lei nº 8.069/1990, Estatuto da Criança e do Adolescente, arts. 110, 111, V.]

Nº 267: "*A interposição de recurso, sem efeito suspensivo, contra decisão condenatória não obsta a expedição de mandado de prisão.*" [Ref.: Decreto-Lei nº 3.689/1941, CPP, art. 637; Lei nº 8.038/1990, art. 27, § 2º; Lei nº 8.950/1994, art. 542, § 2º.]

Nº 269: "*É admissível a adoção do regime prisional semi-aberto aos reincidentes condenados a pena igual ou inferior a quatro anos se favoráveis as circunstâncias judiciais.*" [Ref.: Decreto-Lei nº 2.848/1940, CP, arts. 33, § 2º e 59.]

Nº 271: "*A correção monetária dos depósitos judiciais independe de ação específica contra o banco depositário.*"

Nº 273: "*Intimada a defesa da expedição da carta precatória, torna-se desnecessária intimação da data da audiência no juízo deprecado.*" [Ref.: Decreto-Lei nº 3.689/1941, CPP, art. 222.]

VI – DIREITO CIVIL

Nº 1: "*O foro do domicílio ou da residência do alimentado é o competente para a ação de investigação de paternidade, quando cumulada com a de alimentos.*" [Ref.: CPC, art. 100, II.]

Nº 16: "*A legislação ordinária sobre crédito rural não veda a incidência da correção monetária.*"

Nº 26: "*O avalista do título de crédito vinculado a contrato de mútuo também responde pelas obrigações pactuadas, quando no contrato figurar como devedor solidário.*" [Ref.: CC, arts. 896 e 904.]

Nº 28: "*O contrato de alienação fiduciária em garantia pode ter por objeto bem que já integrava o patrimônio do devedor.*" [Ref.: Lei nº 4.728/1965, art. 66, com redação do art. 1º do Decreto-Lei nº 911/1969.]

Nº 30: "*A comissão de permanência e a correção monetária são inacumuláveis.*"

Nº 31: "*A aquisição, pelo segurado, de mais de um imóvel financiado pelo Sistema Financeiro de Habitação, situados na mesma localidade, não exime a seguradora da obrigação de pagamento dos seguros.*" [Ref.: CC, art. 1.432; Lei nº 4.380/1964, art. 9º, § 1º.]

Nº 35: "*Incide correção monetária sobre as prestações pagas, quando de sua restituição, em virtude da retirada ou exclusão do participante de plano de consórcio.*" [Ref.: Lei nº 5.768/1971, arts. 7º e 8º; Decreto nº 70.951/1972, arts. 31, I, e 39.]

Nº 36: "*A correção monetária integra o valor da restituição, em caso de adiantamento de câmbio, requerida em concordata ou falência.*" [Ref.: Lei nº 4.728/1965, art. 75, §§ 2º e 3º; Lei nº 6.899/1981.]

Nº 37: "*São cumuláveis as indenizações por dano material e dano moral oriundos do mesmo fato.*" [Ref.: CC, art. 159.]

Nº 39: "*Prescreve em 20 (vinte) anos a ação para haver indenização, por responsabilidade civil de sociedade de economia mista.*" [Ref.: CC, art. l77; Decreto-Lei nº 4.597/1942, art. 2º.]

Nº 43: "*Incide correção monetária sobre dívida por ato ilícito a partir da data do efetivo prejuízo.*"

Nº 54: "*Os juros moratórios fluem a partir do evento danoso, em caso de responsabilidade extracontratual.*" [Ref.: CC, art. 962.]

Nº 60: "*É nula a obrigação cambial, assumida por procurador do mutuário vinculado ao mutuante, no exclusivo interesse deste.*" [Ref.: CC, art. 115.]

Nº 61: "*O seguro de vida cobre o suicídio não premeditado.*" [Ref.: CC, art. 1.440.]

Nº 63: "*São devidos direitos autorais pela retransmissão radiofônica de músicas em estabelecimentos comerciais.*" [Ref.: Lei nº 5.988/1973, arts. 30, IV e 73.]

Nº 72: "*A comprovação da mora é imprescindível à busca e apreensão do bem alienado fiduciariamente.*" [Ref.: Decreto-Lei nº 911/1969, art. 2º, §§ 2º e 3º.]

Nº 76: "*A falta de registro do compromisso de compra e venda de imóvel não dispensa a prévia interpelação para constituir em mora o devedor.*" [Ref.: Decreto-Lei nº 58/1937, art. 22, e Decreto-Lei nº 745/1969, art. 1º.]

Nº 84: "*É admissível a oposição de embargos de terceiro fundados em alegação de posse advinda do compromisso de compra e venda de imóvel, ainda que desprovido do registro.*" [Ref.: CPC, art. 1.046, § 1º.]

Nº 92: "*A terceiro de boa-fé não é oponível a alienação fiduciária não anotada no certificado de registro do veículo automotor.*" [Ref.: Lei nº 4.728/1965, art. 66, §§ 1º e 10, com redação do Decreto-Lei nº 911/1969; Lei nº 5.108/1966, art. 52.]

Nº 93: "*A legislação sobre as cédulas de crédito rural, comercial e industrial, admite o pacto de capitalização de juros.*" [Ref.: Lei nº 6.840/1980; Decreto-Lei nº 167/1967, arts. 5º e 9º; Decreto-Lei nº 413/1969, art. 5º.]

Nº 101: "*A ação de indenização do segurado em grupo contra a seguradora prescreve em 1 (um) ano.*" [Ref.: CC, art. 178, § 6º, II.]

Nº 102: "*A incidência dos juros moratórios sobre os compensatórios, nas ações expropriatórias, não constitui anatocismo vedado em lei.*" [Ref.: CF, art. 5º, XXIV; Decreto nº 22.626/1933, art. 4º.]

Nº 106: "*Proposta a ação no prazo fixado para o seu exercício, a demora na citação, por motivos inerentes ao mecanismo da Justiça, não justifica o acolhimento da argüição de prescrição ou decadência.*" [Ref.: CPC, arts. 219 e 220.]

Nº 109: "*O reconhecimento do direito à indenização, por falta de mercadoria transportada via marítima, independe de vistoria.*" [Ref.: Decreto nº 64.387/1969, art. 1º, § 3º, que regulamentou o Decreto-Lei nº 116/1967.]

Nº 113: "Os juros compensatórios, na desapropriação direta, incidem a partir da imissão na posse, calculados sobre o valor da indenização, corrigido monetariamente." [Ref.: CF, arts. 5º, XXIV, e 182, § 3º; Lei nº 4.686/1965; Decreto-Lei nº 3.365/1941, art. 26, § 2º, com redação da Lei nº 4.686/1965.]

Nº 114: "Os juros compensatórios, na desapropriação indireta, incidem a partir da ocupação, calculados sobre o valor da indenização, corrigido monetariamente." [Ref.: CF, arts. 5º, XXIV, e 182, § 3º; Lei nº 4.686/1965; Decreto-Lei nº 3.365/1941, art. 26, § 2º, com redação da Lei nº 4.686/1965.]

Nº 119: "A ação de desapropriação indireta prescreve em 20 (vinte) anos." [Ref.: CC, arts. 177 e 550.]

Nº 120: "O oficial de farmácia, inscrito no Conselho Regional de Farmácia, pode ser responsável técnico por drogaria." [Ref.: Lei nº 5.991/1973, art. 15, caput; Lei nº 3.820/1960, art. 14, parágrafo único; Decreto nº 20.377/1931, art. 2º, § 1º.]

Nº 130: "A empresa responde, perante o cliente, pela reparação de dano ou furto de veículo ocorrido em seu estacionamento."

Nº 131: "Nas ações de desapropriação incluem-se no cálculo da verba advocatícia as parcelas relativas aos juros compensatórios e moratórios, devidamente corrigidas."

Nº 132: "A ausência de registro da transferência não implica a responsabilidade do antigo proprietário por dano resultante de acidente que envolva o veículo alienado." [Ref.: CPC, art. 370, V; Lei nº 6.015/1973, art. 129, 7º.]

Nº 133: "A restituição da importância adiantada, à conta de contrato de câmbio, independe de ter sido a antecipação efetuada nos quinze dias anteriores ao requerimento da concordata." [Ref.: Lei nº 4.728/1965, art. 75, § 3º; Decreto-Lei nº 7.661/1945, art. 76, § 2º.]

Nº 134: "Embora intimado da penhora em imóvel do casal, o cônjuge do executado pode opor embargos de terceiro para defesa de sua meação." [Ref.: CPC, arts. 669, parágrafo único e 1.046; Lei nº 4.121/1962, art. 3º.]

Nº 136: "O pagamento de licença-prêmio não gozada por necessidade do serviço não está sujeito ao imposto de renda." [Ref.: CC, arts. 1.056 e 1.534; CTN, art. 43, I e II; Lei nº 7.713/1988, arts. 3º, § 4º e 6º, IV e V; Lei nº 8.112/1990, art. 78, § 1º.]

Nº 142: "Prescreve em 20 (vinte) anos a ação para exigir a abstenção do uso de marca comercial." [Ref.: Lei nº 5.772/1971, art. 59; CC, art. 177.]

Nº 143: "Prescreve em 5 (cinco) anos a ação de perdas e danos pelo uso de marca comercial." [Ref.: Lei nº 5.772/1971, art. 59; CC, art. 178, § 10, IX.]

Nº 144: "Os créditos de natureza alimentícia gozam de preferência, desvinculados os precatórios da ordem cronológica dos créditos de natureza diversa." [Ref.: CF, art. 100; ADCT, art. 33; CPC, art. 730, I e II; Lei nº 8.197/1991, art. 4º, parágrafo único.]

Nº 145: "No transporte desinteressado, de simples cortesia, o transportador só será civilmente responsável por danos causados ao transportado quando incorrer em dolo ou culpa grave." [Ref.: CC, art. 1.057.]

Nº 148: "Os débitos relativos a benefício previdenciário, vencidos e cobrados em juízo após a vigência da Lei nº 6.899/1981, devem ser corrigidos monetariamente na forma prevista nesse diploma legal." [Ref.: Lei nº 6.899/1981.]

Nº 149: *"A prova exclusivamente testemunhal não basta à comprovação de atividade rurícola, para efeito de obtenção de benefício previdenciário."* [Ref.: CF, art. 202; LC nº 16/1973; Lei nº 8.213/1991, art. 55, § 3º; Decreto-Lei nº 83.080/1979, art. 57, § 5º.]

Nº 152: *"Na venda pelo segurador, de bens salvados de sinistros, incide o ICMS."* [Ref.: Decreto-Lei nº 406/1968, art. 6º, § 1º, I; Decreto nº 17.727/1981, arts. 453 e 464.]

Nº 154: *"Os optantes pelo FGTS, nos termos da Lei nº 5.958/1973, têm direito à taxa progressiva dos juros, na forma do art. 4º da Lei nº 5.107/1966."* [Ref.: Lei nº 5.107/1966, art. 4º; Lei nº 5.705/1971, arts. 1º e 2º; Lei nº 5.958/1973, art. 1º.]

Nº 156: *"A prestação de serviço de composição gráfica, personalizada e sob encomenda, ainda que envolva fornecimento de mercadorias, está sujeita apenas ao ISS."* [Ref.: LC nº 56/1987, lista anexa, item 77; Decreto-Lei nº 406/1968, art. 8º, § 1º.]

Nº 161: *"É da competência da Justiça estadual autorizar o levantamento dos valores relativos ao PIS/PASEP e FGTS, em decorrência do falecimento do titular da conta."* [Ref.: Lei nº 6.858/1980, art. 1º; Decreto nº 85.845/1981, arts. 1º, parágrafo único, item III, e 2º.]

Nº 162: *"Na repetição de indébito tributário, a correção monetária incide a partir do pagamento indevido."* [Ref.: CTN, art. 165; Lei nº 4.357/1964, art. 7º.]

Nº 167: *"O fornecimento de concreto, por empreitada, para construção civil, preparado no trajeto até a obra em betoneiras acopladas a caminhões, é prestação de serviço, sujeitando-se apenas à incidência do ISS."* [Ref.: Decreto-Lei nº 406/1968.]

Nº 176: *"É nula a cláusula contratual que sujeita o devedor à taxa de juros divulgada pela ANBID/CETIP."* [Ref.: CC, art. 115.]

Nº 179: *"O estabelecimento de crédito que recebe dinheiro, em depósito judicial, responde pelo pagamento da correção monetária relativa aos valores recolhidos."* [Ref.: CC, art. 1.266.]

Nº 181: *"É admissível ação declaratória, visando a obter certeza quanto à exata interpretação de cláusula contratual."* [Ref.: CPC, art. 4º.]

Nº 186: *"Nas indenizações por ato ilícito, os juros compostos somente são devidos por aquele que praticou o crime."* [Ref.: CC, art. 1.544.]

Nº 188: *"Os juros moratórios, na repetição do indébito, são devidos a partir do trânsito em julgado da sentença."* [Ref.: CTN, art. 167, parágrafo único.]

Nº 193: *"O direito de uso de linha telefônica pode ser adquirido por usucapião."* [Ref.: somente aos números dos recursos especiais onde a espécie foi tratada.]

Nº 194: *"Prescreve em vinte anos a ação para obter, do construtor, indenização por defeitos da obra."* [Ref.: CC, arts. 177 e 1.245; Lei nº 4.591/1964, art. 43, II.]

Nº 195: *"Em embargos de terceiro não se anula ato jurídico, por fraude contra credores."* [Ref.: CC, arts. 106, 107 e 147, inciso I.]

Nº 196: *"Ao executado que, citado por edital ou por hora certa, permanecer revel, será nomeado curador especial, com legitimidade para apresentação de embargos."* [Ref.: CF/1988, art. 5º, inciso LV; CPC, arts. 9º, inciso II, 598, 621 e 632.]

Nº 197: *"O divórcio direto pode ser concedido sem que haja prévia partilha dos bens."* [Ref.: Lei nº 6.515/1977, art. 40.]

Nº 198: "Na importação de veículo por pessoa física, destinado a uso próprio, incide o ICMS." [Ref.: CF/1988, art. 155, § 2º, IX, a; ADCT, art. 34, §§ 5º e 8º; Conv. ICMS, nº 66/1988, arts. 2º, I; 21, parágrafo único, I, e 27, I, d; Decreto-Lei nº 406/1968, art. 6º.]

Nº 199: "Na execução hipotecária de crédito vinculado ao sistema financeiro da habitação, nos termos da Lei nº 5.741/1971, a petição inicial deve ser instruída com, pelo menos, dois avisos de cobrança." [Ref.: Lei nº 5.741/1971, art. 2º, IV.]

Nº 201: "Os honorários advocatícios não podem ser fixados em salários mínimos." [Ref.: CF/1988, art. 7º, IV; CPC, art. 20, § 4º; Lei nº 6.205/1975, art. 1º; Lei nº 7.789/1989, art. 3º.]

Nº 203: "Não cabe recurso especial contra decisão proferida, nos limites de sua competência, por órgão de segundo grau dos juizados especiais." [Ref.: CF/1988, art. 105, III; Lei nº 7.244/1984; Lei nº 9.099/1995.]

Nº 204: "Os juros de mora nas ações relativas a benefícios previdenciários incidem a partir da citação válida." [Ref.: CPC, art. 219; CC, art. 1.536, § 2º.]

Nº 205: "A Lei nº 8.009/1990 (que dispõe sobre a impenhorabilidade do bem de família) aplica-se à penhora realizada antes de sua vigência." [Ref.: Lei nº 8.009/1990.]

Nº 210: "A ação de cobrança das contribuições para o FGTS prescreve em trinta (30) anos." [Ref.: CTN, arts. 173 e 174; Lei nº 3.807/1960, art. 144; Lei nº 6.830/1980, art. 2º, § 9º; EC nº 8/1977.]

Nº 212: "A compensação de créditos tributários não pode ser deferida por medida liminar." [Ref.: CPC, arts. 798 e 799.]

Nº 214: "O fiador na locação não responde por obrigações resultantes de aditamento ao qual não anuiu." [Ref.: CC, art. 1.483.]

Nº 215: "A indenização recebida pela adesão a programa de incentivo à demissão voluntária não está sujeita à incidência do imposto de renda."

Nº 219: "Os créditos decorrentes de serviços prestados à massa falida, inclusive a remuneração do síndico, gozam dos privilégios próprios dos trabalhistas." [Ref.: Lei nº 6.449/1977; Decreto-Lei nº 7.661/1945, arts. 102, caput e 124, § 1º, III.]

Nº 221: "São civilmente responsáveis pelo ressarcimento de dano, decorrente de publicação pela imprensa, tanto o autor do escrito quanto o proprietário do veículo de divulgação." [Ref.: CC, art. 19; Lei de Imprensa, art. 49, § 2º.]

Nº 227: "A pessoa jurídica pode sofrer dano moral." [Ref.: CF/1988, art. 5º, X; CC, arts. 159 e 1.553.]

Nº 228: "É inadmissível o interdito proibitório para a proteção do direito autoral." [Ref.: CC, art. 493; Lei nº 5.988/1973, arts. 2º e 29.]

Nº 229: "O pedido do pagamento de indenização à seguradora suspende o prazo de prescrição até que o segurado tenha ciência da decisão."

Nº 230: "Compete à justiça estadual processar e julgar ação movida por trabalhador avulso portuário, em que se impugna ato do órgão gestor de mão-de-obra de que resulte óbice ao exercício de sua profissão." [Ref.: Lei nº 8.630/1993, art. 20.]

Nº 233: "O contrato de abertura de crédito, ainda que acompanhado de extrato da conta-corrente, não é título executivo."

Nº 238: "A avaliação da indenização devida ao proprietário do solo, em razão de alvará de pesquisa mineral, é processada no juízo estadual da situação do imóvel."

Nº 239: "O direito à adjudicação compulsória não se condiciona ao registro do compromisso de compra e venda no cartório de imóveis." [Ref.: CPC, art. 639.]

Nº 242: "Cabe ação declaratória para reconhecimento de tempo de serviço para fins previdenciários." [Ref.: CPC, art. 4º, inciso I.]

Nº 245: "A notificação destinada a comprovar a mora nas dívidas garantidas por alienação fiduciária dispensa a indicação do valor do débito." [Ref.: Decreto-Lei nº 911/1969, art. 2º, § 2º.]

Nº 246: "O valor do seguro obrigatório deve ser deduzido da indenização judicialmente fixada." [Ref.: CC, arts. 159 e 1.518.]

Nº 247: "A Segunda Seção, em 23 de maio de 2001, aprovou o seguinte verbete de Súmula: O contrato de abertura de crédito em conta-corrente, acompanhado do demonstrativo de débito, constitui documento hábil para o ajuizamento da ação monitória."

Nº 248: "A Segunda Seção, em 23 de maio de 2001, aprovou o seguinte verbete de Súmula: Comprovada a prestação dos serviços, a duplicata não aceita, mas protestada, é título hábil para instruir pedido de falência."

Nº 249: "A Caixa Econômica Federal tem legitimidade passiva para integrar processo em que se discute correção monetária do FGTS."

Nº 251: "A meação só responde pelo ato ilícito quando o credor, na execução fiscal, provar que o enriquecimento dele resultante aproveitou ao casal."

Nº 252: "Os saldos das contas do FGTS, pela legislação infraconstitucional, são corrigidos em 42,72% (IPC) quanto às perdas de janeiro de 1989 e 44,80% (IPC) quanto às de abril de1990, acolhidos pelo STJ os índices de 18,02% (LBC) quanto às perdas de junho de 1987, de 5,38% (BTN) para maio de 1990 e 7,00% (TR) para fevereiro de 1991, de acordo com o entendimento do STF (RE 226.855-7-RS)."

Nº 257: "A falta de pagamento do prêmio do seguro obrigatório de Danos Pessoais Causados por Veículos Automotores de Vias Terrestres (DPVAT) não é motivo para a recusa do pagamento da indenização." [Ref.: Lei nº 6.194/1974, arts. 5º e 7º; Lei nº 8.441/1992.]

Nº 258: "A nota promissória vinculada a contrato de abertura de crédito não goza de autonomia em razão da iliquidez do título que a originou." [Ref.: Lei nº 5.869/1973; CPC, art. 585; Súmula STJ nº 233.]

Nº 259: "A ação de prestação de contas pode ser proposta pelo titular de conta-corrente bancária." [Ref.: Lei nº 5.869/1973; CPC, art. 914, I.]

Nº 260: "A convenção de condomínio aprovada, ainda que sem registro, é eficaz para regular as relações entre os condôminos." [Ref.: Lei nº 4.591/1964; art. 9º.]

Nº 261: "A cobrança de direitos autorais pela retransmissão radiofônica de músicas, em estabelecimentos hoteleiros, deve ser feita conforme a taxa média de utilização do equipamento, apurada em liquidação." [Ref.: Lei nº 5.988/1973, art. 73, §§ 1º a 3º.]

Nº 263: "A cobrança antecipada do valor residual (VRG) descaracteriza o contrato de arrendamento mercantil, transformando-o em compra e venda a prestação." (**Cancelada**, Segunda Seção, em 27.8.02003) [Ref.: Lei nº 6.099/1974, arts. 5º e 11, § 1º.]

Nº 264: *"É irrecorrível o ato judicial que apenas manda processar a concordata preventiva."* [Decreto-Lei nº 7.661/1945, Lei de Falências, art. 161, § 1º.]

Nº 268: *"O fiador que não integrou a relação processual na ação de despejo não responde pela execução do julgado."* [Ref.: Lei nº 5.869/1973, CPC, art. 568.]

Nº 270: *"O protesto pela preferência de crédito, apresentado por ente federal em execução que tramita na Justiça Estadual, não desloca a competência para a Justiça Federal."* [Ref.: CF/1988, art. 109; I; Lei nº 5.172/1966, CTN, art. 186.]

Nº 271: *"A correção monetária dos depósitos judiciais independe de ação específica contra o banco depositário."*

Nº 274: *"O ISS incide sobre o valor dos serviços de assistência médica, incluindo-se neles as refeições, os medicamentos e as diárias hospitalares."* [Ref.: Decreto-Lei nº 406/1968, art. 8º, § 1º.]

Nº 275: *"O auxiliar de farmácia não pode ser responsável técnico por farmácia ou drogaria."* [Ref.: Lei nº 3.820/1960, art. 13, 14 e 16; Lei nº 9.394/1996; Decreto nº 793/1993; Decreto nº 74.170/1974; Decreto nº 79.094/1977; Lei nº 5.991/1973; Lei nº 6.360/1976.]

Nº 276: *"As sociedades civis de prestação de serviços profissionais são isentas da Cofins, irrelevante o regime tributário adotado."* [Ref.: Lei Complementar nº 70/1991, art. 6º, II; Lei nº 8.541/1992, arts. 1º e 2º; Decreto-Lei nº 2.397/1987, arts.1º e 2º; Lei nº 9.430/1996.]

Nº 277: *"Julgada procedente a investigação de paternidade, os alimentos são devidos a partir da citação."* [Ref.: Lei nº 5.478/1968, art. 13, § 2º.]

Nº 278: *"O termo inicial do prazo prescricional, na ação de indenização, é a data em que o segurado teve ciência inequívoca da incapacidade laboral."* [Ref.: Lei nº 3.071/1916, CC, art. 178, § 6º, II; Súmulas STJ nºs 101 e 229.]

Nº 279: *"É cabível execução por título extrajudicial contra a Fazenda Pública."*

VII – DIREITO PROCESSUAL CIVIL

Nº 1: "*O foro do domicílio ou da residência do alimentado é o competente para a ação de investigação de paternidade, quando cumulada com a de alimentos.*" [Ref.: CPC, art. 100, II.]

Nº 3: "*Compete ao Tribunal Regional Federal dirimir conflito de competência verificado, na respectiva região, entre juiz federal e juiz estadual investido de jurisdição federal.*" [Ref.: CF, art. 108, I, e.]

Nº 4: "*Compete à Justiça Estadual julgar causa decorrente do processo eleitoral sindical.*" [Ref.: CF, art. 8º.]

Nº 5: "*A simples interpretação de cláusula contratual não enseja recurso especial.*" [Ref.: CF, art. 105, III; RISTJ, art. 257.]

Nº 6: "*Compete à Justiça Comum Estadual processar e julgar delito decorrente de acidente de trânsito envolvendo viatura de polícia militar, salvo se autor e vítima forem policiais militares em situação de atividade.*" [Ref.: CF, art. 125, § 4º; CPM, art. 9º, II, a e c.]

Nº 7: "*A pretensão de simples reexame de prova não enseja recurso especial.*" [Ref.: CF, art. 105, II; RISTJ, art. 257.]

Nº 10: "*Instalada a Junta de Conciliação e Julgamento, cessa a competência do Juiz de Direito em matéria trabalhista, inclusive para a execução das sentenças por ele proferidas.*" [Ref.: CPC, art. 87; CLT, art. 769.]

Nº 11: "*A presença da União ou de qualquer de seus entes, na ação de usucapião especial, não afasta a competência do foro da situação do imóvel.*" [Ref.: CF, art. 109, § 3º; Lei nº 6.969/1981, art. 4º, § 1º.]

Nº 13: "*A divergência entre julgados do mesmo Tribunal não enseja recurso especial.*" [Ref.: CF, art. 105, III, c, e RISTJ, art. 225, parágrafo único.]

Nº 14: "*Arbitrados os honorários advocatícios em percentual sobre o valor da causa, a correção monetária incide a partir do respectivo ajuizamento.*" [Ref.: Lei nº 6.899/1981, art. 1º, §§ 1º e 2º; CPC, art. 20 e §§.]

Nº 15: "*Compete à Justiça estadual processar e julgar os litígios decorrentes de acidente de trabalho.*" [Ref.: CF, art. 109, I.]

Nº 16: "*A legislação ordinária sobre crédito rural não veda a incidência da correção monetária.*"

Nº 22: "*Não há conflito de competência entre Tribunal de Justiça e Tribunal de Alçada do mesmo Estado-membro.*" [Ref.: CF, art. 105, I, d.]

Nº 23: "*O Banco Central do Brasil é parte legítima nas ações fundadas na Resolução nº 1.154/1986.*" [Ref.: Lei nº 4.131/1962, arts. 29, 30 e 58; Lei nº 4.595/1964; Resolução nº 1.154/1986.]

Nº 27: "*Pode a execução fundar-se em mais de um título extrajudicial relativos ao mesmo negócio.*" [Ref.: CPC, arts. 573 e 618.]

Nº 28: "*O contrato de alienação fiduciária em garantia pode ter por objeto bem que já integrava o patrimônio do devedor.*" [Ref.: Lei nº 4.728/1965, art. 66, com a redação do art. 1º do Decreto-Lei nº 911/1969.]

Nº 32: "*Compete à Justiça Federal processar justificações judiciais destinadas a instruir pedidos perante entidades que nela têm exclusividade de foro, ressalvada a aplicação do art. 15, II, da Lei nº 5.010/1966.*" [Ref.: CF, art. 109, I, e §§ 3º e 4º; CPC, art. 109; Lei nº 5.010/1966, art. 15.]

Nº 33: "*A incompetência relativa não pode ser declarada de ofício.*" [Ref.: CPC, art. 112.]

Nº 34: "*Compete à Justiça estadual processar e julgar causa relativa a mensalidade escolar, cobrada por estabelecimento particular de ensino.*"

Nº 41: "*O STJ não tem competência para processar e julgar, originariamente, mandado de segurança contra atos de outros Tribunais ou dos respectivos órgãos.*" [Ref.: CF, art. 105, I, b; LC nº 35/1979, art. 21, VI.]

Nº 42: "*Compete à Justiça comum estadual processar e julgar as causas cíveis em que é parte sociedade de economia mista e os crimes praticados em seu detrimento.*" [Ref.: CF, art. 109, I e IV.]

Nº 45: "*No reexame necessário, é defeso ao Tribunal, agravar a condenação imposta à Fazenda Pública.*" [Ref.: CPC, art. 475.]

Nº 46: "*Na execução por carta, os embargos do devedor serão decididos no juízo deprecante, salvo se versarem unicamente sobre vícios ou defeitos da penhora, ava-*

liação ou alienação dos bens." [Ref.: CPC, arts. 658 e 747; Lei nº 6.830/1980, art. 20, parágrafo único.]

Nº 55: *"Tribunal Regional Federal não é competente para julgar recurso de decisão proferida por Juiz estadual, não investido de jurisdição federal."* [Ref.: CF, art. 108, II.]

Nº 58: *"Proposta a execução fiscal, a posterior mudança de domicílio do executado não desloca a competência já fixada."* [Ref.: CPC, arts. 87 e 578.]

Nº 59: *"Não há conflito de competência se já existe sentença com trânsito em julgado, proferida por um dos juízos conflitantes."* [Ref.: CPC, arts. 113, § 2º e 118; CPP, arts. 114 e 115.]

Nº 72: *"A comprovação da mora é imprescindível à busca e apreensão do bem alienado fiduciariamente"* [Ref.: Decreto-Lei nº 911/1969, art. 2º, §§ 2º e 3º.]

Nº 76: *"A falta de registro do compromisso de compra e venda de imóvel não dispensa a prévia interpelação para constituir em mora o devedor."* [Ref.: Decreto-Lei nº 58/1937, art. 22; Decreto-Lei nº 745/1969, art. 1º.]

Nº 82: *"Compete à Justiça Federal, excluídas as reclamações trabalhistas, processar e julgar os feitos relativos a movimentação do FGTS."* [Ref.: CF, art. 109, I; Lei nº 8.036/1990.]

Nº 83: *"Não se conhece do recurso especial pela divergência, quando a orientação do Tribunal se firmou no mesmo sentido da decisão recorrida."*

Nº 84: *"É admissível a oposição de embargos de terceiro fundados em alegação de posse advinda do compromisso de compra e venda de imóvel, ainda que desprovido do registro."* [Ref.: CPC, art. 1.046, § 1º.]

Nº 86: *"Cabe recurso especial contra acórdão proferido no julgamento de agravo de instrumento."* [Ref.: CF, art. 105, III.]

Nº 88: *"São admissíveis embargos infringentes em processo falimentar."* [Ref.: CPC, arts. 273, 496, III, e 530.]

Nº 92: *"A terceiro de boa-fé não é oponível a alienação fiduciária não anotada no certificado de registro do veículo automotor."* [Ref.: Lei nº 4.728/1965, art. 66, §§ 1º e 10, com redação do Decreto-Lei nº 911/1969; Lei nº 5.108, de 1966, art. 52.]

Nº 93: *"A legislação sobre cédulas de crédito rural, comercial e industrial, admite o pacto de capitalização de juros."* [Ref.: Lei nº 6.840/1980; Decreto-Lei nº 167/1967, arts. 5º e 9º; Decreto-Lei nº 413/1969, art. 5º.]

Nº 98: *"Embargos de declaração manifestados com notório propósito de prequestionamento não têm caráter protelatório."* [Ref.: CPC, art. 165 e art. 538, parágrafo único.]

Nº 99: *"O Ministério Público tem legitimidade para recorrer no processo em que oficiou como fiscal da lei, ainda que não haja recurso da parte."* [Ref.: CPC, art. 499, § 2º.]

Nº 101: *"A ação de indenização do segurado em grupo contra a seguradora prescreve m 1 (um) ano."* [Ref.: CC, art. 178, § 6º, II.]

Nº 105: *"Na ação de mandado de segurança não se admite condenação em honorários advocatícios."* [Ref.: CPC, art. 20; Lei nº 1.533/1951, arts. 6º e 19.]

Nº 106: *"Proposta a ação no prazo fixado para o seu exercício, a demora na citação, por motivos inerentes ao mecanismo da Justiça, não justifica o acolhimento da argüição de prescrição ou decadência."* [Ref.: CPC, arts. 219 e 220.]

Nº 108: *"A aplicação de medidas sócio-educativas ao adolescente, pela prática de ato infracional, é de competência exclusiva do Juiz."* [Ref.: arts. 112, 126, 127, 146, 148, 180 e 182 do Estatuto da Criança e do Adolescente.]

Nº 110: *"A isenção do pagamento de honorários advocatícios, nas ações acidentárias, é restrita ao segurado."* [Ref.: CF, art. 5º, LXXIV; CPC, art. 20; Lei nº 8.213/1991, art. 129, parágrafo único.]

Nº 111: *"Os honorários advocatícios, nas ações previdenciárias, não incidem sobre prestações vincendas."* [Ref.: CPC, art. 20, § 5º.]

Nº 112: *"O depósito somente suspende a exigibilidade do crédito tributário se for integral e em dinheiro."* [Ref.: CTN, art. 151, II; Lei nº 6.830/1980, arts. 9º, § 4º, 32 e 38.]

Nº 115: *"Na instância especial é inexistente recurso interposto por advogado sem procuração nos autos."* [Ref.: CPC, art. 37.]

Nº 116: *"A Fazenda Pública e o Ministério Público têm prazo em dobro para interpor agravo regimental no Superior Tribunal de Justiça."* [Ref.: CPC, art. 188; Lei nº 8.038/1990, arts. 28, § 5º, e 39; RISTJ, arts. 258 e 259.]

Nº 117: *"A inobservância do prazo de 48 (quarenta e oito) horas, entre a publicação de pauta e o julgamento sem a presença das partes, acarreta nulidade."* [Ref.: CPC, arts. 552, § 1º, e 184, § 2º.]

Nº 118: *"O agravo de instrumento é o recurso cabível da decisão que homologa a atualização do cálculo da liquidação."* [Ref.: inciso Unif. Jurisprudência, no REsp 31.345-SP, Corte Especial, em 14.4.1994.]

Nº 120: *"O Oficial de Farmácia, inscrito no Conselho Regional de Farmácia, pode ser responsável técnico por drogaria."* [Ref.: Lei nº 5.991/1973, art. 15, caput; Lei nº 3.820/1960, art. 14, parágrafo único; Decreto nº 20.377/1931, art. 2º, § 1º.]

Nº 121: *"Na execução fiscal o devedor deverá ser intimado, pessoalmente, do dia e hora da realização do leilão."* [Ref.: CPC, arts. 125, I, e 687, § 3º; Lei nº 6.830/1980, art. 1º.]

Nº 123: *"A decisão que admite, ou não, o recurso especial deve ser fundamentada, com o exame dos seus pressupostos gerais e constitucionais."* [Ref.: CF, arts. 93, IX, e 105, III; Lei nº 8.038/1990, art. 27, § 1º.]

Nº 126: *"É inadmissível recurso especial, quando o acórdão recorrido assenta em fundamentos constitucional e infraconstitucional, qualquer deles suficiente, por si só, para mantê-lo, e a parte vencida não manifesta recurso extraordinário."* [Ref.: Lei nº 8.038/1990, art. 27, § 5º.]

Nº 127: *"É ilegal condicionar a renovação de licença de veículo ao pagamento de multa, da qual o infrator não foi notificado"* [Ref.: Decreto nº 62.127/1968, arts. 194 e 210; Decreto nº 98.933/1990, art. 1º.]

Nº 128: *"Na execução fiscal haverá segundo leilão, se no primeiro não houver lanço superior à avaliação."* [Ref.: CPC, arts. 686, VI, e 692; Lei nº 6.830/1980, arts. 1º e 23.]

Nº 130: *"A empresa responde, perante o cliente, pela reparação de dano ou furto de veículo ocorrido em seu estacionamento."*

Nº 131: *"Nas ações de desapropriação incluem-se no cálculo da verba advocatícia as parcelas relativas aos juros compensatórios e moratórios, devidamente corrigidas."*

Nº 132: *"A ausência de registro da transferência não implica a responsabilidade do antigo proprietário por dano resultante de acidente que envolva o veículo alienado."* [Ref.: CPC, art. 370, V, e Lei nº 6.015/1973, art. 129, 7º.]

Nº 134: *"Embora intimado da penhora em imóvel do casal, o cônjuge do executado pode opor embargos de terceiro para defesa de sua meação."* [Ref.: CPC, arts. 669, parágrafo único, e 1.046; Lei nº 4.121/1962, art. 3º.]

Nº 137: *"Compete à Justiça comum estadual processar e julgar ação de servidor público municipal, pleiteando direitos relativos ao vínculo estatutário."* [Ref.: CF, art. 114; CLT, art. 803.]

Nº 139: *"Cabe à Procuradoria da Fazenda Nacional propor execução fiscal para cobrança de crédito relativo ao ITR",* [Ref.: CF, arts. 131, § 3º, 153, VI, e 158, II; LC nº 73/1993, arts. 12, II e V, e 17, I; Lei nº 6.830/1980, art. 2º, § 4º; Lei nº 8.022/1990, art. 1º; Lei nº 8.383/1991, art. 67.]

Nº 140: *"Compete à Justiça comum estadual processar e julgar crime em que o indígena figure como autor ou vítima."* [Ref.: CF, arts.109, XI e 129, V.]

Nº 141: *"Os honorários de advogado em desapropriação direta são calculados sobre a diferença entre a indenização e a oferta, corrigidas monetariamente."* [Ref.: Decreto-Lei nº 3.365/1941, art. 27, § 1º.]

Nº 144: *"Os créditos de natureza alimentícia gozam de preferência, desvinculados os precatórios da ordem cronológica dos créditos de natureza diversa."* [Ref.: CF, art. 100; ADCT, art. 33; CPC, art. 730, I e II; Lei nº 8.197/1991, art. 4º, parágrafo único.]

Nº 145: *"No transporte desinteressado, de simples cortesia, o transportador só será civilmente responsável por danos causados ao transportado quando incorrer em dolo ou culpa grave."* [Ref.: CC, art. 1.057.]

Nº 146: *"O segurado, vítima de novo infortúnio, faz jus a um único benefício somado ao salário de contribuição vigente no dia do acidente."* [Ref.: Lei nº 6367/1976, art. 6º, § 1º; Decreto nº 79.037/1976, art. 41, III; Decreto nº 83.080/1979, art. 261, parágrafo único, III.]

Nº 148: *"Os débitos relativos a benefício previdenciário, vencidos e cobrados em juízo após a vigência da Lei nº 6.899/1981, devem ser corrigidos monetariamente na forma prevista nesse diploma legal."* [Ref.: Lei nº 6.899/1981.]

Nº 149: *"A prova exclusivamente testemunhal não basta à comprovação de atividade rurícola, para efeito de obtenção de benefício previdenciário."* [Ref.: CF, art. 202; LC nº 16/1973; Lei nº 8.213/1991, art. 55, § 3º; Decreto-Lei nº 83.080/1979, art. 57, § 5º.]

Nº 150: *"Compete à Justiça federal decidir sobre a existência de interesse jurídico que justifique a presença, no processo, da União, suas autarquias ou empresas públicas."* [Ref.: CF, art. 109, I.]

Nº 153: *"A desistência da execução fiscal, após oferecimento dos embargos, não exime o exeqüente dos encargos da sucumbência."* [Ref.: Lei nº 6.830/1980, arts. 1º e 26; CPC, art. 20, § 4º.]

Nº 158: *"Não se presta a justificar embargos de divergência o dissídio com acórdão de turma ou seção que não mais tenha competência para a matéria neles versada."* [Ref.: CPC, art. 546, I.]

Nº 161: "*É da competência da Justiça estadual autorizar o levantamento dos valores relativos ao PIS/PASEP e FGTS, em decorrência do falecimento do titular da conta.*" [Ref.: Lei nº 6.858/1980, art. 1º; e Dercreto nº 85.845/1981, arts. 1º, parágrafo único, item III, e 2º.]

Nº 162: "*Na repetição de indébito tributário, a correção monetária incide a partir do pagamento indevido.*" [Ref.: CTN, art. 165; Lei nº 4.357/1964, art. 7º.]

Nº 168: "*Não cabem embargos de divergência, quando a jurisprudência do Tribunal se firmou no mesmo sentido do acórdão embargado.*"

Nº 169: "*São inadmissíveis embargos infringentes no processo de mandado de segurança.*" [Ref.: CPC, art. 1.217, Lei nº 1.533/1951, arts. 12 e 13, com a redação da Lei nº 6.014/1973, art. 3º, e da Lei nº 6.071/1974, art. 1º; RISTJ, arts. 247 e 260.]

Nº 170: "*Compete ao juízo onde primeiro for intentada a ação envolvendo acumulação de pedidos trabalhista e estatutário, decidi-la nos limites da sua jurisdição, sem prejuízo do ajuizamento de nova causa, com o pedido remanescente, no juízo próprio.*"

Nº 173: "*Compete à Justiça federal processar e julgar o pedido de reintegração em cargo público federal, ainda que o servidor tenha sido dispensado antes da instituição do Regime Jurídico Único.*" [Ref.: CF, art. 109, I; e Lei nº 8.112/1990, art. 28.]

Nº 175: "*Descabe o depósito prévio nas ações rescisórias propostas pelo INSS.*" [Ref.: CPC, art. 488, II; Lei nº 8.620/1993, art. 8º .]

Nº 176: "*É nula a cláusula contratual que sujeita o devedor à taxa de juros divulgada pela ANBID/CETIP.*" [Ref.: CC, art. 115.]

Nº 177: "*O Superior Tribunal de Justiça é incompetente para processar e julgar, originariamente, mandado de segurança contra ato de órgão colegiado presidido por Ministro de Estado.*" [Ref.: CF, art. 105, I, b.]

Nº 178: "*O INSS não goza de isenção do pagamento de custas e emolumentos, nas ações acidentárias e de benefícios propostas na Justiça estadual.*" [Ref.: CF, art. 24, IV; Lei nº 8.620/1993, art. 8º, § 1º.]

Nº 179: "*O estabelecimento de crédito que recebe dinheiro, em depósito judicial, responde pelo pagamento da correção monetária relativa aos valores recolhidos.*" [Ref.: CC, art. 1.266).]

Nº 180: "*Na lide trabalhista, compete ao Tribunal Regional do Trabalho dirimir conflito de competência verificado, na respectiva região, entre juiz estadual e junta de conciliação e julgamento.*" [Ref.: CLT, arts. 668, 803 e 808, a).]

Nº 181: "*É admissível ação declaratória, visando a obter certeza quanto à exata interpretação de cláusula contratual.*" [Ref.: CPC, art. 4º.]

Nº 182: "*É inviável o agravo do art. 545 do CPC que deixa de atacar especificamente os fundamentos da decisão agravada.*" [Ref.: CPC, arts. 524, II e 545.]

Nº 183: "*Compete ao juiz estadual, nas comarcas que não sejam sede de vara da Justiça Federal, processar e julgar ação civil pública, ainda que a união figure no processo.*" [Ref.: CF/1988, art. 109, I; Lei nº 7.347/1985, art. 2º.]

Nº 185: "*Nos depósitos judiciais, não incide o imposto sobre operações financeiras.*" [Ref.: CTN, art. 97, I; Lei nº 8.033/1990, art. 1º.]

SÚMULAS DO SUPERIOR TRIBUNAL DE JUSTIÇA

Nº 186: "*Nas indenizações por ato ilícito, os juros compostos somente são devidos por aquele que praticou o crime.*" [Ref.: CC, art. 1.544.]

Nº 187: "*É deserto o recurso interposto para o Superior Tribunal de Justiça, quando o recorrente não recolhe, na origem, a importância das despesas de remessa e retorno dos autos.*" [Ref.: CPC, art. 511, *caput*; RISTJ, art. 112.]

Nº 188: "*Os juros moratórios, na repetição do indébito, são devidos a partir do trânsito em julgado da sentença.*" [Ref.: CTN, art. 167, parágrafo único.]

Nº 189: "*É desnecessária a intervenção do ministério público nas execuções fiscais.*" [Ref.: só aos recursos especiais onde a matéria foi debatida.]

Nº 190: "*Na execução fiscal, processada perante a justiça estadual, cumpre à fazenda pública antecipar o numerário destinado ao custeio das despesas com o transporte dos oficiais de justiça.*" [Ref.: só aos recursos onde a matéria foi debatida.]

Nº 193: "*O direito de uso de linha telefônica pode ser adquirido por usucapião.*" [Ref.: somente aos números dos recursos especiais onde a espécie foi tratada.]

Nº 194: "*Prescreve em vinte anos a ação para obter, do construtor, indenização por defeitos da obra.*" [Ref.: CC, arts. 177 e 1.245; Lei nº 4.591/1964, art. 43, II.]

Nº 195: "*Em embargos de terceiro não se anula ato jurídico, por fraude contra credores.*" [Ref.: CC, arts. 106, 107 e 147, inciso I.]

Nº 196: "*Ao executado que, citado por edital ou por hora certa, permanecer revel, será nomeado curador especial, com legitimidade para apresentação de embargos.*" [Ref.: CF/1988, art. 5º, inciso LV; CPC, arts. 9º, inciso II, 598, 621 e 632.]

Nº 197: "*O divórcio direto pode ser concedido sem que haja prévia partilha dos bens.*" [Ref.: Lei nº 6.515/1977, art. 40.]

Nº 199: "*Na execução hipotecária de crédito vinculado ao sistema financeiro da habitação, nos termos da Lei nº 5.741/1971, a petição inicial deve ser instruída com, pelo menos, dois avisos de cobrança.*" [Ref.: Lei nº 5.741/1971, art. 2º, IV.]

Nº 201: "*Os honorários advocatícios não podem ser fixados em salários mínimos.*" [Ref.: CF/1988, art. 7º, IV; CPC, art. 20, § 4º; Lei nº 6.205/1975, art. 1º; Lei nº 7.789/1989, art. 3º.]

Nº 202: "*A impetração de segurança por terceiro, contra ato judicial, não se condiciona à interposição de recurso.*" [Ref.: CF/1988, art. 5º, XXXV; CPC, art. 499, *caput*, § 1º; Lei nº 1.533/1951, art. 5º.]

Nº 203: "*Não cabe recurso especial contra decisão proferida, nos limites de sua competência, por órgão de segundo grau dos juizados especiais.*" [Ref.: CF/1988, art. 105, III; Lei nº 7.244/1984; Lei nº 9.099/1995.]

Nº 204: "*Os juros de mora nas ações relativas a benefícios previdenciários incidem a partir da citação válida.*" [Ref.: CPC, art. 219; CC, art. 1.536, § 2º.]

Nº 205: "*A Lei nº 8.009/1990 (que dispõe sobre a impenhorabilidade do bem de família) aplica-se à penhora realizada antes de sua vigência.*" [Ref.: Lei nº 8.009/1990.]

Nº 206: "*A existência de vara privativa, instituída por lei estadual, não altera a competência territorial resultante das leis de processo.*" [Ref.: CPC, arts. 99 e 100, IV, *a* e *b*.]

Nº 207: "*É inadmissível recurso especial quando cabíveis embargos infringentes contra o acórdão proferido no tribunal de origem.*" [Ref.: CF/1988, art. 105, III; CPC, art. 530.]

Nº 208: "*Compete à Justiça Federal processar e julgar prefeito municipal por desvio de verba sujeita a prestação de contas perante órgão federal.*" [Ref.: CF/1988, art. 109, IV.]

Nº 209: "*Compete à justiça estadual processar e julgar prefeito por desvio de verba transferida e incorporada ao patrimônio municipal.*" [Ref.: CF/1988, art. 29, X.]

Nº 210: "*A ação de cobrança das contribuições para o FGTS prescreve em trinta (30) anos.*" [Ref.: CTN, arts. 173 e 174; Lei nº 3.807/1960, art. 144; Lei nº 6.830/1980, art. 2º, § 9º; EC nº 8, de 1977.]

Nº 211: "*Inadmissível recurso especial quanto à questão que, a despeito da oposição de embargos declaratórios, não foi apreciada pelo tribunal a quo.*" [Ref.: CPC, art. 535, II.]

Nº 212: "*A compensação de créditos tributários não pode ser deferida por medida liminar.*" [Ref.: CPC, arts. 798 e 799.]

Nº 213: "*O mandado de segurança constitui ação adequada para a declaração do direito à compensação tributária.*" [Ref.: somente a recursos especiais – REsp nº 145.138-SP, 148.742-SP, 119.155-SE, 148.824-PB, etc.]

Nº 214: "*O fiador na locação não responde por obrigações resultantes de aditamento ao qual não anuiu.*" [Ref.: CC, art. 1.483.]

Nº 215: "*A indenização recebida pela adesão a programa de incentivo à demissão voluntária não está sujeita à incidência do imposto de renda.*"

Nº 216: "*A tempestividade de recurso interposto no Superior Tribunal de Justiça é aferida pelo registro no protocolo da secretaria e não pela data da entrega na agência do correio.*" [Ref.: RISTJ, art. 66; CPC, arts. 374 e 508.]

Nº 217: "*Não cabe agravo de decisão que indefere o pedido de suspensão da execução da liminar, ou da sentença em mandado de segurança.*" [Ref.: RISTJ, art. 271, § 2º; Lei nº 4.348/1964, art. 4º; Lei nº 8.038/1990, art. 25, § 2º.]

Nº 218: "*Compete à justiça dos estados processar e julgar ação de servidor estadual decorrente de direitos e vantagens estatutárias no exercício de cargo em comissão.*" [Ref.: Estatuto dos Funcionários Públicos Estaduais.]

Nº 219: "*Os créditos decorrentes de serviços prestados à massa falida, inclusive a remuneração do síndico, gozam dos privilégios próprios dos trabalhistas.*" [Ref.: Lei nº 6.449/1977; Decreto-Lei nº 7.661/1945, arts. 102, caput e 124, § 1º, III.]

Nº 221: "*São civilmente responsáveis pelo ressarcimento de dano, decorrente de publicação pela imprensa, tanto o autor do escrito quanto o proprietário do veículo de divulgação.*" [Ref.: CC, art. 19; Lei de Imprensa, art. 49, § 2º.]

Nº 222: "*Compete à justiça comum processar e julgar as ações relativas à contribuição sindical prevista no art. 578 da CLT.*" [Ref.: CF/1988, art. 114; CLT, art. 578; Lei nº 8.984/1995.]

Nº 223: "*A certidão de intimação do acórdão recorrido constitui peça obrigatória do instrumento de agravo.*"

Nº 224: "*Excluído do feito o ente federal, cuja presença levara o juiz estadual a declinar da competência, deve o juiz federal restituir os autos e não suscitar conflito.*"

Nº 225: "*Compete ao Tribunal Regional do Trabalho apreciar recurso contra sentença proferida por órgão de primeiro grau da justiça trabalhista, ainda que para declarar-lhe a nulidade em virtude de incompetência.*"

Nº 226: "*O ministério público tem legitimidade para recorrer na ação de acidente do trabalho, ainda que o segurado esteja assistido por advogado.*" [Ref.: CPC, arts. 82, III, in fine e 499.]

Nº 227: "*A pessoa jurídica pode sofrer dano moral.*" [Ref.: CF/1988, art. 5º, X; CC, arts. 159 e 1.553.]

Nº 228: "*É inadmissível o interdito proibitório para a proteção do direito autoral.*" [Ref.: CC, art. 493; Lei nº 5.988/1973, arts. 2º e 29.]

Nº 229: "*O pedido do pagamento de indenização à seguradora suspende o prazo de prescrição até que o segurado tenha ciência da decisão.*"

Nº 230: "*Compete à justiça estadual processar e julgar ação movida por trabalhador avulso portuário, em que se impugna ato do órgão gestor de mão-de-obra de que resulte óbice ao exercício de sua profissão.*" [Ref.: Lei nº 8.630/1993, art. 20.]

Nº 232: "*A fazenda pública, quando parte no processo, fica sujeita à exigência do depósito prévio dos honorários do perito.*"

Nº 233: "*O contrato de abertura de crédito, ainda que acompanhado de extrato da conta-corrente, não é título executivo.*"

Nº 235: "*A conexão não determina a reunião dos processos, se um deles já foi julgado.*"

Nº 236: "*Não compete ao Superior Tribunal de Justiça dirimir conflitos de competência entre juízes trabalhistas vinculados a tribunais do trabalho diversos.*"

Nº 237: "*Nas operações com cartão de crédito, os encargos relativos ao financiamento não são considerados no cálculo do ICMS.*"

Nº 238: "*A avaliação da indenização devida ao proprietário do solo, em razão de alvará de pesquisa mineral, é processada no juízo estadual da situação do imóvel.*"

Nº 239: "*O direito à adjudicação compulsória não se condiciona ao registro do compromisso de compra e venda no cartório de imóveis.*" [Ref.: CPC, art. 639.]

Nº 240: "*A extinção do processo, por abandono da causa pelo autor, depende de requerimento do réu.*" [Ref.: CPC, art. 267, inciso III.]

Nº 242: "*Cabe ação declaratória para reconhecimento de tempo de serviço para fins previdenciários.*" [Ref.: CPC, art. 4º, inciso I.]

Nº 245: "*A notificação destinada a comprovar a mora nas dívidas garantidas por alienação fiduciária dispensa a indicação do valor do débito.*" [Ref.: Decreto-Lei nº 911/1969, art. 2º, § 2º.]

Nº 246: "*O valor do seguro obrigatório deve ser deduzido da indenização judicialmente fixada.*" [Ref.: CC, arts. 159 e 1.518.]

Nº 247: "*A Segunda Seção, em 23 de maio de 2001, aprovou o seguinte verbete de Súmula: O contrato de abertura de crédito em conta-corrente, acompanhado do demonstrativo de débito, constitui documento hábil para o ajuizamento da ação monitória.*"

Nº 248: "*A Segunda Seção, em 23 de maio de 2001, aprovou o seguinte verbete de Súmula: Comprovada a prestação dos serviços, a duplicata não aceita, mas protestada, é título hábil para instruir pedido de falência.*"

Nº 249: "*A Caixa Econômica Federal tem legitimidade passiva para integrar processo em que se discute correção monetária do FGTS.*"

Nº 250: *"É legítima a cobrança de multa fiscal de empresa em regime de concordata."*

Nº 251: *"A meação só responde pelo ato ilícito quando o credor, na execução fiscal, provar que o enriquecimento dele resultante aproveitou ao casal."*

Nº 252: *"Os saldos das contas do FGTS, pela legislação infraconstitucional, são corrigidos em 42,72% (IPC) quanto às perdas de janeiro de 1989 e 44,80% (IPC) quanto às de abril de1990, acolhidos pelo STJ os índices de 18,02% (LBC) quanto às perdas de junho de 1987, de 5,38% (BTN) para maio de 1990 e 7,00% (TR) para fevereiro de 1991, de acordo com o entendimento do STF (RE 226.855-7-RS)."*

Nº 253: *"O art. 557 do CPC, que autoriza o relator a decidir o recurso, alcança o reexame necessário."* [Ref.: Lei nº 5.869/1973; CPC, art. 557.]

Nº 254: *"A decisão do Juízo Federal que exclui da relação processual ente federal não pode ser reexaminada no Juízo Estadual."*

Nº 255: *"Cabem embargos infringentes contra acórdão, proferido por maioria, em agravo retido, quando se tratar de matéria de mérito."* [Ref.: Lei nº 5.869/1973; CPC, arts. 522 e 530.]

Nº 256: *"O sistema de "protocolo integrado" não se aplica aos recursos dirigidos ao Superior Tribunal de Justiça."* [Ref.: Lei nº 5.869/1973; CPC, art. 541.]

Nº 257: *"A falta de pagamento do prêmio do seguro obrigatório de Danos Pessoais Causados por Veículos Automotores de Vias Terrestres (DPVAT) não é motivo para a recusa do pagamento da indenização."* [Ref.: Lei nº 6.194/1974, arts. 5º e 7º; Lei nº 8.441/1992.]

Nº 258: *"A nota promissória vinculada a contrato de abertura de crédito não goza de autonomia em razão da iliquidez do título que a originou."* [Ref.: Lei nº 5.869/1973; CPC, art. 585; Súmula STJ nº 233.]

Nº 259: *"A ação de prestação de contas pode ser proposta pelo titular de conta-corrente bancária."* [Ref.: Lei nº 5.869/1973; CPC, art. 914, I.]

Nº 260: *"A convenção de condomínio aprovada, ainda que sem registro, é eficaz para regular as relações entre os condôminos."* [Ref.: Lei nº 4.591/1964; art. 9º.]

Nº 261: *"A cobrança de direitos autorais pela retransmissão radiofônica de músicas, em estabelecimentos hoteleiros, deve ser feita conforme a taxa média de utilização do equipamento, apurada em liquidação."* [Ref.: Lei nº 5.988/1973, art. 73, §§ 1º a 3º.]

Nº 263: *"A cobrança antecipada do valor residual (VRG) descaracteriza o contrato de arrendamento mercantil, transformando-o em compra e venda a prestação."* (**Cancelada**, Segunda Seção, em 27.8.02003) [Ref.: Lei nº 6.099/1974, arts. 5º e 11, § 1º.]

Nº 264: *"É irrecorrível o ato judicial que apenas manda processar a concordata preventiva."* [Decreto-Lei nº 7.661/1945, Lei de Falências, art. 161, § 1º.]

Nº 266: *"O diploma ou habilitação legal para o exercício do cargo deve ser exigido na posse e não na inscrição para o concurso público."* [Ref.: CF/1988, art. 37, I e II.]

Nº 267: *"A interposição de recurso, sem efeito suspensivo, contra decisão condenatória não obsta a expedição de mandado de prisão."* [Ref.: Decreto-Lei nº 3.689/1941, CPP, art. 637; Lei nº 8.038/1990, art. 27, § 2º; Lei nº 8.950/1994, art. 542, § 2º.]

Nº 268: *"O fiador que não integrou a relação processual na ação de despejo não responde pela execução do julgado."* [Ref.: Lei nº 5.869/1973, CPC, art. 568.]

Nº 270: *"O protesto pela preferência de crédito, apresentado por ente federal em execução que tramita na Justiça Estadual, não desloca a competência para a Justiça Federal."* [Ref.: CF/1988, art. 109; I; Lei nº 5.172/1966, CTN, art. 186.]

Nº 271: *"A correção monetária dos depósitos judiciais independe de ação específica contra o banco depositário."*

Nº 272: *"O trabalhador rural, na condição de segurado especial, sujeito à contribuição obrigatória sobre a produção rural comercializada, somente faz jus à aposentadoria por tempo de serviço, se recolher contribuições facultativas."* [Ref.: CF/1988, art. 195, § 8º; Lei nº 8.213/1991, arts. 11, VII; 24; 25, II; 26, III; 39, I e II, e 52.]

Nº 273: *"Intimada a defesa da expedição da carta precatória, torna-se desnecessária intimação da data da audiência no juízo deprecado."* [Ref.: Decreto-Lei nº 3.689/1941, CPP, art. 222.]

Nº 275: *"O auxiliar de farmácia não pode ser responsável técnico por farmácia ou drogaria."* [Ref.: Lei nº 3.820/1960, art. 13, 14 e 16; Lei nº 9.394/1996; Decreto nº 793/1993; Decreto nº 74.170/1974; Decreto nº 79.094/1977; Lei nº 5.991/1973; Lei nº 6.360/1976.]

Nº 277: *"Julgada procedente a investigação de paternidade, os alimentos são devidos a partir da citação."* [Ref.: Lei nº 5.478/1968, art. 13, § 2º.]

Nº 278: *"O termo inicial do prazo prescricional, na ação de indenização, é a data em que o segurado teve ciência inequívoca da incapacidade laboral."* [Ref.: Lei nº 3.071/1916, CC, art. 178, § 6º, II; Súmulas STJ nºs 101 e 229.]

Nº 279: *"É cabível execução por título extrajudicial contra a Fazenda Pública."*

VIII – DIREITO COMERCIAL

Nº 8: "*Aplica-se a correção monetária aos créditos habilitados em concordata preventiva, salvo durante o período compreendido entre as datas de vigência da Lei nº 7.274/1984, e do Decreto-Lei nº 2.283/1986.*" [Ref.: Lei nº 6.899/1981; Lei nº 7.274/1984; Decreto-Lei nº 2.283/1986; Decreto-Lei nº 2.284/1986.]

Nº 19: "*A fixação do horário bancário, para atendimento ao público, é competência da União.*" [Ref.: Lei nº 4.595/1964, art. 4º, VIII; Lei nº 6.045/1974.]

Nº 23: "*O Banco Central do Brasil é parte legítima nas ações fundadas na Resolução nº 1.154/1986.*" [Ref.: Lei nº 4.131/1962, arts. 29, 30 e 58; Lei nº 4.595/1964; Resolução nº 1.154/1986.]

Nº 25: "*Nas ações da Lei de Falências o prazo para a interposição de recurso conta-se da intimação da parte.*" [Ref.: CPC, art. 242 e §§; Decreto-Lei nº 7.661/1945, art. 207, na redação da Lei nº 6.014/1973.]

Nº 26: "*O avalista do título de crédito vinculado a contrato de mútuo também responde pelas obrigações pactuadas, quando no contrato figurar como devedor solidário.*" [Ref.: CC, arts. 896 e 904.]

Nº 29: "*No pagamento em juízo para elidir falência, são devidos correção monetária, juros e honorários do advogado.*" [Ref.: CPC, art. 20; Lei nº 6.899/1981.]

Nº 30: "*A comissão de permanência e a correção monetária são inacumuláveis.*"

Nº 35: "*Incide correção monetária sobre as prestações pagas, quando de sua restituição, em virtude da retirada ou exclusão do participante de plano de consórcio.*" [Ref.: Lei nº 5.768/1971, arts. 7º e 8º; Decreto nº 70.951/1972, arts. 31, I, e 39.]

Nº 36: "*A correção monetária integra o valor da restituição, em caso de adiantamento de câmbio, requerida em concordata ou falência.*" [Ref.: Lei nº 4.728/1965, art. 75, §§ 2º e 3º; Lei nº 6.899/1981.]

Nº 39: "*Prescreve em 20 (vinte) anos a ação para haver indenização, por responsabilidade civil de sociedade de economia mista.*" [Ref.: CC, art. 177; Decreto-Lei nº 4.597/1942, art. 2º.]

Nº 60: "*É nula a obrigação cambial assumida por procurador do mutuário vinculado ao mutuante, no exclusivo interesse deste.*" [Ref.: CC, art. 115.]

Nº 79: "*Os bancos comerciais não estão sujeitos a registro nos Conselhos Regionais de Economia.*" [Ref.: Lei nº 1.411/1951, art. 14; Lei nº 4.595/1964; Lei nº 6.839/1980.]

Nº 88: "*São admissíveis embargos infringentes em processo falimentar.*" [Ref.: CPC, arts. 273, 496, III e 530.]

Nº 92: "*A terceiro de boa-fé não é oponível a alienação fiduciária não anotada no certificado de registro do veículo automotor.*" [Ref.: Lei nº 4.728/1965, art. 66, §§ 1º e 10, com redação do Decreto-Lei nº 911/1969; Lei nº 5.108/1966, art. 52.]

Nº 93: "*A legislação sobre cédulas de crédito rural, comercial e industrial admite o pacto de capitalização de juros.*" [Ref.: Lei nº 6.840/1980; Decreto-Lei nº 167/1967, arts. 5º e 9º; Decreto-Lei nº 413/1969, art. 5º.]

Nº 109: "*O reconhecimento do direito a indenização, por falta de mercadoria transportada via marítima, independe de vistoria.*" [Ref.: Decreto nº 64.387/1969, art. 1º, § 3º, que regulamentou o Decreto-Lei nº 116/1967.]

Nº 120: "*O Oficial de Farmácia, inscrito no Conselho Regional de Farmácia, pode ser responsável técnico por drogaria.*" [Ref.: Lei nº 5.991/1973, art. 15, caput; Lei nº 3.820/1960, art. 14, parágrafo único; Decreto nº 20.377/1931, art. 2º, § 1º.]

Nº 124: "*A Taxa de Melhoramento dos Portos tem base de cálculo diversa do Imposto de Importação, sendo legítima a sua cobrança sobre a importação de mercadorias de países signatários do GATT, da ALALC ou ALADI.*" [Ref.: CTN, arts. 4º, I e II, 20, II, 77, 97, IV, Lei nº 3.421/1958, art. 3º, com a redação dada pelo Decreto-Lei nº 1.507/1976, art. 1º; Decreto nº 85.893/1981; Decreto nº 87.054/1982; Decreto nº 98.836/1990; Decreto Legislativo nº 66/1981.]

Nº 130: "*A empresa responde, perante o cliente, pela reparação de dano ou furto de veículo ocorrido em seu estacionamento.*"

Nº 132: "*A ausência de registro da transferência não implica a responsabilidade do antigo proprietário por dano resultante de acidente que envolva o veículo alienado.*" [Ref.: CPC, art. 370, V; Lei nº 6.015/1973, art. 129, 7º.]

Nº 133: "*A restituição da importância adiantada, à conta de contrato de câmbio, independe de ter sido a antecipação efetuada nos quinze dias anteriores ao requerimento da concordata.*" [Ref.: Lei nº 4.728/1965, art. 75, § 3º; Decreto-Lei nº 7.661/1945, art. 76, § 2º.]

SÚMULAS DO SUPERIOR TRIBUNAL DE JUSTIÇA

Nº 138: "*O ISS incide na operação de arrendamento mercantil de coisas móveis.*" [Ref.: LC nº 56/1987; Lei nº 6.099/1974; Decreto-Lei nº 406/1968, art. 8º.]

Nº 142: "*Prescreve em 20 (vinte) anos a ação para exigir a abstenção do uso de marca comercial.*" [Ref.: Lei nº 5.772/1971, art. 59; CC, art. 177.]

Nº 143: "*Prescreve em 5 (cinco) anos a ação de perdas e danos pelo uso de marca comercial.*" [Ref.: Lei nº 5.772/1971, art. 59; CC, art. 178, § 10, IX.]

Nº 145: "*No transporte desinteressado, de simples cortesia, o transportador só será civilmente responsável por danos causados ao transportado quando incorrer em dolo ou culpa grave.*" [Ref.: CC, art. I.057.]

Nº 152: "*Na venda pelo segurador, de bens salvados de sinistros, incide o ICMS.*" [Ref.: Decreto-Lei nº 406/1968, art. 6º, § 1º, I; Decreto nº 17.727/1981, arts. 453 e 464.]

Nº 156: "*A prestação de serviço de composição gráfica, personalizada e sob encomenda, ainda que envolva fornecimento de mercadorias, está sujeita apenas ao ISS.*" [Ref.: LC nº 56/1987, lista anexa, item 77; Decreto-Lei nº 406/1968, art. 8º, § 1º.]

Nº 163: "*O fornecimento de mercadorias com a simultânea prestação de serviços em bares, restaurantes e estabelecimentos similares constitui fato gerador do ICMS a incidir sobre o valor total da operação.*" [Ref.: CF/1988, arts. 155, I, b, § 2º, e IX; 156, IV; Decreto-Lei nº 406/1968, arts. 1º, III, e 8º §§ 1º e 2º; Decreto-Lei nº 408/1968, Decreto-Lei nº 834/1969.]

Nº 167: "*O fornecimento de concreto, por empreitada, para construção civil, preparado no trajeto até a obra em betoneiras acopladas a caminhões, é prestação de serviço, sujeitando-se apenas à incidência do ISS.*" [Ref.: Decreto-Lei nº 406/1968.]

Nº 176: "*É nula a cláusula contratual que sujeita o devedor à taxa de juros divulgada pela ANBID/CETIP.*" [Ref.: CC, art. 115.]

Nº 179: "*O estabelecimento de crédito que recebe dinheiro, em depósito judicial, responde pelo pagamento da correção monetária relativa aos valores recolhidos.*" [Ref.: CC, art. 1.266.]

Nº 184: "*A microempresa de representação comercial é isenta do imposto de renda.*" [Ref.: Lei nº 7.256/1984, art. 11, I, alterado pelo art. 51 da Lei nº 7.713/1988.]

Nº 185: "*Nos depósitos judiciais, não incide o imposto sobre operações financeiras.*" [Ref.: CTN, art. 97, I; Lei nº 8.033/1990, art. 1º.]

Nº 193: "*O direito de uso de linha telefônica pode ser adquirido por usucapião.*" [Ref.: somente aos números dos recursos especiais onde a espécie foi tratada.]

Nº 195: "*Em embargos de terceiro não se anula ato jurídico, por fraude contra credores.*" [Ref.: CC, arts. 106, 107 e 147, inciso I.]

Nº 198: "*Na importação de veículo por pessoa física, destinado a uso próprio, incide o ICMS.*" [Ref.: CF/1988, art. 155, § 2º, IX, a; ADCT, art. 34, §§ 5º e 8º; Conv. ICMS, nº 66/1988, arts. 2º, I; 21, parágrafo único, I, e 27, I, d; Decreto-Lei nº 406/1968, art. 6º.]

Nº 199: "*Na execução hipotecária de crédito vinculado ao sistema financeiro da habitação, nos termos da Lei nº 5.741/1971, a petição inicial deve ser instruída com, pelo menos, dois avisos de cobrança.*" [Ref.: Lei nº 5.741/1971, art. 2º, IV.]

Nº 214: "*O fiador na locação não responde por obrigações resultantes de aditamento ao qual não anuiu.*" [Ref.: CC, art. 1.483.]

Nº 219: "Os créditos decorrentes de serviços prestados à massa falida, inclusive a remuneração do síndico, gozam dos privilégios próprios dos trabalhistas." [Ref.: Lei nº 6.449/1977; Decreto-Lei nº 7.661/1945, arts. 102, caput e 124, § 1º, III.]

Nº 227: "A pessoa jurídica pode sofrer dano moral." [Ref.: CF/1988, art. 5º, X; CC, arts. 159 e 1.553.]

Nº 228: "É inadmissível o interdito proibitório para a proteção do direito autoral." [Ref.: CC, art. 493; Lei nº 5.988/1973, arts. 2º e 29.]

Nº 229: "O pedido do pagamento de indenização à seguradora suspende o prazo de prescrição até que o segurado tenha ciência da decisão."

Nº 230: "Compete à justiça estadual processar e julgar ação movida por trabalhador avulso portuário, em que se impugna ato do órgão gestor de mão-de-obra de que resulte óbice ao exercício de sua profissão." [Ref.: Lei nº 8.630/1993, art. 20.]

Nº 233: "O contrato de abertura de crédito, ainda que acompanhado de extrato da conta-corrente, não é título executivo."

Nº 237: "Nas operações com cartão de crédito, os encargos relativos ao financiamento não são considerados no cálculo do ICMS."

Nº 245: "A notificação destinada a comprovar a mora nas dívidas garantidas por alienação fiduciária dispensa a indicação do valor do débito." [Ref.: Decreto-Lei nº 911/1969, art. 2º, § 2º.]

Nº 246: "O valor do seguro obrigatório deve ser deduzido da indenização judicialmente fixada." [Ref.: CC, arts. 159 e 1.518.]

Nº 247: "A Segunda Seção, em 23 de maio de 2001, aprovou o seguinte verbete de Súmula: O contrato de abertura de crédito em conta-corrente, acompanhado do demonstrativo de débito, constitui documento hábil para o ajuizamento da ação monitória."

Nº 248: "A Segunda Seção, em 23 de maio de 2001, aprovou o seguinte verbete de Súmula: Comprovada a prestação dos serviços, a duplicata não aceita, mas protestada, é título hábil para instruir pedido de falência."

Nº 250: "É legítima a cobrança de multa fiscal de empresa em regime de concordata."

Nº 257: "A falta de pagamento do prêmio do seguro obrigatório de Danos Pessoais Causados por Veículos Automotores de Vias Terrestres (DPVAT) não é motivo para a recusa do pagamento da indenização." [Ref.: Lei nº 6.194/1974, arts. 5º e 7º; Lei nº 8.441/1992.]

Nº 258: "A nota promissória vinculada a contrato de abertura de crédito não goza de autonomia em razão da iliquidez do título que a originou." [Ref.: Lei nº 5.869/1973; CPC, art. 585; Súmula STJ nº 233.]

Nº 259: "A ação de prestação de contas pode ser proposta pelo titular de conta-corrente bancária." [Ref.: Lei nº 5.869/1973; CPC, art. 914, I.]

Nº 260: "A convenção de condomínio aprovada, ainda que sem registro, é eficaz para regular as relações entre os condôminos." [Ref.: Lei nº 4.591/1964; art. 9º.]

Nº 261: "A cobrança de direitos autorais pela retransmissão radiofônica de músicas, em estabelecimentos hoteleiros, deve ser feita conforme a taxa média de utilização do equipamento, apurada em liquidação." [Ref.: Lei nº 5.988/1973, art. 73, §§ 1º a 3º.]

Nº 262: "Incide o imposto de renda sobre o resultado das aplicações financeiras realizadas pelas cooperativas." [Ref.: Lei nº 5.764/1971, arts. 79, 85, 86, 87, 88 e 111; Lei nº 7.450/1985, art. 34.]

Nº 263: "A cobrança antecipada do valor residual (VRG) descaracteriza o contrato de arrendamento mercantil, transformando-o em compra e venda a prestação." (**Cancelada**, Segunda Seção, em 27.8.02003) [Ref.: Lei nº 6.099/1974, arts. 5º e 11, § 1º.]

Nº 264: "É irrecorrível o ato judicial que apenas manda processar a concordata preventiva." [Decreto-Lei nº 7.661/1945, Lei de Falências, art. 161, § 1º.]

Nº 268: "O fiador que não integrou a relação processual na ação de despejo não responde pela execução do julgado." [Ref.: Lei nº 5.869/1973, CPC, art. 568.]

Nº 271: "A correção monetária dos depósitos judiciais independe de ação específica contra o banco depositário."

Nº 275: "O auxiliar de farmácia não pode ser responsável técnico por farmácia ou drogaria." [Ref.: Lei nº 3.820/1960, art. 13, 14 e 16; Lei nº 9.394/1996; Decreto nº 793/1993; Decreto nº 74.170/1974; Decreto nº 79.094/1977; Lei nº 5.991/1973; Lei nº 6.360/1976.]

Nº 276: "As sociedades civis de prestação de serviços profissionais são isentas da Cofins, irrelevante o regime tributário adotado." [Ref.: Lei Complementar nº 70/1991, art. 6º, II; Lei nº 8.541/1992, arts. 1º e 2º; Decreto-Lei nº 2.397/1987, arts.1º e 2º; Lei nº 9.430/1996.]

IX – DIREITO PREVIDENCIÁRIO E ACIDENTÁRIO

Nº 24: "Aplica-se ao crime de estelionato, em que figura como vítima entidade autárquica da Previdência Social, a qualificadora do § 3º do art. 171 do Código Penal." [Ref.: inciso de Unif. Jurisp., REsp 2169-RJ-3ª S., 6.12.1990.]

Nº 44: "A definição em ato regulamentar, de grau mínimo de disacusia, não exclui, por si só, a concessão do benefício previdenciário." [Ref.: Lei nº 6.367/1976, art. 9º, Reg. pelo Decreto nº 79.037/1976, Anexo III, nº 2, Reg. pelo Decreto nº 83.080/1979, Anexo VII, nº 2.]

Nº 57: "Compete à Justiça comum estadual processar e julgar ação de cumprimento fundada em acordo ou convenção coletiva não homologados pela Justiça do Trabalho." [Ref.: CF/1988, art. 114.]

Nº 62: "Compete à Justiça estadual processar e julgar o crime de falsa anotação na Carteira de Trabalho e Previdência Social, atribuído à empresa privada." [Ref.: CF/1988, art. 109, IV.]

Nº 89: "A ação acidentária prescinde do exaurimento da via administrativa." [Ref.: Lei nº 6.367/1976, arts. 14 e 19.]

Nº 107: "Compete à Justiça comum estadual, processar e julgar crime de estelionato praticado mediante falsificação das guias de recolhimento das contribuições previdenciárias, quando não ocorrente lesão à autarquia federal." [Ref.: CP, art. 171.]

Nº 110: "A isenção do pagamento de honorários advocatícios, nas ações acidentárias, é restrita ao segurado." [Ref.: CF/1988, art. 5º, LXXIV; CPC, art. 20; Lei nº 8.213/1991, art. 129, parágrafo único.]

Nº 111: "Os honorários advocatícios, nas ações previdenciárias, não incidem sobre prestações vincendas." [Ref.: CPC, art. 20, § 5º.]

Nº 112: "O depósito somente suspende a exigibilidade do crédito tributário se for integral e em dinheiro." [Ref.: CTN, art. 151, II; Lei nº 6.830/1980, arts. 9º, § 4º, 32 e 38.]

Nº 146: "O segurado, vítima de novo infortúnio, faz jus a um único benefício somado ao salário de contribuição vigente no dia do acidente." [Ref.: Lei nº 6.367/1976, art. 6º, § 1º; Decreto nº 79.037/1976, art. 41, III; Decreto nº 83.080/1979, art. 261, parágrafo único, III.]

Nº 148: "Os débitos relativos a benefício previdenciário, vencidos e cobrados em juízo após a vigência da Lei nº 6.899/1981, devem ser corrigidos monetariamente na forma prevista nesse diploma legal." [Ref.: Lei nº 6.899/1981.]

Nº 149: "A prova exclusivamente testemunhal não basta à comprovação de atividade rurícola, para efeito de obtenção de benefício previdenciário." [Ref.: CF/1988, art. 202; LC nº 16/1973; Lei nº 8.213/1991, art. 55, § 3º; Decreto-Lei nº 83.080/1979, art. 57, § 5º.]

Nº 154: "Os optantes pelo FGTS, nos termos da Lei nº 5.958, de 1973, têm direito à taxa progressiva dos juros, na forma do art. 4º da Lei nº 5.107, de 1966." [Ref.: Lei nº 5.107/1966, art. 4º; Lei nº 5.705/1971, arts. 1º e 2º, Lei nº 5.958/1973, art. 1º.]

Nº 159: "O benefício acidentário, no caso de contribuinte que percebe remuneração variável, deve ser calculado com base na média aritmética dos últimos 12 meses de contribuição." [Ref.: Lei nº 6.367/1976, art. 5º, § 4º, I e II; Lei nº 8.213/1991, art. 30.]

Nº 161: "É da competência da Justiça estadual autorizar o levantamento dos valores relativos ao PIS/PASEP e FGTS, em decorrência do falecimento do titular da conta." [Ref.: Lei nº 6.858/1980, art. 1º; Decreto nº 85.845/1981, arts. 1º, parágrafo único, item III, e 2º.]

Nº 170: "Compete ao juízo onde primeiro for intentada a ação envolvendo acumulação de pedidos trabalhista e estatutário, decidi-la nos limites da sua jurisdição, sem prejuízo do ajuizamento de nova causa, com o pedido remanescente, no juízo próprio."

Nº 175: "Descabe o depósito prévio nas ações rescisórias propostas pelo INSS." [Ref.: CPC, art. 488, II; Lei nº 8.620/1993, art. 8º.]

Nº 178: "O INSS não goza de isenção do pagamento de custas e emolumentos, nas ações acidentárias e de benefícios propostas na Justiça estadual." [Ref.: CF/1988, art. 24, IV; Lei nº 8.620/1993, art. 8º, § 1º.]

Nº 180: "Na lide trabalhista, compete ao Tribunal Regional do Trabalho dirimir conflito de competência verificado, na respectiva região, entre juiz estadual e junta de conciliação e julgamento." [Ref.: CLT, arts. 668, 803 e 808, a.]

Nº 204: "Os juros de mora nas ações relativas a benefícios previdenciários incidem a partir da citação válida." [Ref.: CPC, art. 219; CC, art. 1.536, § 2º.]

Nº 210: "A ação de cobrança das contribuições para o FGTS prescreve em trinta (30) anos." [Ref.: CTN, arts. 173 e 174; Lei nº 3.807/1960, art. 144; Lei nº 6.830/1980, art. 2º, § 9º; EC nº 8, de 1977.]

Nº 218: *"Compete à justiça dos estados processar e julgar ação de servidor estadual decorrente de direitos e vantagens estatutárias no exercício de cargo em comissão."* [Ref.: Estatuto dos Funcionários Públicos Estaduais.]

Nº 222: *"Compete à justiça comum processar e julgar as ações relativas à contribuição sindical prevista no art. 578 da CLT."* [Ref.: CF/1988, art. 114; CLT, art. 578; Lei nº 8.984/1995.]

Nº 225: *"Compete ao Tribunal Regional do Trabalho apreciar recurso contra sentença proferida por órgão de primeiro grau da justiça trabalhista, ainda que para declarar-lhe a nulidade em virtude de incompetência."*

Nº 226: *"O ministério público tem legitimidade para recorrer na ação de acidente do trabalho, ainda que o segurado esteja assistido por advogado."* [Ref.: CPC, arts. 82, III, in fine e 499.]

Nº 229: *"O pedido do pagamento de indenização à seguradora suspende o prazo de prescrição até que o segurado tenha ciência da decisão."*

Nº 230: *"Compete à justiça estadual processar e julgar ação movida por trabalhador avulso portuário, em que se impugna ato do órgão gestor de mão-de-obra de que resulte óbice ao exercício de sua profissão."* [Ref.: Lei nº 8.630/1993, art. 20.]

Nº 236: *"Não compete ao Superior Tribunal de Justiça dirimir conflitos de competência entre juízes trabalhistas vinculados a tribunais do trabalho diversos."*

Nº 242: *"Cabe ação declaratória para reconhecimento de tempo de serviço para fins previdenciários."* [Ref.: CPC/73, art. 4º, inciso I.]

Nº 252: *"Os saldos das contas do FGTS, pela legislação infraconstitucional, são corrigidos em 42,72% (IPC) quanto às perdas de janeiro de 1989 e 44,80% (IPC) quanto às de abril de1990, acolhidos pelo STJ os índices de 18,02% (LBC) quanto às perdas de junho de 1987, de 5,38% (BTN) para maio de 1990 e 7,00% (TR) para fevereiro de 1991, de acordo com o entendimento do STF (RE 226.855-7-RS)."*

Nº 272: *"O trabalhador rural, na condição de segurado especial, sujeito à contribuição obrigatória sobre a produção rural comercializada, somente faz jus à aposentadoria por tempo de serviço, se recolher contribuições facultativas."* [Ref.: CF/1988, art. 195, § 8º; Lei nº 8.213/1991, arts. 11, VII; 24; 25, II; 26, III; 39, I e II, e 52.]

Nº 278: *"O termo inicial do prazo prescricional, na ação de indenização, é a data em que o segurado teve ciência inequívoca da incapacidade laboral."* [Ref.: Lei nº 3.071/1916, CC, art. 178, § 6º, II; Súmulas STJ nºs 101 e 229.]

TÍTULO VII
APÊNDICE
LEGISLAÇÃO

LEI Nº 9.099, DE 26 DE SETEMBRO DE 1995

Dispõe sobre os Juizados Especiais Cíveis e Criminais e dá outras providências.

O Presidente da República
Faço saber que o Congresso Nacional decreta e eu sanciono a seguinte Lei:

CAPÍTULO I – DISPOSIÇÕES GERAIS

Art. 1º. Os Juizados Especiais Cíveis e Criminais, órgãos da Justiça Ordinária, serão criados pela União, no Distrito Federal e nos Territórios, e pelos Estados, para conciliação, processo, julgamento e execução, nas causas de sua competência.

Art. 2º. O processo orientar-se-á pelos critérios da oralidade, simplicidade, informalidade, economia processual e celeridade, buscando, sempre que possível, a conciliação ou a transação.

CAPÍTULO II – DOS JUIZADOS ESPECIAIS CÍVEIS

Seção I – Da Competência

Art. 3º. O Juizado Especial Cível tem competência para conciliação, processo e julgamento das causas cíveis de menor complexidade, assim consideradas:

I – as causas cujo valor não exceda a quarenta vezes o salário mínimo;

II – as enumeradas no art. 275, inciso II, do Código de Processo Civil;

III – a ação de despejo para uso próprio;

IV – as ações possessórias sobre bens imóveis de valor não excedente ao fixado no inciso I deste artigo.

§ 1º. Compete ao Juizado Especial promover a execução:

I – dos seus julgados;

II – dos títulos executivos extrajudiciais, no valor de até quarenta vezes o salário mínimo, observado o disposto no § 1º do art. 8º desta Lei.

§ 2º. Ficam excluídas da competência do Juizado Especial as causas de natureza alimentar, falimentar, fiscal e de interesse da Fazenda Pública, e também as relativas a acidentes de trabalho, a resíduos e ao estado e capacidade das pessoas, ainda que de cunho patrimonial.

§ 3º. A opção pelo procedimento previsto nesta Lei importará em renúncia ao crédito excedente ao limite estabelecido neste artigo, excetuada a hipótese de conciliação.

Art. 4º. É competente, para as causas previstas nesta Lei, o Juizado do foro:

I – do domicílio do réu ou, a critério do autor, do local onde aquele exerça atividades profissionais ou econômicas ou mantenha estabelecimento, filial, agência, sucursal ou escritório;

II – do lugar onde a obrigação deva ser satisfeita;

III – do domicílio do autor ou do local do ato ou fato, nas ações para reparação de dano de qualquer natureza.

Parágrafo único. Em qualquer hipótese, poderá a ação ser proposta no foro previsto no inciso I deste artigo.

Seção II – Do Juiz, dos Conciliadores e dos Juízes Leigos

Art. 5º. O Juiz dirigirá o processo com liberdade para determinar as provas a serem produzidas, para apreciá-las e para dar especial valor às regras de experiência comum ou técnica.

Art. 6º. O Juiz adotará em cada caso a decisão que reputar mais justa e equânime, atendendo aos fins sociais da lei e às exigências do bem comum.

Art. 7º. Os conciliadores e Juízes leigos são auxiliares da Justiça, recrutados, os primeiros, preferencialmente, entre os bacharéis em Direito, e os segundos, entre advogados com mais de cinco anos de experiência.

Parágrafo único. Os Juízes leigos ficarão impedidos de exercer a advocacia perante os Juizados Especiais, enquanto no desempenho de suas funções.

Seção III – Das Partes

Art. 8º. Não poderão ser partes, no processo instituído por esta Lei, o incapaz, o preso, as pessoas jurídicas de direito público, as empresas públicas da União, a massa falida e o insolvente civil.

§ 1º. Somente as pessoas físicas capazes serão admitidas a propor ação perante o Juizado Especial, excluídos os cessionários de direito de pessoas jurídicas.

- *Lei nº 9.841, de 4.10.1999: "Art. 38. Aplica-se às microempresas o disposto no §1º do art. 8º da Lei nº 9.099, de 26 de setembro de 1995, passando essas empresas, assim como as pessoas físicas capazes, a serem admitidas a proporem ação perante o Juizado Especial, excluídos os cessionários de direito de pessoas jurídicas."*

§ 2º. O maior de dezoito anos poderá ser autor, independentemente de assistência, inclusive para fins de conciliação.

Art. 9º. Nas causas de valor até vinte salários mínimos, as partes comparecerão pessoalmente, podendo ser assistidas por advogado; nas de valor superior, a assistência é obrigatória.

§ 1º. Sendo facultativa a assistência, se uma das partes comparecer assistida por advogado, ou se o réu for pessoa jurídica ou firma individual, terá a outra parte, se quiser, assistência judiciária prestada por órgão instituído junto ao Juizado Especial, na forma da lei local.

§ 2º. O Juiz alertará as partes da conveniência do patrocínio por advogado, quando a causa o recomendar.

§ 3º. O mandato ao advogado poderá ser verbal, salvo quanto aos poderes especiais.

§ 4º. O réu, sendo pessoa jurídica ou titular de firma individual, poderá ser representado por preposto credenciado.

Art. 10. Não se admitirá, no processo, qualquer forma de intervenção de terceiro nem de assistência. Admitir-se-á o litisconsórcio.

Art. 11. O Ministério Público intervirá nos casos previstos em lei.

Seção IV – Dos Atos Processuais

Art. 12. Os atos processuais serão públicos e poderão realizar-se em horário noturno, conforme dispuserem as normas de organização judiciária.

Art. 13. Os atos processuais serão válidos sempre que preencherem as finalidades para as quais forem realizados, atendidos os critérios indicados no art. 2º desta Lei.

§ 1º. Não se pronunciará qualquer nulidade sem que tenha havido prejuízo.

§ 2º. A prática de atos processuais em outras comarcas poderá ser solicitada por qualquer meio idôneo de comunicação.

§ 3º. Apenas os atos considerados essenciais serão registrados resumidamente, em notas manuscritas, datilografadas, taquigrafadas ou estenotipadas. Os demais atos poderão ser gravados em fita magnética ou equivalente, que será inutilizada após o trânsito em julgado da decisão.

§ 4º. As normas locais disporão sobre a conservação das peças do processo e demais documentos que o instruem.

Seção V – Do Pedido

Art. 14. O processo instaurar-se-á com a apresentação do pedido, escrito ou oral, à Secretaria do Juizado.

§ 1º. Do pedido constarão, de forma simples e em linguagem acessível:

I – o nome, a qualificação e o endereço das partes;

II – os fatos e os fundamentos, de forma sucinta;

III – o objeto e seu valor.

§ 2º. É lícito formular pedido genérico quando não for possível determinar, desde logo, a extensão da obrigação.

§ 3º. O pedido oral será reduzido a escrito pela Secretaria do Juizado, podendo ser utilizado o sistema de fichas ou formulários impressos.

Art. 15. Os pedidos mencionados no art. 3º desta Lei poderão ser alternativos ou cumulados; nesta última hipótese, desde que conexos e a soma não ultrapasse o limite fixado naquele dispositivo.

Art. 16. Registrado o pedido, independentemente de distribuição e autuação, a Secretaria do Juizado designará a sessão de conciliação, a realizar-se no prazo de quinze dias.

Art. 17. Comparecendo inicialmente ambas as partes, instaurar-se-á, desde logo, a sessão de conciliação, dispensados o registro prévio de pedido e a citação.

Parágrafo único. Havendo pedidos contrapostos, poderá ser dispensada a contestação formal e ambos serão apreciados na mesma sentença.

Seção VI – Das Citações e Intimações

Art. 18. A citação far-se-á:

I – por correspondência, com aviso de recebimento em mão própria;

II – tratando-se de pessoa jurídica ou firma individual, mediante entrega ao encarregado da recepção, que será obrigatoriamente identificado;

III – sendo necessário, por oficial de justiça, independentemente de mandado ou carta precatória.

§ 1º. A citação conterá cópia do pedido inicial, dia e hora para comparecimento do citando e advertência de que, não comparecendo este, considerar-se-ão verdadeiras as alegações iniciais, e será proferido julgamento, de plano.

§ 2º. Não se fará citação por edital.

§ 3º. O comparecimento espontâneo suprirá a falta ou nulidade da citação.

Art. 19. As intimações serão feitas na forma prevista para citação, ou por qualquer outro meio idôneo de comunicação.

§ 1º. Dos atos praticados na audiência, considerar-se-ão desde logo cientes as partes.

§ 2º. As partes comunicarão ao juízo as mudanças de endereço ocorridas no curso do processo, reputando-se eficazes as intimações enviadas ao local anteriormente indicado, na ausência da comunicação.

Seção VII – Da Revelia

Art. 20. Não comparecendo o demandado à sessão de conciliação ou à audiência de instrução e julgamento, reputar-se-ão verdadeiros os fatos alegados no pedido inicial, salvo se o contrário resultar da convicção do Juiz.

Seção VIII – Da Conciliação e do Juízo Arbitral

Art. 21. Aberta a sessão, o Juiz togado ou leigo esclarecerá as partes presentes sobre as vantagens da conciliação, mostrando-lhes os riscos e as conseqüências do litígio, especialmente quanto ao disposto no § 3º do art. 3º desta Lei.

Art. 22. A conciliação será conduzida pelo Juiz togado ou leigo ou por conciliador sob sua orientação.

Parágrafo único. Obtida a conciliação, esta será reduzida a escrito e homologada pelo Juiz togado, mediante sentença com eficácia de título executivo.

Art. 23. Não comparecendo o demandado, o Juiz togado proferirá sentença.

Art. 24. Não obtida a conciliação, as partes poderão optar, de comum acordo, pelo juízo arbitral, na forma prevista nesta Lei.

APÊNDICE - LEGISLAÇÃO

§ 1º. O juízo arbitral considerar-se-á instaurado, independentemente de termo de compromisso, com a escolha do árbitro pelas partes. Se este não estiver presente, o Juiz convocá-lo-á e designará, de imediato, a data para a audiência de instrução.

§ 2º. O árbitro será escolhido dentre os juízes leigos.

Art. 25. O árbitro conduzirá o processo com os mesmos critérios do Juiz, na forma dos arts. 5º e 6º desta Lei, podendo decidir por eqüidade.

Art. 26. Ao término da instrução, ou nos cinco dias subseqüentes, o árbitro apresentará o laudo ao Juiz togado para homologação por sentença irrecorrível.

Seção IX – Da Instrução e Julgamento

Art. 27. Não instituído o juízo arbitral, proceder-se-á imediatamente à audiência de instrução e julgamento, desde que não resulte prejuízo para a defesa.

Parágrafo único. Não sendo possível a sua realização imediata, será a audiência designada para um dos quinze dias subseqüentes, cientes, desde logo, as partes e testemunhas eventualmente presentes.

Art. 28. Na audiência de instrução e julgamento serão ouvidas as partes, colhida a prova e, em seguida, proferida a sentença.

Art. 29. Serão decididos de plano todos os incidentes que possam interferir no regular prosseguimento da audiência. As demais questões serão decididas na sentença.

Parágrafo único. Sobre os documentos apresentados por uma das partes, manifestar-se-á imediatamente a parte contrária, sem interrupção da audiência.

Seção X – Da Resposta do Réu

Art. 30. A contestação, que será oral ou escrita, conterá toda matéria de defesa, exceto argüição de suspeição ou impedimento do Juiz, que se processará na forma da legislação em vigor.

Art. 31. Não se admitirá a reconvenção. É lícito ao réu, na contestação, formular pedido em seu favor, nos limites do art. 3º desta Lei, desde que fundado nos mesmos fatos que constituem objeto da controvérsia.

Parágrafo único. O autor poderá responder ao pedido do réu na própria audiência ou requerer a designação da nova data, que será desde logo fixada, cientes todos os presentes.

Seção XI – Das Provas

Art. 32. Todos os meios de prova moralmente legítimos, ainda que não especificados em lei, são hábeis para provar a veracidade dos fatos alegados pelas partes.

Art. 33. Todas as provas serão produzidas na audiência de instrução e julgamento, ainda que não requeridas previamente, podendo o Juiz limitar ou excluir as que considerar excessivas, impertinentes ou protelatórias.

Art. 34. As testemunhas, até o máximo de três para cada parte, comparecerão à audiência de instrução e julgamento levadas pela parte que as tenha arrolado, independentemente de intimação, ou mediante esta, se assim for requerido.

§ 1º. O requerimento para intimação das testemunhas será apresentado à Secretaria no mínimo cinco dias antes da audiência de instrução e julgamento.

§ 2º. Não comparecendo a testemunha intimada, o Juiz poderá determinar sua imediata condução, valendo-se, se necessário, do concurso da força pública.

Art. 35. Quando a prova do fato exigir, o Juiz poderá inquirir técnicos de sua confiança, permitida às partes a apresentação de parecer técnico.

Parágrafo único. No curso da audiência, poderá o Juiz, de ofício ou a requerimento das partes, realizar inspeção em pessoas ou coisas, ou determinar que o faça pessoa de sua confiança, que lhe relatará informalmente o verificado.

Art. 36. A prova oral não será reduzida a escrito, devendo a sentença referir, no essencial, os informes trazidos nos depoimentos.

Art. 37. A instrução poderá ser dirigida por Juiz leigo, sob a supervisão de Juiz togado.

Seção XII – Da Sentença

Art. 38. A sentença mencionará os elementos de convicção do Juiz, com breve resumo dos fatos relevantes ocorridos em audiência, dispensado o relatório.

Parágrafo único. Não se admitirá sentença condenatória por quantia ilíquida, ainda que genérico o pedido.

Art. 39. É ineficaz a sentença condenatória na parte que exceder a alçada estabelecida nesta Lei.

Art. 40. O Juiz leigo que tiver dirigido a instrução proferirá sua decisão e imediatamente a submeterá ao Juiz togado, que poderá homologá-la, proferir outra em substituição ou, antes de se manifestar, determinar a realização de atos probatórios indispensáveis.

Art. 41. Da sentença, excetuada a homologatória de conciliação ou laudo arbitral, caberá recurso para o próprio Juizado.

§ 1º. O recurso será julgado por uma turma composta por três Juízes togados, em exercício no primeiro grau de jurisdição, reunidos na sede do Juizado.

§ 2º. No recurso, as partes serão obrigatoriamente representadas por advogado.

Art. 42. O recurso será interposto no prazo de dez dias, contados da ciência da sentença, por petição escrita, da qual constarão as razões e o pedido do recorrente.

§ 1º. O preparo será feito, independentemente de intimação, nas quarenta e oito horas seguintes à interposição, sob pena de deserção.

§ 2º. Após o preparo, a Secretaria intimará o recorrido para oferecer resposta escrita no prazo de dez dias.

Art. 43. O recurso terá somente efeito devolutivo, podendo o Juiz dar-lhe efeito suspensivo, para evitar dano irreparável para a parte.

Art. 44. As partes poderão requerer a transcrição da gravação da fita magnética a que alude o § 3º do art. 13 desta Lei, correndo por conta do requerente as despesas respectivas.

Art. 45. As partes serão intimadas da data da sessão de julgamento.

Art. 46. O julgamento em segunda instância constará apenas da ata, com a indicação suficiente do processo, fundamentação sucinta e parte dispositiva. Se a sentença for confirmada pelos próprios fundamentos, a súmula do julgamento servirá de acórdão.

Art. 47. (Vetado).

Seção XIII – Dos Embargos de Declaração

Art. 48. Caberão embargos de declaração quando, na sentença ou acórdão, houver obscuridade, contradição, omissão ou dúvida.

Parágrafo único. Os erros materiais podem ser corrigidos de ofício.

Art. 49. Os embargos de declaração serão interpostos por escrito ou oralmente, no prazo de cinco dias, contados da ciência da decisão.

Art. 50. Quando interpostos contra sentença, os embargos de declaração suspenderão o prazo para recursos.

Seção XIV – Da Extinção do Processo sem Julgamento do Mérito

Art. 51. Extingue-se o processo, além dos casos previstos em lei:

I – quando o autor deixar de comparecer a qualquer das audiências do processo;

II – quando inadmissível o procedimento instituído por esta Lei ou seu prosseguimento, após a conciliação;

III – quando for reconhecida a incompetência territorial;

IV – quando sobrevier qualquer dos impedimentos previstos no art. 8º desta Lei;

V – quando, falecido o autor, a habilitação depender de sentença ou não se der no prazo de trinta dias;

VI – quando, falecido o réu, o autor não promover a citação dos sucessores no prazo de trinta dias da ciência do fato.

§ 1º. A extinção do processo independerá, em qualquer hipótese, de prévia intimação pessoal das partes.

§ 2º. No caso do inciso I deste artigo, quando comprovar que a ausência decorre de força maior, a parte poderá ser isentada, pelo Juiz, do pagamento das custas.

Seção XV – Da Execução

Art. 52. A execução da sentença processar-se-á no próprio Juizado, aplicando-se, no que couber, o disposto no Código de Processo Civil, com as seguintes alterações:

I – as sentenças serão necessariamente líquidas, contendo a conversão em Bônus do Tesouro Nacional – BTN ou índice equivalente;

II – os cálculos de conversão de índices, de honorários, de juros e de outras parcelas serão efetuados por servidor judicial;

III – a intimação da sentença será feita, sempre que possível, na própria audiência em que for proferida. Nessa intimação, o vencido será instado a cumprir a sentença tão logo ocorra seu trânsito em julgado, e advertido dos efeitos do seu descumprimento (inciso V);

IV – não cumprida voluntariamente a sentença transitada em julgado, e tendo havido solicitação do interessado, que poderá ser verbal, proceder-se-á desde logo à execução, dispensada nova citação;

V – nos casos de obrigação de entregar, de fazer, ou de não fazer, o Juiz, na sentença ou na fase de execução, cominará multa diária, arbitrada de acordo com as condições econômicas do devedor, para a hipótese de inadimplemento. Não cumprida a obrigação, o credor poderá requerer a elevação da multa ou a transformação da condenação em perdas e danos, que o Juiz de imediato arbitrará, seguindo-se a execução por quantia certa, incluída a multa vencida de obrigação de dar, quando evidenciada a malícia do devedor na execução do julgado;

VI – na obrigação de fazer, o Juiz pode determinar o cumprimento por outrem, fixado o valor que o devedor deve depositar para as despesas, sob pena de multa diária;

VII – na alienação forçada dos bens, o Juiz poderá autorizar o devedor, o credor ou terceira pessoa idônea a tratar da alienação do bem penhorado, a qual se aperfeiçoará em juízo até a data fixada para a praça ou leilão. Sendo o preço inferior ao da avaliação, as partes serão ouvidas. Se o pagamento não for à vista, será oferecida caução idônea, nos casos de alienação de bem móvel, ou hipotecado o imóvel;

VIII – é dispensada a publicação de editais em jornais, quando se tratar de alienação de bens de pequeno valor;

IX – o devedor poderá oferecer embargos, nos autos da execução, versando sobre:

a) falta ou nulidade da citação no processo, se ele correu à revelia;

b) manifesto excesso de execução;

c) erro de cálculo;

d) causa impeditiva, modificativa ou extintiva da obrigação, superveniente à sentença.

Art. 53. A execução de título executivo extrajudicial, no valor de até quarenta salários mínimos, obedecerá ao disposto no Código de Processo Civil, com as modificações introduzidas por esta Lei.

§ 1º. Efetuada a penhora, o devedor será intimado a comparecer à audiência de conciliação, quando poderá oferecer embargos (art. 52, IX), por escrito ou verbalmente.

§ 2º. Na audiência, será buscado o meio mais rápido e eficaz para a solução do litígio, se possível com dispensa da alienação judicial, devendo o conciliador propor, entre outras medidas cabíveis, o pagamento do débito a prazo ou a prestação, a dação em pagamento ou a imediata adjudicação do bem penhorado.

§ 3º. Não apresentados os embargos em audiência, ou julgados improcedentes, qualquer das partes poderá requerer ao Juiz a adoção de uma das alternativas do parágrafo anterior.

§ 4º. Não encontrado o devedor ou inexistindo bens penhoráveis, o processo será imediatamente extinto, devolvendo-se os documentos ao autor.

Seção XVI – Das Despesas

Art. 54. O acesso ao Juizado Especial independerá, em primeiro grau de jurisdição, do pagamento de custas, taxas ou despesas.

Parágrafo único. O preparo do recurso, na forma do § 1º do art. 42 desta Lei, compreenderá todas as despesas processuais, inclusive aquelas dispensadas em primeiro grau de jurisdição, ressalvada a hipótese de assistência judiciária gratuita.

Art. 55. A sentença de primeiro grau não condenará o vencido em custas e honorários de advogado, ressalvados os casos de litigância de má-fé. Em segundo grau, o recorrente, vencido, pagará as custas e honorários de advogado, que serão fixados entre dez por cento e vinte por cento do valor de condenação ou, não havendo condenação, do valor corrigido da causa.

Parágrafo único. Na execução não serão contadas custas, salvo quando:

I – reconhecida a litigância de má-fé;

II – improcedentes os embargos do devedor;

III – tratar-se de execução de sentença que tenha sido objeto de recurso improvido do devedor.

Seção XVII – Disposições Finais

Art. 56. Instituído o Juizado Especial, serão implantadas as curadorias necessárias e o serviço de assistência judiciária.

Art. 57. O acordo extrajudicial, de qualquer natureza ou valor, poderá ser homologado, no juízo competente, independentemente de termo, valendo a sentença como título executivo judicial.

Parágrafo único. Valerá como título extrajudicial o acordo celebrado pelas partes, por instrumento escrito, referendado pelo órgão competente do Ministério Público.

Art. 58. As normas de organização judiciária local poderão estender a conciliação prevista nos arts. 22 e 23 a causas não abrangidas por esta Lei.

Art. 59. Não se admitirá ação rescisória nas causas sujeitas ao procedimento instituído por esta Lei.

CAPÍTULO III – DOS JUIZADOS ESPECIAIS CRIMINAIS

DISPOSIÇÕES GERAIS

Art. 60. O Juizado Especial Criminal, provido por Juízes togados ou togados e leigos, tem competência para a conciliação, o julgamento e a execução das infrações penais de menor potencial ofensivo.

Art. 61. Consideram-se infrações penais de menor potencial ofensivo, para os efeitos desta Lei, as contravenções penais e os crimes a que a lei comine pena máxima não superior a um ano, excetuados os casos em que a lei preveja procedimento especial.

• *A Lei nº 10.259, de 12.7.2001, dispõe em art. 2º: "Parágrafo único. Consideram-se infrações de menor potencial ofensivo, para os efeitos desta Lei, os crimes a que a lei comine pena máxima não superior a dois anos, ou multa."*

Art. 62. O processo perante o Juizado Especial orientar-se-á pelos critérios da oralidade, informalidade, economia processual e celeridade, objetivando, sempre que possível, a reparação dos danos sofridos pela vítima e a aplicação de pena não privativa de liberdade.

Seção I – Da Competência e dos Atos Processuais

Art. 63. A competência do Juizado será determinada pelo lugar em que foi praticada a infração penal.

Art. 64. Os atos processuais serão públicos e poderão realizar-se em horário noturno e em qualquer dia da semana, conforme dispuserem as normas de organização judiciária.

Art. 65. Os atos processuais serão válidos sempre que preencherem as finalidades para as quais foram realizados, atendidos os critérios indicados no art. 62 desta Lei.

§ 1º. Não se pronunciará qualquer nulidade sem que tenha havido prejuízo.

§ 2º. A prática de atos processuais em outras comarcas poderá ser solicitada por qualquer meio hábil de comunicação.

§ 3º. Serão objeto de registro escrito exclusivamente os atos havidos por essenciais. Os atos realizados em audiência de instrução e julgamento poderão ser gravados em fita magnética ou equivalente.

Art. 66. A citação será pessoal e far-se-á no próprio Juizado, sempre que possível, ou por mandado.

Parágrafo único. Não encontrado o acusado para ser citado, o Juiz encaminhará as peças existentes ao Juízo comum para adoção do procedimento previsto em lei.

Art. 67. A intimação far-se-á por correspondência, com aviso de recebimento pessoal ou, tratando-se de pessoa jurídica ou firma individual, mediante entrega ao encarregado da recepção, que será obrigatoriamente identificado, ou, sendo necessário, por oficial de justiça, independentemente de mandado ou carta precatória, ou ainda por qualquer meio idôneo de comunicação.

Parágrafo único. Dos atos praticados em audiência considerar-se-ão desde logo cientes as partes, os interessados e defensores.

Art. 68. Do ato de intimação do autor do fato e do mandado de citação do acusado, constará a necessidade de seu comparecimento acompanhado de advogado, com a advertência de que, na sua falta, ser-lhe-á designado defensor público.

Seção II – Da Fase Preliminar

Art. 69. A autoridade policial que tomar conhecimento da ocorrência lavrará termo circunstanciado e o encaminhará imediatamente ao Juizado, com o autor do fato e a vítima, providenciando-se as requisições dos exames periciais necessários.

Parágrafo único. Ao autor do fato que, após a lavratura do termo, for imediatamente encaminhado ao juizado ou assumir o compromisso de a ele comparecer, não se imporá prisão em flagrante, nem se exigirá fiança. Em caso de violência doméstica, o juiz poderá determinar, como medida de cautela, seu afastamento do lar, domicílio ou local de convivência com a vítima.

• *Parágrafo único com redação dada pela Lei nº 10.455, de 13.5.2002.*

Art. 70. Comparecendo o autor do fato e a vítima, e não sendo possível a realização imediata da audiência preliminar, será designada data próxima, da qual ambos sairão cientes.

Art. 71. Na falta do comparecimento de qualquer dos envolvidos, a Secretaria providenciará sua intimação e, se for o caso, a do responsável civil, na forma dos arts. 67 e 68 desta Lei.

Art. 72. Na audiência preliminar, presente o representante do Ministério Público, o autor do fato e a vítima e, se possível, o responsável civil, acompanhados por seus advogados, o Juiz esclarecerá sobre a possibilidade da composição dos danos e da aceitação da proposta de aplicação imediata de pena não privativa de liberdade.

Art. 73. A conciliação será conduzida pelo Juiz ou por conciliador sob sua orientação.

Parágrafo único. Os conciliadores são auxiliares da Justiça, recrutados, na forma da lei local, preferentemente entre bacharéis em Direito, excluídos os que exerçam funções na administração da Justiça Criminal.

Art. 74. A composição dos danos civis será reduzida a escrito e, homologada pelo Juiz mediante sentença irrecorrível, terá eficácia de título a ser executado no juízo civil competente.

Parágrafo único. Tratando-se de ação penal de iniciativa privada ou de ação penal pública condicionada à representação, o acordo homologado acarreta a renúncia ao direito de queixa ou representação.

Art. 75. Não obtida a composição dos danos civis, será dada imediatamente ao ofendido a oportunidade de exercer o direito de representação verbal, que será reduzida a termo.

Parágrafo único. O não oferecimento da representação na audiência preliminar não implica decadência do direito, que poderá ser exercido no prazo previsto em lei.

Art. 76. Havendo representação ou tratando-se de crime de ação penal pública incondicionada, não sendo caso de arquivamento, o Ministério Público poderá propor a aplicação imediata de pena restritiva de direitos ou multas, a ser especificada na proposta.

§ 1º. Nas hipóteses de ser a pena de multa a única aplicável, o Juiz poderá reduzi-la até a metade.

§ 2º. Não se admitirá a proposta se ficar comprovado:

I – ter sido o autor da infração condenado, pela prática de crime, à pena privativa de liberdade, por sentença definitiva;

II – ter sido o agente beneficiado anteriormente, no prazo de cinco anos, pela aplicação de pena restritiva ou multa, nos termos deste artigo;

III – não indicarem os antecedentes, a conduta social e a personalidade do agente, bem como os motivos e as circunstâncias, ser necessária e suficiente a adoção da medida.

§ 3º. Aceita a proposta pelo autor da infração e seu defensor, será submetida à apreciação do Juiz.

§ 4º. Acolhendo a proposta do Ministério Público aceita pelo autor da infração, o Juiz aplicará a pena restritiva de direitos ou multa, que não importará em reincidência, sendo registrada apenas para impedir novamente o mesmo benefício no prazo de cinco anos.

§ 5º. Da sentença prevista no parágrafo anterior caberá a apelação referida no art. 82 desta Lei.

§ 6º. A imposição da sanção de que trata o § 4º deste artigo não constará de certidão de antecedentes criminais, salvo para os fins previstos no mesmo dispositivo, e não terá efeitos civis, cabendo aos interessados propor ação cabível no juízo cível.

Seção III – Do Procedimento Sumariíssimo

Art. 77. Na ação penal de iniciativa pública, quando não houver aplicação de pena, pela ausência do autor do fato, ou pela não ocorrência da hipótese prevista no art. 76 desta Lei, o Ministério Público oferecerá ao Juiz, de imediato, denúncia oral, se não houver necessidade de diligências imprescindíveis.

§ 1º. Para o oferecimento da denúncia, que será elaborada com base no termo de ocorrência referido no art. 69 desta Lei, com dispensa do inquérito policial, prescindir-se-á do exame do corpo de delito quando a materialidade do crime estiver aferida por boletim médico ou prova equivalente.

§ 2º. Se a complexidade ou circunstâncias do caso não permitirem a formulação da denúncia, o Ministério Público poderá requerer ao Juiz o encaminhamento das peças existentes, na forma do parágrafo único do art. 66 desta Lei.

§ 3º. Na ação penal de iniciativa do ofendido poderá ser oferecida queixa oral, cabendo ao Juiz verificar se a complexidade e as circunstâncias do caso determinam a adoção das providências previstas no parágrafo único do art. 66 desta Lei.

Art. 78. Oferecida a denúncia ou queixa, será reduzida a termo, entregando-se cópia ao acusado, que com ela ficará citado e imediatamente cientificado da designação de dia e hora para a audiência de instrução e julgamento, da qual também tomarão ciência o Ministério Público, o ofendido, o responsável civil e seus advogados.

§ 1º. Se o acusado não estiver presente, será citado na forma dos arts. 66 e 68 desta Lei e cientificado da data da audiência de instrução e julgamento, devendo a ela trazer suas testemunhas ou apresentar requerimento para intimação, no mínimo cinco dias antes de sua realização.

§ 2º. Não estando presentes o ofendido e o responsável civil, serão intimados nos termos do art. 77 desta Lei para comparecerem à audiência de instrução e julgamento.

§ 3º. As testemunhas arroladas serão intimadas na forma prevista no art. 67 desta Lei.

Art. 79. No dia e hora designados para a audiência de instrução e julgamento, se na fase preliminar não tiver havido possibilidade de tentativa de conciliação e de oferecimento de proposta pelo Ministério Público, proceder-se-á nos termos dos arts. 72, 73, 74 e 75 desta Lei.

Art. 80. Nenhum ato será adiado, determinando o Juiz, quando imprescindível, a condução coercitiva de quem deva comparecer.

Art. 81. Aberta a audiência, será dada a palavra ao defensor para responder à acusação, após o que o Juiz receberá, ou não, a denúncia ou queixa; havendo recebimento, serão ouvidas a vítima e as testemunhas de acusação e defesa, interrogando-se a seguir o acusado, se presente, passando-se imediatamente aos debates orais e à prolação da sentença.

§ 1º. Todas as provas serão produzidas na audiência de instrução e julgamento, podendo o Juiz limitar ou excluir as que considerar excessivas, impertinentes ou protelatórias.

§ 2º. De todo o ocorrido na audiência será lavrado termo, assinado pelo Juiz e pelas partes, contendo breve resumo dos fatos relevantes ocorridos em audiência e a sentença.

§ 3º. A sentença, dispensado o relatório, mencionará os elementos de convicção do Juiz.

Art. 82. Da decisão de rejeição da denúncia ou queixa e da sentença caberá apelação, que poderá ser julgada por turma composta de três Juízes em exercício no primeiro grau de jurisdição, reunidos na sede do Juizado.

§ 1º. A apelação será interposta no prazo de dez dias, contados da ciência da sentença pelo Ministério Público, pelo réu e seu defensor, por petição escrita, da qual constarão as razões e o pedido do recorrente.

§ 2º. O recorrido será intimado para oferecer resposta escrita no prazo de dez dias.

§ 3º. As partes poderão requerer a transcrição da gravação da fita magnética a que alude o § 3º do art. 65 desta Lei.

§ 4º. As partes serão intimadas da data da sessão de julgamento pela imprensa.

§ 5º. Se a sentença for confirmada pelos próprios fundamentos, a súmula do julgamento servirá de acórdão.

Art. 83. Caberão embargos de declaração quando, em sentença ou acórdão, houver obscuridade, contradição, omissão ou dúvida.

§ 1º. Os embargos de declaração serão opostos por escrito ou oralmente, no prazo de cinco dias, contados da ciência da decisão.

§ 2º. Quando opostos contra sentença, os embargos de declaração suspenderão o prazo para o recurso.

§ 3º. Os erros materiais podem ser corrigidos de ofício.

Seção IV – Da Execução

Art. 84. Aplicada exclusivamente pena de multa, seu cumprimento far-se-á mediante pagamento na Secretaria do Juizado.

Parágrafo único. Efetuado o pagamento, o Juiz declarará extinta a punibilidade, determinando que a condenação não fique constando dos registros criminais, exceto para fins de requisição judicial.

Art. 85. Não efetuado o pagamento de multa, será feita a conversão em pena privativa da liberdade, ou restritiva de direitos, nos termos previstos em lei.

Art. 86. A execução das penas privativas de liberdade e restritivas de direitos, ou de multa cumulada com estas, será processada perante o órgão competente, nos termos da lei.

Seção V – Das Despesas Processuais

Art. 87. Nos casos de homologação do acordo civil e aplicação de pena restritiva de direitos ou multa (arts. 74 e 76, § 4º), as despesas processuais serão reduzidas, conforme dispuser lei estadual.

Seção VI – Disposições Finais

Art. 88. Além das hipóteses do Código Penal e da legislação especial, dependerá de representação a ação penal relativa aos crimes de lesões corporais leves e lesões culposas.

Art. 89. Nos crimes em que a pena mínima cominada for igual ou inferior a um ano, abrangidas ou não por esta Lei, o Ministério Público, ao oferecer a denúncia, poderá propor a suspensão do processo, por dois a quatro anos, desde que o acusado não esteja sendo processado ou não tenha sido condenado por outro crime, presentes os demais requisitos que autorizariam a suspensão condicional da pena (art. 77 do Código Penal).

§ 1º. Aceita a proposta pelo acusado e seu defensor, na presença do Juiz, este, recebendo a denúncia, poderá suspender o processo, submetendo o acusado a período de prova, sob as seguintes condições:

I – reparação do dano, salvo impossibilidade de fazê-lo;

II – proibição de freqüentar determinados lugares;

III – proibição de ausentar-se da comarca onde reside, sem autorização do Juiz;

IV – comparecimento pessoal e obrigatório a juízo, mensalmente, para informar e justificar suas atividades.

§ 2º. O Juiz poderá especificar outras condições a que fica subordinada a suspensão, desde que adequadas ao fato e à situação pessoal do acusado.

§ 3º. A suspensão será revogada se, no curso do prazo, o beneficiário vier a ser processado por outro crime ou não efetuar, sem motivo justificado, a reparação do dano.

§ 4º. A suspensão poderá ser revogada se o acusado vier a ser processado, no curso do prazo, por contravenção, ou descumprir qualquer outra condição imposta.

§ 5º. Expirado o prazo sem revogação, o Juiz declarará extinta a punibilidade.

§ 6º. Não correrá a prescrição durante o prazo de suspensão do processo.

§ 7º. Se o acusado não aceitar a proposta prevista neste artigo, o processo prosseguirá em seus ulteriores termos.

Art. 90. As disposições desta Lei não se aplicam aos processos penais cuja instrução já estiver iniciada.

Art. 90-A. As disposições desta Lei não se aplicam no âmbito da Justiça Militar.

• *Art. 90-A acrescido pela Lei n° 9.839, de 27.9.1999.*

Art. 91. Nos casos em que esta Lei passa a exigir representação para a propositura da ação penal pública, o ofendido ou seu representante legal será intimado para oferecê-la no prazo de trinta dias, sob pena de decadência.

Art. 92. Aplicam-se subsidiariamente as disposições dos Códigos Penal e de Processo Penal, no que não forem incompatíveis com esta Lei.

CAPÍTULO IV – DISPOSIÇÕES FINAIS COMUNS

Art. 93. Lei Estadual disporá sobre o Sistema de Juizados Especiais Cíveis e Criminais, sua organização, composição e competência.

Art. 94. Os serviços de cartório poderão ser prestados, e as audiências realizadas fora da sede da Comarca, em bairros ou cidades a ela pertencentes, ocupando instalações de prédios públicos, de acordo com audiências previamente anunciadas.

Art. 95. Os Estados, Distrito Federal e Territórios criarão e instalarão os Juizados Especiais no prazo de seis meses, a contar da vigência desta Lei.

Art. 96. Esta Lei entra em vigor no prazo de sessenta dias após a sua publicação.

Art. 97. Ficam revogadas a Lei nº 4.611, de 2 de abril de 1965 e a Lei nº 7.244, de 7 de novembro de 1984.

Brasília, 26 de setembro de 1995; 174º da Independência e 107º da República.

Fernando Henrique Cardoso – Nelson A. Jobim

DOU de 27.9.1995

LEI Nº 10.259, DE 12 DE JULHO DE 2001

Dispõe sobre a instituição dos Juizados Especiais Cíveis e Criminais no âmbito da Justiça Federal.

O PRESIDENTE DA REPÚBLICA

Faço saber que o Congresso Nacional decreta e eu sanciono a seguinte Lei:

Art. 1º. São instituídos os Juizados Especiais Cíveis e Criminais da Justiça Federal, aos quais se aplica, no que não conflitar com esta Lei, o disposto na Lei nº 9.099, de 26 de setembro de 1995.

Art. 2º. Compete ao Juizado Especial Federal Criminal processar e julgar os feitos de competência da Justiça Federal relativos às infrações de menor potencial ofensivo.

Parágrafo único. Consideram-se infrações de menor potencial ofensivo, para os efeitos desta Lei, os crimes a que a lei comine pena máxima não superior a dois anos, ou multa.

Art. 3º. Compete ao Juizado Especial Federal Cível processar, conciliar e julgar causas de competência da Justiça Federal até o valor de sessenta salários mínimos, bem como executar as suas sentenças.

§ 1º. Não se incluem na competência do Juizado Especial Cível as causas:

I – referidas no art. 109, incisos II, III e XI, da Constituição Federal, as ações de mandado de segurança, de desapropriação, de divisão e demarcação, populares, execuções fiscais e por improbidade administrativa e as demandas sobre direitos ou interesses difusos, coletivos ou individuais homogêneos;

II – sobre bens imóveis da União, autarquias e fundações públicas federais;

III – para a anulação ou cancelamento de ato administrativo federal, salvo o de natureza previdenciária e o de lançamento fiscal;

IV – que tenham como objeto a impugnação da pena de demissão imposta a servidores públicos civis ou de sanções disciplinares aplicadas a militares.

§ 2º. Quando a pretensão versar sobre obrigações vincendas, para fins de competência do Juizado Especial, a soma de doze parcelas não poderá exceder o valor referido no art. 3º, *caput*.

§ 3º. No foro onde estiver instalada Vara do Juizado Especial, a sua competência é absoluta.

Art. 4º. O Juiz poderá, de ofício ou a requerimento das partes, deferir medidas cautelares no curso do processo, para evitar dano de difícil reparação.

Art. 5º. Exceto nos casos do art. 4º, somente será admitido recurso de sentença definitiva.

Art. 6º. Podem ser partes no Juizado Especial Federal Cível:

I – como autores, as pessoas físicas e as microempresas e empresas de pequeno porte, assim definidas na Lei nº 9.317, de 5 de dezembro de 1996;

II – como rés, a União, autarquias, fundações e empresas públicas federais.

Art. 7º. As citações e intimações da União serão feitas na forma prevista nos arts. 35 a 38 da Lei Complementar nº 73, de 10 de fevereiro de 1993.

Parágrafo único. A citação das autarquias, fundações e empresas públicas será feita na pessoa do representante máximo da entidade, no local onde proposta a causa, quando ali instalado seu escritório ou representação; se não, na sede da entidade.

Art. 8º. As partes serão intimadas da sentença, quando não proferida esta na audiência em que estiver presente seu representante, por ARMP (aviso de recebimento em mão própria).

§ 1º. As demais intimações das partes serão feitas na pessoa dos advogados ou dos Procuradores que oficiem nos respectivos autos, pessoalmente ou por via postal.

§ 2º. Os tribunais poderão organizar serviço de intimação das partes e de recepção de petições por meio eletrônico.

Art. 9º. Não haverá prazo diferenciado para a prática de qualquer ato processual pelas pessoas jurídicas de direito público, inclusive a interposição de recursos, devendo a citação para audiência de conciliação ser efetuada com antecedência mínima de trinta dias.

Art. 10. As partes poderão designar, por escrito, representantes para a causa, advogado ou não.

Parágrafo único. Os representantes judiciais da União, autarquias, fundações e empresas públicas federais, bem como os indicados na forma do *caput*, ficam autorizados a conciliar, transigir ou desistir, nos processos da competência dos Juizados Especiais Federais.

Art. 11. A entidade pública ré deverá fornecer ao Juizado a documentação de que disponha para o esclarecimento da causa, apresentando-a até a instalação da audiência de conciliação.

Parágrafo único. Para a audiência de composição dos danos resultantes de ilícito criminal (arts. 71, 72 e 74 da Lei nº 9.099, de 26 de setembro de 1995), o representante da entidade que comparecer terá poderes para acordar, desistir ou transigir, na forma do art. 10.

Art. 12. Para efetuar o exame técnico necessário à conciliação ou ao julgamento da causa, o Juiz nomeará pessoa habilitada, que apresentará o laudo até cinco dias antes da audiência, independentemente de intimação das partes.

§ 1º. Os honorários do técnico serão antecipados à conta de verba orçamentária do respectivo Tribunal e, quando vencida na causa a entidade pública, seu valor será incluído na ordem de pagamento a ser feita em favor do Tribunal.

§ 2º. Nas ações previdenciárias e relativas à assistência social, havendo designação de exame, serão as partes intimadas para, em dez dias, apresentar quesitos e indicar assistentes.

Art. 13. Nas causas de que trata esta Lei, não haverá reexame necessário.

Art. 14. Caberá pedido de uniformização de interpretação de lei federal quando houver divergência entre decisões sobre questões de direito material proferidas por Turmas Recursais na interpretação da lei.

§ 1º. O pedido fundado em divergência entre Turmas da mesma Região será julgado em reunião conjunta das Turmas em conflito, sob a presidência do Juiz Coordenador.

§ 2º. O pedido fundado em divergência entre decisões de turmas de diferentes regiões ou da proferida em contrariedade a súmula ou jurisprudência dominante do STJ será julgado por Turma de Uniformização, integrada por juízes de Turmas Recursais, sob a presidência do Coordenador da Justiça Federal.

§ 3º. A reunião de juízes domiciliados em cidades diversas será feita pela via eletrônica.

§ 4º. Quando a orientação acolhida pela Turma de Uniformização, em questões de direito material, contrariar súmula ou jurisprudência dominante no Superior Tribunal de Justiça – STJ, a parte interessada poderá provocar a manifestação deste, que dirimirá a divergência.

§ 5º. No caso do § 4º, presente a plausibilidade do direito invocado e havendo fundado receio de dano de difícil reparação, poderá o relator conceder, de ofício ou a requerimento do interessado, medida liminar determinando a suspensão dos processos nos quais a controvérsia esteja estabelecida.

§ 6º. Eventuais pedidos de uniformização idênticos, recebidos subseqüentemente em quaisquer Turmas Recursais, ficarão retidos nos autos, aguardando-se pronunciamento do Superior Tribunal de Justiça.

§ 7º. Se necessário, o relator pedirá informações ao Presidente da Turma Recursal ou Coordenador da Turma de Uniformização e ouvirá o Ministério Público, no prazo de cinco dias. Eventuais interessados, ainda que não sejam partes no processo, poderão se manifestar, no prazo de trinta dias.

§ 8º. Decorridos os prazos referidos no § 7º, o relator incluirá o pedido em pauta na Seção, com preferência sobre todos os demais feitos, ressalvados os processos com réus presos, os *habeas corpus* e os mandados de segurança.

§ 9º. Publicado o acórdão respectivo, os pedidos retidos referidos no § 6º serão apreciados pelas Turmas Recursais, que poderão exercer juízo de retratação ou declará-los prejudicados, se veicularem tese não acolhida pelo Superior Tribunal de Justiça.

§ 10. Os Tribunais Regionais, o Superior Tribunal de Justiça e o Supremo Tribunal Federal, no âmbito de suas competências, expedirão normas regulamentando a composição dos órgãos e os procedimentos a serem adotados para o processamento e o julgamento do pedido de uniformização e do recurso extraordinário.

Art. 15. O recurso extraordinário, para os efeitos desta Lei, será processado e julgado segundo o estabelecido nos §§ 4º a 9º do art. 14, além da observância das normas do Regimento.

Art. 16. O cumprimento do acordo ou da sentença, com trânsito em julgado, que imponham obrigação de fazer, não fazer ou entrega de coisa certa, será efetuado mediante ofício do Juiz à autoridade citada para a causa, com cópia da sentença ou do acordo.

Art. 17. Tratando-se de obrigação de pagar quantia certa, após o trânsito em julgado da decisão, o pagamento será efetuado no prazo de sessenta dias, contados da entrega da requisição, por ordem do Juiz, à autoridade citada para a causa, na agência mais próxima da Caixa Econômica Federal ou do Banco do Brasil, independentemente de precatório.

§ 1º. Para os efeitos do § 3º do art. 100 da Constituição Federal, as obrigações ali definidas como de pequeno valor, a serem pagas independentemente de precatório, terão como limite o mesmo valor estabelecido nesta Lei para a competência do Juizado Especial Federal Cível (art. 3º, *caput*).

§ 2º. Desatendida a requisição judicial, o Juiz determinará o seqüestro do numerário suficiente ao cumprimento da decisão.

§ 3º. São vedados o fracionamento, repartição ou quebra do valor da execução, de modo que o pagamento se faça, em parte, na forma estabelecida no § 1º deste artigo, e, em parte, mediante expedição do precatório, e a expedição de precatório complementar ou suplementar do valor pago.

§ 4º. Se o valor da execução ultrapassar o estabelecido no § 1º, o pagamento far-se-á, sempre, por meio do precatório, sendo facultado à parte exeqüente a renúncia ao crédito do valor excedente, para que possa optar pelo pagamento do saldo sem o precatório, da forma lá prevista.

Art. 18. Os Juizados Especiais serão instalados por decisão do Tribunal Regional Federal. O Juiz presidente do Juizado designará os conciliadores pelo período de dois anos, admitida a recondução. O exercício dessas funções será gratuito, assegurados os direitos e prerrogativas do jurado (art. 437 do Código de Processo Penal).

Parágrafo único. Serão instalados Juizados Especiais Adjuntos nas localidades cujo movimento forense não justifique a existência de Juizado Especial, cabendo ao Tribunal designar a Vara onde funcionará.

Art. 19. No prazo de seis meses, a contar da publicação desta Lei, deverão ser instalados os Juizados Especiais nas capitais dos Estados e no Distrito Federal.

Parágrafo único. Na capital dos Estados, no Distrito Federal e em outras cidades onde for necessário, neste último caso, por decisão do Tribunal Regional Federal, serão instalados Juizados com competência exclusiva para ações previdenciárias.

Art. 20. Onde não houver Vara Federal, a causa poderá ser proposta no Juizado Especial Federal mais próximo do foro definido no art. 4º da Lei nº 9.099, de 26 de setembro de 1995, vedada a aplicação desta Lei no juízo estadual.

Art. 21. As Turmas Recursais serão instituídas por decisão do Tribunal Regional Federal, que definirá sua composição e área de competência, podendo abranger mais de uma seção.

§ 1º. Não será permitida a recondução, salvo quando não houver outro juiz na sede da Turma Recursal ou na Região.

§ 2º. A designação dos juízes das Turmas Recursais obedecerá aos critérios de antigüidade e merecimento.

Art. 22. Os Juizados Especiais serão coordenados por Juiz do respectivo Tribunal Regional, escolhido por seus pares, com mandato de dois anos.

Parágrafo único. O Juiz Federal, quando o exigirem as circunstâncias, poderá determinar o funcionamento do Juizado Especial em caráter itinerante, mediante autorização prévia do Tribunal Regional Federal, com antecedência de dez dias.

Art. 23. O Conselho da Justiça Federal poderá limitar, por até três anos, contados a partir da publicação desta Lei, a competência dos Juizados Especiais Cíveis, atendendo à necessidade da organização dos serviços judiciários ou administrativos.

Art. 24. O Centro de Estudos Judiciários do Conselho da Justiça Federal e as Escolas de Magistratura dos Tribunais Regionais Federais criarão programas de informática necessários para subsidiar a instrução das causas submetidas aos Juizados e promoverão cursos de aperfeiçoamento destinados aos seus magistrados e servidores.

Art. 25. Não serão remetidas aos Juizados Especiais as demandas ajuizadas até a data de sua instalação.

Art. 26. Competirá aos Tribunais Regionais Federais prestar o suporte administrativo necessário ao funcionamento dos Juizados Especiais.

Art. 27. Esta Lei entra em vigor seis meses após a data de sua publicação.

Brasília, 12 de julho de 2001; 180º da Independência e 113º da República.

Fernando Henrique Cardoso – Paulo de Tarso Ramos Ribeiro

DOU de 13.7.2001

LEI Nº 8.069, DE 13 DE JULHO DE 1990

Dispõe sobre o Estatuto da Criança e do Adolescente e dá outras providências.

O Presidente da República:
Faço saber que o Congresso Nacional decreta e eu sanciono a seguinte Lei:

LIVRO I – PARTE GERAL

TÍTULO I – DAS DISPOSIÇÕES PRELIMINARES

Art. 1º. Esta Lei dispõe sobre a proteção integral à criança e ao adolescente.

Art. 2º. Considera-se criança, para os efeitos desta Lei, a pessoa até doze anos de idade incompletos, e adolescente aquela entre doze e dezoito anos de idade.

Parágrafo único. Nos casos expressos em lei, aplica-se excepcionalmente este Estatuto às pessoas entre dezoito e vinte e um anos de idade.

Art. 3º. A criança e o adolescente gozam de todos os direitos fundamentais inerentes à pessoa humana, sem prejuízo da proteção integral de que trata esta Lei, assegurando-se-lhes, por lei ou por outros meios, todas as oportunidades e facilidades, a fim de lhes facultar o desenvolvimento físico, mental, moral, espiritual e social, em condições de liberdade e de dignidade.

Art. 4º. É dever da família, da comunidade, da sociedade em geral e do poder público assegurar, com absoluta prioridade, a efetivação dos direitos referentes à vida, à saúde, à alimentação, à educação, ao esporte, ao lazer, à profissionalização, à cultura, à dignidade, ao respeito, à liberdade e à convivência familiar e comunitária.

Parágrafo único. A garantia de prioridade compreende:

a) primazia de receber proteção e socorro em quaisquer circunstâncias;

b) precedência de atendimento nos serviços públicos ou de relevância pública;

c) preferência na formulação e na execução das políticas sociais públicas;

d) destinação privilegiada de recursos públicos nas áreas relacionadas com a proteção à infância e à juventude.

Art. 5º. Nenhuma criança ou adolescente será objeto de qualquer forma de negligência, discriminação, exploração, violência, crueldade e opressão, punido na forma da lei qualquer atentado, por ação ou omissão, aos seus direitos fundamentais.

Art. 6º. Na interpretação desta Lei levar-se-ão em conta os fins sociais a que ela se dirige, as exigências do bem comum, os direitos e deveres individuais e coletivos, e a condição peculiar da criança e do adolescente como pessoas em desenvolvimento.

TÍTULO II – DOS DIREITOS FUNDAMENTAIS

Capítulo I – Do Direito à Vida e à Saúde

Art. 7º. A criança e o adolescente têm direito a proteção à vida e à saúde, mediante a efetivação de políticas sociais públicas que permitam o nascimento e o desenvolvimento sadio e harmonioso, em condições dignas de existência.

Art. 8º. É assegurado à gestante, através do Sistema Único de Saúde, o atendimento pré e perinatal.

§ 1º. A gestante será encaminhada aos diferentes níveis de atendimento, segundo critérios médicos específicos, obedecendo-se aos princípios de regionalização e hierarquização do Sistema.

§ 2º. A parturiente será atendida preferencialmente pelo mesmo médico que a acompanhou na fase pré-natal.

§ 3º. Incumbe ao poder público propiciar apoio alimentar à gestante e à nutriz que dele necessitem.

Art. 9º. O poder público, as instituições e os empregadores propiciarão condições adequadas ao aleitamento materno, inclusive aos filhos de mães submetidas a medida privativa de liberdade.

Art. 10. Os hospitais e demais estabelecimentos de atenção à saúde de gestantes, públicos e particulares, são obrigados a:

I – manter registro das atividades desenvolvidas, através de prontuários individuais, pelo prazo de dezoito anos;

II – identificar o recém-nascido mediante o registro de sua impressão plantar e digital e da impressão digital da mãe, sem prejuízo de outras formas normatizadas pela autoridade administrativa competente;

III – proceder a exames visando ao diagnóstico e terapêutica de anormalidades no metabolismo do recém-nascido, bem como prestar orientação aos pais;

IV – fornecer declaração de nascimento onde constem necessariamente as intercorrências do parto e do desenvolvimento do neonato;

V – manter alojamento conjunto, possibilitando ao neonato a permanência junto à mãe.

Art. 11. É assegurado atendimento médico à criança e ao adolescente, através do Sistema Único de Saúde, garantido o acesso universal e igualitário às ações e serviços para promoção, proteção e recuperação da saúde.

§ 1º. A criança e o adolescente portadores de deficiência receberão atendimento especializado.

§ 2º. Incumbe ao poder público fornecer gratuitamente àqueles que necessitarem os medicamentos, próteses e outros recursos relativos ao tratamento, habilitação ou reabilitação.

Art. 12. Os estabelecimentos de atendimento à saúde deverão proporcionar condições para a permanência em tempo integral de um dos pais ou responsável, nos casos de internação de criança ou adolescente.

Art. 13. Os casos de suspeita ou confirmação de maus-tratos contra criança ou adolescente serão obrigatoriamente comunicados ao Conselho Tutelar da respectiva localidade, sem prejuízo de outras providências legais.

Art. 14. O Sistema Único de Saúde promoverá programas de assistência médica e odontológica para a prevenção das enfermidades que ordinariamente afetam a população infantil, e campanhas de educação sanitária para pais, educadores e alunos.

Parágrafo único. É obrigatória a vacinação das crianças nos casos recomendados pelas autoridades sanitárias.

Capítulo II – Do Direito à Liberdade, ao Respeito e à Dignidade

Art. 15. A criança e o adolescente têm direito à liberdade, ao respeito e à dignidade como pessoas humanas em processo de desenvolvimento e como sujeitos de direitos civis, humanos e sociais garantidos na Constituição e nas leis.

Art. 16. O direito à liberdade compreende os seguintes aspectos:

I – ir, vir e estar nos logradouros públicos e espaços comunitários, ressalvadas as restrições legais;

II – opinião e expressão;

III – crença e culto religioso;

IV – brincar, praticar esportes e divertir-se;

V – participar da vida familiar e comunitária, sem discriminação;

VI – participar da vida política, na forma da lei;

VII – buscar refúgio, auxílio e orientação.

Art. 17. O direito ao respeito consiste na inviolabilidade da integridade física, psíquica e moral da criança e do adolescente, abrangendo a preservação da imagem, da identidade, da autonomia, dos valores, idéias e crenças, dos espaços e objetos pessoais.

Art. 18. É dever de todos velar pela dignidade da criança e do adolescente, pondo-os a salvo de qualquer tratamento desumano, violento, aterrorizante, vexatório ou constrangedor.

Capítulo III – Do Direito à Convivência Familiar e Comunitária

Seção I – Disposições Gerais

Art. 19. Toda criança ou adolescente tem direito a ser criado e educado no seio da sua família e, excepcionalmente, em família substituta, assegurada a convivência familiar e comunitária, em ambiente livre da presença de pessoas dependentes de substâncias entorpecentes.

Art. 20. Os filhos, havidos ou não da relação do casamento, ou por adoção, terão os mesmos direitos e qualificações, proibidas quaisquer designações discriminatórias relativas à filiação.

Art. 21. O pátrio poder será exercido, em igualdade de condições, pelo pai e pela mãe, na forma do que dispuser a legislação civil, assegurado a qualquer deles o direito de, em caso de discordância, recorrer à autoridade judiciária competente para a solução da divergência.

Art. 22. Aos pais incumbe o dever de sustento, guarda e educação dos filhos menores, cabendo-lhes ainda, no interesse destes, a obrigação de cumprir e fazer cumprir as determinações judiciais.

Art. 23. A falta ou a carência de recursos materiais não constitui motivo suficiente para a perda ou a suspensão do pátrio poder.

Parágrafo único. Não existindo outro motivo que por si só autorize a decretação da medida, a criança ou o adolescente será mantido em sua família de origem, a qual deverá obrigatoriamente ser incluída em programas oficiais de auxílio.

Art. 24. A perda e a suspensão do pátrio poder serão decretadas judicialmente, em procedimento contraditório, nos casos previstos na legislação civil, bem como na hipótese de descumprimento injustificado dos deveres e obrigações a que alude o art. 22.

Seção II – Da Família Natural

Art. 25. Entende-se por família natural a comunidade formada pelos pais ou qualquer deles e seus descendentes.

Art. 26. Os filhos havidos fora do casamento poderão ser reconhecidos pelos pais, conjunta ou separadamente, no próprio termo de nascimento, por testamento, mediante escritura ou outro documento público, qualquer que seja a origem da filiação.

Parágrafo único. O reconhecimento pode preceder o nascimento do filho ou suceder-lhe ao falecimento, se deixar descendentes.

Art. 27. O reconhecimento do estado de filiação é direito personalíssimo, indisponível e imprescritível, podendo ser exercitado contra os pais ou seus herdeiros, sem qualquer restrição, observado o segredo de Justiça.

Seção III – Da Família Substituta

Subseção I – Disposições Gerais

Art. 28. A colocação em família substituta far-se-á mediante guarda, tutela ou adoção, independentemente da situação jurídica da criança ou adolescente, nos termos desta Lei.

§ 1º. Sempre que possível, a criança ou adolescente deverá ser previamente ouvido e a sua opinião devidamente considerada.

§ 2º. Na apreciação do pedido levar-se-á em conta o grau de parentesco e a relação de afinidade ou de afetividade, a fim de evitar ou minorar as conseqüências decorrentes da medida.

Art. 29. Não se deferirá colocação em família substituta a pessoa que revele, por qualquer modo, incompatibilidade com a natureza da medida ou não ofereça ambiente familiar adequado.

Art. 30. A colocação em família substituta não admitirá transferência da criança ou adolescente a terceiros ou a entidades governamentais ou não-governamentais, sem autorização judicial.

Art. 31. A colocação em família substituta estrangeira constitui medida excepcional, somente admissível na modalidade de adoção.

Art. 32. Ao assumir a guarda ou a tutela, o responsável prestará compromisso de bem e fielmente desempenhar o encargo, mediante termo nos autos.

Subseção II – Da Guarda

Art. 33. A guarda obriga a prestação de assistência material, moral e educacional à criança ou adolescente, conferindo a seu detentor o direito de opor-se a terceiros, inclusive aos pais.

§ 1º. A guarda destina-se a regularizar a posse de fato, podendo ser deferida, liminar ou incidentalmente, nos procedimentos de tutela e adoção, exceto no de adoção por estrangeiros.

§ 2º. Excepcionalmente, deferir-se-á a guarda, fora dos casos de tutela e adoção, para atender a situações peculiares ou suprir a falta eventual dos pais ou responsável, podendo ser deferido o direito de representação para a prática de atos determinados.

§ 3º. A guarda confere à criança ou adolescente a condição de dependente, para todos os fins e efeitos de direito, inclusive previdenciários.

Art. 34. O poder público estimulará, através de assistência jurídica, incentivos fiscais e subsídios, o acolhimento, sob a forma de guarda, de criança ou adolescente órfão ou abandonado.

Art. 35. A guarda poderá ser revogada a qualquer tempo, mediante ato judicial fundamentado, ouvido o Ministério Público.

Subseção III – Da Tutela

Art. 36. A tutela será deferida, nos termos da lei civil, a pessoa de até vinte e um anos incompletos.

Parágrafo único. O deferimento da tutela pressupõe a prévia decretação da perda ou suspensão do pátrio poder e implica necessariamente o dever de guarda.

Art. 37. A especialização de hipoteca legal será dispensada, sempre que o tutelado não possuir bens ou rendimentos ou por qualquer outro motivo relevante.

Parágrafo único. A especialização de hipoteca legal será também dispensada se os bens, porventura existentes em nome do tutelado, constarem de instrumento público, devidamente registrado no registro de imóveis, ou se os rendimentos forem suficientes apenas para a mantença do tutelado, não havendo sobra significativa ou provável.

Art. 38. Aplica-se à destituição da tutela o disposto no art. 24.

Subseção IV – Da Adoção

Art. 39. A adoção de criança e de adolescente reger-se-á segundo o disposto nesta Lei.

Parágrafo único. É vedada a adoção por procuração.

Art. 40. O adotando deve contar com, no máximo, dezoito anos à data do pedido, salvo se já estiver sob a guarda ou tutela dos adotantes.

Art. 41. A adoção atribui a condição de filho ao adotado, com os mesmos direitos e deveres, inclusive sucessórios, desligando-o de qualquer vínculo com pais e parentes, salvo os impedimentos matrimoniais.

§ 1º. Se um dos cônjuges ou concubinos adota o filho do outro, mantêm-se os vínculos de filiação entre o adotado e o cônjuge ou concubino do adotante e os respectivos parentes.

§ 2º. É recíproco o direito sucessório entre o adotado, seus descendentes, o adotante, seus ascendentes, descendentes e colaterais até o 4º grau, observada a ordem de vocação hereditária.

Art. 42. Podem adotar os maiores de vinte e um anos, independentemente de estado civil.

§ 1º. Não podem adotar os ascendentes e os irmãos do adotando.

§ 2º. A adoção por ambos os cônjuges ou concubinos poderá ser formalizada, desde que um deles tenha completado vinte e um anos de idade, comprovada a estabilidade da família.

§ 3º. O adotante há de ser, pelo menos, dezesseis anos mais velho do que o adotando.

§ 4º. Os divorciados e os judicialmente separados poderão adotar conjuntamente, contanto que acordem sobre a guarda e o regime de visitas, e desde que o estágio de convivência tenha sido iniciado na constância da sociedade conjugal.

§ 5º. A adoção poderá ser deferida ao adotante que, após inequívoca manifestação de vontade, vier a falecer no curso do procedimento, antes de prolatada a sentença.

Art. 43. A adoção será deferida quando apresentar reais vantagens para o adotando e fundar-se em motivos legítimos.

Art. 44. Enquanto não der conta de sua administração e saldar o seu alcance, não pode o tutor ou o curador adotar o pupilo ou o curatelado.

Art. 45. A adoção depende do consentimento dos pais ou do representante legal do adotando.

§ 1º. O consentimento será dispensado em relação à criança ou adolescente cujos pais sejam desconhecidos ou tenham sido destituídos do pátrio poder.

§ 2º. Em se tratando de adotando maior de doze anos de idade, será também necessário o seu consentimento.

Art. 46. A adoção será precedida de estágio de convivência com a criança ou adolescente, pelo prazo que a autoridade judiciária fixar, observadas as peculiaridades do caso.

§ 1º. O estágio de convivência poderá ser dispensado se o adotando não tiver mais de um ano de idade ou se, qualquer que seja a sua idade, já estiver na companhia do adotante durante tempo suficiente para se poder avaliar a conveniência da constituição do vínculo.

§ 2º. Em caso de adoção por estrangeiro residente ou domiciliado fora do País, o estágio de convivência, cumprido no território nacional, será de no mínimo quinze dias para crianças de até dois anos de idade, e de no mínimo trinta dias quando se tratar de adotando acima de dois anos de idade.

Art. 47. O vínculo da adoção constitui-se por sentença judicial, que será inscrita no registro civil mediante mandado do qual não se fornecerá certidão.

§ 1º. A inscrição consignará o nome dos adotantes como pais, bem como o nome de seus ascendentes.

§ 2º. O mandado judicial, que será arquivado, cancelará o registro original do adotado.

§ 3º. Nenhuma observação sobre a origem do ato poderá constar nas certidões do registro.

§ 4º. A critério da autoridade judiciária, poderá ser fornecida certidão para a salvaguarda de direitos.

§ 5º. A sentença conferirá ao adotado o nome do adotante e, a pedido deste, poderá determinar a modificação do prenome.

§ 6º. A adoção produz seus efeitos a partir do trânsito em julgado da sentença, exceto na hipótese prevista no art. 42, § 5º, caso em que terá força retroativa à data do óbito.

Art. 48. A adoção é irrevogável.

Art. 49. A morte dos adotantes não restabelece o pátrio poder dos pais naturais.

Art. 50. A autoridade judiciária manterá, em cada comarca ou foro regional, um registro de crianças e adolescentes em condições de serem adotados e outro de pessoas interessadas na adoção.

§ 1º. O deferimento da inscrição dar-se-á após prévia consulta aos órgãos técnicos do juizado, ouvido o Ministério Público.

§ 2º. Não será deferida a inscrição se o interessado não satisfazer os requisitos legais, ou verificada qualquer das hipóteses previstas no art. 29.

Art. 51. Cuidando-se de pedido de adoção formulado por estrangeiro residente ou domiciliado fora do País, observar-se-á o disposto no art. 31.

§ 1º. O candidato deverá comprovar, mediante documento expedido pela autoridade competente do respectivo domicílio, estar devidamente habilitado à adoção, consoante as leis do seu país, bem como apresentar estudo psicossocial elaborado por agência especializada e credenciada no país de origem.

§ 2º. A autoridade judiciária, de ofício ou a requerimento do Ministério Público, poderá determinar a apresentação do texto pertinente à legislação estrangeira, acompanhado de prova da respectiva vigência.

§ 3º. Os documentos em língua estrangeira serão juntados aos autos, devidamente autenticados pela autoridade consular, observados os tratados e convenções internacionais, e acompanhados da respectiva tradução, por tradutor público juramentado.

§ 4º. Antes de consumada a adoção não será permitida a saída do adotando do território nacional.

Art. 52. A adoção internacional poderá ser condicionada a estudo prévio e análise de uma comissão estadual judiciária de adoção, que fornecerá o respectivo laudo de habilitação para instruir o processo competente.

Parágrafo único. Competirá à comissão manter registro centralizado de interessados estrangeiros em adoção.

Capítulo IV – Do Direito à Educação, à Cultura, ao Esporte e ao Lazer

Art. 53. A criança e o adolescente têm direito à educação, visando ao pleno desenvolvimento de sua pessoa, preparo para o exercício da cidadania e qualificação para o trabalho, assegurando-se-lhes:

I – igualdade de condições para o acesso e permanência na escola;

II – direito de ser respeitado por seus educadores;

III – direito de contestar critérios avaliativos, podendo recorrer às instâncias escolares superiores;

IV – direito de organização e participação em entidades estudantis;

V – acesso à escola pública e gratuita próxima de sua residência.

Parágrafo único. É direito dos pais ou responsáveis ter ciência do processo pedagógico, bem como participar da definição das propostas educacionais.

Art. 54. É dever do Estado assegurar à criança e ao adolescente:

I – ensino fundamental, obrigatório e gratuito, inclusive para os que a ele não tiveram acesso na idade própria;

II – progressiva extensão da obrigatoriedade e gratuidade ao ensino médio;

III – atendimento educacional especializado aos portadores de deficiência, preferencialmente na rede regular de ensino;

IV – atendimento em creche e pré-escola às crianças de zero a seis anos de idade;

V – acesso aos níveis mais elevados do ensino, da pesquisa e da criação artística, segundo a capacidade de cada um;

VI – oferta de ensino noturno regular, adequado às condições do adolescente trabalhador;

VII – atendimento no ensino fundamental, através de programas suplementares de material didático-escolar, transporte, alimentação e assistência à saúde.

§ 1º. O acesso ao ensino obrigatório e gratuito é direito público subjetivo.

§ 2º. O não oferecimento do ensino obrigatório pelo poder público ou sua oferta irregular importa responsabilidade da autoridade competente.

§ 3º. Compete ao poder público recensear os educandos no ensino fundamental, fazer-lhes a chamada e zelar, junto aos pais ou responsável, pela freqüência à escola.

Art. 55. Os pais ou responsável têm a obrigação de matricular seus filhos ou pupilos na rede regular de ensino.

Art. 56. Os dirigentes de estabelecimentos de ensino fundamental comunicarão ao Conselho Tutelar os casos de:

I – maus-tratos envolvendo seus alunos;

II – reiteração de faltas injustificadas e de evasão escolar, esgotados os recursos escolares;

III – elevados níveis de repetência.

Art. 57. O poder público estimulará pesquisas, experiências e novas propostas relativas a calendário, seriação, currículo, metodologia, didática e avaliação, com vistas à inserção de crianças e adolescentes excluídos do ensino fundamental obrigatório.

Art. 58. No processo educacional respeitar-se-ão os valores culturais, artísticos e históricos próprios do contexto social da criança e do adolescente, garantindo-se a estes a liberdade da criação e o acesso às fontes de cultura.

Art. 59. Os municípios, com apoio dos estados e da União, estimularão e facilitarão a destinação de recursos e espaços para programações culturais, esportivas e de lazer voltadas para a infância e a juventude.

Capítulo V – Do Direito à Profissionalização e à Proteção no Trabalho

Art. 60. É proibido qualquer trabalho a menores de quatorze anos de idade, salvo na condição de aprendiz.

Art. 61. A proteção ao trabalho dos adolescentes é regulada por legislação especial, sem prejuízo do disposto nesta Lei.

Art. 62. Considera-se aprendizagem a formação técnico-profissional ministrada segundo as diretrizes e bases da legislação de educação em vigor.

Art. 63. A formação técnico-profissional obedecerá aos seguintes princípios:

I – garantia de acesso e freqüência obrigatória ao ensino regular;

II – atividade compatível com o desenvolvimento do adolescente;

III – horário especial para o exercício das atividades.

Art. 64. Ao adolescente até quatorze anos de idade é assegurada bolsa de aprendizagem.

Art. 65. Ao adolescente aprendiz, maior de quatorze anos, são assegurados os direitos trabalhistas e previdenciários.

Art. 66. Ao adolescente portador de deficiência é assegurado trabalho protegido.

Art. 67. Ao adolescente empregado, aprendiz, em regime familiar de trabalho, aluno de escola técnica, assistido em entidade governamental ou não-governamental, é vedado trabalho:

I – noturno, realizado entre as vinte e duas horas de um dia e as cinco horas do dia seguinte;

II – perigoso, insalubre ou penoso;

III – realizado em locais prejudiciais à sua formação e ao seu desenvolvimento físico, psíquico, moral e social;

IV – realizado em horários e locais que não permitam a freqüência à escola.

Art. 68. O programa social que tenha por base o trabalho educativo, sob responsabilidade de entidade governamental ou não-governamental sem fins lucrativos, deverá assegurar ao adolescente que dele participe condições de capacitação para o exercício de atividade regular remunerada.

§ 1º. Entende-se por trabalho educativo a atividade laboral em que as exigências pedagógicas relativas ao desenvolvimento pessoal e social do educando prevalecem sobre o aspecto produtivo.

§ 2º. A remuneração que o adolescente recebe pelo trabalho efetuado ou a participação na venda dos produtos de seu trabalho não desfigura o caráter educativo.

Art. 69. O adolescente tem direito à profissionalização e à proteção no trabalho, observados os seguintes aspectos, entre outros:

I – respeito à condição peculiar de pessoa em desenvolvimento;

II – capacitação profissional adequada ao mercado de trabalho.

TÍTULO III – DA PREVENÇÃO

Capítulo I – Disposições Gerais

Art. 70. É dever de todos prevenir a ocorrência de ameaça ou violação dos direitos da criança e do adolescente.

Art. 71. A criança e o adolescente têm direito a informação, cultura, lazer, esportes, diversões, espetáculos e produtos e serviços que respeitem sua condição peculiar de pessoa em desenvolvimento.

Art. 72. As obrigações previstas nesta Lei não excluem da prevenção especial outras decorrentes dos princípios por ela adotados.

Art. 73. A inobservância das normas de prevenção importará em responsabilidade da pessoa física ou jurídica, nos termos desta Lei.

Capítulo II – Da Prevenção Especial

Seção I – Da informação, Cultura, Lazer, Esportes, Diversões e Espetáculos

Art. 74. O poder público, através do órgão competente, regulará as diversões e espetáculos públicos, informando sobre a natureza deles, as faixas etárias a que não se recomendem, locais e horários em que sua apresentação se mostre inadequada.

Parágrafo único. Os responsáveis pelas diversões e espetáculos públicos deverão afixar, em lugar visível e de fácil acesso, à entrada do local de exibição, informação destacada sobre a natureza do espetáculo e a faixa etária especificada no certificado de classificação.

Art. 75. Toda criança ou adolescente terá acesso às diversões e espetáculos públicos classificados como adequados à sua faixa etária.

Parágrafo único. As crianças menores de dez anos somente poderão ingressar e permanecer nos locais de apresentação ou exibição quando acompanhadas dos pais ou responsável.

Art. 76. As emissoras de rádio e televisão somente exibirão, no horário recomendado para o público infanto juvenil, programas com finalidades educativas, artísticas, culturais e informativas.

Parágrafo único. Nenhum espetáculo será apresentado ou anunciado sem aviso de sua classificação, antes de sua transmissão, apresentação ou exibição.

Art. 77. Os proprietários, diretores, gerentes e funcionários de empresas que explorem a venda ou aluguel de fitas de programação em vídeo cuidarão para que não haja venda ou locação em desacordo com a classificação atribuída pelo órgão competente.

Parágrafo único. As fitas a que alude este artigo deverão exibir, no invólucro, informação sobre a natureza da obra e a faixa etária a que se destinam.

Art. 78. As revistas e publicações contendo material impróprio ou inadequado a crianças e adolescentes deverão ser comercializadas em embalagem lacrada, com a advertência de seu conteúdo.

Parágrafo único. As editoras cuidarão para que as capas que contenham mensagens pornográficas ou obscenas sejam protegidas com embalagem opaca.

Art. 79. As revistas e publicações destinadas ao público infanto-juvenil não poderão conter ilustrações, fotografias, legendas, crônicas ou anúncios de bebidas alcoólicas, tabaco, armas e munições, e deverão respeitar os valores éticos e sociais da pessoa e da família.

Art. 80. Os responsáveis por estabelecimentos que explorem comercialmente bilhar, sinuca ou congênere ou por casas de jogos, assim entendidas as que realize apostas, ainda que eventualmente, cuidarão para que não seja permitida a entrada e a permanência de crianças e adolescentes no local, afixando aviso para orientação do público.

Seção II – Dos Produtos e Serviços

Art. 81. É proibida a venda à criança ou ao adolescente de:

I – armas, munições e explosivos;

II – bebidas alcoólicas;

III – produtos cujos componentes possam causar dependência física ou psíquica ainda que por utilização indevida;

IV – fogos de estampido e de artifício, exceto aqueles que pelo seu reduzido potencial sejam incapazes de provocar qualquer dano físico em caso de utilização indevida;

V – revistas e publicações a que alude o art. 78;

VI – bilhetes lotéricos e equivalentes.

Art. 82. É proibida a hospedagem de criança ou adolescente em hotel, motel, pensão ou estabelecimento congênere, salvo se autorizado ou acompanhado pelos pais ou responsável.

Seção III – Da Autorização para Viajar

Art. 83. Nenhuma criança poderá viajar para fora da comarca onde reside, desacompanhada dos pais ou responsável, sem expressa autorização judicial.

§ 1º. A autorização não será exigida quando:

a) tratar-se de comarca contígua à da residência da criança, se na mesma unidade da Federação, ou incluída na mesma região metropolitana;

b) a criança estiver acompanhada:

1) de ascendente ou colateral maior, até o terceiro grau, comprovado documentalmente o parentesco;

2) de pessoa maior, expressamente autorizada pelo pai, mãe ou responsável.

§ 2º. A autoridade judiciária poderá, a pedido dos pais ou responsável, conceder autorização válida por dois anos.

Art. 84. Quando se tratar de viagem ao exterior, a autorização é dispensável, se a criança ou adolescente:

I – estiver acompanhado de ambos os pais ou responsável;

II – viajar na companhia de um dos pais, autorizado expressamente pelo outro através de documento com firma reconhecida.

Art. 85. Sem prévia e expressa autorização judicial, nenhuma criança ou adolescente nascido em território nacional poderá sair do País em companhia de estrangeiro residente ou domiciliado no exterior.

LIVRO II – PARTE ESPECIAL

TÍTULO I – DA POLÍTICA DE ATENDIMENTO

Capítulo I – Disposições Gerais

Art. 86. A política de atendimento dos direitos da criança e do adolescente far-se-á através de um conjunto articulado de ações governamentais e não-governamentais, da União, dos estados, do Distrito Federal e dos municípios.

Art. 87. São linhas de ação da política de atendimento:

I – políticas sociais básicas;

II – políticas e programas de assistência social, em caráter supletivo, para aqueles que deles necessitem;

III – serviços especiais de prevenção e atendimento médico e psicossocial às vítimas de negligência, maus-tratos, exploração, abuso, crueldade e opressão;

IV – serviço de identificação e localização de pais, responsável, crianças e adolescentes desaparecidos;

V – proteção jurídico-social por entidades de defesa dos direitos da criança e do adolescente.

Art. 88. São diretrizes da política de atendimento:

I – municipalização do atendimento;

II – criação de conselhos municipais, estaduais e nacional dos direitos da criança e do adolescente, órgãos deliberativos e controladores das ações em todos os níveis, assegurada a participação popular paritária por meio de organizações representativas, segundo leis federal, estaduais e municipais;

III – criação e manutenção de programas específicos, observada a descentralização político-administrativa;

IV – manutenção de fundos nacional, estaduais e municipais vinculados aos respectivos conselhos dos direitos da criança e do adolescente;

V – integração operacional de órgãos do Judiciário, Ministério Público, Defensoria, Segurança Pública e Assistência Social, preferencialmente em um mesmo local, para efeito de agilização do atendimento inicial a adolescente a quem se atribua autoria de ato infracional;

VI – mobilização da opinião pública no sentido da indispensável participação dos diversos segmentos da sociedade.

Art. 89. A função de membro do conselho nacional e dos conselhos estaduais e municipais dos direitos da criança e do adolescente é considerada de interesse público relevante e não será remunerada.

Capítulo II – Das Entidades de Atendimento

Seção I – Disposições Gerais

Art. 90. As entidades de atendimento são responsáveis pela manutenção das próprias unidades, assim como pelo planejamento e execução de programas de proteção e sócio-educativos destinados a crianças e adolescentes, em regime de:

I – orientação e apoio sócio-familiar;
II – apoio sócio-educativo em meio aberto;
III – colocação familiar;
IV – abrigo;
V – liberdade assistida;
VI – semi-liberdade;
VII – internação.

Parágrafo único. As entidades governamentais e não-governamentais deverão proceder à inscrição de seus programas, especificando os regimes de atendimento, na forma definida neste artigo, junto ao Conselho Municipal dos Direitos da Criança e do Adolescente, o qual manterá registro das inscrições e de suas alterações, do que fará comunicação ao Conselho Tutelar e à autoridade judiciária.

Art. 91. As entidades não-governamentais somente poderão funcionar depois de registradas no Conselho Municipal dos Direitos da Criança e do Adolescente, o qual comunicará o registro ao Conselho Tutelar e à autoridade judiciária da respectiva localidade.

Parágrafo único. Será negado o registro à entidade que:

a) não ofereça instalações físicas em condições adequadas de habitabilidade, higiene, salubridade e segurança;

b) não apresente plano de trabalho compatível com os princípios desta Lei;

c) esteja irregularmente constituída;

d) tenha em seus quadros pessoas inidôneas.

Art. 92. As entidades que desenvolvam programas de abrigo deverão adotar os seguintes princípios:

I – preservação dos vínculos familiares;

II – integração em família substituta, quando esgotados os recursos de manutenção na família de origem;

III – atendimento personalizado e em pequenos grupos;

IV – desenvolvimento de atividades em regime de co-educação;

V – não desmembramento de grupos de irmãos;

VI – evitar, sempre que possível, a transferência para outras entidades de crianças e adolescentes abrigados;

VII – participação na vida da comunidade local;

VIII – preparação gradativa para o desligamento;

IX – participação de pessoas da comunidade no processo educativo.

Parágrafo único. O dirigente de entidade de abrigo é equiparado ao guardião, para todos os efeitos de direito.

Art. 93. As entidades que mantenham programas de abrigo poderão, em caráter excepcional e de urgência, abrigar crianças e adolescentes sem prévia determinação da autoridade competente, fazendo comunicação do fato até o 2º dia útil imediato.

Art. 94. As entidades que desenvolvem programas de internação têm as seguintes obrigações, entre outras:

I – observar os direitos e garantias de que são titulares os adolescentes;

II – não restringir nenhum direito que não tenha sido objeto de restrição na decisão de internação;

III – oferecer atendimento personalizado, em pequenas unidades e grupos reduzidos;

IV – preservar a identidade e oferecer ambiente de respeito e dignidade ao adolescente;

V – diligenciar no sentido do restabelecimento e da preservação dos vínculos familiares;

VI – comunicar à autoridade judiciária, periodicamente, os casos em que se mostre inviável ou impossível o reatamento dos vínculos familiares;

VII – oferecer instalações físicas em condições adequadas de habitabilidade, higiene, salubridade e segurança e os objetos necessários à higiene pessoal;

VIII – oferecer vestuário e alimentação suficientes e adequados à faixa etária dos adolescentes atendidos;

IX – oferecer cuidados médicos, psicológicos, odontológicos e farmacêuticos;

X – propiciar escolarização e profissionalização;

XI – propiciar atividades culturais, esportivas e de lazer;

XII – propiciar assistência religiosa àqueles que desejarem, de acordo com suas crenças;

XIII – proceder a estudo social e pessoal de cada caso;

XIV – reavaliar periodicamente cada caso, com intervalo máximo de seis meses, dando ciência dos resultados à autoridade competente;

XV – informar, periodicamente, o adolescente internado sobre sua situação processual;

XVI – comunicar às autoridades competentes todos os casos de adolescentes portadores de moléstias infecto-contagiosas;

XVII – fornecer comprovante de depósito dos pertences dos adolescentes;

XVIII – manter programas destinados ao apoio e acompanhamento de egressos;

XIX – providenciar os documentos necessários ao exercício da cidadania àqueles que não os tiverem;

XX – manter arquivo de anotações onde constem data e circunstâncias do atendimento, nome do adolescente, seus pais ou responsável, parentes, endereços, sexo, idade, acompanhamento da sua formação, relação de seus pertences e demais dados que possibilitem sua identificação e a individualização do atendimento.

§ 1º. Aplicam-se, no que couber, as obrigações constantes deste artigo às entidades que mantêm programa de abrigo.

§ 2º. No cumprimento das obrigações a que alude este artigo as entidades utilizarão preferencialmente os recursos da comunidade.

Seção II – Da Fiscalização das Entidades

Art. 95. As entidades governamentais e não-governamentais referidas no art. 90 serão fiscalizadas pelo Judiciário, pelo Ministério Público e pelos Conselhos Tutelares.

Art. 96. Os planos de aplicação e as prestações de contas serão apresentados ao estado ou ao município, conforme a origem das dotações orçamentárias.

Art. 97. São medidas aplicáveis às entidades de atendimento que descumprirem obrigação constante do art. 94, sem prejuízo da responsabilidade civil e criminal de seus dirigentes ou prepostos:

I – às entidades governamentais:

a) advertência;

b) afastamento provisório de seus dirigentes;

APÊNDICE - LEGISLAÇÃO

c) afastamento definitivo de seus dirigentes;
d) fechamento de unidade ou interdição de programa.

II – às entidades não-governamentais:

a) advertência;
b) suspensão total ou parcial do repasse de verbas públicas;
c) interdição de unidades ou suspensão de programa;
d) cassação do registro.

Parágrafo único. Em caso de reiteradas infrações cometidas por entidades de atendimento, que coloquem em risco os direitos assegurados nesta Lei, deverá ser o fato comunicado ao Ministério Público ou representado perante autoridade judiciária competente para as providências cabíveis, inclusive suspensão das atividades ou dissolução da entidade.

TÍTULO II – DAS MEDIDAS DE PROTEÇÃO

Capítulo I – Disposições Gerais

Art. 98. As medidas de proteção à criança e ao adolescente são aplicáveis sempre que os direitos reconhecidos nesta Lei forem ameaçados ou violados:

I – por ação ou omissão da sociedade ou do Estado;
II – por falta, omissão ou abuso dos pais ou responsável;
III – em razão de sua conduta.

Capítulo II – Das Medidas Específicas de Proteção

Art. 99. As medidas previstas neste Capítulo poderão ser aplicadas isolada ou cumulativamente, bem como substituídas a qualquer tempo.

Art. 100. Na aplicação das medidas levar-se-ão em conta as necessidades pedagógicas, preferindo-se aquelas que visem ao fortalecimento dos vínculos familiares e comunitários.

Art. 101. Verificada qualquer das hipóteses previstas no art. 98, a autoridade competente poderá determinar, dentre outras, as seguintes medidas:

I – encaminhamento aos pais ou responsável, mediante termo de responsabilidade;
II – orientação, apoio e acompanhamento temporários;
III – matrícula e freqüência obrigatórias em estabelecimento oficial de ensino fundamental;
IV – inclusão em programa comunitário ou oficial de auxílio à família, à criança e ao adolescente;
V – requisição de tratamento médico, psicológico ou psiquiátrico, em regime hospitalar ou ambulatorial;
VI – inclusão em programa oficial ou comunitário de auxílio, orientação e tratamento a alcoólatras e toxicômanos;
VII – abrigo em entidade;
VIII – colocação em família substituta.

Parágrafo único. O abrigo é medida provisória e excepcional, utilizável como forma de transição para a colocação em família substituta, não implicando privação de liberdade.

Art. 102. As medidas de proteção de que trata este Capítulo serão acompanhadas da regularização do registro civil.

§ 1º. Verificada a inexistência de registro anterior, o assento de nascimento da criança ou adolescente será feito à vista dos elementos disponíveis, mediante requisição da autoridade judiciária.

§ 2º. Os registros e certidões necessários à regularização de que trata este artigo são isentos de multas, custas e emolumentos, gozando de absoluta prioridade.

TÍTULO III – DA PRÁTICA DE ATO INFRACIONAL

Capítulo I – Disposições Gerais

Art. 103. Considera-se ato infracional a conduta descrita como crime ou contravenção penal.

Art. 104. São penalmente inimputáveis os menores de dezoito anos, sujeitos às medidas previstas nesta Lei.

Parágrafo único. Para os efeitos desta Lei, deve ser considerada a idade do adolescente à data do fato.

Art. 105. Ao ato infracional praticado por criança corresponderão as medidas previstas no art. 101.

Capítulo II – Dos Direitos Individuais

Art. 106. Nenhum adolescente será privado de sua liberdade senão em flagrante de ato infracional ou por ordem escrita e fundamentada da autoridade judiciária competente.

Parágrafo único. O adolescente tem direito à identificação dos responsáveis pela sua apreensão, devendo ser informado acerca de seus direitos.

Art. 107. A apreensão de qualquer adolescente e o local onde se encontra recolhido serão incontinente comunicados à autoridade judiciária competente e à família do apreendido ou à pessoa por ele indicada.

Parágrafo único. Examinar-se-á, desde logo e sob pena de responsabilidade, a possibilidade de liberação imediata.

Art. 108. A internação, antes da sentença, pode ser determinada pelo prazo máximo de quarenta e cinco dias.

Parágrafo único. A decisão deverá ser fundamentada e basear-se em indícios suficientes de autoria e materialidade, demonstrada a necessidade imperiosa da medida.

Art. 109. O adolescente civilmente identificado não será submetido a identificação compulsória pelos órgãos policiais, de proteção e judiciais, salvo para efeito de confrontação, havendo dúvida fundada.

Capítulo III – Das Garantias Processuais

Art. 110. Nenhum adolescente será privado de sua liberdade sem o devido processo legal.

Art. 111. São asseguradas ao adolescente, entre outras, as seguintes garantias:

I – pleno e formal conhecimento da atribuição de ato infracional, mediante citação ou meio equivalente;

II – igualdade na relação processual, podendo confrontar-se com vítimas e testemunhas e produzir todas as provas necessárias à sua defesa;

III – defesa técnica por advogado;

IV – assistência judiciária gratuita e integral aos necessitados, na forma da lei;

V – direito de ser ouvido pessoalmente pela autoridade competente;

VI – direito de solicitar a presença de seus pais ou responsável em qualquer fase do procedimento.

Capítulo IV – Das Medidas Sócio-Educativas

Seção I – Disposições Gerais

Art. 112. Verificada a prática de ato infracional, a autoridade competente poderá aplicar ao adolescente as seguintes medidas:

I – advertência;

II – obrigação de reparar o dano;

III – prestação de serviços à comunidade;

IV – liberdade assistida;

V – inserção em regime de semi-liberdade;

VI – internação em estabelecimento educacional;

VII – qualquer uma das previstas no art. 101, I a VI.

§ 1º. A medida aplicada ao adolescente levará em conta a sua capacidade de cumpri-la, as circunstâncias e a gravidade da infração.

§ 2º. Em hipótese alguma e sob pretexto algum, será admitida a prestação de trabalho forçado.

§ 3º. Os adolescentes portadores de doença ou deficiência mental receberão tratamento individual e especializado, em local adequado às suas condições.

Art. 113. Aplica-se a este Capítulo o disposto nos arts. 99 e 100.

Art. 114. A imposição das medidas previstas nos incisos II a VI do art. 112 pressupõe a existência de provas suficientes da autoria e da materialidade da infração, ressalvada a hipótese de remissão, nos termos do art. 127.

Parágrafo único. A advertência poderá ser aplicada sempre que houver prova da materialidade e indícios suficientes da autoria.

Seção II – Da Advertência

Art. 115. A advertência consistirá em admoestação verbal, que será reduzida a termo e assinada.

Seção III – Da Obrigação de Reparar o Dano

Art. 116. Em se tratando de ato infracional com reflexos patrimoniais, a autoridade poderá determinar, se for o caso, que o adolescente restitua a coisa, promova o ressarcimento do dano, ou, por outra forma, compense o prejuízo da vítima.

Parágrafo único. Havendo manifesta impossibilidade, a medida poderá ser substituída por outra adequada.

Seção IV – Da Prestação de Serviços à Comunidade

Art. 117. A prestação de serviços comunitários consiste na realização de tarefas gratuitas de interesse geral, por período não excedente a seis meses, junto a entidades assistenciais, hospitais, escolas e outros estabelecimentos congêneres, bem como em programas comunitários ou governamentais.

Parágrafo único. As tarefas serão atribuídas conforme as aptidões do adolescente, devendo ser cumpridas durante jornada máxima de oito horas semanais, aos sábados, domingos e feriados ou em dias úteis, de modo a não prejudicar a freqüência à escola ou à jornada normal de trabalho.

Seção V – Da Liberdade Assistida

Art. 118. A liberdade assistida será adotada sempre que se afigurar a medida mais adequada para o fim de acompanhar, auxiliar e orientar o adolescente.

§ 1º. A autoridade designará pessoa capacitada para acompanhar o caso, a qual poderá ser recomendada por entidade ou programa de atendimento.

§ 2º. A liberdade assistida será fixada pelo prazo mínimo de seis meses, podendo a qualquer tempo ser prorrogada, revogada ou substituída por outra medida, ouvido o orientador, o Ministério Público e o defensor.

Art. 119. Incumbe ao orientador, com o apoio e a supervisão da autoridade competente, a realização dos seguintes encargos, entre outros:

I – promover socialmente o adolescente e sua família, fornecendo-lhes orientação e inserindo-os, se necessário, em programa oficial ou comunitário de auxílio e assistência social;

II – supervisionar a freqüência e o aproveitamento escolar do adolescente, promovendo, inclusive, sua matrícula;

III – diligenciar no sentido da profissionalização do adolescente e de sua inserção no mercado de trabalho;

IV – apresentar relatório do caso.

Seção VI – Do Regime de Semi-Liberdade

Art. 120. O regime de semi-liberdade pode ser determinado desde o início, ou como forma de transição para o meio aberto, possibilitada a realização de atividades externas, independentemente de autorização judicial.

§ 1º. São obrigatórias a escolarização e a profissionalização, devendo, sempre que possível, ser utilizados os recursos existentes na comunidade.

§ 2º. A medida não comporta prazo determinado aplicando-se, no que couber, as disposições relativas à internação.

Seção VII – Da Internação

Art. 121. A internação constitui medida privativa da liberdade, sujeita aos princípios de brevidade, excepcionalidade e respeito à condição peculiar de pessoa em desenvolvimento.

§ 1º. Será permitida a realização de atividades externas, a critério da equipe técnica da entidade, salvo expressa determinação judicial em contrário.

§ 2º. A medida não comporta prazo determinado, devendo sua manutenção ser reavaliada, mediante decisão fundamentada, no máximo a cada seis meses.

§ 3º. Em nenhuma hipótese o período máximo de internação excederá a três anos.

§ 4º. Atingido o limite estabelecido no parágrafo anterior, o adolescente deverá ser liberado, colocado em regime de semi-liberdade ou de liberdade assistida.

§ 5º. A liberação será compulsória aos vinte e um anos de idade.

§ 6º. Em qualquer hipótese a desinternação será precedida de autorização judicial, ouvido o Ministério Público.

Art. 122. A medida de internação só poderá ser aplicada quando:

I – tratar-se de ato infracional cometido mediante grave ameaça ou violência a pessoa;

II – por reiteração no cometimento de outras infrações graves;

III – por descumprimento reiterado e injustificável da medida anteriormente imposta.

§ 1º. O prazo de internação na hipótese do inciso III deste artigo não poderá ser superior a três meses.

§ 2º. Em nenhuma hipótese será aplicada a internação, havendo outra medida adequada.

Art. 123. A internação deverá ser cumprida em entidade exclusiva para adolescentes, em local distinto daquele destinado ao abrigo, obedecida rigorosa separação por critérios de idade, compleição física e gravidade da infração.

Parágrafo único. Durante o período de internação, inclusive provisória, serão obrigatórias atividades pedagógicas.

Art. 124. São direitos do adolescente privado de liberdade, entre outros, os seguintes:

I – entrevistar-se pessoalmente com o representante do Ministério Público;

II – peticionar diretamente a qualquer autoridade;

III – avistar-se reservadamente com seu defensor;

IV – ser informado de sua situação processual, sempre que solicitada;

V – ser tratado com respeito e dignidade;

VI – permanecer internado na mesma localidade ou naquela mais próxima ao domicílio de seus pais ou responsável;

VII – receber visitas, ao menos, semanalmente;

VIII – corresponder-se com seus familiares e amigos;

IX – ter acesso aos objetos necessários à higiene e asseio pessoal;

X – habitar alojamento em condições adequadas de higiene e salubridade;

XI – receber escolarização e profissionalização;

XII – realizar atividades culturais, esportivas e de lazer:

XIII – ter acesso aos meios de comunicação social;

XIV – receber assistência religiosa, segundo a sua crença, e desde que assim o deseje;

XV – manter a posse de seus objetos pessoais e dispor de local seguro para guardá-los, recebendo comprovante daqueles porventura depositados em poder da entidade;

XVI – receber, quando de sua desinternação, os documentos pessoais indispensáveis à vida em sociedade.

§ 1º. Em nenhum caso haverá incomunicabilidade.

§ 2º. A autoridade judiciária poderá suspender temporariamente a visita, inclusive de pais ou responsável, se existirem motivos sérios e fundados de sua prejudicialidade aos interesses do adolescente.

Art. 125. É dever do Estado zelar pela integridade física e mental dos internos, cabendo-lhe adotar as medidas adequadas de contenção e segurança.

Capítulo V – Da Remissão

Art. 126. Antes de iniciado o procedimento judicial para apuração de ato infracional, o representante do Ministério Público poderá conceder a remissão, como forma de exclusão do processo, atendendo às circunstâncias e conseqüências do fato, ao contexto social, bem como à personalidade do adolescente e sua maior ou menor participação no ato infracional.

Parágrafo único. Iniciado o procedimento, a concessão da remissão pela autoridade judiciária importará na suspensão ou extinção do processo.

Art. 127. A remissão não implica necessariamente o reconhecimento ou comprovação da responsabilidade, nem prevalece para efeito de antecedentes, podendo incluir eventualmente a aplicação de qualquer das medidas previstas em lei, exceto a colocação em regime de semi-liberdade e a internação.

Art. 128. A medida aplicada por força da remissão poderá ser revista judicialmente, a qualquer tempo, mediante pedido expresso do adolescente ou de seu representante legal, ou do Ministério Público.

TÍTULO IV – DAS MEDIDAS PERTINENTES AOS PAIS OU RESPONSÁVEL

Art. 129. São medidas aplicáveis aos pais ou responsável:

I – encaminhamento a programa oficial ou comunitário de proteção à família;

II – inclusão em programa oficial ou comunitário de auxílio, orientação e tratamento a alcoólatras e toxicômanos;

III – encaminhamento a tratamento psicológico ou psiquiátrico;

IV – encaminhamento a cursos ou programas de orientação;

V – obrigação de matricular o filho ou pupilo e acompanhar sua freqüência e aproveitamento escolar;

VI – obrigação de encaminhar a criança ou adolescente a tratamento especializado;

VII – advertência;

VIII – perda da guarda;

IX – destituição da tutela;

X – suspensão ou destituição do pátrio poder.

Parágrafo único. Na aplicação das medidas previstas nos incisos IX e X deste artigo, observar-se-á o disposto nos arts. 23 e 24.

Art. 130. Verificada a hipótese de maus-tratos, opressão ou abuso sexual impostos pelos pais ou responsável, a autoridade judiciária poderá determinar, como medida cautelar, o afastamento do agressor da moradia comum.

TÍTULO V – DO CONSELHO TUTELAR

Capítulo I – Disposições Gerais

Art. 131. O Conselho Tutelar é órgão permanente e autônomo, não jurisdicional, encarregado pela sociedade de zelar pelo cumprimento dos direitos da criança e do adolescente, definidos nesta Lei.

Art. 132. Em cada Município haverá, no mínimo um Conselho Tutelar composto de cinco membros, escolhidos pela comunidade local para mandato de três anos, permitida uma recondução.

• *Art. 132, com redação dada pela Lei nº 8.242, de 12.10.1991.*

Art. 133. Para a candidatura a membro do Conselho Tutelar, serão exigidos os seguintes requisitos:

I – reconhecida idoneidade moral;

II – idade superior a vinte e um anos;

III – residir no município.

Art. 134. Lei municipal disporá sobre local, dia e horário de funcionamento do Conselho Tutelar, inclusive quanto a eventual remuneração de seus membros.

Parágrafo único. Constará da lei orçamentária municipal previsão dos recursos necessários ao funcionamento do Conselho Tutelar.

Art. 135. O exercício efetivo da função de conselheiro constituirá serviço público relevante, estabelecerá presunção de idoneidade moral e assegurará prisão especial, em caso de crime comum, até o julgamento definitivo.

Capítulo II – Das Atribuições do Conselho

Art. 136. São atribuições do Conselho Tutelar:

I – atender as crianças e adolescentes nas hipóteses previstas nos arts. 98 e 105, aplicando as medidas previstas no art. 101, I a VII;

II – atender e aconselhar os pais ou responsável, aplicando as medidas previstas no art. 129, I a VII;

III – promover a execução de suas decisões, podendo para tanto:

a) requisitar serviços públicos nas áreas de saúde, educação, serviço social, previdência, trabalho e segurança;

b) representar junto à autoridade judiciária nos casos de descumprimento injustificado de suas deliberações.

IV – encaminhar ao Ministério Público notícia de fato que constitua infração administrativa ou penal contra os direitos da criança ou adolescente;

V – encaminhar à autoridade judiciária os casos de sua competência;

VI – providenciar a medida estabelecida pela autoridade judiciária, dentre as previstas no art. 101, de I a VI, para o adolescente autor de ato infracional;

VII – expedir notificações;

VIII – requisitar certidões de nascimento e de óbito de criança ou adolescente quando necessário;

IX – assessorar o Poder Executivo local na elaboração da proposta orçamentária para planos e programas de atendimento dos direitos da criança e do adolescente;

X – representar, em nome da pessoa e da família, contra a violação dos direitos previstos no art. 220, § 3º, inciso II, da Constituição Federal;

XI – representar ao Ministério Público, para efeito das ações de perda ou suspensão do pátrio poder.

Art. 137. As decisões do Conselho Tutelar somente poderão ser revistas pela autoridade judiciária a pedido de quem tenha legítimo interesse.

Capítulo III – Da Competência

Art. 138. Aplica-se ao Conselho Tutelar a regra de competência constante do art. 147.

Capítulo IV – Da Escolha dos Conselheiros

Art. 139. O processo para a escolha dos membros do Conselho Tutelar será estabelecido em lei municipal e realizado sob a responsabilidade do Conselho Municipal dos Direitos da Criança e do Adolescente, e a fiscalização do Ministério Público.

* *Art. 139, com redação dada pela Lei nº 8.242, de 12.10.1991.*

Capítulo V – Dos Impedimentos

Art. 140. São impedidos de servir no mesmo Conselho marido e mulher, ascendentes e descendentes, sogro e genro ou nora, irmãos, cunhados, durante o cunhadio, tio e sobrinho, padrasto ou madrasta e enteado.

Parágrafo único. Estende-se o impedimento do conselheiro, na forma deste artigo, em relação à autoridade judiciária e ao representante do Ministério Público com atuação na Justiça da Infância e da Juventude, em exercício na comarca, foro regional ou distrital.

TÍTULO VI – DO ACESSO À JUSTIÇA

Capítulo I – Disposições Gerais

Art. 141. É garantido o acesso de toda criança ou adolescente à Defensoria Pública, ao Ministério Público e ao Poder Judiciário, por qualquer de seus órgãos.

§ 1º. A assistência judiciária gratuita será prestada aos que dela necessitarem, através de defensor público ou advogado nomeado.

§ 2º. As ações judiciais da competência da Justiça da Infância e da Juventude são isentas de custas e emolumentos, ressalvada a hipótese de litigância de má-fé.

Art. 142. Os menores de dezesseis anos serão representados e os maiores de dezesseis e menores de vinte e um anos assistidos por seus pais, tutores ou curadores, na forma da legislação civil ou processual.

Parágrafo único. A autoridade judiciária dará curador especial à criança ou adolescente, sempre que os interesses destes colidirem com os de seus pais ou responsável, ou quando carecer de representação ou assistência legal ainda que eventual.

Art. 143. É vedada a divulgação de atos judiciais, policiais e administrativos que digam respeito a crianças e adolescentes a que se atribua autoria de ato infracional.

Parágrafo único. Qualquer notícia a respeito do fato não poderá identificar a criança ou adolescente, vedando-se fotografia, referência a nome, apelido, filiação, parentesco, residência e, inclusive, iniciais do nome e sobrenome.

* *Parágrafo único com redação dada pela Lei nº 10.764, de 12.11.2003.*

Art. 144. A expedição de cópia ou certidão de atos a que se refere o artigo anterior somente será deferida pela autoridade judiciária competente, se demonstrado o interesse e justificada a finalidade.

Capítulo II – Da Justiça da Infância e da Juventude

Seção I – Disposições Gerais

Art. 145. Os estados e o Distrito Federal poderão criar varas especializadas e exclusivas da infância e da juventude, cabendo ao Poder Judiciário estabelecer sua proporcionalidade por número de habitantes, dotá-las de infra-estrutura e dispor sobre o atendimento, inclusive em plantões.

Seção II – Do Juiz

Art. 146. A autoridade a que se refere esta Lei é o Juiz da Infância e da Juventude, ou o juiz que exerce essa função, na forma da lei de organização judiciária local.

Art. 147. A competência será determinada:

I – pelo domicílio dos pais ou responsável;

II – pelo lugar onde se encontre a criança ou adolescente, à falta dos pais ou responsável.

§ 1º. Nos casos de ato infracional, será competente a autoridade do lugar da ação ou omissão, observadas as regras de conexão, continência e prevenção.

§ 2º. A execução das medidas poderá ser delegada à autoridade competente da residência dos pais ou responsável, ou do local onde sediar-se a entidade que abrigar a criança ou adolescente.

§ 3º. Em caso de infração cometida através de transmissão simultânea de rádio ou televisão, que atinja mais de uma comarca, será competente, para aplicação da penalidade, a autoridade judiciária do local da sede estadual da emissora ou rede, tendo a sentença eficácia para todas as transmissoras ou retransmissoras do respectivo estado.

Art. 148. A Justiça da Infância e da Juventude é competente para:

I – conhecer de representações promovidas pelo Ministério Público, para apuração de ato infracional atribuído a adolescente, aplicando as medidas cabíveis;

II – conceder a remissão, como forma de suspensão ou extinção do processo;

III – conhecer de pedidos de adoção e seus incidentes;

IV – conhecer de ações civis fundadas em interesses individuais, difusos ou coletivos afetos à criança e ao adolescente, observado o disposto no art. 209;

V – conhecer de ações decorrentes de irregularidades em entidades de atendimento, aplicando as medidas cabíveis;

VI – aplicar penalidades administrativas nos casos de infrações contra norma de proteção à criança ou adolescente;

VII – conhecer de casos encaminhados pelo Conselho Tutelar, aplicando as medidas cabíveis.

Parágrafo único. Quando se tratar de criança ou adolescente nas hipóteses do art. 98, é também competente a Justiça da Infância e da Juventude para o fim de:

a) conhecer de pedidos de guarda e tutela;

b) conhecer de ações de destituição do pátrio poder, perda ou modificação da tutela ou guarda;

c) suprir a capacidade ou o consentimento para o casamento;

d) conhecer de pedidos baseados em discordância paterna ou materna, em relação ao exercício do pátrio poder;

e) conceder a emancipação, nos termos da lei civil, quando faltarem os pais;

f) designar curador especial em casos de apresentação de queixa ou representação, ou de outros procedimentos judiciais ou extrajudiciais em que haja interesses de criança ou adolescente;

g) conhecer de ações de alimentos;

h) determinar o cancelamento, a retificação e o suprimento dos registros de nascimento e óbito.

Art. 149. Compete à autoridade judiciária disciplinar, através de portaria, ou autorizar, mediante alvará:

I – a entrada e permanência de criança ou adolescente, desacompanhado dos pais ou responsável, em:

a) estádio, ginásio e campo desportivo;

b) bailes ou promoções dançantes;

c) boate ou congêneres;

d) casa que explore comercialmente diversões eletrônicas;

e) estúdios cinematográficos, de teatro, rádio e televisão.

II – a participação de criança e adolescente em:

a) espetáculos públicos e seus ensaios;

b) certames de beleza.

§ 1º. Para os fins do disposto neste artigo, a autoridade judiciária levará em conta, dentre outros fatores:

a) os princípios desta Lei;

b) as peculiaridades locais;

c) a existência de instalações adequadas;

d) o tipo de freqüência habitual ao local;

e) a adequação do ambiente a eventual participação ou freqüência de crianças e adolescentes;

f) a natureza do espetáculo.

§ 2º. As medidas adotadas na conformidade deste artigo deverão ser fundamentadas, caso a caso, vedadas as determinações de caráter geral.

Seção III – Dos Serviços Auxiliares

Art. 150. Cabe ao Poder Judiciário, na elaboração de sua proposta orçamentária, prever recursos para manutenção de equipe interprofissional, destinada a assessorar a Justiça da Infância e da Juventude.

Art. 151. Compete à equipe interprofissional dentre outras atribuições que lhe forem reservadas pela legislação local, fornecer subsídios por escrito, mediante laudos, ou verbalmente, na audiência, e bem assim desenvolver trabalhos de aconselhamento, orientação, encaminhamento, prevenção e outros, tudo sob a imediata subordinação à autoridade judiciária, assegurada a livre manifestação do ponto de vista técnico.

Capítulo III – Dos Procedimentos

Seção I – Disposições Gerais

Art. 152. Aos procedimentos regulados nesta Lei aplicam-se subsidiariamente as normas gerais previstas na legislação processual pertinente.

Art. 153. Se a medida judicial a ser adotada não corresponder a procedimento previsto nesta ou em outra lei, a autoridade judiciária poderá investigar os fatos e ordenar de ofício as providências necessárias, ouvido o Ministério Público.

Art. 154. Aplica-se às multas o disposto no art. 214.

Seção II – Da Perda e da Suspensão do Pátrio Poder

Art. 155. O procedimento para a perda ou a suspensão do pátrio poder terá início por provocação do Ministério Público ou de quem tenha legítimo interesse.

Art. 156. A petição inicial indicará:

I – a autoridade judiciária a que for dirigida;

II – o nome, o estado civil, a profissão e a residência do requerente e do requerido, dispensada a qualificação em se tratando de pedido formulado por representante do Ministério Público;

III – a exposição sumária do fato e o pedido;

IV – as provas que serão produzidas, oferecendo, desde logo, o rol de testemunhas e documentos.

Art. 157. Havendo motivo grave, poderá a autoridade judiciária, ouvido o Ministério Público, decretar a suspensão do pátrio poder, liminar ou incidentalmente, até o julgamento definitivo da causa, ficando a criança ou adolescente confiado a pessoa idônea, mediante termo de responsabilidade.

Art. 158. O requerido será citado para, no prazo de dez dias, oferecer resposta escrita, indicando as provas a serem produzidas e oferecendo desde logo o rol de testemunhas e documentos.

Parágrafo único. Deverão ser esgotados todos os meios para a citação pessoal.

Art. 159. Se o requerido não tiver possibilidade de constituir advogado, sem prejuízo do próprio sustento e de sua família, poderá requerer, em cartório, que lhe seja nomeado dativo, ao qual incumbirá a apresentação de resposta, contando-se o prazo a partir da intimação do despacho de nomeação.

Art. 160. Sendo necessário, a autoridade judiciária requisitará de qualquer repartição ou órgão público a apresentação de documento que interesse à causa, de ofício ou a requerimento das partes ou do Ministério Público.

Art. 161. Não sendo contestado o pedido, a autoridade judiciária dará vista dos autos ao Ministério Público, por cinco dias, salvo quando este for o requerente, decidindo em igual prazo.

§ 1º. Havendo necessidade, a autoridade judiciária poderá determinar a realização de estudo social ou perícia por equipe interprofissional, bem como a oitiva de testemunhas.

§ 2º. Se o pedido importar em modificação de guarda, será obrigatória, desde que possível e razoável, a oitiva da criança ou adolescente.

Art. 162. Apresentada a resposta, a autoridade judiciária dará vista dos autos ao Ministério Público, por cinco dias, salvo quando este for o requerente, designando, desde logo, audiência de instrução e julgamento.

§ 1º. A requerimento de qualquer das partes, do Ministério Público, ou de ofício, a autoridade judiciária poderá determinar a realização de estudo social ou, se possível, de perícia por equipe interprofissional.

§ 2º. Na audiência, presentes as partes e o Ministério Público, serão ouvidas as testemunhas, colhendo-se oralmente o parecer técnico, salvo quando apresentado por escrito, manifestando-se sucessivamente o requerente, o requerido e o Ministério Público, pelo tempo de vinte minutos cada um, prorrogável por mais dez. A decisão será proferida na audiência, podendo a autoridade judiciária, excepcionalmente, designar data para sua leitura no prazo máximo de cinco dias.

Art. 163. A sentença que decretar a perda ou a suspensão do pátrio poder será averbada à margem do registro de nascimento da criança ou adolescente.

Seção III – Da Destituição da Tutela

Art. 164. Na destituição da tutela, observar-se-á o procedimento para a remoção de tutor previsto na lei processual civil e, no que couber, o disposto na seção anterior.

Seção IV – Da Colocação em Família Substituta

Art. 165. São requisitos para a concessão de pedidos de colocação em família substituta:

I – qualificação completa do requerente e de seu eventual cônjuge, ou companheiro, com expressa anuência deste;

II – indicação de eventual parentesco do requerente e de seu cônjuge, ou companheiro, com a criança ou adolescente, especificando se tem ou não parente vivo;

III – qualificação completa da criança ou adolescente e de seus pais, se conhecidos;

IV – indicação do cartório onde foi inscrito nascimento, anexando, se possível, uma cópia da respectiva certidão;

V – declaração sobre a existência de bens, direitos ou rendimentos relativos à criança ou ao adolescente.

Parágrafo único. Em se tratando de adoção, observar-se-ão também os requisitos específicos.

Art. 166. Se os pais forem falecidos, tiverem sido destituídos ou suspensos do pátrio poder, ou houverem aderido expressamente ao pedido de colocação em família substituta, este poderá ser formulado diretamente em cartório, em petição assinada pelos próprios requerentes.

Parágrafo único. Na hipótese de concordância dos pais, eles serão ouvidos pela autoridade judiciária e pelo representante do Ministério Público, tomando-se por termo as declarações.

Art. 167. A autoridade judiciária, de ofício ou a requerimento das partes ou do Ministério Público, determinará a realização de estudo social ou, se possível, perícia por equipe interprofissional, decidindo sobre a concessão de guarda provisória, bem como, no caso de adoção, sobre o estágio de convivência.

Art. 168. Apresentado o relatório social ou o laudo pericial, e ouvida, sempre que possível, a criança ou o adolescente, dar-se-á vista dos autos ao Ministério Público, pelo prazo de cinco dias, decidindo a autoridade judiciária em igual prazo.

Art. 169. Nas hipóteses em que a destituição da tutela, a perda ou a suspensão do pátrio poder constituir pressuposto lógico da medida principal de colocação em família substituta, será observado o procedimento contraditório previsto nas Seções II e III deste Capítulo.

Parágrafo único. A perda ou a modificação da guarda poderá ser decretada nos mesmos autos do procedimento, observado o disposto no art. 35.

Art. 170. Concedida a guarda ou a tutela, observar-se-á o disposto no art. 32, e, quanto à adoção, o contido no art. 47.

Seção V – Da Apuração de Ato Infracional Atribuído a Adolescente

Art. 171. O adolescente apreendido por força de ordem judicial será, desde logo, encaminhado à autoridade judiciária.

Art. 172. O adolescente apreendido em flagrante de ato infracional será, desde logo, encaminhado à autoridade policial competente.

Parágrafo único. Havendo repartição policial especializada para atendimento de adolescente e em se tratando de ato infracional praticado em co-autoria com maior, prevalecerá a atribuição da repartição especializada, que, após as providências necessárias e conforme o caso, encaminhará o adulto à repartição policial própria.

Art. 173. Em caso de flagrante de ato infracional cometido mediante violência ou grave ameaça a pessoa, a autoridade policial, sem prejuízo do disposto nos arts. 106, parágrafo único, e 107, deverá:

I – lavrar auto de apreensão, ouvidos as testemunhas e o adolescente;

II – apreender o produto e os instrumentos da infração;

III – requisitar os exames ou perícias necessários à comprovação da materialidade e autoria da infração.

Parágrafo único. Nas demais hipóteses de flagrante, a lavratura do auto poderá ser substituída por boletim de ocorrência circunstanciada.

Art. 174. Comparecendo qualquer dos pais ou responsável, o adolescente será prontamente liberado pela autoridade policial, sob termo de compromisso e responsabilidade de sua apresentação ao representante do Ministério Público, no mesmo dia ou, sendo impossível, no primeiro dia útil imediato, exceto quando, pela gravidade do ato infracional e sua repercussão social, deva o adolescente permanecer sob internação para garantia de sua segurança pessoal ou manutenção da ordem pública.

Art. 175. Em caso de não liberação, a autoridade policial encaminhará, desde logo, o adolescente ao representante do Ministério Público, juntamente com cópia do auto de apreensão ou boletim de ocorrência.

§ 1º. Sendo impossível a apresentação imediata, a autoridade policial encaminhará o adolescente à entidade de atendimento, que fará a apresentação ao representante do Ministério Público no prazo de vinte e quatro horas.

§ 2º. Nas localidades onde não houver entidade de atendimento, a apresentação far-se-á pela autoridade policial. À falta de repartição policial especializada, o adolescente aguardará a apresentação em dependência separada da destinada a maiores, não podendo, em qualquer hipótese, exceder o prazo referido no parágrafo anterior.

Art. 176. Sendo o adolescente liberado, a autoridade policial encaminhará imediatamente ao representante do Ministério Público cópia do auto de apreensão ou boletim de ocorrência.

Art. 177. Se, afastada a hipótese de flagrante, houver indícios de participação de adolescente na prática de ato infracional, a autoridade policial encaminhará ao representante do Ministério Público relatório das investigações e demais documentos.

Art. 178. O adolescente a quem se atribua autoria de ato infracional não poderá ser conduzido ou transportado em compartimento fechado de veículo policial, em condições atentatórias à sua dignidade, ou que impliquem risco à sua integridade física ou mental, sob pena de responsabilidade.

Art. 179. Apresentado o adolescente, o representante do Ministério Público, no mesmo dia e à vista do auto de apreensão, boletim de ocorrência ou relatório policial, devidamente autuados pelo cartório judicial e com informação sobre os antecedentes do adolescente, procederá imediata e informalmente à sua oitiva e, em sendo possível, de seus pais ou responsável, vítima e testemunhas.

Parágrafo único. Em caso de não apresentação, o representante do Ministério Público notificará os pais ou responsável para apresentação do adolescente, podendo requisitar o concurso das polícias civil e militar.

Art. 180. Adotadas as providências a que alude o artigo anterior, o representante do Ministério Público poderá:

I – promover o arquivamento dos autos;

II – conceder a remissão;

III – representar à autoridade judiciária para aplicação de medida sócio-educativa.

Art. 181. Promovido o arquivamento dos autos ou concedida a remissão pelo representante do Ministério Público, mediante termo fundamentado, que conterá o resumo dos fatos, os autos serão conclusos à autoridade judiciária para homologação.

§ 1º. Homologado o arquivamento ou a remissão, a autoridade judiciária determinará, conforme o caso, o cumprimento da medida.

§ 2º. Discordando, a autoridade judiciária fará remessa dos autos ao Procurador-Geral de Justiça, mediante despacho fundamentado, e este oferecerá representação, designará outro membro do Ministério Público para apresentá-la, ou ratificará o arquivamento ou a remissão, que só então estará a autoridade judiciária obrigada a homologar.

Art. 182. Se, por qualquer razão, o representante do Ministério Público não promover o arquivamento ou conceder a remissão, oferecerá representação à autoridade judiciária, propondo a instauração de procedimento para aplicação da medida sócio-educativa que se afigurar a mais adequada.

§ 1º. A representação será oferecida por petição, que conterá o breve resumo dos fatos e a classificação do ato infracional e, quando necessário, o rol de testemunhas, podendo ser deduzida oralmente, em sessão diária instalada pela autoridade judiciária.

§ 2º. A representação independe de prova pré-constituída da autoria e materialidade.

Art. 183. O prazo máximo e improrrogável para a conclusão do procedimento, estando o adolescente internado provisoriamente, será de quarenta e cinco dias.

Art. 184. Oferecida a representação, a autoridade judiciária designará audiência de apresentação do adolescente, decidindo, desde logo, sobre a decretação ou manutenção da internação, observado o disposto no art. 108 e parágrafo.

§ 1º. O adolescente e seus pais ou responsável serão cientificados do teor da representação, e notificados a comparecer à audiência, acompanhados de advogado.

§ 2º. Se os pais ou responsável não forem localizados, a autoridade judiciária dará curador especial ao adolescente.

§ 3º. Não sendo localizado o adolescente, a autoridade judiciária expedirá mandado de busca e apreensão, determinando o sobrestamento do feito, até a efetiva apresentação.

§ 4º. Estando o adolescente internado, será requisitada a sua apresentação, sem prejuízo da notificação dos pais ou responsável.

Art. 185. A internação, decretada ou mantida pela autoridade judiciária, não poderá ser cumprida em estabelecimento prisional.

§ 1º. Inexistindo na comarca entidade com as características definidas no art. 123, o adolescente deverá ser imediatamente transferido para a localidade mais próxima.

§ 2º. Sendo impossível a pronta transferência, o adolescente aguardará sua remoção em repartição policial, desde que em seção isolada dos adultos e com instalações apropriadas, não podendo ultrapassar o prazo máximo de cinco dias, sob pena de responsabilidade.

Art. 186. Comparecendo o adolescente, seus pais ou responsável, a autoridade judiciária procederá à oitiva dos mesmos, podendo solicitar opinião de profissional qualificado.

§ 1º. Se a autoridade judiciária entender adequada a remissão, ouvirá o representante do Ministério Público, proferindo decisão.

§ 2º. Sendo o fato grave, passível de aplicação de medida de internação ou colocação em regime de semi-liberdade, a autoridade judiciária, verificando que o adolescente não possui advogado constituído, nomeará defensor, designando, desde logo, audiência em continuação, podendo determinar a realização de diligências e estudo do caso.

§ 3º. O advogado constituído ou o defensor nomeado, no prazo de três dias contado da audiência de apresentação, oferecerá defesa prévia e rol de testemunhas.

§ 4º. Na audiência em continuação, ouvidas as testemunhas arroladas na representação e na defesa prévia, cumpridas as diligências e juntado o relatório da equipe interprofissional, será dada a palavra ao representante do Ministério Público e ao defensor, sucessivamente, pelo tempo de vinte minutos para cada um, prorrogável por mais dez, a critério da autoridade judiciária, que em seguida proferirá decisão.

Art. 187. Se o adolescente, devidamente notificado, não comparecer, injustificadamente à audiência de apresentação, a autoridade judiciária designará nova data, determinando sua condução coercitiva.

Art. 188. A remissão, como forma de extinção ou suspensão do processo, poderá ser aplicada em qualquer fase do procedimento, antes da sentença.

Art. 189. A autoridade judiciária não aplicará qualquer medida, desde que reconheça na sentença:

I – estar provada a inexistência do fato;

II – não haver prova da existência do fato;

III – não constituir o fato ato infracional;

IV – não existir prova de ter o adolescente concorrido para o ato infracional.

Parágrafo único. Na hipótese deste artigo, estando o adolescente internado, será imediatamente colocado em liberdade.

Art. 190. A intimação da sentença que aplicar medida de internação ou regime de semi-liberdade será feita:

I – ao adolescente e ao seu defensor;

II – quando não for encontrado o adolescente, a seus pais ou responsável, sem prejuízo do defensor.

§ 1º. Sendo outra a medida aplicada, a intimação far-se-á unicamente na pessoa do defensor.

§ 2º. Recaindo a intimação na pessoa do adolescente, deverá este manifestar se deseja ou não recorrer da sentença.

Seção VI – Da Apuração de Irregularidades em Entidade de Atendimento

Art. 191. O procedimento de apuração de irregularidades em entidade governamental e não-governamental terá início mediante portaria da autoridade judiciária ou representação do Ministério Público ou do Conselho Tutelar, onde conste, necessariamente, resumo dos fatos.

Parágrafo único. Havendo motivo grave, poderá a autoridade judiciária, ouvido o Ministério Público, decretar liminarmente o afastamento provisório do dirigente da entidade, mediante decisão fundamentada.

Art. 192. O dirigente da entidade será citado para, no prazo de dez dias, oferecer resposta escrita, podendo juntar documentos e indicar as provas a produzir.

Art. 193. Apresentada ou não a resposta, e sendo necessário, a autoridade judiciária designará audiência de instrução e julgamento, intimando as partes.

§ 1º. Salvo manifestação em audiência, as partes e o Ministério Público terão cinco dias para oferecer alegações finais, decidindo a autoridade judiciária em igual prazo.

§ 2º. Em se tratando de afastamento provisório ou definitivo de dirigente de entidade governamental, a autoridade judiciária oficiará à autoridade administrativa imediatamente superior ao afastado, marcando prazo para a substituição.

§ 3º. Antes de aplicar qualquer das medidas, a autoridade judiciária poderá fixar prazo para a remoção das irregularidades verificadas. Satisfeitas as exigências, o processo será extinto, sem julgamento de mérito.

§ 4º. A multa e a advertência serão impostas ao dirigente da entidade ou programa de atendimento.

Seção VII – Da Apuração de Infração Administrativa às Normas de Proteção à Criança e ao Adolescente

Art. 194. O procedimento para imposição de penalidade administrativa por infração às normas de proteção à criança e ao adolescente terá início por representação do Ministério Público, ou do Conselho Tutelar, ou auto de infração elaborado por servidor efetivo ou voluntário credenciado, e assinado por duas testemunhas, se possível.

§ 1º. No procedimento iniciado com o auto de infração, poderão ser usadas fórmulas impressas, especificando-se a natureza e as circunstâncias da infração.

§ 2º. Sempre que possível, à verificação da infração seguir-se-á a lavratura do auto, certificando-se, em caso contrário, dos motivos do retardamento.

Art. 195. O requerido terá prazo de dez dias para apresentação de defesa, contado da data da intimação, que será feita:

I – pelo autuante, no próprio auto, quando este for lavrado na presença do requerido;

II – por oficial de justiça ou funcionário legalmente habilitado, que entregará cópia do auto ou da representação ao requerido, ou a seu representante legal, lavrando certidão;

III – por via postal, com aviso de recebimento, se não for encontrado o requerido ou seu representante legal;

IV – por edital, com prazo de trinta dias, se incerto ou não sabido o paradeiro do requerido ou de seu representante legal.

Art. 196. Não sendo apresentada a defesa no prazo legal, a autoridade judiciária dará vista dos autos ao Ministério Público, por cinco dias, decidindo em igual prazo.

Art. 197. Apresentada a defesa, a autoridade judiciária procederá na conformidade do artigo anterior, ou, sendo necessário, designará audiência de instrução e julgamento.

Parágrafo único. Colhida a prova oral, manifestar-se-ão sucessivamente o Ministério Público e o procurador do requerido, pelo tempo de vinte minutos para cada um, prorrogável por mais dez, a critério da autoridade judiciária, que em seguida proferirá sentença.

Capítulo IV – Dos Recursos

Art. 198. Nos procedimentos afetos à Justiça da Infância e da Juventude fica adotado o sistema recursal do Código de Processo Civil, aprovado pela Lei nº 5.869, de 11 de janeiro de 1973, e suas alterações posteriores, com as seguintes adaptações:

I – os recursos serão interpostos independentemente de preparo;

II – em todos os recursos, salvo o de agravo de instrumento e de embargos de declaração, o prazo para interpor e para responder será sempre de dez dias;

III – os recursos terão preferência de julgamento e dispensarão revisor;

IV – o agravado será intimado para, no prazo de cinco dias, oferecer resposta e indicar as peças a serem trasladadas;

V – será de quarenta e oito horas o prazo para a extração, a conferência e o conserto do traslado;

VI – a apelação será recebida em seu efeito devolutivo. Será também conferido efeito suspensivo quando interposta contra sentença que deferir a adoção por estrangeiro e, a juízo da autoridade judiciária, sempre que houver perigo de dano irreparável ou de difícil reparação;

VII – antes de determinar a remessa dos autos à superior instância, no caso de apelação, ou do instrumento, no caso de agravo, a autoridade judiciária proferirá despacho fundamentado, mantendo ou reformando a decisão, no prazo de cinco dias;

VIII – mantida a decisão apelada ou agravada, o escrivão remeterá os autos ou o instrumento à superior instância dentro de vinte e quatro horas, independentemente de novo pedido do recorrente; se a reformar, a remessa dos autos dependerá de pedido expresso da parte interessada ou do Ministério Público, no prazo de cinco dias, contados da intimação.

Art. 199. Contra as decisões proferidas com base no art. 149 caberá recurso de apelação.

Capítulo V – Do Ministério Público

Art. 200. As funções do Ministério Público previstas nesta Lei serão exercidas nos termos da respectiva lei orgânica.

Art. 201. Compete ao Ministério Público:

I – conceder a remissão como forma de exclusão do processo;

II – promover e acompanhar os procedimentos relativos às infrações atribuídas a adolescentes;

III – promover e acompanhar as ações de alimentos e os procedimentos de suspensão e destituição do pátrio poder, nomeação e remoção de tutores, curadores e guardiães, bem como oficiar em todos os demais procedimentos da competência da Justiça da Infância e da Juventude;

IV – promover, de ofício ou por solicitação dos interessados, a especialização e a inscrição de hipoteca legal e a prestação de contas dos tutores, curadores e quaisquer administradores de bens de crianças e adolescentes nas hipóteses do art. 98;

V – promover o inquérito civil e a ação civil pública para a proteção dos interesses individuais, difusos ou coletivos relativos à infância e à adolescência, inclusive os definidos no art. 220, § 3º inciso II, da Constituição Federal;

VI – instaurar procedimentos administrativos e, para instruí-los:

a) expedir notificações para colher depoimentos ou esclarecimentos e, em caso de não comparecimento injustificado, requisitar condução coercitiva, inclusive pela polícia civil ou militar;

b) requisitar informações, exames, perícias e documentos de autoridades municipais, estaduais e federais, da administração direta ou indireta, bem como promover inspeções e diligências investigatórias;

c) requisitar informações e documentos a particulares e instituições privadas;

VII – instaurar sindicâncias, requisitar diligências investigatórias e determinar a instauração de inquérito policial, para apuração de ilícitos ou infrações às normas de proteção à infância e à juventude;

VIII – zelar pelo efetivo respeito aos direitos e garantias legais assegurados às crianças e adolescentes, promovendo as medidas judiciais e extrajudiciais cabíveis;

IX – impetrar mandado de segurança, de injunção e *habeas corpus*, em qualquer juízo, instância ou tribunal, na defesa dos interesses sociais e individuais indisponíveis afetos à criança e ao adolescente;

X – representar ao juízo visando à aplicação de penalidade por infrações cometidas contra as normas de proteção à infância e à juventude, sem prejuízo da promoção da responsabilidade civil e penal do infrator, quando cabível;

XI – inspecionar as entidades públicas e particulares de atendimento e os programas de que trata esta Lei, adotando de pronto as medidas administrativas ou judiciais necessárias à remoção de irregularidades porventura verificadas;

XII – requisitar força policial, bem como a colaboração dos serviços médicos, hospitalares, educacionais e de assistência social, públicos ou privados, para o desempenho de suas atribuições.

§ 1º. A legitimação do Ministério Público para as ações cíveis previstas neste artigo não impede a de terceiros, nas mesmas hipóteses, segundo dispuserem a Constituição e esta Lei.

§ 2º. As atribuições constantes deste artigo não excluem outras, desde que compatíveis com a finalidade do Ministério Público.

§ 3º. O representante do Ministério Público, no exercício de suas funções, terá livre acesso a todo local onde se encontre criança ou adolescente.

§ 4º. O representante do Ministério Público será responsável pelo uso indevido das informações e documentos que requisitar, nas hipóteses legais de sigilo.

§ 5º. Para o exercício da atribuição de que trata o inciso VIII deste artigo, poderá o representante do Ministério Público:

a) reduzir a termo as declarações do reclamante, instaurando o competente procedimento, sob sua presidência;

b) entender-se diretamente com a pessoa ou autoridade reclamada, em dia, local e horário previamente notificados ou acertados;

c) efetuar recomendações visando à melhoria dos serviços públicos e de relevância pública afetos à criança e ao adolescente, fixando prazo razoável para sua perfeita adequação.

Art. 202. Nos processos e procedimentos em que não for parte, atuará obrigatoriamente o Ministério Público na defesa dos direitos e interesses de que cuida esta Lei, hipótese em que terá vista dos autos depois das partes, podendo juntar documentos e requerer diligências, usando os recursos cabíveis.

Art. 203. A intimação do Ministério Público, em qualquer caso, será feita pessoalmente.

Art. 204. A falta de intervenção do Ministério Público acarreta a nulidade do feito, que será declarada de ofício pelo juiz ou a requerimento de qualquer interessado.

Art. 205. As manifestações processuais do representante do Ministério Público deverão ser fundamentadas.

Capítulo VI – Do Advogado

Art. 206. A criança ou o adolescente, seus pais ou responsável, e qualquer pessoa que tenha legítimo interesse na solução da lide poderão intervir nos procedimentos de que trata esta Lei, através de advogado, o qual será intimado para todos os atos, pessoalmente ou por publicação oficial, respeitado o segredo de justiça.

Parágrafo único. Será prestada assistência judiciária integral e gratuita àqueles que dela necessitarem.

Art. 207. Nenhum adolescente a quem se atribua a prática de ato infracional, ainda que ausente ou foragido, será processado sem defensor.

§ 1º. Se o adolescente não tiver defensor, ser-lhe-á nomeado pelo juiz, ressalvado o direito de, a todo tempo, constituir outro de sua preferência.

§ 2º. A ausência do defensor não determinará o adiamento de nenhum ato do processo, devendo o juiz nomear substituto, ainda que provisoriamente, ou para o só efeito do ato.

§ 3º. Será dispensada a outorga de mandato, quando se tratar de defensor nomeado ou, sido constituído, tiver sido indicado por ocasião de ato formal com a presença da autoridade judiciária.

Capítulo VII – Da Proteção Judicial dos Interesses Individuais, Difusos e Coletivos

Art. 208. Regem-se pelas disposições desta Lei as ações de responsabilidade por ofensa aos direitos assegurados à criança e ao adolescente, referentes ao não oferecimento ou oferta irregular:

I – do ensino obrigatório;

II – de atendimento educacional especializado aos portadores de deficiência;

III – de atendimento em creche e pré-escola às crianças de zero a seis anos de idade;

IV – de ensino noturno regular, adequado às condições do educando;

V – de programas suplementares de oferta de material didático-escolar, transporte e assistência à saúde do educando do ensino fundamental;

VI – de serviço de assistência social visando à proteção à família, à maternidade, à infância e à adolescência, bem como ao amparo às crianças e adolescentes que dele necessitem;

VII – de acesso às ações e serviços de saúde;

VIII – de escolarização e profissionalização dos adolescentes privados de liberdade.

Parágrafo único. As hipóteses previstas neste artigo não excluem da proteção judicial outros interesses individuais, difusos ou coletivos, próprios da infância e da adolescência, protegidos pela Constituição e pela lei.

Art. 209. As ações previstas neste Capítulo serão propostas no foro do local onde ocorreu ou deva ocorrer a ação ou omissão, cujo juízo terá competência absoluta para processar a causa, ressalvadas a competência da Justiça Federal e a competência originária dos tribunais superiores.

Art. 210. Para as ações cíveis fundadas em interesses coletivos ou difusos, consideram-se legitimados concorrentemente:

I – o Ministério Público;

II – a União, os estados, os municípios, o Distrito Federal e os territórios;

III – as associações legalmente constituídas há pelo menos um ano e que incluam entre seus fins institucionais a defesa dos interesses e direitos protegidos por esta Lei, dispensada a autorização da assembléia, se houver prévia autorização estatutária.

§ 1º. Admitir-se-á litisconsórcio facultativo entre os Ministérios Públicos da União e dos estados na defesa dos interesses e direitos de que cuida esta Lei.

§ 2º. Em caso de desistência ou abandono da ação por associação legitimada, o Ministério Público ou outro legitimado poderá assumir a titularidade ativa.

Art. 211. Os órgãos públicos legitimados poderão tomar dos interessados compromisso de ajustamento de sua conduta às exigências legais, o qual terá eficácia de título executivo extrajudicial.

Art. 212. Para defesa dos direitos e interesses protegidos por esta Lei, são admissíveis todas as espécies de ações pertinentes.

§ 1º. Aplicam-se às ações previstas neste Capítulo as normas do Código de Processo Civil.

§ 2º. Contra atos ilegais ou abusivos de autoridade pública ou agente de pessoa jurídica no exercício de atribuições do poder público, que lesem direito líquido e certo previsto nesta Lei, caberá ação mandamental, que se regerá pelas normas da lei do mandado de segurança.

Art. 213. Na ação que tenha por objeto o cumprimento de obrigação de fazer ou não fazer, o juiz concederá a tutela específica da obrigação ou determinará providências que assegurem o resultado prático equivalente ao do adimplemento.

§ 1º. Sendo relevante o fundamento da demanda e havendo justificado receio de ineficácia do provimento final, é lícito ao juiz conceder a tutela liminarmente ou após justificação prévia, citando o réu.

§ 2º. O juiz poderá, na hipótese do parágrafo anterior ou na sentença, impor multa diária ao réu, independentemente de pedido do autor, se for suficiente ou compatível com a obrigação, fixando prazo razoável para o cumprimento do preceito.

§ 3º. A multa só será exigível do réu após o trânsito em julgado da sentença favorável ao autor, mas será devida desde o dia em que se houver configurado o descumprimento.

Art. 214. Os valores das multas reverterão ao fundo gerido pelo Conselho dos Direitos da Criança e do Adolescente do respectivo município.

§ 1º. As multas não recolhidas até trinta dias após o trânsito em julgado da decisão serão exigidas através de execução promovida pelo Ministério Público, nos mesmos autos, facultada igual iniciativa aos demais legitimados.

§ 2º. Enquanto o fundo não for regulamentado, o dinheiro ficará depositado em estabelecimento oficial de crédito, em conta com correção monetária.

Art. 215. O juiz poderá conferir efeito suspensivo aos recursos, para evitar dano irreparável à parte.

Art. 216. Transitada em julgado a sentença que impuser condenação ao poder público, o juiz determinará a remessa de peças à autoridade competente, para apuração da responsabilidade civil e administrativa do agente a que se atribua a ação ou omissão.

Art. 217. Decorridos sessenta dias do trânsito em julgado da sentença condenatória sem que a associação autora lhe promova a execução, deverá fazê-lo o Ministério Público, facultada igual iniciativa aos demais legitimados.

Art. 218. O juiz condenará a associação autora a pagar ao réu os honorários advocatícios arbitrados na conformidade do § 4º do art. 20 da Lei nº 5.869, de 11 de janeiro de 1973 (Código de Processo Civil), quando reconhecer que a pretensão é manifestamente infundada.

Parágrafo único. Em caso de litigância de má-fé, a associação autora e os diretores responsáveis pela propositura da ação serão solidariamente condenados ao décuplo das custas, sem prejuízo de responsabilidade por perdas e danos.

Art. 219. Nas ações de que trata este Capítulo, não haverá adiantamento de custas, emolumentos, honorários periciais e quaisquer outras despesas.

Art. 220. Qualquer pessoa poderá e o servidor público deverá provocar a iniciativa do Ministério Público, prestando-lhe informações sobre fatos que constituam objeto de ação civil, e indicando-lhe os elementos de convicção.

Art. 221. Se, no exercício de suas funções, os juízos e tribunais tiverem conhecimento de fatos que possam ensejar a propositura de ação civil, remeterão peças ao Ministério Público para as providências cabíveis.

Art. 222. Para instruir a petição inicial, o interessado poderá requerer às autoridades competentes as certidões e informações que julgar necessárias, que serão fornecidas no prazo de quinze dias.

Art. 223. O Ministério Público poderá instaurar, sob sua presidência, inquérito civil, ou requisitar, de qualquer pessoa, organismo público ou particular, certidões, informações, exames ou perícias, no prazo que assinalar, o qual não poderá ser inferior a dez dias úteis.

§ 1º. Se o órgão do Ministério Público, esgotadas todas as diligências, se convencer da inexistência de fundamento para a propositura da ação cível, promoverá o arquivamento dos autos do inquérito civil ou das peças informativas, fazendo-o fundamentadamente.

§ 2º. Os autos do inquérito civil ou as peças de informação arquivados serão remetidos, sob pena de se incorrer em falta grave, no prazo de três dias, ao Conselho Superior do Ministério Público.

§ 3º. Até que seja homologada ou rejeitada a promoção de arquivamento, em sessão do Conselho Superior do Ministério público, poderão as associações legitimadas apresentar razões escritas ou documentos, que serão juntados aos autos do inquérito ou anexados às peças de informação.

§ 4º. A promoção de arquivamento será submetida a exame e deliberação do Conselho Superior do Ministério Público, conforme dispuser o seu regimento.

§ 5º. Deixando o Conselho Superior de homologar a promoção de arquivamento, designará, desde logo, outro órgão do Ministério Público para o ajuizamento da ação.

Art. 224. Aplicam-se subsidiariamente, no que couber, as disposições da Lei nº 7.347, de 24 de julho de 1985.

TÍTULO VII – DOS CRIMES E DAS INFRAÇÕES ADMINISTRATIVAS

Capítulo I – Dos Crimes

Seção I – Disposições Gerais

Art. 225. Este Capítulo dispõe sobre crimes praticados contra a criança e o adolescente, por ação ou omissão, sem prejuízo do disposto na legislação penal.

Art. 226. Aplicam-se aos crimes definidos nesta Lei as normas da Parte Geral do Código Penal e, quanto ao processo, as pertinentes ao Código de Processo Penal.

Art. 227. Os crimes definidos nesta Lei são de ação pública incondicionada.

Seção II – Dos Crimes em Espécie

Art. 228. Deixar o encarregado de serviço ou o dirigente de estabelecimento de atenção à saúde de gestante de manter registro das atividades desenvolvidas, na forma e prazo referidos no art. 10 desta Lei, bem como de fornecer à parturiente ou a seu responsável, por ocasião da alta médica, declaração de nascimento, onde constem as intercorrências do parto e do desenvolvimento do neonato:

Pena – detenção de seis meses a dois anos.

Parágrafo único. Se o crime é culposo:

Pena – detenção de dois a seis meses, ou multa.

Art. 229. Deixar o médico, enfermeiro ou dirigente de estabelecimento de atenção à saúde de gestante de identificar corretamente o neonato e a parturiente, por ocasião do parto, bem como deixar de proceder aos exames referidos no art. 10 desta Lei:

Pena – detenção de seis meses a dois anos.

Parágrafo único. Se o crime é culposo:

Pena – detenção de dois a seis meses, ou multa.

Art. 230. Privar a criança ou o adolescente de sua liberdade, procedendo à sua apreensão sem estar em flagrante de ato infracional ou inexistindo ordem escrita da autoridade judiciária competente:

Pena – detenção de seis meses a dois anos.

Parágrafo único. Incide na mesma pena aquele que procede à apreensão sem observância das formalidades legais.

Art. 231. Deixar a autoridade policial responsável pela apreensão de criança ou adolescente de fazer imediata comunicação à autoridade judiciária competente e à família do apreendido ou à pessoa por ele indicada:

Pena – detenção de seis meses a dois anos.

Art. 232. Submeter criança ou adolescente sob sua autoridade, guarda ou vigilância a vexame ou a constrangimento:

Pena – detenção de seis meses a dois anos.

Art. 233. (Revogado).

• *Art. 233 revogado pela Lei nº 9.455, de 7.4.1997.*

Art. 234. Deixar a autoridade competente, sem justa causa, de ordenar a imediata liberação de criança ou adolescente, tão logo tenha conhecimento da ilegalidade da apreensão:

Pena – detenção de seis meses a dois anos.

Art. 235. Descumprir, injustificadamente, prazo fixado nesta Lei em benefício de adolescente privado de liberdade:

Pena – detenção de seis meses a dois anos.

Art. 236. Impedir ou embaraçar a ação de autoridade judiciária, membro do Conselho Tutelar ou representante do Ministério Público no exercício de função prevista nesta Lei:

Pena – detenção de seis meses a dois anos.

Art. 237. Subtrair criança ou adolescente ao poder de quem o tem sob sua guarda em virtude de lei ou ordem judicial, com o fim de colocação em lar substituto:

Pena – reclusão de dois a seis anos, e multa.

Art. 238. Prometer ou efetivar a entrega de filho ou pupilo a terceiro, mediante paga ou recompensa:

Pena – reclusão de um a quatro anos, e multa.

Parágrafo único. Incide nas mesmas penas quem oferece ou efetiva a paga ou recompensa.

Art. 239. Promover ou auxiliar a efetivação de ato destinado ao envio de criança ou adolescente para o exterior com inobservância das formalidades legais ou com o fito de obter lucro:

Pena – reclusão de quatro a seis anos, e multa.

Parágrafo único. Se há emprego de violência, grave ameaça ou fraude:

Pena – reclusão, de 6 (seis) a 8 (oito) anos, além da pena correspondente à violência.

• *Parágrafo único acrescido pela Lei nº 10.764, de 12.11.2003.*

Art. 240. Produzir ou dirigir representação teatral, televisiva, cinematográfica, atividade fotográfica ou de qualquer outro meio visual, utilizando-se de criança ou adolescente em cena pornográfica, de sexo explícito ou vexatória:

Pena – reclusão, de 2 (dois) a 6 (seis) anos, e multa.

§ 1º. Incorre na mesma pena quem, nas condições referidas neste artigo, contracena com criança ou adolescente.

§ 2º. A pena é de reclusão de 3 (três) a 8 (oito) anos:

I – se o agente comete o crime no exercício de cargo ou função;

II – se o agente comete o crime com o fim de obter para si ou para outrem vantagem patrimonial.

• *Art. 240 com redação dada pela Lei nº 10.764, de 12.11.2003.*

Art. 241. Apresentar, produzir, vender, fornecer, divulgar ou publicar, por qualquer meio de comunicação, inclusive rede mundial de computadores ou internet, fotografias ou imagens com pornografia ou cenas de sexo explícito envolvendo criança ou adolescente:

Pena – reclusão de 2 (dois) a 6 (seis) anos, e multa.

§ 1º. Incorre na mesma pena quem:

I – agencia, autoriza, facilita ou, de qualquer modo, intermedeia a participação de criança ou adolescente em produção referida neste artigo;

II – assegura os meios ou serviços para o armazenamento das fotografias, cenas ou imagens produzidas na forma do *caput* deste artigo;

III – assegura, por qualquer meio, o acesso, na rede mundial de computadores ou internet, das fotografias, cenas ou imagens produzidas na forma do *caput* deste artigo.

§ 2º. A pena é de reclusão de 3 (três) a 8 (oito) anos:

I – se o agente comete o crime prevalecendo-se do exercício de cargo ou função;

II – se o agente comete o crime com o fim de obter para si ou para outrem vantagem patrimonial.

• *Art. 241 com redação dada pela Lei nº 10.764, de 12.11.2003.*

Art. 242. Vender, fornecer ainda que gratuitamente ou entregar, de qualquer forma, a criança ou adolescente arma, munição ou explosivo:

Pena – reclusão, de 3 (três) a 6 (seis) anos.

• *Pena com redação dada pela Lei nº 10.764, de 12.11.2003.*

Art. 243. Vender, fornecer ainda que gratuitamente, ministrar ou entregar, de qualquer forma, a criança ou adolescente, sem justa causa, produtos cujos componentes possam causar dependência física ou psíquica, ainda que por utilização indevida:

Pena – detenção de 2 (dois) a 4 (quatro) anos, e multa, se o fato não constitui crime mais grave.

• *Pena com redação dada pela Lei nº 10.764, de 12.11.2003.*

Art. 244. Vender, fornecer ainda que gratuitamente ou entregar, de qualquer forma, a criança ou adolescente fogos de estampido ou de artifício, exceto aqueles que, pelo seu reduzido potencial, sejam incapazes de provocar qualquer dano físico em caso de utilização indevida:

Pena – detenção de seis meses a dois anos, e multa.

Art. 244-A. Submeter criança ou adolescente, como tais definidos no *caput* do art. 2° desta Lei, à prostituição ou à exploração sexual.

Pena – reclusão de quatro a dez anos, e multa.

§ 1º. Incorrem nas mesmas penas o proprietário, o gerente ou o responsável pelo local em que se verifique a submissão de criança ou adolescente às práticas referidas no *caput* deste artigo.

§ 2º. Constitui efeito obrigatório da condenação a cassação da licença de localização e de funcionamento do estabelecimento.

• *Art. 244-A acrescido pela Lei n° 9.975, de 23.6.2000.*

Capítulo II – Das Infrações Administrativas

Art. 245. Deixar o médico, professor ou responsável por estabelecimento de atenção à saúde e de ensino fundamental, pré-escola ou creche, de comunicar à autoridade competente os casos de que tenha conhecimento, envolvendo suspeita ou confirmação de maus-tratos contra criança ou adolescente:

Pena – multa de três a vinte salários de referência, aplicando-se o dobro em caso de reincidência.

Art. 246. Impedir o responsável ou funcionário de entidade de atendimento o exercício dos direitos constantes nos incisos II, III, VII, VIII e XI do art. 124 desta Lei:

Pena – multa de três a vinte salários de referência, aplicando-se o dobro em caso de reincidência.

Art. 247. Divulgar, total ou parcialmente, sem autorização devida, por qualquer meio de comunicação, nome, ato ou documento de procedimento policial, administrativo ou judicial relativo a criança ou adolescente a que se atribua ato infracional:

Pena – multa de três a vinte salários de referência, aplicando-se o dobro em caso de reincidência.

§ 1º. Incorre na mesma pena quem exibe, total ou parcialmente, fotografia de criança ou adolescente envolvido em ato infracional, ou qualquer ilustração que lhe diga respeito ou se refira a atos que lhe sejam atribuídos, de forma a permitir sua identificação, direta ou indiretamente.

§ 2º. Se o fato for praticado por órgão de imprensa ou emissora de rádio ou televisão, além da pena prevista neste artigo, a autoridade judiciária poderá determinar a apreensão da publicação ou a suspensão da programação da emissora até por dois dias, bem como da publicação do periódico até por dois números.

Art. 248. Deixar de apresentar à autoridade judiciária de seu domicílio, no prazo de cinco dias, com o fim de regularizar a guarda, adolescente trazido de outra comarca para a prestação de serviço doméstico, mesmo que autorizado pelos pais ou responsável:

Pena – multa de três a vinte salários de referência, aplicando-se o dobro em caso de reincidência, independentemente das despesas de retorno do adolescente, se for o caso.

Art. 249. Descumprir, dolosa ou culposamente, os deveres inerentes ao pátrio poder ou decorrente de tutela ou guarda, bem assim determinação da autoridade judiciária ou Conselho Tutelar:

Pena – multa de três a vinte salários de referência, aplicando-se o dobro em caso de reincidência.

Art. 250. Hospedar criança ou adolescente, desacompanhado dos pais ou responsável ou sem autorização escrita destes, ou da autoridade judiciária, em hotel, pensão, motel ou congênere:

Pena – multa de dez a cinqüenta salários de referência; em caso de reincidência, a autoridade judiciária poderá determinar o fechamento do estabelecimento por até quinze dias.

Art. 251. Transportar criança ou adolescente, por qualquer meio, com inobservância do disposto nos arts. 83, 84 e 85 desta Lei:

Pena – multa de três a vinte salários de referência, aplicando-se o dobro em caso de reincidência.

Art. 252. Deixar o responsável por diversão ou espetáculo público de afixar, em lugar visível e de fácil acesso, à entrada do local de exibição, informação destacada sobre a natureza da diversão ou espetáculo e a faixa etária especificada no certificado de classificação:

Pena – multa de três a vinte salários de referência, aplicando-se o dobro em caso de reincidência.

Art. 253. Anunciar peças teatrais, filmes ou quaisquer representações ou espetáculos, sem indicar os limites de idade a que não se recomendem:

Pena – multa de três a vinte salários de referência, duplicada em caso de reincidência, aplicável, separadamente, à casa de espetáculo e aos órgãos de divulgação ou publicidade.

Art. 254. Transmitir, através de rádio ou televisão, espetáculo em horário diverso do autorizado ou sem aviso de sua classificação:

Pena – multa de vinte a cem salários de referência; duplicada em caso de reincidência a autoridade judiciária poderá determinar a suspensão da programação da emissora por até dois dias.

Art. 255. Exibir filme, trailer, peça, amostra ou congênere classificado pelo órgão competente como inadequado às crianças ou adolescentes admitidos ao espetáculo:

Pena – multa de vinte a cem salários de referência; na reincidência, a autoridade poderá determinar a suspensão do espetáculo ou o fechamento do estabelecimento por até quinze dias.

Art. 256. Vender ou locar a criança ou adolescente fita de programação em vídeo, em desacordo com a classificação atribuída pelo órgão competente:

Pena – multa de três a vinte salários de referência; em caso de reincidência, a autoridade judiciária poderá determinar o fechamento do estabelecimento por até quinze dias.

Art. 257. Descumprir obrigação constante dos arts. 78 e 79 desta Lei:

Pena – multa de três a vinte salários de referência, duplicando-se a pena em caso de reincidência, sem prejuízo de apreensão da revista ou publicação.

Art. 258. Deixar o responsável pelo estabelecimento ou o empresário de observar o que dispõe esta Lei sobre o acesso de criança ou adolescente aos locais de diversão, ou sobre sua participação no espetáculo:

Pena – multa de três a vinte salários de referência; em caso de reincidência, a autoridade judiciária poderá determinar o fechamento do estabelecimento por até quinze dias.

DISPOSIÇÕES FINAIS E TRANSITÓRIAS

Art. 259. A União, no prazo de noventa dias contados da publicação deste Estatuto, elaborará projeto de lei dispondo sobre a criação ou adaptação de seus órgãos às diretrizes da política de atendimento fixadas no art. 88 e ao que estabelece o Título V do Livro II.

Parágrafo único. Compete aos estados e municípios promoverem a adaptação de seus órgãos e programas às diretrizes e princípios estabelecidos nesta Lei.

Art. 260. Os contribuintes poderão deduzir do imposto devido, na declaração do Imposto sobre a Renda, o total das doações feitas aos Fundos dos Direitos da Criança e do Adolescente – nacional, estaduais ou municipais – devidamente comprovadas, obedecidos os limites estabelecidos em Decreto do Presidente da República.

• *Art. 260, caput, com redação dada pela Lei nº 8.242, de 12.10.1991.*

§ 1º. (Revogado).

• *§ 1º revogado pela Lei nº 9.532, de 10.12.1997.*

§ 2º. Os conselhos municipais, estaduais e nacional dos direitos da criança e do adolescente fixarão critérios de utilização, através de planos de aplicação das doações subsidiadas e demais receitas, aplicando necessariamente percentual para incentivo ao acolhimento, sob a forma de guarda, de criança ou adolescente, órfão ou abandonado, na forma do disposto no art. 227, § 3º, VI, da Constituição Federal.

§ 3º. O Departamento da Receita Federal, do Ministério da Economia, Fazenda e Planejamento, regulamentará a comprovação das doações feitas aos fundos, nos termos deste artigo.

• *Art. 260, § 3º, acrescido pela Lei nº 8.242, de 12.10.1991.*

§ 4º. O Ministério Público determinará em cada comarca a forma de fiscalização da aplicação, pelo Fundo Municipal dos Direitos da Criança e do Adolescente, dos incentivos fiscais referidos neste artigo.

• *Art. 260, § 4º, acrescido pela Lei nº 8.242, de 12.10.1991.*

Art. 261. A falta dos conselhos municipais dos direitos da criança e do adolescente, os registros, inscrições e alterações a que se referem os arts. 90, parágrafo único, e 91 desta Lei serão efetuados perante a autoridade judiciária da comarca a que pertencer a entidade.

Parágrafo único. A União fica autorizada a repassar aos estados e municípios, e os estados aos municípios, os recursos referentes aos programas e atividades previstos nesta Lei, tão logo estejam criados os conselhos dos direitos da criança e do adolescente nos seus respectivos níveis.

Art. 262. Enquanto não instalados os Conselhos Tutelares, as atribuições a eles conferidas serão exercidas pela autoridade judiciária.

Art. 263. O Decreto-Lei nº 2.848, de 7 de dezembro de 1940 (Código Penal), passa a vigorar com as seguintes alterações:

"1) **Art. 121.** (...)

§ 4º. No homicídio culposo, a pena é aumentada de um terço, se o crime resulta de inobservância de regra técnica de profissão, arte ou ofício, ou se o agente deixa de prestar imediato socorro à vítima, não procura diminuir as conseqüências do seu ato, ou foge para evitar prisão em flagrante. Sendo doloso o homicídio, a pena é aumentada de um terço, se o crime é praticado contra pessoa menor de catorze anos.

2) **Art. 129.** (...)

§ 7º. Aumenta-se a pena de um terço, se ocorrer qualquer das hipóteses do art. 121, § 4º.

§ 8º. Aplica-se à lesão culposa o disposto no § 5º do art. 121.

3) **Art. 136.** (...)

§ 3º. Aumenta-se a pena de um terço, se o crime é praticado contra pessoa menor de catorze anos.

4) **Art. 213.** (...)
Parágrafo único. Se a ofendida é menor de catorze anos:
Pena – reclusão de quatro a dez anos.
5) **Art. 214.** (...)
Parágrafo único. Se o ofendido é menor de catorze anos:
Pena – reclusão de três a nove anos."

Art. 264. O art. 102 da Lei nº 6.015, de 31 de dezembro de 1973, fica acrescido do seguinte item:

"**Art. 102.** (...)

§ 6º. A perda e a suspensão do pátrio poder."

Art. 265. A Imprensa Nacional e demais gráficas da União, da administração direta ou indireta, inclusive fundações instituídas e mantidas pelo poder público federal promoverão edição popular do texto integral deste Estatuto, que será posto à disposição das escolas e das entidades de atendimento e de defesa dos direitos da criança e do adolescente.

Art. 266. Esta Lei entra em vigor noventa dias após sua publicação.

Parágrafo único. Durante o período de vacância deverão ser promovidas atividades e campanhas de divulgação e esclarecimentos acerca do disposto nesta Lei.

Art. 267. Revogam-se as Leis nº 4.513, de 1964, e 6.697, de 10 de outubro de 1979 (Código de Menores), e as demais disposições em contrário.

Brasília, 13 de julho de 1990; 169º da Independência e 102º da República.

Fernando Collor
DOU de 16.7.1990 – Retificado em 27.9.1990

LEI Nº 9.455, DE 7 DE ABRIL DE 1997

Define os crimes de tortura e dá outras providências.

O Presidente da República,

Faço saber que o Congresso Nacional decreta e eu sanciono a seguinte Lei:

Art. 1º. Constitui crime de tortura:

I – constranger alguém com emprego de violência ou grave ameaça, causando-lhe sofrimento físico ou mental:

a) com o fim de obter informação, declaração ou confissão da vítima ou de terceira pessoa;

b) para provocar ação ou omissão de natureza criminosa;

c) em razão de discriminação racial ou religiosa;

II – submeter alguém, sob sua guarda, poder ou autoridade, com emprego de violência ou grave ameaça, a intenso sofrimento físico ou mental, como forma de aplicar castigo pessoal ou medida de caráter preventivo.

Pena – reclusão, de dois a oito anos.

§ 1º. Na mesma pena incorre quem submete pessoa presa ou sujeita a medida de segurança a sofrimento físico ou mental por intermédio da prática de ato não previsto em lei ou não resultante de medida legal.

§ 2º. Aquele que se omite em face dessas condutas, quando tinha o dever de evitá-las ou apurá-las, incorre na pena de detenção de um a quatro anos.

§ 3º. Se resulta lesão corporal de natureza grave ou gravíssima, a pena é de reclusão de quatro a dez anos; se resulta morte, a reclusão é de oito a dezesseis anos.

§ 4º. Aumenta-se a pena de um sexto até um terço:

I – se o crime é cometido por agente público;

II – se o crime é cometido contra criança, gestante, portador de deficiência, adolescente ou maior de 60 (sessenta) anos;

• *Inciso II, com redação dada pela Lei nº 10.741, de 1º.10.2003.*

III – se o crime é cometido mediante seqüestro.

§ 5º. A condenação acarretará a perda do cargo, função ou emprego público e a interdição para seu exercício pelo dobro do prazo da pena aplicada.

§ 6º. O crime de tortura é inafiançável e insuscetível de graça ou anistia.

§ 7º. O condenado por crime previsto nesta Lei, salvo a hipótese do § 2º, iniciará o cumprimento da pena em regime fechado.

Art. 2º. O disposto nesta Lei aplica-se ainda quando o crime não tenha sido cometido em território nacional, sendo a vítima brasileira ou encontrando-se o agente em local sob jurisdição brasileira.

Art. 3º. Esta Lei entra em vigor na data de sua publicação.

Art. 4º. Revoga-se o art. 233 da Lei nº 8.069, de 13 de julho de 1990 – Estatuto da Criança e do Adolescente.

Brasília, 7 de abril de 1997; 176º da Independência e 109º da República.

Fernando Henrique Cardoso – Nelson A. Jobim

DOU de 8.4.1977

OBRAS CONSULTADAS

BARBI, Celso Agrícola. *Ação Declaratória Principal e Incidente*, 4ª ed., 1977, Forense, RJ.

CASTRO FILHO, José Olympio de. *Comentários ao Código de Processo Civil*, vol. X, 2ª ed., 1980, Forense, RJ.

FABRÍCIO, Adroaldo Furtado. *Comentários ao Código de Processo Civil*, vol. VIII, t. III, 1980, Forense, RJ.

FIGUEIRA JÚNIOR, Joel Dias (e outro), *Comentários à Lei dos Juizados Especiais Cíveis e Criminais*, 1995, Revista dos Tribunais, SP.

Fornaciari Júnior, Clito. *Da Reconvenção no Direito Processual Civil Brasileiro*, 2ª ed., 1983, Saraiva, SP.

FRANCO, Alberto Silva (e outros). *Código Penal e sua Interpretação Jurisprudencial*, 2ª ed., 1987 (e outras), Revista dos Tribunais, SP.

FÜHRER, Cláudio A. Maximilianus. *Roteiro das Falências e Concordatas*, 5ª ed., 1982, Revista dos Tribunais, SP.

GONÇALVES, Carlos Roberto. *Direito das Coisas, Doutrina e Jurisprudência*, Seleções Jurídicas, 1979, Marília, SP.

INOCÊNCIO, Antonio Ferreira. *Divisão de Terras, Doutrina, Prática e Jurisprudência*, 3ª ed., 1983, Jalovi, Bauru-SP.

JESUS, Damásio Evangelista de. *Código de Processo Penal Anotado*, 5ª ed., 1986, Saraiva, SP (e outras edições anteriores).

LACERDA, Galeno (e outro). *Comentários ao Código de Processo Civil*, vol. VIII, t. II, 1988, Forense, RJ.

LIMA, Alcides de Mendonça. *Comentários ao Código de Processo Civil*, vol. VI, 4ª ed., 1985, Forense, RJ.

LOPES, Maurício Antonio Ribeiro (e outro). *Comentários à Lei dos Juizados Especiais Cíveis e Criminais*, 1995, Revista dos Tribunais, SP.

MEIRELLES, Hely Lopes. *Mandado de Segurança e Ação Popular*, 8ª ed., Revista dos Tribunais, SP (e outras edições posteriores).

MIRABETE, Julio Fabbrini. *Código de Processo Penal Interpretado*, 1994, Atlas, SP.

———. *Manual de Direito Penal*, Parte geral, 1º vol., 2ª ed., 1985, Atlas, SP.

NEGRÃO, Theotônio. *Código de Processo Civil e Legislação Processual em Vigor*, 26ª ed., 1995, Saraiva, SP (e outras edições anteriores).

NEVES, Celso. *Comentários ao Código de Processo Civil*, vol. II, 1984, Forense, SP/RJ.

OLIVEIRA, Carlos Alberto Álvaro de (e outro). *Comentários ao Código de Processo Civil*, vol. VIII, t. II, 1988, Forense, SP/RJ.

OLIVEIRA, Lucas Pimentel. *Juizados Especiais Criminais*, 1995, Edipro, Bauru – SP.

OLIVEIRA, Valdeci Mendes de. *AGT – Adoção, Guarda e Tutela como Institutos Jurídicos definidores de família substituta – Doutrina e Legislação*, 2001, Edipro, Bauru, SP.

———. *Obrigações e Responsabilidade Civil Aplicadas*, 2ª ed. revista e ampliada, 2001, Edipro, Bauru, SP.

PORTO, Hermínio Alberto Marques. *Júri – Procedimento e Aspectos do Julgamento – Questionário*, 6ª ed., 1990, Revista dos Tribunais, SP.

SANTOS, Moacyr Amaral. *Primeiras Linhas de Direito Processual Civil*, 1º e 2º vols., 5ª ed., 1980, e 3º volume, 1981, Saraiva, SP.

SILVA, De Plácido e. *Vocabulário Jurídico*, vols. I a IV, 1982, Forense, SP/RJ.

SILVA, Ovídio A. Baptista da. *As Ações Cautelares e o Novo Processo Civil*, 3ª ed., 1980, Forense, RJ.

THEODORO JÚNIOR, Humberto. *Processo Cautelar*, 5ª ed., 1983, Leud, SP.

———. *Processo de Execução*, 8ª ed., 1983, Leud, SP.

———. *Terras Particulares – Demarcação, Divisão, Tapumes*, 1981, Leud, SP.

Provo *Distribuidora e Gráfica*
Pabx: (011) 4178 05 22 fax ramal: 30
provografica.com.br